juris Lex – Bundes- und Landesgesetze einfa

Baurecht –
Ausgabe für Niedersachsen

Rechtsstand: 10.01.2022

Die juris Lex-Gesetzesbibliothek bietet ein einzigartiges Qualitätsmerkmal:

Der kostenlose juris Lex-Aktualitätscheck informiert online, ob die in diesem Band abgedruckten Vorschriften noch aktuell sind oder sich inzwischen geändert haben.

http://www.jurislex.de/dc///A20220110085525

So überprüfen Sie die Aktualität Ihrer Gesetzesbibliothek:

Einfach QR-Code mit Ihrem Smartphone scannen und Aktualitätsinformationen über Änderungen seit Erscheinen des vorliegenden Bandes direkt online abrufen.

Zusätzlich bestehen nach Ihrer Registrierung im Rahmen des Aktualisierungsservices folgende Möglichkeiten:

- automatische Benachrichtigung bei Erscheinen von aktualisierten Fassungen
- kostenlose E-Book-Version für Amazon-Kindle (Reader oder Kindle Lese-App)

Die E-Book-Versionen mit jeweils aktuellen Rechtsständen werden für ein Jahr nach Erscheinen des vorliegenden Bandes kostenlos bereitgestellt.

© 2022 juris GmbH, Am Römerkastell 11, 66121 Saarbrücken, www.juris.de
Alle Rechte vorbehalten.
Umschlaggestaltung: HDW Werbeagentur GmbH, Saarbrücken

Vorwort

Sie halten einen Band der juris Lex-Gesetzessammlungen in Ihren Händen. Jedem Juristen ist juris.de als „Das Rechtsportal" bekannt, das einen zuverlässigen und komfortablen Zugriff auf die gesamte deutsche Rechtsprechung und Gesetzgebung sicherstellt. Zunehmend ist der interessierten Fachöffentlichkeit aber auch die zusätzliche Rolle von juris als juristischem Verlag in das Bewusstsein gerückt, der das ursprüngliche Leistungsspektrum durch eigene Verlagsprodukte und die Literatur seiner Kooperationspartner erschließt.

Vor diesem Hintergrund hat juris jetzt auch eine Reihe von Gesetzessammlungen entwickelt. Erstmalig werden mit juris Lex Bundes-, Landes- und Europarecht in einem Werk kombiniert. Mittels eines QR-Codes können Sie jederzeit die Aktualität überprüfen und Ihre Sammlung entsprechend updaten.

Dieser Band widmet sich dem Baurecht. Neben den bauordnungsrechtlichen Gesetzen sind auch Normen aus dem Bauplanungsrecht und dem Energierecht enthalten. So sind die wesentlichen Normen schnell zur Hand.

Die Sammlung enthält unter anderem das Baugesetzbuch und die Baunutzungsverordnung, daneben aber auch das Bauproduktegesetz, das Energieeinsparungsgesetz und das Raumordnungsgesetz.

Über Anregungen und Rückmeldungen freuen wir uns unter:
jurislex@juris.de

Samuel van Oostrom
Geschäftsführer
juris GmbH

Inhaltsverzeichnis

Baugesetzbuch [1)]

1) Dieses Gesetz dient der Umsetzung folgender Richtlinien: 1.Richtlinie 92/43/EWG des Rates vom 21. Mai 1992 zur Erhaltung der natürlichen Lebensräume sowie der wild lebenden Tiere und Pflanzen (ABl. L 206 vom 22.7.1992, S. 7), die zuletzt durch die Richtlinie 2013/17/EU (ABl. L 158 vom 10.6.2013, S. 193) geändert worden ist, 2. Richtlinie 2001/42/EG des Europäischen Parlaments und des Rates vom 27. Juni 2001 über die Prüfung der Umweltauswirkungen bestimmter Pläne und Programme (ABl. L 197 vom 21.7.2001, S. 30), 3.Richtlinie 2009/147/EG des Europäischen Parlaments und des Rates vom 30. November 2009 über die Erhaltung der wildlebenden Vogelarten (ABl. L 20 vom 26.1.2010, S. 7), die zuletzt durch die Richtlinie 2013/17/EU (ABl. L 158 vom 10.6.2013, S. 193) geändert worden ist, 4. Richtlinie 2011/92/EU des Europäischen Parlaments und des Rates vom 13. Dezember 2011 über die Umweltverträglichkeitsprüfung bei bestimmten öffentlichen und privaten Projekten (ABl. L 26 vom 28.1.2012, S. 1), die zuletzt durch die Richtlinie 2014/52/EU (ABl. L 124 vom 25.4.2014, S. 1) geändert worden ist.; (+++ Textnachweis Geltung ab: 1.8.1979 +++)(+++ Änderungen aufgrund EinigVtr vgl. § 246a +++)(+++ Amtlicher Hinweis des Normgebers auf EG-Recht: Umsetzung der EWGRL 43/92 (CELEX Nr: 31992L0043) EGRL 42/2001 (CELEX Nr: 32001L0042) EGRL 147/2009 (CELEX Nr: 32009L0147) EURL 92/2011 (CELEX Nr: 32011L0092) +++)

Stand: Neugefasst durch Bek. v. 3.11.2017 I 3634
zuletzt geändert durch Art. 2 G v. 8.8.2020 I 1728
Hinweis: Änderung durch Art. 1 G v. 14.6.2021 I 1802 (Nr. 33) textlich nachgewiesen, dokumentarisch noch
nicht abschließend bearbeitet
Änderung durch Art. 1 G v. 16.7.2021 I 2939 (Nr. 46) textlich nachgewiesen, dokumentarisch noch
nicht abschließend bearbeitet
Änderung durch Art. 9 G v. 10.9.2021 I 4147 (Nr. 63) textlich nachgewiesen, dokumentarisch noch
nicht abschließend bearbeitet

Erstes Kapitel Allgemeines Städtebaurecht

Erster Teil Bauleitplanung

Erster Abschnitt Allgemeine Vorschriften

§ 1 Aufgabe, Begriff und Grundsätze der Bauleitplanung

(1) Aufgabe der Bauleitplanung ist es, die bauliche und sonstige Nutzung der Grundstücke in der Gemeinde nach Maßgabe dieses Gesetzbuchs vorzubereiten und zu leiten.

(2) Bauleitpläne sind der Flächennutzungsplan (vorbereitender Bauleitplan) und der Bebauungsplan (verbindlicher Bauleitplan).

(3) [1] Die Gemeinden haben die Bauleitpläne aufzustellen, sobald und soweit es für die städtebauliche Entwicklung und Ordnung erforderlich ist; die Aufstellung kann insbesondere bei der Ausweisung von Flächen für den Wohnungsbau in Betracht kommen. [2] Auf die Aufstellung von Bauleitplänen und städtebaulichen Satzungen besteht kein Anspruch; ein Anspruch kann auch nicht durch Vertrag begründet werden.

(4) Die Bauleitpläne sind den Zielen der Raumordnung anzupassen.

(5) [1] Die Bauleitpläne sollen eine nachhaltige städtebauliche Entwicklung, die die sozialen, wirtschaftlichen und umweltschützenden Anforderungen auch in Verantwortung gegenüber künftigen Generationen miteinander in Einklang bringt, und eine dem Wohl der Allgemeinheit dienende sozialgerechte Bodennutzung unter Berücksichtigung der Wohnbedürfnisse der Bevölkerung gewährleisten. [2] Sie sollen dazu beitragen, eine menschenwürdige Umwelt zu sichern, die natürlichen Lebensgrundlagen zu schützen und zu entwickeln sowie den Klimaschutz und die Klimaanpassung, insbesondere auch in der Stadtentwicklung, zu fördern, sowie die städtebauliche Gestalt und das Orts- und Landschaftsbild baukulturell zu erhalten und zu entwickeln. [3] Hierzu soll die städtebauliche Entwicklung vorrangig durch Maßnahmen der Innenentwicklung erfolgen.

(6) Bei der Aufstellung der Bauleitpläne sind insbesondere zu berücksichtigen:
1. die allgemeinen Anforderungen an gesunde Wohn- und Arbeitsverhältnisse und die Sicherheit der Wohn- und Arbeitsbevölkerung,
2. die Wohnbedürfnisse der Bevölkerung, insbesondere auch von Familien mit mehreren Kindern, die Schaffung und Erhaltung sozial stabiler Bewohnerstrukturen, die Eigentumsbildung weiter Kreise der Bevölkerung und die Anforderungen kostensparenden Bauens sowie die Bevölkerungsentwicklung,
3. die sozialen und kulturellen Bedürfnisse der Bevölkerung, insbesondere die Bedürfnisse der Familien, der jungen, alten und behinderten Menschen, unterschiedliche Auswirkungen auf Frauen und Männer sowie die Belange des Bildungswesens und von Sport, Freizeit und Erholung,
4. die Erhaltung, Erneuerung, Fortentwicklung, Anpassung und der Umbau vorhandener Ortsteile sowie die Erhaltung und Entwicklung zentraler Versorgungsbereiche,
5. die Belange der Baukultur, des Denkmalschutzes und der Denkmalpflege, die erhaltenswerten Ortsteile, Straßen und Plätze von geschichtlicher, künstlerischer oder städtebaulicher Bedeutung und die Gestaltung des Orts- und Landschaftsbildes,
6. die von den Kirchen und Religionsgesellschaften des öffentlichen Rechts festgestellten Erfordernisse für Gottesdienst und Seelsorge,
7. die Belange des Umweltschutzes, einschließlich des Naturschutzes und der Landschaftspflege, insbesondere
 a) die Auswirkungen auf Tiere, Pflanzen, Fläche, Boden, Wasser, Luft, Klima und das Wirkungsgefüge zwischen ihnen sowie die Landschaft und die biologische Vielfalt,
 b) die Erhaltungsziele und der Schutzzweck der Natura 2000-Gebiete im Sinne des Bundesnaturschutzgesetzes,
 c) umweltbezogene Auswirkungen auf den Menschen und seine Gesundheit sowie die Bevölkerung insgesamt,
 d) umweltbezogene Auswirkungen auf Kulturgüter und sonstige Sachgüter,
 e) die Vermeidung von Emissionen sowie der sachgerechte Umgang mit Abfällen und Abwässern,
 f) die Nutzung erneuerbarer Energien sowie die sparsame und effiziente Nutzung von Energie,
 g) die Darstellungen von Landschaftsplänen sowie von sonstigen Plänen, insbesondere des Wasser-, Abfall- und Immissionsschutzrechts,

h) die Erhaltung der bestmöglichen Luftqualität in Gebieten, in denen die durch Rechtsverordnung zur Erfüllung von Rechtsakten der Europäischen Union festgelegten Immissionsgrenzwerte nicht überschritten werden,

i) die Wechselwirkungen zwischen den einzelnen Belangen des Umweltschutzes nach den Buchstaben a bis d,

j) unbeschadet des § 50 Satz 1 des Bundes-Immissionsschutzgesetzes, die Auswirkungen, die aufgrund der Anfälligkeit der nach dem Bebauungsplan zulässigen Vorhaben für schwere Unfälle oder Katastrophen zu erwarten sind, auf die Belange nach den Buchstaben a bis d und i,

8. die Belange
 a) der Wirtschaft, auch ihrer mittelständischen Struktur im Interesse einer verbrauchernahen Versorgung der Bevölkerung,
 b) der Land- und Forstwirtschaft,
 c) der Erhaltung, Sicherung und Schaffung von Arbeitsplätzen,
 d) des Post- und Telekommunikationswesens, insbesondere des Mobilfunkausbaus,
 e) der Versorgung, insbesondere mit Energie und Wasser, einschließlich der Versorgungssicherheit,
 f) der Sicherung von Rohstoffvorkommen,

9. die Belange des Personen- und Güterverkehrs und der Mobilität der Bevölkerung, auch im Hinblick auf die Entwicklungen beim Betrieb von Kraftfahrzeugen, etwa der Elektromobilität, einschließlich des öffentlichen Personennahverkehrs und des nicht motorisierten Verkehrs, unter besonderer Berücksichtigung einer auf Vermeidung und Verringerung von Verkehr ausgerichteten städtebaulichen Entwicklung,

10. die Belange der Verteidigung und des Zivilschutzes sowie der zivilen Anschlussnutzung von Militärliegenschaften,

11. die Ergebnisse eines von der Gemeinde beschlossenen städtebaulichen Entwicklungskonzeptes oder einer von ihr beschlossenen sonstigen städtebaulichen Planung,

12. die Belange des Küsten- oder Hochwasserschutzes und der Hochwasservorsorge, insbesondere die Vermeidung und Verringerung von Hochwasserschäden,

13. die Belange von Flüchtlingen oder Asylbegehrenden und ihrer Unterbringung,

14. die ausreichende Versorgung mit Grün- und Freiflächen.

(7) Bei der Aufstellung der Bauleitpläne sind die öffentlichen und privaten Belange gegeneinander und untereinander gerecht abzuwägen.

(8) Die Vorschriften dieses Gesetzbuchs über die Aufstellung von Bauleitplänen gelten auch für ihre Änderung, Ergänzung und Aufhebung.

§ 1a Ergänzende Vorschriften zum Umweltschutz

(1) Bei der Aufstellung der Bauleitpläne sind die nachfolgenden Vorschriften zum Umweltschutz anzuwenden.

(2) [1] Mit Grund und Boden soll sparsam und schonend umgegangen werden; dabei sind zur Verringerung der zusätzlichen Inanspruchnahme von Flächen für bauliche Nutzungen die Möglichkeiten der Entwicklung der Gemeinde insbesondere durch Wiedernutzbarmachung von Flächen, Nachverdichtung und andere Maßnahmen zur Innenentwicklung zu nutzen sowie Bodenversiegelungen auf das notwendige Maß zu begrenzen. [2] Landwirtschaftlich, als Wald oder für Wohnzwecke genutzte Flächen sollen nur im notwendigen Umfang umgenutzt werden. [3] Die Grundsätze nach den Sätzen 1 und 2 sind in der Abwägung nach § 1 Absatz 7 zu berücksichtigen. [4] Die Notwendigkeit der Umwandlung landwirtschaftlich oder als Wald genutzter Flächen soll begründet werden; dabei sollen Ermittlungen zu den Möglichkeiten der Innenentwicklung zugrunde gelegt werden, zu denen insbesondere Brachflächen, Gebäudeleerstand, Baulücken und andere Nachverdichtungsmöglichkeiten zählen können.

(3) [1] Die Vermeidung und der Ausgleich voraussichtlich erheblicher Beeinträchtigungen des Landschaftsbildes sowie der Leistungs- und Funktionsfähigkeit des Naturhaushalts in seinen in § 1 Absatz 6 Nummer 7 Buchstabe a bezeichneten Bestandteilen (Eingriffsregelung nach dem Bundesnaturschutzgesetz) sind in der Abwägung nach § 1 Absatz 7 zu berücksichtigen. [2] Der Ausgleich erfolgt durch geeignete Darstellungen und Festsetzungen nach den §§ 5 und 9 als Flächen oder Maßnahmen zum Ausgleich. [3] Soweit dies mit einer nachhaltigen städtebaulichen Entwicklung und den Zielen der Raumordnung sowie des Naturschutzes und der Landschaftspflege vereinbar ist, können die Darstellungen und Festsetzungen auch an anderer Stelle als am Ort des Eingriffs erfolgen. [4] Anstelle von Darstellungen und Festsetzungen können auch vertragliche Vereinbarungen nach § 11 oder sonstige geeignete Maßnahmen zum Ausgleich auf von der Gemeinde bereitgestellten Flächen getroffen werden. [5] § 15 Absatz 3 des Bundesnaturschutzgesetzes gilt entsprechend. [6] Ein Ausgleich ist nicht erforderlich, soweit die Eingriffe bereits vor der planerischen Entscheidung erfolgt sind oder zulässig waren.

(4) Soweit ein Gebiet im Sinne des § 1 Absatz 6 Nummer 7 Buchstabe b in seinen für die Erhaltungsziele oder den Schutzzweck maßgeblichen Bestandteilen erheblich beeinträchtigt werden kann, sind die Vorschriften des Bundesnaturschutzgesetzes über die Zulässigkeit und Durchführung von derartigen Eingriffen einschließlich der Einholung der Stellungnahme der Europäischen Kommission anzuwenden.

(5) [1] Den Erfordernissen des Klimaschutzes soll sowohl durch Maßnahmen, die dem Klimawandel entgegenwirken, als auch durch solche, die der Anpassung an den Klimawandel dienen, Rechnung getragen werden. [2] Der Grundsatz nach Satz 1 ist in der Abwägung nach § 1 Absatz 7 zu berücksichtigen.

§ 2 Aufstellung der Bauleitpläne

(1) [1] Die Bauleitpläne sind von der Gemeinde in eigener Verantwortung aufzustellen. [2] Der Beschluss, einen Bauleitplan aufzustellen, ist ortsüblich bekannt zu machen.

(2) [1] Die Bauleitpläne benachbarter Gemeinden sind aufeinander abzustimmen. [2] Dabei können sich Gemeinden auch auf die ihnen durch Ziele der Raumordnung zugewiesenen Funktionen sowie auf Auswirkungen auf ihre zentralen Versorgungsbereiche berufen.

(3) Bei der Aufstellung der Bauleitpläne sind die Belange, die für die Abwägung von Bedeutung sind (Abwägungsmaterial), zu ermitteln und zu bewerten.

(4) [1] Für die Belange des Umweltschutzes nach § 1 Absatz 6 Nummer 7 und § 1a wird eine Umweltprüfung durchgeführt, in der die voraussichtlichen erheblichen Umweltauswirkungen ermittelt werden und in einem Umweltbericht beschrieben und bewertet werden; die Anlage 1 zu diesem Gesetzbuch ist anzuwenden. [2] Die Gemeinde legt dazu für jeden Bauleitplan fest, in welchem Umfang und Detaillierungsgrad die Ermittlung der Belange für die Abwägung erforderlich ist. [3] Die Umweltprüfung bezieht sich auf das, was nach gegenwärtigem Wissensstand und allgemein anerkannten Prüfmethoden sowie nach Inhalt und Detaillierungsgrad des Bauleitplans angemessenerweise verlangt werden kann. [4] Das Ergebnis der Umweltprüfung ist in der Abwägung zu berücksichtigen. [5] Wird eine Umweltprüfung für das Plangebiet oder für Teile davon in einem Raumordnungs-, Flächennutzungs- oder Bebauungsplanverfahren durchgeführt, soll die Umweltprüfung in einem zeitlich nachfolgend oder gleichzeitig durchgeführten Bauleitplanverfahren auf zusätzliche oder andere erhebliche Umweltauswirkungen beschränkt werden. [6] Liegen Landschaftspläne oder sonstige Pläne nach § 1 Absatz 6 Nummer 7 Buchstabe g vor, sind deren Bestandsaufnahmen und Bewertungen in der Umweltprüfung heranzuziehen.

§ 2a Begründung zum Bauleitplanentwurf, Umweltbericht

[1] Die Gemeinde hat im Aufstellungsverfahren dem Entwurf des Bauleitplans eine Begründung beizufügen. [2] In ihr sind entsprechend dem Stand des Verfahrens
1. die Ziele, Zwecke und wesentlichen Auswirkungen des Bauleitplans und
2. in dem Umweltbericht nach der Anlage 1 zu diesem Gesetzbuch die auf Grund der Umweltprüfung nach § 2 Absatz 4 ermittelten und bewerteten Belange des Umweltschutzes
darzulegen. [3] Der Umweltbericht bildet einen gesonderten Teil der Begründung.

§ 3 Beteiligung der Öffentlichkeit

(1) [1] Die Öffentlichkeit ist möglichst frühzeitig über die allgemeinen Ziele und Zwecke der Planung, sich wesentlich unterscheidende Lösungen, die für die Neugestaltung oder Entwicklung eines Gebiets in Betracht kommen, und die voraussichtlichen Auswirkungen der Planung öffentlich zu unterrichten; ihr ist Gelegenheit zur Äußerung und Erörterung zu geben. [2] Auch Kinder und Jugendliche sind Teil der Öffentlichkeit im Sinne des Satzes 1. [3] Von der Unterrichtung und Erörterung kann abgesehen werden, wenn
1. ein Bebauungsplan aufgestellt oder aufgehoben wird und sich dies auf das Plangebiet und die Nachbargebiete nicht oder nur unwesentlich auswirkt oder
2. die Unterrichtung und Erörterung bereits zuvor auf anderer Grundlage erfolgt sind.
[4] An die Unterrichtung und Erörterung schließt sich das Verfahren nach Absatz 2 auch an, wenn die Erörterung zu einer Änderung der Planung führt.

(2) [1] Die Entwürfe der Bauleitpläne sind mit der Begründung und den nach Einschätzung der Gemeinde wesentlichen, bereits vorliegenden umweltbezogenen Stellungnahmen für die Dauer eines Monats, mindestens jedoch für die Dauer von 30 Tagen, oder bei Vorliegen eines wichtigen Grundes für die Dauer einer angemessenen längeren Frist öffentlich auszulegen. [2] Ort und Dauer der Auslegung sowie Angaben dazu, welche Arten umweltbezogener Informationen verfügbar sind, sind mindestens eine Woche vorher ortsüblich bekannt zu machen; dabei ist darauf hinzuweisen, dass Stellungnahmen während der Auslegungsfrist abgegeben werden können und dass nicht fristgerecht abgegebene Stellungnahmen bei der Beschlussfassung über den Bauleitplan unberücksichtigt bleiben können. [3] Die nach Absatz 2 Beteiligten sollen von der Auslegung benachrichtigt werden. [4] Die fristgemäß abgegebenen Stellungnahmen sind zu prüfen; das Ergebnis ist mitzuteilen. [5] Haben mehr als 50 Personen Stellungnahmen mit im Wesentlichen gleichem Inhalt abgegeben, kann die Mitteilung dadurch ersetzt werden, dass diesen Personen die Einsicht in das Ergebnis ermöglicht wird; die Stelle, bei der das Ergebnis der Prüfung während der Dienststunden eingesehen werden kann, ist ortsüblich bekannt zu machen. [6] Bei der Vorlage der Bauleitpläne nach § 6 oder § 10 Absatz 2 sind die nicht berücksichtigten Stellungnahmen mit einer Stellungnahme der Gemeinde beizufügen.

(3) Bei Flächennutzungsplänen ist ergänzend zu dem Hinweis nach Absatz 2 Satz 2 Halbsatz 2 darauf hinzuweisen, dass eine Vereinigung im Sinne des § 4 Absatz 3 Satz 1 Nummer 2 des Umwelt-Rechtsbehelfsgesetzes in einem Rechtsbehelfsverfahren nach § 7 Absatz 2 des Umwelt-Rechtsbehelfsgesetzes gemäß § 7 Absatz 3 Satz 1 des Umwelt-Rechtsbehelfsgesetzes mit allen Einwendungen ausgeschlossen ist, die sie im Rahmen der Auslegungsfrist nicht oder nicht rechtzeitig geltend gemacht hat, aber hätte geltend machen können.

§ 4 Beteiligung der Behörden

(1) [1] Die Behörden und sonstigen Träger öffentlicher Belange, deren Aufgabenbereich durch die Planung berührt werden kann, sind entsprechend § 3 Absatz 1 Satz 1 Halbsatz 1 zu unterrichten und zur Äußerung auch im Hinblick auf den erforderlichen Umfang und Detaillierungsgrad der Umweltprüfung nach § 2 Absatz 4 aufzufordern. [2] Hieran schließt sich das Verfahren nach Absatz 2 auch an, wenn die Äußerung zu einer Änderung der Planung führt.

(2) ¹Die Gemeinde holt die Stellungnahmen der Behörden und sonstigen Träger öffentlicher Belange, deren Aufgabenbereich durch die Planung berührt werden kann, zum Planentwurf und der Begründung ein. ²Sie haben ihre Stellungnahmen innerhalb eines Monats abzugeben, wobei jedoch die Frist zur Abgabe von Stellungnahmen 30 Tage nicht unterschreiten darf; die Gemeinde soll diese Frist bei Vorliegen eines wichtigen Grundes angemessen verlängern. ³In den Stellungnahmen sollen sich die Behörden und sonstigen Träger öffentlicher Belange auf ihren Aufgabenbereich beschränken; sie haben auch Aufschluss über von ihnen beabsichtigte oder bereits eingeleitete Planungen und sonstige Maßnahmen sowie deren zeitliche Abwicklung zu geben, die für die städtebauliche Entwicklung und Ordnung des Gebiets bedeutsam sein können. ⁴Verfügen sie über Informationen, die für die Ermittlung und Bewertung des Abwägungsmaterials zweckdienlich sind, haben sie diese Informationen der Gemeinde zur Verfügung zu stellen.

(3) Nach Abschluss des Verfahrens zur Aufstellung des Bauleitplans unterrichten die Behörden die Gemeinde, sofern nach den ihnen vorliegenden Erkenntnissen die Durchführung des Bauleitplans erhebliche, insbesondere unvorhergesehene nachteilige Auswirkungen auf die Umwelt hat.

§ 4a Gemeinsame Vorschriften zur Beteiligung

(1) Die Vorschriften über die Öffentlichkeits- und Behördenbeteiligung dienen insbesondere der vollständigen Ermittlung und zutreffenden Bewertung der von der Planung berührten Belange und der Information der Öffentlichkeit.

(2) Die Unterrichtung nach § 3 Absatz 1 kann gleichzeitig mit der Unterrichtung nach § 4 Absatz 1, die Auslegung nach § 3 Absatz 2 kann gleichzeitig mit der Einholung der Stellungnahmen nach § 4 Absatz 2 durchgeführt werden.

(3) ¹Wird der Entwurf des Bauleitplans nach dem Verfahren nach § 3 Absatz 2 oder § 4 Absatz 2 geändert oder ergänzt, ist er erneut auszulegen und sind die Stellungnahmen erneut einzuholen. ²Dabei kann bestimmt werden, dass Stellungnahmen nur zu den geänderten oder ergänzten Teilen abgegeben werden können; hierauf ist in der erneuten Bekanntmachung nach § 3 Absatz 2 Satz 2 hinzuweisen. ³Die Dauer der Auslegung und die Frist zur Stellungnahme kann angemessen verkürzt werden. ⁴Werden durch die Änderung oder Ergänzung des Entwurfs des Bauleitplans die Grundzüge der Planung nicht berührt, kann die Einholung der Stellungnahmen auf die von der Änderung oder Ergänzung betroffene Öffentlichkeit sowie die berührten Behörden und sonstige Träger öffentlicher Belange beschränkt werden.

(4) ¹Der Inhalt der ortsüblichen Bekanntmachung nach § 3 Absatz 2 Satz 2 und die nach § 3 Absatz 2 Satz 1 auszulegenden Unterlagen sind zusätzlich in das Internet einzustellen und über ein zentrales Internetportal des Landes zugänglich zu machen. ²Die Stellungnahmen der Behörden und sonstigen Träger öffentlicher Belange können durch Mitteilung von Ort und Dauer der öffentlichen Auslegung nach § 3 Absatz 2 und der Internetadresse, unter der der Inhalt der Bekanntmachung und die Unterlagen nach Satz 1 im Internet eingesehen werden können, eingeholt werden; die Mitteilung kann elektronisch übermittelt werden. ³In den Fällen des Satzes 2 hat die Gemeinde der Behörde oder einem sonstigen Träger öffentlicher Belange auf Verlangen den Entwurf des Bauleitplans und der Begründung in Papierform zu übermitteln; § 4 Absatz 2 Satz 2 bleibt unberührt.

(5) ¹Bei Bauleitplänen, die erhebliche Auswirkungen auf Nachbarstaaten haben können, sind die Gemeinden und Behörden des Nachbarstaates nach den Grundsätzen der Gegenseitigkeit und Gleichwertigkeit zu unterrichten. ²Abweichend von Satz 1 ist bei Bauleitplänen, die erhebliche Umweltauswirkungen auf einen anderen Staat haben können, dieser nach den Vorschriften des Gesetzes über die Umweltverträglichkeitsprüfung zu beteiligen; für die Stellungnahmen der Öffentlichkeit und Behörden des anderen Staates, einschließlich der Rechtsfolgen nicht rechtzeitig abgegebener Stellungnahmen, sind abweichend von den Vorschriften des Gesetzes über die Umweltverträglichkeitsprüfung die Vorschriften dieses Gesetzbuchs entsprechend anzuwenden. ³Ist bei Bauleitplänen eine grenzüberschreitende Beteiligung nach Satz 2 erforderlich, ist hierauf bei der Bekanntmachung nach § 3 Absatz 2 Satz 2 hinzuweisen.

(6) ¹Stellungnahmen, die im Verfahren der Öffentlichkeits- und Behördenbeteiligung nicht rechtzeitig abgegeben worden sind, können bei der Beschlussfassung über den Bauleitplan unberücksichtigt bleiben, sofern die Gemeinde deren Inhalt nicht kannte und nicht hätte kennen müssen und deren Inhalt für die Rechtmäßigkeit des Bauleitplans nicht von Bedeutung ist. ²Satz 1 gilt für in der Öffentlichkeitsbeteiligung abgegebene Stellungnahmen nur, wenn darauf in der Bekanntmachung nach § 3 Absatz 2 Satz 2 zur Öffentlichkeitsbeteiligung hingewiesen worden ist.

§ 4b Einschaltung eines Dritten

¹Die Gemeinde kann insbesondere zur Beschleunigung des Bauleitplanverfahrens die Vorbereitung und Durchführung von Verfahrensschritten nach den §§ 2a bis 4a einem Dritten übertragen. ²Sie kann einem Dritten auch die Durchführung einer Mediation oder eines anderen Verfahrens der außergerichtlichen Konfliktbeilegung übertragen.

§ 4c Überwachung

¹Die Gemeinden überwachen die erheblichen Umweltauswirkungen, die auf Grund der Durchführung der Bauleitpläne eintreten, um insbesondere unvorhergesehene nachteilige Auswirkungen frühzeitig zu ermitteln und in der Lage zu sein, geeignete Maßnahmen zur Abhilfe zu ergreifen; Gegenstand der Überwachung ist auch die Durchführung von Darstellungen oder Festsetzungen nach § 1a Absatz 3 Satz 2 und von Maßnahmen nach § 1a Absatz 3 Satz 4. ²Sie nutzen dabei die im Umweltbericht nach Nummer 3 Buchstabe b der Anlage 1 zu diesem Gesetzbuch angegebenen Überwachungsmaßnahmen und die Informationen der Behörden nach § 4 Absatz 3.

Zweiter Abschnitt Vorbereitender Bauleitplan (Flächennutzungsplan)

§ 5 Inhalt des Flächennutzungsplans

(1) [1] Im Flächennutzungsplan ist für das ganze Gemeindegebiet die sich aus der beabsichtigten städtebaulichen Entwicklung ergebende Art der Bodennutzung nach den voraussehbaren Bedürfnissen der Gemeinde in den Grundzügen darzustellen. [2] Aus dem Flächennutzungsplan können Flächen und sonstige Darstellungen ausgenommen werden, wenn dadurch die nach Satz 1 darzustellenden Grundzüge nicht berührt werden und die Gemeinde beabsichtigt, die Darstellung zu einem späteren Zeitpunkt vorzunehmen; in der Begründung sind die Gründe hierfür darzulegen.

(2) Im Flächennutzungsplan können insbesondere dargestellt werden:
1. die für die Bebauung vorgesehenen Flächen nach der allgemeinen Art ihrer baulichen Nutzung (Bauflächen), nach der besonderen Art ihrer baulichen Nutzung (Baugebiete) sowie nach dem allgemeinen Maß der baulichen Nutzung; Bauflächen, für die eine zentrale Abwasserbeseitigung nicht vorgesehen ist, sind zu kennzeichnen;
2. die Ausstattung des Gemeindegebiets
 a) mit Anlagen und Einrichtungen zur Versorgung mit Gütern und Dienstleistungen des öffentlichen und privaten Bereichs, insbesondere mit der Allgemeinheit dienenden baulichen Anlagen und Einrichtungen des Gemeinbedarfs, wie mit Schulen und Kirchen sowie mit sonstigen kirchlichen, sozialen, gesundheitlichen und kulturellen Zwecken dienenden Gebäuden und Einrichtungen, sowie mit Flächen für Sport- und Spielanlagen,
 b) mit Anlagen, Einrichtungen und sonstigen Maßnahmen, die dem Klimawandel entgegenwirken, insbesondere zur dezentralen und zentralen Erzeugung, Verteilung, Nutzung oder Speicherung von Strom, Wärme oder Kälte aus erneuerbaren Energien oder Kraft-Wärme-Kopplung,
 c) mit Anlagen, Einrichtungen und sonstigen Maßnahmen, die der Anpassung an den Klimawandel dienen,
 d) mit zentralen Versorgungsbereichen;
3. die Flächen für den überörtlichen Verkehr und für die örtlichen Hauptverkehrszüge;
4. die Flächen für Versorgungsanlagen, für die Abfallentsorgung und Abwasserbeseitigung, für Ablagerungen sowie für Hauptversorgungs- und Hauptabwasserleitungen;
5. die Grünflächen, wie Parkanlagen, Dauerkleingärten, Sport-, Spiel-, Zelt- und Badeplätze, Friedhöfe;
6. die Flächen für Nutzungsbeschränkungen oder für Vorkehrungen zum Schutz gegen schädliche Umwelteinwirkungen im Sinne des Bundes-Immissionsschutzgesetzes;
7. die Wasserflächen, Häfen und die für die Wasserwirtschaft vorgesehenen Flächen sowie die Flächen, die im Interesse des Hochwasserschutzes und der Regelung des Wasserabflusses freizuhalten sind;
8. die Flächen für Aufschüttungen, Abgrabungen oder für die Gewinnung von Steinen, Erden und anderen Bodenschätzen;
9. a) die Flächen für die Landwirtschaft und
 b) Wald;
10. die Flächen für Maßnahmen zum Schutz, zur Pflege und zur Entwicklung von Boden, Natur und Landschaft.

(2a) Flächen zum Ausgleich im Sinne des § 1a Abs. 3 im Geltungsbereich des Flächennutzungsplans können den Flächen, auf denen Eingriffe in Natur und Landschaft zu erwarten sind, ganz oder teilweise zugeordnet werden.

(2b) Für die Zwecke des § 35 Absatz 3 Satz 3 können sachliche Teilflächennutzungspläne aufgestellt werden; sie können auch für Teile des Gemeindegebiets aufgestellt werden.

(3) Im Flächennutzungsplan sollen gekennzeichnet werden:
1. Flächen, bei deren Bebauung besondere bauliche Vorkehrungen gegen äußere Einwirkungen oder bei denen besondere bauliche Sicherungsmaßnahmen gegen Naturgewalten erforderlich sind;
2. Flächen, unter denen der Bergbau umgeht oder die für den Abbau von Mineralien bestimmt sind;
3. für bauliche Nutzungen vorgesehene Flächen, deren Böden erheblich mit umweltgefährdenden Stoffen belastet sind.

(4) [1] Planungen und sonstige Nutzungsregelungen, die nach anderen gesetzlichen Vorschriften festgesetzt sind, sowie nach Landesrecht denkmalgeschützte Mehrheiten von baulichen Anlagen sollen nachrichtlich übernommen werden. [2] Sind derartige Festsetzungen in Aussicht genommen, sollen sie im Flächennutzungsplan vermerkt werden.

(4a) [1] Festgesetzte Überschwemmungsgebiete im Sinne des § 76 Absatz 2 des Wasserhaushaltsgesetzes, Risikogebiete außerhalb von Überschwemmungsgebieten im Sinne des § 78b Absatz 1 des Wasserhaushaltsgesetzes sowie Hochwasserentstehungsgebiete im Sinne des § 78d Absatz 1 des Wasserhaushaltsgesetzes sollen nachrichtlich übernommen werden. [2] Noch nicht festgesetzte Überschwemmungsgebiete im Sinne des § 76 Absatz 3 des Wasserhaushaltsgesetzes sowie als Risikogebiete im Sinne des § 73 Absatz 1 Satz 1 des Wasserhaushaltsgesetzes bestimmte Gebiete sollen im Flächennutzungsplan vermerkt werden.

(5) Dem Flächennutzungsplan ist eine Begründung mit den Angaben nach § 2a beizufügen.

§ 6 Genehmigung des Flächennutzungsplans

(1) Der Flächennutzungsplan bedarf der Genehmigung der höheren Verwaltungsbehörde.

(2) Die Genehmigung darf nur versagt werden, wenn der Flächennutzungsplan nicht ordnungsgemäß zustande gekommen ist oder diesem Gesetzbuch, den auf Grund dieses Gesetzbuchs erlassenen oder sonstigen Rechtsvorschriften widerspricht.

(3) Können Versagungsgründe nicht ausgeräumt werden, kann die höhere Verwaltungsbehörde räumliche oder sachliche Teile des Flächennutzungsplans von der Genehmigung ausnehmen.

(4) [1] Über die Genehmigung ist binnen drei Monaten zu entscheiden; die höhere Verwaltungsbehörde kann räumliche und sachliche Teile des Flächennutzungsplans vorweg genehmigen. [2] Aus wichtigen Gründen kann die Frist auf Antrag der Genehmigungsbehörde von der zuständigen übergeordneten Behörde verlängert werden, in der Regel jedoch nur bis zu drei Monaten. [3] Die Gemeinde ist von der Fristverlängerung in Kenntnis zu setzen. [4] Die Genehmigung gilt als erteilt, wenn sie nicht innerhalb der Frist unter Angabe von Gründen abgelehnt wird.

(5) [1] Die Erteilung der Genehmigung ist ortsüblich bekannt zu machen. [2] Mit der Bekanntmachung wird der Flächennutzungsplan wirksam. [3] Jedermann kann den Flächennutzungsplan, die Begründung und die zusammenfassende Erklärung nach § 6a Absatz 1 einsehen und über deren Inhalt Auskunft verlangen.

(6) Mit dem Beschluss über eine Änderung oder Ergänzung des Flächennutzungsplans kann die Gemeinde auch bestimmen, dass der Flächennutzungsplan in der Fassung, die er durch die Änderung oder Ergänzung erfahren hat, neu bekannt zu machen ist.

§ 6a Zusammenfassende Erklärung zum Flächennutzungsplan; Einstellen in das Internet

(1) Dem wirksamen Flächennutzungsplan ist eine zusammenfassende Erklärung beizufügen über die Art und Weise, wie die Umweltbelange und die Ergebnisse der Öffentlichkeits- und Behördenbeteiligung in dem Flächennutzungsplan berücksichtigt wurden, und über die Gründe, aus denen der Plan nach Abwägung mit den geprüften, in Betracht kommenden anderweitigen Planungsmöglichkeiten gewählt wurde.

(2) Der wirksame Flächennutzungsplan mit der Begründung und der zusammenfassenden Erklärung soll ergänzend auch in das Internet eingestellt und über ein zentrales Internetportal des Landes zugänglich gemacht werden.

§ 7 Anpassung an den Flächennutzungsplan

[1] Öffentliche Planungsträger, die nach § 4 oder § 13 beteiligt worden sind, haben ihre Planungen dem Flächennutzungsplan insoweit anzupassen, als sie diesem Plan nicht widersprochen haben. [2] Der Widerspruch ist bis zum Beschluss der Gemeinde einzulegen. [3] Macht eine Veränderung der Sachlage eine abweichende Planung erforderlich, haben sie sich unverzüglich mit der Gemeinde ins Benehmen zu setzen. [4] Kann ein Einvernehmen zwischen der Gemeinde und dem öffentlichen Planungsträger nicht erreicht werden, kann der öffentliche Planungsträger nachträglich widersprechen. [5] Der Widerspruch ist nur zulässig, wenn die für die abweichende Planung geltend gemachten Belange die sich aus dem Flächennutzungsplan ergebenden städtebaulichen Belange nicht nur unwesentlich überwiegen. [6] Im Falle einer abweichenden Planung ist § 37 Absatz 3 auf die durch die Änderung oder Ergänzung des Flächennutzungsplans oder eines Bebauungsplans, der aus dem Flächennutzungsplan entwickelt worden ist und geändert, ergänzt oder aufgehoben werden musste, entstehenden Aufwendungen und Kosten entsprechend anzuwenden; § 38 Satz 3 bleibt unberührt.

Dritter Abschnitt Verbindlicher Bauleitplan (Bebauungsplan)

§ 8 Zweck des Bebauungsplans

(1) [1] Der Bebauungsplan enthält die rechtsverbindlichen Festsetzungen für die städtebauliche Ordnung. [2] Er bildet die Grundlage für weitere, zum Vollzug dieses Gesetzbuchs erforderliche Maßnahmen.

(2) [1] Bebauungspläne sind aus dem Flächennutzungsplan zu entwickeln. [2] Ein Flächennutzungsplan ist nicht erforderlich, wenn der Bebauungsplan ausreicht, um die städtebauliche Entwicklung zu ordnen.

(3) [1] Mit der Aufstellung, Änderung, Ergänzung oder Aufhebung eines Bebauungsplans kann gleichzeitig auch der Flächennutzungsplan aufgestellt, geändert oder ergänzt werden (Parallelverfahren). [2] Der Bebauungsplan kann vor dem Flächennutzungsplan bekannt gemacht werden, wenn nach dem Stand der Planungsarbeiten anzunehmen ist, dass der Bebauungsplan aus den künftigen Darstellungen des Flächennutzungsplans entwickelt sein wird.

(4) [1] Ein Bebauungsplan kann aufgestellt, geändert, ergänzt oder aufgehoben werden, bevor der Flächennutzungsplan aufgestellt ist, wenn dringende Gründe es erfordern und wenn der Bebauungsplan der beabsichtigten städtebaulichen Entwicklung des Gemeindegebiets nicht entgegenstehen wird (vorzeitiger Bebauungsplan). [2] Gilt bei Gebiets- oder Bestandsänderungen von Gemeinden oder anderen Veränderungen der Zuständigkeit für die Aufstellung von Flächennutzungsplänen ein Flächennutzungsplan fort, kann ein vorzeitiger Bebauungsplan auch aufgestellt werden, bevor der Flächennutzungsplan ergänzt oder geändert ist.

§ 9 Inhalt des Bebauungsplans

(1) Im Bebauungsplan können aus städtebaulichen Gründen festgesetzt werden:
1. die Art und das Maß der baulichen Nutzung;
2. die Bauweise, die überbaubaren und die nicht überbaubaren Grundstücksflächen sowie die Stellung der baulichen Anlagen;
2a. vom Bauordnungsrecht abweichende Maße der Tiefe der Abstandsflächen;
3. für die Größe, Breite und Tiefe der Baugrundstücke Mindestmaße und aus Gründen des sparsamen und schonenden Umgangs mit Grund und Boden für Wohnbaugrundstücke auch Höchstmaße;
4. die Flächen für Nebenanlagen, die auf Grund anderer Vorschriften für die Nutzung von Grundstücken erforderlich sind, wie Spiel-, Freizeit- und Erholungsflächen sowie die Flächen für Stellplätze und Garagen mit ihren Einfahrten;
5. die Flächen für den Gemeinbedarf sowie für Sport- und Spielanlagen;

6. die höchstzulässige Zahl der Wohnungen in Wohngebäuden;
7. die Flächen, auf denen ganz oder teilweise nur Wohngebäude, die mit Mitteln der sozialen Wohnraumförderung gefördert werden könnten, errichtet werden dürfen;
8. einzelne Flächen, auf denen ganz oder teilweise nur Wohngebäude errichtet werden dürfen, die für Personengruppen mit besonderem Wohnbedarf bestimmt sind;
9. der besondere Nutzungszweck von Flächen;
10. die Flächen, die von der Bebauung freizuhalten sind, und ihre Nutzung;
11. die Verkehrsflächen sowie Verkehrsflächen besonderer Zweckbestimmung, wie Fußgängerbereiche, Flächen für das Parken von Fahrzeugen, Flächen für Ladeinfrastruktur elektrisch betriebener Fahrzeuge, Flächen für das Abstellen von Fahrrädern sowie den Anschluss anderer Flächen an die Verkehrsflächen; die Flächen können auch als öffentliche oder private Flächen festgesetzt werden;
12. die Versorgungsflächen, einschließlich der Flächen für Anlagen und Einrichtungen zur dezentralen und zentralen Erzeugung, Verteilung, Nutzung oder Speicherung von Strom, Wärme oder Kälte aus erneuerbaren Energien oder Kraft-Wärme-Kopplung;
13. die Führung von oberirdischen oder unterirdischen Versorgungsanlagen und -leitungen;
14. die Flächen für die Abfall- und Abwasserbeseitigung, einschließlich der Rückhaltung und Versickerung von Niederschlagswasser, sowie für Ablagerungen;
15. die öffentlichen und privaten Grünflächen, wie Parkanlagen, Naturerfahrungsräume, Dauerkleingärten, Sport-, Spiel-, Zelt- und Badeplätze, Friedhöfe;
16. a) die Wasserflächen und die Flächen für die Wasserwirtschaft,
 b) die Flächen für Hochwasserschutzanlagen und für die Regelung des Wasserabflusses,
 c) Gebiete, in denen bei der Errichtung baulicher Anlagen bestimmte bauliche oder technische Maßnahmen getroffen werden müssen, die der Vermeidung oder Verringerung von Hochwasserschäden einschließlich Schäden durch Starkregen dienen, sowie die Art dieser Maßnahmen,
 d) die Flächen, die auf einem Baugrundstück für die natürliche Versickerung von Wasser aus Niederschlägen freigehalten werden müssen, um insbesondere Hochwasserschäden, einschließlich Schäden durch Starkregen, vorzubeugen;
17. die Flächen für Aufschüttungen, Abgrabungen oder für die Gewinnung von Steinen, Erden und anderen Bodenschätzen;
18. a) die Flächen für die Landwirtschaft und
 b) Wald;
19. die Flächen für die Errichtung von Anlagen für die Kleintierhaltung wie Ausstellungs- und Zuchtanlagen, Zwinger, Koppeln und dergleichen;
20. die Flächen oder Maßnahmen zum Schutz, zur Pflege und zur Entwicklung von Boden, Natur und Landschaft;
21. die mit Geh-, Fahr- und Leitungsrechten zugunsten der Allgemeinheit, eines Erschließungsträgers oder eines beschränkten Personenkreises zu belastenden Flächen;
22. die Flächen für Gemeinschaftsanlagen für bestimmte räumliche Bereiche wie Kinderspielplätze, Freizeiteinrichtungen, Stellplätze und Garagen;
23. Gebiete, in denen
 a) zum Schutz vor schädlichen Umwelteinwirkungen im Sinne des Bundes-Immissionsschutzgesetzes bestimmte Luft verunreinigende Stoffe nicht oder nur beschränkt verwendet werden dürfen,
 b) bei der Errichtung von Gebäuden oder bestimmten sonstigen baulichen Anlagen bestimmte bauliche und sonstige technische Maßnahmen für die Erzeugung, Nutzung oder Speicherung von Strom, Wärme oder Kälte aus erneuerbaren Energien oder Kraft-Wärme-Kopplung getroffen werden müssen,
 c) bei der Errichtung, Änderung oder Nutzungsänderung von nach Art, Maß oder Nutzungsintensität zu bestimmenden Gebäuden oder sonstigen baulichen Anlagen in der Nachbarschaft von Betriebsbereichen nach § 3 Absatz 5a des Bundes-Immissionsschutzgesetzes bestimmte bauliche und sonstige technische Maßnahmen, die der Vermeidung oder Minderung der Folgen von Störfällen dienen, getroffen werden müssen;
24. die von der Bebauung freizuhaltenden Schutzflächen und ihre Nutzung, die Flächen für besondere Anlagen und Vorkehrungen zum Schutz vor schädlichen Umwelteinwirkungen und sonstigen Gefahren im Sinne des Bundes-Immissionsschutzgesetzes sowie die zum Schutz vor solchen Einwirkungen oder zur Vermeidung oder Minderung solcher Einwirkungen zu treffenden baulichen und sonstigen technischen Vorkehrungen, einschließlich von Maßnahmen zum Schutz vor schädlichen Umwelteinwirkungen durch Geräusche, wobei die Vorgaben des Immissionsschutzrechts unberührt bleiben;
25. für einzelne Flächen oder für ein Bebauungsplangebiet oder Teile davon sowie für Teile baulicher Anlagen mit Ausnahme der für landwirtschaftliche Nutzungen oder Wald festgesetzten Flächen
 a) das Anpflanzen von Bäumen, Sträuchern und sonstigen Bepflanzungen,
 b) Bindungen für Bepflanzungen und für die Erhaltung von Bäumen, Sträuchern und sonstigen Bepflanzungen sowie von Gewässern;
26. die Flächen für Aufschüttungen, Abgrabungen und Stützmauern, soweit sie zur Herstellung des Straßenkörpers erforderlich sind.

(1a) [1] Flächen oder Maßnahmen zum Ausgleich im Sinne des § 1a Absatz 3 können auf den Grundstücken, auf denen Eingriffe in Natur und Landschaft zu erwarten sind, oder an anderer Stelle sowohl im sonstigen Geltungsbereich des Bebauungsplans als auch in einem anderen Bebauungsplan festgesetzt werden. [2] Die Flächen oder Maßnahmen

zum Ausgleich an anderer Stelle können den Grundstücken, auf denen Eingriffe zu erwarten sind, ganz oder teilweise zugeordnet werden; dies gilt auch für Maßnahmen auf von der Gemeinde bereitgestellten Flächen.

(2) [1] Im Bebauungsplan kann in besonderen Fällen festgesetzt werden, dass bestimmte der in ihm festgesetzten baulichen und sonstigen Nutzungen und Anlagen nur
1. für einen bestimmten Zeitraum zulässig oder
2. bis zum Eintritt bestimmter Umstände zulässig oder unzulässig
sind. [2] Die Folgenutzung soll festgesetzt werden.

(2a) [1] Für im Zusammenhang bebaute Ortsteile (§ 34) kann zur Erhaltung oder Entwicklung zentraler Versorgungsbereiche, auch im Interesse einer verbrauchernahen Versorgung der Bevölkerung und der Innenentwicklung der Gemeinden, in einem Bebauungsplan festgesetzt werden, dass nur bestimmte Arten der nach § 34 Abs. 1 und 2 zulässigen baulichen Nutzungen zulässig oder nicht zulässig sind oder nur ausnahmsweise zugelassen werden können; die Festsetzungen können für Teile des räumlichen Geltungsbereichs des Bebauungsplans unterschiedlich getroffen werden. [2] Dabei ist insbesondere ein hierauf bezogenes städtebauliches Entwicklungskonzept im Sinne des § 1 Abs. 6 Nr. 11 zu berücksichtigen, das Aussagen über die zu erhaltenden oder zu entwickelnden zentralen Versorgungsbereiche der Gemeinde oder eines Gemeindeteils enthält. [3] In den zu erhaltenden oder zu entwickelnden zentralen Versorgungsbereichen sollen die planungsrechtlichen Voraussetzungen für Vorhaben, die diesen Versorgungsbereichen dienen, nach § 30 oder § 34 vorhanden oder durch einen Bebauungsplan, dessen Aufstellung förmlich eingeleitet ist, vorgesehen sein.

(2b) Für im Zusammenhang bebaute Ortsteile (§ 34) kann in einem Bebauungsplan, auch für Teile des räumlichen Geltungsbereichs des Bebauungsplans, festgesetzt werden, dass Vergnügungsstätten oder bestimmte Arten von Vergnügungsstätten zulässig oder nicht zulässig sind oder nur ausnahmsweise zugelassen werden können, um
1. eine Beeinträchtigung von Wohnnutzungen oder anderen schutzbedürftigen Anlagen wie Kirchen, Schulen und Kindertagesstätten oder
2. eine Beeinträchtigung der sich aus der vorhandenen Nutzung ergebenden städtebaulichen Funktion des Gebiets, insbesondere durch eine städtebaulich nachteilige Häufung von Vergnügungsstätten,
zu verhindern.

(2c) Für im Zusammenhang bebaute Ortsteile nach § 34 und für Gebiete nach § 30 in der Nachbarschaft von Betriebsbereichen nach § 3 Absatz 5a des Bundes-Immissionsschutzgesetzes kann zur Vermeidung oder Verringerung der Folgen von Störfällen für bestimmte Nutzungen, Arten von Nutzungen oder für nach Art, Maß oder Nutzungsintensität zu bestimmende Gebäude oder sonstige bauliche Anlagen in einem Bebauungsplan festgesetzt werden, dass diese zulässig, nicht zulässig oder nur ausnahmsweise zulässig sind; die Festsetzungen können für Teile des räumlichen Geltungsbereichs des Bebauungsplans unterschiedlich getroffen werden.

(2d) [1] Für im Zusammenhang bebaute Ortsteile (§ 34) können in einem Bebauungsplan zur Wohnraumversorgung eine oder mehrere der folgenden Festsetzungen getroffen werden:
1. Flächen, auf denen Wohngebäude errichtet werden dürfen;
2. Flächen, auf denen nur Gebäude errichtet werden dürfen, bei denen einzelne oder alle Wohnungen die baulichen Voraussetzungen für eine Förderung mit Mitteln der sozialen Wohnraumförderung erfüllen, oder
3. Flächen, auf denen nur Gebäude errichtet werden dürfen, bei denen sich ein Vorhabenträger hinsichtlich einzelner oder aller Wohnungen dazu verpflichtet, die zum Zeitpunkt der Verpflichtung geltenden Förderbedingungen der sozialen Wohnraumförderung, insbesondere die Miet- und Belegungsbindung, einzuhalten und die Einhaltung dieser Verpflichtung in geeigneter Weise sichergestellt wird.
[2] Ergänzend können eine oder mehrere der folgenden Festsetzungen getroffen werden:
1. das Maß der baulichen Nutzung;
2. die Bauweise, die überbaubaren und die nicht überbaubaren Grundstücksflächen sowie die Stellung der baulichen Anlagen;
3. vom Bauordnungsrecht abweichende Maße der Tiefe der Abstandsflächen;
4. Mindestmaße für die Größe, Breite und Tiefe der Baugrundstücke;
5. Höchstmaße für die Größe, Breite und Tiefe der Wohnbaugrundstücke, aus Gründen des sparsamen und schonenden Umgangs mit Grund und Boden.
[3] Die Festsetzungen nach den Sätzen 1 und 2 können für Teile des räumlichen Geltungsbereichs des Bebauungsplans getroffen werden. [4] Die Festsetzungen nach den Sätzen 1 bis 3 können für Teile des räumlichen Geltungsbereichs des Bebauungsplans oder für Geschosse, Ebenen oder sonstige Teile baulicher Anlagen unterschiedlich getroffen werden. [5] Das Verfahren zur Aufstellung eines Bebauungsplans nach diesem Absatz kann nur bis zum Ablauf des 31. Dezember 2024 förmlich eingeleitet werden. [6] Der Satzungsbeschluss nach § 10 Absatz 1 ist bis zum Ablauf des 31. Dezember 2026 zu fassen.

(3) [1] Bei Festsetzungen nach Absatz 1 kann auch die Höhenlage festgesetzt werden. [2] Festsetzungen nach Absatz 1 für übereinanderliegende Geschosse und Ebenen und sonstige Teile baulicher Anlagen können gesondert getroffen werden; dies gilt auch, soweit Geschosse, Ebenen und sonstige Teile baulicher Anlagen unterhalb der Geländeoberfläche vorgesehen sind.

(4) Die Länder können durch Rechtsvorschriften bestimmen, dass auf Landesrecht beruhende Regelungen in den Bebauungsplan als Festsetzungen aufgenommen werden können und inwieweit auf diese Festsetzungen die Vorschriften dieses Gesetzbuchs Anwendung finden.

(5) Im Bebauungsplan sollen gekennzeichnet werden:

1. Flächen, bei deren Bebauung besondere bauliche Vorkehrungen gegen äußere Einwirkungen oder bei denen besondere bauliche Sicherungsmaßnahmen gegen Naturgewalten erforderlich sind;
2. Flächen, unter denen der Bergbau umgeht oder die für den Abbau von Mineralien bestimmt sind;
3. Flächen, deren Böden erheblich mit umweltgefährdenden Stoffen belastet sind.

(6) Nach anderen gesetzlichen Vorschriften getroffene Festsetzungen, gemeindliche Regelungen zum Anschluss- und Benutzungszwang sowie Denkmäler nach Landesrecht sollen in den Bebauungsplan nachrichtlich übernommen werden, soweit sie zu seinem Verständnis oder für die städtebauliche Beurteilung von Baugesuchen notwendig oder zweckmäßig sind.

(6a) [1] Festgesetzte Überschwemmungsgebiete im Sinne des § 76 Absatz 2 des Wasserhaushaltsgesetzes, Risikogebiete außerhalb von Überschwemmungsgebieten im Sinne des § 78b Absatz 1 des Wasserhaushaltsgesetzes sowie Hochwasserentstehungsgebiete im Sinne des § 78d Absatz 1 des Wasserhaushaltsgesetzes sollen nachrichtlich übernommen werden. [2] Noch nicht festgesetzte Überschwemmungsgebiete im Sinne des § 76 Absatz 3 des Wasserhaushaltsgesetzes sowie als Risikogebiete im Sinne des § 73 Absatz 1 Satz 1 des Wasserhaushaltsgesetzes bestimmte Gebiete sollen im Bebauungsplan vermerkt werden.

(7) Der Bebauungsplan setzt die Grenzen seines räumlichen Geltungsbereichs fest.

(8) Dem Bebauungsplan ist eine Begründung mit den Angaben nach § 2a beizufügen.

§ 9a Verordnungsermächtigung

Das Bundesministerium des Innern, für Bau und Heimat wird ermächtigt, mit Zustimmung des Bundesrates durch Rechtsverordnung Vorschriften zu erlassen über
1. Darstellungen und Festsetzungen in den Bauleitplänen über
 a) die Art der baulichen Nutzung,
 b) das Maß der baulichen Nutzung und seine Berechnung,
 c) die Bauweise sowie die überbaubaren und die nicht überbaubaren Grundstücksflächen;
2. die in den Baugebieten zulässigen baulichen und sonstigen Anlagen;
3. die Zulässigkeit der Festsetzung nach Maßgabe des § 9 Absatz 3 über verschiedenartige Baugebiete oder verschiedenartige in den Baugebieten zulässige bauliche und sonstige Anlagen;
4. die Ausarbeitung der Bauleitpläne einschließlich der dazugehörigen Unterlagen sowie über die Darstellung des Planinhalts, insbesondere über die dabei zu verwendenden Planzeichen und ihre Bedeutung.

§ 10 Beschluss, Genehmigung und Inkrafttreten des Bebauungsplans

(1) Die Gemeinde beschließt den Bebauungsplan als Satzung.

(2) [1] Bebauungspläne nach § 8 Absatz 2 Satz 2, Absatz 3 Satz 2 und Absatz 4 bedürfen der Genehmigung der höheren Verwaltungsbehörde. [2] § 6 Absatz 2 und 4 ist entsprechend anzuwenden.

(3) [1] Die Erteilung der Genehmigung oder, soweit eine Genehmigung nicht erforderlich ist, der Beschluss des Bebauungsplans durch die Gemeinde ist ortsüblich bekannt zu machen. [2] Der Bebauungsplan ist mit der Begründung und der zusammenfassenden Erklärung nach § 10a Absatz 1 zu jedermanns Einsicht bereitzuhalten; über den Inhalt ist auf Verlangen Auskunft zu geben. [3] In der Bekanntmachung ist darauf hinzuweisen, wo der Bebauungsplan eingesehen werden kann. [4] Mit der Bekanntmachung tritt der Bebauungsplan in Kraft. [5] Die Bekanntmachung tritt an die Stelle der sonst für Satzungen vorgeschriebenen Veröffentlichung.

§ 10a Zusammenfassende Erklärung zum Bebauungsplan; Einstellen in das Internet

(1) Dem in Kraft getretenen Bebauungsplan ist eine zusammenfassende Erklärung beizufügen über die Art und Weise, wie die Umweltbelange und die Ergebnisse der Öffentlichkeits- und Behördenbeteiligung in dem Bebauungsplan berücksichtigt wurden, und über die Gründe, aus denen der Plan nach Abwägung mit den geprüften, in Betracht kommenden anderweitigen Planungsmöglichkeiten gewählt wurde.

(2) Der in Kraft getretene Bebauungsplan mit der Begründung und der zusammenfassenden Erklärung soll ergänzend auch in das Internet eingestellt und über ein zentrales Internetportal des Landes zugänglich gemacht werden.

Vierter Abschnitt Zusammenarbeit mit Privaten; vereinfachtes Verfahren

§ 11 Städtebaulicher Vertrag

(1) [1] Die Gemeinde kann städtebauliche Verträge schließen. [2] Gegenstände eines städtebaulichen Vertrags können insbesondere sein:
1. die Vorbereitung oder Durchführung städtebaulicher Maßnahmen durch den Vertragspartner auf eigene Kosten; dazu gehören auch die Neuordnung der Grundstücksverhältnisse, die Bodensanierung und sonstige vorbereitende Maßnahmen, die Erschließung durch nach Bundes- oder nach Landesrecht beitragsfähige sowie nicht beitragsfähige Erschließungsanlagen, die Ausarbeitung der städtebaulichen Planungen sowie erforderlichenfalls des Umweltberichts; die Verantwortung der Gemeinde für das gesetzlich vorgesehene Planaufstellungsverfahren bleibt unberührt;
2. die Förderung und Sicherung der mit der Bauleitplanung verfolgten Ziele, insbesondere die Grundstücksnutzung, auch hinsichtlich einer Befristung oder einer Bedingung, die Durchführung des Ausgleichs im Sinne des § 1a Absatz 3, die Berücksichtigung baukultureller Belange, die Deckung des Wohnbedarfs von Bevölkerungsgruppen mit besonderen Wohnraumversorgungsproblemen sowie der Erwerb angemessenen Wohnraums durch einkommensschwächere und weniger begüterte Personen der örtlichen Bevölkerung;

3. die Übernahme von Kosten oder sonstigen Aufwendungen, die der Gemeinde für städtebauliche Maßnahmen entstehen oder entstanden sind und die Voraussetzung oder Folge des geplanten Vorhabens sind; dazu gehört auch die Bereitstellung von Grundstücken;
4. entsprechend den mit den städtebaulichen Planungen und Maßnahmen verfolgten Zielen und Zwecken die Errichtung und Nutzung von Anlagen und Einrichtungen zur dezentralen und zentralen Erzeugung, Verteilung, Nutzung oder Speicherung von Strom, Wärme oder Kälte aus erneuerbaren Energien oder Kraft-Wärme-Kopplung;
5. entsprechend den mit den städtebaulichen Planungen und Maßnahmen verfolgten Zielen und Zwecken die Anforderungen an die energetische Qualität von Gebäuden.
[3] Die Gemeinde kann städtebauliche Verträge auch mit einer juristischen Person abschließen, an der sie beteiligt ist.

(2) [1] Die vereinbarten Leistungen müssen den gesamten Umständen nach angemessen sein. [2] Die Vereinbarung einer vom Vertragspartner zu erbringenden Leistung ist unzulässig, wenn er auch ohne sie einen Anspruch auf die Gegenleistung hätte. [3] Trägt oder übernimmt der Vertragspartner Kosten oder sonstige Aufwendungen, ist unbeschadet des Satzes 1 eine Eigenbeteiligung der Gemeinde nicht erforderlich.

(3) Ein städtebaulicher Vertrag bedarf der Schriftform, soweit nicht durch Rechtsvorschriften eine andere Form vorgeschrieben ist.

(4) Die Zulässigkeit anderer städtebaulicher Verträge bleibt unberührt.

§ 12 Vorhaben- und Erschließungsplan

(1) [1] Die Gemeinde kann durch einen vorhabenbezogenen Bebauungsplan die Zulässigkeit von Vorhaben bestimmen, wenn der Vorhabenträger auf der Grundlage eines mit der Gemeinde abgestimmten Plans zur Durchführung der Vorhaben und der Erschließungsmaßnahmen (Vorhaben- und Erschließungsplan) bereit und in der Lage ist und sich zur Durchführung innerhalb einer bestimmten Frist und zur Tragung der Planungs- und Erschließungskosten ganz oder teilweise vor dem Beschluss nach § 10 Absatz 1 verpflichtet (Durchführungsvertrag). [2] Die Begründung des Planentwurfs hat die nach § 2a erforderlichen Angaben zu enthalten. [3] Für die grenzüberschreitende Beteiligung ist eine Übersetzung der Angaben vorzulegen, soweit dies nach den Vorschriften des Gesetzes über die Umweltverträglichkeitsprüfung notwendig ist. [4] Für den vorhabenbezogenen Bebauungsplan nach Satz 1 gelten ergänzend die Absätze 2 bis 6.

(2) [1] Die Gemeinde hat auf Antrag des Vorhabenträgers über die Einleitung des Bebauungsplanverfahrens nach pflichtgemäßem Ermessen zu entscheiden. [2] Auf Antrag des Vorhabenträgers oder sofern die Gemeinde es nach Einleitung des Bebauungsplanverfahrens für erforderlich hält, informiert die Gemeinde diesen über den voraussichtlich erforderlichen Untersuchungsrahmen der Umweltprüfung nach § 2 Absatz 4 unter Beteiligung der Behörden nach § 4 Absatz 1.

(3) [1] Der Vorhaben- und Erschließungsplan wird Bestandteil des vorhabenbezogenen Bebauungsplans. [2] Im Bereich des Vorhaben- und Erschließungsplans ist die Gemeinde bei der Bestimmung der Zulässigkeit der Vorhaben nicht an die Festsetzungen nach § 9 und nach der auf Grund von § 9a erlassenen Verordnung gebunden; die §§ 14 bis 18, 22 bis 28, 39 bis 79, 127 bis 135c sind nicht anzuwenden. [3] Soweit der vorhabenbezogene Bebauungsplan auch im Bereich des Vorhaben- und Erschließungsplans Festsetzungen nach § 9 für öffentliche Zwecke trifft, kann gemäß § 85 Absatz 1 Nummer 1 enteignet werden.

(3a) [1] Wird in einem vorhabenbezogenen Bebauungsplan für den Bereich des Vorhaben- und Erschließungsplans durch Festsetzung eines Baugebiets auf Grund der Baunutzungsverordnung oder auf sonstige Weise eine bauliche oder sonstige Nutzung allgemein festgesetzt, ist unter entsprechender Anwendung des § 9 Absatz 2 festzusetzen, dass im Rahmen der festgesetzten Nutzungen nur solche Vorhaben zulässig sind, zu deren Durchführung sich der Vorhabenträger im Durchführungsvertrag verpflichtet. [2] Änderungen des Durchführungsvertrags oder der Abschluss eines neuen Durchführungsvertrags sind zulässig.

(4) Einzelne Flächen außerhalb des Bereichs des Vorhaben- und Erschließungsplans können in den vorhabenbezogenen Bebauungsplan einbezogen werden.

(5) [1] Ein Wechsel des Vorhabenträgers bedarf der Zustimmung der Gemeinde. [2] Die Zustimmung darf nur dann verweigert werden, wenn Tatsachen die Annahme rechtfertigen, dass die Durchführung des Vorhaben- und Erschließungsplans innerhalb der Frist nach Absatz 1 gefährdet ist.

(6) [1] Wird der Vorhaben- und Erschließungsplan nicht innerhalb der Frist nach Absatz 1 durchgeführt, soll die Gemeinde den Bebauungsplan aufheben. [2] Aus der Aufhebung können Ansprüche des Vorhabenträgers gegen die Gemeinde nicht geltend gemacht werden. [3] Bei der Aufhebung kann das vereinfachte Verfahren nach § 13 angewendet werden.

(7) Soll in bisherigen Erholungssondergebieten nach § 10 der Baunutzungsverordnung auch Wohnnutzung zugelassen werden, kann die Gemeinde nach Maßgabe der Absätze 1 bis 6 einen vorhabenbezogenen Bebauungsplan aufstellen, der insbesondere die Zulässigkeit von baulichen Anlagen zu Wohnzwecken in diesen Gebieten regelt.

§ 13 Vereinfachtes Verfahren

(1) Werden durch die Änderung oder Ergänzung eines Bauleitplans die Grundzüge der Planung nicht berührt oder wird durch die Aufstellung eines Bebauungsplans in einem Gebiet nach § 34 der sich aus der vorhandenen Eigenart

der näheren Umgebung ergebende Zulässigkeitsmaßstab nicht wesentlich verändert oder enthält er lediglich Festsetzungen nach § 9 Absatz 2a oder Absatz 2b, kann die Gemeinde das vereinfachte Verfahren anwenden, wenn

1. die Zulässigkeit von Vorhaben, die einer Pflicht zur Durchführung einer Umweltverträglichkeitsprüfung nach Anlage 1 zum Gesetz über die Umweltverträglichkeitsprüfung oder nach Landesrecht unterliegen, nicht vorbereitet oder begründet wird,

2. keine Anhaltspunkte für eine Beeinträchtigung der in § 1 Absatz 6 Nummer 7 Buchstabe b genannten Schutzgüter bestehen und

3. keine Anhaltspunkte dafür bestehen, dass bei der Planung Pflichten zur Vermeidung oder Begrenzung der Auswirkungen von schweren Unfällen nach § 50 Satz 1 des Bundes-Immissionsschutzgesetzes zu beachten sind.

(2) [1] Im vereinfachten Verfahren kann

1. von der frühzeitigen Unterrichtung und Erörterung nach § 3 Absatz 1 und § 4 Absatz 1 abgesehen werden,

2. der betroffenen Öffentlichkeit Gelegenheit zur Stellungnahme innerhalb angemessener Frist gegeben oder wahlweise die Auslegung nach § 3 Absatz 2 durchgeführt werden,

3. den berührten Behörden und sonstigen Trägern öffentlicher Belange Gelegenheit zur Stellungnahme innerhalb angemessener Frist gegeben oder wahlweise die Beteiligung nach § 4 Absatz 2 durchgeführt werden.

[2] Wird nach Satz 1 Nummer 2 die betroffene Öffentlichkeit beteiligt, gilt die Hinweispflicht des § 3 Absatz 2 Satz 2 Halbsatz 2 entsprechend.

(3) [1] Im vereinfachten Verfahren wird von der Umweltprüfung nach § 2 Absatz 4, von dem Umweltbericht nach § 2a, von der Angabe nach § 3 Absatz 2 Satz 2, welche Arten umweltbezogener Informationen verfügbar sind, sowie von der zusammenfassenden Erklärung nach § 6a Absatz 1 und § 10a Absatz 1 abgesehen; § 4c ist nicht anzuwenden. [2] Bei der Beteiligung nach Absatz 2 Nummer 2 ist darauf hinzuweisen, dass von einer Umweltprüfung abgesehen wird.

§ 13a Bebauungspläne der Innenentwicklung

(1) [1] Ein Bebauungsplan für die Wiedernutzbarmachung von Flächen, die Nachverdichtung oder andere Maßnahmen der Innenentwicklung (Bebauungsplan der Innenentwicklung) kann im beschleunigten Verfahren aufgestellt werden. [2] Der Bebauungsplan darf im beschleunigten Verfahren nur aufgestellt werden, wenn in ihm eine zulässige Grundfläche im Sinne des § 19 Absatz 2 der Baunutzungsverordnung oder eine Größe der Grundfläche festgesetzt wird von insgesamt

1. weniger als 20 000 Quadratmetern, wobei die Grundflächen mehrerer Bebauungspläne, die in einem engen sachlichen, räumlichen und zeitlichen Zusammenhang aufgestellt werden, mitzurechnen sind, oder

2. 20 000 Quadratmetern bis weniger als 70 000 Quadratmetern, wenn auf Grund einer überschlägigen Prüfung unter Berücksichtigung der in Anlage 2 dieses Gesetzes genannten Kriterien die Einschätzung erlangt wird, dass der Bebauungsplan voraussichtlich keine erheblichen Umweltauswirkungen hat, die nach § 2 Absatz 4 Satz 4 in der Abwägung zu berücksichtigen wären (Vorprüfung des Einzelfalls); die Behörden und sonstigen Träger öffentlicher Belange, deren Aufgabenbereiche durch die Planung berührt werden können, sind an der Vorprüfung des Einzelfalls zu beteiligen.

[3] Wird in einem Bebauungsplan weder eine zulässige Grundfläche noch eine Größe der Grundfläche festgesetzt, ist bei Anwendung des Satzes 2 die Fläche maßgeblich, die bei Durchführung des Bebauungsplans voraussichtlich versiegelt wird. [4] Das beschleunigte Verfahren ist ausgeschlossen, wenn durch den Bebauungsplan die Zulässigkeit von Vorhaben begründet wird, die einer Pflicht zur Durchführung einer Umweltverträglichkeitsprüfung nach dem Gesetz über die Umweltverträglichkeitsprüfung oder nach Landesrecht unterliegen. [5] Das beschleunigte Verfahren ist auch ausgeschlossen, wenn Anhaltspunkte für eine Beeinträchtigung der in § 1 Absatz 6 Nummer 7 Buchstabe b genannten Schutzgüter oder dafür bestehen, dass bei der Planung Pflichten zur Vermeidung oder Begrenzung der Auswirkungen von schweren Unfällen nach § 50 Satz 1 des Bundes-Immissionsschutzgesetzes zu beachten sind.

(2) Im beschleunigten Verfahren

1. gelten die Vorschriften des vereinfachten Verfahrens nach § 13 Absatz 2 und 3 Satz 1 entsprechend;

2. kann ein Bebauungsplan, der von Darstellungen des Flächennutzungsplans abweicht, auch aufgestellt werden, bevor der Flächennutzungsplan geändert oder ergänzt ist; die geordnete städtebauliche Entwicklung des Gemeindegebiets darf nicht beeinträchtigt werden; der Flächennutzungsplan ist im Wege der Berichtigung anzupassen;

3. soll einem Bedarf an Investitionen zur Erhaltung, Sicherung und Schaffung von Arbeitsplätzen, zur Versorgung der Bevölkerung mit Wohnraum oder zur Verwirklichung von Infrastrukturvorhaben in der Abwägung in angemessener Weise Rechnung getragen werden;

4. gelten in den Fällen des Absatzes 1 Satz 2 Nummer 1 Eingriffe, die auf Grund der Aufstellung des Bebauungsplans zu erwarten sind, als im Sinne des § 1a Absatz 3 Satz 6 vor der planerischen Entscheidung erfolgt oder zulässig.

(3) [1] Bei Aufstellung eines Bebauungsplans im beschleunigten Verfahren ist ortsüblich bekannt zu machen,

1. dass der Bebauungsplan im beschleunigten Verfahren ohne Durchführung einer Umweltprüfung nach § 2 Absatz 4 aufgestellt werden soll, in den Fällen des Absatzes 1 Satz 2 Nummer 2 einschließlich der hierfür wesentlichen Gründe, und

2. wo sich die Öffentlichkeit über die allgemeinen Ziele und Zwecke sowie die wesentlichen Auswirkungen der Planung unterrichten kann und dass sich die Öffentlichkeit innerhalb einer bestimmten Frist zur Planung äußern kann, sofern keine frühzeitige Unterrichtung und Erörterung im Sinne des § 3 Absatz 1 stattfindet.

[2] Die Bekanntmachung nach Satz 1 kann mit der ortsüblichen Bekanntmachung nach § 2 Absatz 1 Satz 2 verbunden werden. [3] In den Fällen des Absatzes 1 Satz 2 Nummer 2 erfolgt die Bekanntmachung nach Satz 1 nach Abschluss der Vorprüfung des Einzelfalls.

(4) Die Absätze 1 bis 3 gelten entsprechend für die Änderung, Ergänzung und Aufhebung eines Bebauungsplans.

§ 13b Einbeziehung von Außenbereichsflächen in das beschleunigte Verfahren

[1] Bis zum Ablauf des 31. Dezember 2022 gilt § 13a entsprechend für Bebauungspläne mit einer Grundfläche im Sinne des § 13a Absatz 1 Satz 2 von weniger als 10 000 Quadratmetern, durch die die Zulässigkeit von Wohnnutzungen auf Flächen begründet wird, die sich an im Zusammenhang bebaute Ortsteile anschließen. [2] Das Verfahren zur Aufstellung eines Bebauungsplans nach Satz 1 kann nur bis zum Ablauf des 31. Dezember 2022 förmlich eingeleitet werden; der Satzungsbeschluss nach § 10 Absatz 1 ist bis zum Ablauf des 31. Dezember 2024 zu fassen.

Zweiter Teil Sicherung der Bauleitplanung

Erster Abschnitt Veränderungssperre und Zurückstellung von Baugesuchen

§ 14 Veränderungssperre

(1) Ist ein Beschluss über die Aufstellung eines Bebauungsplans gefasst, kann die Gemeinde zur Sicherung der Planung für den künftigen Planbereich eine Veränderungssperre mit dem Inhalt beschließen, dass
1. Vorhaben im Sinne des § 29 nicht durchgeführt oder bauliche Anlagen nicht beseitigt werden dürfen;
2. erhebliche oder wesentlich wertsteigernde Veränderungen von Grundstücken und baulichen Anlagen, deren Veränderungen nicht genehmigungs-, zustimmungs- oder anzeigepflichtig sind, nicht vorgenommen werden dürfen.

(2) [1] Wenn überwiegende öffentliche Belange nicht entgegenstehen, kann von der Veränderungssperre eine Ausnahme zugelassen werden. [2] Die Entscheidung über Ausnahmen trifft die Baugenehmigungsbehörde im Einvernehmen mit der Gemeinde.

(3) Vorhaben, die vor dem Inkrafttreten der Veränderungssperre baurechtlich genehmigt worden sind, Vorhaben, von denen die Gemeinde nach Maßgabe des Bauordnungsrechts Kenntnis erlangt hat und mit deren Ausführung vor dem Inkrafttreten der Veränderungssperre hätte begonnen werden dürfen, sowie Unterhaltungsarbeiten und die Fortführung einer bisher ausgeübten Nutzung werden von der Veränderungssperre nicht berührt.

(4) Soweit für Vorhaben im förmlich festgelegten Sanierungsgebiet oder im städtebaulichen Entwicklungsbereich eine Genehmigungspflicht nach § 144 Absatz 1 besteht, sind die Vorschriften über die Veränderungssperre nicht anzuwenden.

§ 15 Zurückstellung von Baugesuchen

(1) [1] Wird eine Veränderungssperre nach § 14 nicht beschlossen, obwohl die Voraussetzungen gegeben sind, oder ist eine beschlossene Veränderungssperre noch nicht in Kraft getreten, hat die Baugenehmigungsbehörde auf Antrag der Gemeinde die Entscheidung über die Zulässigkeit von Vorhaben im Einzelfall für einen Zeitraum bis zu zwölf Monaten auszusetzen, wenn zu befürchten ist, dass die Durchführung der Planung durch das Vorhaben unmöglich gemacht oder wesentlich erschwert werden würde. [2] Wird kein Baugenehmigungsverfahren durchgeführt, wird auf Antrag der Gemeinde anstelle der Aussetzung der Entscheidung über die Zulässigkeit eine vorläufige Untersagung innerhalb einer durch Landesrecht festgesetzten Frist ausgesprochen. [3] Die vorläufige Untersagung steht der Zurückstellung nach Satz 1 gleich.

(2) Soweit für Vorhaben im förmlich festgelegten Sanierungsgebiet oder im städtebaulichen Entwicklungsbereich eine Genehmigungspflicht nach § 144 Absatz 1 besteht, sind die Vorschriften über die Zurückstellung von Baugesuchen nicht anzuwenden; mit der förmlichen Festlegung des Sanierungsgebiets oder des städtebaulichen Entwicklungsbereichs wird ein Bescheid über die Zurückstellung des Baugesuchs nach Absatz 1 unwirksam.

(3) [1] Auf Antrag der Gemeinde hat die Baugenehmigungsbehörde die Entscheidung über die Zulässigkeit von Vorhaben nach § 35 Absatz 1 Nummer 2 bis 6 für einen Zeitraum bis zu längstens einem Jahr nach Zustellung der Zurückstellung des Baugesuchs auszusetzen, wenn die Gemeinde beschlossen hat, einen Flächennutzungsplan aufzustellen, zu ändern oder zu ergänzen, mit dem die Rechtswirkungen des § 35 Absatz 3 Satz 3 erreicht werden sollen, und zu befürchten ist, dass die Durchführung der Planung durch das Vorhaben unmöglich gemacht oder wesentlich erschwert werden würde. [2] Auf diesen Zeitraum ist die Zeit zwischen dem Eingang des Baugesuchs bei der zuständigen Behörde bis zur Zustellung der Zurückstellung des Baugesuchs nicht anzurechnen, soweit der Zeitraum für die Bearbeitung des Baugesuchs erforderlich ist. [3] Der Antrag der Gemeinde nach Satz 1 ist nur innerhalb von sechs Monaten, nachdem die Gemeinde in einem Verwaltungsverfahren von dem Bauvorhaben förmlich Kenntnis erhalten hat, zulässig. [4] Wenn besondere Umstände es erfordern, kann die Baugenehmigungsbehörde auf Antrag der Gemeinde die Entscheidung nach Satz 1 um höchstens ein weiteres Jahr aussetzen.

§ 16 Beschluss über die Veränderungssperre

(1) Die Veränderungssperre wird von der Gemeinde als Satzung beschlossen.

(2) ¹ Die Gemeinde hat die Veränderungssperre ortsüblich bekannt zu machen. ² Sie kann auch ortsüblich bekannt machen, dass eine Veränderungssperre beschlossen worden ist; § 10 Absatz 3 Satz 2 bis 5 ist entsprechend anzuwenden.

§ 17 Geltungsdauer der Veränderungssperre

(1) ¹ Die Veränderungssperre tritt nach Ablauf von zwei Jahren außer Kraft. ² Auf die Zweijahresfrist ist der seit der Zustellung der ersten Zurückstellung eines Baugesuchs nach § 15 Absatz 1 abgelaufene Zeitraum anzurechnen. ³ Die Gemeinde kann die Frist um ein Jahr verlängern.

(2) Wenn besondere Umstände es erfordern, kann die Gemeinde die Frist bis zu einem weiteren Jahr nochmals verlängern.

(3) Die Gemeinde kann eine außer Kraft getretene Veränderungssperre ganz oder teilweise erneut beschließen, wenn die Voraussetzungen für ihren Erlass fortbestehen.

(4) Die Veränderungssperre ist vor Fristablauf ganz oder teilweise außer Kraft zu setzen, sobald die Voraussetzungen für ihren Erlass weggefallen sind.

(5) Die Veränderungssperre tritt in jedem Fall außer Kraft, sobald und soweit die Bauleitplanung rechtsverbindlich abgeschlossen ist.

(6) ¹ Mit der förmlichen Festlegung des Sanierungsgebiets oder des städtebaulichen Entwicklungsbereichs tritt eine bestehende Veränderungssperre nach § 14 außer Kraft. ² Dies gilt nicht, wenn in der Sanierungssatzung die Genehmigungspflicht nach § 144 Absatz 1 ausgeschlossen ist.

§ 18 Entschädigung bei Veränderungssperre

(1) ¹ Dauert die Veränderungssperre länger als vier Jahre über den Zeitpunkt ihres Beginns oder der ersten Zurückstellung eines Baugesuchs nach § 15 Absatz 1 hinaus, ist den Betroffenen für dadurch entstandene Vermögensnachteile eine angemessene Entschädigung in Geld zu leisten. ² Die Vorschriften über die Entschädigung im Zweiten Abschnitt des Fünften Teils sowie § 121 gelten entsprechend; dabei ist der Grundstückswert zugrunde zu legen, der nach den Vorschriften des Zweiten Abschnitts des Dritten Teils zu entschädigen wäre.

(2) ¹ Zur Entschädigung ist die Gemeinde verpflichtet. ² Der Entschädigungsberechtigte kann Entschädigung verlangen, wenn die in Absatz 1 Satz 1 bezeichneten Vermögensnachteile eingetreten sind. ³ Er kann die Fälligkeit des Anspruchs dadurch herbeiführen, dass er die Leistung der Entschädigung schriftlich bei dem Entschädigungspflichtigen beantragt. ⁴ Kommt eine Einigung über die Entschädigung nicht zustande, entscheidet die höhere Verwaltungsbehörde. ⁵ Für den Bescheid über die Festsetzung der Entschädigung gilt § 122 entsprechend.

(3) ¹ Auf das Erlöschen des Entschädigungsanspruchs findet § 44 Absatz 4 mit der Maßgabe Anwendung, dass bei einer Veränderungssperre, die die Sicherung einer Festsetzung nach § 40 Absatz 1 oder § 41 Absatz 1 zum Gegenstand hat, die Erlöschensfrist frühestens ab Rechtsverbindlichkeit des Bebauungsplans beginnt. ² In der Bekanntmachung nach § 16 Absatz 2 ist auf die Vorschriften des Absatzes 2 Satz 2 und 3 hinzuweisen.

Zweiter Abschnitt Teilung von Grundstücken; Gebiete mit Fremdenverkehrsfunktionen

§ 19 Teilung von Grundstücken

(1) Die Teilung eines Grundstücks ist die dem Grundbuchamt gegenüber abgegebene oder sonst wie erkennbar gemachte Erklärung des Eigentümers, dass ein Grundstücksteil grundbuchmäßig abgeschrieben und als selbständiges Grundstück oder als ein Grundstück zusammen mit anderen Grundstücken oder mit Teilen anderer Grundstücke eingetragen werden soll.

(2) Durch die Teilung eines Grundstücks im Geltungsbereich eines Bebauungsplans dürfen keine Verhältnisse entstehen, die den Festsetzungen des Bebauungsplans widersprechen.

§ 20 (gegenstandslos)

§ 21 (gegenstandslos)

§ 22 Sicherung von Gebieten mit Fremdenverkehrsfunktionen

(1) ¹ Die Gemeinden, die oder deren Teile überwiegend durch den Fremdenverkehr geprägt sind, können in einem Bebauungsplan oder durch eine sonstige Satzung bestimmen, dass zur Sicherung der Zweckbestimmung von Gebieten mit Fremdenverkehrsfunktionen Folgendes der Genehmigung unterliegt:
1. die Begründung oder Teilung von Wohnungseigentum oder Teileigentum nach § 1 des Wohnungseigentumsgesetzes,
2. die Begründung der in den §§ 30 und 31 des Wohnungseigentumsgesetzes bezeichneten Rechte,
3. die Begründung von Bruchteilseigentum nach § 1008 des Bürgerlichen Gesetzbuchs an Grundstücken mit Wohngebäuden oder Beherbergungsbetrieben, wenn zugleich nach § 1010 Absatz 1 des Bürgerlichen Gesetzbuchs im Grundbuch als Belastung eingetragen werden soll, dass Räume einem oder mehreren Miteigentümern zur ausschließlichen Benutzung zugewiesen sind und die Aufhebung der Gemeinschaft ausgeschlossen ist,
4. bei bestehendem Bruchteilseigentum nach § 1008 des Bürgerlichen Gesetzbuchs an Grundstücken mit Wohngebäuden oder Beherbergungsbetrieben eine im Grundbuch als Belastung einzutragende Regelung nach § 1010 Absatz 1 des Bürgerlichen Gesetzbuchs, wonach Räume einem oder mehreren Miteigentümern zur ausschließlichen Benutzung zugewiesen sind und die Aufhebung der Gemeinschaft ausgeschlossen ist,

5. die Nutzung von Räumen in Wohngebäuden oder Beherbergungsbetrieben als Nebenwohnung, wenn die Räume insgesamt an mehr als der Hälfte der Tage eines Jahres unbewohnt sind.

[2] Voraussetzung für die Bestimmung ist, dass durch die Begründung oder Teilung der Rechte, durch die Regelung nach § 1010 des Bürgerlichen Gesetzbuchs oder durch die Nutzung als Nebenwohnung die vorhandene oder vorgesehene Zweckbestimmung des Gebiets für den Fremdenverkehr und dadurch die geordnete städtebauliche Entwicklung beeinträchtigt werden kann. [3] Die Zweckbestimmung eines Gebiets für den Fremdenverkehr ist insbesondere anzunehmen bei Kurgebieten, Gebieten für die Fremdenbeherbergung, Wochenend- und Ferienhausgebieten, die im Bebauungsplan festgesetzt sind, und bei im Zusammenhang bebauten Ortsteilen, deren Eigenart solchen Gebieten entspricht, sowie bei sonstigen Gebieten mit Fremdenverkehrsfunktionen, die durch Beherbergungsbetriebe und Wohngebäude mit Fremdenbeherbergung geprägt sind.

(2) [1] Die Gemeinde hat die Satzung ortsüblich bekannt zu machen. [2] Sie kann die Bekanntmachung auch in entsprechender Anwendung des § 10 Absatz 3 Satz 2 bis 5 vornehmen. [3] Für Bestimmungen nach Absatz 1 Satz 1 Nummer 1 bis 4 teilt die Gemeinde dem Grundbuchamt den Beschluss über die Satzung, das Datum ihres Inkrafttretens sowie die genaue Bezeichnung der betroffenen Grundstücke vor ihrer Bekanntmachung rechtzeitig mit. [4] Von der genauen Bezeichnung der betroffenen Grundstücke kann in den Fällen des Absatzes 1 Satz 1 Nummer 1 und 2 abgesehen werden, wenn die gesamte Gemarkung betroffen ist und die Gemeinde dies dem Grundbuchamt mitteilt.

(3) (weggefallen)

(4) [1] Die Genehmigung darf nur versagt werden, wenn durch die Begründung oder Teilung der Rechte, durch die Regelung nach § 1010 des Bürgerlichen Gesetzbuchs oder durch die Nutzung als Nebenwohnung die Zweckbestimmung des Gebiets für den Fremdenverkehr und dadurch die städtebauliche Entwicklung und Ordnung beeinträchtigt wird. [2] Die Genehmigung nach Absatz 1 Satz 1 Nummer 1 bis 4 ist zu erteilen, wenn sie erforderlich ist, damit Ansprüche Dritter erfüllt werden können, zu deren Sicherung vor dem Wirksamwerden des Genehmigungsvorbehalts eine Vormerkung im Grundbuch eingetragen oder der Antrag auf Eintragung einer Vormerkung beim Grundbuchamt eingegangen ist; die Genehmigung kann auch von dem Dritten beantragt werden. [3] Die Genehmigung kann erteilt werden, um wirtschaftliche Nachteile zu vermeiden, die für den Eigentümer eine besondere Härte bedeuten.

(5) [1] Über die Genehmigung entscheidet die Baugenehmigungsbehörde im Einvernehmen mit der Gemeinde. [2] Über die Genehmigung ist innerhalb eines Monats nach Eingang des Antrags bei der Baugenehmigungsbehörde zu entscheiden. [3] Kann die Prüfung des Antrags in dieser Zeit nicht abgeschlossen werden, ist die Frist vor ihrem Ablauf in einem dem Antragsteller mitzuteilenden Zwischenbescheid um den Zeitraum zu verlängern, der notwendig ist, um die Prüfung abschließen zu können; höchstens jedoch um drei Monate. [4] Die Genehmigung gilt als erteilt, wenn sie nicht innerhalb der Frist versagt wird. [5] Darüber hat die Baugenehmigungsbehörde auf Antrag einem Beteiligten ein Zeugnis auszustellen. [6] Das Einvernehmen gilt als erteilt, wenn es nicht binnen zwei Monaten nach Eingang des Ersuchens der Genehmigungsbehörde verweigert wird; dem Ersuchen gegenüber der Gemeinde steht die Einreichung des Antrags bei der Gemeinde gleich, wenn sie nach Landesrecht vorgeschrieben ist.

(6) [1] Bei einem Grundstück, das im Geltungsbereich einer Satzung nach Absatz 1 liegt, darf das Grundbuchamt die von Absatz 1 Satz 1 Nummer 1 bis 4 erfassten Eintragungen in das Grundbuch nur vornehmen, wenn der Genehmigungsbescheid oder ein Zeugnis gemäß Absatz 5 Satz 5 vorgelegt wird oder wenn die Freistellungserklärung der Gemeinde gemäß Absatz 8 beim Grundbuchamt eingegangen ist. [2] Ist dennoch eine Eintragung in das Grundbuch vorgenommen worden, kann die Baugenehmigungsbehörde, falls die Genehmigung erforderlich war, das Grundbuchamt um die Eintragung eines Widerspruchs ersuchen; § 53 Absatz 1 der Grundbuchordnung bleibt unberührt. [3] Der Widerspruch ist zu löschen, wenn die Baugenehmigungsbehörde darum ersucht oder die Genehmigung erteilt ist.

(7) [1] Wird die Genehmigung versagt, kann der Eigentümer von der Gemeinde unter den Voraussetzungen des § 40 Absatz 2 die Übernahme des Grundstücks verlangen. [2] § 43 Absatz 1, 4 und 5 sowie § 44 Absatz 3 und 4 sind entsprechend anzuwenden.

(8) [1] Die Gemeinde hat den Genehmigungsvorbehalt aufzuheben oder im Einzelfall einzelne Grundstücke durch Erklärung gegenüber dem Eigentümer vom Genehmigungsvorbehalt freizustellen, wenn die Voraussetzungen für den Genehmigungsvorbehalt entfallen sind. [2] Die Gemeinde teilt dem Grundbuchamt die Aufhebung des Genehmigungsvorbehalts sowie die genaue Bezeichnung der hiervon betroffenen Grundstücke unverzüglich mit. [3] Von der genauen Bezeichnung kann abgesehen werden, wenn die gesamte Gemarkung betroffen ist und die Gemeinde dies dem Grundbuchamt mitteilt. [4] Sobald die Mitteilung über die Aufhebung des Genehmigungsvorbehalts beim Grundbuchamt eingegangen ist, ist Absatz 6 Satz 1 nicht mehr anzuwenden.

(9) [1] In der sonstigen Satzung nach Absatz 1 kann neben der Bestimmung des Genehmigungsvorbehalts die höchstzulässige Zahl der Wohnungen in Wohngebäuden nach Maßgabe des § 9 Absatz 1 Nummer 6 festgesetzt werden. [2] Vor der Festsetzung nach Satz 1 ist der betroffenen Öffentlichkeit und den berührten Behörden und sonstigen Trägern öffentlicher Belange Gelegenheit zur Stellungnahme innerhalb angemessener Frist zu geben.

(10) [1] Der sonstigen Satzung nach Absatz 1 ist eine Begründung beizufügen. [2] In der Begründung zum Bebauungsplan (§ 9 Absatz 8) oder zur sonstigen Satzung ist darzulegen, dass die in Absatz 1 Satz 2 bezeichneten Voraussetzungen für die Festlegung des Gebiets vorliegen.

§ 23 (gegenstandslos)

Dritter Abschnitt Gesetzliche Vorkaufsrechte der Gemeinde

§ 24 Allgemeines Vorkaufsrecht

(1) [1] Der Gemeinde steht ein Vorkaufsrecht zu beim Kauf von Grundstücken
1. im Geltungsbereich eines Bebauungsplans, soweit es sich um Flächen handelt, für die nach dem Bebauungsplan eine Nutzung für öffentliche Zwecke oder für Flächen oder Maßnahmen zum Ausgleich im Sinne des § 1a Absatz 3 festgesetzt ist,
2. in einem Umlegungsgebiet,
3. in einem förmlich festgelegten Sanierungsgebiet und städtebaulichen Entwicklungsbereich,
4. im Geltungsbereich einer Satzung zur Sicherung von Durchführungsmaßnahmen des Stadtumbaus und einer Erhaltungssatzung,
5. im Geltungsbereich eines Flächennutzungsplans, soweit es sich um unbebaute Flächen im Außenbereich handelt, für die nach dem Flächennutzungsplan eine Nutzung als Wohnbaufläche oder Wohngebiet dargestellt ist,
6. in Gebieten, die nach den §§ 30, 33 oder 34 Absatz 2 vorwiegend mit Wohngebäuden bebaut werden können, soweit die Grundstücke unbebaut sind, wobei ein Grundstück auch dann als unbebaut gilt, wenn es lediglich mit einer Einfriedung oder zu erkennbar vorläufigen Zwecken bebaut ist,
7. in Gebieten, die zum Zweck des vorbeugenden Hochwasserschutzes von Bebauung freizuhalten sind, insbesondere in Überschwemmungsgebieten, sowie
8. in Gebieten nach den §§ 30, 33 oder 34, wenn
 a) in diesen ein städtebaulicher Missstand im Sinne des § 136 Absatz 2 Satz 2 in Verbindung mit Absatz 3 vorliegt oder
 b) die baulichen Anlagen einen Missstand im Sinne des § 177 Absatz 2 aufweisen
 und die Grundstücke dadurch erhebliche nachteilige Auswirkungen auf das soziale oder städtebauliche Umfeld aufweisen, insbesondere durch ihren baulichen Zustand oder ihre der öffentlichen Sicherheit und Ordnung widersprechende Nutzung.
[2] Im Falle der Nummer 1 kann das Vorkaufsrecht bereits nach Beginn der öffentlichen Auslegung ausgeübt werden, wenn die Gemeinde einen Beschluss gefasst hat, einen Bebauungsplan aufzustellen, zu ändern oder zu ergänzen. [3] Im Falle der Nummer 5 kann das Vorkaufsrecht bereits ausgeübt werden, wenn die Gemeinde einen Beschluss gefasst und ortsüblich bekannt gemacht hat, einen Flächennutzungsplan aufzustellen, zu ändern oder zu ergänzen und wenn nach dem Stand der Planungsarbeiten anzunehmen ist, dass der künftige Flächennutzungsplan eine solche Nutzung darstellen wird.

(2) Das Vorkaufsrecht steht der Gemeinde nicht zu beim Kauf von Rechten nach dem Wohnungseigentumsgesetz und von Erbbaurechten.

(3) [1] Das Vorkaufsrecht darf nur ausgeübt werden, wenn das Wohl der Allgemeinheit dies rechtfertigt. [2] Dem Wohl der Allgemeinheit kann insbesondere die Deckung eines Wohnbedarfs in der Gemeinde dienen. [3] Bei der Ausübung des Vorkaufsrechts hat die Gemeinde den Verwendungszweck des Grundstücks anzugeben.

§ 25 Besonderes Vorkaufsrecht

(1) [1] Die Gemeinde kann
1. im Geltungsbereich eines Bebauungsplans durch Satzung ihr Vorkaufsrecht an unbebauten Grundstücken begründen;
2. in Gebieten, in denen sie städtebauliche Maßnahmen in Betracht zieht, zur Sicherung einer geordneten städtebaulichen Entwicklung durch Satzung Flächen bezeichnen, an denen ihr ein Vorkaufsrecht an den Grundstücken zusteht;
3. im Geltungsbereich eines Bebauungsplans an brachliegenden Grundstücken oder für im Zusammenhang bebaute Ortsteile (§ 34) an unbebauten oder brachliegenden Grundstücken durch Satzung ihr Vorkaufsrecht begründen, wenn
 a) diese vorwiegend mit Wohngebäuden bebaut werden können und
 b) es sich um ein nach § 201a bestimmtes Gebiet mit einem angespannten Wohnungsmarkt handelt.
[2] Ein Grundstück gilt auch dann als unbebaut, wenn es lediglich mit einer Einfriedung oder zu erkennbar vorläufigen Zwecken bebaut ist. [3] Das Vorkaufsrecht nach Satz 1 Nummer 3 erlischt mit dem Ende der Geltungsdauer der Rechtsverordnung nach § 201a. [4] Auf die Satzung ist § 16 Absatz 2 entsprechend anzuwenden.

(2) [1] § 24 Absatz 2 und 3 Satz 1 und 2 ist anzuwenden. [2] Der Verwendungszweck des Grundstücks ist anzugeben, soweit das bereits zum Zeitpunkt der Ausübung des Vorkaufsrechts möglich ist.

§ 26 Ausschluss des Vorkaufsrechts

Die Ausübung des Vorkaufsrechts ist ausgeschlossen, wenn
1. der Eigentümer das Grundstück an seinen Ehegatten oder an eine Person verkauft, die mit ihm in gerader Linie verwandt oder verschwägert oder in der Seitenlinie bis zum dritten Grad verwandt ist,
2. das Grundstück
 a) von einem öffentlichen Bedarfsträger für Zwecke der Landesverteidigung, der Bundespolizei, der Zollverwaltung, der Polizei oder des Zivilschutzes oder

b) von Kirchen und Religionsgesellschaften des öffentlichen Rechts für Zwecke des Gottesdienstes oder der Seelsorge

gekauft wird,

3. auf dem Grundstück Vorhaben errichtet werden sollen, für die ein in § 38 genanntes Verfahren eingeleitet oder durchgeführt worden ist, oder

4. das Grundstück entsprechend den Festsetzungen des Bebauungsplans oder den Zielen und Zwecken der städtebaulichen Maßnahme bebaut ist und genutzt wird und eine auf ihm errichtete bauliche Anlage keine Missstände oder Mängel im Sinne des § 177 Absatz 2 und 3 Satz 1 aufweist.

§ 27 Abwendung des Vorkaufsrechts

(1) [1] Der Käufer kann die Ausübung des Vorkaufsrechts abwenden, wenn die Verwendung des Grundstücks nach den baurechtlichen Vorschriften oder den Zielen und Zwecken der städtebaulichen Maßnahme bestimmt oder mit ausreichender Sicherheit bestimmbar ist, der Käufer in der Lage ist, das Grundstück binnen angemessener Frist dementsprechend zu nutzen, und er sich vor Ablauf der Frist nach § 28 Absatz 2 Satz 1 hierzu verpflichtet. [2] Weist eine auf dem Grundstück befindliche bauliche Anlage Missstände oder Mängel im Sinne des § 177 Absatz 2 und 3 Satz 1 auf, kann der Käufer die Ausübung des Vorkaufsrechts abwenden, wenn er diese Missstände oder Mängel binnen angemessener Frist beseitigen kann und er sich vor Ablauf der Frist nach § 28 Absatz 2 Satz 1 zur Beseitigung verpflichtet. [3] Die Gemeinde hat die Frist nach § 28 Absatz 2 Satz 1 auf Antrag des Käufers um zwei Monate zu verlängern, wenn der Käufer vor Ablauf dieser Frist glaubhaft macht, dass er in der Lage ist, die in Satz 1 oder 2 genannten Voraussetzungen zu erfüllen.

(2) Ein Abwendungsrecht besteht nicht

1. in den Fällen des § 24 Absatz 1 Satz 1 Nummer 1 und

2. in einem Umlegungsgebiet, wenn das Grundstück für Zwecke der Umlegung (§ 45) benötigt wird.

§ 27a Ausübung des Vorkaufsrechts zugunsten Dritter

(1) [1] Die Gemeinde kann

1. ihr Vorkaufsrecht zugunsten eines Dritten ausüben, wenn der Dritte zu der mit der Ausübung des Vorkaufsrechts bezweckten Verwendung des Grundstücks innerhalb angemessener Frist in der Lage ist und sich hierzu verpflichtet, oder

2. das ihr nach § 24 Absatz 1 Satz 1 Nummer 1 zustehende Vorkaufsrecht zugunsten eines öffentlichen Bedarfs- oder Erschließungsträgers sowie das ihr nach § 24 Absatz 1 Satz 1 Nummer 3 zustehende Vorkaufsrecht zugunsten eines Sanierungs- oder Entwicklungsträgers ausüben, wenn der Träger einverstanden ist.

[2] In den Fällen der Nummer 1 hat die Gemeinde bei der Ausübung des Vorkaufsrechts zugunsten eines Dritten die Frist, in der das Grundstück für den vorgesehenen Zweck zu verwenden ist, zu bezeichnen.

(2) [1] Mit der Ausübung des Vorkaufsrechts kommt der Kaufvertrag zwischen dem Begünstigten und dem Verkäufer zustande. [2] Die Gemeinde haftet für die Verpflichtung aus dem Kaufvertrag neben dem Begünstigten als Gesamtschuldnerin.

(3) [1] Für den von dem Begünstigten zu zahlenden Betrag und das Verfahren gilt § 28 Absatz 2 bis 4 entsprechend. [2] Kommt der Begünstigte seiner Verpflichtung nach Absatz 1 Satz 1 Nummer 1 nicht nach, soll die Gemeinde in entsprechender Anwendung des § 102 die Übertragung des Grundstücks zu ihren Gunsten oder zugunsten eines Übernahmewilligen verlangen, der zur Verwirklichung des Verwendungszwecks innerhalb angemessener Frist in der Lage ist und sich hierzu verpflichtet. [3] Für die Entschädigung und das Verfahren gelten die Vorschriften des Fünften Teils über die Rückenteignung entsprechend. [4] Die Haftung der Gemeinde nach § 28 Absatz 3 Satz 7 bleibt unberührt.

§ 28 Verfahren und Entschädigung

(1) [1] Der Verkäufer hat der Gemeinde den Inhalt des Kaufvertrags unverzüglich mitzuteilen; die Mitteilung des Verkäufers wird durch die Mitteilung des Käufers ersetzt. [2] Das Grundbuchamt darf bei Kaufverträgen den Käufer als Eigentümer in das Grundbuch nur eintragen, wenn ihm die Nichtausübung oder das Nichtbestehen des Vorkaufsrechts nachgewiesen ist. [3] Besteht ein Vorkaufsrecht nicht oder wird es nicht ausgeübt, hat die Gemeinde auf Antrag eines Beteiligten darüber unverzüglich ein Zeugnis auszustellen. [4] Das Zeugnis gilt als Verzicht auf die Ausübung des Vorkaufsrechts.

(2) [1] Das Vorkaufsrecht kann nur binnen drei Monaten nach Mitteilung des Kaufvertrags durch Verwaltungsakt gegenüber dem Verkäufer ausgeübt werden. [2] Die §§ 463, 464 Absatz 2, §§ 465 bis 468 und 471 des Bürgerlichen Gesetzbuchs sind anzuwenden. [3] Nach Mitteilung des Kaufvertrags ist auf Ersuchen der Gemeinde zur Sicherung ihres Anspruchs auf Übereignung des Grundstücks eine Vormerkung in das Grundbuch einzutragen; die Gemeinde trägt die Kosten der Eintragung der Vormerkung und ihrer Löschung. [4] Das Vorkaufsrecht ist nicht übertragbar. [5] Bei einem Eigentumserwerb auf Grund der Ausübung des Vorkaufsrechts erlöschen rechtsgeschäftliche Vorkaufsrechte. [6] Wird die Gemeinde nach Ausübung des Vorkaufsrechts im Grundbuch als Eigentümerin eingetragen, kann sie das Grundbuchamt ersuchen, eine zur Sicherung des Übereignungsanspruchs des Käufers im Grundbuch eingetragene Vormerkung zu löschen; sie darf das Ersuchen nur stellen, wenn die Ausübung des Vorkaufsrechts für den Käufer unanfechtbar ist.

(3) [1] Abweichend von Absatz 2 Satz 2 kann die Gemeinde den zu zahlenden Betrag nach dem Verkehrswert des Grundstücks (§ 194) im Zeitpunkt des Kaufes bestimmen, wenn der vereinbarte Kaufpreis den Verkehrswert überschreitet. [2] In diesem Falle ist der Verkäufer berechtigt, bis zum Ablauf eines Monats nach Unanfechtbarkeit

des Verwaltungsakts über die Ausübung des Vorkaufsrechts vom Vertrag zurückzutreten. ³ Auf das Rücktrittsrecht sind die §§ 346 bis 349 und 351 des Bürgerlichen Gesetzbuchs entsprechend anzuwenden. ⁴ Tritt der Verkäufer vom Vertrag zurück, trägt die Gemeinde die Kosten des Vertrags auf der Grundlage des Verkehrswerts. ⁵ Tritt der Verkäufer vom Vertrag nicht zurück, erlischt nach Ablauf der Rücktrittsfrist nach Satz 2 die Pflicht des Verkäufers aus dem Kaufvertrag, der Gemeinde das Eigentum an dem Grundstück zu übertragen. ⁶ In diesem Falle geht das Eigentum an dem Grundstück auf die Gemeinde über, wenn auf Ersuchen der Gemeinde der Übergang des Eigentums in das Grundbuch eingetragen ist. ⁷ Führt die Gemeinde das Grundstück nicht innerhalb einer angemessenen Frist dem mit der Ausübung des Vorkaufsrechts verfolgten Zweck zu, hat sie dem Verkäufer einen Betrag in Höhe des Unterschieds zwischen dem vereinbarten Kaufpreis und dem Verkehrswert zu zahlen. ⁸ § 44 Absatz 3 Satz 2 und 3, § 43 Absatz 2 Satz 1 sowie die §§ 121 und 122 sind entsprechend anzuwenden.

(4) ¹ In den Fällen des § 24 Absatz 1 Satz 1 Nummer 1 bestimmt die Gemeinde den zu zahlenden Betrag nach den Vorschriften des Zweiten Abschnitts des Fünften Teils, wenn der Erwerb des Grundstücks für die Durchführung des Bebauungsplans erforderlich ist und es nach dem festgesetzten Verwendungszweck werden könnte. ² Mit der Unanfechtbarkeit des Bescheids über die Ausübung des Vorkaufsrechts erlischt die Pflicht des Verkäufers aus dem Kaufvertrag, der Gemeinde das Eigentum an dem Grundstück zu übertragen. ³ In diesem Falle geht das Eigentum an dem Grundstück auf die Gemeinde über, wenn auf Ersuchen der Gemeinde der Übergang des Eigentums in das Grundbuch eingetragen ist.

(5) ¹ Die Gemeinde kann für das Gemeindegebiet oder für sämtliche Grundstücke einer Gemarkung auf die Ausübung der ihr nach diesem Abschnitt zustehenden Rechte verzichten. ² Sie kann den Verzicht jederzeit für zukünftig abzuschließende Kaufverträge widerrufen. ³ Der Verzicht und sein Widerruf sind ortsüblich bekannt zu machen. ⁴ Die Gemeinde teilt dem Grundbuchamt den Wortlaut ihrer Erklärung mit. ⁵ Hat die Gemeinde auf die Ausübung ihrer Rechte verzichtet, bedarf es eines Zeugnisses nach Absatz 1 Satz 3 nicht, soweit nicht ein Widerruf erklärt ist.

(6) ¹ Hat die Gemeinde das Vorkaufsrecht ausgeübt und sind einem Dritten dadurch Vermögensnachteile entstanden, hat sie dafür Entschädigung zu leisten, soweit dem Dritten ein vertragliches Recht zum Erwerb des Grundstücks zustand, bevor ein gesetzliches Vorkaufsrecht der Gemeinde auf Grund dieses Gesetzbuchs oder solcher landesrechtlicher Vorschriften, die durch § 186 des Bundesbaugesetzes aufgehoben worden sind, begründet worden ist. ² Die Vorschriften über die Entschädigung im Zweiten Abschnitt des Fünften Teils sind entsprechend anzuwenden. ³ Kommt eine Einigung über die Entschädigung nicht zustande, entscheidet die höhere Verwaltungsbehörde.

Dritter Teil Regelung der baulichen und sonstigen Nutzung; Entschädigung

Erster Abschnitt Zulässigkeit von Vorhaben

§ 29 Begriff des Vorhabens; Geltung von Rechtsvorschriften

(1) Für Vorhaben, die die Errichtung, Änderung oder Nutzungsänderung von baulichen Anlagen zum Inhalt haben, und für Aufschüttungen und Abgrabungen größeren Umfangs sowie für Ausschachtungen, Ablagerungen einschließlich Lagerstätten gelten die §§ 30 bis 37.

(2) Die Vorschriften des Bauordnungsrechts und andere öffentlich-rechtliche Vorschriften bleiben unberührt.

§ 30 Zulässigkeit von Vorhaben im Geltungsbereich eines Bebauungsplans

(1) Im Geltungsbereich eines Bebauungsplans, der allein oder gemeinsam mit sonstigen baurechtlichen Vorschriften mindestens Festsetzungen über die Art und das Maß der baulichen Nutzung, die überbaubaren Grundstücksflächen und die örtlichen Verkehrsflächen enthält, ist ein Vorhaben zulässig, wenn es diesen Festsetzungen nicht widerspricht und die Erschließung gesichert ist.

(2) Im Geltungsbereich eines vorhabenbezogenen Bebauungsplans nach § 12 ist ein Vorhaben zulässig, wenn es dem Bebauungsplan nicht widerspricht und die Erschließung gesichert ist.

(3) Im Geltungsbereich eines Bebauungsplans, der die Voraussetzungen des Absatzes 1 nicht erfüllt (einfacher Bebauungsplan), richtet sich die Zulässigkeit von Vorhaben im Übrigen nach § 34 oder § 35.

§ 31 Ausnahmen und Befreiungen

(1) Von den Festsetzungen des Bebauungsplans können solche Ausnahmen zugelassen werden, die in dem Bebauungsplan nach Art und Umfang ausdrücklich vorgesehen sind.

(2) Von den Festsetzungen des Bebauungsplans kann befreit werden, wenn die Grundzüge der Planung nicht berührt werden und
1. Gründe des Wohls der Allgemeinheit, einschließlich der Wohnbedürfnisse der Bevölkerung und des Bedarfs zur Unterbringung von Flüchtlingen oder Asylbegehrenden, die Befreiung erfordern oder
2. die Abweichung städtebaulich vertretbar ist oder
3. die Durchführung des Bebauungsplans zu einer offenbar nicht beabsichtigten Härte führen würde
und wenn die Abweichung auch unter Würdigung nachbarlicher Interessen mit den öffentlichen Belangen vereinbar ist.

(3) ¹ In einem Gebiet mit einem angespannten Wohnungsmarkt, das nach § 201a bestimmt ist, kann mit Zustimmung der Gemeinde im Einzelfall von den Festsetzungen des Bebauungsplans zugunsten des Wohnungsbaus befreit werden, wenn die Befreiung auch unter Würdigung nachbarlicher Interessen mit den öffentlichen Belangen vereinbar ist. ² Von Satz 1 kann nur bis zum Ende der Geltungsdauer der Rechtsverordnung nach § 201a Gebrauch gemacht werden. ³ Die Befristung in Satz 2 bezieht sich nicht auf die Geltungsdauer einer Genehmigung, sondern auf den

Zeitraum, bis zu dessen Ende im bauaufsichtlichen Verfahren von der Vorschrift Gebrauch gemacht werden kann. [4] Für die Zustimmung der Gemeinde nach Satz 1 gilt § 36 Absatz 2 Satz 2 entsprechend.

§ 32 Nutzungsbeschränkungen auf künftigen Gemeinbedarfs-, Verkehrs-, Versorgungs- und Grünflächen

[1] Sind überbaute Flächen in dem Bebauungsplan als Baugrundstücke für den Gemeinbedarf oder als Verkehrs-, Versorgungs- oder Grünflächen festgesetzt, dürfen auf ihnen Vorhaben, die eine wertsteigernde Änderung baulicher Anlagen zur Folge haben, nur zugelassen und für sie Befreiungen von den Festsetzungen des Bebauungsplans nur erteilt werden, wenn der Bedarfs- oder Erschließungsträger zustimmt oder der Eigentümer für sich und seine Rechtsnachfolger auf Ersatz der Werterhöhung für den Fall schriftlich verzichtet, dass der Bebauungsplan durchgeführt wird. [2] Dies gilt auch für die dem Bebauungsplan nicht widersprechenden Teile einer baulichen Anlage, wenn sie für sich allein nicht wirtschaftlich verwertbar sind oder wenn bei der Enteignung die Übernahme der restlichen überbauten Flächen verlangt werden kann.

§ 33 Zulässigkeit von Vorhaben während der Planaufstellung

(1) In Gebieten, für die ein Beschluss über die Aufstellung eines Bebauungsplans gefasst ist, ist ein Vorhaben zulässig, wenn

1. die Öffentlichkeits- und Behördenbeteiligung nach § 3 Absatz 2, § 4 Absatz 2 und § 4a Absatz 2 bis 5 durchgeführt worden ist,
2. anzunehmen ist, dass das Vorhaben den künftigen Festsetzungen des Bebauungsplans nicht entgegensteht,
3. der Antragsteller diese Festsetzungen für sich und seine Rechtsnachfolger schriftlich anerkennt und
4. die Erschließung gesichert ist.

(2) In Fällen des § 4a Absatz 3 Satz 1 kann vor der erneuten Öffentlichkeits- und Behördenbeteiligung ein Vorhaben zugelassen werden, wenn sich die vorgenommene Änderung oder Ergänzung des Bebauungsplanentwurfs nicht auf das Vorhaben auswirkt und die in Absatz 1 Nummer 2 bis 4 bezeichneten Voraussetzungen erfüllt sind.

(3) [1] Wird ein Verfahren nach § 13 oder § 13a durchgeführt, kann ein Vorhaben vor Durchführung der Öffentlichkeits- und Behördenbeteiligung zugelassen werden, wenn die in Absatz 1 Nummer 2 bis 4 bezeichneten Voraussetzungen erfüllt sind. [2] Der betroffenen Öffentlichkeit und den berührten Behörden und sonstigen Trägern öffentlicher Belange ist vor Erteilung der Genehmigung Gelegenheit zur Stellungnahme innerhalb angemessener Frist zu geben, soweit sie dazu nicht bereits zuvor Gelegenheit hatten.

§ 34 Zulässigkeit von Vorhaben innerhalb der im Zusammenhang bebauten Ortsteile

(1) [1] Innerhalb der im Zusammenhang bebauten Ortsteile ist ein Vorhaben zulässig, wenn es sich nach Art und Maß der baulichen Nutzung, der Bauweise und der Grundstücksfläche, die überbaut werden soll, in die Eigenart der näheren Umgebung einfügt und die Erschließung gesichert ist. [2] Die Anforderungen an gesunde Wohn- und Arbeitsverhältnisse müssen gewahrt bleiben; das Ortsbild darf nicht beeinträchtigt werden.

(2) Entspricht die Eigenart der näheren Umgebung einem der Baugebiete, die in der auf Grund des § 9a erlassenen Verordnung bezeichnet sind, beurteilt sich die Zulässigkeit des Vorhabens nach seiner Art allein danach, ob es nach der Verordnung in dem Baugebiet allgemein zulässig wäre; auf die nach der Verordnung ausnahmsweise zulässigen Vorhaben ist § 31 Absatz 1, im Übrigen ist § 31 Absatz 2 entsprechend anzuwenden.

(3) Von Vorhaben nach Absatz 1 oder 2 dürfen keine schädlichen Auswirkungen auf zentrale Versorgungsbereiche in der Gemeinde oder in anderen Gemeinden zu erwarten sein.

(3a) [1] Vom Erfordernis des Einfügens in die Eigenart der näheren Umgebung nach Absatz 1 Satz 1 kann im Einzelfall abgewichen werden, wenn die Abweichung
1. einem der nachfolgend genannten Vorhaben dient:
 a) der Erweiterung, Änderung, Nutzungsänderung oder Erneuerung eines zulässigerweise errichteten Gewerbe- oder Handwerksbetriebs,
 b) der Erweiterung, Änderung oder Erneuerung eines zulässigerweise errichteten, Wohnzwecken dienenden Gebäudes oder
 c) der Nutzungsänderung einer zulässigerweise errichteten baulichen Anlage zu Wohnzwecken, einschließlich einer erforderlichen Änderung oder Erneuerung,
2. städtebaulich vertretbar ist und
3. auch unter Würdigung nachbarlicher Interessen mit den öffentlichen Belangen vereinbar ist.
[2] Satz 1 findet keine Anwendung auf Einzelhandelsbetriebe, die die verbrauchernahe Versorgung der Bevölkerung beeinträchtigen oder schädliche Auswirkungen auf zentrale Versorgungsbereiche in der Gemeinde oder in anderen Gemeinden haben können. [3] In den Fällen des Satzes 1 Nummer 1 Buchstabe b und c kann darüber hinaus vom Erfordernis des Einfügens im Einzelfall im Sinne des Satzes 1 in mehreren vergleichbaren Fällen abgewichen werden, wenn die übrigen Voraussetzungen des Satzes 1 vorliegen und die Aufstellung eines Bebauungsplans nicht erforderlich ist.

(4) [1] Die Gemeinde kann durch Satzung
1. die Grenzen für im Zusammenhang bebaute Ortsteile festlegen,
2. bebaute Bereiche im Außenbereich als im Zusammenhang bebaute Ortsteile festlegen, wenn die Flächen im Flächennutzungsplan als Baufläche dargestellt sind,
3. einzelne Außenbereichsflächen in die im Zusammenhang bebauten Ortsteile einbeziehen, wenn die einbezogenen Flächen durch die bauliche Nutzung des angrenzenden Bereichs entsprechend geprägt sind.
[2] Die Satzungen können miteinander verbunden werden.

(5) [1] Voraussetzung für die Aufstellung von Satzungen nach Absatz 4 Satz 1 Nummer 2 und 3 ist, dass
1. sie mit einer geordneten städtebaulichen Entwicklung vereinbar sind,
2. die Zulässigkeit von Vorhaben, die einer Pflicht zur Durchführung einer Umweltverträglichkeitsprüfung nach Anlage 1 zum Gesetz über die Umweltverträglichkeitsprüfung oder nach Landesrecht unterliegen, nicht begründet wird und
3. keine Anhaltspunkte für eine Beeinträchtigung der in § 1 Absatz 6 Nummer 7 Buchstabe b genannten Schutzgüter oder dafür bestehen, dass bei der Planung Pflichten zur Vermeidung oder Begrenzung der Auswirkungen von schweren Unfällen nach § 50 Satz 1 des Bundes-Immissionsschutzgesetzes zu beachten sind.

[2] In den Satzungen nach Absatz 4 Satz 1 Nummer 2 und 3 können einzelne Festsetzungen nach § 9 Absatz 1 und 3 Satz 1 sowie Absatz 4 getroffen werden. [3] § 9 Absatz 6 und § 31 sind entsprechend anzuwenden. [4] Auf die Satzung nach Absatz 4 Satz 1 Nummer 3 sind ergänzend § 1a Absatz 2 und 3 und § 9 Absatz 1a entsprechend anzuwenden; ihr ist eine Begründung mit den Angaben entsprechend § 2a Satz 2 Nummer 1 beizufügen.

(6) [1] Bei der Aufstellung der Satzungen nach Absatz 4 Satz 1 Nummer 2 und 3 sind die Vorschriften über die Öffentlichkeits- und Behördenbeteiligung nach § 13 Absatz 2 Satz 1 Nummer 2 und 3 sowie Satz 2 entsprechend anzuwenden. [2] Auf die Satzungen nach Absatz 4 Satz 1 Nummer 1 bis 3 ist § 10 Absatz 3 entsprechend anzuwenden.

§ 35 Bauen im Außenbereich

(1) Im Außenbereich ist ein Vorhaben nur zulässig, wenn öffentliche Belange nicht entgegenstehen, die ausreichende Erschließung gesichert ist und wenn es
1. einem land- oder forstwirtschaftlichen Betrieb dient und nur einen untergeordneten Teil der Betriebsfläche einnimmt,
2. einem Betrieb der gartenbaulichen Erzeugung dient,
3. der öffentlichen Versorgung mit Elektrizität, Gas, Telekommunikationsdienstleistungen, Wärme und Wasser, der Abwasserwirtschaft oder einem ortsgebundenen gewerblichen Betrieb dient,
4. wegen seiner besonderen Anforderungen an die Umgebung, wegen seiner nachteiligen Wirkung auf die Umgebung oder wegen seiner besonderen Zweckbestimmung nur im Außenbereich ausgeführt werden soll, es sei denn, es handelt sich um die Errichtung, Änderung oder Erweiterung einer baulichen Anlage zur Tierhaltung, die dem Anwendungsbereich der Nummer 1 nicht unterfällt und die einer Pflicht zur Durchführung einer standortbezogenen oder allgemeinen Vorprüfung oder einer Umweltverträglichkeitsprüfung nach dem Gesetz über die Umweltverträglichkeitsprüfung unterliegt, wobei bei kumulierenden Vorhaben für die Annahme eines engen Zusammenhangs diejenigen Tierhaltungsanlagen zu berücksichtigen sind, die auf demselben Betriebs- oder Baugelände liegen und mit gemeinsamen betrieblichen oder baulichen Einrichtungen verbunden sind,
5. der Erforschung, Entwicklung oder Nutzung der Wind- oder Wasserenergie dient,
6. der energetischen Nutzung von Biomasse im Rahmen eines Betriebs nach Nummer 1 oder 2 oder eines Betriebs nach Nummer 4, der Tierhaltung betreibt, sowie dem Anschluss solcher Anlagen an das öffentliche Versorgungsnetz dient, unter folgenden Voraussetzungen:
 a) das Vorhaben steht in einem räumlich-funktionalen Zusammenhang mit dem Betrieb,
 b) die Biomasse stammt überwiegend aus dem Betrieb oder überwiegend aus diesem und aus nahe gelegenen Betrieben nach den Nummern 1, 2 oder 4, soweit letzterer Tierhaltung betreibt,
 c) es wird je Hofstelle oder Betriebsstandort nur eine Anlage betrieben und
 d) die Kapazität einer Anlage zur Erzeugung von Biogas überschreitet nicht 2,3 Millionen Normkubikmeter Biogas pro Jahr, die Feuerungswärmeleistung anderer Anlagen überschreitet nicht 2,0 Megawatt,
7. der Erforschung, Entwicklung oder Nutzung der Kernenergie zu friedlichen Zwecken oder der Entsorgung radioaktiver Abfälle dient, mit Ausnahme der Neuerrichtung von Anlagen zur Spaltung von Kernbrennstoffen zur gewerblichen Erzeugung von Elektrizität, oder
8. der Nutzung solarer Strahlungsenergie in, an und auf Dach- und Außenwandflächen von zulässigerweise genutzten Gebäuden dient, wenn die Anlage dem Gebäude baulich untergeordnet ist.

(2) Sonstige Vorhaben können im Einzelfall zugelassen werden, wenn ihre Ausführung oder Benutzung öffentliche Belange nicht beeinträchtigt und die Erschließung gesichert ist.

(3) [1] Eine Beeinträchtigung öffentlicher Belange liegt insbesondere vor, wenn das Vorhaben
1. den Darstellungen des Flächennutzungsplans widerspricht,
2. den Darstellungen eines Landschaftsplans oder sonstigen Plans, insbesondere des Wasser-, Abfall- oder Immissionsschutzrechts, widerspricht,
3. schädliche Umwelteinwirkungen hervorrufen kann oder ihnen ausgesetzt wird,
4. unwirtschaftliche Aufwendungen für Straßen oder andere Verkehrseinrichtungen, für Anlagen der Versorgung oder Entsorgung, für die Sicherheit oder Gesundheit oder für sonstige Aufgaben erfordert,
5. Belange des Naturschutzes und der Landschaftspflege, des Bodenschutzes, des Denkmalschutzes oder die natürliche Eigenart der Landschaft und ihren Erholungswert beeinträchtigt oder das Orts- und Landschaftsbild verunstaltet,
6. Maßnahmen zur Verbesserung der Agrarstruktur beeinträchtigt, die Wasserwirtschaft oder den Hochwasserschutz gefährdet,
7. die Entstehung, Verfestigung oder Erweiterung einer Splittersiedlung befürchten lässt oder
8. die Funktionsfähigkeit von Funkstellen und Radaranlagen stört.

[2] Raumbedeutsame Vorhaben dürfen den Zielen der Raumordnung nicht widersprechen; öffentliche Belange stehen raumbedeutsamen Vorhaben nach Absatz 1 nicht entgegen, soweit die Belange bei der Darstellung dieser Vorhaben als Ziele der Raumordnung abgewogen worden sind. [3] Öffentliche Belange stehen einem Vorhaben nach Absatz 1 Nummer 2 bis 6 in der Regel auch dann entgegen, soweit hierfür durch Darstellungen im Flächennutzungsplan oder als Ziele der Raumordnung eine Ausweisung an anderer Stelle erfolgt ist.

(4) [1] Den nachfolgend bezeichneten sonstigen Vorhaben im Sinne des Absatzes 2 kann nicht entgegengehalten werden, dass sie Darstellungen des Flächennutzungsplans oder eines Landschaftsplans widersprechen, die natürliche Eigenart der Landschaft beeinträchtigen oder die Entstehung, Verfestigung oder Erweiterung einer Splittersiedlung befürchten lassen, soweit sie im Übrigen außenbereichsverträglich im Sinne des Absatzes 3 sind:

1. die Änderung der bisherigen Nutzung eines Gebäudes, das unter den Voraussetzungen des Absatzes 1 Nummer 1 errichtet wurde, unter folgenden Voraussetzungen:
 a) das Vorhaben dient einer zweckmäßigen Verwendung erhaltenswerter Bausubstanz,
 b) die äußere Gestalt des Gebäudes bleibt im Wesentlichen gewahrt,
 c) die Aufgabe der bisherigen Nutzung liegt nicht länger als sieben Jahre zurück,
 d) das Gebäude ist vor mehr als sieben Jahren zulässigerweise errichtet worden,
 e) das Gebäude steht im räumlich-funktionalen Zusammenhang mit der Hofstelle des land- oder forstwirtschaftlichen Betriebs,
 f) im Falle der Änderung zu Wohnzwecken entstehen neben den bisher nach Absatz 1 Nummer 1 zulässigen Wohnungen höchstens fünf Wohnungen je Hofstelle und
 g) es wird eine Verpflichtung übernommen, keine Neubebauung als Ersatz für die aufgegebene Nutzung vorzunehmen, es sei denn, die Neubebauung wird im Interesse der Entwicklung des Betriebs im Sinne des Absatzes 1 Nummer 1 erforderlich.
2. die Neuerrichtung eines gleichartigen Wohngebäudes an gleicher Stelle unter folgenden Voraussetzungen:
 a) das vorhandene Gebäude ist zulässigerweise errichtet worden,
 b) das vorhandene Gebäude weist Missstände oder Mängel auf,
 c) das vorhandene Gebäude wurde oder wird seit längerer Zeit vom Eigentümer selbst genutzt und
 d) Tatsachen rechtfertigen die Annahme, dass das neu errichtete Gebäude für den Eigenbedarf des bisherigen Eigentümers oder seiner Familie genutzt wird; hat der Eigentümer das vorhandene Gebäude im Wege der Erbfolge von einem Voreigentümer erworben, der es seit längerer Zeit selbst genutzt hat, reicht es aus, wenn Tatsachen die Annahme rechtfertigen, dass das neu errichtete Gebäude für den Eigenbedarf des Eigentümers oder seiner Familie genutzt wird,
3. die alsbaldige Neuerrichtung eines zulässigerweise errichteten, durch Brand, Naturereignisse oder andere außergewöhnliche Ereignisse zerstörten, gleichartigen Gebäudes an gleicher Stelle,
4. die Änderung oder Nutzungsänderung von erhaltenswerten, das Bild der Kulturlandschaft prägenden Gebäuden, auch wenn sie aufgegeben sind, wenn das Vorhaben einer zweckmäßigen Verwendung der Gebäude und der Erhaltung des Gestaltwerts dient,
5. die Erweiterung eines Wohngebäudes auf bis zu höchstens zwei Wohnungen unter folgenden Voraussetzungen:
 a) das Gebäude ist zulässigerweise errichtet worden,
 b) die Erweiterung ist im Verhältnis zum vorhandenen Gebäude und unter Berücksichtigung der Wohnbedürfnisse angemessen und
 c) bei der Errichtung einer weiteren Wohnung rechtfertigen Tatsachen die Annahme, dass das Gebäude vom bisherigen Eigentümer oder seiner Familie selbst genutzt wird,
6. die bauliche Erweiterung eines zulässigerweise errichteten gewerblichen Betriebs, wenn die Erweiterung im Verhältnis zum vorhandenen Gebäude und Betrieb angemessen ist.

[2] In begründeten Einzelfällen gilt die Rechtsfolge des Satzes 1 auch für die Neuerrichtung eines Gebäudes im Sinne des Absatzes 1 Nummer 1, dem eine andere Nutzung zugewiesen werden soll, wenn das ursprüngliche Gebäude vom äußeren Erscheinungsbild auch zur Wahrung der Kulturlandschaft erhaltenswert ist, keine stärkere Belastung des Außenbereichs zu erwarten ist als in Fällen des Satzes 1 und die Neuerrichtung auch mit nachbarlichen Interessen vereinbar ist; Satz 1 Nummer 1 Buchstabe b bis g gilt entsprechend. [3] In den Fällen des Satzes 1 Nummer 2 und 3 sowie des Satzes 2 sind geringfügige Erweiterungen des neuen Gebäudes gegenüber dem beseitigten oder zerstörten Gebäude sowie geringfügige Abweichungen vom bisherigen Standort des Gebäudes zulässig.

(5) [1] Die nach den Absätzen 1 bis 4 zulässigen Vorhaben sind in einer flächensparenden, die Bodenversiegelung auf das notwendige Maß begrenzenden und den Außenbereich schonenden Weise auszuführen. [2] Für Vorhaben nach Absatz 1 Nummer 2 bis 6 ist als weitere Zulässigkeitsvoraussetzung eine Verpflichtungserklärung abzugeben, das Vorhaben nach dauerhafter Aufgabe der zulässigen Nutzung zurückzubauen und Bodenversiegelungen zu beseitigen; bei einer nach Absatz 1 Nummer 2 bis 6 zulässigen Nutzungsänderung ist die Rückbauverpflichtung zu übernehmen, bei einer nach Absatz 1 Nummer 1 oder Absatz 2 zulässigen Nutzungsänderung entfällt sie. [3] Die Baugenehmigungsbehörde soll durch nach Landesrecht vorgesehene Baulast oder in anderer Weise die Einhaltung der Verpflichtung nach Satz 2 sowie nach Absatz 4 Satz 1 Nummer 1 Buchstabe g sicherstellen. [4] Im Übrigen soll sie in den Fällen des Absatzes 4 Satz 1 sicherstellen, dass die bauliche oder sonstige Anlage nach Durchführung des Vorhabens nur in der vorgesehenen Art genutzt wird.

(6) [1] Die Gemeinde kann für bebaute Bereiche im Außenbereich, die nicht überwiegend landwirtschaftlich geprägt sind und in denen eine Wohnbebauung von einigem Gewicht vorhanden ist, durch Satzung bestimmen, dass Wohnzwecken dienenden Vorhaben im Sinne des Absatzes 2 nicht entgegengehalten werden kann, dass sie einer Darstellung im Flächennutzungsplan über Flächen für die Landwirtschaft oder Wald widersprechen oder die Entstehung oder Verfestigung einer Splittersiedlung befürchten lassen. [2] Die Satzung kann auch auf Vorhaben er-

streckt werden, die kleineren Handwerks- und Gewerbebetriebe dienen. [3] In der Satzung können nähere Bestimmungen über die Zulässigkeit getroffen werden. [4] Voraussetzung für die Aufstellung der Satzung ist, dass
1. sie mit einer geordneten städtebaulichen Entwicklung vereinbar ist,
2. die Zulässigkeit von Vorhaben, die einer Pflicht zur Durchführung einer Umweltverträglichkeitsprüfung nach Anlage 1 zum Gesetz über die Umweltverträglichkeitsprüfung oder nach Landesrecht unterliegen, nicht begründet wird und
3. keine Anhaltspunkte für eine Beeinträchtigung der in § 1 Absatz 6 Nummer 7 Buchstabe b genannten Schutzgüter oder dafür bestehen, dass bei der Planung Pflichten zur Vermeidung oder Begrenzung der Auswirkungen von schweren Unfällen nach § 50 Satz 1 des Bundes-Immissionsschutzgesetzes zu beachten sind.
[5] Bei Aufstellung der Satzung sind die Vorschriften über die Öffentlichkeits- und Behördenbeteiligung nach § 13 Absatz 2 Satz 1 Nummer 2 und 3 sowie Satz 2 entsprechend anzuwenden. [6] § 10 Absatz 3 ist entsprechend anzuwenden. [7] Von der Satzung bleibt die Anwendung des Absatzes 4 unberührt.

§ 36 Beteiligung der Gemeinde und der höheren Verwaltungsbehörde

(1) [1] Über die Zulässigkeit von Vorhaben nach den §§ 31, 33 bis 35 wird im bauaufsichtlichen Verfahren von der Baugenehmigungsbehörde im Einvernehmen mit der Gemeinde entschieden. [2] Das Einvernehmen der Gemeinde ist auch erforderlich, wenn in einem anderen Verfahren über die Zulässigkeit nach den in Satz 1 bezeichneten Vorschriften entschieden wird; dies gilt nicht für Vorhaben der in § 29 Absatz 1 bezeichneten Art, die der Bergaufsicht unterliegen. [3] Richtet sich die Zulässigkeit von Vorhaben nach § 30 Absatz 1, stellen die Länder sicher, dass die Gemeinde rechtzeitig vor Ausführung des Vorhabens über Maßnahmen zur Sicherung der Bauleitplanung nach den §§ 14 und 15 entscheiden kann. [4] In den Fällen des § 35 Absatz 2 und 4 kann die Landesregierung durch Rechtsverordnung allgemein oder für bestimmte Fälle festlegen, dass die Zustimmung der höheren Verwaltungsbehörde erforderlich ist.

(2) [1] Das Einvernehmen der Gemeinde und die Zustimmung der höheren Verwaltungsbehörde dürfen nur aus den sich aus den §§ 31, 33, 34 und 35 ergebenden Gründen versagt werden. [2] Das Einvernehmen der Gemeinde und die Zustimmung der höheren Verwaltungsbehörde gelten als erteilt, wenn sie nicht binnen zwei Monaten nach Eingang des Ersuchens der Genehmigungsbehörde verweigert werden; dem Ersuchen gegenüber der Gemeinde steht die Einreichung des Antrags bei der Gemeinde gleich, wenn sie nach Landesrecht vorgeschrieben ist. [3] Die nach Landesrecht zuständige Behörde kann ein rechtswidrig versagtes Einvernehmen der Gemeinde ersetzen.

§ 37 Bauliche Maßnahmen des Bundes und der Länder

(1) Macht die besondere öffentliche Zweckbestimmung für bauliche Anlagen des Bundes oder eines Landes erforderlich, von den Vorschriften dieses Gesetzbuchs oder den auf Grund dieses Gesetzbuchs erlassenen Vorschriften abzuweichen oder ist das Einvernehmen mit der Gemeinde nach § 14 oder § 36 nicht erreicht worden, entscheidet die höhere Verwaltungsbehörde.

(2) [1] Handelt es sich dabei um Vorhaben, die der Landesverteidigung, dienstlichen Zwecken der Bundespolizei oder dem zivilen Bevölkerungsschutz dienen, ist nur die Zustimmung der höheren Verwaltungsbehörde erforderlich. [2] Vor Erteilung der Zustimmung hat diese die Gemeinde zu hören. [3] Versagt die höhere Verwaltungsbehörde ihre Zustimmung oder widerspricht die Gemeinde dem beabsichtigten Bauvorhaben, entscheidet das zuständige Bundesministerium im Einvernehmen mit den beteiligten Bundesministerien und im Benehmen mit der zuständigen Obersten Landesbehörde.

(3) [1] Entstehen der Gemeinde infolge der Durchführung von Maßnahmen nach den Absätzen 1 und 2 Aufwendungen für Entschädigungen nach diesem Gesetzbuch, sind sie ihr vom Träger der Maßnahmen zu ersetzen. [2] Muss infolge dieser Maßnahmen ein Bebauungsplan aufgestellt, geändert, ergänzt oder aufgehoben werden, sind ihr auch die dadurch entstandenen Kosten zu ersetzen.

(4) [1] Sollen bauliche Anlagen auf Grundstücken errichtet werden, die nach dem Landbeschaffungsgesetz beschafft werden, sind in dem Verfahren nach § 1 Absatz 2 des Landbeschaffungsgesetzes alle von der Gemeinde oder der höheren Verwaltungsbehörde nach den Absätzen 1 und 2 zulässigen Einwendungen abschließend zu erörtern. [2] Eines Verfahrens nach Absatz 2 bedarf es in diesem Falle nicht.

§ 38 Bauliche Maßnahmen von überörtlicher Bedeutung auf Grund von Planfeststellungsverfahren; öffentlich zugängliche Abfallbeseitigungsanlagen

[1] Auf Planfeststellungsverfahren und sonstige Verfahren mit den Rechtswirkungen der Planfeststellung für Vorhaben von überörtlicher Bedeutung sowie auf die auf Grund des Bundes-Immissionsschutzgesetzes für die Errichtung und den Betrieb öffentlich zugänglicher Abfallbeseitigungsanlagen geltenden Verfahren sind die §§ 29 bis 37 nicht anzuwenden, wenn die Gemeinde beteiligt wird; städtebauliche Belange sind zu berücksichtigen. [2] Eine Bindung nach § 7 bleibt unberührt. [3] § 37 Absatz 3 ist anzuwenden.

Zweiter Abschnitt Entschädigung

§ 39 Vertrauensschaden

[1] Haben Eigentümer oder in Ausübung ihrer Nutzungsrechte sonstige Nutzungsberechtigte im berechtigten Vertrauen auf den Bestand eines rechtsverbindlichen Bebauungsplans Vorbereitungen für die Verwirklichung von Nutzungsmöglichkeiten getroffen, die sich aus dem Bebauungsplan ergeben, können sie angemessene Entschädigung in Geld verlangen, soweit die Aufwendungen durch die Änderung, Ergänzung oder Aufhebung des Bebauungsplans

an Wert verlieren. ² Dies gilt auch für Abgaben nach bundes- oder landesrechtlichen Vorschriften, die für die Erschließung des Grundstücks erhoben wurden.

§ 40 Entschädigung in Geld oder durch Übernahme

(1) ¹ Sind im Bebauungsplan

1. Flächen für den Gemeinbedarf sowie für Sport- und Spielanlagen,
2. Flächen für Personengruppen mit besonderem Wohnbedarf,
3. Flächen mit besonderem Nutzungszweck,
4. von der Bebauung freizuhaltende Schutzflächen und Flächen für besondere Anlagen und Vorkehrungen zum Schutz vor Einwirkungen,
5. Verkehrsflächen,
6. Versorgungsflächen,
7. Flächen für die Abfall- und Abwasserbeseitigung, einschließlich der Rückhaltung und Versickerung von Niederschlagswasser, sowie für Ablagerungen,
8. Grünflächen,
9. Flächen für Aufschüttungen, Abgrabungen oder für die Gewinnung von Steinen, Erden und anderen Bodenschätzen,
10. Flächen für Gemeinschaftsstellplätze und Gemeinschaftsgaragen,
11. Flächen für Gemeinschaftsanlagen,
12. von der Bebauung freizuhaltende Flächen,
13. Wasserflächen, Flächen für die Wasserwirtschaft, Flächen für Hochwasserschutzanlagen und Flächen für die Regelung des Wasserabflusses,
14. Flächen zum Schutz, zur Pflege und zur Entwicklung von Boden, Natur und Landschaft

festgesetzt, ist der Eigentümer nach Maßgabe der folgenden Absätze zu entschädigen, soweit ihm Vermögensnachteile entstehen. ² Dies gilt in den Fällen des Satzes 1 Nummer 1 in Bezug auf Flächen für Sport- und Spielanlagen sowie des Satzes 1 Nummer 4 und 10 bis 14 nicht, soweit die Festsetzungen oder ihre Durchführung den Interessen des Eigentümers oder der Erfüllung einer ihm obliegenden Rechtspflicht dienen.

(2) ¹ Der Eigentümer kann die Übernahme der Flächen verlangen,

1. wenn und soweit es ihm mit Rücksicht auf die Festsetzung oder Durchführung des Bebauungsplans wirtschaftlich nicht mehr zuzumuten ist, das Grundstück zu behalten oder es in der bisherigen oder einer anderen zulässigen Art zu nutzen, oder
2. wenn Vorhaben nach § 32 nicht ausgeführt werden dürfen und dadurch die bisherige Nutzung einer baulichen Anlage aufgehoben oder wesentlich herabgesetzt wird.

² Der Eigentümer kann anstelle der Übernahme die Begründung von Miteigentum oder eines geeigneten Rechts verlangen, wenn die Verwirklichung des Bebauungsplans nicht die Entziehung des Eigentums erfordert.

(3) ¹ Dem Eigentümer ist eine angemessene Entschädigung in Geld zu leisten, wenn und soweit Vorhaben nach § 32 nicht ausgeführt werden dürfen und dadurch die bisherige Nutzung seines Grundstücks wirtschaftlich erschwert wird. ² Sind die Voraussetzungen des Übernahmeanspruchs nach Absatz 2 gegeben, kann nur dieser Anspruch geltend gemacht werden. ³ Der zur Entschädigung Verpflichtete kann den Entschädigungsberechtigten auf den Übernahmeanspruch verweisen, wenn das Grundstück für den im Bebauungsplan festgesetzten Zweck alsbald benötigt wird.

§ 41 Entschädigung bei Begründung von Geh-, Fahr- und Leitungsrechten und bei Bindungen für Bepflanzungen

(1) ¹ Sind im Bebauungsplan Flächen festgesetzt, die mit Geh-, Fahr- und Leitungsrechten zu belasten sind, kann der Eigentümer unter den Voraussetzungen des § 40 Absatz 2 verlangen, dass an diesen Flächen einschließlich der für die Leitungsführungen erforderlichen Schutzstreifen das Recht zugunsten des in § 44 Absatz 1 und 2 Bezeichneten begründet wird. ² Dies gilt nicht für die Verpflichtung zur Duldung solcher örtlichen Leitungen, die der Erschließung und Versorgung des Grundstücks dienen. ³ Weitergehende Rechtsvorschriften, nach denen der Eigentümer zur Duldung von Versorgungsleitungen verpflichtet ist, bleiben unberührt.

(2) Sind im Bebauungsplan Bindungen für Bepflanzungen und für die Erhaltung von Bäumen, Sträuchern, sonstigen Bepflanzungen und Gewässern sowie das Anpflanzen von Bäumen, Sträuchern und sonstigen Bepflanzungen festgesetzt, ist dem Eigentümer eine angemessene Entschädigung in Geld zu leisten, wenn und soweit infolge dieser Festsetzungen

1. besondere Aufwendungen notwendig sind, die über das bei ordnungsgemäßer Bewirtschaftung erforderliche Maß hinausgehen, oder
2. eine wesentliche Wertminderung des Grundstücks eintritt.

§ 42 Entschädigung bei Änderung oder Aufhebung einer zulässigen Nutzung

(1) Wird die zulässige Nutzung eines Grundstücks aufgehoben oder geändert und tritt dadurch eine nicht nur unwesentliche Wertminderung des Grundstücks ein, kann der Eigentümer nach Maßgabe der folgenden Absätze eine angemessene Entschädigung in Geld verlangen.

(2) Wird die zulässige Nutzung eines Grundstücks innerhalb einer Frist von sieben Jahren ab Zulässigkeit aufgehoben oder geändert, bemisst sich die Entschädigung nach dem Unterschied zwischen dem Wert des Grundstücks auf Grund der zulässigen Nutzung und seinem Wert, der sich infolge der Aufhebung oder Änderung ergibt.

(3) ¹ Wird die zulässige Nutzung eines Grundstücks nach Ablauf der in Absatz 2 bezeichneten Frist aufgehoben oder geändert, kann der Eigentümer nur eine Entschädigung für Eingriffe in die ausgeübte Nutzung verlangen, insbesondere wenn infolge der Aufhebung oder Änderung der zulässigen Nutzung die Ausübung der verwirklichten Nutzung oder die sonstigen Möglichkeiten der wirtschaftlichen Verwertung des Grundstücks, die sich aus der verwirklichten Nutzung ergeben, unmöglich gemacht oder wesentlich erschwert werden. ² Die Höhe der Entschädigung hinsichtlich der Beeinträchtigung des Grundstückswerts bemisst sich nach dem Unterschied zwischen dem Wert des Grundstücks auf Grund der ausgeübten Nutzung und seinem Wert, der sich infolge der in Satz 1 bezeichneten Beschränkungen ergibt.

(4) Entschädigungen für Eingriffe in ausgeübte Nutzungen bleiben unberührt.

(5) Abweichend von Absatz 3 bemisst sich die Entschädigung nach Absatz 2, wenn der Eigentümer an der Verwirklichung eines der zulässigen Nutzung entsprechenden Vorhabens vor Ablauf der in Absatz 2 bezeichneten Frist durch eine Veränderungssperre oder eine befristete Zurückstellung seines Vorhabens gehindert worden ist und er das Vorhaben infolge der Aufhebung oder Änderung der zulässigen Nutzung des Grundstücks nicht mehr verwirklichen kann.

(6) Ist vor Ablauf der in Absatz 2 bezeichneten Frist eine Baugenehmigung oder über die bodenrechtliche Zulässigkeit eines Vorhabens im Vorbescheid nach Bauaufsichtsrecht erteilt worden und kann der Eigentümer das Vorhaben infolge der Aufhebung oder Änderung der zulässigen Nutzung des Grundstücks nach Ablauf der Frist nicht mehr verwirklichen oder ist die Verwirklichung dadurch für ihn wirtschaftlich unzumutbar geworden, kann der Eigentümer in Höhe des Unterschieds zwischen dem Wert des Grundstücks unter Zugrundelegung der nach der Genehmigung vorgesehenen Nutzung und dem Wert des Grundstücks, der sich infolge der Aufhebung oder Änderung der zulässigen Nutzung ergibt, Entschädigung verlangen.

(7) ¹ Ist vor Ablauf der in Absatz 2 bezeichneten Frist ein Antrag auf Erteilung einer Baugenehmigung oder eines Vorbescheids nach Bauaufsichtsrecht, der die bodenrechtliche Zulässigkeit eines Vorhabens zum Gegenstand hat, rechtswidrig abgelehnt worden und kann nach dem Ergebnis eines Rechtsmittelverfahrens die Genehmigung oder der Vorbescheid mit dem beantragten Inhalt nicht erteilt werden, weil die im Zeitpunkt der Antragstellung zulässige Nutzung aufgehoben oder geändert worden ist, bemisst sich die Entschädigung nach Absatz 6. ² Entsprechend findet Absatz 6 auch Anwendung, wenn über die nach den gesetzlichen Vorschriften entsprechenden und zu genehmigenden Bauantrag oder einen Vorbescheid nach Bauaufsichtsrecht, der die bodenrechtliche Zulässigkeit eines Vorhabens zum Gegenstand hat, innerhalb der in Absatz 2 bezeichneten Frist nicht entschieden wurde, obwohl der Antrag so rechtzeitig gestellt wurde, dass eine Genehmigung innerhalb der Frist hätte erteilt werden können.

(8) ¹ In den Fällen der Absätze 5 bis 7 besteht der Anspruch auf Entschädigung nicht, wenn der Eigentümer nicht bereit oder nicht in der Lage war, das beabsichtigte Vorhaben zu verwirklichen. ² Der Eigentümer hat die Tatsachen darzulegen, die seine Bereitschaft und Möglichkeiten, das Vorhaben zu verwirklichen, aufzeigen.

(9) Wird die zulässige Nutzung eines Grundstücks aufgehoben, besteht auch der Übernahmeanspruch nach § 40 Absatz 2 Satz 1 Nummer 1.

(10) Die Gemeinde hat dem Eigentümer auf Verlangen Auskunft zu erteilen, ob ein sich aus Absatz 2 ergebender vermögensrechtlicher Schutz der zulässigen Nutzung für sein Grundstück besteht und wann dieser durch Ablauf der in Absatz 2 bezeichneten Frist endet.

§ 43 Entschädigung und Verfahren

(1) ¹ Ist die Entschädigung durch Übernahme des Grundstücks oder durch Begründung eines Rechts zu leisten und kommt eine Einigung nicht zustande, kann der Eigentümer die Entziehung des Eigentums oder die Begründung des Rechts verlangen. ² Der Eigentümer kann den Antrag auf Entziehung des Eigentums oder auf Begründung des Rechts bei der Enteignungsbehörde stellen. ³ Auf die Entziehung des Eigentums oder die Begründung des Rechts finden die Vorschriften des Fünften Teils entsprechend Anwendung.

(2) ¹ Ist die Entschädigung in Geld zu leisten und kommt eine Einigung über die Geldentschädigung nicht zustande, entscheidet die höhere Verwaltungsbehörde. ² Die Vorschriften über die Entschädigung im Zweiten Abschnitt des Fünften Teils sowie § 121 gelten entsprechend. ³ Für Bescheide über die Festsetzung der zu zahlenden Geldentschädigung gilt § 122 entsprechend.

(3) ¹ Liegen die Voraussetzungen der §§ 40 und 41 Absatz 1 vor, ist eine Entschädigung nur nach diesen Vorschriften zu gewähren. ² In den Fällen der §§ 40 und 41 sind solche Wertminderungen nicht zu berücksichtigen, die bei Anwendung des § 42 nicht zu entschädigen wären.

(4) Bodenwerte sind nicht zu entschädigen, soweit sie darauf beruhen, dass
1. die zulässige Nutzung auf dem Grundstück den allgemeinen Anforderungen an gesunde Wohn- und Arbeitsverhältnisse oder an die Sicherheit der auf dem Grundstück oder im umliegenden Gebiet wohnenden oder arbeitenden Menschen nicht entspricht oder
2. in einem Gebiet städtebauliche Missstände im Sinne des § 136 Absatz 2 und 3 bestehen und die Nutzung des Grundstücks zu diesen Missständen wesentlich beiträgt.

(5) ¹ Nach Vorliegen der Entschädigungsvoraussetzungen bleiben Werterhöhungen unberücksichtigt, die eingetreten sind, nachdem der Entschädigungsberechtigte in der Lage war, den Antrag auf Festsetzung der Entschädigung in Geld zu stellen, oder ein Angebot des Entschädigungspflichtigen, die Entschädigung in Geld in angemessener Höhe zu leisten, abgelehnt hat. ² Hat der Entschädigungsberechtigte den Antrag auf Übernahme des Grundstücks oder Begründung eines geeigneten Rechts gestellt und hat der Entschädigungspflichtige daraufhin ein Angebot

auf Übernahme des Grundstücks oder Begründung des Rechts zu angemessenen Bedingungen gemacht, gilt § 95 Absatz 2 Nummer 3 entsprechend.

§ 44 Entschädigungspflichtige, Fälligkeit und Erlöschen der Entschädigungsansprüche

(1) [1] Zur Entschädigung ist der Begünstigte verpflichtet, wenn er mit der Festsetzung zu seinen Gunsten einverstanden ist. [2] Ist ein Begünstigter nicht bestimmt oder liegt sein Einverständnis nicht vor, ist die Gemeinde zur Entschädigung verpflichtet. [3] Erfüllt der Begünstigte seine Verpflichtung nicht, ist dem Eigentümer gegenüber auch die Gemeinde verpflichtet; der Begünstigte hat der Gemeinde Ersatz zu leisten.

(2) [1] Dient die Festsetzung der Beseitigung oder Minderung von Auswirkungen, die von der Nutzung eines Grundstücks ausgehen, ist der Eigentümer zur Entschädigung verpflichtet, wenn er mit der Festsetzung einverstanden war. [2] Ist der Eigentümer auf Grund anderer gesetzlicher Vorschriften verpflichtet, Auswirkungen, die von der Nutzung seines Grundstücks ausgehen, zu beseitigen oder zu mindern, ist er auch ohne Einverständnis zur Entschädigung verpflichtet, soweit er durch die Festsetzung Aufwendungen erspart. [3] Erfüllt der Eigentümer seine Verpflichtungen nicht, gilt Absatz 1 Satz 3 entsprechend. [4] Die Gemeinde soll den Eigentümer anhören, bevor sie Festsetzungen trifft, die zu einer Entschädigung nach Satz 1 oder 2 führen können.

(3) [1] Der Entschädigungsberechtigte kann Entschädigung verlangen, wenn die in den §§ 39 bis 42 bezeichneten Vermögensnachteile eingetreten sind. [2] Er kann die Fälligkeit des Anspruchs dadurch herbeiführen, dass er die Leistung der Entschädigung schriftlich bei dem Entschädigungspflichtigen beantragt. [3] Entschädigungsleistungen in Geld sind ab Fälligkeit mit 2 vom Hundert über dem Basiszinssatz nach § 247 des Bürgerlichen Gesetzbuchs jährlich zu verzinsen. [4] Ist Entschädigung durch Übernahme des Grundstücks zu leisten, findet auf die Verzinsung § 99 Absatz 3 Anwendung.

(4) Ein Entschädigungsanspruch erlischt, wenn nicht innerhalb von drei Jahren nach Ablauf des Kalenderjahres, in dem die in Absatz 3 Satz 1 bezeichneten Vermögensnachteile eingetreten sind, die Fälligkeit des Anspruchs herbeigeführt wird.

(5) In der Bekanntmachung nach § 10 Absatz 3 ist auf die Vorschriften des Absatzes 3 Satz 1 und 2 sowie des Absatzes 4 hinzuweisen.

Vierter Teil Bodenordnung

Erster Abschnitt Umlegung

§ 45 Zweck und Anwendungsbereich

[1] Zur Erschließung oder Neugestaltung von Gebieten können bebaute und unbebaute Grundstücke durch Umlegung in der Weise neu geordnet werden, dass nach Lage, Form und Größe für die bauliche oder sonstige Nutzung zweckmäßig gestaltete Grundstücke entstehen. [2] Die Umlegung kann
1. im Geltungsbereich eines Bebauungsplans im Sinne des § 30 oder
2. innerhalb eines im Zusammenhang bebauten Ortsteils im Sinne des § 34, wenn sich aus der Eigenart der näheren Umgebung oder einem einfachen Bebauungsplan im Sinne des § 30 Absatz 3 hinreichende Kriterien für die Neuordnung der Grundstücke ergeben,
durchgeführt werden.

§ 46 Zuständigkeit und Voraussetzungen

(1) Die Umlegung ist von der Gemeinde (Umlegungsstelle) in eigener Verantwortung anzuordnen und durchzuführen, wenn und sobald sie zur Verwirklichung eines Bebauungsplans oder aus Gründen einer geordneten städtebaulichen Entwicklung zur Verwirklichung der innerhalb eines im Zusammenhang bebauten Ortsteils zulässigen Nutzung erforderlich ist.

(2) Die Landesregierungen können durch Rechtsverordnung bestimmen,
1. dass von der Gemeinde Umlegungsausschüsse mit selbständigen Entscheidungsbefugnissen für die Durchführung der Umlegung gebildet werden,
2. in welcher Weise die Umlegungsausschüsse zusammenzusetzen und mit welchen Befugnissen sie auszustatten sind,
3. dass der Umlegungsausschuss die Entscheidung über Vorgänge nach § 51 von geringer Bedeutung einer Stelle übertragen kann, die seine Entscheidungen vorbereitet,
4. dass zur Entscheidung über einen Rechtsbehelf im Umlegungsverfahren Obere Umlegungsausschüsse gebildet werden und wie diese Ausschüsse zusammenzusetzen sind,
5. dass die Flurbereinigungsbehörde oder eine andere geeignete Behörde verpflichtet ist, auf Antrag der Gemeinde (Umlegungsstelle) die im Umlegungsverfahren zu treffenden Entscheidungen vorzubereiten.

(3) Auf die Anordnung und Durchführung einer Umlegung besteht kein Anspruch.

(4) [1] Die Gemeinde kann ihre Befugnis zur Durchführung der Umlegung auf die Flurbereinigungsbehörde oder eine andere geeignete Behörde für das Gemeindegebiet oder Teile des Gemeindegebiets übertragen. [2] Die Einzelheiten der Übertragung einschließlich der Mitwirkungsrechte der Gemeinde können in einer Vereinbarung zwischen ihr und der die Umlegung durchführenden Behörde geregelt werden. [3] Die Gemeinde kann die Vorbereitung der im Umlegungsverfahren zu treffenden Entscheidungen sowie die zur Durchführung der Umlegung erforderlichen vermessungs- und katastertechnischen Aufgaben öffentlich bestellten Vermessungsingenieuren übertragen.

(5) ¹ Die Gemeinde kann dem Umlegungsausschuss für einzelne Fälle oder bestimmte Gebiete die Befugnis zur Ausübung eines ihr nach § 24 Absatz 1 Satz 1 Nummer 2 zustehenden Vorkaufsrechts übertragen; die Gemeinde kann die Übertragung jederzeit widerrufen. ² Das Recht der Gemeinde, nach der Übertragung ein Vorkaufsrecht zu anderen als Umlegungszwecken auszuüben, bleibt unberührt. ³ Ansprüche Dritter werden durch die Sätze 1 und 2 nicht begründet.

§ 47 Umlegungsbeschluss

(1) ¹ Die Umlegung wird nach Anhörung der Eigentümer durch einen Beschluss der Umlegungsstelle eingeleitet. ² Im Umlegungsbeschluss ist das Umlegungsgebiet (§ 52) zu bezeichnen. ³ Die im Umlegungsgebiet gelegenen Grundstücke sind einzeln aufzuführen.

(2) ¹ Soll die Umlegung für den Geltungsbereich eines Bebauungsplans eingeleitet werden, kann das Umlegungsverfahren auch eingeleitet werden, wenn der Bebauungsplan noch nicht aufgestellt ist. ² In diesem Falle muss der Bebauungsplan vor dem Beschluss über die Aufstellung des Umlegungsplans (§ 66 Absatz 1) in Kraft getreten sein.

§ 48 Beteiligte

(1) Im Umlegungsverfahren sind Beteiligte
1. die Eigentümer der im Umlegungsgebiet gelegenen Grundstücke,
2. die Inhaber eines im Grundbuch eingetragenen oder durch Eintragung gesicherten Rechts an einem im Umlegungsgebiet gelegenen Grundstück oder an einem das Grundstück belastenden Recht,
3. die Inhaber eines nicht im Grundbuch eingetragenen Rechts an dem Grundstück oder an einem das Grundstück belastenden Recht, eines Anspruchs mit dem Recht auf Befriedigung aus dem Grundstück oder eines persönlichen Rechts, das zum Erwerb, zum Besitz oder zur Nutzung des Grundstücks berechtigt oder den Verpflichteten in der Benutzung des Grundstücks beschränkt,
4. die Gemeinde,
5. unter den Voraussetzungen des § 55 Absatz 5 die Bedarfsträger und
6. die Erschließungsträger.

(2) ¹ Die in Absatz 1 Nummer 3 bezeichneten Personen werden zu dem Zeitpunkt Beteiligte, in dem die Anmeldung ihres Rechts der Umlegungsstelle zugeht. ² Die Anmeldung kann bis zur Beschlussfassung über den Umlegungsplan (§ 66 Absatz 1) erfolgen.

(3) ¹ Bestehen Zweifel an einem angemeldeten Recht, so hat die Umlegungsstelle dem Anmeldenden unverzüglich eine Frist zur Glaubhaftmachung seines Rechts zu setzen. ² Nach fruchtlosem Ablauf der Frist ist er bis zur Glaubhaftmachung seines Rechts nicht mehr zu beteiligen.

(4) ¹ Der im Grundbuch eingetragene Gläubiger einer Hypothek, Grundschuld oder Rentenschuld, für die ein Brief erteilt ist, sowie jeder seiner Rechtsnachfolger hat auf Verlangen der Umlegungsstelle eine Erklärung darüber abzugeben, ob ein anderer die Hypothek, Grundschuld oder Rentenschuld oder ein Recht daran erworben hat; die Person des Erwerbers hat er dabei zu bezeichnen. ² § 208 Satz 2 bis 4 gilt entsprechend.

§ 49 Rechtsnachfolge

Wechselt die Person eines Beteiligten während eines Umlegungsverfahrens, so tritt sein Rechtsnachfolger in dieses Verfahren in dem Zustand ein, in dem es sich im Zeitpunkt des Übergangs des Rechts befindet.

§ 50 Bekanntmachung des Umlegungsbeschlusses

(1) Der Umlegungsbeschluss ist in der Gemeinde ortsüblich bekannt zu machen.

(2) Die Bekanntmachung des Umlegungsbeschlusses hat die Aufforderung zu enthalten, innerhalb eines Monats Rechte, die aus dem Grundbuch nicht ersichtlich sind, aber zur Beteiligung am Umlegungsverfahren berechtigen, bei der Umlegungsstelle anzumelden.

(3) Werden Rechte erst nach Ablauf der in Absatz 2 bezeichneten Frist angemeldet oder nach Ablauf der in § 48 Absatz 3 gesetzten Frist glaubhaft gemacht, so muss ein Berechtigter die bisherigen Verhandlungen und Festsetzungen gegen sich gelten lassen, wenn die Umlegungsstelle dies bestimmt.

(4) Der Inhaber eines in Absatz 2 bezeichneten Rechts muss die Wirkung eines vor der Anmeldung eingetretenen Fristablaufs ebenso gegen sich gelten lassen wie der Beteiligte, dem gegenüber die Frist durch Bekanntmachung des Verwaltungsakts zuerst in Lauf gesetzt worden ist.

(5) Auf die rechtlichen Wirkungen nach den Absätzen 3 und 4 sowie nach § 51 ist in der Bekanntmachung hinzuweisen.

§ 51 Verfügungs- und Veränderungssperre

(1) ¹ Von der Bekanntmachung des Umlegungsbeschlusses bis zur Bekanntmachung nach § 71 dürfen im Umlegungsgebiet nur mit schriftlicher Genehmigung der Umlegungsstelle
1. ein Grundstück geteilt oder Verfügungen über ein Grundstück und über Rechte an einem Grundstück getroffen oder Vereinbarungen abgeschlossen werden, durch die einem anderen ein Recht zum Erwerb, zur Nutzung oder Bebauung eines Grundstücks oder Grundstücksteils eingeräumt wird, oder Baulasten neu begründet, geändert oder aufgehoben werden;
2. erhebliche Veränderungen der Erdoberfläche oder wesentlich wertsteigernde sonstige Veränderungen der Grundstücke vorgenommen werden;

3. nicht genehmigungs-, zustimmungs- oder anzeigepflichtige, aber wertsteigernde bauliche Anlagen errichtet oder wertsteigernde Änderungen solcher Anlagen vorgenommen werden;
4. genehmigungs-, zustimmungs- oder anzeigepflichtige bauliche Anlagen errichtet oder geändert werden.

[2] Einer Genehmigung nach Satz 1 bedarf es im förmlich festgelegten Sanierungsgebiet nur, wenn und soweit eine Genehmigungspflicht nach § 144 nicht besteht.

(2) Vorhaben, die vor dem Inkrafttreten der Veränderungssperre baurechtlich genehmigt worden sind, Vorhaben, von denen die Gemeinde nach Maßgabe des Bauordnungsrechts Kenntnis erlangt hat und mit deren Ausführung vor dem Inkrafttreten der Veränderungssperre hätte begonnen werden dürfen, sowie Unterhaltungsarbeiten und die Fortführung einer bisher ausgeübten Nutzung werden von der Veränderungssperre nicht berührt.

(3) [1] Die Genehmigung darf nur versagt werden, wenn Grund zu der Annahme besteht, dass das Vorhaben die Durchführung der Umlegung unmöglich machen oder wesentlich erschweren würde. [2] § 22 Absatz 5 Satz 2 bis 5 ist entsprechend anzuwenden.

(4) [1] Die Genehmigung kann unter Auflagen und außer bei Verfügungen über Grundstücke und über Rechte an Grundstücken auch unter Bedingungen oder Befristungen erteilt werden. [2] Wird die Genehmigung unter Auflagen, Bedingungen oder Befristungen erteilt, ist die hierdurch betroffene Vertragspartei berechtigt, bis zum Ablauf eines Monats nach Unanfechtbarkeit der Entscheidung vom Vertrag zurückzutreten. [3] Auf das Rücktrittsrecht sind die §§ 346 bis 349 und 351 des Bürgerlichen Gesetzbuchs entsprechend anzuwenden.

(5) [1] Überträgt der Umlegungsausschuss auf Grund einer Verordnung nach § 46 Absatz 2 Nummer 3 der dort bezeichneten Stelle Entscheidungen über Vorgänge nach Absatz 1, unterliegt diese Stelle seinen Weisungen; bei Einlegung von Rechtsbehelfen tritt der Umlegungsausschuss an ihre Stelle. [2] Der Umlegungsausschuss kann die Übertragung jederzeit widerrufen.

§ 52 Umlegungsgebiet

(1) [1] Das Umlegungsgebiet ist so zu begrenzen, dass die Umlegung sich zweckmäßig durchführen lässt. [2] Es kann aus räumlich getrennten Flächen bestehen.

(2) Einzelne Grundstücke, die die Durchführung der Umlegung erschweren, können von der Umlegung ganz oder teilweise ausgenommen werden.

(3) [1] Unwesentliche Änderungen des Umlegungsgebiets können bis zum Beschluss über die Aufstellung des Umlegungsplans (§ 66 Absatz 1) von der Umlegungsstelle nach vorheriger Anhörung der Eigentümer der betroffenen Grundstücke auch ohne ortsübliche Bekanntmachung vorgenommen werden. [2] Die Änderung wird mit ihrer Bekanntgabe an die Eigentümer der betroffenen Grundstücke wirksam.

§ 53 Bestandskarte und Bestandsverzeichnis

(1) [1] Die Umlegungsstelle fertigt eine Karte und ein Verzeichnis der Grundstücke des Umlegungsgebiets an (Bestandskarte und Bestandsverzeichnis). [2] Die Bestandskarte weist mindestens die bisherige Lage und Form der Grundstücke des Umlegungsgebiets und die auf ihnen befindlichen Gebäude aus und bezeichnet die Eigentümer. [3] In dem Bestandsverzeichnis sind für jedes Grundstück mindestens aufzuführen

1. die im Grundbuch eingetragenen Eigentümer,
2. die grundbuch- und katastermäßige Bezeichnung, die Größe und die im Liegenschaftskataster angegebene Nutzungsart der Grundstücke unter Angabe von Straße und Hausnummer sowie
3. die im Grundbuch in Abteilung II eingetragenen Lasten und Beschränkungen.

(2) [1] Die Bestandskarte und die in Absatz 1 Satz 3 Nummer 1 und 2 bezeichneten Teile des Bestandsverzeichnisses sind auf die Dauer eines Monats in der Gemeinde öffentlich auszulegen. [2] Ort und Dauer der Auslegung sind mindestens eine Woche vor der Auslegung ortsüblich bekannt zu machen.

(3) Betrifft die Umlegung nur wenige Grundstücke, so genügt anstelle der ortsüblichen Bekanntmachung die Mitteilung an die Eigentümer und die Inhaber sonstiger Rechte, soweit sie aus dem Grundbuch ersichtlich sind oder ihr Recht bei der Umlegungsstelle angemeldet haben.

(4) In den in Absatz 1 Satz 3 Nummer 3 bezeichneten Teil des Bestandsverzeichnisses ist die Einsicht jedem gestattet, der ein berechtigtes Interesse darlegt.

§ 54 Benachrichtigungen und Umlegungsvermerk

(1) [1] Die Umlegungsstelle teilt dem Grundbuchamt und der für die Führung des Liegenschaftskatasters zuständigen Stelle die Einleitung (§ 47) des Umlegungsverfahrens und die nachträglichen Änderungen des Umlegungsgebiets (§ 52) mit. [2] Das Grundbuchamt hat in die Grundbücher der umzulegenden Grundstücke einzutragen, dass das Umlegungsverfahren eingeleitet ist (Umlegungsvermerk).

(2) [1] Das Grundbuchamt und die für die Führung des Liegenschaftskatasters zuständige Stelle haben die Umlegungsstelle von allen Eintragungen zu benachrichtigen, die nach dem Zeitpunkt der Einleitung des Umlegungsverfahrens im Grundbuch der betroffenen Grundstücke und im Liegenschaftskataster vorgenommen sind oder vorgenommen werden. [2] § 22 Absatz 6 ist entsprechend anzuwenden.

(3) Ist im Grundbuch die Anordnung der Zwangsversteigerung oder Zwangsverwaltung eingetragen, so gibt die Umlegungsstelle dem Vollstreckungsgericht von dem Umlegungsbeschluss Kenntnis, soweit dieser das Grundstück betrifft, das Gegenstand des Vollstreckungsverfahrens ist.

§ 55 Umlegungsmasse und Verteilungsmasse

(1) Die im Umlegungsgebiet gelegenen Grundstücke werden nach ihrer Fläche rechnerisch zu einer Masse vereinigt (Umlegungsmasse).

(2) [1] Aus der Umlegungsmasse sind vorweg die Flächen auszuscheiden und der Gemeinde oder dem sonstigen Erschließungsträger zuzuteilen, die nach dem Bebauungsplan festgesetzt sind oder aus Gründen der geordneten städtebaulichen Entwicklung zur Verwirklichung der nach § 34 zulässigen Nutzung erforderlich sind als

1. örtliche Verkehrsflächen für Straßen, Wege einschließlich Fuß- und Wohnwege und für Plätze sowie für Sammelstraßen,

2. Flächen für Parkplätze, Grünanlagen einschließlich Kinderspielplätze und Anlagen zum Schutz gegen schädliche Umwelteinwirkungen im Sinne des Bundes-Immissionsschutzgesetzes, soweit sie nicht schon Bestandteil der in Nummer 1 genannten Verkehrsanlagen sind, sowie für Regenklär- und Regenüberlaufbecken, wenn die Flächen überwiegend den Bedürfnissen der Bewohner des Umlegungsgebiets dienen sollen.

[2] Zu den vorweg auszuscheidenden Flächen gehören auch die Flächen zum Ausgleich im Sinne des § 1a Absatz 3 für die in Satz 1 genannten Anlagen. [3] Grünflächen nach Satz 1 Nummer 2 können auch bauflächenbedingte Flächen zum Ausgleich im Sinne des § 1a Absatz 3 umfassen.

(3) Mit der Zuteilung ist die Gemeinde oder der sonstige Erschließungsträger für von ihnen in die Umlegungsmasse eingeworfene Flächen nach Absatz 2 abgefunden.

(4) Die verbleibende Masse ist die Verteilungsmasse.

(5) [1] Sonstige Flächen, für die nach dem Bebauungsplan eine Nutzung für öffentliche Zwecke festgesetzt ist, können einschließlich der Flächen zum Ausgleich im Sinne des § 1a Absatz 3 ausgeschieden und dem Bedarfs- oder Erschließungsträger zugeteilt werden, wenn dieser geeignetes Ersatzland, das auch außerhalb des Umlegungsgebiets liegen kann, in die Verteilungsmasse einbringt. [2] Die Umlegungsstelle soll von dieser Befugnis Gebrauch machen, wenn dies zur alsbaldigen Durchführung des Bebauungsplans zweckmäßig ist.

§ 56 Verteilungsmaßstab

(1) [1] Für die Errechnung der den beteiligten Grundeigentümern an der Verteilungsmasse zustehenden Anteile (Sollanspruch) ist entweder von dem Verhältnis der Flächen oder dem Verhältnis der Werte auszugehen, in dem die früheren Grundstücke vor der Umlegung zueinander gestanden haben. [2] Der Maßstab ist von der Umlegungsstelle nach pflichtmäßigem Ermessen unter gerechter Abwägung der Interessen der Beteiligten je nach Zweckmäßigkeit einheitlich zu bestimmen.

(2) Sind alle Beteiligten einverstanden, so kann die Verteilungsmasse auch nach einem anderen Maßstab aufgeteilt werden.

§ 57 Verteilung nach Werten

[1] Geht die Umlegungsstelle von dem Verhältnis der Werte aus, so wird die Verteilungsmasse in dem Verhältnis verteilt, in dem die zu berücksichtigenden Eigentümer an der Umlegung beteiligt sind. [2] Jedem Eigentümer soll ein Grundstück mindestens mit dem Verkehrswert zugeteilt werden, den sein früheres Grundstück auch unter Berücksichtigung der Pflicht zur Bereitstellung von Flächen zum Ausgleich im Sinne des § 1a Absatz 3 im Zeitpunkt des Umlegungsbeschlusses hatte. [3] Für die zuzuteilenden Grundstücke ist der Verkehrswert, bezogen auf den Zeitpunkt des Umlegungsbeschlusses, zu ermitteln. [4] Dabei sind Wertänderungen, die durch die Umlegung bewirkt werden, zu berücksichtigen; sollen Grundstücke in Bezug auf Flächen nach § 55 Absatz 2 erschließungsbeitragspflichtig zugeteilt werden, bleiben Wertänderungen insoweit unberücksichtigt. [5] Unterschiede zwischen den so ermittelten Verkehrswerten sind in Geld auszugleichen.

§ 58 Verteilung nach Flächen

(1) [1] Geht die Umlegungsstelle von dem Verhältnis der Flächen aus, hat sie von den eingeworfenen Grundstücken unter Anrechnung des Flächenabzugs nach § 55 Absatz 2 einen Flächenbeitrag in einem solchen Umfang abzuziehen, dass die Vorteile ausgeglichen werden, die durch die Umlegung erwachsen; dabei bleiben in den Fällen des § 57 Satz 4 Halbsatz 2 die Vorteile insoweit unberücksichtigt. [2] Der Flächenbeitrag darf in Gebieten, die erstmalig erschlossen werden, nur bis zu 30 vom Hundert, in anderen Gebieten nur bis zu 10 vom Hundert der eingeworfenen Fläche betragen. [3] Die Umlegungsstelle kann statt eines Flächenbeitrags ganz oder teilweise einen entsprechenden Geldbeitrag erheben. [4] Soweit der Umlegungsvorteil den Flächenbeitrag nach Satz 1 übersteigt, ist der Vorteil in Geld auszugleichen.

(2) Kann das neue Grundstück nicht in gleicher oder gleichwertiger Lage zugeteilt werden, so sind dadurch begründete Wertunterschiede in Fläche oder Geld auszugleichen.

(3) Für die Bemessung von Geldbeiträgen und Ausgleichsleistungen sind die Wertverhältnisse im Zeitpunkt des Umlegungsbeschlusses maßgebend.

§ 59 Zuteilung und Abfindung

(1) Aus der Verteilungsmasse sind den Eigentümern dem Umlegungszweck entsprechend nach Möglichkeit Grundstücke einschließlich Flächen zum Ausgleich im Sinne des § 1a Absatz 3 in gleicher oder gleichwertiger Lage wie die eingeworfenen Grundstücke und entsprechend den nach den §§ 57 und 58 errechneten Anteilen zuzuteilen.

(2) [1] Soweit es unter Berücksichtigung der öffentlich-rechtlichen Vorschriften nicht möglich ist, die nach den §§ 57 und 58 errechneten Anteile tatsächlich zuzuteilen, findet ein Ausgleich in Geld statt. [2] Auf den Geldausgleich sind

die Vorschriften über die Entschädigung im Zweiten Abschnitt des Fünften Teils entsprechend anzuwenden, soweit die Zuteilung den Einwurfswert oder mehr als nur unwesentlich den Sollanspruch unterschreitet. [3] Der Geldausgleich bemisst sich nach dem Verkehrswert, bezogen auf den Zeitpunkt der Aufstellung des Umlegungsplans, soweit die Zuteilung den Sollanspruch mehr als nur unwesentlich überschreitet und dadurch die bauplanungsrechtlich zulässige Nutzung ermöglicht.

(3) Beantragt ein Eigentümer, der im Umlegungsgebiet eigen genutzten Wohn- oder Geschäftsraum aufgeben muss und im Umlegungsverfahren kein Grundstück erhält, dass für ihn als Abfindung im Umlegungsverfahren eines der in Absatz 4 Nummer 2 und 3 bezeichneten Rechte vorgesehen wird, so soll dem entsprochen werden, sofern dies in der Umlegung möglich ist.

(4) Mit Einverständnis der betroffenen Eigentümer können als Abfindung
1. Geld oder
2. Grundeigentum außerhalb des Umlegungsgebiets oder
3. die Begründung von Miteigentum an einem Grundstück, die Gewährung von grundstücksgleichen Rechten, Rechten nach dem Wohnungseigentumsgesetz oder sonstigen dinglichen Rechten innerhalb und außerhalb des Umlegungsgebiets
vorgesehen werden.

(5) [1] Sofern die Umlegung im Geltungsbereich eines Bebauungsplans durchgeführt wird, können Eigentümer in Geld oder mit außerhalb des Umlegungsgebiets gelegenen Grundstücken abgefunden werden, wenn sie im Gebiet keine bebauungsfähigen Grundstücke erhalten können oder wenn dies sonst zur Erreichung der Ziele und Zwecke des Bebauungsplans erforderlich ist; wer die Abfindung mit Grundstücken außerhalb des Gebiets ablehnt, kann mit Geld abgefunden werden. [2] Die Vorschriften über die Entschädigung im Zweiten Abschnitt des Fünften Teils sind entsprechend anzuwenden.

(6) [1] Lehnt der Eigentümer eine Abfindung mit den in Absatz 4 Nummer 2 und 3 bezeichneten Rechten ab, obgleich durch eine solche Abfindung für eine größere Anzahl von Beteiligten eine Abfindung in Geld vermieden werden kann und die Abfindung in diesen Rechtsformen mit dem Bebauungsplan vereinbar ist, ist der Eigentümer in Geld abzufinden. [2] Die Vorschriften über die Entschädigung im Zweiten Abschnitt des Fünften Teils sind entsprechend anzuwenden.

(7) Die Umlegungsstelle – der Umlegungsausschuss auf Antrag der Gemeinde – kann bei der Zuteilung von Grundstücken unter den Voraussetzungen des § 176 ein Baugebot, unter den Voraussetzungen des § 177 ein Modernisierungs- oder Instandsetzungsgebot und unter den Voraussetzungen des § 178 ein Pflanzgebot anordnen.

(8) [1] Sofern die Umlegung im Geltungsbereich eines Bebauungsplans durchgeführt wird, sind im Umlegungsplan die Gebäude oder sonstigen baulichen Anlagen zu bezeichnen, die dem Bebauungsplan widersprechen und der Verwirklichung der im Umlegungsplan in Aussicht genommenen Neugestaltung (§ 66 Absatz 2) entgegenstehen. [2] Die Eigentümer und die sonstigen Nutzungsberechtigten haben die Beseitigung der im Umlegungsplan bezeichneten Gebäude und sonstigen baulichen Anlagen zu dulden, wenn die Gemeinde die Beseitigung zum Vollzug des Umlegungsplans durchführt.

(9) Die Befugnis der Gemeinde, ein Baugebot, ein Modernisierungs- oder Instandsetzungsgebot, ein Pflanzgebot oder ein Rückbau- oder Entsiegelungsgebot nach den §§ 176 bis 179 anzuordnen, bleibt unberührt.

§ 60 Abfindung und Ausgleich für bauliche Anlagen, Anpflanzungen und sonstige Einrichtungen

[1] Für bauliche Anlagen, Anpflanzungen und für sonstige Einrichtungen ist nur eine Geldabfindung zu gewähren und im Falle der Zuteilung ein Ausgleich in Geld festzusetzen, soweit das Grundstück wegen dieser Einrichtungen einen über den Bodenwert hinausgehenden Verkehrswert hat. [2] Die Vorschriften über die Entschädigung im Zweiten Abschnitt des Fünften Teils sind entsprechend anzuwenden.

§ 61 Aufhebung, Änderung und Begründung von Rechten

(1) [1] Grundstücksgleiche Rechte sowie andere Rechte an einem im Umlegungsgebiet gelegenen Grundstück oder an einem das Grundstück belastenden Recht, ferner Ansprüche mit dem Recht auf Befriedigung aus dem Grundstück oder persönliche Rechte, die zum Erwerb, zum Besitz oder zur Nutzung eines im Umlegungsgebiet gelegenen Grundstücks berechtigen oder den Verpflichteten in der Benutzung des Grundstücks beschränken, können durch den Umlegungsplan aufgehoben, geändert oder neu begründet werden. [2] In Übereinstimmung mit den Zielen des Bebauungsplans oder zur Verwirklichung einer nach § 34 zulässigen Nutzung können zur zweckmäßigen und wirtschaftlichen Ausnutzung der Grundstücke Flächen für Zuwege, gemeinschaftliche Hofräume, Kinderspielplätze, Freizeiteinrichtungen, Stellplätze, Garagen, Flächen zum Ausgleich im Sinne des § 1a Absatz 3 oder sonstige Gemeinschaftsanlagen festgelegt und ihre Rechtsverhältnisse geregelt werden. [3] Im Landesrecht vorgesehene öffentlich-rechtliche Verpflichtungen zu einem das Grundstück betreffenden Tun, Dulden oder Unterlassen (Baulast) können im Einvernehmen mit der Baugenehmigungsbehörde aufgehoben, geändert oder neu begründet werden.

(2) [1] Soweit durch die Aufhebung, Änderung oder Begründung von Rechten oder Baulasten Vermögensnachteile oder Vermögensvorteile entstehen, findet ein Ausgleich in Geld statt. [2] Für den Fall, dass Vermögensnachteile entstehen, sind die Vorschriften über die Entschädigung im Zweiten Abschnitt des Fünften Teils und über den Härteausgleich nach § 181 entsprechend anzuwenden.

(3) Die Absätze 1 und 2 gelten auch für die nach § 55 Absatz 5 in die Verteilungsmasse eingebrachten Grundstücke.

§ 62 Gemeinschaftliches Eigentum; besondere rechtliche Verhältnisse

(1) Wenn es dem Zweck der Umlegung dient und die Eigentümer zustimmen, kann gemeinschaftliches Eigentum an Grundstücken geteilt werden.

(2) ¹ Wenn einem Eigentümer für mehrere verschiedenen Rechtsverhältnissen unterliegende alte Grundstücke oder Berechtigungen ein neues Grundstück zugeteilt wird, so werden entsprechend den verschiedenen Rechtsverhältnissen Bruchteile der Gesamtabfindung bestimmt, die an die Stelle der einzelnen Grundstücke oder Berechtigungen treten. ² In diesen Fällen kann für jedes eingeworfene Grundstück oder jede Berechtigung anstelle des Bruchteils ein besonderes Grundstück zugeteilt werden.

(3) Wenn gemeinschaftliches Eigentum geteilt wird (Absatz 1) oder einem Eigentümer für sein Grundstück mehrere neue Grundstücke zugeteilt werden, so kann die Umlegungsstelle Grundpfandrechte und Reallasten, mit denen eingeworfene Grundstücke belastet sind, entsprechend den im Umlegungsverfahren ermittelten Werten auf die zuzuteilenden Grundstücke verteilen.

§ 63 Übergang von Rechtsverhältnissen auf die Abfindung

(1) ¹ Die zugeteilten Grundstücke treten hinsichtlich der Rechte an den alten Grundstücken und der diese Grundstücke betreffenden Rechtsverhältnisse, die nicht aufgehoben werden, an die Stelle der alten Grundstücke. ² Die örtlich gebundenen öffentlichen Lasten, die auf den alten Grundstücken ruhen, gehen auf die in deren örtlicher Lage ausgewiesenen neuen Grundstücke über.

(2) Erhält der Eigentümer, dem ein neues Grundstück zugeteilt wird, für das alte Grundstück zum Ausgleich von Wertunterschieden einen Geldausgleich oder nach § 59, § 60 oder § 61 eine Geldabfindung, so sind dinglich Berechtigte, deren Rechte durch die Umlegung beeinträchtigt werden, insoweit auf den Geldanspruch des Eigentümers angewiesen.

§ 64 Geldleistungen

(1) Die Gemeinde ist Gläubigerin und Schuldnerin der im Umlegungsplan festgesetzten Geldleistungen.

(2) ¹ Geldleistungen werden mit der Bekanntmachung nach § 71 fällig. ² Die Fälligkeit der Ausgleichsleistungen für Mehrwerte (§§ 57 bis 61) kann bis zu längstens zehn Jahren hinausgeschoben werden; dabei kann vorgesehen werden, dass die Bezahlung dieser Ausgleichsleistungen ganz oder teilweise in wiederkehrenden Leistungen erfolgt. ³ In den Fällen des Satzes 2 soll die Ausgleichsleistung ab Fälligkeit und bei Anfechtung des Umlegungsplans lediglich wegen der Höhe einer Geldleistung soll diese in Höhe des angefochtenen Betrags ab Inkrafttreten des Umlegungsplans dem Grund nach mit 2 vom Hundert über dem Basiszinssatz nach § 247 des Bürgerlichen Gesetzbuchs jährlich verzinst werden.

(3) Die Verpflichtungen des Eigentümers oder des Erbbauberechtigten zu Geldleistungen nach den §§ 57 bis 61 gelten als Beitrag und ruhen als öffentliche Last auf dem Grundstück oder dem Erbbaurecht.

(4) ¹ Wird zur Sicherung eines Kredits, der
1. der Errichtung von Neubauten, dem Wiederaufbau zerstörter Gebäude oder dem Ausbau oder der Erweiterung bestehender Gebäude oder
2. der Durchführung notwendiger außerordentlicher Instandsetzungen an Gebäuden
auf dem belasteten Grundstück dient, ein Grundpfandrecht bestellt, so kann für dieses auf Antrag ein Befriedigungsvorrecht vor der öffentlichen Last nach Absatz 3 oder einem Teil derselben für den Fall der Zwangsvollstreckung in das Grundstück bewilligt werden, wenn dadurch die Sicherheit der öffentlichen Last nicht gefährdet wird und die Zins- und Tilgungssätze für das Grundpfandrecht den üblichen Jahresleistungen für erstrangige Tilgungshypotheken entsprechen. ² Die Bewilligung kann von der Erfüllung von Bedingungen abhängig gemacht werden.

(5) Soweit die Kosten und Geldleistungen der Umlegung von einem Bedarfs- oder Erschließungsträger verursacht sind, sind sie von ihm der Gemeinde zu erstatten.

(6) Die öffentlichen Lasten (Absatz 3) sind im Grundbuch zu vermerken.

§ 65 Hinterlegung und Verteilungsverfahren

Für die Hinterlegung von Geldleistungen und für das Verteilungsverfahren gelten die Vorschriften der §§ 118 und 119 entsprechend.

§ 66 Aufstellung und Inhalt des Umlegungsplans

(1) ¹ Der Umlegungsplan ist von der Umlegungsstelle nach Erörterung mit den Eigentümern durch Beschluss aufzustellen. ² Er kann auch für Teile des Umlegungsgebiets aufgestellt werden (Teilumlegungsplan).

(2) ¹ Aus dem Umlegungsplan muss der in Aussicht genommene Neuzustand mit allen tatsächlichen und rechtlichen Änderungen hervorgehen, die die im Umlegungsgebiet gelegenen Grundstücke erfahren. ² Der Umlegungsplan muss nach Form und Inhalt zur Übernahme in das Liegenschaftskataster geeignet sein.

(3) Der Umlegungsplan besteht aus der Umlegungskarte und dem Umlegungsverzeichnis.

§ 67 Umlegungskarte

¹ Die Umlegungskarte stellt den künftigen Zustand des Umlegungsgebiets dar. ² In die Karte sind insbesondere die neuen Grundstücksgrenzen und -bezeichnungen sowie die Flächen im Sinne des § 55 Absatz 2 einzutragen.

§ 68 Umlegungsverzeichnis

(1) Das Umlegungsverzeichnis führt auf
1. die Grundstücke, einschließlich der außerhalb des Umlegungsgebiets zugeteilten, nach Lage, Größe und Nutzungsart unter Gegenüberstellung des alten und neuen Bestands mit Angabe ihrer Eigentümer;
2. die Rechte an einem Grundstück oder ein das Grundstück belastendes Recht, ferner Ansprüche mit dem Recht auf Befriedigung aus dem Grundstück oder persönliche Rechte, die zum Erwerb, zum Besitz oder zur Nutzung eines Grundstücks berechtigen oder den Verpflichteten in der Benutzung des Grundstücks beschränken, soweit sie aufgehoben, geändert oder neu begründet werden;
3. die Grundstückslasten nach Rang und Betrag;
4. die Geldleistungen, deren Fälligkeit und Zahlungsart sowie der Wert der Flächen nach § 55 Absatz 2 bei einer insoweit erschließungsbeitragspflichtigen Zuteilung;
5. diejenigen, zu deren Gunsten oder Lasten Geldleistungen festgesetzt sind;
6. die einzuziehenden und die zu verlegenden Flächen im Sinne des § 55 Absatz 2 und die Wasserläufe;
7. die Gebote nach § 59 Absatz 7 sowie
8. die Baulasten nach § 61 Absatz 1 Satz 3.

(2) Das Umlegungsverzeichnis kann für jedes Grundstück gesondert aufgestellt werden.

§ 69 Bekanntmachung des Umlegungsplans, Einsichtnahme

(1) [1] Die Umlegungsstelle hat den Beschluss über die Aufstellung des Umlegungsplans (§ 66 Absatz 1) in der Gemeinde ortsüblich bekannt zu machen. [2] In der Bekanntmachung ist darauf hinzuweisen, dass der Umlegungsplan an einer zu benennenden Stelle nach Absatz 2 eingesehen werden kann und auszugsweise nach § 70 Absatz 1 Satz 1 zugestellt wird.

(2) Den Umlegungsplan kann jeder einsehen, der ein berechtigtes Interesse darlegt.

§ 70 Zustellung des Umlegungsplans

(1) [1] Den Beteiligten ist ein ihre Rechte betreffender Auszug aus dem Umlegungsplan zuzustellen. [2] Dabei ist darauf hinzuweisen, dass der Umlegungsplan an einer zu benennenden Stelle nach § 69 Absatz 2 eingesehen werden kann.

(2) Hält die Umlegungsstelle Änderungen des Umlegungsplans für erforderlich, so können die Bekanntmachung und die Zustellung des geänderten Umlegungsplans auf die von der Änderung Betroffenen beschränkt werden.

(3) Ist im Grundbuch die Anordnung der Zwangsversteigerung oder Zwangsverwaltung eingetragen, so gibt die Umlegungsstelle dem Vollstreckungsgericht von dem Umlegungsverzeichnis Kenntnis, soweit dieses das Grundstück, das Gegenstand des Vollstreckungsverfahrens ist, und die daran bestehenden Rechte betrifft.

§ 71 Inkrafttreten des Umlegungsplans

(1) [1] Die Umlegungsstelle hat ortsüblich bekannt zu machen, in welchem Zeitpunkt der Umlegungsplan unanfechtbar geworden ist. [2] Dem Eintritt der Unanfechtbarkeit des Umlegungsplans steht es gleich, wenn der Umlegungsplan lediglich wegen der Höhe einer Geldabfindung anfechtbar ist.

(2) [1] Vor Unanfechtbarkeit des Umlegungsplans kann die Umlegungsstelle räumliche und sachliche Teile des Umlegungsplans durch Bekanntmachung in Kraft setzen, wenn sich die Entscheidung über eingelegte Rechtsbehelfe auf diese Teile des Umlegungsplans nicht auswirken kann. [2] Personen, die Rechtsbehelfe eingelegt haben, sind von der Inkraftsetzung zu unterrichten.

§ 72 Wirkungen der Bekanntmachung

(1) [1] Mit der Bekanntmachung nach § 71 wird der bisherige Rechtszustand durch den in dem Umlegungsplan vorgesehenen neuen Rechtszustand ersetzt. [2] Die Bekanntmachung schließt die Einweisung der neuen Eigentümer in den Besitz der zugeteilten Grundstücke ein.

(2) [1] Die Gemeinde hat den Umlegungsplan zu vollziehen, sobald seine Unanfechtbarkeit nach § 71 bekannt gemacht worden ist. [2] Sie hat den Beteiligten die neuen Besitz- und Nutzungsrechte, erforderlichenfalls mit den Mitteln des Verwaltungszwangs, zu verschaffen.

§ 73 Änderung des Umlegungsplans

Die Umlegungsstelle kann den Umlegungsplan auch nach Eintritt der Unanfechtbarkeit ändern, wenn
1. der Bebauungsplan geändert wird,
2. eine rechtskräftige Entscheidung eines Gerichts die Änderung notwendig macht oder
3. die Beteiligten mit der Änderung einverstanden sind.

§ 74 Berichtigung der öffentlichen Bücher

(1) [1] Die Umlegungsstelle übersendet dem Grundbuchamt und der für die Führung des Liegenschaftskatasters zuständigen Stelle eine beglaubigte Abschrift der Bekanntmachung nach § 71 sowie eine beglaubigte Ausfertigung des Umlegungsplans und ersucht diese, die Rechtsänderungen in das Grundbuch und in das Liegenschaftskataster einzutragen sowie den Umlegungsvermerk im Grundbuch zu löschen. [2] Dies gilt auch für außerhalb des Umlegungsgebiets zugeteilte Grundstücke.

(2) [1] Bis zur Berichtigung des Liegenschaftskatasters dienen die Umlegungskarte und das Umlegungsverzeichnis als amtliches Verzeichnis der Grundstücke im Sinne des § 2 Absatz 2 der Grundbuchordnung, wenn die für die

Führung des Liegenschaftskatasters zuständige Stelle auf diesen Urkunden bescheinigt hat, dass sie nach Form und Inhalt zur Übernahme in das Liegenschaftskataster geeignet sind. ² Diese Bescheinigung ist nicht erforderlich, wenn die Flurbereinigungsbehörde die Umlegungskarte und das Umlegungsverzeichnis gefertigt hat (§ 46 Absatz 2 Nummer 5 und Absatz 4).

§ 75 Einsichtnahme in den Umlegungsplan

Bis zur Berichtigung des Grundbuchs ist die Einsicht in den Umlegungsplan jedem gestattet, der ein berechtigtes Interesse darlegt.

§ 76 Vorwegnahme der Entscheidung

¹ Mit Einverständnis der betroffenen Rechtsinhaber können die Eigentums- und Besitzverhältnisse für einzelne Grundstücke sowie andere Rechte nach den §§ 55 bis 62 geregelt werden, bevor der Umlegungsplan aufgestellt ist. ² Die §§ 70 bis 75 gelten entsprechend.

§ 77 Vorzeitige Besitzeinweisung

(1) Sofern die Umlegung im Geltungsbereich eines Bebauungsplans durchgeführt wird, kann die Umlegungsstelle nach dem Inkrafttreten des Bebauungsplans, wenn das Wohl der Allgemeinheit es erfordert,

1. vor Aufstellung des Umlegungsplans die Gemeinde oder den sonstigen Bedarfs- oder Erschließungsträger in den Besitz der Grundstücke, die in dem Bebauungsplan als Flächen im Sinne des § 9 Absatz 1 Nummer 21 oder des § 55 Absatz 2 und 5 festgesetzt sind, einweisen;
2. nach Aufstellung des Umlegungsplans und Übertragung der Grenzen der neuen Grundstücke in die Örtlichkeit auch sonstige am Umlegungsverfahren Beteiligte in den Besitz der nach dem Umlegungsplan für sie vorgesehenen Grundstücke oder Nutzungsrechte einweisen.

(2) Das Wohl der Allgemeinheit kann die vorzeitige Einweisung in den Besitz insbesondere erfordern

1. in den Fällen des Absatzes 1 Nummer 1 zugunsten der Gemeinde oder eines sonstigen Bedarfs- oder Erschließungsträgers, wenn Maßnahmen zur Verwirklichung des Bebauungsplans bevorstehen und die Flächen für die vorgesehenen Anlagen und Einrichtungen der Erschließung oder Versorgung des Gebiets benötigt werden;
2. in den Fällen des Absatzes 1 Nummer 2 zugunsten sonstiger Umlegungsbeteiligter, wenn dringende städtebauliche Gründe für die Verschaffung des Besitzes bestehen und wenn diese Gründe die Interessen der Betroffenen an der weiteren Ausübung des Besitzes wesentlich überwiegen.

(3) Die §§ 116 und 122 gelten entsprechend.

§ 78 Verfahrens- und Sachkosten

Die Gemeinde trägt die Verfahrenskosten und die nicht durch Beiträge nach § 64 Absatz 3 gedeckten Sachkosten.

§ 79 Abgaben- und Auslagenbefreiung

(1) ¹ Geschäfte und Verhandlungen, die der Durchführung oder Vermeidung der Umlegung dienen, einschließlich der Berichtigung der öffentlichen Bücher, sind frei von Gebühren und ähnlichen nichtsteuerlichen Abgaben sowie von Auslagen; dies gilt nicht für die Kosten eines Rechtsstreits. ² Unberührt bleiben Regelungen nach landesrechtlichen Vorschriften.

(2) Die Abgabenfreiheit ist von der zuständigen Behörde ohne Nachprüfung anzuerkennen, wenn die Umlegungsstelle versichert, dass ein Geschäft oder eine Verhandlung der Durchführung oder Vermeidung der Umlegung dient.

Zweiter Abschnitt Vereinfachte Umlegung

§ 80 Zweck, Anwendungsbereich, Zuständigkeiten

(1) ¹ Die Gemeinde kann eine Umlegung im Sinne des § 45 als vereinfachte Umlegung durchführen, wenn die in § 46 Absatz 1 bezeichneten Voraussetzungen vorliegen und wenn mit der Umlegung lediglich

1. unmittelbar aneinander grenzende oder in enger Nachbarschaft liegende Grundstücke oder Teile von Grundstücken untereinander getauscht oder
2. Grundstücke, insbesondere Splittergrundstücke oder Teile von Grundstücken, einseitig zugeteilt

werden. ² Die auszutauschenden oder einseitig zuzuteilenden Grundstücke oder Grundstücksteile dürfen nicht selbständig bebaubar sein. ³ Eine einseitige Zuteilung muss im öffentlichen Interesse geboten sein.

(2) ¹ Auf die vereinfachte Umlegung sind die Vorschriften des Ersten Abschnitts nur anzuwenden, soweit die Vorschriften dieses Abschnitts dies bestimmen. ² Einer Anordnung der vereinfachten Umlegung durch die Gemeinde bedarf es nicht.

(3) ¹ Die vereinfachte Umlegung ist so durchzuführen, dass jedem Eigentümer nach dem Verhältnis des Werts seines früheren Grundstücks zum Wert der übrigen Grundstücke möglichst ein Grundstück in gleicher oder gleichwertiger Lage zugeteilt wird. ² Eine durch die vereinfachte Umlegung für den Grundstückseigentümer bewirkte Wertminderung darf nur unerheblich sein. ³ Mit Zustimmung der Eigentümer können von den Sätzen 1 und 2 abweichende Regelungen getroffen werden.

(4) ¹ Im Rahmen des Verfahrens der vereinfachten Umlegung betroffene Dienstbarkeiten und Baulasten nach Maßgabe des § 61 Absatz 1 Satz 3 können neu geordnet und zu diesem Zweck auch neu begründet und aufgehoben werden. ² Betroffene Grundpfandrechte können neu geordnet werden, wenn die Beteiligten dem vorgesehenen neuen Rechtszustand zustimmen.

(5) ¹Die Landesregierungen können durch Rechtsverordnungen bestimmen, dass die nach Maßgabe des § 46 Absatz 2 Nummer 1 und 2 gebildeten Umlegungsausschüsse auch vereinfachte Umlegungsverfahren selbständig durchführen. ²Die Vorschriften des § 46 Absatz 4 zur Übertragung der Umlegung auf die Flurbereinigungsbehörde oder eine andere geeignete Behörde sind für vereinfachte Umlegungsverfahren entsprechend anzuwenden.

§ 81 Geldleistungen

(1) ¹Vorteile, die durch die vereinfachte Umlegung bewirkt werden, sind von den Eigentümern in Geld auszugleichen. ²Die Vorschriften über die Entschädigung im Zweiten Abschnitt des Fünften Teils sind entsprechend anzuwenden.

(2) ¹Gläubigerin und Schuldnerin der Geldleistungen ist die Gemeinde. ²Die Beteiligten können mit Zustimmung der Gemeinde andere Vereinbarungen treffen. ³Die Geldleistungen werden mit der Bekanntmachung nach § 83 Absatz 1 fällig. ⁴§ 64 Absatz 3, 4 und 6 über Beitrag und öffentliche Last ist entsprechend anzuwenden, wenn die Gemeinde Gläubigerin der Geldleistungen ist.

(3) ¹Dinglich Berechtigte, deren Rechte durch die vereinfachte Umlegung beeinträchtigt werden, sind insoweit auf den Geldanspruch des Eigentümers angewiesen. ²Für die Hinterlegung von Geldleistungen und für das Verteilungsverfahren gelten die Vorschriften der §§ 118 und 119 entsprechend.

§ 82 Beschluss über die vereinfachte Umlegung

(1) ¹Die Gemeinde setzt nach Erörterung mit den Eigentümern durch Beschluss die neuen Grenzen sowie die Geldleistung fest und regelt in ihm, soweit es erforderlich ist, die Neuordnung und zu diesem Zweck auch die Neubegründung und Aufhebung von Dienstbarkeiten, Grundpfandrechten und Baulasten. ²Beteiligten, deren Rechte ohne Zustimmung durch den Beschluss betroffen werden, ist vorher Gelegenheit zur Stellungnahme zu geben. ³Der Beschluss muss nach Form und Inhalt zur Übernahme in das Liegenschaftskataster geeignet sein.

(2) ¹Allen Beteiligten ist ein ihre Rechte betreffender Auszug aus dem Beschluss zuzustellen. ²Dabei ist darauf hinzuweisen, dass der Beschluss bei einer zu benennenden Stelle eingesehen werden kann.

§ 83 Bekanntmachung und Rechtswirkungen der vereinfachten Umlegung

(1) ¹Die Gemeinde hat ortsüblich bekannt zu machen, in welchem Zeitpunkt der Beschluss über die vereinfachte Umlegung unanfechtbar geworden ist. ²§ 71 Absatz 2 über die vorzeitige Inkraftsetzung ist entsprechend anzuwenden.

(2) ¹Mit der Bekanntmachung wird der bisherige Rechtszustand durch den in dem Beschluss über die vereinfachte Umlegung vorgesehenen neuen Rechtszustand ersetzt. ²Die Bekanntmachung schließt die Einweisung der neuen Eigentümer in den Besitz der zugeteilten Grundstücke oder Grundstücksteile ein. ³§ 72 Absatz 2 über die Vollziehung ist entsprechend anzuwenden.

(3) ¹Das Eigentum an ausgetauschten oder einseitig zugeteilten Grundstücksteilen und Grundstücken geht lastenfrei auf die neuen Eigentümer über; Unschädlichkeitszeugnisse sind nicht erforderlich. ²Sofern Grundstücksteile oder Grundstücke einem Grundstück zugeteilt werden, werden sie Bestandteil dieses Grundstücks. ³Die dinglichen Rechte an diesem Grundstück erstrecken sich auf die zugeteilten Grundstücksteile und Grundstücke. ⁴Satz 1 Halbsatz 1 und Satz 3 gelten nur, soweit sich nicht aus einer Regelung nach § 80 Absatz 4 etwas anderes ergibt.

§ 84 Berichtigung der öffentlichen Bücher

(1) ¹Die Gemeinde übersendet dem Grundbuchamt und der für die Führung des Liegenschaftskatasters zuständigen Stelle eine beglaubigte Abschrift des Beschlusses über die vereinfachte Umlegung, teilt den Zeitpunkt der Bekanntmachung nach § 83 Absatz 1 mit und ersucht diese, die Rechtsänderungen in das Grundbuch und in das Liegenschaftskataster einzutragen. ²§ 74 Absatz 2 gilt entsprechend.

(2) Für die Kosten der vereinfachten Umlegung gelten die §§ 78 und 79 entsprechend.

Fünfter Teil Enteignung

Erster Abschnitt Zulässigkeit der Enteignung

§ 85 Enteignungszweck

(1) Nach diesem Gesetzbuch kann nur enteignet werden, um
1. entsprechend den Festsetzungen des Bebauungsplans ein Grundstück zu nutzen oder eine solche Nutzung vorzubereiten,
2. unbebaute oder geringfügig bebaute Grundstücke, die nicht im Bereich eines Bebauungsplans, aber innerhalb im Zusammenhang bebauter Ortsteile liegen, insbesondere zur Schließung von Baulücken, entsprechend den baurechtlichen Vorschriften zu nutzen oder einer baulichen Nutzung zuzuführen,
3. Grundstücke für die Entschädigung in Land zu beschaffen,
4. durch Enteignung entzogene Rechte durch neue Rechte zu ersetzen,
5. Grundstücke einer baulichen Nutzung zuzuführen, wenn ein Eigentümer die Verpflichtung nach § 176 Absatz 1 oder 2 nicht erfüllt,
6. im Geltungsbereich einer Erhaltungssatzung eine bauliche Anlage aus den in § 172 Absatz 3 bis 5 bezeichneten Gründen zu erhalten oder
7. im Geltungsbereich einer Satzung zur Sicherung von Durchführungsmaßnahmen des Stadtumbaus eine bauliche Anlage aus den in § 171d Absatz 3 bezeichneten Gründen zu erhalten oder zu beseitigen.

(2) Unberührt bleiben

1. die Vorschriften über die Enteignung zu anderen als den in Absatz 1 genannten Zwecken,
2. landesrechtliche Vorschriften über die Enteignung zu den in Absatz 1 Nummer 6 genannten Zwecken.

§ 86 Gegenstand der Enteignung

(1) Durch Enteignung können
1. das Eigentum an Grundstücken entzogen oder belastet werden;
2. andere Rechte an Grundstücken entzogen oder belastet werden;
3. Rechte entzogen werden, die zum Erwerb, zum Besitz oder zur Nutzung von Grundstücken berechtigen oder die den Verpflichteten in der Benutzung von Grundstücken beschränken; hierzu zählen auch Rückübertragungsansprüche nach dem Vermögensgesetz;
4. soweit es in den Vorschriften dieses Teils vorgesehen ist, Rechtsverhältnisse begründet werden, die Rechte der in Nummer 3 bezeichneten Art gewähren.

(2) Auf das Zubehör eines Grundstücks sowie auf Sachen, die nur zu einem vorübergehenden Zweck mit dem Grundstück verbunden oder in ein Gebäude eingefügt sind, darf die Enteignung nur nach Maßgabe des § 92 Absatz 4 ausgedehnt werden.

(3) Die für die Entziehung oder Belastung des Eigentums an Grundstücken geltenden Vorschriften sind auf die Entziehung, Belastung oder Begründung der in Absatz 1 Nummer 2 bis 4 bezeichneten Rechte entsprechend anzuwenden.

§ 87 Voraussetzungen für die Zulässigkeit der Enteignung

(1) Die Enteignung ist im einzelnen Fall nur zulässig, wenn das Wohl der Allgemeinheit sie erfordert und der Enteignungszweck auf andere zumutbare Weise nicht erreicht werden kann.

(2) [1] Die Enteignung setzt voraus, dass der Antragsteller sich ernsthaft um den freihändigen Erwerb des zu enteignenden Grundstücks zu angemessenen Bedingungen, unter den Voraussetzungen des § 100 Absatz 1 und 3 unter Angebot geeigneten anderen Landes, vergeblich bemüht hat. [2] Der Antragsteller hat glaubhaft zu machen, dass das Grundstück innerhalb angemessener Frist zu dem vorgesehenen Zweck verwendet wird.

(3) [1] Die Enteignung eines Grundstücks zu dem Zweck, es für die bauliche Nutzung vorzubereiten (§ 85 Absatz 1 Nummer 1) oder es der baulichen Nutzung zuzuführen (§ 85 Absatz 1 Nummer 2), darf nur zugunsten der Gemeinde oder eines öffentlichen Bedarfs- oder Erschließungsträgers erfolgen. [2] In den Fällen des § 85 Absatz 1 Nummer 5 kann die Enteignung eines Grundstücks zugunsten eines Bauwilligen verlangt werden, der in der Lage ist, die Baumaßnahmen innerhalb angemessener Frist durchzuführen, und sich hierzu verpflichtet. [3] Soweit im förmlich festgelegten Sanierungsgebiet die Enteignung zugunsten der Gemeinde zulässig ist, kann sie auch zugunsten eines Sanierungsträgers erfolgen.

(4) Die Zulässigkeit der Enteignung wird durch die Vorschriften des Sechsten Teils des Zweiten Kapitels nicht berührt.

§ 88 Enteignung aus zwingenden städtebaulichen Gründen

[1] Wird die Enteignung eines Grundstücks von der Gemeinde zu den in § 85 Absatz 1 Nummer 1 und 2 bezeichneten Zwecken aus zwingenden städtebaulichen Gründen beantragt, so genügt anstelle des § 87 Absatz 2 der Nachweis, dass die Gemeinde sich ernsthaft um den freihändigen Erwerb dieses Grundstücks zu angemessenen Bedingungen vergeblich bemüht hat. [2] Satz 1 ist entsprechend anzuwenden, wenn die Enteignung eines im förmlich festgelegten Sanierungsgebiet gelegenen Grundstücks zugunsten der Gemeinde oder eines Sanierungsträgers beantragt wird.

§ 89 Veräußerungspflicht

(1) [1] Die Gemeinde hat Grundstücke zu veräußern,
1. die sie durch Ausübung des Vorkaufsrechts erlangt hat oder
2. die zu ihren Gunsten enteignet worden sind, um sie für eine bauliche Nutzung vorzubereiten oder der baulichen Nutzung zuzuführen.

[2] Dies gilt nicht für Grundstücke, die als Austauschland für beabsichtigte städtebauliche Maßnahmen, zur Entschädigung in Land oder für sonstige öffentliche Zwecke benötigt werden. [3] Die Veräußerungspflicht entfällt, wenn für das Grundstück entsprechendes Ersatzland hergegeben oder Miteigentum an einem Grundstück übertragen wurde oder wenn grundstücksgleiche Rechte, Rechte nach dem Wohnungseigentumsgesetz oder sonstige dingliche Rechte an einem Grundstück begründet oder gewährt wurden.

(2) Die Gemeinde soll ein Grundstück veräußern, sobald der mit dem Erwerb verfolgte Zweck verwirklicht werden kann oder entfallen ist.

(3) [1] Die Gemeinde hat die Grundstücke unter Berücksichtigung weiter Kreise der Bevölkerung an Personen zu veräußern, die sich verpflichten, das Grundstück innerhalb angemessener Frist entsprechend den baurechtlichen Vorschriften oder den Zielen und Zwecken der städtebaulichen Maßnahme zu nutzen. [2] Dabei sind in den Fällen des Absatzes 1 Satz 1 die früheren Käufer, in den Fällen des Absatzes 1 Satz 1 Nummer 2 die früheren Eigentümer vorrangig zu berücksichtigen.

(4) [1] Die Gemeinde kann ihrer Veräußerungspflicht nachkommen, indem sie
1. das Eigentum an dem Grundstück überträgt,
2. grundstücksgleiche Rechte oder Rechte nach dem Wohnungseigentumsgesetz oder
3. sonstige dingliche Rechte

begründet oder gewährt. ²Die Verschaffung eines Anspruchs auf den Erwerb solcher Rechte steht ihrer Begründung oder Gewährung oder der Eigentumsübertragung gleich.

§ 90 Enteignung von Grundstücken zur Entschädigung in Land

(1) Die Enteignung von Grundstücken zur Entschädigung in Land (Ersatzland) ist zulässig, wenn

1. die Entschädigung eines Eigentümers nach § 100 in Land festzusetzen ist,
2. die Bereitstellung von Grundstücken, die im Rahmen der beabsichtigten städtebaulichen Entwicklung als Ersatzland geeignet sind, weder aus dem Grundbesitz des Enteignungsbegünstigten noch aus dem Grundbesitz des Bundes, des Landes, einer Gemeinde (Gemeindeverband) oder einer juristischen Person des Privatrechts, an der der Bund, das Land oder eine Gemeinde (Gemeindeverband) allein oder gemeinsam überwiegend beteiligt sind, möglich und zumutbar ist sowie
3. von dem Enteignungsbegünstigten geeignete Grundstücke freihändig zu angemessenen Bedingungen, insbesondere, soweit ihm dies möglich und zumutbar ist, unter Angebot geeigneten anderen Landes aus dem eigenen Vermögen oder aus dem Besitzstand von juristischen Personen des Privatrechts, an deren Kapital er überwiegend beteiligt ist, nicht erworben werden können.

(2) Grundstücke unterliegen nicht der Enteignung zur Entschädigung in Land, wenn und soweit

1. der Eigentümer oder bei land- oder forstwirtschaftlich genutzten Grundstücken auch der sonstige Nutzungsberechtigte auf das zu enteignende Grundstück mit seiner Berufs- oder Erwerbstätigkeit angewiesen und ihm im Interesse der Erhaltung der Wirtschaftlichkeit seines Betriebs die Abgabe nicht zuzumuten ist oder
2. die Grundstücke oder ihre Erträge unmittelbar öffentlichen Zwecken oder der Wohlfahrtspflege, dem Unterricht, der Forschung, der Kranken- und Gesundheitspflege, der Erziehung, der Körperertüchtigung oder den Aufgaben der Kirchen und anderer Religionsgesellschaften des öffentlichen Rechts sowie deren Einrichtungen dienen oder zu dienen bestimmt sind.

(3) Außerhalb des räumlichen Geltungsbereichs eines Bebauungsplans und außerhalb der im Zusammenhang bebauten Ortsteile können Grundstücke zur Entschädigung in Land nur enteignet werden, wenn sie land- oder forstwirtschaftlich genutzt werden sollen.

(4) Die Enteignung zum Zweck der Entschädigung eines Eigentümers, dessen Grundstück zur Beschaffung von Ersatzland enteignet wird, ist unzulässig.

§ 91 Ersatz für entzogene Rechte

¹Die Enteignung zu dem Zweck, durch Enteignung entzogene Rechte durch neue Rechte zu ersetzen, ist nur zulässig, soweit der Ersatz in den Vorschriften des Zweiten Abschnitts vorgesehen ist. ² Für den Ersatz entzogener Rechte durch neue Rechte im Wege der Enteignung nach § 97 Absatz 2 Satz 3 gelten die in § 90 Absatz 1 und 2 für die Enteignung zur Entschädigung in Land getroffenen Vorschriften entsprechend.

§ 92 Umfang, Beschränkung und Ausdehnung der Enteignung

(1) ¹Ein Grundstück darf nur in dem Umfang enteignet werden, in dem dies zur Verwirklichung des Enteignungszwecks erforderlich ist. ² Reicht eine Belastung des Grundstücks mit einem Recht zur Verwirklichung des Enteignungszwecks aus, so ist die Enteignung hierauf zu beschränken.

(2) ¹Soll ein Grundstück mit einem Erbbaurecht belastet werden, kann der Eigentümer anstelle der Belastung die Entziehung des Eigentums verlangen. ² Soll ein Grundstück mit einem anderen Recht belastet werden, kann der Eigentümer die Entziehung des Eigentums verlangen, wenn die Belastung mit dem dinglichen Recht für ihn unbillig ist.

(3) Soll ein Grundstück oder ein räumlich oder wirtschaftlich zusammenhängender Grundbesitz nur zu einem Teil enteignet werden, kann der Eigentümer die Ausdehnung der Enteignung auf das Restgrundstück oder den Restbesitz insoweit verlangen, als das Restgrundstück oder der Restbesitz nicht mehr in angemessenem Umfang baulich oder wirtschaftlich genutzt werden kann.

(4) Der Eigentümer kann verlangen, dass die Enteignung auf die in § 86 Absatz 2 bezeichneten Gegenstände ausgedehnt wird, wenn und soweit er sie infolge der Enteignung nicht mehr wirtschaftlich nutzen oder in anderer Weise angemessen verwerten kann.

(5) Ein Verlangen nach den Absätzen 2 bis 4 ist schriftlich oder zur Niederschrift bei der Enteignungsbehörde bis zum Schluss der mündlichen Verhandlung geltend zu machen.

Zweiter Abschnitt Entschädigung

§ 93 Entschädigungsgrundsätze

(1) Für die Enteignung ist Entschädigung zu leisten.

(2) Die Entschädigung wird gewährt

1. für den durch die Enteignung eintretenden Rechtsverlust,
2. für andere durch die Enteignung eintretende Vermögensnachteile.

(3) ¹Vermögensvorteile, die dem Entschädigungsberechtigten (§ 94) infolge der Enteignung entstehen, sind bei der Festsetzung der Entschädigung zu berücksichtigen. ² Hat bei der Entstehung eines Vermögensnachteils ein Verschulden des Entschädigungsberechtigten mitgewirkt, so gilt § 254 des Bürgerlichen Gesetzbuchs entsprechend.

(4) [1] Für die Bemessung der Entschädigung ist der Zustand des Grundstücks in dem Zeitpunkt maßgebend, in dem die Enteignungsbehörde über den Enteignungsantrag entscheidet. [2] In den Fällen der vorzeitigen Besitzeinweisung ist der Zustand in dem Zeitpunkt maßgebend, in dem diese wirksam wird.

§ 94 Entschädigungsberechtigter und Entschädigungsverpflichteter

(1) Entschädigung kann verlangen, wer in seinem Recht durch die Enteignung beeinträchtigt wird und dadurch einen Vermögensnachteil erleidet.

(2) [1] Zur Leistung der Entschädigung ist der Enteignungsbegünstigte verpflichtet. [2] Wird Ersatzland enteignet, so ist zur Entschädigung derjenige verpflichtet, der dieses Ersatzland für das zu enteignende Grundstück beschaffen muss.

§ 95 Entschädigung für den Rechtsverlust

(1) [1] Die Entschädigung für den durch die Enteignung eintretenden Rechtsverlust bemisst sich nach dem Verkehrswert (§ 194) des zu enteignenden Grundstücks oder sonstigen Gegenstands der Enteignung. [2] Maßgebend ist der Verkehrswert in dem Zeitpunkt, in dem die Enteignungsbehörde über den Enteignungsantrag entscheidet.

(2) Bei der Festsetzung der Entschädigung bleiben unberücksichtigt
1. Wertsteigerungen eines Grundstücks, die in der Aussicht auf eine Änderung der zulässigen Nutzung eingetreten sind, wenn die Änderung nicht in absehbarer Zeit zu erwarten ist;
2. Wertänderungen, die infolge der bevorstehenden Enteignung eingetreten sind;
3. Werterhöhungen, die nach dem Zeitpunkt eingetreten sind, in dem der Eigentümer zur Vermeidung der Enteignung ein Kauf- oder Tauschangebot des Antragstellers mit angemessenen Bedingungen (§ 87 Absatz 2 Satz 1 und § 88) hätte annehmen können, es sei denn, dass der Eigentümer Kapital oder Arbeit für sie aufgewendet hat;
4. wertsteigernde Veränderungen, die während einer Veränderungssperre ohne Genehmigung der Baugenehmigungsbehörde vorgenommen worden sind;
5. wertsteigernde Veränderungen, die nach Einleitung des Enteignungsverfahrens ohne behördliche Anordnung oder Zustimmung der Enteignungsbehörde vorgenommen worden sind;
6. Vereinbarungen, soweit sie von üblichen Vereinbarungen auffällig abweichen und Tatsachen die Annahme rechtfertigen, dass sie getroffen worden sind, um eine höhere Entschädigungsleistung zu erlangen;
7. Bodenwerte, die nicht zu berücksichtigen wären, wenn der Eigentümer eine Entschädigung in den Fällen der §§ 40 bis 42 geltend machen würde.

(3) [1] Für bauliche Anlagen, deren Rückbau jederzeit auf Grund öffentlich-rechtlicher Vorschriften entschädigungslos gefordert werden kann, ist eine Entschädigung nur zu gewähren, wenn es aus Gründen der Billigkeit geboten ist. [2] Kann der Rückbau entschädigungslos erst nach Ablauf einer Frist gefordert werden, so ist die Entschädigung nach dem Verhältnis der restlichen zur gesamten Frist zu bemessen.

(4) Wird der Wert des Eigentums an dem Grundstück durch Rechte Dritter gemindert, die an dem Grundstück aufrechterhalten, an einem anderen Grundstück neu begründet oder gesondert entschädigt werden, so ist dies bei der Festsetzung der Entschädigung für den Rechtsverlust zu berücksichtigen.

§ 96 Entschädigung für andere Vermögensnachteile

(1) [1] Wegen anderer durch die Enteignung eintretender Vermögensnachteile ist eine Entschädigung nur zu gewähren, wenn und soweit diese Vermögensnachteile nicht bei der Bemessung der Entschädigung für den Rechtsverlust berücksichtigt sind. [2] Die Entschädigung ist unter gerechter Abwägung der Interessen der Allgemeinheit und der Beteiligten festzusetzen, insbesondere für
1. den vorübergehenden oder dauernden Verlust, den der bisherige Eigentümer in seiner Berufstätigkeit, seiner Erwerbstätigkeit oder in Erfüllung der ihm wesensgemäß obliegenden Aufgaben erleidet, jedoch nur bis zu dem Betrag des Aufwands, der erforderlich ist, um ein anderes Grundstück in der gleichen Weise wie das zu enteignende Grundstück zu nutzen;
2. die Wertminderung, die durch die Enteignung eines Grundstücksteils oder eines Teils eines räumlich oder wirtschaftlich zusammenhängenden Grundbesitzes bei dem anderen Teil oder durch Enteignung des Rechts an einem Grundstück bei einem anderen Grundstück entsteht, soweit die Wertminderung nicht schon bei der Festsetzung der Entschädigung nach Nummer 1 berücksichtigt ist;
3. die notwendigen Aufwendungen für einen durch die Enteignung erforderlich werdenden Umzug.

(2) Im Falle des Absatzes 1 Nummer 2 ist § 95 Absatz 2 Nummer 3 anzuwenden.

§ 97 Behandlung der Rechte der Nebenberechtigten

(1) Rechte an dem zu enteignenden Grundstück sowie persönliche Rechte, die zum Besitz oder zur Nutzung des Grundstücks berechtigen oder den Verpflichteten in der Benutzung des Grundstücks beschränken, können aufrechterhalten werden, soweit dies mit dem Enteignungszweck vereinbar ist.

(2) [1] Als Ersatz für ein Recht an einem Grundstück, das nicht aufrechterhalten wird, kann mit Zustimmung des Rechtsinhabers das Ersatzland oder ein anderes Grundstück des Enteignungsbegünstigten mit einem gleichen Recht belastet werden. [2] Als Ersatz für ein persönliches Recht, das nicht aufrechterhalten wird, kann mit Zustimmung des Rechtsinhabers ein Rechtsverhältnis begründet werden, das ein Recht gleicher Art in Bezug auf das Ersatzland oder auf ein anderes Grundstück des Enteignungsbegünstigten gewährt. [3] Als Ersatz für dingliche oder persönliche Rechte eines öffentlichen Verkehrsunternehmens oder eines Trägers der öffentlichen Versorgung mit Elektrizität,

Gas, Wärme oder Wasser, der auf diese zur Erfüllung seiner wesensgemäßen Aufgaben angewiesen ist, sind auf seinen Antrag Rechte gleicher Art zu begründen; soweit dazu Grundstücke des Enteignungsbegünstigten nicht geeignet sind, können zu diesem Zweck auch andere Grundstücke in Anspruch genommen werden. [4] Anträge nach Satz 3 müssen vor Beginn der mündlichen Verhandlung schriftlich oder zur Niederschrift der Enteignungsbehörde gestellt werden.

(3) Soweit Rechte nicht aufrechterhalten oder nicht durch neue Rechte ersetzt werden, sind bei der Enteignung eines Grundstücks gesondert zu entschädigen

1. Erbbauberechtigte, Altenteilsberechtigte sowie Inhaber von Dienstbarkeiten und Erwerbsrechten an dem Grundstück,
2. Inhaber von persönlichen Rechten, die zum Besitz oder zur Nutzung des Grundstücks berechtigen, wenn der Berechtigte im Besitz des Grundstücks ist,
3. Inhaber von persönlichen Rechten, die zum Erwerb des Grundstücks berechtigen oder den Verpflichteten in der Nutzung des Grundstücks beschränken.

(4) [1] Berechtigte, deren Rechte nicht aufrechterhalten, nicht durch neue Rechte ersetzt und nicht gesondert entschädigt werden, haben bei der Enteignung eines Grundstücks Anspruch auf Ersatz des Werts ihres Rechts aus der Geldentschädigung für das Eigentum an dem Grundstück, soweit sich ihr Recht auf dieses erstreckt. [2] Das gilt entsprechend für die Geldentschädigungen, die für den durch die Enteignung eintretenden Rechtsverlust in anderen Fällen oder nach § 96 Absatz 1 Satz 2 Nummer 2 festgesetzt werden.

§ 98 Schuldübergang

(1) [1] Haftet bei einer Hypothek, die aufrechterhalten oder durch ein neues Recht an einem anderen Grundstück ersetzt wird, der von der Enteignung Betroffene zugleich persönlich, so übernimmt der Enteignungsbegünstigte die Schuld in Höhe der Hypothek. [2] Die §§ 415 und 416 des Bürgerlichen Gesetzbuchs gelten entsprechend; als Veräußerer im Sinne des § 416 ist der von der Enteignung Betroffene anzusehen.

(2) Das Gleiche gilt, wenn bei einer Grundschuld oder Rentenschuld, die aufrechterhalten oder durch ein neues Recht an einem anderen Grundstück ersetzt wird, der von der Enteignung Betroffene zugleich persönlich haftet, sofern er spätestens in dem nach § 108 anzuberaumenden Termin die gegen ihn bestehende Forderung unter Angabe ihres Betrags und Grunds angemeldet und auf Verlangen der Enteignungsbehörde oder eines Beteiligten glaubhaft gemacht hat.

§ 99 Entschädigung in Geld

(1) [1] Die Entschädigung ist in einem einmaligen Betrag zu leisten, soweit dieses Gesetzbuch nichts anderes bestimmt. [2] Auf Antrag des Eigentümers kann die Entschädigung in wiederkehrenden Leistungen festgesetzt werden, wenn dies den übrigen Beteiligten zuzumuten ist.

(2) Für die Belastung eines Grundstücks mit einem Erbbaurecht ist die Entschädigung in einem Erbbauzins zu leisten.

(3) [1] Einmalige Entschädigungsbeträge sind mit 2 vom Hundert über dem Basiszinssatz nach § 247 des Bürgerlichen Gesetzbuchs jährlich von dem Zeitpunkt an zu verzinsen, in dem die Enteignungsbehörde über den Enteignungsantrag entscheidet. [2] Im Falle der vorzeitigen Besitzeinweisung ist der Zeitpunkt maßgebend, in dem diese wirksam wird.

§ 100 Entschädigung in Land

(1) Die Entschädigung ist auf Antrag des Eigentümers in geeignetem Ersatzland festzusetzen, wenn er zur Sicherung seiner Berufstätigkeit, seiner Erwerbstätigkeit oder zur Erfüllung der ihm wesensgemäß obliegenden Aufgaben auf Ersatzland angewiesen ist und

1. der Enteignungsbegünstigte über als Ersatzland geeignete Grundstücke verfügt, auf die er nicht mit seiner Berufstätigkeit, seiner Erwerbstätigkeit oder zur Erfüllung der ihm wesensgemäß obliegenden Aufgaben angewiesen ist, oder
2. der Enteignungsbegünstigte geeignetes Ersatzland nach pflichtmäßigem Ermessen der Enteignungsbehörde freihändig zu angemessenen Bedingungen beschaffen kann oder
3. geeignetes Ersatzland durch Enteignung nach § 90 beschafft werden kann.

(2) [1] Wird die Entschädigung in Ersatzland festgesetzt, sind auch der Verwendungszweck des Ersatzlands und die Frist, in der das Grundstück zu dem vorgesehenen Zweck zu verwenden ist, zu bezeichnen. [2] Die §§ 102 und 103 gelten entsprechend.

(3) [1] Unter den Voraussetzungen der Nummern 1 bis 3 des Absatzes 1 ist die Entschädigung auf Antrag des Eigentümers auch dann in geeignetem Ersatzland festzusetzen, wenn ein Grundstück enteignet werden soll, das mit einem Eigenheim oder einer Kleinsiedlung bebaut ist. [2] Dies gilt nicht, wenn nach öffentlich-rechtlichen Vorschriften der Rückbau des Gebäudes jederzeit entschädigungslos gefordert werden kann.

(4) Die Entschädigung kann auf Antrag des Enteigneten oder Enteignungsbegünstigten ganz oder teilweise in Ersatzland festgesetzt werden, wenn diese Art der Entschädigung nach pflichtmäßigem Ermessen der Enteignungsbehörde unter gerechter Abwägung der Interessen der Allgemeinheit und der Beteiligten billig ist und bei dem Enteignungsbegünstigten die in Absatz 1 Nummer 1 oder 2 genannten Voraussetzungen vorliegen.

(5) [1] Auf die Ermittlung des Werts des Ersatzlands ist § 95 entsprechend anzuwenden. [2] Hierbei kann eine Werterhöhung berücksichtigt werden, die das übrige Grundvermögen des von der Enteignung Betroffenen durch den

Erwerb des Ersatzlands über dessen Wert nach Satz 1 hinaus erfährt. ³Hat das Ersatzland einen geringeren Wert als das zu enteignende Grundstück, so ist eine dem Wertunterschied entsprechende zusätzliche Geldentschädigung festzusetzen. ⁴Hat das Ersatzland einen höheren Wert als das zu enteignende Grundstück, so ist festzusetzen, dass der Entschädigungsberechtigte an den durch die Enteignung Begünstigten eine dem Wertunterschied entsprechende Ausgleichszahlung zu leisten hat. ⁵Die Ausgleichszahlung wird mit dem nach § 117 Absatz 5 Satz 1 in der Ausführungsanordnung festgesetzten Tag fällig.

(6) ¹Wird die Entschädigung in Land festgesetzt, sollen dingliche oder persönliche Rechte, soweit sie nicht an dem zu enteignenden Grundstück aufrechterhalten werden, auf Antrag des Rechtsinhabers ganz oder teilweise nach Maßgabe des § 97 Absatz 2 ersetzt werden. ²Soweit dies nicht möglich ist oder nicht ausreicht, sind die Inhaber der Rechte gesondert in Geld zu entschädigen; dies gilt für die in § 97 Absatz 4 bezeichneten Berechtigungen nur, soweit ihre Rechte nicht durch eine dem Eigentümer nach Absatz 5 zu gewährende zusätzliche Geldentschädigung gedeckt werden.

(7) Anträge nach den Absätzen 1, 3, 4 und 6 sind schriftlich oder zur Niederschrift der Enteignungsbehörde zu stellen, und zwar in den Fällen der Absätze 1, 3 und 4 vor Beginn und im Falle des Absatzes 6 bis zum Schluss der mündlichen Verhandlung (§ 108).

(8) ¹Sind Miteigentum, grundstücksgleiche Rechte oder Rechte nach dem Wohnungseigentumsgesetz ebenso zur Sicherung der Berufs- oder Erwerbstätigkeit des Berechtigten oder zur Erfüllung der ihm wesensgemäß obliegenden Aufgaben geeignet, können dem Eigentümer diese Rechte anstelle des Ersatzlands angeboten werden. ²Der Eigentümer ist in Geld abzufinden, wenn er die ihm nach Satz 1 angebotene Entschädigung ablehnt. ³§ 101 bleibt unberührt.

(9) ¹Hat der Eigentümer nach Absatz 1 oder 3 einen Anspruch auf Ersatzland und beschafft er sich mit Zustimmung des Enteignungsbegünstigten außerhalb des Enteignungsverfahrens Ersatzland oder die in Absatz 8 bezeichneten Rechte selbst, so hat er gegen den Enteignungsbegünstigten einen Anspruch auf Erstattung der erforderlichen Aufwendungen. ²Der Enteignungsbegünstigte ist nur insoweit zur Erstattung verpflichtet, als er selbst Aufwendungen erspart. ³Kommt eine Einigung über die Erstattung nicht zustande, entscheidet die Enteignungsbehörde; für den Bescheid gilt § 122 entsprechend.

§ 101 Entschädigung durch Gewährung anderer Rechte

(1) ¹Der Eigentümer eines zu enteignenden Grundstücks kann auf seinen Antrag, wenn dies unter Abwägung der Belange der Beteiligten billig ist, ganz oder teilweise entschädigt werden
1. durch Bestellung oder Übertragung von Miteigentum an einem Grundstück, grundstücksgleichen Rechten, Rechten nach dem Wohnungseigentumsgesetz, sonstigen dinglichen Rechten an dem zu enteignenden Grundstück oder an einem Grundstück des Enteignungsbegünstigten oder
2. durch Übertragung von Eigentum an einem bebauten Grundstück des Enteignungsbegünstigten oder
3. durch Übertragung von Eigentum an einem Grundstück des Enteignungsbegünstigten, das mit einem Eigenheim oder einer Kleinsiedlung bebaut werden soll.
²Bei Wertunterschieden zwischen den Rechten nach Satz 1 und dem zu enteignenden Grundstück gilt § 100 Absatz 5 entsprechend.

(2) Der Antrag nach Absatz 1 muss bis zum Schluss der mündlichen Verhandlung schriftlich oder zur Niederschrift der Enteignungsbehörde gestellt werden.

§ 102 Rückenteignung

(1) Der enteignete frühere Eigentümer kann verlangen, dass das enteignete Grundstück zu seinen Gunsten wieder enteignet wird (Rückenteignung), wenn und soweit
1. der durch die Enteignung Begünstigte oder sein Rechtsnachfolger das Grundstück nicht innerhalb der festgesetzten Fristen (§ 113 Absatz 2 Nummer 3 und § 114) zu dem Enteignungszweck verwendet oder den Enteignungszweck vor Ablauf der Frist aufgegeben hat oder
2. die Gemeinde ihre Verpflichtung zur Übereignung nach § 89 nicht erfüllt hat.

(2) Die Rückenteignung kann nicht verlangt werden, wenn
1. der Enteignete selbst das Grundstück im Wege der Enteignung nach den Vorschriften dieses Gesetzbuchs oder des Baulandbeschaffungsgesetzes erworben hatte oder
2. ein Verfahren zur Enteignung des Grundstücks nach diesem Gesetzbuch zugunsten eines anderen Bauwilligen eingeleitet worden ist und der enteignete frühere Eigentümer nicht glaubhaft macht, dass er das Grundstück binnen angemessener Frist zu dem vorgesehenen Zweck verwenden wird.

(3) ¹Der Antrag auf Rückenteignung ist binnen zwei Jahren seit Entstehung des Anspruchs bei der zuständigen Enteignungsbehörde einzureichen. ²§ 206 des Bürgerlichen Gesetzbuchs gilt entsprechend. ³Der Antrag ist nicht mehr zulässig, wenn in den Fällen des Absatzes 1 mit der zweckgerechten Verwendung begonnen oder die Veräußerung oder Ausgabe des Grundstücks in Erbbaurecht vor Eingang des Antrags bei der Enteignungsbehörde eingeleitet worden ist.

(4) Die Enteignungsbehörde kann die Rückenteignung ablehnen, wenn das Grundstück erheblich verändert oder ganz oder überwiegend Entschädigung in Land gewährt worden ist.

(5) ¹Der frühere Inhaber eines Rechts, das durch Enteignung nach den Vorschriften dieses Gesetzbuchs aufgehoben ist, kann unter den in Absatz 1 bezeichneten Voraussetzungen verlangen, dass ein gleiches Recht an dem früher

belasteten Grundstück zu seinen Gunsten durch Enteignung wieder begründet wird. [2] Die Vorschriften über die Rückenteignung gelten entsprechend.

(6) Für das Verfahren gelten die §§ 104 bis 122 entsprechend.

§ 103 Entschädigung für die Rückenteignung

[1] Wird dem Antrag auf Rückenteignung stattgegeben, so hat der Antragsteller dem von der Rückenteignung Betroffenen Entschädigung für den Rechtsverlust zu leisten. [2] § 93 Absatz 2 Nummer 2 ist nicht anzuwenden. [3] Ist dem Antragsteller bei der ersten Enteignung eine Entschädigung für andere Vermögensnachteile gewährt worden, so hat er diese Entschädigung insoweit zurückzugewähren, als die Nachteile auf Grund der Rückenteignung entfallen. [4] Die dem Eigentümer zu gewährende Entschädigung darf den bei der ersten Enteignung zugrunde gelegten Verkehrswert des Grundstücks nicht übersteigen, jedoch sind Aufwendungen zu berücksichtigen, die zu einer Werterhöhung des Grundstücks geführt haben. [5] Im Übrigen gelten die Vorschriften über die Entschädigung im Zweiten Abschnitt entsprechend.

Dritter Abschnitt Enteignungsverfahren

§ 104 Enteignungsbehörde

(1) Die Enteignung wird von der höheren Verwaltungsbehörde durchgeführt (Enteignungsbehörde).

(2) Die Landesregierungen können durch Rechtsverordnung bestimmen, dass an den Entscheidungen der Enteignungsbehörde ehrenamtliche Beisitzer mitzuwirken haben.

§ 105 Enteignungsantrag

[1] Der Enteignungsantrag ist bei der Gemeinde, in deren Gemarkung das zu enteignende Grundstück liegt, einzureichen. [2] Die Gemeinde legt ihn mit ihrer Stellungnahme binnen eines Monats der Enteignungsbehörde vor.

§ 106 Beteiligte

(1) In dem Enteignungsverfahren sind Beteiligte
1. der Antragsteller,
2. der Eigentümer und diejenigen, für die ein Recht an dem Grundstück oder an einem das Grundstück belastenden Recht im Grundbuch eingetragen oder durch Eintragung gesichert ist,
3. Inhaber eines nicht im Grundbuch eingetragenen Rechts an dem Grundstück oder an einem das Grundstück belastenden Recht, eines Anspruchs mit dem Recht auf Befriedigung aus dem Grundstück oder eines persönlichen Rechts, das zum Erwerb, zum Besitz oder zur Nutzung des Grundstücks berechtigt oder die Benutzung des Grundstücks beschränkt,
4. wenn Ersatzland bereitgestellt wird, der Eigentümer und die Inhaber der in den Nummern 2 und 3 genannten Rechte hinsichtlich des Ersatzlands,
5. die Eigentümer der Grundstücke, die durch eine Enteignung nach § 91 betroffen werden, und
6. die Gemeinde.

(2) [1] Die in Absatz 1 Nummer 3 bezeichneten Personen werden in dem Zeitpunkt Beteiligte, in dem die Anmeldung ihres Rechts der Enteignungsbehörde zugeht. [2] Die Anmeldung kann spätestens bis zum Schluss der mündlichen Verhandlung mit den Beteiligten erfolgen.

(3) [1] Bestehen Zweifel an einem angemeldeten Recht, so hat die Enteignungsbehörde dem Anmeldenden unverzüglich eine Frist zur Glaubhaftmachung seines Rechts zu setzen. [2] Nach fruchtlosem Ablauf der Frist ist er bis zur Glaubhaftmachung seines Rechts nicht mehr zu beteiligen.

(4) [1] Der im Grundbuch eingetragene Gläubiger einer Hypothek, Grundschuld oder Rentenschuld, für die ein Brief erteilt ist, sowie jeder seiner Rechtsnachfolger hat auf Verlangen der Enteignungsbehörde eine Erklärung darüber abzugeben, ob ein anderer die Hypothek, Grundschuld oder Rentenschuld oder ein Recht daran erworben hat; die Person eines Erwerbers hat er dabei zu bezeichnen. [2] § 208 Satz 2 bis 4 gilt entsprechend.

§ 107 Vorbereitung der mündlichen Verhandlung

(1) [1] Das Enteignungsverfahren soll beschleunigt durchgeführt werden. [2] Die Enteignungsbehörde soll schon vor der mündlichen Verhandlung alle Anordnungen treffen, die erforderlich sind, um das Verfahren tunlichst in einem Verhandlungstermin zu erledigen. [3] Sie hat dem Eigentümer, dem Antragsteller sowie den Behörden, für deren Geschäftsbereich die Enteignung von Bedeutung ist, Gelegenheit zur Äußerung zu geben. [4] Bei der Ermittlung des Sachverhalts hat die Enteignungsbehörde ein Gutachten des Gutachterausschusses (§ 192) einzuholen, wenn Eigentum entzogen oder ein Erbbaurecht bestellt werden soll.

(2) Die Enteignungsbehörde hat die Landwirtschaftsbehörde zu hören, wenn landwirtschaftlich genutzte Grundstücke, die außerhalb des räumlichen Geltungsbereichs eines Bebauungsplans liegen, zur Entschädigung in Land enteignet werden sollen.

(3) [1] Enteignungsverfahren können miteinander verbunden werden. [2] Sie sind zu verbinden, wenn die Gemeinde es beantragt. [3] Verbundene Enteignungsverfahren können wieder getrennt werden.

§ 108 Einleitung des Enteignungsverfahrens und Anberaumung des Termins zur mündlichen Verhandlung; Enteignungsvermerk

(1) [1] Das Enteignungsverfahren wird durch Anberaumung eines Termins zu einer mündlichen Verhandlung mit den Beteiligten eingeleitet. [2] Zu der mündlichen Verhandlung sind der Antragsteller, der Eigentümer des betroffenen Grundstücks, die sonstigen aus dem Grundbuch ersichtlichen Beteiligten und die Gemeinde zu laden. [3] Die Ladung ist zuzustellen. [4] Die Ladungsfrist beträgt einen Monat.

(2) [1] Das Enteignungsverfahren zugunsten der Gemeinde kann bereits eingeleitet werden, wenn
1. der Entwurf des Bebauungsplans nach § 3 Absatz 2 ausgelegen hat und
2. mit den Beteiligten die Verhandlungen nach § 87 Absatz 2 geführt und die von ihnen gegen den Entwurf des Bebauungsplans fristgemäß vorgebrachten Anregungen erörtert worden sind. [2] Die Gemeinde kann in demselben Termin die Verhandlungen nach § 87 Absatz 2 führen und die Anregungen erörtern.
[2] Das Verfahren ist so zu fördern, dass der Enteignungsbeschluss ergehen kann, sobald der Bebauungsplan rechtsverbindlich geworden ist. [3] Eine Einigung nach § 110 oder § 111 kann auch vor Rechtsverbindlichkeit des Bebauungsplans erfolgen.

(3) Die Ladung muss enthalten
1. die Bezeichnung des Antragstellers und des betroffenen Grundstücks,
2. den wesentlichen Inhalt des Enteignungsantrags mit dem Hinweis, dass der Antrag mit den ihm beigefügten Unterlagen bei der Enteignungsbehörde eingesehen werden kann,
3. die Aufforderung, etwaige Einwendungen gegen den Enteignungsantrag möglichst vor der mündlichen Verhandlung bei der Enteignungsbehörde schriftlich einzureichen oder zur Niederschrift zu erklären, und
4. den Hinweis, dass auch bei Nichterscheinen über den Enteignungsantrag und andere im Verfahren zu erledigende Anträge entschieden werden kann.

(4) Die Ladung von Personen, deren Beteiligung auf einem Antrag auf Entschädigung in Land beruht, muss außer dem in Absatz 3 vorgeschriebenen Inhalt auch die Bezeichnung des Eigentümers, dessen Entschädigung in Land beantragt ist, und des Grundstücks, für das die Entschädigung in Land gewährt werden soll, enthalten.

(5) [1] Die Einleitung des Enteignungsverfahrens ist unter Bezeichnung des betroffenen Grundstücks und des im Grundbuch als Eigentümer Eingetragenen sowie des ersten Termins der mündlichen Verhandlung mit den Beteiligten ortsüblich bekannt zu machen. [2] In der Bekanntmachung sind alle Beteiligten aufzufordern, ihre Rechte spätestens in der mündlichen Verhandlung wahrzunehmen mit dem Hinweis, dass auch bei Nichterscheinen über den Enteignungsantrag und andere im Verfahren zu erledigende Anträge entschieden werden kann.

(6) [1] Die Enteignungsbehörde teilt dem Grundbuchamt die Einleitung des Enteignungsverfahrens mit. [2] Sie ersucht das Grundbuchamt, in das Grundbuch des betroffenen Grundstücks einzutragen, dass das Enteignungsverfahren eingeleitet ist (Enteignungsvermerk); ist das Enteignungsverfahren beendigt, ersucht die Enteignungsbehörde das Grundbuchamt, den Enteignungsvermerk zu löschen. [3] Das Grundbuchamt hat die Enteignungsbehörde von allen Eintragungen zu benachrichtigen, die nach dem Zeitpunkt der Einleitung des Enteignungsverfahrens im Grundbuch des betroffenen Grundstücks vorgenommen sind und vorgenommen werden.

(7) Ist im Grundbuch die Anordnung der Zwangsversteigerung oder Zwangsverwaltung eingetragen, gibt die Enteignungsbehörde dem Vollstreckungsgericht von der Einleitung des Enteignungsverfahrens Kenntnis, soweit dieses das Grundstück betrifft, das Gegenstand des Vollstreckungsverfahrens ist.

§ 109 Genehmigungspflicht

(1) Von der Bekanntmachung über die Einleitung des Enteignungsverfahrens an bedürfen die in § 51 bezeichneten Rechtsvorgänge, Vorhaben und Teilungen der schriftlichen Genehmigung der Enteignungsbehörde.

(2) Die Enteignungsbehörde darf die Genehmigung nur versagen, wenn Grund zu der Annahme besteht, dass der Rechtsvorgang, das Vorhaben oder die Teilung die Verwirklichung des Enteignungszwecks unmöglich machen oder wesentlich erschweren würde.

(3) [1] Sind Rechtsvorgänge oder Vorhaben nach Absatz 1 vor der Bekanntmachung zu erwarten, kann die Enteignungsbehörde anordnen, dass die Genehmigungspflicht nach Absatz 1 bereits zu einem früheren Zeitpunkt eintritt. [2] Die Anordnung ist ortsüblich bekannt zu machen und dem Grundbuchamt mitzuteilen.

(4) § 22 Absatz 5 Satz 2 bis 5, § 51 Absatz 2 und § 116 Absatz 6 sind entsprechend anzuwenden.

§ 110 Einigung

(1) Die Enteignungsbehörde hat auf eine Einigung zwischen den Beteiligten hinzuwirken.

(2) [1] Einigen sich die Beteiligten, so hat die Enteignungsbehörde eine Niederschrift über die Einigung aufzunehmen. [2] Die Niederschrift muss den Erfordernissen des § 113 Absatz 2 entsprechen. [3] Sie ist von den Beteiligten zu unterschreiben. [4] Ein Bevollmächtigter des Eigentümers bedarf einer öffentlich beglaubigten Vollmacht.

(3) [1] Die beurkundete Einigung steht einem nicht mehr anfechtbaren Enteignungsbeschluss gleich. [2] § 113 Absatz 5 ist entsprechend anzuwenden.

§ 111 Teileinigung

[1] Einigen sich die Beteiligten nur über den Übergang oder die Belastung des Eigentums an dem zu enteignenden Grundstück, jedoch nicht über die Höhe der Entschädigung, so ist § 110 Absatz 2 und 3 entsprechend anzuwenden.

[2]Die Enteignungsbehörde hat anzuordnen, dass dem Berechtigten eine Vorauszahlung in Höhe der zu erwartenden Entschädigung zu leisten ist, soweit sich aus der Einigung nichts anderes ergibt. [3] Im Übrigen nimmt das Enteignungsverfahren seinen Fortgang.

§ 112 Entscheidung der Enteignungsbehörde

(1) Soweit eine Einigung nicht zustande kommt, entscheidet die Enteignungsbehörde auf Grund der mündlichen Verhandlung durch Beschluss über den Enteignungsantrag, die übrigen gestellten Anträge sowie über die erhobenen Einwendungen.

(2) [1] Auf Antrag eines Beteiligten hat die Enteignungsbehörde vorab über den Übergang oder die Belastung des Eigentums an dem zu enteignenden Grundstück oder über sonstige durch die Enteignung zu bewirkende Rechtsänderungen zu entscheiden. [2] In diesem Falle hat die Enteignungsbehörde anzuordnen, dass dem Berechtigten eine Vorauszahlung in Höhe der zu erwartenden Entschädigung zu leisten ist.

(3) Gibt die Enteignungsbehörde dem Enteignungsantrag statt, so entscheidet sie zugleich

1. darüber, welche Rechte der in § 97 bezeichneten Berechtigten an dem Gegenstand der Enteignung aufrechterhalten bleiben,
2. darüber, mit welchen Rechten der Gegenstand der Enteignung, das Ersatzland oder ein anderes Grundstück belastet werden,
3. darüber, welche Rechtsverhältnisse begründet werden, die Rechte der in § 86 Absatz 1 Nummer 3 und 4 bezeichneten Art gewähren,
4. im Falle der Entschädigung in Ersatzland über den Eigentumsübergang oder die Enteignung des Ersatzlands.

§ 113 Enteignungsbeschluss

(1) [1] Der Beschluss der Enteignungsbehörde ist den Beteiligten zuzustellen. [2] Der Beschluss ist mit einer Belehrung über Zulässigkeit, Form und Frist des Antrags auf gerichtliche Entscheidung (§ 217) zu versehen.

(2) Gibt die Enteignungsbehörde dem Enteignungsantrag statt, so muss der Beschluss (Enteignungsbeschluss) bezeichnen

1. die von der Enteignung Betroffenen und den Enteignungsbegünstigten;
2. die sonstigen Beteiligten;
3. den Enteignungszweck und die Frist, innerhalb der das Grundstück zu dem vorgesehenen Zweck zu verwenden ist;
4. den Gegenstand der Enteignung, und zwar
 a) wenn das Eigentum an einem Grundstück Gegenstand der Enteignung ist, das Grundstück nach Größe, grundbuchmäßiger, katastermäßiger und sonst üblicher Bezeichnung; im Falle der Enteignung eines Grundstücksteils ist zu seiner Bezeichnung auf Vermessungsschriften (Vermessungsrisse und -karten) Bezug zu nehmen, die von einer zu Fortführungsvermessungen befugten Stelle oder von einem öffentlich bestellten Vermessungsingenieur gefertigt sind,
 b) wenn ein anderes Recht an einem Grundstück Gegenstand einer selbständigen Enteignung ist, dieses Recht nach Inhalt und grundbuchmäßiger Bezeichnung,
 c) wenn ein persönliches Recht, das zum Erwerb, zum Besitz oder zur Nutzung von Grundstücken berechtigt oder den Verpflichteten in der Nutzung von Grundstücken beschränkt, Gegenstand einer selbständigen Enteignung ist, dieses Recht nach seinem Inhalt und dem Grund seines Bestehens,
 d) die in § 86 Absatz 2 bezeichneten Gegenstände, wenn die Enteignung auf diese ausgedehnt wird;
5. bei der Belastung eines Grundstücks mit einem Recht die Art, den Inhalt, soweit er durch Vertrag bestimmt werden kann, sowie den Rang des Rechts, den Berechtigten und das Grundstück;
6. bei der Begründung eines Rechts der in Nummer 4 Buchstabe c bezeichneten Art den Inhalt des Rechtsverhältnisses und die daran Beteiligten;
7. die Eigentums- und sonstigen Rechtsverhältnisse vor und nach der Enteignung;
8. die Art und Höhe der Entschädigungen und die Höhe der Ausgleichszahlungen nach § 100 Absatz 5 Satz 4 und § 101 Absatz 1 Satz 2 mit der Angabe, von wem und an wen sie zu leisten sind; Geldentschädigungen, aus denen andere von der Enteignung Betroffene nach § 97 Absatz 4 zu entschädigen sind, müssen von den sonstigen Geldentschädigungen getrennt ausgewiesen werden;
9. bei der Entschädigung in Land das Grundstück in der in Nummer 4 Buchstabe a bezeichneten Weise.

(3) In den Fällen der §§ 111 und 112 Absatz 2 ist der Enteignungsbeschluss entsprechend zu beschränken.

(4) [1] Kann ein Grundstücksteil noch nicht entsprechend Absatz 2 Nummer 4 Buchstabe a bezeichnet werden, so kann der Enteignungsbeschluss ihn auf Grund fester Merkmale in der Natur oder durch Bezugnahme auf die Eintragung in einen Lageplan bezeichnen. [2] Wenn das Ergebnis der Vermessung vorliegt, ist der Enteignungsbeschluss durch einen Nachtragsbeschluss anzupassen.

(5) Ist im Grundbuch die Anordnung der Zwangsversteigerung oder der Zwangsverwaltung eingetragen, gibt die Enteignungsbehörde dem Vollstreckungsgericht von dem Enteignungsbeschluss Kenntnis, wenn dem Enteignungsantrag stattgegeben worden ist.

§ 114 Lauf der Verwendungsfrist

(1) Die Frist, innerhalb der der Enteignungszweck nach § 113 Absatz 2 Nummer 3 zu verwirklichen ist, beginnt mit dem Eintritt der Rechtsänderung.

(2) ¹ Die Enteignungsbehörde kann diese Frist vor ihrem Ablauf auf Antrag verlängern, wenn
1. der Enteignungsbegünstigte nachweist, dass er den Enteignungszweck ohne Verschulden innerhalb der festgesetzten Frist nicht erfüllen kann, oder
2. vor Ablauf der Frist eine Gesamtrechtsnachfolge eintritt und der Rechtsnachfolger nachweist, dass er den Enteignungszweck innerhalb der festgesetzten Frist nicht erfüllen kann.
² Der enteignete frühere Eigentümer ist vor der Entscheidung über die Verlängerung zu hören.

§ 115 Verfahren bei der Entschädigung durch Gewährung anderer Rechte

(1) Soll die Entschädigung des Eigentümers eines zu enteignenden Grundstücks nach § 101 festgesetzt werden und ist die Bestellung, Übertragung oder die Ermittlung des Werts eines der dort bezeichneten Rechte im Zeitpunkt des Erlasses des Enteignungsbeschlusses noch nicht möglich, kann die Enteignungsbehörde, wenn es der Eigentümer unter Bezeichnung eines Rechts beantragt, im Enteignungsbeschluss neben der Festsetzung der Entschädigung in Geld dem Enteignungsbegünstigten aufgeben, binnen einer bestimmten Frist dem von der Enteignung Betroffenen ein Recht der bezeichneten Art zu angemessenen Bedingungen anzubieten.

(2) ¹ Bietet der Enteignungsbegünstigte binnen der bestimmten Frist ein Recht der bezeichneten Art nicht an oder einigt er sich mit dem von der Enteignung Betroffenen nicht, so wird ihm ein solches Recht auf Antrag zugunsten des von der Enteignung Betroffenen durch Enteignung entzogen. ² Die Enteignungsbehörde setzt den Inhalt des Rechts fest, soweit dessen Inhalt durch Vereinbarung bestimmt werden kann. ³ Die Vorschriften dieses Teils über das Verfahren und die Entschädigung sind entsprechend anzuwenden.

(3) Der Antrag nach Absatz 2 kann nur innerhalb von sechs Monaten nach Ablauf der bestimmten Frist gestellt werden.

§ 116 Vorzeitige Besitzeinweisung

(1) ¹ Ist die sofortige Ausführung der beabsichtigten Maßnahme aus Gründen des Wohls der Allgemeinheit dringend geboten, so kann die Enteignungsbehörde den Antragsteller auf Antrag durch Beschluss in den Besitz des von dem Enteignungsverfahren betroffenen Grundstücks einweisen. ² Die Besitzeinweisung ist nur zulässig, wenn über sie in einer mündlichen Verhandlung verhandelt worden ist. ³ Der Beschluss über die Besitzeinweisung ist dem Antragsteller, dem Eigentümer und dem unmittelbaren Besitzer zuzustellen. ⁴ Die Besitzeinweisung wird in dem von der Enteignungsbehörde bezeichneten Zeitpunkt wirksam. ⁵ Auf Antrag des unmittelbaren Besitzers ist dieser Zeitpunkt auf mindestens zwei Wochen nach Zustellung der Anordnung über die vorzeitige Besitzeinweisung an ihn festzusetzen.

(2) ¹ Die Enteignungsbehörde kann die vorzeitige Besitzeinweisung von der Leistung einer Sicherheit in Höhe der voraussichtlichen Entschädigung und von der vorherigen Erfüllung anderer Bedingungen abhängig machen. ² Auf Antrag des Inhabers eines Rechts, das zum Besitz oder zur Nutzung des Grundstücks berechtigt, ist die Einweisung von der Leistung einer Sicherheit in Höhe der ihm voraussichtlich zu gewährenden Entschädigung abhängig zu machen. ³ Die Anordnung ist dem Antragsteller, dem Besitzer und dem Eigentümer zuzustellen.

(3) ¹ Durch die Besitzeinweisung wird dem Besitzer der Besitz entzogen und der Eingewiesene Besitzer. ² Der Eingewiesene darf auf dem Grundstück das von ihm im Enteignungsantrag bezeichnete Bauvorhaben ausführen und die dafür erforderlichen Maßnahmen treffen.

(4) ¹ Der Eingewiesene hat für die durch die vorzeitige Besitzeinweisung entstehenden Vermögensnachteile Entschädigung zu leisten, soweit die Nachteile nicht durch die Verzinsung der Geldentschädigung (§ 99 Absatz 3) ausgeglichen werden. ² Art und Höhe der Entschädigung werden durch die Enteignungsbehörde spätestens in dem in § 113 bezeichneten Beschluss festgesetzt. ³ Wird der Beschluss über Art und Höhe der Entschädigung vorher erlassen, so ist er den in Absatz 2 Satz 3 bezeichneten Personen zuzustellen. ⁴ Die Entschädigung für die Besitzeinweisung ist ohne Rücksicht darauf, ob ein Antrag auf gerichtliche Entscheidung gestellt wird, zu dem in Absatz 1 Satz 4 bezeichneten Zeitpunkt fällig.

(5) ¹ Auf Antrag einer der in Absatz 2 Satz 3 bezeichneten Personen hat die Enteignungsbehörde den Zustand des Grundstücks vor der Besitzeinweisung in einer Niederschrift feststellen zu lassen, soweit er für die Besitzeinweisungs- oder die Enteignungsentschädigung von Bedeutung ist. ² Den Beteiligten ist eine Abschrift der Niederschrift zu übersenden.

(6) ¹ Wird der Enteignungsantrag abgewiesen, so ist die vorzeitige Besitzeinweisung aufzuheben und der vorherige unmittelbare Besitzer wieder in den Besitz einzuweisen. ² Der Eingewiesene hat für alle durch die vorzeitige Besitzeinweisung entstandenen besonderen Nachteile Entschädigung zu leisten. ³ Absatz 4 Satz 2 gilt entsprechend.

§ 117 Ausführung des Enteignungsbeschlusses

(1) ¹ Ist der Enteignungsbeschluss oder sind die Entscheidungen nach § 112 Absatz 2 nicht mehr anfechtbar, so ordnet auf Antrag eines Beteiligten die Enteignungsbehörde die Ausführung des Enteignungsbeschlusses oder der Vorabentscheidung an (Ausführungsanordnung), wenn der durch die Enteignung Begünstigte die Geldentschädigung, im Falle der Vorabentscheidung die nach § 112 Absatz 2 Satz 2 festgesetzte Vorauszahlung gezahlt oder in zulässiger Weise unter Verzicht auf das Recht der Rücknahme hinterlegt hat. ² Auf Antrag des Entschädigungsberechtigten kann im Falle des § 112 Absatz 2 die Enteignungsbehörde die Ausführungsanordnung davon abhängig machen, dass der durch die Enteignung Begünstigte im Übrigen für einen angemessenen Betrag Sicherheit leistet.

(2) ¹ In den Fällen des § 111 ist auf Antrag eines Beteiligten die Ausführungsanordnung zu erlassen, wenn der durch die Enteignung Begünstigte den zwischen den Beteiligten unstreitigen Entschädigungsbetrag gezahlt oder in zuläs-

siger Weise unter Verzicht auf das Recht der Rücknahme hinterlegt hat. [2] Absatz 1 Satz 2 gilt entsprechend, soweit sich nicht aus der Einigung etwas anderes ergibt.

(3) [1] Im Falle des § 113 Absatz 4 ist auf Antrag eines Beteiligten die Ausführungsanordnung zu erlassen, wenn der durch die Enteignung Begünstigte die im Enteignungsbeschluss in Verbindung mit dem Nachtragsbeschluss festgesetzte Geldentschädigung gezahlt oder zulässigerweise unter Verzicht auf das Recht der Rücknahme hinterlegt hat. [2] Der Nachtragsbeschluss braucht nicht unanfechtbar zu sein.

(4) [1] Die Ausführungsanordnung ist allen Beteiligten zuzustellen, deren Rechtsstellung durch den Enteignungsbeschluss betroffen wird. [2] Die Ausführungsanordnung ist der Gemeinde abschriftlich mitzuteilen, in deren Bezirk das von der Enteignung betroffene Grundstück liegt. [3] § 113 Absatz 5 gilt entsprechend.

(5) [1] Mit dem in der Ausführungsanordnung festzusetzenden Tag wird der bisherige Rechtszustand durch den im Enteignungsbeschluss geregelten neuen Rechtszustand ersetzt. [2] Gleichzeitig entstehen die nach § 113 Absatz 2 Nummer 6 begründeten Rechtsverhältnisse; sie gelten von diesem Zeitpunkt an als zwischen den an dem Rechtsverhältnis Beteiligten vereinbart.

(6) Die Ausführungsanordnung schließt die Einweisung in den Besitz des enteigneten Grundstücks und des Ersatzlands zu dem festgesetzten Tag ein.

(7) Die Enteignungsbehörde übersendet dem Grundbuchamt eine beglaubigte Abschrift des Enteignungsbeschlusses und der Ausführungsanordnung und ersucht es, die Rechtsänderungen in das Grundbuch einzutragen.

§ 118 Hinterlegung

(1) [1] Geldentschädigungen, aus denen andere Berechtigte nach § 97 Absatz 4 zu befriedigen sind, sind unter Verzicht auf das Recht der Rücknahme zu hinterlegen, soweit mehrere Personen auf sie Anspruch haben und eine Einigung über die Auszahlung nicht nachgewiesen ist. [2] Die Hinterlegung erfolgt bei dem Amtsgericht, in dessen Bezirk das von der Enteignung betroffene Grundstück liegt; § 2 des Zwangsversteigerungsgesetzes gilt entsprechend.

(2) Andere Vorschriften, nach denen die Hinterlegung geboten oder statthaft ist, werden hierdurch nicht berührt.

§ 119 Verteilungsverfahren

(1) Nach Eintritt des neuen Rechtszustands kann jeder Beteiligte sein Recht an der hinterlegten Summe gegen einen Mitbeteiligten, der dieses Recht bestreitet, vor den ordentlichen Gerichten geltend machen oder die Einleitung eines gerichtlichen Verteilungsverfahrens beantragen.

(2) Für das Verteilungsverfahren ist das Amtsgericht zuständig, in dessen Bezirk das von der Enteignung betroffene Grundstück liegt; in Zweifelsfällen gilt § 2 des Zwangsversteigerungsgesetzes entsprechend.

(3) Auf das Verteilungsverfahren sind die Vorschriften über die Verteilung des Erlöses im Falle der Zwangsversteigerung mit folgenden Abweichungen entsprechend anzuwenden:
1. Das Verteilungsverfahren ist durch Beschluss zu eröffnen;
2. die Zustellung des Eröffnungsbeschlusses an den Antragsteller gilt als Beschlagnahme im Sinne des § 13 des Zwangsversteigerungsgesetzes; ist das Grundstück schon in einem Zwangsversteigerungs- oder Zwangsverwaltungsverfahren beschlagnahmt, so hat es hierbei sein Bewenden;
3. das Verteilungsgericht hat bei Eröffnung des Verfahrens von Amts wegen das Grundbuchamt um die in § 19 Absatz 2 des Zwangsversteigerungsgesetzes bezeichneten Mitteilungen zu ersuchen; in die beglaubigte Abschrift des Grundbuchblatts sind die zur Zeit der Zustellung des Enteignungsbeschlusses an den Enteigneten vorhandenen Eintragungen sowie die später eingetragenen Veränderungen und Löschungen aufzunehmen;
4. bei dem Verfahren sind die in § 97 Absatz 4 bezeichneten Entschädigungsberechtigten nach Maßgabe des § 10 des Zwangsversteigerungsgesetzes zu berücksichtigen, wegen der Ansprüche auf wiederkehrende Nebenleistungen jedoch nur für die Zeit bis zur Hinterlegung.

(4) [1] Soweit auf Grund landesrechtlicher Vorschriften die Verteilung des Erlöses im Falle einer Zwangsversteigerung nicht von dem Vollstreckungsgericht, sondern von einer anderen Stelle wahrzunehmen ist, kann durch Landesrecht bestimmt werden, dass diese andere Stelle auch für das Verteilungsverfahren nach den Absätzen 1 bis 3 zuständig ist. [2] Wird die Änderung einer Entscheidung dieser anderen Stelle verlangt, so ist die Entscheidung des Vollstreckungsgerichts nachzusuchen. [3] Die Beschwerde findet gegen die Entscheidung des Vollstreckungsgerichts statt.

§ 120 Aufhebung des Enteignungsbeschlusses

(1) [1] Ist die Ausführungsanordnung noch nicht ergangen, so hat die Enteignungsbehörde den Enteignungsbeschluss auf Antrag aufzuheben, wenn der durch die Enteignung Begünstigte die ihm durch den Enteignungsbeschluss auferlegten Zahlungen nicht innerhalb eines Monats nach dem Zeitpunkt geleistet hat, in dem der Beschluss unanfechtbar geworden ist. [2] Antragsberechtigt ist jeder Beteiligte, dem eine nicht gezahlte Entschädigung zusteht oder der nach § 97 Absatz 4 aus ihr zu befriedigen ist.

(2) [1] Vor der Aufhebung ist der durch die Enteignung Begünstigte zu hören. [2] Der Aufhebungsbeschluss ist allen Beteiligten zuzustellen und der Gemeinde und dem Grundbuchamt abschriftlich mitzuteilen.

§ 121 Kosten

(1) [1] Der Antragsteller hat die Kosten zu tragen, wenn der Antrag auf Enteignung abgelehnt oder zurückgenommen wird. [2] Wird dem Antrag auf Enteignung stattgegeben, so hat der Entschädigungsverpflichtete die Kosten zu tragen. [3] Wird einem Antrag auf Rückenteignung stattgegeben, so hat der von der Rückenteignung Betroffene die Kosten

zu tragen. [4] Wird ein Antrag eines sonstigen Beteiligten abgelehnt oder zurückgenommen, sind diesem die durch die Behandlung seines Antrags verursachten Kosten aufzuerlegen, wenn sein Antrag offensichtlich unbegründet war.

(2) [1] Kosten sind die Kosten des Verfahrens und die zur zweckentsprechenden Rechtsverfolgung oder Rechtsverteidigung notwendigen Aufwendungen der Beteiligten. [2] Die Gebühren und Auslagen eines Rechtsanwalts oder eines sonstigen Bevollmächtigten sind erstattungsfähig, wenn die Zuziehung eines Bevollmächtigten notwendig war. [3] Aufwendungen für einen Bevollmächtigten, für den Gebühren und Auslagen gesetzlich nicht vorgesehen sind, können nur bis zur Höhe der gesetzlichen Gebühren und Auslagen von Rechtsbeiständen erstattet werden.

(3) Aufwendungen, die durch das Verschulden eines Erstattungsberechtigten entstanden sind, hat dieser selbst zu tragen; das Verschulden eines Vertreters ist dem Vertretenen zuzurechnen.

(4) [1] Die Kosten des Verfahrens richten sich nach den landesrechtlichen Vorschriften. [2] Die Enteignungsbehörde setzt die Kosten im Enteignungsbeschluss oder durch besonderen Beschluss fest. [3] Der Beschluss bestimmt auch, ob die Zuziehung eines Rechtsanwalts oder eines sonstigen Bevollmächtigten notwendig war.

§ 122 Vollstreckbarer Titel

(1) [1] Die Zwangsvollstreckung nach den Vorschriften der Zivilprozessordnung über die Vollstreckung von Urteilen in bürgerlichen Rechtsstreitigkeiten findet statt
1. aus der Niederschrift über eine Einigung wegen der in ihr bezeichneten Leistungen;
2. aus nicht mehr anfechtbarem Enteignungsbeschluss wegen der zu zahlenden Geldentschädigung oder einer Ausgleichszahlung;
3. aus einem Beschluss über die vorzeitige Besitzeinweisung oder deren Aufhebung wegen der darin festgesetzten Leistungen.
[2] Die Zwangsvollstreckung wegen einer Ausgleichszahlung ist erst zulässig, wenn die Ausführungsanordnung wirksam und unanfechtbar geworden ist.

(2) [1] Die vollstreckbare Ausfertigung wird von dem Urkundsbeamten der Geschäftsstelle des Amtsgerichts erteilt, in dessen Bezirk die Enteignungsbehörde ihren Sitz hat und, wenn das Verfahren bei einem Gericht anhängig ist, von dem Urkundsbeamten der Geschäftsstelle dieses Gerichts. [2] In den Fällen der §§ 731, 767 bis 770, 785 und 786 der Zivilprozessordnung tritt das Amtsgericht, in dessen Bezirk die Enteignungsbehörde ihren Sitz hat, an die Stelle des Prozessgerichts.

Sechster Teil Erschließung

Erster Abschnitt Allgemeine Vorschriften

§ 123 Erschließungslast

(1) Die Erschließung ist Aufgabe der Gemeinde, soweit sie nicht nach anderen gesetzlichen Vorschriften oder öffentlich-rechtlichen Verpflichtungen einem anderen obliegt.

(2) Die Erschließungsanlagen sollen entsprechend den Erfordernissen der Bebauung und des Verkehrs kostengünstig hergestellt werden und spätestens bis zur Fertigstellung der anzuschließenden baulichen Anlagen benutzbar sein.

(3) Ein Rechtsanspruch auf Erschließung besteht nicht.

(4) Die Unterhaltung der Erschließungsanlagen richtet sich nach landesrechtlichen Vorschriften.

§ 124 Erschließungspflicht nach abgelehntem Vertragsangebot

Hat die Gemeinde einen Bebauungsplan im Sinne des § 30 Absatz 1 erlassen und lehnt sie das zumutbare Angebot zum Abschluss eines städtebaulichen Vertrags über die Erschließung ab, ist sie verpflichtet, die Erschließung selbst durchzuführen.

§ 125 Bindung an den Bebauungsplan

(1) Die Herstellung der Erschließungsanlagen im Sinne des § 127 Absatz 2 setzt einen Bebauungsplan voraus.

(2) Liegt ein Bebauungsplan nicht vor, so dürfen diese Anlagen nur hergestellt werden, wenn sie den in § 1 Absatz 4 bis 7 bezeichneten Anforderungen entsprechen.

(3) Die Rechtmäßigkeit der Herstellung von Erschließungsanlagen wird durch Abweichungen von den Festsetzungen des Bebauungsplans nicht berührt, wenn die Abweichungen mit den Grundzügen der Planung vereinbar sind und
1. die Erschließungsanlagen hinter den Festsetzungen zurückbleiben oder
2. die Erschließungsbeitragspflichtigen nicht mehr als bei einer plangemäßen Herstellung belastet werden und die Abweichungen die Nutzung der betroffenen Grundstücke nicht wesentlich beeinträchtigen.

§ 126 Pflichten des Eigentümers

(1) [1] Der Eigentümer hat das Anbringen von
1. Haltevorrichtungen und Leitungen für Beleuchtungskörper der Straßenbeleuchtung einschließlich der Beleuchtungskörper und des Zubehörs sowie
2. Kennzeichen und Hinweisschildern für Erschließungsanlagen
auf seinem Grundstück zu dulden. [2] Er ist vorher zu benachrichtigen.

(2) [1] Der Erschließungsträger hat Schäden, die dem Eigentümer durch das Anbringen oder das Entfernen der in Absatz 1 bezeichneten Gegenstände entstehen, zu beseitigen; er kann stattdessen eine angemessene Entschädigung

in Geld leisten. 2 Kommt eine Einigung über die Entschädigung nicht zustande, so entscheidet die höhere Verwaltungsbehörde; vor der Entscheidung sind die Beteiligten zu hören.

(3) 1 Der Eigentümer hat sein Grundstück mit der von der Gemeinde festgesetzten Nummer zu versehen. 2 Im Übrigen gelten die landesrechtlichen Vorschriften.

Zweiter Abschnitt Erschließungsbeitrag

§ 127 Erhebung des Erschließungsbeitrags

(1) Die Gemeinden erheben zur Deckung ihres anderweitig nicht gedeckten Aufwands für Erschließungsanlagen einen Erschließungsbeitrag nach Maßgabe der folgenden Vorschriften.

(2) Erschließungsanlagen im Sinne dieses Abschnitts sind
1. die öffentlichen zum Anbau bestimmten Straßen, Wege und Plätze;
2. die öffentlichen aus rechtlichen oder tatsächlichen Gründen mit Kraftfahrzeugen nicht befahrbaren Verkehrsanlagen innerhalb der Baugebiete (z. B. Fußwege, Wohnwege);
3. Sammelstraßen innerhalb der Baugebiete; Sammelstraßen sind öffentliche Straßen, Wege und Plätze, die selbst nicht zum Anbau bestimmt, aber zur Erschließung der Baugebiete notwendig sind;
4. Parkflächen und Grünanlagen mit Ausnahme von Kinderspielplätzen, soweit sie Bestandteil der in den Nummern 1 bis 3 genannten Verkehrsanlagen oder nach städtebaulichen Grundsätzen innerhalb der Baugebiete zu deren Erschließung notwendig sind;
5. Anlagen zum Schutz von Baugebieten gegen schädliche Umwelteinwirkungen im Sinne des Bundes-Immissionsschutzgesetzes, auch wenn sie nicht Bestandteil der Erschließungsanlagen sind.

(3) Der Erschließungsbeitrag kann für den Grunderwerb, die Freilegung und für Teile der Erschließungsanlagen selbständig erhoben werden (Kostenspaltung).

(4) 1 Das Recht, Abgaben für Anlagen zu erheben, die nicht Erschließungsanlagen im Sinne dieses Abschnitts sind, bleibt unberührt. 2 Dies gilt insbesondere für Anlagen zur Ableitung von Abwasser sowie zur Versorgung mit Elektrizität, Gas, Wärme und Wasser.

§ 128 Umfang des Erschließungsaufwands

(1) 1 Der Erschließungsaufwand nach § 127 umfasst die Kosten für
1. den Erwerb und die Freilegung der Flächen für die Erschließungsanlagen;
2. ihre erstmalige Herstellung einschließlich der Einrichtungen für ihre Entwässerung und ihre Beleuchtung;
3. die Übernahme von Anlagen als gemeindliche Erschließungsanlagen.
2 Der Erschließungsaufwand umfasst auch den Wert der von der Gemeinde aus ihrem Vermögen bereitgestellten Flächen im Zeitpunkt der Bereitstellung. 3 Zu den Kosten für den Erwerb der Flächen für Erschließungsanlagen gehört im Falle einer erschließungsbeitragspflichtigen Zuteilung im Sinne des § 57 Satz 4 und des § 58 Absatz 1 Satz 1 auch der Wert nach § 68 Absatz 1 Nummer 4.

(2) 1 Soweit die Gemeinden nach Landesrecht berechtigt sind, Beiträge zu den Kosten für Erweiterungen oder Verbesserungen von Erschließungsanlagen zu erheben, bleibt dieses Recht unberührt. 2 Die Länder können bestimmen, dass die Kosten für die Beleuchtung der Erschließungsanlagen in den Erschließungsaufwand nicht einzubeziehen sind.

(3) Der Erschließungsaufwand umfasst nicht die Kosten für
1. Brücken, Tunnels und Unterführungen mit den dazugehörigen Rampen;
2. die Fahrbahnen der Ortsdurchfahrten von Bundesstraßen sowie von Landstraßen I. und II. Ordnung, soweit die Fahrbahnen dieser Straßen keine größere Breite als ihre anschließenden freien Strecken erfordern.

§ 129 Beitragsfähiger Erschließungsaufwand

(1) 1 Zur Deckung des anderweitig nicht gedeckten Erschließungsaufwands können Beiträge nur insoweit erhoben werden, als die Erschließungsanlagen erforderlich sind, um die Bauflächen und die gewerblich zu nutzenden Flächen entsprechend den baurechtlichen Vorschriften zu nutzen (beitragsfähiger Erschließungsaufwand). 2 Soweit Anlagen nach § 127 Absatz 2 von dem Eigentümer hergestellt sind oder von ihm auf Grund baurechtlicher Vorschriften verlangt werden, dürfen Beiträge nicht erhoben werden. 3 Die Gemeinden tragen mindestens 10 vom Hundert des beitragsfähigen Erschließungsaufwands.

(2) Kosten, die ein Eigentümer oder sein Rechtsvorgänger bereits für Erschließungsmaßnahmen aufgewandt hat, dürfen bei der Übernahme als gemeindliche Erschließungsanlagen nicht erneut erhoben werden.

§ 130 Art der Ermittlung des beitragsfähigen Erschließungsaufwands

(1) 1 Der beitragsfähige Erschließungsaufwand kann nach den tatsächlich entstandenen Kosten oder nach Einheitssätzen ermittelt werden. 2 Die Einheitssätze sind nach den in der Gemeinde üblicherweise durchschnittlich aufzuwendenden Kosten vergleichbarer Erschließungsanlagen festzusetzen.

(2) 1 Der beitragsfähige Erschließungsaufwand kann für die einzelne Erschließungsanlage oder für bestimmte Abschnitte einer Erschließungsanlage ermittelt werden. 2 Abschnitte einer Erschließungsanlage können nach örtlich erkennbaren Merkmalen oder nach rechtlichen Gesichtspunkten (z. B. Grenzen von Bebauungsplangebieten, Umlegungsgebieten, förmlich festgelegten Sanierungsgebieten) gebildet werden. 3 Für mehrere Anlagen, die für die Erschließung der Grundstücke eine Einheit bilden, kann der Erschließungsaufwand insgesamt ermittelt werden.

§ 131 Maßstäbe für die Verteilung des Erschließungsaufwands

(1) [1] Der ermittelte beitragsfähige Erschließungsaufwand für eine Erschließungsanlage ist auf die durch die Anlage erschlossenen Grundstücke zu verteilen. [2] Mehrfach erschlossene Grundstücke sind bei gemeinsamer Aufwandsermittlung in einer Erschließungseinheit (§ 130 Absatz 2 Satz 3) bei der Verteilung des Erschließungsaufwands nur einmal zu berücksichtigen.

(2) [1] Verteilungsmaßstäbe sind
1. die Art und das Maß der baulichen oder sonstigen Nutzung;
2. die Grundstücksflächen;
3. die Grundstücksbreite an der Erschließungsanlage.
[2] Die Verteilungsmaßstäbe können miteinander verbunden werden.

(3) In Gebieten, die nach dem Inkrafttreten des Bundesbaugesetzes erschlossen werden, sind, wenn eine unterschiedliche bauliche oder sonstige Nutzung zulässig ist, die Maßstäbe nach Absatz 2 in der Weise anzuwenden, dass der Verschiedenheit dieser Nutzung nach Art und Maß entsprochen wird.

§ 132 Regelung durch Satzung

Die Gemeinden regeln durch Satzung
1. die Art und den Umfang der Erschließungsanlagen im Sinne des § 129,
2. die Art der Ermittlung und der Verteilung des Aufwands sowie die Höhe des Einheitssatzes,
3. die Kostenspaltung (§ 127 Absatz 3) und
4. die Merkmale der endgültigen Herstellung einer Erschließungsanlage.

§ 133 Gegenstand und Entstehung der Beitragspflicht

(1) [1] Der Beitragspflicht unterliegen Grundstücke, für die eine bauliche oder gewerbliche Nutzung festgesetzt ist, sobald sie bebaut oder gewerblich genutzt werden dürfen. [2] Erschlossene Grundstücke, für die eine bauliche oder gewerbliche Nutzung nicht festgesetzt ist, unterliegen der Beitragspflicht, wenn sie nach der Verkehrsauffassung Bauland sind und nach der geordneten baulichen Entwicklung der Gemeinde zur Bebauung anstehen. [3] Die Gemeinde gibt bekannt, welche Grundstücke nach Satz 2 der Beitragspflicht unterliegen; die Bekanntmachung hat keine rechtsbegründende Wirkung.

(2) [1] Die Beitragspflicht entsteht mit der endgültigen Herstellung der Erschließungsanlagen, für Teilbeträge, sobald die Maßnahmen, deren Aufwand durch die Teilbeträge gedeckt werden soll, abgeschlossen sind. [2] Im Falle des § 128 Absatz 1 Satz 3 entsteht die Beitragspflicht mit der Übernahme durch die Gemeinde.

(3) [1] Für ein Grundstück, für das eine Beitragspflicht noch nicht oder nicht in vollem Umfang entstanden ist, können Vorausleistungen auf den Erschließungsbeitrag bis zur Höhe des voraussichtlichen endgültigen Erschließungsbeitrags verlangt werden, wenn ein Bauvorhaben auf dem Grundstück genehmigt wird oder wenn mit der Herstellung der Erschließungsanlagen begonnen worden ist und die endgültige Herstellung der Erschließungsanlagen innerhalb von vier Jahren zu erwarten ist. [2] Die Vorausleistung ist mit der endgültigen Beitragsschuld zu verrechnen, auch wenn der Vorausleistende nicht beitragspflichtig ist. [3] Ist die Beitragspflicht sechs Jahre nach Erlass des Vorausleistungsbescheids noch nicht entstanden, kann die Vorausleistung zurückverlangt werden, wenn die Erschließungsanlage bis zu diesem Zeitpunkt noch nicht benutzbar ist. [4] Der Rückzahlungsanspruch ist ab Erhebung der Vorausleistung mit 2 vom Hundert über dem Basiszinssatz nach § 247 des Bürgerlichen Gesetzbuchs jährlich zu verzinsen. [5] Die Gemeinde kann Bestimmungen über die Ablösung des Erschließungsbeitrags im Ganzen vor Entstehung der Beitragspflicht treffen.

§ 134 Beitragspflichtiger

(1) [1] Beitragspflichtig ist derjenige, der im Zeitpunkt der Bekanntgabe des Beitragsbescheids Eigentümer des Grundstücks ist. [2] Ist das Grundstück mit einem Erbbaurecht belastet, so ist der Erbbauberechtigte anstelle des Eigentümers beitragspflichtig. [3] Ist das Grundstück mit einem dinglichen Nutzungsrecht nach Artikel 233 § 4 des Einführungsgesetzes zum Bürgerlichen Gesetzbuche belastet, so ist der Inhaber dieses Rechts anstelle des Eigentümers beitragspflichtig. [4] Mehrere Beitragspflichtige haften als Gesamtschuldner; bei Wohnungs- und Teileigentum sind die einzelnen Wohnungs- und Teileigentümer nur entsprechend ihrem Miteigentumsanteil beitragspflichtig.

(2) Der Beitrag ruht als öffentliche Last auf dem Grundstück, im Falle des Absatzes 1 Satz 2 auf dem Erbbaurecht, im Falle des Absatzes 1 Satz 3 auf dem dinglichen Nutzungsrecht, im Falle des Absatzes 1 Satz 4 auf dem Wohnungs- oder dem Teileigentum.

§ 135 Fälligkeit und Zahlung des Beitrags

(1) Der Beitrag wird einen Monat nach der Bekanntgabe des Beitragsbescheids fällig.

(2) [1] Die Gemeinde kann zur Vermeidung unbilliger Härten im Einzelfall, insbesondere soweit dies zur Durchführung eines genehmigten Bauvorhabens erforderlich ist, zulassen, dass der Erschließungsbeitrag in Raten oder in Form einer Rente gezahlt wird. [2] Ist die Finanzierung eines Bauvorhabens gesichert, so soll die Zahlungsweise der Auszahlung der Finanzierungsmittel angepasst, jedoch nicht über zwei Jahre hinaus erstreckt werden.

(3) [1] Lässt die Gemeinde nach Absatz 2 eine Verrentung zu, so ist der Erschließungsbeitrag durch Bescheid in eine Schuld umzuwandeln, die in höchstens zehn Jahresleistungen zu entrichten ist. [2] In dem Bescheid sind Höhe und Zeitpunkt der Fälligkeit der Jahresleistungen zu bestimmen. [3] Der jeweilige Restbetrag ist mit höchstens 2 vom Hundert über dem Basiszinssatz nach § 247 des Bürgerlichen Gesetzbuchs jährlich zu verzinsen. [4] Die Jahresleistungen

stehen wiederkehrenden Leistungen im Sinne des § 10 Absatz 1 Nummer 3 des Zwangsversteigerungsgesetzes gleich.

(4) ¹ Werden Grundstücke landwirtschaftlich oder als Wald genutzt, ist der Beitrag so lange zinslos zu stunden, wie das Grundstück zur Erhaltung der Wirtschaftlichkeit des landwirtschaftlichen Betriebs genutzt werden muss. ² Satz 1 gilt auch für die Fälle der Nutzungsüberlassung und Betriebsübergabe an Familienangehörige im Sinne des § 15 der Abgabenordnung. ³ Der Beitrag ist auch zinslos zu stunden, solange Grundstücke als Kleingärten im Sinne des Bundeskleingartengesetzes genutzt werden.

(5) ¹ Im Einzelfall kann die Gemeinde auch von der Erhebung des Erschließungsbeitrags ganz oder teilweise absehen, wenn dies im öffentlichen Interesse oder zur Vermeidung unbilliger Härten geboten ist. ² Die Freistellung kann auch für den Fall vorgesehen werden, dass die Beitragspflicht noch nicht entstanden ist.

(6) Weitergehende landesrechtliche Billigkeitsregelungen bleiben unberührt.

Siebter Teil Maßnahmen für den Naturschutz

§ 135a Pflichten des Vorhabenträgers; Durchführung durch die Gemeinde; Kostenerstattung

(1) Festgesetzte Maßnahmen zum Ausgleich im Sinne des § 1a Absatz 3 sind vom Vorhabenträger durchzuführen.

(2) ¹ Soweit Maßnahmen zum Ausgleich an anderer Stelle den Grundstücken nach § 9 Absatz 1a zugeordnet sind, soll die Gemeinde diese anstelle und auf Kosten der Vorhabenträger oder der Eigentümer der Grundstücke durchführen und auch die hierfür erforderlichen Flächen bereitstellen, sofern dies nicht auf andere Weise gesichert ist. ² Die Maßnahmen zum Ausgleich können bereits vor den Baumaßnahmen und der Zuordnung durchgeführt werden.

(3) ¹ Die Kosten können geltend gemacht werden, sobald die Grundstücke, auf denen Eingriffe zu erwarten sind, baulich oder gewerblich genutzt werden dürfen. ² Die Gemeinde erhebt zur Deckung ihres Aufwands für Maßnahmen zum Ausgleich einschließlich der Bereitstellung hierfür erforderlicher Flächen einen Kostenerstattungsbetrag. ³ Die Erstattungspflicht entsteht mit der Herstellung der Maßnahmen zum Ausgleich durch die Gemeinde. ⁴ Der Betrag ruht als öffentliche Last auf dem Grundstück.

(4) Die landesrechtlichen Vorschriften über kommunale Beiträge einschließlich der Billigkeitsregelungen sind entsprechend anzuwenden.

§ 135b Verteilungsmaßstäbe für die Abrechnung

¹ Soweit die Gemeinde Maßnahmen zum Ausgleich nach § 135a Absatz 2 durchführt, sind die Kosten auf die zugeordneten Grundstücke zu verteilen. ² Verteilungsmaßstäbe sind
1. die überbaubare Grundstücksfläche,
2. die zulässige Grundfläche,
3. die zu erwartende Versiegelung oder
4. die Schwere der zu erwartenden Eingriffe.
³ Die Verteilungsmaßstäbe können miteinander verbunden werden.

§ 135c Satzungsrecht

Die Gemeinde kann durch Satzung regeln
1. Grundsätze für die Ausgestaltung von Maßnahmen zum Ausgleich entsprechend den Festsetzungen eines Bebauungsplans,
2. den Umfang der Kostenerstattung nach § 135a; dabei ist § 128 Absatz 1 Satz 1 Nummer 1 und 2 und Satz 2 entsprechend anzuwenden,
3. die Art der Kostenermittlung und die Höhe des Einheitssatzes entsprechend § 130,
4. die Verteilung der Kosten nach § 135b einschließlich einer Pauschalierung der Schwere der zu erwartenden Eingriffe nach Biotop- und Nutzungstypen,
5. die Voraussetzungen für die Anforderung von Vorauszahlungen,
6. die Fälligkeit des Kostenerstattungsbetrags.

Zweites Kapitel Besonderes Städtebaurecht

Erster Teil Städtebauliche Sanierungsmaßnahmen

Erster Abschnitt Allgemeine Vorschriften

§ 136 Städtebauliche Sanierungsmaßnahmen

(1) Städtebauliche Sanierungsmaßnahmen in Stadt und Land, deren einheitliche Vorbereitung und zügige Durchführung im öffentlichen Interesse liegen, werden nach den Vorschriften dieses Teils vorbereitet und durchgeführt.

(2) ¹ Städtebauliche Sanierungsmaßnahmen sind Maßnahmen, durch die ein Gebiet zur Behebung städtebaulicher Missstände wesentlich verbessert oder umgestaltet wird. ² Städtebauliche Missstände liegen vor, wenn
1. das Gebiet nach seiner vorhandenen Bebauung oder nach seiner sonstigen Beschaffenheit den allgemeinen Anforderungen an gesunde Wohn- und Arbeitsverhältnisse oder an die Sicherheit der in ihm wohnenden oder arbeitenden Menschen auch unter Berücksichtigung der Belange des Klimaschutzes und der Klimaanpassung nicht entspricht oder

2. das Gebiet in der Erfüllung der Aufgaben erheblich beeinträchtigt ist, die ihm nach seiner Lage und Funktion obliegen.

(3) Bei der Beurteilung, ob in einem städtischen oder ländlichen Gebiet städtebauliche Missstände vorliegen, sind insbesondere zu berücksichtigen

1. die Wohn- und Arbeitsverhältnisse oder die Sicherheit der in dem Gebiet wohnenden und arbeitenden Menschen in Bezug auf
 a) die Belichtung, Besonnung und Belüftung der Wohnungen und Arbeitsstätten,
 b) die bauliche Beschaffenheit von Gebäuden, Wohnungen und Arbeitsstätten,
 c) die Zugänglichkeit der Grundstücke,
 d) die Auswirkungen einer vorhandenen Mischung von Wohn- und Arbeitsstätten,
 e) die Nutzung von bebauten und unbebauten Flächen nach Art, Maß und Zustand,
 f) die Einwirkungen, die von Grundstücken, Betrieben, Einrichtungen oder Verkehrsanlagen ausgehen, insbesondere durch Lärm, Verunreinigungen und Erschütterungen,
 g) die vorhandene Erschließung,
 h) die energetische Beschaffenheit, die Gesamtenergieeffizienz der vorhandenen Bebauung und der Versorgungseinrichtungen des Gebiets unter Berücksichtigung der allgemeinen Anforderungen an den Klimaschutz und die Klimaanpassung;
2. die Funktionsfähigkeit des Gebiets in Bezug auf
 a) den fließenden und ruhenden Verkehr,
 b) die wirtschaftliche Situation und Entwicklungsfähigkeit des Gebiets unter Berücksichtigung seiner Versorgungsfunktion im Verflechtungsbereich,
 c) die infrastrukturelle Erschließung des Gebiets, seine Ausstattung mit und die Vernetzung von Grün- und Freiflächen unter Berücksichtigung der Belange des Klimaschutzes und der Klimaanpassung, seine Ausstattung mit Spiel- und Sportplätzen und mit Anlagen des Gemeinbedarfs, insbesondere unter Berücksichtigung der sozialen und kulturellen Aufgaben dieses Gebiets im Verflechtungsbereich.

(4) [1] Städtebauliche Sanierungsmaßnahmen dienen dem Wohl der Allgemeinheit. [2] Sie sollen dazu beitragen, dass

1. die bauliche Struktur in allen Teilen des Bundesgebiets nach den allgemeinen Anforderungen an den Klimaschutz und die Klimaanpassung sowie nach den sozialen, hygienischen, wirtschaftlichen und kulturellen Erfordernissen entwickelt wird,
2. die Verbesserung der Wirtschafts- und Agrarstruktur unterstützt wird,
3. die Siedlungsstruktur den Erfordernissen des Umweltschutzes, den Anforderungen an gesunde Lebens- und Arbeitsbedingungen der Bevölkerung und der Bevölkerungsentwicklung entspricht oder
4. die vorhandenen Ortsteile erhalten, erneuert und fortentwickelt werden, die Gestaltung des Orts- und Landschaftsbilds verbessert und den Erfordernissen des Denkmalschutzes Rechnung getragen wird.

[3] Die öffentlichen und privaten Belange sind gegeneinander und untereinander gerecht abzuwägen.

§ 137 Beteiligung und Mitwirkung der Betroffenen

[1] Die Sanierung soll mit den Eigentümern, Mietern, Pächtern und sonstigen Betroffenen möglichst frühzeitig erörtert werden. [2] Die Betroffenen sollen zur Mitwirkung bei der Sanierung und zur Durchführung der erforderlichen baulichen Maßnahmen angeregt und hierbei im Rahmen des Möglichen beraten werden.

§ 138 Auskunftspflicht

(1) [1] Eigentümer, Mieter, Pächter und sonstige zum Besitz oder zur Nutzung eines Grundstücks, Gebäudes oder Gebäudeteils Berechtigte sowie ihre Beauftragten sind verpflichtet, der Gemeinde oder ihren Beauftragten Auskunft über die Tatsachen zu erteilen, deren Kenntnis zur Beurteilung der Sanierungsbedürftigkeit eines Gebiets oder zur Vorbereitung oder Durchführung der Sanierung erforderlich ist. [2] An personenbezogenen Daten können insbesondere Angaben der Betroffenen über ihre persönlichen Lebensumstände im wirtschaftlichen und sozialen Bereich, namentlich über die Berufs-, Erwerbs- und Familienverhältnisse, das Lebensalter, die Wohnbedürfnisse, die sozialen Verflechtungen sowie über die örtlichen Bindungen, erhoben werden.

(2) [1] Die nach Absatz 1 erhobenen personenbezogenen Daten dürfen nur zu Zwecken der Sanierung verwendet werden. [2] Wurden die Daten von einem Beauftragten der Gemeinde erhoben, dürfen sie nur an die Gemeinde weitergegeben werden; die Gemeinde darf die Daten an andere Beauftragte im Sinne des § 157 sowie an die höhere Verwaltungsbehörde weitergeben, soweit dies zu Zwecken der Sanierung erforderlich ist. [3] Nach Aufhebung der förmlichen Festlegung des Sanierungsgebiets sind die Daten zu löschen. [4] Soweit die erhobenen Daten für die Besteuerung erforderlich sind, dürfen sie an die Finanzbehörden weitergegeben werden.

(3) [1] Die mit der Erhebung der Daten Beauftragten sind bei Aufnahme ihrer Tätigkeit nach Maßgabe des Absatzes 2 zu verpflichten. [2] Ihre Pflichten bestehen nach Beendigung ihrer Tätigkeit fort.

(4) [1] Verweigert ein nach Absatz 1 Auskunftspflichtiger die Auskunft, ist § 208 Satz 2 bis 4 über die Androhung und Festsetzung eines Zwangsgelds entsprechend anzuwenden. [2] Der Auskunftspflichtige kann die Auskunft auf solche Fragen verweigern, deren Beantwortung ihn selbst oder einen der in § 383 Absatz 1 Nummer 1 bis 3 der Zivilprozessordnung bezeichneten Angehörigen der Gefahr strafrechtlicher Verfolgung oder eines Verfahrens nach dem Gesetz über Ordnungswidrigkeiten aussetzen würde.

§ 139 Beteiligung und Mitwirkung öffentlicher Aufgabenträger

(1) Der Bund, einschließlich seiner Sondervermögen, die Länder, die Gemeindeverbände und die sonstigen Körperschaften, Anstalten und Stiftungen des öffentlichen Rechts sollen im Rahmen der ihnen obliegenden Aufgaben die Vorbereitung und Durchführung von städtebaulichen Sanierungsmaßnahmen unterstützen.

(2) ¹ § 4 Absatz 2 und § 4a Absatz 1 bis 4 und 6 sind bei der Vorbereitung und Durchführung der Sanierung auf Behörden und sonstige Träger öffentlicher Belange sinngemäß anzuwenden. ²Die Träger öffentlicher Belange haben die Gemeinde auch über Änderungen ihrer Absichten zu unterrichten.

(3) Ist eine Änderung von Zielen und Zwecken der Sanierung oder von Maßnahmen und Planungen der Träger öffentlicher Belange, die aufeinander abgestimmt wurden, beabsichtigt, haben sich die Beteiligten unverzüglich miteinander ins Benehmen zu setzen.

Zweiter Abschnitt Vorbereitung und Durchführung

§ 140 Vorbereitung

Die Vorbereitung der Sanierung ist Aufgabe der Gemeinde; sie umfasst
1. die vorbereitenden Untersuchungen,
2. die förmliche Festlegung des Sanierungsgebiets,
3. die Bestimmung der Ziele und Zwecke der Sanierung,
4. die städtebauliche Planung; hierzu gehört auch die Bauleitplanung oder eine Rahmenplanung, soweit sie für die Sanierung erforderlich ist,
5. die Erörterung der beabsichtigten Sanierung,
6. die Erarbeitung und Fortschreibung des Sozialplans,
7. einzelne Ordnungs- und Baumaßnahmen, die vor einer förmlichen Festlegung des Sanierungsgebiets durchgeführt werden.

§ 141 Vorbereitende Untersuchungen

(1) ¹ Die Gemeinde hat vor der förmlichen Festlegung des Sanierungsgebiets die vorbereitenden Untersuchungen durchzuführen oder zu veranlassen, die erforderlich sind, um Beurteilungsunterlagen zu gewinnen über die Notwendigkeit der Sanierung, die sozialen, strukturellen und städtebaulichen Verhältnisse und Zusammenhänge sowie die anzustrebenden allgemeinen Ziele und die Durchführbarkeit der Sanierung im Allgemeinen. ²Die vorbereitenden Untersuchungen sollen sich auch auf nachteilige Auswirkungen erstrecken, die sich für die von der beabsichtigten Sanierung unmittelbar Betroffenen in ihren persönlichen Lebensumständen im wirtschaftlichen oder sozialen Bereich voraussichtlich ergeben werden.

(2) Von vorbereitenden Untersuchungen kann abgesehen werden, wenn hinreichende Beurteilungsunterlagen bereits vorliegen.

(3) ¹ Die Gemeinde leitet die Vorbereitung der Sanierung durch den Beschluss über den Beginn der vorbereitenden Untersuchungen ein. ² Der Beschluss ist ortsüblich bekannt zu machen. ³ Dabei ist auf die Auskunftspflicht nach § 138 hinzuweisen.

(4) ¹ Mit der ortsüblichen Bekanntmachung des Beschlusses über den Beginn der vorbereitenden Untersuchungen finden die §§ 137, 138 und 139 über die Beteiligung und Mitwirkung der Betroffenen, die Auskunftspflicht und die Beteiligung und Mitwirkung öffentlicher Aufgabenträger Anwendung; ab diesem Zeitpunkt ist § 15 auf die Durchführung eines Vorhabens im Sinne des § 29 Absatz 1 und auf die Beseitigung einer baulichen Anlage entsprechend anzuwenden. ²Mit der förmlichen Festlegung des Sanierungsgebiets wird ein Bescheid über die Zurückstellung des Baugesuchs sowie ein Bescheid über die Zurückstellung der Beseitigung einer baulichen Anlage nach Satz 1 zweiter Halbsatz unwirksam.

§ 142 Sanierungssatzung

(1) ¹ Die Gemeinde kann ein Gebiet, in dem eine städtebauliche Sanierungsmaßnahme durchgeführt werden soll, durch Beschluss förmlich als Sanierungsgebiet festlegen (förmlich festgelegtes Sanierungsgebiet). ²Das Sanierungsgebiet ist so zu begrenzen, dass sich die Sanierung zweckmäßig durchführen lässt. ³ Einzelne Grundstücke, die von der Sanierung nicht betroffen werden, können aus dem Gebiet ganz oder teilweise ausgenommen werden.

(2) ¹ Ergibt sich aus den Zielen und Zwecken der Sanierung, dass Flächen außerhalb des förmlich festgelegten Sanierungsgebiets
1. für Ersatzbauten oder Ersatzanlagen zur räumlich zusammenhängenden Unterbringung von Bewohnern oder Betrieben aus dem förmlich festgelegten Sanierungsgebiet oder
2. für die durch die Sanierung bedingten Gemeinbedarfs- oder Folgeeinrichtungen
in Anspruch genommen werden müssen (Ersatz- und Ergänzungsgebiete), kann die Gemeinde geeignete Gebiete für diesen Zweck förmlich festlegen. ²Für die förmliche Festlegung und die aus ihr ergebenden Wirkungen sind die für förmlich festgelegte Sanierungsgebiete geltenden Vorschriften anzuwenden.

(3) ¹ Die Gemeinde beschließt die förmliche Festlegung des Sanierungsgebiets als Satzung (Sanierungssatzung). ²In der Sanierungssatzung ist das Sanierungsgebiet zu bezeichnen. ³ Bei dem Beschluss über die Sanierungssatzung ist zugleich durch Beschluss die Frist festzulegen, in der die Sanierung durchgeführt werden soll; die Frist soll 15 Jahre nicht überschreiten. ⁴Kann die Sanierung nicht innerhalb der Frist durchgeführt werden, kann die Frist durch Beschluss verlängert werden.

(4) In der Sanierungssatzung ist die Anwendung der Vorschriften des Dritten Abschnitts auszuschließen, wenn sie für die Durchführung der Sanierung nicht erforderlich ist und die Durchführung hierdurch voraussichtlich nicht erschwert wird (vereinfachtes Sanierungsverfahren); in diesem Falle kann in der Sanierungssatzung auch die Genehmigungspflicht nach § 144 insgesamt, nach § 144 Absatz 1 oder § 144 Absatz 2 ausgeschlossen werden.

§ 143 Bekanntmachung der Sanierungssatzung, Sanierungsvermerk

(1) [1] Die Gemeinde hat die Sanierungssatzung ortsüblich bekannt zu machen. [2] Sie kann auch ortsüblich bekannt machen, dass eine Sanierungssatzung beschlossen worden ist; § 10 Absatz 3 Satz 2 bis 5 ist entsprechend anzuwenden. [3] In der Bekanntmachung nach den Sätzen 1 und 2 ist – außer im vereinfachten Sanierungsverfahren – auf die Vorschriften des Dritten Abschnitts hinzuweisen. [4] Mit der Bekanntmachung wird die Sanierungssatzung rechtsverbindlich.

(2) [1] Die Gemeinde teilt dem Grundbuchamt die rechtsverbindliche Sanierungssatzung mit und hat hierbei die von der Sanierungssatzung betroffenen Grundstücke einzeln aufzuführen. [2] Das Grundbuchamt hat in die Grundbücher dieser Grundstücke einzutragen, dass eine Sanierung durchgeführt wird (Sanierungsvermerk). [3] § 54 Absatz 2 und 3 ist entsprechend anzuwenden. [4] Die Sätze 1 bis 3 sind nicht anzuwenden, wenn in der Sanierungssatzung die Genehmigungspflicht nach § 144 Absatz 2 ausgeschlossen ist.

§ 144 Genehmigungspflichtige Vorhaben und Rechtsvorgänge

(1) Im förmlich festgelegten Sanierungsgebiet bedürfen der schriftlichen Genehmigung der Gemeinde
1. die in § 14 Absatz 1 bezeichneten Vorhaben und sonstigen Maßnahmen;
2. Vereinbarungen, durch die ein schuldrechtliches Vertragsverhältnis über den Gebrauch oder die Nutzung eines Grundstücks, Gebäudes oder Gebäudeteils auf bestimmte Zeit von mehr als einem Jahr eingegangen oder verlängert wird.

(2) Im förmlich festgelegten Sanierungsgebiet bedürfen der schriftlichen Genehmigung der Gemeinde
1. die rechtsgeschäftliche Veräußerung eines Grundstücks und die Bestellung und Veräußerung eines Erbbaurechts;
2. die Bestellung eines das Grundstück belastenden Rechts; dies gilt nicht für die Bestellung eines Rechts, das mit der Durchführung von Baumaßnahmen im Sinne des § 148 Absatz 2 im Zusammenhang steht;
3. ein schuldrechtlicher Vertrag, durch den eine Verpflichtung zu einem der in Nummer 1 oder 2 genannten Rechtsgeschäfte begründet wird; ist der schuldrechtliche Vertrag genehmigt worden, gilt auch das in Ausführung dieses Vertrags vorgenommene dingliche Rechtsgeschäft als genehmigt;
4. die Begründung, Änderung oder Aufhebung einer Baulast;
5. die Teilung eines Grundstücks.

(3) Die Gemeinde kann für bestimmte Fälle die Genehmigung für das förmlich festgelegte Sanierungsgebiet oder Teile desselben allgemein erteilen; sie hat dies ortsüblich bekannt zu machen.

(4) Keiner Genehmigung bedürfen
1. Vorhaben und Rechtsvorgänge, wenn die Gemeinde oder der Sanierungsträger für das Treuhandvermögen als Vertragsteil oder Eigentümer beteiligt ist;
2. Rechtsvorgänge nach Absatz 2 Nummer 1 bis 3 zum Zwecke der Vorwegnahme der gesetzlichen Erbfolge;
3. Vorhaben nach Absatz 1 Nummer 1, die vor der förmlichen Festlegung des Sanierungsgebiets baurechtlich genehmigt worden sind, Vorhaben nach Absatz 1 Nummer 1, von denen die Gemeinde nach Maßgabe des Bauordnungsrechts Kenntnis erlangt hat und mit deren Ausführung vor dem Inkrafttreten der Veränderungssperre hätte begonnen werden dürfen, sowie Unterhaltungsarbeiten und die Fortführung einer bisher ausgeübten Nutzung;
4. Rechtsvorgänge nach Absatz 1 Nummer 2 und Absatz 2, die Zwecken der Landesverteidigung dienen;
5. der rechtsgeschäftliche Erwerb eines in ein Verfahren im Sinne des § 38 einbezogenen Grundstücks durch den Bedarfsträger.

§ 145 Genehmigung

(1) [1] Die Genehmigung wird durch die Gemeinde erteilt; § 22 Absatz 5 Satz 2 bis 5 ist entsprechend anzuwenden. [2] Ist eine baurechtliche Genehmigung oder an ihrer Stelle eine baurechtliche Zustimmung erforderlich, wird die Genehmigung durch die Baugenehmigungsbehörde im Einvernehmen mit der Gemeinde erteilt. [3] Im Falle des Satzes 2 ist über die Genehmigung innerhalb von zwei Monaten nach Eingang des Antrags bei der Baugenehmigungsbehörde zu entscheiden; § 22 Absatz 5 Satz 3 bis 6 ist mit der Maßgabe entsprechend anzuwenden, dass die Genehmigungsfrist höchstens um zwei Monate verlängert werden darf.

(2) Die Genehmigung darf nur versagt werden, wenn Grund zur Annahme besteht, dass das Vorhaben, der Rechtsvorgang einschließlich der Teilung eines Grundstücks oder die damit erkennbar bezweckte Nutzung die Durchführung der Sanierung unmöglich machen oder wesentlich erschweren oder den Zielen und Zwecken der Sanierung zuwiderlaufen würde.

(3) Die Genehmigung ist zu erteilen, wenn die wesentliche Erschwerung dadurch beseitigt wird, dass die Beteiligten für den Fall der Durchführung der Sanierung für sich und ihre Rechtsnachfolger
1. in den Fällen des § 144 Absatz 1 Nummer 1 auf Entschädigung für die durch das Vorhaben herbeigeführten Werterhöhungen sowie für werterhöhende Änderungen, die auf Grund der mit dem Vorhaben bezweckten Nutzung vorgenommen werden, verzichten;

2. in den Fällen des § 144 Absatz 1 Nummer 2 oder Absatz 2 Nummer 2 oder 3 auf Entschädigung für die Aufhebung des Rechts sowie für werterhöhende Änderungen verzichten, die auf Grund dieser Rechte vorgenommen werden.

(4) [1] Die Genehmigung kann unter Auflagen, in den Fällen des § 144 Absatz 1 auch befristet oder bedingt erteilt werden. [2] § 51 Absatz 4 Satz 2 und 3 ist entsprechend anzuwenden. [3] Die Genehmigung kann auch vom Abschluss eines städtebaulichen Vertrags abhängig gemacht werden, wenn dadurch Versagungsgründe im Sinne des Absatzes 2 ausgeräumt werden.

(5) [1] Wird die Genehmigung versagt, kann der Eigentümer von der Gemeinde die Übernahme des Grundstücks verlangen, wenn und soweit es ihm mit Rücksicht auf die Durchführung der Sanierung wirtschaftlich nicht mehr zuzumuten ist, das Grundstück zu behalten oder es in der bisherigen oder einer anderen zulässigen Art zu nutzen. [2] Liegen die Flächen eines land- oder forstwirtschaftlichen Betriebs sowohl innerhalb als auch außerhalb des förmlich festgelegten Sanierungsgebiets, kann der Eigentümer von der Gemeinde die Übernahme sämtlicher Grundstücke des Betriebs verlangen, wenn die Erfüllung des Übernahmeverlangens für die Gemeinde keine unzumutbare Belastung bedeutet; die Gemeinde kann sich auf eine unzumutbare Belastung nicht berufen, soweit die außerhalb des förmlich festgelegten Sanierungsgebiets gelegenen Grundstücke nicht mehr in angemessenem Umfang baulich oder wirtschaftlich genutzt werden können. [3] Kommt eine Einigung über die Übernahme nicht zustande, kann der Eigentümer die Entziehung des Eigentums an dem Grundstück verlangen. [4] Für die Entziehung des Eigentums sind die Vorschriften des Fünften Teils des Ersten Kapitels entsprechend anzuwenden. [5] § 43 Absatz 1, 4 und 5 sowie § 44 Absatz 3 und 4 sind entsprechend anzuwenden.

(6) [1] § 22 Absatz 6 ist entsprechend anzuwenden. [2] Ist eine Genehmigung allgemein erteilt oder nicht erforderlich, hat die Gemeinde darüber auf Antrag eines Beteiligten ein Zeugnis auszustellen.

§ 146 Durchführung

(1) Die Durchführung umfasst die Ordnungsmaßnahmen und die Baumaßnahmen innerhalb des förmlich festgelegten Sanierungsgebiets, die nach den Zielen und Zwecken der Sanierung erforderlich sind.

(2) [1] Auf Grundstücken, die den in § 26 Nummer 2 bezeichneten Zwecken dienen, und auf den in § 26 Nummer 3 bezeichneten Grundstücken dürfen im Rahmen städtebaulicher Sanierungsmaßnahmen einzelne Ordnungs- und Baumaßnahmen nur mit Zustimmung des Bedarfsträgers durchgeführt werden. [2] Der Bedarfsträger soll seine Zustimmung erteilen, wenn auch unter Berücksichtigung seiner Aufgaben ein überwiegendes öffentliches Interesse an der Durchführung der Sanierungsmaßnahmen besteht.

(3) [1] Die Gemeinde kann die Durchführung der Ordnungsmaßnahmen und die Errichtung oder Änderung von Gemeinbedarfs- und Folgeeinrichtungen im Sinne des § 148 Absatz 2 Satz 1 Nummer 3 auf Grund eines Vertrags ganz oder teilweise dem Eigentümer überlassen. [2] Ist die zügige und zweckmäßige Durchführung der vertraglich übernommenen Maßnahmen nach Satz 1 durch einzelne Eigentümer nicht gewährleistet, hat die Gemeinde insoweit für die Durchführung der Maßnahmen zu sorgen oder sie selbst zu übernehmen.

§ 147 Ordnungsmaßnahmen

[1] Die Durchführung der Ordnungsmaßnahmen ist Aufgabe der Gemeinde; hierzu gehören
1. die Bodenordnung einschließlich des Erwerbs von Grundstücken,
2. der Umzug von Bewohnern und Betrieben,
3. die Freilegung von Grundstücken,
4. die Herstellung und Änderung von Erschließungsanlagen sowie
5. sonstige Maßnahmen, die notwendig sind, damit die Baumaßnahmen durchgeführt werden können.
[2] Als Ordnungsmaßnahme gilt auch die Bereitstellung von Flächen und die Durchführung von Maßnahmen zum Ausgleich im Sinne des § 1a Absatz 3, soweit sie gemäß § 9 Absatz 1a an anderer Stelle den Grundstücken, auf denen Eingriffe in Natur und Landschaft zu erwarten sind, ganz oder teilweise zugeordnet sind. [3] Durch die Sanierung bedingte Erschließungsanlagen einschließlich Ersatzanlagen können außerhalb des förmlich festgelegten Sanierungsgebiets liegen.

§ 148 Baumaßnahmen

(1) [1] Die Durchführung von Baumaßnahmen bleibt den Eigentümern überlassen, soweit die zügige und zweckmäßige Durchführung durch sie gewährleistet ist; der Gemeinde obliegt jedoch
1. für die Errichtung und Änderung der Gemeinbedarfs- und Folgeeinrichtungen zu sorgen und
2. die Durchführung sonstiger Baumaßnahmen, soweit sie selbst Eigentümerin ist oder nicht gewährleistet ist, dass diese vom einzelnen Eigentümer zügig und zweckmäßig durchgeführt werden.
[2] Ersatzbauten, Ersatzanlagen und durch die Sanierung bedingte Gemeinbedarfs- und Folgeeinrichtungen können außerhalb des förmlich festgelegten Sanierungsgebiets liegen.

(2) [1] Zu den Baumaßnahmen gehören
1. die Modernisierung und Instandsetzung,
2. die Neubebauung und die Ersatzbauten,
3. die Errichtung und Änderung von Gemeinbedarfs- und Folgeeinrichtungen,
4. die Verlagerung oder Änderung von Betrieben sowie
5. die Errichtung oder Erweiterung von Anlagen und Einrichtungen zur dezentralen und zentralen Erzeugung, Verteilung, Nutzung oder Speicherung von Strom, Wärme oder Kälte aus erneuerbaren Energien oder Kraft-Wärme-Kopplung.

[2] Als Baumaßnahmen gelten auch Maßnahmen zum Ausgleich im Sinne des § 1a Absatz 3, soweit sie auf den Grundstücken durchgeführt werden, auf denen Eingriffe in Natur und Landschaft zu erwarten sind.

§ 149 Kosten- und Finanzierungsübersicht

(1) [1] Die Gemeinde hat nach dem Stand der Planung eine Kosten- und Finanzierungsübersicht aufzustellen. [2] Die Übersicht ist mit den Kosten- und Finanzierungsvorstellungen anderer Träger öffentlicher Belange, deren Aufgabenbereich durch die Sanierung berührt wird, abzustimmen und der höheren Verwaltungsbehörde vorzulegen.

(2) [1] In der Kostenübersicht hat die Gemeinde die Kosten der Gesamtmaßnahme darzustellen, die ihr voraussichtlich entstehen. [2] Die Kosten anderer Träger öffentlicher Belange für Maßnahmen im Zusammenhang mit der Sanierung sollen nachrichtlich angegeben werden.

(3) [1] In der Finanzierungsübersicht hat die Gemeinde ihre Vorstellungen über die Deckung der Kosten der Gesamtmaßnahme darzulegen. [2] Finanzierungs- und Förderungsmittel auf anderer gesetzlicher Grundlage sowie die Finanzierungsvorstellungen anderer Träger öffentlicher Belange sollen nachrichtlich angegeben werden.

(4) [1] Die Kosten- und Finanzierungsübersicht kann mit Zustimmung der nach Landesrecht zuständigen Behörde auf den Zeitraum der mehrjährigen Finanzplanung der Gemeinde beschränkt werden. [2] Das Erfordernis, die städtebauliche Sanierungsmaßnahme innerhalb eines absehbaren Zeitraums durchzuführen, bleibt unberührt.

(5) Die Gemeinde und die höhere Verwaltungsbehörde können von anderen Trägern öffentlicher Belange Auskunft über deren eigene Absichten im förmlich festgelegten Sanierungsgebiet und ihre Kosten- und Finanzierungsvorstellungen verlangen.

(6) [1] Die höhere Verwaltungsbehörde kann von der Gemeinde Ergänzungen oder Änderungen der Kosten- und Finanzierungsübersicht verlangen. [2] Sie hat für ein wirtschaftlich sinnvolles Zusammenwirken der Gemeinde und der anderen Träger öffentlicher Belange bei der Durchführung ihrer Maßnahmen zu sorgen und die Gemeinde bei der Beschaffung von Förderungsmitteln aus öffentlichen Haushalten zu unterstützen.

§ 150 Ersatz für Änderungen von Einrichtungen, die der öffentlichen Versorgung dienen

(1) [1] Stehen in einem förmlich festgelegten Sanierungsgebiet Anlagen der öffentlichen Versorgung mit Elektrizität, Gas, Wasser, Wärme, Telekommunikationsdienstleistungen oder Anlagen der Abwasserwirtschaft infolge der Durchführung der Sanierung nicht mehr zur Verfügung und sind besondere Aufwendungen erforderlich, die über das bei ordnungsgemäßer Wirtschaft erforderliche Maß hinausgehen, zum Beispiel der Ersatz oder die Verlegung dieser Anlagen, hat die Gemeinde dem Träger der Aufgabe die ihm dadurch entstehenden Kosten zu erstatten. [2] Vorteile und Nachteile, die dem Träger der Aufgabe im Zusammenhang damit entstehen, sind auszugleichen.

(2) Kommt eine Einigung über den Erstattungsbetrag nicht zustande, entscheidet die höhere Verwaltungsbehörde.

§ 151 Abgaben- und Auslagenbefreiung

(1) Frei von Gebühren und ähnlichen nichtsteuerlichen Abgaben sowie von Auslagen sind Geschäfte und Verhandlungen
1. zur Vorbereitung oder Durchführung von städtebaulichen Sanierungsmaßnahmen,
2. zur Durchführung von Erwerbsvorgängen,
3. zur Gründung oder Auflösung eines Unternehmens, dessen Geschäftszweck ausschließlich darauf gerichtet ist, als Sanierungsträger tätig zu werden.

(2) [1] Die Abgabenbefreiung gilt nicht für die Kosten eines Rechtsstreits. [2] Unberührt bleiben Regelungen nach landesrechtlichen Vorschriften.

(3) Erwerbsvorgänge im Sinne des Absatzes 1 Nummer 2 sind
1. der Erwerb eines Grundstücks durch eine Gemeinde oder durch einen Rechtsträger im Sinne der §§ 157 und 205 zur Vorbereitung oder Durchführung von städtebaulichen Sanierungsmaßnahmen. [2] Hierzu gehört auch der Erwerb eines Grundstücks zur Verwendung als Austausch- oder Ersatzland im Rahmen von städtebaulichen Sanierungsmaßnahmen;
2. der Erwerb eines Grundstücks durch eine Person, die zur Vorbereitung oder Durchführung von städtebaulichen Sanierungsmaßnahmen zur Verwendung als Austausch- oder Ersatzland ein Grundstück übereignet oder verloren hat. [2] Die Abgabenbefreiung wird nur gewährt
 a) beim Erwerb eines Grundstücks im Sanierungsgebiet, in dem das übereignete oder verlorene Grundstück liegt, bis zum Abschluss der städtebaulichen Sanierungsmaßnahme,
 b) in anderen Fällen bis zum Ablauf von zehn Jahren, gerechnet von dem Zeitpunkt ab, in dem das Grundstück übereignet oder verloren wurde;
3. der Erwerb eines im förmlich festgelegten Sanierungsgebiet gelegenen Grundstücks, soweit die Gegenleistung in der Hingabe eines in demselben Sanierungsgebiet gelegenen Grundstücks besteht;
4. der Erwerb eines Grundstücks, der durch die Begründung, das Bestehen oder die Auflösung eines Treuhandverhältnisses im Sinne des § 160 oder des § 161 bedingt ist.

Dritter Abschnitt Besondere sanierungsrechtliche Vorschriften

§ 152 Anwendungsbereich

Die Vorschriften dieses Abschnitts sind im förmlich festgelegten Sanierungsgebiet anzuwenden, sofern die Sanierung nicht im vereinfachten Sanierungsverfahren durchgeführt wird.

§ 153 Bemessung von Ausgleichs- und Entschädigungsleistungen, Kaufpreise, Umlegung

(1) [1] Sind auf Grund von Maßnahmen, die der Vorbereitung oder Durchführung der Sanierung im förmlich festgelegten Sanierungsgebiet dienen, nach den Vorschriften dieses Gesetzbuchs Ausgleichs- oder Entschädigungsleistungen zu gewähren, werden bei deren Bemessung Werterhöhungen, die lediglich durch die Aussicht auf die Sanierung, durch ihre Vorbereitung oder ihre Durchführung eingetreten sind, nur insoweit berücksichtigt, als der Betroffene diese Werterhöhungen durch eigene Aufwendungen zulässigerweise bewirkt hat. [2] Änderungen in den allgemeinen Wertverhältnissen auf dem Grundstücksmarkt sind zu berücksichtigen.

(2) [1] Liegt bei der rechtsgeschäftlichen Veräußerung eines Grundstücks sowie bei der Bestellung oder Veräußerung eines Erbbaurechts der vereinbarte Gegenwert für das Grundstück oder das Recht über dem Wert, der sich in Anwendung des Absatzes 1 ergibt, liegt auch hierin eine wesentliche Erschwerung der Sanierung im Sinne des § 145 Absatz 2. [2] Dies gilt nicht, wenn in den Fällen des § 154 Absatz 3 Satz 2 oder 3 die Verpflichtung zur Entrichtung des Ausgleichsbetrags erloschen ist.

(3) [1] Die Gemeinde oder der Sanierungsträger darf beim Erwerb eines Grundstücks keinen höheren Kaufpreis vereinbaren, als er sich in entsprechender Anwendung des Absatzes 1 ergibt. [2] In den Fällen des § 144 Absatz 4 Nummer 4 und 5 darf der Bedarfsträger keinen höheren Kaufpreis vereinbaren, als er sich in entsprechender Anwendung des Absatzes 1 ergibt.

(4) [1] Bei der Veräußerung nach den §§ 89 und 159 Absatz 3 ist das Grundstück zu dem Verkehrswert zu veräußern, der sich durch die rechtliche und tatsächliche Neuordnung des förmlich festgelegten Sanierungsgebiets ergibt. [2] § 154 Absatz 5 ist dabei auf den Teil des Kaufpreises entsprechend anzuwenden, der der durch die Sanierung bedingten Werterhöhung des Grundstücks entspricht.

(5) Im förmlich festgelegten Sanierungsgebiet sind
1. Absatz 1 auf die Ermittlung von Werten nach § 57 Satz 2 und im Falle der Geldabfindung nach § 59 Absatz 2 und 4 bis 6 sowie den §§ 60 und 61 Absatz 2 entsprechend anzuwenden;
2. Wertänderungen, die durch die rechtliche und tatsächliche Neuordnung des förmlich festgelegten Sanierungsgebiets eintreten, bei der Ermittlung von Werten nach § 57 Satz 3 und 4 und im Falle des Geldausgleichs nach § 59 Absatz 2 sowie den §§ 60 und 61 Absatz 2 zu berücksichtigen;
3. § 58 nicht anzuwenden.

§ 154 Ausgleichsbetrag des Eigentümers

(1) [1] Der Eigentümer eines im förmlich festgelegten Sanierungsgebiet gelegenen Grundstücks hat zur Finanzierung der Sanierung an die Gemeinde einen Ausgleichsbetrag in Geld zu entrichten, der der durch die Sanierung bedingten Erhöhung des Bodenwerts seines Grundstücks entspricht. [2] Miteigentümer haften als Gesamtschuldner; bei Wohnungs- und Teileigentum sind die einzelnen Wohnungs- und Teileigentümer nur entsprechend ihrem Miteigentumsanteil heranzuziehen. [3] Werden im förmlich festgelegten Sanierungsgebiet Erschließungsanlagen im Sinne des § 127 Absatz 2 hergestellt, erweitert oder verbessert, sind Vorschriften über die Erhebung von Beiträgen für diese Maßnahmen auf Grundstücke im förmlich festgelegten Sanierungsgebiet nicht anzuwenden. [4] Satz 3 gilt entsprechend für die Anwendung der Vorschrift über die Erhebung von Kostenerstattungsbeträgen im Sinne des § 135a Absatz 3.

(2) Die durch die Sanierung bedingte Erhöhung des Bodenwerts des Grundstücks besteht aus dem Unterschied zwischen dem Bodenwert, der sich für das Grundstück ergeben würde, wenn eine Sanierung weder beabsichtigt noch durchgeführt worden wäre (Anfangswert), und dem Bodenwert, der sich für das Grundstück durch die rechtliche und tatsächliche Neuordnung des förmlich festgelegten Sanierungsgebiets ergibt (Endwert).

(2a) [1] Die Gemeinde kann durch Satzung bestimmen, dass der Ausgleichsbetrag abweichend von Absatz 1 Satz 1 ausgehend von dem Aufwand (ohne die Kosten seiner Finanzierung) für die Erweiterung oder Verbesserung von Erschließungsanlagen im Sinne des § 127 Absatz 2 Nummer 1 bis 3 (Verkehrsanlagen) in dem Sanierungsgebiet zu berechnen ist; Voraussetzung für den Erlass der Satzung muss sein, dass die sanierungsbedingte Erhöhung der Bodenwerte der Grundstücke in dem Sanierungsgebiet nicht wesentlich über der Hälfte dieses Aufwands liegt. [2] In der Satzung ist zu bestimmen, bis zu welcher Höhe der Aufwand der Berechnung zu Grunde zu legen ist; sie darf 50 vom Hundert nicht übersteigen. [3] Im Geltungsbereich der Satzung berechnet sich der Ausgleichsbetrag für das jeweilige Grundstück nach dem Verhältnis seiner Fläche zur Gesamtfläche; als Gesamtfläche ist die Fläche des Sanierungsgebiets ohne die Flächen für die Verkehrsanlagen zu Grunde zu legen. [4] § 128 Absatz 1 und 3 ist entsprechend anzuwenden.

(3) [1] Der Ausgleichsbetrag ist nach Abschluss der Sanierung (§§ 162 und 163) zu entrichten. [2] Die Gemeinde kann die Ablösung im Ganzen vor Abschluss der Sanierung zulassen; dabei kann zur Deckung von Kosten der Sanierungsmaßnahme auch ein höherer Betrag als der Ausgleichsbetrag vereinbart werden. [3] Die Gemeinde soll auf Antrag des Ausgleichsbetragspflichtigen den Ausgleichsbetrag vorzeitig festsetzen, wenn der Ausgleichsbetragspflichtige an der Festsetzung vor Abschluss der Sanierung ein berechtigtes Interesse hat und der Ausgleichsbetrag mit hinreichender Sicherheit ermittelt werden kann.

(4) [1] Die Gemeinde fordert den Ausgleichsbetrag durch Bescheid an; der Betrag wird einen Monat nach der Bekanntgabe des Bescheids fällig. [2] Vor der Festsetzung des Ausgleichsbetrags ist dem Ausgleichsbetragspflichtigen Gelegenheit zur Stellungnahme und Erörterung der für die Wertermittlung seines Grundstücks maßgeblichen Verhältnisse sowie der nach § 155 Absatz 1 anrechenbaren Beträge innerhalb angemessener Frist zu geben. [3] Der Ausgleichsbetrag ruht nicht als öffentliche Last auf dem Grundstück.

(5) [1] Die Gemeinde hat den Ausgleichsbetrag auf Antrag des Eigentümers in ein Tilgungsdarlehen umzuwandeln, sofern diesem nicht zugemutet werden kann, die Verpflichtung bei Fälligkeit mit eigenen oder fremden Mitteln zu erfüllen. [2] Die Darlehensschuld ist mit höchstens 6 vom Hundert jährlich zu verzinsen und mit 5 vom Hundert zuzüglich der ersparten Zinsen jährlich zu tilgen. [3] Der Tilgungssatz kann im Einzelfall bis auf 1 vom Hundert herabgesetzt werden und das Darlehen niedrig verzinslich oder zinsfrei gestellt werden, wenn dies im öffentlichen Interesse oder zur Vermeidung unbilliger Härten oder zur Vermeidung einer von dem Ausgleichsbetragspflichtigen nicht zu vertretenden Unwirtschaftlichkeit der Grundstücksnutzung geboten ist. [4] Die Gemeinde soll den zur Finanzierung der Neubebauung, Modernisierung oder Instandsetzung erforderlichen Grundpfandrechten den Vorrang vor einem zur Sicherung ihres Tilgungsdarlehens bestellten Grundpfandrecht einräumen.

(6) Die Gemeinde kann von den Eigentümern auf den nach den Absätzen 1 bis 4 zu entrichtenden Ausgleichsbetrag Vorauszahlungen verlangen, sobald auf dem Grundstück eine den Zielen und Zwecken der Sanierung entsprechende Bebauung oder sonstige Nutzung zulässig ist; die Absätze 1 bis 5 sind sinngemäß anzuwenden.

§ 155 Anrechnung auf den Ausgleichsbetrag, Absehen

(1) Auf den Ausgleichsbetrag sind anzurechnen
1. die durch die Sanierung entstandenen Vorteile oder Bodenwerterhöhungen des Grundstücks, die bereits in einem anderen Verfahren, insbesondere in einem Enteignungsverfahren berücksichtigt worden sind; für Umlegungsverfahren bleibt Absatz 2 unberührt.
2. die Bodenwerterhöhungen des Grundstücks, die der Eigentümer zulässigerweise durch eigene Aufwendungen bewirkt hat; soweit der Eigentümer gemäß § 146 Absatz 3 Ordnungsmaßnahmen durchgeführt oder Gemeinbedarfs- und Folgeeinrichtungen im Sinne des § 148 Absatz 2 Satz 1 Nummer 3 errichtet oder geändert hat, sind jedoch die ihm entstandenen Kosten anzurechnen.
3. die Bodenwerterhöhungen des Grundstücks, die der Eigentümer beim Erwerb des Grundstücks als Teil des Kaufpreises in einem den Vorschriften der Nummern 1 und 2 sowie des § 154 entsprechenden Betrag zulässigerweise bereits entrichtet hat.

(2) Ein Ausgleichsbetrag entfällt, wenn eine Umlegung nach Maßgabe des § 153 Absatz 5 durchgeführt worden ist.

(3) [1] Die Gemeinde kann für das förmlich festgelegte Sanierungsgebiet oder für zu bezeichnende Teile des Sanierungsgebiets von der Festsetzung des Ausgleichsbetrags absehen, wenn
1. eine geringfügige Bodenwerterhöhung gutachtlich ermittelt worden ist und
2. der Verwaltungsaufwand für die Erhebung des Ausgleichsbetrags in keinem Verhältnis zu den möglichen Einnahmen steht.
[2] Die Entscheidung nach Satz 1 kann auch getroffen werden, bevor die Sanierung abgeschlossen ist.

(4) [1] Die Gemeinde kann im Einzelfall von der Erhebung des Ausgleichsbetrags ganz oder teilweise absehen, wenn dies im öffentlichen Interesse oder zur Vermeidung unbilliger Härten geboten ist. [2] Die Freistellung kann auch vor Abschluss der Sanierung erfolgen.

(5) Im Übrigen sind die landesrechtlichen Vorschriften über kommunale Beiträge einschließlich der Bestimmungen über die Stundung und den Erlass entsprechend anzuwenden.

(6) Sind dem Eigentümer Kosten der Ordnungsmaßnahmen oder Kosten für die Errichtung oder Änderung von Gemeinbedarfs- und Folgeeinrichtungen im Sinne des § 148 Absatz 2 Satz 1 Nummer 3 entstanden, hat die Gemeinde sie ihm zu erstatten, soweit sie über den nach § 154 und Absatz 1 ermittelten Ausgleichsbetrag hinausgehen und die Erstattung nicht vertraglich ausgeschlossen wurde.

§ 156 Überleitungsvorschriften zur förmlichen Festlegung

(1) [1] Beitragspflichten für Erschließungsanlagen im Sinne des § 127 Absatz 2, die vor der förmlichen Festlegung entstanden sind, bleiben unberührt. [2] Entsprechendes gilt für Kostenerstattungsbeträge im Sinne des § 135a Absatz 3.

(2) Hat die Umlegungsstelle vor der förmlichen Festlegung des Sanierungsgebiets in einem Umlegungsverfahren, das sich auf Grundstücke im Gebiet bezieht, den Umlegungsplan nach § 66 Absatz 1 aufgestellt oder ist eine Vorwegentscheidung nach § 76 getroffen worden, bleibt es dabei.

(3) Hat die Enteignungsbehörde vor der förmlichen Festlegung des Sanierungsgebiets den Enteignungsbeschluss nach § 113 für ein in dem Gebiet gelegenes Grundstück erlassen oder ist eine Einigung nach § 110 beurkundet worden, sind die Vorschriften des Ersten Kapitels weiter anzuwenden.

§ 156a Kosten und Finanzierung der Sanierungsmaßnahme

(1) [1] Ergibt sich nach der Durchführung der städtebaulichen Sanierungsmaßnahme und der Übertragung eines Treuhandvermögens des Sanierungsträgers auf die Gemeinde bei ihr ein Überschuss der bei der Vorbereitung und Durchführung der städtebaulichen Sanierungsmaßnahme erzielten Einnahmen über die hierfür getätigten Ausgaben, so ist dieser Überschuss auf die Eigentümer der im Sanierungsgebiet gelegenen Grundstücke zu verteilen. [2] Maßgebend sind die Eigentumsverhältnisse bei der Bekanntmachung des Beschlusses über die förmliche Festlegung des Sanierungsgebiets. [3] Ist nach diesem Zeitpunkt das Eigentum gegen Entgelt übertragen worden, so steht der auf das Grundstück entfallende Anteil dem früheren Eigentümer und dem Eigentümer, der zu einem Ausgleichsbetrag nach § 154 herangezogen worden ist, je zur Hälfte zu.

(2) Die auf die einzelnen Grundstücke entfallenden Anteile des Überschusses sind nach dem Verhältnis der Anfangswerte der Grundstücke im Sinne des § 154 Absatz 2 zu bestimmen.

(3) ¹ Die Gemeinde hat bei der Errechnung des Überschusses Zuschüsse abzuziehen, die ihr oder Eigentümern aus Mitteln eines anderen öffentlichen Haushalts zur Deckung von Kosten der Vorbereitung oder Durchführung der Sanierungsmaßnahme gewährt worden sind. ² Im Übrigen bestimmt sich das Verfahren zur Verteilung des Überschusses nach landesrechtlichen Regelungen.

Vierter Abschnitt Sanierungsträger und andere Beauftragte

§ 157 Erfüllung von Aufgaben für die Gemeinde

(1) ¹ Die Gemeinde kann sich zur Erfüllung von Aufgaben, die ihr bei der Vorbereitung oder Durchführung der Sanierung obliegen, eines geeigneten Beauftragten bedienen. ² Sie darf jedoch die Aufgabe,
1. städtebauliche Sanierungsmaßnahmen durchzuführen, die der Gemeinde nach den §§ 146 bis 148 obliegen,
2. Grundstücke oder Rechte an ihnen zur Vorbereitung oder Durchführung der Sanierung im Auftrag der Gemeinde zu erwerben,
3. der Sanierung dienende Mittel zu bewirtschaften,
nur einem Unternehmen (Sanierungsträger) übertragen, das die Voraussetzungen für die Übernahme der Aufgaben als Sanierungsträger nach § 158 erfüllt.

(2) Die Gemeinde soll die Ausarbeitung der Bauleitpläne und die Aufgaben eines für eigene Rechnung tätigen Sanierungsträgers nicht demselben Unternehmen oder einem rechtlich oder wirtschaftlich von ihm abhängigen Unternehmen übertragen.

§ 158 Voraussetzungen für die Beauftragung als Sanierungsträger

Dem Unternehmen können die Aufgaben als Sanierungsträger nur übertragen werden, wenn
1. das Unternehmen nicht selbst als Bauunternehmen tätig oder von einem Bauunternehmen abhängig ist,
2. das Unternehmen nach seiner Geschäftstätigkeit und seinen wirtschaftlichen Verhältnissen geeignet und in der Lage ist, die Aufgaben eines Sanierungsträgers ordnungsgemäß zu erfüllen,
3. das Unternehmen, sofern es nicht bereits kraft Gesetzes einer jährlichen Prüfung seiner Geschäftstätigkeit und seiner wirtschaftlichen Verhältnisse unterliegt, sich einer derartigen Prüfung unterworfen hat oder unterwirft,
4. die zur Vertretung berufenen Personen sowie die leitenden Angestellten die erforderliche geschäftliche Zuverlässigkeit besitzen.

§ 159 Erfüllung der Aufgaben als Sanierungsträger

(1) ¹ Der Sanierungsträger erfüllt die ihm von der Gemeinde übertragenen Aufgaben nach § 157 Absatz 1 Satz 2 Nummer 1 oder 2 im eigenen Namen für Rechnung der Gemeinde als deren Treuhänder oder im eigenen Namen für eigene Rechnung. ² Die ihm von der Gemeinde übertragene Aufgabe nach § 157 Absatz 1 Satz 2 Nummer 3 erfüllt er im eigenen Namen für Rechnung der Gemeinde als deren Treuhänder. ³ Der Sanierungsträger hat der Gemeinde auf Verlangen Auskunft zu erteilen.

(2) ¹ Die Gemeinde und der Sanierungsträger legen mindestens die Aufgaben, die Rechtsstellung, in der sie der Sanierungsträger zu erfüllen hat, eine von der Gemeinde hierfür zu entrichtende angemessene Vergütung und die Befugnis der Gemeinde zur Erteilung von Weisungen durch schriftlichen Vertrag fest. ² Der Vertrag bedarf nicht der Form des § 311b Absatz 1 des Bürgerlichen Gesetzbuchs. ³ Er kann von jeder Seite nur aus wichtigem Grund gekündigt werden.

(3) ¹ Der Sanierungsträger ist verpflichtet, die Grundstücke, die er nach Übertragung der Aufgabe zur Vorbereitung oder Durchführung der Sanierung erworben hat, nach Maßgabe des § 89 Absatz 3 und 4 und unter Beachtung der Weisungen der Gemeinde zu veräußern. ² Er hat die Grundstücke, die er nicht veräußert hat, der Gemeinde anzugeben und auf ihr Verlangen an Dritte oder an sie zu veräußern.

(4) ¹ Ist in dem von dem Erwerber an den Sanierungsträger entrichteten Kaufpreis ein Betrag enthalten, der nach den §§ 154 und 155 vom Eigentümer zu tragen wäre, hat der Sanierungsträger diesen Betrag an die Gemeinde abzuführen oder mit ihr zu verrechnen. ² In den Fällen des § 153 Absatz 4 Satz 2 hat der Sanierungsträger Ansprüche aus dem Darlehen auf Verlangen entweder an die Gemeinde abzutreten und empfangene Zinsen und Tilgungen an sie abzuführen oder sie mit ihr zu verrechnen.

(5) Der Sanierungsträger hat für die Grundstücke, deren Eigentümer er bleibt, an die Gemeinde Ausgleichsbeträge nach Maßgabe der §§ 154 und 155 zu entrichten.

(6) ¹ Kündigt die Gemeinde im Falle der Eröffnung des Insolvenzverfahrens über das Vermögen des für eigene Rechnung tätigen Sanierungsträgers den mit diesem geschlossenen Vertrag, kann sie vom Insolvenzverwalter verlangen, ihr die im förmlich festgelegten Sanierungsgebiet gelegenen Grundstücke, die der Sanierungsträger nach Übertragung der Aufgaben zur Vorbereitung oder Durchführung der Sanierung erworben hat, gegen Erstattung der vom Sanierungsträger erbrachten Aufwendungen zu übereignen. ² Der Insolvenzverwalter ist verpflichtet, der Gemeinde ein Verzeichnis dieser Grundstücke zu übergeben. ³ Die Gemeinde kann ihren Anspruch nur binnen sechs Monaten nach Übergabe des Grundstücksverzeichnisses geltend machen. ⁴ Im Übrigen haftet die Gemeinde den Gläubigern von Verbindlichkeiten aus der Durchführung der Ordnungsmaßnahmen wie ein Bürge, soweit sie aus dem Vermögen des Sanierungsträgers im Insolvenzverfahren keine vollständige Befriedigung erlangt haben.

§ 160 Treuhandvermögen

(1) ¹ Ist dem Sanierungsträger eine Aufgabe als Treuhänder der Gemeinde übertragen, erfüllt er sie mit einem Treuhandvermögen in eigenem Namen für Rechnung der Gemeinde. ² Der Sanierungsträger erhält von der Gemeinde für den Rechtsverkehr eine Bescheinigung über die Übertragung der Aufgabe als Treuhänder. ³ Er soll bei Erfüllung der Aufgabe seinem Namen einen das Treuhandverhältnis kennzeichnenden Zusatz hinzufügen.

(2) Der als Treuhänder tätige Sanierungsträger hat das in Erfüllung der Aufgabe gebildete Treuhandvermögen getrennt von anderem Vermögen zu verwalten.

(3) ¹ Zum Treuhandvermögen gehören die Mittel, die die Gemeinde dem Sanierungsträger zur Erfüllung der Aufgabe zur Verfügung stellt. ² Zum Treuhandvermögen gehört auch, was der Sanierungsträger mit Mitteln des Treuhandvermögens oder durch ein Rechtsgeschäft, das sich auf das Treuhandvermögen bezieht, oder auf Grund eines zum Treuhandvermögen gehörenden Rechts oder als Ersatz für die Zerstörung, Beschädigung oder Entziehung eines zum Treuhandvermögen gehörenden Gegenstands erwirbt.

(4) ¹ Die Gemeinde gewährleistet die Erfüllung der Verbindlichkeiten, für die der Sanierungsträger mit dem Treuhandvermögen haftet. ² Mittel, die der Sanierungsträger darlehensweise von einem Dritten erhält, gehören nur dann zum Treuhandvermögen, wenn die Gemeinde der Darlehensaufnahme schriftlich zugestimmt hat. ³ Das Gleiche gilt für eigene Mittel, die der Sanierungsträger einbringt.

(5) ¹ Grundstücke im förmlich festgelegten Sanierungsgebiet, die der Sanierungsträger vor oder nach Übertragung der Aufgabe mit Mitteln, die nicht zum Treuhandvermögen gehören, oder unter Hergabe von eigenem Austauschland erworben hat, hat er auf Verlangen der Gemeinde gegen Ersatz seiner Aufwendungen in das Treuhandvermögen zu überführen. ² Dabei sind als Grundstückswerte die Werte zu berücksichtigen, die sich in Anwendung des § 153 Absatz 1 ergeben.

(6) ¹ Der als Treuhänder tätige Sanierungsträger hat der Gemeinde nach Beendigung seiner Tätigkeit Rechenschaft abzulegen. ² Er hat nach Beendigung seiner Tätigkeit das Treuhandvermögen einschließlich der Grundstücke, die er nicht veräußert hat, auf die Gemeinde zu übertragen. ³ Von der Übertragung an haftet die Gemeinde anstelle des Sanierungsträgers für die noch bestehenden Verbindlichkeiten, für die dieser mit dem Treuhandvermögen gehaftet hat.

(7) ¹ Der Sanierungsträger darf vor der Übertragung nach Absatz 6 die Grundstücke des Treuhandvermögens, die er unter Hergabe von entsprechendem nicht zum Treuhandvermögen gehörendem eigenem Austauschland oder mindestens zwei Jahre, bevor ihm die Gemeinde einen mit der Sanierung zusammenhängenden Auftrag erteilt hat, erworben und in das Treuhandvermögen überführt hat, in sein eigenes Vermögen zurücküberführen. ² Sind die von ihm in das Treuhandvermögen überführten Grundstücke veräußert oder im Rahmen der Ordnungsmaßnahmen zur Bildung neuer Grundstücke verwendet oder sind ihre Grenzen verändert worden, kann der Sanierungsträger andere Grundstücke, die wertmäßig seinen in das Treuhandvermögen überführten Grundstücken entsprechen, in sein eigenes Vermögen zurücküberführen; er bedarf hierzu der Genehmigung der Gemeinde. ³ Er hat dem Treuhandvermögen den Verkehrswert der Grundstücke zu erstatten, der sich durch die rechtliche und tatsächliche Neuordnung des förmlich festgelegten Sanierungsgebiets ergibt.

§ 161 Sicherung des Treuhandvermögens

(1) Der Sanierungsträger haftet Dritten mit dem Treuhandvermögen nicht für Verbindlichkeiten, die sich nicht auf das Treuhandvermögen beziehen.

(2) Wird in das Treuhandvermögen wegen einer Verbindlichkeit, für die der Sanierungsträger nicht mit dem Treuhandvermögen haftet, die Zwangsvollstreckung betrieben, kann die Gemeinde auf Grund des Treuhandverhältnisses gegen die Zwangsvollstreckung nach Maßgabe des § 771 der Zivilprozessordnung Widerspruch, der Sanierungsträger unter entsprechender Anwendung des § 767 Absatz 1 der Zivilprozessordnung Einwendungen geltend machen.

(3) ¹ Im Falle der Eröffnung des Insolvenzverfahrens über das Vermögen des Sanierungsträgers gehört das Treuhandvermögen nicht zur Insolvenzmasse. ² Kündigt die Gemeinde das Treuhandverhältnis, so hat der Insolvenzverwalter das Treuhandvermögen auf die Gemeinde zu übertragen und bis zur Übertragung zu verwalten. ³ Von der Übertragung an haftet die Gemeinde anstelle des Sanierungsträgers für die Verbindlichkeiten, für die dieser mit dem Treuhandvermögen gehaftet hat. ⁴ Die mit der Eröffnung des Insolvenzverfahrens verbundenen Rechtsfolgen treten hinsichtlich der Verbindlichkeiten nicht ein. ⁵ § 418 des Bürgerlichen Gesetzbuchs ist nicht anzuwenden.

Fünfter Abschnitt Abschluss der Sanierung

§ 162 Aufhebung der Sanierungssatzung

(1) ¹ Die Sanierungssatzung ist aufzuheben, wenn
1. die Sanierung durchgeführt ist oder
2. die Sanierung sich als undurchführbar erweist oder
3. die Sanierungsabsicht aus anderen Gründen aufgegeben wird oder
4. die nach § 142 Absatz 3 Satz 3 oder 4 für die Durchführung der Sanierung festgelegte Frist abgelaufen ist.
² Sind diese Voraussetzungen nur für einen Teil des förmlich festgelegten Sanierungsgebiets gegeben, ist die Satzung für diesen Teil aufzuheben.

(2) ¹ Der Beschluss der Gemeinde, durch den die förmliche Festlegung des Sanierungsgebiets ganz oder teilweise aufgehoben wird, ergeht als Satzung. ² Die Satzung ist ortsüblich bekannt zu machen. ³ Die Gemeinde kann auch ortsüblich bekannt machen, dass eine Satzung zur Aufhebung der förmlichen Festlegung des Sanierungsgebiets beschlossen worden ist; § 10 Absatz 3 Satz 2 bis 5 ist entsprechend anzuwenden. ⁴ Mit der Bekanntmachung wird die Satzung rechtsverbindlich.

(3) Die Gemeinde ersucht das Grundbuchamt, die Sanierungsvermerke zu löschen.

§ 163 Fortfall von Rechtswirkungen für einzelne Grundstücke

(1) ¹ Die Gemeinde kann die Sanierung für ein Grundstück als abgeschlossen erklären, wenn entsprechend den Zielen und Zwecken der Sanierung
1. das Grundstück bebaut ist oder in sonstiger Weise genutzt wird oder
2. das Gebäude modernisiert oder instand gesetzt ist.
² Auf Antrag des Eigentümers hat die Gemeinde die Sanierung für das Grundstück als abgeschlossen zu erklären.

(2) ¹ Die Gemeinde kann bereits vor dem in Absatz 1 bezeichneten Zeitpunkt die Durchführung der Sanierung für einzelne Grundstücke durch Bescheid an die Eigentümer für abgeschlossen erklären, wenn die den Zielen und Zwecken der Sanierung entsprechende Bebauung oder sonstige Nutzung oder die Modernisierung oder Instandsetzung auch ohne Gefährdung der Ziele und Zwecke der Sanierung zu einem späteren Zeitpunkt möglich ist. ² Ein Rechtsanspruch auf Abgabe der Erklärung besteht in diesem Falle nicht.

(3) ¹ Mit der Erklärung entfällt die Anwendung der §§ 144, 145 und 153 für dieses Grundstück. ² Die Gemeinde ersucht das Grundbuchamt, den Sanierungsvermerk zu löschen.

§ 164 Anspruch auf Rückübertragung

(1) Wird die Sanierungssatzung aus den in § 162 Absatz 1 Satz 1 Nummer 2 oder 3 bezeichneten Gründen aufgehoben oder ist im Falle der Aufhebung nach § 162 Absatz 1 Satz 1 Nummer 4 die Sanierung nicht durchgeführt worden, hat der frühere Eigentümer eines Grundstücks einen Anspruch gegenüber dem jeweiligen Eigentümer auf Rückübertragung dieses Grundstücks, wenn es die Gemeinde oder der Sanierungsträger von ihm nach der förmlichen Festlegung des Sanierungsgebiets zur Durchführung der Sanierung freihändig oder nach den Vorschriften dieses Gesetzbuchs ohne Hergabe von entsprechendem Austauschland, Ersatzland oder Begründung von Rechten der in § 101 Absatz 1 Satz 1 Nummer 1 bezeichneten Art erworben hatte.

(2) Der Anspruch besteht nicht, wenn
1. das Grundstück als Baugrundstück für den Gemeinbedarf oder als Verkehrs-, Versorgungs- oder Grünfläche in einem Bebauungsplan festgesetzt ist oder für sonstige öffentliche Zwecke benötigt wird oder
2. der frühere Eigentümer selbst das Grundstück im Wege der Enteignung erworben hatte oder
3. der Eigentümer mit der zweckgerechten Verwendung des Grundstücks begonnen hat oder
4. das Grundstück auf Grund des § 89 oder des § 159 Absatz 3 an einen Dritten veräußert wurde oder
5. die Grundstücksgrenzen erheblich verändert worden sind.

(3) Die Rückübertragung kann nur binnen zwei Jahren seit der Aufhebung der Sanierungssatzung verlangt werden.

(4) Der frühere Eigentümer hat als Kaufpreis den Verkehrswert zu zahlen, den das Grundstück im Zeitpunkt der Rückübertragung hat.

(5) ¹ Ein Anspruch auf Rückenteignung nach § 102 bleibt unberührt. ² Die dem Eigentümer zu gewährende Entschädigung nach § 103 bemisst sich nach dem Verkehrswert des Grundstücks, der sich auf Grund des rechtlichen und tatsächlichen Zustands im Zeitpunkt der Aufhebung der förmlichen Festlegung ergibt.

Sechster Abschnitt Städtebauförderung

§ 164a Einsatz von Städtebauförderungsmitteln

(1) ¹ Zur Deckung der Kosten der einheitlichen Vorbereitung und zügigen Durchführung der städtebaulichen Sanierungsmaßnahme als Einheit (Gesamtmaßnahme) werden Finanzierungs- und Förderungsmittel (Städtebauförderungsmittel) eingesetzt. ² Für Maßnahmen im Zusammenhang mit der Sanierung, deren Finanzierung oder Förderung auf anderer gesetzlicher Grundlage beruht, sollen die in den jeweiligen Haushaltsgesetzen zur Verfügung gestellten Finanzierungs- oder Förderungsmittel so eingesetzt werden, dass die Maßnahmen im Rahmen der Sanierung durchgeführt werden können.

(2) Städtebauförderungsmittel können eingesetzt werden für
1. die Vorbereitung von Sanierungsmaßnahmen (§ 140),
2. die Durchführung von Ordnungsmaßnahmen nach § 147 einschließlich Entschädigungen, soweit durch sie kein bleibender Gegenwert erlangt wird; zu den Kosten der Ordnungsmaßnahmen gehören nicht die persönlichen oder sachlichen Kosten der Gemeindeverwaltung,
3. die Durchführung von Baumaßnahmen nach § 148,
4. die Gewährung einer angemessenen Vergütung von nach Maßgabe dieses Gesetzes beauftragten Dritten,
5. die Verwirklichung des Sozialplans nach § 180 sowie die Gewährung eines Härteausgleichs nach § 181.

(3) ¹ Städtebauförderungsmittel können für Modernisierungs- und Instandsetzungsmaßnahmen im Sinne des § 177 eingesetzt werden. ² Soweit nichts anderes vereinbart ist, gilt dies auch für entsprechende Maßnahmen, zu deren Durchführung sich der Eigentümer gegenüber der Gemeinde vertraglich verpflichtet hat, sowie für darüber hin-

ausgehende Maßnahmen, die der Erhaltung, Erneuerung und funktionsgerechten Verwendung eines Gebäudes dienen, das wegen seiner geschichtlichen, künstlerischen oder städtebaulichen Bedeutung erhalten bleiben soll.

§ 164b Verwaltungsvereinbarung

(1) [1] Der Bund kann zur Förderung städtebaulicher Sanierungsmaßnahmen nach Artikel 104b des Grundgesetzes den Ländern nach Maßgabe des jeweiligen Haushaltsgesetzes Finanzhilfen für Investitionen der Gemeinden und Gemeindeverbände nach einem in gleicher Weise geltenden, allgemeinen und sachgerechten Maßstab gewähren. [2] Der Maßstab und das Nähere für den Einsatz der Finanzhilfen werden durch Verwaltungsvereinbarung zwischen Bund und Ländern festgelegt.

(2) Schwerpunkt für den Einsatz solcher Finanzhilfen sind
1. die Stärkung von Innenstädten und Ortsteilzentren in ihrer städtebaulichen Funktion unter besonderer Berücksichtigung des Wohnungsbaus sowie der Belange des Denkmalschutzes und der Denkmalpflege,
2. die Wiedernutzung von Flächen, insbesondere der in Innenstädten brachliegenden Industrie-, Konversions- oder Eisenbahnflächen, zur Errichtung von Wohn- und Arbeitsstätten, Gemeinbedarfs- und Folgeeinrichtungen unter Berücksichtigung ihrer funktional sinnvollen Zuordnung (Nutzungsmischung) sowie von umweltschonenden, kosten- und flächensparenden Bauweisen,
3. städtebauliche Maßnahmen zur Behebung sozialer Missstände.

Zweiter Teil Städtebauliche Entwicklungsmaßnahmen

§ 165 Städtebauliche Entwicklungsmaßnahmen

(1) Städtebauliche Entwicklungsmaßnahmen in Stadt und Land, deren einheitliche Vorbereitung und zügige Durchführung im öffentlichen Interesse liegen, werden nach den Vorschriften dieses Teils vorbereitet und durchgeführt.

(2) Mit städtebaulichen Entwicklungsmaßnahmen nach Absatz 1 sollen Ortsteile und andere Teile des Gemeindegebiets entsprechend ihrer besonderen Bedeutung für die städtebauliche Entwicklung und Ordnung der Gemeinde oder entsprechend der angestrebten Entwicklung des Landesgebiets oder der Region erstmalig entwickelt oder im Rahmen einer städtebaulichen Neuordnung einer neuen Entwicklung zugeführt werden.

(3) [1] Die Gemeinde kann einen Bereich, in dem eine städtebauliche Entwicklungsmaßnahme durchgeführt werden soll, durch Beschluss förmlich als städtebaulichen Entwicklungsbereich festlegen, wenn
1. die Maßnahme den Zielen und Zwecken nach Absatz 2 entspricht,
2. das Wohl der Allgemeinheit die Durchführung der städtebaulichen Entwicklungsmaßnahme erfordert, insbesondere zur Deckung eines erhöhten Bedarfs an Wohn- und Arbeitsstätten, zur Errichtung von Gemeinbedarfs- und Folgeeinrichtungen oder zur Wiedernutzung brachliegender Flächen,
3. die mit der städtebaulichen Entwicklungsmaßnahme angestrebten Ziele und Zwecke durch städtebauliche Verträge nicht erreicht werden können oder Eigentümer der von der Maßnahme betroffenen Grundstücke unter entsprechender Berücksichtigung des § 166 Absatz 3 nicht bereit sind, ihre Grundstücke an die Gemeinde oder den von ihr beauftragten Entwicklungsträger zu dem Wert zu veräußern, der sich in Anwendung des § 169 Absatz 1 Nummer 6 und Absatz 4 ergibt,
4. die zügige Durchführung der Maßnahme innerhalb eines absehbaren Zeitraums gewährleistet ist.
[2] Die öffentlichen und privaten Belange sind gegeneinander und untereinander gerecht abzuwägen.

(4) [1] Die Gemeinde hat vor der förmlichen Festlegung des städtebaulichen Entwicklungsbereichs die vorbereitenden Untersuchungen durchzuführen oder zu veranlassen, die erforderlich sind, um Beurteilungsunterlagen über die Festlegungsvoraussetzungen nach Absatz 3 zu gewinnen. [2] Die §§ 137 bis 141 sind entsprechend anzuwenden.

(5) [1] Der städtebauliche Entwicklungsbereich ist so zu begrenzen, dass sich die Entwicklung zweckmäßig durchführen lässt. [2] Einzelne Grundstücke, die von der Entwicklung nicht betroffen werden, können aus dem Bereich ganz oder teilweise ausgenommen werden. [3] Grundstücke, die den in § 26 Nummer 2 und § 35 Absatz 1 Nummer 7 bezeichneten Zwecken dienen, die in § 26 Nummer 3 bezeichneten Grundstücke sowie Grundstücke, für die nach § 1 Absatz 2 des Landbeschaffungsgesetzes ein Anhörungsverfahren eingeleitet worden ist, und bundeseigene Grundstücke, bei denen die Absicht, sie für Zwecke der Landesverteidigung zu verwenden, der Gemeinde bekannt ist, dürfen nur mit Zustimmung des Bedarfsträgers in den städtebaulichen Entwicklungsbereich einbezogen werden. [4] Der Bedarfsträger soll seine Zustimmung erteilen, wenn auch bei Berücksichtigung seiner Aufgaben ein überwiegendes öffentliches Interesse an der Durchführung der städtebaulichen Entwicklungsmaßnahme besteht.

(6) [1] Die Gemeinde beschließt die förmliche Festlegung des städtebaulichen Entwicklungsbereichs als Satzung (Entwicklungssatzung). [2] In der Entwicklungssatzung ist der städtebauliche Entwicklungsbereich zu bezeichnen.

(7) [1] Der Entwicklungssatzung ist eine Begründung beizufügen. [2] In der Begründung sind die Gründe darzulegen, die die förmliche Festlegung des entwicklungsbedürftigen Bereichs rechtfertigen.

(8) [1] Der Beschluss der Entwicklungssatzung ist ortsüblich bekannt zu machen. [2] § 10 Absatz 3 Satz 2 bis 5 ist entsprechend anzuwenden. [3] In der Bekanntmachung nach Satz 1 ist auf die Genehmigungspflicht nach den §§ 144, 145 und 153 Absatz 2 hinzuweisen. [4] Mit der Bekanntmachung wird die Entwicklungssatzung rechtsverbindlich.

(9) [1] Die Gemeinde teilt dem Grundbuchamt die rechtsverbindliche Entwicklungssatzung mit. [2] Sie hat hierbei die von der Entwicklungssatzung betroffenen Grundstücke einzeln aufzuführen. [3] Das Grundbuchamt hat in die Grundbücher dieser Grundstücke einzutragen, dass eine städtebauliche Entwicklungsmaßnahme durchgeführt wird (Entwicklungsvermerk). [4] § 54 Absatz 2 Satz 1 und Absatz 3 ist entsprechend anzuwenden.

§ 166 Zuständigkeit und Aufgaben

(1) ¹ Die Entwicklungsmaßnahme wird von der Gemeinde vorbereitet und durchgeführt, sofern nicht nach Absatz 4 eine abweichende Regelung getroffen wird. ² Die Gemeinde hat für den städtebaulichen Entwicklungsbereich ohne Verzug Bebauungspläne aufzustellen und, soweit eine Aufgabe nicht nach sonstigen gesetzlichen Vorschriften einem anderen obliegt, alle erforderlichen Maßnahmen zu ergreifen, um die vorgesehene Entwicklung im städtebaulichen Entwicklungsbereich zu verwirklichen.

(2) Die Gemeinde hat die Voraussetzungen dafür zu schaffen, dass ein funktionsfähiger Bereich entsprechend der beabsichtigten städtebaulichen Entwicklung und Ordnung entsteht, der nach seinem wirtschaftlichen Gefüge und der Zusammensetzung seiner Bevölkerung den Zielen und Zwecken der städtebaulichen Entwicklungsmaßnahme entspricht und in dem eine ordnungsgemäße und zweckentsprechende Versorgung der Bevölkerung mit Gütern und Dienstleistungen sichergestellt ist.

(3) ¹ Die Gemeinde soll die Grundstücke im städtebaulichen Entwicklungsbereich erwerben. ² Dabei soll sie feststellen, ob und in welcher Rechtsform die bisherigen Eigentümer einen späteren Erwerb von Grundstücken oder Rechten im Rahmen des § 169 Absatz 6 anstreben. ³ Die Gemeinde soll von dem Erwerb eines Grundstücks absehen, wenn
1. bei einem baulich genutzten Grundstück die Art und das Maß der baulichen Nutzung bei der Durchführung der Entwicklungsmaßnahme nicht geändert werden sollen oder
2. der Eigentümer eines Grundstücks, dessen Verwendung nach den Zielen und Zwecken der städtebaulichen Entwicklungsmaßnahme bestimmt oder mit ausreichender Sicherheit bestimmbar ist, in der Lage ist, das Grundstück binnen angemessener Frist dementsprechend zu nutzen, und er sich hierzu verpflichtet.
⁴ Erwirbt die Gemeinde ein Grundstück nicht, ist der Eigentümer verpflichtet, einen Ausgleichsbetrag an die Gemeinde zu entrichten, der der durch die Entwicklungsmaßnahme bedingten Erhöhung des Bodenwerts seines Grundstücks entspricht.

(4) Die Vorbereitung und Durchführung der Entwicklungsmaßnahme kann einem Planungsverband nach § 205 Absatz 4 übertragen werden.

§ 167 Erfüllung von Aufgaben für die Gemeinde; Entwicklungsträger

(1) ¹ Die Gemeinde kann sich zur Erfüllung von Aufgaben, die ihr bei der Vorbereitung oder Durchführung der städtebaulichen Entwicklungsmaßnahme obliegen, eines geeigneten Beauftragten, insbesondere eines Entwicklungsträgers, bedienen. ² § 157 Absatz 1 Satz 2 und § 158 sind entsprechend anzuwenden.

(2) ¹ Der Entwicklungsträger erfüllt die ihm von der Gemeinde übertragenen Aufgaben in eigenem Namen für Rechnung der Gemeinde als deren Treuhänder. ² § 159 Absatz 1 Satz 3 und Absatz 2 sowie die §§ 160 und 161 sind entsprechend anzuwenden.

(3) Der Entwicklungsträger ist verpflichtet, die Grundstücke des Treuhandvermögens nach Maßgabe des § 169 Absatz 5 bis 8 zu veräußern; er ist dabei an Weisungen der Gemeinde gebunden.

§ 168 Übernahmeverlangen

¹ Der Eigentümer eines im städtebaulichen Entwicklungsbereich gelegenen Grundstücks kann von der Gemeinde die Übernahme des Grundstücks verlangen, wenn es ihm mit Rücksicht auf die Erklärung zum städtebaulichen Entwicklungsbereich oder den Stand der Entwicklungsmaßnahme wirtschaftlich nicht mehr zuzumuten ist, das Grundstück zu behalten oder in der bisherigen oder einer anderen zulässigen Art zu nutzen. ² Die Vorschrift des § 145 Absatz 5 Satz 2 bis 5 ist entsprechend anzuwenden.

§ 169 Besondere Vorschriften für den städtebaulichen Entwicklungsbereich

(1) Im städtebaulichen Entwicklungsbereich sind entsprechend anzuwenden
1. die §§ 137, 138 und 139 (Beteiligung und Mitwirkung der Betroffenen; Auskunftspflicht; Beteiligung und Mitwirkung öffentlicher Aufgabenträger),
2. § 142 Absatz 2 (Ersatz- und Ergänzungsgebiete),
3. die §§ 144 und 145 (Genehmigungspflichtige Vorhaben und Rechtsvorgänge; Genehmigung),
4. die §§ 146 bis 148 (Durchführung; Ordnungsmaßnahmen; Baumaßnahmen),
5. die §§ 150 und 151 (Ersatz für Änderungen von Einrichtungen, die der öffentlichen Versorgung dienen; Abgaben- und Auslagenbefreiung),
6. § 153 Absatz 1 bis 3 (Bemessung von Ausgleichs- und Entschädigungsleistungen; Kaufpreise),
7. die §§ 154 bis 156, ohne § 154 Absatz 2a (Ausgleichsbetrag des Eigentümers; Anrechnung auf den Ausgleichsbetrag, Absehen; Überleitungsvorschriften zur förmlichen Festlegung),
8. die §§ 162 bis 164 (Abschluss der Maßnahme),
9. die §§ 164a und 164b (Einsatz von Städtebauförderungsmitteln; Verwaltungsvereinbarung),
10. § 191 (Vorschriften über den Verkehr mit land- und forstwirtschaftlichen Grundstücken).

(2) Die Vorschriften des Vierten Teils des Ersten Kapitels über die Bodenordnung sind im städtebaulichen Entwicklungsbereich nicht anzuwenden.

(3) ¹ Die Enteignung ist im städtebaulichen Entwicklungsbereich ohne Bebauungsplan zugunsten der Gemeinde oder des Entwicklungsträgers zur Erfüllung ihrer Aufgaben zulässig. ² Sie setzt voraus, dass der Antragsteller sich ernsthaft um den freihändigen Erwerb des Grundstücks zu angemessenen Bedingungen bemüht hat. ³ Die §§ 85, 87, 88 und 89 Absatz 1 bis 3 sind im städtebaulichen Entwicklungsbereich nicht anzuwenden.

(4) Auf land- oder forstwirtschaftlich genutzte Grundstücke ist § 153 Absatz 1 mit der Maßgabe entsprechend anzuwenden, dass in den Gebieten, in denen sich kein von dem innerlandwirtschaftlichen Verkehrswert abweichender Verkehrswert gebildet hat, der Wert maßgebend ist, der in vergleichbaren Fällen im gewöhnlichen Geschäftsverkehr auf dem allgemeinen Grundstücksmarkt dort zu erzielen wäre, wo keine Entwicklungsmaßnahmen vorgesehen sind.

(5) Die Gemeinde ist verpflichtet, Grundstücke, die sie zur Durchführung der Entwicklungsmaßnahme freihändig oder nach den Vorschriften dieses Gesetzbuchs erworben hat, nach Maßgabe der Absätze 6 bis 8 zu veräußern mit Ausnahme der Flächen, die als Baugrundstücke für den Gemeinbedarf oder als Verkehrs-, Versorgungs- oder Grünflächen in einem Bebauungsplan festgesetzt sind oder für sonstige öffentliche Zwecke oder als Austauschland oder zur Entschädigung in Land benötigt werden.

(6) ¹ Die Grundstücke sind nach ihrer Neuordnung und Erschließung unter Berücksichtigung weiter Kreise der Bevölkerung und unter Beachtung der Ziele und Zwecke der Entwicklungsmaßnahme an Bauwillige zu veräußern, die sich verpflichten, dass sie die Grundstücke innerhalb angemessener Frist entsprechend den Festsetzungen des Bebauungsplans und den Erfordernissen der Entwicklungsmaßnahme bebauen werden. ² Dabei sind zunächst die früheren Eigentümer zu berücksichtigen. ³ Auf die Veräußerungspflicht ist § 89 Absatz 4 anzuwenden. ⁴ Zur land- oder forstwirtschaftlichen Nutzung festgesetzte Grundstücke sind Land- oder Forstwirten anzubieten, die zur Durchführung der Entwicklungsmaßnahme Grundstücke übereignet haben oder abgeben mussten.

(7) ¹ Die Gemeinde hat bei der Veräußerung dafür zu sorgen, dass die Bauwilligen die Bebauung in wirtschaftlich sinnvoller Aufeinanderfolge derart durchführen, dass die Ziele und Zwecke der städtebaulichen Entwicklung erreicht werden und die Vorhaben sich in den Rahmen der Gesamtmaßnahme einordnen. ² Sie hat weiter sicherzustellen, dass die neu geschaffenen baulichen Anlagen entsprechend den Zielen und Zwecken der städtebaulichen Entwicklungsmaßnahme dauerhaft genutzt werden.

(8) ¹ Zur Finanzierung der Entwicklung ist das Grundstück oder das Recht zu dem Verkehrswert zu veräußern, der sich durch die rechtliche und tatsächliche Neuordnung des städtebaulichen Entwicklungsbereichs ergibt. ² § 154 Absatz 5 ist auf den Teil des Kaufpreises entsprechend anzuwenden, der der durch die Entwicklung bedingten Werterhöhung des Grundstücks entspricht.

§ 170 Sonderregelung für Anpassungsgebiete

¹ Ergeben sich aus den Zielen und Zwecken der städtebaulichen Entwicklungsmaßnahme in einem im Zusammenhang bebauten Gebiet Maßnahmen zur Anpassung an die vorgesehene Entwicklung, kann die Gemeinde dieses Gebiet in der Entwicklungssatzung förmlich festlegen (Anpassungsgebiet). ² Das Anpassungsgebiet ist in der Entwicklungssatzung zu bezeichnen. ³ Die förmliche Festlegung darf erst erfolgen, wenn entsprechend § 141 vorbereitende Untersuchungen durchgeführt worden sind. ⁴ In dem Anpassungsgebiet sind neben den für städtebauliche Entwicklungsmaßnahmen geltenden Vorschriften mit Ausnahme des § 166 Absatz 3 und des § 169 Absatz 2 bis 8 die Vorschriften über städtebauliche Sanierungsmaßnahmen entsprechend anzuwenden, mit Ausnahme der §§ 136, 142 und 143.

§ 171 Kosten und Finanzierung der Entwicklungsmaßnahme

(1) ¹ Einnahmen, die bei der Vorbereitung und Durchführung der Entwicklungsmaßnahme entstehen, sind zur Finanzierung der Entwicklungsmaßnahme zu verwenden. ² Ergibt sich nach der Durchführung der städtebaulichen Entwicklungsmaßnahme und der Übertragung eines Treuhandvermögens des Entwicklungsträgers auf die Gemeinde bei ihr ein Überschuss der bei der Vorbereitung und Durchführung der städtebaulichen Entwicklungsmaßnahme erzielten Einnahmen über die hierfür getätigten Ausgaben, so ist dieser Überschuss in entsprechender Anwendung des § 156a zu verteilen.

(2) ¹ Die Gemeinde hat entsprechend § 149 nach dem Stand der Planung eine Kosten- und Finanzierungsübersicht aufzustellen. ² Zu berücksichtigen sind die Kosten, die nach den Zielen und Zwecken der Entwicklung erforderlich sind.

Dritter Teil Stadtumbau

§ 171a Stadtumbaumaßnahmen

(1) Stadtumbaumaßnahmen in Stadt- und Ortsteilen, deren einheitliche und zügige Durchführung im öffentlichen Interesse liegen, können auch anstelle von oder ergänzend zu sonstigen Maßnahmen nach diesem Gesetzbuch nach den Vorschriften dieses Teils durchgeführt werden.

(2) ¹ Stadtumbaumaßnahmen sind Maßnahmen, durch die in von erheblichen städtebaulichen Funktionsverlusten betroffenen Gebieten Anpassungen zur Herstellung nachhaltiger städtebaulicher Strukturen vorgenommen werden. ² Erhebliche städtebauliche Funktionsverluste liegen insbesondere vor, wenn ein dauerhaftes Überangebot an baulichen Anlagen für bestimmte Nutzungen, namentlich für Wohnzwecke, besteht oder zu erwarten ist, oder wenn die allgemeinen Anforderungen an den Klimaschutz und die Klimaanpassung nicht erfüllt werden.

(3) ¹ Stadtumbaumaßnahmen dienen dem Wohl der Allgemeinheit. ² Sie sollen insbesondere dazu beitragen, dass
1. die Siedlungsstruktur den Erfordernissen der Entwicklung von Bevölkerung und Wirtschaft sowie den allgemeinen Anforderungen an den Klimaschutz und die Klimaanpassung angepasst wird,
2. die Wohn- und Arbeitsverhältnisse sowie die Umwelt verbessert werden,
3. innerstädtische Bereiche gestärkt werden,
4. nicht mehr bedarfsgerechte bauliche Anlagen einer neuen Nutzung zugeführt werden,

5. einer anderen Nutzung nicht zuführbare bauliche Anlagen zurückgebaut werden,
6. brachliegende oder freigelegte Flächen einer nachhaltigen, insbesondere dem Klimaschutz und der Klimaanpassung dienenden städtebaulichen Entwicklung oder einer mit dieser verträglichen Zwischennutzung zugeführt werden,
7. innerstädtische Altbaubestände nachhaltig erhalten werden.

§ 171b Stadtumbaugebiet, städtebauliches Entwicklungskonzept

(1) [1]Die Gemeinde legt das Gebiet, in dem Stadtumbaumaßnahmen durchgeführt werden sollen, durch Beschluss als Stadtumbaugebiet fest. [2]Es ist in seinem räumlichen Umfang so festzulegen, dass sich die Maßnahmen zweckmäßig durchführen lassen.

(2) [1]Grundlage für den Beschluss nach Absatz 1 ist ein von der Gemeinde aufzustellendes städtebauliches Entwicklungskonzept, in dem die Ziele und Maßnahmen (§ 171a Absatz 3) im Stadtumbaugebiet schriftlich darzustellen sind. [2]Die öffentlichen und privaten Belange sind gegeneinander und untereinander gerecht abzuwägen.

(3) Die §§ 137 und 139 sind bei der Vorbereitung und Durchführung der Stadtumbaumaßnahmen entsprechend anzuwenden.

(4) Die §§ 164a und 164b sind im Stadtumbaugebiet entsprechend anzuwenden.

§ 171c Stadtumbauvertrag

[1]Die Gemeinde soll soweit erforderlich zur Umsetzung ihres städtebaulichen Entwicklungskonzeptes die Möglichkeit nutzen, Stadtumbaumaßnahmen auf der Grundlage von städtebaulichen Verträgen im Sinne des § 11 insbesondere mit den beteiligten Eigentümern durchzuführen. [2]Gegenstände der Verträge können insbesondere auch sein
1. die Durchführung des Rückbaus oder der Anpassung baulicher Anlagen innerhalb einer bestimmten Frist und die Kostentragung dafür;
2. der Verzicht auf die Ausübung von Ansprüchen nach den §§ 39 bis 44;
3. der Ausgleich von Lasten zwischen den beteiligten Eigentümern.

§ 171d Sicherung von Durchführungsmaßnahmen

(1) [1]Die Gemeinde kann durch Satzung ein Gebiet bezeichnen, das ein festgelegtes Stadtumbaugebiet (§ 171b Absatz 1) oder Teile davon umfasst und in dem zur Sicherung und sozialverträglichen Durchführung von Stadtumbaumaßnahmen die in § 14 Absatz 1 bezeichneten Vorhaben und sonstigen Maßnahmen der Genehmigung bedürfen. [2]Auf die Satzung ist § 16 Absatz 2 entsprechend anzuwenden.

(2) Ist der Beschluss über die Aufstellung einer Satzung nach Absatz 1 gefasst und ortsüblich bekannt gemacht, ist § 15 Absatz 1 auf die Durchführung der Vorhaben und Maßnahmen im Sinne von Absatz 1 entsprechend anzuwenden.

(3) [1]In den Fällen des Absatzes 1 darf die Genehmigung nur versagt werden, um einen den städtebaulichen und sozialen Belangen Rechnung tragenden Ablauf der Stadtumbaumaßnahmen auf der Grundlage des von der Gemeinde aufgestellten städtebaulichen Entwicklungskonzeptes (§ 171b Absatz 2) oder eines Sozialplans (§ 180) zu sichern. [2]Die Genehmigung ist zu erteilen, wenn auch unter Berücksichtigung des Allgemeinwohls ein Absehen von dem Vorhaben oder der Maßnahme wirtschaftlich nicht zumutbar ist.

(4) Die §§ 138, 173 und 174 sind im Gebiet der Satzung nach Absatz 1 entsprechend anzuwenden.

Vierter Teil Soziale Stadt

§ 171e Maßnahmen der Sozialen Stadt

(1) Städtebauliche Maßnahmen der Sozialen Stadt in Stadt- und Ortsteilen, deren einheitliche und zügige Durchführung im öffentlichen Interesse liegen, können auch anstelle von oder ergänzend zu sonstigen Maßnahmen nach diesem Gesetzbuch nach den Vorschriften dieses Teils durchgeführt werden.

(2) [1]Städtebauliche Maßnahmen der Sozialen Stadt sind Maßnahmen zur Stabilisierung und Aufwertung von durch soziale Missstände benachteiligten Ortsteilen oder anderen Teilen des Gemeindegebiets, in denen ein besonderer Entwicklungsbedarf besteht. [2]Soziale Missstände liegen insbesondere vor, wenn ein Gebiet auf Grund der Zusammensetzung und wirtschaftlichen Situation der darin lebenden und arbeitenden Menschen erheblich benachteiligt ist. [3]Ein besonderer Entwicklungsbedarf liegt insbesondere vor, wenn es sich um benachteiligte innerstädtische oder innenstadtnah gelegene Gebiete oder verdichtete Wohn- und Mischgebiete handelt, in denen es einer aufeinander abgestimmten Bündelung von investiven und sonstigen Maßnahmen bedarf.

(3) [1]Die Gemeinde legt das Gebiet, in dem die Maßnahmen durchgeführt werden sollen, durch Beschluss fest. [2]Es ist in seinem räumlichen Umfang so festzulegen, dass sich die Maßnahmen zweckmäßig durchführen lassen.

(4) [1]Grundlage für den Beschluss nach Absatz 3 ist ein von der Gemeinde unter Beteiligung der Betroffenen (§ 137) und der öffentlichen Aufgabenträger (§ 139) aufzustellendes Entwicklungskonzept, in dem die Ziele und Maßnahmen schriftlich darzustellen sind. [2]Das Entwicklungskonzept soll insbesondere Maßnahmen enthalten, die der Verbesserung der Wohn- und Arbeitsverhältnisse sowie der Schaffung und Erhaltung sozial stabiler Bewohnerstrukturen dienen.

(5) [1]Bei der Erstellung des Entwicklungskonzeptes und bei seiner Umsetzung sollen die Beteiligten in geeigneter Form einbezogen und zur Mitwirkung angeregt werden. [2]Die Gemeinde soll die Beteiligten im Rahmen des Möglichen fortlaufend beraten und unterstützen. [3]Dazu kann im Zusammenwirken von Gemeinde und Beteiligten eine

Koordinierungsstelle eingerichtet werden. ⁴ Soweit erforderlich, soll die Gemeinde zur Verwirklichung und zur Förderung der mit dem Entwicklungskonzept verfolgten Ziele sowie zur Übernahme von Kosten mit den Eigentümern und sonstigen Maßnahmenträgern städtebauliche Verträge schließen.

(6) ¹ Die §§ 164a und 164b sind im Gebiet nach Absatz 3 entsprechend anzuwenden. ² Dabei ist § 164a Absatz 1 Satz 2 über den Einsatz von Finanzierungs- und Fördermitteln auf Grund anderer gesetzlicher Grundlage insbesondere auch auf sonstige Maßnahmen im Sinne des Absatzes 2 Satz 3 anzuwenden.

Fünfter Teil Private Initiativen

§ 171f Private Initiativen zur Stadtentwicklung, Landesrecht

¹ Nach Maßgabe des Landesrechts können unbeschadet sonstiger Maßnahmen nach diesem Gesetzbuch Gebiete festgelegt werden, in denen in privater Verantwortung standortbezogene Maßnahmen durchgeführt werden, die auf der Grundlage eines mit den städtebaulichen Zielen der Gemeinde abgestimmten Konzepts der Stärkung oder Entwicklung von Bereichen der Innenstädte, Stadtteilzentren, Wohnquartiere und Gewerbezentren sowie von sonstigen für die städtebauliche Entwicklung bedeutsamen Bereichen dienen. ² Zur Finanzierung der Maßnahmen und gerechten Verteilung des damit verbundenen Aufwands können durch Landesrecht Regelungen getroffen werden.

Sechster Teil Erhaltungssatzung und städtebauliche Gebote

Erster Abschnitt Erhaltungssatzung

§ 172 Erhaltung baulicher Anlagen und der Eigenart von Gebieten (Erhaltungssatzung)

(1) ¹ Die Gemeinde kann in einem Bebauungsplan oder durch eine sonstige Satzung Gebiete bezeichnen, in denen
1. zur Erhaltung der städtebaulichen Eigenart des Gebiets auf Grund seiner städtebaulichen Gestalt (Absatz 3),
2. zur Erhaltung der Zusammensetzung der Wohnbevölkerung (Absatz 4) oder
3. bei städtebaulichen Umstrukturierungen (Absatz 5)
der Rückbau, die Änderung oder die Nutzungsänderung baulicher Anlagen der Genehmigung bedürfen. ² In den Fällen des Satzes 1 Nummer 1 bedarf auch die Errichtung baulicher Anlagen der Genehmigung. ³ Auf die Satzung ist § 16 Absatz 2 entsprechend anzuwenden. ⁴ Die Landesregierungen werden ermächtigt, für die Grundstücke in Gebieten einer Satzung nach Satz 1 Nummer 2 durch Rechtsverordnung mit einer Geltungsdauer von höchstens fünf Jahren zu bestimmen, dass die Begründung von Wohnungseigentum oder Teileigentum (§ 1 des Wohnungseigentumsgesetzes) an Gebäuden, die ganz oder teilweise Wohnzwecken zu dienen bestimmt sind, nicht ohne Genehmigung erfolgen darf. ⁵ Ein solches Verbot gilt als Verbot im Sinne des § 135 des Bürgerlichen Gesetzbuchs. ⁶ In den Fällen des Satzes 4 ist § 22 Absatz 2 Satz 3 und 4, Absatz 6 und 8 entsprechend anzuwenden.

(2) Ist der Beschluss über die Aufstellung einer Erhaltungssatzung gefasst und ortsüblich bekannt gemacht, ist § 15 Absatz 1 auf die Durchführung eines Vorhabens im Sinne des Absatzes 1 entsprechend anzuwenden.

(3) ¹ In den Fällen des Absatzes 1 Satz 1 Nummer 1 darf die Genehmigung nur versagt werden, wenn die bauliche Anlage allein oder im Zusammenhang mit anderen baulichen Anlagen das Ortsbild, die Stadtgestalt oder das Landschaftsbild prägt oder sonst von städtebaulicher, insbesondere geschichtlicher oder künstlerischer Bedeutung ist. ² Die Genehmigung zur Errichtung der baulichen Anlage darf nur versagt werden, wenn die städtebauliche Gestalt des Gebiets durch die beabsichtigte bauliche Anlage beeinträchtigt wird.

(4) ¹ In den Fällen des Absatzes 1 Satz 1 Nummer 2 und Satz 4 darf die Genehmigung nur versagt werden, wenn die Zusammensetzung der Wohnbevölkerung aus besonderen städtebaulichen Gründen erhalten werden soll. ² Sie ist zu erteilen, wenn auch unter Berücksichtigung des Allgemeinwohls die Erhaltung der baulichen Anlage oder ein Absehen von der Begründung von Wohnungseigentum oder Teileigentum wirtschaftlich nicht mehr zumutbar ist. ³ Die Genehmigung ist ferner zu erteilen, wenn
1. die Änderung einer baulichen Anlage der Herstellung des zeitgemäßen Ausstattungszustands einer durchschnittlichen Wohnung unter Berücksichtigung der bauordnungsrechtlichen Mindestanforderungen dient,
1a. die Änderung einer baulichen Anlage der Anpassung an die baulichen oder anlagentechnischen Mindestanforderungen des Gebäudeenergiegesetzes oder der Energieeinsparverordnung vom 24. Juli 2007 (BGBl. I S. 1519), die zuletzt durch Artikel 257 der Verordnung vom 19. Juni 2020 (BGBl. I S. 1328) geändert worden ist, wenn diese nach § 111 Absatz 1 des Gebäudeenergiegesetzes weiter anzuwenden ist, dient,
2. das Grundstück zu einem Nachlass gehört und Wohnungseigentum oder Teileigentum zugunsten von Miterben oder Vermächtnisnehmern begründet werden soll,
3. das Wohnungseigentum oder Teileigentum zur eigenen Nutzung an Familienangehörige des Eigentümers veräußert werden soll,
4. ohne die Genehmigung Ansprüche Dritter auf Übertragung von Wohnungseigentum oder Teileigentum nicht erfüllt werden können, zu deren Sicherung vor dem Wirksamwerden des Genehmigungsvorbehalts eine Vormerkung im Grundbuch eingetragen ist,
5. das Gebäude im Zeitpunkt der Antragstellung zur Begründung von Wohnungseigentum oder Teileigentum nicht zu Wohnzwecken genutzt wird oder
6. sich der Eigentümer verpflichtet, innerhalb von sieben Jahren ab der Begründung von Wohnungseigentum Wohnungen nur an die Mieter zu veräußern; eine Frist nach § 577a Absatz 2 Satz 1 des Bürgerlichen Gesetzbuchs verkürzt sich um fünf Jahre; die Frist nach § 577a Absatz 1 des Bürgerlichen Gesetzbuchs entfällt.
⁴ In den Fällen des Satzes 3 Nummer 6 kann in der Genehmigung bestimmt werden, dass auch die Veräußerung von Wohnungseigentum an dem Gebäude während der Dauer der Verpflichtung der Genehmigung der Gemeinde

bedarf. [5] Diese Genehmigungspflicht kann auf Ersuchen der Gemeinde in das Wohnungsgrundbuch eingetragen werden; sie erlischt nach Ablauf der Verpflichtung.

(5) [1] In den Fällen des Absatzes 1 Satz 1 Nummer 3 darf die Genehmigung nur versagt werden, um einen den sozialen Belangen Rechnung tragenden Ablauf auf der Grundlage eines Sozialplans (§ 180) zu sichern. [2] Ist ein Sozialplan nicht aufgestellt worden, hat ihn die Gemeinde in entsprechender Anwendung des § 180 aufzustellen. [3] Absatz 4 Satz 2 ist entsprechend anzuwenden.

§ 173 Genehmigung, Übernahmeanspruch

(1) [1] Die Genehmigung wird durch die Gemeinde erteilt; § 22 Absatz 5 Satz 2 bis 5 ist entsprechend anzuwenden. [2] Ist eine baurechtliche Genehmigung oder an ihrer Stelle eine baurechtliche Zustimmung erforderlich, wird die Genehmigung durch die Baugenehmigungsbehörde im Einvernehmen mit der Gemeinde erteilt; im Baugenehmigungs- oder Zustimmungsverfahren wird über die in § 172 Absatz 3 bis 5 bezeichneten Belange entschieden.

(2) [1] Wird in den Fällen des § 172 Absatz 3 die Genehmigung versagt, kann der Eigentümer von der Gemeinde unter den Voraussetzungen des § 40 Absatz 2 die Übernahme des Grundstücks verlangen. [2] § 43 Absatz 1, 4 und 5 sowie § 44 Absatz 3 und 4 sind entsprechend anzuwenden.

(3) [1] Vor der Entscheidung über den Genehmigungsantrag hat die Gemeinde mit dem Eigentümer oder sonstigen zur Unterhaltung Verpflichteten die für die Entscheidung erheblichen Tatsachen zu erörtern. [2] In den Fällen des § 172 Absatz 4 und 5 hat sie auch Mieter, Pächter und sonstige Nutzungsberechtigte zu hören. [3] In den Fällen des § 172 Absatz 4 Satz 3 Nummer 6 hat sie die nach Satz 2 anzuhörenden Personen über die Erteilung einer Genehmigung zu informieren.

(4) Die landesrechtlichen Vorschriften, insbesondere über den Schutz und die Erhaltung von Denkmälern, bleiben unberührt.

§ 174 Ausnahmen

(1) § 172 ist nicht auf Grundstücke anzuwenden, die den in § 26 Nummer 2 bezeichneten Zwecken dienen, und auf die in § 26 Nummer 3 bezeichneten Grundstücke.

(2) [1] Befindet sich ein Grundstück der in Absatz 1 bezeichneten Art im Geltungsbereich einer Erhaltungssatzung, hat die Gemeinde den Bedarfsträger hiervon zu unterrichten. [2] Beabsichtigt der Bedarfsträger ein Vorhaben im Sinne des § 172 Absatz 1, hat er dies der Gemeinde anzuzeigen. [3] Der Bedarfsträger soll auf Verlangen der Gemeinde von dem Vorhaben absehen, wenn die Voraussetzungen vorliegen, die die Gemeinde berechtigen würden, die Genehmigung nach § 172 zu versagen, und wenn die Erhaltung oder das Absehen von der Errichtung der baulichen Anlage dem Bedarfsträger auch unter Berücksichtigung seiner Aufgaben zuzumuten ist.

Zweiter Abschnitt Städtebauliche Gebote

§ 175 Allgemeines

(1) [1] Beabsichtigt die Gemeinde, ein Baugebot (§ 176), ein Modernisierungs- oder Instandsetzungsgebot (§ 177), ein Pflanzgebot (§ 178) oder ein Rückbau- oder Entsiegelungsgebot (§ 179) zu erlassen, soll sie die Maßnahme vorher mit den Betroffenen erörtern. [2] Die Gemeinde soll die Eigentümer, Mieter, Pächter und sonstige Nutzungsberechtigten im Rahmen ihrer Möglichkeiten beraten, wie die Maßnahme durchgeführt werden kann und welche Finanzierungsmöglichkeiten aus öffentlichen Kassen bestehen.

(2) [1] Die Anordnung von Maßnahmen nach den §§ 176 bis 179 setzt voraus, dass die alsbaldige Durchführung der Maßnahmen aus städtebaulichen Gründen erforderlich ist; bei Anordnung eines Baugebots nach § 176 kann dabei auch ein dringender Wohnbedarf der Bevölkerung berücksichtigt werden. [2] Dies ist unter anderem insbesondere dann der Fall, wenn es sich um ein nach § 201a bestimmtes Gebiet mit einem angespannten Wohnungsmarkt handelt.

(3) Mieter, Pächter und sonstige Nutzungsberechtigte haben die Durchführung der Maßnahmen nach den §§ 176 bis 179 zu dulden.

(4) [1] Die §§ 176 bis 179 sind nicht auf Grundstücke anzuwenden, die den in § 26 Nummer 2 bezeichneten Zwecken dienen, und auf die in § 26 Nummer 3 bezeichneten Grundstücke. [2] Liegen für diese Grundstücke die Voraussetzungen für die Anordnung eines Gebots nach den §§ 176 bis 179 vor, soll auf Verlangen der Gemeinde der Bedarfsträger die entsprechenden Maßnahmen durchführen oder ihre Durchführung dulden, soweit dadurch nicht die Erfüllung seiner Aufgaben beeinträchtigt wird.

(5) Die landesrechtlichen Vorschriften, insbesondere über den Schutz und die Erhaltung von Denkmälern, bleiben unberührt.

§ 176 Baugebot

(1) [1] Im Geltungsbereich eines Bebauungsplans kann die Gemeinde den Eigentümer durch Bescheid verpflichten, innerhalb einer zu bestimmenden angemessenen Frist
1. sein Grundstück entsprechend den Festsetzungen des Bebauungsplans zu bebauen,
2. ein vorhandenes Gebäude oder eine vorhandene sonstige bauliche Anlage den Festsetzungen des Bebauungsplans anzupassen oder
3. sein Grundstück mit einer oder mehreren Wohneinheiten zu bebauen, wenn in dem Bebauungsplan Wohnnutzungen zugelassen sind und wenn es sich um ein nach § 201a bestimmtes Gebiet mit einem angespannten Wohnungsmarkt handelt. [2] Dabei kann die Gemeinde auch ein den Festsetzungen des Bebauungsplans entsprechendes Maß der Nutzung anordnen.

² Die Wirksamkeit eines nach Satz 1 Nummer 3 erlassenen Baugebots wird durch das Ende der Geltungsdauer der Rechtsverordnung nach § 201a nicht berührt.

(2) Das Baugebot kann außerhalb der in Absatz 1 bezeichneten Gebiete, aber innerhalb im Zusammenhang bebauter Ortsteile angeordnet werden, um unbebaute oder geringfügig bebaute Grundstücke entsprechend den baurechtlichen Vorschriften zu nutzen oder einer baulichen Nutzung zuzuführen, insbesondere zur Schließung von Baulücken.

(3) ¹ Die Gemeinde hat von dem Baugebot abzusehen, wenn die Durchführung des Vorhabens aus wirtschaftlichen Gründen einem Eigentümer nicht zuzumuten ist. ² Die Gemeinde hat weiter bis zum 23. Juni 2026 von dem Baugebot abzusehen, wenn ein Eigentümer im Falle des Absatzes 1 Satz 1 Nummer 3 glaubhaft macht, dass ihm die Durchführung des Vorhabens aus Gründen des Erhalts der Entscheidungsbefugnis über die Nutzung des Grundstücks für seinen Ehegatten oder eine in gerader Linie verwandte Person nicht zuzumuten ist. ³ Die Regelung ist zu evaluieren.

(4) ¹ Der Eigentümer kann von der Gemeinde die Übernahme des Grundstücks verlangen, wenn er glaubhaft macht, dass ihm die Durchführung des Vorhabens aus wirtschaftlichen Gründen nicht zuzumuten ist. ² In diesem Fall kann die Gemeinde das Grundstück zugunsten einer kommunalen Wohnungsbaugesellschaft übernehmen, wenn diese innerhalb angemessener Frist in der Lage ist, das Baugebot zu erfüllen und sich hierzu verpflichtet. ³ § 43 Absatz 1, 4 und 5 sowie § 44 Absatz 3 und 4 sind entsprechend anzuwenden.

(5) ¹ Ist die Durchführung eines Baugebots nur möglich, wenn zuvor eine bauliche Anlage oder Teile davon beseitigt werden, ist der Eigentümer mit dem Baugebot auch zur Beseitigung verpflichtet. ² § 179 Absatz 2 und 3 Satz 1, § 43 Absatz 2 und 5 sowie § 44 Absatz 3 und 4 sind entsprechend anzuwenden.

(6) Ist für ein Grundstück eine andere als bauliche Nutzung festgesetzt, sind die Absätze 1 und 3 bis 5 entsprechend anzuwenden.

(7) Mit dem Baugebot kann die Verpflichtung verbunden werden, innerhalb einer zu bestimmenden angemessenen Frist den für eine bauliche Nutzung des Grundstücks erforderlichen Antrag auf Erteilung einer bauaufsichtlichen Genehmigung zu stellen.

(8) Kommt der Eigentümer der Verpflichtung nach Absatz 7 auch nach Vollstreckungsmaßnahmen auf Grund landesrechtlicher Vorschriften nicht nach, kann das Enteignungsverfahren nach § 85 Absatz 1 Nummer 5 auch vor Ablauf der Frist nach Absatz 1 eingeleitet werden.

(9) ¹ In dem Enteignungsverfahren ist davon auszugehen, dass die Voraussetzungen des Baugebots vorliegen; die Vorschriften über die Zulässigkeit der Enteignung bleiben unberührt. ² Bei der Bemessung der Entschädigung bleiben Werterhöhungen unberücksichtigt, die nach Unanfechtbarkeit des Baugebots eingetreten sind, es sei denn, dass der Eigentümer die Werterhöhungen durch eigene Aufwendungen zulässigerweise bewirkt hat.

§ 176a Städtebauliches Entwicklungskonzept zur Stärkung der Innenentwicklung

(1) Die Gemeinde kann ein städtebauliches Entwicklungskonzept beschließen, das Aussagen zum räumlichen Geltungsbereich, zu Zielen und zur Umsetzung von Maßnahmen enthält, die der Stärkung der Innenentwicklung dienen.

(2) Das städtebauliche Entwicklungskonzept nach Absatz 1 soll insbesondere der baulichen Nutzbarmachung auch von im Gemeindegebiet ohne Zusammenhang verteilt liegenden unbebauten oder brachliegenden Grundstücken dienen.

(3) Die Gemeinde kann ein städtebauliches Entwicklungskonzept nach Absatz 1 zum Bestandteil der Begründung eines Bebauungsplans machen.

§ 177 Modernisierungs- und Instandsetzungsgebot

(1) ¹ Weist eine bauliche Anlage nach ihrer inneren oder äußeren Beschaffenheit Missstände oder Mängel auf, deren Beseitigung oder Behebung durch Modernisierung oder Instandsetzung möglich ist, kann die Gemeinde die Beseitigung der Missstände durch ein Modernisierungsgebot und die Behebung der Mängel durch ein Instandsetzungsgebot anordnen. ² Zur Beseitigung der Missstände und zur Behebung der Mängel ist der Eigentümer der baulichen Anlage verpflichtet. ³ In dem Bescheid, durch den die Modernisierung oder Instandsetzung angeordnet wird, sind die zu beseitigenden Missstände oder zu behebenden Mängel zu bezeichnen und eine angemessene Frist für die Durchführung der erforderlichen Maßnahmen zu bestimmen.

(2) Missstände liegen insbesondere vor, wenn die bauliche Anlage nicht den allgemeinen Anforderungen an gesunde Wohn- und Arbeitsverhältnisse entspricht.

(3) ¹ Mängel liegen insbesondere vor, wenn durch Abnutzung, Alterung, Witterungseinflüsse oder Einwirkungen Dritter

1. die bestimmungsgemäße Nutzung der baulichen Anlage nicht nur unerheblich beeinträchtigt wird,
2. die bauliche Anlage nach ihrer äußeren Beschaffenheit das Straßen- oder Ortsbild nicht nur unerheblich beeinträchtigt oder
3. die bauliche Anlage erneuerungsbedürftig ist und wegen ihrer städtebaulichen, insbesondere geschichtlichen oder künstlerischen Bedeutung erhalten bleiben soll.

² Kann die Behebung der Mängel einer baulichen Anlage nach landesrechtlichen Vorschriften auch aus Gründen des Schutzes und der Erhaltung von Baudenkmälern verlangt werden, darf das Instandsetzungsgebot nur mit Zustimmung der zuständigen Landesbehörde erlassen werden. ³ In dem Bescheid über den Erlass des Instandset-

zungsgebots sind die auch aus Gründen des Denkmalschutzes gebotenen Instandsetzungsmaßnahmen besonders zu bezeichnen.

(4) [1] Der Eigentümer hat die Kosten der von der Gemeinde angeordneten Maßnahmen insoweit zu tragen, als er sie durch eigene oder fremde Mittel decken und die sich daraus ergebenden Kapitalkosten sowie die zusätzlich entstehenden Bewirtschaftungskosten aus Erträgen der baulichen Anlage aufbringen kann. [2] Sind dem Eigentümer Kosten entstanden, die er nicht zu tragen hat, hat die Gemeinde sie ihm zu erstatten, soweit nicht eine andere Stelle einen Zuschuss zu ihrer Deckung gewährt. [3] Dies gilt nicht, wenn der Eigentümer auf Grund anderer Rechtsvorschriften verpflichtet ist, die Kosten selbst zu tragen, oder wenn er Instandsetzungen unterlassen hat und nicht nachweisen kann, dass ihre Vornahme wirtschaftlich unvertretbar oder ihm nicht zuzumuten war. [4] Die Gemeinde kann mit dem Eigentümer den Kostenerstattungsbetrag unter Verzicht auf eine Berechnung im Einzelfall als Pauschale in Höhe eines bestimmten Vomhundertsatzes der Modernisierungs- oder Instandsetzungskosten vereinbaren.

(5) Der vom Eigentümer zu tragende Kostenanteil wird nach der Durchführung der Modernisierungs- oder Instandsetzungsmaßnahmen unter Berücksichtigung der Erträge ermittelt, die für die modernisierte oder instand gesetzte bauliche Anlage bei ordentlicher Bewirtschaftung nachhaltig erzielt werden können; dabei sind die mit einem Bebauungsplan, einem Sozialplan, einer städtebaulichen Sanierungsmaßnahme oder einer sonstigen städtebaulichen Maßnahme verfolgten Ziele und Zwecke zu berücksichtigen.

§ 178 Pflanzgebot

Die Gemeinde kann den Eigentümer durch Bescheid verpflichten, sein Grundstück innerhalb einer zu bestimmenden angemessenen Frist entsprechend den nach § 9 Absatz 1 Nummer 25 getroffenen Festsetzungen des Bebauungsplans zu bepflanzen.

§ 179 Rückbau- und Entsiegelungsgebot

(1) [1] Die Gemeinde kann den Eigentümer verpflichten zu dulden, dass eine bauliche Anlage ganz oder teilweise beseitigt wird, wenn sie
1. den Festsetzungen eines Bebauungsplans nicht entspricht und ihnen nicht angepasst werden kann oder
2. Missstände oder Mängel im Sinne des § 177 Absatz 2 und 3 Satz 1 aufweist, die auch durch eine Modernisierung oder Instandsetzung nicht behoben werden können.

[2] Satz 1 Nummer 1 gilt entsprechend für die sonstige Wiedernutzbarmachung von dauerhaft nicht mehr genutzten Flächen, bei denen der durch Bebauung oder Versiegelung beeinträchtigte Boden in seiner Leistungsfähigkeit erhalten oder wiederhergestellt werden soll; die sonstige Wiedernutzbarmachung steht der Beseitigung nach Satz 1 gleich. [3] Diejenigen, für die ein Recht an dem Grundstück oder an einem das Grundstück belastenden Recht im Grundbuch eingetragen oder durch Eintragung gesichert ist, das nicht zur Nutzung berechtigt, sollen von dem Bescheid benachrichtigt werden, wenn sie von der Beseitigung betroffen werden. [4] Unberührt bleibt das Recht des Eigentümers, die Beseitigung selbst vorzunehmen.

(2) [1] Der Bescheid darf bei Wohnraum nur vollzogen werden, wenn im Zeitpunkt der Beseitigung angemessener Ersatzwohnraum für die Bewohner unter zumutbaren Bedingungen zur Verfügung steht. [2] Strebt der Inhaber von Raum, der überwiegend gewerblichen oder beruflichen Zwecken dient (Geschäftsraum), eine anderweitige Unterbringung an, soll der Bescheid nur vollzogen werden, wenn im Zeitpunkt der Beseitigung anderer geeigneter Geschäftsraum unter zumutbaren Bedingungen zur Verfügung steht.

(3) [1] Entstehen dem Eigentümer, Mieter, Pächter oder sonstigen Nutzungsberechtigten durch die Beseitigung Vermögensnachteile, hat die Gemeinde angemessene Entschädigung in Geld zu leisten. [2] Der Eigentümer kann anstelle der Entschädigung nach Satz 1 von der Gemeinde die Übernahme des Grundstücks verlangen, wenn es ihm mit Rücksicht auf das Rückbau- oder Entsiegelungsgebot wirtschaftlich nicht mehr zuzumuten ist, das Grundstück zu behalten. [3] § 43 Absatz 1, 2, 4 und 5 sowie § 44 Absatz 3 und 4 sind entsprechend anzuwenden.

(4) [1] Im Falle des Absatzes 1 Satz 1 Nummer 2 sind die Beseitigungskosten vom Eigentümer bis zur Höhe der ihm durch die Beseitigung entstehenden Vermögensvorteile zu tragen. [2] Der Kostenerstattungsbetrag kann durch Bescheid geltend gemacht werden, sobald die bauliche Anlage ganz oder teilweise beseitigt ist. [3] Der Betrag ruht als öffentliche Last auf dem Grundstück.

Siebter Teil Sozialplan und Härteausgleich

§ 180 Sozialplan

(1) [1] Wirken sich Bebauungspläne, städtebauliche Sanierungsmaßnahmen, städtebauliche Entwicklungsmaßnahmen oder Stadtumbaumaßnahmen voraussichtlich nachteilig auf die persönlichen Lebensumstände der in dem Gebiet wohnenden oder arbeitenden Menschen aus, soll die Gemeinde Vorstellungen entwickeln und mit den Betroffenen erörtern, wie nachteilige Auswirkungen möglichst vermieden oder gemildert werden können. [2] Die Gemeinde hat den Betroffenen bei ihren eigenen Bemühungen, nachteilige Auswirkungen zu vermeiden oder zu mildern, zu helfen, insbesondere beim Wohnungs- und Arbeitsplatzwechsel sowie beim Umzug von Betrieben; soweit öffentliche Leistungen in Betracht kommen können, soll die Gemeinde hierauf hinweisen. [3] Sind Betroffene nach ihren persönlichen Lebensumständen nicht in der Lage, Empfehlungen und anderen Hinweisen der Gemeinde zur Vermeidung von Nachteilen zu folgen oder Hilfen zu nutzen oder sind aus anderen Gründen weitere Maßnahmen der Gemeinde erforderlich, hat die Gemeinde geeignete Maßnahmen zu prüfen.

(2) Das Ergebnis der Erörterungen und Prüfungen nach Absatz 1 sowie die voraussichtlich in Betracht zu ziehenden Maßnahmen der Gemeinde und die Möglichkeiten ihrer Verwirklichung sind schriftlich darzustellen (Sozialplan).

(3) ¹ Steht die Verwirklichung einer Durchführungsmaßnahme durch einen anderen als die Gemeinde bevor, kann die Gemeinde verlangen, dass der andere im Einvernehmen mit ihr die sich aus Absatz 1 ergebenden Aufgaben übernimmt. ² Die Gemeinde kann diese Aufgaben ganz oder teilweise auch selbst übernehmen und dem anderen die Kosten auferlegen.

§ 181 Härteausgleich

(1) ¹ Soweit es die Billigkeit erfordert, soll die Gemeinde bei der Durchführung dieses Gesetzbuchs zur Vermeidung oder zum Ausgleich wirtschaftlicher Nachteile – auch im sozialen Bereich – auf Antrag einen Härteausgleich in Geld gewähren

1. einem Mieter oder Pächter, wenn das Miet- oder Pachtverhältnis mit Rücksicht auf die Durchführung städtebaulicher Maßnahmen aufgehoben oder enteignet worden ist;
2. einer gekündigten Vertragspartei, wenn die Kündigung zur Durchführung städtebaulicher Maßnahmen erforderlich ist; dies gilt entsprechend, wenn ein Miet- oder Pachtverhältnis vorzeitig durch Vereinbarung der Beteiligten beendet wird; die Gemeinde hat zu bestätigen, dass die Beendigung des Rechtsverhältnisses im Hinblick auf die alsbaldige Durchführung der städtebaulichen Maßnahmen geboten ist;
3. einer Vertragspartei, wenn ohne Beendigung des Rechtsverhältnisses die vermieteten oder verpachteten Räume ganz oder teilweise vorübergehend unbenutzbar sind und die Gemeinde bestätigt hat, dass dies durch die alsbaldige Durchführung städtebaulicher Maßnahmen bedingt ist;
4. einem Mieter oder Pächter für die Umzugskosten, die dadurch entstehen, dass er nach der Räumung seiner Wohnung vorübergehend anderweitig untergebracht worden ist und später ein neues Miet- oder Pachtverhältnis in dem Gebiet begründet wird, sofern dies im Sozialplan vorgesehen ist.

² Voraussetzung ist, dass der Nachteil für den Betroffenen in seinen persönlichen Lebensumständen eine besondere Härte bedeutet, eine Ausgleichs- oder Entschädigungsleistung nicht zu gewähren ist und auch ein Ausgleich durch sonstige Maßnahmen nicht erfolgt.

(2) Absatz 1 ist entsprechend anzuwenden auf andere Vertragsverhältnisse, die zum Gebrauch oder zur Nutzung eines Grundstücks, Gebäudes oder Gebäudeteils oder einer sonstigen baulichen Einrichtung berechtigen.

(3) Ein Härteausgleich wird nicht gewährt, soweit der Antragsteller es unterlassen hat und unterlässt, den wirtschaftlichen Nachteil durch zumutbare Maßnahmen, insbesondere unter Einsatz eigener oder fremder Mittel abzuwenden.

Achter Teil Miet- und Pachtverhältnisse

§ 182 Aufhebung von Miet- oder Pachtverhältnissen

(1) Erfordert die Verwirklichung der Ziele und Zwecke der Sanierung im förmlich festgelegten Sanierungsgebiet, der Entwicklung im städtebaulichen Entwicklungsbereich oder eine Maßnahme nach den §§ 176 bis 179 die Aufhebung eines Miet- oder Pachtverhältnisses, kann die Gemeinde das Rechtsverhältnis auf Antrag des Eigentümers oder im Hinblick auf ein städtebauliches Gebot mit einer Frist von mindestens sechs Monaten, bei einem land- oder forstwirtschaftlich genutzten Grundstück nur zum Schluss eines Pachtjahres aufheben.

(2) ¹ Die Gemeinde darf ein Mietverhältnis über Wohnraum nur aufheben, wenn im Zeitpunkt der Beendigung des Mietverhältnisses angemessener Ersatzwohnraum für den Mieter und die zu seinem Hausstand gehörenden Personen zu zumutbaren Bedingungen zur Verfügung steht. ² Strebt der Mieter oder Pächter von Geschäftsraum eine anderweitige Unterbringung an, soll die Gemeinde das Miet- oder Pachtverhältnis nur aufheben, wenn im Zeitpunkt der Beendigung des Rechtsverhältnisses anderer geeigneter Geschäftsraum zu zumutbaren Bedingungen zur Verfügung steht.

(3) Wird die Erwerbsgrundlage eines Mieters oder Pächters von Geschäftsraum im förmlich festgelegten Sanierungsgebiet oder in einem städtebaulichen Entwicklungsbereich infolge der Durchführung städtebaulicher Sanierungsmaßnahmen oder städtebaulicher Entwicklungsmaßnahmen wesentlich beeinträchtigt und ist ihm deshalb die Fortsetzung des Miet- oder Pachtverhältnisses nicht mehr zuzumuten, kann die Gemeinde auf Antrag des Mieters oder Pächters das Rechtsverhältnis mit einer Frist von mindestens sechs Monaten aufheben.

§ 183 Aufhebung von Miet- oder Pachtverhältnissen über unbebaute Grundstücke

(1) Ist nach den Festsetzungen des Bebauungsplans für ein unbebautes Grundstück eine andere Nutzung vorgesehen und ist die alsbaldige Änderung der Nutzung beabsichtigt, kann die Gemeinde auf Antrag des Eigentümers Miet- oder Pachtverhältnisse aufheben, die sich auf das Grundstück beziehen und der neuen Nutzung entgegenstehen.

(2) Auf die Aufhebung ist § 182 Absatz 1 entsprechend anzuwenden.

§ 184 Aufhebung anderer Vertragsverhältnisse

Die §§ 182 und 183 sind entsprechend auf andere schuldrechtliche Vertragsverhältnisse anzuwenden, die zum Gebrauch oder zur Nutzung eines Grundstücks, Gebäudes oder Gebäudeteils oder einer sonstigen baulichen Anlage berechtigen.

§ 185 Entschädigung bei Aufhebung von Miet- oder Pachtverhältnissen

(1) [1] Ist ein Rechtsverhältnis auf Grund des § 182, des § 183 oder des § 184 aufgehoben worden, ist den Betroffenen insoweit eine angemessene Entschädigung in Geld zu leisten, als ihnen durch die vorzeitige Beendigung des Rechtsverhältnisses Vermögensnachteile entstehen. [2] Die Vorschriften des Zweiten Abschnitts des Fünften Teils des Ersten Kapitels sind entsprechend anzuwenden.

(2) [1] Zur Entschädigung ist die Gemeinde verpflichtet. [2] Kommt eine Einigung über die Entschädigung nicht zustande, entscheidet die höhere Verwaltungsbehörde.

(3) [1] Wird ein Pachtvertrag über kleingärtnerisch genutztes Land nach § 182, § 183 oder § 184 aufgehoben, ist die Gemeinde außer zur Entschädigung nach Absatz 1 auch zur Bereitstellung oder Beschaffung von Ersatzland verpflichtet. [2] Bei der Entschädigung in Geld ist die Bereitstellung oder Beschaffung des Ersatzlands angemessen zu berücksichtigen. [3] Die höhere Verwaltungsbehörde kann die Gemeinde von der Verpflichtung zur Bereitstellung oder Beschaffung von Ersatzland befreien, wenn die Gemeinde nachweist, dass sie zur Erfüllung außerstande ist.

§ 186 Verlängerung von Miet- oder Pachtverhältnissen

Die Gemeinde kann auf Antrag des Mieters oder Pächters ein Miet- oder Pachtverhältnis über Wohn- oder Geschäftsraum im förmlich festgelegten Sanierungsgebiet, im städtebaulichen Entwicklungsbereich oder im Hinblick auf Maßnahmen nach den §§ 176 bis 179 verlängern, soweit dies zur Verwirklichung des Sozialplans erforderlich ist.

Neunter Teil Städtebauliche Maßnahmen im Zusammenhang mit Maßnahmen zur Verbesserung der Agrarstruktur

§ 187 Abstimmung von Maßnahmen; Bauleitplanung und Maßnahmen zur Verbesserung der Agrarstruktur

(1) [1] Bei der Vorbereitung und Durchführung städtebaulicher Maßnahmen sind Maßnahmen zur Verbesserung der Agrarstruktur, insbesondere auch die Ergebnisse der Vorplanung nach § 1 Absatz 2 des Gesetzes über die Gemeinschaftsaufgabe „Verbesserung der Agrarstruktur und des Küstenschutzes", zu berücksichtigen. [2] Ist zu erwarten, dass Maßnahmen zur Verbesserung der Agrarstruktur zu Auswirkungen auf die bauliche Entwicklung des Gemeindegebiets führen, hat die Gemeinde darüber zu befinden, ob Bauleitpläne aufzustellen sind und ob sonstige städtebauliche Maßnahmen durchgeführt werden sollen.

(2) Bei der Aufstellung von Bauleitplänen hat die obere Flurbereinigungsbehörde zu prüfen, ob im Zusammenhang damit eine Flurbereinigung oder andere Maßnahmen zur Verbesserung der Agrarstruktur einzuleiten sind.

(3) Die Gemeinde hat die Flurbereinigungsbehörde und, sofern die Maßnahmen zur Verbesserung der Agrarstruktur von anderen Stellen durchgeführt werden, diese bei den Vorarbeiten zur Aufstellung der Bauleitpläne möglichst frühzeitig zu beteiligen.

§ 188 Bauleitplanung und Flurbereinigung

(1) Ist eine Flurbereinigung auf Grund des Flurbereinigungsgesetzes in einer Gemeinde nach Mitteilung der Flurbereinigungsbehörde beabsichtigt oder ist sie bereits angeordnet, ist die Gemeinde verpflichtet, rechtzeitig Bauleitpläne aufzustellen, es sei denn, dass sich die Flurbereinigung auf die bauliche Entwicklung des Gemeindegebiets voraussichtlich nicht auswirkt.

(2) [1] Die Flurbereinigungsbehörde und die Gemeinde sind verpflichtet, ihre das Gemeindegebiet betreffenden Absichten möglichst frühzeitig aufeinander abzustimmen. [2] Die Planungen sollen bis zum Abschluss der Flurbereinigung nur geändert werden, wenn zwischen der Flurbereinigungsbehörde und der Gemeinde Übereinstimmung besteht oder wenn zwingende Gründe die Änderung erfordern.

§ 189 Ersatzlandbeschaffung

(1) [1] Wird bei einer städtebaulichen Maßnahme ein land- oder forstwirtschaftlicher Betrieb ganz oder teilweise in Anspruch genommen, soll die Gemeinde mit dem Eigentümer des Betriebs auch klären, ob er einen anderen land- oder forstwirtschaftlichen Betrieb oder land- oder forstwirtschaftliches Ersatzland anstrebt. [2] Handelt es sich bei dem in Anspruch genommenen Betrieb um eine Siedlerstelle im Sinne des Reichssiedlungsgesetzes, ist die zuständige Siedlungsbehörde des Landes zu beteiligen.

(2) Die Gemeinde soll sich um die Beschaffung oder Bereitstellung geeigneten Ersatzlands bemühen und ihr gehörende Grundstücke als Ersatzland zur Verfügung stellen, soweit sie diese nicht für die ihr obliegenden Aufgaben benötigt.

§ 190 Flurbereinigung aus Anlass einer städtebaulichen Maßnahme

(1) [1] Werden für städtebauliche Maßnahmen land- oder forstwirtschaftliche Grundstücke in Anspruch genommen, kann auf Antrag der Gemeinde mit Zustimmung der höheren Verwaltungsbehörde nach § 87 Absatz 1 des Flurbereinigungsgesetzes ein Flurbereinigungsverfahren eingeleitet werden, wenn der den Betroffenen entstehende Landverlust auf einen größeren Kreis von Eigentümern verteilt oder Nachteile für die allgemeine Landeskultur, die durch die städtebaulichen Maßnahmen entstehen, vermieden werden sollen. [2] Das Flurbereinigungsverfahren kann bereits angeordnet werden, wenn ein Bebauungsplan noch nicht rechtsverbindlich ist. [3] In diesem Falle muss der Bebauungsplan vor Bekanntgabe des Flurbereinigungsplans (§ 59 Absatz 1 des Flurbereinigungsgesetzes) in Kraft getreten sein. [4] Die Gemeinde ist Träger des Unternehmens im Sinne des § 88 des Flurbereinigungsgesetzes.

(2) Die vorzeitige Ausführung des Flurbereinigungsplans nach § 63 des Flurbereinigungsgesetzes kann bereits angeordnet werden, wenn der Flurbereinigungsplan bekannt gegeben ist.

(3) Die Zulässigkeit einer Enteignung nach den Vorschriften dieses Gesetzbuchs bleibt auch nach Einleitung des Flurbereinigungsverfahrens unberührt.

§ 191 Vorschriften über den Verkehr mit land- und forstwirtschaftlichen Grundstücken

Im räumlichen Geltungsbereich eines Bebauungsplans oder einer Sanierungssatzung sind die Vorschriften über den Verkehr mit land- und forstwirtschaftlichen Grundstücken nicht anzuwenden, es sei denn, dass es sich um die Veräußerung der Wirtschaftsstelle eines land- oder forstwirtschaftlichen Betriebs oder solcher Grundstücke handelt, die im Bebauungsplan als Flächen für die Landwirtschaft oder als Wald ausgewiesen sind.

Drittes Kapitel Sonstige Vorschriften

Erster Teil Wertermittlung

§ 192 Gutachterausschuss

(1) Zur Ermittlung von Grundstückswerten und für sonstige Wertermittlungen werden selbständige, unabhängige Gutachterausschüsse gebildet.

(2) Die Gutachterausschüsse bestehen aus einem Vorsitzenden und ehrenamtlichen weiteren Gutachtern.

(3) [1] Der Vorsitzende und die weiteren Gutachter sollen in der Ermittlung von Grundstückswerten oder sonstigen Wertermittlungen sachkundig und erfahren sein und dürfen nicht hauptamtlich mit der Verwaltung der Grundstücke der Gebietskörperschaft, für deren Bereich der Gutachterausschuss gebildet ist, befasst sein. [2] Zur Ermittlung der Bodenrichtwerte sowie der in § 193 Absatz 5 Satz 2 genannten sonstigen für die Wertermittlung erforderlichen Daten ist ein Bediensteter der zuständigen Finanzbehörde mit Erfahrung in der steuerlichen Bewertung von Grundstücken als Gutachter hinzuzuziehen.

(4) Die Gutachterausschüsse bedienen sich einer Geschäftsstelle.

§ 193 Aufgaben des Gutachterausschusses

(1) [1] Der Gutachterausschuss erstattet Gutachten über den Verkehrswert von bebauten und unbebauten Grundstücken sowie Rechten an Grundstücken, wenn
1. die für den Vollzug dieses Gesetzbuchs zuständigen Behörden bei der Erfüllung der Aufgaben nach diesem Gesetzbuch,
2. die für die Feststellung des Werts eines Grundstücks oder der Entschädigung für ein Grundstück oder ein Recht an einem Grundstück auf Grund anderer gesetzlicher Vorschriften zuständigen Behörden,
3. die Eigentümer, ihnen gleichstehende Berechtigte, Inhaber anderer Rechte am Grundstück und Pflichtteilsberechtigte, für deren Pflichtteil der Wert des Grundstücks von Bedeutung ist, oder
4. Gerichte und Justizbehörden
es beantragen. [2] Unberührt bleiben Antragsberechtigungen nach anderen Rechtsvorschriften.

(2) Der Gutachterausschuss kann außer über die Höhe der Entschädigung für den Rechtsverlust auch Gutachten über die Höhe der Entschädigung für andere Vermögensnachteile erstatten.

(3) Die Gutachten haben keine bindende Wirkung, soweit nichts anderes bestimmt oder vereinbart ist.

(4) Eine Abschrift des Gutachtens ist dem Eigentümer zu übersenden.

(5) [1] Der Gutachterausschuss führt eine Kaufpreissammlung, wertet sie aus und ermittelt Bodenrichtwerte und sonstige zur Wertermittlung erforderliche Daten. [2] Zu den sonstigen für die Wertermittlung erforderlichen Daten gehören insbesondere
1. Kapitalisierungszinssätze, mit denen die Verkehrswerte von Grundstücken im Durchschnitt marktüblich verzinst werden (Liegenschaftszinssätze), für die verschiedenen Grundstücksarten, insbesondere Mietwohngrundstücke, Geschäftsgrundstücke und gemischt genutzte Grundstücke,
2. Faktoren zur Anpassung der Sachwerte an die jeweilige Lage auf dem Grundstücksmarkt (Sachwertfaktoren), insbesondere für die Grundstücksarten Ein- und Zweifamilienhäuser,
3. Umrechnungskoeffizienten für das Wertverhältnis von sonst gleichartigen Grundstücken, z. B. bei unterschiedlichem Maß der baulichen Nutzung und
4. Vergleichsfaktoren für bebaute Grundstücke, insbesondere bezogen auf eine Raum- oder Flächeneinheit der baulichen Anlage (Gebäudefaktor) oder auf den nachhaltig erzielbaren jährlichen Ertrag (Ertragsfaktor).
[3] Die erforderlichen Daten im Sinne der Sätze 1 und 2 sind den zuständigen Finanzämtern für Zwecke der steuerlichen Bewertung mitzuteilen.

§ 194 Verkehrswert

Der Verkehrswert (Marktwert) wird durch den Preis bestimmt, der in dem Zeitpunkt, auf den sich die Ermittlung bezieht, im gewöhnlichen Geschäftsverkehr nach den rechtlichen Gegebenheiten und tatsächlichen Eigenschaften, der sonstigen Beschaffenheit und der Lage des Grundstücks oder des sonstigen Gegenstands der Wertermittlung ohne Rücksicht auf ungewöhnliche oder persönliche Verhältnisse zu erzielen wäre.

§ 195 Kaufpreissammlung

(1) [1] Zur Führung der Kaufpreissammlung ist jeder Vertrag, durch den sich jemand verpflichtet, Eigentum an einem Grundstück gegen Entgelt, auch im Wege des Tauches, zu übertragen oder ein Erbbaurecht erstmals oder erneut zu bestellen, von der beurkundenden Stelle in Abschrift dem Gutachterausschuss zu übersenden. [2] Dies gilt auch für das Angebot und die Annahme eines Vertrags, wenn diese getrennt beurkundet werden, sowie entsprechend

für die Einigung vor einer Enteignungsbehörde, den Enteignungsbeschluss, den Beschluss über die Vorwegnahme einer Entscheidung im Umlegungsverfahren, den Beschluss über die Aufstellung eines Umlegungsplans, den Beschluss über eine vereinfachte Umlegung und für den Zuschlag in einem Zwangsversteigerungsverfahren.

(2) ¹Die Kaufpreissammlung darf nur dem zuständigen Finanzamt für Zwecke der Besteuerung übermittelt werden. ²Vorschriften, nach denen Urkunden oder Akten den Gerichten oder Staatsanwaltschaften vorzulegen sind, bleiben unberührt.

(3) Auskünfte aus der Kaufpreissammlung sind bei berechtigtem Interesse nach Maßgabe landesrechtlicher Vorschriften zu erteilen (§ 199 Absatz 2 Nummer 4).

§ 196 Bodenrichtwerte

(1) ¹Auf Grund der Kaufpreissammlung sind flächendeckend durchschnittliche Lagewerte für den Boden unter Berücksichtigung des unterschiedlichen Entwicklungszustands zu ermitteln (Bodenrichtwerte). ²In bebauten Gebieten sind Bodenrichtwerte mit dem Wert zu ermitteln, der sich ergeben würde, wenn der Boden unbebaut wäre. ³Es sind Richtwertzonen zu bilden, die jeweils Gebiete umfassen, die nach Art und Maß der Nutzung weitgehend übereinstimmen. ⁴Die wertbeeinflussenden Merkmale des Bodenrichtwertgrundstücks sind darzustellen. ⁵Die Bodenrichtwerte sind jeweils zu Beginn jedes zweiten Kalenderjahres zu ermitteln, wenn nicht eine häufigere Ermittlung bestimmt ist. ⁶Für Zwecke der steuerlichen Bewertung des Grundbesitzes sind Bodenrichtwerte nach ergänzenden Vorgaben der Finanzverwaltung zum jeweiligen Hauptfeststellungszeitpunkt oder sonstigen Feststellungszeitpunkt zu ermitteln. ⁷Auf Antrag der für den Vollzug dieses Gesetzbuchs zuständigen Behörden sind Bodenrichtwerte für einzelne Gebiete bezogen auf einen abweichenden Zeitpunkt zu ermitteln.

(2) ¹Hat sich in einem Gebiet die Qualität des Bodens durch einen Bebauungsplan oder andere Maßnahmen geändert, sind bei der nächsten Fortschreibung der Bodenrichtwerte auf der Grundlage der geänderten Qualität auch Bodenrichtwerte bezogen auf die Wertverhältnisse zum Zeitpunkt der letzten Hauptfeststellung oder dem letzten sonstigen Feststellungszeitpunkt für steuerliche Zwecke zu ermitteln. ²Die Ermittlung kann unterbleiben, wenn das zuständige Finanzamt darauf verzichtet.

(3) ¹Die Bodenrichtwerte sind zu veröffentlichen und dem zuständigen Finanzamt mitzuteilen. ²Jedermann kann von der Geschäftsstelle Auskunft über die Bodenrichtwerte verlangen.

§ 197 Befugnisse des Gutachterausschusses

(1) ¹Der Gutachterausschuss kann mündliche oder schriftliche Auskünfte von Sachverständigen und von Personen einholen, die Angaben über das Grundstück und, wenn das zur Ermittlung von Geldleistungen im Umlegungsverfahren, von Ausgleichsbeträgen und von Enteignungsentschädigungen erforderlich ist, über ein Grundstück, das zum Vergleich herangezogen werden soll, machen können. ²Er kann verlangen, dass Eigentümer und sonstige Inhaber von Rechten an einem Grundstück die zur Führung der Kaufpreissammlung und zur Begutachtung notwendigen Unterlagen vorlegen. ³Der Eigentümer und der Besitzer des Grundstücks haben zu dulden, dass Grundstücke zur Auswertung von Kaufpreisen und zur Vorbereitung von Gutachten betreten werden. ⁴Wohnungen dürfen nur mit Zustimmung der Wohnungsinhaber betreten werden.

(2) ¹Alle Gerichte und Behörden haben dem Gutachterausschuss Rechts- und Amtshilfe zu leisten. ²Die Finanzbehörden erteilen dem Gutachterausschuss auf Ersuchen Auskünfte über Grundstücke, soweit ihnen die Verhältnisse der Grundstücke bekannt sind und dies zur Ermittlung von Ausgleichsbeträgen und Enteignungsentschädigungen sowie zur Ermittlung von Verkehrswerten und der für die Wertermittlung erforderlichen Daten einschließlich der Bodenrichtwerte erforderlich ist. ³Die Auskunftspflicht besteht nicht, soweit deren Erfüllung mit einem unverhältnismäßigen Aufwand verbunden wäre.

§ 198 Oberer Gutachterausschuss

(1) ¹Für den Bereich einer oder mehrerer höherer Verwaltungsbehörden sind Obere Gutachterausschüsse oder Zentrale Geschäftsstellen zu bilden, wenn in dem Bereich der höheren Verwaltungsbehörde mehr als zwei Gutachterausschüsse gebildet sind. ²Auf die Oberen Gutachterausschüsse sind die Vorschriften über die Gutachterausschüsse entsprechend anzuwenden.

(2) ¹Der Obere Gutachterausschuss oder die Zentrale Geschäftsstelle haben insbesondere die Aufgabe, überregionale Auswertungen und Analysen des Grundstücksmarktgeschehens zu erstellen, auch um zu einer bundesweiten Grundstücksmarkttransparenz beizutragen. ²Ist nach Absatz 1 kein Oberer Gutachterausschuss oder keine Zentrale Geschäftsstelle zu bilden, gilt Satz 1 für die Gutachterausschüsse entsprechend.

(3) Der Obere Gutachterausschuss hat auf Antrag eines Gerichts ein Obergutachten zu erstatten, wenn schon das Gutachten eines Gutachterausschusses vorliegt.

§ 199 Ermächtigungen

(1) Die Bundesregierung wird ermächtigt, mit Zustimmung des Bundesrates durch Rechtsverordnung Vorschriften über die Anwendung gleicher Grundsätze bei der Ermittlung der Verkehrswerte und bei der Ableitung der für die Wertermittlung erforderlichen Daten einschließlich der Bodenrichtwerte zu erlassen.

(2) Die Landesregierungen werden ermächtigt, durch Rechtsverordnung
1. die Bildung und das Tätigwerden der Gutachterausschüsse und der Oberen Gutachterausschüsse sowie der Zentralen Geschäftsstellen, soweit in diesem Gesetzbuch nicht bereits geschehen, die Mitwirkung der Gutachter und deren Ausschluss im Einzelfall,

2. die Aufgaben des Vorsitzenden,
3. die Einrichtung und die Aufgaben der Geschäftsstelle,
4. die Führung und Auswertung der Kaufpreissammlung, die Häufigkeit der Bodenrichtwertermittlung sowie die Veröffentlichung der Bodenrichtwerte und sonstiger Daten der Wertermittlung und die Erteilung von Auskünften aus der Kaufpreissammlung,
5. die Übermittlung von Daten der Flurbereinigungsbehörden zur Führung und Auswertung der Kaufpreissammlung,
6. die Übertragung weiterer Aufgaben auf den Gutachterausschuss und den Oberen Gutachterausschuss und
7. die Entschädigung der Mitglieder des Gutachterausschusses und des Oberen Gutachterausschusses
zu regeln.

Zweiter Teil Allgemeine Vorschriften; Zuständigkeiten; Verwaltungsverfahren; Planerhaltung

Erster Abschnitt Allgemeine Vorschriften

§ 200 Grundstücke; Rechte an Grundstücken; Baulandkataster

(1) Die für Grundstücke geltenden Vorschriften dieses Gesetzbuchs sind entsprechend auch auf Grundstücksteile anzuwenden.

(2) Die für das Eigentum an Grundstücken bestehenden Vorschriften sind, soweit dieses Gesetzbuch nichts anderes vorschreibt, entsprechend auch auf grundstücksgleiche Rechte anzuwenden.

(3) [1] Die Gemeinde kann sofort oder in absehbarer Zeit bebaubare Flächen in Karten oder Listen auf der Grundlage eines Lageplans erfassen, der Flur- und Flurstücksnummern, Straßennamen und Angaben zur Grundstücksgröße enthält (Baulandkataster). [2] Sie kann die Flächen in Karten oder Listen veröffentlichen, soweit der Grundstückseigentümer nicht widersprochen hat. [3] Die Gemeinde hat ihre Absicht zur Veröffentlichung einen Monat vorher öffentlich bekannt zu geben und dabei auf das Widerspruchsrecht der Grundstückseigentümer hinzuweisen.

§ 200a Ersatzmaßnahmen

[1] Darstellungen für Flächen zum Ausgleich und Festsetzungen für Flächen oder Maßnahmen zum Ausgleich im Sinne des § 1a Absatz 3 umfassen auch Ersatzmaßnahmen. [2] Ein unmittelbarer räumlicher Zusammenhang zwischen Eingriff und Ausgleich ist nicht erforderlich, soweit dies mit einer geordneten städtebaulichen Entwicklung und den Zielen der Raumordnung sowie des Naturschutzes und der Landschaftspflege vereinbar ist.

§ 201 Begriff der Landwirtschaft

Landwirtschaft im Sinne dieses Gesetzbuchs ist insbesondere der Ackerbau, die Wiesen- und Weidewirtschaft einschließlich Tierhaltung, soweit das Futter überwiegend auf den zum landwirtschaftlichen Betrieb gehörenden, landwirtschaftlich genutzten Flächen erzeugt werden kann, die gartenbauliche Erzeugung, der Erwerbsobstbau, der Weinbau, die berufsmäßige Imkerei und die berufsmäßige Binnenfischerei.

§ 201a Verordnungsermächtigung zur Bestimmung von Gebieten mit einem angespannten Wohnungsmarkt

[1] Die Landesregierungen werden ermächtigt, durch Rechtsverordnung Gebiete mit einem angespannten Wohnungsmarkt zu bestimmen. [2] Die Rechtsverordnung nach Satz 1 gilt für die Anwendung der Regelungen in § 25 Absatz 1 Satz 1 Nummer 2, § 31 Absatz 3, § 175 Absatz 2 Satz 2 und § 176 Absatz 1 Satz 1 Nummer 3. [3] Ein Gebiet mit einem angespannten Wohnungsmarkt liegt vor, wenn die ausreichende Versorgung der Bevölkerung mit Mietwohnungen in einer Gemeinde oder einem Teil der Gemeinde zu angemessenen Bedingungen besonders gefährdet ist. [4] Dies kann insbesondere dann der Fall sein, wenn
1. die Mieten deutlich stärker steigen als im bundesweiten Durchschnitt,
2. die durchschnittliche Mietbelastung der Haushalte den bundesweiten Durchschnitt deutlich übersteigt,
3. die Wohnbevölkerung wächst, ohne dass durch Neubautätigkeit insoweit erforderlicher Wohnraum geschaffen wird, oder
4. geringer Leerstand bei großer Nachfrage besteht.
[5] Eine Rechtsverordnung nach Satz 1 muss spätestens mit Ablauf des 31. Dezember 2026 außer Kraft treten. [6] Sie muss begründet werden. [7] Aus der Begründung muss sich ergeben, auf Grund welcher Tatsachen ein Gebiet mit einem angespannten Wohnungsmarkt im Einzelfall vorliegt. [8] Die betroffenen Gemeinden und die auf Landesebene bestehenden kommunalen Spitzenverbände sollen vor dem Erlass der Rechtsverordnung beteiligt werden.

§ 202 Schutz des Mutterbodens

Mutterboden, der bei der Errichtung und Änderung baulicher Anlagen sowie bei wesentlichen anderen Veränderungen der Erdoberfläche ausgehoben wird, ist in nutzbarem Zustand zu erhalten und vor Vernichtung oder Vergeudung zu schützen.

Zweiter Abschnitt Zuständigkeiten

§ 203 Abweichende Zuständigkeitsregelung

(1) Die Landesregierung oder die von ihr bestimmte Behörde kann im Einvernehmen mit der Gemeinde durch Rechtsverordnung bestimmen, dass die nach diesem Gesetzbuch der Gemeinde obliegenden Aufgaben auf eine andere Gebietskörperschaft übertragen werden oder auf einen Verband, an dessen Willensbildung die Gemeinde mitwirkt.

(2) ¹ Durch Landesgesetz können Aufgaben der Gemeinden nach diesem Gesetzbuch auf Verbandsgemeinden, Verwaltungsgemeinschaften oder vergleichbare gesetzliche Zusammenschlüsse von Gemeinden, denen nach Landesrecht örtliche Selbstverwaltungsaufgaben der Gemeinde obliegen, übertragen werden. ² In dem Landesgesetz ist zu regeln, wie die Gemeinden an der Aufgabenerfüllung mitwirken.

(3) Die Landesregierung kann durch Rechtsverordnung die nach diesem Gesetzbuch der höheren Verwaltungsbehörde zugewiesenen Aufgaben auf andere staatliche Behörden, Landkreise oder kreisfreie Gemeinden übertragen.

(4) ¹ Unterliegen die Planungsbereiche gemeinsamer Flächennutzungspläne (§ 204) oder von Flächennutzungsplänen und Satzungen eines Planungsverbands (§ 205) der Zuständigkeit verschiedener höherer Verwaltungsbehörden, ist die Oberste Landesbehörde für die Entscheidung im Genehmigungs- und Zustimmungsverfahren zuständig. ² Liegen die Geltungsbereiche in verschiedenen Ländern, entscheiden die Obersten Landesbehörden im gegenseitigen Einvernehmen.

§ 204 Gemeinsamer Flächennutzungsplan, Bauleitplanung bei Bildung von Planungsverbänden und bei Gebiets- oder Bestandsänderung

(1) ¹ Benachbarte Gemeinden sollen einen gemeinsamen Flächennutzungsplan aufstellen, wenn ihre städtebauliche Entwicklung wesentlich durch gemeinsame Voraussetzungen und Bedürfnisse bestimmt wird oder ein gemeinsamer Flächennutzungsplan einen gerechten Ausgleich der verschiedenen Belange ermöglicht. ² Ein gemeinsamer Flächennutzungsplan soll insbesondere aufgestellt werden, wenn die Ziele der Raumordnung oder wenn Einrichtungen und Anlagen des öffentlichen Verkehrs, sonstige Erschließungsanlagen sowie Gemeinbedarfs- oder sonstige Folgeeinrichtungen eine gemeinsame Planung erfordern. ³ Der gemeinsame Flächennutzungsplan kann von den beteiligten Gemeinden nur gemeinsam aufgehoben, geändert oder ergänzt werden; die Gemeinden können vereinbaren, dass sich die Bindung nur auf bestimmte räumliche oder sachliche Teilbereiche erstreckt. ⁴ Ist eine gemeinsame Planung nur für räumliche oder sachliche Teilbereiche erforderlich, genügt anstelle eines gemeinsamen Flächennutzungsplans eine Vereinbarung der beteiligten Gemeinden über bestimmte Darstellungen in ihren Flächennutzungsplänen. ⁵ Sind die Voraussetzungen für eine gemeinsame Planung nach Satz 1 und 4 entfallen oder ist ihr Zweck erreicht, können die beteiligten Gemeinden den Flächennutzungsplan für ihr Gemeindegebiet ändern oder ergänzen; vor Einleitung des Bauleitplanverfahrens ist die Zustimmung der höheren Verwaltungsbehörde erforderlich.

(2) ¹ Werden Gemeinden in ihrem Gebiet oder Bestand geändert oder geht die Zuständigkeit zur Aufstellung von Flächennutzungsplänen auf Verbände oder sonstige kommunale Körperschaften über, gelten unbeschadet abweichender landesrechtlicher Regelungen bestehende Flächennutzungspläne fort. ² Dies gilt auch für räumliche und sachliche Teile der Flächennutzungspläne. ³ Die Befugnis und die Pflicht der Gemeinde, eines Verbands oder einer sonstigen Körperschaft, fortgeltende Flächennutzungspläne aufzuheben oder für das neue Gemeindegebiet zu ergänzen oder durch einen neuen Flächennutzungsplan zu ersetzen, bleiben unberührt.

(3) ¹ Verfahren zur Aufstellung, Änderung, Ergänzung oder Aufhebung von Bebauungsplänen können nach einer Gebiets- oder Bestandsänderung in ihrem jeweiligen Stand fortgeführt werden. ² Satz 1 gilt entsprechend bei Bildung von Planungsverbänden und für Zusammenschlüsse nach § 205 Absatz 6. ³ Die höhere Verwaltungsbehörde kann verlangen, dass bestimmte Verfahrensabschnitte wiederholt werden.

§ 205 Planungsverbände

(1) ¹ Gemeinden und sonstige öffentliche Planungsträger können sich zu einem Planungsverband zusammenschließen, um durch gemeinsame zusammengefasste Bauleitplanung den Ausgleich der verschiedenen Belange zu erreichen. ² Der Planungsverband tritt nach Maßgabe seiner Satzung für die Bauleitplanung und ihre Durchführung an die Stelle der Gemeinden.

(2) ¹ Kommt ein Zusammenschluss nach Absatz 1 nicht zustande, können die Beteiligten auf Antrag eines Planungsträgers zu einem Planungsverband zusammengeschlossen werden, wenn dies zum Wohl der Allgemeinheit dringend geboten ist. ² Ist der Zusammenschluss aus Gründen der Raumordnung geboten, kann den Antrag auch die für die Landesplanung nach Landesrecht zuständige Stelle stellen. ³ Über den Antrag entscheidet die Landesregierung. ⁴ Sind Planungsträger verschiedener Länder beteiligt, erfolgt der Zusammenschluss nach Vereinbarung zwischen den beteiligten Landesregierungen. ⁵ Sollen der Bund oder eine bundesunmittelbare Körperschaft oder Anstalt an dem Planungsverband beteiligt werden, erfolgt der Zusammenschluss nach Vereinbarung zwischen der Bundesregierung und der Landesregierung, sofern die beteiligte Behörde des Bundes oder der bundesunmittelbaren Körperschaft oder Anstalt dem Zusammenschluss durch die Landesregierung widerspricht.

(3) ¹ Kommt eine Einigung über die Satzung oder über den Plan unter den Mitgliedern nicht zustande, stellt die zuständige Landesbehörde eine Satzung oder einen Plan auf und legt sie dem Planungsverband zur Beschlussfassung vor. ² Einigen sich die Mitglieder über diese Satzung oder diesen Plan nicht, setzt die Landesregierung die Satzung oder den Plan fest. ³ Absatz 2 Satz 4 ist entsprechend anzuwenden. ⁴ Ist der Bund oder eine bundesunmittelbare Körperschaft oder Anstalt an dem Planungsverband beteiligt, wird die Satzung oder der Plan nach Vereinbarung zwischen der Bundesregierung und der Landesregierung festgesetzt, sofern die beteiligte Behörde des Bundes oder der bundesunmittelbaren Körperschaft oder Anstalt der Festsetzung durch die Landesregierung widerspricht.

(4) Dem Planungsverband können nach Maßgabe der Satzung die Aufgaben der Gemeinde, die ihr nach diesem Gesetzbuch obliegen, übertragen werden.

(5) ¹ Der Planungsverband ist aufzulösen, wenn die Voraussetzungen für den Zusammenschluss entfallen sind oder der Zweck der gemeinsamen Planung erreicht ist. ² Kommt ein übereinstimmender Beschluss über die Auflösung nicht zustande, ist unter den in Satz 1 bezeichneten Voraussetzungen die Auflösung auf Antrag eines Mitglieds

anzuordnen; im Übrigen ist Absatz 2 entsprechend anzuwenden. ³ Nach Auflösung des Planungsverbands gelten die von ihm aufgestellten Pläne als Bauleitpläne der einzelnen Gemeinden.

(6) Ein Zusammenschluss nach dem Zweckverbandsrecht oder durch besondere Landesgesetze wird durch diese Vorschriften nicht ausgeschlossen.

(7) ¹ Wird die Befugnis zur Aufstellung von Bauleitplänen nach den Absätzen 1 bis 3 oder 6 übertragen, sind die Entwürfe der Bauleitpläne mit Begründung vor der Beschlussfassung hierüber oder der Festsetzung nach Absatz 3 Satz 2 oder 4 den Gemeinden, für deren Gebiet der Bauleitplan aufgestellt werden soll, zur Stellungnahme innerhalb angemessener Frist zuzuleiten. ² Auf die Behandlung der von den Gemeinden fristgemäß vorgebrachten Anregungen ist § 3 Absatz 2 Satz 4 und 6 entsprechend anzuwenden.

§ 206 Örtliche und sachliche Zuständigkeit

(1) ¹ Örtlich zuständig ist die Behörde, in deren Bereich das betroffene Grundstück liegt. ² Werden Grundstücke betroffen, die örtlich oder wirtschaftlich zusammenhängen und demselben Eigentümer gehören, und liegen diese Grundstücke im Bereich mehrerer nach diesem Gesetzbuch sachlich zuständiger Behörden, so wird die örtlich zuständige Behörde durch die nächsthöhere gemeinsame Behörde bestimmt.

(2) Ist eine höhere Verwaltungsbehörde nicht vorhanden, so ist die Oberste Landesbehörde zugleich höhere Verwaltungsbehörde.

Dritter Abschnitt Verwaltungsverfahren

§ 207 Von Amts wegen bestellter Vertreter

¹ Ist ein Vertreter nicht vorhanden, so hat das Betreuungsgericht, für einen minderjährigen Beteiligten das Familiengericht auf Ersuchen der zuständigen Behörde einen rechts- und sachkundigen Vertreter zu bestellen

1. für einen Beteiligten, dessen Person unbekannt, oder für eine Person, deren Beteiligung ungewiss ist,
2. für einen abwesenden Beteiligten, dessen Aufenthalt unbekannt oder dessen Aufenthalt zwar bekannt, der aber an der Besorgung seiner Vermögensangelegenheiten verhindert ist,
3. für einen Beteiligten, dessen Aufenthalt sich nicht innerhalb des Geltungsbereichs dieses Gesetzbuchs befindet, wenn er der Aufforderung der zuständigen Behörde, einen Vertreter zu bestellen, innerhalb der ihm gesetzten Frist nicht nachgekommen ist,
4. für Gesamthandseigentümer oder Eigentümer nach Bruchteilen sowie für mehrere Inhaber eines sonstigen Rechts an einem Grundstück oder an einem das Grundstück belastenden Recht, wenn sie der Aufforderung der zuständigen Behörden, einen gemeinsamen Vertreter zu bestellen, innerhalb der ihnen gesetzten Fristen nicht nachgekommen sind,
5. bei herrenlosen Grundstücken zur Wahrung der aus dem Eigentum sich ergebenden Rechte und Pflichten.

² Für die Bestellung und für das Amt des Vertreters gelten die Vorschriften des Bürgerlichen Gesetzbuchs für die Pflegschaft entsprechend.

§ 208 Anordnungen zur Erforschung des Sachverhalts

¹ Die Behörden können zur Erforschung des Sachverhalts auch anordnen, dass

1. Beteiligte persönlich erscheinen,
2. Urkunden und sonstige Unterlagen vorgelegt werden, auf die sich ein Beteiligter bezogen hat,
3. Hypotheken-, Grundschuld- und Rentenschuldgläubiger die in ihrem Besitz befindlichen Hypotheken-, Grundschuld- und Rentenschuldbriefe vorlegen.

² Für den Fall, dass ein Beteiligter der Anordnung nicht nachkommt, kann ein Zwangsgeld bis zu fünfhundert Euro angedroht und festgesetzt werden. ³ Ist Beteiligter eine juristische Person oder eine nichtrechtsfähige Personenvereinigung, so ist das Zwangsgeld dem nach Gesetz oder Satzung Vertretungsberechtigten anzudrohen und gegen ihn festzusetzen. ⁴ Androhung und Festsetzung können wiederholt werden.

§ 209 Vorarbeiten auf Grundstücken

(1) ¹ Eigentümer und Besitzer haben zu dulden, dass Beauftragte der zuständigen Behörden zur Vorbereitung der von ihnen nach diesem Gesetzbuch zu treffenden Maßnahmen Grundstücke betreten und Vermessungen, Boden- und Grundwasseruntersuchungen oder ähnliche Arbeiten ausführen. ² Die Absicht, solche Arbeiten auszuführen, ist den Eigentümern oder Besitzern vorher bekannt zu geben. ³ Wohnungen dürfen nur mit Zustimmung der Wohnungsinhaber betreten werden.

(2) ¹ Entstehen durch eine nach Absatz 1 zulässige Maßnahme dem Eigentümer oder Besitzer unmittelbare Vermögensnachteile, so ist dafür von der Stelle, die den Auftrag erteilt hat, eine angemessene Entschädigung in Geld zu leisten; kommt eine Einigung über die Geldentschädigung nicht zustande, so entscheidet die höhere Verwaltungsbehörde; vor der Entscheidung sind die Beteiligten zu hören. ² Hat eine Enteignungsbehörde den Auftrag erteilt, so hat der Antragsteller, in dessen Interesse die Enteignungsbehörde tätig geworden ist, dem Betroffenen die Entschädigung zu leisten; kommt eine Einigung über die Geldentschädigung nicht zustande, so setzt die Enteignungsbehörde die Entschädigung fest; vor der Entscheidung sind die Beteiligten zu hören.

§ 210 Wiedereinsetzung

(1) Wenn ein Beteiligter ohne Verschulden verhindert war, eine gesetzliche oder auf Grund dieses Gesetzbuchs bestimmte Frist für eine Verfahrenshandlung einzuhalten, so ist ihm auf Antrag Wiedereinsetzung in den vorigen Stand zu gewähren

(2) Die nach § 32 Absatz 4 des Verwaltungsverfahrensgesetzes zuständige Behörde kann nach Wiedereinsetzung in den vorigen Stand anstelle einer Entscheidung, die den durch das bisherige Verfahren herbeigeführten neuen Rechtszustand ändern würde, eine Entschädigung festsetzen.

§ 211 Belehrung über Rechtsbehelfe

Den nach diesem Gesetzbuch ergehenden Verwaltungsakten ist eine Erklärung beizufügen, durch die der Beteiligte über den Rechtsbehelf, der gegen den Verwaltungsakt gegeben ist, über die Stelle, bei der der Rechtsbehelf einzulegen ist, und über die Frist belehrt wird.

§ 212 Vorverfahren

(1) Die Landesregierungen können durch Rechtsverordnung bestimmen, dass ein nach dem Vierten oder Fünften Teil des Ersten Kapitels erlassener Verwaltungsakt durch Antrag auf gerichtliche Entscheidung nach § 217 erst angefochten werden kann, nachdem seine Rechtmäßigkeit und Zweckmäßigkeit in einem Vorverfahren nachgeprüft worden ist; das Vorverfahren ist in Anlehnung an die Vorschriften der Verwaltungsgerichtsordnung zu regeln.

(2) [1] Ist ein Vorverfahren vorgesehen, hat der Widerspruch gegen
1. den Umlegungsbeschluss nach § 47 Absatz 1,
2. die Bekanntmachung der Unanfechtbarkeit des Umlegungsplans nach § 71 Absatz 1 sowie
3. die vorzeitige Besitzeinweisung nach § 77 oder § 116
keine aufschiebende Wirkung. [2] § 80 Absatz 4 und 5 der Verwaltungsgerichtsordnung ist entsprechend anzuwenden.

§ 212a Entfall der aufschiebenden Wirkung

(1) Widerspruch und Anfechtungsklage eines Dritten gegen die bauaufsichtliche Zulassung eines Vorhabens haben keine aufschiebende Wirkung.

(2) Widerspruch und Anfechtungsklage gegen die Geltendmachung des Kostenerstattungsbetrags nach § 135a Absatz 3 sowie des Ausgleichsbetrags nach § 154 durch die Gemeinde haben keine aufschiebende Wirkung.

§ 213 Ordnungswidrigkeiten

(1) Ordnungswidrig handelt, wer
1. wider besseres Wissen unrichtige Angaben macht oder unrichtige Pläne oder Unterlagen vorlegt, um einen begünstigenden Verwaltungsakt zu erwirken oder einen belastenden Verwaltungsakt zu verhindern;
2. Pfähle, Pflöcke oder sonstige Markierungen, die Vorarbeiten dienen, wegnimmt, verändert, unkenntlich macht oder unrichtig setzt;
3. einer in einem Bebauungsplan nach § 9 Absatz 1 Nummer 25 Buchstabe b festgesetzten Bindung für Bepflanzungen und für die Erhaltung von Bäumen, Sträuchern und sonstigen Bepflanzungen sowie von Gewässern dadurch zuwiderhandelt, dass diese beseitigt, wesentlich beeinträchtigt oder zerstört werden;
4. eine bauliche Anlage im Geltungsbereich einer Erhaltungssatzung (§ 172 Absatz 1 Satz 1) oder einer Satzung über die Durchführung von Stadtumbaumaßnahmen (§ 171d Absatz 1) ohne Genehmigung rückbaut oder ändert.

(2) Ordnungswidrig handelt, wer vorsätzlich oder fahrlässig ohne Genehmigung nach § 22 Absatz 1 Satz 1 Nummer 5 einen dort genannten Raum als Nebenwohnung nutzt.

(3) Die Ordnungswidrigkeit kann in den Fällen des Absatzes 2 mit einer Geldbuße bis zu fünfzigtausend Euro, in den Fällen des Absatzes 1 Nummer 4 mit einer Geldbuße bis zu dreißigtausend Euro, in den Fällen des Absatzes 1 Nummer 3 mit einer Geldbuße bis zu zehntausend Euro und in den übrigen Fällen mit einer Geldbuße bis zu tausend Euro geahndet werden.

Vierter Abschnitt Planerhaltung

§ 214 Beachtlichkeit der Verletzung von Vorschriften über die Aufstellung des Flächennutzungsplans und der Satzungen; ergänzendes Verfahren

(1) [1] Eine Verletzung von Verfahrens- und Formvorschriften dieses Gesetzbuchs ist für die Rechtswirksamkeit des Flächennutzungsplans und der Satzungen nach diesem Gesetzbuch nur beachtlich, wenn
1. entgegen § 2 Absatz 3 die von der Planung berührten Belange, die der Gemeinde bekannt waren oder hätten bekannt sein müssen, in wesentlichen Punkten nicht zutreffend ermittelt oder bewertet worden sind und wenn der Mangel offensichtlich und auf das Ergebnis des Verfahrens von Einfluss gewesen ist;
2. die Vorschriften über die Öffentlichkeits- und Behördenbeteiligung nach § 3 Absatz 2, § 4 Absatz 2, § 4a Absatz 3, Absatz 4 Satz 1 und Absatz 5 Satz 2, nach § 13 Absatz 2 Satz 1 Nummer 2 und 3, auch in Verbindung mit § 13a Absatz 2 Nummer 1 und § 13b, nach § 22 Absatz 9 Satz 2, § 34 Absatz 6 Satz 1 sowie § 35 Absatz 6 Satz 5 verletzt worden sind; dabei ist unbeachtlich, wenn
 a) bei Anwendung der Vorschriften einzelne Personen, Behörden oder sonstige Träger öffentlicher Belange nicht beteiligt worden sind, die entsprechenden Belange jedoch unerheblich waren oder in der Entscheidung berücksichtigt worden sind,
 b) einzelne Angaben dazu, welche Arten umweltbezogener Informationen verfügbar sind, gefehlt haben,
 c) (weggefallen)
 d) bei Vorliegen eines wichtigen Grundes nach § 3 Absatz 2 Satz 1 nicht für die Dauer einer angemessenen längeren Frist ausgelegt worden ist und die Begründung für die Annahme des Nichtvorliegens eines wichtigen Grundes nachvollziehbar ist,

e) bei Anwendung des § 4a Absatz 4 Satz 1 der Inhalt der Bekanntmachung und die auszulegenden Un-
terlagen zwar in das Internet eingestellt, aber nicht über das zentrale Internetportal des Landes zugänglich
sind,

f) bei Anwendung des § 13 Absatz 3 Satz 2 die Angabe darüber, dass von einer Umweltprüfung abgesehen
wird, unterlassen wurde oder

g) bei Anwendung des § 4a Absatz 3 Satz 4 oder des § 13, auch in Verbindung mit § 13a Absatz 2 Nummer
1 und § 13b, die Voraussetzungen für die Durchführung der Beteiligung nach diesen Vorschriften ver-
kannt worden sind;

3. die Vorschriften über die Begründung des Flächennutzungsplans und der Satzungen sowie ihrer Entwürfe
nach §§ 2a, 3 Absatz 2, § 5 Absatz 1 Satz 2 Halbsatz 2 und Absatz 5, § 9 Absatz 8 und § 22 Absatz 10 verletzt
worden sind; dabei ist unbeachtlich, wenn die Begründung des Flächennutzungsplans oder der Satzung oder
ihr Entwurf unvollständig ist; abweichend von Halbsatz 2 ist eine Verletzung von Vorschriften in Bezug auf
den Umweltbericht unbeachtlich, wenn die Begründung hierzu nur in unwesentlichen Punkten unvollständig
ist;

4. ein Beschluss der Gemeinde über den Flächennutzungsplan oder die Satzung nicht gefasst, eine Genehmigung
nicht erteilt oder der mit der Bekanntmachung des Flächennutzungsplans oder der Satzung verfolgte Hin-
weiszweck nicht erreicht worden ist.
[2] Soweit in den Fällen des Satzes 1 Nummer 3 die Begründung in wesentlichen Punkten unvollständig ist, hat die
Gemeinde auf Verlangen Auskunft zu erteilen, wenn ein berechtigtes Interesse dargelegt wird.

(2) Für die Rechtswirksamkeit der Bauleitpläne ist auch unbeachtlich, wenn
1. die Anforderungen an die Aufstellung eines selbständigen Bebauungsplans (§ 8 Absatz 2 Satz 2) oder an die
in § 8 Absatz 4 bezeichneten dringenden Gründe für die Aufstellung eines vorzeitigen Bebauungsplans nicht
richtig beurteilt worden sind;
2. § 8 Absatz 2 Satz 1 hinsichtlich des Entwickelns des Bebauungsplans aus dem Flächennutzungsplan verletzt
worden ist, ohne dass hierbei die sich aus dem Flächennutzungsplan ergebende geordnete städtebauliche
Entwicklung beeinträchtigt worden ist;
3. der Bebauungsplan aus einem Flächennutzungsplan entwickelt worden ist, dessen Unwirksamkeit sich wegen
Verletzung von Verfahrens- oder Formvorschriften einschließlich des § 6 nach Bekanntmachung des Bebau-
ungsplans herausstellt;
4. im Parallelverfahren gegen § 8 Absatz 3 verstoßen worden ist, ohne dass die geordnete städtebauliche Ent-
wicklung beeinträchtigt worden ist.

(2a) Für Bebauungspläne, die im beschleunigten Verfahren nach § 13a, auch in Verbindung mit § 13b, aufgestellt
worden sind, gilt ergänzend zu den Absätzen 1 und 2 Folgendes:
1. (weggefallen)
2. Das Unterbleiben der Hinweise nach § 13a Absatz 3 ist für die Rechtswirksamkeit des Bebauungsplans unbe-
achtlich.
3. Beruht die Feststellung, dass eine Umweltprüfung unterbleiben soll, auf einer Vorprüfung des Einzelfalls
nach § 13a Absatz 1 Satz 2 Nummer 2, gilt die Vorprüfung als ordnungsgemäß durchgeführt, wenn sie ent-
sprechend den Vorgaben von § 13a Absatz 1 Satz 2 Nummer 2 durchgeführt worden ist und ihr Ergebnis
nachvollziehbar ist; dabei ist unbeachtlich, wenn einzelne Behörden oder sonstige Träger öffentlicher Belange
nicht beteiligt worden sind; andernfalls besteht ein für die Rechtswirksamkeit des Bebauungsplans beachtlicher
Mangel.
4. Die Beurteilung, dass der Ausschlussgrund nach § 13a Absatz 1 Satz 4 nicht vorliegt, gilt als zutreffend, wenn
das Ergebnis nachvollziehbar ist und durch den Bebauungsplan nicht die Zulässigkeit von Vorhaben nach
Spalte 1 der Anlage 1 zum Gesetz über die Umweltverträglichkeitsprüfung begründet wird; andernfalls besteht
ein für die Rechtswirksamkeit des Bebauungsplans beachtlicher Mangel.

(3) [1] Für die Abwägung ist die Sach- und Rechtslage im Zeitpunkt der Beschlussfassung über den Flächennutzungs-
plan oder die Satzung maßgebend. [2] Mängel, die Gegenstand der Regelung in Absatz 1 Satz 1 Nummer 1 sind,
können nicht als Mängel der Abwägung geltend gemacht werden; im Übrigen sind Mängel im Abwägungsvorgang
nur erheblich, wenn sie offensichtlich und auf das Abwägungsergebnis von Einfluss gewesen sind.

(4) Der Flächennutzungsplan oder die Satzung können durch ein ergänzendes Verfahren zur Behebung von Fehlern
auch rückwirkend in Kraft gesetzt werden.

§ 215 Frist für die Geltendmachung der Verletzung von Vorschriften

(1) [1] Unbeachtlich werden
1. eine nach § 214 Absatz 1 Satz 1 Nummer 1 bis 3 beachtliche Verletzung der dort bezeichneten Verfahrens-
und Formvorschriften,
2. eine unter Berücksichtigung des § 214 Absatz 2 beachtliche Verletzung der Vorschriften über das Verhältnis
des Bebauungsplans und des Flächennutzungsplans und
3. nach § 214 Absatz 3 Satz 2 beachtliche Mängel des Abwägungsvorgangs,
wenn sie nicht innerhalb eines Jahres seit Bekanntmachung des Flächennutzungsplans oder der Satzung schriftlich
gegenüber der Gemeinde unter Darlegung des die Verletzung begründenden Sachverhalts geltend gemacht worden
sind. [2] Satz 1 gilt entsprechend, wenn Fehler nach § 214 Absatz 2a beachtlich sind.

(2) Bei Inkraftsetzung des Flächennutzungsplans oder der Satzung ist auf die Voraussetzungen für die Geltendma-
chung der Verletzung von Vorschriften sowie auf die Rechtsfolgen hinzuweisen.

§ 216 Aufgaben im Genehmigungsverfahren

Die Verpflichtung der für das Genehmigungsverfahren zuständigen Behörde, die Einhaltung der Vorschriften zu prüfen, deren Verletzung sich nach den §§ 214 und 215 auf die Rechtswirksamkeit eines Flächennutzungsplans oder einer Satzung nicht auswirkt, bleibt unberührt.

Dritter Teil Verfahren vor den Kammern (Senaten) für Baulandsachen

§ 217 Antrag auf gerichtliche Entscheidung

(1) [1] Verwaltungsakte nach dem Vierten und Fünften Teil des Ersten Kapitels sowie nach den §§ 18, 28 Absatz 3, 4 und 6, den §§ 39 bis 44, 126 Absatz 2, § 150 Absatz 2, § 179 Absatz 4, den §§ 181, 209 Absatz 2 oder § 210 Absatz 2 können nur durch Antrag auf gerichtliche Entscheidung angefochten werden. [2] Satz 1 ist auch anzuwenden auf andere Verwaltungsakte auf Grund dieses Gesetzbuchs, für die die Anwendung des Zweiten Abschnitts des Fünften Teils des Ersten Kapitels vorgeschrieben ist oder die in einem Verfahren nach dem Vierten oder Fünften Teil des Ersten Kapitels erlassen werden, sowie auf Streitigkeiten über die Höhe der Geldentschädigung nach § 190 in Verbindung mit § 88 Nummer 7 und § 89 Absatz 2 des Flurbereinigungsgesetzes. [3] Mit dem Antrag auf gerichtliche Entscheidung kann auch die Verurteilung zum Erlass eines Verwaltungsakts oder zu einer sonstigen Leistung sowie eine Feststellung begehrt werden. [4] Über den Antrag entscheidet das Landgericht, Kammer für Baulandsachen.

(2) [1] Der Antrag ist binnen eines Monats seit der Zustellung des Verwaltungsakts bei der Stelle einzureichen, die den Verwaltungsakt erlassen hat. [2] Ist die ortsübliche Bekanntmachung des Verwaltungsakts vorgeschrieben, so ist der Antrag binnen sechs Wochen seit der Bekanntmachung einzureichen. [3] Hat ein Vorverfahren (§ 212) stattgefunden, so beginnt die in Satz 1 bestimmte Frist mit der Zustellung des Bescheids, der das Vorverfahren beendet hat.

(3) [1] Der Antrag muss den Verwaltungsakt bezeichnen, gegen den er sich richtet. [2] Er soll die Erklärung, inwieweit der Verwaltungsakt angefochten wird, und einen bestimmten Antrag enthalten. [3] Er soll die Gründe sowie die Tatsachen und Beweismittel angeben, die zur Rechtfertigung des Antrags dienen.

(4) [1] Die Stelle, die den Verwaltungsakt erlassen hat, hat den Antrag mit ihren Akten unverzüglich dem zuständigen Landgericht vorzulegen. [2] Ist das Verfahren vor der Stelle noch nicht abgeschlossen, so sind statt der Akten Abschriften der bedeutsamen Aktenstücke vorzulegen.

§ 218 Wiedereinsetzung in den vorigen Stand

(1) [1] War ein Beteiligter ohne Verschulden verhindert, die Frist nach § 217 Absatz 2 einzuhalten, so ist ihm auf Antrag vom Landgericht, Kammer für Baulandsachen, Wiedereinsetzung in den vorigen Stand zu gewähren, wenn er den Antrag auf gerichtliche Entscheidung binnen zwei Wochen nach Beseitigung des Hindernisses einreicht und die Tatsachen, die die Wiedereinsetzung begründen, glaubhaft macht. [2] Gegen die Entscheidung über den Antrag findet die sofortige Beschwerde an das Oberlandesgericht, Senat für Baulandsachen, statt. [3] Nach Ablauf eines Jahres, vom Ende der versäumten Frist an gerechnet, kann die Wiedereinsetzung nicht mehr beantragt werden.

(2) Ist der angefochtene Verwaltungsakt ein Enteignungsbeschluss und ist der bisherige Rechtszustand bereits durch den neuen Rechtszustand ersetzt (§ 117 Absatz 5), so kann das Gericht im Falle der Wiedereinsetzung den Enteignungsbeschluss nicht aufheben und hinsichtlich des Gegenstands der Enteignung oder der Art der Entschädigung nicht ändern.

§ 219 Örtliche Zuständigkeit der Landgerichte

(1) Örtlich zuständig ist das Landgericht, in dessen Bezirk die Stelle, die den Verwaltungsakt erlassen hat, ihren Sitz hat.

(2) [1] Die Landesregierungen können durch Rechtsverordnung die Verhandlung und Entscheidung über Anträge auf gerichtliche Entscheidung einem Landgericht für die Bezirke mehrerer Landgerichte zuweisen, wenn die Zusammenfassung für eine Förderung oder schnellere Erledigung der Verfahren sachdienlich ist. [2] Die Landesregierungen können diese Ermächtigung auf die Landesjustizverwaltungen übertragen.

§ 220 Zusammensetzung der Kammern für Baulandsachen

(1) [1] Bei den Landgerichten werden eine oder mehrere Kammern für Baulandsachen gebildet. [2] Die Kammer für Baulandsachen entscheidet in der Besetzung mit zwei Richtern des Landgerichts einschließlich des Vorsitzenden sowie einem hauptamtlichen Richter eines Verwaltungsgerichts. [3] Die Vorschriften über den Einzelrichter sind nicht anzuwenden.

(2) Die Richter der Verwaltungsgerichte und die für den Fall ihrer Verhinderung erforderlichen Vertreter werden von der für die Verwaltungsgerichtsbarkeit zuständigen Obersten Landesbehörde auf die Dauer von drei Jahren bestellt.

§ 221 Allgemeine Verfahrensvorschriften

(1) [1] In den Sachen, die auf Grund eines Antrags auf gerichtliche Entscheidung bei den Gerichten anhängig werden, sind die bei Klagen in bürgerlichen Rechtsstreitigkeiten geltenden Vorschriften entsprechend anzuwenden, soweit sich aus den §§ 217 bis 231 nichts anderes ergibt. [2] § 227 Absatz 3 Satz 1 der Zivilprozessordnung ist nicht anzuwenden.

(2) Das Gericht kann auch von Amts wegen die Aufnahme von Beweisen anordnen und nach Anhörung der Beteiligten auch solche Tatsachen berücksichtigen, die von ihnen nicht vorgebracht worden sind.

(3) Sind gegen denselben Verwaltungsakt mehrere Anträge auf gerichtliche Entscheidung gestellt, so wird über sie gleichzeitig verhandelt und entschieden.

(4) Die Vorschriften über die Vorauszahlung der Gebühr für das Verfahren im Allgemeinen nach § 12 Absatz 1 Satz 1 und 2 des Gerichtskostengesetzes sind nicht anzuwenden.

§ 222 Beteiligte

(1) ¹ Wer an dem Verfahren, in dem der Verwaltungsakt erlassen worden ist, Beteiligter war, ist auch in dem gerichtlichen Verfahren Beteiligter, wenn seine Rechte oder Pflichten durch die Entscheidung des Gerichts betroffen werden können. ² In dem gerichtlichen Verfahren ist auch die Stelle Beteiligte, die den Verwaltungsakt erlassen hat.

(2) Der Antrag auf gerichtliche Entscheidung ist den übrigen in Absatz 1 Satz 1 bezeichneten Beteiligten, soweit sie bekannt sind, zuzustellen.

(3) ¹ Auf die Beteiligten sind die für die Parteien geltenden Vorschriften der Zivilprozessordnung entsprechend anzuwenden. ² § 78 der Zivilprozessordnung gilt in dem Verfahren vor dem Landgericht und dem Oberlandesgericht nur für Beteiligte, die Anträge in der Hauptsache stellen.

§ 223 Anfechtung von Ermessensentscheidungen

¹ Soweit die Stelle, die den Verwaltungsakt erlassen hat, ermächtigt ist, nach ihrem Ermessen zu handeln, kann der Antrag nur darauf gestützt werden, dass die Entscheidung rechtswidrig ist, weil die gesetzlichen Grenzen des Ermessens überschritten sind oder von dem Ermessen in einer dem Zweck der Ermächtigung nicht entsprechenden Weise Gebrauch gemacht worden ist. ² Dies gilt nicht, soweit in dem Verwaltungsakt über einen Anspruch auf eine Geldleistung entschieden worden ist.

§ 224 Entfall der aufschiebenden Wirkung bei Antrag auf gerichtliche Entscheidung

¹ Der Antrag auf gerichtliche Entscheidung gegen
1. den Umlegungsbeschluss nach § 47 Absatz 1,
2. die Bekanntmachung der Unanfechtbarkeit des Umlegungsplans nach § 71 Absatz 1,
3. die vorzeitige Besitzeinweisung nach § 77 oder § 116 sowie
4. die Geltendmachung des Kostenerstattungsbetrags nach § 179 Absatz 4

hat keine aufschiebende Wirkung. ² § 80 Absatz 5 der Verwaltungsgerichtsordnung ist entsprechend anzuwenden.

§ 225 Vorzeitige Ausführungsanordnung

¹ Ist nur noch die Höhe einer Geldentschädigung streitig, so kann das Gericht auf Antrag des Enteignungsbegünstigten beschließen, dass die Enteignungsbehörde die Ausführung des Enteignungsbeschlusses anzuordnen hat. ² In dem Beschluss kann bestimmt werden, dass der Enteignungsbegünstigte für den im Streit befindlichen Betrag Sicherheit zu leisten hat. ³ Die Ausführungsanordnung darf erst ergehen, wenn der Enteignungsbegünstigte die festgesetzte Geldentschädigung gezahlt oder zulässigerweise unter Verzicht auf das Recht der Rücknahme hinterlegt hat.

§ 226 Urteil

(1) Über den Antrag auf gerichtliche Entscheidung wird durch Urteil entschieden.

(2) ¹ Wird ein Antrag auf gerichtliche Entscheidung, der einen Anspruch auf eine Geldleistung betrifft, für begründet erachtet, so hat das Gericht den Verwaltungsakt zu ändern. ² Wird in anderen Fällen ein Antrag auf gerichtliche Entscheidung für begründet erachtet, so hat das Gericht den Verwaltungsakt aufzuheben und erforderlichenfalls auszusprechen, dass die Stelle, die den Verwaltungsakt erlassen hat, verpflichtet ist, in der Sache unter Beachtung der Rechtsauffassung des Gerichts anderweit zu entscheiden.

(3) ¹ Einen Enteignungsbeschluss kann das Gericht auch ändern, wenn der Antrag auf gerichtliche Entscheidung nicht einen Anspruch auf Geldleistung betrifft. ² Es darf in diesem Falle über den Antrag des Beteiligten hinaus, der den Antrag auf gerichtliche Entscheidung gestellt hat, den Enteignungsbeschluss auch ändern, soweit ein anderer Beteiligter es beantragt hat; dabei ist eine Änderung des Enteignungsbeschlusses zum Nachteil dessen, der den Antrag auf gerichtliche Entscheidung gestellt hat, nicht statthaft. ³ Wird ein Enteignungsbeschluss geändert, so ist § 113 Absatz 2 entsprechend anzuwenden. ⁴ Wird ein Enteignungsbeschluss aufgehoben oder hinsichtlich des Gegenstands der Enteignung geändert, so gibt das Gericht im Falle des § 113 Absatz 5 dem Vollstreckungsgericht von seinem Urteil Kenntnis.

(4) Ist von mehreren Anträgen nur der eine oder ist nur ein Teil eines Antrags zur Endentscheidung reif, so soll das Gericht hierüber ein Teilurteil nur erlassen, wenn es zur Beschleunigung des Verfahrens notwendig erscheint.

§ 227 Säumnis eines Beteiligten

(1) ¹ Erscheint der Beteiligte, der den Antrag auf gerichtliche Entscheidung gestellt hat, in einem Termin zur mündlichen Verhandlung, so kann auch dann mündlich verhandelt werden, wenn einer der anderen Beteiligten nicht erscheint. ² Über einen Antrag, den ein nicht erschienener Beteiligter in einer früheren mündlichen Verhandlung gestellt hat, kann nach Lage der Akten entschieden werden.

(2) Erscheint der Beteiligte, der den Antrag auf gerichtliche Entscheidung gestellt hat, in einem Termin zur mündlichen Verhandlung nicht, so kann jeder andere Beteiligte eine Entscheidung nach Lage der Akten beantragen.

(3) ¹ Die §§ 332 bis 335, 336 Absatz 2 und § 337 der Zivilprozessordnung gelten entsprechend. ² Im Übrigen sind die Vorschriften über die Versäumnisurteile nicht anzuwenden.

§ 228 Kosten des Verfahrens

(1) Soweit der Beteiligte obsiegt, der den Antrag auf gerichtliche Entscheidung gestellt hat, gilt, wenn keiner der Beteiligten dazu im Widerspruch stehende Anträge in der Hauptsache gestellt hat, bei Anwendung der Kostenbestimmungen der Zivilprozessordnung die Stelle, die den Verwaltungsakt erlassen hat, als unterliegende Partei.

(2) Über die Erstattung der Kosten eines Beteiligten, der zur Hauptsache keinen Antrag gestellt hat, entscheidet das Gericht auf Antrag des Beteiligten nach billigem Ermessen.

§ 229 Berufung, Beschwerde

(1) ¹ Über die Berufung und die Beschwerde entscheidet das Oberlandesgericht, Senat für Baulandsachen, in der Besetzung mit zwei Richtern des Oberlandesgerichts einschließlich des Vorsitzenden und einem hauptamtlichen Richter eines Oberverwaltungsgerichts. ² § 220 Absatz 1 Satz 3 und Absatz 2 gilt entsprechend.

(2) ¹ Die Landesregierungen können durch Rechtsverordnung die Verhandlung und Entscheidung über die Berufungen und Beschwerden gegen die Entscheidungen der Kammern für Baulandsachen einem Oberlandesgericht oder dem obersten Landesgericht für die Bezirke mehrerer Oberlandesgerichte zuweisen, wenn die Zusammenfassung für eine Förderung oder schnellere Erledigung der Verfahren sachdienlich ist. ² Die Landesregierungen können diese Ermächtigung durch Rechtsverordnung auf die Landesjustizverwaltungen übertragen.

§ 230 Revision

Über die Revision entscheidet der Bundesgerichtshof.

§ 231 Einigung

¹ Einigen sich die Beteiligten während eines gerichtlichen Verfahrens, das eine Enteignung betrifft, so gelten die §§ 110 und 111 entsprechend. ² Das Gericht tritt an die Stelle der Enteignungsbehörde.

§ 232 Weitere Zuständigkeit der Kammern (Senate) für Baulandsachen

Die Länder können durch Gesetz den Kammern und Senaten für Baulandsachen die Verhandlung und Entscheidung über Maßnahmen der Enteignung und enteignungsgleiche Eingriffe, die die in § 86 genannten Gegenstände betreffen und auf Landesrecht beruhen oder nach Landesrecht vorgenommen werden, und über Entschädigungsansprüche übertragen sowie die Vorschriften dieses Teils für anwendbar erklären.

Viertes Kapitel Überleitungs- und Schlussvorschriften

Erster Teil Überleitungsvorschriften

§ 233 Allgemeine Überleitungsvorschriften

(1) ¹ Verfahren nach diesem Gesetz, die vor dem Inkrafttreten einer Gesetzesänderung förmlich eingeleitet worden sind, werden nach den bisher geltenden Rechtsvorschriften abgeschlossen, soweit nachfolgend nichts anderes bestimmt ist. ² Ist mit gesetzlich vorgeschriebenen einzelnen Schritten des Verfahrens noch nicht begonnen worden, können diese auch nach den Vorschriften dieses Gesetzes durchgeführt werden.

(2) ¹ Die Vorschriften des Dritten Kapitels Zweiter Teil Vierter Abschnitt zur Planerhaltung sind auch auf Flächennutzungspläne und Satzungen entsprechend anzuwenden, die auf der Grundlage bisheriger Fassungen dieses Gesetzes in Kraft getreten sind. ² Unbeschadet des Satzes 1 sind auf der Grundlage bisheriger Fassungen dieses Gesetzes unbeachtliche oder durch Fristablauf unbeachtliche Fehler bei der Aufstellung von Flächennutzungsplänen und Satzungen auch weiterhin für die Rechtswirksamkeit dieser Flächennutzungspläne und Satzungen unbeachtlich. ³ Abweichend von Satz 1 sind für vor dem Inkrafttreten einer Gesetzesänderung in Kraft getretene Flächennutzungspläne und Satzungen die vor dem Inkrafttreten der Gesetzesänderung geltenden Vorschriften über die Geltendmachung der Verletzung von Verfahrens- und Formvorschriften, von Mängeln der Abwägung und von sonstigen Vorschriften einschließlich ihrer Fristen weiterhin anzuwenden.

(3) Auf der Grundlage bisheriger Fassungen dieses Gesetzes wirksame oder übergeleitete Pläne, Satzungen und Entscheidungen gelten fort.

§ 234 Überleitungsvorschriften für das Vorkaufsrecht

(1) Für das Vorkaufsrecht sind die jeweils zur Zeit des Verkaufsfalls geltenden städtebaurechtlichen Vorschriften anzuwenden.

(2) Satzungen, die auf Grund von § 25 des Bundesbaugesetzes erlassen worden sind, gelten als Satzungen nach § 25 Absatz 1 Satz 1 Nummer 2 weiter.

§ 235 Überleitungsvorschriften für städtebauliche Sanierungs- und Entwicklungsmaßnahmen

(1) ¹ Auf städtebauliche Sanierungs- und Entwicklungsmaßnahmen, für die vor dem Inkrafttreten einer Gesetzesänderung nach den bisher geltenden Rechtsvorschriften der Beginn der vorbereitenden Untersuchungen oder der Voruntersuchungen beschlossen worden ist, sind abweichend von § 233 Absatz 1 die Vorschriften dieses Gesetzes anzuwenden; abgeschlossene Verfahrensschritte bleiben unberührt. ² Ist eine städtebauliche Entwicklungsmaßnahme jedoch vor dem 1. Juli 1987 förmlich festgelegt worden, sind die §§ 165 bis 171 in der bis zum 30. April 1993 geltenden Fassung weiter anzuwenden; wird zur zweckmäßigen Durchführung entsprechend den Zielen und Zwecken einer

solchen Entwicklungsmaßnahme eine Änderung des Geltungsbereichs der Entwicklungsmaßnahmeverordnung erforderlich, ist § 53 in Verbindung mit § 1 des Städtebauförderungsgesetzes weiter anzuwenden.

(2) ¹ Ist eine städtebauliche Sanierungsmaßnahme vor dem 1. Januar 1998 förmlich festgelegt worden und ist nach der Sanierungssatzung nur die Genehmigungspflicht nach § 144 Absatz 2 in der bis zum 31. Dezember 1997 geltenden Fassung ausgeschlossen, bedarf eine Teilung auch weiterhin der schriftlichen Genehmigung der Gemeinde. ² Die Gemeinde hat dem Grundbuchamt Sanierungssatzungen im Sinne des Satzes 1 in entsprechender Anwendung des ab dem 1. Januar 1998 geltenden § 143 Absatz 2 Satz 1 bis 3 unverzüglich nachträglich mitzuteilen.

(3) In dem Gebiet, in dem das Grundgesetz schon vor dem 3. Oktober 1990 galt, ist § 141 Absatz 4 auf Beschlüsse über den Beginn der vorbereitenden Untersuchungen, die vor dem 1. Mai 1993 bekannt gemacht worden sind, nicht anzuwenden.

(4) Sanierungssatzungen, die vor dem 1. Januar 2007 bekannt gemacht worden sind, sind spätestens bis zum 31. Dezember 2021 mit den Rechtswirkungen des § 162 Absatz 1 Satz 1 Nummer 4 aufzuheben, es sei denn, es ist entsprechend § 142 Absatz 3 Satz 3 oder 4 eine andere Frist für die Durchführung der Sanierung festgelegt worden.

§ 236 Überleitungsvorschriften für das Baugebot und die Erhaltung baulicher Anlagen

(1) § 176 Absatz 9 ist auf Enteignungsverfahren nach § 85 Absatz 1 Nummer 5 anzuwenden, wenn der Eigentümer die Verpflichtung aus einem Baugebot nicht erfüllt, das nach dem 31. Mai 1990 angeordnet worden ist.

(2) ¹ § 172 Absatz 1 Satz 4 bis 6 gilt nicht für die Bildung von Teil- und Wohnungseigentum, dessen Eintragung vor dem 26. Juni 1997 beantragt worden ist. ² Dies gilt auch, wenn ein Anspruch auf Bildung oder Übertragung von Teil- und Wohnungseigentum vor dem 26. Juni 1997 durch eine Vormerkung gesichert wurde. ³ § 172 in der ab dem 1. Januar 1998 geltenden Fassung ist auch auf Satzungen, die vor dem 1. Januar 1998 ortsüblich bekannt gemacht worden sind, anzuwenden.

§ 237 (gegenstandslos)

§ 238 Überleitungsvorschrift für Entschädigungen

¹ Wurde durch die Änderung des § 34 des Bundesbaugesetzes durch das Gesetz zur Änderung des Bundesbaugesetzes vom 18. August 1976 die bis dahin zulässige Nutzung eines Grundstücks aufgehoben oder wesentlich geändert, ist eine Entschädigung in entsprechender Anwendung der §§ 42, 43 Absatz 1, 2, 4 und 5 und des § 44 Absatz 1 Satz 2, Absatz 3 und 4 zu gewähren; dies gilt nicht, soweit in dem Zeitpunkt, in dem nach § 44 Absatz 3 bis 5 Entschädigung verlangt werden kann, eine entsprechende Aufhebung oder Änderung der zulässigen Nutzung auch nach § 34 des Bundesbaugesetzes in der bis zum 31. Dezember 1976 geltenden Fassung hätte eintreten können, ohne dass die Aufhebung oder Änderung nach § 44 des Bundesbaugesetzes in der bis zum 31. Dezember 1976 geltenden Fassung zu entschädigen gewesen wäre. ² Wird durch die Änderung des § 34 durch das Europarechtsanpassungsgesetz Bau vom 24. Juni 2004 die bis dahin zulässige Nutzung eines Grundstücks aufgehoben oder wesentlich geändert, ist Satz 1 entsprechend anzuwenden.

§ 239 Überleitungsvorschrift für die Grenzregelung

Hat die Gemeinde den Beschluss über die Grenzregelung (§ 82 in der vor dem 20. Juli 2004 geltenden Fassung) vor dem 20. Juli 2004 gefasst, sind die Vorschriften des Zweiten Abschnitts des Vierten Teils des Ersten Kapitels in der vor dem 20. Juli 2004 geltenden Fassung weiterhin anzuwenden.

§ 240 (gegenstandslos)

§ 241 (gegenstandslos)

§ 242 Überleitungsvorschriften für die Erschließung

(1) Für vorhandene Erschließungsanlagen, für die eine Beitragspflicht auf Grund der bis zum 29. Juni 1961 geltenden Vorschriften nicht entstehen konnte, kann auch nach diesem Gesetzbuch kein Beitrag erhoben werden.

(2) Soweit am 29. Juni 1961 zur Erfüllung von Anliegerbeitragspflichten langfristige Verträge oder sonstige Vereinbarungen, insbesondere über das Ansammeln von Mitteln für den Straßenbau in Straßenbaukassen oder auf Sonderkonten bestanden, können die Länder ihre Abwicklung durch Gesetz regeln.

(3) § 125 Absatz 3 ist auch auf Bebauungspläne anzuwenden, die vor dem 1. Juli 1987 in Kraft getreten sind.

(4) ¹ § 127 Absatz 2 Nummer 2 ist auch auf Verkehrsanlagen anzuwenden, die vor dem 1. Juli 1987 endgültig hergestellt worden sind. ² Ist vor dem 1. Juli 1987 eine Beitragspflicht nach Landesrecht entstanden, so verbleibt es dabei.

(5) ¹ Ist für einen Kinderspielplatz eine Beitragspflicht bereits auf Grund der vor dem 1. Juli 1987 geltenden Vorschriften (§ 127 Absatz 2 Nummer 3 und 4 des Bundesbaugesetzes) entstanden, so verbleibt es dabei. ² Die Gemeinde soll von der Erhebung des Erschließungsbeitrags ganz oder teilweise absehen, wenn dies auf Grund der örtlichen Verhältnisse, insbesondere unter Berücksichtigung des Nutzens des Kinderspielplatzes für die Allgemeinheit, geboten ist. ³ Satz 2 ist auch auf vor dem 1. Juli 1987 entstandene Beiträge anzuwenden, wenn
1. der Beitrag noch nicht entrichtet ist oder
2. er entrichtet worden, aber der Beitragsbescheid noch nicht unanfechtbar geworden ist.

(6) § 128 Absatz 1 ist auch anzuwenden, wenn der Umlegungsplan (§ 66 des Bundesbaugesetzes) oder die Vorwegregelung (§ 76 des Bundesbaugesetzes) vor dem 1. Juli 1987 ortsüblich bekannt gemacht worden ist (§ 71 des Bundesbaugesetzes).

(7) Ist vor dem 1. Juli 1987 über die Stundung des Beitrags für landwirtschaftlich genutzte Grundstücke (§ 135 Absatz 4 des Bundesbaugesetzes) entschieden und ist die Entscheidung noch nicht unanfechtbar geworden, ist § 135 Absatz 4 dieses Gesetzbuchs anzuwenden.

(8) [1] § 124 Absatz 2 Satz 2 in der bis zum 21. Juni 2013 geltenden Fassung ist auch auf Kostenvereinbarungen in Erschließungsverträgen anzuwenden, die vor dem 1. Mai 1993 geschlossen worden sind. [2] Auf diese Verträge ist § 129 Absatz 1 Satz 3 weiterhin anzuwenden.

(9) [1] Für Erschließungsanlagen oder Teile von Erschließungsanlagen in dem in Artikel 3 des Einigungsvertrags genannten Gebiet, die vor dem Wirksamwerden des Beitritts bereits hergestellt worden sind, kann nach diesem Gesetz ein Erschließungsbeitrag nicht erhoben werden. [2] Bereits hergestellte Erschließungsanlagen oder Teile von Erschließungsanlagen sind die einem technischen Ausbauprogramm oder den örtlichen Ausbaugepflogenheiten entsprechend fertiggestellten Erschließungsanlagen oder Teile von Erschließungsanlagen. [3] Leistungen, die Beitragspflichtige für die Herstellung von Erschließungsanlagen oder Teilen von Erschließungsanlagen erbracht haben, sind auf den Erschließungsbeitrag anzurechnen. [4] Die Landesregierungen werden ermächtigt, bei Bedarf Überleitungsregelungen durch Rechtsverordnung zu treffen.

§ 243 Überleitungsvorschriften für das Maßnahmengesetz zum Baugesetzbuch und das Bundesnaturschutzgesetz

(1) § 233 ist auf Verfahren, Pläne, Satzungen und Entscheidungen, die auf der Grundlage des Maßnahmengesetzes zum Baugesetzbuch eingeleitet, in Kraft getreten oder wirksam geworden sind, entsprechend anzuwenden.

(2) Bei Bauleitplanverfahren, die vor dem 1. Januar 1998 förmlich eingeleitet worden sind, kann die Eingriffsregelung nach dem Bundesnaturschutzgesetz in der bis zum 31. Dezember 1997 geltenden Fassung weiter angewendet werden.

§ 244 Überleitungsvorschriften für das Europarechtsanpassungsgesetz Bau

(1) Abweichend von § 233 Absatz 1 werden Verfahren für Bauleitpläne und Satzungen nach § 34 Absatz 4 Satz 1 und § 35 Absatz 6, die nach dem 20. Juli 2004 förmlich eingeleitet worden sind oder die nach dem 20. Juli 2006 abgeschlossen werden, nach den Vorschriften dieses Gesetzes zu Ende geführt.

(2) [1] Abweichend von Absatz 1 finden auf Bebauungsplanverfahren, die in der Zeit vom 14. März 1999 bis zum 20. Juli 2004 förmlich eingeleitet worden sind und die vor dem 20. Juli 2006 abgeschlossen werden, die Vorschriften des Baugesetzbuchs in der vor dem 20. Juli 2004 geltenden Fassung weiterhin Anwendung. [2] Ist mit gesetzlich vorgeschriebenen einzelnen Verfahrensschritten noch nicht begonnen worden, können diese auch nach den Vorschriften dieses Gesetzes durchgeführt werden.

(3) § 4 Absatz 3 und § 4c gelten nur für Bauleitpläne, die nach Absatz 1 oder 2 nach den Vorschriften dieses Gesetzes zu Ende geführt werden.

(4) (weggefallen)

(5) [1] Die Gemeinden können Satzungen, die auf der Grundlage des § 19 in der vor dem 20. Juli 2004 geltenden Fassung erlassen worden sind, durch Satzung aufheben. [2] Die Gemeinde hat diese Satzung ortsüblich bekannt zu machen; sie kann die Bekanntmachung auch in entsprechender Anwendung des § 10 Absatz 3 Satz 2 bis 5 vornehmen. [3] Unbeschadet der Sätze 1 und 2 sind Satzungen auf der Grundlage des § 19 in der vor dem 20. Juli 2004 geltenden Fassung nicht mehr anzuwenden. [4] Die Gemeinde hat auf die Nichtanwendbarkeit dieser Satzungen bis zum 31. Dezember 2004 durch ortsübliche Bekanntmachung hinzuweisen. [5] Die Gemeinde hat das Grundbuchamt um Löschung eines von ihr nach § 20 Absatz 3 in der vor dem 20. Juli 2004 geltenden Fassung veranlassten Widerspruchs zu ersuchen.

(6) [1] Für eine auf der Grundlage des § 22 in der vor dem 20. Juli 2004 geltenden Fassung wirksam erlassene Satzung bleibt § 22 in der vor dem 20. Juli 2004 geltenden Fassung bis zum 30. Juni 2005 weiterhin anwendbar. [2] Auf die Satzung ist § 22 in der geltenden Fassung anzuwenden, wenn beim Grundbuchamt vor Ablauf des 30. Juni 2005 eine den Anforderungen des § 22 Absatz 2 Satz 3 und 4 entsprechende Mitteilung der Gemeinde eingegangen ist. [3] Ist die Mitteilung hinsichtlich der Satzung nicht fristgerecht erfolgt, ist die Satzung auf die von ihr erfassten Vorgänge nicht mehr anzuwenden. [4] Eine Aussetzung der Zeugniserteilung nach § 22 Absatz 6 Satz 3 in der vor dem 20. Juli 2004 geltenden Fassung ist längstens bis zum 30. Juni 2005 wirksam. [5] Die Baugenehmigungsbehörde hat das Grundbuchamt um Löschung eines von ihr nach § 20 Absatz 3 in der vor dem 20. Juli 2004 geltenden Fassung oder auf Grundlage von Satz 1 oder 4 in Verbindung mit § 20 Absatz 3 in der vor dem 20. Juli 2004 geltenden Fassung veranlassten Widerspruchs im Grundbuch zu ersuchen, wenn die Satzung nicht mehr anwendbar ist oder die Aussetzung der Zeugniserteilung unwirksam wird.

(7) § 35 Absatz 5 Satz 2 gilt nicht für die Zulässigkeit eines Vorhabens, das die Nutzungsänderung einer baulichen Anlage zum Inhalt hat, deren bisherige Nutzung vor dem 20. Juli 2004 zulässigerweise aufgenommen worden ist.

§ 245 Überleitungsvorschriften für den Stadtumbau, die Soziale Stadt und die Förderung städtebaulicher Maßnahmen

(1) Ein von einer Gemeinde bis zum 20. Juli 2004 im Hinblick auf die Verwaltungsvereinbarungen über die Gewährung von Finanzhilfen des Bundes an die Länder nach Artikel 104a Absatz 4 des Grundgesetzes in seiner bis zum

20. Juli 2004 geltenden Fassung zur Förderung städtebaulicher Maßnahmen beschlossenes Gebiet für Stadtumbaumaßnahmen sowie ein hierfür aufgestelltes städtebauliches Entwicklungskonzept der Gemeinde gilt als Stadtumbaugebiet und städtebauliches Entwicklungskonzept im Sinne des § 171b.

(2) Ein von der Gemeinde bis zum 20. Juli 2004 im Hinblick auf die Verwaltungsvereinbarungen über die Gewährung von Finanzhilfen des Bundes an die Länder nach Artikel 104a Absatz 4 des Grundgesetzes in seiner bis zum 20. Juli 2004 geltenden Fassung zur Förderung städtebaulicher Maßnahmen beschlossenes Gebiet für Maßnahmen der Sozialen Stadt sowie ein hierfür aufgestelltes Konzept der Gemeinde gilt als Gebiet und Entwicklungskonzept im Sinne des § 171e.

(3) Für die zur Förderung städtebaulicher Maßnahmen bis zum 1. September 2006 geschlossenen Verwaltungsvereinbarungen über die Gewährung von Finanzhilfen des Bundes an die Länder nach Artikel 104a Absatz 4 des Grundgesetzes in seiner bis zum 1. September 2006 geltenden Fassung ist § 164b in seiner bis zum 12. September 2006 geltenden Fassung bis zum 31. Dezember 2019 anzuwenden.

§ 245a Überleitungsvorschriften und Vorschriften im Zusammenhang mit dem Gesetz zur Stärkung der Innenentwicklung in den Städten und Gemeinden und weiterer Fortentwicklung des Städtebaurechts

(1) [1] Die Regelungen zur Zulässigkeit von Anlagen zur Kinderbetreuung sowie von Anlagen zur Nutzung solarer Strahlungsenergie und Kraft-Wärme-Kopplungsanlagen in § 3 Absatz 2 Nummer 2 und § 14 Absatz 3 der Baunutzungsverordnung in der ab dem 20. September 2013 geltenden Fassung gelten vorbehaltlich des Satzes 2 und des Absatzes 2 auch für Bebauungspläne, die auf der Grundlage der Baunutzungsverordnung in einer Fassung vor dem 20. September 2013 in Kraft getreten sind. [2] Satz 1 gilt nicht in Bezug auf Anlagen zur Kinderbetreuung, wenn vor dem 20. September 2013 die ausnahmsweise Zulässigkeit dieser Anlagen nach § 3 Absatz 3 Nummer 2 der Baunutzungsverordnung in der vom 27. Januar 1990 bis zum 20. September 2013 geltenden Fassung durch Festsetzungen nach § 1 Absatz 6 Nummer 1, Absatz 8 und 9 der Baunutzungsverordnung ausgeschlossen worden ist.

(2) [1] Die sich aus § 3 Absatz 2 Nummer 2 und § 14 Absatz 3 der Baunutzungsverordnung in der ab dem 20. September 2013 geltenden Fassung in Verbindung mit Absatz 1 Satz 1 ergebende Zulässigkeit von Anlagen zur Kinderbetreuung sowie von Anlagen zur Nutzung solarer Strahlungsenergie und von Kraft-Wärme-Kopplungsanlagen kann durch Änderung der Bebauungspläne nach Maßgabe der Vorschriften der Baunutzungsverordnung eingeschränkt oder ausgeschlossen werden; hierauf sind die Vorschriften dieses Gesetzbuchs über die Aufstellung der Bauleitpläne, einschließlich der §§ 14 bis 18, anzuwenden. [2] Das Verfahren für die Änderung von Bebauungsplänen nach Satz 1 kann vor dem 20. September 2013 eingeleitet werden.

(3) [1] Darstellungen in Flächennutzungsplänen, die vor dem 20. September 2013 in Bezug auf bauliche Anlagen zur Tierhaltung im Sinne des § 35 Absatz 1 Nummer 4 die Rechtswirkungen des § 35 Absatz 3 Satz 3 erzielt haben, haben diese Rechtswirkungen auch in Bezug auf bauliche Anlagen zur Tierhaltung im Sinne der ab dem 20. September 2013 geltenden Fassung des § 35 Absatz 1 Nummer 4. [2] Wenn ein Fortgelten der Rechtswirkungen nach Satz 1 der ursprünglichen planerischen Zielsetzung widerspricht, stellt die Gemeinde dies in einem Beschluss fest, der ortsüblich bekannt zu machen ist. [3] Mit der ortsüblichen Bekanntmachung des Beschlusses gelten die entsprechenden Darstellungen als aufgehoben; der Flächennutzungsplan ist im Wege der Berichtigung anzupassen.

(4) Soweit für Zulassungsentscheidungen über Anlagen zur Tierhaltung, die dem § 35 Absatz 1 Nummer 4 unterfallen, vor Ablauf des 4. Juli 2012 bei der zuständigen Behörde ein Antrag eingegangen ist, ist § 35 Absatz 1 Nummer 4 in seiner bis zum 20. September 2013 geltenden Fassung anzuwenden.

(5) [1] Soweit bei einer Zulassungsentscheidung über Anlagen zur Tierhaltung auf Grund von Absatz 4 § 35 Absatz 1 Nummer 4 in seiner bis zum Ablauf des 20. September 2013 geltenden Fassung anzuwenden war, ist die Änderung der danach errichteten baulichen Anlage zur Tierhaltung ebenfalls unter den Voraussetzungen des § 35 Absatz 1 Nummer 4 in seiner bis zum Ablauf des 20. September 2013 geltenden Fassung zulässig, wenn
1. es sich ausschließlich um eine Änderung zur Umsetzung eines Betriebs- und Umbaukonzepts zur Umstellung der vorhandenen Haltungseinrichtungen auf Haltungseinrichtungen zum Halten von Jungsauen und Sauen, das den Anforderungen des § 30 Absatz 2 und 2a der Tierschutz-Nutztierhaltungsverordnung in der Fassung der Bekanntmachung vom 22. August 2006 (BGBl. I S. 2043), die zuletzt durch Artikel 1a der Verordnung vom 29. Januar 2021 (BGBl. I S. 146) geändert worden ist, jeweils in Verbindung mit § 24 Absatz 2 der Tierschutz-Nutztierhaltungsverordnung, genügt, oder eines Betriebs- und Umbaukonzepts zur Umstellung der vorhandenen Abferkelbuchten auf Abferkelbuchten zum Halten von Jungsauen und Sauen, das den Anforderungen des § 24 Absatz 3 Satz 3 und Absatz 4 sowie § 30 Absatz 2b der Tierschutz-Nutztierhaltungsverordnung genügt, handelt sowie
2. die Anzahl der Tierplätze nicht erhöht und die Tierart im Sinne der Nummer 7.8 der Anlage 1 zum Gesetz über die Umweltverträglichkeitsprüfung nicht geändert wird.
[2] Satz 1 gilt auch für bauliche Anlagen zur Tierhaltung im Außenbereich nach § 35, die dem Anwendungsbereich des § 35 Absatz 1 Nummer 1 nicht oder nicht mehr unterfallen und deren Zulassungsentscheidung vor dem 20. September 2013 getroffen worden ist. [3] Unbeschadet von Satz 1 und 2 bleibt die Möglichkeit, ein Vorhaben nach § 35 zuzulassen.

§ 245b Überleitungsvorschriften für Vorhaben im Außenbereich

(1) (weggefallen)

(2) Die Länder können bestimmen, dass die Frist nach § 35 Absatz 4 Satz 1 Nummer 1 Buchstabe c nicht anzuwenden ist.

§ 245c Überleitungsvorschrift aus Anlass des Gesetzes zur Umsetzung der Richtlinie 2014/52/EU im Städtebaurecht und zur Stärkung des neuen Zusammenlebens in der Stadt

(1) [1] Abweichend von § 233 Absatz 1 Satz 1 können Verfahren nach diesem Gesetz, die förmlich vor dem 13. Mai 2017 eingeleitet worden sind, nur dann nach den vor dem 13. Mai 2017 geltenden Rechtsvorschriften zu Ende geführt werden, wenn die Beteiligung der Behörden und der sonstigen Träger öffentlicher Belange nach § 4 Absatz 1 Satz 1 oder nach sonstigen Vorschriften dieses Gesetzes vor dem 16. Mai 2017 eingeleitet worden ist. [2] § 233 Absatz 1 Satz 2 bleibt unberührt.

(2) [1] Bebauungspläne oder Satzungen mit Regelungen nach § 22 Absatz 1 Satz 1 Nummer 3 und 4 finden keine Anwendung, wenn die Regelung nach § 1010 Absatz 1 des Bürgerlichen Gesetzbuchs vor dem 13. Mai 2017 getroffen worden ist. [2] Bebauungspläne oder Satzungen mit Regelungen nach § 22 Absatz 1 Satz 1 Nummer 5 finden keine Anwendung, wenn die Nutzung als Nebenwohnung vor dem 13. Mai 2017 aufgenommen worden ist.

(3) § 34 Absatz 2 findet auf Baugebiete nach § 6a der Baunutzungsverordnung keine Anwendung.

§ 245d Überleitungsvorschrift aus Anlass des Gesetzes zur Mobilisierung von Bauland

(1) § 34 Absatz 2 findet auf Baugebiete nach § 5a der Baunutzungsverordnung keine Anwendung.

(2) Im Anwendungsbereich des § 34 Absatz 2 ist § 14 Absatz 1a der Baunutzungsverordnung nicht anzuwenden; für die der öffentlichen Versorgung mit Telekommunikationsdienstleistungen dienenden Nebenanlagen gilt dort § 14 Absatz 2 der Baunutzungsverordnung entsprechend.

Zweiter Teil Schlussvorschriften

§ 246 Sonderregelungen für einzelne Länder; Sonderregelungen für Flüchtlingsunterkünfte

(1) In den Ländern Berlin und Hamburg entfallen die in § 6 Absatz 1, § 10 Absatz 2 und § 190 Absatz 1 vorgesehenen Genehmigungen oder Zustimmungen; das Land Bremen kann bestimmen, dass diese Genehmigungen oder Zustimmungen entfallen.

(1a) [1] Die Länder können bestimmen, dass Bebauungspläne, die nicht der Genehmigung bedürfen, und Satzungen nach § 34 Absatz 4 Satz 1, § 35 Absatz 6 und § 165 Absatz 6 vor ihrem Inkrafttreten der höheren Verwaltungsbehörde anzuzeigen sind; dies gilt nicht für Bebauungspläne nach § 13. [2] Die höhere Verwaltungsbehörde hat die Verletzung von Rechtsvorschriften, die eine Versagung der Genehmigung nach § 6 Absatz 2 rechtfertigen würde, innerhalb eines Monats nach Eingang der Anzeige geltend zu machen. [3] Der Bebauungsplan und die Satzungen dürfen nur in Kraft gesetzt werden, wenn die höhere Verwaltungsbehörde die Verletzung von Rechtsvorschriften nicht innerhalb der in Satz 2 bezeichneten Frist geltend gemacht hat.

(2) [1] Die Länder Berlin und Hamburg bestimmen, welche Form der Rechtsetzung an die Stelle der in diesem Gesetzbuch vorgesehenen Satzungen tritt. [2] Das Land Bremen kann eine solche Bestimmung treffen. [3] Die Länder Berlin, Bremen und Hamburg können eine von § 10 Absatz 3, § 16 Absatz 2, § 22 Absatz 2, § 143 Absatz 1, § 162 Absatz 2 Satz 2 bis 4 und § 165 Absatz 8 abweichende Regelung treffen.

(3) § 171f ist auch auf Rechtsvorschriften der Länder anzuwenden, die vor dem 1. Januar 2007 in Kraft getreten sind.

(4) Die Senate der Länder Berlin, Bremen und Hamburg werden ermächtigt, die Vorschriften dieses Gesetzbuchs über die Zuständigkeit von Behörden dem besonderen Verwaltungsaufbau ihrer Länder anzupassen.

(5) Das Land Hamburg gilt für die Anwendung dieses Gesetzbuchs auch als Gemeinde.

(6) § 9 Absatz 2d gilt entsprechend für Pläne, die gemäß § 173 Absatz 3 Satz 1 des Bundesbaugesetzes in Verbindung mit § 233 Absatz 3 als Bebauungspläne fortgelten.

(7) [1] Die Länder können bestimmen, dass § 34 Absatz 1 Satz 1 bis zum 31. Dezember 2004 nicht für Einkaufszentren, großflächige Einzelhandelsbetriebe und sonstige großflächige Handelsbetriebe im Sinne des § 11 Absatz 3 der Baunutzungsverordnung anzuwenden ist. [2] Wird durch eine Regelung nach Satz 1 die bis dahin zulässige Nutzung eines Grundstücks aufgehoben oder wesentlich geändert, ist § 238 entsprechend anzuwenden.

(8) Bis zum Ablauf des 31. Dezember 2024 gilt § 34 Absatz 3a Satz 1 entsprechend für die Nutzungsänderung zulässigerweise errichteter baulicher Anlagen in bauliche Anlagen, die der Unterbringung von Flüchtlingen oder Asylbegehrenden dienen, und für deren Erweiterung, Änderung oder Erneuerung.

(9) Bis zum Ablauf des 31. Dezember 2024 gilt die Rechtsfolge des § 35 Absatz 4 Satz 1 für Vorhaben entsprechend, die der Unterbringung von Flüchtlingen oder Asylbegehrenden dienen, wenn das Vorhaben im unmittelbaren räumlichen Zusammenhang mit nach § 30 Absatz 1 oder § 34 zu beurteilenden bebauten Flächen innerhalb des Siedlungsbereichs erfolgen soll.

(10) [1] Bis zum Ablauf des 31. Dezember 2024 kann in Gewerbegebieten (§ 8 der Baunutzungsverordnung, auch in Verbindung mit § 34 Absatz 2) für Aufnahmeeinrichtungen, Gemeinschaftsunterkünfte oder sonstige Unterkünfte für Flüchtlinge oder Asylbegehrende von den Festsetzungen des Bebauungsplans befreit werden, wenn an dem Standort Anlagen für soziale Zwecke als Ausnahme zugelassen werden können oder allgemein zulässig sind und die Abweichung auch unter Würdigung nachbarlicher Interessen mit öffentlichen Belangen vereinbar ist. [2] § 36 gilt entsprechend.

(11) [1] Soweit in den Baugebieten nach den §§ 2 bis 7 der Baunutzungsverordnung (auch in Verbindung mit § 34 Absatz 2) Anlagen für soziale Zwecke als Ausnahme zugelassen werden können, gilt § 31 Absatz 1 mit der Maßgabe,

dass dort bis zum Ablauf des 31. Dezember 2024 Aufnahmeeinrichtungen, Gemeinschaftsunterkünfte oder sonstige Unterkünfte für Flüchtlinge oder Asylbegehrende in der Regel zugelassen werden sollen. [2] Satz 1 gilt entsprechend für in übergeleiteten Plänen festgesetzte Baugebiete, die den in Satz 1 genannten Baugebieten vergleichbar sind.

(12) [1] Bis zum Ablauf des 31. Dezember 2024 kann für die auf längstens drei Jahre zu befristende
1. Errichtung mobiler Unterkünfte für Flüchtlinge oder Asylbegehrende,
2. Nutzungsänderung zulässigerweise errichteter baulicher Anlagen in Gewerbe- und Industriegebieten sowie in Sondergebieten nach den §§ 8 bis 11 der Baunutzungsverordnung (auch in Verbindung mit § 34 Absatz 2) in Aufnahmeeinrichtungen, Gemeinschaftsunterkünfte oder sonstige Unterkünfte für Flüchtlinge oder Asylbegehrende

von den Festsetzungen des Bebauungsplans befreit werden, wenn die Befreiung auch unter Würdigung nachbarlicher Interessen mit den öffentlichen Belangen vereinbar ist. [2] Die in Satz 1 genannte Frist von drei Jahren kann bei Vorliegen der dort genannten Befreiungsvoraussetzungen um weitere drei Jahre verlängert werden, längstens jedoch bis zum Ablauf des 31. Dezember 2027. [3] Sofern die Frist bereits abgelaufen ist, gilt Satz 1 auch für die auf drei Jahre, längstens jedoch bis zum Ablauf des 31. Dezember 2027 zu befristende Fortsetzung der zuvor ausgeübten Nutzung einer bestehenden baulichen Anlage entsprechend. [4] § 36 gilt entsprechend.

(13) [1] Im Außenbereich (§ 35) gilt unbeschadet des Absatzes 9 bis zum Ablauf des 31. Dezember 2024 die Rechtsfolge des § 35 Absatz 4 Satz 1 entsprechend für
1. die auf längstens drei Jahre zu befristende Errichtung mobiler Unterkünfte für Flüchtlinge oder Asylbegehrende,
2. die Nutzungsänderung zulässigerweise errichteter baulicher Anlagen, auch wenn deren bisherige Nutzung aufgegeben wurde, in Aufnahmeeinrichtungen, Gemeinschaftsunterkünfte oder sonstige Unterkünfte für Flüchtlinge oder Asylbegehrende, einschließlich einer erforderlichen Erneuerung oder Erweiterung.
[2] Die in Satz 1 Nummer 1 genannte Frist von drei Jahren kann um weitere drei Jahre, längstens jedoch bis zum Ablauf des 31. Dezember 2027 verlängert werden; für die Verlängerung gilt die Rechtsfolge des § 35 Absatz 4 Satz 1 entsprechend. [3] Sofern die Frist bereits abgelaufen ist, gilt auch für die Entscheidung über die auf drei Jahre, längstens jedoch bis zum Ablauf des 31. Dezember 2027 zu befristende erneute Zulässigkeit einer bereits errichteten mobilen Unterkunft für Flüchtlinge oder Asylbegehrende die Rechtsfolge des § 35 Absatz 4 Satz 1 entsprechend. [4] Für Vorhaben nach Satz 1 gilt § 35 Absatz 5 Satz 2 Halbsatz 1 und Satz 3 entsprechend. [5] Wird zum Zeitpunkt einer Nutzungsänderung nach Satz 1 Nummer 2 eine Nutzung zulässigerweise ausgeübt, kann diese im Anschluss wieder aufgenommen werden; im Übrigen gelten für eine nachfolgende Nutzungsänderung die allgemeinen Regeln. [6] Die Rückbauverpflichtung nach Satz 4 entfällt, wenn eine nach Satz 5 zulässige Nutzung aufgenommen wird oder wenn sich die Zulässigkeit der nachfolgenden Nutzung aus § 30 Absatz 1, 2 oder § 33 ergibt. [7] Die Sicherstellung der Rückbauverpflichtung nach Satz 4 in entsprechender Anwendung des § 35 Absatz 5 Satz 3 ist nicht erforderlich, wenn Vorhabenträger ein Land oder eine Gemeinde ist.

(13a) Von den Absätzen 8 bis 13 darf nur Gebrauch gemacht werden, soweit dringend benötigte Unterkünfte im Gebiet der Gemeinde, in der sie entstehen sollen, nicht oder nicht rechtzeitig bereitgestellt werden können.

(14) [1] Soweit auch bei Anwendung der Absätze 8 bis 13 dringend benötigte Unterkunftsmöglichkeiten im Gebiet der Gemeinde, in der sie entstehen sollen, nicht oder nicht rechtzeitig bereitgestellt werden können, kann bei Aufnahmeeinrichtungen, Gemeinschaftsunterkünften oder sonstigen Unterkünften für Flüchtlinge oder Asylbegehrende bis zum 31. Dezember 2019 von den Vorschriften dieses Gesetzbuchs oder den aufgrund dieses Gesetzbuchs erlassenen Vorschriften in erforderlichem Umfang abgewichen werden. [2] Zuständig ist die höhere Verwaltungsbehörde. [3] Die Gemeinde ist anzuhören; diese Anhörung tritt auch an die Stelle des in § 14 Absatz 2 Satz 2 vorgesehenen Einvernehmens. [4] Satz 3 findet keine Anwendung, wenn Vorhabenträger die Gemeinde oder in deren Auftrag ein Dritter ist. [5] Für Vorhaben nach Satz 1 gilt § 35 Absatz 5 Satz 2 Halbsatz 1 und Satz 3 entsprechend. [6] Absatz 13 Satz 5 gilt entsprechend. [7] Die Rückbauverpflichtung nach Satz 5 entfällt, wenn eine nach Satz 6 zulässige Nutzung aufgenommen wird oder wenn sich die Zulässigkeit der nachfolgenden Nutzung aus § 30 Absatz 1, 2 oder § 33 ergibt. [8] Die Sicherstellung der Rückbauverpflichtung nach Satz 5 in entsprechender Anwendung des § 35 Absatz 5 Satz 3 ist nicht erforderlich, wenn Vorhabenträger ein Land oder eine Gemeinde ist. [9] Wenn Vorhabenträger ein Land oder in dessen Auftrag ein Dritter ist, gilt § 37 Absatz 3 entsprechend; im Übrigen findet § 37 bis zum 31. Dezember 2019 auf Vorhaben nach Satz 1 keine Anwendung.

(15) In Verfahren zur Genehmigung von baulichen Anlagen, die der Unterbringung von Flüchtlingen oder Asylbegehrenden dienen, gilt bis zum Ablauf des 31. Dezember 2024 das Einvernehmen abweichend von § 36 Absatz 2 Satz 2 (auch in Verbindung mit Absatz 10 Satz 2 und Absatz 12 Satz 2) als erteilt, wenn es nicht innerhalb eines Monats verweigert wird.

(16) Bei Vorhaben nach den Absätzen 9 und 13 gilt § 18 Absatz 3 Satz 2 des Bundesnaturschutzgesetzes bis zum Ablauf des 31. Dezember 2024 entsprechend.

(17) Die Befristung bis zum Ablauf des 31. Dezember 2024 in den Absätzen 8 bis 13 sowie 15 und 16 bezieht sich nicht auf die Geltungsdauer einer Genehmigung, sondern auf den Zeitraum, bis zu dessen Ende im bauaufsichtlichen Zulassungsverfahren von den Vorschriften Gebrauch gemacht werden kann.

§ 246a Überschwemmungsgebiete, überschwemmungsgefährdete Gebiete

Anlässlich der Neubekanntmachung eines Flächennutzungsplans nach § 6 Absatz 6 sollen die in § 5 Absatz 4a bezeichneten Gebiete nach Maßgabe dieser Bestimmung nachrichtlich übernommen und vermerkt werden.

§ 246b Sonderregelungen für Anlagen für gesundheitliche Zwecke im Zuge der COVID-19-Pandemie

(1) [1] Soweit Anlagen für gesundheitliche Zwecke zur Versorgung von Personen, die sich mit dem Coronavirus SARS-CoV-2 infiziert haben oder möglicherweise infiziert haben oder die gegen das Coronavirus SARS-CoV-2 geimpft oder auf dieses getestet werden sollen, im Gebiet der Gemeinde, in der sie im Wege der Errichtung, Änderung oder Nutzungsänderung von baulichen Anlagen entstehen sollen, nicht oder nicht rechtzeitig bereitgestellt werden können, kann bei der Zulassung dieser Vorhaben bis zum Ablauf des 31. Dezember 2022 von den Vorschriften dieses Gesetzbuchs oder den aufgrund dieses Gesetzbuchs erlassenen Vorschriften in erforderlichem Umfang, erforderlichenfalls auch befristet, abgewichen werden, wenn die Voraussetzung abgewichen werden, dass Vorhabenträger der Bund, ein Land, ein Landkreis oder eine Gemeinde oder ein im Auftrag eines der Vorgenannten tätiger Dritter ist. [2] Zuständig ist die höhere Verwaltungsbehörde. [3] Die Gemeinde ist anzuhören; diese Anhörung tritt auch an die Stelle des in § 14 Absatz 2 Satz 2 vorgesehenen Einvernehmens. [4] Satz 3 findet keine Anwendung, wenn Vorhabenträger die Gemeinde oder in deren Auftrag ein Dritter ist. [5] Für Vorhaben nach Satz 1 gilt § 35 Absatz 5 Satz 2 erster Halbsatz und Satz 3 entsprechend. [6] § 246 Absatz 13 Satz 5 gilt entsprechend auch bei zwischenzeitlichen Nutzungsänderungen zu Anlagen für gesundheitliche Zwecke nach Satz 1. [7] Die Rückbauverpflichtung nach Satz 5 entfällt, wenn eine nach Satz 6 zulässige Nutzung aufgenommen wird oder wenn sich die Zulässigkeit der nachfolgenden Nutzung aus § 30 Absatz 1, 2 oder § 33 ergibt. [8] Die Sicherstellung der Rückbauverpflichtung nach Satz 5 in entsprechender Anwendung des § 35 Absatz 5 Satz 3 ist nicht erforderlich, wenn Vorhabenträger der Bund, ein Land, ein Landkreis oder eine Gemeinde ist. [9] Wenn Vorhabenträger der Bund, ein Land, ein Landkreis oder ein im Auftrag eines der Vorgenannten tätiger Dritter ist, gilt § 37 Absatz 3 entsprechend; im Übrigen findet § 37 bis zum Ablauf des 31. Dezember 2022 auf Vorhaben nach Satz 1 keine Anwendung.

(2) In Verfahren zur Genehmigung von baulichen Anlagen im Sinne des Absatzes 1 Satz 1 gilt bis zum Ablauf des 31. Dezember 2022 das Einvernehmen abweichend von § 36 Absatz 2 Satz 2 als erteilt, wenn es nicht innerhalb eines Monats verweigert wird.

(3) Bei Vorhaben nach Absatz 1 im Außenbereich gilt § 18 Absatz 3 Satz 2 des Bundesnaturschutzgesetzes bis zum Ablauf des 31. Dezember 2022 entsprechend.

(4) Die Befristung in Absatz 1 Satz 1 bezieht sich nicht auf die Geltungsdauer einer Genehmigung, sondern auf den Zeitraum, bis zu dessen Ende im bauaufsichtlichen Zulassungsverfahren von der Vorschrift Gebrauch gemacht werden kann.

§ 246c Sonderregelungen für bestimmte mobile bauliche Anlagen und mobile Infrastruktureinrichtungen in von Hochwasserkatastrophen betroffenen Gemeinden

(1) [1] In Gemeinden, die von einer Hochwasserkatastrophe im Gemeindegebiet betroffen sind, kann bei der Zulassung von Vorhaben, die die Errichtung mobiler baulicher Anlagen zur Wohnnutzung, mobiler Infrastruktureinrichtungen oder mobiler baulicher Anlagen für Läden oder nicht störende Handwerksbetriebe zur Deckung des täglichen Bedarfs der Bewohner der Umgebung zum Inhalt haben, bis zum Ablauf des 31. Dezember 2022 von den Vorschriften dieses Gesetzbuchs oder den auf Grund dieses Gesetzbuchs erlassenen Vorschriften in erforderlichem Umfang auf längstens fünf Jahre befristet abgewichen werden, wenn diese dringend benötigten baulichen Anlagen oder dringend benötigten Infrastruktureinrichtungen im Gebiet der Gemeinde, in der sie entstehen sollen, als mobile oder nicht mobile Anlagen nicht oder nicht rechtzeitig zur Verfügung stehen. [2] Satz 1 ist entsprechend anwendbar, wenn das Vorhaben in einer Nachbargemeinde einer Gemeinde im Sinne des Satzes 1 ausgeführt werden soll und dringend benötigte in Satz 1 genannte bauliche Anlagen oder dringend benötigte Infrastruktureinrichtungen im Gebiet der betroffenen Gemeinde und in dieser Nachbargemeinde als mobile oder nicht mobile Anlagen nicht oder nicht rechtzeitig zur Verfügung stehen.

(2) Bei Vorhaben nach Absatz 1 im Außenbereich gilt § 18 Absatz 3 Satz 2 des Bundesnaturschutzgesetzes bis zum Ablauf des 31. Dezember 2022 entsprechend.

(3) [1] Die Befristung in Absatz 1 auf den Ablauf des 31. Dezember 2022 bezieht sich auf den Zeitraum, bis zu dessen Ende im bauaufsichtlichen Zulassungsverfahren von der Vorschrift Gebrauch gemacht werden kann. [2] Die in Absatz 1 genannte Frist von fünf Jahren bezieht sich auf die Geltungsdauer der Genehmigung.

(4) Die Länder können durch Landesrecht ergänzende Bestimmungen zum Rückbau der in Absatz 1 genannten Vorhaben treffen.

(5) [1] § 36 findet mit der Maßgabe Anwendung, dass das Einvernehmen nur dann aus den sich aus den §§ 31, 33 bis 35 ergebenden Gründen versagt werden kann, wenn die städtebauliche Entwicklung des Gemeindegebiets der Gemeinde, in das Vorhaben ausgeführt werden soll, beeinträchtigt würde. [2] Abweichend von § 36 Absatz 2 Satz 2 gilt bis zum Ablauf des 31. Dezember 2022 das Einvernehmen als erteilt, wenn es nicht innerhalb eines Monats verweigert wird.

§ 247 Sonderregelungen für Berlin als Hauptstadt der Bundesrepublik Deutschland

(1) Bei der Aufstellung von Bauleitplänen und sonstigen Satzungen nach diesem Gesetzbuch soll in der Abwägung den Belangen, die sich aus der Entwicklung Berlins als Hauptstadt Deutschlands ergeben, und den Erfordernissen der Verfassungsorgane des Bundes für die Wahrnehmung ihrer Aufgabe besonders Rechnung getragen werden.

(2) Die Belange und Erfordernisse nach Absatz 1 werden zwischen Bund und Berlin in einem Gemeinsamen Ausschuss erörtert.

(3) [1] Kommt es in dem Ausschuss zu keiner Übereinstimmung, können die Verfassungsorgane des Bundes ihre Erfordernisse eigenständig feststellen; sie haben dabei eine geordnete städtebauliche Entwicklung Berlins zu berücksichtigen. [2] Die Bauleitpläne und sonstigen Satzungen nach diesem Gesetzbuch sind so anzupassen, dass den festgestellten Erfordernissen in geeigneter Weise Rechnung getragen wird.

(4) Haben die Verfassungsorgane des Bundes Erfordernisse nach Absatz 3 Satz 1 festgestellt und ist zu deren Verwirklichung die Aufstellung eines Bauleitplans oder einer sonstigen Satzung nach diesem Gesetzbuch geboten, soll der Bauleitplan oder die Satzung aufgestellt werden.

(5) (weggefallen)

(6) (weggefallen)

(7) Die Entwicklung der Parlaments- und Regierungsbereiche in Berlin entspricht den Zielen und Zwecken einer städtebaulichen Entwicklungsmaßnahme nach § 165 Absatz 2.

(8) [1] Ist im Rahmen von Genehmigungs-, Zustimmungs- oder sonstigen Verfahren für Vorhaben der Verfassungsorgane des Bundes Ermessen auszuüben oder sind Abwägungen oder Beurteilungen vorzunehmen, sind die von den Verfassungsorganen des Bundes entsprechend Absatz 3 festgestellten Erfordernisse mit dem ihnen nach dem Grundgesetz zukommenden Gewicht zu berücksichtigen. [2] Absatz 2 ist entsprechend anzuwenden.

§ 248 Sonderregelung zur sparsamen und effizienten Nutzung von Energie

[1] In Gebieten mit Bebauungsplänen oder Satzungen nach § 34 Absatz 4 Satz 1 Nummer 2 oder 3 sind bei Maßnahmen an bestehenden Gebäuden zum Zwecke der Energieeinsparung geringfügige Abweichungen von dem festgesetzten Maß der baulichen Nutzung, der Bauweise und der überbaubaren Grundstücksfläche zulässig, soweit dies mit nachbarlichen Interessen und baukulturellen Belangen vereinbar ist. [2] Satz 1 gilt entsprechend für Anlagen zur Nutzung solarer Strahlungsenergie in, an und auf Dach- und Außenwandflächen. [3] In den im Zusammenhang bebauten Ortsteilen gelten die Sätze 1 und 2 entsprechend für Abweichungen vom Erfordernis des Einfügens in die Eigenart der näheren Umgebung (§ 34 Absatz 1 Satz 1).

§ 249 Sonderregelungen zur Windenergie

(1) [1] Werden in einem Flächennutzungsplan zusätzliche Flächen für die Nutzung von Windenergie dargestellt, folgt daraus nicht, dass die vorhandenen Darstellungen des Flächennutzungsplans zur Erzielung der Rechtswirkungen des § 35 Absatz 3 Satz 3 nicht ausreichend sind. [2] Satz 1 gilt entsprechend bei der Änderung oder Aufhebung von Darstellungen zum Maß der baulichen Nutzung. [3] Die Sätze 1 und 2 gelten für Bebauungspläne, die aus den Darstellungen des Flächennutzungsplans entwickelt werden, entsprechend.

(2) [1] Nach § 9 Absatz 2 Satz 1 Nummer 2 kann auch festgesetzt werden, dass die im Bebauungsplan festgesetzten Windenergieanlagen nur zulässig sind, wenn sichergestellt ist, dass nach der Errichtung der im Bebauungsplan festgesetzten Windenergieanlagen andere im Bebauungsplan bezeichnete Windenergieanlagen innerhalb einer im Bebauungsplan zu bestimmenden angemessenen Frist zurückgebaut werden. [2] Die Standorte der zurückzubauenden Windenergieanlagen können auch außerhalb des Bebauungsplangebiets oder außerhalb des Gemeindegebiets liegen. [3] Darstellungen im Flächennutzungsplan, die die Rechtswirkungen des § 35 Absatz 3 Satz 3 haben, können mit Bestimmungen entsprechend den Sätzen 1 und 2 mit Wirkung für die Zulässigkeit der Windenergieanlagen nach § 35 Absatz 1 Nummer 5 verbunden sein.

(3) [1] Die Länder können durch Landesgesetze bestimmen, dass § 35 Absatz 1 Nummer 5 auf Vorhaben, die der Erforschung, Entwicklung oder Nutzung der Windenergie dienen, nur Anwendung findet, wenn sie bestimmte Mindestabstände zu den im Landesgesetz bezeichneten zulässigen baulichen Nutzungen zu Wohnzwecken einhalten. [2] Ein Mindestabstand nach Satz 1 darf höchstens 1 000 Meter von der Mitte des Mastfußes der Windenergieanlage bis zur nächstgelegenen im Landesgesetz bezeichneten baulichen Nutzung zu Wohnzwecken betragen. [3] Die weiteren Einzelheiten, insbesondere zur Abstandsfestlegung und zu den Auswirkungen der festgelegten Abstände auf Ausweisungen in geltenden Flächennutzungsplänen und Raumordnungsplänen, sind in den Landesgesetzen nach Satz 1 zu regeln. [4] Auf der Grundlage von § 249 Absatz 3 in der bis zum 14. August 2020 geltenden Fassung erlassene Landesgesetze gelten fort; sie können geändert werden, sofern die wesentlichen Elemente der in dem fortgeltenden Landesgesetz enthaltenen Regelung beibehalten werden.

§ 250 Bildung von Wohnungseigentum in Gebieten mit angespannten Wohnungsmärkten

(1) [1] Sofern Gebiete mit angespannten Wohnungsmärkten im Sinne von § 201a Satz 3 und 4 vorliegen und diese Gebiete nach Satz 3 bestimmt sind, bedarf bei Wohngebäuden, die bereits am Tag des Inkrafttretens der Rechtsverordnung nach Satz 3 bestanden, die Begründung oder Teilung von Wohnungseigentum oder Teileigentum nach § 1 des Wohnungseigentumsgesetzes der Genehmigung. [2] Das Genehmigungserfordernis nach Satz 1 gilt nicht, wenn sich im Wohngebäude nicht mehr als fünf Wohnungen befinden. [3] Die Landesregierungen werden ermächtigt, die Gebiete nach Satz 1 durch Rechtsverordnung zu bestimmen, die spätestens mit Ablauf des 31. Dezember 2025 außer Kraft treten muss. [4] Sie muss begründet werden. [5] Aus der Begründung muss sich ergeben, auf Grund welcher Tatsachen ein Gebiet mit einem angespannten Wohnungsmarkt im Einzelfall vorliegt. [6] In der Rechtsverordnung nach Satz 3 kann eine von Satz 2 abweichende Anzahl an Wohnungen bestimmt werden; diese Anzahl kann zwischen drei und 15 liegen.

(2) [1] Zuständig für die Genehmigung ist die von der Landesregierung bestimmte Stelle. [2] § 173 Absatz 3 gilt entsprechend.

(3) [1] Die Genehmigung ist zu erteilen, wenn

1. das Grundstück zu einem Nachlass gehört und Wohnungseigentum oder Teileigentum zugunsten von Miterben oder Vermächtnisnehmern begründet werden soll,
2. das Wohnungseigentum oder Teileigentum zur eigenen Nutzung an Familienangehörige des Eigentümers veräußert werden soll,
3. das Wohnungseigentum oder Teileigentum zur eigenen Nutzung an mindestens zwei Drittel der Mieter veräußert werden soll,
4. auch unter Berücksichtigung des Allgemeinwohls ein Absehen von der Begründung von Wohnungseigentum oder Teileigentum nicht mehr zumutbar ist oder
5. ohne die Genehmigung Ansprüche Dritter auf Übertragung von Wohnungseigentum oder Teileigentum nicht erfüllt werden können, zu deren Sicherung vor dem Wirksamwerden des Genehmigungsvorbehalts eine Vormerkung im Grundbuch eingetragen ist.

[2] In der Genehmigung kann bestimmt werden, dass auch die Veräußerung von Wohnungseigentum oder Teileigentum der Genehmigung entsprechend Satz 1 Nummer 1 bis 3 bedarf. [3] Diese Genehmigungspflicht ist in das Wohnungs- oder Teileigentumsgrundbuch einzutragen; die Eintragung erfolgt auf Ersuchen der nach Absatz 2 Satz 1 zuständigen Stelle. [4] Die Genehmigungspflicht erlischt mit Außerkrafttreten der Verordnung nach Absatz 1 Satz 3.

(4) [1] Unbeschadet des Absatzes 3 darf eine Genehmigung nur versagt werden, wenn dies für die ausreichende Versorgung der Bevölkerung mit Mietwohnraum erforderlich ist. [2] Unter der Voraussetzung von Satz 1 kann die Genehmigung mit einer Auflage erteilt werden.

(5) [1] Bei einem Grundstück, das im Geltungsbereich einer Rechtsverordnung nach Absatz 1 Satz 3 liegt, darf das Grundbuchamt die Eintragungen in das Grundbuch nur vornehmen, wenn ihm die Genehmigung oder das Nichtbestehen der Genehmigungspflicht nachgewiesen ist. [2] Mit der Eintragung gilt die Genehmigung als erteilt.

(6) [1] Der Genehmigung nach Absatz 1 Satz 1 bedarf ferner
1. die Begründung der in den §§ 30 und 31 des Wohnungseigentumsgesetzes bezeichneten Rechte,
2. die Begründung von Bruchteilseigentum nach § 1008 des Bürgerlichen Gesetzbuchs an Grundstücken mit Wohngebäuden, wenn zugleich nach § 1010 Absatz 1 des Bürgerlichen Gesetzbuchs im Grundbuch als Belastung eingetragen werden soll, dass Räume einem oder mehreren Miteigentümern zur ausschließlichen Benutzung zugewiesen sind und die Aufhebung der Gemeinschaft ausgeschlossen ist, sowie
3. bei bestehendem Bruchteilseigentum nach § 1008 des Bürgerlichen Gesetzbuchs an Grundstücken mit Wohngebäuden eine im Grundbuch als Belastung einzutragende Regelung nach § 1010 Absatz 1 des Bürgerlichen Gesetzbuchs, wonach Räume einem oder mehreren Miteigentümern zur ausschließlichen Benutzung zugewiesen sind und die Aufhebung der Gemeinschaft ausgeschlossen ist.

[2] Die Bestimmungen der Absätze 2 bis 5 gelten sinngemäß.

(7) [1] Diese Vorschrift geht im räumlichen Anwendungsbereich von Rechtsverordnungen nach Absatz 1 Satz 3 den Rechtsverordnungen nach § 172 Absatz 1 Satz 4 vor. [2] Satz 1 findet keine Anwendung, wenn nach Absatz 1 Satz 2 und 6 keine Genehmigungspflicht besteht.

BauGB - Anlage 1 (zu § 2 Absatz 4 und den §§ 2a
und 4c)

(Fundstelle: BGBl. I 2017, 3720 — 3721)

Der Umweltbericht nach § 2 Absatz 4 und § 2a Satz 2 Nummer 2 hat folgende
Bestandteile:

1. Eine Einleitung mit folgenden Angaben:

 a) Kurzdarstellung des Inhalts und der wichtigsten Ziele des
 Bauleitplans, einschließlich einer Beschreibung der Festsetzungen
 des Plans mit Angaben über Standorte, Art und Umfang sowie
 Bedarf an Grund und Boden der geplanten Vorhaben;

 b) Darstellung der in einschlägigen Fachgesetzen und Fachplänen
 festgelegten Ziele des Umweltschutzes, die für den Bauleitplan von
 Bedeutung sind, und der Art, wie diese Ziele und die
 Umweltbelange bei der Aufstellung des Bauleitplans berücksichtigt
 wurden;

2. eine Beschreibung und Bewertung der erheblichen
 Umweltauswirkungen, die in der Umweltprüfung nach § 2 Absatz 4 Satz
 1 ermittelt wurden; hierzu gehören folgende Angaben:

 a) eine Bestandsaufnahme der einschlägigen Aspekte des derzeitigen
 Umweltzustands (Basisszenario), einschließlich der
 Umweltmerkmale der Gebiete, die voraussichtlich erheblich
 beeinflusst werden, und eine Übersicht über die voraussichtliche
 Entwicklung des Umweltzustands bei Nichtdurchführung der
 Planung, soweit diese Entwicklung gegenüber dem Basisszenario
 mit zumutbarem Aufwand auf der Grundlage der verfügbaren
 Umweltinformationen und wissenschaftlichen Erkenntnisse
 abgeschätzt werden kann;

b) eine Prognose über die Entwicklung des Umweltzustands bei Durchführung der Planung; hierzu sind, soweit möglich, insbesondere die möglichen erheblichen Auswirkungen während der Bau- und Betriebsphase der geplanten Vorhaben auf die Belange nach § 1 Absatz 6 Nummer 7 Buchstabe a bis i zu beschreiben, unter anderem infolge

aa) des Baus und des Vorhandenseins der geplanten Vorhaben, soweit relevant einschließlich Abrissarbeiten,

bb) der Nutzung natürlicher Ressourcen, insbesondere Fläche, Boden, Wasser, Tiere, Pflanzen und biologische Vielfalt, wobei soweit möglich die nachhaltige Verfügbarkeit dieser Ressourcen zu berücksichtigen ist,

cc) der Art und Menge an Emissionen von Schadstoffen, Lärm, Erschütterungen, Licht, Wärme und Strahlung sowie der Verursachung von Belästigungen,

dd) der Art und Menge der erzeugten Abfälle und ihrer Beseitigung und Verwertung,

ee) der Risiken für die menschliche Gesundheit, das kulturelle Erbe oder die Umwelt (zum Beispiel durch Unfälle oder Katastrophen),

ff) der Kumulierung mit den Auswirkungen von Vorhaben benachbarter Plangebiete unter Berücksichtigung etwaiger bestehender Umweltprobleme in Bezug auf möglicherweise betroffene Gebiete mit spezieller Umweltrelevanz oder auf die Nutzung von natürlichen Ressourcen,

gg) der Auswirkungen der geplanten Vorhaben auf das Klima (zum Beispiel Art und Ausmaß der Treibhausgasemissionen) und der Anfälligkeit der geplanten Vorhaben gegenüber den Folgen des Klimawandels,

hh) der eingesetzten Techniken und Stoffe;

die Beschreibung nach Halbsatz 2 soll sich auf die direkten und die etwaigen indirekten, sekundären, kumulativen, grenzüberschreitenden, kurzfristigen, mittelfristigen und langfristigen, ständigen und vorübergehenden sowie positiven und negativen Auswirkungen der geplanten Vorhaben erstrecken; die Beschreibung nach Halbsatz 2 soll zudem den auf Ebene der Europäischen Union oder auf Bundes-, Landes- oder kommunaler Ebene festgelegten Umweltschutzzielen Rechnung tragen;

c) eine Beschreibung der geplanten Maßnahmen, mit denen festgestellte erhebliche nachteilige Umweltauswirkungen vermieden, verhindert, verringert oder soweit möglich ausgeglichen werden sollen, sowie gegebenenfalls geplante Überwachungsmaßnahmen. In dieser Beschreibung ist zu erläutern, inwieweit erhebliche nachteilige Auswirkungen auf die Umwelt vermieden, verhindert, verringert oder ausgeglichen werden, wobei sowohl die Bauphase als auch die Betriebsphase abzudecken ist;

d) in Betracht kommende anderweitige Planungsmöglichkeiten, wobei die Ziele und der räumliche Geltungsbereich des Bauleitplans zu berücksichtigen sind, und die Angabe der wesentlichen Gründe für die getroffene Wahl;

e) eine Beschreibung der erheblichen nachteiligen Auswirkungen nach § 1 Absatz 6 Nummer 7 Buchstabe j; zur Vermeidung von Mehrfachprüfungen können die vorhandenen Ergebnisse anderer rechtlich vorgeschriebener Prüfungen genutzt werden; soweit angemessen, sollte diese Beschreibung Maßnahmen zur Verhinderung oder Verminderung der erheblichen nachteiligen Auswirkungen solcher Ereignisse auf die Umwelt sowie Einzelheiten in Bezug auf die Bereitschafts- und vorgesehenen Bekämpfungsmaßnahmen für derartige Krisenfälle erfassen;

3. zusätzliche Angaben:

a) eine Beschreibung der wichtigsten Merkmale der verwendeten technischen Verfahren bei der Umweltprüfung sowie Hinweise auf Schwierigkeiten, die bei der Zusammenstellung der Angaben aufgetreten sind, zum Beispiel technische Lücken oder fehlende Kenntnisse,

b) eine Beschreibung der geplanten Maßnahmen zur Überwachung der erheblichen Auswirkungen der Durchführung des Bauleitplans auf die Umwelt,

c) eine allgemein verständliche Zusammenfassung der erforderlichen Angaben nach dieser Anlage,

d) eine Referenzliste der Quellen, die für die im Bericht enthaltenen Beschreibungen und Bewertungen herangezogen wurden.

BauGB - Anlage 2 (zu § 13a Absatz 1 Satz 2
Nummer 2)

(Fundstelle: BGBl. I 2017, 3722)

Nachstehende Kriterien sind anzuwenden, soweit auf Anlage 2 Bezug genommen wird.

1. Merkmale des Bebauungsplans, insbesondere in Bezug auf

1.1 das Ausmaß, in dem der Bebauungsplan einen Rahmen im Sinne des § 35 Absatz 3 des Gesetzes über die Umweltverträglichkeitsprüfung setzt;

1.2 das Ausmaß, in dem der Bebauungsplan andere Pläne und Programme beeinflusst;

1.3 die Bedeutung des Bebauungsplans für die Einbeziehung umweltbezogener, einschließlich gesundheitsbezogener Erwägungen, insbesondere im Hinblick auf die Förderung der nachhaltigen Entwicklung;

1.4 die für den Bebauungsplan relevanten umweltbezogenen, einschließlich gesundheitsbezogener Probleme;

1.5 die Bedeutung des Bebauungsplans für die Durchführung nationaler und europäischer Umweltvorschriften.

2. Merkmale der möglichen Auswirkungen und der voraussichtlich betroffenen Gebiete, insbesondere in Bezug auf

2.1 die Wahrscheinlichkeit, Dauer, Häufigkeit und Umkehrbarkeit der Auswirkungen;

2.2 den kumulativen und grenzüberschreitenden Charakter der Auswirkungen;

2.3 die Risiken für die Umwelt, einschließlich der menschlichen Gesundheit (zum Beispiel bei Unfällen);

2.4 den Umfang und die räumliche Ausdehnung der Auswirkungen;

2.5 die Bedeutung und die Sensibilität des voraussichtlich betroffenen Gebiets auf Grund der besonderen natürlichen Merkmale, des kulturellen Erbes, der Intensität der Bodennutzung des Gebiets jeweils unter Berücksichtigung der Überschreitung von Umweltqualitätsnormen und Grenzwerten;

2.6 folgende Gebiete:

2.6.1 Natura 2000-Gebiete nach § 7 Absatz 1 Nummer 8 des Bundesnaturschutzgesetzes,

2.6.2 Naturschutzgebiete gemäß § 23 des Bundesnaturschutzgesetzes, soweit nicht bereits von Nummer 2.6.1 erfasst,

2.6.3 Nationalparke gemäß § 24 des Bundesnaturschutzgesetzes, soweit nicht bereits von Nummer 2.6.1 erfasst,

2.6.4 Biosphärenreservate und Landschaftsschutzgebiete gemäß den §§ 25 und 26 des Bundesnaturschutzgesetzes,

2.6.5 gesetzlich geschützte Biotope gemäß § 30 des Bundesnaturschutzgesetzes,

2.6.6 Wasserschutzgebiete gemäß § 51 des Wasserhaushaltsgesetzes, Heilquellenschutzgebiete gemäß § 53 Absatz 4 des Wasserhaushaltsgesetzes sowie Überschwemmungsgebiete gemäß § 76 des Wasserhaushaltsgesetzes,

2.6.7 Gebiete, in denen die in Rechtsakten der Europäischen Union festgelegten Umweltqualitätsnormen bereits überschritten sind,

2.6.8 Gebiete mit hoher Bevölkerungsdichte, insbesondere Zentrale Orte im Sinne des § 2 Absatz 2 Nummer 2 des Raumordnungsgesetzes,

2.6.9 in amtlichen Listen oder Karten verzeichnete Denkmäler, Denkmalensembles, Bodendenkmäler oder Gebiete, die von der durch die Länder bestimmten Denkmalschutzbehörde als archäologisch bedeutende Landschaften eingestuft worden sind.

Verordnung über die bauliche Nutzung der Grundstücke [1]

[1] (+++ Textnachweis Geltung ab: 1.10.1977 +++); (+++ Änderungen aufgrund EinigVtr vgl. § 26a +++)

Stand: Neugefasst durch Bek. v. 21.11.2017 I 3786
Hinweis: Änderung durch Art. 2 G v. 14.6.2021 I 1802 (Nr. 33) textlich nachgewiesen, dokumentarisch noch
 nicht abschließend bearbeitet

Erster Abschnitt Art der baulichen Nutzung

§ 1 Allgemeine Vorschriften für Bauflächen und Baugebiete

(1) Im Flächennutzungsplan können die für die Bebauung vorgesehenen Flächen nach der allgemeinen Art ihrer
baulichen Nutzung (Bauflächen) dargestellt werden als

1. Wohnbauflächen (W)

2. gemischte Bauflächen (M)

3. gewerbliche Bauflächen (G)

4. Sonderbauflächen (S).

(2) Die für die Bebauung vorgesehenen Flächen können nach der besonderen Art ihrer baulichen Nutzung (Bauge-
biete) dargestellt werden als

1. Kleinsiedlungsgebiete (WS)

2. reine Wohngebiete (WR)

3. allgemeine Wohngebiete (WA)

4. besondere Wohngebiete (WB)

5. Dorfgebiete (MD)

6. dörfliche Wohngebiete (MDW)

7. Mischgebiete (MI)

8. urbane Gebiete (MU)

9. Kerngebiete (MK)

10. Gewerbegebiete (GE)

11. Industriegebiete (GI)

12. Sondergebiete (SO).

(3) [1] Im Bebauungsplan können die in Absatz 2 bezeichneten Baugebiete festgesetzt werden. [2] Durch die Festsetzung
werden die Vorschriften der §§ 2 bis 14 Bestandteil des Bebauungsplans, soweit nicht auf Grund der Absätze 4 bis
10 etwas anderes bestimmt wird. [3] Bei Festsetzung von Sondergebieten finden die Vorschriften über besondere
Festsetzungen nach den Absätzen 4 bis 10 keine Anwendung; besondere Festsetzungen über die Art der Nutzung
können nach den §§ 10 und 11 getroffen werden.

(4) [1] Für die in den §§ 4 bis 9 bezeichneten Baugebiete können im Bebauungsplan für das jeweilige Baugebiet Fest-
setzungen getroffen werden, die das Baugebiet
1. nach der Art der zulässigen Nutzung,
2. nach der Art der Betriebe und Anlagen und deren besonderen Bedürfnissen und Eigenschaften
gliedern. [2] Die Festsetzungen nach Satz 1 können auch für mehrere Gewerbegebiete einer Gemeinde im Verhältnis
zueinander getroffen werden; dies gilt auch für Industriegebiete. [3] Absatz 5 bleibt unberührt.

(5) Im Bebauungsplan kann festgesetzt werden, dass bestimmte Arten von Nutzungen, die nach den §§ 2 bis 9 sowie
13 und 13a allgemein zulässig sind, nicht zulässig sind oder nur ausnahmsweise zugelassen werden können, sofern
die allgemeine Zweckbestimmung des Baugebiets gewahrt bleibt.

(6) Im Bebauungsplan kann festgesetzt werden, dass alle oder einzelne Ausnahmen, die in den Baugebieten nach
den §§ 2 bis 9 vorgesehen sind,
1. nicht Bestandteil des Bebauungsplans werden oder
2. in dem Baugebiet allgemein zulässig sind, sofern die allgemeine Zweckbestimmung des Baugebiets gewahrt
 bleibt.

(7) In Bebauungsplänen für Baugebiete nach den §§ 4 bis 9 kann, wenn besondere städtebauliche Gründe dies
rechtfertigen (§ 9 Absatz 3 des Baugesetzbuchs), festgesetzt werden, dass in bestimmten Geschossen, Ebenen oder
sonstigen Teilen baulicher Anlagen
1. nur einzelne oder mehrere der in dem Baugebiet allgemein zulässigen Nutzungen zulässig sind,
2. einzelne oder mehrere der in dem Baugebiet allgemein zulässigen Nutzungen unzulässig sind oder als Aus-
 nahme zugelassen werden können oder
3. alle oder einzelne Ausnahmen, die in den Baugebieten nach den §§ 4 bis 9 vorgesehen sind, nicht zulässig
 oder, sofern die allgemeine Zweckbestimmung des Baugebiets gewahrt bleibt, allgemein zulässig sind.

(8) Die Festsetzungen nach den Absätzen 4 bis 7 können sich auch auf Teile des Baugebiets beschränken.

(9) Wenn besondere städtebauliche Gründe dies rechtfertigen, kann im Bebauungsplan bei Anwendung der Absätze 5 bis 8 festgesetzt werden, dass nur bestimmte Arten der in den Baugebieten allgemein oder ausnahmsweise zulässigen baulichen oder sonstigen Anlagen zulässig oder nicht zulässig sind oder nur ausnahmsweise zugelassen werden können.

(10) [1] Wären bei Festsetzung eines Baugebiets nach den §§ 2 bis 9 in überwiegend bebauten Gebieten bestimmte vorhandene bauliche und sonstige Anlagen unzulässig, kann im Bebauungsplan festgesetzt werden, dass Erweiterungen, Änderungen, Nutzungsänderungen und Erneuerungen dieser Anlagen allgemein zulässig sind oder ausnahmsweise zugelassen werden können. [2] Im Bebauungsplan können nähere Bestimmungen über die Zulässigkeit getroffen werden. [3] Die allgemeine Zweckbestimmung des Baugebiets muss in seinen übrigen Teilen gewahrt bleiben. [4] Die Sätze 1 bis 3 gelten auch für die Änderung und Ergänzung von Bebauungsplänen.

§ 2 Kleinsiedlungsgebiete

(1) Kleinsiedlungsgebiete dienen vorwiegend der Unterbringung von Kleinsiedlungen einschließlich Wohngebäuden mit entsprechenden Nutzgärten und landwirtschaftlichen Nebenerwerbsstellen.

(2) Zulässig sind
1. Kleinsiedlungen einschließlich Wohngebäude mit entsprechenden Nutzgärten, landwirtschaftliche Nebenerwerbsstellen und Gartenbaubetriebe,
2. die der Versorgung des Gebiets dienenden Läden, Schank- und Speisewirtschaften sowie nicht störenden Handwerksbetriebe.

(3) Ausnahmsweise können zugelassen werden
1. sonstige Wohngebäude mit nicht mehr als zwei Wohnungen,
2. Anlagen für kirchliche, kulturelle, soziale, gesundheitliche und sportliche Zwecke,
3. Tankstellen,
4. nicht störende Gewerbebetriebe.

§ 3 Reine Wohngebiete

(1) Reine Wohngebiete dienen dem Wohnen.

(2) Zulässig sind
1. Wohngebäude,
2. Anlagen zur Kinderbetreuung, die den Bedürfnissen der Bewohner des Gebiets dienen.

(3) Ausnahmsweise können zugelassen werden
1. Läden und nicht störende Handwerksbetriebe, die zur Deckung des täglichen Bedarfs für die Bewohner des Gebiets dienen, sowie kleine Betriebe des Beherbergungsgewerbes,
2. sonstige Anlagen für soziale Zwecke sowie den Bedürfnissen der Bewohner des Gebiets dienende Anlagen für kirchliche, kulturelle, gesundheitliche und sportliche Zwecke.

(4) Zu den nach Absatz 2 sowie den §§ 2, 4 bis 7 zulässigen Wohngebäuden gehören auch solche, die ganz oder teilweise der Betreuung und Pflege ihrer Bewohner dienen.

§ 4 Allgemeine Wohngebiete

(1) Allgemeine Wohngebiete dienen vorwiegend dem Wohnen.

(2) Zulässig sind
1. Wohngebäude,
2. die der Versorgung des Gebiets dienenden Läden, Schank- und Speisewirtschaften sowie nicht störenden Handwerksbetriebe,
3. Anlagen für kirchliche, kulturelle, soziale, gesundheitliche und sportliche Zwecke.

(3) Ausnahmsweise können zugelassen werden
1. Betriebe des Beherbergungsgewerbes,
2. sonstige nicht störende Gewerbebetriebe,
3. Anlagen für Verwaltungen,
4. Gartenbaubetriebe,
5. Tankstellen.

§ 4a Gebiete zur Erhaltung und Entwicklung der Wohnnutzung (besondere Wohngebiete)

(1) [1] Besondere Wohngebiete sind überwiegend bebaute Gebiete, die aufgrund ausgeübter Wohnnutzung und vorhandener sonstiger in Absatz 2 genannter Anlagen eine besondere Eigenart aufweisen und in denen unter Berücksichtigung dieser Eigenart die Wohnnutzung erhalten und fortentwickelt werden soll. [2] Besondere Wohngebiete dienen vorwiegend dem Wohnen; sie dienen auch der Unterbringung von Gewerbebetrieben und sonstigen Anlagen im Sinne der Absätze 2 und 3, soweit diese Betriebe und Anlagen nach der besonderen Eigenart des Gebiets mit der Wohnnutzung vereinbar sind.

(2) Zulässig sind
1. Wohngebäude,
2. Läden, Betriebe des Beherbergungsgewerbes, Schank- und Speisewirtschaften,
3. sonstige Gewerbebetriebe,
4. Geschäfts- und Bürogebäude,

5. Anlagen für kirchliche, kulturelle, soziale, gesundheitliche und sportliche Zwecke.

(3) Ausnahmsweise können zugelassen werden
1. Anlagen für zentrale Einrichtungen der Verwaltung,
2. Vergnügungsstätten, soweit sie nicht wegen ihrer Zweckbestimmung oder ihres Umfangs nur in Kerngebieten allgemein zulässig sind,
3. Tankstellen.

(4) Für besondere Wohngebiete oder Teile solcher Gebiete kann, wenn besondere städtebauliche Gründe dies rechtfertigen (§ 9 Absatz 3 des Baugesetzbuchs), festgesetzt werden, dass
1. oberhalb eines im Bebauungsplan bestimmten Geschosses nur Wohnungen zulässig sind oder
2. in Gebäuden ein im Bebauungsplan bestimmter Anteil der zulässigen Geschossfläche oder eine bestimmte Größe der Geschossfläche für Wohnungen zu verwenden ist.

§ 5 Dorfgebiete

(1) [1] Dorfgebiete dienen der Unterbringung der Wirtschaftsstellen land- und forstwirtschaftlicher Betriebe, dem Wohnen und der Unterbringung von nicht wesentlich störenden Gewerbebetrieben sowie der Versorgung der Bewohner des Gebiets dienenden Handwerksbetrieben. [2] Auf die Belange der land- und forstwirtschaftlichen Betriebe einschließlich ihrer Entwicklungsmöglichkeiten ist vorrangig Rücksicht zu nehmen.

(2) Zulässig sind
1. Wirtschaftsstellen land- und forstwirtschaftlicher Betriebe und die dazugehörigen Wohnungen und Wohngebäude,
2. Kleinsiedlungen einschließlich Wohngebäude mit entsprechenden Nutzgärten und landwirtschaftliche Nebenerwerbsstellen,
3. sonstige Wohngebäude,
4. Betriebe zur Be- und Verarbeitung und Sammlung land- und forstwirtschaftlicher Erzeugnisse,
5. Einzelhandelsbetriebe, Schank- und Speisewirtschaften sowie Betriebe des Beherbergungsgewerbes,
6. sonstige Gewerbebetriebe,
7. Anlagen für örtliche Verwaltungen sowie für kirchliche, kulturelle, soziale, gesundheitliche und sportliche Zwecke,
8. Gartenbaubetriebe,
9. Tankstellen.

(3) Ausnahmsweise können Vergnügungsstätten im Sinne des § 4a Absatz 3 Nummer 2 zugelassen werden.

§ 5a Dörfliche Wohngebiete

(1) [1] Dörfliche Wohngebiete dienen dem Wohnen sowie der Unterbringung von land- und forstwirtschaftlichen Nebenerwerbsstellen und nicht wesentlich störenden Gewerbebetrieben. [2] Die Nutzungsmischung muss nicht gleichgewichtig sein.

(2) Zulässig sind
1. Wohngebäude,
2. Wirtschaftsstellen land- und forstwirtschaftlicher Nebenerwerbsbetriebe und die dazugehörigen Wohnungen und Wohngebäude,
3. Kleinsiedlungen einschließlich Wohngebäude mit entsprechenden Nutzgärten,
4. nicht gewerbliche Einrichtungen und Anlagen für die Tierhaltung,
5. die der Versorgung des Gebiets dienenden Läden sowie Schank- und Speisewirtschaften,
6. Betriebe des Beherbergungsgewerbes,
7. sonstige Gewerbebetriebe,
8. Anlagen für örtliche Verwaltungen sowie für kirchliche, kulturelle, soziale, gesundheitliche und sportliche Zwecke.

(3) Ausnahmsweise können zugelassen werden
1. Wirtschaftsstellen land- und forstwirtschaftlicher Betriebe und die dazugehörigen Wohnungen und Wohngebäude,
2. Gartenbaubetriebe,
3. Tankstellen.

§ 6 Mischgebiete

(1) Mischgebiete dienen dem Wohnen und der Unterbringung von Gewerbebetrieben, die das Wohnen nicht wesentlich stören.

(2) Zulässig sind
1. Wohngebäude,
2. Geschäfts- und Bürogebäude,
3. Einzelhandelsbetriebe, Schank- und Speisewirtschaften sowie Betriebe des Beherbergungsgewerbes,
4. sonstige Gewerbebetriebe,
5. Anlagen für Verwaltungen sowie für kirchliche, kulturelle, soziale, gesundheitliche und sportliche Zwecke,
6. Gartenbaubetriebe,
7. Tankstellen,

8. Vergnügungsstätten im Sinne des § 4a Absatz 3 Nummer 2 in den Teilen des Gebiets, die überwiegend durch gewerbliche Nutzungen geprägt sind.

(3) Ausnahmsweise können Vergnügungsstätten im Sinne des § 4a Absatz 3 Nummer 2 außerhalb der in Absatz 2 Nummer 8 bezeichneten Teile des Gebiets zugelassen werden.

§ 6a Urbane Gebiete

(1) [1] Urbane Gebiete dienen dem Wohnen sowie der Unterbringung von Gewerbebetrieben und sozialen, kulturellen und anderen Einrichtungen, die die Wohnnutzung nicht wesentlich stören. [2] Die Nutzungsmischung muss nicht gleichgewichtig sein.

(2) Zulässig sind
1. Wohngebäude,
2. Geschäfts- und Bürogebäude,
3. Einzelhandelsbetriebe, Schank- und Speisewirtschaften sowie Betriebe des Beherbergungsgewerbes,
4. sonstige Gewerbebetriebe,
5. Anlagen für Verwaltungen sowie für kirchliche, kulturelle, soziale, gesundheitliche und sportliche Zwecke.

(3) Ausnahmsweise können zugelassen werden
1. Vergnügungsstätten, soweit sie nicht wegen ihrer Zweckbestimmung oder ihres Umfangs nur in Kerngebieten allgemein zulässig sind,
2. Tankstellen.

(4) Für urbane Gebiete oder Teile solcher Gebiete kann festgesetzt werden, dass in Gebäuden
1. im Erdgeschoss an der Straßenseite eine Wohnnutzung nicht oder nur ausnahmsweise zulässig ist,
2. oberhalb eines im Bebauungsplan bestimmten Geschosses nur Wohnungen zulässig sind,
3. ein im Bebauungsplan bestimmter Anteil der zulässigen Geschossfläche oder eine im Bebauungsplan bestimmte Größe der Geschossfläche für Wohnungen zu verwenden ist, oder
4. ein im Bebauungsplan bestimmter Anteil der zulässigen Geschossfläche oder eine im Bebauungsplan bestimmte Größe der Geschossfläche für gewerbliche Nutzungen zu verwenden ist.

§ 7 Kerngebiete

(1) Kerngebiete dienen vorwiegend der Unterbringung von Handelsbetrieben sowie der zentralen Einrichtungen der Wirtschaft, der Verwaltung und der Kultur.

(2) Zulässig sind
1. Geschäfts- , Büro- und Verwaltungsgebäude,
2. Einzelhandelsbetriebe, Schank- und Speisewirtschaften, Betriebe des Beherbergungsgewerbes und Vergnügungsstätten,
3. sonstige nicht wesentlich störende Gewerbebetriebe,
4. Anlagen für kirchliche, kulturelle, soziale, gesundheitliche und sportliche Zwecke,
5. Tankstellen im Zusammenhang mit Parkhäusern und Großgaragen,
6. Wohnungen für Aufsichts- und Bereitschaftspersonen sowie für Betriebsinhaber und Betriebsleiter,
7. sonstige Wohnungen nach Maßgabe von Festsetzungen des Bebauungsplans.

(3) Ausnahmsweise können zugelassen werden
1. Tankstellen, die nicht unter Absatz 2 Nummer 5 fallen,
2. Wohnungen, die nicht unter Absatz 2 Nummer 6 und 7 fallen.

(4) [1] Für Teile eines Kerngebiets kann, wenn besondere städtebauliche Gründe dies rechtfertigen (§ 9 Absatz 3 des Baugesetzbuchs), festgesetzt werden, dass
1. oberhalb eines im Bebauungsplan bestimmten Geschosses nur Wohnungen zulässig sind oder
2. in Gebäuden ein im Bebauungsplan bestimmter Anteil der zulässigen Geschossfläche oder eine bestimmte Größe der Geschossfläche für Wohnungen zu verwenden ist.
[2] Dies gilt auch, wenn durch solche Festsetzungen dieser Teil des Kerngebiets nicht vorwiegend der Unterbringung von Handelsbetrieben sowie der zentralen Einrichtungen der Wirtschaft, der Verwaltung und der Kultur dient.

§ 8 Gewerbegebiete

(1) Gewerbegebiete dienen vorwiegend der Unterbringung von nicht erheblich belästigenden Gewerbebetrieben.

(2) Zulässig sind
1. Gewerbebetriebe aller Art, Lagerhäuser, Lagerplätze und öffentliche Betriebe,
2. Geschäfts- , Büro- und Verwaltungsgebäude,
3. Tankstellen,
4. Anlagen für sportliche Zwecke.

(3) Ausnahmsweise können zugelassen werden
1. Wohnungen für Aufsichts- und Bereitschaftspersonen sowie für Betriebsinhaber und Betriebsleiter, die dem Gewerbebetrieb zugeordnet und ihm gegenüber in Grundfläche und Baumasse untergeordnet sind,
2. Anlagen für kirchliche, kulturelle, soziale und gesundheitliche Zwecke,
3. Vergnügungsstätten.

§ 9 Industriegebiete

(1) Industriegebiete dienen ausschließlich der Unterbringung von Gewerbebetrieben, und zwar vorwiegend solcher Betriebe, die in anderen Baugebieten unzulässig sind.

(2) Zulässig sind
1. Gewerbebetriebe aller Art, Lagerhäuser, Lagerplätze und öffentliche Betriebe,
2. Tankstellen.

(3) Ausnahmsweise können zugelassen werden
1. Wohnungen für Aufsichts- und Bereitschaftspersonen sowie für Betriebsinhaber und Betriebsleiter, die dem Gewerbebetrieb zugeordnet und ihm gegenüber in Grundfläche und Baumasse untergeordnet sind,
2. Anlagen für kirchliche, kulturelle, soziale, gesundheitliche und sportliche Zwecke.

§ 10 Sondergebiete, die der Erholung dienen

(1) Als Sondergebiete, die der Erholung dienen, kommen insbesondere in Betracht

Wochenendhausgebiete,

Ferienhausgebiete,

Campingplatzgebiete.

(2) [1] Für Sondergebiete, die der Erholung dienen, sind die Zweckbestimmung und die Art der Nutzung darzustellen und festzusetzen. [2] Im Bebauungsplan kann festgesetzt werden, dass bestimmte, der Eigenart des Gebiets entsprechende Anlagen und Einrichtungen zur Versorgung des Gebiets und für sportliche Zwecke allgemein zulässig sind oder ausnahmsweise zugelassen werden können.

(3) [1] In Wochenendhausgebieten sind Wochenendhäuser als Einzelhäuser zulässig. [2] Im Bebauungsplan kann festgesetzt werden, dass Wochenendhäuser nur als Hausgruppen zulässig sind oder ausnahmsweise als Hausgruppen zugelassen werden können. [3] Die zulässige Grundfläche der Wochenendhäuser ist im Bebauungsplan, begrenzt nach der besonderen Eigenart des Gebiets, unter Berücksichtigung der landschaftlichen Gegebenheiten festzusetzen.

(4) [1] In Ferienhausgebieten sind Ferienhäuser zulässig, die aufgrund ihrer Lage, Größe, Ausstattung, Erschließung und Versorgung für den Erholungsaufenthalt geeignet und dazu bestimmt sind, überwiegend und auf Dauer einem wechselnden Personenkreis zur Erholung zu dienen. [2] Im Bebauungsplan kann die Grundfläche der Ferienhäuser, begrenzt nach der besonderen Eigenart des Gebiets, unter Berücksichtigung der landschaftlichen Gegebenheiten festgesetzt werden.

(5) In Campingplatzgebieten sind Campingplätze und Zeltplätze zulässig.

§ 11 Sonstige Sondergebiete

(1) Als sonstige Sondergebiete sind solche Gebiete darzustellen und festzusetzen, die sich von den Baugebieten nach den §§ 2 bis 10 wesentlich unterscheiden.

(2) [1] Für sonstige Sondergebiete sind die Zweckbestimmung und die Art der Nutzung darzustellen und festzusetzen. [2] Als sonstige Sondergebiete kommen insbesondere in Betracht

Gebiete für den Fremdenverkehr, wie Kurgebiete und Gebiete für die Fremdenbeherbergung, auch mit einer Mischung von Fremdenbeherbergung oder Ferienwohnen einerseits sowie Dauerwohnen andererseits,

Ladengebiete,

Gebiete für Einkaufszentren und großflächige Handelsbetriebe,

Gebiete für Messen, Ausstellungen und Kongresse,

Hochschulgebiete,

Klinikgebiete,

Hafengebiete,

Gebiete für Anlagen, die der Erforschung, Entwicklung oder Nutzung erneuerbarer Energien, wie Wind- und Sonnenenergie, dienen.

(3)
1. Einkaufszentren,
2. großflächige Einzelhandelsbetriebe, die sich nach Art, Lage oder Umfang auf die Verwirklichung der Ziele der Raumordnung und Landesplanung oder auf die städtebauliche Entwicklung und Ordnung nicht nur unwesentlich auswirken können,
3. sonstige großflächige Handelsbetriebe, die im Hinblick auf den Verkauf an letzte Verbraucher und auf die Auswirkungen den in Nummer 2 bezeichneten Einzelhandelsbetrieben vergleichbar sind,
sind außer in Kerngebieten nur in für sie festgesetzten Sondergebieten zulässig. [2] Auswirkungen im Sinne des Satzes 1 Nummer 2 und 3 sind insbesondere schädliche Umwelteinwirkungen im Sinne des § 3 des Bundes-Immissionsschutzgesetzes sowie Auswirkungen auf die infrastrukturelle Ausstattung, auf den Verkehr, auf die Versorgung der Bevölkerung im Einzugsbereich der in Satz 1 bezeichneten Betriebe, auf die Entwicklung zentraler Versorgungsbereiche in der Gemeinde oder in anderen Gemeinden, auf das Orts- und Landschaftsbild und auf den Naturhaushalt. [3] Auswirkungen im Sinne des Satzes 2 sind bei Betrieben nach Satz 1 Nummer 2 und 3 in der Regel anzunehmen, wenn die Geschossfläche 1 200 m² überschreitet. [4] Die Regel des Satzes 3 gilt nicht, wenn Anhaltspunkte dafür be-

stehen, dass Auswirkungen bereits bei weniger als 1 200 m² Geschossfläche vorliegen oder bei mehr als 1 200 m² Geschossfläche nicht vorliegen; dabei sind in Bezug auf die in Satz 2 bezeichneten Auswirkungen insbesondere die Gliederung und Größe der Gemeinde und ihrer Ortsteile, die Sicherung der verbrauchernahen Versorgung der Bevölkerung und das Warenangebot des Betriebs zu berücksichtigen.

§ 12 Stellplätze und Garagen

(1) Stellplätze und Garagen sind in allen Baugebieten zulässig, soweit sich aus den Absätzen 2 bis 6 nichts anderes ergibt.

(2) In Kleinsiedlungsgebieten, reinen Wohngebieten und allgemeinen Wohngebieten sowie Sondergebieten, die der Erholung dienen, sind Stellplätze und Garagen nur für den durch die zugelassene Nutzung verursachten Bedarf zulässig.

(3) Unzulässig sind
1. Stellplätze und Garagen für Lastkraftwagen und Kraftomnibusse sowie für Anhänger dieser Kraftfahrzeuge in reinen Wohngebieten,
2. Stellplätze und Garagen für Kraftfahrzeuge mit einem Eigengewicht über 3,5 Tonnen sowie für Anhänger dieser Kraftfahrzeuge in Kleinsiedlungsgebieten und allgemeinen Wohngebieten.

(4) [1] Im Bebauungsplan kann, wenn besondere städtebauliche Gründe dies rechtfertigen (§ 9 Absatz 3 des Baugesetzbuchs), festgesetzt werden, dass in bestimmten Geschossen nur Stellplätze oder Garagen und zugehörige Nebeneinrichtungen (Garagengeschosse) zulässig sind. [2] Eine Festsetzung nach Satz 1 kann auch für Geschosse unterhalb der Geländeoberfläche getroffen werden. [3] Bei Festsetzungen nach den Sätzen 1 und 2 sind Stellplätze und Garagen auf dem Grundstück nur in den festgesetzten Geschossen zulässig, soweit der Bebauungsplan nichts anderes bestimmt.

(5) [1] Im Bebauungsplan kann, wenn besondere städtebauliche Gründe dies rechtfertigen (§ 9 Absatz 3 des Baugesetzbuchs), festgesetzt werden, dass in Teilen von Geschossen nur Stellplätze und Garagen zulässig sind. [2] Absatz 4 Satz 2 und 3 gilt entsprechend.

(6) Im Bebauungsplan kann festgesetzt werden, dass in Baugebieten oder bestimmten Teilen von Baugebieten Stellplätze und Garagen unzulässig oder nur in beschränktem Umfang zulässig sind, soweit landesrechtliche Vorschriften nicht entgegenstehen.

(7) Die landesrechtlichen Vorschriften über die Ablösung der Verpflichtung zur Herstellung von Stellplätzen und Garagen sowie die Verpflichtung zur Herstellung von Stellplätzen und Garagen außerhalb der im Bebauungsplan festgesetzten Bereiche bleiben bei Festsetzungen nach den Absätzen 4 bis 6 unberührt.

§ 13 Gebäude und Räume für freie Berufe

Für die Berufsausübung freiberuflich Tätiger und solcher Gewerbetreibender, die ihren Beruf in ähnlicher Art ausüben, sind in den Baugebieten nach den §§ 2 bis 4 Räume, in den Baugebieten nach den §§ 4a bis 9 auch Gebäude zulässig.

§ 13a Ferienwohnungen

[1] Räume oder Gebäude, die einem ständig wechselnden Kreis von Gästen gegen Entgelt vorübergehend zur Unterkunft zur Verfügung gestellt werden und die zur Begründung einer eigenen Häuslichkeit geeignet und bestimmt sind (Ferienwohnungen), gehören unbeschadet des § 10 in der Regel zu den nicht störenden Gewerbebetrieben nach § 2 Absatz 3 Nummer 4 und § 4 Absatz 3 Nummer 2 oder zu den Gewerbebetrieben nach § 4a Absatz 2 Nummer 3, § 5 Absatz 2 Nummer 6, § 5a Absatz 2 Nummer 7, § 6 Absatz 2 Nummer 4, § 6a Absatz 2 Nummer 4 und § 7 Absatz 2 Nummer 3. [2] Abweichend von Satz 1 können Räume nach Satz 1 in den übrigen Fällen insbesondere bei einer baulich untergeordneten Bedeutung gegenüber der in dem Gebäude vorherrschenden Hauptnutzung zu den Betrieben des Beherbergungsgewerbes nach § 4 Absatz 3 Nummer 1, § 4a Absatz 2 Nummer 2, § 5 Absatz 2 Nummer 5, § 5a Absatz 2 Nummer 6, § 6 Absatz 2 Nummer 3, § 6a Absatz 2 Nummer 3 und § 7 Absatz 2 Nummer 2 oder zu den kleinen Betrieben des Beherbergungsgewerbes nach § 3 Absatz 3 Nummer 1 gehören.

§ 14 Nebenanlagen; Anlagen zur Nutzung solarer Strahlungsenergie und Kraft-Wärme-Kopplungsanlagen

(1) [1] Außer den in den §§ 2 bis 13 genannten Anlagen sind auch untergeordnete Nebenanlagen und Einrichtungen zulässig, die dem Nutzungszweck der in dem Baugebiet gelegenen Grundstücke oder des Baugebiets selbst dienen und die seiner Eigenart nicht widersprechen. [2] Soweit nicht bereits in den Baugebieten nach dieser Verordnung Einrichtungen und Anlagen für die Tierhaltung, einschließlich der Kleintiererhaltungszucht, zulässig sind, gehören zu den untergeordneten Nebenanlagen und Einrichtungen im Sinne des Satzes 1 auch solche für die Kleintierhaltung. [3] Im Bebauungsplan kann die Zulässigkeit der Nebenanlagen und Einrichtungen eingeschränkt oder ausgeschlossen werden.

(1a) In den Baugebieten nach den §§ 2 bis 11 sind Nebenanlagen, die der öffentlichen Versorgung mit Telekommunikationsdienstleistungen dienen, zulässig; Absatz 1 Satz 3 gilt entsprechend.

(2) [1] Die der Versorgung der Baugebiete mit Elektrizität, Gas, Wärme und Wasser sowie zur Ableitung von Abwasser dienenden Nebenanlagen können in den Baugebieten als Ausnahme zugelassen werden, auch soweit für sie im Bebauungsplan keine besonderen Flächen festgesetzt sind. [2] Dies gilt auch für fernmeldetechnische Nebenanlagen sowie für Anlagen für erneuerbare Energien, soweit nicht Absatz 1 Satz 1 oder Absatz 1a Anwendung findet.

(3) Soweit baulich untergeordnete Anlagen zur Nutzung solarer Strahlungsenergie in, an oder auf Dach- und Außenwandflächen oder Kraft-Wärme-Kopplungsanlagen innerhalb von Gebäuden nicht bereits nach den §§ 2 bis 13 zulässig sind, gelten sie auch dann als Anlagen im Sinne des Absatzes 1 Satz 1, wenn die erzeugte Energie vollständig oder überwiegend in das öffentliche Netz eingespeist wird.

§ 15 Allgemeine Voraussetzungen für die Zulässigkeit baulicher und sonstiger Anlagen

(1) [1] Die in den §§ 2 bis 14 aufgeführten baulichen und sonstigen Anlagen sind im Einzelfall unzulässig, wenn sie nach Anzahl, Lage, Umfang oder Zweckbestimmung der Eigenart des Baugebiets widersprechen. [2] Sie sind auch unzulässig, wenn von ihnen Belästigungen oder Störungen ausgehen können, die nach der Eigenart des Baugebiets im Baugebiet selbst oder in dessen Umgebung unzumutbar sind, oder wenn sie solchen Belästigungen oder Störungen ausgesetzt werden.

(2) Die Anwendung des Absatzes 1 hat nach den städtebaulichen Zielen und Grundsätzen des § 1 Absatz 5 des Baugesetzbuchs zu erfolgen.

(3) Die Zulässigkeit der Anlagen in den Baugebieten ist nicht allein nach den verfahrensrechtlichen Einordnungen des Bundes-Immissionsschutzgesetzes und der auf seiner Grundlage erlassenen Verordnungen zu beurteilen.

Zweiter Abschnitt Maß der baulichen Nutzung

§ 16 Bestimmung des Maßes der baulichen Nutzung

(1) Wird im Flächennutzungsplan das allgemeine Maß der baulichen Nutzung dargestellt, genügt die Angabe der Geschossflächenzahl, der Baumassenzahl oder der Höhe baulicher Anlagen.

(2) Im Bebauungsplan kann das Maß der baulichen Nutzung bestimmt werden durch Festsetzung
1. der Grundflächenzahl oder der Größe der Grundflächen der baulichen Anlagen,
2. der Geschossflächenzahl oder der Größe der Geschossfläche, der Baumassenzahl oder der Baumasse,
3. der Zahl der Vollgeschosse,
4. der Höhe baulicher Anlagen.

(3) Bei Festsetzung des Maßes der baulichen Nutzung im Bebauungsplan ist festzusetzen
1. stets die Grundflächenzahl oder die Größe der Grundflächen der baulichen Anlagen,
2. die Zahl der Vollgeschosse oder die Höhe baulicher Anlagen, wenn ohne ihre Festsetzung öffentliche Belange, insbesondere das Orts- und Landschaftsbild, beeinträchtigt werden können.

(4) [1] Bei Festsetzung des Höchstmaßes für die Geschossflächenzahl oder die Größe der Geschossfläche, für die Zahl der Vollgeschosse und die Höhe baulicher Anlagen im Bebauungsplan kann zugleich ein Mindestmaß festgesetzt werden. [2] Die Zahl der Vollgeschosse und die Höhe baulicher Anlagen können auch als zwingend festgesetzt werden.

(5) Im Bebauungsplan kann das Maß der baulichen Nutzung für Teile des Baugebiets, für einzelne Grundstücke oder Grundstücksteile und für Teile baulicher Anlagen unterschiedlich festgesetzt werden; die Festsetzungen können oberhalb und unterhalb der Geländeoberfläche getroffen werden.

(6) Im Bebauungsplan können nach Art und Umfang bestimmte Ausnahmen von dem festgesetzten Maß der baulichen Nutzung vorgesehen werden.

§ 17 Orientierungswerte für die Bestimmung des Maßes der baulichen Nutzung

Bei der Bestimmung des Maßes der baulichen Nutzung nach § 16 bestehen, auch wenn eine Geschossflächenzahl oder eine Baumassenzahl nicht dargestellt oder festgesetzt wird, folgende Orientierungswerte für Obergrenzen:

1	2	3	4
Baugebiet	Grund-flächenzahl (GRZ)	Geschoss-flächenzahl (GFZ)	Bau-massenzahl (BMZ)
in Kleinsiedlungsgebieten (WS)	0,2	0,4	–
in reinen Wohngebieten (WR) allgemeinen Wohngebieten (WA) Ferienhausgebieten	0,4	1,2	–
in besonderen Wohngebieten (WB)	0,6	1,6	–
in Dorfgebieten (MD) Mischgebieten (MI) dörflichen Wohngebieten (MDW)	0,6	1,2	–
in urbanen Gebieten (MU)	0,8	3,0	–
in Kerngebieten (MK)	1,0	3,0	–
in Gewerbegebieten (GE) Industriegebieten (GI) sonstigen Sondergebieten	0,8	2,4	10,0
in Wochenendhausgebieten	0,2	0,2	–

In Wochenendhausgebieten und Ferienhausgebieten dürfen die Orientierungswerte für Obergrenzen nach Satz 1 nicht überschritten werden.

§ 18 Höhe baulicher Anlagen

(1) Bei Festsetzung der Höhe baulicher Anlagen sind die erforderlichen Bezugspunkte zu bestimmen.

(2) Ist die Höhe baulicher Anlagen als zwingend festgesetzt (§ 16 Absatz 4 Satz 2), können geringfügige Abweichungen zugelassen werden.

§ 19 Grundflächenzahl, zulässige Grundfläche

(1) Die Grundflächenzahl gibt an, wieviel Quadratmeter Grundfläche je Quadratmeter Grundstücksfläche im Sinne des Absatzes 3 zulässig sind.

(2) Zulässige Grundfläche ist der nach Absatz 1 errechnete Anteil des Baugrundstücks, der von baulichen Anlagen überdeckt werden darf.

(3) [1] Für die Ermittlung der zulässigen Grundfläche ist die Fläche des Baugrundstücks maßgebend, die im Bauland und hinter der im Bebauungsplan festgesetzten Straßenbegrenzungslinie liegt. [2] Ist eine Straßenbegrenzungslinie nicht festgesetzt, so ist die Fläche des Baugrundstücks maßgebend, die hinter der tatsächlichen Straßengrenze liegt oder die im Bebauungsplan als maßgebend für die Ermittlung der zulässigen Grundfläche festgesetzt ist.

(4) [1] Bei der Ermittlung der Grundfläche sind die Grundflächen von
1. Garagen und Stellplätzen mit ihren Zufahrten,
2. Nebenanlagen im Sinne des § 14,
3. baulichen Anlagen unterhalb der Geländeoberfläche, durch die das Baugrundstück lediglich unterbaut wird,
mitzurechnen. [2] Die zulässige Grundfläche darf durch die Grundflächen der in Satz 1 bezeichneten Anlagen bis zu 50 vom Hundert überschritten werden, höchstens jedoch bis zu einer Grundflächenzahl von 0,8; weitere Überschreitungen in geringfügigem Ausmaß können zugelassen werden. [3] Im Bebauungsplan können von Satz 2 abweichende Bestimmungen getroffen werden. [4] Soweit der Bebauungsplan nichts anderes festsetzt, kann im Einzelfall von der Einhaltung der sich aus Satz 2 ergebenden Grenzen abgesehen werden
1. bei Überschreitungen mit geringfügigen Auswirkungen auf die natürlichen Funktionen des Bodens oder
2. wenn die Einhaltung der Grenzen zu einer wesentlichen Erschwerung der zweckentsprechenden Grundstücksnutzung führen würde.

§ 20 Vollgeschosse, Geschossflächenzahl, Geschossfläche

(1) Als Vollgeschosse gelten Geschosse, die nach landesrechtlichen Vorschriften Vollgeschosse sind oder auf ihre Zahl angerechnet werden.

(2) Die Geschossflächenzahl gibt an, wieviel Quadratmeter Geschossfläche je Quadratmeter Grundstücksfläche im Sinne des § 19 Absatz 3 zulässig sind.

(3) [1] Die Geschossfläche ist nach den Außenmaßen der Gebäude in allen Vollgeschossen zu ermitteln. [2] Im Bebauungsplan kann festgesetzt werden, dass die Flächen von Aufenthaltsräumen in anderen Geschossen einschließlich

der zu ihnen gehörenden Treppenräume und einschließlich ihrer Umfassungswände ganz oder teilweise mitzurechnen oder ausnahmsweise nicht mitzurechnen sind.

(4) Bei der Ermittlung der Geschossfläche bleiben Nebenanlagen im Sinne des § 14, Balkone, Loggien, Terrassen sowie bauliche Anlagen, soweit sie nach Landesrecht in den Abstandsflächen (seitlicher Grenzabstand und sonstige Abstandsflächen) zulässig sind oder zugelassen werden können, unberücksichtigt.

§ 21 Baumassenzahl, Baumasse

(1) Die Baumassenzahl gibt an, wieviel Kubikmeter Baumasse je Quadratmeter Grundstücksfläche im Sinne des § 19 Absatz 3 zulässig sind.

(2) [1] Die Baumasse ist nach den Außenmaßen der Gebäude vom Fußboden des untersten Vollgeschosses bis zur Decke des obersten Vollgeschosses zu ermitteln. [2] Die Baumassen von Aufenthaltsräumen in anderen Geschossen einschließlich der zu ihnen gehörenden Treppenräume und einschließlich ihrer Umfassungswände und Decken sind mitzurechnen. [3] Bei baulichen Anlagen, bei denen eine Berechnung der Baumasse nach Satz 1 nicht möglich ist, ist die tatsächliche Baumasse zu ermitteln.

(3) Bauliche Anlagen und Gebäudeteile im Sinne des § 20 Absatz 4 bleiben bei der Ermittlung der Baumasse unberücksichtigt.

(4) Ist im Bebauungsplan die Höhe baulicher Anlagen oder die Baumassenzahl nicht festgesetzt, darf bei Gebäuden, die Geschosse von mehr als 3,50 m Höhe haben, eine Baumassenzahl, die das Dreieinhalbfache der zulässigen Geschossflächenzahl beträgt, nicht überschritten werden.

§ 21a Stellplätze, Garagen und Gemeinschaftsanlagen

(1) Garagengeschosse oder ihre Baumasse sind in sonst anders genutzten Gebäuden auf die Zahl der zulässigen Vollgeschosse oder auf die zulässige Baumasse nicht anzurechnen, wenn der Bebauungsplan dies festsetzt oder als Ausnahme vorsieht.

(2) Der Grundstücksfläche im Sinne des § 19 Absatz 3 sind Flächenanteile an außerhalb des Baugrundstücks festgesetzten Gemeinschaftsanlagen im Sinne des § 9 Absatz 1 Nummer 22 des Baugesetzbuchs hinzuzurechnen, wenn der Bebauungsplan dies festsetzt oder als Ausnahme vorsieht.

(3) Soweit § 19 Absatz 4 nicht entgegensteht, ist eine Überschreitung der zulässigen Grundfläche durch überdachte Stellplätze und Garagen bis zu 0,1 der Fläche des Baugrundstücks zulässig; eine weitergehende Überschreitung kann ausnahmsweise zugelassen werden
1. in Kerngebieten, Gewerbegebieten und Industriegebieten,
2. in anderen Baugebieten, soweit solche Anlagen nach § 9 Absatz 1 Nummer 4 des Baugesetzbuchs im Bebauungsplan festgesetzt sind.

(4) Bei der Ermittlung der Geschossfläche oder der Baumasse bleiben unberücksichtigt die Flächen oder Baumassen von
1. Garagengeschossen, die nach Absatz 1 nicht angerechnet werden,
2. Stellplätzen und Garagen, deren Grundflächen die zulässige Grundfläche unter den Voraussetzungen des Absatzes 3 überschreiten,
3. Stellplätzen und Garagen in Vollgeschossen, wenn der Bebauungsplan dies festsetzt oder als Ausnahme vorsieht.

(5) Die zulässige Geschossfläche oder die zulässige Baumasse ist um die Flächen oder Baumassen notwendiger Garagen, die unter der Geländeoberfläche hergestellt werden, insoweit zu erhöhen, als der Bebauungsplan dies festsetzt oder als Ausnahme vorsieht.

Dritter Abschnitt Bauweise, überbaubare Grundstücksfläche

§ 22 Bauweise

(1) Im Bebauungsplan kann die Bauweise als offene oder geschlossene Bauweise festgesetzt werden.

(2) [1] In der offenen Bauweise werden die Gebäude mit seitlichem Grenzabstand als Einzelhäuser, Doppelhäuser oder Hausgruppen errichtet. [2] Die Länge der in Satz 1 bezeichneten Hausformen darf höchstens 50 m betragen. [3] Im Bebauungsplan können Flächen festgesetzt werden, auf denen nur Einzelhäuser, nur Doppelhäuser, nur Hausgruppen oder nur zwei dieser Hausformen zulässig sind.

(3) In der geschlossenen Bauweise werden die Gebäude ohne seitlichen Grenzabstand errichtet, es sei denn, dass die vorhandene Bebauung eine Abweichung erfordert.

(4) [1] Im Bebauungsplan kann eine von Absatz 1 abweichende Bauweise festgesetzt werden. [2] Dabei kann auch festgesetzt werden, inwieweit an die vorderen, rückwärtigen und seitlichen Grundstücksgrenzen herangebaut werden darf oder muss.

§ 23 Überbaubare Grundstücksfläche

(1) [1] Die überbaubaren Grundstücksflächen können durch die Festsetzung von Baulinien, Baugrenzen oder Bebauungstiefen bestimmt werden. [2] § 16 Absatz 5 ist entsprechend anzuwenden.

(2) ¹ Ist eine Baulinie festgesetzt, so muss auf dieser Linie gebaut werden. ² Ein Vor- oder Zurücktreten von Gebäudeteilen in geringfügigem Ausmaß kann zugelassen werden. ³ Im Bebauungsplan können weitere nach Art und Umfang bestimmte Ausnahmen vorgesehen werden.

(3) ¹ Ist eine Baugrenze festgesetzt, so dürfen Gebäude und Gebäudeteile diese nicht überschreiten. ² Ein Vortreten von Gebäudeteilen in geringfügigem Ausmaß kann zugelassen werden. ³ Absatz 2 Satz 3 gilt entsprechend.

(4) ¹ Ist eine Bebauungstiefe festgesetzt, so gilt Absatz 3 entsprechend. ² Die Bebauungstiefe ist von der tatsächlichen Straßengrenze ab zu ermitteln, sofern im Bebauungsplan nichts anderes festgesetzt ist.

(5) ¹ Wenn im Bebauungsplan nichts anderes festgesetzt ist, können auf den nicht überbaubaren Grundstücksflächen Nebenanlagen im Sinne des § 14 zugelassen werden. ² Das Gleiche gilt für bauliche Anlagen, soweit sie nach Landesrecht in den Abstandsflächen zulässig sind oder zugelassen werden können.

Vierter Abschnitt

§ 24 (gegenstandslos)

Fünfter Abschnitt Überleitungs- und Schlussvorschriften

§ 25 Fortführung eingeleiteter Verfahren*

Für Bauleitpläne, deren Aufstellung oder Änderung bereits eingeleitet ist, sind die dieser Verordnung entsprechenden bisherigen Vorschriften weiterhin anzuwenden, wenn die Pläne bei dem Inkrafttreten dieser Verordnung bereits ausgelegt sind.

Diese Vorschrift betrifft die Fortführung eingeleiteter Verfahren bei Inkrafttreten der Baunutzungsverordnung (1. August 1962) in der ursprünglichen Fassung vom 26. Juni 1962 (BGBl. I S. 429). Für die Fortführung eingeleiteter Verfahren bei Inkrafttreten der Änderungsverordnung (1. Januar 1969) bestimmt Artikel 2 der Verordnung zur Änderung der Baunutzungsverordnung vom 26. November 1968 (BGBl. I S. 1233): „Für Bauleitpläne, deren Aufstellung oder Änderung bereits eingeleitet ist, gilt die Verordnung in der bisherigen Fassung, wenn die Pläne bei Inkrafttreten dieser Verordnung bereits nach § 2 Absatz 6 des Bundesbaugesetzes ausgelegt sind."

§ 25a Überleitungsvorschriften aus Anlaß der zweiten Änderungsverordnung

(1) Für Bauleitpläne, deren Aufstellung oder Änderung bereits eingeleitet ist, gilt diese Verordnung in ihrer bis zum Inkrafttreten der Zweiten Verordnung zur Änderung dieser Verordnung vom 15. September 1977 (BGBl. I S. 1757) gültigen Fassung, wenn die Pläne bei Inkrafttreten der zweiten Änderungsverordnung nach § 2a Absatz 6 des Bundesbaugesetzes oder § 2 Absatz 6 des Bundesbaugesetzes in der bis zum 1. Januar 1977 geltenden Fassung ausgelegt sind.

(2) ¹ Von der Geltung der Vorschriften der zweiten Änderungsverordnung über gesonderte Festsetzungen für übereinanderliegende Geschosse und Ebenen sowie sonstige Teile baulicher Anlagen sind solche Bebauungspläne ausgenommen, auf die § 9 Absatz 3 des Bundesbaugesetzes in der ab 1. Januar 1977 geltenden Fassung nach Maßgabe des Artikels 3 § 1 Absatz 3 des Gesetzes zur Änderung des Bundesbaugesetzes vom 18. August 1976 (BGBl. I S. 2221) keine Anwendung findet. ² Auf diese Bebauungspläne finden die Vorschriften dieser Verordnung über gesonderte Festsetzungen für übereinanderliegende Geschosse und Ebenen und sonstige Teile baulicher Anlagen in der bis zum Inkrafttreten der zweiten Änderungsverordnung gültigen Fassung weiterhin Anwendung.

§ 25b Überleitungsvorschrift aus Anlass der dritten Änderungsverordnung

(1) ¹ Ist der Entwurf eines Bebauungsplans vor dem Inkrafttreten der dritten Änderungsverordnung nach § 2a Absatz 6 des Bundesbaugesetzes öffentlich ausgelegt worden, ist auf ihn § 11 Absatz 3 Satz 3 in der bis zum Inkrafttreten der dritten Änderungsverordnung geltenden Fassung anzuwenden. ² Das Recht der Gemeinde, das Verfahren zur Aufstellung des Bebauungsplans erneut einzuleiten, bleibt unberührt.

(2) Auf Bebauungspläne, auf die § 11 Absatz 3 in der Fassung der Bekanntmachung vom 15. September 1977 Anwendung findet, ist § 11 Absatz 3 Satz 4 entsprechend anzuwenden.

§ 25c Überleitungsvorschrift aus Anlass der vierten Änderungsverordnung

¹ Ist der Entwurf eines Bauleitplans vor dem 27. Januar 1990 nach § 3 Absatz 2 des Baugesetzbuchs öffentlich ausgelegt worden, ist auf ihn diese Verordnung in der bis zum 26. Januar 1990 geltenden Fassung anzuwenden. ² Das Recht der Gemeinde, das Verfahren zur Aufstellung des Bauleitplans erneut einzuleiten, bleibt unberührt.

§ 25d Überleitungsvorschrift aus Anlass des Gesetzes zur Stärkung der Innenentwicklung in den Städten und Gemeinden und weiteren Fortentwicklung des Städtebaurechts

¹ Ist der Entwurf eines Bauleitplans vor dem 20. September 2013 nach § 3 Absatz 2 des Baugesetzbuchs öffentlich ausgelegt worden, ist auf ihn diese Verordnung in der bis zum 20. September 2013 geltenden Fassung anzuwenden. ² Das Recht der Gemeinde, das Verfahren zur Aufstellung des Bauleitplans erneut einzuleiten, bleibt unberührt.

§ 25e Überleitungsvorschrift aus Anlass des Gesetzes zur Mobilisierung von Bauland

¹ Ist der Entwurf eines Bauleitplans vor dem 23. Juni 2021 nach § 3 Absatz 2 des Baugesetzbuchs oder nach dem Planungssicherstellungsgesetz öffentlich ausgelegt worden, ist auf ihn diese Verordnung in der bis zum 23. Juni 2021 geltenden Fassung anzuwenden. ² Das Recht der Gemeinde, das Verfahren zur Aufstellung des Bauleitplans erneut einzuleiten, bleibt unberührt.

§ 26 (Berlin-Klausel)

§ 26a Überleitungsregelungen aus Anlass der Herstellung der Einheit Deutschlands

[1] Soweit in dieser Verordnung auf Vorschriften verwiesen wird, die in dem in Artikel 3 des Einigungsvertrages genannten Gebiet keine Anwendung finden, sind die entsprechenden Vorschriften der Deutschen Demokratischen Republik anzuwenden. [2] Bestehen solche Vorschriften nicht oder würde ihre Anwendung dem Sinn der Verweisung widersprechen, gelten die Vorschriften, auf die verwiesen wird, entsprechend.

§ 27 (gegenstandslos)

Gesetz über die Sicherung der Bauforderungen [1]

1) (+++ Textnachweis Geltung ab: 1.1.1975 +++)

BauFordSiG

Stand:　　　Zuletzt geändert durch Art. 1 G v. 29.7.2009 I 2436

Erster Abschnitt Allgemeine Sicherungsmaßregeln

§ 1 [Verwendung von Baugeld]

(1) [1] Der Empfänger von Baugeld ist verpflichtet, das Baugeld zur Befriedigung solcher Personen, die an der Herstellung oder dem Umbau des Baues auf Grund eines Werk-, Dienst- oder Kaufvertrags beteiligt sind, zu verwenden. [2] Eine anderweitige Verwendung des Baugeldes ist bis zu dem Betrag statthaft, in welchem der Empfänger aus anderen Mitteln Gläubiger der bezeichneten Art bereits befriedigt hat. [3] Die Verpflichtung nach Satz 1 hat auch zu erfüllen, wer als Baubetreuer bei der Betreuung des Bauvorhabens zur Verfügung über die Finanzierungsmittel des Bestellers ermächtigt ist.

(2) Ist der Empfänger selbst an der Herstellung oder dem Umbau beteiligt, so darf er das Baugeld in Höhe des angemessenen Wertes der von ihm erbrachten Leistungen für sich behalten.

(3) [1] Baugeld sind Geldbeträge,
1. die zum Zweck der Bestreitung der Kosten eines Baues oder Umbaues in der Weise gewährt werden, dass zur Sicherung der Ansprüche des Geldgebers eine Hypothek oder Grundschuld an dem zu bebauenden Grundstück dient oder die Übertragung eines Eigentums an dem Grundstück erst nach gänzlicher oder teilweiser Herstellung des Baues oder Umbaues erfolgen soll, oder
2. die der Empfänger von einem Dritten für eine im Zusammenhang mit der Herstellung des Baues oder Umbaues stehende Leistung, die der Empfänger dem Dritten versprochen hat, erhalten hat, wenn an dieser Leistung andere Unternehmer (§ 14 des Bürgerlichen Gesetzbuchs) auf Grund eines Werk-, Dienst- oder Kaufvertrags beteiligt waren.

[2] Beträge, die zum Zweck der Bestreitung der Kosten eines Baues oder Umbaues gewährt werden, sind insbesondere Abschlagszahlungen und solche, deren Auszahlung ohne nähere Bestimmung des Zweckes der Verwendung nach Maßgabe des Fortschrittes des Baues oder Umbaues erfolgen soll.

(4) Ist die Baugeldeigenschaft oder die Verwendung des Baugeldes streitig, so trifft die Beweislast den Empfänger.

§ 2 [Verstoß gegen den Verwendungszweck]

Baugeldempfänger, welche ihre Zahlungen eingestellt haben oder über deren Vermögen das Insolvenzverfahren eröffnet worden ist und deren in § 1 Abs. 1 bezeichnete Gläubiger zur Zeit der Zahlungseinstellung oder der Eröffnung des Insolvenzverfahrens benachteiligt sind, werden mit Freiheitsstrafe bis zu fünf Jahren oder Geldstrafe bestraft, wenn sie zum Nachteil der bezeichneten Gläubiger den Vorschriften des § 1 zuwidergehandelt haben.

§ 4 (gegenstandslos)

§ 7 (gegenstandslos)

§ 8 (gegenstandslos)

Zweiter Abschnitt Dingliche Sicherung der Bauforderungen [1]

Erster bis siebenter Titel

§§ 9 bis 67 (gegenstandslos)

1) (+++ Zweiter Abschnitt: Nicht anwendbar, da die in § 9 vorgesehenen landesrechtlichen Bestimmungen über den Geltungsbereich des Zweiten Abschnitts nicht erlassen worden sind +++)

Verordnung über die Anerkennung als Prüf-, Überwachungs- und Zertifizierungsstelle nach dem Bauproduktengesetz [1]

1) (+++ Textnachweis ab: 20. 6.1996 +++)

Stand: Geändert durch Art. 6 G v. 5.12.2012 I 2449

Eingangsformel

Auf Grund des § 15 Abs. 1 Nr. 3 des Bauproduktengesetzes vom 10. August 1992 (BGBl. I S. 1495) verordnet das Bundesministerium für Raumordnung, Bauwesen und Städtebau:

Abschnitt 1 Allgemeine Vorschriften

§ 1 (gegenstandslos)

§ 2 Begriffsbestimmungen

(1) Prüfstelle im Sinne dieser Verordnung ist jede natürliche oder juristische Person, Stelle oder Überwachungsgemeinschaft, zu deren Tätigkeiten die Feststellung von Eigenschaften oder von Leistungen von Bauprodukten durch Messung, Untersuchung, Berechnung oder auf sonstige Weise gehören.

(2) Überwachungsstelle im Sinne dieser Verordnung ist jede natürliche oder juristische Person, Stelle oder Überwachungsgemeinschaft, zu deren Tätigkeiten die Erstinspektion des Werkes und der werkseigenen Produktionskontrolle und die laufende Überwachung, Beurteilung und Auswertung der werkseigenen Produktionskontrolle gehören.

(3) Zertifizierungsstelle im Sinne dieser Verordnung ist jede natürliche oder juristische Person, Stelle oder Überwachungsgemeinschaft, zu deren Tätigkeiten die Beurteilung und abschließende Bewertung der Ergebnisse von Prüf- oder Überwachungsstellen gehören.

§ 3 Allgemeine Grundsätze und Voraussetzungen für die Anerkennung

(1) [1] Die PÜZ-Stelle muß unparteilich, insbesondere hinsichtlich ihres technischen und bewertenden Urteils frei von wirtschaftlichen Einflüssen einzelner Hersteller sein. [2] Entsprechendes gilt für den Leiter, seinen Stellvertreter und die leitenden Beschäftigten der PÜZ-Stelle. [3] Die persönliche Zuverlässigkeit des Leiters der PÜZ-Stelle und seines Stellvertreters muß gegeben sein.

(2) [1] Die PÜZ-Stelle muß in der Lage sein, alle mit der anzuerkennenden Tätigkeit regelmäßig anfallenden Aufgaben mit eigenem Personal, eigenen Einrichtungen und Geräten durchzuführen. [2] Unteraufträge sind nur an gleichfalls dafür anerkannte PÜZ-Stellen oder an solche PÜZ-Stellen zulässig, die Gegenstand der Anerkennung waren.

§ 4 Allgemeine Pflichten und Rechte der anerkannten PÜZ-Stelle

(1) Die anerkannte PÜZ-Stelle muß im Rahmen ihrer Anerkennung und Kapazitäten von allen Herstellern der Bauprodukte, deren Vertretern nach § 6 Abs. 1 Satz 2 des Bauproduktengesetzes und den Importeuren nach § 8 Abs. 6 Satz 4 des Bauproduktengesetzes in Anspruch genommen werden können. Eine räumliche Begrenzung des Tätigkeitsbereichs ist auf Antrag der PÜZ-Stelle zulässig. Dies ist in der Anerkennung festzulegen.

(2) Die Vertraulichkeit ist auf allen Organisationsebenen der anerkannten PÜZ-Stelle sicherzustellen.

(3) Die anerkannte PÜZ-Stelle muß der anerkennenden Behörde auf Verlangen Gelegenheit zur Überprüfung geben.

(4) Art und Umfang der Tätigkeiten der anerkannten PÜZ-Stelle oder einer von dieser beauftragten PÜZ-Stelle richten sich nach der harmonisierten oder anerkannten Norm, der Leitlinie für die europäische technische Zulassung, deren Bekanntmachung oder der europäischen technischen Zulassung ohne Leitlinie für das Bauprodukt, den Produktbereich oder Anforderungsbereich, für den die Anerkennung ausgesprochen worden ist. Nehmen die Normen, Leitlinien oder deren Bekanntmachungen oder die europäischen technischen Zulassungen auf spezielle Prüfnormen Bezug, bestimmen auch diese die Tätigkeiten der PÜZ-Stelle.

(5) Die anerkannte PÜZ-Stelle muß regelmäßig an dem Erfahrungsaustausch der für das Bauprodukt, den Produktbereich oder den Anforderungsbereich anerkannten PÜZ-Stellen teilnehmen.

(6) Die anerkannte PÜZ-Stelle hat ihr technisches Personal hinsichtlich neuerer Entwicklungen im Bereich der Anerkennung fortzubilden und die technische Ausstattung zu warten, zu erneuern und zu ergänzen, so daß die Anerkennungsvoraussetzungen während des gesamten Anerkennungszeitraums erfüllt sind.

(7) Die anerkannte PÜZ-Stelle hat Aufzeichnungen über die einschlägigen Qualifikationen, die Fortbildung und die berufliche Erfahrung der bei ihr Beschäftigten zu führen und laufend fortzuschreiben.

(8) Die anerkannte PÜZ-Stelle hat Anweisungen zu erstellen und zu dokumentieren, aus denen sich die Pflichten und Verantwortlichkeiten der Beschäftigten ergeben, und diese laufend fortzuschreiben.

(9) Die anerkannte PÜZ-Stelle hat die Erfüllung der allgemeinen Pflichten nach den Absätzen 5 bis 8 und der besonderen Pflichten nach § 6, § 8 oder § 10 zu dokumentieren.

(10) Ein Wechsel des Leiters der PÜZ-Stelle oder seines Stellvertreters ist der Anerkennungsbehörde unverzüglich anzuzeigen.

Abschnitt 2 Besondere Vorschriften

§ 5 Besondere Anerkennungsvoraussetzungen als Prüfstelle

(1) Die Prüfstelle muß über eine ausreichende Zahl an Beschäftigten mit der für die Prüfungen notwendigen Ausbildung und beruflichen Erfahrung verfügen. Ihr muß ein hauptberuflich tätiger Leiter vorstehen, dem die Aufsicht über alle Beschäftigten der Prüfstelle obliegt. Der Leiter oder sein Stellvertreter müssen über eine auf den Tätigkeitsbereich der Prüfstelle bezogene Ausbildung technisch-naturwissenschaftlicher Art mit Abschluß an einer Fachhochschule oder Universität verfügen und eine dreijährige praktische Berufserfahrung im Bereich der Prüfung von Bauprodukten nachweisen. Soll die Prüfstelle auch im Bereich des Brauchbarkeitsnachweises nach § 1 Abs. 1 Nr. 1 Buchstabe b tätig werden, müssen der Leiter oder sein Stellvertreter eine umfassende Berufserfahrung im Bauproduktenbereich oder Anforderungsbereich von mindestens fünf Jahren nachweisen. Aus Art und Umfang der beantragten Anerkennung kann sich die Notwendigkeit eines hauptberuflichen Stellvertreters des Leiters sowie weiteren Leitungspersonals ergeben. Anzahl und Qualifikation der übrigen Beschäftigten richten sich nach Art und Umfang der beantragten Tätigkeiten und den dabei zu beachtenden technischen Anforderungen.

(2) Die Prüfstelle muß über die zur ordnungsgemäßen Durchführung der beantragten Prüfungsaufgaben erforderlichen Räumlichkeiten und die erforderliche technische Ausstattung verfügen. Einzelheiten ergeben sich aus den bekanntgemachten Normen und Leitlinien oder deren Bekanntmachung, im Fall von § 3 Abs. 3 Satz 2 aus der Entscheidung der Kommission der Europäischen Gemeinschaften.

(3) Die Prüfstelle muß ferner verfügen über
1. schriftliche Anweisungen für die Benutzung und Wartung der Prüfvorrichtungen, den Umgang mit und die Vorbereitung von Prüfgegenständen sowie die Durchführung der Prüfungen nach den einschlägigen Prüfnormen oder Prüfvorschriften (Standardarbeitsanweisungen) und
2. ein System zur Aufzeichnung und Dokumentation der Prüfungen.

§ 6 Besondere Pflichten der anerkannten Prüfstelle

(1) Die Prüfgeräte müssen nach den allgemein anerkannten Regeln der Technik kalibriert sein.

(2) Die Prüfstelle muß sich an von der anerkennenden Behörde bestimmten Ringversuchen und Vergleichsuntersuchungen beteiligen.

(3) Die Prüfstelle hat Berichte über die Durchführung und die Ergebnisse der Prüfungen anzufertigen und zu dokumentieren. Diese müssen Angaben zum Prüfgegenstand, zum Prüfdatum, zum beteiligten Prüfpersonal, zu den angewandten Prüfverfahren entsprechend den technischen Anforderungen nach § 4 Abs. 4, zu den Prüfergebnissen und zum Herstellwerk enthalten. Die Prüfberichte sind vom Leiter der Prüfstelle oder seinem Stellvertreter zu unterzeichnen. Die Berichte und die begleitenden Aufzeichnungen sind fünf Jahre aufzubewahren und der anerkennenden Behörde oder der von dieser bestimmten Stelle auf Verlangen vorzulegen.

§ 7 Besondere Anerkennungsvoraussetzungen als Überwachungsstelle

(1) Die Überwachungsstelle muß über eine ausreichende Zahl an Beschäftigten mit der für die Überwachungsaufgaben notwendigen Ausbildung und beruflichen Erfahrung verfügen. Ihr muß ein Leiter vorstehen, dem die Aufsicht über alle Beschäftigten der Überwachungsstelle obliegt. Der Leiter oder sein Stellvertreter müssen über eine auf den Tätigkeitsbereich der Überwachungsstelle bezogene Ausbildung technisch-naturwissenschaftlicher Art mit Abschluß an einer Fachhochschule oder Universität verfügen und eine dreijährige praktische Berufserfahrung im Bereich der Überwachung von Bauprodukten nachweisen. Anzahl und Qualifikation der übrigen Beschäftigten richten sich nach Art und Umfang der beantragten Tätigkeiten und den dabei zu beachtenden technischen Anforderungen.

(2) Die Überwachungsstelle muß ferner verfügen über
1. schriftliche Anweisungen über Art und Umfang der Überwachungen und
2. ein System zur Aufzeichnung und Dokumentation der Überwachungen.

§ 8 Besondere Pflichten der anerkannten Überwachungsstelle

Die Überwachungsstelle hat Berichte über die Durchführung der Überwachungen anzufertigen. Diese müssen Angaben zum Überwachungsgegenstand, zum Überwachungszeitraum, zum beteiligten Überwachungspersonal, zu den angewandten Überwachungsverfahren, zu den Überwachungsergebnissen und zum Herstellwerk enthalten. Der Überwachungsbericht ist vom Leiter der Überwachungsstelle oder seinem Stellvertreter zu unterschreiben. Die Berichte und die begleitenden Aufzeichnungen sind fünf Jahre aufzubewahren und der anerkennenden Behörde oder der von ihr beauftragten Stelle auf Verlangen vorzulegen.

§ 9 Besondere Anerkennungsvoraussetzungen als Zertifizierungsstelle

(1) Die Zertifizierungsstelle muß über eine ausreichende Zahl an Beschäftigten mit der für die Zertifizierungen notwendigen Ausbildung und beruflichen Erfahrung verfügen. Ihr muß ein Leiter vorstehen, dem die Aufsicht über alle Beschäftigten der Zertifizierungsstelle obliegt. Der Leiter oder sein Stellvertreter müssen über eine fachbezogene Ausbildung technisch-naturwissenschaftlicher Art mit Abschluß an einer Fachhochschule oder Universität verfügen und eine fünfjährige praktische Berufserfahrung im Bereich der Prüfung, Überwachung oder Zertifizierung von Bauprodukten nachweisen. Anzahl und Qualifikation der übrigen Beschäftigten richten sich nach Art und Umfang der beantragten Tätigkeiten und den dabei zu beachtenden technischen Anforderungen.

(2) Die Zertifizierungsstelle muß ferner verfügen über

1. schriftliche Anweisungen für die Durchführung von Zertifizierungen nach den einschlägigen Normen und Vorschriften und
2. ein System zur Aufzeichnung und Dokumentation der Zertifizierungen.

§ 10 Besondere Pflichten der anerkannten Zertifizierungsstelle

Die Zertifizierungsstelle hat Aufzeichnungen und Berichte über ihre Zertifizierungen anzufertigen. Die Berichte müssen Angaben zum Zertifizierungsgegenstand, zum Zertifizierungsdatum, zum beteiligten Zertifizierungspersonal, zu den angewandten Zertifizierungsverfahren, zum Zertifizierungsergebnis und zum Herstellwerk enthalten. Der Bericht ist vom Leiter der Zertifizierungsstelle oder seinem Stellvertreter zu unterzeichnen. Der Bericht ist unabhängig von der Notwendigkeit eines Konformitätszertifikats zu erstellen.

Abschnitt 3 Antrag auf Anerkennung, Widerruf und Erlöschen

§ 11 Antrag und Antragsunterlagen

(1) Die Anerkennung ist schriftlich bei der Anerkennungsbehörde zu beantragen.

(2) Mit der Antragstellung sind folgende Unterlagen einzureichen:
1. Angaben zum Produkt, Produktbereich oder Anforderungsbereich, für den eine Anerkennung beantragt wird; dabei kann auf bekanntgemachte Normen, Zulassungsleitlinien oder auf Entscheidungen der Kommission der Europäischen Gemeinschaften gemäß § 3 Abs. 3 Satz 2 Bezug genommen und eine räumliche Begrenzung des Tätigkeitsbereichs beantragt werden,
2. Angabe, auf welche Funktion im Sinne des § 1 Satz 1 sich die Anerkennung beziehen soll,
3. Angaben zur Person und Qualifikation des Leiters und seines Stellvertreters, zum leitenden Personal und seiner Berufserfahrung und zum Anteil der Tätigkeit für die PÜZ-Stelle,
4. Angaben über wirtschaftliche oder rechtliche Verbindungen der PÜZ-Stelle, ihres Leiters und der bei ihr Beschäftigten zu einzelnen Herstellern,
5. Angaben zu den Räumlichkeiten und zur technischen Ausstattung der PÜZ-Stelle,
6. bei natürlichen Personen die Angabe des Alters, bei juristischen Personen, Stelle oder Überwachungsgemeinschaft Angaben des Alters des Leiters und seines Stellvertreters,
7. Angaben zu Unterauftragnehmern.

(3) Die Anerkennungsbehörde kann Gutachten über die Erfüllung einzelner Anerkennungsvoraussetzungen einholen.

§ 12 Widerruf und Erlöschen

(1) Die Anerkennung ist zu widerrufen, wenn die anerkannte PÜZ-Stelle gegen die ihr obliegenden Pflichten wiederholt oder grob verstoßen hat. Sie ist ferner zu widerrufen, wenn nachträglich Gründe bekannt werden oder eintreten, die eine Versagung der Genehmigung gerechtfertigt hätten. Die Anerkennung kann widerrufen werden, wenn die anerkannte PÜZ-Stelle ihre Tätigkeit zwei Jahre nicht ausgeübt hat.

(2) Die Anerkennung erlischt durch schriftlichen Verzicht gegenüber der Anerkennungsbehörde oder durch Fristablauf. Bei natürlichen Personen erlischt die Anerkennung auch
1. mit der Vollendung des 68. Lebensjahres,
2. mit dem Verlust der Fähigkeit zur Bekleidung öffentlicher Ämter,
3. bei Verurteilung wegen eines Verbrechens oder eines vorsätzlichen Vergehens im Zusammenhang mit der anerkannten Tätigkeit oder
4. durch gerichtliche Anordnung der Beschränkung in der Verfügung über das Vermögen.
Liegen bei einer juristischen Person, Stelle oder Überwachungsgemeinschaft die Erlöschensgründe nach Satz 2 hinsichtlich des Leiters oder seines Stellvertreters vor, erlischt die Anerkennung, wenn der Anerkennungsbehörde nicht innerhalb von sechs Monaten ein Wechsel des Leiters oder seines Stellvertreters nach § 4 Abs. 10 angezeigt wird.

§ 13 Inkrafttreten

Diese Verordnung tritt am Tage nach der Verkündung in Kraft.

Schlußformel

Der Bundesrat hat zugestimmt.

Gesetz zur Durchführung der Verordnung (EU) Nr. 305/2011 zur Festlegung harmonisierter Bedingungen für die Vermarktung von Bauprodukten und zur Umsetzung und Durchführung anderer Rechtsakte der Europäischen Union in Bezug auf Bauprodukte [1)

1) (+++ Textnachweis ab: 1.7.2013 +++)

Stand: Zuletzt geändert durch Art. 141 V v. 19.6.2020 I 1328
Hinweis: Änderung durch Art. 5 G v. 27.7.2021 I 3146 (Nr. 49) textlich nachgewiesen, dokumentarisch noch
 nicht abschließend bearbeitet

§ 1 Technische Bewertungsstelle

(1) Das Deutsche Institut für Bautechnik in Berlin ist Technische Bewertungsstelle im Sinne von Artikel 29 Absatz 1 Unterabsatz 1 der Verordnung (EU) Nr. 305/2011 des Europäischen Parlaments und des Rates vom 9. März 2011 zur Festlegung harmonisierter Bedingungen für die Vermarktung von Bauprodukten und zur Aufhebung der Richtlinie 89/106/EWG des Rates (ABl. L 88 vom 4.4.2011, S. 5) (EU-Bauproduktenverordnung), insbesondere für die in Anhang IV Tabelle 1 der EU-Bauproduktenverordnung in der jeweils geltenden Fassung genannten Produktbereiche.

(2) Das Deutsche Institut für Bautechnik wirkt im Auftrag des Bundesministeriums des Innern, für Bau und Heimat in der Organisation Technischer Bewertungsstellen nach Artikel 31 der EU-Bauproduktenverordnung mit.

(3) Überwachung und Begutachtung der Technischen Bewertungsstelle nach Artikel 29 Absatz 3 Unterabsatz 1 der EU-Bauproduktenverordnung werden vom Verwaltungsrat des Deutschen Instituts für Bautechnik durchgeführt.

(4) Dem Bundesministerium des Innern, für Bau und Heimat obliegen die Mitteilung nach Artikel 29 Absatz 1 Unterabsatz 2 der EU-Bauproduktenverordnung und die Unterrichtungen nach Artikel 29 Absatz 3 Unterabsatz 2 und Artikel 30 Absatz 3 der EU-Bauproduktenverordnung.

§ 2 Widerruf der Benennung als Technische Bewertungsstelle

(1) Gelangt der Verwaltungsrat des Deutschen Instituts für Bautechnik bei der nach § 1 Absatz 3 vorzunehmenden Überwachung und Begutachtung zu der Auffassung, dass eine Benennung des Deutschen Instituts für Bautechnik als Technische Bewertungsstelle für einen oder mehrere Produktbereiche nicht mehr gerechtfertigt ist, so teilt er dies dem Bundesministerium des Innern, für Bau und Heimat unter Angabe seiner Gründe mit.

(2) Das Bundesministerium des Innern, für Bau und Heimat entscheidet über einen Widerruf der Benennung gemäß Artikel 30 Absatz 3 der EU-Bauproduktenverordnung.

(3) Das Bundesministerium des Innern, für Bau und Heimat kann eine Neubenennung vornehmen, wenn die rechtlichen Anforderungen hierfür erfüllt sind.

§ 3 Notifizierende Behörde und notifizierte Stellen

(1) [1] Das Deutsche Institut für Bautechnik ist notifizierende Behörde im Sinne von Artikel 40 Absatz 1 der EU-Bauproduktenverordnung. [2] Es nimmt die Notifizierungen nach Artikel 39 der EU-Bauproduktenverordnung vor.

(2) Begutachtung und Überwachung nach Artikel 40 Absatz 1 und 2 der EU-Bauproduktenverordnung erfolgen durch die Deutsche Akkreditierungsstelle GmbH im Sinne von und im Einklang mit der Verordnung (EG) Nr. 765/2008 des Europäischen Parlaments und des Rates vom 9. Juli 2008 über die Vorschriften für die Akkreditierung und Marktüberwachung im Zusammenhang mit der Vermarktung von Produkten und zur Aufhebung der Verordnung (EWG) Nr. 339/93 des Rates (ABl. L 218 vom 13.8.2008, S. 30).

(3) Das Bundesministerium des Innern, für Bau und Heimat unterrichtet die Europäische Kommission nach Artikel 42 Satz 1 der EU-Bauproduktenverordnung.

§ 4 Antrag auf Notifizierung

Dem Antrag auf Notifizierung nach Artikel 47 Absatz 1 der EU-Bauproduktenverordnung ist die in Artikel 47 Absatz 2 genannte Akkreditierungsurkunde der Deutschen Akkreditierungsstelle GmbH beizufügen.

§ 5 (weggefallen)

§ 6 Sprache

[1] Für Artikel 7 Absatz 4, Artikel 11 Absatz 6, Artikel 13 Absatz 4 und Artikel 14 Absatz 2 der EU-Bauproduktenverordnung wird Deutsch als die zu verwendende Sprache festgelegt. [2] Die in Artikel 11 Absatz 8 Satz 1, Artikel 13 Absatz 9 Satz 1 und Artikel 14 Absatz 5 Satz 1 der EU-Bauproduktenverordnung enthaltene Anforderung gilt als erfüllt, wenn die deutsche Sprache verwendet wird.

§ 7 Rechtsverordnungen zur Umsetzung oder Durchführung von Rechtsakten der Europäischen Union

(1) [1] Die Bundesregierung kann zur Umsetzung oder Durchführung von Rechtsakten der Europäischen Union, die Regelungen über das Inverkehrbringen von Bauprodukten enthalten, mit Zustimmung des Bundesrates Rechtsverordnungen erlassen, durch die die Voraussetzungen für das Inverkehrbringen von solchen Bauprodukten geregelt werden, die nicht unter die EU-Bauproduktenverordnung fallen. [2] Dabei können insbesondere Prüfungen, Überwachungen, Bescheinigungen, Kennzeichnungen, Aufbewahrungs- und Mitteilungspflichten, behördliche Maßnahmen sowie andere als die nach der EU-Bauproduktenverordnung erforderlichen Konformitätsnachweisverfahren vorgeschrieben werden. [3] Darüber hinaus können sonstige Regelungen, die mit dem Inverkehrbringen von Bauprodukten in engem Zusammenhang stehen, getroffen werden.

(2) ¹In Rechtsverordnungen nach Absatz 1 kann auch die Anerkennung von Personen, Stellen und Überwachungsgemeinschaften als Prüf-, Überwachungs- und Zertifizierungsstelle geregelt werden. ²Für Amtshandlungen dieser Prüf-, Überwachungs- und Zertifizierungsstellen können Gebühren und Auslagen erhoben werden. ³Die Landesregierungen werden ermächtigt, durch Rechtsverordnungen Folgendes zu regeln:
1. die Überwachung der anerkannten Prüf-, Überwachungs- und Zertifizierungsstellen und
2. die kostenpflichtigen Tatbestände und die Gebührensätze.

§ 8 Bußgeldvorschriften

(1) Ordnungswidrig handelt, wer vorsätzlich oder fahrlässig einer Rechtsverordnung nach § 7 Absatz 1 oder einer vollziehbaren Anordnung auf Grund einer solchen Rechtsverordnung zuwiderhandelt, soweit die Rechtsverordnung für einen bestimmten Tatbestand auf diese Bußgeldvorschrift verweist.

(2) Ordnungswidrig handelt, wer gegen die Verordnung (EU) Nr. 305/2011 des Europäischen Parlaments und des Rates vom 9. März 2011 zur Festlegung harmonisierter Bedingungen für die Vermarktung von Bauprodukten und zur Aufhebung der Richtlinie 89/106/EWG des Rates (ABl. L 88 vom 4.4.2011, S. 5) verstößt, indem er vorsätzlich oder fahrlässig
1. entgegen Artikel 7 Absatz 1 Unterabsatz 1, Absatz 2 oder Absatz 4 in Verbindung mit § 6 Satz 1 dieses Gesetzes als Wirtschaftsakteur bei der Bereitstellung eines Bauprodukts auf dem Markt eine Abschrift der Leistungserklärung nicht, nicht richtig oder nicht in der vorgeschriebenen Weise zur Verfügung stellt,
2. entgegen Artikel 11 Absatz 1 Unterabsatz 1 in Verbindung mit
 a) Artikel 4 Absatz 1 eine Leistungserklärung nicht, nicht richtig oder nicht rechtzeitig erstellt oder
 b) Artikel 9 Absatz 3 Satz 1 die CE-Kennzeichnung nicht, nicht richtig oder nicht rechtzeitig anbringt,
3. entgegen Artikel 11 Absatz 1 Unterabsatz 2 beim Inverkehrbringen eines Bauprodukts eine technische Dokumentation nicht oder nicht richtig erstellt,
4. entgegen Artikel 11 Absatz 2 Satz 1, auch in Verbindung mit Artikel 12 Absatz 2 Satz 2 Buchstabe a oder Artikel 13 Absatz 8, eine technische Unterlage oder eine Leistungserklärung nicht oder nicht mindestens zehn Jahre aufbewahrt oder eine Abschrift einer Leistungserklärung nicht oder nicht mindestens zehn Jahre bereithält,
5. entgegen Artikel 11 Absatz 3 Unterabsatz 1 Satz 1 nicht sicherstellt, dass die erklärte Leistung bei Serienfertigung beständig sichergestellt ist,
6. entgegen Artikel 11 Absatz 4 nicht sicherstellt, dass ein Bauprodukt eine Typen-, Chargen- oder Seriennummer oder ein anderes Kennzeichen zur Identifizierung trägt,
7. entgegen Artikel 11 Absatz 5 oder Artikel 13 Absatz 3 bei der Bereitstellung eines Bauprodukts auf dem Markt eine dort genannte Angabe nicht oder nicht richtig macht,
8. entgegen Artikel 11 Absatz 6 oder Artikel 13 Absatz 4 in Verbindung mit § 6 Satz 1 dieses Gesetzes nicht sicherstellt, dass einem Bauprodukt eine Gebrauchsanleitung oder eine Sicherheitsinformation in deutscher Sprache beigefügt ist,
9. entgegen Artikel 11 Absatz 7 Satz 1, Artikel 13 Absatz 7 Satz 1 oder Artikel 14 Absatz 4 Satz 1 eine erforderliche Korrekturmaßnahme nicht, nicht richtig oder nicht rechtzeitig ergreift oder nicht sicherstellt, dass eine erforderliche Korrekturmaßnahme getroffen wird,
10. entgegen Artikel 11 Absatz 7 Satz 2, Artikel 13 Absatz 7 Satz 2 oder Artikel 14 Absatz 4 Satz 2 eine Unterrichtung nicht, nicht richtig, nicht vollständig oder nicht rechtzeitig vornimmt,
11. entgegen Artikel 11 Absatz 8 Satz 1, Artikel 13 Absatz 9 Satz 1 oder Artikel 14 Absatz 5 Satz 1, jeweils in Verbindung mit § 6 Satz 2 dieses Gesetzes, oder entgegen Artikel 12 Absatz 2 Satz 2 Buchstabe b eine Information oder eine Unterlage nicht, nicht richtig, nicht vollständig, nicht in der vorgeschriebenen Weise oder nicht rechtzeitig aushändigt,
12. entgegen Artikel 13 Absatz 2 Unterabsatz 1 Satz 1 oder Satz 2 oder Artikel 14 Absatz 2 Unterabsatz 1 sich nicht oder nicht rechtzeitig vergewissert,
13. entgegen Artikel 13 Absatz 2 Unterabsatz 1 Satz 3 nicht sicherstellt, dass das Produkt mit der CE-Kennzeichnung versehen ist, dass dem Produkt eine dort genannte Unterlage beigefügt ist oder dass der Hersteller eine dort genannte Anforderung erfüllt hat,
14. entgegen Artikel 13 Absatz 2 Unterabsatz 2 Satz 1 oder entgegen Artikel 14 Absatz 2 Unterabsatz 2 Satz 1 ein Bauprodukt in Verkehr bringt oder auf dem Markt bereitstellt,
15. entgegen Artikel 13 Absatz 2 Unterabsatz 2 Satz 2 oder Artikel 14 Absatz 2 Unterabsatz 2 Satz 2 den Hersteller, den Importeur oder die Marktüberwachungsbehörden nicht oder nicht unverzüglich nach Kenntnis von der Gefahr unterrichtet,
16. entgegen Artikel 13 Absatz 5 oder Artikel 14 Absatz 3 nicht sicherstellt, dass die Lagerungs- oder Transportbedingungen die Konformität eines Bauprodukts mit der Leistungserklärung oder die Einhaltung einer dort genannten Anforderung nicht beeinträchtigen,
17. entgegen Artikel 16 eine Nennung nicht, nicht richtig, nicht vollständig oder nicht rechtzeitig vornimmt oder
18. einer vollziehbaren Anordnung nach
 a) Artikel 56 Absatz 1 Unterabsatz 2 oder Absatz 4 Unterabsatz 1,
 b) Artikel 58 Absatz 1 oder
 c) Artikel 59
 zuwiderhandelt.

(3) Die Ordnungswidrigkeit kann in den Fällen der Absätze 1 und 2 Nummer 2, 5, 8, 9, 12, 13, 14, 15, 16 und 18 Buchstabe a und b mit einer Geldbuße bis zu fünfzigtausend Euro, in den übrigen Fällen mit einer Geldbuße bis zu zehntausend Euro geahndet werden.

§ 9 Strafvorschriften

Mit Freiheitsstrafe bis zu einem Jahr oder mit Geldstrafe wird bestraft, wer eine in § 8 Absatz 2 Nummer 2 Buchstabe a, Nummer 5, 9, 14 oder Nummer 18 Buchstabe a oder Buchstabe b bezeichnete vorsätzliche Handlung beharrlich wiederholt oder durch eine solche vorsätzliche Handlung Leben oder Gesundheit eines anderen oder fremde Sachen von bedeutendem Wert gefährdet.

Gesetz zur Einsparung von Energie und zur Nutzung erneuerbarer Energien zur Wärme- und Kälteerzeugung in Gebäuden* [1]

1) Dieses Gesetzes dient der Umsetzung der Richtlinie 2010/31/EU des Europäischen Parlaments und des Rates vom 19. Mai 2010 über die Gesamtenergieeffizienz von Gebäuden (Neufassung) (ABl. L 153 vom 18.6.2010, S.13; L 155 vom 22.6.2010, S. 61) der Richtlinie (EU) 2018/844 des Europäischen Parlaments und des Rates vom 30. Mai 2018 zur Änderung der Richtlinie 2010/31/EU über die Gesamtenergieeffizienz von Gebäuden und der Richtlinie 2012/27/EU über Energieeffizienz (ABl. L 156 vom 19.6.2018, S. 75) und der Richtlinie (EU) 2018/2002 des Europäischen Parlaments und des Rates vom 11. Dezember 2018 zur Änderung der Richtlinie 2012/27/EU zur Energieeffizienz (ABl. L 328 vom 21.12.2018, S. 210) und der Richtlinie (EU) 2018/2001 des Europäischen Parlaments und des Rates vom 11. Dezember 2018 zur Förderung der Nutzung von Energie aus erneuerbaren Quellen (Neufassung) (ABl. L 328 vom 21.12.2018, S. 82).; (+++ Textnachweis ab: 1.11.2020 +++)(+++ Amtlicher Hinweis des Normgebers auf EG-Recht: Umsetzung der EURL 31/2010 (CELEX Nr: 32010L0031) EURL 2018/844 (CELEX Nr: 32018L0844) EURL 2018/2002 (CELEX Nr: 32018L2002) EURL 2018/2001 (CELEX Nr: 32018L2001) +++)

Teil 1 Allgemeiner Teil

§ 1 Zweck und Ziel

(1) Zweck dieses Gesetzes ist ein möglichst sparsamer Einsatz von Energie in Gebäuden einschließlich einer zunehmenden Nutzung erneuerbarer Energien zur Erzeugung von Wärme, Kälte und Strom für den Gebäudebetrieb.

(2) Unter Beachtung des Grundsatzes der Wirtschaftlichkeit soll das Gesetz im Interesse des Klimaschutzes, der Schonung fossiler Ressourcen und der Minderung der Abhängigkeit von Energieimporten dazu beitragen, die energie- und klimapolitischen Ziele der Bundesregierung sowie eine weitere Erhöhung des Anteils erneuerbarer Energien am Endenergieverbrauch für Wärme und Kälte zu erreichen und eine nachhaltige Entwicklung der Energieversorgung zu ermöglichen.

§ 2 Anwendungsbereich

(1) [1] Dieses Gesetz ist anzuwenden auf
1. Gebäude, soweit sie nach ihrer Zweckbestimmung unter Einsatz von Energie beheizt oder gekühlt werden, und
2. deren Anlagen und Einrichtungen der Heizungs-, Kühl-, Raumluft- und Beleuchtungstechnik sowie der Warmwasserversorgung.
[2] Der Energieeinsatz für Produktionsprozesse in Gebäuden ist nicht Gegenstand dieses Gesetzes.

(2) Mit Ausnahme der §§ 74 bis 78 ist dieses Gesetz nicht anzuwenden auf
1. Betriebsgebäude, die überwiegend zur Aufzucht oder zur Haltung von Tieren genutzt werden,
2. Betriebsgebäude, soweit sie nach ihrem Verwendungszweck großflächig und lang anhaltend offen gehalten werden müssen,
3. unterirdische Bauten,
4. Unterglasanlagen und Kulturräume für Aufzucht, Vermehrung und Verkauf von Pflanzen,
5. Traglufthallen und Zelte,
6. Gebäude, die dazu bestimmt sind, wiederholt aufgestellt und zerlegt zu werden, und provisorische Gebäude mit einer geplanten Nutzungsdauer von bis zu zwei Jahren,
7. Gebäude, die dem Gottesdienst oder anderen religiösen Zwecken gewidmet sind,
8. Wohngebäude, die
 a) für eine Nutzungsdauer von weniger als vier Monaten jährlich bestimmt sind oder
 b) für eine begrenzte jährliche Nutzungsdauer bestimmt sind und deren zu erwartender Energieverbrauch für die begrenzte jährliche Nutzungsdauer weniger als 25 Prozent des zu erwartenden Energieverbrauchs bei ganzjähriger Nutzung beträgt, und
9. sonstige handwerkliche, landwirtschaftliche, gewerbliche, industrielle oder für öffentliche Zwecke genutzte Betriebsgebäude, die nach ihrer Zweckbestimmung
 a) auf eine Raum-Solltemperatur von weniger als 12 Grad Celsius beheizt werden oder
 b) jährlich weniger als vier Monate beheizt sowie jährlich weniger als zwei Monate gekühlt werden.

(3) Auf Bestandteile von Anlagen der Heizungs-, Kühl- und Raumlufttechnik sowie der Warmwasserversorgung, die sich nicht im räumlichen Zusammenhang mit Gebäuden nach Absatz 1 Satz 1 Nummer 1 befinden, ist dieses Gesetz nicht anzuwenden.

§ 3 Begriffsbestimmungen

(1) Im Sinne dieses Gesetzes ist
1. „Abwärme" die Wärme oder Kälte, die aus technischen Prozessen und aus baulichen Anlagen stammenden Abluft- und Abwasserströmen entnommen wird,
2. „Aperturfläche" die Lichteintrittsfläche einer solarthermischen Anlage,
3. „Baudenkmal" ein nach Landesrecht geschütztes Gebäude oder eine nach Landesrecht geschützte Gebäudemehrheit,
4. „beheizter Raum" ein Raum, der nach seiner Zweckbestimmung direkt oder durch Raumverbund beheizt wird,
5. „Brennwertkessel" ein Heizkessel, der die energetische Nutzung des in den Abgasen enthaltenen Wasserdampfes durch Kondensation des Wasserdampfes im Betrieb vorsieht,

6. „einseitig angebautes Wohngebäude" ein Wohngebäude, von dessen nach einer Himmelsrichtung weisenden vertikalen Flächen ein Anteil von 80 Prozent oder mehr an ein anderes Wohngebäude oder ein Nichtwohngebäude mit einer Raum-Solltemperatur von mindestens 19 Grad Celsius angrenzt,

7. „Elektroenergiebedarf für Nutzeranwendungen" die weiteren Elektroenergieverbräuche nach DIN V 18599-9: 2018-09 *,

8. „Energiebedarfsausweis" ein Energieausweis, der auf der Grundlage des berechneten Energiebedarfs ausgestellt wird,

9. „Energieverbrauchsausweis" ein Energieausweis, der auf der Grundlage des erfassten Energieverbrauchs ausgestellt wird,

10. „Gebäudenutzfläche" die Nutzfläche eines Wohngebäudes nach DIN V 18599: 2018-09, die beheizt oder gekühlt wird,

11. „gekühlter Raum" ein Raum, der nach seiner Zweckbestimmung direkt oder durch Raumverbund gekühlt wird,

12. „Gesamtenergiebedarf" der nach Maßgabe dieses Gesetzes bestimmte Jahres-Primärenergiebedarf
 a) eines Wohngebäudes für Heizung, Warmwasserbereitung, Lüftung sowie Kühlung oder
 b) eines Nichtwohngebäudes für Heizung, Warmwasserbereitung, Lüftung, Kühlung sowie eingebaute Beleuchtung,

13. „Geothermie" die dem Erdboden entnommene Wärme,

14. „Heizkessel" ein aus Kessel und Brenner bestehender Wärmeerzeuger, der dazu dient, die durch die Verbrennung freigesetzte Wärme an einen Wärmeträger zu übertragen,

15. „Jahres-Primärenergiebedarf" der jährliche Gesamtenergiebedarf eines Gebäudes, der zusätzlich zum Energiegehalt der eingesetzten Energieträger und von elektrischem Strom auch die vorgelagerten Prozessketten bei der Gewinnung, Umwandlung, Speicherung und Verteilung mittels Primärenergiefaktoren einbezieht,

16. „Kälte aus erneuerbaren Energien" die dem Erdboden oder dem Wasser entnommene und technisch nutzbar gemachte oder aus Wärme nach Absatz 2 Nummer 1 bis 5 technisch nutzbar gemachte Kälte,

17. „kleines Gebäude" ein Gebäude mit nicht mehr als 50 Quadratmetern Nutzfläche,

18. „Klimaanlage" die Gesamtheit aller zu einer gebäudetechnischen Anlage gehörenden Anlagenbestandteile, die für eine Raumluftbehandlung erforderlich sind, durch die die Temperatur geregelt wird,

19. „Nah-/Fernwärme" die Wärme, die mittels eines Wärmeträgers durch ein Wärmenetz verteilt wird,

20. „Nah-/Fernkälte" die Kälte, die mittels eines Kälteträgers durch ein Kältenetz verteilt wird,

21. „Nennleistung" die vom Hersteller festgelegte und im Dauerbetrieb unter Beachtung des vom Hersteller angegebenen Wirkungsgrades als einhaltbar garantierte größte Wärme- oder Kälteleistung in Kilowatt,

22. „Nettogrundfläche" die Nutzfläche eines Nichtwohngebäudes nach DIN V 18599: 2018-09, die beheizt oder gekühlt wird,

23. „Nichtwohngebäude" ein Gebäude, das nicht unter Nummer 33 fällt,

24. „Niedertemperatur-Heizkessel" ein Heizkessel, der kontinuierlich mit einer Eintrittstemperatur von 35 Grad Celsius bis 40 Grad Celsius betrieben werden kann und in dem es unter bestimmten Umständen zur Kondensation des in den Abgasen enthaltenen Wasserdampfes kommen kann,

25. „Niedrigstenergiegebäude" ein Gebäude, das eine sehr gute Gesamtenergieeffizienz aufweist und dessen Energiebedarf sehr gering ist und, soweit möglich, zu einem ganz wesentlichen Teil durch Energie aus erneuerbaren Quellen gedeckt werden soll,

26. „Nutzfläche"
 a) bei einem Wohngebäude die Gebäudenutzfläche oder
 b) bei einem Nichtwohngebäude die Nettogrundfläche,

27. „Nutzfläche mit starkem Publikumsverkehr" die öffentlich zugängliche Nutzfläche, die während ihrer Öffnungszeiten von einer großen Zahl von Menschen aufgesucht wird; eine solche Fläche kann sich insbesondere in einer öffentlichen oder einer privaten Einrichtung befinden, die für gewerbliche, freiberufliche, kulturelle, soziale oder behördliche Zwecke genutzt wird,

28. „oberste Geschossdecke" die zugängliche Decke beheizter Räume zum unbeheizten Dachraum,

29. „Stromdirektheizung" ein Gerät zur direkten Erzeugung von Raumwärme durch Ausnutzung des elektrischen Widerstands oder in Verbindung mit Festkörper-Wärmespeichern,

30. „Umweltwärme" die der Luft, dem Wasser oder der aus technischen Prozessen und baulichen Anlagen stammenden Abwasserströmen entnommene und technisch nutzbar gemachte Wärme oder Kälte mit Ausnahme der aus technischen Prozessen und baulichen Anlagen stammenden Abluftströmen entnommenen Wärme,

31. „Wärme- und Kälteenergiebedarf" die Summe aus
 a) der zur Deckung des Wärmebedarfs für Heizung und Warmwasserbereitung jährlich benötigten Wärmemenge, einschließlich des thermischen Aufwands für Übergabe, Verteilung und Speicherung der Energiemenge und
 b) der zur Deckung des Kältebedarfs für Raumkühlung jährlich benötigten Kältemenge, einschließlich des thermischen Aufwands für Übergabe, Verteilung und Speicherung der Energiemenge,

32. „Wohnfläche" die Fläche, die nach der Wohnflächenverordnung vom 25. November 2003 (BGBl. I S. 2346) oder auf der Grundlage anderer Rechtsvorschriften oder anerkannter Regeln der Technik zur Berechnung von Wohnflächen ermittelt worden ist,

33. „Wohngebäude" ein Gebäude, das nach seiner Zweckbestimmung überwiegend dem Wohnen dient, einschließlich von Wohn-, Alten- oder Pflegeheimen sowie ähnlicher Einrichtungen,

34. „zweiseitig angebautes Wohngebäude" ein Wohngebäude, von dessen nach zwei unterschiedlichen Himmels-richtungen weisenden vertikalen Flächen im Mittel ein Anteil von 80 Prozent oder mehr an ein anderes Wohngebäude oder ein Nichtwohngebäude mit einer Raum-Solltemperatur von mindestens 19 Grad Celsius angrenzt.

(2) Erneuerbare Energien im Sinne dieses Gesetzes ist oder sind
1. Geothermie,
2. Umweltwärme,
3. die technisch durch im unmittelbaren räumlichen Zusammenhang mit dem Gebäude stehenden Anlagen zur Erzeugung von Strom aus solarer Strahlungsenergie oder durch solarthermische Anlagen zur Wärme- oder Kälteerzeugung nutzbar gemachte Energie,
4. die technisch durch gebäudeintegrierte Windkraftanlagen zur Wärme- oder Kälteerzeugung nutzbar gemachte Energie,
5. die aus fester, flüssiger oder gasförmiger Biomasse erzeugte Wärme; die Abgrenzung erfolgt nach dem Aggregatzustand zum Zeitpunkt des Eintritts der Biomasse in den Wärmeerzeuger; oder
6. Kälte aus erneuerbaren Energien.

(3) Biomasse im Sinne von Absatz 2 Nummer 5 ist oder sind
1. Biomasse im Sinne der Biomasseverordnung vom 21. Juni 2001 (BGBl. I S. 1234) in der bis zum 31. Dezember 2011 geltenden Fassung,
2. Altholz der Kategorien A I und A II nach § 2 Nummer 4 Buchstabe a und b der Altholzverordnung vom 15. August 2002 (BGBl. I S. 3302), die zuletzt durch Artikel 120 der Verordnung vom 19. Juni 2020 (BGBl. I S. 1328) geändert worden ist,
3. biologisch abbaubare Anteile von Abfällen aus Haushalten und Industrie,
4. Deponiegas,
5. Klärgas,
6. Klärschlamm im Sinne der Klärschlammverordnung vom 27. September 2017 (BGBl. I S. 3465), die zuletzt durch Artikel 137 der Verordnung vom 19. Juni 2020 (BGBl. I S. 1328) geändert worden ist, in der jeweils geltenden Fassung oder
7. Pflanzenölmethylester.

Amtlicher Hinweis: Alle zitierten DIN-Vornormen und -Normen sind im Beuth-Verlag GmbH, Berlin, veröffentlicht und beim Deutschen Patent- und Markenamt in München archivmäßig gesichert niedergelegt.

§ 4 Vorbildfunktion der öffentlichen Hand

(1) ¹Einem Nichtwohngebäude, das sich im Eigentum der öffentlichen Hand befindet und von einer Behörde genutzt wird, kommt eine Vorbildfunktion zu. ² § 13 Absatz 2 des Bundes-Klimaschutzgesetzes vom 12. Dezember 2019 (BGBl. I S. 2513) bleibt unberührt.

(2) Wenn die öffentliche Hand ein Nichtwohngebäude im Sinne des Absatzes 1 Satz 1 errichtet oder einer grundlegenden Renovierung gemäß § 52 Absatz 2 unterzieht, muss sie prüfen, ob und in welchem Umfang Erträge durch die Errichtung einer im unmittelbaren räumlichen Zusammenhang mit dem Gebäude stehenden Anlage zur Erzeugung von Strom aus solarer Strahlungsenergie oder durch solarthermische Anlagen zur Wärme- und Kälteerzeugung erzielt und genutzt werden können.

(3) ¹Die öffentliche Hand informiert über die Erfüllung der Vorbildfunktion im Internet oder auf sonstige geeignete Weise; dies kann im Rahmen der Information der Öffentlichkeit nach den Bestimmungen des Bundes und der Länder über den Zugang zu Umweltinformationen geschehen. ²Der Bund berichtet über die Erfüllung der Vorbildfunktion im Klimaschutzbericht der Bundesregierung.

§ 5 Grundsatz der Wirtschaftlichkeit

¹ Die Anforderungen und Pflichten, die in diesem Gesetz oder in den auf Grund dieses Gesetzes erlassenen Rechtsverordnungen aufgestellt werden, müssen nach dem Stand der Technik erfüllbar sowie für Gebäude gleicher Art und Nutzung und für Anlagen oder Einrichtungen wirtschaftlich vertretbar sein. ² Anforderungen und Pflichten gelten als wirtschaftlich vertretbar, wenn generell die erforderlichen Aufwendungen innerhalb der üblichen Nutzungsdauer durch die eintretenden Einsparungen erwirtschaftet werden können. ³ Bei bestehenden Gebäuden, Anlagen und Einrichtungen ist die noch zu erwartende Nutzungsdauer zu berücksichtigen.

§ 6 Verordnungsermächtigung zur Verteilung der Betriebskosten und zu Abrechnungs- und Verbrauchsinformationen

(1) Die Bundesregierung wird ermächtigt, durch Rechtsverordnung mit Zustimmung des Bundesrates vorzuschreiben, dass
1. der Energieverbrauch der Benutzer von heizungs-, kühl- oder raumlufttechnischen oder der Versorgung mit Warmwasser dienenden gemeinschaftlichen Anlagen oder Einrichtungen erfasst wird,
2. die Betriebskosten dieser Anlagen oder Einrichtungen so auf die Benutzer zu verteilen sind, dass dem Energieverbrauch der Benutzer Rechnung getragen wird,

3. die Benutzer in regelmäßigen, im Einzelnen zu bestimmenden Abständen auf klare und verständliche Weise Informationen erhalten über Daten, die für die Einschätzung, den Vergleich und die Steuerung des Energieverbrauchs und der Betriebskosten von heizungs-, kühl- oder raumlufttechnischen oder der Versorgung mit Warmwasser dienenden gemeinschaftlichen Anlagen oder Einrichtungen relevant sind, und über Stellen, bei denen weitergehende Informationen und Dienstleistungen zum Thema Energieeffizienz verfügbar sind,
4. die zum Zwecke der Datenverarbeitung eingesetzte Technik einem Stand der Technik entsprechen muss, der Datenschutz, Datensicherheit und Interoperabilität gewährleistet, und
5. bei einem Wechsel des Abrechnungsdienstleisters oder einer Übernahme der Abrechnung durch den Gebäudeeigentümer die für die Abrechnung notwendigen Daten dem neuen Abrechnungsdienstleister oder dem Gebäudeeigentümer zugänglich gemacht werden müssen.

(2) In der Rechtsverordnung nach Absatz 1 können die Erfassung und Kostenverteilung abweichend von Vereinbarungen der Benutzer und von Vorschriften des Wohnungseigentumsgesetzes geregelt und es kann näher bestimmt werden, wie diese Regelungen sich auf die Rechtsverhältnisse zwischen den Beteiligten auswirken.

(3) In der Rechtsverordnung nach Absatz 1 ist vorzusehen, dass auf Antrag des Verpflichteten von den Anforderungen befreit werden kann, soweit diese im Einzelfall wegen besonderer Umstände durch einen unangemessenen Aufwand oder in sonstiger Weise zu einer unbilligen Härte führen.

(4) In der Rechtsverordnung nach Absatz 1 sind die erforderlichen technischen und organisatorischen Maßnahmen nach den Artikeln 24, 25 und 32 der Verordnung (EU) 2016/679 des Europäischen Parlaments und des Rates vom 27. April 2016 zum Schutz natürlicher Personen bei der Verarbeitung personenbezogener Daten, zum freien Datenverkehr und zur Aufhebung der Richtlinie 95/46/EG (Datenschutz-Grundverordnung) (ABl. L 119 vom 4.5.2016, S. 1; L 314 vom 22.11.2016, S. 72; L 127 vom 23.5.2018, S. 2) in der jeweils geltenden Fassung zur Sicherstellung von Datenschutz und Datensicherheit bei der Verarbeitung der für die in Absatz 1 Nummer 1 bis 4 genannten Zwecke erforderlichen personenbezogenen Daten festzulegen.

(5) Die Rechtsverordnung nach Absatz 1 hat vorzusehen, dass der Stand der Technik nach Absatz 1 Nummer 4 jeweils in Technischen Richtlinien und Schutzprofilen des Bundesamts für Sicherheit in der Informationstechnik festgelegt wird.

§ 6a Verordnungsermächtigung zur Versorgung mit Fernkälte

[1] Das Bundesministerium für Wirtschaft und Energie kann im Einvernehmen mit dem Bundesministerium der Justiz und für Verbraucherschutz durch Rechtsverordnung mit Zustimmung des Bundesrates die Allgemeinen Bedingungen für die Versorgung mit Fernkälte einschließlich von Rahmenregelungen über die Entgelte ausgewogen gestalten und hierbei unter angemessener Berücksichtigung der beiderseitigen Interessen
1. die Bestimmungen der Verträge einheitlich festsetzen,
2. Regelungen über den Vertragsschluss, den Gegenstand und die Beendigung der Verträge treffen sowie
3. die Rechte und Pflichten der Vertragsparteien festlegen.
[2] Satz 1 gilt entsprechend für Bedingungen öffentlich-rechtlich gestalteter Versorgungsverhältnisse mit Ausnahme der Regelung des Verwaltungsverfahrens.

§ 7 Regeln der Technik

(1) Das Bundesministerium für Wirtschaft und Energie kann gemeinsam mit dem Bundesministerium des Innern, für Bau und Heimat durch Bekanntmachung im Bundesanzeiger auf Veröffentlichungen sachverständiger Stellen über anerkannte Regeln der Technik hinweisen, soweit in diesem Gesetz auf solche Regeln Bezug genommen wird.

(2) Zu den anerkannten Regeln der Technik gehören auch Normen, technische Vorschriften oder sonstige Bestimmungen anderer Mitgliedstaaten der Europäischen Union und anderer Vertragsstaaten des Abkommens über den Europäischen Wirtschaftsraum sowie der Republik Türkei, wenn ihre Einhaltung das geforderte Schutzniveau in Bezug auf Energieeinsparung und Wärmeschutz dauerhaft gewährleistet.

(3) [1] Wenn eine Bewertung von Baustoffen, Bauteilen und Anlagen im Hinblick auf die Anforderungen dieses Gesetzes auf Grund anerkannter Regeln der Technik nicht möglich ist, weil solche Regeln nicht vorliegen oder wesentlich von ihnen abgewichen wird, sind der nach Landesrecht zuständigen Behörde die erforderlichen Nachweise für eine anderweitige Bewertung vorzulegen. [2] Satz 1 ist nicht anzuwenden auf Baustoffe, Bauteile und Anlagen,
1. wenn für sie die Bewertung auch im Hinblick auf die Anforderungen zur Energieeinsparung im Sinne dieses Gesetzes durch die Verordnung (EU) Nr. 305/2011 des Europäischen Parlaments und des Rates vom 9. März 2011 zur Festlegung harmonisierter Bedingungen für die Vermarktung von Bauprodukten und zur Aufhebung der Richtlinie 89/106/EWG des Rates (ABl. L 88 vom 4.4.2011, S. 5; L 103 vom 12.4.2013, S. 10; L 92 vom 8.4.2015, S. 118), die zuletzt durch die Delegierte Verordnung (EU) Nr. 574/2014 (ABl. L 159 vom 28.5.2014, S. 41) geändert worden ist, oder durch nationale Rechtsvorschriften zur Umsetzung oder Durchführung von Rechtsvorschriften der Europäischen Union gewährleistet wird, erforderliche CE-Kennzeichnungen angebracht wurden und nach den genannten Vorschriften zulässige Klassen und Leistungsstufen nach Maßgabe landesrechtlicher Vorschriften eingehalten werden oder
2. bei denen nach bauordnungsrechtlichen Vorschriften über die Verwendung von Bauprodukten auch die Einhaltung dieses Gesetzes sichergestellt wird.

(4) Verweisen die nach diesem Gesetz anzuwendenden datierten technischen Regeln auf undatierte technische Regeln, sind diese in der Fassung anzuwenden, die dem Stand zum Zeitpunkt der Herausgabe der datierten technischen Regel entspricht.

(5) Das Bundesministerium für Wirtschaft und Energie und das Bundesministerium des Innern, für Bau und Heimat werden dem Deutschen Bundestag bis zum 31. Dezember 2022 gemeinsam einen Bericht über die Ergebnisse von Forschungsprojekten zu Methodiken zur ökobilanziellen Bewertung von Wohn- und Nichtwohngebäuden vorlegen.

§ 8 Verantwortliche

(1) Für die Einhaltung der Vorschriften dieses Gesetzes ist der Bauherr oder Eigentümer verantwortlich, soweit in diesem Gesetz nicht ausdrücklich ein anderer Verantwortlicher bezeichnet ist.

(2) Für die Einhaltung der Vorschriften dieses Gesetzes sind im Rahmen ihres jeweiligen Wirkungskreises auch die Personen verantwortlich, die im Auftrag des Eigentümers oder des Bauherren bei der Errichtung oder Änderung von Gebäuden oder der Anlagentechnik in Gebäuden tätig werden.

§ 9 Überprüfung der Anforderungen an zu errichtende und bestehende Gebäude

(1) [1] Das Bundesministerium für Wirtschaft und Energie und das Bundesministerium des Innern, für Bau und Heimat werden die Anforderungen an zu errichtende Gebäude nach Teil 2 und die Anforderungen an bestehende Gebäude nach Teil 3 Abschnitt 1 nach Maßgabe von § 5 und unter Wahrung des Grundsatzes der Technologieoffenheit im Jahr 2023 überprüfen und nach Maßgabe der Ergebnisse der Überprüfung innerhalb von sechs Monaten nach Abschluss der Überprüfung einen Gesetzgebungsvorschlag für eine Weiterentwicklung der Anforderungen an zu errichtende und bestehende Gebäude vorlegen. [2] Die Bezahlbarkeit des Bauens und Wohnens ist ein zu beachtender wesentlicher Eckpunkt.

(2) Das Bundesministerium für Wirtschaft und Energie und das Bundesministerium des Innern, für Bau und Heimat werden unter Wahrung der Maßgaben des Absatzes 1 bis zum Jahr 2023 prüfen, auf welche Weise und in welchem Umfang synthetisch erzeugte Energieträger in flüssiger oder gasförmiger Form bei der Erfüllung der Anforderungen an zu errichtende Gebäude nach Teil 2 und bei der Erfüllung der Anforderungen an bestehende Gebäude nach Teil 3 Abschnitt 1 Berücksichtigung finden können.

Teil 2 Anforderungen an zu errichtende Gebäude

Abschnitt 1 Allgemeiner Teil

§ 10 Grundsatz und Niedrigstenergiegebäude

(1) Wer ein Gebäude errichtet, hat dieses als Niedrigstenergiegebäude nach Maßgabe von Absatz 2 zu errichten.

(2) Das Gebäude ist so zu errichten, dass
1. der Gesamtenergiebedarf für Heizung, Warmwasserbereitung, Lüftung und Kühlung, bei Nichtwohngebäuden auch für eingebaute Beleuchtung, den jeweiligen Höchstwert nicht überschreitet, der sich nach § 15 oder § 18 ergibt,
2. Energieverluste beim Heizen und Kühlen durch baulichen Wärmeschutz nach Maßgabe von § 16 oder § 19 vermieden werden und
3. der Wärme- und Kälteenergiebedarf zumindest anteilig durch die Nutzung erneuerbarer Energien nach Maßgabe der §§ 34 bis 45 gedeckt wird.

(3) Die Anforderungen an die Errichtung von einem Gebäude nach diesem Gesetz finden keine Anwendung, soweit ihre Erfüllung anderen öffentlich-rechtlichen Vorschriften zur Standsicherheit, zum Brandschutz, zum Schallschutz, zum Arbeitsschutz oder zum Schutz der Gesundheit entgegensteht.

(4) Bei einem zu errichtenden Nichtwohngebäude ist die Anforderung nach Absatz 2 Nummer 3 nicht für Gebäudezonen mit mehr als 4 Metern Raumhöhe anzuwenden, die durch dezentrale Gebläse oder Strahlungsheizungen beheizt werden.

(5) Die Anforderung nach Absatz 2 Nummer 3 ist nicht auf ein Gebäude, das der Landesverteidigung dient, anzuwenden, soweit ihre Erfüllung der Art und dem Hauptzweck der Landesverteidigung entgegensteht.

§ 11 Mindestwärmeschutz

(1) Bei einem zu errichtenden Gebäude sind Bauteile, die gegen die Außenluft, das Erdreich oder gegen Gebäudeteile mit wesentlich niedrigeren Innentemperaturen abgrenzen, so auszuführen, dass die Anforderungen des Mindestwärmeschutzes nach DIN 4108-2: 2013-02 und DIN 4108-3: 2018-10 erfüllt werden.

(2) Ist bei einem zu errichtenden Gebäude bei aneinandergereihter Bebauung die Nachbarbebauung nicht gesichert, müssen die Gebäudetrennwände den Anforderungen an den Mindestwärmeschutz nach Absatz 1 genügen.

§ 12 Wärmebrücken

Ein Gebäude ist so zu errichten, dass der Einfluss konstruktiver Wärmebrücken auf den Jahres-Heizwärmebedarf nach den anerkannten Regeln der Technik und nach den im jeweiligen Einzelfall wirtschaftlich vertretbaren Maßnahmen so gering wie möglich gehalten wird.

§ 13 Dichtheit

[1] Ein Gebäude ist so zu errichten, dass die wärmeübertragende Umfassungsfläche einschließlich der Fugen dauerhaft luftundurchlässig nach den anerkannten Regeln der Technik abgedichtet ist. [2] Öffentlich-rechtliche Vorschriften über den zum Zweck der Gesundheit und Beheizung erforderlichen Mindestluftwechsel bleiben unberührt.

§ 14 Sommerlicher Wärmeschutz

(1) ¹ Ein Gebäude ist so zu errichten, dass der Sonneneintrag durch einen ausreichenden baulichen sommerlichen Wärmeschutz nach den anerkannten Regeln der Technik begrenzt wird. ² Bei der Ermittlung eines ausreichenden sommerlichen Wärmeschutzes nach den Absätzen 2 und 3 bleiben die öffentlich-rechtlichen Vorschriften über die erforderliche Tageslichtversorgung unberührt.

(2) ¹ Ein ausreichender sommerlicher Wärmeschutz nach Absatz 1 liegt vor, wenn die Anforderungen nach DIN 4108-2: 2013-02 Abschnitt 8 eingehalten werden und die rechnerisch ermittelten Werte des Sonnenenergieeintrags über transparente Bauteile in Gebäude (Sonneneintragskennwert) die in DIN 4108-2: 2013-02 Abschnitt 8.3.3 festgelegten Anforderungswerte nicht überschreiten. ² Der Sonneneintragskennwert des zu errichtenden Gebäudes ist nach dem in DIN 4108-2: 2013-02 Abschnitt 8.3.2 genannten Verfahren zu bestimmen.

(3) Ein ausreichender sommerlicher Wärmeschutz nach Absatz 1 liegt auch vor, wenn mit einem Berechnungsverfahren nach DIN 4108-2: 2013-02 Abschnitt 8.4 (Simulationsrechnung) gezeigt werden kann, dass unter den dort genannten Randbedingungen die für den Standort des Gebäudes in DIN 4108-2: 2013-02 Abschnitt 8.4 Tabelle 9 angegebenen Übertemperatur-Gradstunden nicht überschritten werden.

(4) Wird bei Gebäuden mit Anlagen zur Kühlung die Berechnung nach Absatz 3 durchgeführt, sind bauliche Maßnahmen zum sommerlichen Wärmeschutz gemäß DIN 4108-2: 2013-02 Abschnitt 4.3 insoweit vorzusehen, wie sich die Investitionen für diese baulichen Maßnahmen innerhalb deren üblicher Nutzungsdauer durch die Einsparung von Energie zur Kühlung unter Zugrundelegung der im Gebäude installierten Anlagen zur Kühlung erwirtschaften lassen.

(5) Auf Berechnungen nach den Absätzen 2 bis 4 kann unter den Voraussetzungen des Abschnitts 8.2.2 der DIN 4108-2: 2013-02 verzichtet werden.

Abschnitt 2 Jahres-Primärenergiebedarf und baulicher Wärmeschutz bei zu errichtenden Gebäuden

Unterabschnitt 1 Wohngebäude

§ 15 Gesamtenergiebedarf

(1) Ein zu errichtendes Wohngebäude ist so zu errichten, dass der Jahres-Primärenergiebedarf für Heizung, Warmwasserbereitung, Lüftung und Kühlung das 0,75fache des auf die Gebäudenutzfläche bezogenen Wertes des Jahres-Primärenergiebedarfs eines Referenzgebäudes, das die gleiche Geometrie, Gebäudenutzfläche und Ausrichtung wie das zu errichtende Gebäude aufweist und der technischen Referenzausführung der Anlage 1 entspricht, nicht überschreitet.

(2) Der Höchstwert des Jahres-Primärenergiebedarfs eines zu errichtenden Wohngebäudes nach Absatz 1 ist nach Maßgabe des § 20, der §§ 22 bis 24, des § 25 Absatz 1 bis 3 und 10, der §§ 26 bis 29, des § 31 und des § 33 zu berechnen.

§ 16 Baulicher Wärmeschutz

Ein zu errichtendes Wohngebäude ist so zu errichten, dass der Höchstwert des spezifischen, auf die wärmeübertragende Umfassungsfläche bezogenen Transmissionswärmeverlusts das 1,0fache des entsprechenden Wertes des jeweiligen Referenzgebäudes nach § 15 Absatz 1 nicht überschreitet.

§ 17 Aneinandergereihte Bebauung

¹ Werden aneinandergereihte Wohngebäude gleichzeitig errichtet, dürfen sie hinsichtlich der Anforderungen der §§ 12, 14, 15 und 16 wie ein Gebäude behandelt werden. ² Die Vorschriften des Teiles 5 bleiben unberührt.

Unterabschnitt 2 Nichtwohngebäude

§ 18 Gesamtenergiebedarf [1)]

(1) ¹ Ein zu errichtendes Nichtwohngebäude ist so zu errichten, dass der Jahres-Primärenergiebedarf für Heizung, Warmwasserbereitung, Lüftung, Kühlung und eingebaute Beleuchtung das 0,75fache des auf die Nettogrundfläche bezogenen Wertes des Jahres-Primärenergiebedarfs eines Referenzgebäudes, das die gleiche Geometrie, Nettogrundfläche, Ausrichtung und Nutzung, einschließlich der Anordnung der Nutzungseinheiten, wie das zu errichtende Gebäude aufweist und der technischen Referenzausführung der Anlage 2 entspricht, nicht überschreitet. ² Die technische Referenzausführung in der Anlage 2 Nummer 1.13 bis 9 ist nur insoweit zu berücksichtigen, wie eines der dort genannten Systeme in dem zu errichtenden Gebäude ausgeführt wird.

(2) Der Höchstwert des Jahres-Primärenergiebedarfs nach Absatz 1 eines zu errichtenden Nichtwohngebäudes ist nach Maßgabe der §§ 21 bis 24, des § 25 Absatz 1, 2 und 4 bis 8, der §§ 26 und 27, des § 30 und der §§ 32 und 33 zu berechnen.

(3) ¹ Wird ein zu errichtendes Nichtwohngebäude für die Berechnung des Jahres-Primärenergiebedarfs nach unterschiedlichen Nutzungen unterteilt und kommt für die unterschiedlichen Nutzungen jeweils das Berechnungsverfahren nach § 21 Absatz 1 und 2 mit deren jeweiligen Randbedingungen zur Anwendung, muss die Unterteilung hinsichtlich der Nutzung sowie der verwendeten Berechnungsverfahren und Randbedingungen beim Referenzgebäude mit der des zu errichtenden Gebäudes übereinstimmen. ² Bei der Unterteilung hinsichtlich der anlagentech-

1) (+++ § 18 Abs. 1 Satz 2: Zur Anwendung vgl. § 50 Abs. 1 Satz 2 +++)

nischen Ausstattung und der Tageslichtversorgung sind Unterschiede zulässig, die durch die technische Ausführung des zu errichtenden Gebäudes bedingt sind.

§ 19 Baulicher Wärmeschutz

Ein zu errichtendes Nichtwohngebäude ist so zu errichten, dass die Höchstwerte der mittleren Wärmedurchgangs-koeffizienten der wärmeübertragenden Umfassungsfläche der Anlage 3 nicht überschritten werden.

Abschnitt 3 Berechnungsgrundlagen und -verfahren

§ 20 Berechnung des Jahres-Primärenergiebedarfs eines Wohngebäudes [2)]

(1) Für das zu errichtende Wohngebäude und das Referenzgebäude ist der Jahres-Primärenergiebedarf nach DIN V 18599: 2018-09 zu ermitteln.

(2) [1] Bis zum 31. Dezember 2023 kann für das zu errichtende Wohngebäude und das Referenzgebäude der Jahres-Primärenergiebedarf auch nach DIN V 4108-6: 2003-06, geändert durch DIN V 4108-6 Berichtigung 1: 2004-03, in Verbindung mit DIN V 4701-10: 2003-08 ermittelt werden, wenn das Gebäude nicht gekühlt wird. [2] Der in diesem Rechengang zu bestimmende Jahres-Heizwärmebedarf ist nach dem Monatsbilanzverfahren nach DIN V 4108-6: 2003-06, geändert durch DIN V 4108-6 Berichtigung 1: 2004-03, mit den dort in Anhang D.3 genannten Randbedingungen zu ermitteln. [3] Als Referenzklima ist abweichend von DIN V 4108-6: 2003-06, geändert durch DIN V 4108-6 Berichtigung 1: 2004-03, das Klima nach DIN V 18599-10: 2018-09 Anhang E zu verwenden. [4] Der Nutzwärmebedarf für die Warmwasserbereitung nach DIN V 4701-10: 2003-08 ist mit 12,5 Kilowattstunden je Quadratmeter Gebäudenutzfläche und Jahr anzusetzen. [5] Zur Berücksichtigung von Lüftungsanlagen mit Wärmerückgewinnung sind die methodischen Hinweise in DIN V 4701-10: 2003-08 Abschnitt 4.1 zu beachten.

(3) Die Berechnungen sind für das zu errichtende Gebäude und das Referenzgebäude mit demselben Verfahren durchzuführen.

(4) Abweichend von DIN V 18599-1: 2018-09 sind bei der Berechnung des Endenergiebedarfs diejenigen Anteile nicht zu berücksichtigen, die durch in unmittelbarem räumlichen Zusammenhang zum Gebäude gewonnene solare Strahlungsenergie sowie Umweltwärme gedeckt werden.

(5) Abweichend von DIN V 18599-1: 2018-09 ist bei der Berechnung des Primärenergiebedarfs der Endenergiebedarf für elektrische Nutzeranwendungen in der Bilanzierung nicht zu berücksichtigen.

(6) Werden in den Berechnungen nach den Absätzen 1 und 2 Wärmedurchgangskoeffizienten berechnet, sind folgende Berechnungsverfahren anzuwenden:
1. DIN V 18599-2: 2018-09 Abschnitt 6.1.4.3 für die Berechnung der an Erdreich grenzenden Bauteile,
2. DIN 4108-4: 2017-03 in Verbindung mit DIN EN ISO 6946: 2008-04 für die Berechnung opaker Bauteile und
3. DIN 4108-4: 2017-03 für die Berechnung transparenter Bauteile sowie von Vorhangfassaden.

§ 21 Berechnung des Jahres-Primärenergiebedarfs eines Nichtwohngebäudes

(1) Für das zu errichtende Nichtwohngebäude und das Referenzgebäude ist der Jahres-Primärenergiebedarf nach DIN V 18599: 2018-09 zu ermitteln.

(2) [1] Soweit sich bei einem Nichtwohngebäude Flächen hinsichtlich ihrer Nutzung, ihrer technischen Ausstattung, ihrer inneren Lasten oder ihrer Versorgung mit Tageslicht wesentlich unterscheiden, ist das Gebäude nach Maßgabe der DIN V 18599: 2018-09 in Verbindung mit § 18 Absatz 3 für die Berechnung nach Absatz 1 in Zonen zu unterteilen. [2] Die Vereinfachungen zur Zonierung, zur pauschalierten Zuweisung der Eigenschaften der Hüllfläche und zur Ermittlung von tageslichtversorgten Bereichen gemäß DIN V 18599-1: 2018-09 Anhang D dürfen nach Maßgabe der dort angegebenen Bedingungen auch für zu errichtende Nichtwohngebäude verwendet werden.

(3) [1] Für Nutzungen, die nicht in DIN V 18599-10: 2018-09 aufgeführt sind, kann
1. die Nutzung 17 der Tabelle 5 in DIN V 18599-10: 2018-09 verwendet werden oder
2. eine Nutzung auf der Grundlage der DIN V 18599-10: 2018-09 unter Anwendung gesicherten allgemeinen Wissensstands individuell bestimmt und verwendet werden.
[2] Steht bei der Errichtung eines Nichtwohngebäudes die Nutzung einer Zone noch nicht fest, ist nach Satz 1 Nummer 1 zu verfahren. [3] In den Fällen des Satzes 1 Nummer 2 ist die individuell bestimmte Nutzung zu begründen und den Berechnungen beizufügen. [4] Wird bei der Errichtung eines Nichtwohngebäudes in einer Zone keine Beleuchtungsanlage eingebaut, ist eine direkt-indirekte Beleuchtung mit stabförmigen Leuchtstofflampen mit einem Durchmesser von 16 Millimetern und mit einem elektronischen Vorschaltgerät anzunehmen.

(4) § 20 Absatz 3 bis 6 ist entsprechend anzuwenden.

§ 22 Primärenergiefaktoren

(1) [1] Zur Ermittlung des Jahres-Primärenergiebedarfs nach § 20 Absatz 1 oder Absatz 2 und nach § 21 Absatz 1 und 2 sind als Primärenergiefaktoren die Werte für den nicht erneuerbaren Anteil der Anlage 4 mit folgenden Maßgaben zu verwenden:
1. für flüssige oder gasförmige Biomasse kann abweichend von Anlage 4 Nummer 6 und 7 für den nicht erneuerbaren Anteil der Wert 0,3 verwendet werden,

2) (+++ § 20 Abs. 3 bis 6: Zur Anwendung vgl. § 21 Abs. 4 +++); (+++ § 20 Abs. 3: Zur Anwendung vgl. § 32 Abs. 8 +++)

a) wenn die flüssige oder gasförmige Biomasse im unmittelbaren räumlichen Zusammenhang mit dem Gebäude oder mit mehreren Gebäuden, die im räumlichen Zusammenhang stehen, erzeugt wird und

b) diese Gebäude unmittelbar mit der flüssigen oder gasförmigen Biomasse versorgt werden; mehrere Gebäude müssen gemeinsam versorgt werden,

2. für gasförmige Biomasse, die aufbereitet und in das Erdgasnetz eingespeist worden ist (Biomethan) und in zu errichtenden Gebäuden eingesetzt wird, kann abweichend von Anlage 4 Nummer 6 für den nicht erneuerbaren Anteil

a) der Wert 0,7 verwendet werden, wenn die Nutzung des Biomethans in einem Brennwertkessel erfolgt, oder

b) der Wert 0,5 verwendet werden, wenn die Nutzung des Biomethans in einer hocheffizienten KWK-Anlage im Sinne des § 2 Nummer 8a des Kraft-Wärme-Kopplungsgesetzes vom 21. Dezember 2015 (BGBl. I S. 2498), das zuletzt durch Artikel 266 der Verordnung vom 19. Juni 2020 (BGBl. I S. 1328) geändert worden ist, erfolgt, und wenn

c) bei der Aufbereitung und Einspeisung des Biomethans die Voraussetzungen nach Anlage 1 Nummer 1 Buchstabe a bis c des Erneuerbare-Energien-Gesetzes vom 25. Oktober 2008 (BGBl. I S. 2074) in der am 31. Juli 2014 geltenden Fassung erfüllt worden sind, und

d) die Menge des entnommenen Biomethans im Wärmeäquivalent am Ende eines Kalenderjahres der Menge von Gas aus Biomasse entspricht, das an anderer Stelle in das Gasnetz eingespeist worden ist, und Massenbilanzsysteme für den gesamten Transport und Vertrieb des Biomethans von seiner Herstellung über seine Einspeisung in das Erdgasnetz und seinen Transport im Erdgasnetz bis zu seiner Entnahme aus dem Erdgasnetz verwendet worden sind,

3. für gasförmige Biomasse, die unter Druck verflüssigt worden ist (biogenes Flüssiggas) und in zu errichtenden Gebäuden eingesetzt wird, kann abweichend von Anlage 4 Nummer 6 für den nicht erneuerbaren Anteil

a) der Wert 0,7 verwendet werden, wenn die Nutzung des biogenen Flüssiggases in einem Brennwertkessel erfolgt, oder

b) der Wert 0,5 verwendet werden, wenn die Nutzung des biogenen Flüssiggases in einer hocheffizienten KWK-Anlage im Sinne des § 2 Nummer 8a des Kraft-Wärme-Kopplungsgesetzes erfolgt, und wenn

c) die Menge des entnommenen Gases am Ende eines Kalenderjahres der Menge von Gas aus Biomasse entspricht, das an anderer Stelle hergestellt worden ist, und Massenbilanzsysteme für den gesamten Transport und Vertrieb des biogenen Flüssiggases von seiner Herstellung über seine Zwischenlagerung und seinen Transport bis zu seiner Einlagerung in den Verbrauchstank verwendet worden sind,

4. für die Versorgung eines neu zu errichtenden Gebäudes mit aus Erdgas oder Flüssiggas erzeugter Wärme darf abweichend von Anlage 4 Nummer 15 für die in einer hocheffizienten KWK-Anlage im Sinne des § 2 Nummer 8a des Kraft-Wärme-Kopplungsgesetzes erzeugte Wärme für den nicht erneuerbaren Anteil der Wert 0,6 verwendet werden, wenn

a) die Wärmeerzeugungsanlage das zu errichtende Gebäude und ein oder mehrere bestehende Gebäude, die mit dem zu errichtenden Gebäude in einem räumlichen Zusammenhang stehen, dauerhaft mit Wärme versorgt und

b) vorhandene mit fossilen Brennstoffen beschickte Heizkessel des oder der mitversorgten bestehenden Gebäude außer Betrieb genommen werden.

[2] Durch eine Maßnahme nach Satz 1 Nummer 4 darf die Wärmeversorgung des oder der mitversorgten bestehenden Gebäude nicht in der Weise verändert werden, dass die energetische Qualität dieses oder dieser Gebäude verschlechtert wird.

(2) [1] Wird ein zu errichtendes Gebäude mit Fernwärme versorgt, kann zur Ermittlung des Jahres-Primärenergiebedarfs nach § 20 Absatz 1 oder Absatz 2 und nach § 21 Absatz 1 und 2 als Primärenergiefaktor der Wert für den nicht erneuerbaren Anteil nach Maßgabe der Sätze 2 und 3 sowie von Absatz 3 verwendet werden, den das Fernwärmeversorgungsunternehmen für den Wärmeträger in dem Wärmenetz, an das das Gebäude angeschlossen wird, ermittelt und veröffentlicht hat. [2] Der ermittelte und veröffentlichte Wert nach Satz 1 kann verwendet werden, wenn das Fernwärmeversorgungsunternehmen zur Ermittlung des Primärenergiefaktors die zur Erzeugung und Verteilung der Wärme in einem Wärmenetz eingesetzten Brennstoffe und Strom, einschließlich Hilfsenergien, ermittelt, mit den Primärenergiefaktoren der Anlage 4 gewichtet und auf die abgegebene Wärmemenge bezogen sowie die Anwendung dieses Berechnungsverfahrens in der Veröffentlichung angegeben hat. [3] Wird in einem Wärmenetz Wärme genutzt, die in einer KWK-Anlage erzeugt wird, kann der ermittelte und veröffentlichte Wert nach Satz 1 verwendet werden, wenn das Fernwärmeversorgungsunternehmen zur Ermittlung des Primärenergiefaktors der Wärme aus der KWK-Anlage das Berechnungsverfahren nach DIN V 18599-1: 2018-09 Anhang A Abschnitt A.4 mit den Primärenergiefaktoren der Anlage 4 angewendet und die Anwendung dieser Methode in der Veröffentlichung angegeben hat.

(3) [1] Liegt der ermittelte und veröffentlichte Wert des Primärenergiefaktors eines Wärmenetzes unter einem Wert von 0,3, ist als Primärenergiefaktor der Wert von 0,3 zu verwenden. [2] Abweichend von Satz 1 darf ein ermittelter und veröffentlichter Wert, der unter 0,3 liegt, verwendet werden, wenn der Wert von 0,3 um den Wert von 0,001 für jeden Prozentpunkt des aus erneuerbaren Energien oder aus Abwärme erzeugten Anteils der in einem Wärmenetz genutzten Wärme verringert wird und das Fernwärmeversorgungsunternehmen dies in der Veröffentlichung angegeben hat.

(4) Hat das Fernwärmeversorgungsunternehmen den Primärenergiefaktor für den Wärmeträger in dem Wärmenetz, an das das zu errichtende Gebäude angeschlossen wird, nicht ermittelt und veröffentlicht, kann als Primärenergiefaktor der Wert für den nicht erneuerbaren Anteil verwendet werden, der in den nach § 20 Absatz 1 oder Absatz

2 und nach § 21 Absatz 1 und 2 zur Ermittlung des Jahres-Primärenergiebedarfs zu verwendenden Berechnungs-verfahren für die genutzte Fernwärme aufgeführt ist.

(5) ¹ Das Bundesministerium für Wirtschaft und Energie wird gemeinsam mit dem Bundesministerium des Innern, für Bau und Heimat das Berechnungsverfahren zur Ermittlung der Primärenergiefaktoren von Wärmenetzen, in denen Wärme genutzt wird, die in KWK-Anlagen erzeugt wird, überprüfen. ² Dabei wird unter Beachtung des Grundsatzes der Wirtschaftlichkeit die Umstellung des Berechnungsverfahrens auf ein Verfahren zur Ermittlung des Brennstoffanteils für die Wärmeerzeugung untersucht, das der in DIN EN 15316-4-5: 2017-09 Abschnitt 6.2.2.1.6.3 beschriebenen Methode entspricht. ³ In die Untersuchung wird die Ermittlung eines Faktors einbezogen, mit dem der Anteil bestehender Gebäude an den an ein Fernwärmenetz angeschlossenen Gebäuden berücksichtigt wird. ⁴ Das Bundesministerium für Wirtschaft und Energie hat gemeinsam mit dem Bundesministerium des Innern, für Bau und Heimat dem Deutschen Bundestag bis zum 31. Dezember 2025 einen Bericht über das Ergebnis der Überprüfung vorzulegen. ⁵ Der Bericht enthält einen Vorschlag für eine gesetzliche Regelung zur Umstellung des Berechnungsverfahrens ab dem Jahr 2030.

§ 23 Anrechnung von Strom aus erneuerbaren Energien

(1) Strom aus erneuerbaren Energien, der in einem zu errichtenden Gebäude eingesetzt wird, darf bei der Ermittlung des Jahres-Primärenergiebedarfs des zu errichtenden Gebäudes nach § 20 Absatz 1 oder Absatz 2 und nach § 21 Absatz 1 und 2 nach Maßgabe der Absätze 2 bis 4 in Abzug gebracht werden, soweit er
1. im unmittelbaren räumlichen Zusammenhang zu dem Gebäude erzeugt wird und
2. vorrangig in dem Gebäude unmittelbar nach Erzeugung oder nach vorübergehender Speicherung selbst genutzt und nur die überschüssige Strommenge in das öffentliche Netz eingespeist wird.

(2) ¹ Bei der Ermittlung des Jahres-Primärenergiebedarfs des zu errichtenden Wohngebäudes dürfen vom Ausgangs-wert in Abzug gebracht werden:
1. für eine Anlage zur Erzeugung von Strom aus erneuerbaren Energien ohne Nutzung eines elektrochemischen Speichers 150 Kilowattstunden je Kilowatt installierter Nennleistung und ab einer Anlagengröße mit einer Nennleistung in Kilowatt in Höhe des 0,03fachen der Gebäudenutzfläche geteilt durch die Anzahl der beheizten oder gekühlten Geschosse nach DIN V 18599-1: 2018-09 zuzüglich das 0,7fache des jährlichen absoluten elektrischen Endenergiebedarfs der Anlagentechnik, jedoch insgesamt höchstens 30 Prozent des Jahres-Pri-märenergiebedarfs des Referenzgebäudes nach § 15 Absatz 1, und
2. für eine Anlage zur Erzeugung von Strom aus erneuerbaren Energien mit Nutzung eines elektrochemischen Speichers von mindestens 1 Kilowattstunde Nennkapazität je Kilowatt installierter Nennleistung der Erzeu-gungsanlage 200 Kilowattstunden je Kilowatt installierter Nennleistung und ab einer Anlagengröße mit einer Nennleistung in Kilowatt in Höhe des 0,03fachen der Gebäudenutzfläche geteilt durch die Anzahl der beheizten oder gekühlten Geschosse nach DIN V 18599-1: 2018-09 zuzüglich das 1,0fache des jährlichen absoluten elektrischen Endenergiebedarfs der Anlagentechnik, jedoch insgesamt höchstens 45 Prozent des Jahres-Pri-märenergiebedarfs des Referenzgebäudes nach § 15 Absatz 1.
² Als Ausgangswert ist der Jahres-Primärenergiebedarf nach § 20 Absatz 1 oder Absatz 2 zu verwenden, der sich ohne Anrechnung des Stroms aus erneuerbaren Energien nach Absatz 1 ergibt.

(3) ¹ Bei der Ermittlung des Jahres-Primärenergiebedarfs des zu errichtenden Nichtwohngebäudes dürfen vom Ausgangswert in Abzug gebracht werden:
1. für eine Anlage zur Erzeugung von Strom aus erneuerbaren Energien ohne Nutzung eines elektrochemischen Speichers 150 Kilowattstunden je Kilowatt installierter Nennleistung und ab einer Anlagengröße von 0,01 Kilowatt Nennleistung je Quadratmeter Nettogrundfläche zuzüglich das 0,7fache des jährlichen absoluten elektrischen Endenergiebedarfs der Anlagentechnik, jedoch insgesamt höchstens 30 Prozent des Jahres-Pri-märenergiebedarfs des Referenzgebäudes nach § 18 Absatz 1 und gleichzeitig insgesamt höchstens das 1,8fache des bilanzierten endenergetischen Jahresertrags der Anlage, und
2. für eine Anlage zur Erzeugung von Strom aus erneuerbaren Energien mit Nutzung eines elektrochemischen Speichers von mindestens 1 Kilowattstunde Nennkapazität je Kilowatt installierter Nennleistung der Erzeu-gungsanlage 200 Kilowattstunden je Kilowatt installierter Nennleistung und ab einer Anlagengröße von 0,01 Kilowatt Nennleistung je Quadratmeter Nettogrundfläche zuzüglich das 1,0fache des jährlichen absoluten elektrischen Endenergiebedarfs der Anlagentechnik, jedoch insgesamt höchstens 45 Prozent des Jahres-Pri-märenergiebedarfs des Referenzgebäudes nach § 18 Absatz 1 und gleichzeitig insgesamt höchstens das 1,8fache des bilanzierten endenergetischen Jahresertrags der Anlage.
² Als Ausgangswert ist der Jahres-Primärenergiebedarf nach § 21 Absatz 1 und 2 zu verwenden, der sich ohne Anrechnung des Stroms aus erneuerbaren Energien nach Absatz 1 ergibt.

(4) ¹ Wenn in einem zu errichtenden Gebäude Strom aus erneuerbaren Energien für Stromdirektheizungen genutzt wird oder in einem zu errichtenden Nichtwohngebäude die Nutzung von Strom für Lüftung, Kühlung, Beleuchtung und Warmwasserversorgung die Energienutzung für die Beheizung überwiegt, ist abweichend von den Absätzen 2 und 3 der monatliche Ertrag der Anlage zur Erzeugung von Strom aus erneuerbaren Energien dem tatsächlichen Strombedarf gegenüberzustellen. ² Für die Berechnung ist der monatliche Ertrag nach DIN V 18599-9: 2018-09 zu bestimmen. ³ Bei Anlagen zur Erzeugung von Strom aus solarer Strahlungsenergie sind die monatlichen Stromer-träge unter Verwendung der mittleren monatlichen Strahlungsintensitäten der Referenzklimazone Potsdam nach DIN V 18599-10: 2018-09 Anhang E sowie der Standardwerte zur Ermittlung der Nennleistung des Photovoltaik-moduls nach DIN V 18599-9: 2018-09 Anhang B zu ermitteln.

§ 24 Einfluss von Wärmebrücken

[1] Unbeschadet der Regelung in § 12 ist der verbleibende Einfluss von Wärmebrücken bei der Ermittlung des Jahres-Primärenergiebedarfs nach § 20 Absatz 1 oder Absatz 2 und nach § 21 Absatz 1 und 2 nach einer der in DIN V 18599-2: 2018-09 oder bis zum 31. Dezember 2023 auch in DIN V 4108-6: 2003-06, geändert durch DIN V 4108-6 Berichtigung 1: 2004-03 genannten Vorgehensweisen zu berücksichtigen. [2] Soweit dabei Gleichwertigkeitsnachweise zu führen sind, ist dies für solche Wärmebrücken nicht erforderlich, bei denen die angrenzenden Bauteile kleinere Wärmedurchgangskoeffizienten aufweisen als in den Musterlösungen der DIN 4108 Beiblatt 2: 2019-06 zugrunde gelegt sind. [3] Wärmebrückenzuschläge mit Überprüfung und Einhaltung der Gleichwertigkeit nach DIN V 18599-2: 2018-09 oder DIN V 4108-6: 2003-06, geändert durch DIN V 4108-6 Berichtigung 1: 2004-03 sind nach DIN 4108 Beiblatt 2: 2019-06 zu ermitteln. [4] Abweichend von DIN V 4108-6: 2003-06, geändert durch DIN V 4108-6 Berichtigung 1: 2004-03 kann bei Nachweis der Gleichwertigkeit nach DIN 4108 Beiblatt 2: 2019-06 der pauschale Wärmebrückenzuschlag nach Kategorie A oder Kategorie B verwendet werden.

§ 25 Berechnungsrandbedingungen

(1) [1] Bei den Berechnungen für die Ermittlung des Jahres-Primärenergiebedarfs nach § 20 Absatz 1 oder Absatz 2 und nach § 21 Absatz 1 und 2 ist für das zu errichtende Gebäude eine Ausstattung mit einem System für die Gebäudeautomation der Klasse C nach DIN V 18599-11: 2018-09 zugrunde zu legen. [2] Eine Gebäudeautomation der Klassen A oder B nach DIN V 18599-11: 2018-09 kann zugrunde gelegt werden, wenn das zu errichtende Gebäude mit einem System einer dieser Klassen ausgestattet ist.

(2) Bei den Berechnungen für die Ermittlung des Jahres-Primärenergiebedarfs nach § 20 Absatz 1 oder Absatz 2 und nach § 21 Absatz 1 und 2 ist für das zu errichtende Gebäude und das Referenzgebäude ein Verschattungsfaktor von 0,9 zugrunde zu legen, soweit die baulichen Bedingungen nicht detailliert berücksichtigt werden.

(3) Bei den Berechnungen für die Ermittlung des Jahres-Primärenergiebedarfs nach § 20 Absatz 1 sind für den Anteil mitbeheizter Flächen für das zu errichtende Wohngebäude und das Referenzgebäude die Standardwerte nach DIN V 18599: 2018-09 Tabelle 4 zu verwenden.

(4) Bei den Berechnungen für die Ermittlung des Jahres-Primärenergiebedarfs nach § 21 Absatz 1 und 2 sind für das zu errichtende Nichtwohngebäude die in DIN V 18599-10: 2018-09 Tabelle 5 bis 9 aufgeführten Nutzungsrandbedingungen und Klimadaten zu verwenden; bei der Berechnung des Referenzgebäudes müssen die in DIN V 18599-10: 2018-09 Tabelle 5 enthaltenen Werte angesetzt werden.

(5) Bei den Berechnungen für die Ermittlung des Jahres-Primärenergiebedarfs nach § 21 Absatz 1 und 2 sind für das zu errichtende Nichtwohngebäude und das Referenzgebäude bei Heizsystemen in Raumhöhen von 4 Metern oder weniger ein Absenkbetrieb gemäß DIN V 18599-2: 2018-09 Gleichung 29 und bei Heizsystemen in Raumhöhen von mehr als 4 Metern ein Abschaltbetrieb gemäß DIN V 18599-2: 2018-09 Gleichung 30 zugrunde zu legen, jeweils mit einer Dauer gemäß den Nutzungsrandbedingungen in DIN V 18599-10: 2018-09 Tabelle 5.

(6) Bei den Berechnungen für die Ermittlung des Jahres-Primärenergiebedarfs nach § 21 Absatz 1 und 2 ist für das zu errichtende Nichtwohngebäude und das Referenzgebäude ein Verbauungsindex von 0,9 zugrunde zu legen, soweit die Verbauung nicht genau nach DIN V 18599-4: 2018-09 Abschnitt 5.5.2 ermittelt wird.

(7) Bei den Berechnungen für die Ermittlung des Jahres-Primärenergiebedarfs nach § 21 Absatz 1 und 2 ist für das zu errichtende Nichtwohngebäude und das Referenzgebäude der Wartungsfaktor in den Zonen der Nutzungen 14, 15 und 22 nach DIN V 18599-10: 2018-09 Tabelle 5 mit 0,6 und im Übrigen mit 0,8 anzusetzen.

(8) [1] Bei den Berechnungen für die Ermittlung des Jahres-Primärenergiebedarfs nach § 21 Absatz 1 und 2 darf abweichend von DIN V 18599-10: 2018-09 für das zu errichtende Nichtwohngebäude und das Referenzgebäude bei Zonen der Nutzung 6 und 7 nach DIN V 18599-10: 2018-09 Tabelle 5 Nutzung 6 und 7 die tatsächliche Beleuchtungsstärke angesetzt werden, jedoch bei Zonen der Nutzung 6 nicht mehr als 1 500 Lux und bei Zonen der Nutzung 7 nicht mehr als 1 000 Lux. [2] Beim Referenzgebäude ist der Primärenergiebedarf für die Beleuchtung mit dem Tabellenverfahren nach DIN V 18599-4: 2018-09 zu berechnen.

(9) [1] Für die Ermittlung des Höchstwerts des Transmissionswärmeverlusts nach § 16 ist die wärmeübertragende Umfassungsfläche eines Wohngebäudes in Quadratmetern nach den in DIN V 18599-1: 2018-09 Abschnitt 8 angegebenen Bemaßungsregeln so festzulegen, dass sie mindestens alle beheizten und gekühlten Räume einschließt. [2] Für alle umschlossenen Räume sind dabei die gleichen Bedingungen anzunehmen, die bei der Berechnung nach § 20 Absatz 1 oder Absatz 2 in Verbindung mit § 20 Absatz 3 und 4, § 22 und den Absätzen 1 bis 3 zugrunde zu legen sind.

(10) [1] Das beheizte Gebäudevolumen eines Wohngebäudes in Kubikmetern ist das Volumen, das von der nach Absatz 9 ermittelten wärmeübertragenden Umfassungsfläche umschlossen wird. [2] Die Gebäudenutzfläche eines Wohngebäudes ist nach DIN V 18599: 2018-09 Gleichung 30 zu ermitteln. [3] Abweichend von Satz 2 ist die Gebäudenutzfläche nach DIN V 18599-1: 2018-09 Gleichung 31 zu ermitteln, wenn die durchschnittliche Geschosshöhe eines Wohngebäudes, gemessen von der Oberfläche des Fußbodens zur Oberfläche des Fußbodens des darüber liegenden Geschosses, mehr als 3 Meter oder weniger als 2,5 Meter beträgt.

(11) Abweichend von DIN V 18599-10: 2018-09 sind die Zonen nach DIN V 18599-10: 2018-09 Tabelle 5 Nutzung 32 und 33 als unbeheizt und ungekühlt anzunehmen und damit nicht Gegenstand von Berechnungen und Anforderungen nach diesem Gesetz.

§ 26 Prüfung der Dichtheit eines Gebäudes

(1) ¹ Wird die Luftdichtheit eines zu errichtenden Gebäudes vor seiner Fertigstellung nach DIN EN ISO 9972: 2018-12 Anhang NA überprüft, darf die gemessene Netto-Luftwechselrate bei der Ermittlung des Jahres-Primärenergiebedarfs nach § 20 Absatz 1 oder Absatz 2 und nach § 21 Absatz 1 und 2 nach Maßgabe der Absätze 2 bis 5 als Luftwechselrate in Ansatz gebracht werden. ² Bei der Überprüfung der Luftdichtheit sind die Messungen nach den Absätzen 2 bis 5 sowohl mit Über- als auch mit Unterdruck durchzuführen. ³ Die genannten Höchstwerte sind für beide Fälle einzuhalten.

(2) Der bei einer Bezugsdruckdifferenz von 50 Pascal gemessene Volumenstrom in Kubikmeter pro Stunde darf
1. ohne raumlufttechnische Anlagen höchstens das 3fache des beheizten oder gekühlten Luftvolumens des Gebäudes in Kubikmetern betragen und
2. mit raumlufttechnischen Anlagen höchstens das 1,5fache des beheizten oder gekühlten Luftvolumens des Gebäudes in Kubikmetern betragen.

(3) Abweichend von Absatz 2 darf bei Gebäuden mit einem beheizten oder gekühlten Luftvolumen von über 1 500 Kubikmetern der bei einer Bezugsdruckdifferenz von 50 Pascal gemessene Volumenstrom in Kubikmeter pro Stunde
1. ohne raumlufttechnische Anlagen höchstens das 4,5fache der Hüllfläche des Gebäudes in Quadratmetern betragen und
2. mit raumlufttechnischen Anlagen höchstens das 2,5fache der Hüllfläche des Gebäudes in Quadratmetern betragen.

(4) Wird bei Nichtwohngebäuden die Dichtheit lediglich für bestimmte Zonen berücksichtigt oder ergeben sich für einzelne Zonen aus den Absätzen 2 und 3 unterschiedliche Anforderungen, so kann der Nachweis der Dichtheit für diese Zonen getrennt durchgeführt werden.

(5) Besteht ein Gebäude aus gleichartigen, nur von außen erschlossenen Nutzeinheiten, so darf die Messung nach Absatz 1 nach Maßgabe von DIN EN ISO 9972: 2018-12 Anhang NB auf eine Stichprobe dieser Nutzeinheiten begrenzt werden.

§ 27 Gemeinsame Heizungsanlage für mehrere Gebäude

¹ Wird ein zu errichtendes Gebäude mit Wärme aus einer Heizungsanlage versorgt, aus der auch andere Gebäude oder Teile davon Wärme beziehen, ist es abweichend von DIN V 18599: 2018-09 und bis zum 31. Dezember 2023 auch von DIN V 4701-10: 2003-08 zulässig, bei der Ermittlung des Jahres-Primärenergiebedarfs des zu errichtenden Gebäudes eigene zentrale Einrichtungen der Wärmeerzeugung, Wärmespeicherung oder Warmwasserbereitung anzunehmen, die hinsichtlich ihrer Bauart, ihres Baualters und ihrer Betriebsweise den gemeinsam genutzten Einrichtungen entsprechen, hinsichtlich ihrer Größe und Leistung jedoch nur auf das zu berechnende Gebäude ausgelegt sind. ² Soweit dabei zusätzliche Wärmeverteil- und Warmwasserleitungen zur Verbindung der versorgten Gebäude verlegt werden, sind deren Wärmeverluste anteilig zu berücksichtigen.

§ 28 Anrechnung mechanisch betriebener Lüftungsanlagen

(1) Im Rahmen der Berechnung nach § 20 Absatz 1 oder Absatz 2 ist bei mechanischen Lüftungsanlagen die Anrechnung der Wärmerückgewinnung oder einer regelungstechnisch verminderten Luftwechselrate nur zulässig, wenn
1. die Dichtheit des Gebäudes nach § 13 in Verbindung mit § 26 nachgewiesen wird,
2. die Lüftungsanlage mit Einrichtungen ausgestattet ist, die eine Beeinflussung der Luftvolumenströme jeder Nutzeinheit durch den Nutzer erlauben und
3. sichergestellt ist, dass die aus der Abluft gewonnene Wärme vorrangig vor der vom Heizsystem bereitgestellten Wärme genutzt wird.

(2) Die bei der Anrechnung der Wärmerückgewinnung anzusetzenden Kennwerte der Lüftungsanlage sind nach den anerkannten Regeln der Technik zu bestimmen oder den allgemeinen bauaufsichtlichen Zulassungen der verwendeten Produkte zu entnehmen.

(3) Auf ein Wohngebäude mit nicht mehr als zwei Wohnungen, von denen eine nicht mehr als 50 Quadratmeter Gebäudenutzfläche hat, ist Absatz 1 Nummer 2 nicht anzuwenden.

§ 29 Berechnung des Jahres-Primärenergiebedarfs und des Transmissionswärmeverlustes bei aneinandergereihter Bebauung von Wohngebäuden

(1) Bei der Berechnung des Jahres-Primärenergiebedarfs nach § 20 und des Transmissionswärmeverlustes von aneinandergereihten Wohngebäuden werden Gebäudetrennwände zwischen
1. Gebäuden, die nach ihrem Verwendungszweck auf Innentemperaturen von mindestens 19 Grad Celsius beheizt werden, als nicht wärmedurchlässig angenommen und bei der Ermittlung der wärmeübertragenden Umfassungsfläche nicht berücksichtigt,
2. Wohngebäuden und Gebäuden, die nach ihrem Verwendungszweck auf Innentemperaturen von mindestens 12 Grad Celsius und weniger als 19 Grad Celsius beheizt werden, bei der Berechnung des Wärmedurchgangskoeffizienten mit einem Temperatur-Korrekturfaktor nach DIN V 18599-2: 2018-09 oder bis zum 31. Dezember 2023 auch nach DIN V 4108-6: 2003-06, geändert durch DIN V 4108-6 Berichtigung 1: 2004-03, gewichtet und
3. Wohngebäuden und Gebäuden oder Gebäudeteilen, in denen keine beheizten Räume im Sinne des § 3 Absatz 1 Nummer 4 vorhanden sind, bei der Berechnung des Wärmedurchgangskoeffizienten mit einem Temperaturfaktor in Höhe von 0,5 gewichtet.

(2) Werden beheizte Teile eines Gebäudes getrennt berechnet, ist Absatz 1 Nummer 1 sinngemäß für die Trennflächen zwischen den Gebäudeteilen anzuwenden.

§ 30 Zonenweise Berücksichtigung von Energiebedarfsanteilen bei einem zu errichtenden Nichtwohngebäude 3)

(1) Ist ein zu errichtendes Nichtwohngebäude nach § 21 Absatz 2 für die Berechnung des Jahres-Primärenergiebedarfs nach § 21 Absatz 1 in Zonen zu unterteilen, sind Energiebedarfsanteile nach Maßgabe der Absätze 2 bis 7 in die Ermittlung des Jahres-Primärenergiebedarfs einer Zone einzubeziehen.

(2) Der Primärenergiebedarf für das Heizungssystem und die Heizfunktion der raumlufttechnischen Anlage ist zu bilanzieren, wenn die Raum-Solltemperatur des Gebäudes oder einer Gebäudezone für den Heizfall mindestens 12 Grad Celsius beträgt und eine durchschnittliche Nutzungsdauer für die Gebäudebeheizung auf Raum-Solltemperatur von mindestens vier Monaten pro Jahr vorgesehen ist.

(3) Der Primärenergiebedarf für das Kühlsystem und die Kühlfunktion der raumlufttechnischen Anlage ist zu bilanzieren, wenn für das Gebäude oder eine Gebäudezone für den Kühlfall der Einsatz von Kühltechnik und eine durchschnittliche Nutzungsdauer für Gebäudekühlung auf Raum-Solltemperatur von mehr als zwei Monaten pro Jahr und mehr als zwei Stunden pro Tag vorgesehen ist.

(4) Der Primärenergiebedarf für die Dampfversorgung ist zu bilanzieren, wenn für das Gebäude oder eine Gebäudezone eine solche Versorgung wegen des Einsatzes einer raumlufttechnischen Anlage nach Absatz 3 für durchschnittlich mehr als zwei Monate pro Jahr und mehr als zwei Stunden pro Tag vorgesehen ist.

(5) Der Primärenergiebedarf für Warmwasser ist zu bilanzieren, wenn ein Nutzenergiebedarf für Warmwasser in Ansatz zu bringen ist und der durchschnittliche tägliche Nutzenergiebedarf für Warmwasser wenigstens 0,2 Kilowattstunden pro Person und Tag oder 0,2 Kilowattstunden pro Beschäftigtem und Tag beträgt.

(6) Der Primärenergiebedarf für Beleuchtung ist zu bilanzieren, wenn in einem Gebäude oder einer Gebäudezone eine Beleuchtungsstärke von mindestens 75 Lux erforderlich ist und eine durchschnittliche Nutzungsdauer von mehr als zwei Monaten pro Jahr und mehr als zwei Stunden pro Tag vorgesehen ist.

(7) ¹ Der Primärenergiebedarf für Hilfsenergien ist zu bilanzieren, wenn er beim Heizungssystem und bei der Heizfunktion der raumlufttechnischen Anlage, beim Kühlsystem und bei der Kühlfunktion der raumlufttechnischen Anlage, bei der Dampfversorgung, bei der Warmwasseranlage und der Beleuchtung auftritt. ² Der Anteil des Primärenergiebedarfs für Hilfsenergien für Lüftung ist zu bilanzieren, wenn eine durchschnittliche Nutzungsdauer der Lüftungsanlage von mehr als zwei Monaten pro Jahr und mehr als zwei Stunden pro Tag vorgesehen ist.

§ 31 Vereinfachtes Nachweisverfahren für ein zu errichtendes Wohngebäude

(1) Ein zu errichtendes Wohngebäude erfüllt die Anforderungen nach § 10 Absatz 2 in Verbindung mit den §§ 15 bis 17 und den §§ 34 bis 45, wenn
1. es die Voraussetzungen nach Anlage 5 Nummer 1 erfüllt und
2. seine Ausführung einer der in Anlage 5 Nummer 2 beschriebenen Ausführungsvarianten unter Berücksichtigung der Beschreibung der Wärmeschutz- und Anlagenvarianten nach Anlage 5 Nummer 3 entspricht.

(2) Das Bundesministerium für Wirtschaft und Energie macht gemeinsam mit dem Bundesministerium des Innern, für Bau und Heimat im Bundesanzeiger bekannt, welche Angaben für die auf Grundlage von Absatz 1 zu errichtenden Wohngebäude ohne besondere Berechnungen in Energiebedarfsausweisen zu verwenden sind.

§ 32 Vereinfachtes Berechnungsverfahren für ein zu errichtendes Nichtwohngebäude

(1) Abweichend von § 21 Absatz 1 und 2 darf der Jahres-Primärenergiebedarf des zu errichtenden Nichtwohngebäudes und des Referenzgebäudes unter Verwendung eines Ein-Zonen-Modells ermittelt werden, wenn
1. die Summe der Nettogrundflächen aus der typischen Hauptnutzung und den Verkehrsflächen des Gebäudes mehr als zwei Drittel der gesamten Nettogrundfläche des Gebäudes beträgt,
2. in dem Gebäude die Beheizung und die Warmwasserbereitung für alle Räume auf dieselbe Art erfolgen,
3. das Gebäude nicht gekühlt wird,
4. höchstens 10 Prozent der Nettogrundfläche des Gebäudes durch Glühlampen, Halogenlampen oder durch die Beleuchtungsart „indirekt" nach DIN V 18599: 2018-09 beleuchtet werden und
5. außerhalb der Hauptnutzung keine raumlufttechnische Anlage eingesetzt wird, deren Werte für die spezifische Leistungsaufnahme der Ventilatoren die entsprechenden Werte der Anlage 2 Nummer 6.1 und 6.2 überschreiten.

(2) Das vereinfachte Berechnungsverfahren kann angewandt werden für
1. ein Bürogebäude, auch mit Verkaufseinrichtung, einen Gewerbebetrieb oder eine Gaststätte,
2. ein Gebäude des Groß- und Einzelhandels mit höchstens 1 000 Quadratmetern Nettogrundfläche, wenn neben der Hauptnutzung nur Büro-, Lager-, Sanitär- oder Verkehrsflächen vorhanden sind,
3. einen Gewerbebetrieb mit höchstens 1 000 Quadratmetern Nettogrundfläche, wenn neben der Hauptnutzung nur Büro-, Lager-, Sanitär- oder Verkehrsflächen vorhanden sind,
4. eine Schule, eine Turnhalle, einen Kindergarten und eine Kindertagesstätte oder eine ähnliche Einrichtung,
5. eine Beherbergungsstätte ohne Schwimmhalle, Sauna oder Wellnessbereich oder
6. eine Bibliothek.

3) (+++ § 30 Abs. 5: Zur Anwendung vgl. § 32 Abs. 3 Satz 2 +++)

(3) ¹ Bei Anwendung des vereinfachten Verfahrens sind abweichend von den Maßgaben des § 21 Absatz 2 bei der Berechnung des Jahres-Primärenergiebedarfs die Bestimmungen für die Nutzung und die Werte für den Nutzenergiebedarf für Warmwasser der Anlage 6 zu verwenden. ² § 30 Absatz 5 ist entsprechend anzuwenden.

(4) ¹ Abweichend von Absatz 1 Nummer 3 kann das vereinfachte Verfahren auch angewendet werden, wenn in einem Bürogebäude eine Verkaufseinrichtung, ein Gewerbebetrieb oder eine Gaststätte gekühlt wird und die Nettogrundfläche der gekühlten Räume jeweils 450 Quadratmeter nicht übersteigt. ² Der Energiebedarf für die Kühlung von Anlagen der Datenverarbeitung bleibt als Energieeinsatz für Produktionsprozesse im Sinne von § 2 Absatz 1 Satz 2 außer Betracht.

(5) ¹ Bei Anwendung des vereinfachten Verfahrens sind in den Fällen des Absatzes 4 Satz 1 der Höchstwert und der Referenzwert des Jahres-Primärenergiebedarfs pauschal um 50 Kilowattstunden pro Quadratmeter und Jahr je Quadratmeter gekühlter Nettogrundfläche der Verkaufseinrichtung, des Gewerbebetriebes oder der Gaststätte zu erhöhen. ² Dieser Betrag ist im Energiebedarfsausweis als elektrische Energie für Kühlung auszuweisen.

(6) Der Jahres-Primärenergiebedarf für Beleuchtung darf vereinfacht für den Bereich der Hauptnutzung berechnet werden, der die geringste Tageslichtversorgung aufweist.

(7) ¹ Der im vereinfachten Verfahren ermittelte Jahres-Primärenergiebedarf des Referenzgebäudes nach § 18 Absatz 1 in Verbindung mit der Anlage 2 ist um 10 Prozent zu reduzieren. ² Der reduzierte Wert ist der Höchstwert des Jahres-Primärenergiebedarfs des zu errichtenden Gebäudes.

(8) § 20 Absatz 3 ist entsprechend anzuwenden.

§ 33 Andere Berechnungsverfahren

Werden in einem Gebäude bauliche oder anlagentechnische Komponenten eingesetzt, für deren energetische Bewertung weder anerkannte Regeln der Technik noch nach § 50 Absatz 4 Satz 2 bekannt gemachte gesicherte Erfahrungswerte vorliegen, so dürfen die energetischen Eigenschaften dieser Komponenten unter Verwendung derselben Randbedingungen wie in den Berechnungsverfahren und Maßgaben nach den §§ 20 bis 30 durch dynamisch-thermische Simulationsrechnungen ermittelt werden oder es sind hierfür andere Komponenten anzusetzen, die ähnliche energetische Eigenschaften besitzen und für deren energetische Bewertung anerkannte Regeln der Technik oder bekannt gemachte gesicherte Erfahrungswerte vorliegen.

Abschnitt 4 Nutzung von erneuerbaren Energien zur Wärme- und Kälteerzeugung bei einem zu errichtenden Gebäude

§ 34 Nutzung erneuerbarer Energien zur Deckung des Wärme- und Kälteenergiebedarfs [4]

(1) Der Wärme- und Kälteenergiebedarf im Sinne des § 10 Absatz 2 Nummer 3 ist nach den Vorschriften des § 20, des § 21 und der §§ 24 bis 29 zu ermitteln.

(2) ¹ Die Maßnahmen nach den §§ 35 bis 45 können miteinander kombiniert werden. ² Die prozentualen Anteile der tatsächlichen Nutzung der einzelnen Maßnahmen im Verhältnis zu der jeweils nach den §§ 35 bis 45 vorgesehenen Nutzung müssen in der Summe 100 Prozent Erfüllungsgrad ergeben.

(3) Wenn mehrere zu errichtende Nichtwohngebäude, die sich im Eigentum der öffentlichen Hand befinden und von mindestens einer Behörde genutzt werden, in einer Liegenschaft stehen, kann die Anforderung nach § 10 Absatz 2 Nummer 3 auch dadurch erfüllt werden, dass der Wärme- und Kälteenergiebedarf dieser Gebäude insgesamt in einem Umfang gedeckt wird, der der Summe der einzelnen Maßgaben der §§ 35 bis 45 entspricht.

(4) § 31 bleibt unberührt.

§ 35 Nutzung solarthermischer Anlagen [5]

(1) Die Anforderung nach § 10 Absatz 2 Nummer 3 ist erfüllt, wenn durch die Nutzung von solarer Strahlungsenergie mittels solarthermischer Anlagen der Wärme- und Kälteenergiebedarf zu mindestens 15 Prozent gedeckt wird.

(2) Die Anforderung bezüglich des Mindestanteils nach Absatz 1 gilt als erfüllt, wenn
1. bei Wohngebäuden mit höchstens zwei Wohnungen solarthermische Anlagen mit einer Fläche von mindestens 0,04 Quadratmetern Aperturfläche je Quadratmeter Nutzfläche installiert und betrieben werden und
2. bei Wohngebäuden mit mehr als zwei Wohnungen solarthermische Anlagen mit einer Fläche von mindestens 0,03 Quadratmetern Aperturfläche je Quadratmeter Nutzfläche installiert und betrieben werden.

(3) ¹ Wird eine solarthermische Anlage mit Flüssigkeiten als Wärmeträger genutzt, müssen die darin enthaltenen Kollektoren oder das System mit dem europäischen Prüfzeichen „Solar Keymark" zertifiziert sein, solange und soweit die Verwendung einer CE-Kennzeichnung nach Maßgabe eines Durchführungsrechtsaktes auf der Grundlage der Richtlinie 2009/125/EG des Europäischen Parlaments und des Rates vom 21. Oktober 2009 zur Schaffung eines Rahmens für die Festlegung von Anforderungen an die umweltgerechte Gestaltung energieverbrauchsrelevanter Produkte (ABl. L 285 vom 31.10.2009, S. 10), die zuletzt durch die Richtlinie 2012/27/EU (ABl. L 315 vom 14.11.2012, S. 1) geändert worden ist, nicht zwingend vorgeschrieben ist. ² Die Zertifizierung muss nach den anerkannten Regeln der Technik erfolgen.

4) (+++ § 34 Abs. 1: Zur Anwendung vgl. § 52 Abs. 1 Satz 2 +++)
5) (+++ § 35: Zur Anwendung vgl. § 44 Abs. 2 Satz 2 +++); (+++ § 35 Abs. 2: Zur Anwendung vgl. § 52 Abs. 4 Nummer 1 +++); (+++ § 35 Abs. 3: Zur Anwendung vgl. § 53 Abs. 3 Satz 2 +++)

§ 36 Nutzung von Strom aus erneuerbaren Energien

[1] Die Anforderung nach § 10 Absatz 2 Nummer 3 ist erfüllt, wenn durch die Nutzung von Strom aus erneuerbaren Energien nach Maßgabe des § 23 Absatz 1 der Wärme- und Kälteenergiebedarf zu mindestens 15 Prozent gedeckt wird. [2] Wird bei Wohngebäuden Strom aus solarer Strahlungsenergie genutzt, gilt die Anforderung bezüglich des Mindestanteils nach Satz 1 als erfüllt, wenn eine Anlage zur Erzeugung von Strom aus solarer Strahlungsenergie installiert und betrieben wird, deren Nennleistung in Kilowatt mindestens das 0,03fache der Gebäudenutzfläche geteilt durch die Anzahl der beheizten oder gekühlten Geschosse nach DIN V 18599-1: 2018-09 beträgt.

§ 37 Nutzung von Geothermie oder Umweltwärme [6)]

Die Anforderung nach § 10 Absatz 2 Nummer 3 ist erfüllt, wenn durch die Nutzung von Geothermie, Umweltwärme oder Abwärme aus Abwasser, die mittels elektrisch oder mit fossilen Brennstoffen angetriebener Wärmepumpen technisch nutzbar gemacht wird, der Wärme- und Kälteenergiebedarf zu mindestens 50 Prozent aus den Anlagen zur Nutzung dieser Energien gedeckt wird.

§ 38 Nutzung von fester Biomasse [7)]

(1) Die Anforderung nach § 10 Absatz 2 Nummer 3 ist erfüllt, wenn durch die Nutzung von fester Biomasse nach Maßgabe des Absatzes 2 der Wärme- und Kälteenergiebedarf zu mindestens 50 Prozent gedeckt wird.

(2) Wenn eine Feuerungsanlage im Sinne der Verordnung über kleine und mittlere Feuerungsanlagen vom 26. Januar 2010 (BGBl. I S. 38), die zuletzt durch Artikel 105 der Verordnung vom 19. Juni 2020 (BGBl. I S. 1328) geändert worden ist, in der jeweils geltenden Fassung betrieben wird, müssen folgende Voraussetzungen erfüllt sein:
1. die Biomasse muss genutzt werden in einem
 a) Biomassekessel oder
 b) automatisch beschickten Biomasseofen mit Wasser als Wärmeträger,
2. es darf ausschließlich Biomasse nach § 3 Absatz 1 Nummer 4, 5, 5a, 8 oder Nummer 13 der Verordnung über kleine und mittlere Feuerungsanlagen eingesetzt werden.

§ 39 Nutzung von flüssiger Biomasse [8)]

(1) Die Anforderung nach § 10 Absatz 2 Nummer 3 ist erfüllt, wenn durch die Nutzung von flüssiger Biomasse nach Maßgabe der Absätze 2 und 3 der Wärme- und Kälteenergiebedarf zu mindestens 50 Prozent gedeckt wird.

(2) Die Nutzung muss in einer KWK-Anlage oder in einem Brennwertkessel erfolgen.

(3) [1] Unbeschadet des Absatzes 2 muss die zur Wärmeerzeugung eingesetzte Biomasse den Anforderungen an einen nachhaltigen Anbau und eine nachhaltige Herstellung, die die Biomassestrom-Nachhaltigkeitsverordnung vom 23. Juli 2009 (BGBl. I S. 2174), die zuletzt durch Artikel 262 der Verordnung vom 19. Juni 2020 (BGBl. I S. 1328) geändert worden ist, in der jeweils geltenden Fassung stellt, genügen. [2] § 10 der Biomassestrom-Nachhaltigkeitsverordnung ist nicht anzuwenden.

§ 40 Nutzung von gasförmiger Biomasse [9)]

(1) Die Anforderung nach § 10 Absatz 2 Nummer 3 ist erfüllt, wenn durch die Nutzung von gasförmiger Biomasse nach Maßgabe der Absätze 2 bis 4 der Wärme- und Kälteenergiebedarf mindestens zu dem Anteil nach Absatz 2 Satz 2 gedeckt wird.

(2) [1] Die Nutzung muss in einer hocheffizienten KWK-Anlage im Sinne des § 2 Nummer 8a des Kraft-Wärme-Kopplungsgesetzes oder in einem Brennwertkessel erfolgen. [2] Der Wärme- und Kälteenergiebedarf muss
1. zu mindestens 30 Prozent gedeckt werden, wenn die Nutzung in einer KWK-Anlage nach Satz 1 erfolgt oder
2. zu mindestens 50 Prozent gedeckt werden, wenn die Nutzung in einem Brennwertkessel erfolgt.

(3) Wenn Biomethan genutzt wird, müssen unbeschadet des Absatzes 2 folgende Voraussetzungen erfüllt sein:
1. bei der Aufbereitung und Einspeisung des Biomethans müssen die Voraussetzungen nach Anlage 1 Nummer 1 Buchstabe a bis c des Erneuerbare-Energien-Gesetzes vom 25. Oktober 2008 (BGBl. I S. 2074) in der am 31. Juli 2014 geltenden Fassung erfüllt worden sein und
2. die Menge des entnommenen Biomethans im Wärmeäquivalent am Ende eines Kalenderjahres muss der Menge von Gas aus Biomasse entsprechen, das an anderer Stelle in das Gasnetz eingespeist worden ist, und es müssen Massenbilanzsysteme für den gesamten Transport und Vertrieb des Biomethans von seiner Herstellung über seine Einspeisung in das Erdgasnetz und seinen Transport im Erdgasnetz bis zu seiner Entnahme aus dem Erdgasnetz verwendet worden sein.

(4) Wenn biogenes Flüssiggas genutzt wird, muss die Menge des entnommenen Gases am Ende eines Kalenderjahres der Menge von Gas aus Biomasse entsprechen, das an anderer Stelle hergestellt worden ist, und müssen Massenbilanzsysteme für den gesamten Transport und Vertrieb des biogenen Flüssiggases von seiner Herstellung über seine Zwischenlagerung und seinen Transport bis zu seiner Einlagerung in den Verbrauchstank verwendet worden sein.

6) (+++ § 37: Zur Anwendung vgl. § 44 Abs. 2 Satz 2 +++)
7) (+++ § 38: Zur Anwendung vgl. § 44 Abs. 2 Satz 2 +++); (+++ § 38 Abs. 2: Zur Anwendung vgl. § 52 Abs. 4 Nummer 2 +++)
8) (+++ § 39: Zur Anwendung vgl. § 44 Abs. 2 Satz 2 +++); (+++ § 39 Abs. 2 und 3: Zur Anwendung vgl. § 52 Abs. 4 Nummer 3 +++)
9) (+++ § 40: Zur Anwendung vgl. § 44 Abs. 2 Satz 2 +++); (+++ § 40 Abs. 2 und 3: Zur Anwendung vgl. § 52 Abs. 3 Satz 3 +++)

§ 41 Nutzung von Kälte aus erneuerbaren Energien [10]

(1) [1] Die Anforderung nach § 10 Absatz 2 Nummer 3 ist erfüllt, wenn durch die Nutzung von Kälte aus erneuerbaren Energien nach Maßgabe der Absätze 2 bis 4 der Wärme- und Kälteenergiebedarf mindestens in Höhe des Anteils nach Satz 2 gedeckt wird. [2] Maßgeblicher Anteil ist der Anteil, der nach den §§ 35 bis 40 für diejenige erneuerbare Energie gilt, aus der die Kälte erzeugt wird. [3] Wird die Kälte mittels einer thermischen Kälteerzeugungsanlage durch die direkte Zufuhr von Wärme erzeugt, ist der Anteil maßgebend, der auch im Fall einer reinen Wärmeerzeugung aus dem gleichen Energieträger gilt. [4] Wird die Kälte unmittelbar durch Nutzung von Geothermie oder Umweltwärme bereitgestellt, so ist der auch bei Wärmeerzeugung aus diesem Energieträger geltende Anteil von 50 Prozent am Wärme- und Kälteenergiebedarf maßgebend.

(2) Die Kälte muss technisch nutzbar gemacht werden
1. durch unmittelbare Kälteentnahme aus dem Erdboden oder aus Grund- oder Oberflächenwasser oder
2. durch thermische Kälteerzeugung mit Wärme aus erneuerbaren Energien im Sinne des § 3 Absatz 2 Nummer 1 bis 5.

(3) [1] Die Kälte muss zur Deckung des Kältebedarfs für Raumkühlung nach § 3 Absatz 1 Nummer 31 Buchstabe b genutzt werden. [2] Der Endenergieverbrauch für die Erzeugung der Kälte, für die Rückkühlung und für die Verteilung der Kälte muss nach der jeweils besten verfügbaren Technik gesenkt worden sein.

(4) Die für die Erfüllung der Anforderung nach Absatz 1 anrechenbare Kältemenge umfasst die für die Zwecke nach Absatz 3 Satz 1 nutzbar gemachte Kälte, nicht jedoch die zum Antrieb thermischer Kälteerzeugungsanlagen genutzte Kälte.

(5) Die technischen Anforderungen nach den §§ 35 bis 40 sind entsprechend anzuwenden, solange und soweit die Verwendung einer CE-Kennzeichnung nach Maßgabe eines Durchführungsrechtsaktes auf Grundlage der Richtlinie 2009/125/EG nicht zwingend vorgeschrieben ist.

§ 42 Nutzung von Abwärme [11]

(1) Anstelle der anteiligen Deckung des Wärme- und Kälteenergiebedarfs durch die Nutzung erneuerbarer Energien kann die Anforderung nach § 10 Absatz 2 Nummer 3 auch dadurch erfüllt werden, dass durch die Nutzung von Abwärme nach Maßgabe der Absätze 2 und 3 der Wärme- und Kälteenergiebedarf direkt oder mittels Wärmepumpen zu mindestens 50 Prozent gedeckt wird.

(2) Sofern Kälte genutzt wird, die durch eine Anlage technisch nutzbar gemacht wird, der Abwärme unmittelbar zugeführt wird, ist § 41 Absatz 3 und 4 entsprechend anzuwenden.

(3) Sofern Abwärme durch eine andere Anlage genutzt wird, muss die Nutzung nach dem Stand der Technik erfolgen.

§ 43 Nutzung von Kraft-Wärme-Kopplung [12]

(1) Anstelle der anteiligen Deckung des Wärme- und Kälteenergiebedarfs durch die Nutzung erneuerbarer Energien kann die Anforderung nach § 10 Absatz 2 Nummer 3 auch dadurch erfüllt werden, dass
1. durch die Nutzung von Wärme aus einer hocheffizienten KWK-Anlage im Sinne des § 2 Nummer 8a des Kraft-Wärme-Kopplungsgesetzes der Wärme- und Kälteenergiebedarf zu mindestens 50 Prozent gedeckt wird oder
2. durch die Nutzung von Wärme aus einer Brennstoffzellenheizung der Wärme- und Kälteenergiebedarf zu mindestens 40 Prozent gedeckt wird.

(2) [1] Sofern Kälte genutzt wird, die durch eine Anlage technisch nutzbar gemacht wird, der unmittelbar Wärme aus einer KWK-Anlage zugeführt wird, muss die KWK-Anlage den Anforderungen des Absatzes 1 Nummer 1 genügen. [2] § 41 Absatz 3 und 4 ist entsprechend anzuwenden.

§ 44 Fernwärme oder Fernkälte

(1) [1] Anstelle der anteiligen Deckung des Wärme- und Kälteenergiebedarfs durch die Nutzung erneuerbarer Energien kann die Anforderung nach § 10 Absatz 2 Nummer 3 auch dadurch erfüllt werden, dass durch den Bezug von Fernwärme oder Fernkälte nach Maßgabe von Absatz 2 der Wärme- und Kälteenergiebedarf mindestens in Höhe des Anteils nach den Sätzen 2 und 3 gedeckt wird. [2] Maßgeblicher Anteil ist der Anteil, der nach den §§ 35 bis 40 oder nach den §§ 42 und 43 für diejenige Energie anzuwenden ist, aus der die Fernwärme oder Fernkälte ganz oder teilweise stammt. [3] Bei der Berechnung nach Satz 1 wird nur die bezogene Menge der Fernwärme oder Fernkälte angerechnet, die rechnerisch aus erneuerbaren Energien, aus Anlagen zur Nutzung von Abwärme oder aus KWK-Anlagen stammt.

(2) [1] Die in dem Wärme- oder Kältenetz insgesamt verteilte Wärme oder Kälte muss stammen zu
1. einem wesentlichen Anteil aus erneuerbaren Energien,
2. mindestens 50 Prozent aus Anlagen zur Nutzung von Abwärme,
3. mindestens 50 Prozent aus KWK-Anlagen oder

10) (+++ § 41 Abs. 3 und 4: Zur Anwendung vgl. § 43 Abs. 2 Satz 2 +++); (+++ § 41: Zur Anwendung vgl. § 44 Abs. 2 Satz 2 +++); (+++ § 41 Abs. 2 bis 5: Zur Anwendung vgl. § 52 Abs. 4 Nummer 4 +++); (+++ § 41 Abs. 1 Satz 3: Zur Anwendung vgl. § 53 Abs. 1 Satz 2 +++)
11) (+++ § 42: Zur Anwendung vgl. § 44 Abs. 2 Satz 2 +++)
12) (+++ § 43: Zur Anwendung vgl. § 44 Abs. 2 Satz 2 +++)

4. mindestens 50 Prozent durch eine Kombination der in den Nummern 1 bis 3 genannten Maßnahmen. [2] § 35 und die §§ 37 bis 43 sind entsprechend anzuwenden.

§ 45 Maßnahmen zur Einsparung von Energie

Anstelle der anteiligen Deckung des Wärme- und Kälteenergiebedarfs durch die Nutzung erneuerbarer Energien kann die Anforderung nach § 10 Absatz 2 Nummer 3 auch dadurch erfüllt werden, dass bei einem Wohngebäude die Anforderungen nach § 16 sowie bei einem Nichtwohngebäude die Anforderungen nach § 19 um mindestens 15 Prozent unterschritten werden.

Teil 3 Bestehende Gebäude [13]

Abschnitt 1 Anforderungen an bestehende Gebäude [14]

§ 46 Aufrechterhaltung der energetischen Qualität; entgegenstehende Rechtsvorschriften [15]

(1) [1] Außenbauteile eines bestehenden Gebäudes dürfen nicht in einer Weise verändert werden, dass die energetische Qualität des Gebäudes verschlechtert wird. [2] Satz 1 ist nicht anzuwenden auf Änderungen von Außenbauteilen, wenn die Fläche der geänderten Bauteile nicht mehr als 10 Prozent der gesamten Fläche der jeweiligen Bauteilgruppe nach Anlage 7 betrifft.

(2) Die Anforderungen an ein bestehendes Gebäude nach diesem Teil sind nicht anzuwenden, soweit ihre Erfüllung anderen öffentlich-rechtlichen Vorschriften zur Standsicherheit, zum Brandschutz, zum Schallschutz, zum Arbeitsschutz oder zum Schutz der Gesundheit entgegensteht.

§ 47 Nachrüstung eines bestehenden Gebäudes [16]

(1) [1] Eigentümer eines Wohngebäudes sowie Eigentümer eines Nichtwohngebäudes, die nach ihrer Zweckbestimmung jährlich mindestens vier Monate auf Innentemperaturen von mindestens 19 Grad Celsius beheizt werden, müssen dafür sorgen, dass oberste Geschossdecken, die nicht den Anforderungen an den Mindestwärmeschutz nach DIN 4108-2: 2013-02 genügen, so gedämmt sind, dass der Wärmedurchgangskoeffizient der obersten Geschossdecke 0,24 Watt pro Quadratmeter und Kelvin nicht überschreitet. [2] Die Pflicht nach Satz 1 gilt als erfüllt, wenn anstelle der obersten Geschossdecke das darüber liegende Dach entsprechend gedämmt ist oder den Anforderungen an den Mindestwärmeschutz nach DIN 4108-2: 2013-02 genügt.

(2) [1] Wird der Wärmeschutz nach Absatz 1 Satz 1 durch Dämmung in Deckenzwischenräumen ausgeführt und ist die Dämmschichtdicke im Rahmen dieser Maßnahmen aus technischen Gründen begrenzt, so gelten die Anforderungen als erfüllt, wenn die nach anerkannten Regeln der Technik höchstmögliche Dämmschichtdicke eingebaut wird, wobei ein Bemessungswert der Wärmeleitfähigkeit von 0,035 Watt pro Meter und Kelvin einzuhalten ist. [2] Abweichend von Satz 1 ist ein Bemessungswert der Wärmeleitfähigkeit von 0,045 Watt pro Meter und Kelvin einzuhalten, soweit Dämmmaterialien in Hohlräume eingeblasen oder Dämmmaterialien aus nachwachsenden Rohstoffen verwendet werden. [3] Wird der Wärmeschutz nach Absatz 1 Satz 2 als Zwischensparrendämmung ausgeführt und ist die Dämmschichtdicke wegen einer innenseitigen Bekleidung oder der Sparrenhöhe begrenzt, sind die Sätze 1 und 2 entsprechend anzuwenden.

(3) [1] Bei einem Wohngebäude mit nicht mehr als zwei Wohnungen, von denen der Eigentümer eine Wohnung am 1. Februar 2002 selbst bewohnt hat, ist die Pflicht nach Absatz 1 erst im Fall eines Eigentümerwechsels nach dem 1. Februar 2002 von dem neuen Eigentümer zu erfüllen. [2] Die Frist zur Pflichterfüllung beträgt zwei Jahre ab dem ersten Eigentumsübergang nach dem 1. Februar 2002.

(4) Die Absätze 1 bis 3 sind nicht anzuwenden, soweit die für eine Nachrüstung erforderlichen Aufwendungen durch die eintretenden Einsparungen nicht innerhalb angemessener Frist erwirtschaftet werden können.

§ 48 Anforderungen an ein bestehendes Gebäude bei Änderung [17]

[1] Soweit bei beheizten oder gekühlten Räumen eines Gebäudes Außenbauteile im Sinne der Anlage 7 erneuert, ersetzt oder erstmalig eingebaut werden, sind diese Maßnahmen so auszuführen, dass die betroffenen Flächen des Außenbauteils die Wärmedurchgangskoeffizienten der Anlage 7 nicht überschreiten. [2] Ausgenommen sind Änderungen von Außenbauteilen, die nicht mehr als 10 Prozent der gesamten Fläche der jeweiligen Bauteilgruppe des Gebäudes betreffen. [3] Nimmt der Eigentümer eines Wohngebäudes mit nicht mehr als zwei Wohnungen Änderungen im Sinne der Sätze 1 und 2 an dem Gebäude vor und werden unter Anwendung des § 50 Absatz 1 und 2 für das gesamte Gebäude Berechnungen nach § 50 Absatz 3 durchgeführt, hat der Eigentümer vor Beauftragung der Planungsleistungen ein informatorisches Beratungsgespräch mit einer nach § 88 zur Ausstellung von Energieausweisen berechtigten Person zu führen, wenn ein solches Beratungsgespräch als einzelne Leistung unentgeltlich angeboten wird. [4] Wer geschäftsmäßig an oder in einem Gebäude Arbeiten im Sinne des Satzes 3 für den Eigentümer durchführen will, hat bei Abgabe eines Angebots auf die Pflicht zur Führung eines Beratungsgesprächs schriftlich hinzuweisen.

13) (+++ Teil 3 (§§ 46 bis 56): Zur Nichtanwendung vgl. § 46 Abs. 2 +++)
14) (+++ Teil 3 (§§ 46 bis 56): Zur Nichtanwendung vgl. § 46 Abs. 2 +++)
15) (+++ Teil 3 (§§ 46 bis 56): Zur Nichtanwendung vgl. § 46 Abs. 2 +++)
16) (+++ Teil 3 (§§ 46 bis 56): Zur Nichtanwendung vgl. § 46 Abs. 2 +++)
17) (+++ Teil 3 (§§ 46 bis 56): Zur Nichtanwendung vgl. § 46 Abs. 2 +++)

§ 49 Berechnung des Wärmedurchgangskoeffizienten [18)]

(1) [1] Der Wärmedurchgangskoeffizient eines Bauteils nach § 48 wird unter Berücksichtigung der neuen und der vorhandenen Bauteilschichten berechnet. [2] Für die Berechnung sind folgende Verfahren anzuwenden:
1. DIN V 18599-2: 2018-09 Abschnitt 6.1.4.3 für die Berechnung der an Erdreich grenzenden Bauteile,
2. DIN 4108-4: 2017-03 in Verbindung mit DIN EN ISO 6946: 2008-04 für die Berechnung opaker Bauteile und
3. DIN 4108-4: 2017-03 für die Berechnung transparenter Bauteile sowie von Vorhangfassaden.

(2) [1] Werden bei Maßnahmen nach § 48 Gefälledächer durch die keilförmige Anordnung einer Dämmschicht aufgebaut, so ist der Wärmedurchgangskoeffizient nach Anhang C der DIN EN ISO 6946: 2008-04 in Verbindung mit DIN 4108-4: 2017-03 zu ermitteln. [2] Dabei muss der Bemessungswert des Wärmedurchgangswiderstandes am tiefsten Punkt der neuen Dämmschicht den Mindestwärmeschutz nach § 11 erfüllen.

§ 50 Energetische Bewertung eines bestehenden Gebäudes [19)]

(1) [1] Die Anforderungen des § 48 gelten als erfüllt, wenn
1. das geänderte Wohngebäude insgesamt
 a) den Jahres-Primärenergiebedarf für Heizung, Warmwasserbereitung, Lüftung und Kühlung den auf die Gebäudenutzfläche bezogenen Wert des Jahres-Primärenergiebedarfs eines Referenzgebäudes, das die gleiche Geometrie, Gebäudenutzfläche und Ausrichtung wie das geänderte Gebäude aufweist und der technischen Referenzausführung der Anlage 1 entspricht, um nicht mehr als 40 Prozent überschreitet und
 b) den Höchstwert des spezifischen, auf die wärmeübertragende Umfassungsfläche bezogenen Transmissionswärmeverlusts nach Absatz 2 um nicht mehr als 40 Prozent überschreitet,
2. das geänderte Nichtwohngebäude insgesamt
 a) den Jahres-Primärenergiebedarf für Heizung, Warmwasserbereitung, Lüftung, Kühlung und eingebaute Beleuchtung den auf die Nettogrundfläche bezogenen Wert des Jahres-Primärenergiebedarfs eines Referenzgebäudes, das die gleiche Geometrie, Nettogrundfläche, Ausrichtung und Nutzung, einschließlich der Anordnung der Nutzungseinheiten, wie das geänderte Gebäude aufweist und der technischen Referenzausführung der Anlage 2 entspricht, um nicht mehr als 40 Prozent überschreitet und
 b) das auf eine Nachkommastelle gerundete 1,25fache der Höchstwerte der mittleren Wärmedurchgangskoeffizienten der wärmeübertragenden Umfassungsfläche gemäß der Anlage 3 um nicht mehr als 40 Prozent überschreitet.
[2] § 18 Absatz 1 Satz 2 ist entsprechend anzuwenden.

(2) Der Höchstwert nach Absatz 1 Satz 1 Nummer 1 Buchstabe b beträgt
1. bei einem freistehenden Wohngebäude mit einer Gebäudenutzfläche von bis zu 350 Quadratmetern 0,40 Watt pro Quadratmeter und Kelvin,
2. bei einem freistehenden Wohngebäude mit einer Gebäudenutzfläche von mehr als 350 Quadratmetern 0,50 Watt pro Quadratmeter und Kelvin,
3. bei einem einseitig angebauten Wohngebäude 0,45 Watt pro Quadratmeter und Kelvin oder
4. bei allen anderen Wohngebäuden 0,65 Watt pro Quadratmeter und Kelvin.

(3) In den Fällen des Absatzes 1 sind die Berechnungsverfahren nach § 20 Absatz 1 oder Absatz 2 oder nach § 21 Absatz 1 und 2 unter Beachtung der Maßgaben nach § 20 Absatz 3 bis 6, der §§ 22 bis 30 und der §§ 32 und 33 sowie nach Maßgabe von Absatz 4 entsprechend anzuwenden.

(4) [1] Fehlen Angaben zu geometrischen Abmessungen eines Gebäudes, können diese durch vereinfachtes Aufmaß ermittelt werden. [2] Liegen energetische Kennwerte für bestehende Bauteile und Anlagenkomponenten nicht vor, können gesicherte Erfahrungswerte für Bauteile und Anlagenkomponenten vergleichbarer Altersklassen verwendet werden. [3] In den Fällen der Sätze 1 und 2 können anerkannte Regeln der Technik verwendet werden. [4] Die Einhaltung solcher Regeln wird vermutet, soweit Vereinfachungen für die Datenaufnahme und die Ermittlung der energetischen Eigenschaften sowie gesicherte Erfahrungswerte verwendet werden, die vom Bundesministerium für Wirtschaft und Energie und vom Bundesministerium des Innern, für Bau und Heimat gemeinsam im Bundesanzeiger bekannt gemacht worden sind.

(5) Absatz 4 kann auch in den Fällen des § 48 sowie des § 51 angewendet werden.

§ 51 Anforderungen an ein bestehendes Gebäude bei Erweiterung und Ausbau [20)]

(1) Bei der Erweiterung und dem Ausbau eines Gebäudes um beheizte oder gekühlte Räume darf
1. bei Wohngebäuden der spezifische, auf die wärmeübertragende Umfassungsfläche bezogene Transmissionswärmeverlust der Außenbauteile der neu hinzukommenden beheizten oder gekühlten Räume das 1,2fache des entsprechenden Wertes des Referenzgebäudes gemäß der Anlage 1 nicht überschreiten oder
2. bei Nichtwohngebäuden die mittleren Wärmedurchgangskoeffizienten der wärmeübertragenden Umfassungsfläche der Außenbauteile der neu hinzukommenden beheizten oder gekühlten Räume das auf eine Nachkommastelle gerundete 1,25fache der Höchstwerte gemäß der Anlage 3 nicht überschreiten.

18) (+++ Teil 3 (§§ 46 bis 56): Zur Nichtanwendung vgl. § 46 Abs. 2 +++)
19) (+++ Teil 3 (§§ 46 bis 56): Zur Nichtanwendung vgl. § 46 Abs. 2 +++)
20) (+++ Teil 3 (§§ 46 bis 56): Zur Nichtanwendung vgl. § 46 Abs. 2 +++)

(2) Ist die hinzukommende zusammenhängende Nutzfläche größer als 50 Quadratmeter, sind außerdem die Anforderungen an den sommerlichen Wärmeschutz nach § 14 einzuhalten.

Abschnitt 2 Nutzung erneuerbarer Energien zur Wärmeerzeugung bei bestehenden öffentlichen Gebäuden [21)]

§ 52 Pflicht zur Nutzung von erneuerbaren Energien bei einem bestehenden öffentlichen Gebäude [22)]

(1) [1] Wenn die öffentliche Hand ein bestehendes Nichtwohngebäude, das sich in ihrem Eigentum befindet und von mindestens einer Behörde genutzt wird, gemäß Absatz 2 grundlegend renoviert, muss sie den Wärme- und Kälteenergiebedarf dieses Gebäudes durch die anteilige Nutzung von erneuerbaren Energien nach Maßgabe der Absätze 3 und 4 decken. [2] Auf die Berechnung des Wärme- und Kälteenergiebedarfs ist § 34 Absatz 1 entsprechend anzuwenden.

(2) Eine grundlegende Renovierung ist jede Maßnahme, durch die an einem Gebäude in einem zeitlichen Zusammenhang von nicht mehr als zwei Jahren
1. ein Heizkessel ausgetauscht oder die Heizungsanlage auf einen fossilen Energieträger oder auf einen anderen fossilen Energieträger als den bisher eingesetzten umgestellt wird und
2. mehr als 20 Prozent der Oberfläche der Gebäudehülle renoviert werden.

(3) [1] Bei der Nutzung von gasförmiger Biomasse wird die Pflicht nach Absatz 1 dadurch erfüllt, dass der Wärme- und Kälteenergiebedarf zu mindestens 25 Prozent durch gasförmige Biomasse gedeckt wird. [2] Die Nutzung von gasförmiger Biomasse muss in einem Heizkessel, der der besten verfügbaren Technik entspricht, oder in einer KWK-Anlage erfolgen. [3] Im Übrigen ist § 40 Absatz 2 und 3 entsprechend anzuwenden.

(4) Bei Nutzung sonstiger erneuerbarer Energien wird die Pflicht nach Absatz 1 dadurch erfüllt, dass der Wärme- und Kälteenergiebedarf zu mindestens 15 Prozent durch erneuerbare Energien nach folgenden Maßgaben gedeckt wird:
1. bei der Nutzung von solarer Strahlungsenergie durch solarthermische Anlagen ist § 35 Absatz 2 entsprechend anzuwenden,
2. bei der Nutzung von fester Biomasse ist § 38 Absatz 2 entsprechend anzuwenden,
3. bei der Nutzung von flüssiger Biomasse ist § 39 Absatz 2 und 3 entsprechend anzuwenden,
4. bei der Nutzung von Kälte aus erneuerbaren Energien ist § 41 Absatz 2 bis 5 entsprechend anzuwenden.

(5) Wenn mehrere bestehende Nichtwohngebäude, die sich im Eigentum der öffentlichen Hand befinden und von mindestens einer Behörde genutzt werden, in einer Liegenschaft stehen, kann die Pflicht nach Absatz 1 auch dadurch erfüllt werden, dass der Wärme- und Kälteenergiebedarf dieser Gebäude insgesamt in einem Umfang gedeckt wird, der der Summe der einzelnen Maßgaben der Absätze 3 und 4 entspricht.

§ 53 Ersatzmaßnahmen [23)]

(1) [1] Die Pflicht nach § 52 Absatz 1 kann auch dadurch erfüllt werden, dass
1. der Wärme- und Kälteenergiebedarf des renovierten Gebäudes zu mindestens 50 Prozent gedeckt wird aus
 a) einer Anlage zur Nutzung von Abwärme nach Maßgabe von § 42 Absatz 2 und 3 oder
 b) einer KWK-Anlage nach Maßgabe von § 43,
2. Maßnahmen zur Einsparung von Energie nach Maßgabe von Absatz 2 getroffen werden oder
3. Fernwärme oder Fernkälte nach Maßgabe von § 44 bezogen wird.
[2] § 41 Absatz 1 Satz 3 und § 52 Absatz 5 sind entsprechend anzuwenden.

(2) [1] Bei Maßnahmen zur Einsparung von Energie muss das auf eine Nachkommastelle gerundete 1,25fache der Höchstwerte der mittleren Wärmedurchgangskoeffizienten der wärmeübertragenden Umfassungsfläche nach Anlage 3 um mindestens 10 Prozent unterschritten werden. [2] Satz 1 gilt auch dann als erfüllt, wenn das Gebäude nach der grundlegenden Renovierung insgesamt den Jahres-Primärenergiebedarf des Referenzgebäudes nach Anlage 2 und das auf eine Nachkommastelle gerundete 1,25fache der Höchstwerte der mittleren Wärmedurchgangskoeffizienten der wärmeübertragenden Umfassungsfläche nach Anlage 3 einhält.

(3) [1] Die Pflicht nach § 52 Absatz 1 kann auch dadurch erfüllt werden, dass auf dem Dach des öffentlichen Gebäudes solarthermische Anlagen mit einer Fläche von mindestens 0,06 Quadratmetern Brutto-Kollektorfläche je Quadratmeter Nettogrundfläche von dem Eigentümer oder einem Dritten installiert und betrieben werden, wenn die mit diesen Anlagen erzeugte Wärme oder Kälte Dritten zur Deckung des Wärme- und Kälteenergiebedarfs von Gebäuden zur Verfügung gestellt wird und von diesen Dritten nicht zur Erfüllung der Anforderung nach § 10 Absatz 2 Nummer 3 genutzt wird. [2] § 35 Absatz 3 ist entsprechend anzuwenden.

§ 54 Kombination [24)]

[1] Zur Erfüllung der Pflicht nach § 52 Absatz 1 können die Maßnahmen nach § 52 Absatz 3 und 4 und die Ersatzmaßnahmen nach § 53 untereinander und miteinander kombiniert werden. [2] Die prozentualen Anteile der einzelnen Maßnahmen an der nach § 52 Absatz 3 und 4 sowie nach § 53 vorgesehenen Nutzung müssen in der Summe mindestens 100 ergeben.

21) (+++ Teil 3 (§§ 46 bis 56): Zur Nichtanwendung vgl. § 46 Abs. 2 +++)
22) (+++ § 52 Abs. 5: Zur Anwendung vgl. § 53 Abs. 1 Satz 2 +++); (+++ Teil 3 (§§ 46 bis 56): Zur Nichtanwendung vgl. § 46 Abs. 2 +++)
23) (+++ Teil 3 (§§ 46 bis 56): Zur Nichtanwendung vgl. § 46 Abs. 2 +++)
24) (+++ Teil 3 (§§ 46 bis 56): Zur Nichtanwendung vgl. § 46 Abs. 2 +++)

§ 55 Ausnahmen [25)]

(1) [1] Die Pflicht nach § 52 Absatz 1 besteht nicht, soweit ihre Erfüllung im Einzelfall wegen besonderer Umstände durch einen unangemessenen Aufwand oder in sonstiger Weise zu einer unbilligen Härte führt. [2] Dies ist insbesondere der Fall, wenn jede Maßnahme, mit der die Pflicht nach § 52 Absatz 1 erfüllt werden kann, mit Mehrkosten verbunden ist und diese Mehrkosten auch unter Berücksichtigung der Vorbildfunktion nicht unerheblich sind. [3] Bei der Berechnung sind alle Kosten und Einsparungen zu berücksichtigen, auch solche, die innerhalb der noch zu erwartenden Nutzungsdauer der Anlagen oder Gebäudeteile zu erwarten sind.

(2) Die Pflicht nach § 52 Absatz 1 besteht ferner nicht bei einem Gebäude im Eigentum einer Gemeinde oder eines Gemeindeverbandes, wenn
1. die Gemeinde oder der Gemeindeverband zum Zeitpunkt des Beginns der grundlegenden Renovierung überschuldet ist oder durch die Erfüllung der Pflicht nach § 52 Absatz 1 und die Durchführung von Ersatzmaßnahmen nach § 53 überschuldet würde,
2. jede Maßnahme, mit der die Pflicht nach § 52 Absatz 1 erfüllt werden kann, mit Mehrkosten verbunden ist, die auch unter Berücksichtigung der Vorbildfunktion nicht unerheblich sind; im Übrigen ist Absatz 1 Satz 2 und 3 entsprechend anzuwenden, und
3. die Gemeinde oder der Gemeindeverband durch Beschluss das Vorliegen der Voraussetzungen nach Nummer 2 feststellt; die jeweiligen Regelungen zur Beschlussfassung bleiben unberührt.

(3) Die Pflicht nach § 52 Absatz 1 besteht nicht für ein Gebäude, das der Landesverteidigung dient, soweit ihre Erfüllung der Art und dem Hauptzweck der Landesverteidigung entgegensteht.

§ 56 Abweichungsbefugnis [26)]

Die Länder können
1. für bestehende öffentliche Gebäude, mit Ausnahme der öffentlichen Gebäude des Bundes, eigene Regelungen zur Erfüllung der Vorbildfunktion nach § 4 treffen und zu diesem Zweck von den Vorschriften dieses Abschnitts abweichen und
2. für bestehende Gebäude, die keine öffentlichen Gebäude sind, eine Pflicht zur Nutzung von erneuerbaren Energien festlegen.

Teil 4 Anlagen der Heizungs-, Kühl- und Raumlufttechnik sowie der Warmwasserversorgung

Abschnitt 1 Aufrechterhaltung der energetischen Qualität bestehender Anlagen

Unterabschnitt 1 Veränderungsverbot

§ 57 Verbot von Veränderungen; entgegenstehende Rechtsvorschriften

(1) Eine Anlage und Einrichtung der Heizungs-, Kühl- oder Raumlufttechnik oder der Warmwasserversorgung darf, soweit sie zum Nachweis der Anforderungen energieeinsparrechtlicher Vorschriften des Bundes zu berücksichtigen war, nicht in einer Weise verändert werden, dass die energetische Qualität des Gebäudes verschlechtert wird.

(2) Die Anforderungen an Anlagen und Einrichtungen nach diesem Teil sind nicht anzuwenden, soweit ihre Erfüllung anderen öffentlich-rechtlichen Vorschriften zur Standsicherheit, zum Brandschutz, zum Schallschutz, zum Arbeitsschutz oder zum Schutz der Gesundheit entgegensteht.

Unterabschnitt 2 Betreiberpflichten

§ 58 Betriebsbereitschaft

(1) Energiebedarfssenkende Einrichtungen in Anlagen und Einrichtungen der Heizungs-, Kühl- und Raumlufttechnik sowie der Warmwasserversorgung sind vom Betreiber betriebsbereit zu erhalten und bestimmungsgemäß zu nutzen.

(2) Der Betreiber kann seine Pflicht nach Absatz 1 auch dadurch erfüllen, dass er andere anlagentechnische oder bauliche Maßnahmen trifft, die den Einfluss einer energiebedarfssenkenden Einrichtung auf den Jahres-Primärenergiebedarf ausgleicht.

§ 59 Sachgerechte Bedienung

Eine Anlage und Einrichtung der Heizungs-, Kühl- oder Raumlufttechnik oder der Warmwasserversorgung ist vom Betreiber sachgerecht zu bedienen.

§ 60 Wartung und Instandhaltung

(1) Komponenten, die einen wesentlichen Einfluss auf den Wirkungsgrad von Anlagen und Einrichtungen der Heizungs-, Kühl- und Raumlufttechnik sowie der Warmwasserversorgung haben, sind vom Betreiber regelmäßig zu warten und instand zu halten.

(2) [1] Für die Wartung und Instandhaltung ist Fachkunde erforderlich. [2] Fachkundig ist, wer die zur Wartung und Instandhaltung notwendigen Fachkenntnisse und Fertigkeiten besitzt. [3] Die Handwerksordnung bleibt unberührt.

25) (+++ Teil 3 (§§ 46 bis 56): Zur Nichtanwendung vgl. § 46 Abs. 2 +++)
26) (+++ Teil 3 (§§ 46 bis 56): Zur Nichtanwendung vgl. § 46 Abs. 2 +++)

Abschnitt 2 Einbau und Ersatz

Unterabschnitt 1 Verteilungseinrichtungen und Warmwasseranlagen

§ 61 Verringerung und Abschaltung der Wärmezufuhr sowie Ein- und Ausschaltung elektrischer Antriebe

(1) [1] Wird eine Zentralheizung in ein Gebäude eingebaut, hat der Bauherr oder der Eigentümer dafür Sorge zu tragen, dass die Zentralheizung mit zentralen selbsttätig wirkenden Einrichtungen zur Verringerung und Abschaltung der Wärmezufuhr sowie zur Ein- und Ausschaltung elektrischer Antriebe ausgestattet ist. [2] Die Regelung der Wärmezufuhr sowie der elektrischen Antriebe im Sinne von Satz 1 erfolgt in Abhängigkeit von
1. der Außentemperatur oder einer anderen geeigneten Führungsgröße und
2. der Zeit.

(2) Soweit die in Absatz 1 Satz 1 geforderte Ausstattung bei einer Zentralheizung in einem bestehenden Gebäude nicht vorhanden ist, muss der Eigentümer sie bis zum 30. September 2021 nachrüsten.

(3) Wird in einem Wohngebäude, das mehr als fünf Wohnungen hat, eine Zentralheizung eingebaut, die jede einzelne Wohnung mittels Wärmeübertrager im Durchlaufprinzip mit Wärme für die Beheizung und die Warmwasserbereitung aus dem zentralen System versorgt, kann jede einzelne Wohnung mit den Einrichtungen nach Absatz 1 ausgestattet werden.

§ 62 Wasserheizung, die ohne Wärmeübertrager an eine Nah- oder Fernwärmeversorgung angeschlossen ist

Bei einer Wasserheizung, die ohne Wärmeübertrager an eine Nah- oder Fernwärmeversorgung angeschlossen ist, kann die Pflicht nach § 61 hinsichtlich der Verringerung und Abschaltung der Wärmezufuhr auch ohne entsprechende Einrichtung in der Haus- und Kundenanlage dadurch erfüllt werden, dass die Vorlauftemperatur des Nah- oder Fernwärmenetzes in Abhängigkeit von der Außentemperatur und der Zeit durch eine entsprechende Einrichtung in der zentralen Erzeugungsanlage geregelt wird.

§ 63 Raumweise Regelung der Raumtemperatur

(1) [1] Wird eine heizungstechnische Anlage mit Wasser als Wärmeträger in ein Gebäude eingebaut, hat der Bauherr oder der Eigentümer dafür Sorge zu tragen, dass die heizungstechnische Anlage mit einer selbsttätig wirkenden Einrichtung zur raumweisen Regelung der Raumtemperatur ausgestattet ist. [2] Satz 1 ist nicht anzuwenden auf
1. eine Fußbodenheizung in Räumen mit weniger als sechs Quadratmetern Nutzfläche oder
2. ein Einzelheizgerät, das zum Betrieb mit festen oder flüssigen Brennstoffen eingerichtet ist.

(2) Mit Ausnahme von Wohngebäuden ist für Gruppen von Räumen gleicher Art und Nutzung eine Gruppenregelung zulässig.

(3) [1] Soweit die in Absatz 1 Satz 1 geforderte Ausstattung bei einem bestehenden Gebäude nicht vorhanden ist, muss der Eigentümer sie nachrüsten. [2] Absatz 1 Satz 2 und Absatz 2 sind entsprechend anzuwenden.

(4) Eine Fußbodenheizung, die vor dem 1. Februar 2002 eingebaut worden ist, darf abweichend von Absatz 1 Satz 1 mit einer Einrichtung zur raumweisen Anpassung der Wärmeleistung an die Heizlast ausgestattet werden.

§ 64 Umwälzpumpe, Zirkulationspumpe

(1) Eine Umwälzpumpe, die im Heizkreis einer Zentralheizung mit mehr als 25 Kilowatt Nennleistung eingebaut wird, ist so auszustatten, dass die elektrische Leistungsaufnahme dem betriebsbedingten Förderbedarf selbsttätig in mindestens drei Stufen angepasst wird, soweit die Betriebssicherheit des Heizkessels dem nicht entgegensteht.

(2) [1] Eine Zirkulationspumpe muss beim Einbau in eine Warmwasseranlage mit einer selbsttätig wirkenden Einrichtung zur Ein- und Ausschaltung ausgestattet werden. [2] Die Trinkwasserverordnung bleibt unberührt.

Unterabschnitt 2 Klimaanlagen und sonstige Anlagen der Raumlufttechnik

§ 65 Begrenzung der elektrischen Leistung

[1] Beim Einbau einer Klimaanlage, die eine Nennleistung für den Kältebedarf von mehr als 12 Kilowatt hat, und einer raumlufttechnischen Anlage mit Zu- und Abluftfunktion, die für einen Volumenstrom der Zuluft von wenigstens 4 000 Kubikmetern je Stunde ausgelegt ist, in ein Gebäude sowie bei der Erneuerung von einem Zentralgerät oder Luftkanalsystem einer solchen Anlage muss diese Anlage so ausgeführt werden, dass bei Auslegungsvolumenstrom der Grenzwert für die spezifische Ventilatorleistung nach DIN EN 16798-3: 2017-11 Kategorie 4 nicht überschritten wird von
1. der auf das Fördervolumen bezogenen elektrischen Leistung der Einzelventilatoren oder
2. dem gewichteten Mittelwert der auf das jeweilige Fördervolumen bezogenen elektrischen Leistung aller Zu- und Abluftventilatoren.
[2] Der Grenzwert für die spezifische Ventilatorleistung der Kategorie 4 kann um Zuschläge nach DIN EN 16798: 2017-11 Abschnitt 9.5.2.2 für Gas- und Schwebstofffilter- sowie Wärmerückführungsbauteile der Klasse H2 nach DIN EN 13053: 2012-02 erweitert werden.

§ 66 Regelung der Be- und Entfeuchtung

(1) Soweit eine Anlage nach § 65 Satz 1 dazu bestimmt ist, die Feuchte der Raumluft unmittelbar zu verändern, muss diese Anlage beim Einbau in ein Gebäude und bei Erneuerung des Zentralgerätes einer solcher Anlage mit einer selbsttätig wirkenden Regelungseinrichtung ausgestattet werden, bei der getrennte Sollwerte für die Be- und

die Entfeuchtung eingestellt werden können und als Führungsgröße mindestens die direkt gemessene Zu- oder Abluftfeuchte dient.

(2) ¹ Sind solche Einrichtungen in einer bestehenden Anlage nach § 65 Satz 1 nicht vorhanden, muss der Betreiber sie innerhalb von sechs Monaten nach Ablauf der Frist des § 76 Absatz 1 Satz 2 nachrüsten. ² Für sonstige raumlufttechnische Anlagen ist Satz 1 entsprechend anzuwenden.

§ 67 Regelung der Volumenströme

(1) Beim Einbau einer Anlage nach § 65 Satz 1 in Gebäude und bei der Erneuerung eines Zentralgerätes oder eines Luftkanalsystems einer solcher Anlage muss diese Anlage mit einer Einrichtung zur selbsttätigen Regelung der Volumenströme in Abhängigkeit von den thermischen und stofflichen Lasten oder zur Einstellung der Volumenströme in Abhängigkeit von der Zeit ausgestattet werden, wenn der Zuluftvolumenstrom dieser Anlage höher ist als
1. neun Kubikmeter pro Stunde je Quadratmeter versorgter Nettogrundfläche des Nichtwohngebäudes oder
2. neun Kubikmeter pro Stunde je Quadratmeter versorgter Gebäudenutzfläche des Wohngebäudes.

(2) Absatz 1 ist nicht anzuwenden, soweit in den versorgten Räumen auf Grund des Arbeits- und Gesundheitsschutzes erhöhte Zuluftvolumenströme erforderlich oder Laständerungen weder messtechnisch noch hinsichtlich des zeitlichen Verlaufs erfassbar sind.

§ 68 Wärmerückgewinnung

¹ Wird eine Anlage nach § 65 Satz 1 in Gebäude eingebaut oder ein Zentralgerät einer solchen Anlage erneuert, muss diese mit einer Einrichtung zur Wärmerückgewinnung ausgestattet sein, es sei denn, die rückgewonnene Wärme kann nicht genutzt werden oder das Zu- und das Abluftsystem sind räumlich vollständig getrennt. ² Die Einrichtung zur Wärmerückgewinnung muss mindestens der DIN EN 13053: 2007-11 Klassifizierung H3 entsprechen. ³ Für die Betriebsstundenzahl sind die Nutzungsrandbedingungen nach DIN V 18599-10: 2018-09 und für den Luftvolumenstrom der Außenluftvolumenstrom maßgebend.

Unterabschnitt 3 Wärmedämmung von Rohrleitungen und Armaturen

§ 69 Wärmeverteilungs- und Warmwasserleitungen sowie Armaturen

Werden Wärmeverteilungs- und Warmwasserleitungen sowie Armaturen erstmalig in ein Gebäude eingebaut oder werden sie ersetzt, hat der Bauherr oder der Eigentümer dafür Sorge zu tragen, dass die Wärmeabgabe der Rohrleitungen und Armaturen nach Anlage 8 begrenzt wird.

§ 70 Kälteverteilungs- und Kaltwasserleitungen sowie Armaturen

Werden Kälteverteilungs- und Kaltwasserleitungen sowie Armaturen, die zu Klimaanlagen oder sonstigen Anlagen der Raumlufttechnik im Sinne des § 65 Satz 1 gehören, erstmalig in ein Gebäude eingebaut oder werden sie ersetzt, hat der Bauherr oder der Eigentümer dafür Sorge zu tragen, dass die Wärmeaufnahme der eingebauten oder ersetzten Kälteverteilungs- und Kaltwasserleitungen sowie Armaturen nach Anlage 8 begrenzt wird.

Unterabschnitt 4 Nachrüstung bei heizungstechnischen Anlagen; Betriebsverbot für Heizkessel

§ 71 Dämmung von Wärmeverteilungs- und Warmwasserleitungen

(1) Der Eigentümer eines Gebäudes hat dafür Sorge zu tragen, dass bei heizungstechnischen Anlagen bisher ungedämmte, zugängliche Wärmeverteilungs- und Warmwasserleitungen, die sich nicht in beheizten Räumen befinden, die Wärmeabgabe der Rohrleitungen nach Anlage 8 begrenzt wird.

(2) Absatz 1 ist nicht anzuwenden, soweit die für eine Nachrüstung erforderlichen Aufwendungen durch die eintretenden Einsparungen nicht innerhalb angemessener Frist erwirtschaftet werden können.

§ 72 Betriebsverbot für Heizkessel, Ölheizungen

(1) Eigentümer von Gebäuden dürfen ihre Heizkessel, die mit einem flüssigen oder gasförmigen Brennstoff beschickt werden und vor dem 1. Januar 1991 eingebaut oder aufgestellt worden sind, nicht mehr betreiben.

(2) Eigentümer von Gebäuden dürfen ihre Heizkessel, die mit einem flüssigen oder gasförmigen Brennstoff beschickt werden und ab dem 1. Januar 1991 eingebaut oder aufgestellt worden sind, nach Ablauf von 30 Jahren nach Einbau oder Aufstellung nicht mehr betreiben.

(3) Die Absätze 1 und 2 sind nicht anzuwenden auf
1. Niedertemperatur-Heizkessel und Brennwertkessel sowie
2. heizungstechnische Anlagen, deren Nennleistung weniger als 4 Kilowatt oder mehr als 400 Kilowatt beträgt.

(4) ¹ Ab dem 1. Januar 2026 dürfen Heizkessel, die mit Heizöl oder mit festem fossilem Brennstoff beschickt werden, zum Zwecke der Inbetriebnahme in ein Gebäude nur eingebaut oder in einem Gebäude nur aufgestellt werden, wenn
1. ein Gebäude so errichtet worden ist oder errichtet wird, dass der Wärme- und Kälteenergiebedarf nach § 10 Absatz 2 Nummer 3 anteilig durch erneuerbare Energien nach Maßgabe der §§ 34 bis 41 und nicht durch Maßnahmen nach den §§ 42 bis 45 gedeckt wird,

2. ein bestehendes öffentliches Gebäude nach § 52 Absatz 1 so geändert worden ist oder geändert wird, dass der Wärme- und Kälteenergiebedarf anteilig durch erneuerbare Energien nach Maßgabe von § 52 Absatz 3 und 4 gedeckt wird und die Pflicht nach § 52 Absatz 1 nicht durch eine Ersatzmaßnahme nach § 53 erfüllt worden ist oder erfüllt wird,

3. ein bestehendes Gebäude so errichtet oder geändert worden ist oder geändert wird, dass der Wärme- und Kälteenergiebedarf anteilig durch erneuerbare Energien gedeckt wird, oder

4. bei einem bestehenden Gebäude kein Anschluss an ein Gasversorgungsnetz oder an ein Fernwärmeverteilungsnetz hergestellt werden kann, weil kein Gasversorgungsnetz der allgemeinen Versorgung oder kein Verteilungsnetz eines Fernwärmeversorgungsunternehmens am Grundstück anliegt und eine anteilige Deckung des Wärme- und Kälteenergiebedarfs durch erneuerbare Energien technisch nicht möglich ist oder zu einer unbilligen Härte führt.

² Die Pflichten nach § 10 Absatz 2 Nummer 3 und nach § 52 Absatz 1 bleiben unberührt.

(5) Absatz 4 Satz 1 ist nicht anzuwenden, wenn die Außerbetriebnahme einer mit Heizöl oder mit festem fossilem Brennstoff betriebenen Heizung und der Einbau einer neuen nicht mit Heizöl oder mit festem fossilem Brennstoff betriebenen Heizung im Einzelfall wegen besonderer Umstände durch einen unangemessenen Aufwand oder in sonstiger Weise zu einer unbilligen Härte führen.

§ 73 Ausnahme

(1) Bei einem Wohngebäude mit nicht mehr als zwei Wohnungen, von denen der Eigentümer eine Wohnung am 1. Februar 2002 selbst bewohnt hat, sind die Pflichten nach § 71 und § 72 Absatz 1 und 2 erst im Falle eines Eigentümerwechsels nach dem 1. Februar 2002 von dem neuen Eigentümer zu erfüllen.

(2) Die Frist zur Pflichterfüllung beträgt zwei Jahre ab dem ersten Eigentumsübergang nach dem 1. Februar 2002.

Abschnitt 3 Energetische Inspektion von Klimaanlagen

§ 74 Betreiberpflicht

(1) Der Betreiber von einer in ein Gebäude eingebauten Klimaanlage mit einer Nennleistung für den Kältebedarf von mehr als 12 Kilowatt oder einer kombinierten Klima- und Lüftungsanlage mit einer Nennleistung für den Kältebedarf von mehr als 12 Kilowatt hat innerhalb der in § 76 genannten Zeiträume energetische Inspektionen dieser Anlage durch eine berechtigte Person im Sinne des § 77 Absatz 1 durchführen zu lassen.

(2) ¹ Der Betreiber kann die Pflicht nach Absatz 1 Satz 1 eine stichprobenweise Inspektion nach Maßgabe von § 75 Absatz 4 erfüllen, wenn er mehr als zehn Klimaanlagen mit einer Nennleistung für den Kältebedarf von mehr als 12 Kilowatt und bis zu 70 Kilowatt oder mehr als zehn kombinierte Klima- und Lüftungsanlagen mit einer Nennleistung für den Kältebedarf von mehr als 12 Kilowatt und bis zu 70 Kilowatt betreibt, die in vergleichbare Nichtwohngebäude eingebaut und nach Anlagentyp und Leistung gleichartig sind. ² Ein Nichtwohngebäude ist vergleichbar, wenn es nach demselben Plan errichtet wird, der für mehrere Nichtwohngebäude an verschiedenen Standorten erstellt wurde. ³ Nach Anlagentyp und Leistung gleichartige Klimaanlagen oder kombinierte Klima- und Lüftungsanlagen sind Anlagen gleicher Bauart, gleicher Funktion und gleicher Kühlleistung je Quadratmeter Nettogrundfläche.

(3) ¹ Die Pflicht nach Absatz 1 besteht nicht, wenn eine Klimaanlage oder eine kombinierte Klima- und Lüftungsanlage in ein Nichtwohngebäude eingebaut ist, das mit einem System für die Gebäudeautomation und Gebäuderegelung nach Maßgabe von Satz 2 ausgestattet ist. ² Das System muss in der Lage sein,

1. den Energieverbrauch des Gebäudes kontinuierlich zu überwachen, zu protokollieren, zu analysieren und dessen Anpassung zu ermöglichen,

2. einen Vergleichsmaßstab in Bezug auf die Energieeffizienz des Gebäudes aufzustellen, Effizienzverluste der vorhandenen gebäudetechnischen Systeme zu erkennen und die für die gebäudetechnischen Einrichtungen oder die gebäudetechnische Verwaltung zuständige Person zu informieren und

3. die Kommunikation zwischen den vorhandenen, miteinander verbundenen gebäudetechnischen Systemen und anderen gebäudetechnischen Anwendungen innerhalb des Gebäudes zu ermöglichen und gemeinsam mit verschiedenen Typen gebäudetechnischer Systeme betrieben zu werden.

(4) Die Pflicht nach Absatz 1 besteht nicht, wenn eine Klimaanlage oder eine kombinierte Klima- und Lüftungsanlage in ein Wohngebäude eingebaut ist, das ausgestattet ist mit

1. einer kontinuierlichen elektronischen Überwachungsfunktion, die die Effizienz der vorhandenen gebäudetechnischen Systeme misst und den Eigentümer oder Verwalter des Gebäudes darüber informiert, wenn sich die Effizienz erheblich verschlechtert hat und eine Wartung der vorhandenen gebäudetechnischen Systeme erforderlich ist, und

2. einer wirksamen Regelungsfunktion zur Gewährleistung einer optimalen Erzeugung, Verteilung, Speicherung oder Nutzung von Energie.

§ 75 Durchführung und Umfang der Inspektion

(1) Die Inspektion einer Klimaanlage oder einer kombinierten Klima- und Lüftungsanlage umfasst Maßnahmen zur Prüfung der Komponenten, die den Wirkungsgrad der Anlage beeinflussen, und der Anlagendimensionierung im Verhältnis zum Kühlbedarf des Gebäudes.

(2) Die Inspektion bezieht sich insbesondere auf

1.	die Überprüfung und Bewertung der Einflüsse, die für die Auslegung der Anlage verantwortlich sind, insbesondere Veränderungen der Raumnutzung und -belegung, der Nutzungszeiten, der inneren Wärmequellen sowie der relevanten bauphysikalischen Eigenschaften des Gebäudes und der vom Betreiber geforderten Sollwerte hinsichtlich Luftmengen, Temperatur, Feuchte, Betriebszeit sowie Toleranzen, und
2.	die Feststellung der Effizienz der wesentlichen Komponenten.

(3) Die Inspektion einer Klimaanlage mit einer Nennleistung für den Kältebedarf von mehr als 70 Kilowatt oder einer kombinierten Klima- und Lüftungsanlage mit einer Nennleistung für den Kältebedarf von mehr als 70 Kilowatt ist nach DIN SPEC 15240: 2019-03 durchzuführen.

(4) In den Fällen des § 74 Absatz 2 ist bei einem Betrieb von bis zu 200 Klimaanlagen jede zehnte Anlage und bei einem Betrieb von mehr als 200 Klimaanlagen jede 20. Anlage einer Inspektion nach Maßgabe der Absätze 1 bis 3 zu unterziehen.

§ 76 Zeitpunkt der Inspektion

(1) [1]Die Inspektion ist erstmals im zehnten Jahr nach der Inbetriebnahme oder der Erneuerung wesentlicher Bauteile wie Wärmeübertrager, Ventilator oder Kältemaschine durchzuführen. [2]Abweichend von Satz 1 ist eine Klimaanlage oder eine kombinierte Klima- und Lüftungsanlage, die am 1. Oktober 2018 mehr als zehn Jahre alt war und noch keiner Inspektion unterzogen wurde, spätestens bis zum 31. Dezember 2022 erstmals einer Inspektion zu unterziehen.

(2) [1]Nach der erstmaligen Inspektion ist die Anlage wiederkehrend spätestens alle zehn Jahre einer Inspektion zu unterziehen. [2]Wenn an der Klimaanlage oder der kombinierten Klima- und Lüftungsanlage nach der erstmaligen Inspektion oder nach einer wiederkehrenden Inspektion keine Änderungen vorgenommen wurden oder in Bezug auf den Kühlbedarf des Gebäudes keine Änderungen eingetreten sind, muss die Prüfung der Anlagendimensionierung nicht wiederholt werden.

§ 77 Fachkunde des Inspektionspersonals [27)]

(1) Eine Inspektion darf nur von einer fachkundigen Person durchgeführt werden.

(2) Fachkundig ist insbesondere
1.	eine Person mit einem berufsqualifizierenden Hochschulabschluss in einer der Fachrichtungen Versorgungstechnik oder Technische Gebäudeausrüstung mit mindestens einem Jahr Berufserfahrung in Planung, Bau, Betrieb oder Prüfung raumlufttechnischer Anlagen,
2.	eine Person mit einem berufsqualifizierenden Hochschulabschluss in einer der Fachrichtungen Maschinenbau, Elektrotechnik, Verfahrenstechnik oder Bauingenieurwesen oder einer anderen technischen Fachrichtung mit einem Ausbildungsschwerpunkt bei der Versorgungstechnik oder der Technischen Gebäudeausrüstung mit mindestens drei Jahren Berufserfahrung in Planung, Bau, Betrieb oder Prüfung raumlufttechnischer Anlagen,
3.	eine Person, die für ein zulassungspflichtiges anlagentechnisches Gewerbe die Voraussetzungen zur Eintragung in die Handwerksrolle erfüllt,
4.	eine Person, die für ein zulassungsfreies Handwerk in einem der Bereiche nach Nummer 3 einen Meistertitel erworben hat,
5.	eine Person, die auf Grund ihrer Ausbildung berechtigt ist, ein zulassungspflichtiges Handwerk in einem der Bereiche nach Nummer 3 ohne Meistertitel selbständig auszuüben,
6.	eine Person, die staatlich anerkannter oder geprüfter Techniker ist, dessen Ausbildungsschwerpunkt auch die Beurteilung von Lüftungs- und Klimaanlagen umfasst.

(3) Eine gleichwertige Aus- oder Fortbildung, die in einem anderen Mitgliedstaat der Europäischen Union, einem anderen Vertragsstaat des Abkommens über den Europäischen Wirtschaftsraum oder der Schweiz erworben worden ist und durch einen entsprechenden Nachweis belegt werden kann, ist den in Absatz 2 genannten Aus- und Fortbildungen gleichgestellt.

§ 78 Inspektionsbericht; Registriernummern

(1) Die inspizierende Person hat einen Inspektionsbericht mit den Ergebnissen der Inspektion und Ratschlägen in Form von kurz gefassten fachlichen Hinweisen für Maßnahmen zur kosteneffizienten Verbesserung der energetischen Eigenschaften der Anlage, für deren Austausch oder für Alternativlösungen zu erstellen.

(2) [1]Die inspizierende Person hat den Inspektionsbericht unter Angabe ihres Namens, ihrer Anschrift und Berufsbezeichnung sowie des Datums der Inspektion und des Ausstellungsdatums eigenhändig zu unterschreiben oder mit einem Faksimile der Unterschrift zu versehen. [2]Der Inspektionsbericht ist dem Betreiber zu übergeben.

(3) Vor Übergabe des Inspektionsberichts an den Betreiber hat die inspizierende Person die nach § 98 Absatz 2 zugeteilte Registriernummer einzutragen.

(4) Zur Sicherstellung des Vollzugs der Inspektionspflicht nach § 74 Absatz 1 hat der Betreiber den Inspektionsbericht der nach Landesrecht zuständigen Behörde auf Verlangen vorzulegen.

27) (+++ § 77 Abs. 3: Zur Anwendung vgl. § 88 Abs. 4 +++)

Teil 5 Energieausweise [28]

§ 79 Grundsätze des Energieausweises [29]

(1) [1] Energieausweise dienen ausschließlich der Information über die energetischen Eigenschaften eines Gebäudes und sollen einen überschlägigen Vergleich von Gebäuden ermöglichen. [2] Ein Energieausweis ist als Energiebedarfsausweis oder als Energieverbrauchsausweis nach Maßgabe der §§ 80 bis 86 auszustellen. [3] Es ist zulässig, sowohl den Energiebedarf als auch den Energieverbrauch anzugeben.

(2) [1] Ein Energieausweis wird für ein Gebäude ausgestellt. [2] Er ist für Teile von einem Gebäude auszustellen, wenn die Gebäudeteile nach § 106 getrennt zu behandeln sind.

(3) [1] Ein Energieausweis ist für eine Gültigkeitsdauer von zehn Jahren auszustellen. [2] Unabhängig davon verliert er seine Gültigkeit, wenn nach § 80 Absatz 2 ein neuer Energieausweis erforderlich wird.

(4) [1] Auf ein kleines Gebäude sind die Vorschriften dieses *Abschnitts* nicht anzuwenden. [2] Auf ein Baudenkmal ist § 80 Absatz 3 bis 7 nicht anzuwenden.

§ 80 Ausstellung und Verwendung von Energieausweisen [30]

(1) [1] Wird ein Gebäude errichtet, ist ein Energiebedarfsausweis unter Zugrundelegung der energetischen Eigenschaften des fertiggestellten Gebäudes auszustellen. [2] Der Eigentümer hat sicherzustellen, dass der Energieausweis unverzüglich nach Fertigstellung des Gebäudes ausgestellt und ihm der Energieausweis oder eine Kopie hiervon übergeben wird. [3] Die Sätze 1 und 2 sind für den Bauherrn entsprechend anzuwenden, wenn der Eigentümer nicht zugleich Bauherr des Gebäudes ist. [4] Der Eigentümer hat den Energieausweis der nach Landesrecht zuständigen Behörde auf Verlangen vorzulegen.

(2) [1] Werden bei einem bestehenden Gebäude Änderungen im Sinne des § 48 ausgeführt, ist ein Energiebedarfsausweis unter Zugrundelegung der energetischen Eigenschaften des geänderten Gebäudes auszustellen, wenn unter Anwendung des § 50 Absatz 1 und 2 für das gesamte Gebäude Berechnungen nach § 50 Absatz 3 durchgeführt werden. [2] Absatz 1 Satz 2 bis 4 ist entsprechend anzuwenden.

(3) [1] Soll ein mit einem Gebäude bebautes Grundstück oder Wohnungs- oder Teileigentum verkauft, ein Erbbaurecht an einem bebauten Grundstück begründet oder übertragen oder ein Gebäude, eine Wohnung oder eine sonstige selbständige Nutzungseinheit vermietet, verpachtet oder verleast werden, ist ein Energieausweis auszustellen, wenn nicht bereits ein gültiger Energieausweis für das Gebäude vorliegt. [2] In den Fällen des Satzes 1 ist für Wohngebäude, die weniger als fünf Wohnungen haben und für die der Bauantrag vor dem 1. November 1977 gestellt worden ist, ein Energiebedarfsausweis auszustellen. [3] Satz 2 ist nicht anzuwenden, wenn das Wohngebäude

1. schon bei der Baufertigstellung das Anforderungsniveau der Wärmeschutzverordnung vom 11. August 1977 (BGBl. I S. 1554) erfüllt hat oder
2. durch spätere Änderungen mindestens auf das in Nummer 1 bezeichnete Anforderungsniveau gebracht worden ist.

[4] Bei der Ermittlung der energetischen Eigenschaften des Wohngebäudes nach Satz 3 können die Bestimmungen über die vereinfachte Datenerhebung nach § 50 Absatz 4 angewendet werden.

(4) [1] Im Falle eines Verkaufs oder der Bestellung eines Rechts im Sinne des Absatzes 3 Satz 1 hat der Verkäufer oder der Immobilienmakler dem potenziellen Käufer spätestens bei der Besichtigung einen Energieausweis oder eine Kopie hiervon vorzulegen. [2] Die Vorlagepflicht wird auch durch einen deutlich sichtbaren Aushang oder ein deutlich sichtbares Auslegen während der Besichtigung erfüllt. [3] Findet keine Besichtigung statt, haben der Verkäufer oder der Immobilienmakler dem potenziellen Käufer einen Energieausweis oder eine Kopie hiervon unverzüglich vorzulegen. [4] Der Energieausweis oder eine Kopie hiervon ist spätestens dann unverzüglich vorzulegen, wenn der potenzielle Käufer zur Vorlage auffordert. [5] Unverzüglich nach Abschluss des Kaufvertrages hat der Verkäufer oder der Immobilienmakler dem Käufer den Energieausweis oder eine Kopie hiervon zu übergeben. [6] Im Falle des Verkaufs eines Wohngebäudes mit nicht mehr als zwei Wohnungen hat der Käufer nach Übergabe des Energieausweises ein informatorisches Beratungsgespräch zum Energieausweis mit einer nach § 88 zur Ausstellung von Energieausweisen berechtigten Person zu führen, wenn ein solches Beratungsgespräch als einzelne Leistung unentgeltlich angeboten wird.

(5) Im Falle einer Vermietung, Verpachtung oder eines Leasings im Sinne des Absatzes 3 Satz 1 ist für den Vermieter, den Verpächter, den Leasinggeber oder den Immobilienmakler Absatz 4 Satz 1 bis 5 entsprechend anzuwenden.

(6) [1] Der Eigentümer eines Gebäudes, in dem sich mehr als 250 Quadratmeter Nutzfläche mit starkem Publikumsverkehr befinden, der auf behördlicher Nutzung beruht, hat sicherzustellen, dass für das Gebäude ein Energieausweis ausgestellt wird. [2] Der Eigentümer hat den nach Satz 1 ausgestellten Energieausweis an einer für die Öffentlichkeit gut sichtbaren Stelle auszuhängen. [3] Wird die in Satz 1 genannte Nutzfläche nicht überwiegend vom Eigentümer selbst genutzt, so trifft die Pflicht zum Aushang des Energieausweises den Nutzer. [4] Der Eigentümer hat ihm zu diesem Zweck den Energieausweis oder eine Kopie hiervon zu übergeben. [5] Zur Erfüllung der Pflicht nach Satz 2 ist es ausreichend, von einem Energieausweis nur einen Auszug nach dem Muster gemäß § 85 Absatz 8 auszuhängen.

28) (+++ Teil 5: Zur Nichtanwendung vgl. § 79 Abs. 4 Satz 1 +++)
29) § 79 Abs. 4 Satz 1 Kursivdruck: Gliederungseinheit "Abschnitt" in Teil 5 nicht vorhanden.
30) (+++ § 80 Abs. 3 bis 7: Zur Nichtanwendung vgl. § 79 Abs. 4 Satz 2 +++)

(7) ¹ Der Eigentümer eines Gebäudes, in dem sich mehr als 500 Quadratmeter Nutzfläche mit starkem Publikums-verkehr befinden, der nicht auf behördlicher Nutzung beruht, hat einen Energieausweis an einer für die Öffentlichkeit gut sichtbaren Stelle auszuhängen, sobald für das Gebäude ein Energieausweis vorliegt. ² Absatz 6 Satz 3 bis 5 ist entsprechend anzuwenden.

§ 81 Energiebedarfsausweis

(1) ¹ Wird ein Energieausweis für ein zu errichtendes Gebäude auf der Grundlage des berechneten Energiebedarfs ausgestellt, sind die Ergebnisse der nach den §§ 15 und 16 oder nach den §§ 18 und 19 erforderlichen Berechnungen zugrunde zu legen. ² In den Fällen des § 31 Absatz 1 sind die Kennwerte zu verwenden, die in den Bekanntmachungen nach § 31 Absatz 2 der jeweils zutreffenden Ausstattungsvariante zugewiesen sind.

(2) Wird ein Energieausweis für ein bestehendes Gebäude auf der Grundlage des berechneten Energiebedarfs ausgestellt, ist auf die erforderlichen Berechnungen § 50 Absatz 3 und 4 entsprechend anzuwenden.

§ 82 Energieverbrauchsausweis

(1) ¹ Wird ein Energieausweis auf der Grundlage des erfassten Endenergieverbrauchs ausgestellt, sind der witte-rungsbereinigte Endenergie- und Primärenergieverbrauch nach Maßgabe der Absätze 2 bis 5 zu berechnen. ² Die Bestimmungen des § 50 Absatz 4 über die vereinfachte Datenerhebung sind entsprechend anzuwenden.

(2) ¹ Bei einem Wohngebäude ist der Endenergieverbrauch für Heizung und Warmwasserbereitung zu ermitteln und in Kilowattstunden pro Jahr und Quadratmeter Gebäudenutzfläche anzugeben. ² Ist im Fall dezentraler Warmwasserbereitung in einem Wohngebäude der hierauf entfallende Verbrauch nicht bekannt, ist der Endener-gieverbrauch um eine Pauschale von 20 Kilowattstunden pro Jahr und Quadratmeter Gebäudenutzfläche zu erhöhen. ³ Im Fall der Kühlung von Raumluft in einem Wohngebäude ist der für Heizung und Warmwasser ermittelte End-energieverbrauch um eine Pauschale von 6 Kilowattstunden pro Jahr und Quadratmeter gekühlter Gebäudenutz-fläche zu erhöhen. ⁴ Ist die Gebäudenutzfläche nicht bekannt, kann sie bei Wohngebäuden mit bis zu zwei Wohn-einheiten mit beheiztem Keller pauschal mit dem 1,35fachen Wert der Wohnfläche, bei sonstigen Wohngebäuden mit dem 1,2fachen Wert der Wohnfläche angesetzt werden. ⁵ Bei Nichtwohngebäuden ist der Endenergieverbrauch für Heizung, Warmwasserbereitung, Kühlung, Lüftung und eingebaute Beleuchtung zu ermitteln und in Kilowatt-stunden pro Jahr und Quadratmeter Nettogrundfläche anzugeben.

(3) ¹ Der Endenergieverbrauch für die Heizung ist einer Witterungsbereinigung zu unterziehen. ² Der Primärener-gieverbrauch wird auf der Grundlage des Endenergieverbrauchs und der Primärenergiefaktoren nach § 22 errechnet.

(4) ¹ Zur Ermittlung des Energieverbrauchs sind die folgenden Verbrauchsdaten zu verwenden:
1. Verbrauchsdaten aus Abrechnungen von Heizkosten nach der Verordnung über Heizkostenabrechnung in der Fassung der Bekanntmachung vom 5. Oktober 2009 (BGBl. I S. 3250) für das gesamte Gebäude,
2. andere geeignete Verbrauchsdaten, insbesondere Abrechnungen von Energielieferanten oder sachgerecht durchgeführte Verbrauchsmessungen, oder
3. eine Kombination von Verbrauchsdaten nach den Nummern 1 und 2.
² Den zu verwendenden Verbrauchsdaten sind mindestens die Abrechnungen aus einem zusammenhängenden Zeitraum von 36 Monaten zugrunde zu legen, der die jüngste Abrechnungsperiode einschließt, deren Ende nicht mehr als 18 Monate zurückliegen darf. ³ Bei der Ermittlung nach Satz 2 sind längere Leerstände rechnerisch ange-messen zu berücksichtigen. ⁴ Der maßgebliche Energieverbrauch ist der durchschnittliche Verbrauch in dem zu-grunde gelegten Zeitraum.

(5) ¹ Für die Witterungsbereinigung des Endenergieverbrauchs und die angemessene rechnerische Berücksichtigung längerer Leerstände sowie die Berechnung des Primärenergieverbrauchs auf der Grundlage des ermittelten End-energieverbrauchs ist ein den anerkannten Regeln der Technik entsprechendes Verfahren anzuwenden. ² Die Ein-haltung der anerkannten Regeln der Technik wird vermutet, soweit bei der Ermittlung des Energieverbrauchs Vereinfachungen verwendet werden, die vom Bundesministerium für Wirtschaft und Energie und vom Bundesmi-nisterium des Innern, für Bau und Heimat im Bundesanzeiger gemeinsam bekannt gemacht worden sind.

§ 83 Ermittlung und Bereitstellung von Daten

(1) ¹ Der Aussteller ermittelt die Daten, die in den Fällen des § 80 Absatz 3 Satz 3 benötigt werden, sowie die Daten, die nach § 81 Absatz 1 und 2 in Verbindung mit den §§ 20 bis 33 und § 50 oder nach § 82 Absatz 1, 2 Satz 1 oder Satz 5 und Absatz 4 Satz 1 Grundlage für die Ausstellung des Energieausweises sind, selbst oder verwendet die entsprechenden vom Eigentümer des Gebäudes bereitgestellten Daten. ² Der Aussteller hat dafür Sorge zu tragen, dass die von ihm ermittelten Daten richtig sind.

(2) ¹ Wird ein Energiebedarfsausweis ausgestellt und stellt der Aussteller keine eigenen Berechnungen, die nach den §§ 15 und 16, nach den §§ 18 und 19 oder nach § 50 Absatz 3 erforderlich sind, an, hat er die Berechnungen einzusehen oder sich vom Eigentümer zur Verfügung stellen zu lassen. ² Wird ein Energieverbrauchsausweis aus-gestellt und stellt der Aussteller keine eigenen Berechnungen nach § 82 Absatz 1 an, hat er die Berechnungen ein-zusehen oder sich vom Eigentümer zur Verfügung stellen zu lassen.

(3) ¹ Stellt der Eigentümer des Gebäudes die Daten bereit, hat er dafür Sorge zu tragen, dass die Daten richtig sind. ² Der Aussteller muss die vom Eigentümer bereitgestellten Daten sorgfältig prüfen und darf die Daten seinen Be-rechnungen nicht zugrunde legen, wenn Zweifel an deren Richtigkeit bestehen.

§ 84 Empfehlungen für die Verbesserung der Energieeffizienz

(1) ¹ Der Aussteller hat ein bestehendes Gebäude, für das er einen Energieausweis erstellt, vor Ort zu begehen oder sich für eine Beurteilung der energetischen Eigenschaften geeignete Bildaufnahmen des Gebäudes zur Verfügung stellen zu lassen und im Energieausweis Empfehlungen für Maßnahmen zur kosteneffizienten Verbesserung der energetischen Eigenschaften des Gebäudes (Energieeffizienz) in Form von kurz gefassten fachlichen Hinweisen zu geben (Modernisierungsempfehlungen), es sei denn, die fachliche Beurteilung hat ergeben, dass solche Maßnahmen nicht möglich sind. ² Die Modernisierungsempfehlungen beziehen sich auf Maßnahmen am gesamten Gebäude, an einzelnen Außenbauteilen sowie an Anlagen und Einrichtungen im Sinne dieses Gesetzes.

(2) ¹ Die Bestimmungen des § 50 Absatz 4 über die vereinfachte Datenerhebung sind entsprechend anzuwenden. ² Sind Modernisierungsempfehlungen nicht möglich, hat der Aussteller dies im Energieausweis zu vermerken.

§ 85 Angaben im Energieausweis

(1) Ein Energieausweis muss mindestens folgende Angaben zur Ausweisart und zum Gebäude enthalten:
1. Fassung dieses Gesetzes, auf deren Grundlage der Energieausweis erstellt wird,
2. Energiebedarfsausweis im Sinne des § 81 oder Energieverbrauchsausweis im Sinne des § 82 mit Hinweisen zu den Aussagen der jeweiligen Ausweisart über die energetische Qualität des Gebäudes,
3. Ablaufdatum des Energieausweises,
4. Registriernummer,
5. Anschrift des Gebäudes,
6. Art des Gebäudes: Wohngebäude oder Nichtwohngebäude,
7. bei einem Wohngebäude: Gebäudetyp,
8. bei einem Nichtwohngebäude: Hauptnutzung oder Gebäudekategorie,
9. im Falle des § 79 Absatz 2 Satz 2: Gebäudeteil,
10. Baujahr des Gebäudes,
11. Baujahr des Wärmeerzeugers; bei einer Fern- oder Nahwärmeversorgung: Baujahr der Übergabestation,
12. bei einem Wohngebäude: Anzahl der Wohnungen und Gebäudenutzfläche; bei Ermittlung der Gebäudenutzfläche aus der Wohnfläche gemäß § 82 Absatz 2 Satz 4 ist darauf hinzuweisen,
13. bei einem Nichtwohngebäude: Nettogrundfläche,
14. wesentliche Energieträger für Heizung und Warmwasser,
15. bei Neubauten: Art der genutzten erneuerbaren Energie, deren Anteil an der Deckung des Wärme- und Kälteenergiebedarfs sowie der Anteil zur Pflichterfüllung; alternativ: Maßnahmen nach den §§ 42, 43, 44 oder 45,
16. Art der Lüftung und, falls vorhanden, Art der Kühlung,
17. inspektionspflichtige Klimaanlagen oder kombinierte Lüftungs- und Klimaanlage im Sinne des § 74 und Fälligkeitsdatum der nächsten Inspektion,
18. der Anlass der Ausstellung des Energieausweises,
19. Durchführung der Datenerhebung durch Eigentümer oder Aussteller,
20. Name, Anschrift und Berufsbezeichnung des Ausstellers, Ausstellungsdatum und Unterschrift des Ausstellers.

(2) Ein Energiebedarfsausweis im Sinne des § 81 muss zusätzlich zu den Angaben nach Absatz 1 mindestens folgende Angaben enthalten:
1. bei Neubau eines Wohn- oder Nichtwohngebäudes: Ergebnisse der nach § 81 Absatz 1 Satz 1 erforderlichen Berechnungen, einschließlich der Anforderungswerte, oder im Fall des § 81 Absatz 1 Satz 2 die in der Bekanntmachung nach § 31 Absatz 2 genannten Kennwerte und nach Maßgabe von Absatz 6 die sich aus dem Jahres-Primärenergiebedarf ergebenden Treibhausgasemissionen, ausgewiesen als äquivalente Kohlendioxidemissionen, in Kilogramm pro Jahr und Quadratmeter der Gebäudenutzfläche bei Wohngebäuden oder der Nettogrundfläche bei Nichtwohngebäuden,
2. in den Fällen des § 80 Absatz 2 bei bestehenden Wohn- oder Nichtwohngebäuden: Ergebnisse der nach § 81 Absatz 2 erforderlichen Berechnungen, einschließlich der Anforderungswerte, und nach Maßgabe von Absatz 6 die sich aus dem Jahres-Primärenergiebedarf ergebenden Treibhausgasemissionen, ausgewiesen als äquivalente Kohlendioxidemissionen, in Kilogramm pro Jahr und Quadratmeter der Gebäudenutzfläche bei Wohngebäuden oder der Nettogrundfläche bei Nichtwohngebäuden,
3. bei Neubau eines Wohn- oder Nichtwohngebäudes: Einhaltung des sommerlichen Wärmeschutzes,
4. das für die Energiebedarfsrechnung verwendete Verfahren:
 a) Verfahren nach den §§ 20, 21,
 b) Modellgebäudeverfahren nach § 31,
 c) Verfahren nach § 32 oder
 d) Vereinfachungen nach § 50 Absatz 4,
5. bei einem Wohngebäude: der Endenergiebedarf für Wärme,
6. bei einem Wohngebäude: Vergleichswerte für Endenergie,
7. bei einem Nichtwohngebäude: der Endenergiebedarf für Wärme und der Endenergiebedarf für Strom,
8. bei einem Nichtwohngebäude: Gebäudezonen mit jeweiliger Nettogrundfläche und deren Anteil an der gesamten Nettogrundfläche,
9. bei einem Nichtwohngebäude: Aufteilung des jährlichen Endenergiebedarfs auf Heizung, Warmwasser, eingebaute Beleuchtung, Lüftung, Kühlung einschließlich Befeuchtung.

(3) Ein Energieverbrauchsausweis im Sinne des § 82 muss zusätzlich zu den Angaben nach Absatz 1 mindestens folgende Angaben enthalten:

1. bei einem Wohngebäude: Endenergie- und Primärenergieverbrauch des Gebäudes für Heizung und Warmwasser entsprechend den Berechnungen nach § 82 Absatz 1, 2 Satz 1 und Absatz 3 in Kilowattstunden pro Jahr und Quadratmeter Gebäudenutzfläche und nach Maßgabe von Absatz 6 die sich aus dem Primärenergieverbrauch ergebenden Treibhausgasemissionen, ausgewiesen als äquivalente Kohlendioxidemissionen, in Kilogramm pro Jahr und Quadratmeter Gebäudenutzfläche,
2. bei einem Nichtwohngebäude: Endenergieverbrauch des Gebäudes für Wärme und Endenergieverbrauch für den zur Heizung, Warmwasserbereitung, Kühlung und zur Lüftung und für die eingebaute Beleuchtung eingesetzten Strom sowie Primärenergieverbrauch entsprechend den Berechnungen nach § 82 Absatz 1, 2 Satz 5 und Absatz 3 in Kilowattstunden pro Jahr und Quadratmeter Nettogrundfläche und nach Maßgabe von Absatz 6 die sich aus dem Primärenergieverbrauch ergebenden Treibhausgasemissionen, ausgewiesen als äquivalente Kohlendioxidemissionen, in Kilogramm pro Jahr und Quadratmeter Nettogrundfläche des Gebäudes,
3. Daten zur Verbrauchserfassung, einschließlich Angaben zu Leerständen,
4. bei einem Nichtwohngebäude: Gebäudenutzung,
5. bei einem Wohngebäude: Vergleichswerte für Endenergie,
6. bei einem Nichtwohngebäude: Vergleichswerte für den Energieverbrauch, die jeweils vom Bundesministerium für Wirtschaft und Energie gemeinsam mit dem Bundesministerium des Innern, für Bau und Heimat im Bundesanzeiger bekannt gemacht worden sind.

(4) Modernisierungsempfehlungen nach § 84 sind Bestandteil der Energieausweise.

(5) Ein Energieausweis ist vom Aussteller unter Angabe seines Namens, seiner Anschrift und Berufsbezeichnung sowie des Ausstellungsdatums eigenhändig oder durch Nachbildung der Unterschrift zu unterschreiben.

(6) Zur Ermittlung der Treibhausgasemissionen für die nach Absatz 2 Nummer 1 und 2 sowie nach Absatz 3 Nummer 1 und 2 zu machenden Angaben sind die Berechnungsregelungen und Emissionsfaktoren der Anlage 9 anzuwenden.

(7) Vor Übergabe des neu ausgestellten Energieausweises an den Eigentümer hat der Aussteller die nach § 98 Absatz 2 zugeteilte Registriernummer einzutragen.

(8) Das Bundesministerium für Wirtschaft und Energie erstellt gemeinsam mit dem Bundesministerium des Innern, für Bau und Heimat Muster zu den Energiebedarfs- und den Energieverbrauchsausweisen, nach denen Energieausweise auszustellen sind, sowie Muster für den Aushang von Energieausweisen nach § 80 Absatz 6 und 7 und macht diese im Bundesanzeiger bekannt.

§ 86 Energieeffizienzklasse eines Wohngebäudes

(1) Im Energieausweis ist die Energieeffizienzklasse des Wohngebäudes entsprechend der Einteilung nach Absatz 2 in Verbindung mit Anlage 10 anzugeben.

(2) Die Energieeffizienzklassen gemäß Anlage 10 ergeben sich unmittelbar aus dem Endenergieverbrauch oder Endenergiebedarf.

§ 87 Pflichtangaben in einer Immobilienanzeige

(1) Wird vor dem Verkauf, der Vermietung, der Verpachtung oder dem Leasing eines Gebäudes, einer Wohnung oder einer sonstigen selbständigen Nutzungseinheit eine Immobilienanzeige in kommerziellen Medien aufgegeben und liegt zu diesem Zeitpunkt ein Energieausweis vor, so hat der Verkäufer, der Vermieter, der Verpächter, der Leasinggeber oder der Immobilienmakler, wenn eine dieser Personen die Veröffentlichung der Immobilienanzeige verantwortet, sicherzustellen, dass die Immobilienanzeige folgende Pflichtangaben enthält:

1. die Art des Energieausweises: Energiebedarfsausweis im Sinne von § 81 oder Energieverbrauchsausweis im Sinne von § 82,
2. den im Energieausweis genannten Wert des Endenergiebedarfs oder des Endenergieverbrauchs für das Gebäude,
3. die im Energieausweis genannten wesentlichen Energieträger für die Heizung des Gebäudes,
4. bei einem Wohngebäude das im Energieausweis genannte Baujahr und
5. bei einem Wohngebäude die im Energieausweis genannte Energieeffizienzklasse.

(2) Bei einem Nichtwohngebäude ist bei einem Energiebedarfsausweis und bei einem Energieverbrauchsausweis als Pflichtangabe nach Absatz 1 Nummer 2 der Endenergiebedarf oder Endenergieverbrauch sowohl für Wärme als auch für Strom jeweils getrennt aufzuführen.

(3) Bei Energieausweisen, die nach dem 30. September 2007 und vor dem 1. Mai 2014 ausgestellt worden sind, und bei Energieausweisen nach § 112 Absatz 2 sind die Pflichten der Absätze 1 und 2 nach Maßgabe des § 112 Absatz 3 und 4 zu erfüllen.

§ 88 Ausstellungsberechtigung für Energieausweise

(1) Zur Ausstellung eines Energieausweises ist nur eine Person berechtigt,

1. die nach bauordnungsrechtlichen Vorschriften der Länder zur Unterzeichnung von bautechnischen Nachweisen des Wärmeschutzes oder der Energieeinsparung bei der Errichtung von Gebäuden berechtigt ist, im Rahmen der jeweiligen Nachweisberechtigung,

2. die eine der in Absatz 2 genannten Voraussetzungen erfüllt und einen berufsqualifizierenden Hochschulabschluss erworben hat
 a) in einer der Fachrichtungen Architektur, Innenarchitektur, Hochbau, Bauingenieurwesen, Technische Gebäudeausrüstung, Physik, Bauphysik, Maschinenbau oder Elektrotechnik oder
 b) in einer anderen technischen oder naturwissenschaftlichen Fachrichtung mit einem Ausbildungsschwerpunkt auf einem unter Buchstabe a genannten Gebiet,
3. die eine der in Absatz 2 genannten Voraussetzungen erfüllt und
 a) für ein zulassungspflichtiges Bau-, Ausbau- oder anlagentechnisches Gewerbe oder für das Schornsteinfegerhandwerk die Voraussetzungen zur Eintragung in die Handwerksrolle erfüllt,
 b) für ein zulassungsfreies Handwerk in einem der Bereiche nach Buchstabe a einen Meistertitel erworben hat oder
 c) auf Grund ihrer Ausbildung berechtigt ist, ein zulassungspflichtiges Handwerk in einem der Bereiche nach Buchstabe a ohne Meistertitel selbständig auszuüben, oder
4. die eine der in Absatz 2 genannten Voraussetzungen erfüllt und staatlich anerkannter oder geprüfter Techniker ist, dessen Ausbildungsschwerpunkt auch die Beurteilung der Gebäudehülle, die Beurteilung von Heizungs- und Warmwasserbereitungsanlagen oder die Beurteilung von Lüftungs- und Klimaanlagen umfasst.

(2) Voraussetzung für die Ausstellungsberechtigung nach Absatz 1 Nummer 2 bis 4 ist
1. während des Studiums ein Ausbildungsschwerpunkt im Bereich des energiesparenden Bauens oder nach einem Studium ohne einen solchen Schwerpunkt eine mindestens zweijährige Berufserfahrung in wesentlichen bau- oder anlagentechnischen Tätigkeitsbereichen des Hochbaus,
2. eine erfolgreiche Schulung im Bereich des energiesparenden Bauens, die den wesentlichen Inhalten der Anlage 11 entspricht, oder
3. eine öffentliche Bestellung als vereidigter Sachverständiger für ein Sachgebiet im Bereich des energiesparenden Bauens oder in wesentlichen bau- oder anlagentechnischen Tätigkeitsbereichen des Hochbaus.

(3) Wurde der Inhalt der Schulung nach Absatz 2 Nummer 2 auf Wohngebäude beschränkt, so ist der erfolgreiche Teilnehmer der Schulung nur berechtigt, Energieausweise für Wohngebäude auszustellen.

(4) § 77 Absatz 3 ist auf Aus- oder Fortbildungen im Sinne des Absatzes 1 Nummer 2 bis 4 entsprechend anzuwenden.

Teil 6 Finanzielle Förderung der Nutzung erneuerbarer Energien für die Erzeugung von Wärme oder Kälte und von Energieeffizienzmaßnahmen

§ 89 Fördermittel

[1] Die Nutzung erneuerbarer Energien für die Erzeugung von Wärme oder Kälte, die Errichtung besonders energieeffizienter und die Verbesserung der Energieeffizienz bestehender Gebäude können durch den Bund nach Maßgabe des Bundeshaushaltes gefördert werden. [2] Gefördert werden können
1. Maßnahmen zur Nutzung erneuerbarer Energien für die Erzeugung von Wärme oder Kälte in bereits bestehenden Gebäuden nach Maßgabe des § 90,
2. Maßnahmen zur Nutzung erneuerbarer Energien für die Erzeugung von Wärme oder Kälte in neu zu errichtenden Gebäuden nach Maßgabe des § 90, wenn die Vorgaben des § 91 eingehalten werden,
3. Maßnahmen zur Errichtung besonders energieeffizienter Gebäude, wenn mit der geförderten Maßnahme die Anforderungen nach den §§ 15 und 16 sowie nach den §§ 18 und 19 übererfüllt werden, und
4. Maßnahmen zur Verbesserung der Energieeffizienz bei der Sanierung bestehender Gebäude, wenn mit der geförderten Maßnahme die Anforderungen nach den §§ 47 und 48 sowie § 50 und nach den §§ 61 bis 73 übererfüllt werden.
[3] Einzelheiten werden insbesondere durch Verwaltungsvorschriften des Bundesministeriums für Wirtschaft und Energie im Einvernehmen mit dem Bundesministerium der Finanzen geregelt.

§ 90 Geförderte Maßnahmen zur Nutzung erneuerbarer Energien

(1) Gefördert werden können Maßnahmen im Zusammenhang mit der Nutzung erneuerbarer Energien zur Bereitstellung von Wärme oder Kälte, insbesondere die Errichtung oder Erweiterung von
1. solarthermischen Anlagen,
2. Anlagen zur Nutzung von Biomasse,
3. Anlagen zur Nutzung von Geothermie und Umweltwärme sowie
4. Wärmenetzen, Speichern und Übergabestationen für Wärmenutzer, wenn sie auch aus Anlagen nach den Nummern 1 bis 3 gespeist werden.

(2) [1] Vorbehaltlich weitergehender Anforderungen an die Förderung in den Regelungen nach § 89 Satz 3 ist
1. eine solarthermische Anlage mit Flüssigkeiten als Wärmeträger nur förderfähig, wenn die darin enthaltenen Kollektoren oder das System mit dem europäischen Prüfzeichen „Solar Keymark" zertifiziert sind oder ist,
2. eine Anlage zur Nutzung von fester Biomasse nur förderfähig, wenn der Umwandlungswirkungsgrad mindestens folgende Werte erreicht:
 a) 89 Prozent bei einer Anlage zur Heizung oder Warmwasserbereitung, die der Erfüllung der Anforderung nach § 10 Absatz 2 Nummer 3 oder der Pflicht nach § 52 Absatz 1 dient,
 b) 70 Prozent bei einer Anlage, die nicht der Heizung oder Warmwasserbereitung dient,
3. eine Wärmepumpe zur Nutzung von Geothermie, Umweltwärme oder Abwärme nur förderfähig, wenn sie die Anforderungen der Richtlinie 2009/28/EG erfüllt.

[2] Die Zertifizierung von einer solarthermischen Anlage mit dem europäischen Prüfzeichen „Solar Keymark" muss nach den anerkannten Regeln der Technik erfolgen. [3] Der Umwandlungswirkungsgrad eines Biomassekessels ist der nach DIN EN 303-5: 2012-10 ermittelte Kesselwirkungsgrad, der Umwandlungswirkungsgrad eines Biomasseofens der nach DIN EN 14785: 2006-09 ermittelte feuerungstechnische Wirkungsgrad und in den übrigen Fällen des Satzes 1 Nummer 2 der nach den anerkannten Regeln der Technik berechnete Wirkungsgrad.

§ 91 Verhältnis zu den Anforderungen an ein Gebäude

(1) Maßnahmen können nicht gefördert werden, soweit sie der Erfüllung der Anforderungen nach § 10 Absatz 2, der Pflicht nach § 52 Absatz 1 oder einer landesrechtlichen Pflicht nach § 56 dienen.

(2) Absatz 1 ist nicht bei den folgenden Maßnahmen anzuwenden:
1. die Errichtung eines Wohngebäudes, bei dem
 a) der Jahres-Primärenergiebedarf für Heizung, Warmwasserbereitung, Lüftung und Kühlung das 0,55fache des auf die Gebäudenutzfläche bezogenen Wertes des Jahres-Primärenergiebedarfs eines Referenzgebäudes, das die gleiche Geometrie, Gebäudenutzfläche und Ausrichtung wie das zu errichtende Gebäude aufweist und der technischen Referenzausführung der Anlage 1 entspricht, nicht überschreitet und
 b) der Höchstwert des spezifischen, auf die wärmeübertragende Umfassungsfläche bezogenen Transmissionswärmeverlustes das 0,7fache des entsprechenden Wertes des jeweiligen Referenzgebäudes nach § 15 Absatz 1 nicht überschreitet,
2. die Errichtung eines Nichtwohngebäudes, bei dem
 a) der Jahres-Primärenergiebedarf für Heizung, Warmwasserbereitung, Lüftung, Kühlung und eingebaute Beleuchtung das 0,7fache des auf die Nettogrundfläche bezogenen Wertes des Jahres-Primärenergiebedarfs eines Referenzgebäudes, das die gleiche Geometrie, Nettogrundfläche, Ausrichtung und Nutzung, einschließlich der Anordnung der Nutzungseinheiten, wie das zu errichtende Gebäude aufweist und der technischen Referenzausführung der Anlage 2 entspricht, nicht überschreitet und
 b) die Höchstwerte der mittleren Wärmedurchgangskoeffizienten der wärmeübertragenden Umfassungsfläche der Anlage 3 unterschritten werden,
3. Maßnahmen, die technische oder sonstige Anforderungen erfüllen, die
 a) im Falle des § 10 Absatz 2 Nummer 3 anspruchsvoller als die Anforderungen nach den §§ 35 bis 41 oder
 b) im Falle des § 56 anspruchsvoller als die Anforderungen nach der landesrechtlichen Pflicht sind,
4. Maßnahmen, die den Wärme- und Kälteenergiebedarf zu einem Anteil decken, der
 a) im Falle des § 10 Absatz 2 Nummer 3 oder des § 52 Absatz 1 um 50 Prozent höher als der Mindestanteil nach den §§ 35 bis 41 oder dem § 52 Absatz 3 und 4 ist oder
 b) im Falle des § 56 höher als der landesrechtlich vorgeschriebene Mindestanteil ist,
5. Maßnahmen, die mit weiteren Maßnahmen zur Steigerung der Energieeffizienz verbunden werden,
6. Maßnahmen zur Nutzung solarthermischer Anlagen auch für die Heizung eines Gebäudes und
7. Maßnahmen zur Nutzung von Tiefengeothermie.

(3) Die Förderung kann in den Fällen des Absatzes 2 auf die Gesamtmaßnahme bezogen werden.

(4) Einzelheiten werden in den Regelungen nach § 89 Satz 3 geregelt.

(5) Fördermaßnahmen durch das Land oder durch ein Kreditinstitut, an dem der Bund oder das Land beteiligt sind, bleiben unberührt.

Teil 7 Vollzug

§ 92 Erfüllungserklärung

(1) [1] Für ein zu errichtendes Gebäude hat der Bauherr oder Eigentümer der nach Landesrecht zuständigen Behörde durch eine Erfüllungserklärung nachzuweisen oder zu bescheinigen, dass die Anforderungen dieses Gesetzes eingehalten werden. [2] Die Erfüllungserklärung ist nach Fertigstellung des Gebäudes vorzulegen, soweit das Landesrecht nicht einen anderen Zeitpunkt der Vorlage bestimmt. [3] Das Landesrecht bestimmt, wer zur Ausstellung der Erfüllungserklärung berechtigt ist.

(2) [1] Werden bei einem bestehenden Gebäude Änderungen im Sinne des § 48 Satz 1 ausgeführt, hat der Eigentümer der nach Landesrecht zuständigen Behörde eine Erfüllungserklärung unter Zugrundelegung der energetischen Eigenschaften des geänderten Gebäudes abzugeben, wenn unter Anwendung des § 50 Absatz 1 und 2 für das gesamte Gebäude Berechnungen nach § 50 Absatz 3 durchgeführt werden. [2] Die Pflicht nach Satz 1 besteht auch in den Fällen des § 51. [3] Absatz 1 Satz 2 und 3 ist entsprechend anzuwenden.

§ 93 Pflichtangaben in der Erfüllungserklärung

[1] In der Erfüllungserklärung sind für das gesamte Gebäude oder, soweit die Berechnungen für unterschiedliche Zonen zu erfolgen haben, stattdessen für jede Zone, unter Beachtung der sich aus diesem Gesetz ergebenden Berechnungsvorgaben, technischen Anforderungen und Randbedingungen die zur Überprüfung erforderlichen Angaben zu machen. [2] Erforderliche Berechnungen sind beizufügen. [3] Das Landesrecht bestimmt den näheren Umfang der Nachweispflicht.

§ 94 Verordnungsermächtigung

[1] Die Landesregierungen werden ermächtigt, durch Rechtsverordnung das Verfahren zur Erfüllungserklärung, die Berechtigung zur Ausstellung der Erfüllungserklärung, die Pflichtangaben in der Erfüllungserklärung und die

vorzulegenden Nachweise zu regeln, einen von § 92 Absatz 1 Satz 2 abweichenden Zeitpunkt für die Vorlage der Erfüllungserklärung zu bestimmen und weitere Bestimmungen zum Vollzug der Anforderungen und Pflichten dieses Gesetzes zu treffen. [2] Die Landesregierungen werden ferner ermächtigt, durch Rechtsverordnung zu bestimmen, dass Aufgaben des Vollzugs dieses Gesetzes abweichend von § 92 Absatz 1 Satz 1 und Absatz 2 Satz 1 einer geeigneten Stelle, einer Fachvereinigung oder einem Sachverständigen übertragen werden. [3] Die Landesregierungen können die Ermächtigungen nach den Sätzen 1 und 2 durch Rechtsverordnung auf andere Behörden übertragen.

§ 95 Behördliche Befugnisse

[1] Die zuständige Behörde kann im Einzelfall die zur Erfüllung der Verpflichtungen aus diesem Gesetz erforderlichen Anordnungen treffen. [2] Dritte, die für den Bauherren oder Eigentümer an der Planung, Errichtung oder Änderung von Gebäuden oder technischen Anlagen eines Gebäudes beteiligt sind, haben Anordnungen der Behörde, die sich auch an sie richten, unmittelbar zu befolgen.

§ 96 Private Nachweise

(1) Wer geschäftsmäßig an oder in einem bestehenden Gebäude Arbeiten durchführt, hat dem Eigentümer unverzüglich nach Abschluss der Arbeiten in folgenden Fällen schriftlich zu bestätigen, dass die von ihm geänderten oder eingebauten Bau- oder Anlagenteile den Anforderungen der in den Nummern 1 bis 8 genannten Vorschriften entsprechen (Unternehmererklärung):
1. Änderung von Außenbauteilen im Sinne von § 48,
2. Dämmung oberster Geschossdecken im Sinne von § 47 Absatz 1, auch in Verbindung mit Absatz 3,
3. Einbau von Zentralheizungen nach den §§ 61 bis 63,
4. Ausstattung von Zentralheizungen mit Regelungseinrichtungen nach den §§ 61 bis 63,
5. Einbau von Umwälzpumpen in Zentralheizungen und Zirkulationspumpen in Warmwasseranlagen nach § 64,
6. erstmaliger Einbau, Ersatz oder Wärmedämmung von Wärmeverteilungs- und Warmwasserleitungen nach den §§ 69 und 71 oder von Kälteverteilungs- und Kaltwasserleitungen in Klimaanlagen oder sonstigen Anlagen der Raumlufttechnik nach § 70,
7. Einbau von Klima- und raumlufttechnischen Anlagen oder Zentralgeräten und Luftkanalsystemen solcher Anlagen nach den §§ 65 bis 68 oder
8. Ausrüstung von Anlagen nach Nummer 7 mit Einrichtung zur Feuchteregelung nach § 66.

(2) [1] Zum Zwecke des Nachweises der Erfüllung der Pflichten aus den in Absatz 1 genannten Vorschriften ist die Unternehmererklärung von dem Eigentümer mindestens zehn Jahre aufzubewahren. [2] Der Eigentümer hat die Unternehmererklärung der nach Landesrecht zuständigen Behörde auf Verlangen vorzulegen.

(3) [1] In einer Unternehmererklärung nach Absatz 1 ist zusätzlich anzugeben:
1. im Falle von Arbeiten nach Absatz 1 Nummer 3 die Aufwandszahl der Zentralheizung für die Bereitstellung von Raumwärme und, soweit die Zentralheizung mit einer zentralen Warmwasserbereitung verbunden ist, auch die Aufwandszahl für die Warmwasserbereitung,
2. im Falle von Arbeiten nach Absatz 1 Nummer 7 der gewichtete Mittelwert der auf das jeweilige Fördervolumen bezogenen elektrischen Leistung aller Zu- und Abluftventilatoren sowie der Wärmerückgewinnungsgrad, soweit Anforderungen nach § 68 einzuhalten sind.
[2] Die nach Satz 1 anzugebenden Eigenschaften können nach anerkannten technischen Regeln berechnet werden oder aus Herstellerangaben auf der Grundlage solcher Regeln bestimmt werden; alternativ dürfen Angaben aus Bekanntmachungen nach § 50 Absatz 4 verwendet werden. [3] Die jeweilige Grundlage nach Satz 2 ist ebenfalls in der Unternehmererklärung anzugeben.

(4) Wer Gebäude geschäftsmäßig mit fester, gasförmiger oder flüssiger Biomasse zum Zweck der Erfüllung von Anforderungen nach diesem Gesetz beliefert, muss dem Eigentümer des Gebäudes mit der Abrechnung bestätigen, dass
1. im Falle der Nutzung von Biomethan die Anforderungen nach § 40 Absatz 3 erfüllt sind,
2. im Falle der Nutzung von biogenem Flüssiggas die Anforderungen nach § 40 Absatz 4 erfüllt sind,
3. im Falle der Nutzung von flüssiger Biomasse nach § 39 die Brennstoffe die Anforderungen an einen nachhaltigen Anbau und eine nachhaltige Herstellung nach der Biomassestrom-Nachhaltigkeitsverordnung in der jeweils geltenden Fassung erfüllen oder
4. es sich im Falle der Nutzung von fester Biomasse nach § 38 um Brennstoffe nach § 3 Absatz 1 Nummer 4, 5, 5a oder 8 der Verordnung über kleine und mittlere Feuerungsanlagen handelt.

(5) [1] Mit den Bestätigungen nach Absatz 4 wird die Erfüllung der Pflichten aus den Vorschriften nach den §§ 38 bis 40 nachgewiesen. [2] In den Fällen des Absatzes 4 Nummer 1 bis 3 sind die Abrechnungen und Bestätigungen in den ersten 15 Jahren nach Inbetriebnahme der Heizungsanlage von dem Eigentümer jeweils mindestens fünf Jahre nach Lieferung aufzubewahren. [3] Der Eigentümer hat die Abrechnungen und Bestätigungen der nach Landesrecht zuständigen Behörde auf Verlangen vorzulegen.

(6) [1] Kommt bei der Ermittlung des Jahres-Primärenergiebedarfs eines zu errichtenden Gebäudes § 22 Absatz 1 Satz 1 Nummer 2 oder Nummer 3 zur Anwendung, muss sich der Eigentümer vom Lieferanten bei Vertragsabschluss bescheinigen lassen, dass
1. die vereinbarte Biomethanlieferung die Anforderungen nach § 22 Absatz 1 Satz 1 Nummer 2 Buchstabe c und d erfüllt oder

2. die vereinbarte Lieferung von biogenem Flüssiggas die Anforderungen nach § 22 Absatz 1 Satz 1 Nummer 3 Buchstabe c in der gesamten Laufzeit des Liefervertrags erfüllt.

[2] Die Bescheinigung ist der zuständigen Behörde innerhalb von einem Monat nach Fertigstellung des Gebäudes vorzulegen. [3] Die Pflicht nach Satz 2 besteht auch, wenn der Eigentümer den Lieferanten wechselt. [4] Die Abrechnungen der Lieferung von Biomethan oder von biogenem Flüssiggas müssen die Bestätigung des Lieferanten enthalten, dass im Fall der Lieferung von Biomethan die Anforderungen nach § 22 Absatz 1 Satz 1 Nummer 2 Buchstabe c und d oder im Fall der Lieferung von biogenem Flüssiggas die Anforderungen nach § 22 Absatz 1 Satz 1 Nummer 3 Buchstabe c im Abrechnungszeitraum erfüllt worden sind. [5] Die Abrechnungen sind vom Eigentümer mindestens fünf Jahre ab dem Zeitpunkt der Lieferung aufzubewahren.

§ 97 Aufgaben des bevollmächtigten Bezirksschornsteinfegers

(1) Bei einer heizungstechnischen Anlage prüft der bevollmächtigte Bezirksschornsteinfeger als Beliehener im Rahmen der Feuerstättenschau nach § 14 des Schornsteinfeger-Handwerksgesetzes vom 26. November 2008 (BGBl. I S. 2242), das zuletzt durch Artikel 57 Absatz 7 des Gesetzes vom 12. Dezember 2019 (BGBl. I S. 2652) geändert worden ist, ob

1. ein Heizkessel, der nach § 72 Absatz 1 bis 3, auch in Verbindung mit § 73, außer Betrieb genommen werden musste, weiterhin betrieben wird,
2. Wärmeverteilungs- und Warmwasserleitungen, die nach § 71, auch in Verbindung mit § 73, gedämmt werden mussten, weiterhin ungedämmt sind und
3. ein mit Heizöl beschickter Heizkessel entgegen § 72 Absatz 4 und 5 eingebaut ist.

(2) Bei einer heizungstechnischen Anlage, die in ein bestehendes Gebäude eingebaut wird, prüft der bevollmächtigte Bezirksschornsteinfeger im Rahmen der bauordnungsrechtlichen Abnahme der Anlage oder, wenn eine solche Abnahme nicht vorgesehen ist, als Beliehener im Rahmen der ersten Feuerstättenschau nach dem Einbau außerdem, ob

1. die Anforderungen nach § 57 Absatz 1 erfüllt sind,
2. eine Zentralheizung mit einer zentralen selbsttätig wirkenden Einrichtung zur Verringerung und Abschaltung der Wärmezufuhr sowie zur Ein- und Ausschaltung elektrischer Antriebe nach § 61 Absatz 1 ausgestattet ist,
3. eine Umwälzpumpe in einer Zentralheizung mit einer Vorrichtung zur selbsttätigen Anpassung der elektrischen Leistungsaufnahme nach § 64 Absatz 1 ausgestattet ist und
4. bei Wärmeverteilungs- und Warmwasserleitungen sowie Armaturen die Wärmeabgabe nach § 69 begrenzt ist.

(3) [1] Der bevollmächtigte Bezirksschornsteinfeger weist den Eigentümer bei Nichterfüllung der Pflichten oder bei Nichtbeachtung eines Verbots aus den in den Absätzen 1 und 2 genannten Vorschriften schriftlich auf diese Pflichten oder Verbote hin und setzt eine angemessene Frist zu deren Nacherfüllung oder zur Beseitigung eines verbotswidrigen Zustands. [2] Werden die Pflichten nicht innerhalb der festgesetzten Frist erfüllt oder wird ein verbotswidriger Zustand nicht beseitigt, unterrichtet der bevollmächtigte Bezirksschornsteinfeger unverzüglich die nach Landesrecht zuständige Behörde.

(4) [1] Bei einer Zentralheizung, die in einem bestehenden Gebäude vorhanden ist, prüft der bevollmächtigte Bezirksschornsteinfeger als Beliehener im Rahmen der Feuerstättenschau, ob der Eigentümer zur Nachrüstung nach § 61 Absatz 2 verpflichtet ist und diese Pflicht erfüllt wurde. [2] Bei Nichterfüllung der Pflicht unterrichtet der bevollmächtigte Bezirksschornsteinfeger unverzüglich die nach Landesrecht zuständige Behörde.

(5) [1] Die Erfüllung der Pflichten aus den in den Absätzen 1, 2 und 4 genannten Vorschriften kann durch Vorlage der Unternehmererklärungen gegenüber dem bevollmächtigten Bezirksschornsteinfeger nachgewiesen werden. [2] Es bedarf dann keiner weiteren Prüfung durch den bevollmächtigten Bezirksschornsteinfeger.

§ 98 Registriernummer

(1) [1] Wer einen Inspektionsbericht nach § 78 oder einen Energieausweis nach § 79 ausstellt, hat für diesen Bericht oder für diesen Energieausweis bei der Registrierstelle eine Registriernummer zu beantragen. [2] Der Antrag ist grundsätzlich elektronisch zu stellen. [3] Eine Antragstellung in Papierform ist zulässig, soweit die elektronische Antragstellung für den Antragsteller eine unbillige Härte bedeuten würde. [4] Bei der Antragstellung sind Name und Anschrift der nach Satz 1 antragstellenden Person, das Land und die Postleitzahl der Belegenheit des Gebäudes, das Ausstellungsdatum des Inspektionsberichts oder des Energieausweises anzugeben sowie

1. in den Fällen des § 78 die Nennleistung der inspizierten Klimaanlage oder der kombinierten Klima- und Lüftungsanlage,
2. in den Fällen des § 79
 a) die Art des Energieausweises: Energiebedarfs- oder Energieverbrauchsausweis und
 b) die Art des Gebäudes: Wohn- oder Nichtwohngebäude, Neubau oder bestehendes Gebäude.

(2) [1] Die Registrierstelle teilt dem Antragsteller für jeden neu ausgestellten Inspektionsbericht oder Energieausweis eine Registriernummer zu. [2] Die Registriernummer ist unverzüglich nach Antragstellung zu erteilen.

§ 99 Stichprobenkontrollen von Energieausweisen und Inspektionsberichten über Klimaanlagen

(1) Die zuständige Behörde (Kontrollstelle) unterzieht Inspektionsberichte über Klimaanlagen oder über kombinierte Klima- und Lüftungsanlagen nach § 78 und Energieausweise nach § 79 nach Maßgabe der folgenden Absätze einer Stichprobenkontrolle.

(2) ¹ Die Stichproben müssen jeweils einen statistisch signifikanten Prozentanteil aller in einem Kalenderjahr neu ausgestellten Energieausweise und neu ausgestellten Inspektionsberichte über Klimaanlagen erfassen. ² Die Stichprobenkontrolle von Energieausweisen, die nach dem Inkrafttreten des Gesetzes bis zum 31. Juli 2021 ausgestellt werden und auf die die Vorschriften dieses Gesetzes anzuwenden sind, kann nach dem 31. Juli 2021 durchgeführt werden.

(3) ¹ Die Kontrollstelle kann bei der Registrierstelle Registriernummern und dort vorliegende Angaben nach § 98 Absatz 1 zu neu ausgestellten Energieausweisen und Inspektionsberichten über im jeweiligen Land belegene Gebäude und Klimaanlagen verarbeiten, soweit dies für die Vorbereitung der Durchführung der Stichprobenkontrollen erforderlich ist. ² Nach dem Abschluss der Stichprobenkontrolle hat die Kontrollstelle die Daten nach Satz 1 jedenfalls im Einzelfall unverzüglich zu löschen. ³ Kommt es auf Grund der Stichprobenkontrolle zur Einleitung eines Bußgeldverfahrens gegen den Ausweisaussteller nach § 108 Absatz 1 Nummer 15, 17 oder 21 oder gegen die inspizierende Person nach § 108 Absatz 1 Nummer 11 oder 21, so sind abweichend von Satz 2 die Daten nach Satz 1, soweit diese im Rahmen des Bußgeldverfahrens erforderlich sind, erst nach dessen rechtskräftigem Abschluss unverzüglich zu löschen.

(4) ¹ Die gezogene Stichprobe von Energieausweisen wird von der Kontrollstelle auf der Grundlage der nachstehenden Optionen oder gleichwertiger Maßnahmen überprüft:
1. Validitätsprüfung der Eingabe-Gebäudedaten, die zur Ausstellung des Energieausweises verwendet wurden, und der im Energieausweis angegebenen Ergebnisse,
2. Prüfung der Eingabe-Gebäudedaten und Überprüfung der im Energieausweis angegebenen Ergebnisse einschließlich der abgegebenen Modernisierungsempfehlungen,
3. vollständige Prüfung der Eingabe-Gebäudedaten, die zur Ausstellung des Energieausweises verwendet wurden, vollständige Überprüfung der im Energieausweis angegebenen Ergebnisse einschließlich der abgegebenen Modernisierungsempfehlungen und, falls dies insbesondere auf Grund des Einverständnisses des Eigentümers des Gebäudes möglich ist, Inaugenscheinnahme des Gebäudes zur Prüfung der Übereinstimmung zwischen den im Energieausweis angegebenen Spezifikationen mit dem Gebäude, für das der Energieausweis erstellt wurde.
² Wird im Rahmen der Stichprobe ein Energieausweis gezogen, der bereits auf der Grundlage von Landesrecht einer zumindest gleichwertigen Überprüfung unterzogen wurde, und ist die Überprüfung einer der Optionen nach Satz 1 gleichwertig, findet insofern keine erneute Überprüfung statt.

(5) Aussteller von Energieausweisen sind verpflichtet, Kopien der von ihnen ausgestellten Energieausweise und der zu deren Ausstellung verwendeten Daten und Unterlagen zwei Jahre ab dem Ausstellungsdatum des jeweiligen Energieausweises aufzubewahren, um die Durchführung von Stichprobenkontrollen und Bußgeldverfahren zu ermöglichen.

(6) ¹ Die Kontrollstelle kann zur Durchführung der Überprüfung nach Absatz 4 Satz 1 in Verbindung mit Absatz 1 vom jeweiligen Aussteller die Übermittlung einer Kopie des Energieausweises und die zu dessen Ausstellung verwendeten Daten und Unterlagen verlangen. ² Der Aussteller ist verpflichtet, dem Verlangen der Kontrollbehörde zu entsprechen. ³ Der Energieausweis sowie die Daten und Unterlagen sind der Kontrollstelle grundsätzlich in elektronischer Form zu übermitteln. ⁴ Die Kontrollstelle darf hierfür ein Datenformat vorgeben. ⁵ Eine Übermittlung in Papierform ist zulässig, soweit die elektronische Übermittlung für den Antragsteller eine unbillige Härte bedeuten würde. ⁶ Angaben zum Eigentümer und zur Adresse des Gebäudes darf die Kontrollstelle nur verlangen, soweit dies zur Durchführung der Überprüfung im Einzelfall erforderlich ist. ⁷ Werden die in Satz 6 genannten Angaben von der Kontrollstelle nicht verlangt, hat der Aussteller Angaben zum Eigentümer und zur Adresse des Gebäudes in der Kopie des Energieausweises sowie in den zu dessen Ausstellung verwendeten Daten und Unterlagen vor der Übermittlung unkenntlich zu machen. ⁸ Im Fall der Übermittlung von Angaben nach Satz 6 in Verbindung mit Satz 2 hat der Aussteller des Energieausweises den Eigentümer des Gebäudes hierüber unverzüglich zu informieren.

(7) ¹ Die vom Aussteller nach Absatz 6 übermittelten Kopien von Energieausweisen, Daten und Unterlagen dürfen, soweit sie personenbezogene Daten enthalten, von der Kontrollstelle nur für die Durchführung der Stichprobenkontrollen und hieraus resultierender Bußgeldverfahren gegen den Ausweisaussteller nach § 108 Absatz 1 Nummer 15, 17 oder 21 verarbeitet werden, soweit dies im Einzelfall jeweils erforderlich ist. ² Die in Satz 1 genannten Kopien, Daten und Unterlagen dürfen nur so lange gespeichert oder aufbewahrt werden, wie dies zur Durchführung der Stichprobenkontrollen und der Bußgeldverfahren im Einzelfall erforderlich ist. ³ Sie sind nach Durchführung der Stichprobenkontrollen und bei Einleitung von Bußgeldverfahren nach deren rechtskräftigem Abschluss jeweils im Einzelfall unverzüglich zu löschen oder zu vernichten. ⁴ Im Übrigen bleiben die Verordnung (EU) 2016/679, das Bundesdatenschutzgesetz und die Datenschutzgesetze der Länder in der jeweils geltenden Fassung unberührt.

(8) Die Absätze 5 bis 7 sind auf die Durchführung der Stichprobenkontrolle von Inspektionsberichten über Klimaanlagen entsprechend anzuwenden.

§ 100 Nicht personenbezogene Auswertung von Daten

(1) Die Kontrollstelle kann den nicht personenbezogenen Anteil der Daten, die sie im Rahmen des § 99 Absatz 3 Satz 1, Absatz 4, 6 Satz 1 bis 5 und Absatz 8 verarbeitet hat, unbefristet zur Verbesserung der Erfüllung von Aufgaben der Energieeinsparung verarbeiten.

(2) Die Auswertung kann sich bei Energieausweisen insbesondere auf folgende Merkmale beziehen:
1. Art des Energieausweises: Energiebedarfs- oder Energieverbrauchsausweis,
2. Anlass der Ausstellung des Energieausweises nach § 80 Absatz 1 bis 6,

3. Art des Gebäudes: Wohn- oder Nichtwohngebäude, Neubau oder bestehendes Gebäude,
4. Gebäudeeigenschaften, wie die Eigenschaften der wärmeübertragenden Umfassungsfläche und die Art der heizungs-, kühl- und raumlufttechnischen Anlagentechnik sowie der Warmwasserversorgung, bei Nichtwohngebäuden auch die Art der Nutzung und die Zonierung,
5. Werte des Endenergiebedarfs oder -verbrauchs sowie des Primärenergiebedarfs oder -verbrauchs für das Gebäude,
6. wesentliche Energieträger für Heizung und Warmwasser,
7. Einsatz erneuerbarer Energien und
8. Land und Landkreis der Belegenheit des Gebäudes ohne Angabe des Ortes, der Straße und der Hausnummer.

(3) Die Auswertung kann sich bei Inspektionsberichten über Klimaanlagen insbesondere auf folgende Merkmale beziehen:
1. Nennleistung der inspizierten Klimaanlage,
2. Art des Gebäudes: Wohn- oder Nichtwohngebäude und
3. Land und Landkreis der Belegenheit des Gebäudes, ohne Angabe des Ortes, der Straße und der Hausnummer.

§ 101 Verordnungsermächtigung; Erfahrungsberichte der Länder

(1) Die Landesregierungen werden ermächtigt, zu den in § 78 und in den §§ 98 bis 100 getroffenen Regelungen zur Erfassung und Kontrolle von Inspektionsberichten und Energieausweisen sowie zur nicht personenbezogenen Auswertung der hierbei erhobenen und gespeicherten Daten durch Rechtsverordnung Regelungen zu erlassen
1. zur Art der Durchführung der Erfassung und Kontrolle von Inspektionsberichten und Energieausweisen sowie zur nicht personenbezogenen Auswertung der hierbei erhobenen und gespeicherten Daten, die über die Vorgaben der in § 78 und in den §§ 98 bis 100 getroffenen Regelungen hinausgehen, sowie
2. zum Verfahren, die auch von den in § 78 und in den §§ 98 bis 100 getroffenen Regelungen abweichen können.

(2) [1] Die Landesregierungen werden ermächtigt, durch Rechtsverordnung die Übertragung von Aufgaben zur Erfassung und Kontrolle von Inspektionsberichten und Energieausweisen sowie zur nicht personenbezogenen Auswertung der hierbei erhobenen und gespeicherten Daten, die in § 78 und in den §§ 98 bis 100 und in einer Rechtsverordnung nach Absatz 1 geregelt sind, auf folgende Stellen zu regeln:
1. auf bestehende Behörden in den Ländern, auch auf bestehende Körperschaften oder Anstalten des öffentlichen Rechts, die der Aufsicht des jeweiligen Landes unterstehen, oder
2. auf Fachvereinigungen oder Sachverständige (Beleihung).
[2] Bei der Übertragung im Wege der Beleihung können die Landesregierungen in der Rechtsverordnung nach Satz 1 Nummer 2 auch die Voraussetzungen und das Verfahren der Beleihung regeln; dabei muss sichergestellt werden, dass die Aufgaben von der beliehenen Stelle entsprechend den in § 78 und in den §§ 98 bis 100 getroffenen Regelungen und der Rechtsverordnung nach Absatz 1 wahrgenommen werden. [3] Beliehene unterstehen der Aufsicht der jeweils zuständigen Behörde.

(3) Die Landesregierungen können die Ermächtigungen nach den Absätzen 1 und 2 Satz 1 und 2 durch Rechtsverordnung auf andere Behörden übertragen.

(4) [1] Die Länder berichten der Bundesregierung erstmals zum 1. März 2024, danach alle drei Jahre, über die wesentlichen Erfahrungen mit den Stichprobenkontrollen nach § 99. [2] Die Berichte dürfen keine personenbezogenen Daten enthalten.

§ 102 Befreiungen

(1) [1] Die nach Landesrecht zuständigen Behörden haben auf Antrag des Eigentümers oder Bauherren von den Anforderungen dieses Gesetzes zu befreien, soweit
1. die Ziele dieses Gesetzes durch andere als in diesem Gesetz vorgesehene Maßnahmen im gleichen Umfang erreicht werden oder
2. die Anforderungen im Einzelfall wegen besonderer Umstände durch einen unangemessenen Aufwand oder in sonstiger Weise zu einer unbilligen Härte führen.
[2] Eine unbillige Härte liegt insbesondere vor, wenn die erforderlichen Aufwendungen innerhalb der üblichen Nutzungsdauer, bei Anforderungen an bestehende Gebäude innerhalb angemessener Frist durch die eintretenden Einsparungen nicht erwirtschaftet werden können.

(2) Absatz 1 ist auf die Vorschriften von Teil 5 nicht anzuwenden.

(3) [1] Die Erfüllung der Voraussetzungen nach Absatz 1 Satz 1 Nummer 1 hat der Eigentümer oder der Bauherr darzulegen und nachzuweisen. [2] Die nach Landesrecht zuständige Behörde kann auf Kosten des Eigentümers oder Bauherrn die Vorlage einer Beurteilung der Erfüllung der Voraussetzungen nach Absatz 1 Satz 1 Nummer 1 durch qualifizierte Sachverständige verlangen.

§ 103 Innovationsklausel

(1) [1] Bis zum 31. Dezember 2023 können die nach Landesrecht zuständigen Behörden auf Antrag nach § 102 Absatz 1 Satz 1 Nummer 1
1. von den Anforderungen des § 10 Absatz 2 befreien, wenn

a) ein Wohngebäude so errichtet wird, dass die Treibhausgasemissionen des Gebäudes gleichwertig begrenzt werden und der Höchstwert des Jahres-Endenergiebedarfs für Heizung, Warmwasserbereitung, Lüftung und Kühlung das 0,75fache des auf die Gebäudenutzfläche bezogenen Wertes des Jahres-Endenergiebedarfs eines Referenzgebäudes, das die gleiche Geometrie, Gebäudenutzfläche und Ausrichtung wie das zu errichtende Gebäude aufweist und der technischen Referenzausführung der Anlage 1 entspricht, nicht überschreitet oder

b) ein Nichtwohngebäude so errichtet wird, dass die Treibhausgasemissionen des Gebäudes gleichwertig begrenzt werden und der Höchstwert des Jahres-Endenergiebedarfs für Heizung, Warmwasserbereitung, Lüftung, Kühlung und eingebaute Beleuchtung das 0,75fache des auf die Nettogrundfläche bezogenen Wertes des Jahres-Endenergiebedarfs eines Referenzgebäudes, das die gleiche Geometrie, Nettogrundfläche, Ausrichtung und Nutzung, einschließlich der Anordnung der Nutzungseinheiten, wie das zu errichtende Gebäude aufweist und der technischen Referenzausführung der Anlage 2 entspricht, nicht überschreitet oder

2. von den Anforderungen des § 50 Absatz 1 in Verbindung mit § 48 befreien, wenn

a) ein Wohngebäude so geändert wird, dass die Treibhausgasemissionen des Gebäudes gleichwertig begrenzt werden und der Jahres-Endenergiebedarf für Heizung, Warmwasserbereitung, Lüftung und Kühlung das 1,4fache des auf die Gebäudenutzfläche bezogenen Wertes des Jahres-Endenergiebedarfs eines Referenzgebäudes, das die gleiche Geometrie, Gebäudenutzfläche und Ausrichtung wie das geänderte Gebäude aufweist und der technischen Referenzausführung der Anlage 1 entspricht, nicht überschreitet oder

b) ein Nichtwohngebäude so geändert wird, dass die Treibhausgasemissionen des Gebäudes gleichwertig begrenzt werden und der Jahres-Endenergiebedarf für Heizung, Warmwasserbereitung, Lüftung, Kühlung und eingebaute Beleuchtung das 1,4fache des auf die Nettogrundfläche bezogenen Wertes des Jahres-Endenergiebedarfs eines Referenzgebäudes, das die gleiche Geometrie, Nettogrundfläche, Ausrichtung und Nutzung, einschließlich der Anordnung der Nutzungseinheiten, wie das geänderte Gebäude aufweist und der technischen Referenzausführung der Anlage 2 entspricht, nicht überschreitet.

[2] Die technische Referenzausführung in den Nummern 1.13 bis 9 der Anlage 2 ist nur insoweit zu berücksichtigen, wie eines der dort genannten Systeme in dem zu errichtenden Gebäude ausgeführt wird oder in dem geänderten Gebäude ausgeführt ist. [3] In den Fällen des Satzes 1 Nummer 1 darf der spezifische, auf die wärmeübertragende Umfassungsfläche bezogene Transmissionswärmeverlust eines zu errichtenden Wohngebäudes das 1,2fache des entsprechenden Wertes eines Referenzgebäudes nach der Anlage 1 und ein zu errichtendes Nichtwohngebäude das 1,25fache der Höchstwerte der mittleren Wärmedurchgangskoeffizienten der wärmeübertragenden Umfassungsfläche nach der Anlage 3 nicht überschreiten.

(2) [1] Der Antragsteller hat der nach Landesrecht zuständigen Behörde spätestens ein Jahr nach Abschluss der Maßnahme nach Absatz 1 einen Bericht mit den wesentlichen Erfahrungen bei der Anwendung der Regelung, insbesondere über Investitionskosten, Energieverbräuche und, soweit synthetisch erzeugte Energieträger in flüssiger oder gasförmiger Form genutzt werden, über die Herkunft, die Erzeugung und die Kosten dieser Energieträger sowie die Bestimmung der Treibhausgasemissionen, vorzulegen. [2] Die Länder können der Bundesregierung Daten der Berichte nach Satz 1 zum Zwecke der Auswertung zur Verfügung stellen.

(3) [1] Bis zum 31. Dezember 2025 können Bauherren oder Eigentümer bei Änderung ihrer Gebäude, die in räumlichem Zusammenhang stehen, eine Vereinbarung über die gemeinsame Erfüllung der Anforderungen nach § 50 Absatz 1 in Verbindung mit § 48 treffen, wenn sichergestellt ist, dass die von der Vereinbarung erfassten geänderten Gebäude in ihrer Gesamtheit die Anforderungen nach § 50 Absatz 1 erfüllen. [2] Jedes geänderte Gebäude, das von der Vereinbarung erfasst wird, muss eine Mindestqualität der Anforderungen an die wärmeübertragende Umfassungsfläche einhalten. [3] Die Mindestqualität nach Satz 2 gilt als erfüllt, wenn die Wärmedurchgangskoeffizienten der geänderten Außenbauteile jedes einzelnen Gebäudes die Höchstwerte der Wärmedurchgangskoeffizienten nach § 48 in Verbindung mit Anlage 7 um nicht mehr als 40 Prozent überschreiten.

(4) [1] Einer Vereinbarung nach Absatz 3 muss eine einheitliche Planung zugrunde liegen, die eine Realisierung der Maßnahmen an allen von der Vereinbarung erfassten Gebäuden in einem zeitlichen Zusammenhang von nicht mehr als drei Jahren vorsieht. [2] Der zuständigen Behörde ist die Vereinbarung anzuzeigen. [3] § 107 Absatz 5 bis 7 ist entsprechend anzuwenden.

Teil 8 Besondere Gebäude, Bußgeldvorschriften, Anschluss- und Benutzungszwang

§ 104 Kleine Gebäude und Gebäude aus Raumzellen

[1] Werden bei einem zu errichtenden kleinen Gebäude die für den Fall des erstmaligen Einbaus anzuwendenden Höchstwerte der Wärmedurchgangskoeffizienten der Außenbauteile nach § 48 eingehalten, gelten die Anforderungen des § 10 Absatz 2 als erfüllt. [2] Satz 1 ist auf ein Gebäude entsprechend anzuwenden, das für eine Nutzungsdauer von höchstens fünf Jahren bestimmt und aus Raumzellen von jeweils bis zu 50 Quadratmetern Nutzfläche zusammengesetzt ist.

§ 105 Baudenkmäler und sonstige besonders erhaltenswerte Bausubstanz

Soweit bei einem Baudenkmal, bei auf Grund von Vorschriften des Bundes- oder Landesrechts besonders geschützter Bausubstanz oder bei sonstiger besonders erhaltenswerter Bausubstanz die Erfüllung der Anforderungen dieses Gesetzes die Substanz oder das Erscheinungsbild beeinträchtigt oder andere Maßnahmen zu einem unverhältnismäßig hohen Aufwand führen, kann von den Anforderungen dieses Gesetzes abgewichen werden.

§ 106 Gemischt genutzte Gebäude

(1) Teile eines Wohngebäudes, die sich hinsichtlich der Art ihrer Nutzung und der gebäudetechnischen Ausstattung wesentlich von der Wohnnutzung unterscheiden und die einen nicht unerheblichen Teil der Gebäudenutzfläche umfassen, sind getrennt als Nichtwohngebäude zu behandeln.

(2) Teile eines Nichtwohngebäudes, die dem Wohnen dienen und einen nicht unerheblichen Teil der Nettogrundfläche umfassen, sind getrennt als Wohngebäude zu behandeln.

(3) Die Berechnung von Trennwänden und Trenndecken zwischen Gebäudeteilen richtet sich in den Fällen der Absätze 1 und 2 nach § 29 Absatz 1.

§ 107 Wärmeversorgung im Quartier [31]

(1) [1] In den Fällen des § 10 Absatz 2 oder des § 50 Absatz 1 in Verbindung mit § 48 können Bauherren oder Eigentümer, deren Gebäude in räumlichem Zusammenhang stehen, Vereinbarungen über eine gemeinsame Versorgung ihrer Gebäude mit Wärme oder Kälte treffen, um die jeweiligen Anforderungen nach § 10 Absatz 2 oder nach § 50 Absatz 1 in Verbindung mit § 48 zu erfüllen. [2] Gegenstand von Vereinbarungen nach Satz 1 können insbesondere sein:
1. die Errichtung und der Betrieb gemeinsamer Anlagen zur zentralen oder dezentralen Erzeugung, Verteilung, Nutzung oder Speicherung von Wärme und Kälte aus erneuerbaren Energien oder Kraft-Wärme-Kopplung,
2. die gemeinsame Erfüllung der Anforderung nach § 10 Absatz 2 Nummer 3,
3. die Benutzung von Grundstücken, deren Betreten und die Führung von Leitungen über Grundstücke.

(2) [1] Treffen Bauherren oder Eigentümer eine Vereinbarung nach Absatz 1, sind die Anforderungen nach § 10 Absatz 2 Nummer 1 und 2 und nach § 50 Absatz 1 in Verbindung mit § 48 für jedes Gebäude, das von der Vereinbarung erfasst wird, einzuhalten. [2] § 103 Absatz 3 bleibt unberührt.

(3) Treffen Bauherren oder Eigentümer eine Vereinbarung zur gemeinsamen Erfüllung der Anforderung nach § 10 Absatz 2 Nummer 3, muss der Wärme- und Kälteenergiebedarf ihrer Gebäude insgesamt in einem Umfang durch Maßnahmen nach den §§ 35 bis 45 gedeckt werden, der mindestens der Summe entspricht, die sich aus den einzelnen Deckungsanteilen nach den §§ 35 bis 45 ergibt.

(4) [1] Dritte, insbesondere Energieversorgungsunternehmen, können an Vereinbarungen im Sinne des Absatzes 1 beteiligt werden. [2] § 22 bleibt unberührt.

(5) Die Vereinbarung ist der zuständigen Behörde auf Verlangen vorzulegen.

(6) Eine Vereinbarung im Sinne des Absatzes 1 bedarf der Schriftform, soweit nicht durch Rechtsvorschriften eine andere Form vorgeschrieben ist.

(7) [1] Die Regelungen der Absätze 1 bis 5 sind entsprechend anwendbar, wenn die Gebäude, die im räumlichen Zusammenhang stehen und nach den Absätzen 1 bis 4 gemeinsam Anforderungen dieses Gesetzes erfüllen, einem Eigentümer gehören. [2] An die Stelle der Vereinbarung nach Absatz 1 tritt eine schriftliche Dokumentation des Eigentümers, die der zuständigen Behörde auf Verlangen vorzulegen ist.

§ 108 Bußgeldvorschriften

(1) Ordnungswidrig handelt, wer vorsätzlich oder leichtfertig
1. entgegen § 15 Absatz 1, § 16, § 18 Absatz 1 Satz 1 oder § 19 ein dort genanntes Gebäude nicht richtig errichtet,
2. entgegen § 47 Absatz 1 Satz 1 nicht dafür sorgt, dass eine dort genannte Geschossdecke gedämmt ist,
3. entgegen § 48 Satz 1 eine dort genannte Maßnahme nicht richtig ausführt,
4. entgegen § 61 Absatz 1 Satz 1 nicht dafür Sorge trägt, dass eine Zentralheizung mit einer dort genannten Einrichtung ausgestattet ist,
5. entgegen § 61 Absatz 2 eine dort genannte Ausstattung nicht, nicht richtig oder nicht rechtzeitig nachrüstet,
6. entgegen § 63 Absatz 1 Satz 1 nicht dafür Sorge trägt, dass eine heizungstechnische Anlage mit Wasser als Wärmeträger mit einer dort genannten Einrichtung ausgestattet ist,
7. entgegen § 69, § 70 oder § 71 Absatz 1 nicht dafür Sorge trägt, dass die Wärmeabgabe oder Wärmeaufnahme dort genannter Leitungen oder Armaturen begrenzt wird,
8. entgegen § 72 Absatz 1 oder 2 einen Heizkessel betreibt,
9. entgegen § 72 Absatz 4 Satz 1 einen Heizkessel einbaut oder aufstellt,
10. entgegen § 74 Absatz 1 eine Inspektion nicht, nicht richtig oder nicht rechtzeitig durchführen lässt,
11. entgegen § 77 Absatz 1 eine Inspektion durchführt,
12. entgegen § 80 Absatz 1 Satz 2, auch in Verbindung mit Satz 3, nicht sicherstellt, dass ein Energieausweis oder eine Kopie übergeben wird,
13. entgegen § 80 Absatz 4 Satz 1 oder 4, jeweils auch in Verbindung mit Absatz 5, einen Energieausweis oder eine Kopie nicht, nicht richtig, nicht vollständig oder nicht rechtzeitig vorlegt,
14. entgegen § 80 Absatz 4 Satz 5, auch in Verbindung mit Absatz 5, einen Energieausweis oder eine Kopie nicht, nicht richtig, nicht vollständig oder nicht rechtzeitig übergibt,
15. entgegen § 83 Absatz 1 Satz 2 oder Absatz 3 Satz 1 nicht dafür Sorge trägt, dass dort genannte Daten richtig sind,

31) (+++ § 107 Abs. 5 bis 7. Zur Anwendung vgl. § 103 Abs. 4 Satz 3 +++)

16. entgegen § 87 Absatz 1, auch in Verbindung mit Absatz 2, nicht sicherstellt, dass die Immobilienanzeige die dort genannten Pflichtangaben enthält,
17. entgegen § 88 Absatz 1 einen Energieausweis ausstellt,
18. entgegen § 96 Absatz 1 eine Bestätigung nicht, nicht richtig, nicht vollständig, nicht in der vorgeschriebenen Weise oder nicht rechtzeitig vornimmt,
19. entgegen § 96 Absatz 5 Satz 2 eine Abrechnung nicht oder nicht mindestens fünf Jahre aufbewahrt,
20. entgegen § 96 Absatz 6 Satz 1, auch in Verbindung mit Satz 2, eine Bescheinigung nicht, nicht richtig, nicht vollständig oder nicht rechtzeitig ausstellen lässt oder nicht, nicht richtig, nicht vollständig oder nicht rechtzeitig vorlegt oder
21. einer vollziehbaren Anordnung nach § 99 Absatz 6 Satz 1, auch in Verbindung mit Absatz 8, zuwiderhandelt.

(2) Die Ordnungswidrigkeit kann in den Fällen des Absatzes 1 Nummer 1 bis 9 mit einer Geldbuße bis zu fünfzigtausend Euro, in den Fällen des Absatzes 1 Nummer 10 bis 17 mit einer Geldbuße bis zu zehntausend Euro und in den übrigen Fällen mit einer Geldbuße bis zu fünftausend Euro geahndet werden.

§ 109 Anschluss- und Benutzungszwang

Die Gemeinden und Gemeindeverbände können von einer Bestimmung nach Landesrecht, die sie zur Begründung eines Anschluss- und Benutzungszwangs an ein Netz der öffentlichen Fernwärme- oder Fernkälteversorgung ermächtigt, auch zum Zwecke des Klima- und Ressourcenschutzes Gebrauch machen.

Teil 9 Übergangsvorschriften

§ 110 Anforderungen an Anlagen der Heizungs-, Kühl- und Raumlufttechnik sowie der Warmwasserversorgung und an Anlagen zur Nutzung erneuerbarer Energien

Die technischen Anforderungen dieses Gesetzes an Anlagen der Heizungs-, Kühl- und Raumlufttechnik sowie der Warmwasserversorgung und an Anlagen zur Nutzung erneuerbarer Energien gelten, solange und soweit ein Durchführungsrechtsakt auf der Grundlage der Richtlinie 2009/125/EG nicht etwas anderes vorschreibt.

§ 111 Allgemeine Übergangsvorschriften

(1) ¹Die Vorschriften dieses Gesetzes sind nicht anzuwenden auf Vorhaben, welche die Errichtung, die Änderung, die grundlegende Renovierung, die Erweiterung oder den Ausbau von Gebäuden zum Gegenstand haben, falls die Bauantragstellung oder der Antrag auf Zustimmung oder die Bauanzeige vor dem Inkrafttreten dieses Gesetzes erfolgte. ²Für diese Vorhaben sind die Bestimmungen der mit dem Inkrafttreten dieses Gesetzes zugleich abgelösten oder geänderten Rechtsvorschriften in den zum Zeitpunkt der Bauantragstellung oder des Antrags auf Zustimmung oder der Bauanzeige jeweils geltenden Fassungen weiter anzuwenden. ³Die Sätze 1 und 2 sind entsprechend anzuwenden auf alle Fälle nicht genehmigungsbedürftiger Vorhaben; für Vorhaben, die nach Maßgabe des Bauordnungsrechts der zuständigen Behörde zur Kenntnis zu geben sind, ist dabei auf den Zeitpunkt des Eingangs der Kenntnisgabe bei der zuständigen Behörde und für sonstige nicht genehmigungsbedürftige, insbesondere genehmigungs-, anzeige- und verfahrensfreie Vorhaben auf den Zeitpunkt des Beginns der Bauausführung abzustellen.

(2) ¹Auf Vorhaben, welche die Errichtung, die Änderung, die grundlegende Renovierung, die Erweiterung oder den Ausbau von Gebäuden zum Gegenstand haben, ist dieses Gesetz in der zum Zeitpunkt der Bauantragstellung, des Antrags auf Zustimmung oder der Bauanzeige geltenden Fassung anzuwenden. ²Satz 1 ist entsprechend anzuwenden auf alle Fälle nicht genehmigungsbedürftiger Vorhaben; für Vorhaben, die nach Maßgabe des Bauordnungsrechts der zuständigen Behörde zur Kenntnis zu geben sind, ist dabei auf den Zeitpunkt des Eingangs der Kenntnisgabe bei der zuständigen Behörde und für sonstige nicht genehmigungsbedürftige, insbesondere genehmigungs-, anzeige- und verfahrensfreie Vorhaben auf den Zeitpunkt des Beginns der Bauausführung abzustellen.

(3) Auf Verlangen des Bauherren ist abweichend von den Absätzen 1 und 2 das jeweils neue Recht anzuwenden, wenn über den Bauantrag oder über den Antrag auf Zustimmung oder nach einer Bauanzeige noch nicht bestandskräftig entschieden worden ist.

§ 112 Übergangsvorschriften für Energieausweise

(1) Wird nach dem 1. November 2020 ein Energieausweis gemäß § 80 Absatz 1, 2 oder Absatz 3 für ein Gebäude ausgestellt, auf das vor dem Inkrafttreten dieses Gesetzes geltende Rechtsvorschriften anzuwenden sind, ist in der Kopfzeile zumindest der ersten Seite des Energieausweises in geeigneter Form die angewandte Fassung der für den Energieausweis maßgeblichen Rechtsvorschrift anzugeben.

(2) Wird nach dem 1. November 2020 ein Energieausweis gemäß § 80 Absatz 3 Satz 1 oder Absatz 6 Satz 1 für ein Gebäude ausgestellt, sind die Vorschriften der Energieeinsparverordnung bis zum 1. Mai 2021 weiter anzuwenden.

(3) ¹§ 87 ist auf Energieausweise, die nach dem 30. September 2007 und vor dem 1. Mai 2014 ausgestellt worden sind, mit den folgenden Maßgaben anzuwenden. ²Als Pflichtangabe nach § 87 Absatz 1 Nummer 2 ist in Immobilienanzeigen anzugeben:
1. bei Energiebedarfsausweisen für Wohngebäude der Wert des Endenergiebedarfs, der auf Seite 2 des Energieausweises gemäß dem bei Ausstellung maßgeblichen Muster angegeben ist,
2. bei Energieverbrauchsausweisen für Wohngebäude der Energieverbrauchskennwert, der auf Seite 3 des Energieausweises gemäß dem bei Ausstellung maßgeblichen Muster angegeben ist; ist im Energieverbrauchskennwert der Energieverbrauch für Warmwasser nicht enthalten, so ist der Energieverbrauchskennwert um eine Pauschale von 20 Kilowattstunden pro Jahr und Quadratmeter Gebäudenutzfläche zu erhöhen,

3. bei Energiebedarfsausweisen für Nichtwohngebäude der Gesamtwert des Endenergiebedarfs, der Seite 2 des Energieausweises gemäß dem bei Ausstellung maßgeblichen Muster zu entnehmen ist,

4. bei Energieverbrauchsausweisen für Nichtwohngebäude sowohl der Heizenergieverbrauchs- als auch der Stromverbrauchskennwert, die Seite 3 des Energieausweises gemäß dem bei Ausstellung maßgeblichen Muster zu entnehmen sind.

[3] Bei Energieausweisen für Wohngebäude nach Satz 1, bei denen noch keine Energieeffizienzklasse angegeben ist, darf diese freiwillig angegeben werden, wobei sich die Klasseneinteilung gemäß § 86 aus dem Endenergieverbrauch oder dem Endenergiebedarf des Gebäudes ergibt.

(4) In den Fällen des § 80 Absatz 4 und 5 sind begleitende Modernisierungsempfehlungen zu noch geltenden Energieausweisen, die nach Maßgabe der am 1. Oktober 2007 oder am 1. Oktober 2009 in Kraft getretenen Fassung der Energieeinsparverordnung ausgestellt worden sind, dem potenziellen Käufer oder Mieter zusammen mit dem Energieausweis vorzulegen und dem Käufer oder neuen Mieter mit dem Energieausweis zu übergeben; für die Vorlage und die Übergabe sind im Übrigen die Vorgaben des § 80 Absatz 4 und 5 entsprechend anzuwenden.

§ 113 Übergangsvorschriften für Aussteller von Energieausweisen

(1) Zur Ausstellung von Energieausweisen für bestehende Wohngebäude nach § 80 Absatz 3 sind ergänzend zu § 88 auch Personen berechtigt, die vor dem 25. April 2007 nach Maßgabe der Richtlinie des Bundesministeriums für Wirtschaft und Technologie über die Förderung der Beratung zur sparsamen und rationellen Energieverwendung in Wohngebäuden vor Ort vom 7. September 2006 (BAnz S. 6379) als Antragsberechtigte beim Bundesamt für Wirtschaft und Ausfuhrkontrolle registriert worden sind.

(2) [1] Zur Ausstellung von Energieausweisen für bestehende Wohngebäude nach § 80 Absatz 3 sind ergänzend zu § 88 auch Personen berechtigt, die am 25. April 2007 über eine abgeschlossene Berufsausbildung im Baustoff-Fachhandel oder in der Baustoffindustrie und eine erfolgreich abgeschlossene Weiterbildung zum Energiefachberater im Baustoff-Fachhandel oder in der Baustoffindustrie verfügt haben. [2] Satz 1 ist entsprechend auf Personen anzuwenden, die eine solche Weiterbildung vor dem 25. April 2007 begonnen haben, nach erfolgreichem Abschluss der Weiterbildung.

(3) [1] Zur Ausstellung von Energieausweisen für bestehende Wohngebäude nach § 80 Absatz 3 sind ergänzend zu § 88 auch Personen berechtigt, die am 25. April 2007 über eine abgeschlossene Fortbildung auf der Grundlage des § 42a der Handwerksordnung für Energieberatung im Handwerk verfügt haben. [2] Satz 1 ist entsprechend auf Personen anzuwenden, die eine solche Fortbildung vor dem 25. April 2007 begonnen haben, nach erfolgreichem Abschluss der Fortbildung.

§ 114 Übergangsvorschrift über die vorläufige Wahrnehmung von Vollzugsaufgaben der Länder durch das Deutsche Institut für Bautechnik

[1] Bis zum Inkrafttreten der erforderlichen jeweiligen landesrechtlichen Regelungen zur Aufgabenübertragung nimmt das Deutsche Institut für Bautechnik vorläufig die Aufgaben des Landesvollzugs als Registrierstelle nach § 98 und als Kontrollstelle nach § 99 wahr. [2] Die vorläufige Aufgabenwahrnehmung als Kontrollstelle nach Satz 1 bezieht sich nur auf die Überprüfung von Stichproben auf der Grundlage der in § 99 Absatz 4 Satz 1 Nummer 1 und 2 geregelten Optionen oder gleichwertiger Maßnahmen, soweit diese Aufgaben elektronisch durchgeführt werden können. [3] Die Sätze 1 und 2 sind längstens fünf Jahre nach Inkrafttreten dieser Regelung anzuwenden.

GEG - Anlage 1 (zu § 15 Absatz 1) Technische
Ausführung des Referenzgebäudes
(Wohngebäude)

(Fundstelle: BGBl. I 2020, 1767 - 1768)

Nummer	Bauteile/Systeme	Referenzausführung/Wert (Maßeinheit)	
		Eigenschaft (zu den Nummern 1.1 bis 4)	
1.1	Außenwand (einschließlich Einbauten, wie Rollladenkästen), Geschossdecke gegen Außenluft	Wärmedurchgangskoeffizient	$U = 0,28$ W/(m²·K)
1.2	Außenwand gegen Erdreich, Bodenplatte, Wände und Decken zu unbeheizten Räumen	Wärmedurchgangskoeffizient	$U = 0,35$ W/(m²·K)
1.3	Dach, oberste Geschossdecke, Wände zu Abseiten	Wärmedurchgangskoeffizient	$U = 0,20$ W/(m²·K)
1.4	Fenster, Fenstertüren	Wärmedurchgangskoeffizient	$U_W = 1,3$ W/(m²·K)
		Gesamtenergiedurchlassgrad der Verglasung	Bei Berechnung nach • DIN V 4108-6: 2003-06: $g\perp = 0,60$ • DIN V 18599-2: 2018-09: $g = 0,60$
1.5	Dachflächenfenster, Glasdächer und Lichtbänder	Wärmedurchgangskoeffizient	$U_W = 1,4$ W/(m²·K)
		Gesamtenergiedurchlassgrad der Verglasung	Bei Berechnung nach • DIN V 4108-6: 2003-06: $g\perp = 0,60$ • DIN V 18599-2: 2018-09: $g = 0,60$
1.6	Lichtkuppeln	Wärmedurchgangskoeffizient	$U_W = 2,7$ W/(m²·K)

		Gesamtenergiedurchlassgrad der Verglasung	Bei Berechnung nach • DIN V 4108-6: 2003-06: $g\perp = 0{,}64$ • DIN V 18599-2: 2018-09: $g = 0{,}64$
1.7	Außentüren; Türen gegen unbeheizte Räume	Wärmedurchgangskoeffizient	$U = 1{,}8 \ W/(m^2{\cdot}K)$
2	Bauteile nach den Nummern 1.1 bis 1.7	Wärmebrückenzuschlag	$\Delta U_{WB} = 0{,}05 \ W/(m^2{\cdot}K)$
3	Solare Wärmegewinne über opake Bauteile	wie das zu errichtende Gebäude	
4	Luftdichtheit der Gebäudehülle	Bemessungswert n_{50}	Bei Berechnung nach • DIN V 4108-6: 2003-06: mit Dichtheitsprüfung • DIN V 18599-2: 2018-09: nach Kategorie I
5	Sonnenschutzvorrichtung	keine Sonnenschutzvorrichtung	

6	Heizungsanlage	• Wärmeerzeugung durch Brennwertkessel (verbessert, bei der Berechnung nach § 20 Absatz 1 nach 1994), Erdgas, Aufstellung:
		– für Gebäude bis zu 500 m^2 Gebäudenutzfläche innerhalb der thermischen Hülle
		– für Gebäude mit mehr als 500 m^2 Gebäudenutzfläche außerhalb der thermischen Hülle
		• Auslegungstemperatur 55/45 °C, zentrales Verteilsystem innerhalb der wärmeübertragenden Umfassungsfläche, innen liegende Stränge und Anbindeleitungen, Standard-Leitungslängen nach DIN V 4701-10: 2003-08 Tabelle 5.3-2, Pumpe auf Bedarf ausgelegt (geregelt, Δp const), Rohrnetz ausschließlich statisch hydraulisch abgeglichen
		• Wärmeübergabe mit freien statischen Heizflächen, Anordnung an normaler Außenwand, Thermostatventile mit Proportionalbereich 1 K nach DIN V 4701-10: 2003-08 bzw. P-Regler (nicht zertifiziert) nach DIN V 18599-5: 2018-09

7	Anlage zur Warmwasserbereitung	• zentrale Warmwasserbereitung • gemeinsame Wärmebereitung mit Heizungsanlage nach Nummer 6 • bei Berechnung nach § 20 Absatz 1: allgemeine Randbedingungen gemäß DIN V 18599-8: 2018-09 Tabelle 6, Solaranlage mit Flachkollektor nach 1998 sowie Speicher ausgelegt gemäß DIN V 18599-8: 2018-09 Abschnitt 6.4.3 • bei Berechnung nach § 20 Absatz 2: Solaranlage mit Flachkollektor zur ausschließlichen Trinkwassererwärmung entsprechend den Vorgaben nach DIN V 4701-10: 2003-08 Tabelle 5.1-10 mit Speicher, indirekt beheizt (stehend), gleiche Aufstellung wie Wärmeerzeuger, – kleine Solaranlage bei $A_N \leq 500\ m^2$ (bivalenter Solarspeicher – große Solaranlage bei $A_N > 500\ m^2$ • Verteilsystem mit Zirkulation, innerhalb der wärmeübertragenden Umfassungsfläche, innen liegende Stränge, gemeinsame Installationswand, Standard-Leitungslängen nach DIN V 4701-10: 2003-08 Tabelle 5.1-2
8	Kühlung	keine Kühlung
9	Lüftung	zentrale Abluftanlage, nicht bedarfsgeführt mit geregeltem DC-Ventilator, • DIN V 4701: 2003-08: Anlagen-Luftwechsel $n_A = 0{,}4\ h^{-1}$ • DIN-V 18599-10: 2018-09: nutzungsbedingter Mindestaußenluftwechsel n_{Nutz}: $0{,}55\ h^{-1}$
10	Gebäudeautomation	Klasse C nach DIN V 18599-11: 2018-09

GEG - Anlage 2 (zu § 18 Absatz 1) Technische
Ausführung des Referenzgebäudes
(Nichtwohngebäude)

(Fundstelle: BGBl. I 2020, 1769 - 1773)

Nummer	Bauteile/Systeme	Eigenschaft (zu den Nummern 1.1 bis 1.13)	Referenzausführung/Wert (Maßeinheit)	
			Raum-Solltemperaturen im Heizfall $\geq 19\ °C$	Raum-Solltemperaturen im Heizfall von 12 bis < 19 °C
1.1	Außenwand (einschließlich Einbauten, wie Rollladen-kästen), Geschossdecke gegen Außenluft	Wärmedurchgangskoeffizient	U = 0,28 W/(m²·K)	U = 0,35 W/(m²·K)
1.2	Vorhangfassade (siehe auch Nummer 1.14)	Wärmedurchgangskoeffizient	U = 1,4 W/(m²·K)	U = 1,9 W/(m²·K)
		Gesamtenergiedurchlassgrad der Verglasung	g = 0,48	g = 0,60
		Lichttransmissionsgrad der Verglasung	$\tau_{v,D65,SNA}$ = 0,72	$\tau_{v,D65,SNA}$ = 0,78
1.3	Wand gegen Erdreich, Bodenplatte, Wände und Decken zu unbeheizten Räumen (außer Abseitenwände nach Nummer 1.4)	Wärmedurchgangskoeffizient	U = 0,35 W/(m²·K)	U = 0,35 W/(m²·K)
1.4	Dach (soweit nicht unter Nummer 1.5), oberste Geschossdecke, Wände zu Abseiten	Wärmedurchgangskoeffizient	U = 0,20 W/(m²·K)	U = 0,35 W/(m²·K)
1.5	Glasdächer	Wärmedurchgangskoeffizient	U_W = 2,7 W/(m²·K)	U_W = 2,7 W/(m²·K)
		Gesamtenergiedurchlassgrad der Verglasung	g = 0,63	g = 0,63
		Lichttransmissionsgrad der Verglasung	$\tau_{v,D65,SNA}$ = 0,76	$\tau_{v,D65,SNA}$ = 0,76
1.6	Lichtbänder	Wärmedurchgangskoeffizient	U_W = 2,4 W/(m²·K)	U_W = 2,4 W/(m²·K)
		Gesamtenergiedurchlassgrad der Verglasung	g = 0,55	g = 0,55
		Lichttransmissionsgrad der Verglasung	$\tau_{v,D65,SNA}$ = 0,48	$\tau_{v,D65,SNA}$ = 0,48
1.7	Lichtkuppeln	Wärmedurchgangskoeffizient	U_W = 2,7 W/(m²·K)	U_W = 2,7 W/(m²·K)

		Gesamtenergiedurchlassgrad der Verglasung	g = 0,64	g = 0,64
		Lichttransmissionsgrad der Verglasung	$\tau_{v,D65,SNA}$ = 0,59	$\tau_{v,D65,SNA}$ = 0,59
1.8	Fenster, Fenstertüren (siehe auch Nummer 1.14)	Wärmedurchgangskoeffizient	U_W = 1,3 W/(m²·K)	U_W = 1,9 W/(m²·K)
		Gesamtenergiedurchlassgrad der Verglasung	g = 0,60	g = 0,60
		Lichttransmissionsgrad der Verglasung	$\tau_{v,D65,SNA}$ = 0,78	$\tau_{v,D65,SNA}$ = 0,78
1.9	Dachflächenfenster (siehe auch Nummer 1.14)	Wärmedurchgangskoeffizient	U_W = 1,4 W/(m²·K)	U_W = 1,9 W/(m²·K)
		Gesamtenergiedurchlassgrad der Verglasung	g = 0,60	g = 0,60
		Lichttransmissionsgrad der Verglasung	$\tau_{v,D65,SNA}$ = 0,78	$\tau_{v,D65,SNA}$ = 0,78
1.10	Außentüren; Türen gegen unbeheizte Räume; Tore	Wärmedurchgangskoeffizient	U = 1,8 W/(m²·K)	U = 2,9 W/(m²·K)
1.11	Bauteile in den Nummern 1.1 und 1.3 bis 1.10	Wärmebrückenzuschlag	ΔU_{WB} = 0,05 W/(m²·K)	ΔU_{WB} = 0,1 W/(m²·K)
1.12	Gebäudedichtheit	Kategorie nach DIN V 18599-2: 2018-09 Tabelle 7	Kategorie I	
1.13	Tageslichtversorgung bei Sonnen- oder Blendschutz oder bei Sonnen- und Blendschutz	Tageslichtversorgungsfaktor $C_{TL,Vers,SA}$ nach DIN V 18599-4: 2018-09	• kein Sonnen- oder Blendschutz vorhanden: 0,70 • Blendschutz vorhanden: 0,15	

1.14	Sonnenschutzvorrichtung	Für das Referenzgebäude ist die tatsächliche Sonnenschutzvorrichtung des zu errichtenden Gebäudes anzunehmen; sie ergibt sich gegebenenfalls aus den Anforderungen zum sommerlichen Wärmeschutz nach § 14 oder aus Erfordernissen des Blendschutzes. Soweit hierfür Sonnenschutzverglasung zum Einsatz kommt, sind für diese Verglasung folgende Kennwerte anzusetzen: • anstelle der Werte der Nummer 1.2 – Gesamtenergiedurchlassgrad der Verglasung g \qquad g = 0,35 – Lichttransmissionsgrad der Verglasung $\tau_{v,D65,SNA}$ \qquad $\tau_{v,D65,SNA} = 0{,}58$ • anstelle der Werte der Nummern 1.8 und 1.9: – Gesamtenergiedurchlassgrad der Verglasung g \qquad g = 0,35 – Lichttransmissionsgrad der Verglasung $\tau_{v,D65,SNA}$ \qquad $\tau_{v,D65,SNA} = 0{,}62$
2	Solare Wärmegewinne über opake Bauteile	Wie beim zu errichtenden Gebäude
3.1	Beleuchtungsart	direkt/indirekt mit elektronischem Vorschaltgerät und stabförmiger Leuchtstofflampe

3.2	Regelung der Beleuchtung	Präsenzkontrolle:
		– in Zonen der Nutzungen 4, 15 bis 19, 21 und 31*: mit Präsenzmelder
		– im Übrigen: manuell
		Konstantlichtkontrolle/tageslichtabhängige Kontrolle:
		– in Zonen der Nutzungen 5, 9, 10, 14, 22.1 bis 22.3, 29, 37 bis 40*: Konstantlichtkontrolle gemäß DIN V 18599-4: 2018-09 Abschnitt 5.4.6
		– in Zonen der Nutzungen 1 bis 4, 8, 12, 28, 31 und 36*: tageslichtabhängige Kontrolle, Kontrollart „gedimmt, nicht ausschaltend" gemäß DIN V 18599-4: 2018-09 Abschnitt 5.5.4 (einschließlich Konstantlichtkontrolle)
		– im Übrigen: manuell
4.1	Heizung (Raumhöhen ≤ 4 m) – Wärmeerzeuger	Brennwertkessel (verbessert, nach 1994) nach DIN V 18599-5: 2018-09, Erdgas, Aufstellung außerhalb der thermischen Hülle, Wasserinhalt > 0,15 l/kW
4.2	Heizung (Raumhöhen ≤ 4 m) – Wärmeverteilung	– bei statischer Heizung und Umluftheizung (dezentrale Nachheizung in RLT-Anlage): Zweirohrnetz, außen liegende Verteilleitungen im unbeheizten Bereich, innen liegende Steigstränge, innen liegende Anbindeleitungen, Systemtemperatur 55/45 °C, ausschließlich statisch hydraulisch abgeglichen, Δp const, Pumpe auf Bedarf ausgelegt, Pumpe mit intermittierendem Betrieb, keine Überströmventile, für den Referenzfall sind die Rohrleitungslängen und die Umgebungstemperaturen gemäß den Standardwerten nach DIN V 18599-5: 2018-09 zu ermitteln.
		– bei zentralem RLT-Gerät: Zweirohrnetz, Systemtemperatur 70/55 °C, ausschließlich statisch hydraulisch abgeglichen, Δp const, Pumpe auf Bedarf ausgelegt, für den Referenzfall sind die Rohrleitungslängen und die Lage der Rohrleitungen wie beim zu errichtenden Gebäude anzunehmen.

4.3	Heizung (Raumhöhen ≤ 4 m) – Wärmeübergabe	– bei statischer Heizung: freie Heizflächen an der Außenwand (bei Anordnung vor Glasflächen mit Strahlungsschutz), ausschließlich statisch hydraulisch abgeglichen, P-Regler (nicht zertifiziert), keine Hilfsenergie – bei Umluftheizung (dezentrale Nachheizung in RLT-Anlage): Regelgröße Raumtemperatur, hohe Regelgüte.
4.4	Heizung (Raumhöhen > 4 m)	Dezentrales Heizsystem: Wärmeerzeuger gemäß DIN V 18599-5: 2018-09 Tabelle 52: – Dezentraler Warmlufterzeuger – nicht kondensierend – Leistung 25 bis 50 kW je Gerät – Energieträger Erdgas – Leistungsregelung 1 (einstufig oder mehrstufig/modulierend ohne Anpassung der Verbrennungsluftmenge) Wärmeübergabe gemäß DIN V 18599-5: 2018-09 Tabelle 16 und Tabelle 22: – Radialventilator, Auslass horizontal, ohne Warmluftrückführung, Raumtemperaturregelung P-Regler (nicht zertifiziert)
5.1	Warmwasser – zentrales System	Wärmeerzeuger: allgemeine Randbedingungen gemäß DIN V 18599-8: 2018-09 Tabelle 6, Solaranlage mit Flachkollektor (nach 1998) zur ausschließlichen Trinkwassererwärmung nach DIN V 18599-8: 2018-09 mit Standardwerten gemäß Tabelle 19 bzw. Abschnitt 6.4.3, jedoch abweichend auch für zentral warmwasserversorgte Nettogrundflächen über 3 000 m² Restbedarf über Wärmeerzeuger der Heizung Wärmespeicherung: bivalenter, außerhalb der thermischen Hülle aufgestellter Speicher nach DIN V 18599-8: 2018-09 Abschnitt 6.4.3 Wärmeverteilung: mit Zirkulation, für den Referenzfall sind die Rohrleitungslänge und die Lage der Rohrleitungen wie beim zu errichtenden Gebäude anzunehmen.
5.2	Warmwasser – dezentrales System	hydraulisch geregelter Elektro-Durchlauferhitzer, eine Zapfstelle und 6 Meter Leitungslänge pro Gerät bei Gebäudezonen, die einen Warmwasserbedarf von höchstens 200 Wh / (m² · d) aufweisen

6.1	Raumlufttechnik – Abluftanlage	spezifische Leistungsaufnahme Ventilator P_{SFP} = 1,0 kW/(m³/s)
6.2	Raumlufttechnik – Zu- und Abluftanlage	– Luftvolumenstromregelung: Soweit für Zonen der Nutzungen 4, 8, 9, 12, 13, 23, 24, 35, 37 und 40* eine Zu- und Abluftanlage vorgesehen wird, ist diese mit bedarfsabhängiger Luftvolumenstromregelung Kategorie IDA-C4 gemäß DIN V 18599-7: 2018-09 Abschnitt 5.8.1 auszulegen. – Spezifische Leistungsaufnahme: – Zuluftventilator P_{SFP} = 1,5 kW/(m³/s) – Abluftventilator P_{SFP} = 1,0 kW/(m³/s) Erweiterte P_{SFP}-Zuschläge nach DIN EN 16798-3: 2017-11 Abschnitt 9.5.2.2 können für HEPA-Filter, Gasfilter sowie Wärmerückführungsbauteile der Klassen H2 oder H1 nach DIN EN 13053:2007-11 angerechnet werden. – Wärmerückgewinnung über Plattenwärmeübertrager: Temperaturänderungsgrad $\eta_{t,comp}$ = 0,6 Zulufttemperatur 18 °C Druckverhältniszahl f_P = 0,4 – Luftkanalführung: innerhalb des Gebäudes – bei Kühlfunktion: Auslegung für 6/12 °C, keine indirekte Verdunstungskühlung
6.3	Raumlufttechnik – Luftbefeuchtung	für den Referenzfall ist die Einrichtung zur Luftbefeuchtung wie beim zu errichtenden Gebäude anzunehmen
6.4	Raumlufttechnik – Nur-Luft-Klimaanlagen	als kühllastgeregeltes Variabel-Volumenstrom-System ausgeführt: Druckverhältniszahl: f_P = 0,4 konstanter Vordruck Luftkanalführung: innerhalb des Gebäudes

7	Raumkühlung	– Kältesystem: Kaltwasser-Ventilatorkonvektor, Brüstungsgerät Kaltwassertemperatur 14/18 °C – Kaltwasserkreis Raumkühlung: Überströmung 10 % spezifische elektrische Leistung der Verteilung $P_{d,spez}$ = 30 $W_{el}/kW_{Kälte}$ hydraulisch abgeglichen, geregelte Pumpe, Pumpe hydraulisch entkoppelt, saisonale sowie Nacht- und Wochenendabschaltung nach DIN V 18599-7: 2018-09, Anhang D
8	Kälteerzeugung	Erzeuger: Kolben/Scrollverdichter mehrstufig schaltbar, R134a, außenluftgekühlt, kein Speicher, Baualterfaktor $f_{c,B}$ = 1,0, Freikühlfaktor f_{FC} = 1,0 Kaltwassertemperatur: – bei mehr als 5 000 m² mittels Raumkühlung konditionierter Nettogrundfläche, für diesen Konditionierungsanteil 14/18 °C – im Übrigen: 6/12 °C Kaltwasserkreis Erzeuger inklusive RLT-Kühlung: Überströmung 30 % spezifische elektrische Leistung der Verteilung $P_{d,spez}$ = 20 $W_{el}/kW_{Kälte}$ hydraulisch abgeglichen, ungeregelte Pumpe, Pumpe hydraulisch entkoppelt, saisonale sowie Nacht- und Wochenendabschaltung nach DIN V 18599-7: 2018-09, Anhang D, Verteilung außerhalb der konditionierten Zone. Der Primärenergiebedarf für das Kühlsystem und die Kühlfunktion der raumlufttechnischen Anlage darf für Zonen der Nutzungen 1 bis 3, 8, 10, 16, 18 bis 20 und 31 * nur zu 50 % angerechnet werden.
9	Gebäudeautomation	Klasse C nach DIN V 18599-11: 2018-09

* Nutzungen nach Tabelle 5 der DIN V 18599-10: 2018-09.

GEG - Anlage 3 (zu § 19) Höchstwerte der
mittleren Wärmedurchgangskoeffizienten der
wärmeübertragenden Umfassungsfläche
(Nichtwohngebäude)

(Fundstelle: BGBl. I 2020, 1774)

Nummer	Bauteile	Höchstwerte der Mittelwerte der Wärmedurchgangskoeffizienten	
		Zonen mit Raum-Solltemperaturen im Heizfall ≥ 19 °C	Zonen mit Raum-Solltemperaturen im Heizfall von 12 bis < 19 °C
1	Opake Außenbauteile, soweit nicht in Bauteilen der Nummern 3 und 4 enthalten	$\bar{U} = 0,28$ W/(m²·K)	$\bar{U} = 0,50$ W/(m²·K)
2	Transparente Außenbauteile, soweit nicht in Bauteilen der Nummern 3 und 4 enthalten	$\bar{U} = 1,5$ W/(m²·K)	$\bar{U} = 2,8$ W/(m²·K)
3	Vorhangfassade	$\bar{U} = 1,5$ W/(m²·K)	$\bar{U} = 3,0$ W/(m²·K)
4	Glasdächer, Lichtbänder, Lichtkuppeln	$\bar{U} = 2,5$ W/(m²·K)	$\bar{U} = 3,1$ W/(m²·K)

Bei der Berechnung des Mittelwerts des jeweiligen Bauteils sind die Bauteile nach Maßgabe ihres Flächenanteils zu berücksichtigen. Die Wärmedurchgangskoeffizienten von Bauteilen gegen unbeheizte Räume (außer Dachräumen) oder Erdreich sind zusätzlich mit dem Faktor 0,5 zu gewichten. Bei der Berechnung des Mittelwerts der an das Erdreich angrenzenden Bodenplatten bleiben die Flächen unberücksichtigt, die mehr als 5 Meter vom äußeren Rand des Gebäudes entfernt sind. Die Berechnung ist für Zonen mit unterschiedlichen Raum-Solltemperaturen im Heizfall getrennt durchzuführen.
Für die Berechnung des Wärmedurchgangskoeffizienten der an Erdreich grenzenden Bauteile ist DIN V 18599-2: 2018-09 Abschnitt 6.1.4.3 und für opake Bauteile ist DIN 4108-4: 2017-03 in Verbindung mit DIN EN ISO 6946: 2008-04 anzuwenden. Für die Berechnung des Wärmedurchgangskoeffizienten transparenter Bauteile sowie von Vorhangfassaden ist DIN 4108-4: 2017-03 anzuwenden.

GEG - Anlage 4 (zu § 22 Absatz 1)
Primärenergiefaktoren

(Fundstelle: BGBl. I 2020, 1775)

Nummer	Kategorie	Energieträger	Primärenergiefaktoren nicht erneuerbarer Anteil
1	Fossile Brennstoffe	Heizöl	1,1
2		Erdgas	1,1
3		Flüssiggas	1,1
4		Steinkohle	1,1
5		Braunkohle	1,2
6	Biogene Brennstoffe	Biogas	1,1
7		Bioöl	1,1
8		Holz	0,2
9	Strom	netzbezogen	1,8
10		gebäudenah erzeugt (aus Photovoltaik oder Windkraft)	0,0
11		Verdrängungsstrommix für KWK	2,8
12	Wärme, Kälte	Erdwärme, Geothermie, Solarthermie, Umgebungswärme	0,0
13		Erdkälte, Umgebungskälte	0,0
14		Abwärme	0,0
15		Wärme aus KWK, gebäudeintegriert oder gebäudenah	nach Verfahren B gemäß DIN V 18599-9: 2018-09 Abschnitt 5.2.5 oder DIN V 18599-9: 2018-09 Abschnitt 5.3.5.1
16	Siedlungsabfälle		0,0

GEG

GEG - Anlage 5 (zu § 31 Absatz 1) Vereinfachtes
Nachweisverfahren für ein zu errichtendes
Wohngebäude

(Fundstelle: BGBl. I 2020, 1776 - 1781)

1. Voraussetzungen für die Anwendung des vereinfachten
Nachweisverfahrens

Das vereinfachte Nachweisverfahren nach § 31 Absatz 1 kann auf ein zu
errichtendes Wohngebäude angewendet werden, wenn sämtliche der
folgenden Voraussetzungen erfüllt sind:

a) Das Gebäude ist ein Wohngebäude im Sinne des § 3 Nummer 33;
wird ein gemischt genutztes Gebäude nach § 106 Absatz 1 oder
Absatz 2 in zwei Gebäudeteile aufgeteilt, kann das vereinfachte
Nachweisverfahren nach § 31 Absatz 1 bei Erfüllung aller anderen
Voraussetzungen auf den Wohngebäudeteil angewendet werden.

b) Das Gebäude darf nicht mit einer Klimaanlage ausgestattet sein.

c) Die Wärmebrücken, die im Rahmen von rechnerischen Nachweisen
zu berücksichtigen wären, sind so auszuführen, dass sie mindestens
gleichwertig mit den Musterlösungen nach DIN 4108 Beiblatt 2:
2019-06 sind; die §§ 12 und 24 bleiben unberührt.

d) Die Dichtheit des Gebäudes ist nach § 26 zu prüfen und muss die
dort genannten Grenzwerte einhalten.

e) Damit der sommerliche Wärmeschutz auch ohne
Nachweisrechnung als ausreichend angesehen werden kann, muss
das Gebäude folgende Voraussetzungen erfüllen:

aa) beim kritischen Raum (Raum mit der höchsten
Wärmeeinstrahlung im Sommer) beträgt der
Fensterflächenanteil bezogen auf die Grundfläche dieses
Raums nicht mehr als 35 Prozent,

bb) sämtliche Fenster in Ost-, Süd- oder Westorientierung
(inklusive derer eines eventuellen Glasvorbaus) sind mit
außen liegenden Sonnenschutzvorrichtungen mit einem
Abminderungsfaktor $F_C \le 0,30$ ausgestattet.

f) Die beheizte Bruttogrundfläche des Gebäudes $A_{BGF, Gebäude}$[1] darf
nicht kleiner als 115 Quadratmeter und nicht größer als 2 300
Quadratmeter sein.

g) Die mittlere Geschosshöhe[2] nach DIN V 18599-1: 2018-09 des
Gebäudes darf nicht kleiner als 2,5 Meter und nicht größer als 3
Meter sein.

h) Die Kompaktheit des Gebäudes in Bezug auf das Verhältnis von
Bruttoumfang beheizter Bruttogrundfläche $A_{BGF, Geschoss}$ jedes
beheizten Geschosses muss folgende Voraussetzung erfüllen: Das
Quadrat des Bruttoumfangs U_{brutto} in Meter darf höchstens das
20fache der beheizten Bruttogrundfläche eines beheizten
Geschosses $A_{BGF, Geschoss}$ in Quadratmeter betragen; bei einem
angebauten Gebäude ist in den Bruttoumfang auch derjenige Anteil
einzurechnen, der an benachbarte beheizte Gebäude angrenzt.

i) Bei Gebäuden mit beheizten Räumen in mehreren Geschossen
müssen die beheizten Bruttogeschossflächen aller Geschosse ohne
Vor- oder Rücksprünge deckungsgleich sein; nur das oberste
Geschoss darf eine kleinere beheizte Bruttogeschossfläche als das
darunter liegende Geschoss besitzen. [3]

j) Insgesamt darf das Gebäude nicht mehr als sechs beheizte
Geschosse besitzen.

k) Der Fensterflächenanteil des Gebäudes[4] darf bei zweiseitig
angebauten Gebäuden nicht mehr als 35 Prozent, bei allen anderen
Gebäuden nicht mehr als 30 Prozent an der gesamten
Fassadenfläche des Gebäudes betragen.

l) Die Gesamtfläche spezieller Fenstertüren an der gesamten Fassadenfläche des Gebäudesdarf bei freistehenden Gebäuden und einseitig angebauten Gebäuden 4,5 Prozent undbei zweiseitig angebauten Gebäuden 5,5 Prozent nicht überschreiten.

m) Die Fläche der in nördliche Richtung orientierten[5] Fenster des Gebäudes darf nicht größer sein als der Mittelwert der Fensterflächen anderer Orientierungen.

n) Der Anteil von Dachflächenfenstern, Lichtkuppeln und ähnlichen transparenten Bauteilen im Dachbereich darf nicht mehr als 6 Prozent der Dachfläche betragen.

o) Die Gesamtfläche aller Außentüren[6] darf bei Ein- und Zweifamilienhäusern 2,7 Prozent, ansonsten 1,5 Prozent der beheizten Bruttogrundfläche des Gebäudes nicht überschreiten.

2. Ausführungsvarianten

Bei den Angaben in den Tabellen 1 bis 3 handelt es sich um Mindestqualitäten für die energetische Qualität des Wärmeschutzes und der Anlagen; die Anforderungen an den baulichen Wärmeschutz ergeben sich aus Nummer 3 Buchstabe a; die Anforderungen andie jeweilige Anlage ergeben sich aus Nummer 3 Buchstabe b. Durchkreuzte graue Tabellenfelder geben an, dass das vereinfachte Nachweisverfahren nach § 31 Absatz 1 für die jeweilige Anlagenvariante bei diesen Gebäudegrößen nicht anwendbar ist.

a) Ausführungsvarianten für ein freistehendes Wohngebäude

Bei einem freistehenden Gebäude erfüllen die Ausführungsvarianten nach Maßgabe von Tabelle 1 die Anforderungen des § 10 Absatz 2 in Verbindung mit den §§ 15 bis 17 und den §§ 34 bis 45.

Tabelle 1

Ausführungsvarianten für ein freistehendes Gebäude

Anlagenvariante Nummer	Beheizte Bruttogrundfläche des Gebäudes A_{BGF} in m²		1	2	3	4	5	6	7	8	9	10	11	12	13	14	15
		von	115	141	166	196	236	281	341	406	491	581	701	881	1101	1401	1801
		bis	140	165	195	235	280	340	405	490	580	700	880	1100	1400	1800	2300
	Anlagenvariante		Erforderliche Wärmeschutzvariante														
1	Kessel für feste Biomasse, Pufferspeicher und zentrale Trinkwassererwärmung		D														
2	Brennwertgerät zur Verfeuerung von Erdgas oder leichtem Heizöl, Solaranlage zur zentralen Trinkwassererwärmung, Lüftungsanlage mit Wärmerückgewinnung		B				A										
3	Brennwertgerät zur Verfeuerung von Erdgas oder leichtem Heizöl, Solaranlage zur zentralen Trinkwassererwärmung und Heizungsunterstützung (Kombianlage), Pufferspeicher, Lüftungsanlage mit Wärmerückgewinnung		C														

4	Nah-/Fernwärmeversorgung oder lokale Kraft-Wärme-Kopplung, zentrale Trinkwassererwärmung	D	C		B
5	Nah-/Fernwärmeversorgung oder lokale Kraft-Wärme-Kopplung, zentrale Trinkwassererwärmung, Lüftungsanlage mit Wärmerückgewinnung		D		
6	Luft-Wasser-Wärmepumpe, zentrale Trinkwassererwärmung		D		
7	Luft-Wasser-Wärmepumpe, dezentrale Trinkwassererwärmung	D	C	B	A
8	Luft-Wasser-Wärmepumpe, dezentrale Trinkwassererwärmung, Lüftungsanlage mit Wärmerückgewinnung		D		C
9	Wasser-Wasser-Wärmepumpe, zentrale Trinkwassererwärmung		D		
10	Sole-Wasser-Wärmepumpe, zentrale Trinkwassererwärmung		D		

b) Ausführungsvarianten für ein einseitig angebautes Wohngebäude

Bei einem einseitig angebauten Gebäude gemäß § 3 Absatz 1 Nummer 6 erfüllen die Ausführungsvarianten nach Maßgabe von Tabelle 2 die Anforderungen des § 10 Absatz 2 in Verbindung mit den §§ 15 bis 17 und den §§ 34 bis 45.

Tabelle 2

Ausführungsvarianten für ein einseitig angebautes Gebäude

Anlagenvariante Nummer	Beheizte Bruttogrundfläche des Gebäudes A_{BGF} in m²		1	2	3	4	5	6	7	8	9	10	11	12	13	14	15
		von	115	141	166	196	236	281	341	406	491	581	701	881	1101	1401	1801
		bis	140	165	195	235	280	340	405	490	580	700	880	1100	1400	1800	2300
	Anlagenvariante		Erforderliche Wärmeschutzvariante														
1	Kessel für feste Biomasse, Pufferspeicher und zentrale Trinkwassererwärmung		D														
2	Brennwertgerät zur Verfeuerung von Erdgas oder leichtem Heizöl, Solaranlage zur zentralen Trinkwassererwärmung, Lüftungsanlage mit Wärmerückgewinnung		B		A												

Nr.	Anlagenvariante				
3	Brennwertgerät zur Verfeuerung von Erdgas oder leichtem Heizöl, Solaranlage zur zentralen Trinkwassererwärmung und Heizungsunterstützung (Kombianlage), Pufferspeicher, Lüftungsanlage mit Wärmerückgewinnung	C			
4	Nah-/Fernwärmeversorgung oder lokale Kraft-Wärme-Kopplung, zentrale Trinkwassererwärmung	D	C	B	A
5	Nah-/Fernwärmeversorgung oder lokale Kraft-Wärme-Kopplung, zentrale Trinkwassererwärmung, Lüftungsanlage mit Wärmerückgewinnung	D			
6	Luft-Wasser-Wärmepumpe, zentrale Trinkwassererwärmung	D			
7	Luft-Wasser-Wärmepumpe, dezentrale Trinkwassererwärmung	D	C	B	A
8	Luft-Wasser-Wärmepumpe, dezentrale Trinkwassererwärmung, Lüftungsanlage mit Wärmerückgewinnung	D		C	
9	Wasser-Wasser-Wärmepumpe, zentrale Trinkwassererwärmung	D			
10	Sole-Wasser-Wärmepumpe, zentrale Trinkwassererwärmung	D			

c) Ausführungsvarianten für ein zweiseitig angebautes Wohngebäude

Bei einem zweiseitig angebauten Gebäude gemäß § 3 Absatz 1 Nummer 34 erfüllen die Ausführungsvarianten nach Maßgabe von Tabelle 3 die Anforderungen des § 10 Absatz 2 in Verbindung mit den §§ 15 bis 17 und den §§ 34 bis 45.

Tabelle 3

Ausführungsvarianten für ein zweiseitig angebautes Gebäude

Anlagenvariante Nummer	Beheizte Bruttogrundfläche des Gebäudes A_{BGF} in m^2		1	2	3	4	5	6	7	8	9	10	11	12	13	14	15
		von	115	141	166	196	236	281	341	406	491	581	701	881	1101	1401	1801
		bis	140	165	195	235	280	340	405	490	580	700	880	1100	1400	1800	2300
	Anlagenvariante		Erforderliche Wärmeschutzvariante														
1	Kessel für feste Biomasse, Pufferspeicher und zentrale Trinkwassererwärmung		D														

Nr.	Anlagenvariante					
2	Brennwertgerät zur Verfeuerung von Erdgas oder leichtem Heizöl, Solaranlage zur zentralen Trinkwassererwärmung, Lüftungsanlage mit Wärmerückgewinnung	B			A	
3	Brennwertgerät zur Verfeuerung von Erdgas oder leichtem Heizöl, Solaranlage zur zentralen Trinkwassererwärmung und Heizungsunterstützung (Kombianlage), Pufferspeicher, Lüftungsanlage mit Wärmerückgewinnung		C			D
4	Nah-/Fernwärmeversorgung oder lokale Kraft-Wärme-Kopplung, zentrale Trinkwassererwärmung	D		B		A
5	Nah-/Fernwärmeversorgung oder lokale Kraft-Wärme-Kopplung, zentrale Trinkwassererwärmung, Lüftungsanlage mit Wärmerückgewinnung			D		
6	Luft-Wasser-Wärmepumpe, zentrale Trinkwassererwärmung			D		
7	Luft-Wasser-Wärmepumpe, dezentrale Trinkwassererwärmung	D		B	A	
8	Luft-Wasser-Wärmepumpe, dezentrale Trinkwassererwärmung, Lüftungsanlage mit Wärmerückgewinnung		D		C	B
9	Wasser-Wasser-Wärmepumpe, zentrale Trinkwassererwärmung			D		
10	Sole-Wasser-Wärmepumpe, zentrale Trinkwassererwärmung			D		

3. Beschreibung der Wärmeschutz- und Anlagenvarianten

a) Baulicher Wärmeschutz

Der bauliche Wärmeschutz genügt dann einer der in der Tabelle Spalte 3 genannten Wärmeschutzvarianten, wenn sämtliche der dort genannten Wärmedurchgangskoeffizienten nicht überschritten werden. Für die Bestimmung der Wärmedurchgangskoeffizienten des ausgeführten Wohngebäudes ist § 20 Absatz 6 entsprechend anzuwenden.

Tabelle

Varianten des baulichen Wärmeschutzes

| Spalte | 1 | 2 | 3 | | | |
| | Bauteil | Eigenschaft | Wärmeschutz-Variante | | | |
Nummer			A	B	C	D
1	Außenwände, Geschossdecke nach unten gegen Außenluft	Höchstwert des Wärmedurchgangskoeffizienten U [W/(m²·K)]	0,15	0,19	0,23	0,28
2	Außenwände gegen Erdreich, Bodenplatte, Wände und Decken nach unten zu unbeheizten Räumen		0,20	0,26	0,29	0,35
3	Dach, oberste Geschossdecke, Wände zu Abseiten		0,11	0,14	0,16	0,20
4	Fenster, Fenstertüren		0,90	0,95	1,1	1,3
5	Dachflächenfenster		1,4	1,4	1,4	1,4
6	Lichtkuppeln und ähnliche Bauteile		1,8	1,8	1,8	1,8
7	Außentüren		1,8	1,8	1,8	1,8
8	Spezielle Fenstertüren [7]		1,6	1,6	1,6	1,6

b) Anforderung an die Anlagenvarianten

Das vereinfachte Nachweisverfahren nach § 31 Absatz 1 ist nur für Wohngebäude mit Zentralheizungen nach Maßgabe der Nummer 2 Tabelle 1 bis 3 bei Ausstattung des Gebäudes mit den dort beschriebenen Anlagenvarianten anwendbar. Dabei sind folgende Voraussetzungen einzuhalten:

aa) Die Auslegungstemperatur des Heizkreises darf 55/45 Grad Celsius nicht überschreiten. Alle Steige- und Anbindungsleitungen der Heizung und Warmwasserversorgung sind innerhalb des beheizten Gebäudevolumens zu verlegen.

bb) Wenn die Ausführungsvariante eine Lüftungsanlage mit Wärmerückgewinnung vorsieht, darf der verbesserte Standardwert für den Gesamt-Temperaturänderungsgrad nach DINV 18599-6: 2018-09 Abschnitt 5.2.2.2 nicht unterschritten werden.

cc) Wenn die Ausführungsvariante einen Kessel für feste Biomasse vorsieht, muss dieser über eine automatische Beschickung verfügen. Die Vorgaben der Verordnung über kleine und mittlere Feuerungsanlagen sind einzuhalten. Die Kennwerte des Kessels dürfen die in DIN V 18599-5: 2018-09 Abschnitt 6.5.4.3.7 angegebenen Standardwerte nicht unterschreiten.

dd) Wenn die Ausführungsvariante ein Brennwertgerät zur Verfeuerung von Erdgas oder leichtem Heizöl vorsieht, dürfen die Kennwerte des Kessels die in DIN V 18599-5: 2018-09 Abschnitt 6.5.4.3.7 angegebenen verbesserten Standardwerte nicht unterschreiten.

ee) Wenn die Ausführungsvariante eine Solaranlage zur Trinkwassererwärmung und Heizungsunterstützung (Kombianlage) vorsieht, muss der Solarkollektor mindestens eine Kollektorfläche in Höhe des 0,17fachen der mit 0,8 potenzierten Bruttogrundfläche des Gebäudes $A_{BGF, Gebäude}$ aufweisen. Das Speichervolumen darf nicht weniger als 70 Liter je Quadratmeter Kollektorfläche betragen.

ff) Wenn die Ausführungsvariante eine Solaranlage zur Trinkwassererwärmung vorsieht, muss der Solarkollektor mindestens eine Kollektorfläche in Höhe des 0,09fachen der mit 0,8 potenzierten Bruttogrundfläche des Gebäudes $A_{BGF, Gebäude}$ aufweisen. Das Speichervolumen darf nicht weniger als 77 Liter je Quadratmeter Kollektorfläche betragen.

gg) Wenn die Ausführungsvariante eine Wärmeversorgung aus einem Nah-/Fernwärmenetz oder eine Wärmeversorgung über ein lokales Gerät zur Kraft-Wärme-Kopplung vorsieht, muss ein Primärenergiefaktor für die Wärme von 0,60 oder besser dauerhaft eingehalten werden.

hh) Wenn die Ausführungsvariante eine Luft-Wasser-Wärmepumpe vorsieht, muss die Wärmepumpe mindestens die in DIN V 18599-5: 2018-09 Anhang C.1 Tabelle 60 bis 62 angegebenen Leistungszahlen aufweisen.

ii) Wenn die Ausführungsvariante eine Wasser-Wasser-Wärmepumpe vorsieht, muss die Wärmepumpe mindestens die in DIN V 18599-5: 2018-09 Anhang C.1 Tabelle 64 angegebenen Leistungszahlen aufweisen.

jj) Wenn die Ausführungsvariante eine Sole-Wasser-Wärmepumpe vorsieht, muss die Wärmepumpe mindestens die in DIN V 18599-5: 2018-09 Anhang C.1 Tabelle 63 angegebenen Leistungszahlen aufweisen.

kk) Eine zentrale Trinkwassererwärmungsanlage ist gemäß DIN V 18599-8: 2018-09 ein Heizungssystem, bei dem die Wärme in einem Gerät erzeugt und über Verteilleitungen an mehrere Räume eines Gebäudes transportiert wird. Wenn eine Ausführung eine zentrale Trinkwassererwärmung vorsieht, erfolgt diese über den Wärmeerzeuger der Heizung; bei den Anlagenvarianten 2 und 3 über den Wärmeerzeuger der Heizung in Kombination mit der Solaranlage.

ll) Eine dezentrale Trinkwassererwärmungsanlage ist gemäß DIN V 18599-8: 2018-09 ein System, bei dem die Wärme zur Trinkwassererwärmung in einem Gerät erzeugt und im gleichen Raum übergeben wird. Wenn eine Ausführungsvariante eine dezentrale Trinkwassererwärmung vorsieht, erfolgt diese über direkt-elektrische Systeme.

1 Die „beheizte Bruttogrundfläche des Gebäudes A_{BGF}" ist die Summe der Bruttogrundflächen aller beheizten Geschosse, wobei bei Gebäuden mit zwei oder mehr beheizten Geschossen nur 80 Prozent der Bruttogrundfläche des obersten beheizten Geschosses eingerechnet werden.

2 Die „mittlere Geschosshöhe des Gebäudes" ist der flächengewichtete Durchschnitt der Geschosshöhen aller beheizten Geschosse des Gebäudes.

3 Kellerabgänge und Kellervorräume sind keine beheizten Geschosse im Sinne dieser Regelung, soweit sie nur indirekt beheizt sind.

4 Der Fensterflächenanteil ist der Quotient aus Fensterfläche und der Summe aus Fensterfläche und Außenwand-/Fassadenfläche. Die Fensterfläche ist einschließlich Fenstertüren und spezieller Fenstertüren zu ermitteln; spezielle Fenstertüren sind barrierefreie Fenstertüren gemäß DIN 18040-2: 2011-09 sowie Schiebe-, Hebe-Schiebe-, Falt- und Faltschiebetüren.

5 Fenster sind in nördliche Richtungen orientiert, wenn die Senkrechte auf die Fensterfläche nicht mehr als 22,5 Grad von der Nordrichtung abweicht.

6 Öffnungsmaße von Fenstern und Türen werden gemäß DIN V 18599-1: 2018-09 mit den lichten Rohbaumaßen innen ermittelt.

7 Spezielle Fenstertüren sind Fenstertüren mit Klapp-, Falt-, Schiebe- oder Hebemechanismus.

GEG - Anlage 6 (zu § 32 Absatz 3) Zu
verwendendes Nutzungsprofil für die
Berechnungen des Jahres-Primärenergiebedarfs
beim vereinfachten Berechnungsverfahren für ein
zu errichtendes Nichtwohngebäude

(Fundstelle: BGBl. I 2020, 1782)

Nummer	Gebäudetyp und Hauptnutzung	Nutzung	Nutzenergiebedarf Warmwasser [*]
1	Bürogebäude mit der Hauptnutzung Einzelbüro, Gruppenbüro, Großraumbüro, Besprechung, Sitzung, Seminar	Einzelbüro	0
2	Bürogebäude mit Verkaufseinrichtung oder Gewerbebetrieb und der Hauptnutzung Einzelbüro, Gruppenbüro, Großraumbüro, Besprechung, Sitzung, Seminar	Einzelbüro	0
3	Bürogebäude mit Gaststätte und der Hauptnutzung Einzelbüro, Gruppenbüro, Großraumbüro, Besprechung, Sitzung, Seminar	Einzelbüro	1,5 kWh je Sitzplatz in der Gaststätte und Tag
4	Gebäude des Groß- und Einzelhandels bis 1 000 Quadratmeter Nettogrundfläche mit der Hauptnutzung Groß-, Einzelhandel/Kaufhaus	Einzelhandel/Kaufhaus	0
5	Gewerbebetriebe bis 1 000 Quadratmeter Nettogrundfläche mit der Hauptnutzung Gewerbe	Gewerbliche und industrielle Hallen – leichte Arbeit, überwiegend sitzende Tätigkeit	1,5 kWh je Beschäftigten und Tag

6	Schule, Kindergarten und -tagesstätte, ähnliche Einrichtungen mit der Hauptnutzung Klassenzimmer, Gruppenraum	Klassenzimmer/Gruppenraum	Ohne Duschen: 65 Wh je Quadratmeter und Tag, 200 Nutzungstage
7	Turnhalle mit der Hauptnutzung Turnhalle	Turnhalle	1,5 kWh je Person und Tag
8	Beherbergungsstätte ohne Schwimmhalle, Sauna oder Wellnessbereich mit der Hauptnutzung Hotelzimmer	Hotelzimmer	250 Wh je Quadratmeter und Tag, 365 Nutzungstage
9	Bibliothek mit der Hauptnutzung Lesesaal, Freihandbereich	Bibliothek, Lesesaal	0

* Die flächenbezogenen Werte beziehen sich auf die gesamte Nettogrundfläche des Gebäudes; der monatliche Nutzenergiebedarf für Trinkwarmwasser ist nach DIN V 18599-10: 2018-09, Tabelle 7, Fußnote a zu berechnen.

GEG - Anlage 7 (zu § 48) Höchstwerte der
Wärmedurchgangskoeffizienten von
Außenbauteilen bei Änderung an bestehenden
Gebäuden

(Fundstelle: BGBl. I 2020, 1783 - 1786)

Nummer	Erneuerung, Ersatz oder erstmaliger Einbau von Außenbauteilen	Wohngebäude und Zonen von Nichtwohngebäuden mit Raum-Solltemperatur $\geq 19\,°C$	Zonen von Nichtwohngebäuden mit Raum-Solltemperatur von 12 bis < 19 °C
		Höchstwerte der Wärmedurchgangskoeffizienten U_{max}	
Bauteilgruppe: Außenwände			
1a [1]	Außenwände: – Ersatz oder – erstmaliger Einbau	$U = 0{,}24\ W/(m^2{\cdot}K)$	$U = 0{,}35\ W/(m^2{\cdot}K)$
1b [1,2]	Außenwände: – Anbringen von Bekleidungen (Platten oder plattenartige Bauteile), Verschalungen, Mauervorsatzschalen oder Dämmschichten auf der Außenseite einer bestehenden Wand oder – Erneuerung des Außenputzes einer bestehenden Wand	$U = 0{,}24\ W/(m^2{\cdot}K)$	$U = 0{,}35\ W/(m^2{\cdot}K)$
Bauteilgruppe: Fenster, Fenstertüren, Dachflächenfenster, Glasdächer, Außentüren und Vorhangfassaden			
2a	Gegen Außenluft abgrenzende Fenster und Fenstertüren: – Ersatz oder erstmaliger Einbau des gesamten Bauteils oder – Einbau zusätzlicher Vor- oder Innenfenster	$U_w = 1{,}3\ W/(m^2{\cdot}K)$	$U_w = 1{,}9\ W/(m^2{\cdot}K)$

2b	Gegen Außenluft abgrenzende Dachflächenfenster: – Ersatz oder erstmaliger Einbau des gesamten Bauteils oder – Einbau zusätzlicher Vor- oder Innenfenster	$U_w = 1,4 \ W/(m^2{\cdot}K)$	$U_w = 1,9 \ W/(m^2{\cdot}K)$
2c [3]	Gegen Außenluft abgrenzende Fenster, Fenstertüren und Dachflächenfenster: – Ersatz der Verglasung oder verglaster Flügelrahmen	$U_g = 1,1 \ W/(m^2{\cdot}K)$	Keine Anforderung
2d	Vorhangfassaden in Pfosten-Riegel-Konstruktion, deren Bauart DIN EN ISO 12631: 2018-01 entspricht: – Ersatz oder erstmaliger Einbau des gesamten Bauteils	$U_c = 1,5 \ W/(m^2{\cdot}K)$	$U_c = 1,9 \ W/(m^2{\cdot}K)$
2e [3]	Gegen Außenluft abgrenzende Glasdächer: – Ersatz oder erstmaliger Einbau des gesamten Bauteils oder – Ersatz der Verglasung oder verglaster Flügelrahmen	$U_w/U_g = 2,0$ $W/(m^2{\cdot}K)$	$U_w/U_g = 2,7$ $W/(m^2{\cdot}K)$
2f	Gegen Außenluft abgrenzende Fenstertüren mit Klapp-, Falt-, Schiebe- oder Hebemechanismus: – Ersatz oder erstmaliger Einbau des gesamten Bauteils	$U_w = 1,6 \ W/(m^2{\cdot}K)$	$U_w = 1,9 \ W/(m^2{\cdot}K)$
3a [4]	Gegen Außenluft abgrenzende Fenster, Fenstertüren und Dachflächenfenster mit Sonderverglasung:	$U_w/U_g = 2,0$ $W/(m^2{\cdot}K)$	$U_w/U_g = 2,8$ $W/(m^2{\cdot}K)$

	– Ersatz oder erstmaliger Einbau des gesamten Bauteils oder – Einbau zusätzlicher Vor- oder Innenfenster		
3b [4]	Gegen Außenluft abgrenzende Fenster, Fenstertüren und Dachflächenfenster mit Sonderverglasung: – Ersatz der Sonderverglasung oder verglaster Flügelrahmen	$U_g = 1,6 \ W/(m^2{\cdot}K)$	Keine Anforderung
3c [3, 4]	Vorhangfassaden in Pfosten-Riegel-Konstruktion, deren Bauart DIN EN ISO 12631: 2018-01 entspricht, mit Sonderverglasung: – Ersatz oder erstmaliger Einbau des gesamten Bauteils	$U_c = 2,3 \ W/(m^2{\cdot}K)$	$U_c = 3,0 \ W/(m^2{\cdot}K)$
4	Einbau neuer Außentüren (ohne rahmenlose Türanlagen aus Glas, Karusselltüren und kraftbetätigte Türen)	$U = 1,8 \ W/(m^2{\cdot}K)$ (Türfläche)	$U = 1,8 \ W/(m^2{\cdot}K)$ (Türfläche)
	Bauteilgruppe: Dachflächen sowie Decken und Wände gegen unbeheizte Dachräume		
5a [1]	Gegen Außenluft abgrenzende Dachflächen einschließlich Dachgauben sowie gegen unbeheizte Dachräume abgrenzende Decken (oberste Geschossdecken) und Wände (einschließlich Abseitenwände): – Ersatz oder – erstmaliger Einbau Anzuwenden nur auf opake Bauteile	$U = 0,24 \ W/(m^2{\cdot}K)$	$U = 0,35 \ W/(m^2{\cdot}K)$

5b [1, 5]	Gegen Außenluft abgrenzende Dachflächen einschließlich Dachgauben sowie gegen unbeheizte Dachräume abgrenzende Decken (oberste Geschossdecken) und Wände (einschließlich Abseitenwände): – Ersatz oder Neuaufbau einer Dachdeckung einschließlich der darunter liegenden Lattungen und Verschalungen oder – Aufbringen oder Erneuerung von Bekleidungen oder Verschalungen oder Einbau von Dämmschichten auf der kalten Seite von Wänden oder – Aufbringen oder Erneuerung von Bekleidungen oder Verschalungen oder Einbau von Dämmschichten auf der kalten Seite von obersten Geschossdecken Anzuwenden nur auf opake Bauteile	$U = 0{,}24\ \mathrm{W/(m^2 \cdot K)}$	$U = 0{,}35\ \mathrm{W/(m^2 \cdot K)}$
5c [1, 5]	Gegen Außenluft abgrenzende Dachflächen mit Abdichtung: – Ersatz einer Abdichtung, die flächig das Gebäude wasserdicht abdichtet, durch eine neue Schicht gleicher Funktion (bei Kaltdachkonstruktionen einschließlich darunter liegender Lattungen) Anzuwenden nur auf opake Bauteile	$U = 0{,}20\ \mathrm{W/(m^2 \cdot K)}$	$U = 0{,}35\ \mathrm{W/(m^2 \cdot K)}$

Bauteilgruppe: Wände gegen Erdreich oder unbeheizte Räume (mit Ausnahme von Dachräumen) sowie Decken nach unten gegen Erdreich, Außenluft oder unbeheizte Räume			
6a [1]	Wände, die an Erdreich oder an unbeheizte Räume (mit Ausnahme von Dachräumen) grenzen, und Decken, die beheizte Räume nach unten zum Erdreich oder zu unbeheizten Räumen abgrenzen: – Ersatz oder – erstmaliger Einbau	$U = 0,30$ W/(m²·K)	Keine Anforderung
6b [1, 5]	Wände, die an Erdreich oder an unbeheizte Räume (mit Ausnahme von Dachräumen) grenzen, und Decken, die beheizte Räume nach unten zum Erdreich oder zu unbeheizten Räumen abgrenzen: – Anbringen oder Erneuern von außenseitigen Bekleidungen oder Verschalungen, Feuchtigkeitssperren oder Drainagen oder – Anbringen von Deckenbekleidungen auf der Kaltseite	$U = 0,30$ W/(m²·K)	Keine Anforderung
6c [1, 5]	Decken, die beheizte Räume nach unten zum Erdreich, zur Außenluft oder zu unbeheizten Räumen abgrenzen: – Aufbau oder Erneuerung von Fußbodenaufbauten auf der beheizten Seite	$U = 0,50$ W/(m²·K)	Keine Anforderung
6d [1]	Decken, die beheizte Räume nach unten zur Außenluft abgrenzen: – Ersatz oder	$U = 0,24$ W/(m²·K)	$U = 0,35$ W/(m²·K)

	– Erstmaliger Einbau		
6e [1, 5]	Decken, die beheizte Räume nach unten zur Außenluft abgrenzen, – Anbringen oder Erneuern von außenseitigen Bekleidungen oder Verschalungen, Feuchtigkeitssperren oder Drainagen oder – Anbringen von Deckenbekleidungen auf der Kaltseite	$U = 0,24$ W/(m²·K)	$U = 0,35$ W/(m²·K)

1 Werden Maßnahmen nach den Nummern 1a, 1b, 5a, 5b, 5c, 6a, 6b, 6c, 6d oder 6e ausgeführt und ist die Dämmschichtdicke im Rahmen dieser Maßnahmen aus technischen Gründen begrenzt, so gelten die Anforderungen als erfüllt, wenn die nach anerkannten Regeln der Technik höchstmögliche Dämmschichtdicke eingebaut wird, wobei ein Bemessungswert der Wärmeleitfähigkeit von $\lambda = 0,035$ W/(m·K) einzuhalten ist. Abweichend von Satz 1 ist ein Bemessungswert der Wärmeleitfähigkeit von $\lambda = 0,045$ W/(m·K) einzuhalten, soweit Dämmmaterialien in Hohlräume eingeblasen oder Dämmmaterialien aus nachwachsenden Rohstoffen verwendet werden. Wird bei Maßnahmen nach Nummer 5b eine Dachdeckung einschließlich darunter liegender Lattungen und Verschalungen ersetzt oder neu aufgebaut, sind die Sätze 1 und 2 entsprechend anzuwenden, wenn der Wärmeschutz als Zwischensparrendämmung ausgeführt wird und die Dämmschichtdicke wegen einer innenseitigen Bekleidung oder der Sparrenhöhe begrenzt ist. Die Sätze 1 bis 3 sind bei Maßnahmen nach den Nummern 5a, 5b, und 5c nur auf opake Bauteile anzuwenden.

2 Werden Maßnahmen nach Nummer 1b ausgeführt, müssen die dort genannten Anforderungen nicht eingehalten werden, wenn die Außenwand nach dem 31. Dezember 1983 unter Einhaltung energiesparrechtlicher Vorschriften errichtet oder erneuert worden ist.

3 Bei Ersatz der Verglasung oder verglaster Flügelrahmen gelten die Anforderungen nach den Nummern 2c, 2e und 3c nicht, wenn der vorhandene Rahmen zur Aufnahme der vorgeschriebenen Verglasung ungeeignet ist. Werden bei Maßnahmen nach Nummer 2c oder bei Maßnahmen nach Nummer 2e Verglasungen oder verglaste Flügelrahmen ersetzt und ist die Glasdicke im Rahmen dieser Maßnahmen aus technischen Gründen begrenzt, so gelten die Anforderungen als erfüllt, wenn eine Verglasung mit einem Wärmedurchgangskoeffizienten von höchstens 1,3 $W/(m^2 \cdot K)$ eingebaut wird. Werden Maßnahmen nach Nummer 2c an Kasten- oder Verbundfenstern durchgeführt, so gelten die Anforderungen als erfüllt, wenn eine Glastafel mit einer infrarot-reflektierenden Beschichtung mit einer Emissivität $\varepsilon_n \leq 0,2$ eingebaut wird.

4 Sonderverglasungen im Sinne der Nummern 3a, 3b und 3c sind

 – Schallschutzverglasungen mit einem bewerteten Schalldämmmaß der Verglasung von $R_{w,R} \geq 40$ dB nach DIN EN ISO 717-1: 2013-06 oder einer vergleichbaren Anforderung,

 – Isolierglas-Sonderaufbauten zur Durchschusshemmung, Durchbruchhemmung oder Sprengwirkungshemmung nach anerkannten Regeln der Technik oder

 – Isolierglas-Sonderaufbauten als Brandschutzglas mit einer Einzelelementdicke von mindestens 18 mm nach DIN 4102-13: 1990-05 oder einer vergleichbaren Anforderung.

5 Werden Maßnahmen nach den Nummern 5b, 5c, 6b, 6c oder 6e ausgeführt, müssen die dort genannten Anforderungen nicht eingehalten werden, wenn die Bauteilfläche nach dem 31. Dezember 1983 unter Einhaltung energiesparrechtlicher Vorschriften errichtet oder erneuert worden ist.

GEG - Anlage 8 (zu den §§ 69, 70 und 71 Absatz 1)
Anforderungen an die Wärmedämmung von
Rohrleitungen und Armaturen

(Fundstelle: BGBl. I 2020, 1787)

1. **Wärmedämmung von Wärmeverteilungs-und Warmwasserleitungen sowie Armaturen in den Fällen des § 69 und § 71 Absatz 1**

 a) Wärmeverteilungs- und Warmwasserleitungen sowie Armaturen sind wie folgt zu dämmen:

 aa) Bei Leitungen und Armaturen mit einem Innendurchmesser von bis zu 22 Millimetern beträgt die Mindestdicke der Dämmschicht, bezogen auf eine Wärmeleitfähigkeit von 0,035 Watt pro Meter und Kelvin, 20 Millimeter.

 bb) Bei Leitungen und Armaturen mit einem Innendurchmesser von mehr als 22 Millimetern und bis zu 35 Millimetern beträgt die Mindestdicke der Dämmschicht, bezogen auf eine Wärmeleitfähigkeit von 0,035 Watt pro Meter und Kelvin, 30 Millimeter.

 cc) Bei Leitungen und Armaturen mit einem Innendurchmesser von mehr als 35 Millimetern und bis zu 100 Millimetern ist die Mindestdicke der Dämmschicht, bezogen auf eine Wärmeleitfähigkeit von 0,035 Watt pro Meter und Kelvin, gleich dem Innendurchmesser.

 dd) Bei Leitungen und Armaturen mit einem Innendurchmesser von mehr als 100 Millimetern beträgt die Mindestdicke der Dämmschicht, bezogen auf eine Wärmeleitfähigkeit von 0,035 Watt pro Meter und Kelvin, 100 Millimeter.

 ee) Bei Leitungen und Armaturen nach den Doppelbuchstaben aa bis dd, die sich in Wand- und Deckendurchbrüchen, im Kreuzungsbereich von Leitungen, an Leitungsverbindungsstellen oder bei zentralen Leitungsnetzverteilern befinden, beträgt die Mindestdicke der Dämmschicht, bezogen auf eine Wärmeleitfähigkeit von 0,035 Watt pro Meter und Kelvin, die Hälfte des jeweiligen Wertes nach den Doppelbuchstaben aa bis dd.

 ff) Bei Wärmeverteilungsleitungen nach den Doppelbuchstaben aa bis dd, die nach dem 31. Januar 2002 in Bauteilen zwischen beheizten Räumen verschiedener Nutzer verlegt werden, beträgt die Mindestdicke der Dämmschicht, bezogen auf eine Wärmeleitfähigkeit von 0,035 Watt pro Meter und Kelvin, die Hälfte des jeweiligen Wertes nach den Doppelbuchstaben aa bis dd.

gg) Bei Leitungen und Armaturen nach Doppelbuchstabe ff, die sich in einem Fußbodenaufbau befinden, beträgt die Mindestdicke der Dämmschicht, bezogen auf eine Wärmeleitfähigkeit von 0,035 Watt pro Meter und Kelvin, 6 Millimeter.

hh) Soweit in den Fällen des § 69 Wärmeverteilungs- und Warmwasserleitungen an Außenluft grenzen, beträgt die Mindestdicke der Dämmschicht, bezogen auf eine Wärmeleitfähigkeit von 0,035 Watt pro Meter und Kelvin, das Zweifache des jeweiligen Wertes nach den Doppelbuchstaben aa bis dd.

b) In den Fällen des § 69 ist Buchstabe a nicht anzuwenden, soweit sich Wärmeverteilungsleitungen nach Buchstabe a Doppelbuchstabe aa bis dd in beheizten Räumen oder in Bauteilen zwischen beheizten Räumen eines Nutzers befinden und ihre Wärmeabgabe durch frei liegende Absperreinrichtungen beeinflusst werden kann.

c) In Fällen des § 69 ist Buchstabe a nicht anzuwenden auf Warmwasserleitungen bis zu einem Wasserinhalt von 3 Litern, die weder in den Zirkulationskreislauf einbezogen noch mit elektrischer Begleitheizung ausgestattet sind (Stichleitungen) und sich in beheizten Räumen befinden.

2. Wärmedämmung von Kälteverteilungs- und Kaltwasserleitungen sowie Armaturen in den Fällen des § 70

Bei Kälteverteilungs- und Kaltwasserleitungen sowie Armaturen von Raumlufttechnik- und Klimakältesystemen beträgt die Mindestdicke der Dämmschicht, bezogen auf eine Wärmeleitfähigkeit von 0,035 Watt pro Meter und Kelvin, 6 Millimeter.

3. Materialien mit anderen Wärmeleitfähigkeiten

Bei Materialien mit anderen Wärmeleitfähigkeiten als 0,035 Watt pro Meter und Kelvin sind die Mindestdicken der Dämmschichten entsprechend umzurechnen. Für die Umrechnung und die Wärmeleitfähigkeit des Dämmmaterials sind die in anerkannten Regeln der Technik enthaltenen Berechnungsverfahren und Rechenwerte zu verwenden.

4. Gleichwertige Begrenzung

Bei Wärmeverteilungs- und Warmwasserleitungen sowie Kälteverteilungs- und Kaltwasserleitungen dürfen die Mindestdicken der Dämmschichten nach den Nummern 1 und 2 insoweit vermindert werden, als eine gleichwertige Begrenzung der Wärmeabgabe oder der Wärmeaufnahme auch bei anderen Rohrdämmstoffanordnungen und unter Berücksichtigung der Dämmwirkung der Leitungswände sichergestellt ist.

GEG - Anlage 9 (zu § 85 Absatz 6) Umrechnung in
Treibhausgasemissionen

(Fundstelle: BGBl. I 2020, 1788 - 1789)

1. Angabe in Energiebedarfsausweisen

Die mit dem Gebäudebetrieb verbundene emittierte Menge von
Treibhausgasen berechnet sich für die Angabe in
Energiebedarfsausweisen wie folgt:

a) Die Treibhausgasemissionen berechnen sich bei fossilen
Brennstoffen, bei Biomasse, bei Strom und bei Abwärme aus dem
Produkt des nach § 20 oder nach § 21 ermittelten endenergetischen
Bedarfswerts des Gebäudes bezüglich des betreffenden
Energieträgers und dem auf die eingesetzte Energiemenge
bezogenen Emissionsfaktor nach Nummer 3. Der Emissionsfaktor
für „gebäudenahe Erzeugung" bei gasförmiger und flüssiger
Biomasse darf dabei nur verwendet werden, wenn die
Voraussetzungen des § 22 Absatz 1 Nummer 1 oder Nummer 2
erfüllt sind.

b) Wird Wärme aus einer gebäudeintegrierten oder gebäudenahen
Kraft-Wärme-Kopplungsanlage bezogen, ist der Emissionsfaktor
nach DIN V 18599-9: 2018-09 unter sinngemäßer Anwendung der
einschlägigen Regelungen in DIN V 18599-1: 2018-09 Anhang A
Abschnitt A.4 zu bestimmen und jeweils mit dem nach § 20 oder
nach § 21 ermittelten, durch die Kraft-Wärme-Kopplungsanlage
gedeckten endenergetischen Bedarfswert des Gebäudes zu
multiplizieren.

c) Wird Fernwärme oder -kälte zur Deckung des Endenergiebedarfs
(Wärme, Kälte) eingesetzt, die ganz oder teilweise aus Kraft-
Wärme-Kopplungsanlagen stammt, und hat der Betreiber des
Wärmenetzes einen Emissionsfaktor auf der Grundlage der DIN V
18599-1: 2018-09 Anhang A Abschnitt A.4 und unter Verwendung
der Emissionsfaktoren nach Nummer 3 ermittelt und veröffentlicht,
ist dieser Emissionsfaktor zu verwenden und mit dem nach § 20
oder nach § 21 ermittelten endenergetischen Bedarfswert des
Gebäudes zu multiplizieren.

d) Wird Fernwärme oder -kälte zur Deckung des Endenergiebedarfs
(Wärme, Kälte) eingesetzt, die ganz oder teilweise aus Kraft-
Wärme-Kopplungsanlagen stammt, und hat der Betreiber des
Versorgungsnetzes keinen Emissionsfaktor ermittelt und
veröffentlicht, ist der auf die für die Fernwärme oder -kälte
eingesetzten Brennstoffe bezogene Emissionsfaktor nach Nummer 3
zu verwenden und mit dem nach § 20 oder nach § 21 ermittelten
endenergetischen Bedarfswert des Gebäudes zu multiplizieren.

e) Bei der Ermittlung der Emissionsfaktoren nach Buchstabe c sind die Vorkettenemissionen der einzelnen Energieträger und die Netzverluste zu berücksichtigen. Zur Berücksichtigung der Vorkettenemissionen kann ein pauschaler Aufschlag von 20 Prozent, mindestens aber von 40 Gramm Kohlendioxid-Äquivalent pro Kilowattstunde, auf den ohne Berücksichtigung der Vorkettenemissionen bestimmten Emissionsfaktor angewendet werden.

f) Falls der Wärme-, Kälte- und Strombedarf des Gebäudes aus unterschiedlichen Brennstoffen und Energieträgern gedeckt wird, so ist die Gesamttreibhausgasemission als die Summe der nach § 20 oder nach § 21 ermittelten endenergetischen Bedarfswerte des Gebäudes bezüglich der einzelnen Brennstoffe und Energieträger, jeweils multipliziert mit den betreffenden Emissionsfaktoren, zu ermitteln.

g) Wird Strom aus gebäudenaher erneuerbarer Erzeugung nach § 23 Absatz 2 oder Absatz 3 bilanziell bei der Ermittlung des Primärenergiebedarfs angerechnet, sind zur Ermittlung der Treibhausgasemissionen des Gebäudes zunächst die Emissionen nach Buchstabe a zu ermitteln, die sich ohne Anrechnung von Strom aus gebäudenaher Erzeugung ergeben würden. Der nach Satz 1 ermittelte Wert ist durch den Endenergiebedarf des Gebäudes zu dividieren. Der nach Satz 2 ermittelte mittlere Emissionsfaktor des Gebäudes ist mit dem durch 1,8 dividierten, nach § 23 Absatz 2 oder Absatz 3 ermittelten primärenergetisch anrechenbaren Anteil des Stroms aus gebäudenaher Erzeugung zu multiplizieren. Die Treibhausgasemissionen des Gebäudes ergeben sich nach Abzug des nach Satz 3 ermittelten Werts von den nach Satz 1 ermittelten Emissionen des Gebäudes.

h) Für Gebäude, auf die § 23 Absatz 4 anzuwenden ist, ist abweichend von Buchstabe g das in § 23 Absatz 4 bestimmte Verfahren zur Bestimmung des endenergetischen Strombedarfswerts nach Anrechnung des gebäudenah erzeugten erneuerbaren Stroms anzuwenden. Der nach Satz 1 ermittelte Wert ist dann zur Ermittlung der Treibhausgasemissionen des Gebäudes nach Buchstabe a oder Buchstabe f zu verwenden.

2. Angabe in Energieverbrauchsausweisen

Die mit dem Gebäudebetrieb verbundenen Treibhausgasemissionen berechnen sich als Summe der Energieverbrauchswerte aus dem Energieverbrauchsausweis bezüglich der einzelnen Energieträger, jeweils multipliziert mit den entsprechenden Emissionsfaktoren nach Nummer 3.

3. Emissionsfaktoren

Nummer	Kategorie	Energieträger	Emissionsfaktor [g CO_2-Äquivalent pro kWh]
1	Fossile Brennstoffe	Heizöl	310
2		Erdgas	240
3		Flüssiggas	270
4		Steinkohle	400
5		Braunkohle	430
6	Biogene Brennstoffe	Biogas	140
7		Biogas, gebäudenah erzeugt	75
8		Biogenes Flüssiggas	180
9		Bioöl	210
10		Bioöl, gebäudenah erzeugt	105
11		Holz	20
12	Strom	netzbezogen	560
13		gebäudenah erzeugt (aus Photovoltaik oder Windkraft)	0
14		Verdrängungsstrommix	860
15	Wärme, Kälte	Erdwärme, Geothermie, Solarthermie, Umgebungswärme	0
16		Erdkälte, Umgebungskälte	0
17		Abwärme aus Prozessen	40
18		Wärme aus KWK, gebäudeintegriert oder gebäudenah	nach DIN V 18599-9: 2018-09
19		Wärme aus Verbrennung von Siedlungsabfällen (unter pauschaler Berücksichtigung von Hilfsenergie und Stützfeuerung)	20

20	Nah-/Fernwärme aus KWK mit Deckungsanteil der KWK an der Wärmeerzeugung von mindestens 70 Prozent	Brennstoff: Stein-/Braunkohle	300
21		Gasförmige und flüssige Brennstoffe	180
22		Erneuerbarer Brennstoff	40
23	Nah-/Fernwärme aus Heizwerken	Brennstoff: Stein-/Braunkohle	400
24		Gasförmige und flüssige Brennstoffe	300
25		Erneuerbarer Brennstoff	60

GEG - Anlage 10 (zu § 86) Energieeffizienzklassen von Wohngebäuden

(Fundstelle: BGBl. I 2020, 1790)

Energieeffizienzklasse	Endenergie [Kilowattstunden pro Quadratmeter Gebäudenutzfläche und Jahr]
A+	≤ 30
A	≤ 50
B	≤ 75
C	≤ 100
D	≤ 130
E	≤ 160
F	≤ 200
G	≤ 250
H	> 250

GEG - Anlage 11 (zu § 88 Absatz 2 Nummer 2)
Anforderungen an die Inhalte der Schulung für
die Berechtigung zur Ausstellung von
Energieausweisen

(Fundstelle: BGBl. I 2020, 1791 - 1792)

1. Zweck der Schulung
 Die nach § 88 Absatz 2 Nummer 2 verlangte Schulung soll die Aussteller
 von Energieausweisen in die Lage versetzen, bei der Ausstellung solcher
 Energieausweise die Vorschriften dieses Gesetzes einschließlich des
 technischen Regelwerks zum energiesparenden Bauen sachgemäß
 anzuwenden. Die Schulung soll praktische Übungen einschließen und
 insbesondere die im Folgenden genannten Fachkenntnisse vermitteln.

2. Inhaltliche Schwerpunkte der Schulung zu Wohngebäuden

 a) Bestandsaufnahme und Dokumentation des Gebäudes, der
 Baukonstruktion und der technischen Anlagen
 Ermittlung, Bewertung und Dokumentation des Einflusses der
 geometrischen und energetischen Kennwerte der Gebäudehülle
 einschließlich aller Einbauteile und Wärmebrücken, der
 Luftdichtheit und Erkennen von Leckagen, der bauphysikalischen
 Eigenschaften von Baustoffen und Bauprodukten einschließlich der
 damit verbundenen konstruktiv-statischen Aspekte, der
 energetischen Kennwerte von anlagentechnischen Komponenten
 einschließlich deren Betriebseinstellung und Wartung, der
 Auswirkungen des Nutzerverhaltens und von Leerstand und von
 Klimarandbedingungen und Witterungseinflüssen auf den
 Energieverbrauch.

 b) Beurteilung der Gebäudehülle
 Ermittlung von Eingangs- und Berechnungsgrößen für die
 energetische Berechnung, wie zum Beispiel Wärmeleitfähigkeit,
 Wärmedurchlasswiderstand, Wärmedurchgangskoeffizient,
 Transmissionswärmeverlust, Lüftungswärmebedarf und nutzbare
 interne und solare Wärmegewinne. Durchführung der
 erforderlichen Berechnungen nach DIN V 18599 oder DIN V 4108-6
 sowie Anwendung vereinfachter Annahmen und Berechnungs- und
 Beurteilungsmethoden. Berücksichtigung von Maßnahmen des
 sommerlichen Wärmeschutzes und Berechnung nach DIN 4108-2,
 Kenntnisse über Luftdichtheitsmessungen und die Ermittlung der
 Luftdichtheitsrate.

 c) Beurteilung von Heizungs- und Warmwasserbereitungsanlagen
 Detaillierte Beurteilung von Komponenten einer Heizungsanlage
 zur Wärmeerzeugung, Wärmespeicherung, Wärmeverteilung und
 Wärmeabgabe. Kenntnisse über die Interaktion von Gebäudehülle
 und Anlagentechnik, Durchführung der Berechnungen nach DIN V
 18599 oder DIN V 4701-10, Beurteilung von Systemen der
 alternativen und erneuerbaren Energie- und Wärmeerzeugung.

d) Beurteilung von Lüftungs- und Klimaanlagen
 Bewertung unterschiedlicher Arten von Lüftungsanlagen und deren
 Konstruktionsmerkmalen, Berücksichtigung der Brand- und
 Schallschutzanforderungen für lüftungstechnische Anlagen,
 Durchführung der Berechnungen nach DIN V 18599 oder DIN V
 4701-10, Grundkenntnisse über Klimaanlagen.

e) Erbringung der Nachweise
 Kenntnisse über energetische Anforderungen an Wohngebäude und
 das Bauordnungsrecht, insbesondere des Mindestwärmeschutzes,
 die Durchführung der Nachweise und Berechnungen des Jahres-
 Primärenergiebedarfs, die Ermittlung des Energieverbrauchs und
 seine rechnerische Bewertung einschließlich der
 Witterungsbereinigung und über die Ausstellung eines
 Energieausweises.

f) Grundlagen der Beurteilung von Modernisierungsempfehlungen
 einschließlich ihrer technischen Machbarkeit und Wirtschaftlichkeit
 Kenntnisse und Erfahrungswerte über Amortisations- und
 Wirtschaftlichkeitsberechnung für einzelne Bauteile und Anlagen
 einschließlich Investitionskosten und Kosteneinsparungen, über
 erfahrungsgemäß wirtschaftlich rentable, im Allgemeinen
 verwirklichungsfähige Modernisierungsempfehlungen für
 kosteneffiziente Verbesserungen der energetischen Eigenschaften
 des Wohngebäudes, über Vor- und Nachteile bestimmter
 Verbesserungsvorschläge unter Berücksichtigung bautechnischer
 und rechtlicher Rahmenbedingungen (zum Beispiel bei Wechsel des
 Heizenergieträgers, Grenzbebauung, Grenzabstände), über aktuelle
 Förderprogramme, über tangierte bauphysikalische und statisch-
 konstruktive Einflüsse, wie zum Beispiel Wärmebrücken,
 Tauwasseranfall (Kondensation), Wasserdampftransport,
 Schimmelpilzbefall, Bauteilanschlüsse und Vorschläge für weitere
 Abdichtungsmaßnahmen, über die Auswahl von Materialien zur
 Herstellung der Luftdichtheit nach den Gesichtspunkten der
 Verträglichkeit der Wirksamkeit sowie der Dauerhaftigkeit und
 über Auswirkungen von wärmeschutztechnischen Maßnahmen auf
 den Schall- und Brandschutz. Erstellung erfahrungsgemäß
 wirtschaftlich rentabler, im Allgemeinen verwirklichungsfähiger
 Modernisierungsempfehlungen für kosteneffiziente
 Verbesserungen der energetischen Eigenschaften.

3. Inhaltliche Schwerpunkte der Schulung zu Nichtwohngebäuden
 Zusätzlich zu den unter Nummer 2 aufgeführten Schwerpunkten soll die
 Schulung insbesondere die nachfolgenden Fachkenntnisse zu
 Nichtwohngebäuden vermitteln:

a) Bestandsaufnahme und Dokumentation des Gebäudes, der Baukonstruktion und der technischen Anlagen
Energetische Modellierung eines Gebäudes – hierzu gehören beheiztes oder gekühltes Volumen, konditionierte oder nicht konditionierte Räume, Versorgungsbereich der Anlagentechnik–, Ermittlung der Systemgrenze und Einteilung des Gebäudes in Zonen nach entsprechenden Nutzungsrandbedingungen, Zuordnung von geometrischen und energetischen Kenngrößen zu den Zonen und Versorgungsbereichen, Zusammenwirken von Gebäude und Anlagentechnik mit Verrechnung von Bilanzanteilen, Anwendung vereinfachter Verfahren, zum Beispiel die Anwendung des Ein-Zonen-Modells, Bestimmung von Wärmequellen und -senken und des Nutzenergiebedarfs von Zonen, Ermittlung, Bewertung und Dokumentation der energetischen Kennwerte von raumlufttechnischen Anlagen, insbesondere von Klimaanlagen, und Beleuchtungssystemen.

b) Beurteilung der Gebäudehülle
Ermittlung von Eingangs- und Berechnungsgrößen und energetische Bewertung von Fassadensystemen, insbesondere von Vorhang- und Glasfassaden, Bewertung von Systemen für den sommerlichen Wärmeschutz und von Verbauungs- und Verschattungssituationen.

c) Beurteilung von Heizungs- und Warmwasserbereitungsanlagen
Berechnung des Endenergiebedarfs für Heizungs- und Warmwasserbereitung einschließlich der Verluste in den technischen Prozessschritten nach DIN V 18599-5 und DIN V 18599-8, Beurteilung von Kraft-Wärme-Kopplungsanlagen nach DIN V 18599-9, Bilanzierung von Nah- und Fernwärmesystemen und der Nutzung erneuerbarer Energien.

d) Beurteilung von raumlufttechnischen Anlagen und sonstigen Anlagen zur Kühlung
Berechnung des Kühlbedarfs von Gebäuden (Nutzkälte) und der Nutzenergie für die Luftaufbereitung, Bewertung unterschiedlicher Arten von raumlufttechnischen Anlagen und deren Konstruktionsmerkmalen, Berücksichtigung der Brand- und Schallschutzanforderungen für diese Anlagen, Berechnung des Energiebedarfs für die Befeuchtung mit einem Dampferzeuger, Ermittlung von Übergabe- und Verteilverlusten, Bewertung von Bauteiltemperierungen, Durchführung der Berechnungen nach DIN V 18599-2, DIN V 18599-3 und DIN V 18599-7 und der Nutzung erneuerbarer Energien.

e) Beurteilung von Beleuchtungs- und Belichtungssystemen
Berechnung des Endenergiebedarfs für die Beleuchtung nach DIN V
18599-4, Bewertung der Tageslichtnutzung, zum Beispiel der
Fenster, der Tageslichtsysteme, des Beleuchtungsniveaus,des
Wartungswertes sowie der Beleuchtungsstärke, der
tageslichtabhängigen Kunstlichtregelung, zum Beispiel der Art, der
Kontrollstrategie, des Funktionsumfangs, sowie des Schaltsystems
und der Kunstlichtbeleuchtung, zum Beispiel der Lichtquelle, der
Vorschaltgeräte sowie der Leuchten.

f) Erbringung der Nachweise
Kenntnisse über energetische Anforderungen an
Nichtwohngebäude und das Bauordnungsrecht,insbesondere den
Mindestwärmeschutz, Durchführung der Nachweise und
Berechnungen des Jahres-Primärenergiebedarfs, Ermittlung des
Energieverbrauchs und seine rechnerische Bewertung einschließlich
der Witterungsbereinigung, Ausstellung eines Energieausweises.

g) Grundlagen der Beurteilung von Modernisierungsempfehlungen
einschließlich ihrer technischen Machbarkeit und Wirtschaftlichkeit
Erstellung von erfahrungsgemäß wirtschaftlich rentablen, im
Allgemeinen verwirklichungsfähigen
Modernisierungsempfehlungen für kosteneffiziente
Verbesserungen der energetischen Eigenschaften für
Nichtwohngebäude.

4. Umfang der Schulung
Der Umfang der Fortbildung insgesamt sowie der einzelnen
Schwerpunkte soll dem Zweckund den Anforderungen dieser Anlage
sowie der Vorbildung der jeweiligen Teilnehmer Rechnung tragen.

Verordnung über die Grundsätze für die Ermittlung der Verkehrswerte von Immobilien und der für die Wertermittlung erforderlichen Daten [1)]

1) (+++ Textnachweis ab. 1.1.2022 +++)

Ersetzt V 213-1-7 v. 19.5.2010 I 639 (ImmoWertV)

Eingangsformel

Auf Grund des § 199 Absatz 1 des Baugesetzbuchs in der Fassung der Bekanntmachung vom 3. November 2017 (BGBl. I S. 3634) verordnet die Bundesregierung:

Teil 1 Allgemeines

Abschnitt 1 Anwendungsbereich; Gegenstand und Grundlagen der Wertermittlung

§ 1 Anwendungsbereich; Wertermittlungsobjekt

(1) Diese Verordnung ist anzuwenden
1. bei der Ermittlung der Verkehrswerte (Marktwerte) der in Absatz 2 bezeichneten Gegenstände, auch wenn diese nicht marktfähig oder marktgängig sind (Wertermittlung), und
2. bei der Ermittlung der für die Wertermittlung erforderlichen Daten.

(2) Gegenstände der Wertermittlung (Wertermittlungsobjekte) sind
1. Grundstücke und Grundstücksteile einschließlich ihrer Bestandteile sowie ihres Zubehörs,
2. grundstücksgleiche Rechte, Rechte an diesen und Rechte an Grundstücken (grundstücksbezogene Rechte) sowie grundstücksbezogene Belastungen.

§ 2 Grundlagen der Wertermittlung

(1) Der Wertermittlung sind die allgemeinen Wertverhältnisse auf dem Grundstücksmarkt zum Wertermittlungsstichtag und der Grundstückszustand zum Qualitätsstichtag zugrunde zu legen.

(2) Die allgemeinen Wertverhältnisse richten sich nach der Gesamtheit der am Wertermittlungsstichtag für die Preisbildung von Grundstücken im gewöhnlichen Geschäftsverkehr maßgebenden Umstände, wie nach der allgemeinen Wirtschaftssituation, nach den Verhältnissen am Kapitalmarkt sowie nach den wirtschaftlichen und demografischen Entwicklungen des Gebiets.

(3) [1] Der Grundstückszustand ergibt sich aus der Gesamtheit der rechtlichen Gegebenheiten, der tatsächlichen Eigenschaften, der sonstigen Beschaffenheit und der Lage des Wertermittlungsobjekts (Grundstücksmerkmale). [2] Zu den Grundstücksmerkmalen können insbesondere zählen
1. der Entwicklungszustand,
2. die Art und das Maß der baulichen oder sonstigen Nutzung,
3. die tatsächliche Nutzung,
4. der beitragsrechtliche Zustand,
5. die Lagemerkmale,
6. die Ertragsverhältnisse,
7. die Grundstücksgröße,
8. der Grundstückszuschnitt,
9. die Bodenbeschaffenheit,
10. bei bebauten Grundstücken zusätzlich
 a) die Art der baulichen Anlagen,
 b) die Bauweise und die Baugestaltung der baulichen Anlagen,
 c) die Größe der baulichen Anlagen,
 d) die Ausstattung und die Qualität der baulichen Anlagen einschließlich ihrer energetischen Eigenschaften und ihrer Barrierefreiheit,
 e) der bauliche Zustand der baulichen Anlagen,
 f) das Alter, die Gesamtnutzungsdauer und die Restnutzungsdauer der baulichen Anlagen,
11. bei landwirtschaftlichen Grundstücken Dauerkulturen und bei forstwirtschaftlichen Grundstücken die Bestockung,
12. die grundstücksbezogenen Rechte und Belastungen.

(4) Der Wertermittlungsstichtag ist der Zeitpunkt, auf den sich die Wertermittlung bezieht und der für die Ermittlung der allgemeinen Wertverhältnisse maßgeblich ist.

(5) [1] Der Qualitätsstichtag ist der Zeitpunkt, auf den sich der für die Wertermittlung maßgebliche Grundstückszustand bezieht. [2] Er entspricht dem Wertermittlungsstichtag, es sei denn, dass aus rechtlichen oder sonstigen Gründen der Zustand des Grundstücks zu einem anderen Zeitpunkt maßgeblich ist.

Abschnitt 2 Begriffsbestimmungen zu einzelnen Grundstücksmerkmalen

§ 3 Entwicklungszustand; sonstige Flächen

(1) Flächen der Land- oder Forstwirtschaft sind Flächen, die, ohne Bauerwartungsland, Rohbauland oder baureifes Land zu sein, land- oder forstwirtschaftlich nutzbar sind.

(2) Bauerwartungsland sind Flächen, die nach ihren weiteren Grundstücksmerkmalen eine bauliche Nutzung aufgrund konkreter Tatsachen, insbesondere nach dem Stand der Bauleitplanung und nach der sonstigen städtebaulichen Entwicklung des Gebiets, mit hinreichender Sicherheit erwarten lassen.

(3) Rohbauland sind Flächen, die nach den §§ 30, 33 oder 34 des Baugesetzbuchs für eine bauliche Nutzung bestimmt sind, deren Erschließung aber noch nicht gesichert ist oder die nach Lage, Form oder Größe für eine bauliche Nutzung unzureichend gestaltet sind.

(4) Baureifes Land sind Flächen, die nach öffentlich-rechtlichen Vorschriften und nach den tatsächlichen Gegebenheiten baulich nutzbar sind.

(5) Sonstige Flächen sind Flächen, die sich keinem der Entwicklungszustände nach den Absätzen 1 bis 4 zuordnen lassen.

§ 4 Alter, Gesamt- und Restnutzungsdauer

(1) Das Alter einer baulichen Anlage ergibt sich aus der Differenz zwischen dem Kalenderjahr des maßgeblichen Stichtags und dem Baujahr.

(2) Die Gesamtnutzungsdauer bezeichnet die Anzahl der Jahre, in denen eine bauliche Anlage bei ordnungsgemäßer Bewirtschaftung vom Baujahr an gerechnet üblicherweise wirtschaftlich genutzt werden kann.

(3) [1] Die Restnutzungsdauer bezeichnet die Anzahl der Jahre, in denen eine bauliche Anlage bei ordnungsgemäßer Bewirtschaftung voraussichtlich noch wirtschaftlich genutzt werden kann. [2] Die Restnutzungsdauer wird in der Regel auf Grundlage des Unterschiedsbetrags zwischen der Gesamtnutzungsdauer und dem Alter der baulichen Anlage am maßgeblichen Stichtag unter Berücksichtigung individueller Gegebenheiten des Wertermittlungsobjekts ermittelt. [3] Individuelle Gegebenheiten des Wertermittlungsobjekts wie beispielsweise durchgeführte Instandsetzungen oder Modernisierungen oder unterlassene Instandhaltungen des Wertermittlungsobjekts können die sich aus dem Unterschiedsbetrag nach Satz 2 ergebende Dauer verlängern oder verkürzen.

§ 5 Weitere Grundstücksmerkmale

(1) [1] Art und Maß der baulichen oder sonstigen Nutzung ergeben sich vorbehaltlich des Satzes 2 aus den für die planungsrechtliche Zulässigkeit von Vorhaben maßgeblichen Vorschriften des Städtebaurechts und aus den sonstigen Vorschriften, die die Nutzbarkeit betreffen. [2] Wird vom städtebaulich zulässigen Maß im Sinne des Satzes 1 in der Umgebung regelmäßig abgewichen oder wird das Maß bei der Kaufpreisbemessung regelmäßig abweichend von den für die planungsrechtliche Zulässigkeit maßgeblichen Vorschriften des Städtebaurechts bestimmt, so ist das Maß der Nutzung maßgebend, das auf dem jeweiligen Grundstücksmarkt üblicherweise zugrunde gelegt wird.

(2) [1] Für den beitragsrechtlichen Zustand des Grundstücks ist die Verpflichtung zur Entrichtung von grundstücksbezogenen Beiträgen maßgebend. [2] Als Beiträge im Sinne des Satzes 1 gelten auch grundstücksbezogene Sonderabgaben und beitragsähnliche Abgaben.

(3) [1] Die Ertragsverhältnisse ergeben sich aus den tatsächlich erzielten und aus den marktüblich erzielbaren Erträgen. [2] Marktüblich erzielbare Erträge sind die nach den Marktverhältnissen am Wertermittlungsstichtag für die jeweilige Nutzung in vergleichbaren Fällen durchschnittlich erzielten Erträge.

(4) Lagemerkmale von Grundstücken ergeben sich aus der räumlichen Position des Grundstücks und beziehen sich insbesondere auf die Verkehrsanbindung, die Nachbarschaft, die Wohn- und Geschäftslage sowie die Umwelteinflüsse.

(5) Die Bodenbeschaffenheit umfasst beispielsweise die Bodengüte, die Eignung als Baugrund und das Vorhandensein von Bodenverunreinigungen.

Abschnitt 3 Allgemeine Grundsätze der Wertermittlung

§ 6 Wertermittlungsverfahren; Ermittlung des Verkehrswerts

(1) [1] Grundsätzlich sind zur Wertermittlung das Vergleichswertverfahren, das Ertragswertverfahren, das Sachwertverfahren oder mehrere dieser Verfahren heranzuziehen. [2] Die Verfahren sind nach der Art des Wertermittlungsobjekts unter Berücksichtigung der im gewöhnlichen Geschäftsverkehr bestehenden Gepflogenheiten und der sonstigen Umstände des Einzelfalls, insbesondere der Eignung der zur Verfügung stehenden Daten, zu wählen; die Wahl ist zu begründen.

(2) In den in Absatz 1 Satz 1 genannten Wertermittlungsverfahren sind regelmäßig in folgender Reihenfolge zu berücksichtigen:
1. die allgemeinen Wertverhältnisse;
2. die besonderen objektspezifischen Grundstücksmerkmale.

(3) [1] Die in Absatz 1 Satz 1 genannten Wertermittlungsverfahren gliedern sich in folgende Verfahrensschritte:
1. Ermittlung des vorläufigen Verfahrenswerts;
2. Ermittlung des marktangepassten vorläufigen Verfahrenswerts;
3. Ermittlung des Verfahrenswerts.
[2] Bei der Ermittlung des vorläufigen Verfahrenswerts und des marktangepassten vorläufigen Verfahrenswerts sind § 7 und § 8 Absatz 2 zu beachten; bei der Ermittlung des Verfahrenswerts ist § 8 Absatz 3 zu beachten.

(4) Der Verkehrswert ist aus dem Verfahrenswert des oder der angewendeten Wertermittlungsverfahren unter Würdigung seiner oder ihrer Aussagefähigkeit zu ermitteln.

§ 7 Berücksichtigung der allgemeinen Wertverhältnisse

(1) Die Berücksichtigung der allgemeinen Wertverhältnisse erfolgt
1. im Vergleichswertverfahren bei Ermittlung des vorläufigen Verfahrenswerts insbesondere durch den Ansatz von Vergleichspreisen, Vergleichsfaktoren und Indexreihen,
2. im Ertragswertverfahren bei Ermittlung des vorläufigen Verfahrenswerts insbesondere durch den Ansatz von marktüblich erzielbaren Erträgen und Liegenschaftszinssätzen und
3. im Sachwertverfahren bei Ermittlung des marktangepassten vorläufigen Verfahrenswerts insbesondere durch den Ansatz von Sachwertfaktoren.

(2) Lassen sich die allgemeinen Wertverhältnisse bei Verwendung der Daten nach Absatz 1 auch durch eine Anpassung nach § 9 Absatz 1 Satz 2 nicht ausreichend berücksichtigen, ist zur Ermittlung des marktangepassten vorläufigen Verfahrenswerts eine Marktanpassung durch marktübliche Zu- oder Abschläge erforderlich.

§ 8 Berücksichtigung der allgemeinen und besonderen objektspezifischen Grundstücksmerkmale

(1) Im Rahmen der Wertermittlung sind Grundstücksmerkmale zu berücksichtigen, denen der Grundstücksmarkt einen Werteinfluss beimisst.

(2) ¹ Allgemeine Grundstücksmerkmale sind wertbeeinflussende Grundstücksmerkmale, die hinsichtlich Art und Umfang auf dem jeweiligen Grundstücksmarkt regelmäßig auftreten. ² Ihr Werteinfluss wird bei der Ermittlung des vorläufigen Verfahrenswerts berücksichtigt.

(3) ¹ Besondere objektspezifische Grundstücksmerkmale sind wertbeeinflussende Grundstücksmerkmale, die nach Art oder Umfang erheblich von dem auf dem jeweiligen Grundstücksmarkt Üblichen oder erheblich von den zugrunde gelegten Modellen oder Modellansätzen abweichen. ² Besondere objektspezifische Grundstücksmerkmale können insbesondere vorliegen bei
1. besonderen Ertragsverhältnissen,
2. Baumängeln und Bauschäden,
3. baulichen Anlagen, die nicht mehr wirtschaftlich nutzbar sind (Liquidationsobjekte) und zur alsbaldigen Freilegung anstehen,
4. Bodenverunreinigungen,
5. Bodenschätzen sowie
6. grundstücksbezogenen Rechten und Belastungen.
³ Die besonderen objektspezifischen Grundstücksmerkmale werden, wenn sie nicht bereits anderweitig berücksichtigt worden sind, erst bei der Ermittlung der Verfahrenswerte insbesondere durch marktübliche Zu- oder Abschläge berücksichtigt. ⁴ Bei paralleler Durchführung mehrerer Wertermittlungsverfahren sind die besonderen objektspezifischen Grundstücksmerkmale, soweit möglich, in allen Verfahren identisch anzusetzen.

§ 9 Eignung und Anpassung der Daten; ungewöhnliche oder persönliche Verhältnisse; Herkunft der Daten [1]

(1) ¹ Kaufpreise sowie weitere Daten wie insbesondere Bodenrichtwerte und sonstige für die Wertermittlung erforderliche Daten sind zur Wertermittlung geeignet, wenn die Daten hinsichtlich Aktualität in Bezug auf den maßgeblichen Stichtag und hinsichtlich Repräsentativität den jeweiligen Grundstücksmarkt zutreffend abbilden und etwaige Abweichungen in den allgemeinen Wertverhältnissen sowie wertbeeinflussende Abweichungen der Grundstücksmerkmale des Wertermittlungsobjekts nach Maßgabe der Sätze 2 und 3 berücksichtigt werden können. ² Bei Abweichungen der allgemeinen Wertverhältnisse sind die Daten durch geeignete Indexreihen oder in anderer Weise an die Wertverhältnisse am Wertermittlungsstichtag anzupassen. ³ Wertbeeinflussende Abweichungen der Grundstücksmerkmale des Wertermittlungsobjekts sind durch geeignete Umrechnungskoeffizienten, durch eine Anpassung mittels marktüblicher Zu- oder Abschläge oder in anderer Weise zu berücksichtigen. ⁴ Die Kaufpreise sind um die Werteinflüsse besonderer objektspezifischer Grundstücksmerkmale zu bereinigen.

(2) ¹ Zur Wertermittlung sind solche Kaufpreise und andere Daten wie beispielsweise Mieten heranzuziehen, bei denen angenommen werden kann, dass sie nicht durch ungewöhnliche oder persönliche Verhältnisse beeinflusst worden sind. ² Eine Beeinflussung durch ungewöhnliche oder persönliche Verhältnisse kann angenommen werden, wenn die Kaufpreise und anderen Daten erheblich von den Kaufpreisen und anderen Daten in vergleichbaren Fällen abweichen.

(3) ¹ Maßstab für die Wahl der Quelle, aus der die Daten herangezogen werden, ist ihre Eignung nach Absatz 1 Satz 1. ² Stehen keine geeigneten sonstigen für die Wertermittlung erforderlichen Daten zur Verfügung, können sie oder die entsprechenden Werteinflüsse auch sachverständig geschätzt werden; die Grundlagen der Schätzung sind zu dokumentieren.

§ 10 Grundsatz der Modellkonformität

(1) ¹ Bei Anwendung der sonstigen für die Wertermittlung erforderlichen Daten sind dieselben Modelle und Modellansätze zu verwenden, die der Ermittlung dieser Daten zugrunde lagen (Grundsatz der Modellkonformität). ² Hierzu ist die nach § 12 Absatz 6 erforderliche Modellbeschreibung zu berücksichtigen.

1) (+++ § 9 Abs. 1 Satz 2 und 3: Zur Anwendung vgl. § 12 Abs. 3 Satz 2 Nr. 2; § 9 Abs. 2: Zur Geltung vgl. § 12 Abs. 3 Satz 4; § 9 Abs. 1 Satz 2 und 3: Zur Geltung vgl. § 14 Abs. 1 Satz 2 +++)

(2) Liegen für den maßgeblichen Stichtag lediglich solche für die Wertermittlung erforderlichen Daten vor, die nicht nach dieser Verordnung ermittelt worden sind, ist bei Anwendung dieser Daten im Rahmen der Wertermittlung von dieser Verordnung abzuweichen, soweit dies zur Wahrung des Grundsatzes der Modellkonformität erforderlich ist.

§ 11 Künftige Änderungen des Grundstückszustands

(1) Künftige Änderungen des Grundstückszustands sind zu berücksichtigen, wenn sie am Qualitätsstichtag mit hinreichender Sicherheit aufgrund konkreter Tatsachen zu erwarten sind.

(2) Bei künftigen Änderungen des Grundstückszustands ist die voraussichtliche Dauer bis zum Eintritt dieser Änderung (Wartezeit) auch in Verbindung mit einer verbleibenden Unsicherheit des Eintritts dieser Änderung (Realisierungsrisiko) angemessen zu berücksichtigen.

Teil 2 Für die Wertermittlung erforderliche Daten

Abschnitt 1 Allgemeines

§ 12 Allgemeines zu den für die Wertermittlung erforderlichen Daten

(1) [1] Zu den für die Wertermittlung erforderlichen Daten gehören die Bodenrichtwerte und die sonstigen für die Wertermittlung erforderlichen Daten. [2] Sonstige für die Wertermittlung erforderliche Daten sind insbesondere
1. Indexreihen,
2. Umrechnungskoeffizienten,
3. Vergleichsfaktoren,
4. Liegenschaftszinssätze,
5. Sachwertfaktoren,
6. Erbbaurechts- und Erbbaugrundstücksfaktoren sowie
7. Erbbaurechts- und Erbbaugrundstückskoeffizienten.
[3] Die sonstigen für die Wertermittlung erforderlichen Daten sind auf einen Stichtag zu beziehen.

(2) Die für die Wertermittlung erforderlichen Daten werden insbesondere aus der Kaufpreissammlung auf der Grundlage einer ausreichenden Anzahl geeigneter Kaufpreise ermittelt.

(3) [1] Geeignet im Sinne des Absatzes 2 sind Kaufpreise, die hinsichtlich der allgemeinen Wertverhältnisse und des jeweiligen Grundstückszustands hinreichend übereinstimmen. [2] Eine hinreichende Übereinstimmung liegt vor, wenn sich etwaige Abweichungen
1. bei Vorliegen einer hinreichend großen Anzahl von Kaufpreisen in ihren Auswirkungen auf die Preise ausgleichen oder
2. in entsprechender Anwendung des § 9 Absatz 1 Satz 2 und 3 berücksichtigen lassen.
[3] Die Kaufpreise sind um die Werteinflüsse besonderer objektspezifischer Grundstücksmerkmale zu bereinigen. [4] Hinsichtlich einer Beeinflussung durch ungewöhnliche oder persönliche Verhältnisse gilt § 9 Absatz 2 entsprechend.

(4) Zur Ermittlung der sonstigen für die Wertermittlung erforderlichen Daten sind geeignete statistische Verfahren heranzuziehen.

(5) [1] Bei Ermittlung der sonstigen für die Wertermittlung erforderlichen Daten sind zur Festlegung der Gesamtnutzungsdauer die Modellansätze der Anlage 1 und ist zur Ermittlung der Restnutzungsdauer im Fall der Modernisierung von Wohngebäuden das in Anlage 2 beschriebene Modell zugrunde zu legen. [2] Bei Ermittlung der Liegenschaftszinssätze sind als Bewirtschaftungskosten im Sinne des § 32 Absatz 1 Satz 2 Nummer 1 bis 3 die Modellansätze der Anlage 3 zugrunde zu legen. [3] Bei Ermittlung der Sachwertfaktoren sind der Ermittlung der durchschnittlichen Herstellungskosten im Sinne des § 36 Absatz 2 die Normalherstellungskosten nach Anlage 4 zugrunde zu legen.

(6) Zur Sicherstellung der nach § 10 Absatz 1 gebotenen modellkonformen Anwendung der sonstigen für die Wertermittlung erforderlichen Daten sind die zugrunde gelegten Modellansätze, Modelle und Bezugseinheiten sowie weitere Informationen in einer Modellbeschreibung anzugeben; hierzu gehören insbesondere
1. die Angabe von Rahmendaten zum Beispiel zum Stichtag, auf den sich das zur Wertermittlung erforderliche Datum bezieht, zum sachlichen und räumlichen Anwendungsbereich und zur Datengrundlage,
2. die Beschreibung der Stichprobe,
3. die Beschreibung der Ermittlungsmethodik,
4. die Beschreibung der verwendeten Parameter und der zugrunde gelegten Bezugseinheiten sowie
5. sonstige Selektionsparameter.

Abschnitt 2 Bodenrichtwerte

§ 13 Bodenrichtwert und Bodenrichtwertgrundstück

(1) Der Bodenrichtwert ist bezogen auf einen Quadratmeter Grundstücksfläche des Bodenrichtwertgrundstücks.

(2) [1] Das Bodenrichtwertgrundstück ist ein unbebautes und fiktives Grundstück, dessen Grundstücksmerkmale weitgehend mit den vorherrschenden grund- und bodenbezogenen wertbeeinflussenden Grundstücksmerkmalen in der nach § 15 gebildeten Bodenrichtwertzone übereinstimmen. [2] Je Bodenrichtwertzone ist ein Bodenrichtwert anzugeben. [3] Bodenrichtwertspannen sind nicht zulässig.

§ 14 Grundlagen der Bodenrichtwertermittlung

(1) [1] Bodenrichtwerte sind vorrangig im Vergleichswertverfahren nach den §§ 24 und 25 zu ermitteln. [2] Für die Anpassung der Kaufpreise an die Grundstücksmerkmale des Bodenrichtwertgrundstücks und an den Bodenrichtwertstichtag gilt § 9 Absatz 1 Satz 2 und 3 entsprechend.

(2) [1] Für die Bodenrichtwertermittlung in Gebieten ohne oder mit geringem Grundstücksverkehr können Kaufpreise und Bodenrichtwerte aus vergleichbaren Gebieten oder aus vorangegangenen Jahren herangezogen werden; Absatz 1 Satz 2 gilt entsprechend. [2] Darüber hinaus können deduktive oder andere geeignete Verfahrensweisen angewendet werden.

(3) Bei der Bodenrichtwertermittlung in bebauten Gebieten können der Zustand und die Struktur der das Gebiet prägenden Bebauung zu berücksichtigen sein.

(4) Bodenrichtwerte enthalten keinen Wertanteil für den Aufwuchs.

(5) [1] Das oder die angewendeten Verfahren für die Ermittlung der Bodenrichtwerte sind zu dokumentieren. [2] Einzelne Bodenrichtwerte sind nicht zu begründen.

§ 15 Bildung der Bodenrichtwertzonen

(1) [1] Eine Bodenrichtwertzone besteht aus einem räumlich zusammenhängenden Gebiet. [2] Die Bodenrichtwertzonen sind so abzugrenzen, dass lagebedingte Wertunterschiede zwischen den Grundstücken, für die der Bodenrichtwert gelten soll, und dem Bodenrichtwertgrundstück grundsätzlich nicht mehr als 30 Prozent betragen. [3] Wertunterschiede, die sich aus nicht mit dem Bodenrichtwertgrundstück übereinstimmenden Grundstücksmerkmalen einzelner Grundstücke ergeben, sind bei der Abgrenzung nicht zu berücksichtigen.

(2) Einzelne Grundstücke oder Grundstücksteile mit einer vom Bodenrichtwertgrundstück abweichenden Art der Nutzung oder Qualität, wie zum Beispiel Grünflächen, Waldflächen, Wasserflächen, Verkehrsflächen und Gemeinbedarfsflächen, können Bestandteil der Bodenrichtwertzone sein; der dort angegebene Bodenrichtwert gilt nicht für diese Grundstücke.

(3) [1] Bodenrichtwertzonen können sich in begründeten Fällen deckungsgleich überlagern; dies gilt insbesondere, wenn sich aufgrund der unregelmäßigen Verteilung von Grundstücken mit unterschiedlichen Nutzungen oder anderen erheblichen Unterschieden in wertbeeinflussenden Grundstücksmerkmalen keine eigenen Bodenrichtwertzonen abgrenzen lassen. [2] Bei der Bildung von sich deckungsgleich überlagernden Bodenrichtwertzonen muss eine eindeutige Zuordnung der Grundstücke zu einem Bodenrichtwertgrundstück möglich sein; hierbei ist unschädlich, wenn sich einzelne Grundstücke nicht eindeutig zuordnen lassen. [3] Bei Bodenrichtwerten nach § 196 Absatz 1 Satz 7 des Baugesetzbuchs können sich die Bodenrichtwertzonen auch nicht deckungsgleich überlagern.

(4) [1] Bei der Bildung von Bodenrichtwertzonen für die Entwicklungszustände Bauerwartungsland und Rohbauland sind Bauleitpläne sowie die Entwicklung am Grundstücksmarkt zu berücksichtigen. [2] Die Bodenrichtwertzonen sind so abzugrenzen, dass in der Bodenrichtwertzone ein überwiegend einheitlicher Entwicklungsgrad der Grundstücke gegeben ist.

§ 16 Grundstücksmerkmale des Bodenrichtwertgrundstücks

(1) [1] Das Bodenrichtwertgrundstück weist keine Grundstücksmerkmale auf, die nur im Rahmen einer Einzelbegutachtung ermittelt werden können; dies betrifft insbesondere nur für einzelne Grundstücke bestehende privatrechtliche, öffentlich-rechtliche und tatsächliche Besonderheiten. [2] Satz 1 findet keine Anwendung auf wertbeeinflussende Grundstücksmerkmale, die in der Bodenrichtwertzone vorherrschend sind.

(2) [1] Von den wertbeeinflussenden Grundstücksmerkmalen des Bodenrichtwertgrundstücks sind der Entwicklungszustand und die Art der Nutzung darzustellen. [2] Weitere Grundstücksmerkmale sind darzustellen, wenn sie wertbeeinflussend sind; hierzu können insbesondere gehören
1. das Maß der baulichen Nutzung nach § 5 Absatz 1,
2. die Bauweise oder die Gebäudestellung zur Nachbarbebauung,
3. die Grundstücksgröße,
4. die Grundstückstiefe und
5. die Bodengüte als Acker- oder Grünlandzahl.
[3] Bei baureifem Land gehört zu den darzustellenden Grundstücksmerkmalen zusätzlich stets der beitragsrechtliche Zustand. [4] Bei förmlich festgelegten Sanierungsgebieten und förmlich festgelegten Entwicklungsbereichen ist zusätzlich darzustellen, ob sich der Bodenrichtwert auf den sanierungs- oder entwicklungsunbeeinflussten Zustand oder auf den sanierungs- oder entwicklungsbeeinflussten Zustand bezieht; dies gilt nicht, wenn nach § 142 Absatz 4 des Baugesetzbuchs ein vereinfachtes Sanierungsverfahren durchgeführt wird.

(3) Die wertbeeinflussenden Grundstücksmerkmale des Bodenrichtwertgrundstücks sind nach Anlage 5 zu spezifizieren.

(4) [1] Wird beim Maß der baulichen Nutzung auf das Verhältnis der Flächen der Geschosse zur Grundstücksfläche abgestellt und ist hierbei nach § 5 Absatz 1 Satz 2 ein gegenüber den planungsrechtlichen Zulässigkeitsvorschriften abweichend bestimmtes Maß wertbeeinflussend, so sind zur Ermittlung dieses Maßes die Flächen aller oberirdischen Geschosse mit Ausnahme von nicht ausbaufähigen Dachgeschossen nach den jeweiligen Außenmaßen zu berücksichtigen. [2] Geschosse gelten in Abgrenzung zu Kellergeschossen als oberirdische Geschosse, soweit ihre Deckenoberkanten im Mittel mehr als 1,40 Meter über die Geländeoberfläche hinausragen; § 20 Absatz 1 der Baunutzungsverordnung findet keine Anwendung. [3] Ausgebaute oder ausbaufähige Dachgeschosse sind mit 75 Prozent ihrer

Fläche zu berücksichtigen. [4]Staffelgeschosse werden in vollem Umfang berücksichtigt. [5]Hohlräume zwischen der obersten Decke und der Bedachung, in denen Aufenthaltsräume nicht möglich sind, sind keine Geschosse. [6]Das nach Satz 1 bis 5 ermittelte Verhältnis der Flächen der oberirdischen Geschosse zur Grundstücksfläche ist die wertrelevante Geschossflächenzahl (WGFZ).

(5) [1]Bodenrichtwerte für baureifes Land sind vorbehaltlich des Satzes 2 für beitragsfreie Grundstücke zu ermitteln. [2] Aufgrund örtlicher Gegebenheiten können vorübergehend Bodenrichtwerte für Grundstücke ermittelt werden, für die noch Beiträge zu entrichten oder zu erwarten sind.

§ 17 Automatisiertes Führen der Bodenrichtwerte

Die Bodenrichtwerte sind in automatisierter Form auf der Grundlage der amtlichen Geobasisdaten zu führen.

Abschnitt 3 Sonstige für die Wertermittlung erforderliche Daten

§ 18 Indexreihen

(1) Indexreihen dienen der Berücksichtigung von im Zeitverlauf eintretenden Änderungen der allgemeinen Wertverhältnisse.

(2) [1] Indexreihen bestehen aus Indexzahlen, die sich aus dem durchschnittlichen Verhältnis der Preise eines Erhebungszeitraums zu den Preisen eines Basiszeitraums mit der Indexzahl 100 ergeben. [2] Die Indexzahlen können auch auf bestimmte Zeitpunkte innerhalb des Erhebungs- und Basiszeitraums bezogen werden.

(3) Die Indexzahlen werden aus geeigneten Kaufpreisen für Grundstücke bestimmter räumlicher und sachlicher Teilmärkte ermittelt.

§ 19 Umrechnungskoeffizienten

(1) Umrechnungskoeffizienten dienen der Berücksichtigung von Wertunterschieden ansonsten gleichartiger Grundstücke, die sich aus Abweichungen einzelner Grundstücksmerkmale, insbesondere aus dem unterschiedlichen Maß der baulichen Nutzung oder der Grundstücksgröße und -tiefe, ergeben.

(2) Umrechnungskoeffizienten geben das Verhältnis des Werts eines Grundstücks mit einer bestimmten Ausprägung eines Grundstücksmerkmals zu dem Wert eines Grundstücks mit einer bestimmten Basisausprägung dieses Grundstücksmerkmals (Normgrundstück) an.

(3) Die Umrechnungskoeffizienten werden aus geeigneten Kaufpreisen für solche Grundstücke abgeleitet, die sich abgesehen von solchen Abweichungen, die durch Anpassung der Kaufpreise nach § 9 Absatz 1 Satz 2 und 3 berücksichtigt werden, im Wesentlichen nur in dem Grundstücksmerkmal unterscheiden, für das die Umrechnungskoeffizienten abgeleitet werden.

§ 20 Vergleichsfaktoren

(1) Vergleichsfaktoren dienen der Ermittlung von Vergleichswerten insbesondere für bebaute Grundstücke.

(2) Vergleichsfaktoren sind durchschnittliche, auf eine geeignete Bezugseinheit bezogene Werte für Grundstücke mit bestimmten wertbeeinflussenden Grundstücksmerkmalen (Normobjekte).

(3) Vergleichsfaktoren werden ermittelt auf der Grundlage von
1.	geeigneten Kaufpreisen und
2.	der diesen Kaufpreisen entsprechenden Flächen- oder Raumeinheit (Gebäudefaktoren), den diesen Kaufpreisen entsprechenden marktüblich erzielbaren jährlichen Erträgen (Ertragsfaktoren) oder einer sonstigen geeigneten Bezugseinheit.

§ 21 Liegenschaftszinssätze; Sachwertfaktoren

(1) Liegenschaftszinssätze und Sachwertfaktoren dienen der Berücksichtigung der allgemeinen Wertverhältnisse auf dem jeweiligen Grundstücksmarkt, soweit diese nicht auf andere Weise zu berücksichtigen sind.

(2) [1] Liegenschaftszinssätze sind Kapitalisierungszinssätze, mit denen Verkehrswerte von Grundstücken je nach Grundstücksart im Durchschnitt marktüblich verzinst werden. [2] Liegenschaftszinssätze werden nach den Grundsätzen des Ertragswertverfahrens nach den §§ 27 bis 34 auf der Grundlage von geeigneten Kaufpreisen und den ihnen entsprechenden Reinerträgen ermittelt.

(3) [1]Sachwertfaktoren geben das Verhältnis des vorläufigen marktangepassten Sachwerts zum vorläufigen Sachwert an. [2] Die Sachwertfaktoren werden nach den Grundsätzen des Sachwertverfahrens nach den §§ 35 bis 38 auf der Grundlage von geeigneten Kaufpreisen und den ihnen entsprechenden vorläufigen Sachwerten ermittelt.

§ 22 Erbbaurechts- und Erbbaugrundstücksfaktoren

(1) Erbbaurechts- und Erbbaugrundstücksfaktoren dienen im Wesentlichen der Berücksichtigung der dem Erbbaurecht allgemein beizumessenden Werteinflüsse, soweit sie nicht bereits im finanzmathematischen Wert berücksichtigt sind.

(2) [1] Erbbaurechtsfaktoren geben das Verhältnis des vorläufigen Vergleichswerts des Erbbaurechts zum finanzmathematischen Wert des Erbbaurechts an. [2] Erbbaugrundstücksfaktoren geben das Verhältnis des vorläufigen Vergleichswerts des Erbbaugrundstücks zum finanzmathematischen Wert des Erbbaugrundstücks an.

(3) Die Erbbaurechtsfaktoren und Erbbaugrundstücksfaktoren werden nach den Grundsätzen der §§ 50 und 52 auf der Grundlage von geeigneten Kaufpreisen und den diesen Kaufpreisen entsprechenden finanzmathematischen Werten ermittelt.

§ 23 Erbbaurechts- und Erbbaugrundstückskoeffizienten

(1) Erbbaurechts- und Erbbaugrundstückskoeffizienten dienen im Wesentlichen der Berücksichtigung der dem Erbbaurecht allgemein beizumessenden Werteinflüsse.

(2) [1] Die Erbbaurechtskoeffizienten geben das Verhältnis des vorläufigen Vergleichswerts des Erbbaurechts zum Wert des fiktiven Volleigentums im Sinne des § 49 Absatz 1 Satz 2 an. [2] Die Erbbaugrundstückskoeffizienten geben das Verhältnis des vorläufigen Vergleichswerts des Erbbaugrundstücks zum Bodenwert des fiktiv unbelasteten Grundstücks im Sinne des § 47 Absatz 1 Satz 1 Nummer 2 an.

(3) [1] Die Erbbaurechtskoeffizienten werden auf der Grundlage von geeigneten Kaufpreisen und den diesen Kaufpreisen entsprechenden Werten des fiktiven Volleigentums ermittelt. [2] Die Erbbaugrundstückskoeffizienten werden auf der Grundlage von geeigneten Kaufpreisen und den diesen Kaufpreisen entsprechenden Bodenwerten der fiktiv unbelasteten Grundstücke ermittelt.

Teil 3 Besondere Grundsätze zu den einzelnen Wertermittlungsverfahren

Abschnitt 1 Vergleichswertverfahren

§ 24 Grundlagen des Vergleichswertverfahrens

(1) [1] Im Vergleichswertverfahren wird der Vergleichswert aus einer ausreichenden Anzahl von Vergleichspreisen im Sinne des § 25 ermittelt. [2] Neben oder anstelle von Vergleichspreisen können insbesondere bei bebauten Grundstücken ein objektspezifisch angepasster Vergleichsfaktor im Sinne des § 26 Absatz 1 und bei der Bodenwertermittlung ein objektspezifisch angepasster Bodenrichtwert im Sinne des § 26 Absatz 2 herangezogen werden.

(2) Der vorläufige Vergleichswert kann ermittelt werden
1. auf Grundlage einer statistischen Auswertung einer ausreichenden Anzahl von Vergleichspreisen oder
2. durch Multiplikation eines objektspezifisch angepassten Vergleichsfaktors oder eines objektspezifisch angepassten Bodenrichtwerts mit der entsprechenden Bezugsgröße des Wertermittlungsobjekts.

(3) Der marktangepasste vorläufige Vergleichswert entspricht nach Maßgabe des § 7 dem vorläufigen Vergleichswert.

(4) Der Vergleichswert ergibt sich aus dem marktangepassten vorläufigen Vergleichswert und der Berücksichtigung vorhandener besonderer objektspezifischer Grundstücksmerkmale des Wertermittlungsobjekts.

§ 25 Vergleichspreise

[1] Zur Ermittlung von Vergleichspreisen sind Kaufpreise solcher Grundstücke (Vergleichsgrundstücke) heranzuziehen, die mit dem zu bewertenden Grundstück hinreichend übereinstimmende Grundstücksmerkmale aufweisen und die zu Zeitpunkten verkauft worden sind (Vertragszeitpunkte), die in hinreichender zeitlicher Nähe zum Wertermittlungsstichtag stehen. [2] Die Kaufpreise sind auf ihre Eignung im Sinne des § 9 Absatz 1 Satz 1 zu prüfen und bei etwaigen Abweichungen nach Maßgabe des § 9 Absatz 1 Satz 2 und 3 an die Gegebenheiten des Wertermittlungsobjekts anzupassen.

§ 26 Objektspezifisch angepasster Vergleichsfaktor; objektspezifisch angepasster Bodenrichtwert

(1) Zur Ermittlung des objektspezifisch angepassten Vergleichsfaktors ist der nach § 20 ermittelte Vergleichsfaktor auf seine Eignung im Sinne des § 9 Absatz 1 Satz 1 zu prüfen und bei etwaigen Abweichungen nach Maßgabe des § 9 Absatz 1 Satz 2 und 3 an die Gegebenheiten des Wertermittlungsobjekts anzupassen.

(2) Zur Ermittlung des objektspezifisch angepassten Bodenrichtwerts sind die nach den §§ 13 bis 16 ermittelten Bodenrichtwerte auf ihre Eignung im Sinne des § 9 Absatz 1 Satz 1 zu prüfen und bei etwaigen Abweichungen nach Maßgabe des § 9 Absatz 1 Satz 2 und 3 an die Gegebenheiten des Wertermittlungsobjekts anzupassen.

Abschnitt 2 Ertragswertverfahren

Unterabschnitt 1 Allgemeines

§ 27 Grundlagen des Ertragswertverfahrens

(1) [1] Im Ertragswertverfahren wird der Ertragswert auf der Grundlage marktüblich erzielbarer Erträge ermittelt. [2] Soweit die Ertragsverhältnisse mit hinreichender Sicherheit aufgrund konkreter Tatsachen wesentlichen Veränderungen unterliegen oder wesentlich von den marktüblich erzielbaren Erträgen abweichen, kann der Ertragswert auf der Grundlage periodisch unterschiedlicher Erträge ermittelt werden.

(2) Der vorläufige Ertragswert wird auf der Grundlage des nach den §§ 40 bis 43 zu ermittelnden Bodenwerts und des Reinertrags im Sinne des § 31 Absatz 1, der Restnutzungsdauer im Sinne des § 4 Absatz 3 und des objektspezifisch angepassten Liegenschaftszinssatzes im Sinne des § 33 ermittelt.

(3) Der marktangepasste vorläufige Ertragswert entspricht nach Maßgabe des § 7 dem vorläufigen Ertragswert.

(4) Der Ertragswert ergibt sich aus dem marktangepassten vorläufigen Ertragswert und der Berücksichtigung vorhandener besonderer objektspezifischer Grundstücksmerkmale des Wertermittlungsobjekts.

(5) Für die Ermittlung des Ertragswerts stehen folgende Verfahrensvarianten zur Verfügung:
1. das allgemeine Ertragswertverfahren;

2. das vereinfachte Ertragswertverfahren;
3. das periodische Ertragswertverfahren.

Unterabschnitt 2 Verfahrensvarianten

§ 28 Allgemeines Ertragswertverfahren

[1] Im allgemeinen Ertragswertverfahren wird der vorläufige Ertragswert ermittelt durch Bildung der Summe aus
1. dem kapitalisierten jährlichen Reinertragsanteil der baulichen Anlagen zum Wertermittlungsstichtag, der unter Abzug des Bodenwertverzinsungsbetrags ermittelt wurde (vorläufiger Ertragswert der baulichen Anlagen), und
2. dem Bodenwert.
[2] Der Ermittlung des Bodenwertverzinsungsbetrags und der Kapitalisierung des jährlichen Reinertragsanteils der baulichen Anlagen ist jeweils derselbe objektspezifisch angepasste Liegenschaftszinssatz zugrunde zu legen. [3] Die Kapitalisierungsdauer entspricht der Restnutzungsdauer der baulichen Anlagen.

§ 29 Vereinfachtes Ertragswertverfahren

[1] Im vereinfachten Ertragswertverfahren wird der vorläufige Ertragswert ermittelt durch Bildung der Summe aus
1. dem kapitalisierten jährlichen Reinertrag zum Wertermittlungsstichtag (Barwert des Reinertrags) und
2. dem über die Restnutzungsdauer der baulichen Anlagen abgezinsten Bodenwert.
[2] Der Kapitalisierung des jährlichen Reinertrags und der Abzinsung des Bodenwerts ist jeweils derselbe objektspezifisch angepasste Liegenschaftszinssatz zugrunde zu legen. [3] Die Kapitalisierungs- oder Abzinsungsdauer entspricht der Restnutzungsdauer der baulichen Anlagen.

§ 30 Periodisches Ertragswertverfahren

(1) Im periodischen Ertragswertverfahren kann der vorläufige Ertragswert ermittelt werden durch Bildung der Summe aus
1. den zu addierenden und auf den Wertermittlungsstichtag abgezinsten, aus gesicherten Daten abgeleiteten Reinerträgen der Perioden innerhalb des Betrachtungszeitraums und
2. dem über den Betrachtungszeitraum auf den Wertermittlungsstichtag abgezinsten Restwert des Grundstücks.

(2) [1] Der Betrachtungszeitraum, für den die periodisch unterschiedlichen Erträge ermittelt werden, ist so zu wählen, dass die Höhe der im Betrachtungszeitraum anfallenden Erträge mit hinreichender Sicherheit ermittelt werden kann; hierbei sollen zehn Jahre nicht überschritten werden. [2] Der Abzinsung ist in der Regel der objektspezifisch angepasste Liegenschaftszinssatz zugrunde zu legen.

(3) [1] Der Restwert des Grundstücks kann ermittelt werden durch Bildung der Summe aus
1. dem Barwert des Reinertrags der Restperiode und
2. dem über die Restperiode abgezinsten Bodenwert.
[2] Die Restperiode ist die um den Betrachtungszeitraum reduzierte Restnutzungsdauer. [3] Die Kapitalisierung des Reinertrags der Restperiode erfolgt über die Dauer der Restperiode. [4] Der Kapitalisierung und der Abzinsung ist jeweils derselbe objektspezifisch angepasste Liegenschaftszinssatz zugrunde zu legen.

Unterabschnitt 3 Ermittlung des Ertragswerts

§ 31 Reinertrag; Rohertrag

(1) Der jährliche Reinertrag ergibt sich aus dem jährlichen Rohertrag abzüglich der Bewirtschaftungskosten.

(2) [1] Der Rohertrag ergibt sich aus den bei ordnungsgemäßer Bewirtschaftung und zulässiger Nutzung marktüblich erzielbaren Erträgen; hierbei sind die tatsächlichen Erträge zugrunde zu legen, wenn sie marktüblich erzielbar sind. [2] Bei Anwendung des periodischen Ertragswertverfahrens ergibt sich der Rohertrag insbesondere aus den vertraglichen Vereinbarungen.

§ 32 Bewirtschaftungskosten

(1) [1] Bewirtschaftungskosten sind die für eine ordnungsgemäße Bewirtschaftung und zulässige Nutzung entstehenden regelmäßigen Aufwendungen, die nicht durch Umlagen oder sonstige Kostenübernahmen gedeckt sind. [2] Zu den Bewirtschaftungskosten gehören
1. die Verwaltungskosten,
2. die Instandhaltungskosten,
3. das Mietausfallwagnis und
4. die Betriebskosten im Sinne des § 556 Absatz 1 Satz 2 des Bürgerlichen Gesetzbuchs.

(2) Verwaltungskosten umfassen insbesondere die Kosten der zur Verwaltung des Grundstücks erforderlichen Arbeitskräfte und Einrichtungen, die Kosten der Aufsicht und die Kosten der Geschäftsführung sowie den Gegenwert der von Eigentümerseite persönlich geleisteten Verwaltungsarbeit.

(3) Instandhaltungskosten umfassen die Kosten, die im langjährigen Mittel infolge Abnutzung oder Alterung zur Erhaltung des der Wertermittlung zugrunde gelegten Ertragsniveaus der baulichen Anlagen während ihrer Restnutzungsdauer marktüblich aufgewendet werden müssten.

(4) Das Mietausfallwagnis umfasst

1. das Risiko einer Ertragsminderung, die durch uneinbringliche Zahlungsrückstände von Mieten, Pachten und sonstigen Einnahmen oder durch vorübergehenden Leerstand von Grundstücken oder Grundstücksteilen entstehen, die zur Vermietung, Verpachtung oder sonstigen Nutzung bestimmt sind,
2. das Risiko von bei uneinbringlichen Zahlungsrückständen oder bei vorübergehendem Leerstand anfallenden, vom Eigentümer zusätzlich zu tragenden Bewirtschaftungskosten sowie
3. das Risiko von uneinbringlichen Kosten einer Rechtsverfolgung auf Zahlung, auf Aufhebung eines Mietverhältnisses oder auf Räumung.

§ 33 Objektspezifisch angepasster Liegenschaftszinssatz

Zur Ermittlung des objektspezifisch angepassten Liegenschaftszinssatzes ist der nach § 21 Absatz 2 ermittelte Liegenschaftszinssatz auf seine Eignung im Sinne des § 9 Absatz 1 Satz 1 zu prüfen und bei etwaigen Abweichungen nach Maßgabe des § 9 Absatz 1 Satz 2 und 3 an die Gegebenheiten des Wertermittlungsobjekts anzupassen.

§ 34 Barwertfaktor

(1) Der Kapitalisierung und der Abzinsung sind Barwertfaktoren auf der Grundlage der Restnutzungsdauer und des objektspezifisch angepassten Liegenschaftszinssatzes zugrunde zu legen.

(2) Der jährlich nachschüssige Rentenbarwertfaktor für die Kapitalisierung (Kapitalisierungsfaktor) ist nach der folgenden Formel zu ermitteln:

$$\text{Kapitalisierungsfaktor (KF)} = \frac{q^n - 1}{q^n \times (q - 1)}$$

$$q = 1 + LZ \qquad LZ = \frac{p}{100}$$

LZ	= Liegenschaftszinssatz
p	= Zinsfuß
n	= Restnutzungsdauer

(3) Der Barwertfaktor für die Abzinsung (Abzinsungsfaktor) ist nach der folgenden Formel zu ermitteln:

$$\text{Abzinsungsfaktor (AF)} = \frac{1}{q^n}$$

$$q = 1 + LZ \qquad LZ = \frac{p}{100}$$

LZ	= Liegenschaftszinssatz
p	= Zinsfuß
n	= Restnutzungsdauer

Abschnitt 3 Sachwertverfahren

§ 35 Grundlagen des Sachwertverfahrens

(1) Im Sachwertverfahren wird der Sachwert des Grundstücks aus den vorläufigen Sachwerten der nutzbaren baulichen und sonstigen Anlagen sowie aus dem Bodenwert ermittelt.

(2) Der vorläufige Sachwert des Grundstücks ergibt sich durch Bildung der Summe aus
1. dem vorläufigen Sachwert der baulichen Anlagen im Sinne des § 36,
2. dem vorläufigen Sachwert der baulichen Außenanlagen und sonstigen Anlagen im Sinne des § 37 und
3. dem nach den §§ 40 bis 43 zu ermittelnden Bodenwert.

(3) [1] Der marktangepasste vorläufige Sachwert des Grundstücks ergibt sich durch Multiplikation des vorläufigen Sachwerts mit einem objektspezifisch angepassten Sachwertfaktor im Sinne des § 39. [2] Nach Maßgabe des § 7 Absatz 2 kann zusätzlich eine Marktanpassung durch marktübliche Zu- oder Abschläge erforderlich sein.

(4) Der Sachwert des Grundstücks ergibt sich aus dem marktangepassten vorläufigen Sachwert und der Berücksichtigung vorhandener besonderer objektspezifischer Grundstücksmerkmale des Wertermittlungsobjekts.

§ 36 Vorläufiger Sachwert der baulichen Anlagen; durchschnittliche Herstellungskosten

(1) Zur Ermittlung des vorläufigen Sachwerts der baulichen Anlagen, ohne bauliche Außenanlagen, sind die durchschnittlichen Herstellungskosten mit dem Regionalfaktor und dem Alterswertminderungsfaktor zu multiplizieren.

(2) [1] Die durchschnittlichen Herstellungskosten der baulichen Anlagen stehen für die aufzuwendenden Kosten, die sich unter Beachtung wirtschaftlicher Gesichtspunkte für die Errichtung eines dem Wertermittlungsobjekt nach Art und Standard vergleichbaren Neubaus am Wertermittlungsstichtag unter Zugrundelegung zeitgemäßer, wirtschaftlicher Bauweisen ergeben würden. [2] Der Ermittlung der durchschnittlichen Herstellungskosten sind in der Regel modellhafte Kostenkennwerte zugrunde zu legen, die auf eine Flächen-, Raum- oder sonstige Bezugseinheit bezogen sind (Normalherstellungskosten), und mit der Anzahl der entsprechenden Bezugseinheiten der baulichen Anlage zu multiplizieren. [3] Von den Normalherstellungskosten nicht erfasste werthaltige einzelne Bauteile sind

durch marktübliche Zuschläge bei den durchschnittlichen Herstellungskosten zu berücksichtigen. [4] Zur Umrechnung auf den Wertermittlungsstichtag ist der für den Wertermittlungsstichtag aktuelle und für die jeweilige Art der baulichen Anlage zutreffende Preisindex für die Bauwirtschaft des Statistischen Bundesamtes (Baupreisindex) zu verwenden. [5] Ausnahmsweise können die durchschnittlichen Herstellungskosten der baulichen Anlagen nach den durchschnittlichen Kosten einzelner Bauleistungen ermittelt werden.

(3) Der Regionalfaktor ist ein vom örtlich zuständigen Gutachterausschuss festgelegter Modellparameter zur Anpassung der durchschnittlichen Herstellungskosten an die Verhältnisse am örtlichen Grundstücksmarkt.

§ 37 Vorläufiger Sachwert der baulichen Außenanlagen und sonstigen Anlagen

[1] Der vorläufige Sachwert der für die jeweilige Gebäudeart üblichen baulichen Außenanlagen und sonstigen Anlagen ist gesondert zu ermitteln, soweit die Anlagen wertbeeinflussend sind und nicht bereits anderweitig erfasst wurden. [2] Der vorläufige Sachwert kann entsprechend § 36 nach den durchschnittlichen Herstellungskosten, nach Erfahrungssätzen oder hilfsweise durch sachverständige Schätzung ermittelt werden. [3] Werden durchschnittliche Herstellungskosten zugrunde gelegt, richtet sich die bei Ermittlung der Alterswertminderung anzusetzende Restnutzungsdauer in der Regel nach der Restnutzungsdauer der baulichen Anlage.

§ 38 Alterswertminderungsfaktor

Der Alterswertminderungsfaktor entspricht dem Verhältnis der Restnutzungsdauer zur Gesamtnutzungsdauer.

§ 39 Objektspezifisch angepasster Sachwertfaktor

Zur Ermittlung des objektspezifisch angepassten Sachwertfaktors ist der nach § 21 Absatz 3 ermittelte Sachwertfaktor auf seine Eignung im Sinne des § 9 Absatz 1 Satz 1 zu prüfen und bei etwaigen Abweichungen nach § 9 Absatz 1 Satz 2 und 3 an die Gegebenheiten des Wertermittlungsobjekts anzupassen.

Teil 4 Bodenwertermittlung; grundstücksbezogene Rechte und Belastungen

Abschnitt 1 Bodenwertermittlung

§ 40 Allgemeines zur Bodenwertermittlung

(1) Der Bodenwert ist vorbehaltlich des Absatzes 5 ohne Berücksichtigung der vorhandenen baulichen Anlagen auf dem Grundstück vorrangig im Vergleichswertverfahren nach den §§ 24 bis 26 zu ermitteln.

(2) Neben oder anstelle von Vergleichspreisen kann nach Maßgabe des § 26 Absatz 2 ein objektspezifisch angepasster Bodenrichtwert verwendet werden.

(3) [1] Steht keine ausreichende Anzahl von Vergleichspreisen oder steht kein geeigneter Bodenrichtwert zur Verfügung, kann der Bodenwert deduktiv oder in anderer geeigneter Weise ermittelt werden. [2] Werden hierbei die allgemeinen Wertverhältnisse nicht ausreichend berücksichtigt, ist eine Marktanpassung durch marktübliche Zu- oder Abschläge erforderlich.

(4) [1] Bei der Ermittlung der sanierungs- oder entwicklungsbedingten Bodenwerterhöhung zur Bemessung von Ausgleichsbeträgen nach § 154 Absatz 1 oder § 166 Absatz 3 Satz 4 des Baugesetzbuchs sind die Anfangs- und Endwerte bezogen auf denselben Wertermittlungsstichtag zu ermitteln. [2] Der jeweilige Grundstückszustand ist nach Maßgabe des § 154 Absatz 2 des Baugesetzbuchs zu ermitteln.

(5) Die tatsächliche bauliche Nutzung kann insbesondere in folgenden Fällen den Bodenwert beeinflussen:
1. wenn dies dem gewöhnlichen Geschäftsverkehr entspricht, ist ein erhebliches Abweichen der tatsächlichen von der nach § 5 Absatz 1 maßgeblichen Nutzung bei der Ermittlung des Bodenwerts bebauter Grundstücke zu berücksichtigen;
2. wenn bauliche Anlagen auf einem Grundstück im Außenbereich rechtlich und wirtschaftlich weiterhin nutzbar sind, ist dieser Umstand bei der Ermittlung des Bodenwerts in der Regel werterhöhend zu berücksichtigen;
3. wenn bei einem Grundstück mit einem Liquidationsobjekt im Sinne des § 8 Absatz 3 Satz 2 Nummer 3 mit keiner alsbaldigen Freilegung zu rechnen ist, gilt § 43.

§ 41 Erhebliche Überschreitung der marktüblichen Grundstücksgröße

Bei einer erheblichen Überschreitung der marktüblichen Grundstücksgröße kommt eine getrennte Ermittlung des Werts der über die marktübliche Grundstücksgröße hinausgehenden selbstständig nutzbaren oder sonstigen Teilfläche in Betracht; der Wert der Teilfläche ist in der Regel als besonderes objektspezifisches Grundstücksmerkmal zu berücksichtigen.

§ 42 Bodenwert von Bauerwartungsland und Rohbauland

Der Bodenwert von Bauerwartungs- oder Rohbauland kann in Anwendung des § 40 Absatz 3 ausgehend vom Bodenwert für entsprechend genutztes oder nutzbares baureifes Land deduktiv durch angemessene Berücksichtigung der auf dem örtlichen Grundstücksmarkt marktüblichen Kosten der Baureifmachung und unter Berücksichtigung der Wartezeit in Verbindung mit einem Realisierungsrisiko nach Maßgabe des § 11 Absatz 2 oder in sonstiger geeigneter Weise ermittelt werden.

§ 43 Nutzungsabhängiger Bodenwert bei Liquidationsobjekten

(1) Ist bei einem Grundstück mit einem Liquidationsobjekt im Sinne des § 8 Absatz 3 Satz 2 Nummer 3 insbesondere aus rechtlichen Gründen mit der Freilegung erst zu einem späteren Zeitpunkt zu rechnen (aufgeschobene Freilegung)

oder ist langfristig nicht mit einer Freilegung zu rechnen, so ist bei der Bodenwertermittlung von dem sich unter Berücksichtigung der tatsächlichen Nutzung ergebenden Bodenwert (nutzungsabhängiger Bodenwert) auszugehen, soweit dies marktüblich ist.

(2) [1] Im Fall einer aufgeschobenen Freilegung ist der Wertvorteil, der sich aus der künftigen Nutzbarkeit ergibt, bei der Wertermittlung als besonderes objektspezifisches Grundstücksmerkmal zu berücksichtigen, soweit dies marktüblich ist. [2] Der Wertvorteil ergibt sich aus der abgezinsten Differenz zwischen dem Bodenwert, den das Grundstück ohne das Liquidationsobjekt haben würde, und dem nutzungsabhängigen Bodenwert. [3] Die Freilegungskosten sind über den Zeitraum bis zur Freilegung abzuzinsen und als besonderes objektspezifisches Grundstücksmerkmal zu berücksichtigen, soweit dies marktüblich ist.

§ 44 Gemeinbedarfsflächen

[1] Gemeinbedarfsflächen sind Flächen, für die eine öffentlichen Zweckbindung besteht. [2] Bei Ermittlung des Werts ist danach zu differenzieren, ob es sich um Gemeinbedarfsflächen handelt, die

1. weiterhin für denselben öffentlichen Zweck genutzt werden oder die unter der Änderung der öffentlichen Zweckbindung einem anderen Gemeinbedarf zugeführt werden sollen (bleibende Gemeinbedarfsflächen),
2. ihre öffentliche Zweckbindung verlieren (abgehende Gemeinbedarfsflächen) oder
3. bislang keiner öffentlichen Zweckbestimmung unterlagen und erst für Gemeinbedarfszwecke zu beschaffen sind (künftige Gemeinbedarfsflächen).

§ 45 Wasserflächen

[1] Der Verkehrswert von Wasserflächen hängt in erster Linie von der rechtlich zulässigen Nutzungsmöglichkeit ab. [2] Dabei kann insbesondere eine Abhängigkeit von dem Verkehrswert einer mit der Wasserfläche in unmittelbarem wirtschaftlichen Zusammenhang stehenden Landfläche bestehen oder eine ertragsorientierte Nutzung der Wasserfläche maßgeblich sein.

Abschnitt 2 Grundstücksbezogene Rechte und Belastungen

Unterabschnitt 1 Allgemeines

§ 46 Allgemeines zu grundstücksbezogenen Rechten und Belastungen

(1) Grundstücksbezogene Rechte und Belastungen können den Wert des begünstigten und den Wert des belasteten Grundstücks beeinflussen sowie Gegenstand einer eigenständigen Wertermittlung sein.

(2) Als grundstücksbezogene Rechte und Belastungen kommen insbesondere in Betracht
1. grundstücksgleiche Rechte,
2. weitere beschränkte dingliche Rechte,
3. Baulasten,
4. grundstücksbezogene gesetzliche Beschränkungen des Eigentums sowie
5. miet-, pacht- und wohnungsrechtliche Bindungen.

§ 47 Grundsätze der Wertermittlung bei Rechten und Belastungen

(1) [1] Der Wert des begünstigten oder des belasteten Grundstücks kann ermittelt werden
1. aus Vergleichspreisen oder
2. ausgehend vom Wert des fiktiv nicht begünstigten oder des fiktiv unbelasteten Grundstücks.
[2] Hierbei sind die allgemeinen Wertverhältnisse im Hinblick auf das Recht oder die Belastung zu berücksichtigen.

(2) In den Fällen nach Absatz 1 Satz 1 Nummer 2 kann der Wert des begünstigten oder des belasteten Grundstücks ermittelt werden
1. durch den Ansatz von Umrechnungskoeffizienten oder
2. durch Berücksichtigung des Werteinflusses des Rechts oder der Belastung.

(3) Der Werteinfluss im Sinne des Absatzes 2 Nummer 2 kann ermittelt werden
1. durch Berücksichtigung der wirtschaftlichen Vor- und Nachteile oder
2. in anderer geeigneter Weise.

(4) [1] Der Wert eines Rechts oder einer Belastung kann ermittelt werden
1. aus dem Vergleich mit Kaufpreisen für vergleichbare Rechte oder Belastungen,
2. durch Berücksichtigung der wirtschaftlichen Vor- und Nachteile,
3. ausgehend vom Wert des fiktiv nicht begünstigten oder des fiktiv unbelasteten Grundstücks oder
4. in anderer geeigneter Weise.
[2] Hierbei sind die allgemeinen Wertverhältnisse im Hinblick auf das Recht oder die Belastung zu berücksichtigen.

(5) [1] Wird der Werteinfluss oder der Wert des Rechts oder der Belastung aus wirtschaftlichen Vor- und Nachteilen ermittelt, so sind die jährlichen Vor- und Nachteile über die Restlaufzeit des Rechts oder der Belastung zu kapitalisieren. [2] Sind Rechte oder Belastungen an das Leben gebunden, ist mit Leibrentenbarwertfaktoren zu kapitalisieren. [3] Ist der Berechtigte eine juristische Person, ist von einem angemessenen Zeitrentenbarwertfaktor auszugehen.

Unterabschnitt 2 Erbbaurecht und Erbbaugrundstück

§ 48 Allgemeines zum Erbbaurecht und Erbbaugrundstück

[1] Der Verkehrswert des Erbbaurechts und der Verkehrswert des Erbbaugrundstücks sind unter Berücksichtigung der vertraglichen Vereinbarungen und der sonstigen wertbeeinflussenden Umstände in Abhängigkeit von den zur Verfügung stehenden Daten zu ermitteln. [2] Der Verkehrswert des Erbbaurechts kann im Vergleichswertverfahren nach den §§ 49 und 50 oder auf andere geeignete Weise ermittelt werden. [3] Der Verkehrswert des Erbbaugrundstücks kann im Vergleichswertverfahren nach den §§ 51 und 52 oder auf andere geeignete Weise ermittelt werden.

§ 49 Vergleichswertverfahren für das Erbbaurecht [2)]

(1) [1] Im Vergleichswertverfahren kann der Wert des Erbbaurechts insbesondere ermittelt werden
1. aus Vergleichspreisen für veräußerte Erbbaurechte,
2. ausgehend von dem nach § 50 zu ermittelnden finanzmathematischen Wert des Erbbaurechts oder
3. ausgehend vom Wert des fiktiven Volleigentums im Sinne des Satzes 2.
[2] Der Wert des fiktiven Volleigentums ist der Wert des fiktiv unbelasteten Grundstücks, der dem marktangepassten vorläufigen Vergleichs-, Ertrags- oder Sachwert ohne Berücksichtigung von besonderen objektspezifischen Grundstücksmerkmalen entspricht.

(2) [1] Der vorläufige Vergleichswert des Erbbaurechts kann insbesondere ermittelt werden
1. auf Grundlage einer statistischen Auswertung einer ausreichenden Anzahl von Vergleichspreisen,
2. durch Multiplikation des finanzmathematischen Werts des Erbbaurechts mit einem objektspezifisch angepassten Erbbaurechtsfaktor oder
3. durch Multiplikation des Werts des fiktiven Volleigentums mit einem objektspezifisch angepassten Erbbaurechtskoeffizienten.
[2] Zur Ermittlung des objektspezifisch angepassten Erbbaurechtsfaktors und des objektspezifisch angepassten Erbbaurechtskoeffizienten ist das nach dem § 22 oder § 23 *ermittelte* Datum auf seine Eignung im Sinne des § 9 Absatz 1 Satz 1 zu prüfen und bei etwaigen *Abweichungen* nach Maßgabe des § 9 Absatz 1 Satz 2 und 3 an die Gegebenheiten des Wertermittlungsobjekts anzupassen.

(3) Der marktangepasste vorläufige Vergleichswert des Erbbaurechts entspricht nach Maßgabe des § 7 dem vorläufigen Vergleichswert des Erbbaurechts.

(4) Der Vergleichswert des Erbbaurechts ergibt sich aus dem marktangepassten vorläufigen Vergleichswert des Erbbaurechts und der Berücksichtigung vorhandener besonderer objektspezifischer Grundstücksmerkmale des Wertermittlungsobjekts.

§ 50 Finanzmathematischer Wert des Erbbaurechts

(1) Ausgangsgröße für die Ermittlung des finanzmathematischen Werts des Erbbaurechts ist der Wert des fiktiven Volleigentums im Sinne des § 49 Absatz 1 Satz 2.

(2) [1] Der finanzmathematische Wert des Erbbaurechts wird ermittelt durch Bildung der Summe aus
1. dem Wert des fiktiven Volleigentums abzüglich des Bodenwerts des fiktiv unbelasteten Grundstücks und
2. der über die Restlaufzeit des Erbbaurechts kapitalisierten Differenz aus dem angemessenen und dem erzielbaren Erbbauzins oder ausnahmsweise der Differenz aus dem jeweils über die Restlaufzeit des Erbbaurechts kapitalisierten angemessenen und erzielbaren Erbbauzins.
[2] Bei einer über die Restlaufzeit des Erbbaurechts hinausgehenden Restnutzungsdauer der baulichen Anlagen ist ergänzend zu Satz 1 der bei Zeitablauf nicht zu entschädigende Wertanteil der baulichen Anlagen abzuzinsen und abzuziehen.

(3) [1] Der angemessene Erbbauzins wird in der Regel auf der Grundlage des angemessenen Erbbauzinssatzes und des Bodenwerts des Grundstücks, an dem das Erbbaurecht bestellt wird, ermittelt. [2] Der angemessene Erbbauzinssatz ist der Zinssatz, der sich bei Neubestellung von Erbbaurechten der betroffenen Grundstücksart am Wertermittlungsstichtag im gewöhnlichen Geschäftsverkehr ergibt oder ein anderer geeigneter Zinssatz.

(4) Der erzielbare Erbbauzins ist der Betrag, der sich aus dem im Erbbaurechtsvertrag vereinbarten Erbbauzins unter Berücksichtigung vertraglich vereinbarter und gesetzlich zulässiger Anpassungsmöglichkeiten ergibt.

§ 51 Vergleichswertverfahren für das Erbbaugrundstück

(1) Im Vergleichswertverfahren kann der Wert des Erbbaugrundstücks insbesondere ermittelt werden
1. aus Vergleichspreisen für veräußerte Erbbaugrundstücke,
2. ausgehend von dem nach § 52 zu ermittelnden finanzmathematischen Wert des Erbbaugrundstücks oder
3. ausgehend vom Bodenwert des fiktiv unbelasteten Grundstücks.

(2) [1] Der vorläufige Vergleichswert des Erbbaugrundstücks kann insbesondere ermittelt werden
1. auf Grundlage einer statistischen Auswertung einer ausreichenden Anzahl von Vergleichspreisen für Erbbaugrundstücke,

2) § 49 Abs. 2 Satz 2 Kursivdruck: Auf Grund offensichtlicher Unrichtigkeit wurde das Wort "emittelte" durch das Wort "ermittelte" ersetzt.; § 49 Abs. 2 Satz 2 Kursivdruck: Auf Grund offensichtlicher Unrichtigkeit wurde das Wort "Abweichnungen" durch das Wort "Abweichungen" ersetzt.

2. durch Multiplikation des finanzmathematischen Werts des Erbbaugrundstücks mit einem objektspezifisch angepassten Erbbaugrundstücksfaktor oder

3. durch Multiplikation des Bodenwerts des fiktiv unbelasteten Grundstücks mit einem objektspezifisch angepassten Erbbaugrundstückskoeffizienten.

[2] Für die Ermittlung des objektspezifisch angepassten Erbbaugrundstücksfaktors und des objektspezifisch angepassten Erbbaugrundstückskoeffizienten gilt § 49 Absatz 2 Satz 2 entsprechend.

(3) Der marktangepasste vorläufige Vergleichswert des Erbbaugrundstücks entspricht nach Maßgabe des § 7 dem vorläufigen Vergleichswert des Erbbaugrundstücks.

(4) Der Vergleichswert des Erbbaugrundstücks ergibt sich aus dem marktangepassten vorläufigen Vergleichswert des Erbbaugrundstücks und der Berücksichtigung vorhandener besonderer objektspezifischer Grundstücksmerkmale des Wertermittlungsobjekts.

§ 52 Finanzmathematischer Wert des Erbbaugrundstücks

(1) Ausgangsgröße für die Ermittlung des finanzmathematischen Werts des Erbbaugrundstücks ist der Bodenwert des fiktiv unbelasteten Grundstücks.

(2) [1] Der finanzmathematische Wert des Erbbaugrundstücks wird ermittelt durch Bildung der Summe aus

1. dem über die Restlaufzeit des Erbbaurechts abgezinsten Bodenwert des fiktiv unbelasteten Grundstücks und

2. dem über die Restlaufzeit des Erbbaurechts kapitalisierten erzielbaren Erbbauzins im Sinne des § 50 Absatz 4.

[2] Bei einer über die Restlaufzeit hinausgehenden Restnutzungsdauer der baulichen Anlagen ist ergänzend zu Satz 1 der bei Zeitablauf nicht zu entschädigende Wertanteil der baulichen und sonstigen Anlagen abzuzinsen und hinzuzuaddieren.

Teil 5 Schlussvorschriften

§ 53 Übergangsregelungen

(1) Bei Verkehrswertgutachten, die ab dem 1. Januar 2022 erstellt werden, ist unabhängig vom Wertermittlungsstichtag diese Verordnung anzuwenden.

(2) Bis zum Ablauf des 31. Dezember 2024 kann bei Ermittlung der sonstigen für die Wertermittlung erforderlichen Daten die Gesamtnutzungsdauer abweichend von § 12 Absatz 5 Satz 1 und Anlage 1 festgelegt sowie die Restnutzungsdauer abweichend von § 12 Absatz 5 Satz 1 und Anlage 2 ermittelt werden.

§ 54 Inkrafttreten, Außerkrafttreten

[1] Diese Verordnung tritt am 1. Januar 2022 in Kraft. [2] Gleichzeitig tritt die Immobilienwertermittlungsverordnung vom 19. Mai 2010 (BGBl. I S. 639), die durch Artikel 16 des Gesetzes vom 26. November 2019 (BGBl. I S. 1794) geändert worden ist, außer Kraft.

Schlussformel

Der Bundesrat hat zugestimmt.

ImmoWertV - Anlage 1 (zu § 12 Absatz 5 Satz 1)
Modellansätze für die Gesamtnutzungsdauer

(Fundstelle: BGBl. I 2021, 2819)

Zur Festlegung der Gesamtnutzungsdauer sind bei Ermittlung der sonstigen für die Wertermittlung erforderlichen Daten die nachfolgenden Modellansätze zugrunde zu legen.

Art der baulichen Anlage	Gesamtnutzungsdauer
freistehende Ein- und Zweifamilienhäuser, Doppelhäuser, Reihenhäuser	80 Jahre
Mehrfamilienhäuser	80 Jahre
Wohnhäuser mit Mischnutzung	80 Jahre
Geschäftshäuser	60 Jahre
Bürogebäude, Banken	60 Jahre
Gemeindezentren, Saalbauten, Veranstaltungsgebäude	40 Jahre
Kindergärten, Schulen	50 Jahre
Wohnheime, Alten- und Pflegeheime	50 Jahre
Krankenhäuser, Tageskliniken	40 Jahre
Beherbergungsstätten, Verpflegungseinrichtungen	40 Jahre
Sporthallen, Freizeitbäder, Heilbäder	40 Jahre
Verbrauchermärkte, Autohäuser	30 Jahre
Kauf- und Warenhäuser	50 Jahre
Einzelgaragen	60 Jahre
Tief- und Hochgaragen als Einzelbauwerk	40 Jahre
Betriebs- und Werkstätten, Produktionsgebäude	40 Jahre
Lager- und Versandgebäude	40 Jahre
Landwirtschaftliche Betriebsgebäude	30 Jahre

Für nicht aufgeführte Arten baulicher Anlagen ist die Gesamtnutzungsdauer aus der Gesamtnutzungsdauer vergleichbarer baulicher Anlagen abzuleiten.

ImmoWertV - Anlage 2 (zu § 12 Absatz 5 Satz 1)
Modell zur Ermittlung der Restnutzungsdauer
von Wohngebäuden bei Modernisierungen

(Fundstelle: BGBl. I 2021, 2820 - 2821)

Bei Ermittlung der sonstigen für die Wertermittlung erforderlichen Daten ist zur Ermittlung der Restnutzungsdauer von Wohngebäuden im Fall von Modernisierungen das nachfolgend beschriebene Modell zugrunde zu legen.

Die Verwendung des nachfolgenden Modells ersetzt nicht die erforderliche sachverständige Würdigung des Einzelfalls.

I. Ermittlung der Modernisierungspunktzahl

Die Modernisierungspunktzahl kann durch Punktevergabe für einzelne Modernisierungselemente nach Nummer 1 oder durch sachverständige Einschätzung des Modernisierungsgrades nach Nummer 2 ermittelt werden.

1. Punktevergabe für einzelne Modernisierungselemente

Auf der Grundlage der nachfolgenden Tabelle 1 sind unter Berücksichtigung der zum Stichtag oder der kurz vor dem Stichtag durchgeführten Modernisierungsmaßnahmen entsprechende Punkte für Modernisierungselemente zu vergeben. Aus den für die einzelnen Modernisierungselemente vergebenen Punkten ist eine Gesamtpunktzahl für die Modernisierung (Modernisierungspunkte) zu bilden.

Liegen die Maßnahmen weiter zurück, ist zu prüfen, ob nicht weniger als die maximal zu vergebenden Punkte anzusetzen sind. Wenn nicht modernisierte Bauelemente noch zeitgemäßen Ansprüchen genügen, sind mit einer Modernisierung vergleichbare Punkte zu vergeben.

Modernisierungselemente	Maximal zu vergebende Punkte
Dacherneuerung inklusive Verbesserung der Wärmedämmung	4
Modernisierung der Fenster und Außentüren	2
Modernisierung der Leitungssysteme (Strom, Gas, Wasser, Abwasser)	2
Modernisierung der Heizungsanlage	2
Wärmedämmung der Außenwände	4
Modernisierung von Bädern	2
Modernisierung des Innenausbaus, z. B. Decken, Fußböden, Treppen	2
Wesentliche Verbesserung der Grundrissgestaltung	2

Tabelle 1: einzelne Modernisierungselemente mit den maximal zu vergebenden Punkten.

2. Sachverständige Einschätzung des Modernisierungsgrades

Auf der Grundlage einer sachverständigen Einschätzung des Modernisierungsgrades kann aufgrund der Tabelle 2 eine Gesamtpunktzahl für die Modernisierung ermittelt werden.

Modernisierungsgrad	Modernisierungspunktzahl
nicht modernisiert	0 bis 1 Punkt
kleine Modernisierungen im Rahmen der Instandhaltung	2 bis 5 Punkte
mittlerer Modernisierungsgrad	6 bis 10 Punkte
überwiegend modernisiert	11 bis 17 Punkte
umfassend modernisiert	18 bis 20 Punkte

Tabelle 2: Ermittlung des Modernisierungsgrades.

II. Ermittlung der Restnutzungsdauer bei Modernisierung

1. Allgemeines

Aus der nach I. ermittelten Modernisierungspunktzahl ergibt sich die Restnutzungsdauer der baulichen Anlage unter Nutzung der Formel unter II.2 auf der Grundlage der zugrunde gelegten Gesamtnutzungsdauer und des Alters der baulichen Anlage.

Davon abweichend kann die Restnutzungsdauer bei kernsanierten Objekten bis zu 90 Prozent der jeweiligen Gesamtnutzungsdauer betragen. Durch eine Kernsanierung wird das Gebäude in einen Zustand versetzt, der nahezu einem neuen Gebäude entspricht. Bei einer Kernsanierung ist als Baujahr das Jahr der fachgerechten Sanierung zugrunde zu legen. Die teilweise noch verbliebene alte Bausubstanz oder der von neuen Gebäuden abweichende Zustand z. B. des Kellers ist durch einen Abschlag zu berücksichtigen.

2. Formel zur Ermittlung der Restnutzungsdauer

Der Ermittlung der Restnutzungsdauer im Fall von Modernisierungen liegt ein theoretischer Modellansatz zugrunde. Das Modell geht davon aus, dass die Restnutzungsdauer (RND) auf maximal 70 Prozent der jeweiligen Gesamtnutzungsdauer (GND) gestreckt und nach der folgenden Formel berechnet wird:

$$RND = a \times \frac{Alter^2}{GND} - b \times Alter + c \times GND$$

Für die Variablen a, b und c sind die Werte der Tabelle 3 zu verwenden. Dabei

ist zu beachten, dass Modernisierungen erst ab einem bestimmten Alter der
baulichen Anlagen Auswirkungen auf die Restnutzungsdauer haben. Aus
diesem Grund ist die Formel in Abhängigkeit von der anzusetzenden
Gesamtnutzungsdauer erst ab einem bestimmten Alter (relatives Alter)
anwendbar.

Das relative Alter wird nach der folgenden Formel ermittelt:

$$\frac{\text{Alter}}{\text{GND}} \times 100 \ \%$$

Liegt das relative Alter unterhalb des in der Tabelle 3 angegebenen Wertes, gilt
für die Ermittlung der Restnutzungsdauer die Formel:

$$\text{RND} = \text{GND} - \text{Alter}$$

Modernisierungs-punkte	a	b	c	ab einem relativen Alter von
0	1,2500	2,6250	1,5250	60 %
1	1,2500	2,6250	1,5250	60 %
2	1,0767	2,2757	1,3878	55 %
3	0,9033	1,9263	1,2505	55 %
4	0,7300	1,5770	1,1133	40 %
5	0,6725	1,4578	1,0850	35 %
6	0,6150	1,3385	1,0567	30 %
7	0,5575	1,2193	1,0283	25 %
8	0,5000	1,1000	1,0000	20 %
9	0,4660	1,0270	0,9906	19 %
10	0,4320	0,9540	0,9811	18 %
11	0,3980	0,8810	0,9717	17 %
12	0,3640	0,8080	0,9622	16 %
13	0,3300	0,7350	0,9528	15 %
14	0,3040	0,6760	0,9506	14 %
15	0,2780	0,6170	0,9485	13 %
16	0,2520	0,5580	0,9463	12 %
17	0,2260	0,4990	0,9442	11 %
18	0,2000	0,4400	0,9420	10 %
19	0,2000	0,4400	0,9420	10 %
20	0,2000	0,4400	0,9420	10 %

Tabelle 3: Angabe der Variablen a, b, c und des relativen Alters für die
Anwendung der Formel zur Ermittlung der Restnutzungsdauer.

ImmoWertV - Anlage 3 (zu § 12 Absatz 5 Satz 2)
Modellansätze für Bewirtschaftungskosten

(Fundstelle: BGBl. I 2021, 2822 - 2823)

Bei Ermittlung der Liegenschaftszinssätze sind die nachfolgenden
Modellansätze zugrunde zu legen.

I. Bewirtschaftungskosten für Wohnnutzung

1. Verwaltungskosten (Stand 1. Januar 2021)

298 Euro	jährlich je Wohnung bzw. je Wohngebäude bei Ein- und Zweifamilienhäusern
357 Euro	jährlich je Eigentumswohnung
39 Euro	jährlich je Garage oder ähnlichem Einstellplatz

Die vorstehend genannten Werte gelten für das Jahr 2021. Für
Wertermittlungsstichtage in den Folgejahren sind sie wie unter III. dargestellt
anzupassen.

2. Instandhaltungskosten (Stand 1. Januar 2021)

| 11,70 Euro | jährlich je Quadratmeter Wohnfläche, wenn die Schönheitsreparaturen von den Mietern getragen werden |
| 88 Euro | jährlich je Garage oder ähnlichem Einstellplatz einschließlich der Kosten für Schönheitsreparaturen |

Die vorstehend genannten Beträge gelten für das Jahr 2021. Für
Wertermittlungsstichtage in den Folgejahren sind die Beträge wie unter III.
dargestellt anzupassen.

3. Mietausfallwagnis

| 2 Prozent | des marktüblich erzielbaren Rohertrags bei Wohnnutzung |

II. Bewirtschaftungskosten für gewerbliche Nutzung

1. Verwaltungskosten

| 3 Prozent | des marktüblich erzielbaren Rohertrags bei reiner und gemischter gewerblicher Nutzung |

2. Instandhaltungskosten

Den Instandhaltungskosten für gewerbliche Nutzung wird jeweils ein
Prozentsatz der Instandhaltungskosten für Wohnnutzung zugrunde gelegt.

100 Prozent	für gewerbliche Nutzung wie z. B. Büros, Praxen, Geschäfte und vergleichbare Nutzungen bzw. gewerblich genutzte Objekte mit vergleichbaren Baukosten, wenn der Vermieter die Instandhaltung für „Dach und Fach" trägt
50 Prozent	für gewerbliche Nutzung wie z. B. SB-Verbrauchermärkte und vergleichbare Nutzungen bzw. gewerblich genutzte Objekte mit vergleichbaren Baukosten, wenn der Vermieter die Instandhaltung für „Dach und Fach" trägt
30 Prozent	für gewerbliche Nutzung wie z. B. Lager-, Logistik- und Produktionshallen und vergleichbare Nutzungen bzw. gewerblich genutzte Objekte mit vergleichbaren Baukosten, wenn der Vermieter die Instandhaltung für „Dach und Fach" trägt

3. Mietausfallwagnis

4 Prozent	des marktüblich erzielbaren Rohertrags bei reiner bzw. gemischter gewerblicher Nutzung

Die Anpassung der Werte nach den Nummern I.1 und I.2 erfolgt jährlich auf der Grundlage der in Satz 3 genannten Basiswerte mit dem Prozentsatz, um den sich der vom Statistischen Bundesamt festgestellte Verbraucherpreisindex für Deutschland für den Monat Oktober 2001 gegenüber demjenigen für den Monat Oktober des Jahres, das dem Stichtag der Ermittlung des Liegenschaftszinssatzes vorausgeht, erhöht oder verringert hat. Die Werte für die Instandhaltungskosten pro m^2 sind auf eine Nachkommastelle und bei den Instandhaltungskosten pro Garage oder ähnlichem Einstellplatz sowie bei Verwaltungskosten kaufmännisch auf den vollen Euro zu runden.

Es wird von folgenden Basiswerten für die Verwaltungs- und Instandhaltungskosten ausgegangen:

1. Verwaltungskosten

230 Euro	jährlich je Wohnung bzw. je Wohngebäude bei Ein- und Zweifamilienhäusern
275 Euro	jährlich je Eigentumswohnung
30 Euro	jährlich je Garage oder ähnlichem Einstellplatz

2. Instandhaltungskosten

9,00 Euro	jährlich je Quadratmeter Wohnfläche, wenn die Schönheitsreparaturen von den Mietern getragen werden

68 Euro	jährlich je Garage oder ähnlichem Einstellplatz einschließlich der Kosten für Schönheitsreparaturen

ImmoWertV

ImmoWertV - Anlage 4 (zu § 12 Absatz 5 Satz 3)
Normalherstellungskosten 2010 (NHK 2010)

(Fundstelle: BGBl. I 2021, 2824 - 2855)

I. Grundlagen

1. Allgemeines

(1) Bei Ermittlung der Sachwertfaktoren sind der Ermittlung der durchschnittlichen Herstellungskosten die Modellkosten dieser Anlage zugrunde zu legen.

(2) Die Kostenkennwerte der Normalherstellungskosten 2010 nach Nummer II beziehen sich auf eine Art der baulichen Anlage (Gebäudeart) unter Berücksichtigung einer Standardstufe. Die Zuordnung des Wertermittlungsobjekts zu einer Gebäudeart erfolgt aufgrund seiner Nutzung. Die Zuordnung zu einer Standardstufe erfolgt nach Nummer III aufgrund seiner Standardmerkmale; dabei sind zur Ermittlung eines zutreffenden Kostenkennwerts alle wertrelevanten Standardmerkmale des Wertermittlungsobjekts sachverständig einzustufen, auch wenn sie nicht in Nummer III beschrieben sind.

(3) Die Normalherstellungskosten 2010 erfassen die Kostengruppen 300 und 400 der DIN 276 [1] , die Umsatzsteuer und die üblicherweise entstehenden Baunebenkosten (Kostengruppen 730 und 771 der DIN 276[1]), insbesondere Kosten für Planung, Baudurchführung, behördliche Prüfungen und Genehmigungen. Darüber hinaus enthalten sie weitere Angaben zur Höhe der eingerechneten Baunebenkosten, teilweise Korrekturfaktoren zur Anpassung des jeweiligen Kostenkennwerts wegen der speziellen Merkmale des Wertermittlungsobjekts sowie teilweise weitergehende Erläuterungen.

(4) Die Kostenkennwerte der Normalherstellungskosten sind in Euro pro Quadratmeter Grundfläche angegeben. Sie sind bezogen auf den im Jahresdurchschnitt bestehenden Kostenstand des Jahres 2010.

2. Brutto-Grundfläche

(1) Die Brutto-Grundfläche (BGF) ist die Summe der bezogen auf die jeweilige Gebäudeart marktüblich nutzbaren Grundflächen aller Grundrissebenen eines Bauwerks. Für die Ermittlung der Brutto-Grundfläche ist die DIN 277 [2] anzuwenden, deren Vorgaben für die Anwendung der Normalherstellungskosten durch die nachfolgenden Absätze teilweise ergänzt werden.

(2) In Anlehnung an die DIN 277[2] sind bei den Grundflächen folgende Bereiche zu unterscheiden:

a) Bereich a: überdeckt und allseitig in voller Höhe umschlossen,

b) Bereich b: überdeckt, jedoch nicht allseitig in voller Höhe umschlossen,

c) Bereich c: nicht überdeckt.

Für die Ermittlung der Brutto-Grundfläche sind nur die Grundflächen der Bereiche a und b zu berücksichtigen. Balkone, einschließlich überdeckter Balkone, sind dem Bereich c zuzuordnen.

(3) Für die Ermittlung der Brutto-Grundfläche sind die äußeren Maße der Baukonstruktionen einschließlich Bekleidung in Höhe der Oberseite der Boden- oder Deckenbeläge anzusetzen.

(4) Nicht zur Brutto-Grundfläche gehören beispielsweise Flächen von neben dem Dachgeschoss bestehenden weiteren untergeordneten Ebenen innerhalb des Dachraums (Spitzböden), Flächen von Kriechkellern, Flächen, die ausschließlich der Wartung, Inspektion und Instandsetzung von Baukonstruktionen und technischen Anlagen, sowie Flächen unter konstruktiven Hohlräumen, zum Beispiel über abgehängten Decken.

(5) Im Dachgeschoss richtet sich die Anrechenbarkeit der Grundflächen nach ihrer Nutzbarkeit. Ausreichend ist, wenn eine untergeordnete Nutzung möglich ist, die beispielsweise als Lager- und Abstellraum der Hauptnutzung dient (eingeschränkte Nutzbarkeit). Die Nutzbarkeit von Dachgeschossen setzt eine lichte Höhe von circa 1,25 Metern und ihre Begehbarkeit voraus; eine Begehbarkeit setzt eine feste Decke und die Zugänglichkeit voraus, wobei sich die Art der Zugänglichkeit nach der Intensität der Nutzung richtet. Nicht nutzbare Dachgeschossebenen sind nicht anzurechnen.

3. Besonderheiten und Grad der wirtschaftlichen Nutzbarkeit bei freistehenden Ein- und Zweifamilienhäusern, Doppelhäusern und Reihenhäusern

(1) Freistehende Ein- und Zweifamilienhäuser, Doppelhäuser und Reihenhäuser mit nicht nutzbaren Grundrissebenen im Dachraum sind der

Gebäudeart mit Flachdach oder flach geneigtem Dach zuzuordnen.

(2) Trotz gleicher Brutto-Grundfläche können sich bei freistehenden Ein- und Zweifamilienhäusern, Doppelhäusern und Reihenhäusern mit ausgebautem oder ausbaufähigem Dachgeschoss im Sinne der Absätze 3 und 4 Unterschiede hinsichtlich des Grades der wirtschaftlichen Nutzbarkeit ergeben, die insbesondere auf Unterschieden der Dachkonstruktion, der Gebäudegeometrie und der Giebelhöhe beruhen können.

(3) Bei Gebäuden mit nicht ausgebautem Dachgeschoss ist zu unterscheiden zwischen

a) Gebäuden mit Dachgeschossen, die nicht zu einer Wohnnutzung als Hauptnutzung ausbaubar sind, jedoch im Unterschied zur Gebäudeart mit Flachdach oder flach geneigten Dach eine untergeordnete Nutzung zulassen (nicht ausbaufähig) und

b) Gebäuden mit Dachgeschossen, die für eine Wohnnutzung als Hauptnutzung ausbaubar sind.

Bei nicht ausgebauten Dachgeschossen, die nicht im Sinne des Satzes 1 Buchstabe a ausbaufähig sind, ist in der Regel ein Abschlag vom Kostenkennwert anzusetzen.

(4) Bei Gebäuden mit ausgebautem Dachgeschoss bestimmt sich der Grad der wirtschaftlichen Nutzbarkeit des Dachgeschosses insbesondere nach dem Verhältnis der vorhandenen Wohnfläche zur Grundfläche. Die Wohnfläche ist im Wesentlichen abhängig von Dachneigung, Giebelbreite und Drempelhöhe. Ein fehlender Drempel ist in der Regel durch Abschläge zu berücksichtigen. Ein ausgebauter Spitzboden im Sinne von Nummer 2 Absatz 4 ist in der Regel durch Zuschläge zu berücksichtigen.

(5) Ein teilweiser Ausbau des Dachgeschosses oder eine teilweise Unterkellerung können durch anteilige Heranziehung der jeweiligen Kostenkennwerte für die verschiedenen Gebäudearten berücksichtigt werden (Mischkalkulation).

1 DIN 276-1:2006-11, Kosten im Bauwesen - Teil 1: Hochbau. Das Normblatt ist bei der Beuth Verlag GmbH, 10772 Berlin, zu beziehen und ist bei dem Deutschen Patentamt archivmäßig gesichert niedergelegt.

2 DIN 277-1:2005-02, Grundflächen und Rauminhalte von Bauwerken im Hochbau – Teil 1: Begriffe, Ermittlungsgrundlagen. Das Normblatt ist bei der Beuth Verlag GmbH, 10772 Berlin, zu beziehen und ist bei dem Deutschen Patentamt archivmäßig gesichert niedergelegt.

II. Kostenkennwerte – Normalherstellungskosten 2010
(NHK 2010)

Inhaltsübersicht

Kostenkennwerte für

1. freistehende Ein- und Zweifamilienhäuser
 Doppel- und Reihenendhäuser
 Reihenmittelhäuser

2. Mehrfamilienhäuser

3. Wohnhäuser mit Mischnutzung, Banken und Geschäftshäuser

4. Bürogebäude

5. Gemeindezentren, Saalbauten, Veranstaltungsgebäude

6. Kindergärten, Schulen

7. Wohnheime, Alten- oder Pflegeheime

8. Krankenhäuser, Tageskliniken

9. Beherbergungsstätten, Verpflegungseinrichtungen

10. Sporthallen, Freizeitbäder oder Heilbäder

11. Verbrauchermärkte, Kauf- oder Warenhäuser, Autohäuser

12. Garagen

13. Betriebs- oder Werkstätten, Produktionsgebäude

14. Lagergebäude

15. sonstige Gebäude (Museen, Theater, Sakralbauten, Friedhofsgebäude)

landwirtschaftliche Betriebsgebäude

Reithallen, Pferdeställe

16. Reithallen

17. Pferdeställe

Rinderställe, Melkhäuser

18. Kälberställe

19. Jungvieh-, Mastbullen- oder Milchviehställe ohne Melkstand und Warteraum

20. Milchviehställe mit Melkstand und Milchlager

21. Melkhäuser mit Milchlager und Nebenräumen als Einzelgebäude ohne Warteraum und Selektion

Schweineställe

22. Ferkelaufzuchtställe

23. Mastschweineställe

24. Zuchtschweineställe, Deck-, Warte- oder Abferkelbereich

25. Abferkelstall als Einzelgebäude

Geflügelställe

26. Mastgeflügel, Bodenhaltung (Hähnchen, Puten, Gänse)

27. Legehennen, Bodenhaltung

28. Legehennen, Volierenhaltung

29. Legehennen, Kleingruppenhaltung, ausgestalteter Käfig

sonstige bauliche Anlagen

30. landwirtschaftliche Mehrzweckhallen

31. Außenanlagen zu allen landwirtschaftlichen Betriebsgebäuden

1. Kostenkennwerte für freistehende Ein- und Zweifamilienhäuser, Doppelhäuser, Reihenhäuser[1]

Keller-, Erdgeschoss

Standardstufe	Dachgeschoss voll ausgebaut					Dachgeschoss nicht ausgebaut					Flachdach oder flach geneigtes Dach				
	1	2	3	4	5	1	2	3	4	5	1	2	3	4	5
freistehende Einfamilienhäuser[2]	1.01 655	725	835	1005	1260	1.02 545	605	695	840	1050	1.03 705	785	900	1085	1360
Doppel- und Reihenendhäuser	2.01 615	685	785	945	1180	2.02 515	570	655	790	985	2.03 665	735	845	1020	1275
Reihenmittelhäuser	3.01 575	640	735	885	1105	3.02 480	535	615	740	925	3.03 620	690	795	955	1195

Keller-, Erd-, Obergeschoss

Standardstufe	Dachgeschoss voll ausgebaut					Dachgeschoss nicht ausgebaut					Flachdach oder flach geneigtes Dach				
	1	2	3	4	5	1	2	3	4	5	1	2	3	4	5
freistehende Einfamilienhäuser[2]	1.11 655	725	835	1005	1260	1.12 570	635	730	880	1100	1.13 665	740	850	1025	1285
Doppel- und Reihenendhäuser	2.11 615	685	785	945	1180	2.12 535	595	685	825	1035	2.13 625	695	800	965	1205
Reihenmittelhäuser	3.11 575	640	735	885	1105	3.12 505	560	640	775	965	3.13 585	650	750	905	1130

Erdgeschoss, nicht unterkellert

Standardstufe	Dachgeschoss voll ausgebaut					Dachgeschoss nicht ausgebaut					Flachdach oder flach geneigtes Dach				
	1	2	3	4	5	1	2	3	4	5	1	2	3	4	5
freistehende Einfamilienhäuser[2]	1.21 790	875	1005	1215	1515	1.22 585	650	745	900	1125	1.23 920	1025	1180	1420	1775
Doppel- und Reihenendhäuser	2.21 740	825	945	1140	1425	2.22 550	610	700	845	1055	2.23 865	965	1105	1335	1670
Reihenmittelhäuser	3.21 695	770	885	1065	1335	3.22 515	570	655	790	990	3.23 810	900	1035	1250	1560

Erd-, Obergeschoss, nicht unterkellert

Standardstufe	Dachgeschoss voll ausgebaut					Dachgeschoss nicht ausgebaut					Flachdach oder flach geneigtes Dach				
	1	2	3	4	5	1	2	3	4	5	1	2	3	4	5
freistehende Einfamilienhäuser[2]	1.31 720	800	920	1105	1385	1.32 620	690	790	955	1190	1.33 785	870	1000	1205	1510
Doppel- und Reihenendhäuser	2.31 675	750	865	1040	1300	2.32 580	645	745	895	1120	2.33 735	820	940	1135	1415
Reihenmittelhäuser	3.31 635	705	810	975	1215	3.32 545	605	695	840	1050	3.33 690	765	880	1060	1325

[1] einschließlich Baunebenkosten in Höhe von 17%
[2] Korrekturfaktor für freistehende Zweifamilienhäuser: 1,05

2. Kostenkennwerte für Mehrfamilienhäuser [3]

		Standardstufe		
		3	4	5
4.1	Mehrfamilienhäuser [4] [5] mit bis zu 6 WE	825	985	1 190
4.2	Mehrfamilienhäuser[4] [5] mit 7 bis 20 WE	765	915	1 105
4.3	Mehrfamilienhäuser[4] [5] mit mehr als 20 WE	755	900	1 090

[3] einschließlich Baunebenkosten in Höhe von | Gebäudeart 4.1 – 4.3 | 19 %

[4] Korrekturfaktoren für die Wohnungsgröße

ca. 35 m² WF/WE	= 1,10
ca. 50 m² WF/WE	= 1,00
ca. 135 m² WF/WE	= 0,85

[5] Korrekturfaktoren für die Grundrissart

Einspänner	= 1,05
Zweispänner	= 1,00
Dreispänner	= 0,97
Vierspänner	= 0,95

3. Kostenkennwerte für Wohnhäuser mit Mischnutzung, Banken und Geschäftshäuser [6]

		Standardstufe		
		3	4	5
5.1	Wohnhäuser mit Mischnutzung [7] [8] [9]	860	1 085	1 375
5.2	Banken und Geschäftshäuser mit Wohnungen [10]	890	1 375	1 720
5.3	Banken und Geschäftshäuser ohne Wohnungen	930	1 520	1 900

[6] einschließlich Baunebenkosten in Höhe von

| Gebäudeart 5.1 | 18 % |
| Gebäudeart 5.2 – 5.3 | 22 % |

[7] Korrekturfaktoren für die Wohnungsgröße

ca. 35 m² WF/WE	= 1,10
ca. 50 m² WF/WE	= 1,00
ca. 135 m² WF/WE	= 0,85

[8] Korrekturfaktoren für die Grundrissart

Einspänner	= 1,05
Zweispänner	= 1,00
Dreispänner	= 0,97
Vierspänner	= 0,95

[9] Wohnhäuser mit Mischnutzung sind Gebäude mit überwiegend Wohnnutzung und einem geringen gewerblichen Anteil. Anteil der Wohnfläche ca. 75 %. Bei deutlich abweichenden Nutzungsanteilen ist eine Ermittlung durch Gebäudemix sinnvoll.

[10] Geschäftshäuser sind Gebäude mit überwiegend gewerblicher Nutzung und einem geringen Wohnanteil. Anteil der Wohnfläche ca. 20 – 25 %.

4. Kostenkennwerte für Bürogebäude [11]

		Standardstufe		
		3	4	5
6.1	Bürogebäude, Massivbau	1 040	1 685	1 900
6.2	Bürogebäude, Stahlbetonskelettbau	1 175	1 840	2 090

[11] einschließlich Baunebenkosten in Höhe von | Gebäudeart 6.1 – 6.2 | 18 %

5. Kostenkennwerte für Gemeindezentren, Saalbauten, Veranstaltungsgebäude [12]

		Standardstufe		
		3	4	5
7.1	Gemeindezentren	1 130	1 425	1 905
7.2	Saalbauten/Veranstaltungsgebäude	1 355	1 595	2 085

[12] einschließlich Baunebenkosten in Höhe von | Gebäudeart 7.1 – 7.2 | 18 %

6. Kostenkennwerte für Kindergärten, Schulen [13]

		Standardstufe		
		3	4	5
8.1	Kindergärten	1 300	1 495	1 900
8.2	Allgemeinbildende Schulen, Berufsbildende Schulen	1 450	1 670	2 120
8.3	Sonderschulen	1 585	1 820	2 315

[13] einschließlich Baunebenkosten in Höhe von | Gebäudeart 8.1 | 20 %
| Gebäudeart 8.2 | 21 %
| Gebäudeart 8.3 | 17 %

7. Kostenkennwerte für Wohnheime, Alten- oder Pflegeheime [14]

		Standardstufe		
		3	4	5
9.1	Wohnheime/Internate	1 000	1 225	1 425
9.2	Alten-/Pflegeheime	1 170	1 435	1 665

[14] einschließlich Baunebenkosten in Höhe von | Gebäudeart 9.1 – 9.2 | 18 %

8. Kostenkennwerte für Krankenhäuser, Tageskliniken [15]

		Standardstufe		
		3	4	5
10.1	Krankenhäuser/Kliniken	1 720	2 080	2 765
10.2	Tageskliniken/Ärztehäuser	1 585	1 945	2 255

[15] einschließlich Baunebenkosten in Höhe von | Gebäudeart 10.1 – 10.2 | 21 %

ImmoWertV

9. Kostenkennwerte für Beherbergungsstätten, Verpflegungseinrichtungen [16]

		Standardstufe		
		3	4	5
11.1	Hotels	1 385	1 805	2 595

[16] einschließlich Baunebenkosten in Höhe von | Gebäudeart 11.1 | 21 %

10. Kostenkennwerte für Sporthallen, Freizeitbäder oder Heilbäder [17]

		Standardstufe		
		3	4	5
12.1	Sporthallen (Einfeldhallen)	1 320	1 670	1 955
12.2	Sporthallen (Dreifeldhallen/Mehrzweckhallen)	1 490	1 775	2 070
12.3	Tennishallen	1 010	1 190	1 555
12.4	Freizeitbäder/Heilbäder	2 450	2 985	3 840

[17] einschließlich Baunebenkosten in Höhe von
Gebäudeart	12.1 + 12.3	17 %
Gebäudeart	12.3	19 %
Gebäudeart	12.2 12.4	24 %

11. Kostenkennwerte für Verbrauchermärkte, Kauf- oder Warenhäuser, Autohäuser [18]

		Standardstufe		
		3	4	5
13.1	Verbrauchermärkte	720	870	1 020
13.2	Kauf-/Warenhäuser	1 320	1 585	1 850
13.3	Autohäuser ohne Werkstatt	940	1 240	1 480

[18] einschließlich Baunebenkosten in Höhe von
Gebäudeart	13.1	16 %
Gebäudeart	13.2	22 %
Gebäudeart	13.3	21 %

12. Kostenkennwerte für Garagen [19]

		Standardstufe		
		3	4	5
14.1	Einzelgaragen/Mehrfachgaragen [20]	245	485	780
14.2	Hochgaragen	480	655	780
14.3	Tiefgaragen	560	715	850
14.4	Nutzfahrzeuggaragen	530	680	810

[19] einschließlich Baunebenkosten in Höhe von
Gebäudeart	14.1	12 %
Gebäudeart	14.2 –	15 %
Gebäudeart	14.3 14.4	13 %

[20] Standardstufe 3: Fertiggaragen; Standardstufe 4: Garagen in Massivbauweise; Standardstufe 5: individuelle Garagen in Massivbauweise mit besonderen Ausführungen wie Ziegeldach, Gründach, Bodenbeläge, Fliesen o.ä., Wasser, Abwasser und Heizung

13. Kostenkennwerte für Betriebs- oder Werkstätten, Produktionsgebäude [21]

		Standardstufe		
		3	4	5
15.1	Betriebs-/Werkstätten, eingeschossig	970	1 165	1 430
15.2	Betriebs-/Werkstätten, mehrgeschossig ohne Hallenanteil	910	1 090	1 340
15.3	Betriebs-/Werkstätten, mehrgeschossig, hoher Hallenanteil	620	860	1 070
15.4	Industrielle Produktionsgebäude, Massivbauweise	950	1 155	1 440
15.5	Industrielle Produktionsgebäude, überwiegend Skelettbauweise	700	965	1 260

[21] einschließlich Baunebenkosten in Höhe von — Gebäudeart 15.1 – Gebäudeart 15.4 — 19 % / 18 %
 15.5

14. Kostenkennwerte für Lagergebäude [22]

		Standardstufe		
		3	4	5
16.1	Lagergebäude ohne Mischnutzung, Kaltlager	350	490	640
16.2	Lagergebäude mit bis zu 25 % Mischnutzung [23]	550	690	880
16.3	Lagergebäude mit mehr als 25 % Mischnutzung[23]	890	1 095	1 340

[22] einschließlich Baunebenkosten in Höhe von — Gebäudeart 16.1 — 16 % / Gebäudeart 16.2 — 17 % / Gebäudeart 16.3 — 18 %

[23] Lagergebäude mit Mischnutzung sind Gebäude mit einem überwiegenden Anteil an Lagernutzung und einem geringeren Anteil an anderen Nutzungen wie Büro, Sozialräume, Ausstellungs- oder Verkaufsflächen etc.

15. Kostenkennwerte für sonstige Gebäude (Museen, Theater, Sakralbauten, Friedhofsgebäude) [24]

		Standardstufe		
		3	4	5
17.1	Museen	1 880	2 295	2 670
17.2	Theater	2 070	2 625	3 680
17.3	Sakralbauten	1 510	2 060	2 335
17.4	Friedhofsgebäude	1 320	1 490	1 720

[24] einschließlich Baunebenkosten in Höhe von — Gebäudeart 17.1 — 18 % / Gebäudeart 17.2 — 22 % / Gebäudeart 17.3 — 16 % / Gebäudeart 17.4 — 19 %

16. Kostenkennwerte für Reithallen

18.1.1 Reithallen			
Standardstufe	3	4	5
300 Bauwerk – Baukonstruktion	215	235	280
400 Bauwerk – Technische Anlagen	20	25	30
Bauwerk	235	260	310
einschließlich Baunebenkosten in Höhe von	12 %		
Traufhöhe	5,00 m		
BGF/Nutzeinheit	–		
Korrekturfaktoren	Gebäudegröße BGF 500 m² 1,20 1 000 m² 1,00 1 500 m² 0,90		

17. Kostenkennwerte für Pferdeställe

18.1.2 Pferdeställe			
Standardstufe	3	4	5
300 Bauwerk – Baukonstruktion	310	450	535
400 Bauwerk – Technische Anlagen	55	70	90
Bauwerk	365	520	625
einschließlich Baunebenkosten in Höhe von	12 %		
Traufhöhe	3,50 m		
BGF/Nutzeinheit	15,00 – 20,00 m²/Tier		
Korrekturfaktoren	Gebäudegröße BGF 250 m² 1,20 500 m² 1,00 750 m² 0,90		

18. Kostenkennwerte für Kälberställe

18.2.1 Kälberställe			
Standardstufe	3	4	5
300 Bauwerk – Baukonstruktion	335	375	455
400 Bauwerk – Technische Anlagen	145	165	195
Bauwerk	480	540	650
einschließlich Baunebenkosten in Höhe von	12 %		
Traufhöhe	3,00 m		
BGF/Nutzeinheit	4,00 – 4,50 m²/Tier		
Korrekturfaktoren	Gebäudegröße BGF 100 m² 1,20 150 m² 1,00 250 m² 0,90	Unterbau Güllekanäle (Tiefe 1,00 m) 1,05 ohne Güllekanäle 1,00	

19. Kostenkennwerte für Jungvieh-, Mastbullen- oder Milchviehställe ohne Melkstand und Warteraum

18.2.2 Jungvieh-/Mastbullen-/Milchviehställe ohne Melkstand und Warteraum			
Standardstufe	3	4	5
300 Bauwerk – Baukonstruktion	235	260	310
400 Bauwerk – Technische Anlagen	55	65	80
Bauwerk	290	325	390
einschließlich Baunebenkosten in Höhe von	12 %		
Traufhöhe	4,00 m		
BGF/Nutzeinheit	6,50 – 10,50 m²/Tier		
Korrekturfaktoren	Gebäudegröße BGF	Unterbau	
	500 m² 1,20	Güllekanäle (Tiefe 1,00 m)	1,20
	1 000 m² 1,00	ohne Güllekanäle	1,00
	1 500 m² 0,90	Güllelagerraum (Tiefe 2,00 m)	1,40

20. Kostenkennwerte für Milchviehställe mit Melkstand und Milchlager

18.2.3 Milchviehställe mit Melkstand und Milchlager			
Standardstufe	3	4	5
300 Bauwerk – Baukonstruktion	225	255	310
400 Bauwerk – Technische Anlagen	100	110	130
Bauwerk	325	365	440
einschließlich Baunebenkosten in Höhe von	12 %		
Traufhöhe	4,00 m		
BGF/Nutzeinheit	10,00 – 15,00 m²/Tier		
Korrekturfaktoren	Gebäudegröße BGF	Unterbau	
	1 000 m² 1,20	Güllekanäle (Tiefe 1,00 m)	1,20
	1 500 m² 1,00	ohne Güllekanäle	1,00
	2 000 m² 0,90	Güllelagerraum (Tiefe 2,00 m)	1,40

21. Kostenkennwerte für Melkhäuser mit Milchlager und Nebenräumen als Einzelgebäude ohne Warteraum und Selektion

18.2.4 Melkhäuser mit Milchlager und Nebenräumen als Einzelgebäude ohne Warteraum und Selektion			
Standardstufe	3	4	5
300 Bauwerk – Baukonstruktion	700	780	935
400 Bauwerk – Technische Anlagen	470	520	625
Bauwerk	1 170	1 300	1 560
einschließlich Baunebenkosten in Höhe von	12 %		
Traufhöhe	3,00 m		
BGF/Nutzeinheit	–		
Korrekturfaktoren	Gebäudegröße BGF		
	100 m² 1,20		
	150 m² 1,00		
	250 m² 0,90		

22. Kostenkennwerte für Ferkelaufzuchtställe

18.3.1 Ferkelaufzuchtställe			
Standardstufe	3	4	5
300 Bauwerk – Baukonstruktion	300	330	395
400 Bauwerk – Technische Anlagen	155	175	215
Bauwerk	455	505	610
einschließlich Baunebenkosten in Höhe von	12 %		
Traufhöhe	3,00 m		
BGF/Nutzeinheit	0,45 – 0,65 m²/Tier		
Korrekturfaktoren	Gebäudegröße BGF	Unterbau	
	400 m² 1,20	Güllekanäle (Tiefe 0,60 m)	1,10
	600 m² 1,00	ohne *Güllekanäle*	1,00
	800 m² 0,90	Güllelagerraum (Tiefe 1,50 m)	1,20

23. Kostenkennwerte für Mastschweineställe

18.3.2 Mastschweineställe			
Standardstufe	3	4	5
300 Bauwerk – Baukonstruktion	290	325	400
400 Bauwerk – Technische Anlagen	125	145	170
Bauwerk	415	470	570
einschließlich Baunebenkosten in Höhe von	12 %		
Traufhöhe	3,00 m		
BGF/Nutzeinheit	0,90 – 1,30 m²/Tier		
Korrekturfaktoren	Gebäudegröße BGF	Unterbau	
	750 m² 1,20	Güllekanäle (Tiefe 0,60 m)	1,10
	1 250 m² 1,00	ohne *Güllekanäle*	1,00
	2 000 m² 0,90	Güllelagerraum (Tiefe 1,50 m)	1,20

24. Kostenkennwerte für Zuchtschweineställe, Deck-, Warte- oder Abferkelbereich

18.3.3 Zuchtschweineställe, Deck-/Warte-/Abferkelbereich			
Standardstufe	3	4	5
300 Bauwerk – Baukonstruktion	305	340	405
400 Bauwerk – Technische Anlagen	165	180	220
Bauwerk	470	520	625
einschließlich Baunebenkosten in Höhe von	12 %		
Traufhöhe	3,00 m		
BGF/Nutzeinheit	4,50 – 5,00 m²/Tier		
Korrekturfaktoren	Gebäudegröße BGF	Unterbau	
	750 m² 1,20	Güllekanäle (Tiefe 0,60 m) 1,10	
	1 250 m² 1,00	ohne Güllekanäle 1,00	
	2 000 m² 0,90	Güllelagerraum (Tiefe 1,50 m) 1,20	

25. Kostenkennwerte für Abferkelstall als Einzelgebäude

18.3.4 Abferkelstall als Einzelgebäude			
Standardstufe	3	4	5
300 Bauwerk – Baukonstruktion	320	350	420
400 Bauwerk – Technische Anlagen	205	235	280
Bauwerk	525	585	700
einschließlich Baunebenkosten in Höhe von	12 %		
Traufhöhe	3,00 m		
BGF/Nutzeinheit	6,30 – 6,50 m²/Tier		
Korrekturfaktoren	Gebäudegröße BGF	Unterbau	
	200 m² 1,20	Güllekanäle (Tiefe 0,60 m) 1,10	
	400 m² 1,00	ohne Güllekanäle 1,00	
	600 m² 0,90		

26. Kostenkennwerte für Mastgeflügel, Bodenhaltung (Hähnchen, Puten, Gänse)

18.4.1 Mastgeflügel, Bodenhaltung (Hähnchen, Puten, Gänse)			
Standardstufe	3	4	5
300 Bauwerk – Baukonstruktion	210	235	280
400 Bauwerk – Technische Anlagen	50	55	70
Bauwerk	260	290	350
einschließlich Baunebenkosten in Höhe von	12 %		
Traufhöhe	3,00 m		
BGF/Nutzeinheit	0,05 – 0,06 m²/Tier		
Korrekturfaktoren	Gebäudegröße BGF		
	1 000 m² 1,20		
	1 900 m² 1,00		
	3 800 m² 0,90		

ImmoWertV

27. Kostenkennwerte für Legehennen, Bodenhaltung

18.4.2 Legehennen, Bodenhaltung			
Standardstufe	3	4	5
300 Bauwerk - Baukonstruktion	290	325	390
400 Bauwerk - Technische Anlagen	130	145	170
Bauwerk	420	470	560
einschließlich Baunebenkosten in Höhe von	12 %		
Traufhöhe	3,00 m		
BGF/Nutzeinheit	0,15 – 0,20 m²/Tier		
Korrekturfaktoren	Gebäudegröße BGF	Unterbau	
	1 000 m² 1,20	Kotgrube (Tiefe 1,00 m) 1,10	
	2 500 m² 1,00		
	3 500 m² 0,90		

28. Kostenkennwerte für Legehennen, Volierenhaltung

18.4.3 Legehennen, Volierenhaltung			
Standardstufe	3	4	5
300 Bauwerk – Baukonstruktion	335	370	445
400 Bauwerk – Technische Anlagen	275	305	365
Bauwerk	610	675	810
einschließlich Baunebenkosten in Höhe von	12 %		
Traufhöhe	3,00 m		
BGF/Nutzeinheit	0,07 – 0,10 m²/Tier		
Korrekturfaktoren	Gebäudegröße BGF		
	500 m² 1,20		
	1 600 m² 1,00		
	2 200 m² 0,90		

29. Kostenkennwerte für Legehennen, Kleingruppenhaltung, ausgestalteter Käfig

18.4.4 Legehennen, Kleingruppenhaltung, ausgestalteter Käfig			
Standardstufe	3	4	5
300 Bauwerk – Baukonstruktion	340	370	450
400 Bauwerk – Technische Anlagen	335	370	445
Bauwerk	675	740	895
einschließlich Baunebenkosten in Höhe von	12%		
Traufhöhe	3,00 m		
BGF/Nutzeinheit	0,05 – 0,07 m²/Tier		
Korrekturfaktoren	Gebäudegröße BGF		
	500 m² 1,20		
	1 200 m² 1,00		
	1 500 m² 0,90		

30. Kostenkennwerte für landwirtschaftliche Mehrzweckhallen

18.5 Landwirtschaftliche Mehrzweckhallen			
Standardstufe	3	4	5
300 Bauwerk – Baukonstruktion	230	255	330
400 Bauwerk – Technische Anlagen	15	15	20
Bauwerk	245	270	350
einschließlich Baunebenkosten in Höhe von	11 %		
Traufhöhe	5,00 m		
BGF/Nutzeinheit	–		
Korrekturfaktoren	Gebäudegröße BGF	Unterbau	
	250 m² 1,20	Remise (ohne Betonboden)	0,80
	800 m² 1,00		
	1 500 m² 0,90		

31. Kostenkennwerte für Außenanlagen zu allen landwirtschaftlichen Betriebsgebäuden

Raufutter-Fahrsilo	60–100 €/m³	Nutzraum
Kraftfutter-Hochsilo	170–350 €/m³	Nutzraum
Fertigfutter-Hochsilo	170–350 €/m³	Nutzraum
Mistlager	60–100 €/m³	Nutzraum
Beton-Güllebehälter	30–60 €/m³	Nutzraum
Waschplatz (4,00 x 5,00 m) mit Kontrollschacht und Ölabscheider	4 000–5 000 €/Stck.	
Vordach am Hauptdach angeschleppt	80–100 €/m²	
Hofbefestigung aus Beton-Verbundsteinen	40–50 €/m²	
Laufhof für Rinder	70–100 €/m²	Nutzfläche
Auslauf mit Spaltenboden	150–220 €/m²	Nutzfläche
Auslauf, Wintergarten für Geflügel	100–120 €/m²	Nutzfläche
Schüttwände bis 3,00 m Höhe	100–125 €/m²	

III. Beschreibung der Standards der baulichen Anlagen (Gebäudestandards) zur Ermittlung der Kostenkennwerte

Inhaltsübersicht

Beschreibung der Gebäudestandards für

1. Freistehende Ein- und Zweifamilienhäuser, Doppelhäuser und Reihenhäuser

2. Mehrfamilienhäuser, Wohnhäuser mit Mischnutzung

3. Bürogebäude, Banken, Geschäftshäuser

4. Gemeindezentren, Saalbauten oder Veranstaltungsgebäude, Kindergärten, Schulen

5. Wohnheime, Alten- oder Pflegeheime, Krankenhäuser, Tageskliniken, Beherbergungsstätten, Verpflegungseinrichtungen

6. Sporthallen, Freizeitbäder oder Heilbäder

7. Verbrauchermärkte, Kauf- oder Warenhäuser, Autohäuser

8. Garagen

9. Betriebs- oder Werkstätten, Produktionsgebäude, Lagergebäude

10. Reithallen

11. Pferdeställe

12. Rinderställe und Melkhäuser

13. Schweineställe

14. Geflügelställe

15. landwirtschaftliche Mehrzweckhallen

1. Beschreibung der Gebäudestandards für freistehende Ein- und Zweifamilienhäuser, Doppelhäuser und Reihenhäuser

	Standardstufe					Wägu ngs- anteil
	1	2	3	4	5	
Außenwand e	Holzfachwerk, Ziegelmauerwerk; Fugenglattstrich, Putz, Verkleidung mit Faserzementplatten oder einfachen Kunststoffplatten; kein oder deutlich nicht zeitgemäßer Wärmeschutz (vor ca. 1980)	ein- /zweischalig es Mauerwerk, z. B. Gitterziegel oder Hohlblockst eine; verputzt und gestrichen oder Holzverkleid ung; nicht zeitgemäßer Wärmeschut z (vor ca. 1995)	ein- /zweischaliges Mauerwerk, z. B. aus Leichtziegeln Kalksandsteinen, Gasbetonsteinen, Edelputz; Wärmedämmverb undsystem oder Wärmedämmputz (nach ca. 1995)	Verblendmauer werk, zweischalig, hinterlüftet, Vorhangfassade (z. B. Naturschiefer), Wärmedämmun g (nach ca. 2005)	aufwendig gestaltete Fassaden mit konstruktiver Gliederung (Säulenstellunge n, Erker etc.); Sichtbeton- Fertigteile, Natursteinfassad e, Elemente aus Kupfer- /Eloxalblech, mehrgeschossige Glasfassaden; Dämmung im Passivhausstanda rd	23
Dach	Dachpappe, Faserzementplatten/ Wellplatten; keine bis geringe Dachdämmung	einfache Betondachst eine oder Tondachzieg el, Bitumenschi ndeln; nicht zeitgemäße Dachdämmu ng (vor ca. 1995)	Faserzement- Schindeln, beschichtete Betondachsteine und Tondachziegel, Folienabdichtung; Rinnen und Fallrohre aus Zinkblech, Dachdämmung (nach ca. 1995)	glasierte Tondachziegel, Flachdachausbil dung tlw. als Dachterrassen; Konstruktion in Brettschichtholz , schweres Massivflachdac h; besondere Dachformen, z. B. Mansarden-, Walmdach, Aufsparrendäm mung, überdurchschnit tliche Dämmung (nach ca. 2005)	hochwertige Eindeckung z. B aus Schiefer oder Kupfer, Dachbegrünung, befahrbares Flachdach; aufwendig gegliederte Dachlandschaft, sichtbare Bogendachkonst ruktionen, Rinnen und Fallrohre aus Kupfer; Dämmung im Passivhausstanda rd	15
Fenster und Außentüren	Einfachverglasung; einfache Holztüren	Zweifachver glasung (vor ca. 1995); Haustür mit nicht zeitgemäße m Wärmeschut z (vor ca. 1995)	Zweifachverglasu ng (nach ca. 1995), Rollläden (manuell), Haustür mit zeitgemäßem Wärmeschutz (nach ca. 1995)	Dreifachverglas ung, Sonnenschutzgl as, aufwendigere Rahmen, Rollläden (elektr.); höherwertige Türanlage z. B. mit Seitenteil, besonderer Einbruchschutz	große, feststehende Fensterflächen, Spezialverglasun g (Schall- und Sonnenschutz); Außentüren in hochwertigen Materialien	11
Innenwände und -türen	Fachwerkwände, einfache Putze/Lehmputze, einfache Kalkanstriche, Füllungstüren, gestrichen, mit einfachen Beschlägen ohne Dichtungen	massive tragende Innenwände; nicht tragende Wände in Leichtbauwe ise (z. B. Holzständer wände mit Gipskarton), Gipsdielen; leichte Türen, Stahlzargen	nicht tragende Innenwände in massiver Ausführung bzw. mit Dämmmaterial gefüllte Ständerkonstrukti onen; schwere Türen, Holzzargen	Sichtmauerwerk , Wandvertäfelun gen (Holzpaneele), Massivholztüre n, Schiebetürelem ente, Glastüren, strukturierte Türblätter	gestaltete Wandabläufe (z. B Pfeilervorlagen, abgesetzte oder geschwungene Wandpartien); Vertäfelungen (Edelholz, Metall), Akustikputz, Brandschutzverk leidung; raumhohe aufwendige Türelemente	11
Deckenkonst ruktion und Treppen	Holzbalkendecken ohne Füllung, Spalierputz; Weichholztreppen in einfacher Art und Ausführung, kein Trittschallschutz	Holzbalkend ecken mit Füllung, Kappendeck en; Stahl- oder Hartholztrep pen in einfacher Art und Ausführung	Beton- und Holzbalkendecken mit Tritt- und Luftschallschutz (z. B. schwimmender Estrich); geradlaufige Treppen aus Stahlbeton oder Stahl, Harfentreppe, Trittschallschutz	Decken mit größerer Spannweite, ung (Holzpaneele/K assetten); gewendelte Treppen aus Stahlbeton oder Stahl, Hartholztreppen anlage in besserer Art und Ausführung	Decken mit großen Spannweiten, gegliederte, Deckenvertäfelu ngen (Edelholz, Metall); breite Stahlbeton-, Hartholztreppena nlage mit hochwertigem Geländer	11
Fußböden	ohne Belag	Linoleum-, Teppich-, Laminat- und PVC- Böden einfacher Art und Ausführung	Linoleum-, Teppich-, Laminat- und PVC- Böden besserer Art und Ausführung, Fliesen, Kunststeinplatten	Natursteinplatte n, Fertigparkett, hochwertige Fliesen, Terrazzobelag, hochwertige Massivholzböde n auf gedämmter Unterkonstrukti on	hochwertiges Parkett, hochwertige Natursteinplatten , hochwertige Edelholzboden auf gedämmter Unterkonstruktio n	5

234

Sanitäreinrichtungen	einfaches Bad mit Stand-WC; Installation auf Putz; Ölfarbenanstrich, einfache PVC-Bodenbeläge	1 Bad mit WC, Dusche oder Badewanne; einfache Wand- und Bodenfliesen, teilweise gefliest	1 Bad mit WC, Dusche und Badewanne, Gäste-WC; Wand- und Bodenfliesen, raumhoch gefliest	1 bis 2 Bäder mit zwei Waschbecken, tlw. Bidet/Urinal, Gäste-WC, bodengleiche Dusche; Wand- und Bodenfliesen jeweils in gehobener Qualität	mehrere großzügige, hochwertige Bäder, Gäste-WC, hochwertige Wand- und Bodenplatten (oberflächenstrukturiert, Einzel- und Flächendekors)	9
Heizung	Einzelöfen, Schwerkraftheizung	Fern- oder Zentralheizung, einfache Warmluftheizung, einzelne Gasaußenwandthermen, Nachtstromspeicher-, Fußbodenheizung (vor ca. 1995)	elektronisch gesteuerte Fern- oder Zentralheizung, Niedertemperatur- oder Brennwertkessel	Fußbodenheizung, Solarkollektoren für Warmwassererzeugung, zusätzlicher Kaminanschluss	Solarkollektoren für Warmwassererzeugung und Heizung, Blockheizkraftwerk, Wärmepumpe, Hybrid-Systeme; aufwendige zusätzliche Kaminanlage	9
Sonstige technische Ausstattung	sehr wenige Steckdosen, Schalter und Sicherungen, kein Fehlerstromschutzschalter (FI-Schalter), Leitungen teilweise auf Putz	wenige Steckdosen, Schalter und Sicherungen	zeitgemäße Anzahl an Steckdosen und Lichtauslässen, Zählerschrank (ab ca. 1985) mit Unterverteilung und Kippsicherungen	zahlreiche Steckdosen und Lichtauslässe, hochwertige Abdeckungen, dezentrale Lüftung mit Wärmetauscher, mehrere LAN- und Fernsehanschlüsse	Video- und zentrale Alarmanlage, zentrale Lüftung mit Wärmetauscher, Klimaanlage, Bussystem	6

2. Beschreibung der Gebäudestandards für Mehrfamilienhäuser, Wohnhäuser mit Mischnutzung

	Standardstufe		
	3	4	5
Außenwände	ein-/zweischaliges Mauerwerk, z. B. aus Leichtziegeln, Kalksandsteinen, Gasbetonsteinen; Edelputz; Wärmedämmverbundsystem oder Wärmedämmputz (nach ca. 1995)	Verblendmauerwerk, zweischalig, hinterlüftet, Vorhangfassade (z. B. Naturschiefer); Wärmedämmung (nach ca. 2005)	aufwendig gestaltete Fassaden mit konstruktiver Gliederung (Säulenstellungen, Erker etc.), Sichtbeton-Fertigteile, Natursteinfassade, Elemente aus Kupfer-/Eloxalblech, mehrgeschossige Glasfassaden; hochwertigste Dämmung
Dach	Faserzement-Schindeln, beschichtete Betondachsteine und Tondachziegel, Folienabdichtung; Dachdämmung (nach ca. 1995)	glasierte Tondachziegel; Flachdachausbildung tlw. als Dachterrasse; Konstruktion in Brettschichtholz, schweres Massivflachdach; besondere Dachform, z. B. Mansarden-, Walmdach; Aufsparrendämmung, überdurchschnittliche Dämmung (nach ca. 2005)	hochwertige Eindeckung z. B. aus Schiefer oder Kupfer, Dachbegrünung, befahrbares Flachdach; stark überdurchschnittliche Dämmung
Fenster und Außentüren	Zweifachverglasung (nach ca. 1995), Rollläden (manuell); Haustür mit zeitgemäßem Wärmeschutz (nach ca. 1995)	Dreifachverglasung, Sonnenschutzglas, aufwendigere Rahmen, Rollläden (elektr.); höherwertige Türanlagen z. B. mit Seitenteil, besonderer Einbruchschutz	große, feststehende Fensterflächen, Spezialverglasung (Schall- und Sonnenschutz); Außentüren in hochwertigen Materialien
Innenwände und -türen	nicht tragende Innenwände in massiver Ausführung bzw. mit Dämmmaterial gefüllte Ständerkonstruktionen; schwere Türen	Sichtmauerwerk; Massivholztüren, Schiebetürelemente, Glastüren, strukturierte Türblätter	gestaltete Wandabläufe (z. B. Pfeilervorlagen, abgesetzte oder geschwungene Wandpartien); Brandschutzverkleidung; raumhohe aufwendige Türelemente
Deckenkonstruktion	Betondecken mit Tritt- und Luftschallschutz (z. B. schwimmender Estrich); einfacher Putz	zusätzlich Deckenverkleidung	Deckenvertäfelungen (Edelholz, Metall)

Fußböden	Linoleum-, Teppich-, Laminat- und PVC-Böden besserer Art und Ausführung, Fliesen, Kunststeinplatten	Natursteinplatten, Fertigparkett, hochwertige Fliesen, Terrazzobelag, hochwertige Massivholzböden auf gedämmter Unterkonstruktion	hochwertiges Parkett, hochwertige Natursteinplatten, hochwertige Edelholzböden auf gedämmter Unterkonstruktion
Sanitäreinrichtungen	1 Bad mit WC je Wohneinheit; Dusche und Badewanne; Wand- und Bodenfliesen, raumhoch gefliest	1 bis 2 Bäder je Wohneinheit mit tlw. zwei Waschbecken, tlw. Bidet/Urinal, Gäste-WC, bodengleiche Dusche; Wand- und Bodenfliesen jeweils in gehobener Qualität	2 und mehr Bäder je Wohneinheit; hochwertige Wand- und Bodenplatten (oberflächenstrukturiert, Einzel- und Flächendekors)
Heizung	elektronisch gesteuerte Fern- oder Zentralheizung, Niedertemperatur- oder Brennwertkessel	Fußbodenheizung, Solarkollektoren für Warmwassererzeugung	Solarkollektoren für Warmwassererzeugung und Heizung, Blockheizkraftwerk, Wärmepumpe, Hybrid-Systeme
Sonstige technische Ausstattung	zeitgemäße Anzahl an Steckdosen und Lichtauslässen; Zählerschrank (ab ca. 1985) mit Unterverteilung und Kippsicherungen	zahlreiche Steckdosen und Lichtauslässe, hochwertige Abdeckungen, dezentrale Lüftung mit Wärmetauscher, mehrere LAN- und Fernsehanschlüsse, Personenaufzugsanlagen	Video- und zentrale Alarmanlage, zentrale Lüftung mit Wärmetauscher, Klimaanlage; Bussystem; aufwendige Personenaufzugsanlagen

3. Beschreibung der Gebäudestandards für Bürogebäude, Banken, Geschäftshäuser

	Standardstufe		
	3	4	5
Außenwände	ein-/zweischalige Konstruktion; Wärmedämmverbundsystem oder Wärmedämmputz (nach ca. 1995)	Verblendmauerwerk, zweischalig, hinterlüftet, Vorhangfassade (z. B. Naturschiefer); Wärmedämmung (nach ca. 2005)	aufwendig gestaltete Fassaden mit konstruktiver Gliederung (Säulenstellungen, Erker etc.), Sichtbeton-Fertigteile, Natursteinfassade, Elemente aus Kupfer-/Eloxalblech, mehrgeschossige Glasfassaden; Vorhangfassade aus Glas; stark überdurchschnittliche Dämmung
Dach	Faserzement-Schindeln, beschichtete Betondachsteine und Tondachziegel, Folienabdichtung; Dachdämmung (nach ca. 1995)	glasierte Tondachziegel; schweres Massivflachdach; besondere Dachform; überdurchschnittliche Dämmung (nach ca. 2005)	hochwertige Eindeckung z. B. aus Schiefer oder Kupfer; Dachbegrünung; befahrbares Flachdach; aufwendige Dachlandschaft; stark überdurchschnittliche Dämmung
Fenster und Außentüren	Zweifachverglasung (nach ca. 1995)	Dreifachverglasung, Sonnenschutzglas, aufwendigere Rahmen, höherwertige Türanlagen	große, feststehende Fensterflächen, Spezialverglasung (Schall- und Sonnenschutz); Außentüren in hochwertigen Materialien; Automatiktüren

Innenwände und -türen	nicht tragende Innenwände in massiver Ausführung; schwere Türen	Sichtmauerwerk, Massivholztüren, Schiebetürelemente, Glastüren, Innenwände für flexible Raumkonzepte (größere statische Spannweiten der Decken)	gestaltete Wandabläufe (z. B. Pfeilervorlagen, abgesetzte oder geschwungene Wandpartien); Wände aus großformatigen Glaselementen, Akustikputz, tlw. Automatiktüren; rollstuhlgerechte Bedienung
Deckenkonstruktion	Betondecken mit Tritt- und Luftschallschutz; einfacher Putz; abgehängte Decken	höherwertige abgehängte Decken	Deckenvertäfelungen (Edelholz, Metall)
Fußböden	Linoleum- oder Teppich-Böden besserer Art und Ausführung; Fliesen, Kunststeinplatten	Natursteinplatten, Fertigparkett, hochwertige Fliesen, Terrazzobelag, hochwertige Massivholzböden auf gedämmter Unterkonstruktion	hochwertiges Parkett, hochwertige Natursteinplatten, hochwertige Edelholzböden auf gedämmter Unterkonstruktion
Sanitäreinrichtungen	ausreichende Anzahl von Toilettenräumen in Standard-Ausführung	Toilettenräume in gehobenem Standard	großzügige Toilettenanlagen jeweils mit Sanitäreinrichtung in gehobener Qualität
Heizung	elektronisch gesteuerte Fern- oder Zentralheizung, Niedertemperatur- oder Brennwertkessel	Fußbodenheizung; Solarkollektoren für Warmwassererzeugung	Solarkollektoren für Warmwassererzeugung und Heizung, Blockheizkraftwerk, Wärmepumpe, Hybrid-Systeme; Klimaanlage
Sonstige technische Ausstattung	zeitgemäße Anzahl an Steckdosen und Lichtauslässen; Zählerschrank (ab ca. 1985) mit Unterverteilung und Kippsicherungen; Kabelkanäle; Blitzschutz	zahlreiche Steckdosen und Lichtauslässe; hochwertige Abdeckungen, hochwertige Beleuchtung; Doppelboden mit Bodentanks zur Verkabelung; ausreichende Anzahl von LAN-Anschlüssen; dezentrale Lüftung mit Wärmetauscher, Messverfahren von Verbrauch, Regelung von Raumtemperatur und Raumfeuchte, Sonnenschutzsteuerung; elektronische Zugangskontrolle; Personenaufzugsanlagen	Video- und zentrale Alarmanlage; zentrale Lüftung mit Wärmetauscher, Klimaanlage; Bussystem; aufwendige Personenaufzugsanlagen

4. Beschreibung der Gebäudestandards für Gemeindezentren, Saalbauten, Veranstaltungsgebäude, Kindergärten, Schulen

	Standardstufe		
	3	4	5
Außenwände	ein- /zweischalige Konstruktion; Wärmedämmverbundsystem oder Wärmedämmputz (nach ca. 1995)	Verblendmauerwerk, zweischalig, hinterlüftet; Vorhangfassade (z. B. Naturschiefer); Wärmedämmung (nach ca. 2005)	aufwendig gestaltete Fassaden mit konstruktiver Gliederung (Säulenstellungen, Erker etc.), Sichtbeton-Fertigteile, Natursteinfassade, Elemente aus Kupfer-/Eloxalblech, mehrgeschossige Glasfassaden; stark überdurchschnittliche Dämmung

Dach	Faserzement-Schindeln, beschichtete Betondachsteine und Tondachziegel, Folienabdichtung; Dachdämmung (nach ca. 1995)	glasierte Tondachziegel; besondere Dachform; Dämmung (nach ca. 2005)	hochwertige Eindeckung z. B. aus Schiefer oder Kupfer, Dachbegrünung, befahrbares Flachdach; aufwendig gegliederte Dachlandschaft, stark überdurchschnittliche Dämmung
Fenster und Außentüren	Zweifachverglasung (nach ca. 1995)	Dreifachverglasung, Sonnenschutzglas, aufwendigere Rahmen, höherwertige Türanlagen	große, feststehende Fensterflächen, Spezialverglasung (Schall- und Sonnenschutz); Außentüren in hochwertigen Materialien
Innenwände und -türen	nicht tragende Innenwände in massiver Ausführung bzw. mit Dämmmaterial gefüllte Ständerkonstruktionen; schwere und große Türen	Sichtmauerwerk, Massivholztüren, Schiebetürelemente, Glastüren	gestaltete Wandabläufe (z. B. Pfeilervorlagen, abgesetzte oder geschwungene Wandpartien); Vertäfelungen (Edelholz, Metall), Akustikputz, raumhohe aufwendige Türelemente; tlw. Automatiktüren; rollstuhlgerechte Bedienung
Deckenkonstruktion	Betondecken mit Tritt- und Luftschallschutz; einfacher Putz; abgehängte Decken	Decken mit großen Spannweiten, Deckenverkleidung	Decken mit größeren Spannweiten
Fußböden	Linoleum- oder Teppich-Böden besserer Art und Ausführung; Fliesen, Kunststeinplatten	Natursteinplatten, hochwertige Fliesen, Terrazzobelag, hochwertige Massivholzböden auf gedämmter Unterkonstruktion	hochwertiges Parkett, hochwertige Natursteinplatten, hochwertige Edelholzböden auf gedämmter Unterkonstruktion
Sanitäreinrichtungen	ausreichende Anzahl von Toilettenräumen in Standard-Ausführung	Toilettenräume in gehobenem Standard	großzügige Toilettenanlagen mit Sanitäreinrichtung in gehobener Qualität
Heizung	elektronisch gesteuerte Fern- oder Zentralheizung, Niedertemperatur- oder Brennwertkessel	Solarkollektoren für Warmwassererzeugung; Fußbodenheizung	Solarkollektoren für Warmwassererzeugung und Heizung; Blockheizkraftwerk, Wärmepumpe, Hybrid-Systeme; Klimaanlage
Sonstige technische Ausstattung	zeitgemäße Anzahl an Steckdosen und Lichtauslässen; Zählerschrank (ab 1985) mit Unterverteilung und Kippsicherungen; Kabelkanäle; Blitzschutz	zahlreiche Steckdosen und Lichtauslässe; hochwertige Abdeckungen, hochwertige Beleuchtung; Doppelboden mit Bodentanks zur Verkabelung, ausreichende Anzahl von LAN-Anschlüssen; dezentrale Lüftung mit Wärmetauscher, Messverfahren von Raumtemperatur, Raumfeuchte, Verbrauch, Einzelraumregelung, Sonnenschutzsteuerung; elektronische Zugangskontrolle; Personenaufzugsanlagen	Video- und zentrale Alarmanlage; zentrale Lüftung mit Wärmetauscher, Klimaanlage; Bussystem

5. Beschreibung der Gebäudestandards für Wohnheime, Alten- oder Pflegeheime, Krankenhäuser, Tageskliniken, Beherbergungsstätten, Verpflegungseinrichtungen

	Standardstufe		
	3	4	5

Außenwände	ein- /zweischalige Konstruktion; Wärmedämmverbundsystem oder Wärmedämmputz (nach ca. 1995)	Verblendmauerwerk, zweischalig, hinterlüftet, Vorhangfassade (z. B. Naturschiefer); Wärmedämmung (nach ca. 2005)	aufwendig gestaltete Fassaden mit konstruktiver Gliederung (Säulenstellungen, Erker etc.), Sichtbeton-Fertigteile, Natursteinfassade, Elemente aus Kupfer-/Eloxalblech, mehrgeschossige Glasfassaden; hochwertigste Dämmung
Dach	Faserzement-Schindeln, beschichtete Betondachsteine und Tondachziegel, Folienabdichtung; Dachdämmung (nach ca. 1995)	glasierte Tondachziegel; besondere Dachformen; überdurchschnittliche Dämmung (nach ca. 2005)	hochwertige Eindeckung z. B. aus Schiefer oder Kupfer, Dachbegrünung, befahrbares Flachdach; aufwendig gegliederte Dachlandschaft; sichtbare hochwertigste Dämmung
Fenster und Außentüren	Zweifachverglasung (nach ca. 1995) nur Wohnheime, Altenheime, Pflegeheime, Krankenhäuser und Tageskliniken: Automatik-Eingangstüren	Dreifachverglasung, Sonnenschutzglas, aufwendigere Rahmen; nur Beherbergungsstätten und Verpflegungseinrichtungen: Automatik-Eingangstüren	große, feststehende Fensterflächen, Spezialverglasung (Schall- und Sonnenschutz)
Innenwände und -türen	nicht tragende Innenwände in massiver Ausführung bzw. mit Dämmmaterial gefüllte Ständerkonstruktionen; schwere Türen; nur Wohnheime, Altenheime, Pflegeheime, Krankenhäuser und Tageskliniken: Automatik-Flurzwischentüren; rollstuhlgerechte Bedienung	Sichtmauerwerk; nur Beherbergungsstätten und Verpflegungseinrichtungen: Automatik-Flurzwischentüren; rollstuhlgerechte Bedienung	gestaltete Wandabläufe (z. B. Pfeilervorlagen, abgesetzte oder geschwungene Wandpartien); Akustikputz, raumhohe aufwendige Türelemente
Deckenkonstruktion und Treppen	Betondecken mit Tritt- und Luftschallschutz; Deckenverkleidung, einfacher Putz	Decken mit großen Spannweiten	Decken mit größeren Spannweiten; hochwertige breite Stahlbeton-, Metalltreppenanlage mit hochwertigem Geländer
Fußböden	Linoleum- oder PVC-Böden besserer Art und Ausführung; Fliesen, Kunststeinplatten	Natursteinplatten, hochwertige Fliesen, Terrazzobelag, hochwertige Massivholzböden auf gedämmter Unterkonstruktion	hochwertiges Parkett, hochwertige Natursteinplatten, hochwertige Edelholzböden auf gedämmter Unterkonstruktion
Sanitäreinrichtungen	mehrere WCs und Duschbäder je Geschoss; Waschbecken im Raum	je Raum ein Duschbad mit WC nur Wohnheime, Altenheime, Pflegeheime, Krankenhäuser und Tageskliniken: behindertengerecht	je Raum ein Duschbad mit WC in guter Ausstattung; nur Wohnheime, Altenheime, Pflegeheime, Krankenhäuser und Tageskliniken: behindertengerecht
Heizung	elektronisch gesteuerte Fern- oder Zentralheizung, Niedertemperatur- oder Brennwertkessel	Solarkollektoren für Warmwassererzeugung	Solarkollektoren für Warmwassererzeugung und Heizung; Blockheizkraftwerk, Wärmepumpe, Hybrid-Systeme; Klimaanlage

Sonstige technische Ausstattung	zeitgemäße Anzahl an Steckdosen und Lichtauslässen; Blitzschutz, Personenaufzugsanlagen	zahlreiche Steckdosen und Lichtauslässe; hochwertige Abdeckungen; dezentrale Lüftung mit Wärmetauscher; mehrere LAN- und Fernsehanschlüsse	Video- und zentrale Alarmanlage, zentrale Lüftung mit Wärmetauscher, Klimaanlage, Bussystem; aufwendige Aufzugsanlagen

6. Beschreibung der Gebäudestandards für Sporthallen, Freizeitbäder oder Heilbäder

	Standardstufe		
	3	4	5
Außenwände	ein- /zweischalige Konstruktion; Wärmedämmverbundsystem oder Wärmedämmputz (nach ca. 1995)	Verblendmauerwerk, zweischalig, hinterlüftet; Vorhangfassade (z. B. Naturschiefer); Wärmedämmung (nach ca. 2005)	aufwendig gestaltete Fassaden mit konstruktiver Gliederung (Säulenstellungen, Erker etc.), Sichtbeton-Fertigteile, Elemente aus Kupfer- /Eloxalblech, mehrgeschossige Glasfassaden; hochwertigste Dämmung
Dach	Faserzement-Schindeln, beschichtete Betondachsteine und Tondachziegel, Folienabdichtung; Dachdämmung (nach ca. 1995)	glasierte Tondachziegel, besondere Dachformen, überdurchschnittliche Dämmung (nach ca. 2005)	hochwertige Eindeckung z. B. aus Schiefer oder Kupfer, Dachbegrünung; aufwendig gegliederte Dachlandschaft, sichtbare Bogendachkonstruktionen; hochwertigste Dämmung
Fenster und Außentüren	Zweifachverglasung (nach ca. 1995)	Dreifachverglasung, Sonnenschutzglas, aufwendigere Rahmen, höherwertige Türanlagen	große, feststehende Fensterflächen, Spezialverglasung (Schall- und Sonnenschutz); Automatik-Eingangstüren
Innenwände und -türen	nicht tragende Innenwände in massiver Ausführung bzw. mit Dämmmaterial gefüllte Ständerkonstruktionen; schwere Türen	Sichtmauerwerk; rollstuhlgerechte Bedienung	gestaltete Wandabläufe (z. B. Pfeilervorlagen, abgesetzte oder geschwungene Wandpartien); Akustikputz, raumhohe aufwendige Türelemente
Deckenkonstruktion und Treppen	Betondecke	Decken mit großen Spannweiten	Decken mit größeren Spannweiten; hochwertige breite Stahlbeton-, Metalltreppenanlage mit hochwertigem Geländer
Fußböden	nur Sporthallen: Beton, Asphaltbeton, Estrich oder Gussasphalt auf Beton; Teppichbelag, PVC; nur Freizeitbäder/Heilbäder: Fliesenbelag	nur Sporthallen: hochwertigere flächenstatische Fußbodenkonstruktion, Spezialteppich mit Gummigranulatauflage; hochwertigerer Schwingboden	nur Sporthallen: hochwertigste flächenstatische Fußbodenkonstruktion, Spezialteppich mit Gummigranulatauflage; hochwertigster Schwingboden; nur Freizeitbäder/Heilbäder: hochwertiger Fliesenbelag und Natursteinboden
Sanitäreinrichtungen	wenige Toilettenräume und Duschräume bzw. Waschräume	ausreichende Anzahl von Toilettenräumen und Duschräumen in besserer Qualität	großzügige Toilettenanlagen und Duschräume mit Sanitäreinrichtung in gehobener Qualität
Heizung	elektronisch gesteuerte Fern- oder Zentralheizung, Niedertemperatur- oder Brennwertkessel	Fußbodenheizung; Solarkollektoren für Warmwassererzeugung	Solarkollektoren für Warmwassererzeugung und Heizung, Blockheizkraftwerk, Wärmepumpe, Hybrid-Systeme
Sonstige technische Ausstattung	zeitgemäße Anzahl an Steckdosen und Lichtauslässen; Blitzschutz	zahlreiche Steckdosen und Lichtauslässe, hochwertige Abdeckungen, Lüftung mit Wärmetauscher	Video- und zentrale Alarmanlage; Klimaanlage; Bussystem

7. Beschreibung der Gebäudestandards für Verbrauchermärkte, Kauf- oder
Warenhäuser, Autohäuser

	Standardstufe		
	3	4	5
Außenwände	ein- /zweischalige Konstruktion, Wärmedämmverbundsystem oder Wärmedämmputz (nach ca. 1995)	Verblendmauerwerk, zweischalig, hinterlüftet; Vorhangfassade (z. B. Naturschiefer); Wärmedämmung (nach ca. 2005)	aufwendig gestaltete Fassaden mit konstruktiver Gliederung (Säulenstellungen, Erker etc.), Sichtbeton-Fertigteile, Natursteinfassade, Elemente aus Kupfer-/Eloxalblech, mehrgeschossige Glasfassaden; hochwertigste Dämmung
Dach	Faserzement-Schindeln, beschichtete Betondachsteine und Tondachziegel, Folienabdichtung; Rinnen und Fallrohre aus Zinkblech; Dachdämmung (nach ca. 1995)	glasierte Tondachziegel; besondere Dachform; überdurchschnittliche Dämmung (nach ca. 2005)	hochwertige Eindeckung z. B. aus Schiefer oder Kupfer, Dachbegrünung; aufwendig gegliederte Dachlandschaft; hochwertigste Dämmung
Fenster und Außentüren	Zweifachverglasung (nach ca. 1995)	Dreifachverglasung, Sonnenschutzglas, aufwendigere Rahmen, höherwertige Türanlagen	große, feststehende Fensterflächen, Spezialverglasung (Schall- und Sonnenschutz); Außentüren in hochwertigen Materialien
Innenwände und -türen	nicht tragende Innenwände in massiver Ausführung bzw. mit Dämmmaterial gefüllte Ständerkonstruktionen; schwere Türen	Sichtmauerwerk	gestaltete Wandabläufe (z. B. Pfeilervorlagen, abgesetzte oder geschwungene Wandpartien); Akustikputz, raumhohe aufwendige Türelemente; rollstuhlgerechte Bedienung, Automatiktüren
Deckenkonstruktion	Betondecken mit Tritt- und Luftschallschutz, einfacher Putz, Deckenverkleidung	Decken mit großen Spannweiten	Decken mit größeren Spannweiten, Deckenvertäfelungen (Edelholz, Metall)
Fußböden	Linoleum- oder Teppich-Böden besserer Art und Ausführung; Fliesen, Kunststeinplatten	Natursteinplatten, Fertigparkett, hochwertige Fliesen, Terrazzobelag, hochwertige Massivholzböden auf gedämmter Unterkonstruktion	hochwertiges Parkett, hochwertige Natursteinplatten, hochwertige Edelholzböden auf gedämmter Unterkonstruktion
Sanitäreinrichtungen	Toilettenräume	ausreichende Anzahl von Toilettenräumen, jeweils in gehobenem Standard	großzügige Toilettenanlagen mit Sanitäreinrichtung in gehobener Qualität
Heizung	elektronisch gesteuerte Fern- oder Zentralheizung; Niedertemperatur- oder Brennwertkessel	Fußbodenheizung; Solarkollektoren für Warmwassererzeugung	Solarkollektoren für Warmwassererzeugung und Heizung; Blockheizkraftwerk, Wärmepumpe, Hybrid-Systeme; Klimaanlage

| Sonstige technische Ausstattung | zeitgemäße Anzahl an Steckdosen und Lichtauslässen, Zählerschrank (ab 1985) mit Unterverteilung und Kippsicherungen; Kabelkanäle; Blitzschutz; Personenaufzugsanlagen | zahlreiche Steckdosen und Lichtauslässe; hochwertige Abdeckungen, hochwertige Beleuchtung; Doppelboden mit Bodentanks zur Verkabelung, ausreichende Anzahl von LAN-Anschlüssen; dezentrale Lüftung mit Wärmetauscher, Messverfahren von Raumtemperatur, Raumfeuchte, Verbrauch, Einzelraumregelung, Sonnenschutzsteuerung | Video- und zentrale Alarmanlage; zentrale Lüftung mit Wärmetauscher, Klimaanlage; Bussystem; Doppelboden mit Bodentanks zur Verkabelung; aufwendigere Aufzugsanlagen |

8. Beschreibung der Gebäudestandards für Garagen

	Standardstufe		
	3	4	5
Außenwände	offene Konstruktion	Einschalige Konstruktion	aufwendig gestaltete Fassaden mit konstruktiver Gliederung (Säulenstellungen, Erker etc.)
Konstruktion	Stahl- und Betonfertigteile	überwiegend Betonfertigteile; große stützenfreie Spannweiten	größere stützenfreie Spannweiten
Dach	Flachdach, Folienabdichtung	Flachdachausbildung; Wärmedämmung	befahrbares Flachdach (Parkdeck)
Fenster und Außentüren	einfache Metallgitter	begrünte Metallgitter, Glasbausteine	Außentüren in hochwertigen Materialien
Fußböden	Beton	Estrich, Gussasphalt	beschichteter Beton oder Estrichboden
Sonstige technische Ausstattung	Strom- und Wasseranschluss; Löschwasseranlage; Treppenhaus; Brandmelder	Sprinkleranlage; Rufanlagen; Rauch- und Wärmeabzugsanlagen; mechanische Be- und Entlüftungsanlagen; Parksysteme für zwei PKW übereinander; Personenaufzugsanlagen	Video- und zentrale Alarmanlage; Beschallung; Parksysteme für drei oder mehr PKW übereinander; aufwendigere Aufzugsanlagen

9. Beschreibung der Gebäudestandards für Betriebs- oder Werkstätten, Produktionsgebäude, Lagergebäude

	Standardstufe		
	3	4	5
Außenwände	ein- /zweischaliges Mauerwerk, z. B. aus Leichtziegeln, Kalksandsteinen, Gasbetonsteinen; Edelputz; gedämmte Metall-Sandwichelemente; Wärmedämmverbundsystem oder Wärmedämmputz (nach ca. 1995)	Verblendmauerwerk, zweischalig, hinterlüftet; Vorhangfassade (z. B. Naturschiefer); Wärmedämmung (nach ca. 2005)	Sichtbeton-Fertigteile; Natursteinfassade, Elemente aus Kupfer-/Eloxalblech; mehrgeschossige Glasfassaden; hochwertigste Dämmung
Konstruktion	Stahl- und Betonfertigteile	überwiegend Betonfertigteile; große stützenfreie Spannweiten; hohe Deckenhöhen; hohe Belastbarkeit der Decken und Böden	größere stützenfreie Spannweiten; hohe Deckenhöhen; höhere Belastbarkeit der Decken und Böden
Dach	Faserzement-Schindeln, beschichtete Betondachsteine und Tondachziegel; Folienabdichtung; Dachdämmung (nach ca. 1995)	schweres Massivflachdach; besondere Dachformen; überdurchschnittliche Dämmung (nach ca. 2005)	hochwertige Eindeckung z. B. aus Schiefer oder Kupfer, hochwertigste Dämmung
Fenster und Außentüren	Zweifachverglasung (nach ca. 1995)	Dreifachverglasung, Sonnenschutzglas, aufwendigere Rahmen; höherwertige Türanlage	große, feststehende Fensterflächen, Spezialverglasung (Schall- und Sonnenschutz); Außentüren in hochwertigen Materialien
Innenwände und -türen	Anstrich	tlw. gefliest, Sichtmauerwerk; Schiebetürelemente, Glastüren	überwiegend gefliest; Sichtmauerwerk; gestaltete Wandabläufe
Fußböden	Beton	Estrich, Gussasphalt	beschichteter Beton oder Estrichboden; Betonwerkstein, Verbundpflaster
Sanitäreinrichtungen	einfache und wenige Toilettenräume	ausreichende Anzahl von Toilettenräumen	großzügige Toilettenanlagen
Heizung	elektronisch gesteuerte Fern- oder Zentralheizung; Niedertemperatur- oder Brennwertkessel	Fußbodenheizung; Solarkollektoren für Warmwassererzeugung; zusätzlicher Kaminanschluss	Solarkollektoren für Warmwassererzeugung und Heizung; Blockheizkraftwerk; Wärmepumpe; Hybrid-Systeme; aufwendige zusätzliche Kaminanlage
Sonstige technische Ausstattung	zeitgemäße Anzahl an Steckdosen und Lichtauslässen; Blitzschutz; Teeküchen	zahlreiche Steckdosen und Lichtauslässe; hochwertige Abdeckungen; Kabelkanäle; dezentrale Lüftung mit Wärmetauscher; kleinere Einbauküchen mit Kochgelegenheit, Aufenthaltsräume; Aufzugsanlagen	Video- und zentrale Alarmanlage; zentrale Lüftung mit Wärmetauscher, Klimaanlage; Bussystem; Küchen, Kantinen; aufwendigere Aufzugsanlagen

10. Beschreibung der Gebäudestandards für Reithallen

	Standardstufe		
	3	4	5
Außenwände	Holzfachwerkwand; Holzstützen, Vollholz; Brettschalung oder Profilblech auf Holz-Unterkonstruktion	Kalksandstein- oder Ziegel-Mauerwerk; Metallstützen, Profil; Holz-Blockbohlen zwischen Stützen, Wärmedämmverbundsystem, Putz	Betonwand, Fertigteile, mehrschichtig; Stahlbetonstützen, Fertigteil; Kalksandstein-Vormauerung oder Klinkerverblendung mit Dämmung
Dach	Holzkonstruktionen, Nagelbrettbinder; Bitumenwellplatten, Profilblech	Stahlrahmen mit Holzpfetten; Faserzementwellplatten; Hartschaumplatten	Brettschichtholzbinder; Betondachsteine oder Dachziegel; Dämmung mit Profilholz oder Paneelen
Fenster und Außentüren bzw. -tore	Lichtplatten aus Kunststoff, Holz-Brettertüren	Kunststofffenster, Windnetze aus Kunststoff, Jalousien mit Motorantrieb	Türen und Tore mit Wärmedämmung, Holzfenster, hoher Fensteranteil
Innenwände	keine	tragende bzw. nicht tragende Innenwände aus Holz; Anstrich	tragende bzw. nicht tragende Innenwände als Mauerwerk; Sperrholz, Gipskarton, Fliesen
Deckenkonstruktion	keine	Holzkonstruktionen über Nebenräumen; Hartschaumplatten	Stahlbetonplatte über Nebenräumen; Dämmung mit Profilholz oder Paneelen
Fußböden	Tragschicht: Schotter, Trennschicht: Vlies, Tretschicht: Sand	zusätzlich/alternativ: Tragschicht: Schotter, Trennschicht: Kunststoffgewebe, Tretschicht: Sand und Holzspäne	Estrich auf Dämmung, Fliesen oder Linoleum in Nebenräumen; zusätzlich/alternativ: Tragschicht: Schotter, Trennschicht: Kunststoffplatten, Tretschicht: Sand und Textilflocken, Betonplatte im Bereich der Nebenräume
baukonstruktive Einbauten	Reithallenbande aus Nadelholz zur Abgrenzung der Reitfläche	zusätzlich/alternativ: Vollholztafeln fest eingebaut	zusätzlich/alternativ: Vollholztafeln, Fertigteile zum Versetzen
Abwasser-, Wasser-, Gasanlagen	Regenwasserableitung	zusätzlich/alternativ: Abwasserleitungen, Sanitärobjekte (einfache Qualität)	zusätzlich/alternativ: Sanitärobjekte (gehobene Qualität), Gasanschluss
Wärmeversorgungsanlagen	keine	Raumheizflächen in Nebenräumen, Anschluss an Heizsystem	zusätzlich/alternativ: Heizkessel
lufttechnische Anlagen	keine	Firstentlüftung	Be- und Entlüftungsanlage
Starkstrom-Anlage	Leitungen, Schalter, Dosen, Langfeldleuchten	zusätzlich/alternativ: Sicherungen und Verteilerschrank	zusätzlich/alternativ: Metall-Dampfleuchten
nutzungsspezifische Anlagen	keine	Reitbodenbewässerung (einfache Ausführung)	Reitbodenbewässerung (komfortable Ausführung)

11. Beschreibung der Gebäudestandards für Pferdeställe

	Standardstufe		
	3	4	5
Außenwände	Holzfachwerkwand; Holzstützen, Vollholz; Brettschalung oder Profilblech auf Holz-Unterkonstruktion	Kalksandstein- oder Ziegel-Mauerwerk; Metallstützen, Profil; Holz-Blockbohlen zwischen Stützen, Wärmedämmverbundsystem, Putz	Betonwand, Fertigteile, mehrschichtig; Stahlbetonstützen, Fertigteil; Kalksandstein-Vormauerung oder Klinkerverblendung mit Dämmung
Dach	Holzkonstruktionen, Vollholzbalken; Nagelbrettbinder; Bitumenwellplatten, Profilblech	Stahlrahmen mit Holzpfetten; Faserzementwellplatten; Hartschaumplatten	Brettschichtholzbinder; Betondachsteine oder Dachziegel; Dämmung mit Profilholz oder Paneelen
Fenster und Außentüren bzw. -tore	Lichtplatten aus Kunststoff, Holz-Brettertüren	Kunststofffenster, Windnetze aus Kunststoff, Jalousien mit Motorantrieb	Türen und Tore mehrschichtig mit Wärmedämmung, Holzfenster, hoher Fensteranteil
Innenwände	keine	tragende bzw. nicht tragende Innenwände aus Holz; Anstrich	tragende bzw. nicht tragende Innenwände als Mauerwerk; Sperrholz, Putz, Fliesen
Deckenkonstruktion	keine	Holzkonstruktionen über Nebenräumen; Hartschaumplatten	Stahlbetonplatten über Nebenräumen; Dämmung mit Profilholz oder Paneelen
Fußböden	Beton-Verbundpflaster in Stallgassen, Stahlbetonplatte im Tierbereich	zusätzlich/alternativ: Stahlbetonplatte; Anstrich, Gummimatten im Tierbereich	zusätzlich/alternativ: Stahlbetonplatte als Stallprofil mit versetzten Ebenen; Nutzestrich auf Dämmung, Anstrich oder Fliesen in Nebenräumen, Kautschuk im Tierbereich
baukonstruktive Einbauten	Fütterung: Futtertrog PVC	Fütterung: Krippenschalen aus Polyesterbeton	Fütterung: Krippenschalen aus Steinzeug
Abwasser-, Wasser-, Gasanlagen	Regenwasserableitung, Wasserleitung	zusätzlich/alternativ: Abwasserleitungen, Sanitärobjekte (einfache Qualität) in Nebenräumen	zusätzlich/alternativ: Sanitärobjekte (gehobene Qualität), Gasanschluss
Wärmeversorgungsanlagen	keine	Elektroheizung in Sattelkammer	zusätzlich/alternativ: Raumheizflächen, Heizkessel
lufttechnische Anlagen	keine	Firstentlüftung	Be- und Entlüftungsanlage
Starkstrom-Anlage	Leitungen, Schalter, Dosen, Langfeldleuchten	zusätzlich/alternativ: Sicherungen und Verteilerschrank	zusätzlich/alternativ: Metall-Dampfleuchten
nutzungsspezifische Anlagen	Aufstallung: Boxentrennwände aus Holz, Anbindevorrichtungen Fütterung: Tränken, Futterraufen	Aufstallung: zusätzlich/alternativ: Boxentrennwände: Hartholz/Metall Fütterung: zusätzlich/alternativ: Fressgitter, Futterautomaten, Rollraufe mit elektr. Steuerung	Aufstallung: zusätzlich/alternativ: Komfort-Pferdeboxen, Pferde-Solarium Fütterung: zusätzlich/alternativ: Futter-Abrufstationen für Rau- und Kraftfutter mit elektr. Tiererkennung und Selektion, Automatische Futterzuteilung für Boxenställe

12. Beschreibung der Gebäudestandards für Rinderställe und Melkhäuser

	Standardstufe		
	3	4	5
Außenwände	Holzfachwerkwand; Holzstützen, Vollholz; Brettschalung oder Profilblech auf Holz-Unterkonstruktion	Kalksandstein- oder Ziegel-Mauerwerk; Metallstützen, Profil; Holz-Blockbohlen zwischen Stützen	Betonwand, Fertigteile, mehrschichtig; Stahlbetonstützen, Fertigteil; Klinkerverblendung
Dach	Holzkonstruktionen, Vollholzbalken, Nagelbrettbinder; Bitumenwellplatten, Profilblech	Stahlrahmen mit Holzpfetten; Faserzementwellplatten; Hartschaumplatten	Brettschichtholzbinder; Betondachsteine oder Dachziegel; Dämmung mit Profilholz oder Paneelen

Fenster und Außentüren bzw. -tore	Lichtplatten aus Kunststoff	Kunststofffenster, Windnetze aus Kunststoff, Jalousien mit Motorantrieb	Türen und Tore mehrschichtig mit Wärmedämmung, Holzfenster, hoher Fensteranteil
Innenwände	keine	tragende und nicht tragende Innenwand aus Holz; Anstrich	tragende und nicht tragende Innenwände aus Mauerwerk; Sperrholz, Putz, Fliesen
Deckenkonstruktion	keine	Holzkonstruktionen über Nebenräumen; Hartschaumplatten	Stahlbetonplatte über Nebenräumen; Dämmung mit Profilholz oder Paneelen
Fußböden	Stahlbetonplatte	zusätzlich/alternativ: Stahlbetonplatte mit Oberflächenprofil, Rautenmuster; Epoxidharzbeschichtung am Fressplatz, Liegematten im Tierbereich	zusätzlich/alternativ: Stahlbetonplatte als Stallprofil mit versetzten Ebenen; Estrich auf dem Futtertisch, Liegematratzen im Tierbereich, Gussasphalt oder Gummiauflage
baukonstruktive Einbauten	Aufstallung: Beton-Spaltenboden, Einzelbalken	Aufstallung: Beton-Spaltenboden, Flächenelemente; Krippenschalen aus Polyesterbeton; Güllerohre vom Stall zum Außenbehälter	Aufstallung: Spaltenboden mit Gummiauflage, Gussroste über Treibmistkanal; Krippenschalen aus Steinzeug; zusätzlich/alternativ: Spülleitungen für Einzelkanäle
Abwasser-, Wasser-, Gasanlagen	Regenwasserableitung; Wasserleitung	zusätzlich/alternativ: Abwasserleitungen, Sanitärobjekte (einfache Qualität) in Nebenräumen	zusätzlich/alternativ: Sanitärobjekte (gehobene Qualität); Gasanschluss
Wärme-, Versorgungsanlagen	keine	Elektroheizung im Melkstand	zusätzlich/alternativ: Raumheizflächen, Heizkessel
lufttechnische Anlagen	keine	Firstentlüftung	Be- und Entlüftungsanlage
Starkstrom-Anlage	Leitungen, Schalter, Dosen, Langfeldleuchten	zusätzlich/alternativ: Sicherungen und Verteilerschrank	zusätzlich/alternativ: Metall-Dampfleuchten
nutzungsspezifische Anlagen	Aufstallung: Fressgitter, Liegeboxenbügel, Kälberboxen, Abtrennungen aus Holz, Kurzstandanbindung Fütterung: Selbsttränke, Balltränke Entmistung: keine Technik (Schlepper) Tierproduktentnahme: Fischgrätenmelkstand, Melkanlage, Maschinensatz, Milchkühltank, Kühlaggregat, Wärmerückgewinnung	Aufstallung: zusätzlich/alternativ: Einrichtungen aus verz. Stahlrohren Fütterung: Tränkewanne mit Schwimmer, Tränkeautomat für Kälber Entmistung: Faltschieber mit Seilzug und Antrieb, Tauchschneidpumpe, Rührmixer Tierproduktentnahme: zusätzlich/alternativ Milchflussgesteuerte Anrüst- und Abschaltautomatik	Aufstallung: zusätzlich/alternativ: Komfortboxen Fütterung: Edelstahl-Kipptränke, computergesteuerte Kraftfutteranlage mit Tiererkennung Entmistung: Schubstangenentmistung Tierproduktentnahme: zusätzlich/alternativ: Melkstand-Schnellaustrieb, Tandem oder Karussellmelkstand, Automatisches Melksystem (Roboter)

13. Beschreibung der Gebäudestandards für Schweineställe

	Standardstufe		
	3	4	5
Außenwände	Holzfachwerkwand; Holzstützen, Vollholz; Brettschalung oder Profilblech auf Holz-Unterkonstruktion	Kalksandstein- oder Ziegel-Mauerwerk; Metallstützen, Profil; Holz-Blockbohlen zwischen Stützen, Beton-Schalungssteine mit Putz	Betonwand, Fertigteile, mehrschichtig; Stahlbetonstützen, Fertigteil; Kalksandstein-Vormauerung oder Klinkerverblendung mit Dämmung

Dach	Holzkonstruktionen, Vollholzbalken; Nagelbrettbinder; Bitumenwellplatten, Profilblech	Stahlrahmen mit Holzpfetten; Faserzementwellplatten; Hartschaumplatten	Brettschichtholzbinder; Betondachsteine oder Dachziegel; Dämmung, Kunststoffplatten, Paneele
Fenster und Außentüren bzw. -tore	Lichtplatten aus Kunststoff, Holz-Brettertüren	Kunststofffenster, Windnetze aus Kunststoff, Jalousien mit Motorantrieb, Metalltüren	Türen und Tore mehrschichtig mit Wärmedämmung, Holzfenster, hoher Fensteranteil
Innenwände	keine Innenwände	tragende Innenwände aus Mauerwerk, Putz und Anstrich; nichttragende Innenwände aus Kunststoff-Paneele mit Anstrich	tragende Innenwände als Betonwand, Fertigteile, Anstrich; nichttragende Innenwände aus Mauerwerk, Putz und Anstrich; Sperrholz, Putz, Fliesen
Deckenkonstruktion	keine Decke	Holzkonstruktionen über Nebenräumen; Hartschaumplatten	Stahlbetonplatten über Nebenräumen; Dämmung, Kunststoffplatten, Paneele
Fußböden	Stahlbetonplatte	Stahlbetonplatte; Verbundestrich	zusätzlich/alternativ: Stahlbetonplatte als Stallprofil mit versetzten Ebenen; Stallbodenplatten mit Dämmung, Fliesen auf Estrich in Nebenräumen
baukonstruktive Einbauten	Fütterung: Tröge aus Polyesterbeton	Aufstallung: Beton-Spaltenboden, Flächenelemente Fütterung: Tröge aus Polyesterbeton Entmistung: Güllerohre vom Stall zum Außenbehälter, Absperrschieber in Güllekanälen	Aufstallung: Gussroste in Sauenställen, Kunststoffroste in Ferkelställen Fütterung: Tröge aus Steinzeug Entmistung: zusätzlich/alternativ: Spülleitungen für Einzelkanäle
Abwasser-, Wasser-, Gasanlagen	Regenwasserableitung, Wasserleitung	zusätzlich/alternativ: Abwasserleitungen, Sanitärobjekte (einfache Qualität) in Nebenräumen	zusätzlich/alternativ: Sanitärobjekte (gehobene Qualität), Gasanschluss
Wärmeversorgungsanlagen	Warmluftgebläse, Elt.-Anschluss	Raumheizflächen oder Twin- bzw. Delta-Heizungsrohren, Anschluss an vorh. Heizsystem	zusätzlich/alternativ: Warmwasser-Fußbodenheizung, Heizkessel mit Gasbefeuerung, Wärmerückgewinnung aus Stallluft
lufttechnische Anlagen	Zuluftklappen, Lüftungsfirst	Be- und Entlüftungsanlage im Unterdruckverfahren; Zuluftkanäle oder Rieseldecke; Einzelabsaugung, Abluftkanäle, Ventilatoren	zusätzlich/alternativ: Gleichdrucklüftung, Zentralabsaugung, Luftwäscher
Starkstrom-Anlage	Leitungen, Schalter, Dosen, Langfeldleuchten	zusätzlich/alternativ: Sicherungen und Verteilerschrank	zusätzlich/alternativ: Metall-Dampfleuchten
nutzungsspezifische Anlagen	Aufstallung: Buchtenabtrennungen aus Kunststoff-Paneelen, Pfosten und Beschläge aus verz. Stahl, Abferkelbuchten, Selbstfang-Kastenstände für Sauen Fütterung: Trockenfutterautomaten, Tränkenippel	Aufstallung: zusätzlich/alternativ: Pfosten und Beschläge aus V2A, Ruhekisten, Betteneinrichtungen Fütterung: zusätzlich/alternativ: Transportrohre, Drahtseilförderer, Rohrbreiautomaten mit Dosierung Entmistung: Tauchschneidpumpe, Rührmixer	Aufstallung: zusätzlich/alternativ: Sortierschleuse Fütterung: zusätzlich/alternativ: Flüssigfütterungsanlage mit Mixbehälter, Sensorsteuerung, Fütterungscomputer, Abrufstation, Tiererkennung, Selektion Entmistung: Schubstangenentmistung

14. Beschreibung der Gebäudestandards für Geflügelställe

	Standardstufe		
	3	4	5
Außenwände	Holzfachwerkwand, Holzstützen, Vollholz, Brettschalung oder Profilblech auf Holz-Unterkonstruktion	Kalksandstein- oder Ziegel-Mauerwerk, Metallstützen, Profil, Metall-Sandwichelemente mit Hartschaumdämmung	Betonwand, Fertigteile, mehrschichtig, Stahlbetonstützen, Fertigteil, Klinkerverblendung
Dach	Holzkonstruktionen, Vollholzbalken, Nagelbrettbinder, Bitumenwellplatten, Profilblech	Stahlrahmen mit Holzpfetten, Faserzementwellplatten, Hartschaumplatten	Brettschichtholzbinder, Betondachsteine oder Dachziegel, Dämmung, Profilholz oder Paneele
Fenster und Außentüren bzw. -tore	Lichtplatten aus Kunststoff; Holz-Brettertüren	Kunststofffenster; Windnetze aus Kunststoff, Jalousien mit Motorantrieb	Türen und Tore mehrschichtig mit Wärmedämmung, Holzfenster, hoher Fensteranteil
Innenwände	keine	tragende bzw. nicht tragende Innenwände aus Holz; Anstrich	tragende bzw. nicht tragende Innenwände als Mauerwerk; Profilblech, Plantafeln, Putz
Deckenkonstruktion	keine	Holzkonstruktionen über Nebenräumen; Hartschaumplatten	Stahlbetonplatten über Nebenräumen; Dämmung, Profilblech oder Paneelen
Fußböden	Stahlbetonplatte	zusätzlich/alternativ: Oberfläche maschinell geglättet; Estrich mit Anstrich (Eierverpackung)	zusätzlich/alternativ: Stallprofil mit versetzten Ebenen, Estrich mit Fliesen (Eierverpackung)
Abwasser-, Wasser-, Gasanlagen	Regenwasserableitung, Wasserleitung	zusätzlich/alternativ: Abwasserleitungen, Sanitärobjekte (einfache Qualität) in Nebenräumen	zusätzlich/alternativ: Sanitärobjekte (gehobene Qualität), Gasanschluss
Wärmeversorgungsanlagen	Warmluftgebläse, Elt.-Anschluss	zusätzlich/alternativ: Raumheizflächen oder Twin- bzw. Delta-Heizungsrohre, Heizkessel	zusätzlich: Wärmerückgewinnung aus der Stallluft
lufttechnische Anlagen	Firstentlüftung	Be- und Entlüftungsanlage im Unterdruckverfahren; Zuluftklappen, Abluftkamine, Ventilatoren	zusätzlich/alternativ: Gleichdrucklüftung, Zentralabsaugung, Luftwäscher
Starkstrom-Anlage	Leitungen, Schalter, Dosen, Langfeldleuchten	zusätzlich/alternativ: Sicherungen und Verteilerschrank	zusätzlich/alternativ: Metall-Dampfleuchten
nutzungsspezifische Anlagen	Aufstallung: Geflügelwaage	Aufstallung: zusätzlich/alternativ: Kotroste, Sitzstangen, Legenester Fütterung: Vollautomatische Kettenfütterung, Strang-Tränkeanlage, Nippeltränken Entmistung: Kotbandentmistung Tierproduktentnahme: Eier-Sammelband	Aufstallung: zusätzlich/alternativ: Etagensystem (Voliere, Kleingruppe) Entmistung: zusätzlich/alternativ: Entmistungsbänder mit Belüftung Tierproduktentnahme: zusätzlich/alternativ: Sortieranlage, Verpackung

15. Beschreibung der Gebäudestandards für landwirtschaftliche Mehrzweckhallen

	Standardstufe		
	3	4	5
Außenwände	Holzfachwerkwand; Holzstützen, Vollholz; Brettschalung oder Profilblech auf Holz-Unterkonstruktion	Kalksandstein- oder Ziegel-Mauerwerk; Metallstützen, Profil; Holz-Blockbohlen zwischen Stützen, Wärmedämmverbundsystem, Putz	Betonwand, Fertigteile, mehrschichtig; Stahlbetonstützen, Fertigteil; Kalksandstein-Vormauerung oder Klinkerverblendung mit Dämmung
Dach	Holzkonstruktionen, Nagelbrettbinder; Bitumenwellplatten, Profilblech	Stahlrahmen mit Holzpfetten; Faserzementwellplatten; Hartschaumplatten	Brettschichtholzbinder; Betondachsteine oder Dachziegel; Dämmung mit Profilholz oder Paneelen
Fenster und Außentüren bzw. -tore	Lichtplatten aus Kunststoff, Holztore	Kunststofffenster, Metall-Sektionaltore	Türen und Tore mehrschichtig mit Wärmedämmung, Holzfenster, hoher Fensteranteil
Innenwände	keine	tragende bzw. nicht tragende Innenwände aus Holz; Anstrich	tragende bzw. nicht tragende Innenwände als Mauerwerk; Sperrholz, Gipskarton, Fliesen
Deckenkonstruktion	keine	Holzkonstruktionen über Nebenräumen; Hartschaumplatten	Stahlbetonplatte über Nebenräumen; Dämmung mit Profilholz oder Paneelen
Fußböden	Beton-Verbundsteinpflaster	zusätzlich/alternativ: Stahlbetonplatte	zusätzlich/alternativ: Oberfläche maschinell geglättet; Anstrich
Abwasser-, Wasser-, Gasanlagen	Regenwasserableitung	zusätzlich/alternativ: Abwasserleitungen, Sanitärobjekte (einfache Qualität) in Nebenräumen	zusätzlich/alternativ: Sanitärobjekte (gehobene Qualität) in Nebenräumen, Gasanschluss
Wärmeversorgungsanlagen	keine	Raumheizflächen in Nebenräumen, Anschluss an Heizsystem	zusätzlich/alternativ: Heizkessel
lufttechnische Anlagen	keine	Firstentlüftung	Be- und Entlüftungsanlage
Starkstrom-Anlage	Leitungen, Schalter, Dosen, Langfeldleuchten	zusätzlich/alternativ: Sicherungen und Verteilerschrank	zusätzlich/alternativ: Metall-Dampfleuchten
nutzungsspezifische Anlagen	keine	Schüttwände aus Holz zwischen Stahlstützen, Trocknungsanlage für Getreide	Schüttwände aus Beton-Fertigteilen

Fußnoten

Anlage 4 Abschnitt II Nr 22 und 23 Kursivdruck: Aufgrund offensichtlicher Unrichtigkeit wurde das Wort "Güllekänale" durch das Wort "Güllekanäle" ersetzt.
Anlage 4 Abschnitt III Nr 1 Tab Zeile 5 Spalte 5 Kursivdruck: Aufgrund offensichtlicher Unrichtigkeit wurde das Wort "Akkustikputz" durch das Wort "Akustikputz" ersetzt.

ImmoWertV - Anlage 5 (zu § 16 Absatz 3) Katalog
der Grundstücksmerkmale des
Bodenrichtwertgrundstücks

(Fundstelle: BGBl. I 2021, 2856 - 2859)

Wertbeeinflussende Grundstücksmerkmale, die nicht in dieser Anlage
aufgeführt sind, dürfen nur dann berücksichtigt werden, wenn die
aufgeführten Grundstücksmerkmale zur marktgerechten Beschreibung des
Bodenrichtwertgrundstücks nicht ausreichend sind.

I. Nutzungsartenkatalog

Für jeden Bodenrichtwert ist der Entwicklungszustand und die Art der
Nutzung anzugeben. Lässt sich das Bodenrichtwertgrundstück aufgrund
seiner rechtlichen und tatsächlichen Merkmale keinem der
Entwicklungszustände nach § 3 Absatz 1 bis 4 zuordnen, ist das
Bodenrichtwertgrundstück der Kategorie „Sonstige Flächen" im Sinne des § 3
Absatz 5 zuzuordnen. Zusätzlich zur Art der Nutzung kann eine Ergänzung
zur Art der Nutzung angegeben werden.

Nr.	Art der Nutzung bzw. Ergänzung zur Art der Nutzung	Art der Nutzung	Ergänzung zur Art der Nutzung
Baureifes Land (B) **Rohbauland (R)** **Bauerwartungsland (E)**			
1	Wohnbaufläche	W	
1.1	Kleinsiedlungsgebiet	WS	
1.2	reines Wohngebiet	WR	
1.3	allgemeines Wohngebiet	WA	
1.4	besonderes Wohngebiet	WB	
2	gemischte Baufläche (auch Baufläche ohne nähere Spezifizierung)	M	
2.1	Dorfgebiet	MD	
2.2	Dörfliches Wohngebiet	MDW	
2.3	Mischgebiet	MI	
2.4	Kerngebiet	MK	
2.5	Urbanes Gebiet	MU	
3	gewerbliche Baufläche	G	
3.1	Gewerbegebiet	GE	
3.2	Industriegebiet	GI	
4	Sonderbaufläche	S	

4.1	Sondergebiet für Erholung	SE	
4.2	sonstige Sondergebiete	SO	
5	Baufläche für Gemeinbedarf	GB	

Die Bauflächen (1 bis 5) können zusätzlich durch folgende Ergänzungen zur Art der Nutzung weiter spezifiziert werden in:

	Ein- und Zweifamilienhäuser	EFH	
	Mehrfamilienhäuser	MFH	
	Sozialer Mietwohnungsbau	SOW	
	Geschäftshäuser (mehrgeschossig)	GH	
	Wohn- und Geschäftshäuser	WGH	
	Büro- und Geschäftshäuser	BGH	
	Bürohäuser	BH	
	Produktion und Logistik	PL	
	Wochenendhäuser	WO	
	Handel und dienstleistungsorientiertes Gewerbe	GD	
	Ferienhäuser	FEH	
	Freizeit und Touristik	FZT	
	Läden (eingeschossig), nicht großflächiger Einzelhandel	LAD	
	Einkaufszentren, großflächiger Einzelhandel	EKZ	
	Messen, Ausstellungen, Kongresse, Großveranstaltungen aller Art	MES	
	Bildungseinrichtungen	BI	
	Gesundheitseinrichtungen	MED	
	Hafen	HAF	
	Garagen, Stellplatzanlagen, Parkhäuser	GAR	
	Militär	MIL	
	landwirtschaftliche Produktion	LP	
	Bebaute Flächen im Außenbereich	ASB	
	Bauflächen für Energieerzeugung	EE	

Flächen der Land- oder Forstwirtschaft (LF)

6	landwirtschaftliche Fläche	L	
6.1	Acker	A	
6.2	Grünland	GR	
6.3	Erwerbsgartenanbaufläche	EGA	
6.3.1	Obstanbaufläche	EGA	OG

ImmoWertV

6.3.2	Gemüseanbaufläche	EGA	GEM
6.3.3	Blumen- und Zierpflanzenanbaufläche	EGA	BLU
6.3.4	Baumschulfläche	EGA	BMS
6.4	Anbaufläche für Sonderkulturen	SK	
6.4.1	Spargelanbaufläche	SK	SPA
6.4.2	Hopfenanbaufläche	SK	HPF
6.4.3	Tabakanbaufläche	SK	TAB
6.5	Weingarten	WG	
6.5.1	Weingarten in Flachlage	WG	FL
6.5.2	Weingarten in Hanglage	WG	HL
6.5.3	Weingarten in Steillage	WG	STL
6.6	Kurzumtriebsplantagen, Agroforst	KUP	
6.7	Unland, Geringstland, Bergweide, Moor	UN	
7	forstwirtschaftliche Fläche	F	
Sonstige Flächen (SF)			
8.1	private Grünfläche	PG	
8.2	Kleingartenfläche (Bundeskleingartengesetz)	KGA	
8.3	Freizeitgartenfläche	FGA	
8.4	Campingplatz	CA	
8.5	Sportfläche (u.a. Golfplatz)	SPO	
8.6	sonstige private Fläche	SG	
8.7	Friedhof	FH	
8.8	Wasserfläche	WF	
8.9	Flughäfen, Flugplätze usw.	FP	
8.10	private Parkplätze, Stellplatzfläche	PP	
8.11	Lagerfläche	LG	
8.12	Abbauland	AB	
8.12.1	Abbauland von Sand und Kies	AB	SND
8.12.2	Abbauland von Ton und Mergel	AB	TON
8.12.3	Abbauland von Torf	AB	TOF
8.12.4	Steinbruch	AB	STN
8.12.5	Braunkohletagebau	AB	KOH
8.13	Gemeinbedarfsfläche (kein Bauland)	GF	
8.14	Sondernutzungsfläche	SN	

II. Weitere Grundstücksmerkmale

Bei baureifem Land ist der beitragsrechtliche Zustand anzugeben. Die weiteren Grundstücksmerkmale sind anzugeben, soweit sie wertbeeinflussend sind.

1. Beitragsrechtlicher Zustand

frei	beitragsfrei
ebf	erschließungsbeitrags-/kostenerstattungsbetragsfrei und beitragspflichtig nach Kommunalabgabenrecht,
ebp	erschließungsbeitrags-/kostenerstattungsbetragspflichtig und beitragspflichtig nach Kommunalabgabenrecht

2. Bauweise oder Gebäudestellung zur Nachbarbebauung

o	offene Bauweise
g	geschlossene Bauweise
a	abweichende Bauweise
eh	Einzelhäuser
ed	Einzel- und Doppelhäuser
dh	Doppelhaushälften
rh	Reihenhäuser
rm	Reihenmittelhäuser
re	Reihenendhäuser

3. Maß der baulichen Nutzung

ZVG	Zahl der Vollgeschosse
ZOG	Zahl der oberirdischen Geschosse (§ 16 Absatz 4)
GFZ	Geschossflächenzahl
WGFZ	wertrelevante Geschossflächenzahl (§ 16 Absatz 4)
GRZ	Grundflächenzahl
BMZ	Baumassenzahl

4. Angaben zum Grundstück

t	Grundstückstiefe in Metern
b	Grundstücksbreite in Metern
f	Grundstücksfläche in Quadratmetern

5. Sanierungs- oder Entwicklungszusatz

SU	sanierungsunbeeinflusster Zustand, ohne Berücksichtigung der rechtlichen und tatsächlichen Neuordnung
SB	sanierungsbeeinflusster Zustand, unter Berücksichtigung der rechtlichen und tatsächlichen Neuordnung
EU	entwicklungsunbeeinflusster Zustand, ohne Berücksichtigung der rechtlichen und tatsächlichen Neuordnung
EB	entwicklungsbeeinflusster Zustand, unter Berücksichtigung der rechtlichen und tatsächlichen Neuordnung

6. Bewertung der Bodenschätzung

AZ	Ackerzahl
GZ	Grünlandzahl

Verordnung über die Ausarbeitung der Bauleitpläne und die Darstellung des Planinhalts (Auszug)

Stand: Zuletzt geändert durch Art. 3 G v. 4.5.2017 I 1057
Hinweis: Änderung durch Art. 3 G v. 14.6.2021 I 1802 (Nr. 33) textlich nachgewiesen, dokumentarisch noch
 nicht abschließend bearbeitet

Eingangsformel

Auf Grund des § 2 Abs. 5 Nr. 4 des Baugesetzbuchs in der Fassung der Bekanntmachung vom 8. Dezember 1986
(BGBl. I S. 2253) verordnet der Bundesminister für Raumordnung, Bauwesen und Städtebau:

§ 1 Planunterlagen

(1) Als Unterlagen für Bauleitpläne sind Karten zu verwenden, die in Genauigkeit und Vollständigkeit den Zustand
des Plangebiets in einem für den Planinhalt ausreichenden Grade erkennen lassen (Planunterlagen). Die Maßstäbe
sind so zu wählen, daß der Inhalt der Bauleitpläne eindeutig dargestellt oder festgesetzt werden kann.

(2) Aus den Planunterlagen für Bebauungspläne sollen sich die Flurstücke mit ihren Grenzen und Bezeichnungen
in Übereinstimmung mit dem Liegenschaftskataster, die vorhandenen baulichen Anlagen, die Straßen, Wege und
Plätze sowie die Geländehöhe ergeben. Von diesen Angaben kann insoweit abgesehen werden, als sie für die
Festsetzungen nicht erforderlich sind. Der Stand der Planunterlagen (Monat, Jahr) soll angegeben werden.

§ 2 Planzeichen

(1) Als Planzeichen in den Bauleitplänen sollen die in der Anlage zu dieser Verordnung enthaltenen Planzeichen
verwendet werden. Dies gilt auch insbesondere für Kennzeichnungen, nachrichtliche Übernahmen und Vermerke.
Die Darstellungsarten können miteinander verbunden werden. Linien können auch in Farbe ausgeführt werden.
Kennzeichnungen, nachrichtliche Übernahmen und Vermerke sollen zusätzlich zu den Planzeichen als solche be-
zeichnet werden.

(2) Die in der Anlage enthaltenen Planzeichen können ergänzt werden, soweit dies zur eindeutigen Darstellung
des Planinhalts erforderlich ist. Soweit Darstellungen des Planinhalts erforderlich sind, für die in der Anlage keine
oder keine ausreichenden Planzeichen enthalten sind, können Planzeichen verwendet werden, die sinngemäß aus
den angegebenen Planzeichen entwickelt worden sind.

(3) Die Planzeichen sollen in Farbton, Strichstärke und Dichte den Planunterlagen so angepaßt werden, daß deren
Inhalt erkennbar bleibt.

(4) Die verwendeten Planzeichen sollen im Bauleitplan erklärt werden.

(5) Eine Verletzung von Vorschriften der Absätze 1 bis 4 ist unbeachtlich, wenn die Darstellung, Festsetzung,
Kennzeichnung, nachrichtliche Übernahme oder der Vermerk hinreichend deutlich erkennbar ist.

§ 3 Überleitungsvorschrift

Die bis zum 31. Oktober 1981 sowie die bis zum Inkrafttreten dieser Verordnung geltenden Planzeichen können
weiterhin verwendet werden
1. für Änderungen oder Ergänzungen von Bauleitplänen, die bis zu diesen Zeitpunkten rechtswirksam geworden
 sind,
2. für Bauleitpläne, deren Aufstellung die Gemeinde bis zu diesen Zeitpunkten eingeleitet hat, wenn mit der
 Beteiligung der Träger öffentlicher Belange nach § 4 des Baugesetzbuchs oder vor Inkrafttreten des Baugesetz-
 buchs nach § 2 Abs. 5 des Bundesbaugesetzes begonnen worden ist sowie für Änderungen oder Ergänzungen
 dieser Bauleitpläne.

§ 4 Inkrafttreten

(1) Diese Verordnung tritt am ersten Tage des auf die Verkündung folgenden dritten Kalendermonats in Kraft.

(2) Gleichzeitig tritt die Planzeichenverordnung 1981 vom 30. Juli 1981 (BGBl. I S. 833) außer Kraft.

Raumordnungsgesetz [1]

1) Das Gesetz dient der Umsetzung folgender Rechtsakte des Gemeinschaftsrechts: Richtlinie 79/409/EWG des Rates vom 2. April 1979 über die Erhaltung der wild lebenden Vogelarten (ABl. EG Nr. L 103 S. 1), zuletzt geändert durch Art. 1 der Änderungsrichtlinie 2006/105/EG vom 20. November 2006 (ABl. EU Nr. L 363 S. 368), Richtlinie 92/43/EWG des Rates vom 21. Mai 1992 zur Erhaltung der natürlichen Lebensräume sowie der wild lebenden Tiere und Pflanzen (ABl. EG Nr. L 206 S. 7), zuletzt geändert durch Art. 1 der Änderungsrichtlinie 2006/105/EG vom 20. November 2006 (ABl. EU Nr. L 363 S. 368), Richtlinie 2001/42/EG des europäischen Parlaments und des Rates vom 27. Juni 2001 über die Prüfung der Umweltauswirkungen bestimmter Pläne und Programme (ABl. EG Nr. L 197 S. 30).; (+++ Textnachweis ab: 30.6.2009 +++)(+++ Amtlicher Hinweis des Normgebers auf EG-Recht: Umsetzung der EGRL 42/2001 (CELEX Nr: 301L0042) Umsetzung der EWGRL 409/79 (CELEX Nr: 379L0409) Umsetzung der EWGRL 43/92 (CELEX Nr: 392L0043) Umsetzung der EURL 89/2014 (CELEX Nr: 32014L0089) vgl. Art. 1 G v. 23.5.2017 I 1245 +++)

Stand: Zuletzt geändert durch Art. 5 G v. 3.12.2020 I 2694

Abschnitt 1 Allgemeine Vorschriften

§ 1 Aufgabe und Leitvorstellung der Raumordnung [1)]

(1) [1] Der Gesamtraum der Bundesrepublik Deutschland und seine Teilräume sind durch Raumordnungspläne, durch raumordnerische Zusammenarbeit und durch Abstimmung raumbedeutsamer Planungen und Maßnahmen zu entwickeln, zu ordnen und zu sichern. [2] Dabei sind

1. unterschiedliche Anforderungen an den Raum aufeinander abzustimmen und die auf der jeweiligen Planungsebene auftretenden Konflikte auszugleichen,
2. Vorsorge für einzelne Nutzungen und Funktionen des Raums zu treffen.

(2) Leitvorstellung bei der Erfüllung der Aufgabe nach Absatz 1 ist eine nachhaltige Raumentwicklung, die die sozialen und wirtschaftlichen Ansprüche an den Raum mit seinen ökologischen Funktionen in Einklang bringt und zu einer dauerhaften, großräumig ausgewogenen Ordnung mit gleichwertigen Lebensverhältnissen in den Teilräumen führt.

(3) Die Entwicklung, Ordnung und Sicherung der Teilräume soll sich in die Gegebenheiten und Erfordernisse des Gesamtraums einfügen; die Entwicklung, Ordnung und Sicherung des Gesamtraums soll die Gegebenheiten und Erfordernisse seiner Teilräume berücksichtigen (Gegenstromprinzip).

(4) Raumordnung findet im Rahmen der Vorgaben des Seerechtsübereinkommens der Vereinten Nationen vom 10. Dezember 1982 (BGBl. 1994 II S. 1798) auch in der deutschen ausschließlichen Wirtschaftszone statt.

§ 2 Grundsätze der Raumordnung [2)]

(1) Die Grundsätze der Raumordnung sind im Sinne der Leitvorstellung einer nachhaltigen Raumentwicklung nach § 1 Abs. 2 anzuwenden und durch Festlegungen in Raumordnungsplänen zu konkretisieren, soweit dies erforderlich ist.

(2) Grundsätze der Raumordnung sind insbesondere:
1. Im Gesamtraum der Bundesrepublik Deutschland und in seinen Teilräumen sind ausgeglichene soziale, infrastrukturelle, wirtschaftliche, ökologische und kulturelle Verhältnisse anzustreben. [2] Dabei ist die nachhaltige Daseinsvorsorge zu sichern, nachhaltiges Wirtschaftswachstum und Innovation sind zu unterstützen, Entwicklungspotenziale sind zu sichern und Ressourcen nachhaltig zu schützen. [3] Diese Aufgaben sind gleichermaßen in Ballungsräumen wie in ländlichen Räumen, in strukturschwachen wie in strukturstarken Regionen zu erfüllen. [4] Demographischen, wirtschaftlichen, sozialen sowie anderen strukturverändernden Herausforderungen ist Rechnung zu tragen, auch im Hinblick auf den Rückgang und den Zuwachs von Bevölkerung und Arbeitsplätzen; regionale Entwicklungskonzepte und Bedarfsprognosen der Landes- und Regionalplanung sind einzubeziehen. [5] Auf einen Ausgleich räumlicher und struktureller Ungleichgewichte zwischen den Regionen ist hinzuwirken. [6] Die Gestaltungsmöglichkeiten der Raumnutzung sind langfristig offenzuhalten.
2. Die prägende Vielfalt des Gesamtraums und seiner Teilräume ist zu sichern. [2] Es ist dafür Sorge zu tragen, dass Städte und ländliche Räume auch künftig ihre vielfältigen Aufgaben für die Gesellschaft erfüllen können. [3] Mit dem Ziel der Stärkung und Entwicklung des Gesamtraums und seiner Teilräume ist auf Kooperationen innerhalb von Regionen und von Regionen miteinander, die in vielfältigen Formen, auch als Stadt-Land-Partnerschaften, möglich sind, hinzuwirken. [4] Die Siedlungstätigkeit ist räumlich zu konzentrieren, sie ist vorrangig auf vorhandene Siedlungen mit ausreichender Infrastruktur und auf Zentrale Orte auszurichten. [5] Der Freiraum ist durch übergreifende Freiraum-, Siedlungs- und weitere Fachplanungen zu schützen; es ist ein großräumig übergreifendes, ökologisch wirksames Freiraumverbundsystem zu schaffen. [6] Die weitere Zerschneidung der freien Landschaft und von Waldflächen ist dabei so weit wie möglich zu vermeiden; die Flächeninanspruchnahme im Freiraum ist zu begrenzen.

1) § 1 idF d. Bek. v. 22.12.2008 I 2986: Bayern - Abweichung durch das Bayerische Landesplanungsgesetz (BayLplG) idF d. G v. 25.6.2012, GVBl. BY 2012, 254, BayRS 230-1-W mWv 1.7.2012 (vgl. BGBl. I 2012, 1820)
2) § 2 idF d. Bek. v. 22.12.2008 I 2986: Bayern - Abweichung durch das Bayerische Landesplanungsgesetz (BayLplG) idF d. G v. 25.6.2012, GVBl. BY 2012, 254, BayRS 230-1-W mWv 1.7.2012 (vgl. BGBl. I 2012, 1820)

3. Die Versorgung mit Dienstleistungen und Infrastrukturen der Daseinsvorsorge, insbesondere die Erreichbarkeit von Einrichtungen und Angeboten der Grundversorgung für alle Bevölkerungsgruppen, ist zur Sicherung von Chancengerechtigkeit in den Teilräumen in angemessener Weise zu gewährleisten; dies gilt auch in dünn besiedelten Regionen. [2] Die soziale Infrastruktur ist vorrangig in Zentralen Orten zu bündeln; die Erreichbarkeits- und Tragfähigkeitskriterien des Zentrale-Orte-Konzepts sind flexibel an regionale Erfordernisse auszurichten. [3] Es sind die räumlichen Voraussetzungen für die Erhaltung der Innenstädte und örtlichen Zentren als zentrale Versorgungsbereiche zu schaffen. [4] Dem Schutz kritischer Infrastrukturen ist Rechnung zu tragen. [5] Es sind die räumlichen Voraussetzungen für nachhaltige Mobilität und ein integriertes Verkehrssystem zu schaffen. [6] Auf eine gute Erreichbarkeit der Teilräume untereinander durch schnellen und reibungslosen Personen- und Güterverkehr ist hinzuwirken. [7] Vor allem in verkehrlich hoch belasteten Räumen und Korridoren sind die Voraussetzungen zur Verlagerung von Verkehr auf umweltverträglichere Verkehrsträger wie Schiene und Wasserstraße zu verbessern. [8] Raumstrukturen sind so zu gestalten, dass die Verkehrsbelastung verringert und zusätzlicher Verkehr vermieden wird.

4. Der Raum ist im Hinblick auf eine langfristig wettbewerbsfähige und räumlich ausgewogene Wirtschaftsstruktur und wirtschaftsnahe Infrastruktur sowie auf ein ausreichendes und vielfältiges Angebot an Arbeits- und Ausbildungsplätzen zu entwickeln. [2] Regionale Wachstums- und Innovationspotenziale sind in den Teilräumen zu stärken. [3] Insbesondere in Räumen, in denen die Lebensverhältnisse in ihrer Gesamtheit im Verhältnis zum Bundesdurchschnitt wesentlich zurückgeblieben sind oder ein solches Zurückbleiben zu befürchten ist (strukturschwache Räume), sind die Entwicklungsvoraussetzungen zu verbessern. [4] Es sind die räumlichen Voraussetzungen für die vorsorgende Sicherung sowie für die geordnete Aufsuchung und Gewinnung von standortgebundenen Rohstoffen zu schaffen. [5] Den räumlichen Erfordernissen für eine kostengünstige, sichere und umweltverträgliche Energieversorgung einschließlich des Ausbaus von Energienetzen ist Rechnung zu tragen. [6] Ländliche Räume sind unter Berücksichtigung ihrer unterschiedlichen wirtschaftlichen und natürlichen Entwicklungspotenziale als Lebens- und Wirtschaftsräume mit eigenständiger Bedeutung zu erhalten und zu entwickeln; dazu gehört auch die Umwelt- und Erholungsfunktion ländlicher Räume. [7] Es sind die räumlichen Voraussetzungen für die Land- und Forstwirtschaft in ihrer Bedeutung für die Nahrungs- und Rohstoffproduktion zu erhalten oder zu schaffen.

5. Kulturlandschaften sind zu erhalten und zu entwickeln. [2] Historisch geprägte und gewachsene Kulturlandschaften sind in ihren prägenden Merkmalen und mit ihren Kultur- und Naturdenkmälern sowie dem UNESCO-Kultur- und Naturerbe der Welt zu erhalten. [3] Die unterschiedlichen Landschaftstypen und Nutzungen der Teilräume sind mit den Zielen eines harmonischen Nebeneinanders, der Überwindung von Strukturproblemen und zur Schaffung neuer wirtschaftlicher und kultureller Konzeptionen zu gestalten und weiterzuentwickeln. [4] Es sind die räumlichen Voraussetzungen dafür zu schaffen, dass die Land- und Forstwirtschaft ihren Beitrag dazu leisten kann, die natürlichen Lebensgrundlagen in ländlichen Räumen zu schützen sowie Natur und Landschaft zu pflegen und zu gestalten.

6. Der Raum ist in seiner Bedeutung für die Funktionsfähigkeit der Böden, des Wasserhaushalts, der Tier- und Pflanzenwelt sowie des Klimas einschließlich der jeweiligen Wechselwirkungen zu entwickeln, zu sichern oder, soweit erforderlich, möglich und angemessen, wiederherzustellen. [2] Bei der Gestaltung räumlicher Nutzungen sind Naturgüter sparsam und schonend in Anspruch zu nehmen; Grundwasservorkommen und die biologische Vielfalt sind zu schützen. [3] Die erstmalige Inanspruchnahme von Freiflächen für Siedlungs- und Verkehrszwecke ist zu verringern, insbesondere durch quantifizierte Vorgaben zur Verringerung der Flächeninanspruchnahme sowie durch die vorrangige Ausschöpfung der Potenziale für die Wiedernutzbarmachung von Flächen, für die Nachverdichtung und für andere Maßnahmen zur Innenentwicklung der Städte und Gemeinden sowie zur Entwicklung vorhandener Verkehrsflächen. [4] Beeinträchtigungen des Naturhaushalts sind auszugleichen, den Erfordernissen des Biotopverbundes ist Rechnung zu tragen. [5] Für den vorbeugenden Hochwasserschutz an der Küste und im Binnenland ist zu sorgen, im Binnenland vor allem durch Sicherung oder Rückgewinnung von Auen, Rückhalteflächen und Entlastungsflächen. [6] Der Schutz der Allgemeinheit vor Lärm und die Reinhaltung der Luft sind sicherzustellen. [7] Den räumlichen Erfordernissen des Klimaschutzes ist Rechnung zu tragen, sowohl durch Maßnahmen, die dem Klimawandel entgegenwirken, als auch durch solche, die der Anpassung an den Klimawandel dienen. [8] Dabei sind die räumlichen Voraussetzungen für den Ausbau der erneuerbaren Energien, für eine sparsame Energienutzung sowie für den Erhalt und die Entwicklung natürlicher Senken für klimaschädliche Stoffe und für die Einlagerung dieser Stoffe zu schaffen. [9] Die nachhaltige Entwicklung im Meeresbereich ist unter Anwendung eines Ökosystemansatzes gemäß der Richtlinie 2014/89/EU des Europäischen Parlaments und des Rates vom 23. Juli 2014 zur Schaffung eines Rahmens für die maritime Raumplanung (ABl. L 257 vom 28.8.2014, S. 135) zu unterstützen.

7. Den räumlichen Erfordernissen der Verteidigung und des Zivilschutzes ist Rechnung zu tragen.

8. Die räumlichen Voraussetzungen für den Zusammenhalt der Europäischen Union und im größeren europäischen Raum sowie für den Ausbau und die Gestaltung der transeuropäischen Netze sind zu gewährleisten. [2] Raumbedeutsamen Planungen und Maßnahmen der Europäischen Union und der europäischen Staaten ist Rechnung zu tragen. [3] Die Zusammenarbeit der Staaten und die grenzüberschreitende Zusammenarbeit der Städte und Regionen sind zu unterstützen.

§ 3 Begriffsbestimmungen [3)]

(1) Im Sinne dieses Gesetzes sind
1. Erfordernisse der Raumordnung:
 Ziele der Raumordnung, Grundsätze der Raumordnung und sonstige Erfordernisse der Raumordnung;
2. Ziele der Raumordnung:
 verbindliche Vorgaben in Form von räumlich und sachlich bestimmten oder bestimmbaren, vom Träger der Raumordnung abschließend abgewogenen textlichen oder zeichnerischen Festlegungen in Raumordnungsplänen zur Entwicklung, Ordnung und Sicherung des Raums;
3. Grundsätze der Raumordnung:
 Aussagen zur Entwicklung, Ordnung und Sicherung des Raums als Vorgaben für nachfolgende Abwägungs- oder Ermessensentscheidungen; Grundsätze der Raumordnung können durch Gesetz oder als Festlegungen in einem Raumordnungsplan aufgestellt werden;
4. sonstige Erfordernisse der Raumordnung:
 in Aufstellung befindliche Ziele der Raumordnung, Ergebnisse förmlicher landesplanerischer Verfahren wie des Raumordnungsverfahrens und landesplanerische Stellungnahmen;
5. öffentliche Stellen:
 Behörden des Bundes und der Länder, kommunale Gebietskörperschaften, bundesunmittelbare und die der Aufsicht eines Landes unterstehenden Körperschaften, Anstalten und Stiftungen des öffentlichen Rechts;
6. raumbedeutsame Planungen und Maßnahmen:
 Planungen einschließlich der Raumordnungspläne, Vorhaben und sonstige Maßnahmen, durch die Raum in Anspruch genommen oder die räumliche Entwicklung oder Funktion eines Gebietes beeinflusst wird, einschließlich des Einsatzes der hierfür vorgesehenen öffentlichen Finanzmittel;
7. Raumordnungspläne:
 zusammenfassende, überörtliche und fachübergreifende Pläne nach den §§ 13 und 17.

(2) Werden die Begriffe nach Absatz 1 Nr. 1 bis 4 in anderen Bundesgesetzen verwandt, sind sie, soweit sich aus diesen Bundesgesetzen nicht etwas anderes ergibt, im Sinne von Absatz 1 auszulegen.

§ 4 Bindungswirkung der Erfordernisse der Raumordnung [4)]

(1) [1] Bei
1. raumbedeutsamen Planungen und Maßnahmen öffentlicher Stellen,
2. Entscheidungen öffentlicher Stellen über die Zulässigkeit raumbedeutsamer Planungen und Maßnahmen anderer öffentlicher Stellen,
3. Entscheidungen öffentlicher Stellen über die Zulässigkeit raumbedeutsamer Planungen und Maßnahmen von Personen des Privatrechts, die der Planfeststellung oder der Genehmigung mit der Rechtswirkung der Planfeststellung bedürfen,

sind Ziele der Raumordnung zu beachten sowie Grundsätze und sonstige Erfordernisse der Raumordnung in Abwägungs- oder Ermessensentscheidungen zu berücksichtigen. [2] Satz 1 Nr. 1 und 2 gilt entsprechend bei raumbedeutsamen Planungen und Maßnahmen, die Personen des Privatrechts in Wahrnehmung öffentlicher Aufgaben durchführen, wenn öffentliche Stellen an den Personen mehrheitlich beteiligt sind oder die Planungen und Maßnahmen überwiegend mit öffentlichen Mitteln finanziert werden. [3] Weitergehende Bindungswirkungen von Erfordernissen der Raumordnung nach Maßgabe der für diese Entscheidungen geltenden Vorschriften bleiben unberührt.

(2) Bei sonstigen Entscheidungen öffentlicher Stellen über die Zulässigkeit raumbedeutsamer Planungen und Maßnahmen von Personen des Privatrechts sind die Erfordernisse der Raumordnung nach den für diese Entscheidungen geltenden Vorschriften zu berücksichtigen.

(3) Bei Genehmigungen über die Errichtung und den Betrieb von öffentlich zugänglichen Abfallbeseitigungsanlagen von Personen des Privatrechts nach den Vorschriften des Bundes-Immissionsschutzgesetzes sind die Ziele der Raumordnung zu beachten sowie die Grundsätze der Raumordnung und die sonstigen Erfordernisse der Raumordnung zu berücksichtigen.

§ 5 Beschränkung der Bindungswirkung nach § 4

(1) Bei raumbedeutsamen Planungen und Maßnahmen von öffentlichen Stellen des Bundes, von anderen öffentlichen Stellen, die im Auftrag des Bundes tätig sind, sowie von Personen des Privatrechts nach § 4 Abs. 1 Satz 2, die für den Bund öffentliche Aufgaben durchführen, gilt die Bindungswirkung der Ziele der Raumordnung in Raumordnungsplänen nach § 13 Absatz 1 nur, wenn die zuständige Stelle oder Person bei der Aufstellung des Raumordnungsplans nach § 9 beteiligt worden ist und sie innerhalb einer Frist von zwei Monaten nach Mitteilung des rechtsverbindlichen Ziels nicht widersprochen hat.

(2) Der Widerspruch nach Absatz 1 lässt die Bindungswirkung des Ziels der Raumordnung gegenüber der widersprechenden Stelle oder Person nicht entstehen, wenn
1. das ihre Belange berührende Ziel der Raumordnung auf einer fehlerhaften Abwägung beruht oder

3) § 3 idF d. Bek. v. 22.12.2008 I 2986: Bayern - Abweichung durch das Bayerische Landesplanungsgesetz (BayLplG) idF d. G v. 25.6.2012, GVBl. BY 2012, 254, BayRS 230-1-W mWv 1.7.2012 (vgl. BGBl. I 2012, 1820)
4) § 4 Abs. 1 u. 2 idF d. Bek. v. 22.12.2008 I 2986: Bayern - Abweichung durch das Bayerische Landesplanungsgesetz (BayLplG) idF d. G v. 25.6.2012, GVBl. BY 2012, 254, BayRS 230-1-W mWv 1.7.2012 (vgl. BGBl. I 2012, 1820)

2. sie ihre raumbedeutsamen Planungen und Maßnahmen nicht auf anderen geeigneten Flächen durchführen kann als auf denen, für die ein entgegenstehendes Ziel im Raumordnungsplan festgelegt wurde.

(3) ¹ Macht eine Veränderung der Sachlage ein Abweichen von den Zielen der Raumordnung erforderlich, kann die Stelle oder Person nach Absatz 1 mit Zustimmung der nächsthöheren Behörde innerhalb angemessener Frist, spätestens sechs Monate ab Kenntnis der veränderten Sachlage, unter den Voraussetzungen von Absatz 2 nachträglich widersprechen. ² Muss infolge des nachträglichen Widerspruchs der Raumordnungsplan geändert, ergänzt oder aufgehoben werden, hat die widersprechende Stelle oder Person die dadurch entstehenden Kosten zu ersetzen.

(4) Die Absätze 1 bis 3 gelten entsprechend für raumbedeutsame Planungen und Maßnahmen öffentlicher Stellen der Länder und der Träger der Regionalplanung hinsichtlich der Bindungswirkung der Ziele der Raumordnung in Raumordnungsplänen des Bundes nach § 17 Absatz 2.

§ 6 Ausnahmen und Zielabweichung [5)]

(1) Von Zielen der Raumordnung können im Raumordnungsplan Ausnahmen festgelegt werden.

(2) ¹ Von Zielen der Raumordnung kann abgewichen werden, wenn die Abweichung unter raumordnerischen Gesichtspunkten vertretbar ist und die Grundzüge der Planung nicht berührt werden. ² Antragsberechtigt sind die öffentlichen Stellen und die Personen des Privatrechts, die das Ziel, von dem eine Abweichung zugelassen werden soll, nach § 4 zu beachten haben.

§ 7 Allgemeine Vorschriften über Raumordnungspläne [6)]

(1) ¹ In Raumordnungsplänen sind für einen bestimmten Planungsraum und einen regelmäßig mittelfristigen Zeitraum Festlegungen als Ziele und Grundsätze der Raumordnung zur Entwicklung, Ordnung und Sicherung des Raums, insbesondere zu den Nutzungen und Funktionen des Raums, zu treffen. ² Es kann festgelegt werden, dass bestimmte Nutzungen und Funktionen des Raums nur für einen bestimmten Zeitraum oder ab oder bis zum Eintritt bestimmter Umstände vorgesehen sind; eine Folge- oder Zwischennutzung kann festgelegt werden. ³ Die Festlegungen nach Satz 1 und 2 können auch in räumlichen und sachlichen Teilplänen getroffen werden. ⁴ Ziele und Grundsätze der Raumordnung sind als solche zu kennzeichnen.

(2) ¹ Bei der Aufstellung der Raumordnungspläne sind die öffentlichen und privaten Belange, soweit sie auf der jeweiligen Planungsebene erkennbar und von Bedeutung sind, gegeneinander und untereinander abzuwägen. ² Das Ergebnis der Umweltprüfung nach § 8 sowie die Stellungnahmen im Beteiligungsverfahren nach § 9 sind in der Abwägung nach Satz 1 zu berücksichtigen. ³ Raumordnungspläne benachbarter Planungsräume sind aufeinander abzustimmen.

(3) ¹ Die Festlegungen nach Absatz 1 können auch Gebiete bezeichnen. ² Insbesondere können dies Gebiete sein,
1. die für bestimmte raumbedeutsame Funktionen oder Nutzungen vorgesehen sind und andere raumbedeutsame Funktionen oder Nutzungen in diesem Gebiet ausschließen, soweit diese mit den vorrangigen Funktionen oder Nutzungen nicht vereinbar sind (Vorranggebiete),
2. die bestimmten raumbedeutsamen Funktionen oder Nutzungen vorbehalten bleiben sollen, denen bei der Abwägung mit konkurrierenden raumbedeutsamen Funktionen oder Nutzungen besonderes Gewicht beizumessen ist (Vorbehaltsgebiete),
3. in denen bestimmten raumbedeutsamen Maßnahmen oder Nutzungen, die städtebaulich nach § 35 des Baugesetzbuchs zu beurteilen sind, andere raumbedeutsame Belange nicht entgegenstehen, wobei diese Maßnahmen oder Nutzungen an anderer Stelle im Planungsraum ausgeschlossen sind (Eignungsgebiete),
4. die im Meeresbereich liegen, und in denen bestimmten raumbedeutsamen Funktionen oder Nutzungen andere raumbedeutsame Belange nicht entgegenstehen, wobei diese Funktionen oder Nutzungen an anderer Stelle im Planungsraum ausgeschlossen sind (Eignungsgebiete für den Meeresbereich).
³ Bei Vorranggebieten kann festgelegt werden, dass sie zugleich die Wirkung von Eignungsgebieten nach Satz 2 Nummer 3 oder 4 haben.

(4) Die Raumordnungspläne sollen auch diejenigen Festlegungen zu raumbedeutsamen Planungen und Maßnahmen von öffentlichen Stellen und Personen des Privatrechts nach § 4 Absatz 1 Satz 2 enthalten, die zur Aufnahme in Raumordnungspläne geeignet und zur Koordinierung von Raumansprüchen erforderlich sind und die durch Ziele oder Grundsätze der Raumordnung gesichert werden können.

(5) Den Raumordnungsplänen ist eine Begründung beizufügen.

5) § 6 idF d. Bek. v. 22.12.2008 I 2986: Bayern - Abweichung durch das Bayerische Landesplanungsgesetz (BayLplG) idF d. G v. 25.6.2012, GVBl. BY 2012, 254, BayRS 230-1-W mWv 1.7.2012 (vgl. BGBl. I 2012, 1820).
6) § 7 idF d. Bek. v. 22.12.2008 I 2986: Bayern - Abweichung durch das Bayerische Landesplanungsgesetz (BayLplG) idF d. G v. 25.6.2012, GVBl. BY 2012, 254, BayRS 230-1-W mWv 1.7.2012 (vgl. BGBl. I 2012, 1820); § 7 Abs. 1 Satz 3 idF d. G. v. 23.5.2017 I 1245: Niedersachsen - Abweichung durch § 5 Abs. 1 Satz 2 Niedersächsisches Raumordnungsgesetz (ROG ND) idF d. G. v. 25.9.2017, GVBl. ND 2017, 352 mWv 29.11.2017 (vgl. BGBl. I 2017, 3853); § 7 Abs. 7 idF d. Bek. v. 22.12.2008 I 2986 iVm § 9 Abs. 1 idF d. G. v. 23.5.2017 I 1245: Niedersachsen - Abweichung durch § 6 Abs. 2 Satz 2 Niedersächsisches Raumordnungsgesetz (ROG ND) idF d. G v. 25.9.2017, GVBl. ND 2017, 352 mWv 29.11.2017 (vgl. BGBl. I 2017, 3853); § 7 Abs. 7 idF d. Bek. v. 22.12.2008 I 2986 iVm § 9 Abs. 2 idF d. G. v. 23.5.2017 I 1245: Niedersachsen - Abweichung durch § 6 Abs. 2 Satz 3 Niedersächsisches Raumordnungsgesetz (ROG ND) idF d. G v. 25.9.2017, GVBl. ND 2017, 352 mWv 29.11.2017 (vgl. BGBl. I 2017, 3853); § 7 Abs. 7 iVm § 10 Abs. 1 idF d. Bek. v. 22.12.2008 I 2986: Niedersachsen - Abweichung durch § 6 Abs. 2 Satz 3 Niedersächsisches Raumordnungsgesetz (ROG ND) idF d. G v. 18.7.2012, GVBl. ND 2012, 252 mWv 1.9.2012 (vgl. BGBl. I 2012, 1718)

(6) Soweit ein Gebiet von gemeinschaftlicher Bedeutung oder ein europäisches Vogelschutzgebiet in seinen für die Erhaltungsziele oder den Schutzzweck maßgeblichen Bestandteilen erheblich beeinträchtigt werden kann, sind bei der Aufstellung von Raumordnungsplänen nach den § 13 und § 17 Absatz 1 und 2 die Vorschriften des Bundesnaturschutzgesetzes über die Zulässigkeit und Durchführung von derartigen Eingriffen einschließlich der Einholung der Stellungnahme der Europäischen Kommission anzuwenden.

(7) Die Vorschriften dieses Gesetzes über die Aufstellung von Raumordnungsplänen gelten auch für ihre Änderung, Ergänzung und Aufhebung.

(8) Raumordnungspläne nach § 13 Absatz 6 und § 17 sind mindestens alle zehn Jahre zu überprüfen.

§ 8 Umweltprüfung bei der Aufstellung von Raumordnungsplänen [7)]

(1) [1] Bei der Aufstellung von Raumordnungsplänen ist von der für den Raumordnungsplan zuständigen Stelle eine Umweltprüfung durchzuführen, in der die voraussichtlichen erheblichen Auswirkungen des Raumordnungsplans auf
1. Menschen, einschließlich der menschlichen Gesundheit, Tiere, Pflanzen und die biologische Vielfalt,
2. Fläche, Boden, Wasser, Luft, Klima und Landschaft,
3. Kulturgüter und sonstige Sachgüter sowie
4. die Wechselwirkung zwischen den vorgenannten Schutzgütern
zu ermitteln und in einem Umweltbericht frühzeitig zu beschreiben und zu bewerten sind; der Umweltbericht enthält die Angaben nach der Anlage 1. [2] Der Untersuchungsrahmen der Umweltprüfung einschließlich des erforderlichen Umfangs und Detaillierungsgrads des Umweltberichts ist festzulegen; die öffentlichen Stellen, deren umwelt- und gesundheitsbezogener Aufgabenbereich von den Umweltauswirkungen des Raumordnungsplans berührt werden kann, sind hierbei zu beteiligen. [3] Die Umweltprüfung bezieht sich auf das, was nach gegenwärtigem Wissensstand und allgemein anerkannten Prüfmethoden sowie nach Inhalt und Detaillierungsgrad des Raumordnungsplans angemessenerweise verlangt werden kann.

(2) [1] Bei geringfügigen Änderungen von Raumordnungsplänen kann von einer Umweltprüfung abgesehen werden, wenn durch eine überschlägige Prüfung unter Berücksichtigung der in Anlage 2 genannten Kriterien festgestellt wurde, dass sie voraussichtlich keine erheblichen Umweltauswirkungen haben werden. [2] Diese Prüfung ist unter Beteiligung der öffentlichen Stellen, deren umwelt- und gesundheitsbezogener Aufgabenbereich von den Umweltauswirkungen des Raumordnungsplans berührt werden kann, durchzuführen. [3] Sofern festgestellt wurde, dass keine erheblichen Umweltauswirkungen zu erwarten sind, sind die zu diesem Ergebnis führenden Erwägungen in die Begründung des Plans aufzunehmen.

(3) [1] Die Umweltprüfung soll bei der Aufstellung eines Raumordnungsplans auf zusätzliche oder andere erhebliche Umweltauswirkungen beschränkt werden, wenn in anderen das Plangebiet ganz oder teilweise umfassenden Plänen oder Programmen bereits eine Umweltprüfung nach Absatz 1 durchgeführt wurde. [2] Die Umweltprüfung kann mit anderen Prüfungen zur Ermittlung oder Bewertung von Umweltauswirkungen verbunden werden.

(4) [1] Die erheblichen Auswirkungen der Durchführung der Raumordnungspläne auf die Umwelt sind auf Grundlage der in der zusammenfassenden Erklärung nach § 10 Abs. 3 genannten Überwachungsmaßnahmen von der in den Landesplanungsgesetzen genannten Stelle, oder, sofern Landesplanungsgesetze keine Regelung treffen, von der für den Raumordnungsplan zuständigen oder der im Raumordnungsplan bezeichneten öffentlichen Stelle zu überwachen, um insbesondere unvorhergesehene nachteilige Auswirkungen frühzeitig zu ermitteln und um in der Lage zu sein, geeignete Maßnahmen zur Abhilfe zu ergreifen. [2] Die in ihren Belangen berührten öffentlichen Stellen unterrichten die öffentliche Stelle nach Satz 1, sofern nach den ihnen vorliegenden Erkenntnissen die Durchführung des Raumordnungsplans erhebliche, insbesondere unvorhergesehene nachteilige Auswirkungen auf die Umwelt hat.

§ 9 Beteiligung bei der Aufstellung von Raumordnungsplänen [8)]

(1) [1] Die Öffentlichkeit sowie die in ihren Belangen berührten öffentlichen Stellen sind von der Aufstellung des Raumordnungsplans zu unterrichten. [2] Die öffentlichen Stellen sind aufzufordern, Aufschluss über diejenigen von ihnen beabsichtigten oder bereits eingeleiteten Planungen und Maßnahmen sowie über deren zeitliche Abwicklung zu geben, die für die Planaufstellung bedeutsam sein können. [3] Gleiches gilt für weitere ihnen vorliegende Informationen, die für die Ermittlung und Bewertung des Abwägungsmaterials zweckdienlich sind.

(2) [1] Der Öffentlichkeit sowie den in ihren Belangen berührten öffentlichen Stellen ist frühzeitig Gelegenheit zur Stellungnahme zum Entwurf des Raumordnungsplans, zu seiner Begründung und im Falle einer durchgeführten Umweltprüfung zum Umweltbericht zu geben. [2] Dazu sind die in Satz 1 genannten sowie weitere nach Einschätzung

7) § 8 (früher § § 9 idF d. Bek. v. 22.12.2008 I 2986): Bayern - Abweichung durch das Bayerische Landesplanungsgesetz (BayLplG) idF d. G v. 25.6.2012, GVBl. BY 2012, 254, BayRS 230-1-W mWv 1.7.2012 (vgl. BGBl. I 2012, 1820)

8) § 9 Abs. 1 idF d. G. v. 23.5.2017 I 1245 iVm § 7 Abs. 7 idF d. Bek. v. 22.12.2008 I 2986: Niedersachsen - Abweichung durch § 6 Abs. 2 Satz 2 Niedersächsisches Raumordnungsgesetz (ROG ND) idF d. G v. 25.9.2017, GVBl. ND 2017, 352 mWv 29.11.2017 (vgl. BGBl. I 2017, 3853); § 9 Abs. 1 idF d. G. v. 23.5.2017 I 1245 iVm § 7 Abs. 7 idF d. Bek. v. 22.12.2008 I 2986: Schleswig-Holstein - Abweichung durch § 5a des Gesetzes über die Landesplanung (LPlG SH) idF d. G v. 15.6.2018, GVOBl. Schl.-H 2018, 292 (vgl. BGBl. I 2020, 2453); § 9 Abs. 2 idF d. G. v. 23.5.2017 I 1245 iVm § 7 Abs. 7 idF d. Bek. v. 22.12.2008 I 2986: Niedersachsen - Abweichung durch § 6 Abs. 2 Satz 3 Niedersächsisches Raumordnungsgesetz (ROG ND) idF d. G v. 25.9.2017, GVBl. ND 2017, 352 mWv 29.11.2017 (vgl. BGBl. I 2017, 3853); § 9 Abs. 2 Satz 2 idF d. G. v. 23.5.2017 I 1245: Schleswig-Holstein - Abweichung durch § 6 Abs. 2 Satz 3 des Gesetzes über die Landesplanung (LPlG SH) idF d. G v. 26.8.2020, GVOBl. Schl.-H 2020, 500 (vgl. BGBl. I 2020, 2453)

der für den Raumordnungsplan zuständigen Stelle zweckdienliche Unterlagen für die Dauer von mindestens einem Monat öffentlich auszulegen. ³Ort und Dauer der Auslegung sind mindestens eine Woche vor Beginn der Auslegung öffentlich bekannt zu machen; dabei ist unter Angabe einer angemessenen Frist, die zumindest der Auslegungsfrist entspricht, darauf hinzuweisen, dass Stellungnahmen abgegeben werden können. ⁴Mit Ablauf der Frist nach Satz 3 sind alle Stellungnahmen ausgeschlossen, die nicht auf besonderen privatrechtlichen Titeln beruhen; hierauf ist in der Bekanntmachung nach Satz 3 hinzuweisen. ⁵Bei der Beteiligung nach den Sätzen 1 bis 3 sollen elektronische Informationstechnologien ergänzend genutzt werden. ⁶Die zuständige Stelle gewährleistet durch organisatorische und technische Maßnahmen, dass die verwendete elektronische Informationstechnologie vor fremden Zugriffen gesichert wird.

(3) ¹Wird der Planentwurf nach Durchführung der Verfahrensschritte nach Absatz 2 dergestalt geändert, dass dies zu einer erstmaligen oder stärkeren Berührung von Belangen führt, so ist der geänderte Teil erneut auszulegen; in Bezug auf die Änderung ist erneut Gelegenheit zur Stellungnahme zu geben. ²Die Dauer der Auslegung und die Frist zur Stellungnahme können angemessen verkürzt werden. ³Die Beteiligung nach den Sätzen 1 und 2 kann auf die von der Änderung berührte Öffentlichkeit sowie auf die in ihren Belangen berührten öffentlichen Stellen beschränkt werden, wenn durch die Änderung des Planentwurfs die Grundzüge der Planung nicht berührt werden.

(4) ¹Wird die Durchführung eines Raumordnungsplans voraussichtlich erhebliche Auswirkungen auf das Gebiet eines Nachbarstaates haben, so ist die von diesem Staat als zuständig benannte oder, sofern der Staat keine Behörde benannt hat, die oberste für Raumordnung zuständige Behörde zu unterrichten; ihr ist ein Exemplar des Planentwurfs zu übermitteln. ²Der Behörde nach Satz 1 ist eine angemessene Frist zu setzen, innerhalb derer sie Gelegenheit zur Stellungnahme hat. ³Absatz 2 Satz 5 und 6 sowie Absatz 3 gelten entsprechend. ⁴Soweit die Durchführung des Plans erhebliche Umweltauswirkungen auf einen Nachbarstaat haben kann, ist dieser nach den §§ 60 und 61 des Gesetzes über die Umweltverträglichkeitsprüfung zu beteiligen.

§ 10 Bekanntmachung von Raumordnungsplänen; Bereithaltung von Raumordnungsplänen und von Unterlagen 9)

(1) Soweit der Raumordnungsplan nicht als Gesetz oder Rechtsverordnung verkündet wird, ist er oder seine Genehmigung oder der Beschluss über ihn öffentlich bekannt zu machen; mit der Bekanntmachung wird der Raumordnungsplan wirksam.

(2) ¹Der Raumordnungsplan ist mit der Begründung und, soweit über die Annahme des Raumordnungsplans nicht durch Gesetz entschieden wird, einer Rechtsbehelfsbelehrung sowie im Falle einer durchgeführten Umweltprüfung mit der zusammenfassenden Erklärung nach Absatz 3 und der Aufstellung der Überwachungsmaßnahmen nach § 8 Absatz 4 Satz 1 zu jedermanns Einsicht bereitzuhalten. ²Bei der Bekanntmachung nach Absatz 1 oder der Verkündung ist darauf hinzuweisen, wo die Einsichtnahme erfolgen kann. ³Bei der Bekanntmachung oder Verkündung von Raumordnungsplänen sowie bei der Bereithaltung von Raumordnungsplänen und von Unterlagen sollen elektronische Informationstechnologien ergänzend genutzt werden. ⁴§ 9 Absatz 2 Satz 6 gilt entsprechend.

(3) Dem Raumordnungsplan ist eine zusammenfassende Erklärung beizufügen über die Art und Weise, wie die Umweltbelange und die Ergebnisse der Öffentlichkeits- und Behördenbeteiligung in dem Aufstellungsverfahren berücksichtigt wurden, aus welchen Gründen der Plan nach Abwägung mit den geprüften in Betracht kommenden anderweitigen Planungsmöglichkeiten gewählt wurde, sowie über die im Rahmen der Überwachung der Auswirkungen auf die Umwelt nach § 8 Abs. 4 Satz 1 durchzuführenden Maßnahmen.

(4) Im Falle der Beteiligung von Nachbarstaaten nach § 9 Absatz 4 werden die in den Absätzen 2 und 3 genannten Informationen der dort zuständigen Behörde übermittelt.

§ 11 Planerhaltung 10)

(1) Eine Verletzung von Verfahrens- und Formvorschriften dieses Gesetzes ist für die Rechtswirksamkeit eines Raumordnungsplans nur beachtlich, wenn
1. die Vorschriften des § 9 über die Beteiligung verletzt worden sind; dabei ist unbeachtlich, wenn einzelne Personen oder öffentliche Stellen nicht beteiligt worden sind oder eine grenzüberschreitende Beteiligung fehlerhaft erfolgte, die entsprechenden Belange jedoch unerheblich waren oder in der Entscheidung berücksichtigt worden sind;
2. die Vorschriften des § 7 Absatz 5 und des § 9 Absatz 2 über die Begründung des Raumordnungsplans sowie seiner Entwürfe verletzt worden sind; dabei ist unbeachtlich, wenn die Begründung unvollständig ist;
3. der mit der Bekanntmachung (§ 10) verfolgte Hinweiszweck nicht erreicht wurde.

(2) Für die Rechtswirksamkeit eines Regionalplans ist auch unbeachtlich, wenn
1. § 13 Absatz 2 Satz 1 hinsichtlich des Entwickelns des Regionalplans aus dem Raumordnungsplan für das Landesgebiet verletzt worden ist, ohne dass hierbei die sich aus dem Raumordnungsplan für das Landesgebiet ergebende geordnete räumliche Entwicklung beeinträchtigt worden ist, oder

9) § 10 (früher § 11 idF d. Bek. v. 22.12.2008 I 2986): Bayern - Abweichung durch das Bayerische Landesplanungsgesetz (BayLplG) idF d. G v. 25.6.2012, GVBl. BY 2012, 254, BayRS 230-1-W mWv 1.7.2012 (vgl. BGBl. I 2012, 1820)
10) § 11 (früher § 12 idF d. Bek. v. 22.12.2008 I 2986): Bayern - Abweichung durch das Bayerische Landesplanungsgesetz (BayLplG) idF d. G v. 25.6.2012, GVBl. BY 2012, 254, BayRS 230-1-W mWv 1.7.2012 (vgl. BGBl. I 2012, 1820)

2. der Regionalplan aus einem Raumordnungsplan für das Landesgebiet entwickelt worden ist, dessen Unwirksamkeit wegen Verletzung von Verfahrens- oder Formvorschriften sich nach Bekanntmachung oder Verkündung des Regionalplans herausstellt.

(3) ¹ Für die Abwägung nach § 7 Abs. 2 ist die Sach- und Rechtslage im Zeitpunkt der Beschlussfassung über den Raumordnungsplan maßgebend. ² Mängel im Abwägungsvorgang sind nur erheblich, wenn sie offensichtlich und auf das Abwägungsergebnis von Einfluss gewesen sind.

(4) Bei Anwendung des § 8 gilt ergänzend zu den Absätzen 1 bis 3:
1. Ein für die Rechtmäßigkeit des Raumordnungsplans beachtlicher Mangel des nach § 9 Absatz 2 bei der Beteiligung beizufügenden Umweltberichts (§ 8 Abs. 1) besteht, wenn dieser in wesentlichen Punkten unvollständig ist und diese Punkte nicht Bestandteil der zusammenfassenden Erklärung nach § 10 Abs. 3 sind.
2. Unterbleibt nach § 8 Abs. 2 eine Umweltprüfung, gilt die Vorprüfung des Einzelfalls als ordnungsgemäß durchgeführt, wenn sie entsprechend den Vorgaben von § 8 Abs. 2 durchgeführt worden ist und ihr Ergebnis nachvollziehbar ist; dabei ist unbeachtlich, wenn einzelne öffentliche Stellen nicht beteiligt worden sind; andernfalls besteht ein für die Rechtswirksamkeit des Raumordnungsplans beachtlicher Mangel.

(5) ¹ Unbeachtlich werden
1. eine nach Absatz 1 Nr. 1 und 2 beachtliche Verletzung der dort bezeichneten Verfahrens- und Formvorschriften,
2. nach Absatz 3 beachtliche Mängel des Abwägungsvorgangs,
3. eine nach Absatz 4 beachtliche Verletzung der Vorschriften über die Umweltprüfung,
wenn sie nicht innerhalb eines Jahres seit Bekanntmachung des Raumordnungsplans gegenüber der zuständigen Stelle unter Darlegung des die Verletzung begründenden Sachverhalts geltend gemacht worden sind. ² Bei Inkraftsetzung des Raumordnungsplans ist auf die Voraussetzungen für die Geltendmachung der Verletzung von Vorschriften sowie auf die Rechtsfolgen hinzuweisen.

(6) Der Raumordnungsplan kann durch ein ergänzendes Verfahren zur Behebung von Fehlern auch rückwirkend in Kraft gesetzt werden.

§ 12 Untersagung raumbedeutsamer Planungen und Maßnahmen [11]

(1) Die Raumordnungsbehörde kann raumbedeutsame Planungen und Maßnahmen sowie die Entscheidung über deren Zulässigkeit gegenüber den in § 4 genannten öffentlichen Stellen unbefristet untersagen, wenn Ziele der Raumordnung entgegenstehen.

(2) ¹ Die Raumordnungsbehörde kann raumbedeutsame Planungen und Maßnahmen sowie die Entscheidung über deren Zulässigkeit gegenüber den in § 4 genannten öffentlichen Stellen befristet untersagen, wenn sich ein Raumordnungsplan in Aufstellung befindet und wenn zu befürchten ist, dass die Planung oder Maßnahme die Verwirklichung der vorgesehenen Ziele der Raumordnung unmöglich machen oder wesentlich erschweren würde. ² Die Dauer der Untersagung beträgt bis zu zwei Jahre. ³ Die Untersagung kann um ein weiteres Jahr verlängert werden.

(3) Rechtsbehelfe gegen eine Untersagung haben keine aufschiebende Wirkung.

Abschnitt 2 Raumordnung in den Ländern

§ 13 Landesweite Raumordnungspläne, Regionalpläne und regionale Flächennutzungspläne [12]

(1) ¹ In den Ländern sind aufzustellen:
1. ein Raumordnungsplan für das Landesgebiet (landesweiter Raumordnungsplan) und
2. Raumordnungspläne für die Teilräume der Länder (Regionalpläne).
² In den Ländern Berlin, Bremen und Hamburg kann ein Flächennutzungsplan nach § 5 des Baugesetzbuchs die Funktion eines Plans nach Satz 1 Nummer 1 übernehmen; hierfür gelten die Absätze 5 und 6, § 7 Absatz 3, 4 und 8 sowie die §§ 9 und 10 entsprechend. ³ Satz 1 Nummer 2 gilt nicht in den Ländern Berlin, Bremen, Hamburg und Saarland.

(2) ¹ Die Regionalpläne sind aus dem Raumordnungsplan für das Landesgebiet zu entwickeln. ² Die Flächennutzungspläne und die Ergebnisse der von Gemeinden beschlossenen sonstigen städtebaulichen Planungen sind entsprechend § 1 Absatz 3 in der Abwägung nach § 7 Absatz 2 zu berücksichtigen.

(3) Ist eine Planung angesichts bestehender Verflechtungen, insbesondere in einem verdichteten Raum, über die Grenzen eines Landes hinaus erforderlich, soll eine gemeinsame Regionalplanung erwogen werden.

(4) ¹ Erfolgt die Regionalplanung durch Zusammenschlüsse von Gemeinden und Gemeindeverbänden zu regionalen Planungsgemeinschaften, kann ein Regionalplan zugleich die Funktion eines gemeinsamen Flächennutzungsplans nach § 204 des Baugesetzbuchs übernehmen, wenn er den §§ 7 bis 13 dieses Gesetzes und den Vorschriften des Baugesetzbuchs entspricht (regionaler Flächennutzungsplan). ² Im Plan nach Satz 1 sind sowohl die Festlegungen im Sinne des Absatzes 5 und des § 7 Absatz 3 und 4 als auch die Darstellungen im Sinne des § 5 des Baugesetzbuchs zu kennzeichnen; Ziele und Grundsätze der Raumordnung sind als solche zu kennzeichnen.

(5) ¹ Die Raumordnungspläne sollen Festlegungen zur Raumstruktur enthalten, insbesondere zu

11) § 12 Abs. 2 idF d. G. v. 23.5.2017 I 1245: Schleswig-Holstein - Abweichung durch § 18 Abs. 2 des Gesetzes über die Landesplanung (LPlG SH) idF d. G v. 15.6.2018, GVOBl. Schl.-H 2018, 292 (vgl. BGBl. I 2020, 2453)
12) § 13 Abs. 1 Satz 1 Nr. 2 idF d. G. v. 23.5.2017 I 1245: Niedersachsen - Abweichung durch § 5 Abs. 2 Niedersächsisches Raumordnungsgesetz (ROG ND) idF d. G v. 25.9.2017, GVBl. ND 2017, 352 mWv 29.11.2017 (vgl. BGBl. I 2017, 3853)

1. der anzustrebenden Siedlungsstruktur; hierzu können gehören
 a) Raumkategorien,
 b) Zentrale Orte,
 c) besondere Gemeindefunktionen wie Entwicklungsschwerpunkte und Entlastungsorte,
 d) Siedlungsentwicklungen,
 e) Achsen;
2. der anzustrebenden Freiraumstruktur; hierzu können gehören
 a) großräumig übergreifende Freiräume und Freiraumschutz,
 b) Nutzungen im Freiraum wie Standorte für die vorsorgende Sicherung sowie die geordnete Aufsuchung und Gewinnung von standortgebundenen Rohstoffen,
 c) Sanierung und Entwicklung von Raumfunktionen,
 d) Freiräume zur Gewährleistung des vorbeugenden Hochwasserschutzes;
3. den zu sichernden Standorten und Trassen für Infrastruktur; hierzu können gehören
 a) Verkehrsinfrastruktur und Umschlaganlagen von Gütern,
 b) Ver- und Entsorgungsinfrastruktur einschließlich Energieleitungen und -anlagen.

² Bei Festlegungen nach Satz 1 Nummer 2 kann zugleich bestimmt werden, dass in diesem Gebiet unvermeidbare Beeinträchtigungen der Leistungsfähigkeit des Naturhaushalts oder des Landschaftsbildes an anderer Stelle ausgeglichen, ersetzt oder gemindert werden.

(6) ¹ Soweit ein Plan nach Absatz 1 Regelungen für ein Gebiet der deutschen Küstengewässer nach § 3 Nummer 2 des Wasserhaushaltsgesetzes trifft, soll er unter Berücksichtigung etwaiger Wechselwirkungen zwischen Land und Meer sowie unter Berücksichtigung von Sicherheitsaspekten Festlegungen treffen insbesondere
1. zur Gewährleistung der Sicherheit und Leichtigkeit des Schiffsverkehrs,
2. zu weiteren wirtschaftlichen Nutzungen,
3. zu wissenschaftlichen Nutzungen sowie
4. zum Schutz und zur Verbesserung der Meeresumwelt.
² Die Absätze 2 bis 5 finden insoweit keine Anwendung.

§ 14 Raumordnerische Zusammenarbeit [13)]

(1) ¹ Zur Vorbereitung oder Verwirklichung von Raumordnungsplänen oder von sonstigen raumbedeutsamen Planungen und Maßnahmen sollen die Träger der Landes- und Regionalplanung mit den hierfür maßgeblichen öffentlichen Stellen und Personen des Privatrechts einschließlich Nichtregierungsorganisationen und der Wirtschaft zusammenarbeiten oder auf die Zusammenarbeit dieser Stellen und Personen hinwirken. ² Die Zusammenarbeit nach Satz 1 kann sowohl zur Entwicklung einer Region als auch im Hinblick auf regionen- oder grenzübergreifende Belange erfolgen; die Zusammenarbeit von Gemeinden zur Stärkung teilräumlicher Entwicklungen (interkommunale Zusammenarbeit) ist zu unterstützen.

(2) ¹ Formelle und informelle Arten der Zusammenarbeit nach Absatz 1 können insbesondere sein:
1. Vertragliche Vereinbarungen, insbesondere zur Koordinierung oder Verwirklichung von raumordnerischen Entwicklungskonzepten und zur Vorbereitung oder Verwirklichung von Raumordnungsplänen,
2. Maßnahmen wie regionale Entwicklungskonzepte, überregionale, regionale und interkommunale Netzwerke und Kooperationsstrukturen, regionale Foren und Aktionsprogramme zu aktuellen Handlungsanforderungen,
3. Durchführung einer Raumbeobachtung und Bereitstellung der Ergebnisse für regionale und kommunale Träger sowie für Träger der Fachplanung im Hinblick auf raumbedeutsame Planungen und Maßnahmen, sowie Beratung dieser Träger.
² Im Falle des Satzes 1 Nr. 1 kann Gegenstand der vertraglichen Vereinbarung auch die Übernahme von Kosten sein, die dem Träger der Landes- oder Regionalplanung bei der im Interesse des Vertragspartners liegenden Vorbereitung oder Verwirklichung von Raumordnungsplänen entstehen.

§ 15 Raumordnungsverfahren [14)]

(1) ¹ Die für Raumordnung zuständige Landesbehörde prüft nach Maßgabe der folgenden Absätze in einem besonderen Verfahren die Raumverträglichkeit raumbedeutsamer Planungen und Maßnahmen im Sinne von § 1 der Raumordnungsverordnung (Raumordnungsverfahren). ² Hierbei sind die raumbedeutsamen Auswirkungen der Planung oder Maßnahme unter überörtlichen Gesichtspunkten zu prüfen; insbesondere werden die Übereinstimmung mit den Erfordernissen der Raumordnung und die Abstimmung mit anderen raumbedeutsamen Planungen und Maßnahmen geprüft. ³ Gegenstand der Prüfung nach Satz 2 sollen auch ernsthaft in Betracht kommende Standort- oder Trassenalternativen sein.

13) § 14 (früher § 13 idF d. Bek. v. 22.12.2008 I 2986): Bayern - Abweichung durch das Bayerische Landesplanungsgesetz (BayLplG) idF d. G v. 25.6.2012, GVBl. BY 2012, 254, BayRS 230-1-W mWv 1.7.2012 (vgl. BGBl. I 2012, 1820)
14) § 15 idF d. Bek. v. 22.12.2008 I 2986: Bayern - Abweichung durch das Bayerische Landesplanungsgesetz (BayLplG) idF d. G v. 25.6.2012, GVBl. BY 2012, 254, BayRS 230-1-W mWv 1.7.2012 (vgl. BGBl. I 2012, 1820); § 15 Abs. 3 idF d. G. v. 23.5.2017 I 1245 iVm § 16 Abs. 1 idF d. G. v. 23.5.2017 I 1245: Niedersachsen - Abweichung durch § 12 Niedersächsisches Raumordnungsgesetz (ROG ND) idF d. G v. 25.9.2017, GVBl. ND 2017, 352 mWv 29.11.2017 (vgl. BGBl. I 2017, 3853); § 15 Abs. 3 idF d. G. v. 23.5.2017 I 1245: Schleswig-Holstein - Abweichung durch § 15 Abs. 4 des Gesetzes über die Landesplanung (LPlG SH) idF d. G v. 26.8.2018, GVOBl. Schl.-H 2018, 292 (vgl. BGBl. I 2020, 2453); § 15 Abs. 3 idF d. G. v. 23.5.2017 I 1245: Schleswig-Holstein - Abweichung durch § 17 Satz 2 des Gesetzes über die Landesplanung (LPlG SH) idF d. G v. 26.8.2018, GVOBl. Schl.-H 2018, 292 (vgl. BGBl. I 2020, 2453)

(2) [1] Der Träger der raumbedeutsamen Planung oder Maßnahme legt der für Raumordnung zuständigen Landesbehörde die Verfahrensunterlagen vor, die notwendig sind, um eine Bewertung der raumbedeutsamen Auswirkungen des Vorhabens zu ermöglichen. [2] Die Verfahrensunterlagen sollen in einem verkehrsüblichen elektronischen Format eingereicht werden. [3] Bei raumbedeutsamen Planungen und Maßnahmen der Verteidigung entscheidet das Bundesministerium der Verteidigung oder die von ihm bestimmte Stelle, bei raumbedeutsamen Planungen und Maßnahmen des Zivilschutzes die zuständige Stelle über Art und Umfang der Angaben für die Planung oder Maßnahme.

(3) [1] Die in ihren Belangen berührten öffentlichen Stellen und die Öffentlichkeit sind zu beteiligen. [2] Die Verfahrensunterlagen sind für die Dauer von mindestens einem Monat im Internet zu veröffentlichen. [3] Der Träger der raumbedeutsamen Planung oder Maßnahme hat Anspruch darauf, dass seine Betriebs- und Geschäftsgeheimnisse von der Behörde nicht unbefugt offenbart werden. [4] Ort und Dauer der Veröffentlichung sind mindestens eine Woche vor Beginn der Veröffentlichung öffentlich bekannt zu machen; dabei ist unter Angabe einer angemessenen Frist, die zumindest der Veröffentlichungsfrist entspricht, darauf hinzuweisen, dass Stellungnahmen abgegeben werden können und bei der Abgabe elektronische Informationstechnologien genutzt werden sollen. [5] In der Bekanntmachung nach Satz 4 ist darauf hinzuweisen, dass und wo die Veröffentlichung im Internet nach Satz 2 erfolgt. [6] Als zusätzliches Informationsangebot nach Satz 2 sind zusätzlich zur Veröffentlichung im Internet andere leicht zu erreichende Zugangsmöglichkeiten, etwa durch Versendung oder öffentlich zugängliche Lesegeräte, zur Verfügung zu stellen, soweit dies nach Feststellung der nach Absatz 2 Satz 1 zuständigen Behörde angemessen und zumutbar ist. [7] Auf diese Zugangsmöglichkeiten ist in der Bekanntmachung nach Satz 4 hinzuweisen. [8] § 9 Absatz 2 Satz 6 gilt entsprechend. [9] Bei raumbedeutsamen Planungen und Maßnahmen, die erhebliche Auswirkungen auf Nachbarstaaten haben können, erfolgt die Beteiligung der betroffenen Nachbarstaaten im Raumordnungsverfahren nach den Grundsätzen der Gegenseitigkeit und Gleichwertigkeit. [10] Bei raumbedeutsamen Planungen und Maßnahmen nach Absatz 2 Satz 3 erfolgt die Entscheidung darüber, ob und in welchem Umfang die Öffentlichkeit einbezogen wird, im Einvernehmen mit den dort genannten Stellen.

(4) [1] Das Raumordnungsverfahren ist nach Vorliegen der vollständigen Unterlagen innerhalb einer Frist von sechs Monaten abzuschließen. [2] Hält der Vorhabenträger nach Abschluss des Raumordnungsverfahrens an der Realisierung der raumbedeutsamen Planung oder Maßnahme nach Absatz 1 Satz 1 fest, soll er zeitnah die Durchführung des hierfür erforderlichen Zulassungsverfahrens oder, sofern dies gesetzlich vorgesehen ist, des Verfahrens zur Bestimmung der Planung und Linienführung beantragen. [3] Die nach Absatz 2 Satz 1 zuständige Behörde soll der Zulassungsbehörde die Verfahrensunterlagen, die Gegenstand des Raumordnungsverfahrens waren, unverzüglich nach der Antragstellung des Vorhabenträgers in einem verkehrsüblichen elektronischen Format übermitteln. [4] Im Zulassungsverfahren soll die Prüfung auf Belange beschränkt werden, die nicht Gegenstand des Raumordnungsverfahrens waren. [5] Wird das Vorhaben abschnittsweise zugelassen, können das Raumordnungsverfahren sowie das Zulassungsverfahren oder, sofern dies gesetzlich vorgesehen ist, das Verfahren zur Bestimmung der Planung und Linienführung insoweit aufeinander abgestimmt werden.

(5) [1] Der Träger einer raumbedeutsamen Planung oder Maßnahme kann die Durchführung eines Raumordnungsverfahrens bei der für Raumordnung zuständigen Landesbehörde beantragen. [2] Stellt der Träger der raumbedeutsamen Planung oder Maßnahme keinen Antrag, zeigt er dies der für Raumordnung zuständigen Landesbehörde unter Beifügung der für die Raumverträglichkeitsprüfung erforderlichen Unterlagen vor Einleitung eines Zulassungsverfahrens oder, sofern dies gesetzlich vorgesehen ist, eines Verfahrens zur Bestimmung der Planung und Linienführung an. [3] In diesem Fall soll die für Raumordnung zuständige Landesbehörde ein Raumordnungsverfahren einleiten, wenn sie befürchtet, dass die Planung oder Maßnahme im Hinblick auf die in Absatz 1 Satz 2 zweiter Halbsatz genannten Kriterien zu raumbedeutsamen Konflikten führen wird. [4] Die für Raumordnung zuständige Landesbehörde teilt ihre Entscheidung dem Träger der raumbedeutsamen Planung oder Maßnahme innerhalb von vier Wochen nach dessen Anzeige gemäß Satz 2 mit. [5] Bei raumbedeutsamen Planungen und Maßnahmen von öffentlichen Stellen des Bundes, von anderen öffentlichen Stellen, die im Auftrag des Bundes tätig sind, sowie von Personen des Privatrechts nach § 5 Absatz 1 trifft die für Raumordnung zuständige Landesbehörde die Entscheidung nach Satz 4 im Benehmen mit dieser Stelle oder Person.

(6) [1] Für die Länder Berlin, Bremen und Hamburg gilt Absatz 1 Satz 1 nicht. [2] Schaffen diese Länder allein oder gemeinsam mit anderen Ländern Rechtsgrundlagen für Raumordnungsverfahren, finden die Absätze 1 bis 5 Anwendung.

(7) Das Ergebnis des Raumordnungsverfahrens kann nur im Rahmen des Rechtsbehelfsverfahrens gegen die nachfolgende Zulassungsentscheidung überprüft werden.

§ 16 Beschleunigtes Raumordnungsverfahren; Absehen von Raumordnungsverfahren [15)]

(1) [1] Bei der Prüfung der Raumverträglichkeit raumbedeutsamer Planungen und Maßnahmen kann, soweit keine anderen Rechtsvorschriften entgegenstehen, auf die Beteiligung einzelner öffentlicher Stellen nach § 15 Abs. 3 Satz 1 und 6 verzichtet werden, wenn die raumbedeutsamen Auswirkungen dieser Planungen und Maßnahmen gering sind oder wenn für die Prüfung der Raumverträglichkeit erforderliche Stellungnahmen schon in einem anderen

15) § 16 Abs. 1 idF d. Bek. v. 22.12.2008 I 2986: Bayern - Abweichung durch das Bayerische Landesplanungsgesetz (BayLplG) idF d. G v. 25.6.2012, GVBl. BY 2012, 254, BayRS 230-1-W mWv 1.7.2012 (vgl. BGBl. I 2012, 1820); § 16 Abs. 1 idF d. G. v. 23.5.2017 I 1245 iVm § 15 Abs. 3 idF d. G. v. 23.5.2017 I 1245: Niedersachsen - Abweichung durch § 12 Niedersächsisches Raumordnungsgesetz (ROG ND) idF d. G v. 25.9.2017, GVBl. ND 2017, 352 mWv 29.11.2017 (vgl. BGBl. I 2017, 3853)

Verfahren abgegeben wurden (beschleunigtes Raumordnungsverfahren). [2] Die Frist nach § 15 Abs. 4 Satz 2 beträgt beim beschleunigten Raumordnungsverfahren grundsätzlich drei Monate.

(2) [1] Von der Durchführung eines Raumordnungsverfahrens kann bei solchen Planungen und Maßnahmen abgesehen werden, für die sichergestellt ist, dass ihre Raumverträglichkeit anderweitig geprüft wird. [2] Die Landesregierungen können durch Rechtsverordnung regeln, welche Fälle die Durchführung eines Raumordnungsverfahrens erübrigen.

Abschnitt 3 Raumordnung im Bund

§ 17 Raumordnungspläne für die deutsche ausschließliche Wirtschaftszone und für den Gesamtraum

(1) [1] Das Bundesministerium des Innern, für Bau und Heimat stellt im Einvernehmen mit den fachlich betroffenen Bundesministerien für die deutsche ausschließliche Wirtschaftszone einen Raumordnungsplan als Rechtsverordnung auf. [2] Der Raumordnungsplan soll unter Berücksichtigung etwaiger Wechselwirkungen zwischen Land und Meer sowie unter Berücksichtigung von Sicherheitsaspekten Festlegungen treffen

1. zur Gewährleistung der Sicherheit und Leichtigkeit des Schiffsverkehrs,
2. zu weiteren wirtschaftlichen Nutzungen,
3. zu wissenschaftlichen Nutzungen sowie
4. zum Schutz und zur Verbesserung der Meeresumwelt.

[3] Das Bundesamt für Seeschifffahrt und Hydrographie führt mit Zustimmung des Bundesministeriums des Innern, für Bau und Heimat die vorbereitenden Verfahrensschritte zur Aufstellung des Raumordnungsplans durch. [4] Das Bundesministerium des Innern, für Bau und Heimat arbeitet mit den angrenzenden Staaten und Ländern zusammen, um die Abstimmung und Kohärenz des Raumordnungsplans mit den Raumplanungen der angrenzenden Staaten und Länder sicherzustellen.

(2) [1] Das Bundesministerium des Innern, für Bau und Heimat kann im Einvernehmen mit den fachlich betroffenen Bundesministerien länderübergreifende Raumordnungspläne für den Hochwasserschutz sowie zu Standortkonzepten für Häfen und Flughäfen als Grundlage für ihre verkehrliche Anbindung im Rahmen der Bundesverkehrswegeplanung als Rechtsverordnung aufstellen. [2] Voraussetzung ist, dass dies für die räumliche Entwicklung und Ordnung des Bundesgebietes unter nationalen oder europäischen Gesichtspunkten erforderlich ist. [3] Die Beratungs- und Unterrichtungspflicht nach § 24 Absatz 1 und 4 ist zu beachten. [4] Das Bundesamt für Bauwesen und Raumordnung führt mit Zustimmung des Bundesministeriums des Innern, für Bau und Heimat die vorbereitenden Verfahrensschritte zur Aufstellung der Raumordnungspläne durch. [5] Das Bundesministerium des Innern, für Bau und Heimat beteiligt bei der Planaufstellung die Bundesministerien und stellt das Benehmen mit den Ländern und den angrenzenden Staaten her.

(3) [1] Das Bundesministerium des Innern, für Bau und Heimat kann im Einvernehmen mit den fachlich betroffenen Bundesministerien für die räumliche Entwicklung des Bundesgebietes einzelne Grundsätze der Raumordnung nach § 2 Absatz 2 durch Grundsätze in einem Raumordnungsplan konkretisieren. [2] Die Beratungs- und Unterrichtungspflicht nach § 24 Absatz 1 und 4 ist zu beachten. [3] Das Bundesamt für Bauwesen und Raumordnung führt mit Zustimmung des Bundesministeriums des Innern, für Bau und Heimat die vorbereitenden Verfahrensschritte zur Aufstellung des Raumordnungsplans durch. [4] Das Bundesministerium des Innern, für Bau und Heimat beteiligt bei der Planaufstellung die Bundesministerien und stellt das Benehmen mit den Ländern und den angrenzenden Staaten her.

(4) Zur Vorbereitung oder Verwirklichung von Raumordnungsplänen nach den Absätzen 1 und 2 kann der Träger der Bundesraumordnung entsprechend § 14 Absatz 1 und Absatz 2 Satz 1 Nummer 1 vertragliche Vereinbarungen treffen; Gegenstand dieser Vereinbarungen kann auch die Übernahme von Kosten sein, die dem Träger der Bundesraumordnung bei der im Interesse des Vertragspartners liegenden Vorbereitung oder Verwirklichung von Raumordnungsplänen entstehen.

(5) [1] Auf den Raumordnungsplan nach Absatz 3 finden die §§ 8 und 10 keine Anwendung. [2] Der Raumordnungsplan nach Absatz 3 ist im Bundesanzeiger bekannt zu machen; mit der Bekanntmachung tritt er in Kraft. [3] Die Bekanntmachung kann auch dadurch bewirkt werden, dass der Raumordnungsplan bei der Bundesverwaltung zu jedermanns Einsicht ausgelegt und im Bundesanzeiger darauf hingewiesen wird, wo der Raumordnungsplan eingesehen werden kann. [4] Elektronische Informationstechnologien sollen ergänzend genutzt werden; § 9 Absatz 2 Satz 6 gilt entsprechend.

§ 18 Beteiligung bei der Aufstellung von Raumordnungsplänen des Bundes

(1) Bei der Aufstellung des Raumordnungsplans nach § 17 Absatz 1 sind Ort und Dauer der Auslegung nach § 9 Absatz 2 mindestens eine Woche vor Beginn der Auslegung im Verkündungsblatt und auf der Internetseite der auslegenden Behörde nach § 17 Absatz 1 Satz 3 amtlich bekannt zu machen.

(2) Bei der Aufstellung der Raumordnungspläne nach § 17 Absatz 2 sind Ort und Dauer der Auslegung nach § 9 Absatz 2 mindestens eine Woche vor Beginn der Auslegung im Verkündungsblatt und auf der Internetseite der auslegenden Behörde nach § 17 Absatz 2 Satz 4 amtlich bekannt zu machen.

§ 19 Zielabweichung bei Raumordnungsplänen des Bundes

[1] Hinsichtlich der Zielabweichung bei Raumordnungsplänen des Bundes gilt § 6 Abs. 2 mit der Maßgabe, dass über den Antrag auf Zielabweichung bei Raumordnungsplänen nach § 17 Absatz 1 das Bundesamt für Seeschifffahrt und Hydrographie und bei Raumordnungsplänen nach § 17 Absatz 2 das Bundesministerium des Innern, für Bau und Heimat entscheidet. [2] Wird über den Antrag auf Zielabweichung im Zulassungsverfahren über eine raumbe-

deutsame Planung oder Maßnahme oder in einem anderen Verfahren entschieden, ist das Benehmen mit dem Bundesministerium des Innern, für Bau und Heimat erforderlich.

§ 20 Untersagung raumbedeutsamer Planungen und Maßnahmen bei Raumordnungsplänen des Bundes

Für die Untersagung raumbedeutsamer Planungen und Maßnahmen bei Raumordnungsplänen des Bundes gilt § 12 Abs. 2 und 3 mit der Maßgabe, dass für die Untersagung das Bundesministerium des Innern, für Bau und Heimat zuständig ist.

§ 21 Ermächtigung zum Erlass von Rechtsverordnungen

(1) Die Bundesregierung wird ermächtigt, durch Rechtsverordnung mit Zustimmung des Bundesrates Planungen und Maßnahmen zu bestimmen, für die ein Raumordnungsverfahren durchgeführt werden soll, wenn sie im Einzelfall raumbedeutsam sind und überörtliche Bedeutung haben.

(2) [1] Das Bundesministerium des Innern, für Bau und Heimat wird ermächtigt, durch Rechtsverordnung die Bedeutung und Form der Planzeichen zu bestimmen, die für die Festlegungen in Raumordnungsplänen notwendig sind. [2] Die Rechtsverordnung nach Satz 1 bedarf der Zustimmung des Bundesrates, wenn sie die Bedeutung und Form der Planzeichen bestimmt, die für Festlegungen in Raumordnungsplänen der Länder notwendig sind.

§ 22 Zuständigkeiten des Bundesamtes für Bauwesen und Raumordnung

(1) [1] Das Bundesamt für Bauwesen und Raumordnung führt ein Informationssystem zur räumlichen Entwicklung im Bundesgebiet und in den angrenzenden Gebieten. [2] Das Bundesministerium des Innern, für Bau und Heimat stellt den Ländern die Ergebnisse des Informationssystems zur Verfügung.

(2) [1] Das Bundesamt für Bauwesen und Raumordnung erstattet dem Bundesministerium des Innern, für Bau und Heimat zur Vorlage an den Deutschen Bundestag in regelmäßigen Abständen Berichte, insbesondere über
1. die bei der räumlichen Entwicklung des Bundesgebietes zugrunde zu legenden Tatsachen (Bestandsaufnahme, Entwicklungstendenzen),
2. die im Rahmen der angestrebten räumlichen Entwicklung durchgeführten und beabsichtigten raumbedeutsamen Planungen und Maßnahmen,
3. die räumliche Verteilung der raumbedeutsamen Planungen und Maßnahmen des Bundes und der Europäischen Union im Bundesgebiet und deren Wirkung,
4. die Auswirkungen der europäischen Integration auf die räumliche Entwicklung des Bundesgebietes.
[2] Die Berichte können sich auf fachliche und teilräumliche Aspekte beschränken.

§ 23 Beirat für Raumentwicklung

(1) Der Beirat für Raumentwicklung hat die Aufgabe, das Bundesministerium des Innern, für Bau und Heimat in Grundsatzfragen der räumlichen Entwicklung zu beraten.

(2) Das Bundesministerium des Innern, für Bau und Heimat beruft im Benehmen mit den zuständigen Spitzenverbänden in den Beirat Vertreter aus der Wissenschaft und der Praxis aus Bereichen mit relevanten Bezügen zur räumlichen Entwicklung des Bundesgebietes.

Abschnitt 4 Ergänzende Vorschriften und Schlussvorschriften

§ 24 Zusammenarbeit von Bund und Ländern [16)]

(1) Grundsätzliche Angelegenheiten der Raumordnung sollen vom Bundesministerium des Innern, für Bau und Heimat und den für Raumordnung zuständigen obersten Landesbehörden in der Ministerkonferenz für Raumordnung gemeinsam beraten werden.

(2) Bund und Länder können im Rahmen der Ministerkonferenz für Raumordnung Leitbilder für die räumliche Entwicklung des Bundesgebietes oder von über die Länder hinausgreifenden Zusammenhängen entwickeln.

(3) [1] Der Bund beteiligt sich in Zusammenarbeit mit den Ländern an einer Politik des räumlichen Zusammenhalts in der Europäischen Union und im größeren europäischen Raum. [2] Bund und Länder wirken bei der grenzüberschreitenden Zusammenarbeit mit den Nachbarstaaten im Bereich der Raumordnung eng zusammen.

(4) Bund und Länder sind verpflichtet, sich gegenseitig alle Auskünfte zu erteilen, die zur Durchführung der Aufgaben der Raumordnung notwendig sind.

§ 25 Beteiligung bei der Aufstellung von Raumordnungsplänen der Nachbarstaaten

(1) Wird die Durchführung eines in einem Nachbarstaat vorgesehenen Raumordnungsplans voraussichtlich erhebliche Auswirkungen auf das angrenzende Plangebiet in der Bundesrepublik Deutschland haben, so ersucht diejenige deutsche Stelle, an deren Plangebiet der ausländische Raumordnungsplan angrenzt und die für einen gleichartigen Raumordnungsplan in Deutschland zuständig wäre, die zuständige Behörde des Nachbarstaates um Unterlagen über den Raumordnungsplan, insbesondere um eine Beschreibung des Planinhalts und um Angaben über grenzüberschreitende Auswirkungen des Plans.

(2) [1] Hält die deutsche Stelle nach Absatz 1 eine Beteiligung für erforderlich, so teilt sie dies der zuständigen Behörde des Nachbarstaates mit und ersucht, soweit erforderlich, um weitere Angaben zum Raumordnungsplan. [2] Sodann

16) § 24 (früher § 26 idF d. Bek. v. 22.12.2008 I 2986): Bayern - Abweichung durch das Bayerische Landesplanungsgesetz (BayLplG) idF d. G v. 25.6.2012, GVBl. BY 2012, 254, BayRS 230-1-W mWv 1.7.2012 (vgl. BGBl. I 2012, 1820)

unterrichtet sie die in ihren Belangen berührten öffentlichen Stellen und die Öffentlichkeit, gibt ihnen Gelegenheit zur Einsichtnahme in die Unterlagen und weist, sofern sie nicht die Abgabe einer einheitlichen Stellungnahme für angezeigt hält, darauf hin, welcher Behörde des Nachbarstaates innerhalb welcher Frist eine Stellungnahme zugeleitet werden kann. [3] Die deutsche Stelle nach Absatz 1 gibt der zuständigen Behörde des Nachbarstaates zudem alle ihr vorliegenden Informationen, die für die Aufstellung des Raumordnungsplans bedeutsam sein können.

(3) Grenzt das Plangebiet eines ausländischen Raumordnungsplans an die deutsche ausschließliche Wirtschaftszone an, so ist im Hinblick auf die dortigen Auswirkungen die für das Beteiligungsverfahren zuständige deutsche Stelle das Bundesministerium des Innern, für Bau und Heimat.

§ 26 (gegenstandslos)

§ 27 Anwendungsvorschrift für die Raumordnung in den Ländern [17)]

(1) [1] Verfahren zur Aufstellung von Raumordnungsplänen nach § 13 sowie Raumordnungsverfahren nach § 15, die vor dem 29. November 2017 förmlich eingeleitet wurden, werden nach den bis zum 28. November 2017 geltenden Raumordnungsgesetzen von Bund und Ländern abgeschlossen. [2] Ist mit gesetzlich vorgeschriebenen einzelnen Schritten des Verfahrens noch nicht begonnen worden, können diese auch nach den Vorschriften dieses Gesetzes durchgeführt werden.

(2) [1] § 11 ist auch auf Raumordnungspläne der Länder anzuwenden, die vor dem 29. November 2017 in Kraft getreten sind. [2] Weiter gehende landesrechtliche Regelungen zur Unbeachtlichkeit von Fehlern bei der Planaufstellung oder durch Fristablauf bleiben unberührt.

(3) Am 29. November 2017 geltendes Landesrecht, das § 2 Absatz 2, die §§ 6 bis 12 oder die Vorschriften des Abschnitts 2 dieses Gesetzes ergänzt, sowie landesrechtliche Gebührenregelungen und weiter gehendes Landesrecht zur Beschleunigung des Verfahrens bei Änderung eines ausgelegten Raumordnungsplanentwurfs bleiben unberührt.

17) § 27 (früher § 28 idF d. Bek. v. 22.12.2008 I 2986): Bayern - Abweichung durch das Bayerische Landesplanungsgesetz (BayLplG) idF d. G v. 25.6.2012, GVBl. BY 2012, 254, BayRS 230-1-W mWv 1.7.2012 (vgl. BGBl. I 2012, 1820)

ROG - Anlage 1 (zu § 8 Abs. 1)

(Fundstelle: BGBl. I 2008, 2996;
bzgl. der einzelnen Änderungen vgl. Fußnote)

Der Umweltbericht nach § 8 Abs. 1 besteht aus

1. einer Einleitung mit folgenden Angaben:

 a) Kurzdarstellung des Inhalts und der wichtigsten Ziele des
 Raumordnungsplans,

 b) Darstellung der in den einschlägigen Gesetzen und Plänen
 festgelegten Ziele des Umweltschutzes, die für den
 Raumordnungsplan von Bedeutung sind, und der Art, wie diese
 Ziele und die Umweltbelange bei der Aufstellung berücksichtigt
 wurden;

2. einer Beschreibung und Bewertung der Umweltauswirkungen, die in der
 Umweltprüfung nach § 8 Abs. 1 ermittelt wurden, mit Angaben der

 a) Bestandsaufnahme der einschlägigen Aspekte des derzeitigen
 Umweltzustands, einschließlich der Umweltmerkmale der Gebiete,
 die voraussichtlich erheblich beeinflusst werden, einschließlich der
 Gebiete von gemeinschaftlicher Bedeutung und der Europäischen
 Vogelschutzgebiete im Sinne des Bundesnaturschutzgesetzes,

 b) Prognose über die Entwicklung des Umweltzustands bei
 Durchführung der Planung und bei Nichtdurchführung der
 Planung,

 c) geplanten Maßnahmen zur Vermeidung, Verringerung und zum
 Ausgleich der nachteiligen Auswirkungen und

 d) in Betracht kommenden anderweitigen Planungsmöglichkeiten,
 wobei die Ziele und der räumliche Geltungsbereich des
 Raumordnungsplans zu berücksichtigen sind;

3. folgenden zusätzlichen Angaben:

 a) Beschreibung der wichtigsten Merkmale der verwendeten
 technischen Verfahren bei der Umweltprüfung sowie Hinweise auf
 Schwierigkeiten, die bei der Zusammenstellung der Angaben
 aufgetreten sind, zum Beispiel technische Lücken oder fehlende
 Kenntnisse,

 b) Beschreibung der geplanten Maßnahmen zur Überwachung der
 erheblichen Auswirkungen der Durchführung des
 Raumordnungsplans auf die Umwelt und

 c) allgemein verständliche Zusammenfassung der erforderlichen
 Angaben nach dieser Anlage.

Fußnoten

> Anlage 1 idF d. Bek. v. 22.12.2008 I 2986: Bayern - Abweichung durch das
> Bayerische Landesplanungsgesetz (BayLplG) idF d. G v. 25.6.2012, GVBl.
> BY 2012, 254, BayRS 230-1-W mWv 1.7.2012 (vgl. BGBl. I 2012, 1820)

ROG

ROG - Anlage 2 (zu § 8 Abs. 2)

(Fundstelle: BGBl. I 2008, 2997;
bzgl. der einzelnen Änderungen vgl. Fußnote)

Nachstehende Kriterien sind anzuwenden, soweit auf Anlage 2 Bezug
genommen wird:

1. Merkmale des Raumordnungsplans, insbesondere in Bezug auf

1.1 das Ausmaß, in dem der Raumordnungsplan einen Rahmen im Sinne des
 § 35 Absatz 3 des Gesetzes über die Umweltverträglichkeitsprüfung setzt;

1.2 das Ausmaß, in dem der Raumordnungsplan andere Pläne und
 Programme beeinflusst;

1.3 die Bedeutung des Raumordnungsplans für die Einbeziehung
 umweltbezogener, einschließlich gesundheitsbezogener Erwägungen,
 insbesondere im Hinblick auf die Förderung der nachhaltigen
 Entwicklung;

1.4 die für den Raumordnungsplan relevanten umweltbezogenen,
 einschließlich gesundheitsbezogener Probleme;

1.5 die Bedeutung des Raumordnungsplans für die Durchführung nationaler
 und europäischer Umweltvorschriften.

2. Merkmale der möglichen Auswirkungen und der voraussichtlich
 betroffenen Gebiete, insbesondere in Bezug auf

2.1 die Wahrscheinlichkeit, Dauer, Häufigkeit und Umkehrbarkeit der
 Auswirkungen;

2.2 den kumulativen und grenzüberschreitenden Charakter der
 Auswirkungen;

2.3 die Risiken für die Umwelt, einschließlich der menschlichen Gesundheit
 (zum Beispiel bei Unfällen);

2.4 den Umfang und die räumliche Ausdehnung der Auswirkungen;

2.5 die Bedeutung und die Sensibilität des voraussichtlich betroffenen
 Gebiets auf Grund der besonderen natürlichen Merkmale, des kulturellen
 Erbes, der Intensität der Bodennutzung des Gebiets jeweils unter
 Berücksichtigung der Überschreitung von Umweltqualitätsnormen und
 Grenzwerten;

2.6 folgende Gebiete:

2.6.1 Natura 2000-Gebiete nach § 7 Absatz 1 Nummer 8 des Bundesnaturschutzgesetzes,

2.6.2 Naturschutzgebiete gemäß § 23 des Bundesnaturschutzgesetzes, soweit nicht bereits von Nummer 2.6.1 erfasst,

2.6.3 Nationalparke gemäß § 24 des Bundesnaturschutzgesetzes, soweit nicht bereits von Nummer 2.6.1 erfasst,

2.6.4 Biosphärenreservate und Landschaftsschutzgebiete gemäß den §§ 25 und 26 des Bundesnaturschutzgesetzes,

2.6.5 gesetzlich geschützte Biotope gemäß § 30 des Bundesnaturschutzgesetzes,

2.6.6 Wasserschutzgebiete gemäß § 51 des Wasserhaushaltsgesetzes, Heilquellenschutzgebiete gemäß § 53 Absatz 4 des Wasserhaushaltsgesetzes sowie Überschwemmungsgebiete gemäß § 76 des Wasserhaushaltsgesetzes,

2.6.7 Gebiete, in denen die in den Gemeinschaftsvorschriften festgelegten Umweltqualitätsnormen bereits überschritten sind,

2.6.8 Gebiete mit hoher Bevölkerungsdichte, insbesondere Zentrale Orte im Sinne des § 2 Abs. 2 Nr. 2 dieses Gesetzes,

2.6.9 in amtlichen Listen oder Karten verzeichnete Denkmäler, Denkmalensembles, Bodendenkmäler oder Gebiete, die von der durch die Länder bestimmten Denkmalschutzbehörde als archäologisch bedeutende Landschaften eingestuft worden sind.

Fußnoten

Anlage 2 idF d. Bek. v. 22.12.2008 I 2986: Bayern - Abweichung durch das Bayerische Landesplanungsgesetz (BayLplG) idF d. G v. 25.6.2012, GVBl. BY 2012, 254, BayRS 230-1-W mWv 1.7.2012 (vgl. BGBl. I 2012, 1820)

Raumordnungsverordnung [1]

1) (+++ Textnachweis ab: 20.12.1990 +++)

Stand: Zuletzt geändert durch Art. 6 G v. 3.12.2020 I 2694

Eingangsformel

Auf Grund des § 6a Abs. 2 Satz 1 des Raumordnungsgesetzes in der Fassung der Bekanntmachung vom 19. Juli 1989 (BGBl. I S. 1461) verordnet die Bundesregierung:

§ 1 Anwendungsbereich

[1] Die Durchführung eines Raumordnungsverfahrens erfolgt nur auf Grundlage eines Antrags nach § 15 Absatz 5 Satz 1 des Raumordnungsgesetzes oder auf Grundlage einer Entscheidung nach § 15 Absatz 5 Satz 3 des Raumordnungsgesetzes für die nachfolgend aufgeführten Planungen und Maßnahmen, wenn sie im Einzelfall raumbedeutsam sind und überörtliche Bedeutung haben. [2] Die Befugnis der für die Raumordnung zuständigen Landesbehörden, weitere raumbedeutsame Planungen und Maßnahmen von überörtlicher Bedeutung nach landesrechtlichen Vorschriften in einem Raumordnungsverfahren zu überprüfen, bleibt unberührt.

1. Errichtung einer Anlage im Außenbereich im Sinne des § 35 des Baugesetzbuchs, die der Genehmigung in einem Verfahren unter Einbeziehung der Öffentlichkeit nach § 4 des Bundes-Immissionsschutzgesetzes bedarf und die in den Nummern 1 bis 10 der Anlage 1 zum Gesetz über die Umweltverträglichkeitsprüfung aufgeführt ist; sachlich und räumlich miteinander im Verbund stehende Anlagen sind dabei als Einheit anzusehen;
2. Errichtung einer ortsfesten kerntechnischen Anlage, die der Genehmigung in einem Verfahren unter Einbeziehung der Öffentlichkeit nach § 7 des Atomgesetzes bedarf;
3. Errichtung einer Anlage zur Sicherstellung und zur Endlagerung radioaktiver Abfälle, die einer Planfeststellung nach § 9b des Atomgesetzes bedarf;
4. Errichtung einer Anlage zur Ablagerung von Abfällen (Deponie), die der Planfeststellung nach § 35 Absatz 2 des Kreislaufwirtschaftsgesetzes bedarf;
5. Bau einer Abwasserbehandlungsanlage, die einer Genehmigung nach § 60 Absatz 3 Satz 1 des Wasserhaushaltsgesetzes bedarf;
6. Errichtung und wesentliche Trassenänderung einer Rohrleitungsanlage zum Befördern wassergefährdender Stoffe, die der Genehmigung nach § 20 des Gesetzes über die Umweltverträglichkeitsprüfung bedarf;
7. Herstellung, Beseitigung und wesentliche Umgestaltung eines Gewässers oder seiner Ufer, die einer Planfeststellung nach § 68 Absatz 1 des Wasserhaushaltsgesetzes bedürfen, sowie von Häfen ab einer Größe von 100 ha, Deich- und Dammbauten und Anlagen zur Landgewinnung am Meer;
8. Bau einer Bundesfernstraße, die der Entscheidung nach § 16 des Bundesfernstraßengesetzes bedarf;
9. Neubau und wesentliche Trassenänderung von Schienenstrecken der Eisenbahnen des Bundes sowie Neubau von Rangierbahnhöfen und von Umschlagseinrichtungen für den kombinierten Verkehr;
10. Errichtung einer Versuchsanlage nach dem Gesetz über den Bau und den Betrieb von Versuchsanlagen zur Erprobung von Techniken für den spurgeführten Verkehr;
11. Ausbau, Neubau und Beseitigung einer Bundeswasserstraße, die der Bestimmung der Planung und Linienführung nach § 13 des Bundeswasserstraßengesetzes bedürfen;
12. Anlage und wesentliche Änderung eines Flugplatzes, die einer Planfeststellung nach § 8 des Luftverkehrsgesetzes bedürfen;
13. (weggefallen)
14. Errichtung von Hochspannungsfreileitungen mit einer Nennspannung von 110 kV oder mehr, ausgenommen Errichtungen in Bestandstrassen, unmittelbar neben Bestandstrassen oder unter weit überwiegender Nutzung von Bestandstrassen, und von Gasleitungen mit einem Durchmesser von mehr als 300 mm;
15. Errichtung von Feriendörfern, Hotelkomplexen und sonstigen großen Einrichtungen für die Ferien- und Fremdenbeherbergung sowie von großen Freizeitanlagen;
16. bergbauliche Vorhaben, soweit sie der Planfeststellung nach § 52 Abs. 2a bis 2c des Bundesberggesetzes bedürfen;
17. andere als bergbauliche Vorhaben zum Abbau von oberflächennahen Rohstoffen mit einer vom Vorhaben beanspruchten Gesamtfläche von 10 ha oder mehr;
18. Neubau und wesentliche Trassenänderung von Magnetschwebebahnen;
19. Errichtung von Einkaufszentren, großflächigen Einzelhandelsbetrieben und sonstigen großflächigen Handelsbetrieben.

§ 2 (gegenstandslos)

§ 3 Inkrafttreten

Diese Verordnung tritt am Tage nach der Verkündung in Kraft.

Schlußformel

Der Bundesrat hat zugestimmt.

Verordnung über das Inverkehrbringen von Heizkesseln und Geräten nach dem Bauproduktengesetz (Artikel 1 der Verordnung zur Umsetzung der Heizkesselwirkungsgradrichtl inie)[1]

1) (+++ Textnachweis ab: 1.5.1998 +++)(+++ Amtlicher Hinweis des Normgebers auf EG-Recht: Umsetzung der EWGRL 42/92 (CELEX Nr: 392L0042) +++); Diese Verordnung dient der Umsetzung der Richtlinie 92/42/EWG des Rates vom 21. Mai 1992 über die Wirkungsgrade von mit flüssigen oder gasförmigen Brennstoffen beschickten neuen Warmwasserheizkesseln (ABl. EG Nr. L 167 S. 17, L 195 S. 32), geändert durch Artikel 12 der Richtlinie 93/68/EWG des Rates vom 22. Juli 1993 (ABl. EG Nr. L 220 S. 1).

Stand: Zuletzt geändert durch Art. 5 G v. 5.12.2012 I 2449

Hinweis: Änderung durch Art. 4 G v. 27.7.2021 I 3146 (Nr. 49) textlich nachgewiesen, dokumentarisch noch nicht abschließend bearbeitet

§ 1 Anwendungsbereich

(1) Diese Verordnung regelt im Hinblick auf die Anforderungen an den Wirkungsgrad das Inverkehrbringen von Geräten und Heizkesseln, die mit flüssigen oder gasförmigen Brennstoffen beschickt werden und deren Nennleistung gleich oder größer als 4 kW und gleich oder kleiner als 400 kW ist.

(2) Nicht unter diese Verordnung fallen:
1. Heizkessel, die mit verschiedenen Brennstoffen, darunter auch feste Brennstoffe, beschickt werden können;
2. Anlagen zur ausschließlichen Warmwasserbereitung;
3. Heizkessel, die für die Beschickung mit Brennstoffen ausgelegt sind, deren Eigenschaften von den marktüblichen flüssigen und gasförmigen Brennstoffen erheblich abweichen (Industrierestgas, Biogas usw.);
4. Küchenherde und Geräte, die hauptsächlich zur Beheizung des Raumes, in dem sie installiert sind, ausgelegt sind, daneben aber auch Warmwasser für Zentralheizung und für Gebrauchszwecke liefern;
5. Geräte mit einer Nennleistung von weniger als 6 kW zur Versorgung eines Warmwasserspeichersystems mit Schwerkraftumlauf;
6. einzeln produzierte Heizkessel.

§ 2 Begriffsdefinitionen

Im Sinne dieser Verordnung sind
1. Heizkessel der aus Kessel und Brenner bestehende Wärmeerzeuger, der zur Übertragung der durch die Verbrennung freigesetzten Wärme an das Wasser dient;
2. Heizkesseltypen der Standardheizkessel (Nr. 8), der Niedertemperatur-Heizkessel (Nr. 9) und der Brennwertkessel (Nr. 10);
3. Geräte der mit einem Brenner auszurüstende Kessel und der zur Ausrüstung eines Kessels bestimmte Brenner;
4. Nennleistung die vom Hersteller festgelegte und im Dauerbetrieb unter Beachtung des vom Hersteller angegebenen Wirkungsgrades als einhaltbar garantierte größte Wärmeleistung in kW;
5. Wirkungsgrad das Verhältnis zwischen der an das Kesselwasser abgegebenen Wärme und dem Produkt aus dem unteren Heizwert (bei konstantem Druck) des Brennstoffes und der pro Zeiteinheit verbrauchten Brennstoffmenge in vom Hundert;
6. Teillast das Verhältnis zwischen der Nutzleistung eines intermittierend oder eines mit einer Leistung unterhalb der Nennleistung gefahrenen Heizkessels und der Nennleistung in vom Hundert;
7. mittlere Kesseltemperatur der Mittelwert aus den Wassertemperaturen am Eingang und am Ausgang des Heizkessels;
8. Standardheizkessel ein Heizkessel, bei dem die durchschnittliche Betriebstemperatur durch seine Auslegung beschränkt sein kann;
9. Niedertemperatur-Heizkessel ein Heizkessel, der kontinuierlich mit einer Eintrittstemperatur von 35 - 40 Grad C betrieben werden kann und in dem es unter bestimmten Umständen zur Kondensation des in den Abgasen enthaltenen Wasserdampfes kommen kann;
10. Brennwertkessel ein Heizkessel, der für die Kondensation eines Großteils des in den Abgasen enthaltenen Wasserdampfes konstruiert ist.

§ 3 Wirkungsgradanforderungen

(1) [1] Heizkessel müssen den jeweiligen Wirkungsgradanforderungen an die verschiedenen Heizkesseltypen des Anhangs 1 entsprechen. [2] Geräte müssen so beschaffen sein, daß Heizkessel, die aus ihnen zusammengebaut werden, die Anforderungen nach Satz 1 erfüllen können.

(2) Die Anforderungen gelten als erfüllt, wenn die Heizkessel und Geräte den harmonisierten Normen, die im Auftrag der Kommission der Europäischen Gemeinschaften in bezug auf die Anforderungen der Richtlinie 92/42/EWG des Rates erarbeitet wurden, entsprechen, soweit die Referenznummern der harmonisierten Normen im Amtsblatt der Europäischen Gemeinschaften und die Referenznummern der sie umsetzenden nationalen Normen im Bundesanzeiger veröffentlicht sind.

(3) Bei Heizkesseln mit Doppelfunktion - Raumheizung und Warmwasserbereitung - betreffen die Wirkungsgradanforderungen nur die Heizfunktion.

§ 4 Voraussetzungen für das Inverkehrbringen

(1) [1] Heizkessel und Geräte dürfen nur in den Verkehr gebracht werden, wenn sie mit der CE-Kennzeichnung nach § 5 Abs. 1 und 2 versehen sind und ihnen eine EG-Konformitätserklärung in deutscher Sprache beigefügt ist, durch die der Hersteller oder sein in einem Mitgliedstaat der Europäischen Union oder einem anderen Vertragsstaat des Abkommens über den Europäischen Wirtschaftsraum niedergelassener Bevollmächtigter bestätigt, daß
1. die Heizkessel die Anforderungen nach § 3 Abs. 1 Satz 1 und die Geräte die Anforderungen nach § 3 Abs. 1 Satz 2 erfüllen,

2. der serienmäßig hergestellte Heizkessel oder das Gerät mit dem geprüften Baumuster übereinstimmt, für das eine zugelassene Stelle nach Durchführung einer EG-Baumusterprüfung (Modul B) gemäß Anhang III der Richtlinie 92/42/EWG des Rates bescheinigt hat, daß die Bauart des Heizkessels den Anforderungen des § 3 Abs. 1 Satz 1 und die Bauart des Gerätes den Anforderungen des § 3 Abs. 1 Satz 2 entspricht und

3. das Verfahren nach Anhang IV Modul C, D oder E der Richtlinie 92/42/EWG des Rates, bei gasbefeuerten Heizkesseln und Brennern auch die EG-Prüfung nach Anhang II Nr. 5 der Richtlinie 90/396/EWG des Rates vom 29. Juni 1990 zur Angleichung der Rechtsvorschriften der Mitgliedstaaten für Gasverbrauchseinrichtungen (ABl. EG Nr. L 196 S. 15) (Gasverbrauchseinrichtungsrichtlinie), geändert durch Artikel 10 der Richtlinie 93/68/EWG des Rates vom 22. Juli 1993 (ABl. EG Nr. L 220 S. 1), eingehalten wurde.
[2] In der den Geräten beigefügten EG-Konformitätserklärung müssen die Parameter festgelegt werden, nach denen die Heizkessel, die aus den Geräten zusammengebaut werden, die Anforderungen des § 3 Abs. 1 Satz 2 erfüllen können.

(2) Heizkessel, bei deren Zusammenbau ein Gerät verwendet wird, das mit einer CE-Kennzeichnung nach dieser Verordnung versehen ist, dürfen nur in den Verkehr gebracht werden, wenn sie mit der CE-Kennzeichnung nach § 5 Abs. 1 und 2 versehen sind und wenn dem Heizkessel eine EG-Konformitätserklärung in deutscher Sprache beigefügt ist, durch die der Hersteller oder sein in einem Mitgliedstaat der Europäischen Union oder einem anderen Vertragsstaat des Abkommens über den Europäischen Wirtschaftsraum niedergelassener Bevollmächtigter bestätigt, daß

1. der serienmäßig hergestellte Heizkessel entsprechend den Parametern nach Absatz 1 Satz 2 zusammengebaut worden ist und

2. das Verfahren nach Anhang IV Modul C, D oder E der Richtlinie 92/42/EWG des Rates bei gasbefeuerten Heizkesseln auch die EG-Prüfung nach Anhang II Nr. 5 der Richtlinie 90/396/EWG des Rates (Gasverbrauchseinrichtungsrichtlinie) eingehalten wurde. [2] Dabei hat die im Rahmen des Moduls C tätige Prüf-, Überwachungs- und Zertifizierungsstelle den aus der laufenden Produktion entnommenen Heizkessel auf die Einhaltung der Anforderungen der Nummer 1 zu überprüfen.

(3) Die den Heizkesseln beigefügte EG-Konformitätserklärung muß den Heizkesseltyp ausweisen; die den Kesseln beigefügte EG-Konformitätserklärung muß den Heizkesseltyp des daraus herzustellenden Heizkessels ausweisen.

§ 5 CE-Kennzeichnung

(1) Die nach § 4 Abs. 1 und 2 erforderliche CE-Kennzeichnung ist gut sichtbar, lesbar und dauerhaft auf den Heizkesseln und Geräten anzubringen.

(2) Die CE-Kennzeichnung besteht aus den Buchstaben "CE" nach Anhang 3 Nr. 1.

(3) [1] Es dürfen auf den Heizkesseln und Geräten keine anderen Marken, Zeichen oder Angaben angebracht werden, die hinsichtlich der Bedeutung oder des Schriftbildes mit der CE-Kennzeichnung verwechselt werden können. [2] Jede andere Kennzeichnung darf auf dem Heizkessel oder dem Gerät angebracht werden, wenn sie die Sichtbarkeit und die Lesbarkeit der CE-Kennzeichnung nicht beeinträchtigt.

(4) [1] Unterfallen Heizkessel und Geräte dem Anwendungsbereich anderer Rechtsvorschriften, die die CE-Kennzeichnung vorschreiben, wird durch die CE-Kennzeichnung nach dieser Verordnung auch die Konformität der Heizkessel und Geräte mit den Bestimmungen der anderen Rechtsvorschriften bestätigt. [2] Steht dem Hersteller nach einer oder mehreren dieser Rechtsvorschriften während einer Übergangszeit die Wahl der anzuwendenden Regelungen frei, so wird durch die CE-Kennzeichnung lediglich die Konformität mit den Regelungen der vom Hersteller angewandten Rechtsvorschrift angezeigt. [3] In diesem Fall müssen in den Unterlagen, Hinweisen oder Anleitungen, die den Heizkesseln oder Geräten beiliegen, die Nummern der Rechtsakte der Europäischen Gemeinschaften, die den vom Hersteller angewandten Rechtsvorschriften zugrundeliegen, entsprechend ihrer Veröffentlichung im Amtsblatt der Europäischen Gemeinschaften aufgeführt sein.

(5) [1] Sind Heizkessel oder Geräte unberechtigt mit der CE-Kennzeichnung versehen worden, kann die nach Landesrecht zuständige oder von der Landesregierung bestimmte Behörde das Inverkehrbringen dieser Produkte untersagen und deren CE-Kennzeichnung entwerten oder beseitigen lassen. [2] Das gleiche gilt, wenn Heizkessel und Geräte mit einem Kennzeichen versehen sind, das mit der CE-Kennzeichnung verwechselt werden kann. [3] Im Übrigen sind die §§ 4 bis 11 und 17 bis 19 des Marktüberwachungsgesetzes anzuwenden.

§ 6 (gegenstandslos)

§ 7 Prüf-, Überwachungs- und Zertifizierungsstellen

(1) [1] Die nach Landesrecht zuständige oder von der Landesregierung bestimmte Anerkennungsbehörde kann auf schriftlichen Antrag eine Person, Stelle oder Überwachungsgemeinschaft als

1. Prüfstelle für die Baumusterprüfung nach Modul B,
2. Überwachungsstelle für Bestätigungen nach Modul C, D und E,
3. Zertifizierungsstelle für Bescheinigungen nach Modul C, D und E

anerkennen, wenn sie oder die bei ihr Beschäftigten nach ihrer Ausbildung, Fachkenntnis, persönlichen Zuverlässigkeit, ihrer Unparteilichkeit und ihren Leistungen Gewähr dafür bieten, daß diese Aufgaben sachgerecht wahrgenommen werden und sie über Mittel verfügen, die zur angemessenen Erfüllung der mit der Durchführung der Prüfungen verbundenen technischen und administrativen Aufgaben erforderlich sind sowie eine ausreichende Haftpflichtversicherung nachgewiesen haben. [2] Das Bestehen einer Haftpflichtversicherung kann durch eine Berufshaftpflichtversicherung nachgewiesen werden. [3] Die Anerkennungen gelten auch in den anderen Ländern.

(2) Prüf-, Überwachungs- und Zertifizierungsstellen, die von einem anderen Mitgliedstaat der Europäischen Union oder einem anderen Vertragsstaat des Abkommens über den Europäischen Wirtschaftsraum anerkannt worden sind, stehen entsprechend dieser Anerkennung den nach Absatz 1 anerkannten Stellen gleich.

(3) Die §§ 3 bis 12 der BauPG-PÜZ-Anerkennungsverordnung vom 6. Juni 1996 (BGBl. I S. 798) sind entsprechend anzuwenden.

§ 8 Ordnungswidrigkeiten

Ordnungswidrig im Sinne des § 8 Absatz 1 des Bauproduktengesetzes handelt, wer vorsätzlich oder fahrlässig entgegen § 4 Abs. 1 Satz 1 oder Abs. 2 einen Heizkessel oder ein Gerät in den Verkehr bringt.

BauPGHeizkesselV - Anhang 1
Wirkungsgradanforderungen

(Fundstelle des Originaltextes: BGBl. I 1998, 801)

Heizkesseltyp	Leistungsintervalle	Wirkungsgrad bei Nennleistung		Wirkungsgrad bei Teillast	
	kW	Mittlere Kesseltemperatur (in Grad C)	Formel der Wirkungsgradanforderung (in %)	Mittlere Kesseltemperatur (in Grad C)	Formel der Wirkungsgradanforderung (in %)
Standardheizkessel	4 bis 400	70	$>= 84 + 2 \log Pn$	$>= 50$	$>= 80 + 3 \log Pn$
Niedertemperaturheizkessel*)	4 bis 400	70	$>= 87,5 + 1,5 \log Pn$	40	$>= 87,5 + 1,5 \log Pn$
Brennwertkessel	4 bis 400	70	$>= 91 + 1 \log Pn$	30++)	$>= 97 + 1 \log Pn$

*) Einschließlich Brennwertkessel für flüssige Brennstoffe

++) Kessel-Eintrittstemperatur (Rücklauftemperatur)

BauPGHeizkesselV - Anhang 2 (gegenstandslos)

BauPGHeizkesselV - Anhang 3

(Fundstelle des Originaltextes: BGBl. I 1998, 801;
bzgl. der einzelnen Änderungen vgl. Fußnote)

1. CE-KonformitätskennzeichnungDie CE-Konformitätskennzeichnung
 besteht aus den Buchstaben "CE" mit folgendem Schriftbild:

(nicht darstellbare Abbildung (Raster),
Fundstelle: BGBl. I 1998, 801)

Bei Verkleinerung oder Vergrößerung der CE-Kennzeichnung müssen
die sich aus dem oben abgebildeten Raster ergebenden Proportionen
eingehalten werden. Die verschiedenen Bestandteile der CE-
Kennzeichnung müssen etwa gleich hoch sein; die Mindesthöhe beträgt 5
mm. Zusätzlich zu der CE-Kennzeichnung sind die beiden letzten Ziffern
des Jahres, in dem die CE-Kennzeichnung angebracht wurde,
anzubringen.

2. (weggefallen)

Niedersächsische Bauordnung (NBauO)

Vom 3. April 2012

Stand: letzte berücksichtigte Änderung: zuletzt geändert durch Artikel 3 des Gesetzes vom 10.11.2021 (Nds. GVBl. S. 739)

Eingangsformel

Der Niedersächsische Landtag hat das folgende Gesetz beschlossen:

Erster Teil Allgemeine Vorschriften

§ 1 Geltungsbereich

(1) [1] Dieses Gesetz gilt für bauliche Anlagen, Bauprodukte und Baumaßnahmen. [2] Es gilt auch für andere Anlagen und Einrichtungen sowie für Grundstücke, an die in diesem Gesetz oder in aufgrund dieses Gesetzes erlassenen Vorschriften Anforderungen gestellt werden.

(2) Dieses Gesetz gilt nicht für

1. Betriebsanlagen von nichtöffentlichen Eisenbahnen sowie öffentliche Verkehrsanlagen, jeweils einschließlich des Zubehörs, der Nebenanlagen und der Nebenbetriebe, ausgenommen Gebäude,
2. Anlagen und Einrichtungen unter der Aufsicht der Bergbehörden, ausgenommen Gebäude,
3. Leitungen, die dem Ferntransport von Stoffen, der öffentlichen Versorgung mit Wasser, Gas, Elektrizität oder Wärme, der öffentlichen Abwasserbeseitigung, der Telekommunikation oder dem Rundfunk dienen, sowie
4. Kräne und Krananlagen.

§ 2 Begriffe

(1) [1] Bauliche Anlagen sind mit dem Erdboden verbundene oder auf ihm ruhende, aus Bauprodukten hergestellte Anlagen. [2] Bauliche Anlagen sind auch

1. Aufschüttungen, Abgrabungen und künstliche Hohlräume unterhalb der Erdoberfläche,
2. Lager-, Abstell- und Ausstellungsplätze,
3. Spiel- und Sportplätze,
4. Camping- und Wochenendplätze,
5. Freizeit- und Vergnügungsparks,
6. Stellplätze,
7. Gerüste,
8. Hilfseinrichtungen zur statischen Sicherung von Bauzuständen,
9. Fahrradabstellanlagen (§ 48),
10. Werbeanlagen (§ 50),
11. Warenautomaten, die von einer allgemein zugänglichen Verkehrs- oder Grünfläche aus sichtbar sind,
12. ortsfeste Feuerstätten und
13. Anlagen, die auf ortsfesten Bahnen begrenzt beweglich sind oder dazu bestimmt sind, vorwiegend ortsfest benutzt zu werden.

(2) Gebäude sind selbständig benutzbare, überdeckte bauliche Anlagen, die von Menschen betreten werden können und geeignet oder bestimmt sind, dem Schutz von Menschen, Tieren oder Sachen zu dienen.

(3) [1] Gebäude sind in folgende Gebäudeklassen eingeteilt:

1. Gebäudeklasse 1:
 a) freistehende Gebäude mit einer Höhe bis zu 7 m und nicht mehr als zwei Nutzungseinheiten von insgesamt nicht mehr als 400 m² Grundfläche und
 b) freistehende land- oder forstwirtschaftlich genutzte Gebäude,
2. Gebäudeklasse 2:
 nicht freistehende Gebäude mit einer Höhe bis zu 7 m und nicht mehr als zwei Nutzungseinheiten von insgesamt nicht mehr als 400 m² Grundfläche,
3. Gebäudeklasse 3:
 sonstige Gebäude mit einer Höhe bis zu 7 m,
4. Gebäudeklasse 4:
 Gebäude mit einer Höhe bis zu 13 m und Nutzungseinheiten mit jeweils nicht mehr als 400 m² Grundfläche,
5. Gebäudeklasse 5:
 von den Nummern 1 bis 4 nicht erfasste sowie unterirdische Gebäude mit Aufenthaltsräumen.

[2] Gebäude ohne Aufenthaltsräume, die nicht unter Satz 1 Nr. 1 Buchst. b fallen, werden nach der Gesamtgrundfläche aller Geschosse entsprechend Satz 1 der Gebäudeklasse 1, 2 oder 3 zugeordnet. [3] Höhe im Sinne des Satzes 1 ist die Höhe der Fußbodenoberkante des höchstgelegenen Aufenthaltsraumes über der Geländeoberfläche im Mittel. [4] Führt ein Rettungsweg für das Gebäude über Rettungsgeräte der Feuerwehr, so ist die Höhe abweichend von Satz 3 die Höhe der Fußbodenoberkante des höchstgelegenen Aufenthaltsraumes über der Stelle der Geländeoberfläche, von der aus der Aufenthaltsraum über die Rettungsgeräte der Feuerwehr erreichbar ist. [5] Die Grundfläche im Sinne dieses Gesetzes ist die Brutto-Grundfläche; bei der Berechnung der Grundfläche nach den Sätzen 1 und 2 bleiben Flächen in Kellergeschossen außer Betracht.

(4) Wohngebäude sind Gebäude, die nur Wohnungen oder deren Nebenzwecken dienende Räume, wie Garagen, enthalten.

(5) [1] Sonderbauten sind
1. Gebäude mit einer Höhe nach Absatz 3 Satz 3 von mehr als 22 m (Hochhäuser),
2. bauliche Anlagen mit einer Höhe von mehr als 30 m,
3. Gebäude mit mindestens einem Geschoss mit mehr als 1 600 m² Grundfläche, ausgenommen Wohngebäude und Garagen,
4. Verkaufsstätten, deren Verkaufsräume und Ladenstraßen eine Grundfläche von insgesamt mehr als 800 m² haben,
5. Gebäude mit mindestens einem Raum, der einer Büro- oder Verwaltungsnutzung dient und eine Grundfläche von mehr als 400 m² hat,
6. Gebäude mit mindestens einem Raum, der der Nutzung durch mehr als 100 Personen dient,
7. Versammlungsstätten
 a) mit einem Versammlungsraum, der mehr als 200 Besucherinnen und Besucher fasst, oder mit mehreren Versammlungsräumen, die insgesamt mehr als 200 Besucherinnen und Besucher fassen, wenn die Versammlungsräume einen gemeinsamen Rettungsweg haben,
 b) im Freien mit mindestens einer Fläche für Aufführungen oder mindestens einer Freisportanlage jeweils mit mindestens einer Tribüne, wenn die Tribünen keine fliegenden Bauten sind und insgesamt mehr als 1 000 Besucherinnen und Besucher fassen,
8. Schank- und Speisegaststätten mit mehr als 40 Plätzen für Gäste in Gebäuden oder mehr als 1 000 Plätzen für Gäste im Freien, Beherbergungsstätten mit mehr als 12 Betten und Spielhallen mit mehr als 150 m² Grundfläche,
9. Krankenhäuser,
10. Gebäude mit mindestens einer Nutzungseinheit, die für die Pflege oder Betreuung von Menschen mit Behinderungen oder Pflegebedarf und mit eingeschränkter Selbstrettungsfähigkeit bestimmt ist, wenn
 a) eine solche Nutzungseinheit für die Pflege oder Betreuung von mehr als sechs solcher Menschen bestimmt ist,
 b) mehrere solcher Nutzungseinheiten einen gemeinsamen Rettungsweg haben und für die Pflege oder Betreuung von insgesamt mehr als zwölf solcher Menschen bestimmt sind oder
 c) eine solche Nutzungseinheit für die Pflege oder Betreuung von Menschen mit Intensivpflegebedarf bestimmt ist, ausgenommen die Pflege oder Betreuung in familiärer Gemeinschaft,
11. sonstige Einrichtungen zur Unterbringung von Personen, wie Gemeinschaftsunterkünfte oder Wohnheime,
12. Tagesstätten für Menschen mit Behinderungen oder alte Menschen,
13. Tageseinrichtungen für Kinder und Nutzungseinheiten mit Räumen für die Kindertagespflege mit Ausnahme von Tageseinrichtungen und Nutzungseinheiten, die zur Nutzung durch nicht mehr als zehn Kinder bestimmt sind,
14. Schulen, Hochschulen und ähnliche Einrichtungen,
15. Justizvollzugsanstalten und bauliche Anlagen für den Maßregelvollzug,
16. Camping- und Wochenendplätze,
17. Freizeit- und Vergnügungsparks,
18. fliegende Bauten, soweit sie einer Ausführungsgenehmigung bedürfen,
19. Regallager mit einer zulässigen Höhe der Oberkante des Lagergutes von mehr als 7,50 m,
20. bauliche Anlagen, deren Nutzung mit erhöhter Verkehrsgefahr oder wegen des Umgangs mit Stoffen oder der Lagerung von Stoffen mit Explosions- oder Gesundheitsgefahr oder erhöhter Strahlen- oder Brandgefahr verbunden ist,
21. bauliche Anlagen und Räume, von denen wegen ihrer Art oder ihrer Nutzung Gefahren ausgehen, die den Gefahren ähnlich sind, die von den in den Nummern 1 bis 20 genannten baulichen Anlagen und Räumen ausgehen.

[2] Sonderbauten sind auch die nach dem Bundes-Immissionsschutzgesetz genehmigungsbedürftigen Anlagen, soweit sie bauliche Anlagen sind.

(6) [1] Ein oberirdisches Geschoss ist ein Geschoss, dessen Deckenoberkante im Mittel mehr als 1,40 m über die Geländeoberfläche hinausragt. [2] Ein Kellergeschoss ist ein Geschoss, das die Anforderungen nach Satz 1 nicht erfüllt.

(7) [1] Vollgeschoss ist ein oberirdisches Geschoss, das über mindestens der Hälfte seiner Grundfläche eine lichte Höhe von 2,20 m oder mehr hat. [2] Ein oberstes Geschoss ist nur dann ein Vollgeschoss, wenn es die in Satz 1 genannte lichte Höhe über mehr als zwei Dritteln der Grundfläche des darunter liegenden Geschosses hat. [3] Zwischendecken oder Zwischenböden, die unbegehbare Hohlräume von einem Geschoss abtrennen, bleiben bei Anwendung der Sätze 1 und 2 unberücksichtigt. [4] Hohlräume zwischen der obersten Decke und der Dachhaut, in denen Aufenthaltsräume wegen der erforderlichen lichten Höhe nicht möglich sind, gelten nicht als oberste Geschosse.

(8) Aufenthaltsraum ist ein Raum, der zum nicht nur vorübergehenden Aufenthalt von Menschen bestimmt oder geeignet ist.

(9) [1] Ein Stellplatz ist eine im Freien außerhalb der öffentlichen Verkehrsflächen gelegene Fläche zum Abstellen von Kraftfahrzeugen. [2] Ein Einstellplatz ist eine Fläche zum Abstellen eines Kraftfahrzeuges auf einem Stellplatz oder in einer Garage.

(10) [1] Garagen sind Gebäude oder Gebäudeteile zum Abstellen von Kraftfahrzeugen oder Kraftfahrzeugen und anderen Fahrzeugen. [2] Garagen sind auch Parkhäuser. [3] Ausstellungs-, Verkaufs-, Werk- und Lagerräume für Kraftfahrzeuge sind keine Garagen.

(11) Eine Feuerstätte ist eine ortsfeste oder ortsfest benutzte Anlage oder Einrichtung in oder an einem Gebäude, die dazu bestimmt ist, durch Verbrennung Wärme zu erzeugen.

(12) [1] Baugrundstück ist das Grundstück im Sinne des Bürgerlichen Rechts, auf dem eine Baumaßnahme durchgeführt wird oder auf dem sich eine bauliche Anlage befindet. [2] Das Baugrundstück kann auch aus mehreren aneinander grenzenden Grundstücken bestehen, wenn und solange durch Baulast gesichert ist, dass alle baulichen Anlagen auf den Grundstücken das öffentliche Baurecht so einhalten, als wären die Grundstücke ein Grundstück.

(13) Baumaßnahme ist die Errichtung, die Änderung, der Abbruch, die Beseitigung, die Nutzungsänderung oder die Instandhaltung einer baulichen Anlage oder eines Teils einer baulichen Anlage.

(14) Bauprodukte sind
1. Produkte, Baustoffe, Bauteile und Anlagen sowie Bausätze gemäß Artikel 2 Nr. 2 der Verordnung (EU) Nr. 305/2011 des Europäischen Parlaments und des Rates vom 9. März 2011 zur Festlegung harmonisierter Bedingungen für die Vermarktung von Bauprodukten und zur Aufhebung der Richtlinie 89/106/EWG des Rates (ABl. EU Nr. L 88 S. 5; 2013 Nr. L 103 S. 10), zuletzt geändert durch die Delegierte Verordnung (EU) Nr. 574/2014 der Kommission vom 21. Februar 2014 (ABl. EU Nr. L 159 S. 41), die hergestellt werden, um dauerhaft in bauliche Anlagen eingebaut zu werden,
2. aus Produkten, Baustoffen und Bauteilen sowie Bausätzen gemäß Artikel 2 Nr. 2 der Verordnung (EU) Nr. 305/2011 vorgefertigte Anlagen, die hergestellt werden, um mit dem Erdboden verbunden zu werden,
und deren Verwendung sich auf die Anforderungen nach § 3 Abs. 1 bis 3 auswirken kann.

(15) Bauart ist das Zusammenfügen von Bauprodukten zu baulichen Anlagen oder Teilen von baulichen Anlagen.

(16) [1] Barrierefrei sind bauliche Anlagen, soweit sie für Menschen mit Behinderungen in der allgemein üblichen Weise, ohne besondere Erschwernis und grundsätzlich ohne fremde Hilfe auffindbar, zugänglich und nutzbar sind. [2] Hierbei ist die Nutzung behinderungsbedingt notwendiger Hilfsmittel zulässig.

(17) Öffentliches Baurecht sind die Vorschriften dieses Gesetzes, die Vorschriften aufgrund dieses Gesetzes, das städtebauliche Planungsrecht und die sonstigen Vorschriften des öffentlichen Rechts, die Anforderungen an bauliche Anlagen, Bauprodukte oder Baumaßnahmen oder an andere Anlagen oder Einrichtungen nach § 1 Abs. 1 Satz 2 stellen oder die Bebaubarkeit von Grundstücken regeln.

(18) Bauvorlagen sind die Unterlagen, die in bauordnungsrechtlichen Verfahren für die Beurteilung einer Baumaßnahme, einer baulichen Anlage oder einer anderen Anlage oder Einrichtung im Hinblick auf das öffentliche Baurecht erforderlich sind.

§ 3 Allgemeine Anforderungen

(1) [1] Bauliche Anlagen müssen so angeordnet, beschaffen und für ihre Benutzung geeignet sein, dass die öffentliche Sicherheit, insbesondere Leben und Gesundheit, sowie die natürlichen Lebensgrundlagen und die Tiere nicht gefährdet werden. [2] Unzumutbare Belästigungen oder unzumutbare Verkehrsbehinderungen dürfen nicht entstehen.

(2) [1] Bauliche Anlagen müssen den allgemeinen Anforderungen an gesunde Wohn- und Arbeitsverhältnisse entsprechen. [2] Die Belange der Menschen mit Behinderungen, der alten Menschen, der Kinder und Jugendlichen sowie der Personen mit Kleinkindern sind zu berücksichtigen. [3] Zum Schutz des Klimas sind Möglichkeiten zum sparsamen Umgang mit Boden, Wasser und Energie sowie zur Gewinnung erneuerbarer Energien zu berücksichtigen.

(3) Bauliche Anlagen dürfen nicht verunstaltet wirken und dürfen auch das Gesamtbild ihrer Umgebung nicht verunstalten.

(4) [1] Bauliche Anlagen dürfen erst in Gebrauch genommen werden, wenn sie sicher benutzbar sind. [2] Sie sind so instand zu halten, dass die Anforderungen nach den Absätzen 1 bis 3 gewahrt bleiben.

(5) [1] Für die Durchführung von Baumaßnahmen gilt Absatz 1 entsprechend. [2] Baumaßnahmen dürfen keine Verhältnisse schaffen, die den Anforderungen nach den Absätzen 1 bis 3 widersprechen.

(6) Nicht bebaute Flächen von Baugrundstücken sind so herzurichten und zu unterhalten, dass die Erfüllung der Anforderungen nach den Absätzen 1 bis 3 nicht beeinträchtigt wird.

§ 3a Elektronische Kommunikation

(1) [1] Der Bauaufsichtsbehörde sind
1. Anzeigen eines beabsichtigten Abbruchs oder einer beabsichtigten Beseitigung einer baulichen Anlage (§ 60 Abs. 3 Satz 1),
2. Mitteilungen über eine sonstige genehmigungsfreie Baumaßnahme (§ 62 Abs. 3 Satz 1),
3. Anträge auf Bestätigung, dass Nachweise der Standsicherheit oder des Brandschutzes dem öffentlichen Baurecht entsprechen (§ 65 Abs. 2 Satz 3),
4. Anträge auf Zulassung einer Abweichung (§ 66 Abs. 2 Satz 1),
5. Anträge auf Erteilung einer Ausnahme oder Befreiung (§ 66 Abs. 6),
6. Anträge auf Erteilung einer Baugenehmigung (§ 67 Abs. 1),
7. Anträge auf Erteilung einer Teilbaugenehmigung (§ 70 Abs. 3 Satz 1),

8. Anträge auf Verlängerung der Geltungsdauer einer Baugenehmigung, einer Teilbaugenehmigung oder eines Bauvorbescheids (§ 71 Abs. 1 Satz 3, auch in Verbindung mit § 73 Abs. 2 Satz 2),
9. Bauvoranfragen (§ 73 Abs. 1) und
10. Anträge auf Erteilung einer Typengenehmigung (§ 73a Abs. 1)

und die beizufügenden Bauvorlagen jeweils von der Person, die eine der Erklärungen nach den Nummern 1 bis 10 abzugeben hat (erklärende Person), elektronisch zu übermitteln, soweit in diesem Gesetz oder in einer Verordnung aufgrund dieses Gesetzes nicht etwas anderes bestimmt ist. [2] Die Übermittlung und der Nachweis der Identität der erklärenden Person haben unter Verwendung eines Nutzerkontos der erklärenden Person nach § 2 Abs. 5 Satz 1 des Onlinezugangsgesetzes zu erfolgen. [3] Dabei muss der Nachweis der Identität der erklärenden Person im Nutzerkonto mindestens auf dem Sicherheitsniveau „substanziell" im Sinne des Artikels 8 Abs. 2 Buchst. b der Verordnung (EU) Nr. 910/2014 des Europäischen Parlaments und Rates vom 23. Juli 2014 über elektronische Identifizierung und Vertrauensdienste für elektronische Transaktionen im Binnenmarkt und zur Aufhebung der Richtlinie 1999/93/EG (ABl. EU Nr. L 257 S. 73; 2015 Nr. L 23 S. 19; 2016 Nr. L 155 S. 44) erfolgen. [4] Jede in Verfahren nach Satz 1 übermittelte Bauvorlage muss von der für ihren Inhalt verantwortlichen Person oder Stelle mit einer qualifizierten elektronischen Signatur versehen sein, soweit in diesem Gesetz oder in einer Verordnung aufgrund dieses Gesetzes nicht etwas anderes bestimmt ist. [5] Die qualifizierte elektronische Signatur ist nicht erforderlich, wenn

1. die Bauvorlage ein qualifiziertes elektronisches Siegel einer Behörde oder Stelle trägt oder
2. die für den Inhalt der Bauvorlage verantwortliche Person die Unterlagen nach Satz 1 über ein eigenes Nutzerkonto nach den Sätzen 2 und 3 übermittelt.

[6] Die Bauaufsichtsbehörde kann der erklärenden Person für das Nachreichen von Bauvorlagen in Verfahren nach Satz 1 einen von den Anforderungen nach den Sätzen 2 und 3 abweichenden elektronischen Übermittlungsweg eröffnen.

(2) [1] Die Bauaufsichtsbehörde lässt im Einzelfall zu, dass in Verfahren nach Absatz 1 Satz 1 die Erklärungen nach Absatz 1 Satz 1 Nrn. 1 bis 10 und die beizufügenden Bauvorlagen als Dokumente in Papierform übermittelt werden, wenn eine elektronische Übermittlung nach Absatz 1 nicht zumutbar ist. [2] Die Erklärungen müssen von der Person, die die jeweilige Erklärung abzugeben hat, unter Angabe des Tages unterschrieben sein, die Bauvorlagen von der Person, die für deren Inhalt jeweils verantwortlich ist. [3] § 3a Abs. 2 des Verwaltungsverfahrensgesetzes (VwVfG) in Verbindung mit § 1 Abs. 1 des Niedersächsischen Verwaltungsverfahrensgesetzes (NVwVfG) findet keine Anwendung.

(3) Elektronische Verwaltungsakte und Bestätigungen sind mit einer qualifizierten elektronischen Signatur oder einem qualifizierten elektronischen Siegel zu versehen.

Zweiter Teil Das Grundstück und seine Bebauung

§ 4 Zugänglichkeit des Baugrundstücks, Anordnung und Zugänglichkeit der baulichen Anlagen

(1) Das Baugrundstück muss so an einer mit Kraftfahrzeugen befahrbaren öffentlichen Verkehrsfläche liegen oder einen solchen Zugang zu ihr haben, dass der von der baulichen Anlage ausgehende Zu- und Abgangsverkehr und der für den Brandschutz erforderliche Einsatz von Feuerlösch- und Rettungsgeräten jederzeit ordnungsgemäß und ungehindert möglich sind.

(2) [1] Ist das Baugrundstück nur über Flächen zugänglich, die nicht dem öffentlichen Verkehr gewidmet sind, so muss ihre Benutzung für diesen Zweck durch Baulast oder Miteigentum gesichert sein; bei Wohngebäuden der Gebäudeklassen 1 und 2 genügt eine Sicherung durch Grunddienstbarkeit. [2] Dies gilt nicht, wenn der erforderliche Zugang zu einem Grundstück über ein anderes Grundstück führt, das mit ihm zusammen nach § 2 Abs. 12 Satz 2 ein Baugrundstück bildet.

(3) [1] Bauliche Anlagen müssen auf dem Baugrundstück so angeordnet sein, dass sie sicher zugänglich sind, das erforderliche Tageslicht erhalten und zweckentsprechend gelüftet werden können. [2] Für den Einsatz der Feuerlösch- und Rettungsgeräte muss die erforderliche Bewegungsfreiheit und Sicherheit gewährleistet sein.

(4) [1] Eine bauliche Anlage darf nicht auf mehreren Baugrundstücken gelegen sein. [2] Dies gilt nicht für einen Überbau, der nach § 21 a Abs. 1 des Niedersächsischen Nachbarrechtsgesetzes zu dulden ist.

§ 5 Grenzabstände

(1) [1] Gebäude müssen mit allen auf ihren Außenflächen oberhalb der Geländeoberfläche gelegenen Punkten von den Grenzen des Baugrundstücks Abstand halten. [2] Satz 1 gilt entsprechend für andere bauliche Anlagen, von denen Wirkungen wie von Gebäuden ausgehen, und Terrassen, soweit sie jeweils höher als 1 m über der Geländeoberfläche sind. [3] Der Abstand ist zur nächsten Lotrechten über der Grenzlinie zu messen. [4] Er richtet sich jeweils nach der Höhe des Punktes über der Geländeoberfläche (H). [5] Der Abstand darf auf volle 10 cm abgerundet werden.

(2) [1] Der Abstand beträgt 0,5 H, mindestens jedoch 3 m. [2] In Gewerbe- und Industriegebieten sowie in Gebieten, die nach ihrer baulichen Nutzung diesen Baugebieten entsprechen, beträgt der Abstand 0,25 H, mindestens jedoch 3 m. [3] Satz 2 gilt nicht für den Abstand von den Grenzen solcher Nachbargrundstücke, die ganz oder überwiegend außerhalb der genannten Gebiete liegen. [4] Der Abstand beträgt für Windenergieanlagen im Außenbereich oder in Sondergebieten für Windenergie 0,25 H, mindestens jedoch 3 m; dies gilt nicht für den Abstand von den Grenzen eines Nachbargrundstücks, das ganz oder teilweise in einem Bereich oder Gebiet liegt, in dem der Abstand größer sein muss.

(3) Der Abstand nach den Absätzen 1 und 2 darf unterschritten werden von
1. Dachüberständen und Gesimsen um nicht mehr als 0,50 m,
2. vor die Außenwand tretenden Gebäudeteilen, wie Eingangsüberdachungen, Hauseingangstreppen, Terrassenüberdachungen und Balkonen, sowie Dachgauben, wenn die Gebäudeteile insgesamt nicht mehr als ein Drittel der Breite der jeweiligen Außenwand in Anspruch nehmen, um nicht mehr als 1,50 m, höchstens jedoch um ein Drittel,
3. Gebäudeteilen, die ausschließlich der Aufnahme von Aufzügen zur nachträglichen Herstellung der Barrierefreiheit einer vor dem 1. Januar 2019 rechtmäßig errichteten oder genehmigten baulichen Anlage oder eines Teils einer baulichen Anlage dienen und höchstens 2,50 m vor die Außenwand vortreten und von der Grenze des Baugrundstücks mindestens 1,50 m Abstand halten, und
4. Antennen einschließlich der Masten außerhalb von Gewerbe- und Industriegebieten sowie außerhalb von Gebieten, die nach ihrer baulichen Nutzung diesen Baugebieten entsprechen, um 0,1 H.

(4) [1] Bei der Bemessung des erforderlichen Abstands bleiben folgende Gebäudeteile außer Betracht:
1. Schornsteine, wenn sie untergeordnet sind, Antennen, Geländer, Abgas- und Abluftleitungen,
2. Giebeldreiecke und entsprechende andere Giebelformen soweit sie, waagerecht gemessen, nicht mehr als 6 m breit sind.

[2] Außer Betracht bleiben ferner
1. Außenwandbekleidungen, soweit sie den Abstand um nicht mehr als 0,25 m unterschreiten, und
2. Bedachungen, soweit sie um nicht mehr als 0,25 m angehoben werden,

wenn der Abstand infolge einer Baumaßnahme zum Zweck des Wärmeschutzes oder der Energieeinsparung bei einem vorhandenen Gebäude unterschritten wird.

(5) [1] Soweit ein Gebäude nach städtebaulichem Planungsrecht ohne Grenzabstand errichtet werden muss, ist Absatz 1 Satz 1 nicht anzuwenden. [2] Soweit ein Gebäude nach städtebaulichem Planungsrecht ohne Grenzabstand errichtet werden darf, ist es abweichend von Absatz 1 Satz 1 an der Grenze zulässig, wenn durch Baulast gesichert ist, dass auf dem Nachbargrundstück entsprechend an diese Grenze gebaut wird, oder wenn auf dem Nachbargrundstück ein Gebäude ohne Abstand an der Grenze vorhanden ist und die neue Grenzbebauung der vorhandenen, auch in der Nutzung, entspricht.

(6) Erhebt sich über einen nach Absatz 5 an eine Grenze gebauten Gebäudeteil ein nicht an diese Grenze gebauter Gebäudeteil, so ist für dessen Abstand von dieser Grenze abweichend von Absatz 1 Satz 4 die Höhe des Punktes über der Oberfläche des niedrigeren Gebäudeteils an der Grenze maßgebend.

(7) [1] Ist ein Gebäude nach Absatz 5 Satz 1 an eine Grenze gebaut, so sind nicht an diese Grenze gebaute Teile des Gebäudes, die unter Absatz 3 fallen, in beliebigem Abstand von dieser Grenze zulässig. [2] Ist ein Gebäude nach Absatz 5 Satz 2 an eine Grenze gebaut, so darf der nach Absatz 3 einzuhaltende Abstand der dort genannten Gebäudeteile von dieser Grenze weiter verringert werden, wenn der Nachbar zugestimmt hat. [3] Sind im Fall des Satzes 2 auf dem Nachbargrundstück entsprechende Gebäudeteile mit verringertem Abstand vorhanden, so darf der Abstand in gleichem Maß verringert werden.

(8) [1] Abstand brauchen nicht zu halten
1. Stützmauern, Aufschüttungen und Einfriedungen
 a) in Gewerbe- und Industriegebieten, jedoch von den Grenzen eines Nachbargrundstücks, das ganz oder teilweise außerhalb eines solchen Gebiets liegt, nur solche mit einer Höhe von nicht mehr als 2 m, und
 b) außerhalb von Gewerbe- und Industriegebieten mit einer Höhe von nicht mehr als 2 m,
2. Gebäude und Einfriedungen in Baugebieten, in denen nach dem Bebauungsplan nur Gebäude mit einem fremder Sicht entzogenen Gartenhof zulässig sind, soweit sie nicht höher als 3,50 m sind, und
3. Antennen einschließlich der Masten
 a) im Außenbereich und
 b) im Übrigen, wenn der Durchmesser der Masten nicht mehr als 1,50 m beträgt, jedoch nur solche mit einer Höhe von
 aa) nicht mehr als 10 m bei Anlagen in reinen Wohngebieten sowie in einem 2,50 m tiefen Grenzbereich zu solchen Gebieten in Gebieten nach Doppelbuchstabe bb und
 bb) nicht mehr als 15 m bei Anlagen in sonstigen Gebieten.

[2] Satz 1 Nr. 3 Buchst. a gilt nicht für den Abstand von den Grenzen eines Nachbargrundstücks, das ganz oder teilweise nicht im Außenbereich liegt. [3] Die nach Satz 1 Nr. 3 Buchst. b maßgebliche Höhe wird
a) bei freistehenden Anlagen ab der Geländeoberfläche und
b) bei Anlagen auf baulichen Anlagen ab dem Schnittpunkt der Anlage mit der Außenfläche der baulichen Anlage

gemessen. [4] Ohne Abstand oder mit einem bis auf 1 m verringerten Abstand von der Grenze sind zulässig
1. Garagen und Gebäude ohne Aufenthaltsräume und Feuerstätten mit einer Höhe bis zu 3 m und
2. Solaranlagen, die nicht Teil eines Gebäudes sind, mit einer Höhe bis zu 3 m.

[5] Bauliche Anlagen nach Satz 4 dürfen den Abstand nach Absatz 2 auf einer Gesamtlänge von 9 m je Grundstücksgrenze, auf einem Baugrundstück insgesamt jedoch nur auf einer Länge von 15 m unterschreiten. [6] Bei Anwendung der Sätze 4 und 5 sind nach Absatz 5 Satz 2 ohne Abstand an eine Grenze gebaute Gebäude der in Satz 4 Nr. 1 genannten Art anzurechnen. [7] Bei Anwendung des Satzes 1 Nr. 2 gilt Absatz 2 Satz 3 entsprechend.

(9) [1] Die nach den Absätzen 1 bis 8 und den §§ 6 und 7 maßgebliche Höhe der Geländeoberfläche ist die der gewachsenen Geländeoberfläche. [2] Eine Veränderung dieser Geländeoberfläche durch Abgrabung ist zu berücksichtigen, eine Veränderung durch Aufschüttung dagegen nur, wenn die Geländeoberfläche dadurch an die vorhandene oder genehmigte Geländeoberfläche des Nachbargrundstücks angeglichen wird. [3] Die Bauaufsichtsbehörde setzt die Höhe der Geländeoberfläche fest, soweit dies erforderlich ist. [4] Dabei kann sie unter Würdigung nachbarlicher Belange den Anschluss an die Verkehrsflächen und die Abwasserbeseitigungsanlagen sowie Aufschüttungen berücksichtigen, die wegen des vorhandenen Geländeverlaufs gerechtfertigt sind.

(10) Bei rechtmäßig bestehenden Gebäuden, die die Abstände nach den Absätzen 1 bis 8 nicht einhalten, bleiben Unterschreitungen dieser Abstände unbeachtlich bei
1. Änderungen innerhalb dieses Gebäudes,
2. der Änderung der Nutzung von Räumen und Gebäuden,
3. der Errichtung und der Änderung von Vor- und Anbauten, die für sich genommen den Grenzabstand einhalten,
4. der nachträglichen Errichtung von Dach- und Staffelgeschossen, wenn die Unterschreitung des Abstandes bei Berücksichtigung der zusätzlichen Geschosse nicht größer ist als die bisherige Unterschreitung, und
5. dem Ersatz von Dachräumen, Dach- oder Staffelgeschossen innerhalb der bisherigen Abmessungen.

§ 6 Hinzurechnung benachbarter Grundstücke

(1) [1] Benachbarte Verkehrsflächen öffentlicher Straßen dürfen für die Bemessung des Grenzabstandes bis zu ihrer Mittellinie dem Baugrundstück zugerechnet werden, unter den Voraussetzungen des Absatzes 2 auch über die Mittellinie hinaus. [2] Mit Zustimmung der Eigentümer dürfen öffentliche Grün- und Wasserflächen sowie Betriebsflächen öffentlicher Eisenbahnen und Straßenbahnen entsprechend Satz 1 zugerechnet werden.

(2) Andere benachbarte Grundstücke dürfen für die Bemessung des Grenzabstandes dem Baugrundstück bis zu einer gedachten Grenze zugerechnet werden, wenn durch Baulast gesichert ist, dass auch bauliche Anlagen auf dem benachbarten Grundstück den vorgeschriebenen Abstand von dieser Grenze halten.

§ 7 Abstände auf demselben Baugrundstück

(1) [1] Zwischen Gebäuden auf demselben Baugrundstück, die nicht unmittelbar aneinander gebaut sind, muss ein Abstand gehalten werden, der so zu bemessen ist, als verliefe zwischen ihnen eine Grenze. [2] Satz 1 gilt entsprechend für andere bauliche Anlagen, von denen Wirkungen wie von Gebäuden ausgehen, und Terrassen, soweit sie jeweils höher als 1 m über der Geländeoberfläche sind.

(2) Der Abstand nach Absatz 1 darf, soweit hinsichtlich des Brandschutzes, des Tageslichts und der Lüftung keine Bedenken bestehen, unterschritten werden
1. auf einem Baugrundstück, das in einem durch Bebauungsplan festgesetzten Gewerbe- oder Industriegebiet liegt oder entsprechend genutzt werden darf, zwischen Gebäuden, die in den genannten Gebieten allgemein zulässig sind,
2. zwischen land- oder forstwirtschaftlich genutzten Gebäuden ohne Aufenthaltsräume,
3. von baulichen Anlagen nach § 5 Abs. 8 Satz 4.

(3) [1] Wenn Teile desselben Gebäudes oder aneinander gebauter Gebäude auf demselben Baugrundstück einander in einem Winkel von weniger als 75 Grad zugekehrt sind, muss zwischen ihnen Abstand nach Absatz 1 gehalten werden. [2] Dies gilt nicht für Dachgauben, Balkone und sonstige geringfügig vor- oder zurücktretende Teile desselben Gebäudes. [3] Der Abstand nach Satz 1 dürfen unterschritten werden, soweit die Teile des Gebäudes keine Öffnungen zu Aufenthaltsräumen haben und der Brandschutz und eine ausreichende Belüftung gewährleistet sind.

(4) Zwischen einander in einem Winkel von weniger als 120 Grad zugekehrten Fenstern von Aufenthaltsräumen eines Gebäudes oder aneinander gebauter Gebäude auf demselben Baugrundstück muss ein Abstand von mindestens 6 m gehalten werden, wenn die Aufenthaltsräume dem Wohnen dienen und nicht zu derselben Wohnung gehören.

(5) Die Absätze 1 bis 3 gelten nicht für fliegende Bauten.

§ 8 Grundstücksteilungen

(1) Durch die Teilung eines Grundstücks, das bebaut ist oder dessen Bebauung genehmigt ist, dürfen keine Verhältnisse geschaffen werden, die den Vorschriften dieses Gesetzes oder aufgrund dieses Gesetzes erlassenen Vorschriften zuwiderlaufen.

(2) Soll bei einer Teilung eines Grundstücks nach Absatz 1 von Vorschriften dieses Gesetzes oder von aufgrund dieses Gesetzes erlassenen Vorschriften abgewichen werden, so ist § 66 entsprechend anzuwenden.

§ 9 Nicht überbaute Flächen, Kinderspielplätze

(1) [1] Die nicht überbauten Flächen von Baugrundstücken sind so herzurichten und zu unterhalten, dass sie nicht verunstaltet wirken und auch ihre Umgebung nicht verunstalten. [2] Dies gilt auch für die nicht im Außenbereich gelegenen, nach öffentlichem Baurecht bebaubaren Grundstücke.

(2) Die nicht überbauten Flächen der Baugrundstücke müssen Grünflächen sein, soweit sie nicht für eine andere zulässige Nutzung erforderlich sind.

(3) [1] Wird ein Gebäude mit mehr als fünf Wohnungen errichtet, so ist auf dem Baugrundstück oder in unmittelbarer Nähe auf einem anderen Grundstück, dessen dauerhafte Nutzung für diesen Zweck durch Baulast gesichert sein muss, ein ausreichend großer Spielplatz für Kinder im Alter bis zu sechs Jahren anzulegen. [2] Dies gilt nicht, wenn in unmittelbarer Nähe ein sonstiger für die Kinder nutzbarer Spielplatz geschaffen wird oder bereits vorhanden

ist oder ein solcher Spielplatz wegen der Art und der Lage der Wohnungen nicht erforderlich ist. [3] Bei einem bestehenden Gebäude mit mehr als fünf Wohnungen kann die Herstellung eines Spielplatzes für Kinder im Alter bis zu sechs Jahren verlangt werden.

(4) [1] Stellplätze, deren Zu- und Abfahrten und Fahrgassen sowie die Zu- und Abfahrten von Garagen dürfen, wenn die Versickerung des Niederschlagswassers nicht auf andere Weise ermöglicht wird, nur eine Befestigung haben, durch die das Niederschlagswasser mindestens zum überwiegenden Teil versickern kann. [2] Satz 1 gilt nicht, soweit die Flächen für das Warten von Kraftfahrzeugen oder ähnliche Arbeiten, die das Grundwasser verunreinigen können, genutzt werden.

Dritter Teil Allgemeine Anforderungen an Baumaßnahmen und bauliche Anlagen

§ 10 Gestaltung baulicher Anlagen

Bauliche Anlagen sind in der Form, im Maßstab, im Verhältnis der Baumassen und Bauteile zueinander, im Werkstoff einschließlich der Art seiner Verarbeitung und in der Farbe so durchzubilden, dass sie weder verunstaltet wirken noch das bestehende oder geplante Straßen-, Orts- oder Landschaftsbild verunstalten.

§ 11 Einrichtung der Baustelle

(1) [1] Bei Baumaßnahmen müssen die Teile der Baustellen, auf denen unbeteiligte Personen gefährdet werden können, abgegrenzt oder durch Warnzeichen gekennzeichnet sein. [2] Soweit es aus Sicherheitsgründen erforderlich ist, müssen Baustellen ganz oder teilweise mit Bauzäunen abgegrenzt, mit Schutzvorrichtungen gegen herabfallende Gegenstände versehen und beleuchtet sein.

(2) [1] Öffentliche Verkehrsflächen, Versorgungs-, Abwasserbeseitigungs-, Telekommunikations- und Rundfunkanlagen sowie Grundwassermessstellen, Grenz- und Vermessungsmale sind während der Bauausführung zu schützen und, soweit erforderlich, unter den notwendigen Sicherungsvorkehrungen zugänglich zu halten. [2] Bäume, Hecken und sonstige Bepflanzungen, die aufgrund anderer Rechtsvorschriften zu erhalten sind, müssen während der Bauausführung geschützt werden.

(3) [1] Vor der Durchführung nicht verfahrensfreier Baumaßnahmen hat die Bauherrin oder der Bauherr auf dem Baugrundstück ein von der öffentlichen Verkehrsfläche (§ 4 Abs. 1) aus lesbares Schild dauerhaft anzubringen, das die Bezeichnung der Baumaßnahme und die Namen und Anschriften der Bauherrin oder des Bauherrn, der Entwurfsverfasserin oder des Entwurfsverfassers, der Bauleiterin oder des Bauleiters und der Unternehmerinnen und Unternehmer enthält (Bauschild). [2] Liegt das Baugrundstück nicht an einer öffentlichen Verkehrsfläche, so genügt es, wenn das Bauschild von dem Zugang zum Baugrundstück aus lesbar ist. [3] Unternehmerinnen und Unternehmer für geringfügige Bauarbeiten brauchen auf dem Bauschild nicht angegeben zu werden.

§ 12 Standsicherheit

(1) [1] Jede bauliche Anlage muss im Ganzen, in ihren einzelnen Teilen und für sich allein dem Zweck entsprechend dauerhaft standsicher sein. [2] Die Standsicherheit anderer baulicher Anlagen und die Tragfähigkeit des Baugrundes der Nachbargrundstücke dürfen nicht gefährdet werden. [3] Die Sätze 1 und 2 gelten auch während der Baumaßnahme.

(2) Gemeinsame Bauteile für mehrere bauliche Anlagen sind zulässig, wenn technisch gesichert ist, dass die gemeinsamen Bauteile beim Abbruch einer der baulichen Anlagen stehen bleiben können.

§ 13 Schutz gegen schädliche Einflüsse

[1] Bauliche Anlagen müssen so angeordnet, beschaffen und gebrauchstauglich sein, dass durch chemische, physikalische oder biologische Einflüsse, insbesondere Wasser, Feuchtigkeit, pflanzliche oder tierische Schädlinge, Gefahren oder unzumutbare Belästigungen nicht entstehen. [2] Das Baugrundstück muss für die bauliche Anlage entsprechend geeignet sein.

§ 14 Brandschutz

[1] Bauliche Anlagen müssen so errichtet, geändert und instand gehalten werden und so angeordnet, beschaffen und für ihre Benutzung geeignet sein, dass der Entstehung eines Brandes sowie der Ausbreitung von Feuer und Rauch (Brandausbreitung) vorgebeugt wird und bei einem Brand die Rettung von Menschen und Tieren sowie wirksame Löscharbeiten möglich sind. [2] Soweit die Mittel der Feuerwehr zur Rettung von Menschen nicht ausreichen, sind stattdessen geeignete bauliche Vorkehrungen zu treffen.

§ 15 Schall-, Wärme- und Erschütterungsschutz

(1) Bauliche Anlagen müssen einen für ihre Benutzung ausreichenden Schall- und Wärmeschutz bieten.

(2) Von technischen Bauteilen und ortsfesten Einrichtungen in baulichen Anlagen oder auf Baugrundstücken wie von Anlagen für Wasserversorgung, Abwässer oder Abfallstoffe, von Heizungs- oder Lüftungsanlagen und von Aufzügen dürfen, auch für Nachbarn, keine Gefahren oder unzumutbare Belästigungen durch Geräusche, Erschütterungen oder Schwingungen ausgehen.

§ 16 Verkehrssicherheit

(1) Bauliche Anlagen sowie Verkehrsflächen in baulichen Anlagen und auf dem Baugrundstück müssen verkehrssicher sein.

(2) Die Sicherheit und Leichtigkeit des öffentlichen Verkehrs darf durch bauliche Anlagen oder deren Nutzung nicht gefährdet werden.

§ 16a Bauarten

(1) Bauarten dürfen nur angewendet werden, wenn bei ihrer Anwendung die baulichen Anlagen bei ordnungsgemäßer Instandhaltung während einer dem Zweck entsprechenden angemessenen Zeitdauer die Anforderungen dieses Gesetzes oder aufgrund dieses Gesetzes erlassener Vorschriften erfüllen und für ihren Anwendungszweck tauglich sind.

(2) [1] Bauarten, die von Technischen Baubestimmungen nach § 83 Abs. 2 Nr. 2 oder 3 Buchst. a wesentlich abweichen oder für die es allgemein anerkannte Regeln der Technik nicht gibt, dürfen bei der Errichtung, Änderung und Instandhaltung baulicher Anlagen nur angewendet werden, wenn für sie
1. eine allgemeine Bauartgenehmigung durch das Deutsche Institut für Bautechnik oder
2. eine vorhabenbezogene Bauartgenehmigung durch die oberste Bauaufsichtsbehörde

erteilt worden ist. [2] § 18 Abs. 2 bis 7 gilt entsprechend.

(3) [1] Anstelle einer allgemeinen Bauartgenehmigung nach Absatz 2 Satz 1 Nr. 1 genügt ein allgemeines bauaufsichtliches Prüfzeugnis, wenn die Bauart nach allgemein anerkannten Prüfverfahren beurteilt werden kann. [2] Diese Bauarten werden mit der Angabe der maßgebenden technischen Regeln für diese Prüfverfahren in den Technischen Baubestimmungen nach § 83 bekannt gemacht. [3] § 19 Abs. 2 gilt entsprechend.

(4) Wenn Gefahren im Sinne des § 3 Abs. 1 nicht zu erwarten sind, kann die oberste Bauaufsichtsbehörde im Einzelfall oder für genau begrenzte Fälle allgemein festlegen, dass eine Bauartgenehmigung nicht erforderlich ist.

(5) [1] Bauarten bedürfen einer Bestätigung ihrer Übereinstimmung mit den Technischen Baubestimmungen nach § 83 Abs. 2, den allgemeinen Bauartgenehmigungen, den allgemeinen bauaufsichtlichen Prüfzeugnissen für Bauarten oder den vorhabenbezogenen Bauartgenehmigungen; als Übereinstimmung gilt auch eine Abweichung, die nicht wesentlich ist. [2] § 21 Abs. 2 gilt für den Anwender der Bauart entsprechend.

(6) [1] Bei Bauarten, deren Anwendung in außergewöhnlichem Maß von der Sachkunde und Erfahrung der damit betrauten Personen oder von einer Ausstattung mit besonderen Vorrichtungen abhängt, kann in der Bauartgenehmigung oder durch Verordnung der obersten Bauaufsichtsbehörde vorgeschrieben werden, dass der Anwender über solche Fachkräfte und Vorrichtungen zu verfügen und den Nachweis hierüber gegenüber einer Prüfstelle nach § 24 Satz 1 Nr. 6 zu erbringen hat. [2] In der Verordnung können Mindestanforderungen an die Ausbildung, die durch Prüfung nachzuweisende Befähigung und die Ausbildungsstätten einschließlich der Anerkennungsvoraussetzungen gestellt werden.

(7) Für Bauarten, die einer außergewöhnlichen Sorgfalt bei der Ausführung oder der Instandhaltung bedürfen, kann in der Bauartgenehmigung oder durch Verordnung der obersten Bauaufsichtsbehörde die Überwachung dieser Tätigkeiten durch eine Überwachungsstelle nach § 24 Satz 1 Nr. 5 vorgeschrieben werden.

Vierter Teil Bauprodukte

§ 16b Allgemeine Anforderungen für die Verwendung von Bauprodukten

(1) Bauprodukte dürfen nur verwendet werden, wenn bei ihrer Verwendung die baulichen Anlagen bei ordnungsgemäßer Instandhaltung während einer dem Zweck entsprechenden angemessenen Zeitdauer die Anforderungen dieses Gesetzes oder aufgrund dieses Gesetzes erlassener Vorschriften erfüllen und gebrauchstauglich sind.

(2) Bauprodukte, die in Vorschriften eines anderen Mitgliedstaates der Europäischen Union oder eines anderen Vertragsstaates des Abkommens über den Europäischen Wirtschaftsraum genannten technischen Anforderungen entsprechen, dürfen verwendet werden, wenn das geforderte Schutzniveau nach § 3 Abs. 1 gleichermaßen dauerhaft erreicht wird.

§ 16c Anforderungen für die Verwendung von CE-gekennzeichneten Bauprodukten

[1] Ein Bauprodukt, das die CE-Kennzeichnung trägt, darf verwendet werden, wenn die erklärten Leistungen den in diesem Gesetz oder in aufgrund dieses Gesetzes erlassenen Vorschriften festgelegten Anforderungen für diese Verwendung entsprechen. [2] Die §§ 17 bis 25 Abs. 1 gelten nicht für Bauprodukte, die die CE-Kennzeichnung aufgrund der Verordnung (EU) Nr. 305/11 tragen.

§ 17 Verwendbarkeitsnachweis

(1) Ein Verwendbarkeitsnachweis (§§ 18 bis 20) ist für ein Bauprodukt erforderlich, wenn
1. es für das Bauprodukt keine Technische Baubestimmung und keine allgemein anerkannte Regel der Technik gibt,
2. das Bauprodukt von einer Technischen Baubestimmung (§ 83 Abs. 2 Nr. 3) wesentlich abweicht oder
3. eine Verordnung nach § 82 Abs. 5 dies für das Bauprodukt vorsieht.

(2) Ein Verwendbarkeitsnachweis ist nicht erforderlich für ein Bauprodukt,
1. das von einer allgemein anerkannten Regel der Technik abweicht oder
2. das für die Erfüllung der Anforderungen dieses Gesetzes oder aufgrund dieses Gesetzes erlassener Vorschriften nur eine untergeordnete Bedeutung hat.

(3) Die Technischen Baubestimmungen nach § 83 enthalten eine nicht abschließende Liste von Bauprodukten, die keines Verwendbarkeitsnachweises nach Absatz 1 bedürfen.

§ 18 Allgemeine bauaufsichtliche Zulassung

(1) Das Deutsche Institut für Bautechnik erteilt unter den Voraussetzungen des § 17 Abs. 1 eine allgemeine bauaufsichtliche Zulassung für Bauprodukte, wenn ihre Verwendbarkeit im Sinne des § 16b Abs. 1 nachgewiesen ist.

(2) [1] Die zur Begründung des Antrags erforderlichen Unterlagen sind beizufügen. [2] Soweit erforderlich, sind Probestücke von der Antragstellerin oder dem Antragsteller zur Verfügung zu stellen oder durch Sachverständige, die das Deutsche Institut für Bautechnik bestimmen kann, zu entnehmen oder Probeausführungen unter Aufsicht der Sachverständigen herzustellen. [3] § 69 Abs. 2 gilt entsprechend.

(3) Das Deutsche Institut für Bautechnik kann für die Durchführung der Prüfung die sachverständige Stelle und für Probeausführungen die Ausführungsstelle und Ausführungszeit vorschreiben.

(4) [1] Die allgemeine bauaufsichtliche Zulassung wird widerruflich und für eine bestimmte Frist erteilt, die in der Regel fünf Jahre beträgt. [2] Die Zulassung kann mit Nebenbestimmungen erteilt werden. [3] Die Befristung kann auf schriftlichen Antrag in der Regel um fünf Jahre verlängert werden; § 71 Abs. 1 Satz 4 gilt entsprechend.

(5) Die Zulassung wird unbeschadet der privaten Rechte Dritter erteilt.

(6) Das Deutsche Institut für Bautechnik macht die von ihm erteilten allgemeinen bauaufsichtlichen Zulassungen nach Gegenstand und wesentlichem Inhalt öffentlich bekannt.

(7) Allgemeine bauaufsichtliche Zulassungen nach dem Recht anderer Länder gelten auch in Niedersachsen.

§ 19 Allgemeines bauaufsichtliches Prüfzeugnis

(1) [1] Bauprodukte, die nach allgemein anerkannten Prüfverfahren beurteilt werden, bedürfen anstelle einer allgemeinen bauaufsichtlichen Zulassung nach § 18 nur eines allgemeinen bauaufsichtlichen Prüfzeugnisses. [2] Die Bauprodukte, für die die Voraussetzungen des Satzes 1 vorliegen, werden mit der Angabe der für das jeweilige Prüfverfahren maßgebenden technischen Regeln in den Technischen Baubestimmungen nach § 83 bekannt gemacht.

(2) [1] Ein allgemeines bauaufsichtliches Prüfzeugnis wird von einer Prüfstelle nach § 24 Satz 1 Nr. 1 für Bauprodukte nach Absatz 1 erteilt, wenn ihre Verwendbarkeit im Sinne des § 16b Abs. 1 nachgewiesen ist. [2] § 18 Abs. 2 und 4 bis 7 gilt entsprechend.

§ 20 Nachweis der Verwendbarkeit von Bauprodukten im Einzelfall

[1] Mit Zustimmung der obersten Bauaufsichtsbehörde dürfen unter den Voraussetzungen des § 17 Abs. 1 im Einzelfall Bauprodukte verwendet werden, wenn ihre Verwendbarkeit im Sinne des § 16b Abs. 1 nachgewiesen ist. [2] Wenn Gefahren im Sinne des § 3 Abs. 1 nicht zu erwarten sind, kann die oberste Bauaufsichtsbehörde im Einzelfall erklären, dass ihre Zustimmung nicht erforderlich ist.

§ 21 Übereinstimmungsbestätigung

(1) Bauprodukte bedürfen einer Bestätigung ihrer Übereinstimmung mit den Technischen Baubestimmungen nach § 83 Abs. 2, den allgemeinen bauaufsichtlichen Zulassungen, den allgemeinen bauaufsichtlichen Prüfzeugnissen oder den Zustimmungen im Einzelfall; als Übereinstimmung gilt auch eine Abweichung, die nicht wesentlich ist.

(2) Die Bestätigung der Übereinstimmung erfolgt durch eine Übereinstimmungserklärung des Herstellers (§ 22).

(3) Die Übereinstimmungserklärung hat der Hersteller durch Kennzeichnung der Bauprodukte mit dem Übereinstimmungszeichen (Ü-Zeichen) unter Hinweis auf den Verwendungszweck abzugeben.

(4) Die Ü-Zeichen ist auf dem Bauprodukt, auf einem Beipackzettel oder auf seiner Verpackung oder, wenn dies Schwierigkeiten bereitet, auf dem Lieferschein oder auf einer Anlage zum Lieferschein anzubringen.

(5) Ü-Zeichen aus anderen Ländern und aus anderen Staaten gelten auch in Niedersachsen.

§ 22 Übereinstimmungserklärung des Herstellers

(1) Der Hersteller darf eine Übereinstimmungserklärung nur abgeben, wenn er durch werkseigene Produktionskontrolle sichergestellt hat, dass das von ihm hergestellte Bauprodukt den maßgebenden technischen Regeln, der allgemeinen bauaufsichtlichen Zulassung, dem allgemeinen bauaufsichtlichen Prüfzeugnis oder der Zustimmung im Einzelfall entspricht.

(2) [1] In den Technischen Baubestimmungen nach § 83, in den allgemeinen bauaufsichtlichen Zulassungen, in den allgemeinen bauaufsichtlichen Prüfzeugnissen oder in den Zustimmungen im Einzelfall kann eine Prüfung der Bauprodukte durch eine Prüfstelle vor Abgabe der Übereinstimmungserklärung vorgeschrieben werden, wenn dies zur Sicherung einer ordnungsgemäßen Herstellung erforderlich ist. [2] In diesen Fällen hat die Prüfstelle das Bauprodukt daraufhin zu überprüfen, ob es den maßgebenden technischen Regeln, der allgemeinen bauaufsichtlichen Zulassung, dem allgemeinen bauaufsichtlichen Prüfzeugnis oder der Zustimmung im Einzelfall entspricht.

(3) [1] In den Technischen Baubestimmungen nach § 83, in den allgemeinen bauaufsichtlichen Zulassungen, in allgemeinen bauaufsichtlichen Prüfzeugnissen oder in den Zustimmungen im Einzelfall kann eine Zertifizierung nach § 23 vor Abgabe der Übereinstimmungserklärung vorgeschrieben werden, wenn dies zum Nachweis einer ordnungsgemäßen Herstellung eines Bauprodukts erforderlich ist. [2] Die oberste Bauaufsichtsbehörde kann im Einzelfall die Verwendung eines Bauprodukts ohne Zertifizierung gestatten, wenn nachgewiesen ist, dass das Bauprodukt den maßgebenden technischen Regeln, der allgemeinen bauaufsichtlichen Zulassung, dem allgemeinen bauaufsichtlichen Prüfzeugnis oder der Zustimmung im Einzelfall entspricht.

(4) Bauprodukte, die nicht in Serie hergestellt werden, bedürfen nur einer Übereinstimmungserklärung nach Absatz 1, sofern nichts anderes bestimmt ist.

§ 23 Zertifizierung

(1) Dem Hersteller ist ein Übereinstimmungszertifikat von einer Zertifizierungsstelle nach § 24 Satz 1 Nr. 3 zu erteilen, wenn das Bauprodukt

1. den Technischen Baubestimmungen nach § 83 Abs. 2, der allgemeinen bauaufsichtlichen Zulassung, dem allgemeinen bauaufsichtlichen Prüfzeugnis oder der Zustimmung im Einzelfall entspricht und
2. einer werkseigenen Produktionskontrolle sowie einer Fremdüberwachung nach Maßgabe des Absatzes 2 unterliegt.

(2) [1] Die Fremdüberwachung ist von Überwachungsstellen nach § 24 Satz 1 Nr. 4 durchzuführen. [2] Im Rahmen der Fremdüberwachung ist regelmäßig zu überprüfen, ob das Bauprodukt den Technischen Baubestimmungen nach § 83 Abs. 2, der allgemeinen bauaufsichtlichen Zulassung, dem allgemeinen bauaufsichtlichen Prüfzeugnis oder der Zustimmung im Einzelfall entspricht.

§ 24 Prüf-, Zertifizierungs- und Überwachungsstellen

[1] Die oberste Bauaufsichtsbehörde kann eine natürliche oder juristische Person oder eine Stelle als

1. Prüfstelle für die Erteilung allgemeiner bauaufsichtlicher Prüfzeugnisse (§ 19 Abs. 2),
2. Prüfstelle für die Überprüfung von Bauprodukten vor Abgabe der Übereinstimmungserklärung (§ 22 Abs. 2),
3. Zertifizierungsstelle (§ 23 Abs. 1),
4. Überwachungsstelle für die Fremdüberwachung (§ 23 Abs. 2),
5. Überwachungsstelle für die Überwachung nach § 16a Abs. 7 und § 25 Abs. 2 oder
6. Prüfstelle für die Überprüfung nach § 16a Abs. 6 und § 25 Abs. 1

anerkennen, wenn sie oder die bei ihr Beschäftigten nach ihrer Ausbildung, Fachkenntnis, persönlichen Zuverlässigkeit, ihrer Unparteilichkeit und ihren fachlichen Leistungen die Gewähr dafür bieten, dass die Aufgaben den öffentlich-rechtlichen Vorschriften entsprechend wahrgenommen werden, und wenn sie über die erforderlichen Vorrichtungen verfügen. [2] Satz 1 ist entsprechend auf Behörden anzuwenden, wenn sie ausreichend mit geeigneten Fachkräften besetzt und mit den erforderlichen Vorrichtungen ausgestattet sind. [3] Die Anerkennung von Prüf-, Zertifizierungs- und Überwachungsstellen anderer Länder gilt auch in Niedersachsen.

§ 25 Besondere Sachkunde- und Sorgfaltsanforderungen

(1) [1] Bei Bauprodukten, deren Herstellung in außergewöhnlichem Maß von der Sachkunde und Erfahrung der damit betrauten Personen oder von einer Ausstattung mit besonderen Vorrichtungen abhängt, kann in der allgemeinen bauaufsichtlichen Zulassung, in der Zustimmung im Einzelfall oder durch Verordnung der obersten Bauaufsichtsbehörde vorgeschrieben werden, dass der Hersteller über die erforderlichen Fachkräfte und Vorrichtungen zu verfügen und den Nachweis hierüber gegen über einer Prüfstelle nach § 24 Satz 1 Nr. 6 zu erbringen hat. [2] In der Verordnung können Mindestanforderungen an die Ausbildung, die durch Prüfung nachzuweisende Befähigung und die Ausbildungsstätten einschließlich der Anerkennungsvoraussetzungen gestellt werden.

(2) Für Bauprodukte, die wegen ihrer besonderen Eigenschaften oder ihres besonderen Verwendungszwecks einer außergewöhnlichen Sorgfalt bei Einbau, Transport, Instandhaltung oder Reinigung bedürfen, kann in der allgemeinen bauaufsichtlichen Zulassung, in der Zustimmung im Einzelfall oder durch Verordnung der obersten Bauaufsichtsbehörde die Überwachung dieser Tätigkeiten durch eine Überwachungsstelle nach § 24 Satz 1 Nr. 5 vorgeschrieben werden, soweit diese Tätigkeiten nicht bereits durch die Verordnung (EU) Nr. 305/2011 erfasst sind.

Fünfter Teil Der Bau und seine Teile

§ 26 Brandverhalten von Baustoffen und Feuerwiderstandsfähigkeit von Bauteilen

(1) [1] Baustoffe werden nach ihrem Brandverhalten unterschieden in nichtbrennbare und brennbare Baustoffe. [2] Brennbare Baustoffe werden unterschieden in schwerentflammbare und normalentflammbare Baustoffe. [3] Baustoffe, die nicht mindestens normalentflammbar sind (leichtentflammbare Baustoffe), dürfen nur verwendet werden, wenn sie durch die Art der Verarbeitung oder des Einbaus ausreichend gegen Entflammen geschützt sind.

(2) [1] Bauteile werden nach ihrer Feuerwiderstandsfähigkeit unterschieden in
1. feuerbeständige Bauteile,
2. hochfeuerhemmende Bauteile und
3. feuerhemmende Bauteile.

[2] Die Feuerwiderstandsfähigkeit bezieht sich bei tragenden und aussteifenden Bauteilen auf deren Standsicherheit im Brandfall, bei raumabschließenden Bauteilen auf deren Widerstand gegen eine Brandausbreitung. [3] Bauteile werden zusätzlich nach dem Brandverhalten der verwendeten Baustoffe unterschieden in
1. Bauteile aus nichtbrennbaren Baustoffen,
2. Bauteile, deren tragende und aussteifende Teile aus nichtbrennbaren Baustoffen bestehen und die, wenn sie raumabschließende Bauteile sind, zusätzlich eine in Bauteilebene durchgehende Schicht aus nichtbrennbaren Baustoffen haben,
3. Bauteile, deren tragende und aussteifende Teile aus brennbaren Baustoffen bestehen und die Dämmstoffe aus nichtbrennbaren Baustoffen und allseitig eine brandschutztechnisch wirksame Bekleidung aus nichtbrennbaren Baustoffen (Brandschutzbekleidung) haben, und
4. Bauteile aus brennbaren Baustoffen.

(3) ¹ Soweit in diesem Gesetz oder in Vorschriften aufgrund dieses Gesetzes nichts anderes bestimmt ist, müssen in Bezug auf das Brandverhalten der verwendeten Baustoffe

1. Bauteile, die feuerbeständig sein müssen, mindestens Absatz 2 Satz 3 Nr. 2 und

2. Bauteile, die hochfeuerhemmend sein müssen, mindestens Absatz 2 Satz 3 Nr. 3

entsprechen. ² Bauteile, die feuerbeständig oder hochfeuerhemmend sein müssen, dürfen abweichend von Satz 1 auch aus brennbaren Baustoffen bestehen, wenn die geforderte Feuerwiderstandsfähigkeit nachgewiesen ist und die Bauteile sowie ihre Anschlüsse ausreichend lang widerstandsfähig gegen die Brandausbreitung sind. ³ Satz 2 gilt nicht für Brandwände und für raumabschließende Wände notwendiger Treppenräume in Gebäuden der Gebäudeklasse 5.

§ 27 Wände und Stützen

(1) ¹ Wände müssen die für ihre Standsicherheit und Belastung nötige Dicke, Festigkeit und Aussteifung haben und, soweit erforderlich, die bauliche Anlage aussteifen. ² Sie müssen ausreichend sicher gegen Stoßkräfte sein.

(2) Wände müssen gegen aufsteigende und gegen eindringende Feuchtigkeit hinreichend geschützt sein.

(3) ¹ Wände müssen, soweit es der Brandschutz unter Berücksichtigung ihrer Beschaffenheit, Anordnung und Funktion erfordert, nach ihrer Bauart und durch ihre Baustoffe widerstandsfähig gegen Feuer sein. ² Dies gilt auch für Bekleidungen und Dämmschichten.

(4) Tragende Wände und aussteifende Wände müssen im Brandfall ausreichend lang standsicher sein.

(5) Für Stützen gelten die Absätze 1 bis 4 sinngemäß.

§ 28 Außenwände

(1) Außenwände müssen aus frostbeständigen und gegen Niederschläge widerstandsfähigen Baustoffen hergestellt oder mit einem Wetterschutz versehen sein.

(2) Außenwände und Außenwandteile wie Brüstungen und Schürzen müssen so ausgebildet sein, dass eine Brandausbreitung auf und in diesen Bauteilen ausreichend lang begrenzt ist.

§ 29 Trennwände

Trennwände müssen, wenn sie raumabschließende Bauteile von Räumen oder Nutzungseinheiten sind, ausreichend lang widerstandsfähig gegen eine Brandausbreitung sein, soweit dies erforderlich ist, um der Brandausbreitung innerhalb von Geschossen entgegenzuwirken.

§ 30 Brandwände

¹ Brandwände müssen vorhanden sein, soweit dies, insbesondere bei geringen Gebäude- oder Grenzabständen, innerhalb ausgedehnter Gebäude oder bei baulichen Anlagen mit erhöhter Brandgefahr, erforderlich ist, um einer Brandausbreitung entgegenzuwirken. ² Brandwände müssen als raumabschließende Bauteile zum Abschluss von Gebäuden oder zur Unterteilung von Gebäuden in Brandabschnitte so beschaffen und angeordnet sein, dass sie bei einem Brand ausreichend lang eine Brandausbreitung auf andere Gebäude oder Brandabschnitte verhindern.

§ 31 Decken und Böden

(1) Decken müssen den Belastungen sicher standhalten, die auftretenden Kräfte sicher auf ihre Auflager übertragen und, soweit erforderlich, die bauliche Anlage waagerecht aussteifen.

(2) ¹ Böden nicht unterkellerter Aufenthaltsräume oder anderer Räume, deren Benutzung durch Feuchtigkeit beeinträchtigt werden kann, müssen gegen aufsteigende Feuchtigkeit geschützt sein. ² Decken unter Räumen, die der Feuchtigkeit erheblich ausgesetzt sind, insbesondere unter Waschküchen, Toiletten, Waschräumen und Loggien, müssen wasserundurchlässig sein.

(3) ¹ Decken müssen, soweit es der Brandschutz unter Berücksichtigung ihrer Beschaffenheit, Anordnung und Funktion erfordert, nach ihrer Bauart und in ihren Baustoffen widerstandsfähig gegen Feuer sein. ² Sie müssen als tragende und raumabschließende Bauteile zwischen Geschossen im Brandfall ausreichend lang standsicher und widerstandsfähig gegen eine Brandausbreitung sein. ³ Satz 1 gilt auch für Bekleidungen und Dämmschichten.

§ 32 Dächer

(1) ¹ Bedachungen müssen gegen Flugfeuer und strahlende Wärme von außen ausreichend lang widerstandsfähig sein, soweit der Brandschutz nicht auf andere Weise gesichert ist. ² Das Tragwerk der Dächer einschließlich des Trägers der Dachhaut muss, soweit es der Brandschutz erfordert, ausreichend lang widerstandsfähig gegen Feuer sein. ³ Die Dachhaut muss gegen die Einflüsse der Witterung genügend beständig sein.

(2) Soweit es die Verkehrssicherheit erfordert, müssen Dächer mit Schutzvorrichtungen gegen das Herabfallen von Schnee und Eis versehen sein.

(3) Dachüberstände, Dachgesimse, Dachaufbauten, Solarenergieanlagen, Sonnenkollektoren, lichtdurchlässige Bedachungen, Lichtkuppeln und Oberlichte müssen so angeordnet und hergestellt sein, dass Feuer nicht auf andere Gebäudeteile oder Nachbargebäude übertragen werden kann.

(4) Für vom Dach aus vorzunehmende Arbeiten sind sicher benutzbare Vorrichtungen anzubringen.

§ 32a Photovoltaikanlagen für die Stromerzeugung auf Dächern

(1) ¹ Bei der Errichtung von
1. Gebäuden, die überwiegend gewerblich genutzt werden und mindestens eine Dachfläche von 75 m² aufweisen, und
2. Wohngebäuden

ist die Tragkonstruktion des Gebäudes so zu bemessen, dass auf allen Dachflächen Photovoltaikanlagen zur Stromerzeugung aus solarer Strahlungsenergie errichtet werden können. ² Mindestens 50 Prozent der Dachflächen sind bei der Errichtung des Gebäudes mit Photovoltaikanlagen auszustatten. ³ Satz 2 gilt nicht für Wohngebäude. ⁴ Die Sätze 1 und 2 gelten, wenn für die Baumaßnahme der Bauantrag, der Antrag auf bauaufsichtliche Zustimmung nach § 74 Abs. 2 oder die Mitteilung nach § 62 Abs. 3 nach dem 31. Dezember 2022 übermittelt wird.

(2) Die Pflichten nach Absatz 1 Sätze 1 und 2 entfallen,
1. wenn ihre Erfüllung im Einzelfall
 a) anderen öffentlich-rechtlichen Pflichten widerspricht,
 b) technisch unmöglich ist,
 c) wirtschaftlich nicht vertretbar ist
 oder
2. soweit auf der Dachfläche solarthermische Anlagen errichtet sind.

§ 33 Rettungswege

(1) ¹ Für jede Nutzungseinheit mit mindestens einem Aufenthaltsraum müssen in jedem Geschoss mindestens zwei voneinander unabhängige Rettungswege ins Freie vorhanden sein. ² Die Rettungswege dürfen innerhalb des Geschosses über denselben notwendigen Flur (§ 36) führen.

(2) ¹ Der erste Rettungsweg für eine Nutzungseinheit nach Absatz 1 Satz 1, die nicht zu ebener Erde liegt, muss über eine notwendige Treppe (§ 34 Abs. 1 Satz 2) führen. ² Der zweite Rettungsweg kann über eine weitere notwendige Treppe oder eine mit den Rettungsgeräten der Feuerwehr erreichbare Stelle der Nutzungseinheit führen. ³ Ein zweiter Rettungsweg über eine von der Feuerwehr erreichbare Stelle der Nutzungseinheit ist geeignet, wenn Bedenken in Bezug auf die Eignung des Rettungsweges für die Rettung der Menschen nicht bestehen; für ein Geschoss einer Nutzungseinheit nach Satz 1, ausgenommen Geschosse von Wohnungen, das für die Nutzung durch mehr als 10 Personen bestimmt ist, ist die Eignung des Rettungsweges zu prüfen. ⁴ Ein zweiter Rettungsweg ist nicht erforderlich, wenn die Rettung über einen sicher erreichbaren und durch besondere Vorkehrungen gegen Feuer und Rauch geschützten Treppenraum möglich ist.

§ 34 Treppen

(1) ¹ Räume in Gebäuden müssen, soweit sie nicht zu ebener Erde liegen, über Treppen zugänglich sein. ² Treppen müssen in solcher Zahl vorhanden und so angeordnet und ausgebildet sein, dass sie für den größten zu erwartenden Verkehr ausreichen und die erforderlichen Rettungswege bieten (notwendige Treppen). ³ Statt notwendiger Treppen sind Rampen mit flacher Neigung zulässig.

(2) ¹ Einschiebbare Treppen und Rolltreppen sind als notwendige Treppen unzulässig. ² Einschiebbare Treppen und Leitern sind zulässig als Zugang
1. zu einem Dachraum ohne Aufenthaltsräume in Wohngebäuden der Gebäudeklassen 1 und 2,
2. zu einem anderen Raum, der kein Aufenthaltsraum ist, wenn hinsichtlich des Brandschutzes und der Art seiner Benutzung keine Bedenken bestehen.

(3) ¹ Treppen müssen mindestens einen Handlauf haben. ² Notwendige Treppen müssen beiderseits Handläufe haben. ³ Die Handläufe müssen fest und griffsicher sein. ⁴ Satz 2 gilt nicht, wenn Menschen mit Behinderungen und alte Menschen die Treppe nicht zu benutzen brauchen, und nicht für Treppen von Wohngebäuden der Gebäudeklassen 1 und 2 sowie in Wohnungen.

§ 35 Notwendige Treppenräume

(1) ¹ Jede notwendige Treppe muss zur Sicherstellung der Rettungswege aus den Geschossen ins Freie in einem eigenen, durchgehenden Treppenraum liegen (notwendiger Treppenraum). ² Notwendige Treppenräume müssen so angeordnet und ausgebildet sein, dass die Nutzung der notwendigen Treppen im Brandfall ausreichend lang möglich ist. ³ Sind mehrere notwendige Treppenräume erforderlich, so müssen sie so verteilt sein, dass sie möglichst entgegengesetzte Fluchtrichtungen bieten und die Rettungswege möglichst kurz sind.

(2) Notwendige Treppen sind ohne eigenen Treppenraum zulässig
1. in Wohngebäuden der Gebäudeklassen 1 und 2,
2. für die Verbindung von höchstens zwei Geschossen innerhalb derselben Nutzungseinheit von insgesamt nicht mehr als 200 m² Grundfläche, wenn in jedem Geschoss ein anderer Rettungsweg erreicht werden kann,
3. als Außentreppe, wenn ihre Nutzung auch im Brandfall ausreichend sicher ist.

(3) ¹ Jeder notwendige Treppenraum muss einen unmittelbaren Ausgang ins Freie haben. ² Ein mittelbarer Ausgang ist zulässig, wenn der zwischen dem notwendigen Treppenraum und dem Ausgang ins Freie liegende Raum
1. dem Verkehr dient,
2. mindestens so breit ist wie der breiteste Treppenlauf des Treppenraums,
3. Wände hat, die die Anforderungen an die Wände des Treppenraums erfüllen,
4. zu anderen Räumen, ausgenommen notwendige Flure, keine Öffnungen hat und

5. zu notwendigen Fluren nur Öffnungen mit rauchdichten und selbstschließenden Abschlüssen hat.

(4) Notwendige Treppenräume müssen zu belüften und zu beleuchten sein und zur Rauchableitung ausreichende Fenster oder sonstige Öffnungen haben.

§ 36 Notwendige Flure, Ausgänge

Flure und Gänge, über die Rettungswege aus Aufenthaltsräumen oder aus Nutzungseinheiten mit Aufenthaltsräumen zu Ausgängen in notwendige Treppenräume oder, wenn ein Treppenraum nicht erforderlich ist, zu notwendigen Treppen oder ins Freie führen (notwendige Flure), sowie Ausgänge müssen in solcher Zahl vorhanden und so angeordnet und ausgebildet sein, dass sie für den größten zu erwartenden Verkehr ausreichen und ihre Nutzung im Brandfall ausreichend lang möglich ist.

§ 37 Fenster, Türen und sonstige Öffnungen

(1) [1] Fenster und Fenstertüren müssen gefahrlos gereinigt werden können. [2] Fenster, die dem Lüften dienen, müssen gefahrlos zu öffnen sein.

(2) Für größere Glasflächen müssen, soweit erforderlich, Schutzmaßnahmen zur Sicherung des Verkehrs vorhanden sein.

(3) An Fenster und Türen, die bei Gefahr der Rettung von Menschen dienen, können wegen des Brandschutzes besondere Anforderungen gestellt werden.

(4) [1] Jedes Kellergeschoss ohne Fenster, die geöffnet werden können, muss mindestens eine Öffnung ins Freie haben, um eine Rauchableitung zu ermöglichen. [2] Gemeinsame Licht- oder Luftschächte für übereinander liegende Kellergeschosse sind unzulässig.

§ 38 Aufzüge

(1) [1] Aufzüge müssen betriebssicher und brandsicher sein. [2] Aufzüge im Innern von Gebäuden müssen eigene Fahrschächte haben, wenn dies erforderlich ist, um eine Brandausbreitung in andere Geschosse ausreichend lang zu verhindern.

(2) [1] Gebäude mit Aufenthaltsräumen, deren Fußboden mehr als 12,25 m über der Eingangsebene liegt, müssen Aufzüge in ausreichender Zahl und Anordnung haben. [2] Satz 1 gilt nicht für Gebäude, die am 31. Dezember 1992 errichtet oder genehmigt waren, wenn

1. die Nutzung oberster Geschosse geändert wird oder
2. nachträglich nicht mehr als zwei weitere Geschosse errichtet werden

und diese Geschosse danach zu Wohnzwecken genutzt werden.

(3) [1] In den Fällen des Absatzes 2 Satz 1 muss mindestens ein Aufzug Kinderwagen, Rollstühle, Krankentragen und Lasten aufnehmen können und Haltestellen in allen Geschossen haben. [2] Dieser Aufzug muss von allen Wohnungen in dem Gebäude und von der öffentlichen Verkehrsfläche aus stufenlos erreichbar sein.

§ 39 Lüftungsanlagen, Leitungsanlagen, Installationsschächte und -kanäle

(1) [1] Lüftungsanlagen müssen betriebssicher und brandsicher sein. [2] Sie dürfen den ordnungsgemäßen Betrieb von Feuerungsanlagen nicht beeinträchtigen und müssen so angeordnet und ausgebildet sein, dass sie Gerüche und Staub nicht in andere Räume übertragen.

(2) Lüftungsanlagen müssen, soweit es der Brandschutz erfordert, so angeordnet und ausgebildet sein, dass Feuer und Rauch ausreichend lang nicht in andere Räume übertragen werden können.

(3) [1] Leitungsanlagen sind in notwendigen Treppenräumen, in Räumen nach § 35 Abs. 3 Satz 3 und in notwendigen Fluren nur zulässig, wenn die Nutzung dieser Treppenräume, Räume und Flure als Rettungsweg im Brandfall ausreichend lang möglich ist. [2] Absatz 1 Satz 1 und Absatz 2 gelten für Leitungsanlagen entsprechend.

(4) Für Installationsschächte und -kanäle, raumlufttechnische Anlagen und Warmluftheizungen gelten die Absätze 1 und 2 entsprechend.

§ 40 Feuerungsanlagen, sonstige Anlagen zur Energieerzeugung, Brennstoffversorgungsanlagen und Brennstofflagerung

(1) Feuerstätten und Abgasanlagen wie Schornsteine, Abgasleitungen und Verbindungsstücke (Feuerungsanlagen) müssen betriebssicher und brandsicher sein.

(2) Feuerstätten dürfen in Räumen nur aufgestellt werden, wenn nach der Art der Feuerstätte und nach Lage, Größe, baulicher Beschaffenheit und Nutzung des Raumes Gefahren nicht entstehen.

(3) [1] Die Abgase der Feuerstätten sind, soweit dies erforderlich ist, durch Abgasanlagen abzuleiten, sodass Gefahren oder unzumutbare Belästigungen nicht entstehen. [2] Abgasanlagen müssen in solcher Zahl und Lage vorhanden und so beschaffen sein, dass alle Feuerstätten des Gebäudes ordnungsgemäß betrieben werden können. [3] Die Abgasanlagen müssen leicht und sicher zu reinigen sein.

(4) [1] Behälter und Rohrleitungen für brennbare Gase oder Flüssigkeiten müssen betriebssicher und brandsicher sein. [2] Behälter nach Satz 1 sind so aufzustellen, dass Gefahren oder unzumutbare Belästigungen nicht entstehen. [3] Satz 2 gilt für das Lagern von festen Brennstoffen entsprechend.

(5) Für die Aufstellung von ortsfesten Verbrennungsmotoren, Blockheizkraftwerken, Brennstoffzellen und Verdichtern sowie die Ableitung ihrer Verbrennungsgase gelten die Absätze 1 bis 3 entsprechend.

(6) Feuerungsanlagen, ortsfeste Verbrennungsmotoren und Blockheizkraftwerke dürfen, auch wenn sie geändert worden sind, erst in Betrieb genommen werden, wenn die bevollmächtigte Bezirksschornsteinfegerin oder der bevollmächtigte Bezirksschornsteinfeger ihre sichere Benutzbarkeit sowie die Tauglichkeit und sichere Benutzbarkeit der zugehörigen Schornsteine und Leitungen zur Abführung der Abgase oder Verbrennungsgase geprüft und bescheinigt hat.

§ 41 Anlagen zur Wasserversorgung, für Abwässer und Abfälle

(1) [1]Gebäude mit Aufenthaltsräumen müssen, soweit es ihre Benutzung erfordert, eine Versorgung mit Trinkwasser haben, die dauernd gesichert ist. [2]Zur Brandbekämpfung muss eine ausreichende Wassermenge in einer den örtlichen Verhältnissen entsprechenden Weise zur Verfügung stehen.

(2) [1]Bei baulichen Anlagen müssen die einwandfreie Beseitigung der Abwässer und die ordnungsgemäße Entsorgung der Abfälle dauernd gesichert sein. [2]Das gilt auch für den Verbleib von Exkrementen und Urin, jeweils auch mit Einstreu, aus der Haltung von Nutztieren sowie für Gärreste. [3]Die Bauaufsichtsbehörde darf personenbezogene Daten an die für die Überwachung der Einhaltung der düngerechtlichen Vorschriften zuständigen Behörden übermitteln, soweit dies zur Erfüllung der Aufgaben der für die Überwachung der Einhaltung der düngerechtlichen Vorschriften zuständigen Behörden, insbesondere zur Überprüfung des ordnungsgemäßen Verbleibs der in Satz 2 genannten Stoffe nach den düngerechtlichen Vorschriften, erforderlich ist. [4]Die Bauaufsichtsbehörde darf die für die Überwachung der Einhaltung der düngerechtlichen Vorschriften zuständigen Behörden um die Übermittlung personenbezogener Daten ersuchen und die ihr daraufhin übermittelten personenbezogenen Daten verarbeiten, soweit dies zur Erfüllung ihrer Aufgaben erforderlich ist. [5]Die nach Landesrecht für die Überwachung der Einhaltung der düngerechtlichen Vorschriften zuständigen Behörden übermitteln der Bauaufsichtsbehörde auf ein Ersuchen nach Satz 4 personenbezogene Daten, die sie im Rahmen der Überwachung gewonnen haben, soweit dies zur Erfüllung der Aufgaben der Bauaufsichtsbehörde erforderlich ist.

(3) [1]Jede Wohnung muss einen eigenen Wasserzähler haben. [2]Dies gilt nicht bei Nutzungsänderungen, wenn die Anforderung nach Satz 1 nur mit unverhältnismäßigem Mehraufwand erfüllt werden kann.

§ 42 Blitzschutzanlagen

Bauliche Anlagen, bei denen nach Lage, Bauart oder Benutzung Blitzschlag leicht eintreten oder zu schweren Folgen führen kann, müssen mit dauernd wirksamen Blitzschutzanlagen versehen sein.

Sechster Teil Nutzungsbedingte Anforderungen an bauliche Anlagen

§ 43 Aufenthaltsräume

(1) [1]Aufenthaltsräume müssen eine für ihre Benutzung ausreichende Grundfläche und eine lichte Höhe von mindestens 2,40 m über mindestens zwei Dritteln ihrer Grundfläche haben. [2]Bei der Bemessung der Grundfläche nach Satz 1 bleiben Raumteile mit einer lichten Höhe bis 1,50 m außer Betracht.

(2) [1]Für Aufenthaltsräume, die im obersten Geschoss im Dachraum liegen, genügt eine lichte Höhe von 2,20 m über mindestens der Hälfte ihrer Grundfläche. [2]Absatz 1 Satz 2 und § 2 Abs. 7 Satz 4 gelten entsprechend. [3]Die Sätze 1 und 2 gelten auch für Aufenthaltsräume, deren Grundfläche überwiegend unter Dachschrägen liegt.

(3) Aufenthaltsräume müssen unmittelbar ins Freie führende Fenster von solcher Zahl, Größe und Beschaffenheit haben, dass die Räume das erforderliche Tageslicht erhalten und zweckentsprechend gelüftet werden können (notwendige Fenster).

(4) Räume in Kellergeschossen sind als Aufenthaltsräume nur zulässig, wenn das Gelände vor den notwendigen Fenstern der Räume in einer für gesunde Wohn- oder Arbeitsverhältnisse ausreichenden Entfernung und Breite nicht mehr als 70 cm über deren Fußboden liegt.

(5) Aufenthaltsräume, die nicht dem Wohnen dienen, brauchen die Anforderungen der Absätze 3 und 4 nicht zu erfüllen, soweit durch besondere Maßnahmen oder Einrichtungen sichergestellt wird, dass den Anforderungen des § 3 entsprochen wird und die Rettung von Menschen möglich ist.

§ 44 Wohnungen

(1) [1]Jede Wohnung muss von anderen Wohnungen oder anderen Räumen baulich abgeschlossen sein und einen eigenen abschließbaren Zugang unmittelbar vom Freien oder von einem Treppenraum, Flur oder Vorraum haben. [2]Satz 1 gilt nicht für Wohngebäude mit nicht mehr als zwei Wohnungen. [3]Werden Wohnungen geteilt, so müssen die Anforderungen nach Satz 1 nicht erfüllt werden, wenn unzumutbare Belästigungen oder erhebliche Nachteile für die Benutzerinnen und Benutzer der Wohnungen nicht entstehen.

(2) [1]In Gebäuden, die nicht nur dem Wohnen dienen, müssen Wohnungen einen eigenen Zugang haben. [2]Gemeinsame Zugänge sind zulässig, wenn Gefahren oder unzumutbare Belästigungen für die Benutzerinnen und Benutzer der Wohnungen nicht entstehen.

(3) [1]Jede Wohnung muss eine Küche oder Kochnische haben. [2]Küchen und Kochnischen sind ohne Fenster zulässig, wenn sie wirksam gelüftet werden können.

(4) In Gebäuden mit mehr als zwei Wohnungen oder auf dem Baugrundstück solcher Gebäude muss
1. leicht erreichbarer und gut zugänglicher Abstellraum für Rollatoren, Kinderwagen und Fahrräder sowie
2. Abstellraum für jede Wohnung

in ausreichender Größe zur Verfügung stehen.

(5) [1] In Wohnungen müssen Schlafräume und Kinderzimmer sowie Flure, über die Rettungswege von Aufenthaltsräumen führen, jeweils mindestens einen Rauchwarnmelder haben. [2] Die Rauchwarnmelder müssen so eingebaut oder angebracht und betrieben werden, dass Brandrauch frühzeitig erkannt und gemeldet wird. [3] In Wohnungen, die bis zum 31. Oktober 2012 errichtet oder genehmigt sind, hat die Eigentümerin oder der Eigentümer die Räume und Flure bis zum 31. Dezember 2015 entsprechend den Anforderungen nach den Sätzen 1 und 2 auszustatten. [4] Für die Sicherstellung der Betriebsbereitschaft der Rauchwarnmelder in den in Satz 1 genannten Räumen und Fluren sind die Mieterinnen und Mieter, Pächterinnen und Pächter, sonstige Nutzungsberechtigte oder andere Personen, die die tatsächliche Gewalt über die Wohnung ausüben, verantwortlich, es sei denn, die Eigentümerin oder der Eigentümer übernimmt diese Verpflichtung selbst. [5] § 56 Satz 2 gilt entsprechend.

(6) [1] Sollen Nutzungseinheiten mit Aufenthaltsräumen in rechtmäßig bestehenden Gebäuden in Wohnungen umgenutzt werden, so sind auf bestehende Bauteile § 27 Abs. 3 bis 5, § 28 Abs. 2, § 30, § 31 Abs. 3 und § 32 Abs. 1 Sätze 1 und 2 und Abs. 3 nicht anzuwenden. [2] § 85 Abs. 2 gilt entsprechend. [3] § 85 Abs. 3 und 5 ist nicht anzuwenden.

§ 45 Toiletten und Bäder

(1) [1] Jede Wohnung muss mindestens eine Toilette sowie eine Badewanne oder Dusche haben. [2] Für bauliche Anlagen, die für einen größeren Personenkreis bestimmt sind, muss eine ausreichende Anzahl von Toiletten vorhanden sein.

(2) Toilettenräume und Räume mit Badewannen oder Duschen müssen wirksam gelüftet werden können.

§ 46 Bauliche Anlagen für Kraftfahrzeuge

[1] Garagen, insbesondere Parkhäuser, sowie Stellplätze müssen einschließlich ihrer Nebenanlagen verkehrs- und betriebssicher sein und dem Brandschutz genügen. [2] Satz 1 ist auf Ausstellungs-, Verkaufs-, Werk- und Lagerräume für Kraftfahrzeuge sowie auf Räume zum Abstellen nicht ortsfester Geräte mit Verbrennungsmotoren sinngemäß anzuwenden.

§ 47 Notwendige Einstellplätze

(1) [1] Für bauliche Anlagen, die einen Zu- und Abgangsverkehr mit Kraftfahrzeugen erwarten lassen, müssen Einstellplätze in solcher Anzahl und Größe zur Verfügung stehen, dass sie die vorhandenen oder zu erwartenden Kraftfahrzeuge der ständigen Benutzerinnen und Benutzer und der Besucherinnen und Besucher der Anlagen aufnehmen können; wird die erforderliche Anzahl der Einstellplätze durch eine örtliche Bauvorschrift festgelegt, so ist diese Festlegung maßgeblich (notwendige Einstellplätze). [2] Wird die Nutzung einer Anlage geändert, so braucht, auch wenn ihr notwendige Einstellplätze bisher fehlten, nur der durch die Nutzungsänderung verursachte Mehrbedarf gedeckt zu werden. [3] Die Einstellplatzpflicht nach den Sätzen 1 und 2 entfällt, soweit die Gemeinde durch örtliche Bauvorschrift nach § 84 Abs. 2 oder durch städtebauliche Satzung die Herstellung von Garagen und Stellplätzen untersagt oder einschränkt.

(2) Wird in einem Gebäude, das am 31. Dezember 1992 errichtet war, eine Wohnung geteilt oder Wohnraum durch Änderung der Nutzung, durch Aufstocken oder durch Änderung des Daches eines solchen Gebäudes geschaffen, so braucht der dadurch verursachte Mehrbedarf an Einstellplätzen nicht gedeckt zu werden, wenn dies nicht oder nur unter außergewöhnlichen Schwierigkeiten entsprechend dem öffentlichen Baurecht auf dem Baugrundstück möglich ist.

(3) [1] Die Bauaufsichtsbehörde kann die Pflicht zur Herstellung notwendiger Einstellplätze, ausgenommen für Wohnungen, auf Antrag aussetzen,

1. solange ständigen Benutzerinnen und Benutzern der baulichen Anlage Zeitkarten für den öffentlichen Personennahverkehr verbilligt zur Verfügung gestellt werden und
2. soweit hierdurch ein verringerter Bedarf an notwendigen Einstellplätzen erwartet werden kann.

[2] Wird die Pflicht zur Herstellung notwendiger Einstellplätze ganz oder teilweise ausgesetzt, so ist zum 1. März eines jeden Jahres der Bauaufsichtsbehörde nachzuweisen, ob und inwieweit die Voraussetzungen für die Aussetzung noch erfüllt sind. [3] Soweit der Nachweis nicht erbracht wird, ist die Aussetzung zu widerrufen.

(4) [1] Die notwendigen Einstellplätze müssen auf dem Baugrundstück oder in dessen Nähe auf einem anderen Grundstück gelegen sein, dessen Benutzung zu diesem Zweck durch Baulast gesichert ist. [2] Eine Sicherung durch Baulast ist nicht erforderlich, wenn die notwendigen Einstellplätze für ein Grundstück auf einem anderen Grundstück liegen und beide Grundstücke ein Baugrundstück nach § 2 Abs. 12 Satz 2 bilden. [3] Sind notwendige Einstellplätze nach öffentlichem Baurecht auf dem Baugrundstück oder in dessen Nähe unzulässig, so können sie auch auf Grundstücken gelegen sein, die vom Baugrundstück mit einem öffentlichen oder vergleichbaren Verkehrsmittel leicht erreichbar sind.

(5) [1] Auf Verlangen der Bauherrin oder des Bauherrn wird zugelassen, dass die Pflicht zur Herstellung der notwendigen Einstellplätze, ausgenommen die Einstellplätze nach § 49, durch die Pflicht zur Zahlung eines Geldbetrages an die Gemeinde ersetzt wird, soweit die Gemeinde dies durch Satzung bestimmt oder im Einzelfall zugestimmt hat. [2] Zur Zahlung des Geldbetrages sind die Bauherrin oder der Bauherr und die nach § 56 Verantwortlichen als Gesamtschuldner verpflichtet, sobald und soweit die bauliche Anlage ohne notwendige Einstellplätze in Benutzung genommen wird. [3] Im Fall einer Zulassung nach Satz 1 kann die Baugenehmigung von einer Sicherheitsleistung abhängig gemacht werden.

(6) [1] Der Geldbetrag nach Absatz 5 ist nach dem Vorteil zu bemessen, der der Bauherrin oder dem Bauherrn oder den nach § 56 Verantwortlichen daraus erwächst, dass sie oder er die Einstellplätze nicht herzustellen braucht. [2] Die

Gemeinde kann den Geldbetrag durch Satzung für das Gemeindegebiet oder Teile des Gemeindegebietes einheitlich festsetzen und dabei auch andere Maßstäbe wie die durchschnittlichen örtlichen Herstellungskosten von Parkplätzen oder Parkhäusern zugrunde legen.

(7) Die Gemeinde hat den Geldbetrag nach Absatz 5 zu verwenden für

1. Parkplätze, Stellplätze oder Garagen,
2. Anlagen und Einrichtungen für den öffentlichen Personennahverkehr,
3. a) Anlagen zum Abstellen von Fahrrädern,
 b) Fahrradwege oder
 c) sonstige Anlagen und Einrichtungen,
 die den Bedarf an Einstellplätzen verringern.

§ 48 Fahrradabstellanlagen

(1) [1] Für bauliche Anlagen, die einen Zu- und Abgangsverkehr mit Fahrrädern erwarten lassen, ausgenommen Wohnungen, müssen Fahrradabstellanlagen in solcher Größe zur Verfügung stehen, dass sie die vorhandenen oder zu erwartenden Fahrräder der ständigen Benutzerinnen und Benutzer und der Besucherinnen und Besucher der Anlagen aufnehmen können. [2] Fahrradabstellanlagen nach Satz 1 müssen leicht erreichbar und gut zugänglich sein. [3] § 47 Abs. 4 Satz 1 gilt sinngemäß.

(2) Fahrradabstellanlagen brauchen für Besucherinnen und Besucher der Anlagen nicht errichtet zu werden, wenn dies nicht oder nur unter außergewöhnlichen Schwierigkeiten auf dem Baugrundstück möglich ist.

§ 49 Barrierefreie Zugänglichkeit und Benutzbarkeit baulicher Anlagen

(1) [1] Wird ein Gebäude mit mehr als vier Wohnungen errichtet, so müssen alle Wohnungen barrierefrei sein, soweit sich aus den Sätzen 2 bis 4 nichts anderes ergibt, und den Anforderungen nach den Sätzen 5 bis 8 genügen. [2] Innerhalb von Wohnungen, die sich über mehrere Geschosse erstrecken, ist eine stufenlose Erreichbarkeit der Geschosse nicht erforderlich. [3] Bei Gebäuden, die nicht unter § 38 Abs. 2 Satz 1 fallen, muss die stufenlose Erreichbarkeit von Wohnungen des zweiten oberirdischen Geschosses und weiterer oberirdischer Geschosse insbesondere durch den Einbau eines Aufzuges zwar so im Entwurf vorgesehen sein, dass festgestellt werden kann, dass die Baumaßnahme auch insoweit vollständig dem öffentlichen Baurecht entspräche; eine Pflicht zur Herstellung besteht insoweit jedoch nicht. [4] Eine spätere Herstellung der stufenlosen Erreichbarkeit der Wohnungen kann auch abweichend von dem Entwurf erfolgen, insbesondere wenn dadurch den zu diesem Zeitpunkt geltenden Anforderungen an diese Baumaßnahme entsprochen wird, dies aber nur, soweit die Abweichungen geringfügig sind und die Anforderungen nach § 3 Abs. 1 gewahrt bleiben; die § 71 Abs. 1 und § 72 Abs. 1 Satz 2 finden insoweit keine Anwendung. [5] Ist einer Wohnung ein Freisitz zugeordnet, so muss er barrierefrei sein. [6] Abstellraum für Rollstühle muss in ausreichender Größe zur Verfügung stehen und barrierefrei sein. [7] In jeder achten Wohnung müssen die Wohn- und Schlafräume, ein Toilettenraum, ein Raum mit einer Badewanne oder Dusche, die Küche oder Kochnische und, wenn der Wohnung ein Freisitz zugeordnet ist, der Freisitz zusätzlich rollstuhlgerecht sein; die Sätze 2 bis 4 finden auf solche Wohnungen keine Anwendung. [8] Für jede Wohnung, die nach Satz 7 rollstuhlgerecht herzustellen ist, in einem Gebäude mit mehr als 15 Wohnungen und für jedes Gebäude mit nicht mehr als 15 Wohnungen muss jeweils mindestens ein Einstellplatz barrierefrei hergerichtet und gekennzeichnet sein.

(2) [1] Folgende bauliche Anlagen oder Teile baulicher Anlagen müssen in einem dem Bedarf entsprechenden Umfang barrierefrei sein:

1. Büro-, Verwaltungs- und Gerichtsgebäude,
2. Schalter und Abfertigungsanlagen der Verkehrs- und Versorgungsbetriebe sowie der Banken und Sparkassen,
3. Theater, Museen, öffentliche Bibliotheken, Freizeitheime, Gemeinschaftshäuser, Versammlungsstätten und Anlagen für den Gottesdienst,
4. Verkaufs-, Gast- und Beherbergungsstätten,
5. Schulen, Hochschulen und sonstige vergleichbare Ausbildungsstätten,
6. Krankenanstalten, Praxisräume der Heilberufe und Kureinrichtungen,
7. Tagesstätten und Heime für alte oder pflegebedürftige Menschen, Menschen mit Behinderungen oder Kinder,
8. Sport-, Spiel- und Erholungsanlagen, soweit sie für die Allgemeinheit bestimmt sind, sowie Kinderspielplätze,
9. Campingplätze mit mehr als 200 Standplätzen,
10. Geschosse mit Aufenthaltsräumen, die nicht Wohnzwecken dienen und insgesamt mehr als 500 m² Nutzfläche haben,
11. öffentliche Toilettenanlagen,
12. Stellplätze und Garagen für Anlagen nach den Nummern 1 bis 10 sowie Parkhäuser.

[2] Eine dem Bedarf entsprechende Zahl von Einstellplätzen, Standplätzen und Toiletten räumen muss für Menschen mit Behinderungen hergerichtet und gekennzeichnet sein.

(3) [1] Die Absätze 1 und 2 gelten nicht, soweit die Anforderungen wegen schwieriger Geländeverhältnisse, wegen des Einbaus eines sonst nicht erforderlichen Aufzugs, wegen ungünstiger vorhandener Bebauung oder im Hinblick auf die Sicherheit der Menschen mit Behinderungen nur mit unverhältnismäßigem Mehraufwand erfüllt werden können. [2] Bei einem Baudenkmal nach § 3 des Niedersächsischen Denkmalschutzgesetzes ist den Anforderungen nach den Absätzen 1 und 2 Rechnung zu tragen, soweit deren Berücksichtigung das Interesse an der unveränderten Erhaltung des Baudenkmals überwiegt und den Eingriff in das Baudenkmal zwingend verlangt.

§ 50 Werbeanlagen

(1) ¹ Werbeanlagen sind alle örtlich gebundenen Einrichtungen, die der Ankündigung oder Anpreisung oder als Hinweis auf Gewerbe oder Beruf dienen und von allgemein zugänglichen Verkehrs- oder Grünflächen aus sichtbar sind. ² Hierzu zählen insbesondere Schilder, Beschriftungen, Bemalungen, Lichtwerbungen, Schaukästen sowie für Zettel- und Bogenanschläge oder Lichtwerbung bestimmte Säulen, Tafeln und Flächen.

(2) Werbeanlagen dürfen nicht erheblich belästigen, insbesondere nicht durch ihre Größe, Häufung, Lichtstärke oder Betriebsweise.

(3) ¹ Werbeanlagen sind im Außenbereich unzulässig und dürfen auch nicht erheblich in den Außenbereich hineinwirken. ² Ausgenommen sind, soweit in anderen Rechtsvorschriften nicht anderes bestimmt ist,

1. Werbeanlagen an der Stätte der Leistung,
2. Tafeln unmittelbar vor Ortsdurchfahrten mit Schildern, die Inhaber und Art gewerblicher Betriebe kennzeichnen oder die auf landwirtschaftliche Betriebe, die landwirtschaftliche Produkte zum Verkauf anbieten, und auf diese Produkte hinweisen,
3. Tafeln bis zu einer Größe von 1 m² an öffentlichen Straßen und Wegeabzweigungen in einem Umkreis von bis zu drei Kilometern vom Rand eines Gewerbegebietes mit Schildern, die im Interesse des öffentlichen Verkehrs auf Betriebe hinweisen, die in dem Gewerbegebiet liegen,
4. einzelne Schilder bis zu einer Größe von 0,50 m², die an Wegeabzweigungen im Interesse des öffentlichen Verkehrs auf Betriebe im Außenbereich, auf selbst erzeugte Produkte, die diese Betriebe an der Betriebsstätte anbieten, oder auf versteckt gelegene Stätten hinweisen,
5. Werbeanlagen an und auf Flugplätzen, Sportanlagen und auf abgegrenzten Versammlungsstätten, soweit die Werbeanlagen nicht erheblich in den übrigen Außenbereich hineinwirken,
6. Werbeanlagen auf Ausstellungs- und Messegeländen.

(4) In Kleinsiedlungsgebieten, reinen Wohngebieten, allgemeinen Wohngebieten, Dorfgebieten und Wochenendhausgebieten sowie in Gebieten, die nach ihrer vorhandenen Bebauung den genannten Baugebieten entsprechen, sind nur zulässig

1. Werbeanlagen an der Stätte der Leistung und
2. Anlagen für amtliche Mitteilungen und zur Unterrichtung über kirchliche, kulturelle, politische, sportliche und ähnliche Veranstaltungen.

(5) ¹ An Brücken, Bäumen, Böschungen und Leitungsmasten, die von allgemein zugänglichen Verkehrs- oder Grünflächen aus sichtbar sind, dürfen Werbeanlagen nicht angebracht sein. ² Satz 1 gilt nicht für Wandflächen der Widerlager von Brücken; die Absätze 3 und 4 bleiben unberührt.

(6) Die Vorschriften dieses Gesetzes gelten nicht für

1. Anschläge und Lichtwerbung an dafür genehmigten Säulen, Tafeln und Flächen,
2. Werbemittel an Kiosken,
3. Auslagen und Dekorationen in Fenstern und Schaukästen,
4. Werbeanlagen, die vorübergehend für öffentliche Wahlen oder Abstimmungen angebracht oder aufgestellt werden.

§ 51 Sonderbauten

¹ An einen Sonderbau nach § 2 Abs. 5 können im Einzelfall besondere Anforderungen gestellt werden, soweit die Vorschriften der §§ 4 bis 50 und der zu ihrer näheren Bestimmung erlassenen Verordnungen nicht ausreichen, um sicherzustellen, dass der Sonderbau die Anforderungen des § 3 erfüllt. ² Erleichterungen können gestattet werden, soweit es der Einhaltung von Vorschriften und Verordnungen nach Satz 1 wegen der besonderen Art oder Nutzung baulicher Anlagen oder Räume oder wegen besonderer Anforderungen nicht bedarf. ³ Die besonderen Anforderungen nach Satz 1 und die Erleichterungen nach Satz 2 können sich insbesondere erstrecken auf

1. die Abstände,
2. die Anordnung der baulichen Anlage auf dem Grundstück,
3. die Benutzung und den Betrieb der baulichen Anlage,
4. die Öffnungen nach öffentlichen Verkehrsflächen und nach angrenzenden Grundstücken,
5. die Bauart und Anordnung aller für die Standsicherheit, die Verkehrssicherheit, den Brand-, den Wärme-, den Schall- oder den Gesundheitsschutz wesentlichen Bauteile und Einrichtungen, sowie die Verwendung von Baustoffen,
6. die Feuerungsanlagen und die Heizräume,
7. die Zahl, Anordnung und Beschaffenheit der Aufzüge sowie der Treppen, Treppenräume, Ausgänge, Flure und notwendige Rettungswege,
8. die zulässige Benutzerzahl, die Anordnung und die Zahl der zulässigen Sitze und Stehplätze bei Versammlungsstätten, Tribünen und fliegenden Bauten,
9. die barrierefreie Nutzbarkeit,
10. die Lüftung und die Rauchableitung,
11. die Beleuchtung und die Energieversorgung,
12. die Wasserversorgung,
13. die Aufbewahrung und Beseitigung von Abwässern, die Aufbewahrung und Entsorgung von Abfällen sowie die Löschwasserrückhaltung,
14. die notwendigen Einstellplätze,

15. die Zu- und Abfahrten,
16. die Grünstreifen, die Baumpflanzungen und andere Pflanzungen sowie die Begrünung oder die Beseitigung von Halden und Gruben,
17. den Blitzschutz,
18. die erforderliche Gasdichtigkeit,
19. den Umfang, den Inhalt und die Anzahl der Bauvorlagen, insbesondere eines Brandschutzkonzepts,
20. die Bestellung und die Qualifikation der Bauleiterin oder des Bauleiters und der Fachbauleiterin oder des Fachbauleiters,
21. die Bestellung und die Qualifikation einer oder eines Brandschutzbeauftragten.

Siebter Teil Verantwortliche Personen

§ 52 Bauherrin und Bauherr

(1) Die Bauherrin oder der Bauherr ist dafür verantwortlich, dass die von ihr oder ihm veranlasste Baumaßnahme dem öffentlichen Baurecht entspricht.

(2) [1] Die Bauherrin oder der Bauherr einer nicht verfahrensfreien Baumaßnahme hat zu deren Vorbereitung, Überwachung und Ausführung verantwortliche Personen im Sinne der §§ 53 bis 55 zu bestellen, soweit sie oder er nicht selbst die Anforderungen nach den §§ 53 bis 55 erfüllt oder erfüllen kann. [2] Ihr oder ihm obliegt es außerdem, die nach den öffentlich-rechtlichen Vorschriften erforderlichen Anträge zu stellen, Anzeigen zu machen und Nachweise zu erbringen. [3] Sie oder er hat sich bei der Abgabe der jeweiligen Erklärungen durch eine Entwurfsverfasserin oder einen Entwurfsverfasser vertreten zu lassen, soweit eine solche oder ein solcher zu bestellen ist. [4] Die Bauherrin oder der Bauherr hat zu den verwendeten Bauprodukten und den angewandten Bauarten die erforderlichen Nachweise über die Erfüllung der Anforderungen dieses Gesetzes oder aufgrund dieses Gesetzes erlassener Vorschriften bereitzuhalten. [5] Zu Bauprodukten, die die CE-Kennzeichnung nach der Verordnung (EU) Nr. 305/2011 tragen, ist die Leistungserklärung bereitzuhalten. [6] Die Bauherrin oder der Bauherr hat vor Baubeginn den Namen der Bauleiterin oder des Bauleiters und während der Bauausführung einen Wechsel dieser Person der Bauaufsichtsbehörde unverzüglich schriftlich oder elektronisch mitzuteilen. [7] Wechselt die Bauherrin oder der Bauherr, so hat die neue Bauherrin oder der neue Bauherr dies der Bauaufsichtsbehörde unverzüglich schriftlich oder elektronisch mitzuteilen.

(3) [1] Liegen Tatsachen vor, die besorgen lassen, dass eine nach Absatz 2 Satz 1 bestellte Person nicht den jeweiligen Anforderungen der §§ 53 bis 55 genügt, so kann die Bauaufsichtsbehörde verlangen, dass die Bauherrin oder der Bauherr sie durch eine geeignete Person ersetzt oder geeignete Sachverständige heranzieht. [2] Die Bauaufsichtsbehörde kann die Bauarbeiten einstellen lassen, bis die Bauherrin oder der Bauherr ihrer Aufforderung nachgekommen ist.

(4) Die Bauaufsichtsbehörde kann verlangen, dass ihr für bestimmte Arbeiten die Unternehmerinnen und Unternehmer benannt werden.

§ 53 Entwurfsverfasserin und Entwurfsverfasser

(1) [1] Die Entwurfsverfasserin oder der Entwurfsverfasser ist dafür verantwortlich, dass der Entwurf für die Baumaßnahme dem öffentlichen Baurecht entspricht. [2] Zum Entwurf gehören die Bauvorlagen, bei Baumaßnahmen nach den §§ 62 und 63 einschließlich der Unterlagen, die nicht eingereicht werden müssen, und die Ausführungsplanung, soweit von dieser die Einhaltung des öffentlichen Baurechts abhängt.

(2) [1] Die Entwurfsverfasserin oder der Entwurfsverfasser muss über die Fachkenntnisse verfügen, die für den jeweiligen Entwurf erforderlich sind. [2] Verfügt sie oder er auf einzelnen Teilgebieten nicht über diese Fachkenntnisse, so genügt es, wenn die Bauherrin oder der Bauherr insoweit geeignete Sachverständige bestellt. [3] Diese sind ausschließlich für ihre Beiträge verantwortlich; die Entwurfsverfasserin oder der Entwurfsverfasser ist nur dafür verantwortlich, dass die Beiträge der Sachverständigen dem öffentlichen Baurecht entsprechend aufeinander abgestimmt und im Entwurf berücksichtigt sind.

(3) [1] Bauvorlagen für eine nicht verfahrensfreie Errichtung, Änderung und Nutzungsänderung einer baulichen Anlage müssen von einer Entwurfsverfasserin oder einem Entwurfsverfasser erstellt sein, die oder der bauvorlageberechtigt ist. [2] Bauvorlageberechtigt ist, wer
1. die Berufsbezeichnung „Architektin" oder „Architekt" führen darf,
2. in die von der Architektenkammer Niedersachsen geführte Liste der Entwurfsverfasserinnen und Entwurfsverfasser der Fachrichtung Architektur eingetragen ist,
3. in der von der Ingenieurkammer Niedersachsen geführten Liste der Entwurfsverfasserinnen und Entwurfsverfasser (§ 19 des Niedersächsischen Ingenieurgesetzes - NIngG -) oder in einem entsprechenden Verzeichnis in einem anderen Land eingetragen oder diesen Personen nach § 20 NIngG gleichgestellt ist,
4. die Berufsbezeichnung „Ingenieurin" oder „Ingenieur" in der Fachrichtung Architektur, Hochbau oder Bauingenieurwesen führen darf, danach mindestens zwei Jahre in dieser Fachrichtung praktisch tätig gewesen und Bedienstete oder Bediensteter einer juristischen Person des öffentlichen Rechts ist, für die dienstliche Tätigkeit oder
5. die Berufsbezeichnung „Innenarchitektin" oder „Innenarchitekt" führen darf, für Nutzungsänderungen von Gebäuden sowie für die mit der Berufsaufgabe der Innenarchitektin und des Innenarchitekten verbundenen baulichen Änderungen von Gebäuden.

(4) Bauvorlageberechtigt für eine genehmigungsbedürftige Baumaßnahme ist auch, wer
1. die Berufsbezeichnung „Landschaftsarchitektin" oder „Landschaftsarchitekt" führen darf, wenn die Baumaßnahme mit der Berufsaufgabe der Landschaftsarchitektin und des Landschaftsarchitekten verbunden ist,
2. Meisterin oder Meister des Maurer-, des Betonbauer- oder des Zimmerer-Handwerks oder diesen nach § 7 Abs. 3, 7 oder 9 der Handwerksordnung gleichgestellt ist, wenn Handwerksmeisterinnen und Handwerksmeister die Baumaßnahme aufgrund ihrer beruflichen Ausbildung und Erfahrung entwerfen können,
3. staatlich geprüfte Technikerin oder staatlich geprüfter Techniker der Fachrichtung Bautechnik mit Schwerpunkt Hochbau ist, in gleichem Umfang wie die in Nummer 2 genannten Personen, oder
4. in einem Mitgliedstaat der Europäischen Union, einem anderen Vertragsstaat des Abkommens über den Europäischen Wirtschaftsraum oder einem durch Abkommen gleichgestellten Staat einen Ausbildungsnachweis erworben hat, der aufgrund einer schulrechtlichen Rechtsvorschrift als gleichwertig mit dem Abschluss zur staatlich geprüften Technikerin oder zum staatlich geprüften Techniker der Fachrichtung Bautechnik mit Schwerpunkt Hochbau anerkannt ist, in gleichem Umfang wie die in Nummer 2 genannten Personen.

(5) [1] Bauvorlageberechtigt für eine genehmigungsbedürftige Baumaßnahme ist in gleichem Umfang wie die in Absatz 4 Nr. 2 genannten Personen auch, wer in einem Mitgliedstaat der Europäischen Union, einem anderen Vertragsstaat des Abkommens über den Europäischen Wirtschaftsraum oder einem durch Abkommen gleichgestellten Staat zur Erbringung von Entwurfsdienstleistungen nach Absatz 4 Nr. 2 oder 3 rechtmäßig niedergelassen ist, diesen Beruf im Rahmen des europäischen Dienstleistungsverkehrs nur vorübergehend und gelegentlich in Niedersachsen ausübt und die Erbringung der Dienstleistung nach Maßgabe der Absätze 6 und 7 bei der Ingenieurkammer angezeigt hat. [2] Wenn weder der Beruf noch die Ausbildung zu dem Beruf im Niederlassungsstaat reglementiert ist, gilt Satz 1 nur dann, wenn der Beruf in einem oder mehreren der in Satz 1 genannten Staaten während der vergangenen zehn Jahre ein Jahr lang ausgeübt wurde. [3] Der vorübergehende und gelegentliche Charakter der Berufsausübung wird insbesondere anhand von Dauer, Häufigkeit, regelmäßiger Wiederkehr und Kontinuität der Berufsausübung in Niedersachsen beurteilt.

(6) [1] Wer erstmals eine Dienstleistung gemäß Absatz 5 in Niedersachsen erbringen will, hat dies der Ingenieurkammer vorher schriftlich anzuzeigen, es sei denn, dass sie oder er sich bereits in einem anderen Bundesland gemeldet hat. [2] Das Verfahren kann auch über eine einheitliche Stelle nach den Vorschriften des Verwaltungsverfahrensgesetzes und des Niedersächsischen Gesetzes über Einheitliche Ansprechpartner abgewickelt werden. [3] Mit der Anzeige sind vorzulegen:
1. eine Bescheinigung darüber, dass die Dienstleisterin oder der Dienstleister in einem in Absatz 5 Satz 1 genannten Staat zur Erbringung von Entwurfsdienstleistungen nach Absatz 4 Nr. 2 oder 3 rechtmäßig niedergelassen ist, und darüber, dass ihr oder ihm die Ausübung des Berufs nicht, auch nicht vorübergehend, untersagt ist,
2. ein Berufsqualifikationsnachweis und
3. für den Fall, dass weder der Beruf noch die Ausbildung zu dem Beruf in dem Niederlassungsstaat reglementiert ist, ein Nachweis darüber, dass der Beruf in einem oder mehreren der in Absatz 5 Satz 1 genannten Staaten während der vergangenen zehn Jahre mindestens ein Jahr lang ausgeübt wurde.

[4] Das Verfahren kann abweichend von den Sätzen 1 und 3 elektronisch geführt werden, soweit Unterlagen in einem Mitgliedstaat der Europäischen Union oder in einem anderen Vertragsstaat des Abkommens über den Europäischen Wirtschaftsraum ausgestellt oder anerkannt wurden. [5] Im Fall begründeter Zweifel an der Echtheit der nach Satz 4 übermittelten Unterlagen und soweit unbedingt geboten, kann sich die Ingenieurkammer an die zuständige Behörde des Staates wenden, in dem die Unterlagen ausgestellt oder anerkannt wurden, und die Dienstleisterin oder den Dienstleister auffordern, beglaubigte Kopien vorzulegen.

(7) [1] Ist seit der letzten Anzeige ein Jahr vergangen und beabsichtigt die Dienstleisterin oder der Dienstleister weiterhin, Dienstleistungen gemäß Absatz 5 in Niedersachsen zu erbringen, so hat sie oder er dies der Ingenieurkammer anzuzeigen. [2] Hat sich die in den bisher vorgelegten Dokumenten bescheinigte Situation wesentlich geändert, so hat die Dienstleisterin oder der Dienstleister dies unter Vorlage der entsprechenden Dokumente anzuzeigen. [3] Absatz 6 Sätze 2, 4 und 5 gilt entsprechend.

(8) [1] Die Ingenieurkammer bestätigt auf Antrag, dass die Anzeige nach Absatz 6 oder 7 erfolgt ist. [2] Sie kann das Tätigwerden als Entwurfsverfasserin oder Entwurfsverfasser untersagen, wenn die Voraussetzungen der Absätze 5 bis 7 nicht erfüllt sind.

(9) Die Beschränkungen der Absätze 3 bis 8 gelten nicht für Bauvorlagen
1. zu Entwürfen, die üblicherweise von Fachkräften mit anderer Ausbildung als nach den Absätzen 3 bis 8 verfasst werden, wie Entwürfe für Werbeanlagen und Behälter,
2. zu Entwürfen einfacher Art, wenn ein Nachweis der Standsicherheit nicht erforderlich ist,
3. für Stützmauern sowie selbständige Aufschüttungen und Abgrabungen.

§ 54 Unternehmerinnen und Unternehmer

(1) [1] Jede Unternehmerin und jeder Unternehmer ist dafür verantwortlich, dass ihre oder seine Arbeiten dem öffentlichen Baurecht entsprechend ausgeführt und insoweit auf die Arbeiten anderer Unternehmerinnen und Unternehmer abgestimmt werden. [2] Sie oder er hat zu den verwendeten Bauprodukten und den angewandten Bauarten die erforderlichen Nachweise über die Erfüllung der Anforderungen dieses Gesetzes oder aufgrund dieses Gesetzes erlassener Vorschriften zu erbringen und auf der Baustelle bereitzuhalten. [3] Zu Bauprodukten, die die CE-Kennzeichnung nach der Verordnung (EU) Nr. 305/2011 tragen, ist die Leistungserklärung bereitzuhalten.

(2) ¹ Die Unternehmerin oder der Unternehmer muss über die für ihre oder seine Arbeiten erforderlichen Fachkenntnisse, Fachkräfte und Vorrichtungen verfügen. ² Erfordern Arbeiten außergewöhnliche Fachkenntnisse oder besondere Vorrichtungen, so kann die Bauaufsichtsbehörde vorschreiben,

1. dass die Unternehmerin oder der Unternehmer bei den Arbeiten nur Fachkräfte mit bestimmter Ausbildung oder Erfahrung einsetzen darf,
2. dass sie oder er bei den Arbeiten bestimmte Vorrichtungen zu verwenden hat und
3. wie sie oder er die Erfüllung der Anforderungen nach den Nummern 1 und 2 nachzuweisen hat.

§ 55 Bauleiterin und Bauleiter

(1) ¹ Die Bauleiterin oder der Bauleiter hat darüber zu wachen, dass die Baumaßnahme entsprechend den öffentlich-rechtlichen Anforderungen durchgeführt wird, und die dafür erforderlichen Weisungen zu erteilen. ² Sie oder er hat im Rahmen dieser Aufgabe auf den sicheren bautechnischen Betrieb der Baustelle, insbesondere auf das gefahrlose Ineinandergreifen der Arbeiten der Unternehmerinnen und Unternehmer zu achten. ³ Die Verantwortlichkeit der Unternehmerinnen und Unternehmer bleibt unberührt.

(2) ¹ Die Bauleiterin oder der Bauleiter muss über die für die Aufgabe erforderlichen Fachkenntnisse verfügen. ² Verfügt sie oder er auf einzelnen Teilgebieten nicht über die erforderlichen Fachkenntnisse, so ist eine geeignete Fachbauleiterin oder ein geeigneter Fachbauleiter zu bestellen. ³ Die bestellte Person übernimmt für die Teilgebiete die Aufgaben der Bauleiterin oder des Bauleiters nach Absatz 1. ⁴ Die Bauleiterin oder der Bauleiter hat ihre oder seine Tätigkeit mit der Tätigkeit der Fachbauleiterin oder des Fachbauleiters abzustimmen.

§ 56 Verantwortlichkeit für den Zustand der Anlagen und Grundstücke

¹ Die Eigentümer sind dafür verantwortlich, dass Anlagen und Grundstücke dem öffentlichen Baurecht entsprechen. ² Erbbauberechtigte treten an die Stelle der Eigentümer. ³ Wer die tatsächliche Gewalt über eine Anlage oder ein Grundstück ausübt, ist neben dem Eigentümer oder Erbbauberechtigten verantwortlich. ⁴ § 7 Abs. 3 des Niedersächsischen Polizei- und Ordnungsbehördengesetzes gilt entsprechend.

Achter Teil Behörden

§ 57 Bauaufsichtsbehörden

(1) ¹ Die Landkreise, die kreisfreien Städte und die großen selbständigen Städte nehmen die Aufgaben der unteren Bauaufsichtsbehörde wahr; die Zuständigkeit der selbständigen Gemeinden wird ausgeschlossen (§ 17 Satz 1 des Niedersächsischen Kommunalverfassungsgesetzes). ² Oberste Bauaufsichtsbehörde ist das Fachministerium.

(2) ¹ Die oberste Bauaufsichtsbehörde kann auf Antrag die Aufgaben der unteren Bauaufsichtsbehörde einer Gemeinde übertragen, wenn sie mindestens 30 000 Einwohnerinnen und Einwohner hat und die Voraussetzungen des Absatzes 4 erfüllt. ² Hat eine Gemeinde bis zum 31. Oktober 2012 die Aufgaben der unteren Bauaufsichtsbehörde wahrgenommen oder sind ihr nach § 63 a der Niedersächsischen Bauordnung in der Fassung vom 10. Februar 2003 (Nds. GVBl. S. 89), zuletzt geändert durch § 13 des Gesetzes vom 10. November 2011 (Nds. GVBl. S. 415), diese Aufgaben für bestimmte bauliche Anlagen vor dem 1. November 2012 übertragen worden, so bleiben ihr diese Aufgaben übertragen. ³ Die Übertragung kann in den Fällen der Sätze 1 und 2 widerrufen werden, wenn die Gemeinde dies beantragt oder die Voraussetzungen des Absatzes 4 nicht erfüllt. ⁴ § 14 Abs. 4 Satz 1 und § 177 Abs. 1 des Niedersächsischen Kommunalverfassungsgesetzes gelten sinngemäß.

(3) Die Aufgaben der unteren Bauaufsichtsbehörden gehören zum übertragenen Wirkungskreis.

(4) ¹ Die Bauaufsichtsbehörden sind zur Durchführung ihrer Aufgaben ausreichend mit geeigneten Fachkräften zu besetzen und mit den erforderlichen Einrichtungen auszustatten, sodass sichergestellt ist, dass die Aufgaben ordnungsgemäß wahrgenommen werden. ² Den Bauaufsichtsbehörden sollen Bedienstete angehören mit der Befähigung für die Laufbahn der Laufbahngruppe 2 der Fachrichtung Technische Dienste, die die Voraussetzungen für den Zugang für das zweite Einstiegsamt erfüllen oder eine von der obersten Dienstbehörde bestimmte laufbahnrechtliche Qualifizierung erfolgreich durchlaufen haben und die erforderlichen Kenntnisse der Bautechnik, der Baugestaltung und des öffentlichen Baurechts haben.

§ 58 Aufgaben und Befugnisse der Bauaufsichtsbehörden

(1) ¹ Die Bauaufsichtsbehörden haben, soweit erforderlich, darüber zu wachen und darauf hinzuwirken, dass Anlagen, Grundstücke und Baumaßnahmen dem öffentlichen Baurecht entsprechen. ² Sie haben in diesem Rahmen auch die Verantwortlichen zu beraten.

(2) Die unteren Bauaufsichtsbehörden sind zuständig, soweit nichts anderes bestimmt ist.

(3) Die unteren Bauaufsichtsbehörden sind zuständig für die Ausübung der Aufsicht über die bevollmächtigten Bezirksschornsteinfegerinnen und bevollmächtigten Bezirksschornsteinfeger hinsichtlich der Wahrnehmung der ihnen nach § 40 Abs. 6 übertragenen Aufgaben und Befugnisse und der Einhaltung ihrer insoweit bestehenden Pflichten.

(4) Die oberste Bauaufsichtsbehörde übt die Fachaufsicht über die unteren Bauaufsichtsbehörden aus.

(5) ¹ Die oberste Bauaufsichtsbehörde kann einzelne Befugnisse, die ihr nach diesem Gesetz zustehen, auf andere Behörden des Landes übertragen. ² Sie kann außerdem widerruflich oder befristet die Zuständigkeit für

1. die Anerkennung von Prüf-, Zertifizierungs- und Überwachungsstellen (§ 24) und

2. Ausführungsgenehmigungen für fliegende Bauten, Ausnahmen, Befreiungen und Abweichungen für genehmigungsfreie fliegende Bauten und Gebrauchsabnahmen fliegender Bauten

auf eine Behörde, auch eines anderen Landes, oder eine andere Stelle oder Person übertragen, die die Gewähr dafür bietet, dass die Aufgaben dem öffentlichen Baurecht entsprechend wahrgenommen werden, und die der Aufsicht der obersten Bauaufsichtsbehörde untersteht oder an deren Willensbildung die oberste Bauaufsichtsbehörde mitwirkt.

(6) Übertragungen nach Absatz 5 und § 57 Abs. 2 sind im Niedersächsischen Ministerialblatt bekannt zu machen.

(7) Eine Fachaufsichtsbehörde kann anstelle einer nachgeordneten Behörde oder einer Stelle tätig werden, wenn diese eine Weisung der Fachaufsichtsbehörde innerhalb einer bestimmten Frist nicht befolgt oder wenn Gefahr im Verzuge ist.

(8) Ist die oberste Bauaufsichtsbehörde mangels örtlicher Zuständigkeit einer unteren Bauaufsichtsbehörde zuständig, so kann sie ihre Zuständigkeit im Einzelfall einvernehmlich auf eine untere Bauaufsichtsbehörde übertragen.

(9) [1] Bedienstete und sonstige Beauftragte der in den Absätzen 1 bis 5, 7 und 8 genannten Behörden und Stellen sowie die dort genannten Personen dürfen zur Erfüllung ihrer Aufgaben Grundstücke und Anlagen einschließlich der Wohnungen auch gegen den Willen der Betroffenen betreten. [2] Sind die Wohnungen in Gebrauch genommen, so dürfen sie gegen den Willen der Betroffenen betreten werden, wenn dies zur Abwehr einer erheblichen Gefahr für die öffentliche Sicherheit erforderlich ist. [3] Das Grundrecht der Unverletzlichkeit der Wohnung nach Artikel 13 des Grundgesetzes wird insoweit eingeschränkt.

Neunter Teil Genehmigungserfordernisse

§ 59 Genehmigungsvorbehalt

(1) Baumaßnahmen bedürfen der Genehmigung durch die Bauaufsichtsbehörde (Baugenehmigung), soweit sich aus den §§ 60 bis 62, 74 und 75 nichts anderes ergibt.

(2) Vorschriften des Bundes- oder Landesrechts, nach denen behördliche Entscheidungen eine Baugenehmigung einschließen, bleiben unberührt.

(3) [1] Genehmigungsfreie und verfahrensfreie Baumaßnahmen müssen die Anforderungen des öffentlichen Baurechts ebenso wie genehmigungsbedürftige Baumaßnahmen erfüllen, es sei denn, dass sich die Anforderungen auf genehmigungsbedürftige Baumaßnahmen beschränken. [2] Genehmigungsvorbehalte in anderen Vorschriften, namentlich im Niedersächsischen Denkmalschutzgesetz und im städtebaulichen Planungsrecht, bleiben unberührt.

§ 60 Verfahrensfreie Baumaßnahmen, Abbruchanzeige

(1) [1] Die im Anhang genannten baulichen Anlagen und Teile baulicher Anlagen dürfen in dem dort festgelegten Umfang ohne Baugenehmigung errichtet, in bauliche Anlagen eingefügt und geändert werden (verfahrensfreie Baumaßnahmen). [2] Verfahrensfreie Baumaßnahmen sind auch die im Anhang genannten Baumaßnahmen.

(2) Verfahrensfrei ist auch
1. die Änderung der Nutzung einer baulichen Anlage, wenn das öffentliche Baurecht an die neue Nutzung weder andere noch weitergehende Anforderungen stellt oder die Errichtung oder Änderung der baulichen Anlage nach Absatz 1 verfahrensfrei wäre,
2. die Umnutzung von Räumen im Dachgeschoss eines Wohngebäudes mit nur einer Wohnung in Aufenthaltsräume, die zu dieser Wohnung gehören,
3. die Umnutzung von Räumen in vorhandenen Wohngebäuden und Wohnungen in Räume mit Badewanne oder Dusche oder mit Toilette,
4. die vorübergehende Nutzung eines Raumes, der nicht als Versammlungsraum genehmigt ist, als Versammlungsraum für die Durchführung einer Veranstaltung, die auch Übernachtungen einschließen kann, wenn die Nutzungsdauer nicht mehr als drei Tage im Jahr beträgt und
 a) der Versammlungsraum nicht mehr als 200 Besucherinnen und Besucher fasst oder
 b) durch die Änderung der Nutzung mehrere Versammlungsräume, die einen gemeinsamen Rettungsweg haben, insgesamt nicht mehr als 200 Besucherinnen und Besucher fassen,
5. der Abbruch und die Beseitigung baulicher Anlagen, ausgenommen Hochhäuser, und der im Anhang genannten Teile baulicher Anlagen,
6. die Instandhaltung baulicher Anlagen.

(3) [1] Der Abbruch und die Beseitigung eines Hochhauses oder eines nicht im Anhang genannten Teils einer baulichen Anlage ist genehmigungsfrei, aber der Bauaufsichtsbehörde vor der Durchführung der Baumaßnahme von der Bauherrin oder dem Bauherrn anzuzeigen; der Bestellung einer Entwurfsverfasserin oder eines Entwurfsverfassers bedarf es insoweit abweichend von § 52 Abs. 2 Satz 1 nicht. [2] Der Anzeige ist die Bestätigung einer Person im Sinne des § 65 Abs. 4 beizufügen über die Wirksamkeit der vorgesehenen Sicherungsmaßnahmen und die Standsicherheit der baulichen Anlagen, die an die abzubrechenden oder zu beseitigenden baulichen Anlagen oder Teile baulicher Anlagen angebaut sind oder auf deren Standsicherheit sich die Baumaßnahme auswirken kann. [3] Die Bauaufsichtsbehörde bestätigt der Bauherrin oder dem Bauherrn den Eingang der Anzeige oder fordert sie oder ihn im Fall einer unvollständigen oder sonst mangelhaften Anzeige zur Vervollständigung der Anzeige oder zur Behebung des Mangels auf. [4] Ist die Anzeige vervollständigt oder der Mangel behoben worden, so teilt die Bauaufsichtsbehörde dies der Bauherrin oder dem Bauherrn mit. [5] Mit den Baumaßnahmen nach Satz 1 darf nicht vor Ablauf eines Monats begonnen werden, nachdem die Bauaufsichtsbehörde der Bauherrin oder dem Bauherrn den Eingang der Anzeige nach Satz 3 bestätigt hat oder die Mitteilung nach Satz 4 erfolgt ist.

§ 61 Genehmigungsfreie öffentliche Baumaßnahmen

(1) Keiner Baugenehmigung bedürfen die Errichtung, die Änderung, der Abbruch und die Beseitigung
1. von Brücken, Durchlässen, Tunneln und Stützmauern sowie von Stauanlagen und sonstigen Anlagen des Wasserbaus, ausgenommen Gebäude, wenn die Wasser- und Schifffahrtsverwaltung des Bundes, die Straßenbau-, Hafen- oder Wasserwirtschaftsverwaltung des Landes oder eine untere Wasserbehörde die Entwurfsarbeiten leitet und die Bauarbeiten überwacht,
2. von Betriebsanlagen der Straßenbahnen (§ 4 des Personenbeförderungsgesetzes), ausgenommen oberirdische Gebäude,
3. von nach anderen Rechtsvorschriften zulassungsbedürftigen Anlagen für die öffentliche Versorgung mit Elektrizität, Gas, Wärme, Wasser und für die öffentliche Beseitigung von Abwässern, ausgenommen Gebäude.

(2) Keiner Baugenehmigung bedürfen
1. Baumaßnahmen innerhalb vorhandener Gebäude, ausgenommen Nutzungsänderungen,
2. Änderungen des Äußeren vorhandener Gebäude, wenn sie deren Rauminhalt nicht vergrößern,
3. Abbrüche baulicher Anlagen,

wenn das Staatliche Baumanagement Niedersachsen, die Klosterkammer Hannover oder ein Landkreis oder eine Gemeinde, die über eine Bauverwaltung verfügt, die Entwurfsarbeiten leitet und die Bauarbeiten überwacht.

(3) [1] Keiner Baugenehmigung bedürfen vorübergehende Nutzungsänderungen von baulichen Anlagen, soweit und solange
1. die Nutzungsänderung in einer Notsituation erforderlich ist für Zwecke des Brandschutzes, des Katastrophenschutzes, des Bevölkerungsschutzes, der Unfallhilfe oder der medizinischen Versorgung oder die Unterbringung des für diese Zwecke erforderlichen Personals und
2. das Staatliche Baumanagement Niedersachsen, die Klosterkammer Hannover, ein Landkreis oder eine Gemeinde, die über eine Bauverwaltung verfügt, oder eine von einer dieser Stellen beauftragte natürliche oder juristische Person, die nach ihrer Fachkenntnis, ihrer Zuverlässigkeit und ihren Leistungen die Gewähr dafür bietet, dass die Aufgaben dem öffentlichen Baurecht entsprechend wahrgenommen werden, die Planung leitet und die Ausführung der Arbeiten überwacht.

[2] Eine Notsituation im Sinne des Satzes 1 Nr. 1 liegt vor, solange
1. nach § 5 Abs. 1 Satz 1 des Infektionsschutzgesetzes eine epidemische Lage von nationaler Tragweite festgestellt ist,
2. nach § 3a Abs. 1 Satz 1 des Niedersächsischen Gesetzes über den öffentlichen Gesundheitsdienst eine epidemische Lage von landesweiter Tragweite festgestellt ist,
3. ein Katastrophenfall im Sinne des § 1 Abs. 2 des Niedersächsischen Katastrophenschutzgesetzes für den Ort der beabsichtigten Nutzung festgestellt ist oder
4. ein vergleichbarer Notstand vorliegt, bei dem das Leben, Gesundheit, die lebenswichtige Versorgung der Bevölkerung, die Umwelt oder erhebliche Sachwerte in einem solchen Maße gefährdet oder beeinträchtigt sind, dass zu seiner Bekämpfung die sofortige Nutzung der betreffenden baulichen Anlage für die in Satz 1 Nr. 1 genannten Zwecke erforderlich ist.

[3] Soweit für eine Nutzungsänderung nach Satz 1 Abweichungen nach § 66 Abs. 1 Satz 1 erforderlich sind, gelten diese als zugelassen. [4] Die Anforderungen nach § 3 Abs. 1 Satz 1 sind im Hinblick auf Gefahren für die öffentliche Sicherheit einzuhalten; insbesondere müssen Standsicherheit und Brandschutz so gewährleistet sein, dass Gefahren für das Leben und die Gesundheit von Menschen vermieden werden. [5] Wird im Zeitpunkt der Aufnahme einer Nutzung nach Satz 1 eine Nutzung rechtmäßig ausgeübt, so kann diese im Anschluss wieder aufgenommen werden. [6] Die Sätze 1 bis 5 gelten nicht für Nutzungsänderungen, die nach § 62 Abs. 1 Satz 4 einer Baugenehmigung bedürfen oder für die nach § 68 Abs. 5 eine Öffentlichkeitsbeteiligung durchzuführen ist.

§ 62 Sonstige genehmigungsfreie Baumaßnahmen

(1) [1] Keiner Baugenehmigung bedarf die Errichtung
1. von Wohngebäuden, auch mit Räumen für freie Berufe nach § 13 der Baunutzungsverordnung, in Kleinsiedlungsgebieten sowie in reinen, in allgemeinen und in besonderen Wohngebieten, wenn die Wohngebäude überwiegend Wohnungen enthalten,
2. von sonstigen Gebäuden der Gebäudeklassen 1 und 2 in Gewerbegebieten und in Industriegebieten,
3. von baulichen Anlagen, die keine Gebäude sind, in Gewerbegebieten und in Industriegebieten und
4. von Nebengebäuden und Nebenanlagen für Gebäude nach den Nummern 1 und 2,

wenn die in den Nummern 1 bis 3 genannten Baugebiete durch Bebauungsplan im Sinne des § 30 Abs. 1 oder 2 des Baugesetzbuchs festgesetzt sind und die Voraussetzungen des Absatzes 2 vorliegen. [2] Satz 1 gilt entsprechend für die Änderung oder Nutzungsänderung baulicher Anlagen, die nach Durchführung dieser Baumaßnahme bauliche Anlagen im Sinne des Satzes 1 Nrn. 1 bis 4 sind. [3] Die Sätze 1 und 2 gelten nicht für Sonderbauten nach § 2 Abs. 5. [4] Die Sätze 1 und 2 gelten auch nicht für eine Baumaßnahme innerhalb eines Achtungsabstands nach Satz 5 um einen Betriebsbereich im Sinne des § 3 Abs. 5a des Bundes-Immissionsschutzgesetzes (BImSchG), durch die erstmalig oder zusätzlich
1. dem Wohnen dienende Nutzungseinheiten von insgesamt mehr als 5 000 m² Grundfläche geschaffen werden oder

2. die Möglichkeit der gleichzeitigen Nutzung einer öffentlich zugänglichen baulichen Anlage durch mehr als 100 Besucherinnen und Besucher geschaffen wird,

es sei denn, dass durch ein nach Beurteilung der für den Betriebsbereich zuständigen Immissionsschutzbehörde plausibles Gutachten einer oder eines nach § 29b BImSchG bekannt gegebenen Sachverständigen nachgewiesen ist, dass die Baumaßnahme außerhalb des angemessenen Sicherheitsabstands im Sinne des § 3 Abs. 5c BImSchG zum Betriebsbereich durchgeführt wird. [5] Der Achtungsabstand nach Satz 4 beträgt, falls der Betriebsbereich eine Biogasanlage ist, 200 m, andernfalls 2 000 m.

(2) Eine Baumaßnahme ist nach Absatz 1 genehmigungsfrei, wenn

1. das Vorhaben den Festsetzungen des Bebauungsplans nicht widerspricht oder notwendige Ausnahmen oder Befreiungen bereits erteilt sind,
2. notwendige Zulassungen von Abweichungen nach § 66 bereits erteilt sind,
3. die Gemeinde der Bauherrin oder dem Bauherrn bestätigt hat, dass
 a) die Erschließung im Sinne des § 30 Abs. 1 oder 2 des Baugesetzbuchs gesichert ist und
 b) sie eine vorläufige Untersagung nach § 15 Abs. 1 Satz 2 des Baugesetzbuchs nicht beantragen wird,
4. die nach § 65 Abs. 2 Satz 1 zu prüfenden Nachweise der Standsicherheit und des Brandschutzes und, soweit erforderlich, die Eignung der Rettungswege nach § 33 Abs. 2 Satz 3 Halbsatz 2 geprüft und bestätigt worden sind.

(3) [1] Die Entwurfsverfasserin oder der Entwurfsverfasser hat aufgrund einer Vollmacht der Bauherrin oder des Bauherrn eine beabsichtigte Baumaßnahme nach Absatz 1 der Bauaufsichtsbehörde mitzuteilen und die Bauherrin oder den Bauherrn darüber in Kenntnis zu setzen. [2] Der Mitteilung sind die Bauvorlagen, ausgenommen die bautechnischen Nachweise, beizufügen. [3] Nimmt der Landkreis die Aufgaben der Bauaufsichtsbehörde wahr, so hat er die Mitteilung und die beigefügten Bauvorlagen unverzüglich an die Gemeinde zu übermitteln. [4] Betrifft die Baumaßnahme ein Lager für Abfälle mit einer Gesamtmenge von mehr als 15 t oder mehr als 15 m³, so ist hierauf in der Mitteilung nach Satz 1 besonders hinzuweisen. [5] Den übrigen Bauvorlagen beigefügt oder gesondert bei der Bauaufsichtsbehörde eingereicht werden können

1. bei einer Baumaßnahme nach § 65 Abs. 3 die Nachweise der Standsicherheit und des Brandschutzes und
2. soweit die Eignung der Rettungswege nach § 33 Abs. 2 Satz 3 Halbsatz 2 zu prüfen ist, die dafür erforderlichen Unterlagen.

(4) [1] Die Bauvorlagen müssen von einer Entwurfsverfasserin oder einem Entwurfsverfasser im Sinne des § 53 Abs. 3 Satz 2 Nr. 1, 2, 3 oder 5, erstellt sein, die oder der gegen Haftpflichtgefahren versichert ist, die sich aus der Wahrnehmung dieser Tätigkeit ergeben. [2] Personenschäden müssen mindestens zu 1 500 000 Euro und Sach- und Vermögensschäden mindestens zu 200 000 Euro je Versicherungsfall versichert sein. [3] Der Versicherungsschutz muss mindestens fünf Jahre über den Zeitpunkt der Beendigung des Versicherungsvertrages hinausreichen. [4] Die Leistungen des Versicherers für alle innerhalb eines Versicherungsjahres verursachten Schäden können auf das Zweifache des jeweiligen Betrages nach Satz 2 begrenzt werden. [5] Bei Entwurfsverfasserinnen und Entwurfsverfassern, die im Rahmen des europäischen Dienstleistungsverkehrs vorübergehend und gelegentlich in Niedersachsen tätig sind, gilt die Versicherungspflicht als erfüllt, wenn sie die Architektenkammer oder die Ingenieurkammer oder die zuständige Kammer eines anderen Bundeslandes über die Einzelheiten ihres Versicherungsschutzes oder einer anderen Art des individuellen oder kollektiven Schutzes vor Haftpflichtgefahren informiert haben. [6] Die Sätze 1 bis 5 gelten nicht, wenn die Bauherrin oder der Bauherr den Entwurf selbst erstellt hat. [7] § 67 Abs. 3 Sätze 2 und 3 gilt entsprechend.

(5) [1] Die Gemeinde hat der Bauherrin oder dem Bauherrn innerhalb eines Monats nach Eingang der Unterlagen nach Absatz 3 bei ihr die Bestätigung nach Absatz 2 Nr. 3 auszustellen, wenn die Erschließung im Sinne des § 30 Abs. 1 oder 2 des Baugesetzbuchs gesichert ist und wenn sie die vorläufige Untersagung nach § 15 Abs. 1 Satz 2 des Baugesetzbuchs nicht beantragen will. [2] Eine darüber hinausgehende Pflicht der Gemeinde zur Prüfung der Baumaßnahme besteht nicht. [3] Liegt eine der Voraussetzungen nach Absatz 2 Nr. 3 nicht vor, so hat die Gemeinde dies der Bauherrin oder dem Bauherrn innerhalb der Frist nach Satz 1 mitzuteilen und, wenn die Erschließung im Sinne des § 30 Abs. 1 oder 2 des Baugesetzbuchs nicht gesichert ist, die Unterlagen nach Absatz 3 zurückzugeben.

(6) Die Gemeinde hat, wenn sie nicht selbst die Aufgaben der Bauaufsichtsbehörde wahrnimmt, eine Ausfertigung ihrer Bestätigung nach Absatz 2 Nr. 3 oder, wenn sie die vorläufige Untersagung nach § 15 Abs. 1 Satz 2 des Baugesetzbuchs beantragt, ihren Antrag unverzüglich der Bauaufsichtsbehörde zu übermitteln.

(7) Über den Antrag auf vorläufige Untersagung hat die Bauaufsichtsbehörde innerhalb von zwei Wochen nach Eingang des vollständigen Antrages zu entscheiden.

(8) [1] Mit der Baumaßnahme darf erst begonnen werden, wenn die Bestätigung nach Absatz 2 Nr. 3 und, soweit erforderlich, die Bestätigung nach Absatz 2 Nr. 4 über die Eignung der Rettungswege der Bauherrin oder dem Bauherrn vorliegen. [2] Eine Baumaßnahme nach § 65 Abs. 3 darf erst begonnen werden, wenn der Bauherrin oder dem Bauherrn auch die Bestätigung der Nachweise der Standsicherheit und des Brandschutzes vorliegt. [3] Die Baumaßnahme darf mehr als drei Jahre, nachdem sie nach Satz 1 oder 2 zulässig geworden ist oder ihre Ausführung unterbrochen worden ist, nur dann begonnen oder fortgesetzt werden, wenn die Anforderungen nach den Absätzen 3 und 5 bis 7 sowie den Sätzen 1 und 2 erneut erfüllt worden sind.

(9) [1] Die Durchführung der Baumaßnahme darf von den Bauvorlagen nicht abweichen. [2] Die Bauvorlagen einschließlich der bautechnischen Nachweise müssen während der Durchführung der Baumaßnahme an der Baustelle vorgelegt werden können. [3] Satz 2 gilt auch für die Bestätigungen nach Absatz 2 Nr. 4.

(10) Die Bauherrin oder der Bauherr kann verlangen, dass für eine Baumaßnahme nach Absatz 1 das vereinfachte Baugenehmigungsverfahren durchgeführt wird.

(11) [1] Die Absätze 2 bis 10 sind nicht anzuwenden, soweit Baumaßnahmen nach Absatz 1 schon nach anderen Vorschriften keiner Baugenehmigung bedürfen. [2] Eine nach Absatz 1 genehmigungsfreie Baumaßnahme bedarf auch dann keiner Baugenehmigung, wenn nach ihrer Durchführung die Unwirksamkeit oder Nichtigkeit des Bebauungsplans festgestellt wird.

Zehnter Teil Genehmigungsverfahren

§ 63 Vereinfachtes Baugenehmigungsverfahren

(1) [1] Das vereinfachte Baugenehmigungsverfahren wird durchgeführt für die genehmigungsbedürftige Errichtung, Änderung oder Nutzungsänderung baulicher Anlagen, mit Ausnahme von baulichen Anlagen, die nach Durchführung der Baumaßnahme Sonderbauten im Sinne des § 2 Abs. 5 sind. [2] Das vereinfachte Baugenehmigungsverfahren wird auch durchgeführt für eine Baumaßnahme zum Repowering von bestehenden Anlagen zur Produktion von Energie aus erneuerbaren Quellen im Sinne des Artikels 16 Abs. 1 Satz 4 und Abs. 6 in Verbindung mit Artikel 2 Nr. 10 der Richtlinie (EU) 2018/2001 des Europäischen Parlaments und des Rates vom 11. Dezember 2018 zur Förderung der Nutzung von Energie aus erneuerbaren Quellen (ABl. EU Nr. L 328 S. 82; 2020 Nr. L 311 S. 11); dies gilt abweichend von Satz 1 auch für Sonderbauten. [3] Bei Baumaßnahmen nach den Sätzen 1 und 2 prüft die Bauaufsichtsbehörde die Bauvorlagen nur auf ihre Vereinbarkeit mit
1. dem städtebaulichen Planungsrecht,
2. den §§ 5 bis 7, 33 Abs. 2 Satz 3, § 41 Abs. 2 Satz 2 und den §§ 47 und 50,
3. den sonstigen Vorschriften des öffentlichen Rechts im Sinne des § 2 Abs. 17;

§ 65 bleibt unberührt. [4] § 64 Satz 2 gilt entsprechend.

(2) Über erforderliche Ausnahmen, Befreiungen und Zulassungen von Abweichungen von Vorschriften, deren Einhaltung nach Absatz 1 nicht geprüft wird, wird nur auf besonderen Antrag entschieden.

§ 64 Baugenehmigungsverfahren

[1] Bei genehmigungsbedürftigen Baumaßnahmen, die nicht im vereinfachten Baugenehmigungsverfahren nach § 63 geprüft werden, prüft die Bauaufsichtsbehörde die Bauvorlagen auf ihre Vereinbarkeit mit dem öffentlichen Baurecht. [2] Die Vereinbarkeit der Bauvorlagen mit den Anforderungen der Arbeitsstättenverordnung wird nur geprüft, wenn die Bauherrin oder der Bauherr dies verlangt. [3] § 65 bleibt unberührt.

§ 65 Bautechnische Nachweise, Typenprüfung

(1) [1] Die Einhaltung der Anforderungen an die Standsicherheit sowie den Brand-, den Schall-, den Wärme- und den Erschütterungsschutz ist nach Maßgabe der Verordnung nach § 82 Abs. 2 durch bautechnische Nachweise nachzuweisen; dies gilt nicht für verfahrensfreie Baumaßnahmen und für Baumaßnahmen im Sinne des § 60 Abs. 3 Satz 1, soweit nicht in diesem Gesetz oder in der Verordnung nach § 82 Abs. 2 anderes bestimmt ist. [2] Die Berechtigung zum Erstellen von Bauvorlagen nach § 53 Abs. 3 Satz 2 Nrn. 1 bis 4, Abs. 4 Nrn. 2 bis 4 sowie Abs. 5 bis 8 schließt die Berechtigung zur Erstellung der bautechnischen Nachweise ein, soweit nachfolgend nicht anderes bestimmt ist.

(2) [1] Für Baumaßnahmen nach den §§ 62 bis 64 sind nur
1. die Nachweise der Standsicherheit für bauliche Anlagen nach Absatz 3 Sätze 1 und 3 Halbsatz 2 und
2. die Nachweise des Brandschutzes für bauliche Anlagen nach Absatz 3 Satz 2

zu prüfen; im Übrigen sind die bautechnischen Nachweise nicht zu prüfen. [2] Die Bauaufsichtsbehörde kann abweichend von Satz 1 Nr. 1 die Prüfung von Nachweisen der Standsicherheit anordnen, wenn besondere statisch-konstruktive Nachweise oder Maßnahmen insbesondere wegen des Baugrundes oder während der Durchführung der Baumaßnahme erforderlich sind. [3] In den Fällen des § 62 gibt die Bauaufsichtsbehörde auf Antrag der Bauherrin oder dem Bauherrn die Nachweise, wenn sie dem öffentlichen Baurecht entsprechen, mit einer Bestätigung darüber zurück.

(3) [1] Bauliche Anlagen nach Absatz 2 Satz 1 Nr. 1 sind
1. Wohngebäude der Gebäudeklassen 4 und 5,
2. sonstige Wohngebäude mit unterirdischen Garagen, wenn die Nutzfläche der Garage 100 m² übersteigt,
3. sonstige Gebäude, ausgenommen eingeschossige Gebäude bis 200 m² Grundfläche sowie eingeschossige landwirtschaftlich, forstwirtschaftlich oder erwerbsgärtnerisch genutzte Gebäude bis 1 000 m² Grundfläche und mit einfachen balkenartigen Dachkonstruktionen bis 6 m Stützweite, bei fachwerkartigen Dachbindern bis 20 m Stützweite,
4. fliegende Bauten und Fahrgeschäfte, die keine fliegenden Bauten sind,
5. Brücken mit einer lichten Weite von mehr als 5 m,
6. Stützmauern mit einer Höhe von mehr als 3 m über der Geländeoberfläche,
7. Tribünen mit einer Höhe von mehr als 3 m,
8. Regale mit einer zulässigen Höhe der Oberkante des Lagerguts von mehr als 7,50 m,
9. Behälter,
10. Windenergieanlagen mit einer Höhe von mehr als 10 m,

11. sonstige bauliche Anlagen mit einer Höhe von mehr als 10 m.

[2] Bauliche Anlagen nach Absatz 2 Satz 1 Nr. 2 sind
1. Wohngebäude der Gebäudeklassen 4 und 5,
2. sonstige Gebäude der Gebäudeklassen 3, 4 und 5, ausgenommen eingeschossige landwirtschaftlich, forstwirtschaftlich oder erwerbsgärtnerisch genutzte Gebäude,
3. Garagen mit mehr als 100 m² Nutzfläche, auch wenn sie Teil eines sonst anders genutzten Gebäudes sind,
4. Sonderbauten.

[3] Geschosse zur ausschließlichen Lagerung von Jauche oder Gülle bleiben in den Fällen des Satzes 1 Nr. 3 und des Satzes 2 Nr. 2 bei der Ermittlung der Zahl der Geschosse unberücksichtigt; für Geschosse zur ausschließlichen Lagerung von Jauche oder Gülle sind die Nachweise der Standsicherheit stets zu prüfen.

(4) Nachweise der Standsicherheit, die nicht nach Absatz 2 Satz 1 Nr. 1 zu prüfen sind, müssen erstellt sein von Personen, die in der von der Ingenieurkammer Niedersachsen geführten Liste der Tragwerksplanerinnen und Tragwerksplaner (§ 21 NIngG) oder in einem entsprechenden Verzeichnis in einem anderen Land eingetragen oder diesen Personen nach § 21 Abs. 5 NIngG gleichgestellt sind.

(5) Für genehmigungsbedürftige Baumaßnahmen dürfen Nachweise der Standsicherheit, die nicht nach Absatz 2 Satz 1 Nr. 1 zu prüfen sind, abweichend von Absatz 4 auch von Personen erstellt sein, die nicht die dort genannten Voraussetzungen erfüllen; die von diesen Personen erstellten Nachweise sind abweichend von Absatz 2 Satz 1 Nr. 1 zu prüfen.

(6) [1] Die Nachweise des Schall- und des Wärmeschutzes müssen von Personen erstellt sein, die die Anforderungen nach Absatz 4 oder § 53 Abs. 3 Satz 2 Nr. 1, 2 oder 3 erfüllen. [2] Diese Nachweise können auch erstellt sein
1. für die in § 53 Abs. 4 Nr. 2 genannten Baumaßnahmen von Personen, die die Anforderungen nach § 53 Abs. 4 Nr. 2, 3 oder 4 oder Abs. 5 bis 8 erfüllen, und
2. für die mit der Berufsaufgabe der Innenarchitektin und des Innenarchitekten verbundenen Baumaßnahmen von Personen, die die Anforderungen nach § 53 Abs. 3 Satz 2 Nr. 5 erfüllen.

(7) [1] Die Nachweise der Standsicherheit und die Nachweise der Feuerwiderstandsfähigkeit der Bauteile können, auch wenn sie nicht nach Absatz 2 zu prüfen sind, auf Antrag allgemein geprüft werden (Typenprüfung); mit dem Antrag sind die beizufügenden Bauvorlagen zu übermitteln. [2] Absatz 4 ist im Fall einer Typenprüfung nicht anzuwenden.

(8) [1] Soweit die Typenprüfung ergibt, dass die bautechnischen Nachweise nach Absatz 7 dem öffentlichen Baurecht entsprechen, ist dies durch Bescheid festzustellen. [2] Der Bescheid wird widerruflich und in der Regel auf fünf Jahre befristet erteilt. [3] Die Befristung kann auf Antrag um jeweils längstens fünf Jahre verlängert werden. [4] § 71 Abs. 1 Satz 4 gilt entsprechend.

(9) Bescheide über Typenprüfungen von Behörden anderer Länder gelten auch in Niedersachsen.

§ 66 Abweichungen

(1) [1] Die Bauaufsichtsbehörde kann Abweichungen von Anforderungen dieses Gesetzes und aufgrund dieses Gesetzes erlassener Vorschriften zulassen, wenn diese unter Berücksichtigung des Zwecks der jeweiligen Anforderung und unter Würdigung der öffentlich-rechtlich geschützten nachbarlichen Belange mit den öffentlichen Belangen, insbesondere den Anforderungen nach § 3 Abs. 1 vereinbar sind. [2] Es ist anzugeben, von welchen Vorschriften und in welchem Umfang eine Abweichung zugelassen wird. [3] § 83 Abs. 1 Satz 3 bleibt unberührt.

(2) [1] Die Zulassung einer Abweichung bedarf eines begründeten Antrags. [2] Für Anlagen, die keiner Genehmigung bedürfen, sowie für Abweichungen von Vorschriften, deren Einhaltung nicht geprüft wird, gilt Satz 1 entsprechend. [3] Der Antrag nach Satz 1 ist der Bauaufsichtsbehörde durch die Entwurfsverfasserin oder den Entwurfsverfasser aufgrund einer Vollmacht der Bauherrin oder des Bauherrn, die oder der hierüber von der Entwurfsverfasserin oder dem Entwurfsverfasser in Kenntnis zu setzen ist, zu übermitteln; die Bauherrin oder der Bauherr kann den Antrag auch ohne Bestellung und Bevollmächtigung einer Entwurfsverfasserin oder eines Entwurfsverfassers der Bauaufsichtsbehörde übermitteln
1. bei Entwürfen einfacher Art, wenn kein Nachweis der Standsicherheit erforderlich ist, und
2. bei Abweichungen im Rahmen verfahrensfreier Baumaßnahmen.

(3) [1] Eine Abweichung wird, wenn die Erteilung einer Baugenehmigung von ihr abhängt, durch die Baugenehmigung zugelassen. [2] Wenn eine Bestätigung nach § 65 Abs. 2 Satz 3 oder eine Entscheidung nach § 65 Abs. 8 oder den §§ 72 bis 75 von der Abweichung abhängt, wird diese durch die Bestätigung oder die Entscheidung zugelassen. [3] Die Zulassung einer Abweichung nach Satz 1 gilt, solange die Baugenehmigung wirksam ist. [4] Für die gesonderte Zulassung einer Abweichung gelten § 70 Abs. 1 Satz 3 und § 71 Abs. 1 entsprechend.

(4) Wird nach Absatz 1 Satz 1 zugelassen, dass notwendige Einstellplätze innerhalb einer angemessenen Frist nach Ingebrauchnahme der baulichen Anlage hergestellt werden, so kann die Baugenehmigung von einer Sicherheitsleistung abhängig gemacht werden.

(5) Abweichungen von örtlichen Bauvorschriften nach § 84 Abs. 1 und 2 dürfen nur im Einvernehmen mit der Gemeinde zugelassen werden.

(6) Die Absätze 2 und 3 gelten auch für die Erteilung von Ausnahmen und Befreiungen nach anderen Vorschriften des öffentlichen Baurechts, soweit nichts anderes bestimmt ist.

§ 67 Bauantrag

(1) Die Entwurfsverfasserin oder der Entwurfsverfasser hat aufgrund einer Vollmacht der Bauherrin oder des Bauherrn den Antrag auf Erteilung einer Baugenehmigung (Bauantrag) mit den beizufügenden Bauvorlagen der Bauaufsichtsbehörde zu übermitteln und die Bauherrin oder den Bauherrn darüber in Kenntnis zu setzen.

(2) Die Bauaufsichtsbehörde kann verlangen, dass die bauliche Anlage auf dem Grundstück dargestellt wird, soweit sich in besonderen Fällen anders nicht ausreichend beurteilen lässt, wie sie sich in die Umgebung einfügt.

(3) [1] Die Bauaufsichtsbehörde kann auf Antrag im Einzelfall zulassen, dass der zu prüfende Nachweis der Standsicherheit nach Erteilung der Baugenehmigung eingereicht wird. [2] Die Baugenehmigung ist unter der aufschiebenden Bedingung zu erteilen, dass der Nachweis der Standsicherheit
1. innerhalb eines Jahres nach Erteilung der Baugenehmigung übermittelt und
2. seine Vereinbarkeit mit dem öffentlichen Baurecht nach Prüfung bestätigt wird.

§ 68 Beteiligung der Nachbarn und der Öffentlichkeit

(1) [1] Nachbarn, deren Belange eine Baumaßnahme berühren kann, dürfen die Bauvorlagen bei der Bauaufsichtsbehörde oder bei der Gemeinde einsehen. [2] Dies gilt nicht für die Teile der Bauvorlagen, die Belange der Nachbarn nicht berühren können.

(2) [1] Soll eine Abweichung oder Ausnahme von Vorschriften des öffentlichen Baurechts, die auch dem Schutz von Nachbarn dienen, zugelassen oder eine Befreiung von solchen Vorschriften erteilt werden, so soll die Bauaufsichtsbehörde den betroffenen Nachbarn, soweit sie erreichbar sind, Gelegenheit zur Stellungnahme innerhalb einer angemessenen Frist von längstens vier Wochen geben. [2] Auch in anderen Fällen kann die Bauaufsichtsbehörde nach Satz 1 verfahren, wenn eine Baumaßnahme möglicherweise Belange der Nachbarn berührt, die durch Vorschriften des öffentlichen Baurechts geschützt werden.

(3) [1] Die Bauherrin oder der Bauherr hat der Bauaufsichtsbehörde auf Verlangen die von der Baumaßnahme betroffenen Nachbarn namhaft zu machen und Unterlagen zur Verfügung zu stellen, die zur Unterrichtung der Nachbarn erforderlich sind. [2] Einwendungen sind innerhalb von vier Wochen nach Zustellung der Benachrichtigung der Bauaufsichtsbehörde von der Person, die die Einwendungen erhebt, elektronisch mit einer qualifizierten elektronischen Signatur oder als Dokument in Papierform mit Unterschrift an die Bauaufsichtsbehörde zu übermitteln; § 3a Abs. 2 VwVfG in Verbindung mit § 1 Abs. 1 NVwVfG findet keine Anwendung. [3] Die benachrichtigten Nachbarn werden mit allen öffentlich-rechtlichen Einwendungen gegen die Baumaßnahme für das Genehmigungsverfahren ausgeschlossen, die im Rahmen der Beteiligung nicht innerhalb der Frist bei der Bauaufsichtsbehörde eingegangen sind; auf die Anforderungen nach Satz 2 sowie auf die Rechtsfolgen einer nicht form- und fristgerechten Geltendmachung nach Halbsatz 1 ist in der Benachrichtigung hinzuweisen.

(4) Absatz 2 ist nicht anzuwenden, soweit Nachbarn der Baumaßnahme elektronisch mit einer qualifizierten elektronischen Signatur oder in einem Dokument in Papierform mit Unterschrift zugestimmt haben; § 3a Abs. 2 VwVfG in Verbindung mit § 1 Abs. 1 NVwVfG findet keine Anwendung.

(5) [1] Die Bauaufsichtsbehörde hat
1. Baumaßnahmen innerhalb eines Achtungsabstands nach Satz 2 um einen Betriebsbereich im Sinne des § 3 Abs. 5a BImSchG, durch die erstmalig oder zusätzlich
 a) dem Wohnen dienende Nutzungseinheiten von insgesamt mehr als 5 000 m² Grundfläche geschaffen werden oder
 b) die Möglichkeit der gleichzeitigen Nutzung einer öffentlich zugänglichen baulichen Anlage durch mehr als 100 Besucherinnen und Besucher geschaffen wird,
 und
2. die Errichtung, Änderung oder Nutzungsänderung baulicher Anlagen, die nach Durchführung der Baumaßnahme Sonderbauten nach § 2 Abs. 5 Satz 1 Nr. 9, 10, 11, 12, 13, 14, 16 oder 17 sind und innerhalb eines Achtungsabstands nach Satz 2 um einen Betriebsbereich im Sinne des § 3 Abs. 5a BImSchG liegen,

nach vollständiger Beibringung der Unterlagen im Sinne des § 67 in ihrem amtlichen Veröffentlichungsblatt und außerdem entweder im Internet oder in örtlichen Tageszeitungen, die am Ort der Baumaßnahme verbreitet sind, öffentlich bekannt zu machen. [2] Der Achtungsabstand nach Satz 1 beträgt, falls der Betriebsbereich eine Biogasanlage ist, 200 m, andernfalls 2 000 m. [3] Eine öffentliche Bekanntmachung nach Satz 1 erfolgt nicht, wenn
1. durch ein nach Beurteilung der für den Betriebsbereich zuständigen Immissionsschutzbehörde plausibles Gutachten einer oder eines nach § 29b BImSchG bekannt gegebenen Sachverständigen nachgewiesen ist, dass die Baumaßnahme außerhalb des angemessenen Sicherheitsabstands im Sinne des § 3 Abs. 5c BImSchG zum Betriebsbereich durchgeführt wird, oder
2. dem Gebot, den angemessenen Sicherheitsabstand zu wahren, bereits in einem für die Beurteilung der Zulässigkeit der Baumaßnahme maßgeblichen Bebauungsplan durch verbindliche Vorgaben Rechnung getragen worden ist.

[4] Absatz 1 findet im Fall einer öffentlichen Bekanntmachung nach Satz 1 keine Anwendung. [5] Eine öffentliche Bekanntmachung ist entbehrlich, wenn durch eine Änderung einer baulichen Anlage, die ein Sonderbau nach § 2 Abs. 5 Satz 1 Nr. 9, 10, 11, 12, 13, 14, 16 oder 17 ist, eine Erhöhung der Anzahl der Nutzerinnen und Nutzer oder der Besucherinnen und Besucher nicht eintritt. [6] Der Bauantrag und die Bauvorlagen sowie die entscheidungserheblichen Berichte und Empfehlungen, die der Bauaufsichtsbehörde im Zeitpunkt der Bekanntmachung vorliegen, sind nach Bekanntmachung einen Monat zur Einsicht auszulegen. [7] § 10 Abs. 2 BImSchG gilt entsprechend.

[8]Weitere Informationen, die für die Entscheidung über die Genehmigungsfähigkeit der Baumaßnahme von Bedeutung sein können und die der Bauaufsichtsbehörde erst nach Beginn der Auslegung vorliegen, sind der Öffentlichkeit nach den Bestimmungen über den Zugang zu Umweltinformationen zugänglich zu machen. [9]Besteht für die Baumaßnahme eine Pflicht zur Umweltverträglichkeitsprüfung (UVP-Pflicht), so muss die Bekanntmachung darüber hinaus den Anforderungen des § 19 Abs. 1 des Gesetzes über die Umweltverträglichkeitsprüfung (UVPG) entsprechen. [10]Personen, deren Belange durch die Baumaßnahme berührt werden, sowie Vereinigungen, welche die Anforderungen des § 3 Abs. 1 oder des § 2 Abs. 2 des Umwelt-Rechtsbehelfsgesetzes erfüllen, können bis einen Monat nach Ablauf der Auslegungsfrist gegenüber der Bauaufsichtsbehörde elektronisch mit einer qualifizierten elektronischen Signatur oder in einem Dokument in Papierform mit Unterschrift Einwendungen erheben; § 3a Abs. 2 VwVfG in Verbindung mit § 1 Abs. 1 NVwVfG findet keine Anwendung. [11]Mit Ablauf der Einwendungsfrist sind alle öffentlich-rechtlichen Einwendungen gegen die Baumaßnahme für das Genehmigungsverfahren ausgeschlossen. [12]Einwendungen, die auf besonderen privatrechtlichen Titeln beruhen, sind auf den Rechtsweg vor den ordentlichen Gerichten zu verweisen.

(6) In der Bekanntmachung nach Absatz 5 Satz 1 ist über Folgendes zu informieren:
1. den Gegenstand der Baumaßnahme,
2. gegebenenfalls die Feststellung der UVP-Pflicht der Baumaßnahme nach § 5 UVPG sowie die Durchführung einer grenzüberschreitenden Beteiligung nach den §§ 54 bis 56 UVPG,
3. die für zuständige Behörde, bei der der Bauantrag nebst Unterlagen zur Einsicht ausgelegt wird, sowie wo und wann Einsicht genommen werden kann,
4. dass etwaige Einwendungen von Personen und Vereinigungen nach Absatz 5 Satz 10 bei einer in der Bekanntmachung bezeichneten Stelle innerhalb der Einwendungsfrist nach Absatz 5 Satz 10 vorzubringen sind; dabei ist auf die Rechtsfolgen nach Absatz 5 Satz 11 hinzuweisen,
5. die Art möglicher Entscheidungen oder, soweit vorhanden, den Entscheidungsentwurf,
6. dass die Zustellung der Entscheidung über die Einwendungen durch öffentliche Bekanntmachung ersetzt werden kann,
7. gegebenenfalls weitere Einzelheiten des Verfahrens zur Unterrichtung der Öffentlichkeit und Anhörung der in Absatz 5 Satz 10 genannten Personen und Vereinigungen.

(7) [1]Wurde eine öffentliche Bekanntmachung der Baumaßnahme nach Absatz 5 durchgeführt, so sind in der Begründung der Baugenehmigung die wesentlichen tatsächlichen und rechtlichen Gründe, die die Behörde zu ihrer Entscheidung bewogen haben, sowie die Behandlung der Einwendungen und Angaben über das Verfahren zur Beteiligung der Öffentlichkeit aufzunehmen. [2]Die Baugenehmigung ist der Bauherrin oder dem Bauherrn sowie Personen und Vereinigungen nach Absatz 5 Satz 10, die Einwendungen erhoben haben, zuzustellen. [3]Haben mehr als 50 Personen oder Vereinigungen nach Absatz 5 Satz 10 Einwendungen erhoben, so kann die Zustellung an diese durch die öffentliche Bekanntmachung nach Absatz 8 ersetzt werden.

(8) [1]Wurde eine öffentliche Bekanntmachung der Baumaßnahme nach Absatz 5 durchgeführt, so ist die Baugenehmigung öffentlich bekannt zu machen. [2]Die öffentliche Bekanntmachung wird dadurch bewirkt, dass der verfügende Teil des Bescheids und die Rechtsbehelfsbelehrung in entsprechender Anwendung des Absatzes 5 Satz 1 bekannt gemacht werden; auf Auflagen ist hinzuweisen. [3]Eine Ausfertigung der gesamten Baugenehmigung ist ab dem Tag nach der Bekanntmachung zwei Wochen zur Einsicht auszulegen. [4]In der öffentlichen Bekanntmachung ist anzugeben, wo und wann der Bescheid und seine Begründung eingesehen und nach Satz 6 angefordert werden können. [5]Mit dem Ende der Auslegungsfrist gilt der Bescheid auch Dritten gegenüber, die keine Einwendungen erhoben haben, als zugestellt; darauf ist in der Bekanntmachung hinzuweisen. [6]Nach der öffentlichen Bekanntmachung können der Bescheid und seine Begründung bis zum Ablauf der Rechtsbehelfsfrist von Personen und Vereinigungen nach Absatz 5 Satz 10, die Einwendungen erhoben haben, schriftlich angefordert werden.

§ 69 Behandlung des Bauantrags

(1) Nimmt der Landkreis die Aufgaben der Bauaufsichtsbehörde wahr, so hat er den Bauantrag innerhalb einer Woche der Gemeinde zu übermitteln.

(2) [1]Die Bauaufsichtsbehörde hat den Bauantrag binnen drei Wochen nach Eingang auf seine Vollständigkeit zu überprüfen (Vorprüfung). [2]Sind der Bauantrag oder die Bauvorlagen unvollständig oder weisen sie sonstige erhebliche Mängel auf, so fordert die Bauaufsichtsbehörde die Bauherrin oder den Bauherrn zur Behebung der Mängel innerhalb einer angemessenen Frist auf. [3]Werden die Mängel innerhalb der Frist nicht behoben, so gilt der Antrag drei Wochen nach Ablauf der Frist als zurückgenommen; die Frist kann auf schriftlichen oder elektronischen Antrag um bis zu drei Wochen verlängert werden. [4]Wird bei der Bearbeitung des Bauantrags festgestellt, dass zur Prüfung weitere Unterlagen, insbesondere fachliche Gutachten, erforderlich werden, so können diese durch die Bauaufsichtsbehörde nachgefordert werden.

(3) [1]Die Bauaufsichtsbehörde hört zum Bauantrag diejenigen Behörden und Stellen an,
1. deren Beteiligung für die Entscheidung über den Bauantrag durch Rechtsvorschrift vorgeschrieben ist, oder
2. ohne deren Stellungnahme die Genehmigungsfähigkeit der Baumaßnahme nicht beurteilt werden kann.
[2]Eine Anhörung nach Satz 1 ist nicht erforderlich, wenn die jeweilige Behörde oder Stelle der Baumaßnahme bereits schriftlich oder elektronisch zugestimmt hat. [3]Äußert sich eine Behörde, die im Baugenehmigungsverfahren nach Satz 1 angehört wird, nicht innerhalb von zwei Wochen oder verlangt sie nicht innerhalb dieser Frist unter Angabe der Gründe eine weitere Frist von längstens einem Monat für ihre Stellungnahme, so kann die Bauaufsichtsbehörde

davon ausgehen, dass die Baumaßnahme mit den von dieser Behörde wahrzunehmenden öffentlichen Belangen in Einklang steht.

(4) Bedarf die Baugenehmigung nach landesrechtlichen Vorschriften der Zustimmung oder des Einvernehmens einer anderen Behörde, so gelten diese als erteilt, wenn sie nicht innerhalb eines Monats nach Eingang des Ersuchens unter Angabe der Gründe verweigert werden.

(5) Erhebt ein Nachbar Einwendungen gegen die Baumaßnahme, so hat die Bauaufsichtsbehörde die Bauherrin oder den Bauherrn davon zu unterrichten.

(6) [1] Betrifft die Baumaßnahme den Bau, das Repowering und den Betrieb von Anlagen zur Produktion von Energie aus erneuerbaren Quellen im Sinne des Artikels 16 Abs. 1 Satz 4 der Richtlinie (EU) 2018/2001, so wird auf Antrag der Bauherrin oder des Bauherrn das Baugenehmigungsverfahren über eine einheitliche Stelle nach den Vorschriften des Verwaltungsverfahrensgesetzes und des Niedersächsischen Gesetzes über Einheitliche Ansprechpartner abgewickelt. [2] Nach Eingang der vollständigen Antragsunterlagen stellt die einheitliche Stelle der Antragstellerin oder dem Antragsteller innerhalb von einem Monat eine Übersicht darüber, welche sonstigen Genehmigungs- oder Zulassungserfordernisse für die Baumaßnahme bestehen, und einen Zeitplan für die mit der Baumaßnahme verbundenen Verfahren (Verfahrenshandbuch) schriftlich und elektronisch zur Verfügung. [3] Die Verfahren für eine Baumaßnahme nach Satz 1 dürfen nach Eingang des Bauantrags und der beizufügenden Bauvorlagen

1. für eine Baumaßnahme zu einer Anlage mit einer Stromerzeugungskapazität unter 150 kW oder für eine Baumaßnahme zum Repowering nicht länger als ein Jahr und
2. im Übrigen nicht länger als zwei Jahre

dauern. [4] Die Frist nach Satz 3 kann in durch außergewöhnliche Umstände hinreichend begründeten Fällen um bis zu einem Jahr verlängert werden; weitere Fristverlängerungen aufgrund von gerichtlichen Verfahren und anderen Rechtsbehelfsverfahren bleiben hiervon unberührt und können die Dauer des Verfahrens verlängern.

§ 70 Baugenehmigung und Teilbaugenehmigung

(1) [1] Die Baugenehmigung ist zu erteilen, wenn die Baumaßnahme, soweit sie genehmigungsbedürftig ist und soweit eine Prüfung erforderlich ist, dem öffentlichen Baurecht entspricht. [2] Die durch eine Umweltverträglichkeitsprüfung ermittelten, beschriebenen und bewerteten Umweltauswirkungen sind nach Maßgabe der hierfür geltenden Vorschriften zu berücksichtigen. [3] Die Baugenehmigung darf nur schriftlich oder elektronisch erlassen werden.

(2) [1] Bauliche Anlagen, die nur auf beschränkte Zeit errichtet werden dürfen oder sollen, Werbeanlagen und Warenautomaten können widerruflich oder befristet genehmigt werden. [2] Behelfsbauten dürfen nur widerruflich oder befristet genehmigt werden.

(3) [1] Ist ein Bauantrag eingereicht, so kann der Beginn der Bauarbeiten für die Baugrube und für einzelne Bauteile oder Bauabschnitte auf Antrag schon vor Erteilung der Baugenehmigung zugelassen werden, wenn nach dem Stand der Prüfung des Bauantrags gegen die Teilausführung keine Bedenken bestehen (Teilbaugenehmigung). [2] Absatz 1 gilt sinngemäß.

(4) In der Baugenehmigung können für die bereits genehmigten Teile der Baumaßnahme, auch wenn sie schon durchgeführt sind, zusätzliche Anforderungen gestellt werden, wenn sie sich bei der weiteren Prüfung der Bauvorlagen als erforderlich herausstellen.

(5) [1] Hat ein Nachbar Einwendungen gegen die Baumaßnahme erhoben, so ist die Baugenehmigung oder die Teilbaugenehmigung mit dem Teil der Bauvorlagen, auf den sich die Einwendungen beziehen, ihm mit einer Rechtsbehelfsbelehrung zuzustellen. [2] Die Baugenehmigung oder die Teilbaugenehmigung ist auf Verlangen der Bauherrin oder des Bauherrn auch Nachbarn, die keine Einwendungen erhoben haben, mit einer Rechtsbehelfsbelehrung zuzustellen.

(6) Die Baugenehmigung und die Teilbaugenehmigung gelten auch für und gegen die Rechtsnachfolger der Bauherrin oder des Bauherrn und der Nachbarn.

§ 71 Geltungsdauer der Baugenehmigung und der Teilbaugenehmigung

(1) [1] Die Baugenehmigung und die Teilbaugenehmigung erlöschen, wenn innerhalb von drei Jahren nach ihrer Erteilung mit der Ausführung der Baumaßnahme nicht begonnen oder wenn die Ausführung drei Jahre lang unterbrochen worden ist. [2] Wird die Baugenehmigung oder die Teilbaugenehmigung angefochten, so wird der Lauf der Frist bis zur rechtskräftigen Entscheidung gehemmt. [3] Die Frist kann auf Antrag um jeweils höchstens drei Jahre verlängert werden. [4] Sie kann rückwirkend verlängert werden, wenn der Antrag vor Fristablauf bei der Bauaufsichtsbehörde eingegangen ist.

(2) [1] Wird die Nutzung einer Tierhaltungsanlage ab dem 1. Januar 2022 während eines Zeitraumes von mehr als neun Jahren durchgehend unterbrochen, so erlischt die Baugenehmigung, soweit sie die Nutzung für die Tierhaltung zulässt. [2] Die Frist kann auf schriftlichen oder elektronischen Antrag um bis zu drei Jahre verlängert werden. [3] Die Frist kann auch rückwirkend verlängert werden, wenn der Antrag vor Fristablauf bei der Bauaufsichtsbehörde eingegangen ist. [4] Wer ein berechtigtes Interesse an der Feststellung hat, kann beantragen, dass die Bauaufsichtsbehörde das Erlöschen oder das Fortbestehen der Baugenehmigung feststellt.

§ 72 Durchführung baugenehmigungsbedürftiger Baumaßnahmen

(1) [1] Vor Erteilung der Baugenehmigung darf mit der Baumaßnahme nicht begonnen werden. [2] Sie darf nur so durchgeführt werden, wie sie genehmigt worden ist. [3] Baugenehmigung und Bauvorlagen müssen während der

Ausführung von Bauarbeiten an der Baustelle vorgelegt werden können. ⁴ Satz 3 gilt auch für bautechnische Nachweise, die nicht zu prüfen sind.

(2) Die Bauaufsichtsbehörde kann im Einzelfall anordnen, dass die Grundfläche der baulichen Anlage abgesteckt oder ihre Höhenlage festgelegt wird und die Absteckung oder die Festlegung vor Baubeginn von ihr abgenommen werden muss.

§ 73 Bauvoranfrage und Bauvorbescheid

(1) ¹ Für eine Baumaßnahme ist auf Antrag (Bauvoranfrage) über einzelne Fragen, über die im Baugenehmigungsverfahren zu entscheiden wäre und die selbständig beurteilt werden können, durch Bauvorbescheid zu entscheiden. ² Dies gilt auch für die Frage, ob eine Baumaßnahme nach städtebaulichem Planungsrecht zulässig ist. ³ Für eine Bauvoranfrage ist abweichend von § 52 Abs. 2 Satz 1 keine Bestellung von verantwortlichen Personen im Sinne der §§ 53 bis 55 und abweichend von § 3a Abs. 1 Satz 4 für die übermittelten Bauvorlagen keine qualifizierte elektronische Signatur erforderlich. ⁴ Die Bauaufsichtsbehörde kann im Einzelfall fordern, dass es zur Erstellung der Bauvorlagen für die Bauvoranfrage einer Entwurfsverfasserin oder eines Entwurfsverfassers nach § 53 bedarf und die Entwurfsverfasserin oder der Entwurfsverfasser die Bauvoranfrage nach § 3a Abs. 1 zu übermitteln hat.

(2) ¹ Der Bauvorbescheid erlischt, wenn nicht innerhalb von drei Jahren nach seiner Erteilung der Bauantrag gestellt wird. ² Im Übrigen gelten die §§ 67 bis 70 und § 71 Abs. 1 Sätze 2 bis 4 sinngemäß.

§ 73a Typengenehmigung

(1) ¹ Für bauliche Anlagen, die in derselben Ausführung an mehreren Stellen errichtet werden sollen, erteilt die Bauaufsichtsbehörde auf Antrag eine Typengenehmigung, wenn die baulichen Anlagen oder Teile von baulichen Anlagen, soweit sie unabhängig vom Baugrundstück beurteilt werden können und soweit eine Prüfung in dem nach Absatz 2 durchzuführenden Baugenehmigungsverfahren erforderlich ist, dem öffentlichen Baurecht entsprechen. ² Eine Typengenehmigung kann auch für bauliche Anlagen erteilt werden, die in unterschiedlicher Ausführung, aber nach einem bestimmten System und aus bestimmten Bauteilen an mehreren Stellen errichtet werden sollen; in der Typengenehmigung ist die zulässige Veränderbarkeit festzulegen. ³ Für Fliegende Bauten wird eine Typengenehmigung nicht erteilt. ⁴ § 65 bleibt unberührt.

(2) ¹ Die Typengenehmigung wird im Rahmen eines Baugenehmigungsverfahrens für die erste bauliche Anlage oder Teile dieser baulichen Anlage erteilt. ² Die Typengenehmigungen sind in diesem Genehmigung in einem gesonderten Teil deutlich kenntlich zu machen. ³ Die Typengenehmigung wird widerruflich und in der Regel auf fünf Jahre befristet erteilt. ⁴ Die Befristung kann auf schriftlichen Antrag der Bauaufsichtsbehörde, die die Typengenehmigung erteilt hat, um jeweils längstens fünf Jahre verlängert werden; § 71 Abs. 1 Satz 4 gilt entsprechend.

(3) ¹ Eine Typengenehmigung entbindet nicht von der Verpflichtung, ein bauaufsichtliches Verfahren durchzuführen. ² Die in der Typengenehmigung entschiedenen Fragen sind von der Bauaufsichtsbehörde nicht mehr zu prüfen. ³ Sie kann im Einzelfall Auflagen machen oder die Verwendung genehmigter Typen ausschließen, soweit dies nach den örtlichen Verhältnissen erforderlich ist.

(4) ¹ Bei Typengenehmigungen bedürfen die nach § 65 Abs. 2 in Verbindung mit Abs. 3 Satz 1 zu prüfenden Nachweise der Standsicherheit sowie die Nachweise der Feuerwiderstandsfähigkeit der Bauteile einer Typenprüfung nach § 65 Abs. 7 bis 9. ² Sofern für eine Bauart ein Anwendbarkeitsnachweis nach § 16a Abs. 2 Satz 1 erforderlich ist, bedarf es einer allgemeinen Bauartgenehmigung nach § 16a Abs. 2 Satz 1 Nr. 1 oder eines allgemeinen bauaufsichtlichen Prüfzeugnisses nach § 16a Abs. 3; sofern ein Verwendbarkeitsnachweis für ein Bauprodukt nach § 17 erforderlich ist, bedarf es einer allgemeinen bauaufsichtlichen Zulassung nach § 18 oder eines allgemeinen bauaufsichtlichen Prüfzeugnisses nach § 19. ³ Die Befristung der Typengenehmigung nach Absatz 2 Sätze 3 und 4 darf die Gültigkeit der Bescheide über Typenprüfungen nach Satz 1 und der Genehmigungen, Zulassungen und Prüfzeugnisse nach Satz 2 nicht übersteigen.

§ 74 Bauaufsichtliche Zustimmung

(1) ¹ Ist der Bund oder ein Land Bauherr, so tritt an die Stelle einer sonst erforderlichen Baugenehmigung die Zustimmung der obersten Bauaufsichtsbehörde, wenn

1. die Leitung der Entwurfsarbeiten und die Überwachung der Bauarbeiten in der Bauverwaltung des Bundes oder des Landes einer bediensteten Person übertragen sind, die die Anforderungen nach § 57 Abs. 4 Satz 2 oder entsprechende Anforderungen erfüllt und ein Hochschulstudium der Fachrichtung Hochbau oder Bauingenieurwesen abgeschlossen hat, und

2. die bedienstete Person bei der Erfüllung der ihr übertragenen Aufgaben ausreichend von sonstigen geeigneten Fachkräften unterstützt wird.

² Dies gilt entsprechend für Baumaßnahmen anderer Bauherrinnen oder Bauherren, wenn das Staatliche Baumanagement Niedersachsen oder die Klosterkammer Hannover die Entwurfsarbeiten leitet und die Bauarbeiten überwacht. ³ Die Sätze 1 und 2 gelten nicht für die vorübergehende Nutzung eines Raumes, der nicht als Versammlungsraum genehmigt ist, als Versammlungsraum.

(2) ¹ Der Antrag auf Zustimmung ist mit den beizufügenden Bauvorlagen bei der obersten Bauaufsichtsbehörde einzureichen. ² Die §§ 68, 69 Abs. 2 bis 6 und die §§ 70 bis 72 Abs. 1 Satz 2 und § 73 gelten für das Zustimmungsverfahren sinngemäß. ³ Die Gemeinde ist, soweit nicht andere Vorschriften eine weitergehende Beteiligung erfordern, zu der Baumaßnahme zu hören.

(3) Die Öffentlichkeitsbeteiligung nach § 68 Abs. 5 und 6 und die öffentliche Bekanntmachung nach § 68 Abs. 8 führen

1. in den Fällen des Absatzes 1 Satz 1 die Bauverwaltung des Bundes oder des Landes sowie
2. in den Fällen des Absatzes 1 Satz 2 das Staatliche Baumanagement Niedersachsen oder die Klosterkammer Hannover

durch.

(4) ¹Im Zustimmungsverfahren wird die Baumaßnahme nur auf ihre Vereinbarkeit mit dem städtebaulichen Planungsrecht und dem Niedersächsischen Denkmalschutzgesetz geprüft und, falls erforderlich, die Entscheidung nach § 17 des Bundesnaturschutzgesetzes in Verbindung mit § 7 des Niedersächsischen Ausführungsgesetzes zum Bundesnaturschutzgesetz getroffen. ²Die oberste Bauaufsichtsbehörde entscheidet über Abweichungen, Ausnahmen und Befreiungen von den nach Satz 1 zu prüfenden Vorschriften sowie von anderen Vorschriften des öffentlichen Baurechts, soweit sie auch dem Schutz von Nachbarn dienen und die Nachbarn der Baumaßnahme nicht zugestimmt haben. ³Im Übrigen bedürfen Abweichungen, Ausnahmen und Befreiungen keiner bauaufsichtlichen Entscheidung.

(5) ¹Baumaßnahmen, die der Landesverteidigung dienen, bedürfen weder einer Baugenehmigung noch einer Zustimmung nach Absatz 1. ²Sie sind stattdessen der obersten Bauaufsichtsbehörde vor Baubeginn zur Kenntnis zu bringen.

(6) Eine Bauüberwachung und Bauabnahmen durch Bauaufsichtsbehörden finden in Fällen der Absätze 1 und 5 nicht statt.

§ 75 Genehmigung fliegender Bauten

(1) ¹Fliegende Bauten sind bauliche Anlagen, die geeignet und bestimmt sind, an verschiedenen Orten wiederholt und befristet aufgestellt und wieder abgebaut zu werden. ²Baustelleneinrichtungen, Baugerüste, Zelte, die dem Wohnen dienen, und Wohnwagen gelten nicht als fliegende Bauten.

(2) ¹Fliegende Bauten bedürfen keiner Baugenehmigung. ²Ein fliegender Bau darf jedoch zum Gebrauch nur aufgestellt werden, wenn für diesen eine Ausführungsgenehmigung erteilt worden ist. ³Keiner Ausführungsgenehmigung bedarf es

1. für die in Nummer 11 des Anhangs genannten fliegenden Bauten,
2. unter den Voraussetzungen des § 74 Abs. 1,
3. für fliegende Bauten, die der Landesverteidigung dienen.

(3) ¹Die Ausführungsgenehmigung wird auf schriftlichen, aber nicht elektronischen Antrag, dem die Bauvorlagen beizufügen sind, erteilt; § 3a Abs. 2 VwVfG in Verbindung mit § 1 Abs. 1 NVwVfG findet keine Anwendung. ²Sie wird auf längstens fünf Jahre befristet. ³Die Befristung kann auf schriftlichen, aber nicht elektronischen, Antrag um jeweils längstens fünf Jahre verlängert werden; § 3a Abs. 2 VwVfG in Verbindung mit § 1 Abs. 1 NVwVfG findet keine Anwendung. ⁴Die Ausführungsgenehmigung und die Verlängerung einer Befristung werden in einem Prüfbuch erteilt, in das eine Ausfertigung der mit Genehmigungsvermerk versehenen Bauvorlagen einzufügen ist. ⁵Ausführungsgenehmigungen anderer Länder gelten auch in Niedersachsen.

(4) ¹Die Inhaberin oder der Inhaber einer Ausführungsgenehmigung hat die Änderung ihres oder seines Wohnsitzes oder ihrer oder seiner gewerblichen Niederlassung oder die Übertragung eines fliegenden Baues an einen Dritten der für die Ausführungsgenehmigung zuständigen Behörde oder Stelle anzuzeigen. ²Sie oder er hat das Prüfbuch der zuständigen Behörde oder Stelle zur Änderung der Eintragungen vorzulegen. ³Die Behörde oder Stelle hat die Änderungen in das Prüfbuch einzutragen und sie, wenn mit den Änderungen ein Wechsel der Zuständigkeit verbunden ist, der nunmehr zuständigen Behörde oder Stelle mitzuteilen.

(5) ¹Die Aufstellung fliegender Bauten, die einer Ausführungsgenehmigung bedürfen, muss rechtzeitig vorher der Bauaufsichtsbehörde des Aufstellungsortes unter Vorlage des Prüfbuchs angezeigt werden. ²Diese fliegenden Bauten dürfen unbeschadet anderer Vorschriften nur in Gebrauch genommen werden, wenn die Bauaufsichtsbehörde sie abgenommen hat (Gebrauchsabnahme). ³Das Ergebnis der Gebrauchsabnahme ist in das Prüfbuch einzutragen. ⁴Die Bauaufsichtsbehörde kann im Einzelfall auf die Gebrauchsabnahme verzichten.

(6) ¹Die Bauaufsichtsbehörde hat die erforderlichen Anordnungen zu treffen oder die Aufstellung oder den Gebrauch fliegender Bauten zu untersagen, soweit dies nach den örtlichen Verhältnissen oder zur Abwehr von Gefahren erforderlich ist, insbesondere weil die Betriebs- oder Standsicherheit nicht oder nicht mehr gewährleistet ist oder weil von der Ausführungsgenehmigung abgewichen wird. ²Wird die Aufstellung oder der Gebrauch aufgrund von Mängeln am fliegenden Bau untersagt, so ist dies in das Prüfbuch einzutragen; die für die Ausführungsgenehmigung zuständige Behörde oder Stelle ist zu benachrichtigen. ³Das Prüfbuch ist einzuziehen und der für die Ausführungsgenehmigung zuständigen Behörde oder Stelle zuzuleiten, wenn die Herstellung ordnungsgemäßer Zustände innerhalb angemessener Frist nicht zu erwarten ist.

(7) ¹Bei fliegenden Bauten, die längere Zeit an einem Aufstellungsort betrieben werden, kann die für die Gebrauchsabnahme zuständige Bauaufsichtsbehörde weitere Abnahmen durchführen. ²Das Ergebnis dieser Abnahmen ist in das Prüfbuch einzutragen.

(8) § 70 Abs. 1 Satz 1, § 71 Abs. 1 Satz 4, § 77 Abs. 3 und 5 und § 82 Abs. 2 Nr. 7 gelten sinngemäß.

Elfter Teil Sonstige Vorschriften über die Bauaufsicht

§ 76 Bauüberwachung

(1) ¹Die Bauaufsichtsbehörde kann die Einhaltung der öffentlich-rechtlichen Vorschriften und Anforderungen sowie die ordnungsgemäße Erfüllung der Pflichten der am Bau Beteiligten überprüfen. ²Sie kann verlangen, dass Beginn und Ende bestimmter Bauarbeiten angezeigt werden.

(2) ¹ Die mit der Bauüberwachung beauftragten Personen können Einblick in Genehmigungen, Zulassungen, Prüfzeugnisse, Übereinstimmungserklärungen, Übereinstimmungszertifikate, Überwachungsnachweise, in Zeugnisse und Aufzeichnungen über die Prüfung von Bauprodukten, in die CE-Kennzeichnungen und Leistungserklärungen nach der Verordnung (EU) Nr. 305/2011, in Bautagebücher und in vorgeschriebene andere Aufzeichnungen verlangen. ²Sie dürfen Proben von Bauprodukten, soweit erforderlich auch aus fertigen Bauteilen, entnehmen und prüfen oder prüfen lassen. ³Die Bauherrin oder der Bauherr oder die Unternehmerinnen oder Unternehmer haben auf Verlangen die für die Überwachung erforderlichen Arbeitskräfte und Geräte zur Verfügung zu stellen.

(3) Die Bauaufsichtsbehörde kann verlangen, dass ihr von der Bauherrin oder dem Bauherrn ein Nachweis einer Vermessungsstelle nach § 6 Abs. 1, 2 oder 3 des Niedersächsischen Gesetzes über das amtliche Vermessungswesen (NVermG) darüber vorgelegt wird, dass die Abstände sowie die Grundflächen und Höhenlagen eingehalten sind.

(4) Soweit die Bauaufsichtsbehörde im Rahmen der Bauüberwachung Erkenntnisse über systematische Verstöße gegen die Verordnung (EU) Nr. 305/2011 erlangt hat, teilt sie diese der Marktüberwachungsbehörde des Landes mit.

§ 77 Bauabnahmen

(1) Soweit es zur Wirksamkeit der Bauüberwachung, insbesondere zur Beurteilung von kritischen Bauzuständen, erforderlich ist, kann in der Baugenehmigung oder der Teilbaugenehmigung, aber auch noch während der Baudurchführung die Abnahme
1. bestimmter Bauteile oder Bauarbeiten,
2. der baulichen Anlage nach Vollendung der tragenden Teile, der Schornsteine, der Brandwände und der Dachkonstruktion (Rohbauabnahme) und
3. der baulichen Anlage nach ihrer Fertigstellung (Schlussabnahme)
angeordnet werden.

(2) ¹Bei der Rohbauabnahme müssen alle Teile der baulichen Anlage sicher zugänglich sein, die für die Standsicherheit und für den Brandschutz wesentlich sind. ²Sie sind, soweit möglich, offen zu halten, damit Maße und Ausführungsart geprüft werden können.

(3) ¹Die Bauherrin oder der Bauherr hat der Bauaufsichtsbehörde rechtzeitig schriftlich oder elektronisch mitzuteilen, wann die Voraussetzungen für die Abnahmen gegeben sind. ²§ 76 Abs. 2 Satz 3 gilt entsprechend.

(4) Zur Rohbauabnahme muss über die Tauglichkeit der Schornsteine und Leitungen zur Abführung der Abgase oder Verbrennungsgase und zur Schlussabnahme über die sichere Benutzbarkeit der Feuerungsanlagen, der ortsfesten Verbrennungsmotoren und der Blockheizkraftwerke die Bescheinigung der bevollmächtigten Bezirksschornsteinfegerin oder des bevollmächtigten Bezirksschornsteinfegers vorliegen.

(5) ¹Bei nicht nur geringfügigen Mängeln kann die Bauaufsichtsbehörde die Abnahme ablehnen. ²Über die Abnahme ist eine Bescheinigung auszustellen (Abnahmeschein).

(6) ¹ Die Bauaufsichtsbehörde kann verlangen, dass bestimmte Bauarbeiten erst nach einer nach Absatz 1 Nr. 1 oder 2 angeordneten Abnahme durchgeführt oder fortgesetzt werden. ²Sie kann aus Gründen des § 3 Abs. 1 auch verlangen, dass eine bauliche Anlage erst nach der Schlussabnahme in Gebrauch genommen wird.

§ 78 Regelmäßige Überprüfung

Soweit es erforderlich ist, um die Erfüllung der Anforderungen nach § 3 zu sichern, kann die Bauaufsichtsbehörde eine regelmäßige Überprüfung von baulichen Anlagen oder von Teilen baulicher Anlagen durch die Bauaufsichtsbehörde oder durch Sachkundige oder Sachverständige vorschreiben und Art, Umfang, Häufigkeit und Nachweis der Überprüfung näher regeln, soweit dies nicht durch Verordnung nach § 82 Abs. 1 Nr. 5 geregelt ist.

§ 79 Baurechtswidrige Zustände, Bauprodukte und Baumaßnahmen sowie verfallende bauliche Anlagen

(1) ¹Widersprechen bauliche Anlagen, Grundstücke, Bauprodukte oder Baumaßnahmen dem öffentlichen Baurecht oder ist dies zu besorgen, so kann die Bauaufsichtsbehörde nach pflichtgemäßem Ermessen die Maßnahmen anordnen, die zur Herstellung oder Sicherung rechtmäßiger Zustände erforderlich sind. ²Sie kann namentlich
1. die Einstellung rechtswidriger und die Ausführung erforderlicher Arbeiten verlangen,
2. die Einstellung der Arbeiten anordnen, wenn Bauprodukte verwendet werden, an denen unberechtigt ein Ü-Zeichen (§ 21 Abs. 3) oder unberechtigt eine CE-Kennzeichnung angebracht ist oder die entgegen § 21 ein erforderliches Ü-Zeichen oder entgegen der Verordnung (EU) Nr. 305/2011 eine erforderliche CE-Kennzeichnung nicht tragen,
3. die Verwendung von Bauprodukten, die entgegen § 21 mit dem Ü-Zeichen gekennzeichnet sind, untersagen und deren Kennzeichnung ungültig machen oder beseitigen lassen,
4. die Beseitigung von Anlagen oder Teilen von Anlagen anordnen,

5. die Benutzung von Anlagen untersagen, insbesondere Wohnungen für unbewohnbar erklären.

[3] Die Bauaufsichtsbehörde hat ihre Anordnungen an die Personen zu richten, die nach den §§ 52 bis 56 verantwortlich sind. [4] Nach Maßgabe des Niedersächsischen Polizei- und Ordnungsbehördengesetzes kann sie auch nicht verantwortliche Personen in Anspruch nehmen. [5] Die Anordnungen der Bauaufsichtsbehörde gelten auch gegenüber den Rechtsnachfolgern der Personen, an die die Anordnungen gerichtet sind.

(2) Die Bauaufsichtsbehörde kann bauliche Anlagen, Teile baulicher Anlagen und Arbeitsstellen versiegeln und Bauprodukte, Geräte, Maschinen und Hilfsmittel sicherstellen, soweit dies zur Durchsetzung von Anordnungen nach Absatz 1 erforderlich ist.

(3) [1] Soweit bauliche Anlagen nicht genutzt werden und verfallen, kann die Bauaufsichtsbehörde die nach § 56 verantwortlichen Personen verpflichten, die baulichen Anlagen abzubrechen oder zu beseitigen, es sei denn, dass ein öffentliches oder schutzwürdiges privates Interesse an ihrer Erhaltung besteht. [2] Für die Grundstücke gilt § 9 Abs. 1 Satz 1 und Abs. 2 entsprechend.

(4) Die Bauaufsichtsbehörde soll vor Anordnungen nach den Absätzen 1 und 3 die Angelegenheit mit den Betroffenen erörtern, soweit die Umstände nicht ein sofortiges Einschreiten erfordern.

(5) [1] Schuldnerin oder Schuldner der der Bauaufsichtsbehörde entstandenen notwendigen und angemessenen Kosten für eine Ersatzvornahme zur Durchsetzung einer Maßnahme nach diesem Gesetz ist, wer im Zeitpunkt der Bekanntgabe des Kostenbescheides Eigentümerin oder Eigentümer des Grundstücks ist. [2] Ist das Grundstück mit einem Erbbaurecht belastet, so ist anstelle der Eigentümerin oder des Eigentümers die oder der Erbbauberechtigte Kostenschuldnerin oder Kostenschuldner. [3] Ist das Grundstück mit einem dinglichen Nutzungsrecht nach Artikel 233 § 4 des Einführungsgesetzes zum Bürgerlichen Gesetzbuche belastet, so ist die Inhaberin oder der Inhaber dieses Rechts anstelle der Eigentümerin oder des Eigentümers Kostenschuldnerin oder Kostenschuldner. [4] Mehrere Kostenschuldnerinnen oder Kostenschuldner haften als Gesamtschuldnerinnen oder Gesamtschuldner; bei Wohnungs- oder Teileigentum schulden die einzelnen Wohnungs- oder Teileigentümerinnen oder Wohnungs- oder Teileigentümer die Kosten nur entsprechend ihrem Miteigentumsanteil. [5] Die Kostenschuld ruht als öffentliche Last auf dem Grundstück, im Fall des Satzes 2 auf dem Erbbaurecht, im Fall des Satzes 3 auf dem dinglichen Nutzungsrecht und im Fall des Satzes 4 Halbsatz 2 auf dem Wohnungs- oder Teileigentum. [6] Die öffentliche Last ist auf Antrag der Bauaufsichtsbehörde in das Grundbuch einzutragen.

§ 80 Ordnungswidrigkeiten

(1) Ordnungswidrig handelt, wer vorsätzlich oder fahrlässig
1. Bauarbeiten ohne Abgrenzungen, Warnzeichen, Schutzvorrichtungen oder Schutzmaßnahmen durchführt oder durchführen lässt, die nach § 11 Abs. 1 oder 2 erforderlich sind,
2. entgegen § 11 Abs. 3 ein Bauschild nicht anbringt,
3. ein Bauprodukt entgegen § 21 Abs. 3 ohne Ü-Zeichen verwendet,
4. eine Bauart ohne eine nach § 16a Abs. 2 erforderliche Bauartgenehmigung oder ein nach § 16a Abs. 3 erforderliches allgemeines bauaufsichtliches Prüfzeugnis für Bauarten anwendet,
5. ein Bauprodukt mit einem Ü-Zeichen kennzeichnet, ohne dass dafür die Voraussetzungen des § 21 Abs. 1 vorliegen,
6. eine verantwortliche Person entgegen § 52 Abs. 2 Satz 1 nicht bestellt oder gegenüber der Bauaufsichtsbehörde unrichtige Angaben darüber macht, wer als verantwortliche Person bestellt ist,
7. als Bauherrin oder Bauherr § 52 Abs. 2 Satz 3 zuwiderhandelt,
8. entgegen § 52 Abs. 2 Satz 5 oder 6 vorgeschriebene Mitteilung an die Bauaufsichtsbehörde nicht macht,
9. in einem Fall des § 62 oder, soweit die Bauaufsichtsbehörde die Baumaßnahme nicht prüft, in einem Fall des § 63 oder 64 als Entwurfsverfasserin, Entwurfsverfasser, Sachverständige oder Sachverständiger nicht dafür sorgt, dass der Entwurf dem öffentlichen Baurecht entspricht (§ 53 Abs. 1 und 2),
10. entgegen § 54 Abs. 1 Satz 2 einen vorgeschriebenen Nachweis nicht erbringt oder nicht auf der Baustelle bereithält,
11. entgegen § 55 Abs. 1 Satz 1 eine Baumaßnahme nicht überwacht,
12. eine Baumaßnahme ohne die erforderliche Baugenehmigung (§ 59 Abs. 1) oder abweichend von der Baugenehmigung durchführt oder durchführen lässt,
13. ein Hochhaus oder ein nicht im Anhang genannten Teil einer baulichen Anlage ohne die nach § 60 Abs. 3 erforderliche Anzeige abbricht oder beseitigt oder mit dem Abbruch oder der Beseitigung eines Hochhauses oder eines nicht im Anhang genannten Teils einer baulichen Anlage vor Ablauf der Frist nach § 60 Abs. 3 Satz 5 beginnt,
14. eine Baumaßnahme nach § 62 ohne die Bestätigung nach § 62 Abs. 2 Nr. 3 oder 4 oder entgegen § 62 Abs. 8 Satz 3 durchführt oder durchführen lässt,
15. eine Baumaßnahme entgegen § 62 Abs. 9 Satz 1 abweichend von den Bauvorlagen durchführt oder durchführen lässt,
16. eine Baumaßnahme ohne die notwendige Zulassung einer Abweichung oder ohne die notwendige Erteilung einer Ausnahme oder Befreiung (§ 66) oder abweichend von einer zugelassenen Abweichung oder einer erteilten Ausnahme oder Befreiung durchführt oder durchführen lässt,
17. einen fliegenden Bau
 a) ohne die nach § 75 Abs. 2 erforderliche Ausführungsgenehmigung aufstellt,
 b) ohne die nach § 75 Abs. 5 Satz 1 erforderliche Anzeige aufstellt oder
 c) ohne die nach § 75 Abs. 5 Satz 2 erforderliche Gebrauchsabnahme in Gebrauch nimmt,

18. eine bauliche Anlage entgegen einer vollziehbaren Anordnung nach § 77 Abs. 6 Satz 2 vor einer Schlussabnahme in Gebrauch nimmt.

(2) Ordnungswidrig handelt, wer einer vollziehbaren schriftlichen Anordnung der Bauaufsichtsbehörde zuwiderhandelt, die nach diesem Gesetz oder nach Vorschriften aufgrund dieses Gesetzes erlassen worden ist und auf diese Bußgeldvorschrift verweist.

(3) Ordnungswidrig handelt, wer einer aufgrund dieses Gesetzes ergangenen Verordnung oder örtlichen Bauvorschrift zuwiderhandelt, wenn die Verordnung oder die örtliche Bauvorschrift für einen bestimmten Tatbestand auf diese Bußgeldvorschrift verweist.

(4) Ordnungswidrig handelt, wer wider besseres Wissen unrichtige Angaben macht oder unrichtige Pläne oder Unterlagen vorlegt, um einen Verwaltungsakt nach diesem Gesetz oder nach Vorschriften aufgrund dieses Gesetzes zu erwirken oder zu verhindern.

(5) Die Ordnungswidrigkeiten nach Absatz 1 Nrn. 3 bis 6, 9 und 12 bis 17 sowie nach Absatz 3 können mit einer Geldbuße bis zu 500 000 Euro, die übrigen Ordnungswidrigkeiten mit einer Geldbuße bis zu 50 000 Euro geahndet werden.

(6) ¹Bei Ordnungswidrigkeiten nach Absatz 1 Nrn. 3 und 5 können die dort bezeichneten Bauprodukte eingezogen werden. ² § 23 des Gesetzes über Ordnungswidrigkeiten ist anzuwenden.

§ 81 Baulasten, Baulastenverzeichnis

(1) ¹Durch Erklärung gegenüber der Bauaufsichtsbehörde können Grundstückseigentümer öffentlich-rechtliche Verpflichtungen zu einem ihre Grundstücke betreffendes Tun, Dulden oder Unterlassen übernehmen, die sich nicht schon aus dem öffentlichen Baurecht ergeben (Baulasten). ²Baulasten werden mit der Eintragung in das Baulastenverzeichnis wirksam und wirken auch gegenüber den Rechtsnachfolgern.

(2) Die Erklärung nach Absatz 1 bedarf der Schriftform; die Unterschrift muss öffentlich, von einer Gemeinde oder von einer Vermessungsstelle nach § 6 Abs. 1, 2 oder 3 NVermG beglaubigt sein, wenn sie nicht vor der Bauaufsichtsbehörde geleistet oder vor ihr anerkannt wird.

(3) ¹Die Bauaufsichtsbehörde kann die Baulast löschen, wenn ein öffentliches und privates Interesse an der Baulast nicht mehr besteht. ² Auf Antrag des Eigentümers eines begünstigten oder des belasteten Grundstücks hat die Bauaufsichtsbehörde die Baulast zu löschen, wenn die Voraussetzungen nach Satz 1 erfüllt sind. ³Vor der Löschung sind die Eigentümer der begünstigten Grundstücke zu hören; die Frist zur Äußerung beträgt zwei Wochen. ⁴Die Löschung wird mit ihrer Eintragung im Baulastenverzeichnis wirksam. ⁵Von der Löschung sind die Eigentümer des belasteten Grundstücks und der begünstigten Grundstücke zu benachrichtigen.

(4) ¹Das Baulastenverzeichnis wird von der Bauaufsichtsbehörde geführt. ² In das Baulastenverzeichnis können auch eingetragen werden, soweit ein öffentliches Interesse an der Eintragung besteht,
1. Verpflichtungen des Eigentümers zu einem sein Grundstück betreffendes Tun, Dulden oder Unterlassen, die sich aus öffentlichem Baurecht ergeben, und
2. Bedingungen, Befristungen und Widerrufsvorbehalte.

(5) Wer ein berechtigtes Interesse darlegt, kann das Baulastenverzeichnis einsehen und sich Auszüge erteilen lassen.

Zwölfter Teil Ausführungsvorschriften, Übergangs- und Schlussvorschriften

§ 82 Verordnungen

(1) Zur Verwirklichung der in §§ 3, 16a Abs. 1 und § 16b Abs. 1 bezeichneten Anforderungen kann die oberste Bauaufsichtsbehörde durch Verordnung
1. die allgemeinen Anforderungen nach den §§ 4 bis 50 näher bestimmen,
2. weitere Anforderungen an Feuerungsanlagen und an sonstige Anlagen zur Energieerzeugung, an Brennstoffversorgungsanlagen und an die Brennstofflagerung (§ 40) sowie die Anwendung solcher Anforderungen auf bestehende Feuerungsanlagen, sonstige Anlagen zur Energieerzeugung, Brennstoffversorgungsanlagen und Brennstofflagerungen regeln,
3. weitere Anforderungen an Garagen und Stellplätze sowie die Anwendung solcher Anforderungen auf bestehende Garagen und Stellplätze regeln,
4. die nach § 51 zulässigen besonderen Anforderungen und Erleichterungen allgemein festsetzen sowie die Anwendung solcher Anforderungen und Erleichterungen auf bestehende Sonderbauten regeln,
5. eine regelmäßige Überprüfung von baulichen Anlagen oder von Teilen baulicher Anlagen durch die Bauaufsichtsbehörde oder durch Sachkundige oder Sachverständige allgemein vorschreiben, Art, Umfang, Häufigkeit und Nachweis der Überprüfung näher regeln und die Einbeziehung bestehender baulicher Anlagen in regelmäßige Überprüfungen regeln.

(2) Die oberste Bauaufsichtsbehörde kann durch Verordnung
1. einzelne Aufgaben der unteren Bauaufsichtsbehörden, wie die Prüfung von Bauvorlagen, die Bauüberwachung und die Bauabnahmen sowie die regelmäßige Überprüfung auf Personen oder Stellen übertragen, die nach ihrer Ausbildung, Fachkenntnis, persönlichen Zuverlässigkeit und ihren Leistungen die Gewähr dafür bieten, dass die Aufgaben dem öffentlichen Baurecht entsprechend wahrgenommen werden,
2. die Ermächtigung nach Nummer 1 auf die unteren Bauaufsichtsbehörden übertragen,

3. die Zuständigkeit für die vorhabenbezogene Bauartgenehmigung nach § 16a Abs. 2 Satz 1 Nr. 2 und den Verzicht darauf im Einzelfall nach § 16a Abs. 4 sowie die Zustimmung und den Verzicht auf Zustimmung im Einzelfall (§ 20) auf eine Behörde, auch eines anderen Landes, oder eine andere Stelle oder Person übertragen, die Gewähr dafür bietet, dass die Aufgaben dem öffentlichen Baurecht entsprechend wahrgenommen werden, und die der Aufsicht der obersten Bauaufsichtsbehörde untersteht oder an deren Willensbildung die oberste Bauaufsichtsbehörde mitwirkt,

4. die Voraussetzungen festlegen, die Sachkundige, Sachverständige, Einrichtungen und Stellen, die nach diesem Gesetz oder nach Vorschriften aufgrund dieses Gesetzes tätig werden können, zu erfüllen haben, wobei insbesondere Mindestanforderungen an die Ausbildung, die Fachkenntnisse und die Berufserfahrung gestellt sowie die Nachweis der persönlichen Zuverlässigkeit gefordert werden können,

5. für Sachkundige, Sachverständige, Einrichtungen und Stellen, die nach diesem Gesetz oder nach Vorschriften aufgrund dieses Gesetzes tätig werden können und dafür einer Anerkennung bedürfen, und für natürliche und juristische Personen, Stellen und Behörden im Sinne des § 24 das Anerkennungsverfahren, die Voraussetzungen für die Anerkennung, deren Widerruf, Rücknahme und Erlöschen regeln, insbesondere auch Altersgrenzen festlegen, sowie eine ausreichende Haftpflichtversicherung fordern,

6. die Fachaufsicht in den Fällen der Übertragung nach den Nummern 1 und 2 und für die in Nummer 3 genannten Personen, Einrichtungen und Stellen regeln,

7. die Anwesenheit fachkundiger Personen beim Betrieb von Bühnenbetrieben, technisch schwierigen fliegenden Bauten und anderen technisch schwierigen baulichen Anlagen vorschreiben und entsprechend Nummer 3 Anforderungen an die fachkundigen Personen stellen und hierüber einen Nachweis verlangen,

8. Umfang, Inhalt, Form und Einzelheiten zur Übermittlung des Bauantrags und anderer Anträge sowie der Anzeigen, Mitteilungen, Bauvorlagen, Nachweise, Bescheinigungen und Bestätigungen regeln und dabei auch vorsehen, dass die Bauaufsichtsbehörden die Größe von nach § 3a Abs. 1 elektronisch übermittelten Dateien aus technischen Gründen beschränken können,

9. das Verfahren zur Erteilung von Genehmigungen, Zustimmungen, Bestätigungen, Ausnahmen und Befreiungen sowie zur Zulassung von Abweichungen im Einzelnen regeln,

10. bestimmen, dass von ihr öffentlich bekannt gemachte Mindestangaben und Muster für Formulare für Bauanträge und andere Anträge sowie für Anzeigen, Mitteilungen, Nachweise, Bescheinigungen und Bestätigungen zu beachten sind,

11. Pflichten zur Aufbewahrung und Vorlage von Bauanträgen und anderen Anträgen sowie von Anzeigen, Mitteilungen, Bauvorlagen, Nachweisen, Bescheinigungen, Bestätigungen und Verwaltungsakten regeln,

12. die Einrichtung des Baulastenverzeichnisses und das Eintragungsverfahren regeln,

13. das Ü-Zeichen festlegen und zu diesem Zeichen zusätzliche Angaben verlangen.

(3) Die oberste Bauaufsichtsbehörde kann durch Verordnung für bestimmte bauliche Anlagen die erforderliche Anzahl der Einstellplätze abweichend von § 47 Abs. 1 Satz 1 festlegen, soweit Benutzerinnen, Benutzer, Besucherinnen und Besucher der Anlage nicht auf Kraftfahrzeuge angewiesen sind, weil öffentliche Verkehrsmittel ausreichend zur Verfügung stehen oder die Benutzung von Kraftfahrzeugen aus anderen Gründen nicht erforderlich ist.

(4) ¹Die oberste Bauaufsichtsbehörde kann durch Verordnung bestimmen, dass die Anforderungen der aufgrund

1. der §§ 18 und 19 des Arbeitsschutzgesetzes vom 7. August 1996 (BGBl. I S. 1246), zuletzt geändert durch Artikel 427 der Verordnung vom 31. August 2015 (BGBl. I S. 1474),

2. des § 19 des Chemikaliengesetzes in der Fassung vom 28. August 2013 (BGBl. I S. 3498, 3991), zuletzt geändert durch Artikel 2 des Gesetzes vom 18. Juli 2017 (BGBl. I S. 2774),

3. des § 34 des Produktsicherheitsgesetzes vom 8. November 2011 (BGBl. I S. 2178; 2012 I S. 131), geändert durch Artikel 435 der Verordnung vom 31. August 2015 (BGBl. I S. 1474), und

4. des § 49 Abs. 4 des Energiewirtschaftsgesetzes vom 7. Juli 2005 (BGBl. I S. 1970, 3621), zuletzt geändert durch Artikel 2 Abs. 6 des Gesetzes vom 20. Juli 2017 (BGBl. I S. 2808; 2018 I S. 472),

erlassenen Verordnungen entsprechend für Anlagen gelten, die weder gewerblichen noch wirtschaftlichen Zwecken dienen und in deren Gefahrenbereich Arbeitnehmerinnen und Arbeitnehmer nicht beschäftigt werden. ²Sie kann die Verfahrensvorschriften dieser Verordnungen für anwendbar erklären oder selbst das Verfahren bestimmen sowie Zuständigkeiten auf Behörden übertragen, die nicht Bauaufsichtsbehörden sind.

(5) Die oberste Bauaufsichtsbehörde kann durch Verordnung bestimmen, dass für bestimmte Bauprodukte und Bauarten, soweit sie Anforderungen nach anderen Rechtsvorschriften unterliegen, hinsichtlich dieser Anforderungen § 16a Abs. 2 und 3 sowie die §§ 17 bis 25 ganz oder teilweise anwendbar sind, wenn die anderen Rechtsvorschriften dies verlangen oder zulassen.

§ 83 Technische Baubestimmungen

(1) ¹Die Anforderungen nach § 3 können durch Technische Baubestimmungen konkretisiert werden. ²Die Technischen Baubestimmungen sind einzuhalten. ³Von den in den Technischen Baubestimmungen enthaltenen Planungs-, Bemessungs- und Ausführungsregelungen darf abgewichen werden, wenn mit einer anderen Lösung in gleichem Maße die Anforderung erfüllt werden und in der Technischen Baubestimmung eine Abweichung nicht ausgeschlossen ist; § 16a Abs. 2 und 3, § 17 Abs. 1 und § 66 Abs. 1 bleiben unberührt.

(2) Die Konkretisierungen können durch Bezugnahme auf technische Regeln und deren Fundstellen oder auf andere Weise erfolgen, insbesondere in Bezug auf

1. bestimmte bauliche Anlagen oder ihre Teile,

2. die Planung, Bemessung und Ausführung baulicher Anlagen und ihrer Teile,

3. die Leistung von Bauprodukten in bestimmten baulichen Anlagen oder ihren Teilen, insbesondere
 a) Planung, Bemessung und Ausführung baulicher Anlagen bei Einbau eines Bauprodukts,
 b) Merkmale von Bauprodukten, die sich für einen Verwendungszweck auf die Erfüllung der Anforderungen nach § 3 auswirken,
 c) Verfahren für die Feststellung der Leistung eines Bauprodukts im Hinblick auf Merkmale, die sich für einen Verwendungszweck auf die Erfüllung der Anforderungen nach § 3 auswirken,
 d) zulässige oder unzulässige besondere Verwendungszwecke,
 e) die Festlegung von Klassen und Stufen in Bezug auf bestimmte Verwendungszwecke,
 f) die für einen bestimmten Verwendungszweck anzugebende oder erforderliche und anzugebende Leistung in Bezug auf ein Merkmal, das sich für einen Verwendungszweck auf die Erfüllung der Anforderungen nach § 3 auswirkt, soweit vorgesehen in Klassen und Stufen,
4. die Bauarten und die Bauprodukte, die nur eines allgemeinen bauaufsichtlichen Prüfzeugnisses nach § 16a Abs. 3 oder § 19 Abs. 1 bedürfen,
5. Voraussetzungen zur Abgabe der Übereinstimmungserklärung für ein Bauprodukt nach § 22,
6. die Art, den Inhalt und die Form technischer Dokumentation.

(3) Die Technischen Baubestimmungen sollen nach den Grundanforderungen gemäß Anhang I der Verordnung (EU) Nr. 305/2011 gegliedert sein.

(4) Die Technischen Baubestimmungen enthalten die in § 17 Abs. 3 genannte Liste.

(5) ¹Die oberste Bauaufsichtsbehörde macht die Technischen Baubestimmungen auf Grundlage der vom Deutschen Institut für Bautechnik nach Anhörung der beteiligten Kreise im Einvernehmen mit den obersten Bauaufsichtsbehörden der Länder veröffentlichten „Muster-Verwaltungsvorschriften Technische Baubestimmungen" als Verwaltungsvorschriften im Niedersächsischen Ministerialblatt bekannt. ²Dabei kann auf die Teile C und D der „Muster-Verwaltungsvorschriften Technische Baubestimmungen" verwiesen werden.

§ 84 Örtliche Bauvorschriften

(1) Die Gemeinden können örtliche Bauvorschriften erlassen über
1. die Lage, Größe, Beschaffenheit, Ausstattung und Unterhaltung von Spielplätzen im Sinne des § 9 Abs. 3,
2. die Anzahl der notwendigen Einstellplätze, ausgenommen die Einstellplätze nach § 49, einschließlich des Mehrbedarfs bei Nutzungsänderungen (§ 47 Abs. 1 Satz 2) und
3. Fahrradabstellanlagen.

(2) Zur Verwirklichung bestimmter verkehrlicher oder sonstiger städtebaulicher Absichten können die Gemeinden durch örtliche Bauvorschrift in bestimmten Teilen des Gemeindegebietes oder für bestimmte Nutzungen in bestimmten Teilen des Gemeindegebietes die Herstellung von Garagen und Stellplätzen untersagen oder einschränken.

(3) Um bestimmte städtebauliche, baugestalterische oder ökologische Absichten zu verwirklichen oder um die Eigenart oder den Eindruck von Baudenkmalen zu erhalten oder hervorzuheben, können die Gemeinden, auch über die Anforderungen des § 9 Abs. 1, 2 und 4 sowie der §§ 10 und 50 hinausgehend, durch örtliche Bauvorschrift für bestimmte Teile des Gemeindegebietes
1. besondere Anforderungen an die Gestaltung von Gebäuden stellen, insbesondere für die Gebäude- und Geschosshöhe, für die Auswahl der Baustoffe und der Farben der von außen sichtbaren Bauteile sowie für die Neigung der Dächer einen Rahmen setzen,
2. besondere Anforderungen an die Art, Gestaltung oder Einordnung von Werbeanlagen und Warenautomaten stellen, sie insbesondere auf bestimmte Gebäudeteile, auf bestimmte Arten, Größen, Formen und Farben beschränken oder in bestimmten Gebieten oder an bestimmten baulichen Anlagen ausschließen,
3. die Gestaltung, Art und Höhe von Einfriedungen wie Mauern, Zäunen und Hecken bestimmen sowie die Einfriedung von Vorgärten vorschreiben oder ausschließen,
4. die Verwendung von Einzelantennen sowie von Freileitungen, soweit diese nicht nach § 1 Abs. 2 Nr. 3 vom Geltungsbereich dieses Gesetzes ausgeschlossen sind, beschränken oder ausschließen, die Verwendung von Freileitungen jedoch nur, soweit sie unter wirtschaftlich zumutbarem Aufwand durch andere Anlagen ersetzt werden können,
5. besondere Anforderungen an die Gestaltung sonstiger baulicher Anlagen, insbesondere der in § 2 Abs. 1 Satz 2 Nrn. 2, 4, 6 und 13 genannten Anlagen stellen,
6. die Gestaltung der nicht überbauten Flächen der bebauten Grundstücke regeln, insbesondere das Anlegen von Vorgärten vorschreiben,
7. die Begrünung baulicher Anlagen vorschreiben,
8. die Versickerung, Verregnung oder Verrieselung von Niederschlagswasser auf dem Baugrundstück vorschreiben.

(4) ¹Örtliche Bauvorschriften nach den Absätzen 1 und 2 werden als Satzung im eigenen Wirkungskreis erlassen. ²Örtliche Bauvorschriften nach Absatz 3 werden als Satzung im übertragenen Wirkungskreis erlassen. ³Die Vorschriften für das Verfahren bei der Aufstellung von Bebauungsplänen gelten einschließlich der Vorschriften über die Veränderungssperre, die Zurückstellung von Baugesuchen und die Folgen von Verfahrensmängeln für die in Satz 2 genannten örtlichen Bauvorschriften entsprechend; § 10 Abs. 2 Satz 2 des Baugesetzbuchs (BauGB) gilt mit der Maßgabe entsprechend, dass § 6 Abs. 2 BauGB nicht anzuwenden ist. ⁴Anforderungen in örtlichen Bauvorschriften können auch in zeichnerischer Form gestellt werden.

(5) Ist anstelle einer Gemeinde eine nach dem Recht der kommunalen Zusammenarbeit gebildete juristische Person des öffentlichen Rechts oder eine andere Körperschaft für die Aufstellung von Bebauungsplänen zuständig, so gilt dies auch für den Erlass örtlicher Bauvorschriften.

(6) Örtliche Bauvorschriften können in Bebauungspläne und in Satzungen nach § 34 Abs. 4 Satz 1 Nrn. 2 und 3 BauGB als Festsetzungen aufgenommen werden.

§ 85 Anforderungen an bestehende und genehmigte bauliche Anlagen

(1) Bauliche Anlagen, die vor dem 1. November 2012 rechtmäßig errichtet oder begonnen wurden oder am 1. November 2012 aufgrund einer Baugenehmigung oder Bauanzeige errichtet werden dürfen, brauchen an Vorschriften dieses Gesetzes, die vom bisherigen Recht abweichen, nur in den Fällen der Absätze 2 bis 4 angepasst zu werden.

(2) Die Bauaufsichtsbehörde kann eine Anpassung verlangen, wenn dies zur Erfüllung der Anforderungen des § 3 Abs. 1 erforderlich ist.

(3) Wird eine bauliche Anlage geändert, so kann die Bauaufsichtsbehörde verlangen, dass auch von der Änderung nicht betroffene Teile der baulichen Anlage angepasst werden, wenn sich die Kosten der Änderung dadurch um nicht mehr als 20 vom Hundert erhöhen.

(4) [1] Soweit bauliche Anlagen an die Vorschriften dieses Gesetzes anzupassen sind, können nach bisherigem Recht erteilte Baugenehmigungen ohne Entschädigung widerrufen werden. [2] Dies gilt sinngemäß für Bauvorbescheide und Bauanzeigen.

(5) Die Absätze 1 bis 4 gelten entsprechend für die Anpassung baulicher Anlagen an Vorschriften, die aufgrund dieses Gesetzes ergehen.

§ 86 Übergangsvorschriften

(1) [1] Für die vor dem 1. November 2012 eingeleiteten Verfahren ist weiterhin die Niedersächsische Bauordnung in der Fassung vom 10. Februar 2003 (Nds. GVBl. S. 89, zuletzt geändert durch § 13 des Gesetzes vom 10. November 2011 (Nds. GVBl. S. 415), anzuwenden. [2] Dies gilt nicht für die Anforderungen nach den §§ 5 bis 7, § 9 Abs. 3 und § 44 Abs. 5 Sätze 1 und 2.

(2) Für die ab dem 1. November 2012 und vor dem 1. Januar 2019 eingeleiteten Verfahren ist dieses Gesetz weiterhin in der am 31. Dezember 2018 geltenden Fassung anzuwenden; Absatz 4 Satz 2 bleibt unberührt.

(3) Bis zum 1. Januar 2019 für Bauarten erteilte allgemeine bauaufsichtliche Zulassungen oder Zustimmungen im Einzelfall gelten als Bauartgenehmigung fort.

(4) [1] Bestehende Anerkennungen als Prüf-, Überwachungs- und Zertifizierungsstellen bleiben in dem bis zum 1. Januar 2019 bestimmten Umfang wirksam. [2] Vor dem 1. Januar 2019 gestellte Anträge gelten als Anträge nach diesem Gesetz.

(5) Nachweise im Sinne des § 65 Abs. 4 und 6 dürfen auch von Personen erstellt werden, die eine Bestätigung nach § 1 Abs. 2 Satz 4 der Prüfeinschränkungs-Verordnung vom 15. Mai 1986 (Nds. GVBl. S. 153), geändert durch Verordnung vom 15. Oktober 1986 (Nds. GVBl. S. 340), haben.

(6) Wer seit dem 1. Januar 1971 in Ausübung seines Berufes ständig andere als die in § 53 Abs. 9 Nr. 1 genannten Entwürfe verfasst hat, darf weiterhin bis zum 31. Dezember 2020 entsprechende Entwürfe verfassen, wenn diese Befugnis durch die seinerzeit zuständige obere Bauaufsichtsbehörde nach § 100 der Niedersächsischen Bauordnung in der bis zum 30. Juni 1995 geltenden Fassung vom 6. Juni 1986 (Nds. GVBl. S. 157), zuletzt geändert durch Artikel II des Gesetzes vom 7. November 1991 (Nds. GVBl. S. 295), erteilt worden ist.

(7) [1] Die in § 3a Abs. 1 Satz 1 genannten Anträge, Anzeigen, Mitteilungen und die beizufügenden Bauvorlagen können vor dem 1. Januar 2024 abweichend von § 3a Abs. 1 auch als Dokument in Papierform übermittelt werden; § 3a Abs. 2 Satz 2 gilt entsprechend. [2] Die Vorgaben für Schriftstücke nach diesem Gesetz und den Verordnungen aufgrund dieses Gesetzes sind einzuhalten.

(8) [1] Die Bauaufsichtsbehörde kann den Beginn der elektronischen Kommunikation für einzelne oder alle Verfahren nach § 3a Abs. 1 auf spätestens den 1. Januar 2024 festlegen, wenn bei ihr die technischen Voraussetzungen noch nicht vorliegen. [2] Der festgelegte Zeitpunkt ist öffentlich bekannt zu machen. [3] Bis zu diesem Zeitpunkt sind die Anträge, Anzeigen, Mitteilungen und beizufügenden Bauvorlagen abweichend von § 3a Abs. 1 als Dokument in Papierform zu übermitteln; § 3a Abs. 2 Satz 2 und Absatz 7 Satz 2 gelten entsprechend.

§ 87 Änderung von Rechtsvorschriften

(Änderungsanweisungen)

§ 88 Inkrafttreten

(1) [1] Dieses Gesetz tritt am 1. November 2012 in Kraft. [2] Abweichend von Satz 1 treten die §§ 5 bis 7, § 9 Abs. 3, § 17 Abs. 8, § 44 Abs. 5 Sätze 1 und 2 und die §§ 82 und 84 am Tag nach der Verkündung in Kraft.

(2) [1] Die Niedersächsische Bauordnung in der Fassung vom 10. Februar 2003 (Nds. GVBl. S. 89), zuletzt geändert durch § 13 des Gesetzes vom 10. November 2011 (Nds. GVBl. S. 415), tritt mit Ablauf des 31. Oktober 2012 außer Kraft. [2] Abweichend von Satz 1 treten die §§ 7 bis 13 und 16 der Niedersächsischen Bauordnung in der in Satz 1 genannten Fassung zu dem in Absatz 1 Satz 2 genannten Zeitpunkt außer Kraft.

Hannover, den 3. April 2012

Der Präsident des Niedersächsischen Landtages
Hermann Dinkla
Das vorstehende Gesetz wird hiermit verkündet.
Der Niedersächsische Ministerpräsident
David McAllister

Anhang

(zu § 60 Abs. 1)

Verfahrensfreie Baumaßnahmen

Übersicht

1. Gebäude

2. Feuerungs- und sonstige Energieerzeugungsanlagen

3. Leitungen und Anlagen für Lüftung, Klimatisierung, Wasser- oder Energieversorgung, Abwasserbeseitigung, Telekommunikation oder Brandschutz

4. Masten, Antennen und ähnliche bauliche Anlagen

5. Behälter

6. Einfriedungen, Stützmauern, Brücken und Durchlässe

7. Aufschüttungen, Abgrabungen und Erkundungsbohrungen

8. Bauliche Anlagen auf Camping- oder Wochenendplätzen

9. Bauliche Anlagen in Gärten oder zur Freizeitgestaltung

10. Werbeanlagen, Hinweisschilder und Warenautomaten

11. Fliegende Bauten und sonstige vorübergehend aufgestellte oder genutzte bauliche Anlagen

12. Tragende und nichttragende Bauteile

13. Fenster, Türen, Außenwände und Dächer

14. Sonstige bauliche Anlagen und Teile baulicher Anlagen

1. Gebäude

1.1 Gebäude und Vorbauten ohne Aufenthaltsräume, Toiletten und Feuerstätten, wenn die Gebäude und Vorbauten nicht mehr als 40 m³ - im Außenbereich nicht mehr als 20 m³ - Brutto-Rauminhalt haben und weder Verkaufs- noch Ausstellungszwecken noch dem Abstellen von Kraftfahrzeugen dienen,

1.2 bis zu zwei Garagen, auch mit Abstellraum, mit jeweils nicht mehr als 30 m² Grundfläche auf einem Baugrundstück sowie deren Zufahrten, außer im Außenbereich, Garagen mit notwendigen Einstellplätzen jedoch nur, wenn die Errichtung oder Änderung der Einstellplätze genehmigt oder nach § 62 genehmigungsfrei ist,

1.3 Gebäude mit nicht mehr als 100 m² Grundfläche und 5 m Höhe, die keine Feuerstätte haben und einem land- oder forstwirtschaftlichen Betrieb oder einem Betrieb der gartenbaulichen Erzeugung dienen und nur zum vorübergehenden Schutz von Tieren oder zur Unterbringung von Erzeugnissen dieser Betriebe bestimmt sind,

1.4 Gewächshäuser mit nicht mehr als 5 m Firsthöhe, die einem landwirtschaftlichen Betrieb oder einem Betrieb der gartenbaulichen Erzeugung dienen,

1.5 Gartenlauben in einer Kleingartenanlage nach dem Bundeskleingartengesetz,

1.6 Fahrgastunterstände, die dem öffentlichen Personenverkehr oder dem Schülertransport dienen, mit nicht mehr als 20 m² Grundfläche,

1.7 Schutzhütten, wenn sie jedermann zugänglich sind, keine Aufenthaltsräume haben und von einer Körperschaft, Anstalt oder Stiftung des öffentlichen Rechts unterhalten werden,

1.8 Terrassenüberdachungen mit nicht mehr als 30 m² Grundfläche.

2. Feuerungs- und sonstige Energieerzeugungsanlagen

2.1 Feuerungsanlagen, freistehende Abgasanlagen jedoch nur mit nicht mehr als 10 m Höhe,

2.2 Wärmepumpen,

2.3 Solarenergieanlagen und Sonnenkollektoren mit nicht mehr als 3 m Höhe und mit nicht mehr als 9 m Gesamtlänge, außer im Außenbereich, sowie in, an oder auf Dach- oder Außenwandflächen von Gebäuden, die keine Hochhäuser sind, angebrachte Solarenergieanlagen und Sonnenkollektoren sowie

 a) die mit der Errichtung solcher Solarenergieanlagen oder Sonnenkollektoren verbundene Änderung der äußeren Gestalt oder

 b) die mit der Nutzung solcher Solarenergieanlagen oder Sonnenkollektoren verbundene Änderung der Nutzung

bestehender baulicher Anlagen, in, auf oder an denen die Solarenergieanlagen oder Sonnenkollektoren angebracht werden,

2.4 Blockheizkraftwerke, die keine Sonderbauten nach § 2 Abs. 5 Satz 2 sind, einschließlich der Leitungen zur Abführung der Verbrennungsgase, in zulässigerweise genutzten Gebäuden, wenn der Betrieb eines solchen Blockheizwerks die Zulässigkeit der bestehenden Nutzung des Gebäudes unberührt lässt, im Außenbereich jedoch nur, soweit sie einem Betrieb nach § 35 Abs. 1 Nr. 1 oder 2 BauGB dienen,

2.5 Windenergieanlagen in Gewerbe- und Industriegebieten, wenn die Baugebiete durch Bebauungsplan im Sinne des § 30 Abs. 1 oder 2 BauGB festgesetzt sind, und im Außenbereich

 a) auf baulichen Anlagen bis 2 m Gesamthöhe der Windenergieanlage gemessen ab dem Schnittpunkt der Windenergieanlage mit der Außenfläche der baulichen Anlage und

 b) im Übrigen bis zu 15 m Gesamthöhe der Windenergieanlage gemessen ab der Geländeoberfläche,

 außer an oder in der Nähe von Kultur- und Naturdenkmalen.

3. Leitungen und Anlagen für Lüftung, Klimatisierung, Wasser- oder Energieversorgung, Abwasserbeseitigung, Telekommunikation oder Brandschutz

3.1 Lüftungsleitungen, Leitungen von Klimaanlagen und Warmluftheizungen, Installationsschächte und Installationskanäle, die nicht durch Decken oder Wände, die feuerwiderstandsfähig sein müssen, geführt werden, sowie Lüftungs- und Klimageräte,

3.2 Leitungen für Elektrizität, Wasser, Abwasser, Gas oder Wärme,

3.3 Brunnen,

3.4 Wasserversorgungsanlagen in Gebäuden,

3.5 Abwasserbehandlungsanlagen für nicht mehr als täglich 8 m^3 häusliches Schmutzwasser,

3.6 Sanitärinstallationen wie Toiletten, Waschbecken und Badewannen,

3.7 Anlagen zur Verteilung von Wärme bei Warmwasser- oder Niederdruckdampfheizungen,

3.8 bauliche Anlagen, die ausschließlich der Telekommunikation, der öffentlichen Versorgung mit Elektrizität, Gas, Öl, Wärme oder Wasser oder der Wasserwirtschaft dienen und eine Grundfläche von nicht mehr als 20 m² und eine Höhe von nicht mehr als 4 m haben,

3.9 Brandmeldeanlagen in Wohnungen.

4. Masten, Antennen und ähnliche Anlagen

4.1 Masten und Unterstützungen für Freileitungen und für Telekommunikationsleitungen,

4.2 Unterstützungen von Seilbahnen und von Leitungen sonstiger Verkehrsmittel,

4.3 Fahnenmasten,

4.4 Flutlichtmasten mit einer Höhe von nicht mehr als 10 m, außer im Außenbereich,

4.5 Sirenen und deren Masten,

4.6 Antennen einschließlich der Masten mit einer Höhe von

a) nicht mehr als 10 m bei Anlagen in reinen Wohngebieten sowie in einem 2,50 m tiefen Grenzbereich zu solchen Gebieten in Gebieten nach Buchstabe b,

b) nicht mehr als 15 m bei Anlagen in sonstigen Gebieten,

gemessen bei freistehenden Anlagen ab der Geländeoberfläche und bei Anlagen auf baulichen Anlagen ab dem Schnittpunkt der Anlage mit der Außenfläche der baulichen Anlage, und zugehörige Versorgungseinheiten mit nicht mehr als 20 m^3 Brutto-Rauminhalt (Antennenanlagen) sowie die mit der Errichtung und Nutzung solcher Antennenanlagen verbundene Änderung der Nutzung oder der äußeren Gestalt bestehender baulicher Anlagen, in, auf oder an denen diese errichtet werden,

4.7 ortsveränderliche Antennenanlagen, die für längstens 24 Monate aufgestellt werden,

4.8 die nachträgliche Anbringung von weiteren Antennen an bestehenden Antennenmasten, wenn die genehmigte Gesamthöhe der Masten nicht überschritten wird oder die Anlage auch danach noch verfahrens- oder genehmigungsfrei ist,

4.9 Signalhochbauten der Landesvermessung,

4.10 Blitzschutzanlagen.

5. Behälter

5.1 Behälter zur Lagerung brennbarer oder wassergefährdender Stoffe mit nicht mehr als 10 m^3 Behälterinhalt mit den Rohrleitungen, Auffangräumen und Auffangvorrichtungen sowie den zugehörigen Betriebs- und Sicherheitseinrichtungen und Schutzvorkehrungen,

5.2 Futtermittelbehälter, die einem landwirtschaftlichen Betrieb dienen und in denen nur Futtermittel gelagert werden, mit nicht mehr als 6 m Höhe,

5.3 Behälter für Flüssiggas mit einem Fassungsvermögen von nicht mehr als 3 t,

5.4 Behälter für nicht verflüssigte Gase mit nicht mehr als 6 m^3 Behälterinhalt,

5.5 transportable Behälter für feste Stoffe,

5.6 Behälter mit nicht mehr als 50m^3 Rauminhalt und mit nicht mehr als 3 m Höhe, die nicht für Gase, brennbare Flüssigkeiten oder wassergefährdende Stoffe, insbesondere nicht für Jauche oder Gülle, bestimmt sind, im Außenbereich nur, wenn sie einem land- oder forstwirtschaftlichen Betrieb oder einem Betrieb der gartenbaulichen Erzeugung dienen,

5.7 Behälter für Regenwasser mit nicht mehr als 100 m^3 Rauminhalt.

6. Einfriedungen, Stützmauern, Brücken und Durchlässe

6.1 Einfriedungen mit nicht mehr als 2 m Höhe über der Geländeoberfläche nach § 5 Abs. 9, im Außenbereich nur als Nebenanlage eines höchstens 50 m entfernten Gebäudes mit Aufenthaltsräumen,

6.2 Stützmauern mit nicht mehr als 1,50 m Höhe über der Geländeoberfläche nach § 5 Abs. 9,

6.3 offene Einfriedungen ohne Sockel, die einem land- oder forstwirtschaftlichen Betrieb oder einem Betrieb der gartenbaulichen Erzeugung dienen,

6.4 Durchlässe und Brücken mit nicht mehr als 5 m lichte Weite.

7. Aufschüttungen, Abgrabungen und Erkundungsbohrungen

7.1 Selbständige Aufschüttungen und Abgrabungen mit nicht mehr als 3 m Höhe oder Tiefe, im Außenbereich nur, wenn die Aufschüttungen und Abgrabungen nicht der Herstellung von Teichen dienen und nicht mehr als 300 m² Fläche haben,

7.2 künstliche Hohlräume unter der Erdoberfläche mit nicht mehr als 15 m³ Rauminhalt,

7.3 Erkundungsbohrungen.

8. Anlagen auf Camping- oder Wochenendplätzen

8.1 Wohnwagen, Zelte und bauliche Anlagen, die keine Gebäude sind, auf Campingplätzen,

8.2 Wochenendhäuser und bauliche Anlagen, die keine Gebäude sind, auf Wochenendplätzen.

9. Anlagen in Gärten oder zur Freizeitgestaltung

9.1 Bauliche Anlagen, die der Gartennutzung, der Gartengestaltung oder der zweckentsprechenden Einrichtung von Gärten, Parkanlagen oder Naherholungsbereichen dienen, wie Bänke, Sitzgruppen, Terrassen oder Pergolen, ausgenommen Gebäude und Einfriedungen,

9.2 Vorrichtungen zum Teppichklopfen oder Wäschetrocknen,

9.3 Spielplätze im Sinne des § 9 Abs. 3 Satz 1 und bauliche Anlagen, die der zweckentsprechenden Einrichtung von genehmigten Sport- oder Kinderspielplätzen dienen, wie Tore für Ballspiele, Schaukeln und Klettergerüste, ausgenommen Gebäude, Tribünen, Flutlichtanlagen und Ballfangzäune,

9.4 bauliche Anlagen ohne Aufenthaltsräume auf genehmigten Abenteuerspielplätzen,

9.5 bauliche Anlagen für Trimmpfade,

9.6 Wasserbecken mit nicht mehr als 100 m³ Beckeninhalt, im Außenbereich nur als Nebenanlage eines höchstens 50 m entfernten Gebäudes mit Aufenthaltsräumen,

9.7 luftgetragene Schwimmbeckenüberdachungen mit nicht mehr als 100 m² Grundfläche für Schwimmbecken, die nach Nummer 9.6 verfahrensfrei sind,

9.8 Sprungschanzen, Sprungtürme und Rutschbahnen mit nicht mehr als 10 m Höhe in genehmigten Sportanlagen oder Freizeitanlagen,

9.9 Stege ohne Aufbauten in oder an Gewässern,

9.10 Wildfütterungsstände,

9.11 Hochsitze mit nicht mehr als 4 m² Nutzfläche,

9.12 Loipen und die dazugehörigen baulichen Anlagen, ausgenommen Gebäude,

9.13 Bienenstöcke, -beuten und -freistände.

10. Werbeanlagen, Hinweisschilder und Warenautomaten

10.1 Werbeanlagen mit nicht mehr als 1 m² Ansichtsfläche,

10.2 vorübergehend angebrachte oder aufgestellte Werbeanlagen an der Stätte der Leistung, wenn die Anlagen nicht fest mit dem Erdboden oder anderen baulichen Anlagen verbunden sind,

10.3 Werbeanlagen für zeitlich begrenzte Veranstaltungen,

10.4 Werbeanlagen mit nicht mehr als 10 m Höhe an der Stätte der Leistung in durch Bebauungsplan festgesetzten Gewerbe- oder Industriegebieten oder in durch Bebauungsplan festgesetzten Sondergebieten für eine gewerbe- oder industrieähnliche Nutzung,

10.5 Schilder an öffentlichen Straßen mit Hinweisen über das Fahrverhalten,

10.6 Orientierungs- und Bildtafeln über Radrouten, Wanderwege und Lehrpfade, Schilder, die durch Rechtsvorschrift geschützte Teile von Natur und Landschaft kennzeichnen, sowie Wegweiser zu Stätten, die dem Totengedenken dienen,

10.7 Schilder, die Notfalltreffpunkte kennzeichnen,

10.8 Warenautomaten und Paketstationen, wenn der Brutto-Rauminhalt jeweils nicht mehr als 10 m³ beträgt, außer im Außenbereich,

10.9 die

 a) mit der Errichtung einer in Nummer 10.5 oder 10.6 genannten Anlage verbundene Änderung der äußeren Gestalt oder

 b) mit der Nutzung einer in Nummer 10.5 oder 10.6 genannten Anlage verbundene Änderung der Nutzung

bestehender baulicher Anlagen, in, auf oder an denen die Anlage angebracht wird.

11. Fliegende Bauten und sonstige vorübergehend aufgestellte oder genutzte bauliche Anlagen

11.1 Fliegende Bauten mit nicht mehr als 5 m Höhe, die nicht dazu bestimmt sind, von Besucherinnen und Besuchern betreten zu werden,

11.2 erdgeschossige betretbare Verkaufsstände, die fliegende Bauten sind, mit einer Grundfläche von nicht mehr als 75 m²,

11.3 fliegende Bauten mit nicht mehr als 5 m Höhe, die für Kinder bestimmt
 sind und mit einer Geschwindigkeit von nicht mehr als 1 m/s betrieben
 werden,

11.4 aufblasbare Spielgeräte, wenn der betretbare Bereich nicht höher als 5 m
 liegt und, soweit ein betretbarer Bereich überdacht ist, wenn die
 Entfernung von jedem Punkt des überdachten betretbaren Bereichs bis
 zum Ausgang nicht mehr als 3 m oder, wenn ein Absinken der
 Überdachung konstruktiv verhindert wird, nicht mehr als 10 m beträgt,

11.5 Bühnen, die fliegende Bauten sind, einschließlich Überdachungen und
 sonstiger Aufbauten, mit nicht mehr als 5 m Höhe, mit einer Grundfläche
 von nicht mehr als 100 m² und einer Fußbodenhöhe von nicht mehr als
 1,50 m,

11.6 Zelte, die fliegende Bauten sind, mit nicht mehr als 75 m² Grundfläche,

11.7 Zelte, die dem Wohnen dienen und nur gelegentlich für längstens drei
 Tage auf demselben Grundstück aufgestellt werden, es sei denn, dass auf
 dem Grundstück und in dessen Nähe gleichzeitig mehr als zehn
 Personen zelten,

11.8 Behelfsbauten, die in einer Notsituation erforderlich sind, der
 Landesverteidigung, dem Brandschutz, dem Katastrophenschutz, dem
 Bevölkerungsschutz, der Unfallhilfe, der medizinischen Versorgung oder
 der Unterbringung des für diese Zwecke erforderlichen Personals dienen
 und nur vorübergehend aufgestellt werden,

11.9 bauliche Anlagen, die zu Straßenfesten nur vorübergehend errichtet
 werden und keine fliegenden Bauten sind,

11.10 bauliche Anlagen, die für längstens drei Monate auf genehmigtem Messe-
 oder Ausstellungsgelände errichtet werden, ausgenommen fliegende
 Bauten,

11.11 bauliche Anlagen, die dem Verkauf landwirtschaftlicher Produkte durch
 den Erzeuger dienen und nicht fest mit dem Erdboden verbunden sind,
 nicht jedoch Gebäude,

11.12 vorübergehend genutzte Lagerplätze für landwirtschaftliche, forstwirtschaftliche oder erwerbsgärtnerische Produkte, wie Kartoffel-, Rübenblatt- und Strohmieten,

11.13 Imbiss- und Verkaufswagen auf öffentlichen Verkehrsflächen oder gewerblich genutzten Flächen, außer im Außenbereich,

11.14 Gerüste,

11.15 Baustelleneinrichtungen einschließlich der für die Baustelle genutzten Lagerhallen, Schutzhallen und Unterkünfte,

11.16 ortsveränderlich genutzte und fahrbereit aufgestellte Geflügelställe zum Zweck der Freilandhaltung oder der ökologisch-biologischen Geflügelhaltung, wenn diese einem landwirtschaftlichen Betrieb dienen und jeweils nicht mehr als 450 m^3 Brutto-Rauminhalt sowie eine Auslauffläche haben, die mindestens 7 m^2 je Kubikmeter Brutto-Rauminhalt beträgt.

12. Tragende und nichttragende Bauteile

12.1 Wände, Decken, Stützen und Treppen, ausgenommen Außenwände, Gebäudetrennwände und Dachkonstruktionen, in fertiggestellten Wohngebäuden oder fertiggestellten Wohnungen, jedoch nicht in Hochhäusern,

12.2 Wände und Decken, die weder tragend noch aussteifend sind und nicht feuerwiderstandsfähig (§ 26 Abs. 2) sein müssen, in fertiggestellten Gebäuden,

12.3 Bekleidungen und Dämmschichten in fertiggestellten Wohngebäuden oder fertiggestellten Wohnungen,

12.4 Bekleidungen und Dämmschichten, die weder schwerentflammbar noch nichtbrennbar sein müssen, in Gebäuden.

13. Fenster, Türen, Außenwände und Dächer

13.1 Öffnungen für Fenster oder Türen in fertiggestellten Wohngebäuden, fertiggestellten Wohnungen oder in Wänden oder Decken nach Nummer 12.2,

13.2 Fenster und Türen in vorhandenen Öffnungen,

13.3 Fenster- und Rollläden,

13.4 Außenwandbekleidungen einschließlich einer Wärmedämmung, ausgenommen bei Hochhäusern, Verblendung und Verputz baulicher Anlagen, die kein sichtbares Holzfachwerk haben,

13.5 Dacheindeckungen, wenn sie nur gegen vorhandene Dacheindeckungen ausgewechselt werden,

13.6 Dächer von vorhandenen Wohngebäuden einschließlich der Dachkonstruktion, unter Änderung der bisherigen äußeren Abmessungen jedoch nur dann, wenn die Bedachung für Baumaßnahmen zum Zweck des Wärmeschutzes oder der Energieeinsparung bei einem vorhandenen Gebäude, ausgenommen bei Hochhäusern, angehoben wird.

14. Sonstige bauliche Anlagen und Teile baulicher Anlagen

14.1 Bauliche Anlagen aufgrund eines Flurbereinigungsplans oder eines Wege- und Gewässerplans nach § 41 des Flurbereinigungsgesetzes, ausgenommen Gebäude, Brücken und Stützmauern,

14.2 Zapfsäulen und Tankautomaten genehmigter Tankstellen,

14.3 Erdgasbetankungsgeräte und Ladegeräte für Elektrofahrzeuge und die damit verbundene Änderung der Nutzung,

14.4 Regale mit einer zulässigen Höhe der Oberkante des Lagerguts von nicht mehr als 7,50 m,

14.5 Denkmale und Skulpturen mit nicht mehr als 3 m Höhe sowie Grabdenkmale auf Friedhöfen,

14.6 Bewegliche Sonnendächer (Markisen), die keine Werbeträger sind,

14.7 Stellplätze für Personen-Kraftfahrzeuge mit nicht mehr als insgesamt 50 m² Nutzfläche je Grundstück sowie deren Zufahrten und Fahrgassen, ausgenommen notwendige Einstellplätze,

14.8 Fahrradabstellanlagen, in einem Gebäude jedoch nur dann, wenn das Gebäude an mindestens einer Seite vollständig offen ist,

14.9 Fahrzeugwaagen,

14.10 land- oder forstwirtschaftliche Wirtschaftswege mit wassergebundener Decke mit nicht mehr als 3,50 m Fahrbahnbreite sowie Rückewege, die einem forstwirtschaftlichen Betrieb dienen, einschließlich der aus Gründen der Verkehrssicherheit erforderlichen Fahrbahnverbreiterungen im Verlauf von Kurven, Ausweichstellen, Wendestellen und Kreuzungen sowie bei Überfahrten von Durchlässen einschließlich der damit verbundenen Böschungsabsicherung, soweit die Fahrbahnverbreiterungen erforderlich sind, um eine sichere Befahrung mit land-, forst- und holzwirtschaftlichen Fahrzeugen zu ermöglichen,

14.11 Lager- und Abstellplätze für die Anzucht oder den Handel mit Pflanzen oder Pflanzenteilen, sowie sonstige Lager- und Abstellplätze, die einem land- oder forstwirtschaftlichen Betrieb oder einem Betrieb der gartenbaulichen Erzeugung dienen, wenn sie unbefestigt sind,

14.12 Personenaufzüge, die zur Beförderung von nur einer Person bestimmt sind,

14.13 Erweiterung einer Gaststätte um eine Außenbewirtschaftung, wenn die für die Erweiterung in Anspruch genommene Grundfläche 100 m² nicht überschreitet.

Allgemeine Durchführungsverordnung zur Niedersächsischen Bauordnung (DVO-NBauO)

Vom 26. September 2012 [1)]

1) Die Verpflichtungen aus der Richtlinie 98/34/EG des Europäischen Parlaments und des Rates vom 22. Juni 1998 über ein Informationsverfahren auf dem Gebiet der Normen und technischen Vorschriften und der Vorschriften für die Dienste der Informationsgesellschaft (ABl. EG Nr. L 204 S. 37), zuletzt geändert durch die Richtlinie 2006/96/EG des Europäischen Parlaments und des Rates vom 20. November 2006 (ABl. EU Nr. L 363 S. 81), sind beachtet worden.

Stand: letzte berücksichtigte Änderung: § 29 neu gefasst durch Verordnung vom 19.09.2019 (Nds. GVBl. S. 277)

Eingangsformel

Aufgrund des § 82 Abs. 1 Nrn. 1, 3, 4 und 5, Abs. 2 Nr. 7 und Abs. 4 der Niedersächsischen Bauordnung (NBauO) vom 3. April 2012 (Nds. GVBl. S. 46) wird verordnet:

§ 1 Zuwegung - (zu den §§ 4, 14 und 33 NBauO)

(1) [1] Zu einem Gebäude muss von einer öffentlichen Verkehrsfläche ein mindestens 1,25 m breiter Zu- oder Durchgang vorhanden sein. [2] Für ein Gebäude, aus dem ein Rettungsweg über eine mit Rettungsgeräten der Feuerwehr erreichbare Stelle des Gebäudes führt, muss ein Zu- oder Durchgang im Sinne des Satzes 1 auch zu den zum Anleitern bestimmten Stellen auf dem Baugrundstück vorhanden sein.

(2) [1] Für ein Gebäude, dessen Wandöffnungen oder sonstige Stellen, die zum Anleitern bestimmt sind, mehr als 8 m über der Geländeoberfläche liegen, muss anstelle eines Zu- oder Durchgangs nach Absatz 1 eine Zu- oder Durchfahrt zum Gebäude und zu den zum Anleitern bestimmten Stellen vorhanden sein. [2] Für ein Gebäude, das mehr als 50 m von öffentlichen Verkehrsflächen entfernt liegt, muss eine Zu- oder Durchfahrt auch zu den vor und hinter dem Gebäude liegenden Grundstücksflächen vorhanden sein, wenn sie für Feuerwehreinsätze erforderlich ist.

(3) [1] Zu- und Durchfahrten dürfen nicht versperrt und durch Einbauten nicht eingeengt sein. [2] Zu- und Durchfahrten nach Absatz 2 müssen als solche gekennzeichnet und für Feuerwehrfahrzeuge ausreichend befestigt und tragfähig sein. [3] Die Kennzeichnung muss von der öffentlichen Verkehrsfläche aus sichtbar sein.

§ 2 Aufstell- und Bewegungsflächen für die Feuerwehr - (zu den §§ 4 und 14 NBauO)

[1] An den zum Anleitern bestimmten Stellen auf dem Grundstück für Gebäude nach § 1 Abs. 2 Satz 1 und, soweit es für Feuerwehreinsätze erforderlich ist, auf den Grundstücksflächen nach § 1 Abs. 2 Satz 2 müssen Aufstell- und Bewegungsflächen für die Feuerwehr vorhanden sein. [2] Ist das Gebäude so beschaffen, dass für die Personenrettung der Einsatz von Hubrettungsfahrzeugen erforderlich ist, so müssen die dafür erforderlichen Aufstell- und Bewegungsflächen vorhanden und über Zu- oder Durchfahrten erreichbar sein. [3] Für die Aufstell- und Bewegungsflächen und die Zu- oder Durchfahrten gilt § 1 Abs. 3 Sätze 1 und 2 entsprechend.

§ 3 Kinderspielplätze - (zu § 9 NBauO)

[1] Die nutzbare Fläche eines Spielplatzes nach § 9 Abs. 3 NBauO muss mindestens 3 m² je Wohnung, für die der Spielplatz bestimmt ist, betragen. [2] Hat eine Wohnung mehr als drei Aufenthaltsräume, so erhöht sich die erforderliche Fläche des Spielplatzes ab dem vierten Aufenthaltsraum der Wohnung um 2 m² je Aufenthaltsraum. [3] Die nutzbare Fläche eines Spielplatzes darf nicht kleiner als 30 m² sein. [4] Die Beschaffenheit eines Spielplatzes richtet sich nach den Spiel- und Bewegungsbedürfnissen der Kinder. [5] Werden an die Größe oder die Beschaffenheit des Spielplatzes Anforderungen in einer örtlichen Bauvorschrift gestellt, so sind diese Anforderungen maßgebend.

§ 4 Umwehrungen - (zu § 16 NBauO)

(1) Zum Schutz gegen Absturzgefahren müssen umwehrt sein:
1. zum Begehen bestimmte Flächen baulicher Anlagen, Treppen und Verkehrsflächen auf dem Baugrundstück, wenn die Flächen, Treppen und Verkehrsflächen mehr als 1 m tiefer liegenden Flächen benachbart sind und die Umwehrung dem Zweck der Flächen nicht widerspricht,
2. Öffnungen, nicht begehbare Oberlichte und Glasabdeckungen an oder in zum Begehen bestimmten Flächen baulicher Anlagen, Oberlichte und Glasabdeckungen jedoch nur, wenn ihre Ränder weniger als 0,50 m über diese Flächen hinausragen,
3. Schächte, wie insbesondere Kellerlichtschächte und Betriebsschächte, die an oder in Verkehrsflächen auf dem Baugrundstück oder an öffentlichen Verkehrsflächen liegen und nicht verkehrssicher abgedeckt sind.

(2) [1] Umwehrungen nach Absatz 1 müssen bei einer Absturzhöhe bis zu 12 m mindestens 0,90 m, im Übrigen mindestens 1,10 m hoch sein. [2] Brüstungen von Fahrtreppen müssen stets nur 0,90 m hoch sein.

(3) [1] Fensterbrüstungen müssen bei einer Absturzhöhe von 1 m bis 12 m mindestens 0,80 m, bei einer Absturzhöhe von mehr als 12 m mindestens 0,90 m hoch sein. [2] Eine Fensterbrüstung braucht die Anforderungen des Satzes 1 nicht zu erfüllen, wenn
1. ein Schutz gegen Absturzgefahren durch eine andere Umwehrung sichergestellt ist, die den Anforderungen nach Absatz 2 Satz 1 entspricht, oder

2. dem Fenster in demselben Geschoss eine Fläche, wie zum Beispiel ein Balkon oder eine Terrasse, vorgelagert ist, die nach Absatz 2 Satz 1 umwehrt ist.

(4) ¹ Umwehrungen von Flächen, auf denen sich üblicherweise auch Kinder aufhalten, müssen so ausgebildet sein, dass ein Überklettern der Umwehrungen nicht erleichtert wird. ² Öffnungen in diesen Umwehrungen dürfen bei einer Breite von mehr als 12 cm nicht höher als 12 cm und bei einer Höhe von mehr als 12 cm nicht breiter als 12 cm sein. ³ Der seitliche Abstand zwischen den Umwehrungen und den zu sichernden Flächen darf nicht größer als 6 cm sein. ⁴ Die Sätze 1 bis 3 gelten nicht für Umwehrungen von Treppen von Wohngebäuden der Gebäudeklassen 1 und 2 und von Treppen in Wohnungen.

§ 5 Tragende Wände und aussteifende Wände - (zu § 27 NBauO)

(1) ¹ Tragende Wände und aussteifende Wände müssen, ausgenommen in Kellergeschossen,
1. in Gebäuden der Gebäudeklasse 5 feuerbeständig,
2. in Gebäuden der Gebäudeklasse 4 mindestens hochfeuerhemmend und
3. in Gebäuden der Gebäudeklassen 2 und 3 mindestens feuerhemmend

sein. ² Gebäude werden nicht der Gebäudeklasse 2 wegen angebauter Gebäude zugeordnet, wenn die angebauten Gebäude insgesamt nicht mehr als 30 m² Grundfläche und weder Aufenthaltsräume noch Feuerstätten haben oder Kleingaragen sind.

(2) Absatz 1 gilt nicht für tragende Wände und aussteifende Wände
1. in obersten Geschossen in Dachräumen,
2. von Balkonen, ausgenommen Balkone, über die Rettungswege führen, und
3. von eingeschossigen Gebäuden ohne Aufenthaltsräume und Feuerstätten.

(3) ¹ In Kellergeschossen müssen tragende Wände und aussteifende Wände
1. in Gebäuden der Gebäudeklassen 3, 4 und 5 feuerbeständig sowie
2. in Gebäuden der Gebäudeklassen 1 und 2 mindestens feuerhemmend

sein. ² Satz 1 Nr. 2 gilt nicht für Wände von freistehenden land- oder forstwirtschaftlich genutzten Gebäuden ohne Aufenthaltsräume.

§ 6 Außenwände - (zu § 28 NBauO)

(1) Nichttragende Außenwände und nichttragende Teile tragender Außenwände müssen
1. aus nichtbrennbaren Baustoffen bestehen, wobei Dämmstoffe in nichtbrennbaren geschlossenen Profilen von Außenwandkonstruktionen sowie Fugendichtungen unberücksichtigt bleiben, oder
2. als raumabschließende Bauteile feuerhemmend sein.

(2) ¹ Außenseitige Oberflächen und Bekleidungen von Außenwänden einschließlich der Dämmstoffe und Unterkonstruktionen müssen schwerentflammbar sein. ² Unterkonstruktionen außenseitiger Bekleidungen dürfen aus normalentflammbaren Baustoffen bestehen, wenn die Brandausbreitung auf und in den Außenwänden ausreichend lang begrenzt ist. ³ Bekleidungen von Balkonen müssen, soweit sie über die erforderliche Umwehrungshöhe hinausreichen, mindestens schwerentflammbar sein. ⁴ Großflächige Bauteile wie Vorsatz- und Lichtblenden sowie Beschichtungen und Folien an Außenwänden gelten als Bekleidungen, soweit nichts anderes bestimmt ist. ⁵ Baustoffe, die im Brandfall brennend abtropfen oder brennend abfallen können, dürfen in Bauteilen im Sinne der Sätze 1 bis 4 nicht verwendet werden.

(3) ¹ Solarenergieanlagen an Außenwänden müssen schwerentflammbar sein, wenn sie sich über mehr als zwei Geschosse erstrecken; Absatz 2 Sätze 2 und 5 gilt entsprechend. ² Sie dürfen Öffnungen in Außenwänden nicht überdecken.

(4) ¹ Außenwandkonstruktionen mit geschossübergreifenden Hohl- oder Lufträumen, wie zum Beispiel hinterlüftete Außenwandbekleidungen, sind nur zulässig, wenn gegen eine Brandausbreitung in den Hohl- oder Lufträumen Vorkehrungen getroffen sind. ² Für geschossübergreifende Doppelfassaden gilt Satz 1 entsprechend.

(5) Die Absätze 1 bis 4 Satz 1 gelten nicht in Bezug auf Gebäude der Gebäudeklassen 1, 2 und 3 sowie Terrassenvorbauten und Windfänge; Absatz 4 Satz 1 in Verbindung mit Absatz 4 Satz 2 gilt nicht in Bezug auf Gebäude der Gebäudeklassen 1 und 2.

§ 7 Trennwände - (zu § 29 NBauO)

(1) ¹ Trennwände müssen als raumabschließende Bauteile vorhanden sein
1. zwischen Nutzungseinheiten sowie zwischen einer Nutzungseinheit und anders genutzten Räumen, ausgenommen notwendige Flure,
2. in Kellergeschossen zwischen einem Aufenthaltsraum und anders genutzten Räumen,
3. in Gebäuden der Gebäudeklassen 4 und 5 zwischen einem Aufenthaltsraum im Dachraum einschließlich seiner Zugänge und dem nicht ausgebauten Teil des Dachraumes, wenn dieser Teil so groß ist, dass darin ein Aufenthaltsraum mit der erforderlichen lichten Höhe möglich ist, sowie
4. zwischen einem Raum mit Explosions- oder erhöhter Brandgefahr und anderen Räumen.

² Eine Trennwand nach Satz 1 Nr. 1 oder 2 muss entsprechend der Feuerwiderstandsfähigkeit der tragenden Bauteile des Geschosses, in dem sie sich befindet, feuerwiderstandsfähig, jedoch mindestens feuerhemmend sein. ³ Eine Trennwand nach Satz 1 Nr. 3 muss mindestens feuerhemmend, eine Trennwand nach Satz 1 Nr. 4 muss feuerbeständig sein.

(2) ¹ Eine Trennwand nach Absatz 1 muss an die Rohdecke oder an die Dachhaut anschließen. ² Eine Rohdecke im Dachraum, an die eine Trennwand anschließt, muss als raumabschließendes Bauteil einschließlich der sie tragenden und aussteifenden Bauteile mindestens feuerhemmend sein.

(3) Trennwände nach Absatz 1 dürfen Öffnungen haben, die auf die für die Nutzung des Gebäudes oder der Räume erforderliche Zahl und Größe beschränkt sind; die Öffnungen müssen dichtschließende, selbstschließende und mindestens feuerhemmende Abschlüsse haben.

(4) Absatz 1 Satz 1 Nrn. 1, 2 und 4 gilt nicht in Bezug auf Wohngebäude der Gebäudeklassen 1 und 2.

§ 8 Brandwände - (zu § 30 NBauO)

(1) ¹ Eine Brandwand muss vorhanden sein
1. zum Abschluss eines Gebäudes (Gebäudeabschlusswand), soweit der Abstand der Abschlusswand zu den Grenzen des Baugrundstücks weniger als 2,50 m beträgt und die Abschlusswand diesen Grenzen in einem Winkel von weniger als 45° zugekehrt ist,
2. in Abständen von nicht mehr als 40 m
 a) als Gebäudeabschlusswand bei aneinandergebauten Gebäuden auf demselben Baugrundstück und
 b) innerhalb eines ausgedehnten Gebäudes zu dessen Unterteilung (innere Brandwände),
3. als Gebäudeabschlusswand im Bereich der aneinandergebauten Wände eines Wohngebäudes und eines land- oder forstwirtschaftlich genutzten Gebäudes auf demselben Baugrundstück,
4. als innere Brandwand zwischen einem dem Wohnen dienenden Teil und dem land- oder forstwirtschaftlich genutzten Teil eines Gebäudes,
5. abweichend von Nummer 2 Buchst. b als innere Brandwand zur Unterteilung eines land- oder forstwirtschaftlich genutzten Gebäudes in Gebäudeabschnitte von nicht mehr als 10 000 m³ Brutto-Rauminhalt, bei einem eingeschossigen Stall jedoch von nicht mehr als 5 000 m² Grundfläche, wobei Geschosse zur ausschließlichen Lagerung von Jauche oder Gülle jeweils unberücksichtigt bleiben.

² Satz 1 Nr. 1 gilt nicht für Gebäudeabschlusswände von eingeschossigen Gebäuden mit nicht mehr als 30 m² Grundfläche, die weder Aufenthaltsräume noch Feuerstätten haben, und von Terrassenvorbauten, Windfängen, Dachgauben und ähnlichen Dachaufbauten. ³ Besteht ein Baugrundstück gemäß § 2 Abs. 12 Satz 2 NBauO aus mehreren aneinander grenzenden Grundstücken, so müssen die Anforderungen des Satzes 1 Nr. 1 gegenüber den Grenzen jedes dieser Grundstücke eingehalten sein. ⁴ Für die Bemessung des Abstandes nach Satz 1 Nr. 1 dürfen benachbarte Grundstücke in entsprechender Anwendung des § 6 NBauO hinzugerechnet werden. ⁵ In Fällen nach Satz 1 Nr. 5 müssen bei Ställen die durch die Abweichung von Satz 1 Nr. 2 bedingten Erschwernisse für die Rettung der Tiere im Brandfall unter Berücksichtigung der Art der Tierhaltung ausgeglichen werden.

(2) ¹ Brandwände müssen auch unter zusätzlicher mechanischer Beanspruchung feuerbeständig sein und aus nichtbrennbaren Baustoffen bestehen. ² In den Fällen nach Absatz 1 Satz 1 Nrn. 1, 2 und 5 genügen anstelle von Brandwänden
1. für Gebäude der Gebäudeklasse 4 Wände, die auch unter zusätzlicher mechanischer Beanspruchung hochfeuerhemmend sind,
2. für Gebäude der Gebäudeklassen 1, 2 und 3 hochfeuerhemmende Wände,
3. für Gebäude der Gebäudeklassen 1, 2 und 3 in Bezug auf Gebäudeabschlusswände Wände, die von innen nach außen entsprechend der Feuerwiderstandsfähigkeit der tragenden und der aussteifenden Bauteile des Gebäudes feuerwiderstandsfähig, mindestens jedoch feuerhemmend, und von außen nach innen feuerbeständig sind.

³ In den Fällen nach Absatz 1 Satz 1 Nrn. 3 und 4 genügen anstelle von Brandwänden feuerbeständige Wände, wenn die land- oder forstwirtschaftlich genutzten Gebäude oder Gebäudeteile nicht mehr als 2 000 m³ Brutto-Rauminhalt haben. ⁴ Für Wände, die nach den Sätzen 2 und 3 anstelle von Brandwänden genügen, gelten die Absätze 3 und 5 bis 8 entsprechend. ⁵ Gemeinsame Wände von Gebäuden (§ 12 Abs. 2 NBauO) müssen Brandwände sein; in den Fällen nach Satz 2 Nrn. 2 und 3 genügen feuerbeständige Wände.

(3) ¹ Eine Brandwand muss durchgehend bis zur Bedachung reichen und in allen Geschossen ohne Versatz angeordnet sein. ² Abweichend von Satz 1 dürfen anstelle einer inneren Brandwand Wände in den Geschossen versetzt angeordnet werden, wenn
1. die Wände im Übrigen den Anforderungen nach Absatz 2 Satz 1 entsprechen,
2. Decken, soweit sie mit den Wänden verbunden sind, feuerbeständig sind, aus nichtbrennbaren Baustoffen bestehen und ohne Öffnungen sind,
3. die Bauteile, die die Wände oder die Decken im Sinne der Nummer 2 tragen oder aussteifen, feuerbeständig sind und aus nichtbrennbaren Baustoffen bestehen,
4. die Außenwände im Bereich des Versatzes und in seiner Breite in dem Geschoss oberhalb oder unterhalb des Versatzes feuerbeständig sind und
5. Öffnungen in den Außenwänden im Bereich des Versatzes so angeordnet oder andere Vorkehrungen so getroffen sind, dass eine Brandübertragung in andere Brandabschnitte nicht zu befürchten ist.

(4) ¹ Bilden zwei Außenwände oder zwei Abschnitte einer Außenwand in einem Abstand von bis zu 5 m vom Schnittpunkt der Außenwände oder der Abschnitte der Außenwand
1. mit einer Brandwand oder

2. mit einer Wand nach Absatz 2 Satz 2 oder 3

einen Winkel von weniger als 120°, so muss in einem Abstand von 5 m zu diesem Schnittpunkt mindestens eine der Außenwände oder einer der Abschnitte der Außenwand ohne Öffnungen, feuerbeständig und aus nichtbrennbaren Baustoffen sein. [2] In den Fällen nach Satz 1 Nr. 2 genügt es, wenn eine der Außenwände oder einer der Abschnitte der Außenwand in dem Abstand von 5 m zum Schnittpunkt mit der Wand nach Absatz 2 Satz 2 oder 3 entsprechend der jeweiligen Feuerwiderstandsfähigkeit dieser Wand feuerwiderstandsfähig ist.

(5) [1] Brandwände dürfen keine Öffnungen haben. [2] Abweichend von Satz 1 dürfen innere Brandwände Öffnungen haben, wenn die Öffnungen auf die für die Nutzung des Gebäudes erforderliche Zahl und Größe beschränkt sind und dichtschließende, selbstschließende und feuerbeständige Abschlüsse haben.

(6) [1] Brandwände müssen mindestens 0,30 m über die Dachhaut reichen oder in Höhe der Dachhaut mit einer beiderseits mindestens 0,50 m auskragenden feuerbeständigen Platte aus nichtbrennbaren Baustoffen abgeschlossen sein; darüber dürfen brennbare Teile des Daches nicht vorhanden sein. [2] Abweichend von Satz 1 genügt es bei Gebäuden der Gebäudeklassen 1, 2 und 3 mit harter Bedachung (§ 11 Abs. 1), wenn die Brandwände ohne Hohlräume an die Dachhaut anschließen. [3] Brandwände von Gebäuden mit einer nicht harten Bedachung müssen mindestens 0,50 m über die Dachhaut reichen.

(7) [1] Bauteile aus brennbaren Baustoffen dürfen durch Brandwände nicht hindurchgeführt sein und Brandwände nicht überbrücken. [2] Außenwandkonstruktionen, die eine seitliche Brandausbreitung begünstigen, wie Doppelfassaden und hinterlüftete Außenwandbekleidungen, dürfen über Brandwände nur hinweggeführt sein, wenn Vorkehrungen gegen die Brandausbreitung in der Außenwandkonstruktion getroffen sind. [3] Bauteile wie Leitungen und Schornsteine sowie Leitungsschlitze dürfen die Feuerwiderstandsfähigkeit von Brandwänden nicht beeinträchtigen; Stahlträger und Stahlstützen müssen eine der Feuerwiderstandsfähigkeit der Brandwand entsprechende feuerwiderstandsfähige Ummantelung haben. [4] Außenseitige Oberflächen und Bekleidungen von Gebäudeabschlusswänden nach Absatz 1 Satz 1 Nr. 1 einschließlich der Unterkonstruktionen und der Dämmstoffe müssen nichtbrennbar sein.

(8) In inneren Brandwänden dürfen Teilflächen aus lichtdurchlässigen, nichtbrennbaren Baustoffen bestehen, wenn diese Flächen feuerbeständig und auf die für die Nutzung des Gebäudes erforderliche Zahl und Größe beschränkt sind.

§ 9 Stützen - (zu den §§ 27, 29 und 30 NBauO)

Für Stützen gelten die §§ 5, 7 und 8 sinngemäß.

§ 10 Decken - (zu § 31 NBauO)

(1) [1] Decken müssen, ausgenommen in Kellergeschossen,
1. in Gebäuden der Gebäudeklasse 5 feuerbeständig,
2. in Gebäuden der Gebäudeklasse 4 mindestens hochfeuerhemmend und
3. in Gebäuden der Gebäudeklassen 2 und 3 sowie als oberste Decken, über denen Aufenthaltsräume nicht liegen, abweichend von den Nummern 1 und 2 mindestens feuerhemmend

sein. [2] Satz 1 gilt nicht für oberste Decken in Gebäuden ohne Aufenthaltsräume und für Balkone, die nicht als Rettungsweg dienen; § 7 Abs. 2 Satz 2 bleibt unberührt. [3] § 5 Abs. 1 Satz 2 gilt entsprechend.

(2) [1] In Kellergeschossen müssen Decken
1. in Gebäuden der Gebäudeklassen 3, 4 und 5 feuerbeständig sowie
2. in Gebäuden der Gebäudeklasse 1 und 2 mindestens feuerhemmend

sein. [2] Satz 1 Nr. 2 gilt nicht für Decken von freistehenden land- oder forstwirtschaftlich genutzten Gebäuden ohne Aufenthaltsräume.

(3) Decken
1. unter und über Räumen mit Explosions- oder erhöhter Brandgefahr, ausgenommen in Wohngebäuden der Gebäudeklassen 1 und 2, sowie
2. zwischen dem Wohnteil und dem land- oder forstwirtschaftlich genutzten Teil eines Gebäudes

müssen abweichend von den Absätzen 1 und 2 feuerbeständig sein.

(4) [1] Decken nach Absatz 3 dürfen Öffnungen nicht haben. [2] Decken, die nach Absatz 1 oder 2 feuerwiderstandsfähig sein müssen, dürfen Öffnungen nur haben
1. für notwendige Treppen und für Aufzüge sowie für Schächte, an die in der Niedersächsischen Bauordnung oder in Vorschriften aufgrund der Niedersächsischen Bauordnung Anforderungen bezüglich des Brandschutzes gestellt werden, und
2. für andere Zwecke, wenn die Öffnungen auf die für die Nutzung des Gebäudes erforderliche Zahl und Größe beschränkt sind sowie dichtschließende und selbstschließende Abschlüsse haben, die entsprechend der Feuerwiderstandsfähigkeit der Decken feuerwiderstandsfähig sind.

[3] Der Anschluss der Decken an Außenwände muss die Anforderungen nach § 31 Abs. 3 Satz 2 NBauO erfüllen. [4] Die Einschränkungen nach Satz 2 gelten nicht für Decken in Gebäuden der Gebäudeklassen 1 und 2, in Nutzungseinheiten mit nicht mehr als 400 m² Grundfläche und nicht mehr als zwei Geschossen sowie in Wohnungen.

§ 11 Dächer - (zu § 32 NBauO)

(1) Bedachungen, die gegen Flugfeuer und strahlende Wärme von außen ausreichend lang widerstandsfähig sind (harte Bedachung), sind nur erforderlich, soweit in den Absätzen 2 bis 4 nichts Abweichendes geregelt ist.

(2) [1] Bedachungen freistehender Gebäude der Gebäudeklassen 1 und 3 brauchen die Anforderungen an eine harte Bedachung nicht zu erfüllen, soweit der Abstand der Bedachung

1. von den Grenzen des Baugrundstücks mindestens 12 m, bei einem Wohngebäude mindestens 6 m,
2. von Gebäuden auf demselben Baugrundstück mit harter Bedachung mindestens 15 m, bei einem Wohngebäude mindestens 9 m,
3. von Gebäuden auf demselben Baugrundstück mit einer Bedachung, die nicht die Anforderungen an eine harte Bedachung erfüllt, mindestens 24 m, bei einem Wohngebäude mindestens 12 m und
4. von nur Nebenzwecken dienenden Gebäuden auf demselben Baugrundstück, die nicht mehr als 60 m² Grundfläche und nicht mehr als zwei Geschosse haben sowie ohne Aufenthaltsräume und Feuerstätten sind, mindestens 5 m

beträgt. [2] In Bezug auf Satz 1 Nr. 1 gilt § 6 NBauO sinngemäß.

(3) Die Anforderungen an eine harte Bedachung brauchen nicht zu erfüllen

1. Bedachungen von Gebäuden mit nicht mehr als 50 m³ Brutto-Rauminhalt, die weder Aufenthaltsräume noch Feuerstätten haben,
2. Dachflächenfenster, Lichtkuppeln und Oberlichte von Wohngebäuden,
3. Vordächer und lichtdurchlässige Bedachungen
 a) aus nichtbrennbaren Baustoffen,
 b) mit brennbaren Dämmstoffen in nichtbrennbaren geschlossenen Profilen und im Übrigen aus nichtbrennbaren Baustoffen und
 c) mit brennbaren Baustoffen in Verbundgläsern und Fugendichtungen und im Übrigen aus nichtbrennbaren Baustoffen, sowie
4. Eingangsüberdachungen und Gewächshäuser.

(4) Bedachungen dürfen begrünt sein und Teilflächen aus brennbaren Baustoffen haben, wenn eine Brandentstehung durch Flugfeuer oder strahlende Wärme von außen nicht zu befürchten ist oder Vorkehrungen gegen eine Brandentstehung getroffen sind.

(5) [1] Dächer von traufseitig aneinandergebauten Gebäuden müssen als raumabschließende Bauteile einschließlich der sie tragenden und aussteifenden Bauteile von innen nach außen feuerhemmend sein, wenn zum Abschluss der Gebäude voneinander Brandwände oder Wände nach § 8 Abs. 2 Satz 2 oder 3 vorhanden sein müssen. [2] Bilden Dächer mit Wänden, die Brandwände oder Wände nach § 8 Abs. 2 Satz 2 oder 3 sein müssen, einen Winkel von mehr als 110°, so müssen Öffnungen in den Dächern, waagerecht gemessen, mindestens 2 m von diesen Wänden entfernt sein.

(6) Von einer Brandwand und einer Wand nach § 8 Abs. 2 Satz 2 oder 3 müssen mindestens 1,25 m entfernt sein

1. Dachflächenfenster, Lichtkuppeln, Oberlichte und Öffnungen im Dach, wenn die Brandwand oder die Wand nach § 8 Abs. 2 Satz 2 oder 3 nicht mindestens 30 cm über die Bedachung reicht,
2. Solarenergieanlagen und Sonnenkollektoren in oder auf einem Dach, Dachgauben und ähnliche Dachaufbauten, wenn sie aus brennbaren Baustoffen bestehen und nicht durch die Brandwand oder die Wand nach § 8 Abs. 2 Satz 2 oder 3 gegen Brandübertragung geschützt sind.

(7) [1] Dächer, die an Außenwände ohne Feuerwiderstandsfähigkeit oder an Außenwände mit Öffnungen oberhalb des Daches angebaut sind, müssen innerhalb eines Abstandes von 5 m von diesen Außenwänden als raumabschließende Bauteile einschließlich der sie tragenden und aussteifenden Bauteile von innen nach außen der Feuerwiderstandsfähigkeit der Decken des Gebäudeteils, an den sie angebaut sind, entsprechend feuerwiderstandsfähig sein. [2] Dies gilt nicht für Dächer, die an Außenwände von Wohngebäuden der Gebäudeklassen 1, 2 und 3 angebaut sind.

§ 12 Ställe - (zu § 14 NBauO)

[1] Für Räume, in denen Tiere gehalten werden, in Ställen müssen Ausgänge ins Freie in solcher Anzahl, Höhe und Breite vorhanden sein und sich so öffnen lassen, dass die Tiere bei Gefahr ohne Schwierigkeiten ins Freie gelangen können. [2] Von jeder Stelle des Raumes muss mindestens ein Ausgang ins Freie in einer Entfernung von nicht mehr als 35 m erreichbar sein.

§ 13 Rettungswege - (zu § 33 NBauO)

(1) Gebäude, für die ein Rettungsweg über Rettungsgeräte der Feuerwehr führt, dürfen nur errichtet werden, wenn die Feuerwehr über die erforderlichen Rettungsgeräte verfügt.

(2) [1] In einer Entfernung von nicht mehr als 35 m muss in demselben Geschoss

1. von jeder Stelle jedes Aufenthaltsraumes mindestens ein Ausgang ins Freie oder ein notwendiger Treppenraum (§ 35 Abs. 1 NBauO) oder, wenn ein Treppenraum nach § 35 Abs. 2 NBauO nicht erforderlich ist, mindestens eine notwendige Treppe und
2. von jeder Stelle jedes Kellergeschosses mindestens ein Ausgang ins Freie oder ein notwendiger Treppenraum

erreichbar sein. [2] Übereinander liegende Kellergeschosse müssen mindestens je zwei Ausgänge im Sinne des Satzes 1 Nr. 2 haben.

(3) Die Entfernung von in notwendigen Fluren angeordneten Türen von Aufenthaltsräumen zu offenen Gängen oder Vorräumen zu Sicherheitstreppenräumen (§ 16) darf nicht mehr als 15 m betragen.

§ 14 Treppen - (zu § 34 NBauO)

(1) [1] Notwendige Treppen müssen in einem Zuge zu allen angeschlossenen Geschossen führen. [2] Dies gilt nicht

1. für notwendige Treppen in Gebäuden der Gebäudeklassen 1, 2 und 3,
2. für notwendige Treppen, die nach § 33 Abs. 2 NBauO ohne eigenen Treppenraum zulässig sind,
3. für notwendige Treppen, soweit sie zu einem Geschoss im Dachraum ohne Aufenthaltsräume führen, und
4. für notwendige Treppen, soweit sie zu einem obersten Geschoss im Dachraum mit Aufenthaltsräumen führen, wenn diese notwendigen Treppen mit den übrigen notwendigen Treppen unmittelbar verbunden sind.

(2) [1] Tragende Teile notwendiger Treppen müssen

1. in Gebäuden der Gebäudeklasse 5 mindestens feuerhemmend sein und aus nichtbrennbaren Baustoffen bestehen,
2. in Gebäuden der Gebäudeklasse 4 aus nichtbrennbaren Baustoffen bestehen und
3. in Gebäuden der Gebäudeklasse 3 mindestens feuerhemmend sein oder aus nichtbrennbaren Baustoffen bestehen.

[2] Tragende Teile notwendiger Treppen als Außentreppen von Gebäuden der Gebäudeklassen 3, 4 und 5, die nach § 35 Abs. 2 Nr. 3 NBauO zulässig sind, müssen aus nichtbrennbaren Baustoffen bestehen. [3] Satz 2 gilt entsprechend für Umwehrungen notwendiger Treppen in Gebäuden der Gebäudeklassen 4 und 5, nicht jedoch für Handläufe.

(3) Vor einer Treppe, die hinter einer Tür beginnt, welche in Richtung der Treppe aufschlägt, ist ein Treppenabsatz erforderlich, dessen Länge mindestens der Breite der Tür entsprechen muss.

(4) Statt notwendiger Treppen dürfen Rampen mit einer Neigung von nicht mehr als 10 Prozent vorhanden sein.

§ 15 Notwendige Treppenräume - (zu § 35 NBauO)

(1) [1] Wände von notwendigen Treppenräumen müssen als raumabschließende Bauteile

1. in Gebäuden der Gebäudeklasse 5 die Anforderungen an Brandwände erfüllen, dürfen jedoch Öffnungen haben,
2. in Gebäuden der Gebäudeklasse 4 auch unter zusätzlicher mechanischer Beanspruchung mindestens hochfeuerhemmend sein, und
3. in Gebäuden der Gebäudeklassen 1, 2 und 3 mindestens feuerhemmend sein.

[2] Abweichend von Satz 1 Nrn. 2 und 3 müssen Wände im Sinne des Satzes 1 in Kellergeschossen von Gebäuden der Gebäudeklassen 3 und 4 feuerbeständig sein. [3] Die Sätze 1 und 2 gelten nicht, soweit die Wände Außenwände sind und aus nichtbrennbaren Baustoffen bestehen und der notwendige Treppenraum als Rettungsweg durch andere an diese Außenwände anschließende Gebäudeteile im Brandfall nicht gefährdet werden kann. [4] Führt ein mittelbarer Ausgang im Sinne des § 35 Abs. 3 Satz 3 NBauO über einen Windfang, so genügt es, wenn die Wand zwischen dem notwendigen Treppenraum und dem Windfang aus nichtbrennbaren Baustoffen besteht.

(2) [1] Notwendige Treppenräume müssen

1. in jedem über dem zu ebener Erde gelegenen Geschoss mindestens ein Fenster zum Freien, das geöffnet werden kann und einen freien Querschnitt von mindestens 0,5 m² hat, oder
2. an ihrer obersten Stelle mindestens eine Öffnung zur Rauchableitung

haben. [2] In Gebäuden der Gebäudeklasse 5 müssen notwendige Treppenräume mindestens die Anforderung nach Satz 1 Nr. 2 erfüllen. [3] In Gebäuden der Gebäudeklassen 4 und 5 müssen für notwendige Treppenräume, die die Anforderung nach Satz 1 Nr. 1 nicht erfüllen, zusätzlich zu der Anforderung nach Satz 1 Nr. 2 Vorkehrungen zur Rauchableitung getroffen sein, wenn dies für den Einsatz der Feuerwehr erforderlich ist. [4] Die Öffnungen zur Rauchableitung müssen einen freien Querschnitt von insgesamt mindestens 1 m² haben und im Treppenraum vom Erdgeschoss und vom obersten Treppenabsatz aus geöffnet werden können. [5] An den Stellen, von denen aus die Öffnungen zur Rauchableitung bedient werden können, muss der Hinweis „Rauchabzug" angebracht und es muss erkennbar sein, ob die Öffnung zur Rauchableitung offen oder geschlossen ist.

(3) [1] Der obere Abschluss von notwendigen Treppenräumen muss als raumabschließendes Bauteil entsprechend der Feuerwiderstandsfähigkeit der Decken des Gebäudes feuerwiderstandsfähig sein. [2] Dies gilt nicht, wenn der obere Abschluss das Dach des Gebäudes ist und die Wände des Treppenraums ohne Hohlräume an die Dachhaut einer harten Bedachung anschließen.

(4) [1] In den Wänden von notwendigen Treppenräumen müssen

1. Öffnungen zu Werkstätten, Läden, Lagerräumen und ähnlich genutzten Räumen, zu sonstigen Räumen und Nutzungseinheiten mit einer Fläche von mehr als 200 m² Grundfläche, ausgenommen Wohnungen, sowie zu Kellergeschossen und zum Dachraum ohne Aufenthaltsräume rauchdichte, selbstschließende und mindestens feuerhemmende Abschlüsse,
2. Öffnungen zu notwendigen Fluren rauchdichte und selbstschließende Abschlüsse und
3. Öffnungen zu sonstigen Räumen und Nutzungseinheiten mindestens dichtschließende und selbstschließende Abschlüsse

haben. [2] Die Abschlüsse dürfen lichtdurchlässige Seitenteile und Oberlichte nur haben, wenn sie insgesamt nicht breiter als 2,50 m sind.

(5) ¹ In notwendigen Treppenräumen und in Räumen nach § 35 Abs. 3 Satz 3 NBauO müssen

1. Putze, Bekleidungen, Unterdecken, Dämmstoffe und Einbauten aus nichtbrennbaren Baustoffen bestehen,
2. Wände und Decken aus brennbaren Baustoffen eine Bekleidung aus nichtbrennbaren Baustoffen in ausreichender Dicke haben und
3. Bodenbeläge, ausgenommen Gleitschutzprofile, aus schwerentflammbaren Baustoffen bestehen.

² In Bezug auf Satz 1 Nr. 1 ist § 6 Abs. 2 Satz 4 entsprechend anzuwenden.

(6) Notwendige Treppenräume in Gebäuden mit einer Höhe im Sinne des § 2 Abs. 3 Satz 3 NBauO von mehr als 13 m müssen eine Sicherheitsbeleuchtung haben.

§ 16 Sicherheitstreppenräume - (zu den §§ 33 und 35 NBauO)

(1) Treppenräume sind im Sinne des § 33 Abs. 2 Satz 4 NBauO sicher erreichbar und durch besondere Vorkehrungen gegen Feuer und Rauch geschützt, wenn sie

1. an einer Außenwand liegen oder von dem Gebäude abgesetzt sind und in jedem Geschoss über einen unmittelbar davor liegenden offenen Gang erreichbar sind (außenliegende Sicherheitstreppenräume) oder
2. eine Druckbelüftungsanlage haben, die auch die Vorräume versorgt, und in jedem Geschoss über einen Vorraum erreichbar sind (innenliegende Sicherheitstreppenräume)

und im Übrigen die Anforderungen der Absätze 2 bis 6 erfüllen.

(2) ¹ Die Wände von Sicherheitstreppenräumen müssen die Anforderungen nach § 15 Abs. 1 Satz 1 Nr. 1 erfüllen. ² Öffnungen in den Wänden dürfen

1. bei außenliegenden Sicherheitstreppenräumen nur zu offenen Gängen oder ins Freie und
2. bei innenliegenden Sicherheitstreppenräumen nur zu Vorräumen oder ins Freie

vorhanden sein.

(3) ¹ Die Türen außenliegender Sicherheitstreppenräume zu offenen Gängen müssen dichtschließend und selbstschließend sein und aus nichtbrennbaren Baustoffen bestehen. ² Sie müssen in Fluchtrichtung aufschlagen. ³ Verglasungen in den Türen müssen mindestens 30 Minuten widerstandsfähig gegen Feuer sein. ⁴ Die Türen müssen bei dreiseitig offenen Gängen mindestens 1,50 m, bei offenen Gängen mit weniger als drei offenen Seiten mindestens 3 m von der Tür des offenen Ganges zum notwendigen Flur entfernt sein. ⁵ Der seitliche Abstand zwischen den Türen außenliegender Sicherheitstreppenräume und den Öffnungen von anderen als den in den Sätzen 1 und 4 genannten Räumen muss mindestens 1,50 m betragen. ⁶ Die Türen innenliegender Sicherheitstreppenräume zu Vorräumen müssen rauchdicht und selbstschließend sein; sie müssen in Fluchtrichtung aufschlagen.

(4) Die Fenster von Sicherheitstreppenräumen dürfen nur mit Steckschlüssel zu öffnen sein; Absatz 3 Satz 3 gilt entsprechend.

(5) ¹ Außenliegende Sicherheitstreppenräume müssen Öffnungen zur Rauchableitung haben; § 15 Abs. 2 gilt entsprechend. ² Innenliegende Sicherheitstreppenräume müssen gegen Raucheintritt im Brandfall durch die Druckbelüftungsanlage nach Absatz 1 Nr. 2 so geschützt werden, dass die Luft auch bei geöffneten Türen zu dem vom Brand betroffenen Geschoss unter allen Witterungsbedingungen entgegen der Fluchtrichtung strömt.

(6) Sicherheitstreppenräume müssen eine Sicherheitsbeleuchtung haben.

(7) Soweit in den Absätzen 1 bis 6 nichts anderes bestimmt ist, gilt § 15 entsprechend.

§ 17 Notwendige Flure - (zu § 36 NBauO)

(1) Notwendige Flure sind nicht erforderlich

1. in Wohngebäuden der Gebäudeklassen 1 und 2,
2. in sonstigen Gebäuden der Gebäudeklassen 1 und 2, ausgenommen in Kellergeschossen,
3. innerhalb von Nutzungseinheiten mit nicht mehr als 200 m² Grundfläche und innerhalb von Wohnungen sowie
4. innerhalb von Nutzungseinheiten mit nicht mehr als 400 m² Grundfläche, die einer Büro- oder Verwaltungsnutzung dienen, wobei dies auch für Teile größerer Nutzungseinheiten mit dieser Nutzung gilt, wenn diese Teile nicht mehr als 400 m² Grundfläche, Trennwände nach § 7 Abs. 1 Satz 1 Nr. 1 und von anderen Teilen der Nutzungseinheit unabhängige Rettungswege nach § 33 NBauO und § 13 Abs. 2 haben.

(2) ¹ Notwendige Flure müssen mindestens 1,25 m breit sein. ² Eine Folge von weniger als drei Stufen darf in einem notwendigen Flur nicht vorhanden sein.

(3) ¹ Wände von notwendigen Fluren müssen als raumabschließende Bauteile mindestens feuerhemmend, jedoch in Kellergeschossen, deren tragende Bauteile feuerbeständig sein müssen, feuerbeständig sein. ² Die Wände müssen an die Rohdecke oder an die Dachhaut anschließen; sie müssen nur bis an eine Unterdecke des notwendigen Flurs reichen, wenn die Unterdecke feuerhemmend ist und ein der Anforderung nach Satz 1 gleichwertiger Raumabschluss vorhanden ist. ³ In den Wänden von notwendigen Fluren müssen dichtschließende und; Öffnungen in den Wänden von notwendigen Fluren zu Lagerräumen in Kellergeschossen müssen dichtschließende, selbstschließende und mindestens feuerhemmende Abschlüsse haben. ⁴ Soweit in Wänden notwendiger Flure, die nur feuerhemmend sein müssen, Verglasungen einen Abstand von mindestens 1,80 m vom Fußboden einhalten, brauchen die Verglasungen nur 30 Minuten widerstandsfähig gegen Feuer zu sein. ⁵ Die Sätze 1 bis 4 gelten nicht, soweit die Wände notwendiger Flure Außenwände sind und aus nichtbrennbaren Baustoffen bestehen und der notwendige Flur als Rettungsweg durch Wandöffnungen im Brandfall nicht gefährdet werden kann.

(4) ¹ Notwendige Flure, die länger als 30 m sind, müssen in Rauchabschnitte unterteilt sein. ² Ein Rauchabschnitt darf nicht länger als 30 m sein. ³ Die Abschlüsse zwischen den Rauchabschnitten müssen aus nichtbrennbaren Baustoffen bestehen und an die Rohdecke anschließen; sie müssen nur an eine Unterdecke des notwendigen Flurs anschließen, wenn die Unterdecke feuerhemmend ist. ⁴ Türen zwischen den Rauchabschnitten müssen nichtab-schließbar, rauchdicht und selbstschließend sein. ⁵ Die Sätze 1 bis 4 gelten nicht für offene Gänge.

(5) Notwendige Flure, die in einen notwendigen Treppenraum oder unmittelbar ins Freie führen, dürfen nicht durch andere Räume unterbrochen sein.

(6) ¹ In notwendigen Fluren müssen
1. Putze, Bekleidungen, Unterdecken und Dämmstoffe aus nichtbrennbaren Baustoffen bestehen und
2. Wände und Decken aus brennbaren Baustoffen eine Bekleidung aus nichtbrennbaren Baustoffen in ausrei-chender Dicke haben.
² In Bezug auf Satz 1 Nr. 1 ist § 6 Abs. 2 Satz 4 entsprechend anzuwenden.

(7) ¹ Zum Betreten bestimmte Bauteile von offenen Gängen müssen einschließlich ihrer Unterstützungen entspre-chend der Feuerwiderstandsfähigkeit der tragenden Bauteile des Gebäudes feuerwiderstandsfähig sein. ² Offene Gänge sind vor den Außenwänden angeordnete notwendige Flure, die mindestens an einer Längsseite offen sind. ³ Umwehrungen von offenen Gängen dürfen Öffnungen nicht haben und müssen aus nichtbrennbaren Baustoffen bestehen. ⁴ Verglasungen in den Umwehrungen müssen mindestens 30 Minuten widerstandsfähig gegen Feuer sein. ⁵ Für Wände und Umwehrungen an offenen Gängen mit nur einer Fluchtrichtung gilt Absatz 3 Satz 1 bis 3 entsprechend. ⁶ Fenster dürfen in den Wänden im Sinne des Satzes 5 unterhalb einer Brüstungshöhe von 0,90 m nicht vorhanden sein. ⁷ Absatz 6 gilt entsprechend; § 18 Abs. 5 und 6 bleibt unberührt.

§ 18 Offene Gänge zu außenliegenden Sicherheitstreppenräumen - (zu § 36 NBauO)

(1) Offene Gänge zu außenliegenden Sicherheitstreppenräumen müssen die Anforderungen nach den Absätzen 2 bis 7 erfüllen.

(2) Offene Gänge müssen so im Windstrom angeordnet sein, dass im Brandfall Rauch aus notwendigen Fluren, ohne in den Sicherheitstreppenraum zu gelangen, ungehindert ins Freie entweichen kann.

(3) ¹ Offene Gänge dürfen an ihren offenen Seiten durch einen Sturz nur eingeschränkt sein, wenn dessen Unter-kante nicht mehr als 20 cm unter der Unterkante der Decke und mindestens 30 cm über der Oberkante der Tür zum Sicherheitstreppenraum liegt. ² Das Abziehen von Rauch darf durch Wetterschutzvorrichtungen nicht behindert werden.

(4) Offene Gänge müssen mindestens so breit wie die Laufbreite der Treppe im Sicherheitstreppenraum und min-destens doppelt so lang wie breit sein.

(5) ¹ Wände, die an offenen Gängen liegen, müssen als raumabschließende Bauteile entsprechend der Feuerwider-standsfähigkeit der tragenden Bauteile des Gebäudes feuerwiderstandsfähig sein und aus nichtbrennbaren Baustoffen bestehen. ² Die Wände dürfen nur Öffnungen haben, die zu notwendigen Fluren oder zum Sicherheitstreppenraum führen oder zur ausreichenden Beleuchtung der notwendigen Flure oder des Sicherheitstreppenraumes erforderlich sind. ³ Der seitliche Abstand zwischen Türen von notwendigen Fluren zu offenen Gängen und Öffnungen sonstiger Räume, auch von Sicherheitstreppenräumen, muss mindestens 1,50 m betragen. ⁴ Für die Türen gilt § 16 Abs. 3 Sätze 1 bis 3 entsprechend.

(6) ¹ Die zum Betreten bestimmten Bauteile offener Gänge müssen aus nichtbrennbaren Baustoffen bestehen. ² Umwehrungen offener Gänge müssen entsprechend der Feuerwiderstandsfähigkeit der tragenden Bauteile des Gebäudes feuerwiderstandsfähig sein; sie dürfen außer zur Entwässerung keine Öffnungen haben. ³ Die Umweh-rungen müssen mindestens 1,10 m hoch sein.

(7) Offene Gänge müssen eine Sicherheitsbeleuchtung haben.

(8) Soweit in den Absätzen 2 bis 7 nichts anderes bestimmt ist, gilt § 17 Abs. 2 und 5 bis 7 Sätze 1 bis 3 entsprechend.

§ 19 Vorräume vor innenliegenden Sicherheitstreppenräumen - (zu § 36 NBauO)

(1) Vorräume vor innenliegenden Sicherheitstreppenräumen müssen die Anforderungen nach den Absätzen 2 bis 4 erfüllen.

(2) ¹ Vorräume müssen mindestens so breit wie die Laufbreite der Treppen im Sicherheitstreppenraum sein. ² Der Abstand zwischen der Tür eines Vorraums zum innenliegenden Sicherheitstreppenraum und den Türen des Vorraums zu notwendigen Fluren muss mindestens 3 m betragen.

(3) ¹ Die Wände der Vorräume müssen als raumabschließende Bauteile entsprechend der Feuerwiderstandsfähigkeit der tragenden Bauteile des Gebäudes feuerwiderstandsfähig sein. ² Sie dürfen nur Öffnungen zum Sicherheitstrep-penraum und zu notwendigen Fluren haben. ³ Türen zu notwendigen Fluren müssen dichtschließend, selbstschlie-ßend und mindestens feuerhemmend sein und in Fluchtrichtung aufschlagen.

(4) ¹ Soweit in den Absätzen 1 bis 3 nichts anderes bestimmt ist, gilt § 15 Abs. 5 entsprechend. ² § 16 Abs. 5 Satz 2 und Abs. 6 gilt entsprechend.

§ 20 Fenster und Türen - (zu den §§ 37 und 43 NBauO)

(1) ¹ In Aufenthaltsräumen muss die Größe der Öffnungen für notwendige Fenster im Rohbaumaß insgesamt mindestens ein Achtel der Netto-Grundfläche des Raumes zuzüglich der Netto-Grundfläche vor den Fenstern liegender Loggien und Vorbauten betragen. ² Raumteile mit einer lichten Höhe bis 1,50 m bleiben außer Betracht.

(2) ¹ Fenster, die als Rettungswege dienen, müssen im Lichten mindestens 0,90 m breit und 1,20 m hoch sein. ² Die Höhe ihrer Brüstungen darf nicht mehr als 1,20 m betragen. ³ Geneigte Fenster und Fenster in Dachschrägen oder Dachaufbauten dürfen als Rettungswege nur vorgesehen sein, wenn sie so angeordnet sind, dass bei Gefahr Personen sich bemerkbar machen und von der Feuerwehr gerettet werden können. ⁴ Liegen Fenster nach Satz 3 oberhalb der Traufkante, so darf die Unterkante der Fenster oder ein davor liegender Austritt von der Traufkante waagerecht gemessen nicht mehr als 1 m entfernt sein.

(3) Eingangstüren von Wohnungen, von denen Aufzüge nach § 38 Abs. 3 NBauO erreichbar sein müssen, müssen eine lichte Durchgangsbreite von mindestens 0,90 m haben.

(4) ¹ Glastüren und andere Glasflächen, die an allgemein zugänglichen Flächen vorhanden sind, müssen so ausgebildet oder gekennzeichnet sein, dass sie leicht erkennbar sind. ² Sie müssen, soweit erforderlich, gesichert sein.

§ 21 Aufzüge - (zu § 38 NBauO)

(1) ¹ Aufzüge ohne Fahrschacht dürfen
1. innerhalb eines notwendigen Treppenraumes, ausgenommen in Hochhäusern,
2. innerhalb eines Raumes, der kein notwendiger Treppenraum ist,
3. zur Verbindung von Geschossen, die nach § 10 Abs. 4 Satz 2 durch Deckenöffnungen miteinander in Verbindung stehen dürfen, und
4. in Wohngebäuden der Gebäudeklassen 1 und 2

vorhanden sein. ² Sie müssen verkehrssicher umkleidet sein. ³ In einem Fahrschacht dürfen bis zu drei Aufzüge eingebaut sein.

(2) ¹ Die Fahrschachtwände und Fahrschachtdecken müssen als raumabschließende Bauteile
1. in Gebäuden der Gebäudeklasse 5 feuerbeständig und aus nicht brennbaren Baustoffen,
2. in Gebäuden der Gebäudeklasse 4 mindestens hochfeuerhemmend und
3. in Gebäuden der Gebäudeklasse 3 mindestens feuerhemmend

sein. ² Fahrschachtwände aus brennbaren Baustoffen müssen schachtseitig eine Bekleidung aus nichtbrennbaren Baustoffen in ausreichender Dicke haben. ³ Fahrschachttüren und Abschlüsse anderer Öffnungen in Fahrschachtwänden, die feuerwiderstandsfähig sein müssen, müssen so beschaffen sein, dass eine Brandausbreitung in andere Geschosse ausreichend lang behindert wird.

(3) ¹ Fahrschächte müssen gelüftet werden können und an ihrer obersten Stelle eine ins Freie führende Öffnung zur Rauchableitung haben, deren freier Querschnitt mindestens 2,5 Prozent der Grundfläche des Fahrschachts, mindestens jedoch 0,10 m² betragen muss. ² Die Öffnung muss so angeordnet sein, dass der Rauchaustritt durch Windeinfluss nicht beeinträchtigt wird; sie darf einen Abschluss haben, wenn dieser sich bei Raucheintritt in den Fahrschacht selbsttätig öffnet und von außen von Hand geöffnet werden kann.

(4) ¹ Bei Aufzügen, die nach § 38 Abs. 2 NBauO erforderlich sind, muss für je 20 ständige Benutzerinnen und Benutzer dieser Aufzüge ein Fahrkorbplatz zur Verfügung stehen. ² Bei Aufzügen nach § 38 Abs. 3 NBauO muss die Fahrkorbgrundfläche mindestens 1,10 m x 1,40 m betragen, wenn Rollstühle aufzunehmen sind; die Fahrkorbgrundfläche muss 1,10 m x 2,00 m betragen, wenn Krankentragen aufzunehmen sind. ³ In einem Aufzug für Rollstühle und Krankentragen darf der Teil der Fahrkorbgrundfläche, der nur für Krankentragen erforderlich ist, von der übrigen Fahrkorbfläche durch eine verschließbare Tür abgetrennt sein.

(5) Für Aufzugsanlagen im Sinne der Betriebssicherheitsverordnung einschließlich der für ihren sicheren Betrieb erforderlichen Einrichtungen, die weder gewerblichen noch wirtschaftlichen Zwecken dienen und durch die Beschäftigte nicht gefährdet werden können, gelten die Vorschriften der Betriebssicherheitsverordnung entsprechend; zuständige Behörde ist die untere Bauaufsichtsbehörde.

§ 22 Zelte - (zu den §§ 13 und 27 bis 32 NBauO)

Zelte einschließlich ihrer Tragkonstruktion brauchen abweichend von den §§ 6, 7 und 8 Abs. 1 Satz 1 Nr. 2 und den §§ 9 bis 11 nur aus normalentflammbaren Baustoffen zu bestehen; § 20 findet keine Anwendung.

§ 23 Lüftungsanlagen, Leitungsanlagen, Installationsschächte und -kanäle - (zu § 39 NBauO)

(1) ¹ Lüftungsanlagen dürfen nicht an Abgasanlagen angeschlossen sein. ² Lüftungsleitungen dürfen sowohl der Lüftung als auch der Ableitung von Abgasen von Feuerstätten dienen, wenn wegen der Betriebs- und Brandsicherheit Bedenken nicht bestehen. ³ Die Abluft ist ins Freie zu führen.

(2) Lüftungsleitungen dürfen durch raumabschließende Bauteile, die feuerwiderstandsfähig sein müssen, nur hindurchgeführt sein und diese nur überbrücken, wenn eine Brandausbreitung ausreichend lang nicht zu erwarten ist oder wenn Vorkehrungen gegen eine Brandausbreitung getroffen sind.

(3) Lüftungsleitungen sowie deren Bekleidungen und Dämmschichten müssen aus nichtbrennbaren Baustoffen bestehen; sie dürfen aus brennbaren Baustoffen bestehen, wenn nicht zu befürchten ist, dass die Lüftungsleitung zur Brandentstehung oder Brandweiterleitung beiträgt, oder Vorkehrungen dagegen getroffen sind.

(4) In Lüftungsleitungen dürfen nicht zu Lüftungsanlagen gehörende Einrichtungen nicht vorhanden sein.

(5) Die Absätze 2 und 3 gelten nicht für Lüftungsanlagen in Gebäuden der Gebäudeklassen 1 und 2 und für Lüftungsanlagen, die innerhalb einer Nutzungseinheit mit nicht mehr als 400 m² Grundfläche in nicht mehr als zwei Geschossen oder innerhalb einer Wohnung eingebaut sind.

(6) Für Leitungen von raumlufttechnischen Anlagen und Warmluftheizungen sowie für deren Bekleidungen und Dämmschichten gelten die Absätze 1 bis 5 sinngemäß.

(7) Für Leitungsanlagen, die nicht Lüftungsanlagen sind, gelten die Absätze 2 und 5 entsprechend.

(8) Für Installationsschächte und -kanäle gelten die Absätze 2, 3 und 5 entsprechend.

§ 24 Wasserversorgungsanlagen, Anlagen für Abwässer, Dungstätten

(zu § 41 NBauO)
(1) Brunnen zur Trinkwasserversorgung müssen von Anlagen zur Lagerung oder Beseitigung von Abwässern oder festen Abfallstoffen, wie Kleinkläranlagen, Sammelgruben und Dungstätten, sowie von Gärfutterbehältern einen Abstand von mindestens 25 m einhalten. Ein größerer Abstand muss eingehalten sein, wenn dies in der Umgebung von Verrieselungsanlagen oder wegen ungünstiger Untergrundverhältnisse erforderlich ist.
(2) Kleinkläranlagen und Sammelgruben müssen wasserdicht und ausreichend groß sein; sie müssen dichte und sichere Abdeckungen sowie Öffnungen zum Reinigen und Entleeren haben. Öffnungen zum Reinigen und Entleeren dürfen nur vom Freien aus zugänglich sein. Zuleitungen zu Abwasserbeseitigungsanlagen müssen geschlossen, dicht und, soweit erforderlich, zum Reinigen geeignet sein.
(3) Dungstätten müssen, waagerecht gemessen, von Öffnungen zu Aufenthaltsräumen mindestens 5 m und von den Grenzen des Baugrundstücks mindestens 2 m entfernt sein.

§ 25 Aufbewahrung fester Abfallstoffe in Gebäuden - (zu § 41 NBauO)

(1) ¹ In Gebäuden der Gebäudeklassen 3, 4 und 5 mit Aufenthaltsräumen müssen Räume zur Aufbewahrung fester Abfallstoffe Trennwände und Decken haben, die als raumabschließende Bauteile entsprechend der Feuerwiderstandsfähigkeit der tragenden Bauteile des Gebäudes feuerwiderstandsfähig sind; sie dürfen Öffnungen zu Aufenthaltsräumen nicht haben. ² Öffnungen zu anderen Räumen müssen dichtschließende, selbstschließende und mindestens feuerhemmende Abschlüsse haben. ³ Die Räume müssen von außen zugänglich sein und entleert werden können sowie eine ständig wirksame Lüftung und eine Fußbodenentwässerung mit Geruchverschluss haben.

(2) Anlagen und Einrichtungen zur Aufbewahrung fester Abfallstoffe sowie Abfallschächte und ihre Einfüllöffnungen dürfen nicht in Aufenthaltsräumen und nicht an den Wänden von Wohn- und Schlafräumen angebracht sein.

§ 26 Abstellraum - (zu § 44 NBauO)

Jede Wohnung muss Abstellraum mit einer Grundfläche von insgesamt mindestens 6 m² haben.

§ 27 Toiletten - (zu § 45 NBauO)

Toiletten, die nicht zu Wohnungen gehören und für mehr als 20 Personen verschiedenen Geschlechts benötigt werden, müssen auf für Frauen und Männer getrennte Räume verteilt sein.

§ 28 Aufenthaltsräume - (zu § 43 NBauO)

(1) ¹ Aufenthaltsräume, ausgenommen Küchen, müssen eine Grundfläche von mindestens 6 m² haben. ² Grundflächen von Raumteilen mit einer lichten Höhe von weniger als 2,20 m bleiben außer Betracht.

(2) ¹ Räume in Kellergeschossen, die dem Wohnen dienen, dürfen nur als Aufenthaltsräume genutzt werden, wenn das Gelände vor den notwendigen Fenstern dieser Räume in einer Entfernung von mindestens 2 m und in einer Breite, die mindestens der Breite der notwendigen Fenster entspricht, nicht mehr als 70 cm über dem Fußboden dieser Räume liegt. ² Ein an dieses Gelände anschließendes höherliegendes Gelände muss nach allen Seiten in einem Winkel von mindestens 45° zurücktreten.

§ 29 Barrierefreie bauliche Anlagen

(zu § 49 NBauO)
In Bezug auf Geschosse, die barrierefrei sein müssen, in baulichen Anlagen nach § 49 Abs. 2 NBauO gelten, wenn die Geschosse nur mit einem Aufzug stufenlos erreichbar sind, die Anforderungen des § 38 Abs. 3 Satz 1 NBauO entsprechend.

§ 30 Regelmäßige Überprüfung technischer Anlagen

(Zu § 78 NBauO)
(1) Technische Anlagen in
1. Verkaufsstätten nach § 1 der Verkaufsstättenverordnung,
2. Versammlungsstätten nach § 1 Abs. 1 in Verbindung mit Abs. 3 der Niedersächsischen Versammlungsstättenverordnung,
3. Krankenhäusern,
4. Gebäuden zur Pflege, Betreuung oder Unterbringung von Personen,
5. Hochhäusern,

6. Beherbergungsstätten mit mehr als 12 Betten,
7. allgemein bildenden Schulen und berufsbildenden Schulen,
8. Mittelgaragen nach § 1 Abs. 1 Nr. 2 der Garagen- und Stellplatzverordnung (GaStplVO), Großgaragen nach § 1 Abs. 1 Nr. 3 GaStplVO sowie automatische Garagen nach § 1 Abs. 6 GaStplVO und
9. Gebäuden mit Sicherheitstreppenräumen

müssen, wenn sie der Erfüllung bauordnungsrechtlicher Anforderungen dienen, durch Sachverständige im Sinne des § 1 der Bauordnungsrechtlichen Sachverständigenverordnung (BauSVO) oder des § 5 Abs. 1 oder 4 BauSVO auf ihre Wirksamkeit und Betriebssicherheit einschließlich des bestimmungsgemäßen Zusammenwirkens untereinander und mit anderen Anlagen überprüft werden.

(2) Technische Anlagen im Sinne des Absatzes 1 sind
1. Lüftungsanlagen, ausgenommen solche, die einzelne Räume in demselben Geschoss unmittelbar vom Freien belüften oder ins Freie entlüften,
2. CO-Warnanlagen,
3. Rauchabzugsanlagen,
4. Druckbelüftungsanlagen,
5. Feuerlöschanlagen, ausgenommen nicht selbsttätige Feuerlöschanlagen mit trockenen Steigleitungen ohne Druckerhöhungsanlagen,
6. Alarmierungsanlagen,
7. Brandmeldeanlagen einschließlich der Brandfallsteuerung von Aufzügen sowie
8. Sicherheitsstromversorgungsanlagen einschließlich der Sicherheitsbeleuchtung.

(3) Der Bauherr oder der Betreiber der baulichen Anlage hat die Überprüfung nach Absatz 1
1. vor der erstmaligen Nutzung der baulichen Anlage,
2. unverzüglich nach einer wesentlichen Änderung der technischen Anlage,
3. nach einer Überprüfung nach Nummer 1 oder 2 in Abständen von nicht mehr als drei Jahren durchführen zu lassen.

(4) Der Bauherr oder der Betreiber der baulichen Anlage hat die Prüfberichte (§ 4 Abs. 1 Satz 2 BauSVO) fünf Jahre lang aufzubewahren.

(5) Für am 1. November 2012 bereits bestehende technische Anlagen in baulichen Anlagen nach Absatz 1 Nrn. 4, 6, 7 oder 9 oder in automatischen Garagen beginnt die Frist zur Überprüfung nach Absatz 3 Nr. 3 mit dem Abschluss der letzten Überprüfung; endet die Frist vor dem 1. November 2013, so verlängert sie sich bis zu diesem Datum. Ist für technische Anlagen nach Satz 1 eine Überprüfung vor dem 1. November 2012 nicht vorgenommen worden, so ist die erste Überprüfung bis zum 1. November 2013 durchzuführen.

(6) Die Fristbestimmungen für technische Anlagen in den Absätzen 3 und 5 haben Vorrang vor den vor dem 1. November 2012 rechtswirksam gewordenen Einzelfallregelungen, nach denen eine spätere Überprüfung genügen würde.

§ 31 Druckbehälteranlagen für Flüssiggas

Für Druckbehälteranlagen für Flüssiggas im Sinne der Betriebssicherheitsverordnung einschließlich der für ihren sicheren Betrieb erforderlichen Einrichtungen, die weder gewerblichen noch wirtschaftlichen Zwecken dienen und durch die Beschäftigte nicht gefährdet werden können, gelten die Vorschriften der Betriebssicherheitsverordnung entsprechend; zuständige Behörde ist die untere Bauaufsichtsbehörde.

§ 32 Ordnungswidrigkeiten

Ordnungswidrig im Sinne des § 80 Abs. 3 NBauO handelt, wer vorsätzlich oder fahrlässig
1. entgegen § 1 Abs. 3 Satz 1, auch in Verbindung mit § 2 Satz 3, eine Zu- oder Durchfahrt versperrt oder durch Einbauten einengt,
2. entgegen § 1 Abs. 3 Satz 1 in Verbindung mit § 2 Satz 3 eine Aufstell- und Bewegungsfläche für die Feuerwehr versperrt oder durch Einbauten einengt,
3. eine Überprüfung entgegen § 30 Abs. 3 oder 5 nicht oder nicht rechtzeitig durchführen lässt.

§ 33 Übergangsvorschriften

Für die vor dem 1. November 2012 eingeleiteten Verfahren ist weiterhin die Allgemeine Durchführungsverordnung zur Niedersächsischen Bauordnung vom 11. März 1987 (Nds. GVBl. S. 29), zuletzt geändert durch Artikel 1 der Verordnung vom 22. Juli 2004 (Nds. GVBl. S. 263), anzuwenden.

§ 34 Inkrafttreten

(1) Diese Verordnung tritt am 1. November 2012 in Kraft.

(2) Gleichzeitig tritt die Allgemeine Durchführungsverordnung zur Niedersächsischen Bauordnung vom 11. März 1987 (Nds. GVBl. S. 29), zuletzt geändert durch Artikel 1 der Verordnung vom 22. Juli 2004 (Nds. GVBl. S. 263), außer Kraft.

Hannover, den 26. September 2012

Niedersächsisches Ministerium für Soziales, Frauen, Familie, Gesundheit und Integration

Özkan

Ministerin

Niedersächsisches Gesetz zur Durchführung des Baugesetzbuchs (NBauGBDG)

Vom 13. Mai 2009

Eingangsformel

Der Niedersächsische Landtag hat das folgende Gesetz beschlossen:

§ 1 Vorhaben im Außenbereich

Die Frist nach § 35 Abs. 4 Satz 1 Nr. 1 Buchst. c des Baugesetzbuchs ist nicht anzuwenden.

§ 2 Inkrafttreten

Dieses Gesetz tritt am Tag nach seiner Verkündung in Kraft.

Hannover, den 13. Mai 2009

Der Präsident des Niedersächsischen Landtages

Hermann D i n k l a

Das vorstehende Gesetz wird hiermit verkündet.

Der Niedersächsische Ministerpräsident

Christian W u l f f

Niedersächsische Verordnung zur Durchführung des Baugesetzbuches (DVO-BauGB) in der Fassung vom 24. Mai 2005

Stand: letzte berücksichtigte Änderung: zuletzt geändert durch Artikel 8 des Gesetzes vom 15.07.2020 (Nds. GVBl. S. 244)

Erster Abschnitt Zuständigkeiten

§ 1 Übertragung von Aufgaben der höheren Verwaltungsbehörde auf die Landkreise

(1) Die Landkreise nehmen hinsichtlich der kreisangehörigen Gemeinden, die nicht die Rechtsstellung einer großen selbständigen Stadt besitzen, die Aufgaben der höheren Verwaltungsbehörde nach dem Baugesetzbuch (BauGB) wahr, ausgenommen

1. die Entscheidungen nach § 6 Abs. 1 und § 10 Abs. 2 BauGB für Bauleitpläne, die die Landkreise selbst erarbeitet haben,

2. die Entscheidungen nach § 37 Abs. 1 und 2, § 246 Abs. 14 Satz 1 und § 246b Abs. 1 Satz 1 BauGB,

3. die Aufgaben der Enteignungsbehörde (§ 104 Abs. 1 BauGB) und Entschädigungsfestsetzungen außerhalb von Enteignungsverfahren (§ 18 Abs. 2, § 28 Abs. 6, § 43 Abs. 2, § 126 Abs. 2, § 150 Abs. 2, § 185 Abs. 2 und § 209 Abs. 2 BauGB) sowie

4. die Aufgaben nach § 138 Abs. 2 und § 149 Abs. 1, 5 und 6 BauGB.

(2) Die Kosten werden im Rahmen des kommunalen Finanzausgleichs abgegolten.

§ 1a Übertragung von Aufgaben der höheren Verwaltungsbehörde auf die Ämter für regionale Landesentwicklung

[1] Die Ämter für regionale Landesentwicklung nehmen hinsichtlich der kreisfreien und der großen selbständigen Städte die Aufgaben der höheren Verwaltungsbehörde nach dem Baugesetzbuch wahr, ausgenommen die in § 1 Abs. 1 Nrn. 2 bis 4 genannten Aufgaben. [2] Außerdem nehmen die Ämter für regionale Landesentwicklung hinsichtlich der kreisangehörigen Gemeinden, die nicht die Rechtsstellung einer großen selbständigen Stadt besitzen, die Aufgaben der höheren Verwaltungsbehörde nach § 6 Abs. 1 und § 10 Abs. 2 BauGB für Bauleitpläne wahr, die die Landkreise erarbeitet haben (§ 1 Abs. 1 Nr. 1).

§ 2 Zuständige Behörden für die Ersetzung des Einvernehmens

Zuständige Behörde für die Ersetzung des Einvernehmens gemäß § 36 Abs. 2 Satz 3 BauGB ist

1. im Baugenehmigungsverfahren die untere Bauaufsichtsbehörde,

2. im sonstigen Genehmigungsverfahren über die Zulässigkeit von Vorhaben die für die Entscheidung in diesen Verfahren zuständige Behörde,

3. im Zustimmungsverfahren nach § 82 der Niedersächsischen Bauordnung die oberste Bauaufsichtsbehörde,

4. im Widerspruchsverfahren, soweit dem Widerspruch nicht abgeholfen wird, die Behörde, die den Widerspruchsbescheid zu erlassen hat.

Zweiter Abschnitt Bodenordnung

§ 3 Umlegungsausschüsse

(1) [1] Die Gemeinden bilden für die Durchführung der Umlegung Umlegungsausschüsse. [2] Werden mehrere Umlegungsausschüsse gebildet, so ist die örtliche Zuständigkeit durch Satzung zu bestimmen.

(2) [1] Umlegungsausschüsse haben die der Umlegungsstelle zustehenden Befugnisse. [2] Sie können selbständig vereinfachte Umlegungsverfahren durchführen, wenn ihnen diese Zuständigkeit von der Gemeinde übertragen worden ist.

§ 4 Mitglieder

(1) Der Umlegungsausschuss besteht aus dem vorsitzenden Mitglied, drei Fachmitgliedern und drei weiteren Mitgliedern, die dem Rat der Gemeinde angehören.

(2) [1] Das vorsitzende Mitglied muss die Befähigung zum Richteramt haben. [2] Von den Fachmitgliedern muss

1. ein Mitglied die Befähigung zum höheren technischen Verwaltungsdienst der Fachrichtung "Vermessungs- und Liegenschaftswesen" haben,

2. ein Mitglied die Befähigung zum höheren technischen Verwaltungsdienst der Fachrichtung "Hochbau" oder "Städtebau" oder einer der Fachrichtungen "Bauingenieurwesen" haben,

3. ein Mitglied in der Grundstückswertermittlung sachverständig sein.

(3) [1] Das vorsitzende Mitglied und die Fachmitglieder dürfen weder dem Rat noch der Verwaltung der Gemeinde angehören. [2] Kein Mitglied darf hauptamtlich oder hauptberuflich mit der Verwaltung kommunaler Grundstücke bei der Gemeinde oder bei einer Körperschaft, der die Gemeinde angehört, beschäftigt sein.

(4) Für alle Mitglieder sind stellvertretende Mitglieder zu bestellen, die die gleichen Voraussetzungen wie das zu vertretende Mitglied erfüllen müssen.

§ 5 Amtszeit

(1) [1] Das vorsitzende Mitglied und die drei Fachmitglieder des Umlegungsausschusses werden vom Rat der Gemeinde durch Einzelwahl für die Dauer von fünf Jahren gewählt. [2] Die Wiederwahl ist zulässig.

(2) Die weiteren Mitglieder bleiben nach Ablauf der Wahlperiode im Amt, bis der neue Rat über ihre Nachfolge bestimmt hat.

§ 6 Auflösung des Umlegungsausschusses

Der Rat der Gemeinde kann die Auflösung des Umlegungsausschusses beschließen, wenn die Umlegung durchgeführt ist oder nach Ansicht des Umlegungsausschusses nicht durchgeführt werden kann und mit der Anordnung einer weiteren Umlegung in absehbarer Zeit nicht zu rechnen ist.

§ 7 Übertragung von Aufgaben auf andere Dienststellen

(1) Nach Auftrag der Gemeinde bereitet die Vermessungs- und Katasterbehörde oder, wenn das Umlegungsgebiet innerhalb einer angeordneten oder beabsichtigten Flurbereinigung liegt oder an diese angrenzt, die Flurbereinigungsbehörde die im Umlegungsverfahren zu treffenden Entscheidungen vor.

(2) Werden die Entscheidungen nach Absatz 1 von der Bürgermeisterin oder dem Bürgermeister, von der Vermessungs- und Katasterbehörde oder von der Flurbereinigungsbehörde vorbereitet, kann der Umlegungsausschuss diesen Stellen die Zuständigkeit für die folgenden Genehmigungen nach § 51 BauGB übertragen:

1. Verfügungen zur Übertragung und Vereinbarungen zum Erwerb des Grundeigentums, die den gesamten Bestand eines Eigentümers betreffen,
2. Verfügungen über die Begründung von Grundpfandrechten,
3. Verfügungen über die Aufhebung von Rechten,
4. Vereinbarungen über die Nutzung von Grundstücken, wenn das Objekt nicht von Umlegungsmaßnahmen betroffen wird,
5. Vorgänge nach § 51 Abs. 1 Satz 1 Nrn. 3 und 4 BauGB, wenn die Zuteilung nicht beeinflusst wird,
6. Regelungen nach unanfechtbarer Vorwegnahme der Entscheidung nach § 76 BauGB.

§ 8 Vorverfahren

(1) Ein nach dem Vierten Teil des Ersten Kapitels BauGB erlassener Verwaltungsakt kann durch Antrag auf gerichtliche Entscheidung nach § 217 BauGB erst angefochten werden, nachdem seine Rechtmäßigkeit und Zweckmäßigkeit in einem Vorverfahren nachgeprüft worden ist.

(2) [1] Ist von der Gemeinde für die Durchführung der Umlegung ein Umlegungsausschuss gebildet worden, so entscheidet dieser über Widersprüche. [2] Das Gleiche gilt für Widersprüche im vereinfachten Umlegungsverfahren, wenn dem Umlegungsausschuss die selbständige Durchführung übertragen worden ist. [3] In den Fällen des § 46 Abs. 4 BauGB entscheidet über Widersprüche die Behörde, die den Verwaltungsakt erlassen hat.

(3) Die §§ 69 bis 73, 75, 80 und 80 a der Verwaltungsgerichtsordnung (VwGO) sind entsprechend anzuwenden.

Dritter Abschnitt Wertermittlung

§ 9 Gutachterausschüsse und Oberer Gutachterausschuss

(1) Für den Bereich jeder Vermessungs- und Katasterbehörde wird ein Gutachterausschuss für Grundstückswerte als Landesbehörde gebildet.

(2) Für den Bereich des Landes Niedersachsen wird ein Oberer Gutachterausschuss für Grundstückswerte gebildet.

§ 10 Bestellung der Mitglieder

(1) [1] Das für das Vermessungs- und Katasterwesen zuständige Ministerium bestellt die vorsitzenden und die stellvertretenden vorsitzenden Mitglieder der Gutachterausschüsse und des Oberen Gutachterausschusses sowie die ehrenamtlichen Mitglieder des Oberen Gutachterausschusses. [2] Die ehrenamtlichen Mitglieder der Gutachterausschüsse werden von dem vorsitzenden Mitglied des jeweiligen Gutachterausschusses bestellt. [3] Die Amtsperiode beträgt fünf Jahre. [4] Die Bestellung kann wiederholt werden.

(2) [1] Es dürfen keine Personen bestellt werden, die nach § 21 Nrn. 1 bis 3 der VwGO vom Richteramt ausgeschlossen sind. [2] Das vorsitzende Mitglied muss einer im Bereich des Gutachterausschusses zuständigen Vermessungs- und Katasterbehörde angehören. [3] Die Mitgliedschaft in mehreren Gutachterausschüssen ist zulässig.

(3) [1] Für das vorsitzende Mitglied sind eine oder mehrere Vertreterinnen oder ein oder mehrere Vertreter zu bestellen; für das ehrenamtliche Mitglied nach § 192 Abs. 3 Satz 2 BauGB kann eine Vertretung bestellt werden. [2] Stellvertretende Mitglieder müssen die gleichen Voraussetzungen wie das zu vertretende Mitglied erfüllen.

§ 11 Ehrenamtlich Tätige

Für die ehrenamtlichen Mitglieder gelten die §§ 83, 84 und 86 des Verwaltungsverfahrensgesetzes (VwVfG) entsprechend.

§ 12 Ausschluss von Mitgliedern

(1) Für den Ausschluss von Mitgliedern gilt § 20 VwVfG entsprechend.

(2) Von der Mitwirkung an einem Obergutachten ist ausgeschlossen, wer an der Erstattung des Gutachtens des Gutachterausschusses mitgewirkt hat.

§ 13 Besetzung der Gutachterausschüsse und des Oberen Gutachterausschusses

(1) Die Gutachterausschüsse beschließen

1. mit dem vorsitzenden Mitglied und zwei ehrenamtlichen Mitgliedern über

a) Gutachten,
b) die Zustandsfeststellung nach § 14 Satz 1 Nr. 3,
2. mit dem vorsitzenden Mitglied und mindestens vier ehrenamtlichen Mitgliedern über
a) Bodenrichtwerte im Sinne des § 196 BauGB,
b) Grundstücksmarktberichte sowie die zur Wertermittlung erforderlichen Daten und die Übersichten über Bodenrichtwerte.

(2) Der Obere Gutachterausschuss beschließt
1. mit dem vorsitzenden Mitglied und zwei ehrenamtlichen Mitgliedern über Obergutachten,
2. mit dem vorsitzenden Mitglied und mindestens vier ehrenamtlichen Mitgliedern über den Grundstücksmarktbericht für Niedersachsen sowie die zur Wertermittlung erforderlichen Daten und die Übersichten über Bodenrichtwerte.

§ 14 Weitere Aufgaben des Gutachterausschusses

[1] Über die ihm nach § 193 BauGB obliegenden Aufgaben hinaus kann der Gutachterausschuss nach Auftrag
1. der nach § 193 Abs. 1 BauGB Berechtigten Gutachten über die Höhe von Mieten und Pachten erstatten,
2. von Behörden zur Erfüllung ihrer Aufgaben
a) Bodenrichtwerte im Sinne des § 196 Abs. 1 Satz 5 BauGB ermitteln,
b) Gutachten über den Bodenwert von Grundstücksgruppen erstatten,
3. der Enteignungsbehörde den Zustand eines Grundstücks oder eines grundstücksgleichen Rechts bei vorzeitiger Besitzeinweisung feststellen und
4. von natürlichen und juristischen Personen sonstige Wertgutachten erstatten, wenn Behörden oder sonstige öffentliche Stellen die Vorlage eines solchen Gutachtens verlangen.

[2] Die Rechtsvorschriften über die Erstattung von Gutachten über Verkehrswerte gelten bei der Erstattung von Gutachten nach Satz 1 Nr. 1 und bei Zustandsfeststellungen nach Satz 1 Nr. 3 entsprechend.

§ 15 Verfahren

(1) Die Sitzungen der Gutachterausschüsse und des Oberen Gutachterausschusses sind nicht öffentlich.

(2) [1] Beschlüsse werden mit Stimmenmehrheit gefasst. [2] Bei Stimmengleichheit entscheidet die Stimme des vorsitzenden Mitglieds.

(3) Die Beschlüsse werden von den mitwirkenden Mitgliedern unterzeichnet.

§ 16 Aufgaben des vorsitzenden Mitglieds

[1] Dem vorsitzenden Mitglied obliegen insbesondere
1. die Vertretung des Ausschusses, insbesondere die Erläuterung von Gutachten bei Behörden und Gerichten,
2. die Besetzung des Ausschusses nach § 13,
3. die Befugnisse nach § 197 BauGB für den Ausschuss,
4. der Erlass von Widerspruchsbescheiden gemäß § 73 VwGO.

[2] Das vorsitzende Mitglied kann die Erläuterung von Gutachten bei Behörden und Gerichten im Einzelfall einer geeigneten Person übertragen.

§ 17 Geschäftsstellen

(1) [1] Bei den Vermessungs- und Katasterbehörden werden Geschäftsstellen der Gutachterausschüsse eingerichtet. [2] Die Geschäftsstelle des Oberen Gutachterausschusses wird bei der Vermessungs- und Katasterbehörde in Oldenburg (Oldenburg) eingerichtet.

(2) Den Geschäftsstellen obliegen nach Weisung des vorsitzenden Mitglieds folgende Aufgaben:
1. Führen der Kaufpreissammlung,
2. Vorbereiten von Wertermittlungen und Zustandsfeststellungen,
3. Veröffentlichung von Bodenrichtwerten, Grundstücksmarktberichten und sonstigen zur Wertermittlung erforderlichen Daten sowie Bereitstellung dieser Unterlagen zur Einsichtnahme, für Auskünfte und zur Abgabe an Dritte,
4. Erteilen von Auskünften aus der Kaufpreissammlung,
5. Ausfertigen der Gutachten, Obergutachten und Zustandsfeststellungen,
6. Erledigung laufender Verwaltungsgeschäfte.

(3) Die Geschäftsstelle des Gutachterausschusses wirkt bei der Vorbereitung von Obergutachten nach Weisung des vorsitzenden Mitglieds des Oberen Gutachterausschusses mit.

§ 18 Übermittlung von Daten der Flurbereinigungsbehörden

Die Flurbereinigungsbehörden übermitteln den Gutachterausschüssen jährlich Daten über Kapitalbeträge nach § 40 des Flurbereinigungsgesetzes (FlurbG) in der Fassung vom 16. März 1976 (BGBl. I S. 546), zuletzt geändert durch Artikel 4 des Gesetzes vom 1. November 1996 (BGBl. I S. 1626), Verwertungserlöse nach § 54 Abs. 2 und § 55 Abs. 1 FlurbG sowie über Geldentschädigungen nach § 88 Nr. 4 und § 89 FlurbG.

§ 19 Kaufverträge und andere Urkunden

(1) [1] Kaufverträge und andere Urkunden nach § 195 BauGB sowie Daten nach § 18 sind vollständig zu erfassen und in die Kaufpreissammlung zu übernehmen. [2] Dabei sind für jedes Objekt die Vertragsmerkmale, der Grund-

stückszustand nach § 3 Abs. 2 der Wertermittlungsverordnung vom 6. Dezember 1988 (BGBl. I S. 2209) und die Ordnungsmerkmale in dem jeweils erforderlichen Umfang festzustellen. ³ Die Feststellungen haben sich auch darauf zu erstrecken, ob ungewöhnliche oder persönliche Verhältnisse sowie ein vom gewöhnlichen Geschäftsverkehr abweichendes Verhalten ersichtlich vorgelegen haben.

(2) Vertragsmerkmale sind vor allem die Vertragsart oder der sonstige Grund des Rechtsübergangs, die Klassifizierung der Vertragsparteien, das Entgelt und die Zahlungsbedingungen sowie Besonderheiten der Preisvereinbarung.

(3) Ordnungsmerkmale sind vor allem die Angaben des Liegenschaftskatasters, die Lagebezeichnung und die Koordinaten.

§ 20 Kaufpreissammlungen

(1) ¹ Kaufpreissammlungen sind auf der Grundlage der Nachweise des Liegenschaftskatasters so anzulegen und zu gliedern, dass die Ergebnisse nach § 19 zweifelsfrei eingeordnet werden können und eine Auswertung jederzeit möglich ist. ² Die Kaufpreissammlungen sind zeitnah zu führen.

(2) ¹ Personen, die ein berechtigtes Interesse im Einzelfall nachweisen, erhalten nach Auftrag Auskunft aus der Kaufpreissammlung. ² Die Auskunft ist so zu erteilen, dass sie nicht auf bestimmte oder bestimmbare Personen oder Grundstücke bezogen werden kann. ³ Die Auskunft darf nur für den Zweck verwendet werden, mit dem das berechtigte Interesse begründet worden ist.

(3) ¹ Die Daten der Kaufpreissammlung sind den benachbarten Gutachterausschüssen und dem Oberen Gutachterausschuss zur Nutzung für deren Aufgaben auf Anforderung zu übermitteln oder für den automatisierten Abruf bereitzustellen; dabei ist zu gewährleisten, dass der einzelne Abruf nachvollzogen werden kann. ² Dem Oberen Gutachterausschuss können die Daten der Kaufpreissammlung regelmäßig gebietsdeckend übermittelt werden.

(4) Es ist durch geeignete Maßnahmen sicherzustellen, dass Unbefugte keine Kenntnis von dem Inhalt der Kaufpreissammlung oder den nach Absatz 3 übermittelten Daten erhalten.

§ 21 Bodenrichtwerte, Übersichten

(1) ¹ Bodenrichtwerte sind für baureifes Land zu ermitteln. ² Es ist zu kennzeichnen, ob sie sich auf erschließungsbeitragspflichtiges oder erschließungsbeitragsfreies Bauland beziehen. ³ Für landwirtschaftlich genutzte Flächen sollen Bodenrichtwerte ermittelt werden. ⁴ Für Grundstücke eines anderen Entwicklungszustandes oder einer anderen Nutzung können Bodenrichtwerte ermittelt werden, wenn hierfür ein Bedürfnis besteht. ⁵ Die Bodenrichtwerte sind zum Stichtag 1. Januar eines jeden Kalenderjahres zu ermitteln und auf den Quadratmeter Grundstücksfläche zu beziehen.

(2) Bei Bodenrichtwerten im Sinne des § 196 Abs. 1 Satz 5 BauGB, die nach Auftrag für einen abweichenden Zeitpunkt zu ermitteln sind, ist zu kennzeichnen, auf welchen Zustand sie sich beziehen.

(3) Bodenrichtwerte sind für eine Mehrzahl von Grundstücken zu ermitteln, die im Wesentlichen gleiche Nutzungs- und Wertverhältnisse haben.

(4) ¹ Bodenrichtwerte sind in digitaler Form auf der Grundlage der Angaben des amtlichen Vermessungswesens (Geobasisdaten) zu führen. ² Sie sind in analoger und digitaler Form bereitzustellen.

(5) Auf der Grundlage der Bodenrichtwerte nach Absatz 1 sind Übersichten über die Bodenrichtwerte zu erstellen.

(6) Auf der Grundlage der Übersichten nach Absatz 5 wird für das Land Niedersachsen eine Übersicht zusammengestellt.

§ 22 Grundstücksmarktberichte

Informationen, die für die Transparenz des Grundstücksmarktes erheblich sind, und sonstige zur Wertermittlung erforderliche Daten und Übersichten über die Bodenrichtwerte werden in Grundstücksmarktberichten der Gutachterausschüsse und des Oberen Gutachterausschusses zusammengefasst und jährlich für den Stichtag 1. Januar herausgegeben.

§ 23 Bekanntmachung

(1) ¹ Die Geschäftsstellen der Gutachterausschüsse und des Oberen Gutachterausschusses machen die Ermittlung neuer Bodenrichtwerte, die Aufstellung von Grundstücksmarktberichten, die Erstellung der Bodenrichtwertübersichten und die Ableitung der zur Wertermittlung erforderlichen Daten in geeigneter Weise öffentlich bekannt. ² In der Bekanntmachung ist darauf hinzuweisen, dass die Geschäftsstelle die Produkte nach Satz 1 an Interessenten abgibt, daraus Auskünfte erteilt und Einsicht gewährt.

(2) Behörden, denen Bodenrichtwerte im Sinne des § 196 Abs. 1 Satz 5 BauGB mitgeteilt oder Gutachten nach § 14 Satz 1 Nr. 2 Buchst. b übersandt worden sind, geben diese den Grundstückseigentümern oder sonst Verfahrensbeteiligten bekannt.

§ 24 Datensammlung des Oberen Gutachterausschusses

¹ Sind Daten zu bestimmten Objekten des Grundstücksmarktes in Geschäftsbereichen von Gutachterausschüssen nur vereinzelt vorhanden, so werden sie vom Oberen Gutachterausschuss gesammelt und ausgewertet. ² Die Ergebnisse der Auswertungen können als sonstige zur Wertermittlung erforderliche Daten veröffentlicht werden. ³ Die Auswertungsergebnisse sind allen Gutachterausschüssen mitzuteilen.

§ 25 Erstattung von Obergutachten

Der Obere Gutachterausschuss hat zu dem Gutachten eines Gutachterausschusses ein Obergutachten zu erstatten nach Auftrag

1. eines Gerichts (§ 198 Abs. 2 BauGB),
2. einer für städtebauliche Sanierungs- oder Entwicklungsmaßnahmen oder deren Förderung zuständigen Behörde,
3. der sonst nach § 193 Abs. 1 BauGB Berechtigten, wenn für das Obergutachten eine bindende Wirkung bestimmt oder vereinbart worden ist.

§ 26 Entschädigung ehrenamtlicher Mitglieder der Gutachterausschüsse und des Oberen Gutachterausschusses

(1) Die ehrenamtlichen Mitglieder der Gutachterausschüsse und des Oberen Gutachterausschusses erhalten

1. eine Leistungsentschädigung nach Absatz 2,
2. Fahrtkostenersatz nach § 5 des Justizvergütungs- und -entschädigungsgesetzes (JVEG),
3. Entschädigung für Aufwand nach § 6 JVEG und
4. Ersatz für sonstige und für besondere Aufwendungen nach den §§ 7 und 12 JVEG.

(2) [1] Die Leistungsentschädigung wird nach Maßgabe des § 8 Abs. 2 JVEG nach Stunden berechnet. [2] Der Stundensatz beträgt in den Fällen

1. des § 13 Abs. 1 Nr. 2 und Abs. 2 Nr. 2 vierzig vom Hundert,
2. des § 13 Abs. 1 Nr. 1 fünfundvierzig vom Hundert und
3. des § 13 Abs. 2 Nr. 1 fünfzig vom Hundert

des in § 9 Abs. 1 JVEG in der Honorargruppe 6 vorgesehenen Betrages.

(3) [1] Die Entschädigungen werden von den Vermessungs- und Katasterbehörden festgesetzt. [2] § 2 JVEG gilt entsprechend.

Vierter Abschnitt Überleitungs- und Schlussvorschriften

§ 27 Überleitungsvorschrift *)

(1) [1] Mit In-Kraft-Treten dieser Verordnung wird der Obere Gutachterausschuss für Grundstückswerte in Niedersachsen gebildet. [2] Gleichzeitig werden die bestehenden Oberen Gutachterausschüsse aufgelöst; ihre ehrenamtlichen Mitglieder werden für die Dauer der Amtsperiode, für die sie bestellt worden sind, Mitglied im neu gebildeten Oberen Gutachterausschuss. [3] Das vorsitzende Mitglied und die stellvertretenden Vorsitzenden sind neu zu bestellen.

(2) Für Baulandsachen, die vor In-Kraft-Treten dieser Verordnung anhängig geworden sind, bleibt es bei der bisherigen Zuständigkeit.

(3) Wird von der Möglichkeit nach § 233 Abs. 1 Satz 2 BauGB kein Gebrauch gemacht, bleibt es bei der bisherigen Zuständigkeit.

§ 28 Änderungsvorschrift **)

§ 29 Schlussvorschrift ***)

(1) Diese Verordnung tritt 14 Tage nach ihrer Verkündung in Kraft.

(2) Gleichzeitig tritt die Niedersächsische Verordnung zur Durchführung des Baugesetzbuchs vom 9. Dezember 1989 (Nds. GVBl. S. 419) außer Kraft.

(3) Hat die Gemeinde den Bebauungsplan oder die Satzung vor dem In-Kraft-Treten dieser Verordnung angezeigt, so verbleibt es insoweit bei der bisherigen Zuständigkeit.

*) Diese Vorschrift betrifft das In-Kraft-Treten der Verordnung vom 31. August 1999 (Nds. GVBl. S. 332).
**) Diese Vorschrift der Verordnung in ihrer ursprünglichen Fassung vom 22. April 1997 (Nds. GVBl. S. 112) wird hier nicht abgedruckt.
***) Diese Vorschrift betrifft das In-Kraft-Treten der Verordnung in der ursprünglichen Fassung vom 22. April 1997 (Nds. GVBl. S. 112). Der Zeitpunkt des In-Kraft-Tretens der späteren Änderungen ergibt sich aus den in der vorangestellten Bekanntmachung näher bezeichneten Verordnungen.

Verordnung über die bautechnische Prüfung von Baumaßnahmen (Bautechnische Prüfungsverordnung - BauPrüfVO)

Vom 24. Juli 1987

Stand: letzte berücksichtigte Änderung: zuletzt geändert durch Artikel 1 der Verordnung vom 23.11.2021 (Nds. GVBl. S. 758)

Eingangsformel

Auf Grund des § 66 Abs. 1 der Niedersächsischen Bauordnung (NBauO) in der Fassung vom 6. Juni 1986 (Nieders. GVBl. S. 157) wird verordnet:

§ 1 Bautechnische Prüfungen

(1) Die Bauaufsichtsbehörde kann für statisch-konstruktiv schwierige Baumaßnahmen
1. die Prüfung der Standsicherheit,
2. die Prüfung der Feuerwiderstandsfähigkeit der Bauteile,
3. die Prüfung des Schall- und Wärmeschutzes,
4. die Bauüberwachung nach § 76 NBauO,
5. die angeordneten Bauabnahmen nach § 77 Abs. 1 Nr. 1 NBauO

einem Prüfingenieur für Baustatik (Prüfingenieur) übertragen. Die oberste Bauaufsichtsbehörde kann anordnen, daß bautechnische Prüfungen nach Satz 1 für bestimmte bauliche Anlagen nur von bestimmten Prüfingenieuren ausgeführt werden dürfen.

(2) Für
1. Typenprüfungen nach § 65 Abs. 8 NBauO,
2. die Prüfung der Standsicherheit fliegender Bauten

sind nur Prüfämter für Baustatik (Prüfämter) zuständig. Die Standsicherheit fliegender Bauten darf auch von einer nach § 9 anerkannten Prüfstelle für Baustatik (Prüfstelle) geprüft werden.

§ 2 Prüfämter

(1) Die oberste Bauaufsichtsbehörde kann einer Bauaufsichtsbehörde die Aufgaben eines Prüfamtes für den Bereich des gesamten Landes übertragen. Das Prüfamt muß mit geeigneten Ingenieuren besetzt sein.

(2) Bescheide von Prüfämtern anderer Länder über die Prüfung der Standsicherheit fliegender Bauten gelten auch in Niedersachsen.

§ 3 Anerkennung als Prüfingenieur

(1) [1] Prüfingenieure bedürfen der Anerkennung durch die oberste Bauaufsichtsbehörde. [2] Durch die Anerkennung wird das Recht verliehen, die Bezeichnung „Prüfingenieur für Baustatik" zu führen.

(2) [1] Die Anerkennung kann für folgende Fachrichtungen erteilt werden:
1. Massivbau (Stein-, Beton- und Stahlbetonbau),
2. Stahlbau,
3. Holzbau.

[2] Sie kann für mehrere Fachrichtungen erteilt werden. [3] Die Anerkennung darf nicht über den Zeitpunkt hinaus erteilt werden, zu dem der Prüfingenieur das 68. Lebensjahr vollendet hat. [4] Prüfaufträge, die der Prüfingenieur vor Vollendung des 68. Lebensjahres übernommen hat, darf er bis zur Vollendung des 70. Lebensjahres weiterführen. [5] Der Prüfingenieur gilt insoweit weiterhin als anerkannt.

(3) [1] Als Prüfingenieur kann auf Antrag anerkannt werden, wer nachweist, daß er
1. das 35. Lebensjahr vollendet und das 60. Lebensjahr zur Zeit der Antragstellung noch nicht überschritten hat,
2. berechtigt ist, im Lande Niedersachsen die Berufsbezeichnung „Ingenieur" in der Fachrichtung Bauingenieur-wesen zu führen,
3. mindestens zehn Jahre mit der Anfertigung von Standsicherheitsnachweisen, der bautechnischen Prüfung von Baumaßnahmen und den Aufgaben eines Bauleiters bei Ingenieurbauten betraut war; davon müssen mindestens ein Jahr auf die Tätigkeit als Bauleiter, zwei Jahre auf bautechnische Prüfungen und fünf Jahre auf die Anfertigung von Standsicherheitsnachweisen entfallen; die Standsicherheitsnachweise müssen in er-heblicher Anzahl und für eine ausreichende Vielfalt von Bauarten auch für statisch-konstruktiv schwierige Baumaßnahmen angefertigt worden sein,
4. die erforderlichen Kenntnisse auf dem Gebiet der Baustatik und Baukonstruktion, der Bodenmechanik, der Technologie der Baustoffe, des Schall- und Wärmeschutzes, einschließlich der Technischen Baubestimmungen, sowie der bauaufsichtlichen Vorschriften besitzt,
5. die Gewähr dafür bietet, daß er die Aufgaben eines Prüfingenieurs gewissenhaft und unparteiisch erfüllen wird,
6. für den Fall der Anerkennung eine Haftpflichtversicherung mit einer Mindestdeckungssumme von 500 000 Euro für Personenschäden, 250 000 Euro für Sachschäden und 50 000 Euro für Vermögensschäden abgeschlossen hat.

[2] Die oberste Bauaufsichtsbehörde kann im Einzelfall Ausnahmen von Voraussetzungen nach Satz 1 Nrn. 2 und 3 zulassen.

(4) Die Anerkennung ist zu versagen, wenn der Antragsteller
1. die Fähigkeit zur Bekleidung öffentlicher Ämter verloren hat,
2. als Unternehmer auf dem Gebiet der Bauwirtschaft tätig ist,
3. in einem beruflichen, finanziellen oder sonstigen Abhängigkeitsverhältnis, insbesondere zu Unternehmen auf dem Gebiet der Bauwirtschaft steht, das die unparteiische Erfüllung der Aufgaben eines Prüfingenieurs beeinflussen kann,
4. durch gerichtliche Anordnung in der Verfügung über sein Vermögen beschränkt ist.

(5) In anderen Ländern anerkannte Prüfingenieure sind auch in Niedersachsen anerkannt, jedoch nicht über die Vollendung des 68. Lebensjahres hinaus; Absatz 2 Sätze 4 und 5 gilt entsprechend.

(6) ¹Die oberste Bauaufsichtsbehörde führt ein Verzeichnis, in das sie die anerkannten Prüfingenieure mit Sitz in Niedersachsen mit den folgenden Angaben einträgt:
1. Familienname und Vorname,
2. Hochschulgrade,
3. berufliche Anschrift,
4. Telekommunikationsdaten,
5. Fachrichtung der Anerkennung und
6. letzter Tag der Geltung der Anerkennung.

²In das Verzeichnis sind auf ihr Verlangen auch nach § 10 Abs. 1 Halbsatz 1 oder Abs. 4 Satz 1 Halbsatz 1 anerkannte Prüfingenieure mit den Angaben nach Satz 1 einzutragen. ³Eintragungen der Personen, die nicht mehr anerkannt sind, auch wenn sie nach Absatz 2 Satz 5, auch in Verbindung mit § 10 Abs. 1 Halbsatz 2 oder Abs. 4 Satz 1 Halbsatz 2, als anerkannt gelten, sind zu löschen. ⁴Die oberste Bauaufsichtsbehörde macht das Verzeichnis einmal im Jahr im Niedersächsischen Ministerialblatt bekannt.

§ 4 Anerkennungsverfahren

(1) ¹Der Antrag auf Anerkennung und die nach Absatz 2 Sätze 2 und 3 erforderlichen Unterlagen sind der obersten Bauaufsichtsbehörde elektronisch zu übermitteln. ²Die Übermittlung hat unter Verwendung eines Nutzerkontos gemäß § 3a Abs. 1 Sätze 2 und 3 NBauO zu erfolgen. ³Jede nach Absatz 2 Sätze 2 und 3 erforderliche Unterlage ist im Portable Document Format PDF 1.4 (PDF/A-1) nach ISO 19005-1:2005 oder im Portable Document Format PDF 1.7 (PDF/A-2) nach ISO 19005-2:2011 zu übermitteln. ⁴Die oberste Bauaufsichtsbehörde kann die Dateigröße der einzelnen Dateien aus technischen Gründen beschränken. ⁵Die oberste Bauaufsichtsbehörde lässt im Einzelfall zu, dass der Antrag als Dokument in Papierform übermittelt wird, wenn eine elektronische Übermittlung nicht zumutbar ist. ⁶Wird der Antrag nach Satz 5 als Dokument in Papierform übermittelt, so muss er unter Angabe des Tages unterschrieben sein; der Antrag ist zusammen mit den Unterlagen nach Absatz 2 Satz 2 in zweifacher Ausfertigung zu übermitteln.

(2) ¹Im Antrag auf Anerkennung muss angegeben sein,
1. für welche Fachrichtungen die Anerkennung beantragt wird und
2. ob und wie oft die antragstellende Person bereits erfolglos in einem anderen Land in der jeweiligen Fachrichtung eine entsprechende Anerkennung beantragt hat.

²Dem Antrag auf Anerkennung sind beizufügen
1. ein handschriftlicher Lebenslauf mit lückenloser Angabe des fachlichen Werdegangs,
2. je eine Kopie der Abschluss- und Beschäftigungszeugnisse,
3. eine Erklärung, dass bei der Meldebehörde ein Führungszeugnis nach § 30 Abs. 5 des Bundeszentralregistergesetzes zur Vorlage bei der obersten Bauaufsichtsbehörde beantragt worden ist, oder ein dem Führungszeugnis gleichwertiges Dokument eines anderen Staates, das nicht älter als drei Monate sein soll,
4. eine Erklärung über die jeweilige Anschrift der Niederlassungen,
5. Angaben über eine Beteiligung an einer Gesellschaft, deren Zweck die Planung oder Durchführung von Bauvorhaben ist, und
6. Nachweise über die Erfüllung der Voraussetzungen nach § 3 Abs. 3 Satz 1 Nrn. 3 und 4.

³Die oberste Bauaufsichtsbehörde kann, soweit erforderlich, weitere Unterlagen anfordern sowie Angaben und Erklärungen verlangen.

(3) ¹Über den Antrag auf Anerkennung ist innerhalb von drei Monaten nach Eingang der vollständigen Unterlagen, Angaben und Erklärungen zu entscheiden. ²Zu den Unterlagen gehört auch das schriftliche Gutachten nach § 5 Abs. 1. ³Die Anerkennung gilt als erteilt, wenn über den Antrag nicht innerhalb der Frist nach Satz 1 entschieden worden ist. ⁴Im Übrigen findet § 42 a des Verwaltungsverfahrensgesetzes Anwendung. ⁵Das Verfahren kann über eine einheitliche Stelle nach den Vorschriften des Verwaltungsverfahrensgesetzes abgewickelt werden. ⁶Wer eine Anerkennung als Prüfingenieur für Baustatik erhalten hat und die Voraussetzungen für die Anerkennung nicht mehr erfüllt, hat dies der obersten Bauaufsichtsbehörde oder einer einheitlichen Stelle mitzuteilen.

§ 5 Beirat

(1) ¹Vor der Entscheidung über die Anerkennung holt die oberste Bauaufsichtsbehörde ein Gutachten eines bei ihr gebildeten Beirats über die fachliche Eignung des Antragstellers ein. ²Das Gutachten muss vom Vorsitzenden des Beirats oder seinem Stellvertreter im Fall der elektronischen Übermittlung mit einer qualifizierten elektronischen Signatur versehen und im Fall der Übersendung als Dokument in Papierform unter Angabe des Tages unterschrieben sein.

(2) [1] Der Beirat besteht aus dem Vorsitzenden, dem stellvertretenden Vorsitzenden und vier Beisitzern. [2] Prüfingenieure als Mitglied im Beirat müssen von der Vereinigung der Prüfingenieure für Baustatik in Niedersachsen e. V. vorgeschlagen sein. [3] Die Mitglieder des Beirats werden von der obersten Bauaufsichtsbehörde auf die Dauer von höchstens fünf Jahren berufen. [4] Sie sind ehrenamtlich tätig und an Weisungen nicht gebunden. [5] Der obersten Bauaufsichtsbehörde obliegt die Geschäftsführung für den Beirat.

(3) Die antragstellende Person hat ihre Kenntnisse dem Beirat in einem Fachgespräch nachzuweisen.

§ 6 Allgemeine Pflichten des Prüfingenieurs

(1) [1] Die Errichtung einer weiteren beruflichen Niederlassung als Prüfingenieur bedarf der Genehmigung durch die oberste Bauaufsichtsbehörde. [2] Die Genehmigung ist zu erteilen, wenn die ordnungsgemäße Aufgabenerledigung in Niedersachsen sichergestellt ist. [3] Die Genehmigung ist zu versagen, wenn wegen der Zahl der Mitarbeiter, die bei der Prüftätigkeit mitwirken, der Entfernung zwischen den Niederlassungen oder aus anderen Gründen Bedenken gegen die ordnungsgemäße Aufgabenerledigung bestehen. [4] Im Antrag auf Genehmigung müssen Angaben darüber enthalten sein, wie die ordnungsgemäße Aufgabenerledigung in Niedersachsen sichergestellt wird. [5] Liegt die weitere berufliche Niederlassung in einem anderen Land, so stimmt sich die oberste Bauaufsichtsbehörde mit der Genehmigungsbehörde des anderen Landes ab.

(2) Der Prüfingenieur darf als Prüfingenieur für Baustatik nur tätig werden zur Erfüllung von Aufträgen, die ihm eine Bauaufsichtsbehörde nach § 1 erteilt hat.

(3) [1] Der Prüfingenieur hat seine Prüftätigkeit unparteiisch und gewissenhaft nach den bauaufsichtlichen Vorschriften und den Technischen Baubestimmungen auszuüben. [2] Er ist für die Richtigkeit und Vollständigkeit der bautechnischen Prüfungen allein verantwortlich.

(4) [1] Der Prüfingenieur darf sich bei der Erfüllung seiner Aufgaben der Mithilfe befähigter und zuverlässiger Mitarbeiter bedienen; ihre Zahl muß so begrenzt sein, daß er ihre Tätigkeit voll überwachen kann. [2] Er kann sich nur durch einen anderen Prüfingenieur vertreten lassen.

(5) Der Prüfingenieur hat die Pflicht, sich angemessen fortzubilden.

§ 7 Prüfaufträge

(1) [1] Der Prüfingenieur darf Prüfaufträge nur aus den Fachrichtungen übernehmen, für die er anerkannt ist. [2] Erfordert die Erfüllung eines Prüfauftrages auch bautechnische Prüfungen aus anderen Fachrichtungen, so darf er diese Prüfungen nicht vornehmen, wenn sie Kenntnisse voraussetzen, die über die allgemeinen Grundkenntnisse eines jeden Prüfingenieurs hinausgehen; in diesem Fall hat der Prüfingenieur den Auftrag zurückzugeben oder die Bauaufsichtsbehörde zu veranlassen, Prüfingenieure anderer Fachrichtungen hinzuzuziehen. [3] Prüfingenieure dürfen Prüfaufträge nur annehmen, wenn sie unter Berücksichtigung des Umfangs ihrer Prüftätigkeit und der Zeit, die sie benötigen, um auf der Baustelle anwesend zu sein, die Ordnungsmäßigkeit der Bauüberwachung nach § 76 NBauO sicherstellen können.

(2) Der Prüfingenieur darf einen Prüfauftrag nicht übernehmen, wenn er oder einer seiner Mitarbeiter den Entwurf oder die Berechnung aufgestellt oder dabei mitgewirkt hat oder aus einem sonstigen Grunde befangen ist.

(3) Erledigt der Prüfingenieur einen Auftrag trotz Fristsetzung nicht rechtzeitig, so kann die Bauaufsichtsbehörde den Auftrag widerrufen und die Unterlagen zurückfordern.

(4) [1] Der Prüfingenieur kann fehlende Berechnungen und Zeichnungen unmittelbar beim Entwurfsverfasser oder beim Ersteller der Berechnung anfordern; der Bauherr ist zu verständigen. [2] Der Prüfingenieur hat dem Bauherrn, Entwurfsverfasser oder Ersteller der Berechnung Gelegenheit zu geben, etwaige Beanstandungen auszuräumen.

§ 8 Aufsicht, Prüfverzeichnis

(1) Der Prüfingenieur untersteht der Fachaufsicht der obersten Bauaufsichtsbehörde.

(2) Der Prüfingenieur hat ein Verzeichnis über alle Prüfaufträge zu führen. Er hat bis zum 31. Januar eines jeden Jahres das Verzeichnis für das vorangegangene Jahr der obersten Bauaufsichtsbehörde vorzulegen.

§ 9 Erlöschen und Widerruf der Anerkennung als Prüfingenieur

(1) Die Anerkennung erlischt, wenn der Prüfingenieur schriftlich gegenüber der obersten Bauaufsichtsbehörde auf die Anerkennung verzichtet.

(2) Die Anerkennung ist zu widerrufen, wenn
1. nachträglich Gründe nach § 3 Abs. 3 oder Abs. 4 bekannt werden oder eintreten, die eine Versagung der Anerkennung gerechtfertigt hätten,
2. der Prüfingenieur infolge geistiger oder körperlicher Gebrechen nicht mehr in der Lage ist, seine Aufgaben zu erfüllen,
3. der Prüfingenieur gegen die ihm obliegenden Pflichten wiederholt oder gröblich verstoßen hat.

(3) Die Anerkennung kann widerrufen werden, wenn der Prüfingenieur
1. seine Prüftätigkeit länger als zwei Jahre nicht oder nur in einem geringen Umfang ausgeübt hat oder
2. ohne die nach § 6 Abs. 1 erforderliche Genehmigung eine weitere berufliche Niederlassung errichtet.

§ 10 Personen aus anderen Staaten

(1) Staatsangehörige eines Mitgliedstaates der Europäischen Union, eines anderen Vertragsstaates des Abkommens über den Europäischen Wirtschaftsraum oder eines Staates, gegenüber dem die Mitgliedstaaten der Europäischen Union vertragsrechtlich zur Gleichbehandlung ihrer Staatsangehörigen verpflichtet sind, sind in Niedersachsen als Prüfingenieure bis zur Vollendung des 68. Lebensjahres anerkannt, wenn sie

1. zur Wahrnehmung von Aufgaben im Sinne des § 1 Abs. 1 Satz 1 in einem der genannten Staaten rechtmäßig niedergelassen sind,
2. für die Wahrnehmung von Aufgaben im Sinne des § 1 Abs. 1 Satz 1 dort Anforderungen erfüllen mussten, die den Anforderungen für die Anerkennung nach § 3 Abs. 3 gleichwertig sind, und
3. die deutsche Sprache in Wort und Schrift so weit beherrschen, wie es für die Ausübung der Tätigkeit erforderlich ist;

§ 3 Abs. 2 Sätze 4 und 5 gilt entsprechend.

(2) ¹ Personen nach Absatz 1, die erstmalig eine Aufgabe nach § 1 Abs. 1 Satz 1 übernehmen wollen, haben dies der obersten Bauaufsichtsbehörde vorher zu melden. ² Mit der Meldung sind vorzulegen

1. eine Bescheinigung darüber, dass die Person in einem in Absatz 1 genannten Staat rechtmäßig zur Wahrnehmung von Aufgaben im Sinne des § 1 Abs. 1 Satz 1 niedergelassen ist und ihr die Wahrnehmung dieser Aufgaben nicht, auch nicht vorübergehend, untersagt ist, und
2. ein Nachweis darüber, dass die Person im Staat ihrer Niederlassung für die Wahrnehmung der Aufgaben die Anforderungen nach Absatz 1 Nr. 2 erfüllen musste.

³ Die Meldung und die vorzulegenden Unterlagen sind entsprechend § 4 Abs. 1 zu übermitteln.

(3) ¹ Die oberste Bauaufsichtsbehörde bestätigt auf Verlangen die Erfüllung der Voraussetzungen nach Absatz 1 und den Eingang der Meldung nach Absatz 2. ² Ergibt die Prüfung der Unterlagen, dass die Person die Voraussetzung nach Absatz 1 nicht erfüllt, so teilt die oberste Bauaufsichtsbehörde dies der Person mit.

(4) ¹ Wer zur Wahrnehmung von Aufgaben im Sinne des § 1 Abs. 1 Satz 1 in einem in Absatz 1 genannten Staat niedergelassen ist, ohne die Anforderungen nach Absatz 1 Nr. 2 zu erfüllen, ist als Prüfingenieur bis zur Vollendung des 68. Lebensjahres anerkannt, wenn ihm die oberste Bauaufsichtsbehörde auf Antrag bescheinigt, dass er die Anerkennungsvoraussetzungen nach § 3 Abs. 3 erfüllt; § 3 Abs. 2 Sätze 4 und 5 gilt entsprechend. ² Dem Antrag sind die zur Beurteilung erforderlichen Unterlagen beizufügen. ³ § 4 Abs. 2 gilt entsprechend.

(5) ¹ Eine Meldung nach Absatz 2 Satz 1 ist nicht erforderlich, wenn bereits in einem anderen Land eine entsprechende Meldung gemacht worden ist. ² Eine Bescheinigung nach Absatz 4 Satz 1 ist nicht erforderlich, wenn bereits in einem anderen Land eine entsprechende Bescheinigung erteilt worden ist. ³ Verfahren nach den Absätzen 1 bis 4 können über eine einheitliche Stelle nach den Vorschriften des Verwaltungsverfahrensgesetzes abgewickelt werden.

§ 11 Anerkennung als Prüfstelle

(1) Die oberste Bauaufsichtsbehörde kann technische Überwachungsorganisationen, die auf Grund anderer Rechtsvorschriften bereits Aufgaben der amtlichen Prüfung oder Überwachung wahrnehmen, als Prüfstelle anerkennen, wenn diesen geeignete Ingenieure angehören.

(2) ¹ Hinsichtlich des Anerkennungsverfahrens gilt § 5 entsprechend. ² Im Übrigen sind für die Prüfstellen § 3 Abs. 5, § 6 Abs. 3 sowie die §§ 8 und 9 entsprechend anzuwenden.

§ 12 Ordnungswidrigkeiten

Ordnungswidrig handelt nach § 80 Abs. 3 NBauO, wer entgegen § 3 Abs. 1 Satz 2 die Bezeichnung „Prüfingenieur für Baustatik" führt, ohne als solcher von der obersten Bauaufsichtsbehörde anerkannt zu sein.

§ 12a Übergangsregelung

Die Altersbeschränkungen in § 3 Abs. 5 und in § 10 Abs. 1 und 4 Satz 1 gelten nicht für Prüfaufträge, die vor dem 1. Dezember 2019 angenommen worden sind.

§ 13 Inkrafttreten

Diese Verordnung tritt vierzehn Tage nach ihrer Verkündung in Kraft. Gleichzeitig tritt die Bautechnische Prüfungsverordnung vom 14. Dezember 1973 (Nieders. GVBl. S. 524), zuletzt geändert durch Verordnung vom 15. Juli 1983 (Nieders. GVBl. S. 167), außer Kraft.

Hannover, den 24. Juli 1987.

Der Niedersächsische Sozialminister

In Vertretung

von Richthofen

Niedersächsische Verordnung über Bauvorlagen sowie baurechtliche Anträge, Anzeigen und Mitteilungen (Niedersächsische Bauvorlagenverordnung - NBauVorlVO)

Vom 23. November 2021

Eingangsformel

Aufgrund des § 82 Abs. 2 Nrn. 8 bis 11 der Niedersächsischen Bauordnung vom 3. April 2012 (Nds. GVBl. S. 46), zuletzt geändert durch Artikel 3 des Gesetzes vom 10. November 2021 (Nds. GVBl. S. 739), wird verordnet:

§ 1 Regelungsgegenstand

Diese Verordnung regelt

1. Umfang, Inhalt, Form und Einzelheiten zur Übermittlung von baurechtlichen Anträgen, Anzeigen und Mitteilungen und der beizufügenden Bauvorlagen im Sinne des § 2 Abs. 18 der Niedersächsischen Bauordnung (NBauO) sowie von anderen baurechtlichen Nachweisen, Bescheinigungen und Bestätigungen und

2. Pflichten zur Aufbewahrung und Vorlage von Bauanträgen und anderen Anträgen sowie von Anzeigen, Mitteilungen, Bauvorlagen, Nachweisen, Bescheinigungen, Bestätigungen und Verwaltungsakten.

§ 2 Allgemeines

(1) ¹ Hat die oberste Bauaufsichtsbehörde Mindestangaben für Bauanträge, andere Anträge, Anzeigen oder Mitteilungen öffentlich bekannt gemacht, so haben die Bauaufsichtsbehörden diese als Pflichtangaben beim Anbieten ihrer Verwaltungsleistungen über einen elektronischen Zugang zu berücksichtigen. ² Hat die oberste Bauaufsichtsbehörde Muster für Formulare für Bauanträge, andere Anträge, Anzeigen oder Mitteilungen öffentlich bekannt gemacht, so sind diese bei deren Übersendung als Dokumente in Papierform von den Bauherrinnen und Bauherren oder den Entwurfsverfasserinnen und Entwurfsverfassern zu verwenden.

(2) Die Bauaufsichtsbehörde kann weitere Unterlagen, Nachweise und eine visualisierte Darstellung verlangen, wenn dies zur Bearbeitung des Antrags, der Anzeige oder der Mitteilung oder zur Prüfung des Nachweises erforderlich ist.

(3) Die Bauaufsichtsbehörde kann im Einzelfall auf die Übermittlung einzelner Bauvorlagen verzichten, wenn diese zur Bearbeitung des Antrags, der Anzeige oder der Mitteilung oder zur Prüfung des Nachweises nicht erforderlich sind.

(4) ¹ Jede Bauvorlage muss mit dem Familiennamen, den Vornamen und der Anschrift der beruflichen Niederlassung der für den Inhalt der Unterlage verantwortlichen Person versehen sein. ² Jede Seite einer Bauvorlage muss mit einer Kurzbezeichnung der Bauvorlage und dem Familiennamen der für den Inhalt der Bauvorlage verantwortlichen Person versehen sein.

(5) ¹ Die Genehmigungen, Zulassungen, Bestätigungen und Bescheinigungen und die dazugehörigen Bauvorlagen müssen während der Durchführung der Baumaßnahme an der Baustelle als elektronisches Dokument mit der qualifizierten Signatur oder mit einem qualifizierten elektronischen Siegel der Bauaufsichtsbehörde oder in Papierform vorgelegt werden können. ² Bei Baumaßnahmen, die der Bauaufsichtsbehörde nach § 62 NBauO mitgeteilt wurden, müssen die dazu vorgelegte Mitteilung und die beigefügten Bauvorlagen während der Durchführung der Baumaßnahme an der Baustelle vorgelegt werden können; für die hierzu eingeholten Bestätigungen nach § 62 Abs. 2 Nrn. 3 und 4 NBauO gilt Satz 1 entsprechend.

§ 3 Elektronische Kommunikation

(1) ¹ Der Bauantrag, andere Anträge, Anzeigen, Mitteilungen und die beizufügenden Bauvorlagen sind der Bauaufsichtsbehörde jeweils als gesondertes elektronisches Dokument zu übermitteln. ² Die elektronischen Dokumente müssen bei der Übermittlung die Anforderungen der Anlage 1 erfüllen.

(2) Die Bauaufsichtsbehörde kann die Dateigröße der einzelnen elektronischen Dokumente aus technischen Gründen beschränken.

(3) Die Bauaufsichtsbehörde kann verlangen, dass einzelne Bauvorlagen als Dokument in Papierform mit Unterschrift übermittelt werden, wenn dies für die Beurteilung des Bauvorhabens erforderlich ist.

(4) Die von der Bauaufsichtsbehörde verwendeten IT-Programme für die Durchführung der Verfahren haben dem vom IT-Planungsrat festgelegten Standard „XBau" in der Version 2.0 (veröffentlicht im Internet unter https://www.xr-epository.de/details/urn:xoev-de:bmk:standard:xbau_2.0) oder einer aktuelleren Version zu entsprechen.

§ 4 Übermittlung von Dokumenten in Papierform

(1) ¹ Hat die Bauaufsichtsbehörde zugelassen, dass Anträge, Anzeigen und Mitteilungen und die beizufügenden Bauvorlagen als Dokumente in Papierform übermittelt werden (§ 3a Abs. 2 Satz 1 NBauO), so sind ihr diese in dreifacher Ausfertigung zu übersenden. ² Nimmt eine Gemeinde die Aufgaben der Bauaufsichtsbehörde wahr, so genügen zwei Ausfertigungen. ³ Sind weitere Ausfertigungen für die Beteiligung anderer Behörden oder Stellen oder der Öffentlichkeit erforderlich, so sind diese auf Verlangen der Bauaufsichtsbehörde zu übermitteln. ⁴ Die Dokumente sind auf lichtbeständigem Papier und im Format DIN A4 oder auf diese Größe gefaltet zu übermitteln.

(2) ¹ Abweichend von Absatz 1 sind die Bauvorlagen für eine Anzeige nach § 60 Abs. 3 Satz 1 NBauO und für eine Baumaßnahme nach § 62 Abs. 1 NBauO nur zweifach zu übermitteln. ² Nimmt eine Gemeinde die Aufgaben der Bauaufsichtsbehörde wahr, so genügt eine Ausfertigung. ³ Satz 2 gilt nicht für die zu prüfenden Nachweise der Standsicherheit und des Brandschutzes (§ 65 Abs. 2 Satz 1 Halbsatz 1 und Satz 2 NBauO) und die zu prüfenden Unterlagen betreffend die Eignung des zweiten Rettungsweges (§ 33 Abs. 2 Satz 3 Halbsatz 2 NBauO), die nach § 62 Abs. 3 Satz 3 NBauO den übrigen Bauvorlagen beigefügt werden können.

(3) Sind nach der Niedersächsischen Bauordnung oder dieser Verordnung Dokumente in Papierform zu übermitteln, so gilt Absatz 1 Satz 4 entsprechend.

§ 5 Bauvorlagen zum Bauantrag und zur Mitteilung für bauliche Anlagen, ausgenommen Werbeanlagen

(1) Zum Bauantrag nach § 67 Abs. 1 NBauO und zur Mitteilung nach § 62 Abs. 3 Satz 1 NBauO für eine bauliche Anlage, ausgenommen Werbeanlagen, sind folgende Bauvorlagen zu übermitteln:

1. ein aktueller Auszug aus der Amtlichen Karte 1 : 5 000, in der das Baugrundstück gekennzeichnet ist,
2. ein einfacher Lageplan (§ 11 Abs. 3) oder, wenn für die Beurteilung einer Grenzbebauung oder von Grenzabständen Angaben nach § 11 Abs. 4 erforderlich sind, ein qualifizierter Lageplan (§ 11 Abs. 4),
3. Bauzeichnungen (§ 12),
4. eine Baubeschreibung (§ 13 Abs. 1) und bei gewerblichen und bei landwirtschaftlichen baulichen Anlagen zusätzlich eine Betriebsbeschreibung (§ 13 Abs. 2),
5. der Nachweis der Standsicherheit (§ 14), wenn eine bauaufsichtliche Prüfung dieses Nachweises vorgeschrieben ist,
6. der Nachweis des Brandschutzes (§ 15), wenn eine bauaufsichtliche Prüfung dieses Nachweises vorgeschrieben ist,
7. Angaben über
 a) die gesicherte Erschließung hinsichtlich der Versorgung mit Wasser und Energie sowie der Entsorgung von Abwasser, soweit die bauliche Anlage nicht an eine öffentliche Wasser- und Energieversorgung und eine öffentliche Abwasserentsorgungsanlage angeschlossen werden kann, und
 b) die gesicherte verkehrsmäßige Erschließung des Baugrundstücks,
8. eine Berechnung des zulässigen, des vorhandenen und des geplanten Maßes der baulichen Nutzung, wenn die bauliche Anlage im Geltungsbereich eines Bebauungsplans liegt, der Festsetzungen über das Maß der baulichen Nutzung enthält,
9. Angaben über die durch eine Umweltverträglichkeitsprüfung ermittelten, beschriebenen und bewerteten Umweltauswirkungen der baulichen Anlage sowie
10. eine allgemeine Bauartgenehmigung nach § 16a Abs. 2 Nr. 1 NBauO, eine vorhabenbezogene Bauartgenehmigung nach § 16a Abs. 2 Nr. 2 NBauO oder ein allgemeines bauaufsichtliches Prüfzeugnis nach § 16a Abs. 3 NBauO, wenn eine Bauart im Sinne des § 16a Abs. 2 NBauO angewandt werden soll und nach Nummer 5 ein Nachweis der Standsicherheit zu übermitteln ist.

(2) Bei einer Änderung einer baulichen Anlage, bei der Außenwände und Dächer sowie die Nutzung nicht verändert werden, ist ein Lageplan abweichend von Absatz 1 Satz 1 Nr. 2 nicht erforderlich.

§ 6 Bauvorlagen zum Bauantrag und zur Mitteilung für Werbeanlagen

(1) Zum Bauantrag nach § 67 Abs. 1 NBauO und zur Mitteilung nach § 62 Abs. 3 Satz 1 NBauO für eine Werbeanlage sind folgende Bauvorlagen zu übermitteln:

1. ein aktueller Auszug aus der Liegenschaftskarte (§ 11 Abs. 1) oder entweder ein einfacher Lageplan, wenn für die Beurteilung von Grenzabständen die Angaben nach § 11 Abs. 3 erforderlich sind, oder ein qualifizierter Lageplan, wenn für die Beurteilung von Grenzabständen die Angaben nach § 11 Abs. 4 erforderlich sind,
2. eine Zeichnung (Absatz 2) und eine Beschreibung (Absatz 3) der Werbeanlage oder eine andere Darstellung der Werbeanlage wie ein farbiges Lichtbild oder eine farbige Lichtbildmontage und
3. der Nachweis der Standsicherheit (§ 14), wenn eine bauaufsichtliche Prüfung dieses Nachweises vorgeschrieben ist.

(2) ¹ In der Zeichnung ist die Werbeanlage unter Angabe ihrer Maße und ihrer Farbgestaltung darzustellen. ² In der Zeichnung sind auch die Maße, durch die der Standort der Werbeanlage eindeutig bestimmt ist, und die Maße der Anlagen, an denen die Werbeanlage angebracht oder in deren Nähe sie aufgestellt werden soll, anzugeben.

(3) In der Beschreibung sind die Art und die Beschaffenheit der Werbeanlage anzugeben sowie die Abstände der Werbeanlage zu öffentlichen Verkehrsflächen, soweit dies für die Beurteilung der Werbeanlage erforderlich ist.

(4) ¹ Ist auf dem Baugrundstück, auf dem eine Werbeanlage errichtet werden soll, oder auf einem benachbarten Grundstück bereits eine Werbeanlage vorhanden, so ist deren Standort in den Bauvorlagen zeichnerisch darzustellen, und zwar in demselben Maßstab wie die geplante Werbeanlage. ² Die vorhandene Werbeanlage kann anstelle der zeichnerischen Darstellung auch durch ein Lichtbild dargestellt werden, auf dem die vorhandene Werbeanlage in einem Maßstab abgebildet ist, der dem nach Satz 1 erforderlichen Maßstab ungefähr entspricht.

§ 7 Bauvorlagen für eine Bauvoranfrage

Für eine Bauvoranfrage gelten die §§ 5 und 6 entsprechend mit der Maßgabe, dass nur die Bauvorlagen zu übermitteln sind, die zur Beurteilung der durch die Bauvoranfrage nach § 73 Abs. 1 Sätze 1 und 2 NBauO gestellten Fragen erforderlich sind.

§ 8 Bauvorlagen zur Anzeige des Abbruchs oder der Beseitigung einer baulichen Anlage

Zur Anzeige des beabsichtigten Abbruchs oder der beabsichtigten Beseitigung einer baulichen Anlage nach § 60 Abs. 3 Satz 1 NBauO sind folgende Bauvorlagen zu übermitteln:

1. ein einfacher Lageplan (§ 11 Abs. 3), in dem zusätzlich die Lage der abzubrechenden oder zu beseitigenden baulichen Anlage dargestellt ist, und

2. eine Bestätigung einer Person im Sinne des § 65 Abs. 4 NBauO über die Wirksamkeit der vorgesehenen Sicherungsmaßnahmen und die Standsicherheit der baulichen Anlagen, die an die abzubrechenden oder zu beseitigenden baulichen Anlagen oder Teile baulicher Anlagen angebaut sind oder auf deren Standsicherheit sich die Baumaßnahme auswirken kann.

§ 9 Bauvorlagen zum Antrag auf Erteilung einer bauaufsichtlichen Zustimmung

[1] Zum Antrag auf bauaufsichtliche Zustimmung nach § 74 Abs. 2 NBauO sind die in den §§ 5 bis 7 genannten Bauvorlagen zu übermitteln, ausgenommen
1. der Nachweis der Standsicherheit,
2. der Nachweis des Brandschutzes und
3. die Nachweise über die Anwendbarkeit der Bauarten.

[2] Ist eine Öffentlichkeitsbeteiligung nach § 68 Abs. 5 und 6 NBauO durchgeführt worden, so sind die Bekanntmachung nach Abs. 6 NBauO und die eingegangenen Einwendungen mit dem Antrag zu übermitteln.

§ 10 Bauvorlagen zum Antrag auf Erteilung einer Ausführungsgenehmigung für einen fliegenden Bau

[1] Zum Antrag auf Erteilung einer Ausführungsgenehmigung für einen fliegenden Bau nach § 75 Abs. 3 Satz 1 NBauO sind die in § 5 Abs. 1 Nrn. 3 bis 6 genannten Bauvorlagen als Dokumente in Papierform in zweifacher Ausfertigung zu übermitteln. [2] Die Baubeschreibung (§ 13 Abs. 1) muss ausreichende Angaben über die Konstruktion, den Aufbau und den Betrieb des fliegenden Baus enthalten.

§ 11 Auszug aus der Liegenschaftskarte, Lagepläne

(1) [1] Der aktuelle Auszug aus der Liegenschaftskarte muss das Baugrundstück und die benachbarten Grundstücke in der Regel im Umkreis von mindestens 50 m ab der Grundstücksgrenze des Baugrundstücks darstellen. [2] Das Baugrundstück ist zu kennzeichnen. [3] Der Auszug ist mit dem Namen der Bauherrin oder des Bauherrn, der Bezeichnung der Baumaßnahme und dem Datum des Bauantrags oder der Mitteilung nach § 62 Abs. 3 Satz 1 NBauO zu beschriften.

(2) [1] Ein Lageplan ist im Maßstab von mindestens 1 : 500 auf der Grundlage der Liegenschaftskarte zu erstellen. [2] Ein größerer Maßstab ist zu wählen, wenn es für die Beurteilung der Baumaßnahme erforderlich ist. [3] Ein Lageplan muss hinsichtlich der Angaben aus dem Liegenschaftskataster durch eine Vermessungsstelle nach § 6 Abs. 1, 2 oder 3 des Niedersächsischen Gesetzes über das amtliche Vermessungswesen (NVermG) angefertigt oder beglaubigt sein. [4] Ist ein öffentlich-rechtliches Bodenordnungsverfahren anhängig, so sind die in diesem Verfahren ergangenen rechts- oder bestandskräftigen Entscheidungen bei der Erstellung des Lageplans zu berücksichtigen, solange das Liegenschaftskataster noch nicht berichtigt ist.

(3) Ein einfacher Lageplan muss folgende Angaben enthalten:
1. den Maßstab und die Lage des Baugrundstücks zur Nordrichtung und
2. aus dem Liegenschaftskataster
 a) die Bezeichnung der das Baugrundstück bildenden Grundstücke durch Angabe der Gemeinde, der Straße, der Hausnummer, des Grundbuchs, der Gemarkung, der Flur und der Flurstücke mit der Angabe der Eigentümerinnen und Eigentümer oder der Erbbauberechtigten,
 b) die Flächeninhalte der das Baugrundstück bildenden Grundstücke,
 c) die katastermäßigen Grenzen des Baugrundstücks und der benachbarten Grundstücke,
 d) den Bestand der vorhandenen Gebäude auf dem Baugrundstück und auf den benachbarten Grundstücken,
 e) Hinweise auf Baulasten und
 f) Hinweise auf anhängige Bodenordnungsverfahren und die ausführende Stelle.

(4) Ein qualifizierter Lageplan muss außer den in Absatz 3 genannten Angaben folgende Angaben enthalten:
1. die für die bauaufsichtliche Beurteilung erforderlichen Abmessungen des Baugrundstücks nach dem Liegenschaftskataster,
2. eine Angabe über die Zuverlässigkeit von Grenzen des Baugrundstücks und deren Erkennbarkeit in der Örtlichkeit nach dem Liegenschaftskataster und eine Bestätigung zur Vollständigkeit der Darstellung des Gebäudebestandes durch eine Vermessungsstelle nach § 6 Abs. 1, 2 oder 3 NVermG sowie
3. die Bezeichnung der benachbarten Flurstücke durch Angabe der Gemeinde, des Grundbuchs, der Gemarkung, der Flur und der Flurstücknummer mit der Angabe der Eigentümerinnen und Eigentümer oder der Erbbauberechtigten.

(5) Auf dem Lageplan hat die Entwurfsverfasserin oder der Entwurfsverfasser, soweit dies für die Beurteilung der Baumaßnahme erforderlich ist, folgende Angaben einzutragen:
1. die Festsetzungen eines Bebauungsplans oder einer Satzung nach § 34 Abs. 4 des Baugesetzbuchs (BauGB) für das Baugrundstück,
2. Flächen des Baugrundstücks, die in einem Sanierungsgebiet oder im Geltungsbereich einer Erhaltungssatzung nach § 172 BauGB liegen,
3. die Höhe der gewachsenen Geländeoberfläche im Bereich der geplanten baulichen Anlage, wenn das Gelände geneigt ist,
4. die geplante bauliche Anlage mit Angabe der Außenmaße, der Dachform und der Höhe der Oberkante des Erdgeschossfußbodens zur öffentlichen Verkehrsfläche sowie der Zu- und Abfahrten,
5. die Bauart der Außenwände und die Art der Bedachung der auf dem Baugrundstück vorhandenen baulichen Anlagen,

6. die Grenzabstände der geplanten baulichen Anlage und die Abstände der geplanten baulichen Anlage zu anderen baulichen Anlagen auf dem Baugrundstück und auf den benachbarten Grundstücken,
7. die Lage von Kulturdenkmalen sowie naturschutzrechtlich geschützten Teilen von Natur und Landschaft auf dem Baugrundstück und auf den Nachbargrundstücken,
8. die Lage von Leitungen, die dem Ferntransport von Stoffen, der öffentlichen Versorgung mit Wasser, Gas, Elektrizität oder Wärme, der öffentlichen Abwasserbeseitigung, der Telekommunikation oder dem Rundfunk dienen, sowie deren Abstände zu der geplanten baulichen Anlage,
9. die an das Baugrundstück angrenzenden öffentlichen Verkehrsflächen mit Angabe der Breite, der Straßengruppe und der Höhenlage,
10. die Lage von Hydranten und anderen Wasserentnahmestellen für die Feuerwehr,
11. die Abstände der geplanten baulichen Anlage zu benachbarten öffentlichen Verkehrsflächen, oberirdischen Gewässern und Deichen,
12. die Lage, Anzahl und Größe der notwendigen Einstellplätze und der Zufahrten sowie der Zufahrten und Aufstell- und Bewegungsflächen für die Feuerwehr,
13. die Lage, Anzahl und Größe der Spielplätze für Kinder, der Flächen, die gärtnerisch angelegt werden, und der Plätze für Abfallbehälter sowie die Zweckbestimmung der nicht überbauten Flächen,
14. Flächen, die mit einer Baulast belastet sind,
15. Flächen, deren Böden mit gesundheitsgefährdenden Stoffen belastet sind,
16. die Lage vorhandener und geplanter Brunnen, Sickergruben, Abfallgruben, Kleinkläranlagen und Anlagen zur Aufbewahrung von Exkrementen oder Urin, sowie auch mit Einstreu, sowie von Gärresten und
17. die Lage vorhandener und geplanter unterirdischer Behälter für Heizöl, andere wassergefährdende Stoffe, brennbare Flüssigkeiten oder Gase und deren Leitungen sowie die Abstände der Behälter und Leitungen zu der geplanten baulichen Anlage, zu Brunnen und zu Wasserversorgungsanlagen.

(6) Die Angaben nach Absatz 5 sind als gesondertes elektronisches Dokument zu übermitteln oder auf besonderen Blättern zu übersenden, wenn der Lageplan sonst unübersichtlich wäre.

(7) [1] Für die Angaben im Lageplan, in den gesonderten elektronischen Dokumenten und auf den besonderen Blättern sind die Zeichen und Farben der Anlage 2 zu verwenden; im Übrigen ist die Planzeichenverordnung entsprechend anzuwenden. [2] Sonstige Darstellungen sind zu erläutern. [3] Die Farbe „Grün" ist der Bauaufsichtsbehörde sowie den Prüfingenieurinnen und Prüfingenieuren für Baustatik vorbehalten.

§ 12 Bauzeichnungen

(1) [1] Für Bauzeichnungen ist ein Maßstab von mindestens 1 : 100 zu verwenden. [2] Ein größerer Maßstab ist zu wählen, wenn er zur Darstellung der erforderlichen Eintragungen notwendig ist; ein kleinerer Maßstab kann gewählt werden, wenn er zur Darstellung der erforderlichen Eintragungen ausreicht.

(2) In den Bauzeichnungen sind, soweit dies zur Beurteilung der Baumaßnahme erforderlich ist, darzustellen:
1. die Grundrisse aller Geschosse mit Angabe der vorgesehenen Nutzung der Räume und mit Einzeichnung der
 a) Nordrichtung,
 b) Treppen,
 c) lichten Öffnungsmaße der Türen sowie Art und Anordnung der Türen an und in Rettungswegen,
 d) Feuerstätten,
 e) Schornsteine,
 f) Räume für die Brennstofflagerung und Räume mit Behältern für wassergefährdende Stoffe, brennbare Flüssigkeiten oder Gase, jeweils unter Angabe der vorgesehenen Art und Menge des Lagergutes,
 g) Aufzugsschächte, Aufzüge und nutzbaren Grundflächen der Fahrkörbe von Personenaufzügen,
 h) Installationsschächte, Installationskanäle und Lüftungsleitungen, die durch Bauteile hindurchgeführt sind, für die eine Feuerwiderstandsfähigkeit vorgeschrieben ist,
 i) Räume für das Aufstellen von Lüftungsanlagen,
 j) Toiletten, Badewannen und Duschen,
2. die Schnitte, aus denen ersichtlich sind
 a) die Gründung der geplanten baulichen Anlage und, soweit dies zur Beurteilung der Baumaßnahme erforderlich ist, die Gründung anderer baulicher Anlagen,
 b) der Anschnitt der vorhandenen und der künftigen Geländeoberfläche,
 c) die Höhenlage der Oberkante des Erdgeschossfußbodens,
 d) die Höhe der Fußbodenoberkante des höchstgelegenen Geschosses mit einem Aufenthaltsraum über der künftigen Geländeoberfläche,
 e) die lichten Raumhöhen,
 f) der Verlauf der Treppen und Rampen mit ihrem Steigungsverhältnis und
 g) die Dachhöhen und Dachneigungen,
3. bei Gebäuden die Schnitte durch das Gebäude an den Punkten, die für den Grenzabstand des Gebäudes und für die Zulässigkeit von Kellerräumen als Aufenthaltsräume maßgebend sind, mit den jeweiligen Höhenangaben bezogen auf die nach § 5 Abs. 9 NBauO maßgebliche Geländeoberfläche sowie
4. die Ansichten der geplanten baulichen Anlage mit dem Anschluss an Nachbargebäude unter Angabe von Baustoffen und Farben, der vorhandenen und künftigen Geländeoberfläche sowie des Gefälles der anschließenden Verkehrsfläche.

(3) In den Bauzeichnungen sind, soweit dies zur Beurteilung der Baumaßnahme erforderlich ist, anzugeben:
1. der Maßstab und die Maße,
2. die wesentlichen Bauprodukte und Bauarten,
3. die Rohbaumaße der Fensteröffnungen in Aufenthaltsräumen und
4. bei einer Änderung einer baulichen Anlage die zu beseitigenden und die geplanten Bauteile.

(4) [1] In den Bauzeichnungen sind die Zeichen und Farben der Anlage 2 zu verwenden. [2] Die Farbe „Grün" ist der Bauaufsichtsbehörde sowie den Prüfingenieurinnen und Prüfingenieuren für Baustatik vorbehalten.

§ 13 Baubeschreibung, Betriebsbeschreibung

(1) [1] In der Baubeschreibung sind die Baumaßnahme sowie die bauliche Anlage und ihre beabsichtigte Nutzung zu erläutern, soweit dies zu ihrer Beurteilung erforderlich ist und die notwendigen Angaben weder im Lageplan noch in den Bauzeichnungen enthalten sind. [2] In der Baubeschreibung sind, soweit dies zur Beurteilung der Baumaßnahme oder der baulichen Anlage erforderlich ist, zudem anzugeben
1. die Gebäudeklasse und die Höhe im Sinne des § 2 Abs. 3 Sätze 3 und 4 NBauO,
2. die anrechenbaren Rohbauwerte oder Herstellungswerte und ihre Ermittlung und
3. die erforderliche, die vorhandene und die geplante Anzahl notwendiger Einstellplätze.

(2) Für gewerbliche und für landwirtschaftliche bauliche Anlagen sind in die Betriebsbeschreibung folgende Angaben aufzunehmen:
1. die Bezeichnung der gewerblichen oder landwirtschaftlichen Tätigkeit,
2. die Art, die Zahl und der Aufstellungsort der Maschinen und Apparate,
3. das Arbeitsverfahren,
4. die Rohstoffe, die verwendet werden,
5. die Erzeugnisse, die hergestellt werden,
6. die Lagerung feuer-, explosions- oder gesundheitsgefährlicher Rohstoffe und Erzeugnisse,
7. etwa entstehende Einwirkungen auf die Beschäftigten oder die Nachbarschaft durch Geräusche, Erschütterungen, Lichtstrahlen, Gerüche, Gas, Staub, Dämpfe, Rauch, Ruß, Flüssigkeiten, Abwässer und Abfälle nach Art und Ausmaß sowie die Beschreibung der Maßnahmen zu deren Verminderung oder Beseitigung und
8. die Zahl der Beschäftigten.

§ 14 Nachweis der Standsicherheit

(1) [1] Für den Nachweis der Standsicherheit tragender Bauteile und ihrer Feuerwiderstandsfähigkeit (§ 15 Abs. 1 Nr. 3) sind die erforderlichen statischen Berechnungen und die erforderlichen Beschreibungen mit Darstellung des statischen Systems vor Erteilung der Baugenehmigung zu übermitteln; die Konstruktionszeichnungen sind spätestens bis zum Beginn des Baus des tragenden Bauteils anzufertigen und, soweit sie geprüft werden, spätestens vier Wochen vor diesem Zeitpunkt zu übermitteln. [2] Die Bauteile sind, soweit dies für die Beurteilung erforderlich ist, durch Positionsangaben zu kennzeichnen. [3] Wird der Nachweis der Standsicherheit geändert oder ergänzt, so ist ein auf die Änderung oder Ergänzung beschränkter Nachtrag zu übermitteln; hält die Bauaufsichtsbehörde, die Prüfingenieurin oder der Prüfingenieur es für erforderlich, so ist zusätzlich eine aktualisierte Gesamtfassung des Nachweises der Standsicherheit zu übermitteln. [4] In dem elektronischen Dokument sind Abschnittsmarker zur Strukturierung zu setzen.

(2) [1] Die Standsicherheit der baulichen Anlagen und ihrer Teile müssen durch die statischen Berechnungen nachgewiesen werden. [2] Die Beschaffenheit des Baugrundes und seine Tragfähigkeit sind in den statischen Berechnungen anzugeben. [3] Soweit erforderlich, ist durch statische Berechnungen nachzuweisen, dass die Standsicherheit anderer baulicher Anlagen und die Tragfähigkeit des Baugrundes der Nachbargrundstücke, auch während der Durchführung der Baumaßnahme, nicht gefährdet werden.

(3) Die Standsicherheit tragender Bauteile kann auf andere Weise als durch statische Berechnungen nachgewiesen werden, wenn hierdurch die Anforderungen an einen Standsicherheitsnachweis in gleichem Maße erfüllt werden.

(4) [1] Sind Bauvorlagen nach § 3a Abs. 1 NBauO elektronisch zu übermitteln, so kann die Bauaufsichtsbehörde oder die Prüfingenieurin oder der Prüfingenieur verlangen, dass der Nachweis der Standsicherheit einschließlich der Positionspläne und der Konstruktionszeichnungen zusätzlich als Dokument in Papierform übermittelt werden, wenn dies als Arbeitsexemplar erforderlich ist. [2] Die endgültigen Prüfeintragungen sind im elektronischen Dokument vorzunehmen.

§ 15 Nachweis des Brandschutzes

(1) Für den Nachweis des Brandschutzes sind im Lageplan, in den Bauzeichnungen und in der Baubeschreibung, soweit dies für die Beurteilung der Baumaßnahme erforderlich ist, anzugeben:
1. die Bauteile, Einrichtungen und Vorkehrungen, die für den Brandschutz erforderlich sind, wie Brandwände, Trennwände, Decken, Unterdecken, Installationsschächte, Installationskanäle, Lüftungsanlagen, Feuerschutzabschlüsse, Rauchschutztüren und Öffnungen zur Rauchableitung, einschließlich der Fenster nach § 15 Abs. 2 Satz 1 Nr. 1 der Allgemeinen Durchführungsverordnung zur Niedersächsischen Bauordnung, sowie die Anforderungen, die von ihnen erfüllt werden müssen,
2. das Brandverhalten der Baustoffe entsprechend den Unterscheidungen nach § 26 Abs. 1 NBauO,
3. die Feuerwiderstandsfähigkeit der Bauteile entsprechend den Unterscheidungen nach § 26 Abs. 2 NBauO,
4. die Nutzungseinheiten, die Brandabschnitte und die Rauchabschnitte,

5. der erste und zweite Rettungsweg nach § 33 NBauO unter Bezeichnung der notwendigen Treppen, notwendigen Treppenräume, Ausgänge, notwendigen Flure sowie der mit Rettungsgeräten der Feuerwehr erreichbaren Stellen, die als Rettungswege nach § 33 Abs. 2 Satz 2 NBauO dienen, einschließlich der Fenster unter Angabe ihrer lichten Maße und Brüstungshöhen,
6. die Flächen, die Zugänge, die Durchgänge, die Zufahrten und die Durchfahrten für die Feuerwehr sowie die Bewegungsflächen und die Aufstellflächen für Hubrettungsfahrzeuge,
7. die für den Brandschutz erforderlichen Abstände innerhalb und außerhalb der baulichen Anlage sowie
8. die Löschwasserversorgung.

(2) ¹ Für Sonderbauten sowie Mittel- und Großgaragen sind, soweit es für die Beurteilung der Baumaßnahme erforderlich ist, zusätzlich anzugeben:
1. die für den Brandschutz erheblichen Einzelheiten der Nutzung wie die Anzahl der die bauliche Anlage nutzenden Personen und die die bauliche Anlage nutzenden Personenkreise, Explosionsgefahren, erhöhte Brandgefahren, Brandlasten, Gefahrstoffe und Risikoanalysen,
2. die Breite und Länge der Rettungswege, Einzelheiten der Führung und Ausbildung der Rettungswege einschließlich Sicherheitsbeleuchtung und Kennzeichnung der Rettungswege,
3. technische Anlagen zum Brandschutz wie Anlagen zur Branderkennung, zur Brandmeldung, zur Alarmierung, zur Brandbekämpfung, zur Rauchableitung und zur Rauchfreihaltung,
4. die Sicherheitsstromversorgung,
5. die Bemessung des Löschwasserbedarfs, die Leistungsfähigkeit der Löschwasserversorgung, die Einrichtungen zur Löschwasserentnahme und die Löschwasserrückhaltung sowie
6. betriebliche und organisatorische Maßnahmen zur Brandverhütung, Brandbekämpfung und Rettung von Menschen und Tieren wie einen Feuerwehrplan, eine Brandschutzordnung, die Aufstellung einer Werkfeuerwehr und die Bestellung von Brandschutzbeauftragten und Selbsthilfekräften.

² Anzugeben ist auch, weshalb es in den Fällen des § 51 Satz 2 NBauO der Einhaltung von Vorschriften über den Brandschutz wegen der besonderen Art oder Nutzung der baulichen Anlage oder der Räume oder wegen besonderer Anforderungen nicht bedarf.

(3) Der Nachweis des Brandschutzes kann auch in Form eines objektbezogenen Brandschutzkonzeptes außerhalb der Bauzeichnungen und Baubeschreibungen dargestellt werden.

(4) Wird der Nachweis des Brandschutzes geändert oder ergänzt, so ist ein auf die Änderung oder Ergänzung beschränkter Nachtrag zu übermitteln; zusätzlich ist eine aktualisierte Gesamtfassung des Nachweises des Brandschutzes zu übermitteln, in dem die Änderungen kenntlich gemacht sind.

§ 16 Übereinstimmungsgebot

Bauzeichnungen, Baubeschreibungen, Berechnungen und Konstruktionszeichnungen sowie sonstige Zeichnungen und Beschreibungen, die den bautechnischen Nachweisen zugrunde liegen, müssen übereinstimmen und gleiche Positionsangaben haben.

§ 17 Aufbewahrungs- und Vorlagepflichten

(1) ¹ Die Bauherrin oder der Bauherr hat
1. die Baugenehmigung und die zugehörigen Bauvorlagen,
2. bei sonstigen genehmigungsfreien Baumaßnahmen (§ 62 NBauO) die Mitteilung und die zugehörigen Bauvorlagen,
3. die Bescheinigungen von Sachverständigen und
4. die Verwendbarkeitsnachweise für Bauprodukte und Anwendbarkeitsnachweise für Bauarten, soweit sie Nebenbestimmungen für den Betrieb oder die Wartung enthalten,

zwei Jahre über den Abbruch oder die Beseitigung der baulichen Anlage hinaus aufzubewahren und der Bauaufsichtsbehörde auf Verlangen vorzulegen. ² Im Fall des Abbruchs oder der Beseitigung einer baulichen Anlage oder eines Teils einer baulichen Anlage hat die Bauherrin oder der Bauherr die bestätigte Anzeige und die zugehörigen Bauvorlagen einschließlich der Bescheinigungen der Sachverständigen zwei Jahre lang nach Abbruch oder Beseitigung aufzubewahren und der Bauaufsichtsbehörde auf Verlangen vorzulegen. ³ Die Bauherrin oder der Bauherr ist verpflichtet, im Fall des Übergangs des Eigentums an der baulichen Anlage die Unterlagen nach den Sätzen 1 und 2 an die Rechtsnachfolgerin oder den Rechtsnachfolger weiterzugeben. ⁴ Die Sätze 1 bis 3 gelten für die Rechtsnachfolgerin oder den Rechtsnachfolger entsprechend. ⁵ Werden Unterlagen auch für die Aufgabenerledigung von Prüfingenieurinnen und Prüfingenieuren benötigt, so hat die Bauherrin oder der Bauherr diese Unterlagen auch den Prüfingenieurinnen und Prüfingenieuren auf Verlangen zu übermitteln.

(2) Die Aufbewahrungspflichten nach Absatz 1 Sätze 1 und 2 gelten für die Bauaufsichtsbehörde entsprechend.

§ 18 Übergangsvorschrift

In Verfahren, die vor dem 1. Januar 2022 eingeleitet worden sind, ist die Bauvorlagenverordnung vom 7. November 2012 (Nds. GVBl. S. 419) weiterhin anzuwenden.

§ 19 Inkrafttreten

(1) Diese Verordnung tritt am 1. Januar 2022 in Kraft.

(2) Gleichzeitig tritt die Bauvorlagenverordnung vom 7. November 2012 (Nds. GVBl. S. 419) außer Kraft.

Hannover, den 23. November 2021

Niedersächsisches Ministerium für Umwelt, Energie, Bauen und Klimaschutz

Lies

Minister

Anlage 1

(zu § 3 Abs. 1 Satz 2)

Anforderungen an elektronische Dokumente für die Übermittlung an die Bauaufsichtsbehörde

1. Anforderungen an den Dateiinhalt:

 a) In den elektronischen Dokumenten dürfen Notizen, Kommentare und Dateianhänge nicht enthalten sein, soweit es sich nicht um Prüfeintragungen einer Prüfingenieurin oder eines Prüfingenieurs handelt.

 b) Der Dateiname muss in jedem elektronischen Dokument, bei jeder Zeichnung im Schriftfeld sichtbar sein.

 c) Zeichnerische Darstellungen müssen kontrastreich sein. In jeder Bauzeichnung muss neben der numerischen Angabe des Maßstabes auch eine grafische Maßstabsleiste enthalten sein, die den numerischen Bildmaßstab repräsentiert. Die Maßstabsleiste ist auf jeder Bauzeichnung an der gleichen Stelle in der Nähe des Schriftfeldes anzuordnen.

 d) Die zeichnerischen Darstellungen einer Bauzeichnung müssen sich auf einer Ebene befinden. Darstellungen auf unterschiedlichen Zeichnungslayern sind unzulässig.

2. Anforderungen an das Dateiformat:

 a) Die elektronischen Dokumente müssen im Portable Document
 Format PDF 1.4 (PDF/A-1) nach ISO 19005-1:2005 oder im Portable
 Document Format PDF 1.7 (PDF/A-2) nach ISO 19005-2:2011 erstellt
 sein.

 b) Ist die Bearbeitung einer Datei in einem Format nach Buchstabe a
 durch die Bauaufsichtsbehörde auf einem gesonderten Layer nicht
 möglich oder ist die Datei mit einer qualifizierten elektronischen
 Signatur oder einem Schreibschutz versehen, so wird die Datei auch
 in einem Format benötigt, das Eintragungen durch die
 Bauaufsichtsbehörde auf einem gesonderten Layer zulässt, wie die
 Datei-Formate Drawing (DWG), Drawing Interchange File Format
 und Drawing Exchange Format (DXF) und Industry Foundation
 Classes (IFC).

3. Anforderungen an den Dateinamen:

 a) Der Dateiname muss den Inhalt der Datei durch Angabe einer
 Kennnummer mit textlicher Beschreibung nach Maßgabe des
 Anhangs bezeichnen. Umlaute dürfen hierbei nicht verwendet
 werden. Der Dateiname darf höchstens aus 50 Zeichen bestehen.

 b) Im Dateinamen muss im Anschluss an die Kennnummer mit
 textlicher Beschreibung das Erstellungsdatum im Format
 „JJJJMMTT" angegeben werden.

 c) Im Dateinamen muss nach dem Datum die Version angegeben
 werden mit „_V1" für die erste Version, „_V2" für eine zweite
 Version usw.

 d) Bei Bauvorlagen, die bereits durch eine Prüfingenieurin oder einen
 Prüfingenieur für Baustatik geprüft wurden, ist im Dateinamen im
 Anschluss an die Angabe über die Version „_PI" anzugeben.

Beispiele:

„01_Bauantrag_20210527_V1",

„06_Nachweis_Standsicherheit_20210511_V1_PI".

Anhang

(zu Anlage 1)

Kennnummern mit textlicher Beschreibung für Dateinamen

Kennnummern mit textlicher Beschreibung	Anmerkungen
1. Anzeigen, Mitteilungen, Anträge	
01_Abbruchanzeige	
01_Mitteilung	
01_Bauantrag	
01_Bauvoranfrage	
01_Antrag Abweichung 01_Antrag Ausnahme 01_Antrag Befreiung 01_	Für andere Anzeigen, Mitteilungen und Anträge ist als textliche Beschreibung ein aussagekräftiges Stichwort anzufügen.
2. Karten, Pläne	
02_Auszug Amtliche Karte 1-5000	
02_einfacher Lageplan 02_qualifizierter Lageplan	
02_Gelaendehoehenplan	
02_Freiflaechenplan	
02_Uebersichtsplan	
02_Auszug Liegenschaftskarte 02_	Für andere Karten und Pläne ist als textliche Beschreibung ein aussagekräftiges Stichwort anzufügen.

3. Bauzeichnungen (Grundrisse, Ansichten, Schnitte)	
03_Grundriss KG	
03_Grundriss UG	
03_Grundriss EG	
03_Grundriss OG 1 03_Grundriss OG 2 usw.	
03_Grundriss DG	
03_Grundriss Spitzboden	
03_Ansicht Osten 03_Ansicht Sueden usw.	
03_Schnitt A-A 03_Schnitte B-B C-C usw.	
03_	Für andere Bauzeichnungen ist als textliche Beschreibung ein aussagekräftiges Stichwort anzufügen.
4. Baubeschreibung, Betriebsbeschreibung	
04_Baubeschreibung	
04_Betriebsbeschreibung	
5. Berechnungen, Nachweise	

05_Berechnung Brutto-Rauminhalt	
05_Berechnung GRZ	
05_Berechnung GFZ	
05_Berechnung BMZ	
05_Berechnung Kinderspielplatzflaeche	
05_Nachweis notwendige Einstellplaetze	
05_Berechnung Vollgeschosse Nachweis Geschossigkeit	
05_Berechnungen Wohnflaeche-Nutzflaeche	
05_	Für andere nicht unter die Nummern 6 und 7 fallende Berechnungen und Nachweise ist als textliche Beschreibung ein aussagekräftiges Stichwort anzufügen.
6. Bautechnische Nachweise	
06_Nachweis Standsicherheit	
06_Statischer Nachtrag 1 06_Statischer Nachtrag 2 usw.	
06_Ausführungszeichnungen	
06_Bewehrungsplan	
06_Nachweis Feuerwiderstandsfähigkeit	

06_Nachweis Brandschutz	
06_	Für andere bautechnische Nachweise ist als textliche Beschreibung ein aussagekräftiges Stichwort anzufügen.
7. Sonstige Fachgutachten	
07_Grundstuecksentwaesserungsplan	
07_Gutachten	Als weiterer Teil der textlichen Beschreibung ist ein aussagekräftiges Stichwort anzufügen (Beispiel: 07 Gutachten Laerm).
07_Landschaftspflegerischer Begleitplan	
07_	Für andere Fachgutachten ist als textliche Beschreibung ein aussagekräftiges Stichwort anzufügen.
8. Weitere wichtige Dokumente	
08_Bauvorlageberechtigung	
08_Vollmacht	Als weiterer Teil der textlichen Beschreibung ist ein aussagekräftiges Stichwort anzufügen.
08_Erklaerung Nachbar	Als weiterer Teil der textlichen Beschreibung ist ein aussagekräftiges Stichwort anzufügen.
08_Erklaerung Anerkennung § 33 BauGB	
08_Statistischer Erhebungsbogen	

08_	Für andere wichtige Dokumente ist ein aussagekräftiges Stichwort anzufügen.
9. Sonstiges	
09_Stellungnahmen	
09_Foto	Als weiterer Teil der textlichen Beschreibung ist ein aussagekräftiges Stichwort anzufügen.
09_	Für sonstige Bauvorlagen ist der textlichen Beschreibung ein aussagekräftiges Stichwort anzufügen.

Anlage 2

(zu § 11 Abs. 7 und § 12 Abs. 4)

Zeichen und Farben für Bauvorlagen

	Zeichen:	Farbe:
1. Grenzen des Baugrundstücks		Violett
2. Vorhandene bauliche Anlagen und Bauteile		Grau
3. Geplante bauliche Anlagen und Bauteile		Rot
4. Zu beseitigende bauliche Anlagen und Bauteile		Gelb
5. Erneuerung vorhandener Bauteile		Violett
6. Von Baulasten betroffene Flächen		Braun

Feuerungsverordnung (FeuVO)

Vom 27. März 2008 [1]

1) Die Verpflichtungen aus der Richtlinie 98/34/EG des Europäischen Parlaments und des Rates vom 22. Juni 1998 über ein Informationsverfahren auf dem Gebiet der Normen und technischen Vorschriften (ABl. EG Nr. L 204 S. 37), zuletzt geändert durch Richtlinie 2006/96/EG des Rates vom 20. November 2006 (ABl. EU Nr. L 363 S. 81), sind beachtet worden.[Red. Anm.: Die Verpflichtungen aus der Richtlinie (EU) 2015/1535 des Europäischen Parlaments und des Rates vom 9. September 2015 über ein Informationsverfahren auf dem Gebiet der technischen Vorschriften und der Vorschriften für die Dienste der Informationsgesellschaft (ABl. EU Nr. L 241 S. 1) sind bei der Verordnung vom 30.06.2020 beachtet worden.]

Stand: letzte berücksichtigte Änderung: mehrfach geändert, § 14 neu gefasst durch Verordnung vom 30.06.2020 (Nds. GVBl. S. 199)

Eingangsformel

Aufgrund des § 95 Abs. 1 und 4 der Niedersächsischen Bauordnung (NBauO) in der Fassung vom 10. Februar 2003 (Nds. GVBl. S. 89), zuletzt geändert durch Artikel 3 des Gesetzes vom 12. Juli 2007 (Nds. GVBl. S. 324), wird verordnet:

§ 1 Geltungsbereich

(1) [1]Diese Verordnung gilt für Feuerstätten, Wärmepumpen, Blockheizkraftwerke, ortsfeste Verbrennungsmotoren und deren Anlagen zur Abführung der Ab- oder Verbrennungsgase sowie für die Lagerung von Brennstoffen. [2]Für Feuerstätten, Wärmepumpen und Blockheizkraftwerke gilt die Verordnung nur, wenn diese Anlagen der Beheizung von Räumen oder der Warmwasserversorgung dienen oder Gas-Haushalts-Kochgeräte sind. [3] Die Verordnung gilt nicht für Brennstoffzellen und deren Anlagen zur Abführung der Prozessgase.

(2) Die Verordnung gilt auch für Dampfkesselanlagen im Sinne der Betriebssicherheitsverordnung einschließlich der für ihren sicheren Betrieb erforderlichen Einrichtungen, die weder gewerblichen noch wirtschaftlichen Zwecken dienen und durch die Beschäftigte nicht gefährdet werden können.

(3) Die Verordnung regelt ferner die erforderliche Beschaffenheit und Anordnung von Gasleitungsanlagen.

§ 2 Begriffe

Im Sinne dieser Verordnung ist
1. Nennleistung:
 a) bei Feuerstätten mit Typenschild aber ohne Zusatzschild die auf dem Typenschild angegebene höchste Leistung,
 b) bei Feuerstätten mit Typenschild und Zusatzschild die auf dem Zusatzschild angegebene höchste nutzbare Leistung,
 c) bei Feuerstätten ohne Typenschild die aus dem Brennstoffdurchsatz mit einem Wirkungsgrad von 80 vom Hundert ermittelte Leistung und
 d) bei Blockheizkraftwerken die Gesamtleistung;
2. Gesamtnennleistung:
 die Summe der Nennleistungen der Feuerstätten, Wärmepumpen und Blockheizkraftwerke, die gleichzeitig in einem Raum oder in miteinander verbundenen Räumen betrieben werden können;
3. raumluftunabhängige Feuerstätte:
 Feuerstätte, der die Verbrennungsluft über Leitungen oder Schächte nur direkt vom Freien zuströmt und bei der kein Abgas in Gefahr drohender Menge in den Aufstellraum austreten kann;
4. Flüssiggas:
 Propan, Butan und deren Gemische.

§ 3 Verbrennungsluftversorgung für Feuerstätten

(1) Für Feuerstätten in Gebäuden muss eine ausreichende Verbrennungsluftversorgung aus dem Freien sichergestellt sein.

(2) Für raumluftabhängige Feuerstätten mit einer Gesamtnennleistung bis zu 50 kW ist die Verbrennungsluftversorgung sichergestellt, wenn jeder Aufstellraum
1. eine ins Freie führende Öffnung mit einem lichten Querschnitt von mindestens 150 cm²,
2. zwei ins Freie führende Öffnungen mit einem lichten Querschnitt von jeweils mindestens 75 cm² oder
3. Leitungen ins Freie mit strömungstechnisch äquivalenten Querschnitten

hat.

(3) [1] Für raumluftabhängige Feuerstätten mit einer Gesamtnennleistung von mehr als 50 kW ist die ausreichende Verbrennungsluftversorgung sichergestellt, wenn der Aufstellraum ins Freie führende Öffnungen, deren lichter Querschnitt insgesamt mindestens 150 cm² zuzüglich mindestens 2 cm² für jedes über 50 kW Gesamtnennleistung hinausgehende Kilowatt beträgt, oder Leitungen ins Freie mit strömungstechnisch äquivalenten Querschnitten hat. [2] Der erforderliche Querschnitt darf auf höchstens zwei Öffnungen oder Leitungen aufgeteilt sein.

(4) Auf die Querschnitte von Öffnungen nach den Absätzen 2 und 3 dürfen die Querschnitte der Öffnungen nach § 4 Abs. 3, § 5 Abs. 3 und § 6 Abs. 5 angerechnet werden.

(5) [1] Verbrennungsluftöffnungen und -leitungen dürfen weder einen Verschluss haben noch zugestellt werden, wenn nicht durch besondere Sicherheitseinrichtungen gewährleistet ist, dass die Feuerstätten nur bei geöffnetem Verschluss betrieben werden können. [2] Der erforderliche Querschnitt darf weder durch den Verschluss noch durch Gitter verengt werden.

(6) Abweichend von den Absätzen 2 und 3 kann für raumluftabhängige Feuerstätten eine ausreichende Verbrennungsluftversorgung auf andere Weise sichergestellt werden.

(7) [1] Absatz 2 gilt nicht für Gas-Haushalts-Kochgeräte. [2] Die Absätze 2 und 3 gelten nicht für offene Kamine.

§ 4 Aufstellung von Feuerstätten, Gasleitungsanlagen

(1) Feuerstätten dürfen nicht aufgestellt werden
1. in notwendigen Treppenräumen, in Räumen zwischen einem notwendigen Treppenraum und dem Ausgang ins Freie sowie in notwendigen Fluren und
2. in Garagen, ausgenommen raumluftunabhängige Feuerstätten, deren Oberflächentemperatur bei Nennleistung nicht mehr als 300° C beträgt.

(2) Raumluftabhängige Feuerstätten, die an Abgasanlagen anzuschließen sind, dürfen in Gebäuden, aus denen Luft mithilfe von Raumluft absaugenden Anlagen wie Lüftungs- oder Warmluftheizungsanlagen, Dunstabzugshauben oder Abluft-Wäschetrocknern abgesaugt wird, nur aufgestellt werden, wenn
1. ein gleichzeitiger Betrieb der Feuerstätten und der Raumluft absaugenden Anlagen durch Sicherheitseinrichtungen verhindert wird,
2. die Abgasabführung durch Sicherheitseinrichtungen überwacht wird,
3. die Abgase der Feuerstätten über die Raumluft absaugenden Anlagen abgeführt werden oder
4. anlagentechnisch sichergestellt ist, dass während des Betriebes der Feuerstätten kein gefährlicher Unterdruck entstehen kann.

(3) [1] Feuerstätten für gasförmige Brennstoffe mit Strömungssicherung dürfen nur in Räumen aufgestellt werden,
1. die einen Rauminhalt von mindestens 1 m³ je kW Gesamtnennleistung haben,
2. die für die Durchlüftung unten und oben eine ins Freie führende Öffnung mit einem lichten Querschnitt von jeweils mindestens 75 cm² haben oder
3. die zusammen mit mindestens einem benachbarten Raum durch in derselben Wand unten und oben angeordnete Öffnungen mit einem lichten Querschnitt von jeweils mindestens 150 cm² einen zusammenhängenden Rauminhalt von mindestens 1 m³ je kW Gesamtnennleistung haben.
[2] § 3 Abs. 5 gilt entsprechend.

(4) Feuerstätten für gasförmige Brennstoffe ohne Flammenüberwachung dürfen nur in Räumen aufgestellt werden, in denen durch maschinelle Lüftungsanlagen während des Betriebes der Feuerstätten stündlich mindestens ein fünffacher Luftwechsel sichergestellt ist; bei Gas-Haushalts-Kochgeräten genügt ein Außenluftvolumenstrom von 100 m³/h.

(5) In einem Raum, dessen Fußboden an jeder Stelle mehr als 1 m unter der Geländeoberfläche liegt, darf eine Feuerstätte für Flüssiggas nur aufgestellt werden, wenn
1. sie eine Flammenüberwachung hat und
2. sichergestellt ist, dass auch bei abgeschalteter Feuerungseinrichtung Flüssiggas aus den im Aufstellraum befindlichen Brennstoffleitungen in Gefahr drohender Menge nicht austreten kann oder über eine maschinelle Lüftungsanlage sicher abgeführt wird.

(6) Feuerstätten müssen von Bauteilen aus brennbaren Baustoffen mindestens den vom Hersteller angegebenen Abstand oder, wenn diese Angaben fehlen, einen Abstand von mindestens 40 cm einhalten oder so abgeschirmt sein, dass an Bauteilen aus brennbaren Baustoffen bei Nennleistung der Feuerstätten keine höhere Temperatur als 85° C erreicht wird.

(7) [1] Besteht der Fußboden vor der Feuerraumöffnung einer Feuerstätte für feste Brennstoffe aus brennbaren Baustoffen, so ist eine für den Brandschutz ausreichende Fläche vor dieser Öffnung durch einen Belag aus nichtbrennbaren Baustoffen zu überdecken. [2] Die Fläche ist jedenfalls dann ausreichend, wenn sie sich nach vorn auf mindestens 50 cm und seitlich auf mindestens 30 cm über die Feuerraumöffnung hinaus erstreckt.

(8) [1] Bauteile aus brennbaren Baustoffen müssen von den Feuerraumöffnungen offener Kamine nach oben und nach den Seiten einen Abstand von mindestens 80 cm einhalten. [2] Bei Anordnung eines beiderseits belüfteten Strahlungsschutzes genügt ein Abstand von 40 cm.

(9) [1] Gasleitungsanlagen in Räumen müssen so beschaffen, angeordnet oder mit Vorrichtungen ausgerüstet sein, dass bei einer äußeren thermischen Beanspruchung von bis zu 650° C über einen Zeitraum von mindestens 30 Minuten keine gefährlichen Gas-Luft-Gemische entstehen können. [2] Alle Gasentnahmestellen müssen mit einer Vorrichtung ausgerüstet sein, die im Brandfall die Brennstoffzufuhr selbsttätig absperrt. [3] Satz 2 gilt nicht, wenn Gasleitungsanlagen durch Ausrüstung mit anderen selbsttätigen Vorrichtungen die Anforderungen nach Satz 1 erfüllen.

§ 5 Aufstellräume für Feuerstätten mit einer Nennleistung oder Gesamtnennleistung von mehr als 100 kW

(1) [1] Feuerstätten mit einer Gesamtnennleistung von mehr als 100 kW dürfen nur in einem Raum aufgestellt werden, der
1. nicht anderweitig genutzt wird, ausgenommen zur Aufstellung von Wärmepumpen, Blockheizkraftwerken und ortsfesten Verbrennungsmotoren, für zugehörige Installationen und zur Lagerung von Brennstoffen,

2. zu anderen Räumen keine Öffnungen hat, ausgenommen für Türen,
3. dicht- und selbstschließende Türen hat und
4. gelüftet werden kann.

[2] In einem Raum nach Satz 1 dürfen Feuerstätten für feste Brennstoffe jedoch nur aufgestellt werden, wenn deren Gesamtnennleistung nicht mehr als 50 kW beträgt.

(2) Die Feuerstätten nach Absatz 1 dürfen in Räumen, die die Anforderungen nach Absatz 1 Satz 1 nicht erfüllen, nur aufgestellt werden, wenn
1. die Nutzung dieser Räume dies erfordert und die Betriebssicherheit der Feuerstätten nicht beeinträchtigt oder
2. diese Räume in freistehenden Gebäuden liegen und nicht anderweitig genutzt werden, ausgenommen zur Lagerung von Brennstoffen.

(3) [1] Feuerstätten für gasförmige Brennstoffe mit einer Nennleistung von mehr als 100 kW, die mit Überdruck betrieben werden und deren Abgase mit Überdruck abgeführt werden, dürfen nur in Räumen aufgestellt werden, die für die Durchlüftung unten und oben eine unmittelbar ins Freie führende Öffnung mit einem lichten Querschnitt von jeweils mindestens 150 cm² zuzüglich 1 cm² für jedes über 100 kW Nennleistung hinausgehende Kilowatt haben; § 3 Abs. 5 gilt entsprechend. [2] Dies gilt nicht für Feuerstätten, die der Bauart nach so beschaffen sind, dass Abgase in Gefahr drohender Menge nicht austreten können.

(4) [1] Brenner und Brennstofffördereinrichtungen von Feuerstätten für flüssige oder gasförmige Brennstoffe mit einer Gesamtnennleistung von mehr als 100 kW müssen durch einen außerhalb des Aufstellraumes angebrachten Schalter (Notschalter) jederzeit abgeschaltet werden können. [2] Der Notschalter muss durch ein Schild mit der Aufschrift „Notschalter-Feuerung" gekennzeichnet sein.

(5) Wird in einem Aufstellraum nach Absatz 1 Heizöl gelagert oder ist ein Raum für die Heizöllagerung nur von dort zugänglich, so muss die Heizölzufuhr mit dem Notschalter nach Absatz 4 oder durch eine außerhalb des Aufstellraumes angebrachte, entsprechend gekennzeichnete Absperreinrichtung, die sich bei Erforderlichkeit eines Notschalters in dessen Nähe befinden muss, unterbrochen werden können.

§ 6 Aufstellräume für Feuerstätten für feste Brennstoffe mit einer Gesamtnennleistung von mehr als 50 kW

(1) [1] Feuerstätten für feste Brennstoffe mit einer Gesamtnennleistung von mehr als 50 kW dürfen nur in Heizräumen aufgestellt werden. [2] § 5 Abs. 2 und 5 gilt entsprechend.

(2) [1] Heizräume dürfen
1. nicht anderweitig genutzt werden, ausgenommen zur Aufstellung von Feuerstätten für flüssige oder gasförmige Brennstoffe, von Wärmepumpen, von Blockheizkraftwerken, von ortsfesten Verbrennungsmotoren, für zugehörige Installationen und zur Lagerung von Brennstoffen, und
2. mit Aufenthaltsräumen, ausgenommen solche für das Betriebspersonal, mit notwendigen Treppenräumen, mit Räumen zwischen einem notwendigen Treppenraum und dem Ausgang ins Freie, mit Sicherheitsschleusen sowie mit Vorräumen von Feuerwehraufzügen nicht in unmittelbarer Verbindung stehen.

[2] Werden in Heizräumen Feuerstätten für flüssige oder gasförmige Brennstoffe mit einer Gesamtnennleistung von mehr als 100 kW aufgestellt, so gilt § 5 Abs. 4 entsprechend.

(3) Heizräume müssen
1. mindestens einen Rauminhalt von 8 m³ und eine lichte Höhe von 2 m,
2. einen Ausgang, der ins Freie oder einen Flur führt, der die Anforderungen an notwendige Flure erfüllt, und
3. Türen, die in Fluchtrichtung aufschlagen,

haben.

(4) [1] Wände, ausgenommen nichttragende Außenwände, und Stützen von Heizräumen sowie Decken über und unter ihnen müssen feuerbeständig sein. [2] Öffnungen in Decken und Wänden von Heizräumen müssen, soweit sie nicht unmittelbar ins Freie führen, mindestens feuerhemmende und selbstschließende Abschlüsse haben. [3] Die Sätze 1 und 2 gelten nicht für Trennwände zwischen Heizräumen und den zum Betrieb der Feuerstätten gehörenden Räumen, wenn diese Räume im Übrigen die Anforderungen der Sätze 1 und 2 erfüllen.

(5) [1] Heizräume müssen für die Durchlüftung unten und oben eine ins Freie führende Öffnung mit einem lichten Querschnitt von jeweils mindestens 150 cm² oder entsprechend angeordnete Leitungen ins Freie mit strömungstechnisch äquivalenten Querschnitten haben. [2] § 3 Abs. 5 gilt entsprechend.

(6) [1] Lüftungsleitungen für Heizräume müssen eine Feuerwiderstandsdauer von mindestens 90 Minuten haben, soweit sie durch andere Räume führen, ausgenommen angrenzende, zum Betrieb der Feuerstätten gehörende Räume, die die Anforderungen nach Absatz 4 Sätze 1 und 2 erfüllen. [2] Die Lüftungsleitungen dürfen mit anderen Lüftungsanlagen nicht verbunden sein und nicht der Lüftung anderer Räume dienen.

(7) Lüftungsleitungen, die der Lüftung anderer Räume dienen, müssen, soweit sie durch Heizräume führen,
1. eine Feuerwiderstandsdauer von mindestens 90 Minuten oder selbsttätige Absperrvorrichtungen mit einer Feuerwiderstandsdauer von mindestens 90 Minuten haben und
2. ohne Öffnungen sein.

§ 7 Abgasanlagen

(1) Abgasanlagen müssen nach lichtem Querschnitt, Höhe, Wärmedurchlasswiderstand und Beschaffenheit der inneren Oberfläche so bemessen sein, dass die Abgase bei allen bestimmungsgemäßen Betriebszuständen ins Freie abgeführt werden und ein gefährlicher Überdruck nicht auftreten kann.

(2) [1] Die Abgase von Feuerstätten für feste Brennstoffe müssen in Schornsteine, die Abgase von Feuerstätten für flüssige oder gasförmige Brennstoffe dürfen auch in Abgasleitungen eingeleitet werden. [2] § 23 Abs. 1 Sätze 2 und 3 der Allgemeinen Durchführungsverordnung zur Niedersächsischen Bauordnung bleibt unberührt.

(3) [1] Feuerstätten für gasförmige Brennstoffe sind ohne Abgasanlage zulässig, wenn gewährleistet ist, dass Gefahren und unzumutbare Belästigungen nicht entstehen. [2] Diese Anforderung ist erfüllt, wenn
1. durch eine maschinelle Lüftungsanlage während des Betriebs der Feuerstätte die Luft des Aufstellraums mit einem Luftvolumenstrom von mindestens 30m³/h je kW Gesamtnennleistung ins Freie abgeführt wird oder
2. durch eine Sicherheitseinrichtung verhindert wird, dass die Kohlenmonoxid-Konzentration im Aufstellraum einen Wert von 30 ppm überschreitet.

[3] Gas-Haushalts-Kochgeräte mit einer Gesamtnennleistung bis zu 11 kW sind ohne Abgasanlage zulässig, wenn der Aufstellraum einen Rauminhalt von mindestens 15 m³ und eine Tür ins Freie oder ein Fenster hat, das geöffnet werden kann.

(4) Mehrere Feuerstätten dürfen an einen gemeinsamen Schornstein, an eine gemeinsame Abgasleitung oder an ein gemeinsames Verbindungsstück nur angeschlossen werden, wenn
1. durch die Bemessung der Abgasanlage nach Absatz 1 und ihre Beschaffenheit die Ableitung der Abgase für jeden Betriebszustand sichergestellt ist,
2. eine Übertragung von Abgasen zwischen den Aufstellräumen und ein Austritt von Abgasen über andere Feuerstätten ausgeschlossen sind,
3. die gemeinsame Abgasleitung aus nichtbrennbaren Baustoffen besteht oder, wenn die Abgasleitung Geschosse überbrückt, eine Brandübertragung zwischen den Geschossen durch selbsttätige Absperrvorrichtungen oder andere Maßnahmen verhindert wird und
4. die Anforderungen des § 4 Abs. 2 für alle angeschlossenen raumluftabhängigen Feuerstätten erfüllt sind.

(5) [1] In Gebäuden muss jede Abgasleitung, die Geschosse überbrückt, in einem Schacht angeordnet sein. [2] Ein Schacht ist nicht erforderlich
1. für Abgasleitungen in Gebäuden der Gebäudeklassen 1 und 2, wenn die Abgasleitungen nicht durch mehr als eine Nutzungseinheit führen,
2. für einfach belegte Abgasleitungen im Aufstellraum der Feuerstätte und
3. für Abgasleitungen, die eine Feuerwiderstandsdauer von mindestens 90 Minuten, in Gebäuden der Gebäudeklassen 1 und 2 eine Feuerwiderstandsdauer von mindestens 30 Minuten haben.

[3] In einem Schacht darf nur eine Abgasanlage angeordnet sein. [4] Die Anordnung mehrerer Abgasleitungen in einem Schacht ist zulässig, wenn
1. die Abgasleitungen aus nichtbrennbaren Baustoffen bestehen,
2. die zugehörigen Feuerstätten in demselben Geschoss aufgestellt sind oder
3. eine Brandübertragung zwischen den Geschossen durch selbsttätige Absperrvorrichtungen oder andere Maßnahmen verhindert wird.

[5] Schächte für Abgasleitungen dürfen nicht anderweitig genutzt werden. [6] Die Schächte müssen für die Verwendung als Schächte für Abgasleitungen geeignet sein und eine Feuerwiderstandsdauer von mindestens 90 Minuten, in Gebäuden der Gebäudeklassen 1 und 2 von mindestens 30 Minuten haben.

(6) [1] Abgasleitungen aus normalentflammbaren Baustoffen innerhalb von Gebäuden müssen, soweit sie nicht nach Absatz 5 in Schächten anzuordnen sind, zum Schutz gegen mechanische Beanspruchung von außen in Schutzrohren aus nichtbrennbaren Baustoffen angeordnet oder mit gleichermaßen wirksamen Schutzvorkehrungen aus nichtbrennbaren Baustoffen ausgestattet sein. [2] Dies gilt nicht für Abgasleitungen im Aufstellraum der Feuerstätten.

(7) Schornsteine müssen
1. gegen Rußbrände beständig sein,
2. in Gebäuden, in denen sie Geschosse überbrücken, eine Feuerwiderstandsdauer von mindestens 90 Minuten haben oder in durchgehenden Schächten, die für die Verwendung als Schächte für Schornsteine geeignet sind und eine Feuerwiderstandsdauer von mindestens 90 Minuten haben, angeordnet sein,
3. unmittelbar auf dem Baugrund gegründet oder auf einem feuerbeständigen Unterbau errichtet sein, wobei ein Unterbau aus nichtbrennbaren Baustoffen genügt für Schornsteine in Gebäuden der Gebäudeklassen 1 bis 3, für Schornsteine, die oberhalb der obersten Geschossdecke beginnen, sowie für Schornsteine an Gebäuden,
4. durchgehend sein, dürfen insbesondere nicht durch Decken unterbrochen sein und
5. für die Reinigung Öffnungen mit Schornsteinreinigungsverschlüssen haben.

(8) Schornsteine, Abgasleitungen und Verbindungsstücke, die mit Überdruck betrieben werden, müssen innerhalb von Gebäuden
1. in vom Freien aus dauernd belüfteten Räumen liegen,
2. in Räumen liegen, die § 3 Abs. 2 entsprechen,
3. in Schächten liegen, die über die gesamte Länge und den ganzen Umfang hinterlüftet sind, oder
4. der Bauart nach so beschaffen sein, dass Abgase in Gefahr drohender Menge nicht austreten können.

(9) Verbindungsstücke dürfen nicht in Decken, Wänden oder unzugänglichen Hohlräumen angeordnet und nicht in andere Geschosse oder Nutzungseinheiten geführt werden.

(10) [1] Luft-Abgas-Systeme sind zur Abgasabführung nur zulässig, wenn sie getrennte, durchgehende Luft- und Abgasführungen haben. [2] An diese Systeme dürfen nur raumluftunabhängige Feuerstätten angeschlossen werden, die nach ihrer Bauart für diese Betriebsweise geeignet sind. [3] Im Übrigen gelten für Luft-Abgas-Systeme die Absätze 4 bis 9 entsprechend.

§ 8 Abstände von Abgasanlagen und Schächten für Abgasanlagen zu Bauteilen aus brennbaren Baustoffen

(1) Abgasanlagen müssen von Bauteilen aus brennbaren Baustoffen so weit entfernt oder so abgeschirmt sein, dass an diesen
1. bei Nennleistung der Feuerstätten keine höhere Temperatur als 85° C und
2. bei Rußbränden in Schornsteinen keine höhere Temperatur als 100° C auftreten kann.

(2) [1] Bei hinterlüfteten Abgasanlagen sind die Anforderungen des Absatzes 1 erfüllt, wenn
1. die Abstandsmaße eingehalten werden, die durch harmonisierte technische Spezifikationen (Artikel 2 Nr. 10 der Verordnung [EU] Nr. 305/2011 des Europäischen Parlaments und des Rates vom 9. März 2011 zur Festlegung harmonisierter Bedingungen für die Vermarktung von Bauprodukten und zur Aufhebung der Richtlinie 89/106/EWG des Rates) vorgegeben sind,
2. bei Abgasanlagen für eine Abgastemperatur der Feuerstätten bei Nennleistung bis zu 400° C ein Abstand von mindestens 40 cm eingehalten ist oder
3. bei Abgasanlagen für eine Abgastemperatur der Feuerstätten bei Nennleistung bis zu 400° C, deren Wärmedurchlasswiderstand mindestens 0,12 m² K/W und deren Feuerwiderstandsdauer mindestens 90 Minuten beträgt, ein Abstand von mindestens 5 cm eingehalten ist.

[2] Für Verbindungsstücke genügt abweichend von Satz 1 Nr. 2 ein Abstand von 10 cm, soweit die Verbindungsstücke mindestens 2 cm dick mit nichtbrennbaren formbeständigen Dämmstoffen mit geringer Wärmeleitfähigkeit ummantelt sind. [3] Bei Abgasleitungen außerhalb von Schächten für eine Abgastemperatur der Feuerstätten bei Nennleistung bis zu 300° C genügt abweichend von Satz 1 Nr. 2
1. ein Abstand von 20 cm und
2. ein Abstand von 5 cm, soweit die Abgasleitungen mindestens 2 cm dick mit nichtbrennbaren formbeständigen Dämmstoffen mit geringer Wärmeleitfähigkeit ummantelt sind oder wenn die Abgastemperatur der Feuerstätten bei Nennleistung nicht mehr als 160° C beträgt.

[4] Bei Abgasanlagen nach Satz 1 Nr. 3 ist abweichend von Satz 1 Nr. 3
1. zu Holzbalken und Bauteilen entsprechender Abmessungen ein Abstand von 2 cm ausreichend und
2. zu Bauteilen mit geringer Fläche, wie Fußleisten und Dachlatten, kein Abstand erforderlich, soweit die Ableitung der Wärme aus diesen Bauteilen nicht durch Wärmedämmung behindert wird.

(3) [1] Bei Schächten, in denen Abgasanlagen für eine Abgastemperatur der Feuerstätten bei Nennleistung bis zu 400° C verlegt sind und die allein oder zusammen mit den Abgasanlagen einen Wärmedurchlasswiderstand von mindestens 0,12 m² K/W und eine Feuerwiderstandsdauer von mindestens 90 Minuten haben, sind die Anforderungen des Absatzes 1 erfüllt, wenn von Bauteilen aus brennbaren Baustoffen ein Abstand von mindestens 5 cm eingehalten ist; Absatz 2 Satz 4 gilt entsprechend. [2] Feuerwiderstandsfähige Schächte, in denen Abgasleitungen verlegt sind, brauchen zu Bauteilen aus brennbaren Baustoffen keinen Abstand einzuhalten, wenn die Abgastemperatur der Feuerstätten bei Nennleistung nicht mehr als 120° C beträgt. [3] Beträgt die Abgastemperatur der Feuerstätten bei Nennleistung mehr als 120° C, aber nicht mehr als 200° C, so braucht bei diesen Schächten kein Abstand eingehalten zu werden, wenn eine Hinterlüftung im Schacht von mindestens 2 cm bei runder Abgasleitung in rechteckigem Schacht und von mindestens 3 cm in sonstigen Fällen gewährleistet ist.

(4) Werden bei Durchführungen von Abgasanlagen durch Bauteile aus brennbaren Baustoffen Zwischenräume verschlossen, so müssen dafür nichtbrennbare Baustoffe mit geringer Wärmeleitfähigkeit verwendet und die Anforderungen des Absatzes 1 erfüllt werden.

(5) [1] Bei Abgasleitungen und Verbindungsstücken für eine Abgastemperatur der Feuerstätten bei Nennleistung bis zu 400° C, die durch Bauteile aus brennbaren Baustoffen führen, sind die Anforderungen des Absatzes 1 erfüllt, wenn sie
1. in einem Abstand von mindestens 20 cm mit einem belüfteten Schutzrohr aus nichtbrennbaren Baustoffen versehen oder
2. in einer Dicke von mindestens 20 cm mit nichtbrennbaren, formbeständigen Dämmstoffen mit geringer Wärmeleitfähigkeit ummantelt sind.

[2] Abweichend von Satz 1 genügt bei Feuerstätten für flüssige oder gasförmige Brennstoffe ein Maß von 5 cm, wenn die Abgastemperatur der Feuerstätten bei Nennleistung nicht mehr als 160° C beträgt.

(6) Abweichend von den Absätzen 2 und 5 können die Anforderungen des Absatzes 1 auf andere Weise erfüllt werden.

§ 9 Abführung von Abgasen

(1) ¹ Die Mündungen von Abgasanlagen müssen
1. den Dachfirst um mindestens 40 cm überragen oder von der Dachfläche mindestens 1 m entfernt sein, wobei ein Abstand von der Dachfläche von 40 cm genügt, wenn nur raumluftunabhängige Feuerstätten für flüssige oder gasförmige Brennstoffe angeschlossen sind, die Gesamtnennleistung der angeschlossenen Feuerstätten nicht mehr als 50 kW beträgt und das Abgas durch Ventilatoren abgeführt wird,
2. Dachaufbauten, Gebäudeteile, Öffnungen zu Räumen und ungeschützte Bauteile aus brennbaren Baustoffen, ausgenommen Bedachungen, um mindestens 1 m überragen, soweit deren Abstand zu den Abgasanlagen weniger als 1,5 m beträgt, und
3. bei Feuerstätten für feste Brennstoffe in Gebäuden, deren Bedachung überwiegend nicht den Anforderungen des § 32 Abs. 1 Satz 1 NBauO entspricht, am Dachfirst austreten und diesen um mindestens 80 cm überragen.

² Satz 1 Nr. 2 gilt nicht für Abgasleitungen untereinander, wenn diese die gleiche Temperaturklasse aufweisen und die Abgastemperaturen der Feuerstätten bei Nennleistung 160° C nicht überschreiten.

(2) ¹ Die Abgase von raumluftunabhängigen Feuerstätten für gasförmige Brennstoffe dürfen nur dann durch die Gebäudeaußenwand ins Freie abgeführt werden, wenn Gefahren und unzumutbare Belästigungen nicht entstehen. ² Die Abgase müssen so in den freien Luftstrom abgeführt werden, dass sie nicht in Räume eintreten oder zurückgeführt werden können.

§ 10 Wärmepumpen, Blockheizkraftwerke und ortsfeste Verbrennungsmotoren

(1) Für die Aufstellung von
1. Sorptionswärmepumpen mit feuerbeheizten Austreibern,
2. Blockheizkraftwerken in Gebäuden und
3. ortsfesten Verbrennungsmotoren
gelten § 3 Abs. 1 bis 6 sowie § 4 Abs. 1 bis 6 entsprechend.

(2) ¹ Nur in Räumen, die die Anforderungen nach § 5 Abs. 1 erfüllen, dürfen aufgestellt werden:
1. Sorptionswärmepumpen mit einer Gesamtnennleistung der Feuerung von mehr als 50 kW,
2. Wärmepumpen, die die Abgaswärme von Feuerstätten mit einer Gesamtnennleistung von mehr als 50 kW nutzen,
3. Kompressionswärmepumpen mit elektrisch angetriebenen Verdichtern mit Antriebsleistungen von insgesamt mehr als 50 kW,
4. Kompressionswärmepumpen mit Verbrennungsmotoren,
5. Blockheizkraftwerke mit einer Gesamtnennleistung von mehr als 35 kW und
6. ortsfeste Verbrennungsmotoren.

² Auch Kombinationen von Sorptionswärmepumpen, Wärmepumpen, die Abgaswärme von Feuerstätten nutzen, Kompressionswärmepumpen mit elektrisch angetriebenen Verdichtern oder Blockheizkraftwerken, die einzeln nicht unter Satz 1 Nrn. 1 bis 3 und 5 fallen, gemeinsam betrieben werden können und eine Gesamtnennleistung und Antriebleistung von insgesamt mehr als 100 kW aufweisen, dürfen nur in Räumen aufgestellt werden, die die Anforderungen nach § 5 Abs. 1 erfüllen. ³ In der Berechnung ist die Nennleistung von Feuerstätten einzubeziehen, die in Kombination mit den in Satz 2 genannten Anlagen gemeinsam betrieben werden können. ⁴ § 5 Abs. 2, 4 und 5 gilt entsprechend.

(3) ¹ Die Verbrennungsgase von Blockheizkraftwerken und ortsfesten Verbrennungsmotoren in Gebäuden sind durch gesonderte, dichte Leitungen über Dach abzuleiten. ² Mehrere Verbrennungsmotoren dürfen an eine gemeinsame Leitung unter den Voraussetzungen des § 7 Abs. 4 angeschlossen werden. ³ Soweit die Leitungen außerhalb der Aufstellräume der Verbrennungsmotoren angeordnet sind, finden § 7 Abs. 5 und 8 und § 8 entsprechende Anwendung.

(4) ¹ Die Einleitung der Verbrennungsgase von Blockheizkraftwerken oder ortsfesten Verbrennungsmotoren in Abgasanlagen für Feuerstätten ist nur zulässig, wenn die einwandfreie Abführung der Verbrennungsgase und der Abgase der Feuerstätten sichergestellt ist. ² § 7 Abs. 1 gilt entsprechend.

(5) Für die Abführung der Abgase von Sorptionswärmepumpen mit feuerbeheizten Austreibern und Abgaswärmepumpen gelten die §§ 7 bis 9 entsprechend.

§ 11 Brennstofflagerung in Brennstofflagerräumen

(1) ¹ Je Gebäude oder Brandabschnitt dürfen
1. Holzpellets von mehr als 6 500 kg,
2. sonstige feste Brennstoffe von mehr als 15000 kg,
3. Heizöl und Dieselkraftstoff in Behältern mit insgesamt mehr als 5000 l oder
4. Flüssiggas in Behältern mit einem Füllgewicht von insgesamt mehr als 16 kg
nur in gesonderten Räumen gelagert werden, die nicht anderweitig genutzt werden (Brennstofflagerräume). ² Das Fassungsvermögen der Behälter für Heizöl oder Dieselkraftstoff darf je Brennstofflagerraum insgesamt 100000 l nicht überschreiten. ³ Das Fassungsvermögen der Behälter für Flüssiggas darf je Brennstofflagerraum 6500 l und je Gebäude oder Brandabschnitt insgesamt 30000 l nicht überschreiten.

(2) ¹ Wände und Stützen von Brennstofflagerräumen sowie Decken über und unter ihnen müssen feuerbeständig sein. ² Öffnungen in Decken und Wänden müssen, soweit sie nicht unmittelbar ins Freie führen, mindestens feuer-

hemmende und selbstschließende Abschlüsse haben. [3] Durch die Decken und Wände dürfen keine Leitungen geführt werden, ausgenommen Leitungen, die zum Betrieb dieser Räume erforderlich sind, sowie Heizrohrleitungen, Wasserleitungen und Abwasserleitungen. [4] Die Sätze 1 und 2 gelten nicht für Trennwände zwischen Brennstofflagerräumen und Heizräumen.

(3) Brennstofflagerräume für flüssige Brennstoffe müssen
1. gelüftet und von der Feuerwehr vom Freien aus beschäumt werden können und
2. an den Zugängen mit der Aufschrift „Heizöllagerung" oder „Dieselkraftstofflagerung" gekennzeichnet sein.

(4) Brennstofflagerräume für Flüssiggas
1. müssen ständig wirksam belüftet sein,
2. dürfen keine Öffnungen zu anderen Räumen, ausgenommen für Türen, und keine offenen Schächte und Kanäle haben,
3. müssen mit ihren Fußböden allseitig oberhalb der Geländeoberfläche liegen und dürfen in ihren Fußböden keine Öffnungen haben,
4. müssen an ihren Zugängen mit der Aufschrift „Flüssiggasanlage" gekennzeichnet sein und
5. dürfen nur mit elektrischen Anlagen ausgestattet sein, die den Anforderungen der Nummer 1 des Anhangs I der Gefahrstoffverordnung entsprechen.

(5) [1] Brennstofflagerräume für Holzpellets müssen vor dem Betreten ausreichend gelüftet werden können. [2] Die Brennstofflagerräume sind an ihren Zugängen mit der Aufschrift „Holzpelletlagerraum - Lebensgefahr durch giftige Gase - vor Betreten ausreichend lüften!" zu kennzeichnen. [3] Absatz 4 Nr. 5 gilt entsprechend.

§ 12 Brennstofflagerung außerhalb von Brennstofflagerräumen

(1) Feste Brennstoffe sowie Behälter zur Lagerung von brennbaren Gasen oder Flüssigkeiten dürfen nicht in notwendigen Treppenräumen, in Räumen zwischen einem notwendigen Treppenraum und dem Ausgang ins Freie und in notwendigen Fluren gelagert oder aufgestellt werden.

(2) Heizöl oder Dieselkraftstoff dürfen gelagert werden
1. bis zu 100 l in Wohnungen,
2. bis zu 1000 l in Räumen außerhalb von Wohnungen,
3. bis zu 5000 l
 a) in Räumen außerhalb von Wohnungen, die gelüftet werden können und gegenüber anderen Räumen keine Öffnungen, ausgenommen Öffnungen mit dichtschließenden Türen, haben, je Gebäude oder Brandabschnitt und
 b) in Räumen innerhalb von Wohnungen in Gebäuden der Gebäudeklasse 1 mit nicht mehr als einer Nutzungseinheit, die keine Aufenthaltsräume sind und die den Anforderungen nach Buchstabe a genügen.

(3) [1] Sind in den Räumen nach Absatz 2 Nrn. 2 und 3 Feuerungsanlagen vorhanden, so müssen
1. Feuerstätten außerhalb erforderlicher Rückhalteeinrichtungen für auslaufenden Brennstoff stehen und
2. Behälter für Heizöl oder Dieselkraftstoff einen Abstand von mindestens 1 m zur Feuerungsanlage haben.

[2] Der Abstand kann bis auf die Hälfte verringert werden, wenn ein beiderseits belüfteter Strahlungsschutz vorhanden ist. [3] Ein Abstand von 10 cm zur Feuerstätte genügt, wenn sichergestellt ist, dass die Oberflächentemperatur der Feuerstätte 40° C nicht überschreitet.

(4) [1] Flüssiggas darf in Räumen, die keine Brennstofflagerräume sind, nur gelagert werden, wenn die Fußböden allseitig oberhalb der Geländeoberfläche liegen und außer Abläufen mit Flüssigkeitsverschluss keine Öffnungen haben. [2] Je Gebäude oder Brandabschnitt dürfen Behälter mit einem Füllgewicht von insgesamt nicht mehr als 16 kg gelagert werden.

(5) Mehr als 500 kg Holzpellets dürfen in einem Raum, der kein Brennstofflagerraum ist, nur gelagert werden, wenn der Raum die Anforderungen nach § 11 Abs. 5 erfüllt.

§ 13 Dampfkesselanlagen

(1) Für Dampfkesselanlagen im Sinne der Betriebssicherheitsverordnung einschließlich der für ihren sicheren Betrieb erforderlichen Einrichtungen, die weder gewerblichen noch wirtschaftlichen Zwecken dienen und durch die Beschäftigte nicht gefährdet werden können, gelten die Vorschriften der Betriebssicherheitsverordnung entsprechend.

(2) Zuständige Behörden sind die unteren Bauaufsichtsbehörden.

§ 14 Übergangsregelungen

(1) Brennstofflagerräume für mehr als 6 500 kg Holzpellets (§ 11 Abs. 1 Satz 1 Nr. 1) und sonstige Räume für die Lagerung von mehr als 500 kg Holzpellets (§ 12 Abs. 5), die am 1. September 2020 bereits bestehen oder aufgrund eines vor dem 1. September 2020 eingeleiteten Verfahrens errichtet worden sind oder errichtet werden, sind
1. bis zum 1. September 2022 an die Anforderungen nach § 11 Abs. 5 Satz 1 und
2. bis zum 1. März 2021 an die Anforderungen nach § 11 Abs. 5 Satz 2

anzupassen.

(2) Für die vor dem 1. September 2020 eingeleiteten Verfahren ist diese Verordnung weiterhin in ihrer am 31. August 2020 geltenden Fassung anzuwenden.

§ 15 Inkrafttreten

(1) Diese Verordnung tritt am 1. Juni 2008 in Kraft.

(2) Gleichzeitig tritt die Feuerungsverordnung vom 8. Dezember 1997 (Nds. GVBl. S. 518), geändert durch Artikel 2 der Verordnung vom 22. Juli 2004 (Nds. GVBl. S. 263), außer Kraft.

Hannover, den 27. März 2008

Niedersächsisches Ministerium für Soziales, Frauen, Familie und Gesundheit

Ross-Luttmann

Ministerin

Verordnung über den Bau und Betrieb von Garagen und Stellplätzen (Garagen- und Stellplatzverordnung - GaStplVO)

Vom 4. September 1989 [1)]

1) Die Verpflichtungen aus der Richtlinie 98/34/EG des Europäischen Parlaments und des Rates vom 22. Juni 1998 über ein Informationsverfahren auf dem Gebiet der Normen und technischen Vorschriften und der Vorschriften für die Dienste der Informationsgesellschaft (ABl. EG Nr. L 204 S. 37), zuletzt geändert durch die Richtlinie 2006/96/EG vom 20. November 2006 (ABl. EU Nr. L 363 S. 81), sind beachtet worden.

Stand: letzte berücksichtigte Änderung: mehrfach geändert durch Verordnung vom 11.10.2012 (Nds. GVBl. S. 401)

Eingangsformel

Auf Grund des § 71 Abs. 2 Satz 2 sowie der §§ 87 und 95 Abs. 2 der Niedersächsischen Bauordnung (NBauO) in der Fassung vom 6. Juni 1986 (Nieders. GVBl. S. 157) wird verordnet:

§ 1 Begriffe

(1) Garagen mit einer Nutzfläche
1. bis 100 m² sind Kleingaragen,
2. über 100 m² bis 1 000 m² sind Mittelgaragen und
3. über 1 000 m² sind Großgaragen.

(2) Offene Garagen sind Garagen, die unmittelbar ins Freie führende unverschließbare Öffnungen in einer Größe von insgesamt mindestens einem Drittel der Gesamtfläche der Umfassungswände haben, bei denen mindestens zwei sich gegenüberliegende Umfassungswände mit den ins Freie führenden Öffnungen nicht mehr als 70 m voneinander entfernt sind und bei denen eine ständige Querlüftung vorhanden ist.

(3) Offene Kleingaragen sind Kleingaragen, die unmittelbar ins Freie führende unverschließbare Öffnungen in einer Größe von mindestens einem Drittel der Gesamtfläche der Umfassungswände haben.

(4) Geschlossene Garagen sind Garagen, die die Voraussetzungen nach den Absätzen 2 und 3 nicht erfüllen.

(5) Oberirdische Garagen sind Garagen, deren Fußboden in einem Geschoß im Mittel nicht mehr als 1,50 m unter der Geländeoberfläche liegt.

(6) Automatische Garagen sind Garagen ohne Personen- und Fahrzeugverkehr, in denen die Kraftfahrzeuge mit mechanischen Förderanlagen zu den Einstellplätzen und von den Einstellplätzen befördert werden.

(7) ¹Die Nutzfläche einer Garage ist die Summe aller miteinander verbundenen Flächen der Garageneinstellplätze und der Verkehrsflächen. ²Die Nutzfläche einer automatischen Garage ist die Summe der Flächen aller Garageneinstellplätze. ³Einstellplätze auf Dächern (Dacheinstellplätze) und die dazugehörigen Verkehrsflächen werden der Nutzfläche nicht zugerechnet, soweit nichts anderes bestimmt ist.

§ 2 Zu- und Abfahrten

(1) Zwischen Garagen und öffentlichen Verkehrsflächen müssen Zu- und Abfahrten von mindestens 3 m Länge vorhanden sein.

(2) Vor Garagentoren und Schranken von Garagen sowie vor anderen, die freie Zufahrt zur Garage zeitlich hindernden Anlagen, wie Tore für Einfriedungen, muß ein ausreichender Stauraum für wartende Kraftfahrzeuge vorhanden sein, wenn die Sicherheit oder Ordnung des Verkehrs dies erfordert.

(3) ¹Die Fahrbahnen von Zu- und Abfahrten von Mittel- und Großgaragen müssen mindestens 2,75 m breit sein; der Halbmesser des inneren Fahrbahnrandes muß mindestens 5 m betragen. ²Für Fahrbahnen im Bereich von Zu- und Abfahrtssperren genügt eine Breite von 2,30 m. ³Breitere Fahrbahnen können in Kurven mit Innenradien von weniger als 10 m verlangt werden, wenn dies wegen der Verkehrssicherheit erforderlich ist. ⁴§ 1 der Allgemeinen Durchführungsverordnung zur Niedersächsischen Bauordnung (DVO-NBauO) bleibt unberührt.

(4) Großgaragen müssen getrennte Fahrbahnen für Zu- und Abfahrten haben.

(5) ¹Bei Großgaragen ist neben den Fahrbahnen der Zu- und Abfahrten ein mindestens 0,80 m breiter Gehweg erforderlich, soweit nicht für den Fußgängerverkehr besondere Fußwege vorhanden sind. ²Der Gehweg muß gegenüber der Fahrbahn erhöht oder abstandssicher abgegrenzt sein.

(6) In den Fällen der Absätze 3 bis 5 sind die Dacheinstellplätze und die dazugehörigen Verkehrsflächen der Nutzfläche zuzurechnen.

(7) Für Zu- und Abfahrten von Stellplätzen gelten die Absätze 2 bis 5 entsprechend.

§ 3 Rampen

(1) ¹Rampen von Mittel- und Großgaragen dürfen nicht mehr als 15 v. H. geneigt sein. ²Die Breite der Fahrbahnen auf diesen Rampen muß mindestens 2,75 m, in gewendelten Rampenbereichen mindestens 3,50 m betragen. ³Gewendelte Teile von Rampen nach Satz 1 müssen eine Querneigung von mindestens 3 v. H. haben; der Halbmesser des inneren Fahrbahnrandes muß mindestens 5 m betragen.

(2) Zwischen öffentlicher Verkehrsfläche und einer Rampe mit mehr als 10 v. H. Neigung muß eine Fläche von mindestens 3 m Länge liegen, deren Neigung nicht mehr als 10 v. H. betragen darf.

(3) [1]In Großgaragen müssen Rampen, die von Fußgängern benutzt werden dürfen, einen mindestens 0,80 m breiten Gehweg haben, der gegenüber der Fahrbahn erhöht oder verkehrssicher abgegrenzt sein muss. [2]Rampen, die von Fußgängern nur bei Gefahr als zweiter Rettungsweg benutzt werden, brauchen keinen Gehweg zu haben. [3]An Rampen, die von Fußgängern nicht benutzt werden dürfen, ist auf das eingeschränkte Benutzungsverbot für Fußgänger hinzuweisen.

(4) Für Rampen zu Stellplätzen gelten die Absätze 1 bis 3 entsprechend.

(5) Kraftbetriebene geneigte Hebebühnen sind keine Rampen.

§ 4 Einstellplätze und Verkehrsflächen

(1) [1]Ein notwendiger Einstellplatz muss eine Länge von mindestens 5 m haben. [2]Ein notwendiger Einstellplatz, der barrierefrei sein muss, muss eine Breite von mindestens 3,50 m haben; im Übrigen genügt eine Breite
1. von 2,50 m, wenn auf beiden Längsseiten im Abstand von bis zu 0,10 m Bauteile oder Einrichtungen vorhanden sind,
2. von 2,40 m, wenn nur auf einer Längsseite im Abstand von bis zu 0,10 m Bauteile oder Einrichtungen vorhanden sind,
3. von 2,30 m, wenn auf beiden Längsseiten im Abstand von 0,10 m weder Bauteile noch Einrichtungen vorhanden sind.
[3]Notwendige Einstellplätze auf kraftbetriebenen Hebebühnen müssen eine Breite von mindestens 2,30 m haben. [4]Die Sätze 1 und 2 gelten nicht für Einstellplätze auf horizontal verschiebbaren Plattformen und in automatischen Garagen.

(2) [1]Fahrgassen müssen, soweit sie unmittelbar der Zu- oder Abfahrt von Einstellplätzen dienen, hinsichtlich ihrer Breite mindestens die Anforderungen der folgenden Tabelle erfüllen; Zwischenwerte sind gradlinig zu interpolieren:

Anordnung der Einstellplätze zur Fahrgasse	Erforderliche Fahrgassenbreite (in m) bei einer Einstellplatzbreite von		
	2,30 m	2,40 m	2,50 m
90°	6,50	6,00	5,50
bis 45°	3,50	3,25	3,00

[2]Fahrgassen vor kraftbetriebenen Hebebühnen müssen, wenn die Hebebühnen mehrere Fahrspuren haben oder beim Absenken in die Fahrgasse hineinragen, mindestens 8 m breit sein.

(3) Fahrgassen müssen, soweit sie nicht unmittelbar der Zu- oder Abfahrt von Einstellplätzen dienen, mindestens 2,75 m breit sein.

(4) [1]Fahrgassen mit Gegenverkehr müssen in Mittel- und Großgaragen mindestens 5 m breit sein, soweit sich aus Absatz 2 keine weitergehenden Anforderungen ergeben. [2]Dies gilt entsprechend für Fahrgassen von Stellplätzen.

(5) [1]Die einzelnen Einstellplätze und die Fahrgassen sind mindestens durch Markierungen am Boden leicht erkennbar und dauerhaft gegeneinander abzugrenzen. [2]Dies gilt nicht für
1. Kleingaragen ohne Fahrgassen,
2. Einstellplätze auf kraftbetriebenen Hebebühnen und
3. Einstellplätze auf horizontal verschiebbaren Plattformen.
[3]Mittel- und Großgaragen müssen in jedem Geschoß leicht erkennbare und dauerhafte Hinweise auf Fahrtrichtungen und Ausfahrten haben.

(6) [1]Einstellplätze auf horizontal verschiebbaren Plattformen dürfen in Fahrgassen angeordnet sein, wenn
1. in der Fahrgasse noch eine mindestens 2,75 m breite Fahrspur zur Verfügung steht und
2. die Plattformen nicht vor kraftbetriebenen Hebebühnen angeordnet sind.
[2]In Fahrgassen, in denen Gegenverkehr zugelassen ist, dürfen Einstellplätze auf horizontal verschiebbaren Plattformen nur angeordnet sein, wenn Durchgangsverkehr nicht stattfinden darf.

(7) In Mittel- und Großgaragen dürfen Abschlüsse zwischen Fahrgassen und Einstellplätzen nur vorhanden sein, wenn dadurch wirksame Löscharbeiten nicht behindert werden können.

§ 5 Lichte Höhe

[1]Mittel- und Großgaragen müssen in zum Begehen bestimmten Bereichen, auch unter Unterzügen, Lüftungsleitungen und sonstigen Bauteilen, eine lichte Höhe von mindestens 2 m haben. [2]Dies gilt nicht für Bereiche unter kraftbetriebenen Hebebühnen.

§ 6 Tragende Bauteile, aussteifende Bauteile und raumabschließende Bauteile, Dächer

(1) ¹In Mittel- und Großgaragen müssen tragende Bauteile, aussteifende Bauteile und raumabschließende Bauteile die Anforderungen der Allgemeinen Durchführungsverordnung zur Niedersächsischen Bauordnung an diese Bauteile für Gebäude der Gebäudeklasse 5 erfüllen, soweit sich aus den folgenden Vorschriften nichts Abweichendes ergibt. ²§ 10 Abs. 4 Satz 4 DVO-NBauO ist nicht anzuwenden.

(2) ¹Tragende Wände, aussteifende Wände sowie Decken über, unter und zwischen Garagengeschossen müssen bei Mittel- und Großgaragen feuerbeständig sein. ²Sie müssen abweichend von Satz 1 bei oberirdischen Mittel- und Großgaragen nur feuerhemmend sein und aus nichtbrennbaren Baustoffen bestehen; weitergehende Anforderungen der §§ 5 und 10 DVO-NBauO bleiben unberührt. ³Sie müssen abweichend von den Sätzen 1 und 2
1. in Gebäuden, die ausschließlich der Garagennutzung dienen,
 a) bei eingeschossigen oberirdischen Mittel- und Großgaragen, auch mit Dacheinstellplätzen, und
 b) bei offenen oberirdischen Mittel- und Großgaragen sowie
2. in Gebäuden, die ausschließlich als automatische Garage genutzt werden,

nur feuerhemmend sein oder aus nichtbrennbaren Baustoffen bestehen. ⁴Die Sätze 2 und 3 Nr. 1 gelten nicht für Gebäude mit Einstellplätzen, die mehr als 22 m über der Geländeoberfläche liegen.

(3) ¹Decken zwischen geschlossenen Kleingaragen und nicht zu den Kleingaragen gehörenden Räumen müssen mindestens feuerhemmend sein; weitergehende Anforderungen des § 10 DVO-NBauO bleiben unberührt. ²§ 10 Abs. 4 Satz 4 DVO-NBauO ist nicht anzuwenden. ³Die Sätze 1 und 2 gelten nicht für Decken in Gebäuden, in denen außer Kleingaragen nur Abstellräume mit insgesamt nicht mehr als 20 m² Grundfläche vorhanden sind oder an deren Decken Anforderungen hinsichtlich des Brandschutzes nicht gestellt werden.

(4) Für befahrbare Dächer von Garagen gelten die Anforderungen an Decken.

(5) ¹Bekleidungen und Dämmschichten unter Decken und Dächern müssen
1. in Großgaragen aus nichtbrennbaren und
2. in Mittelgaragen aus mindestens schwerentflammbaren

Baustoffen bestehen. ²Abweichend von Satz 1 müssen Bekleidungen in Großgaragen nur aus mindestens schwerentflammbaren Baustoffen bestehen, wenn ihr Abstand zur Decke oder zum Dach nicht mehr als 2 cm beträgt und ihre in Bezug auf das Volumen überwiegenden Bestandteile nichtbrennbar sind.

(6) ¹§ 11 DVO-NBauO bleibt unberührt. ²§ 23 Abs. 5, auch in Verbindung mit Abs. 6 bis 8, DVO-NBauO ist nicht anzuwenden.

§ 7 Außenwände

¹Außenwände von Mittel- und Großgaragen müssen aus nichtbrennbaren Baustoffen bestehen. ²Satz 1 gilt nicht für Außenwände von eingeschossigen oberirdischen Mittel- und Großgaragen, wenn das Gebäude allein der Garagennutzung dient.

§ 8 Trennwände und sonstige Innenwände, Tore, Einbauten

(1) ¹Zwischen Garagen und nicht zu den Garagen gehörenden Räumen müssen Trennwände als raumabschließende Bauteile vorhanden sein. ²Die Feuerwiderstandsfähigkeit der Trennwände nach Satz 1 muss der Feuerwiderstandsfähigkeit der tragenden Bauteile des Geschosses entsprechen; die Trennwände müssen jedoch mindestens feuerhemmend sein.

(2) ¹Garagen müssen von anderen Gebäuden durch Wände abgetrennt sein, die
1. bei Mittel- und Großgaragen feuerbeständig und
2. bei Kleingaragen mindestens feuerhemmend

sein müssen. ²§ 7 Abs. 3 DVO-NBauO gilt entsprechend.

(3) In Mittel- und Großgaragen müssen sonstige Innenwände, Tore und Einbauten, insbesondere Einrichtungen für mechanische Parksysteme, aus nichtbrennbaren Baustoffen bestehen.

(4) Die Absätze 1 und 2 gelten nicht für
1. Kleingaragen, wenn die nicht zu den Kleingaragen gehörenden Räume nach Absatz 1 und die Gebäude nach Absatz 2 nur Abstellzwecken dienen und insgesamt nicht mehr als 20 m² Grundfläche haben, und
2. offene Kleingaragen.

§ 9 Brandwände

(1) ¹Anstelle von Brandwänden nach § 8 Abs. 1 Satz 1 Nr. 1 DVO-NBauO genügen
1. bei eingeschossigen oberirdischen Mittel- und Großgaragen feuerbeständige Abschlusswände ohne Öffnungen, wenn das Gebäude ausschließlich der Garagennutzung dient,
2. bei Kleingaragen, die nicht offene Kleingaragen sind, mindestens feuerhemmende oder aus nichtbrennbaren Baustoffen bestehende Abschlusswände ohne Öffnungen.

²§ 8 Abs. 1 Satz 1 Nr. 1 DVO-NBauO gilt nicht für offene Kleingaragen.

(2) ¹§ 8 Abs. 1 Satz 1 Nr. 2 DVO-NBauO gilt nicht für Garagen. ²Automatische Garagen müssen durch Brandwände in Gebäudeabschnitte von nicht mehr als 6 000 m³ Brutto-Rauminhalt unterteilt sein.

§ 10 Stützen

Für Stützen gelten § 6 Abs. 1 und 2 und die §§ 7 bis 9 sinngemäß.

§ 11 Rauchabschnitte

(1) [1]Geschlossene Großgaragen, ausgenommen automatische Garagen, müssen durch mindestens feuerhemmende, aus nichtbrennbaren Baustoffen bestehende Wände in Rauchabschnitte unterteilt sein. [2]Die Nutzfläche eines Rauchabschnitts darf

1. in oberirdischen geschlossenen Großgaragen 5 000 m²,
2. in sonstigen geschlossenen Großgaragen 2 500 m²

betragen; sie darf doppelt so groß sein, wenn die Garagen Sprinkleranlagen mit über die Fläche verteilten Sprühdüsen haben. [3]Ein Rauchabschnitt darf sich auch über mehrere Geschosse erstrecken.

(2) [1]In Wänden nach Absatz 1 Satz 1 müssen Öffnungen dichtschließende, selbstschließende und mindestens feuerhemmende Abschlüsse haben. [2]Die Abschlüsse müssen Feststellanlagen haben, die bei Raucheinwirkung ein selbsttätiges Schließen bewirken; sie müssen auch von Hand geschlossen werden können.

§ 12 Verbindungen zu Garagen und zwischen Garagengeschossen

(1) Garagen, ausgenommen offene Kleingaragen, dürfen mit Fluren, Treppenräumen und Aufzügen, die nicht nur den Benutzern der Garage dienen, nur durch Öffnungen mit selbstschließenden und mindestens feuerhemmenden Türen verbunden sein.

(2) [1]Geschlossene Mittel- und Großgaragen dürfen mit Fluren, Treppenräumen und Aufzügen im Sinne des Absatzes 1 nur durch einen Raum verbunden sein, der feuerbeständige Wände und Decken sowie Türen hat, die in Fluchtrichtung aufschlagen und zur Garage rauchdicht, selbstschließend und mindestens feuerhemmend sowie zu den Fluren, Treppenräumen und Aufzügen rauchdicht und selbstschließend sind und aus nichtbrennbaren Baustoffen bestehen (Sicherheitsschleuse). [2]Ein Aufzug, der weder in einem eigenen feuerbeständigen Schacht liegt noch direkt ins Freie führt, darf mit einer geschlossenen Mittel- oder Großgarage nur über eine Sicherheitsschleuse und einen zusätzlichen Aufzugsvorraum verbunden sein.

(3) [1]Garagen dürfen mit sonstigen nicht zur Garage gehörenden Räumen und mit anderen Gebäuden unmittelbar nur durch Öffnungen verbunden sein, die rauchdichte, selbstschließende und mindestens feuerhemmende Türen haben. [2]Satz 1 gilt nicht für Kleingaragen und für Verbindungen von Garagen mit Räumen oder Gebäuden, die nur Abstellzwecken dienen und insgesamt nicht mehr als 20 m² Grundfläche haben.

(4) Automatische Garagen dürfen mit nicht zur Garage gehörenden Räumen und mit anderen Gebäuden nicht verbunden sein.

(5) Treppenräume, die Garagengeschosse miteinander verbinden, müssen rauchdichte, selbstschließende und mindestens feuerhemmende sowie aus nichtbrennbaren Baustoffen bestehende Türen haben.

§ 13 Rettungswege

(1) [1]Mittel- und Großgaragen müssen in jedem Geschoss mindestens zwei voneinander unabhängige Rettungswege haben; § 33 Abs. 1 und 2 Sätze 1 bis 3 NBauO gilt entsprechend. [2]Der zweite Rettungsweg darf auch über eine Rampe führen. [3]Abweichend von Satz 1 genügt für oberirdische Mittel- und Großgaragen ein Rettungsweg, wenn ein Ausgang ins Freie in nicht mehr als 10 m Entfernung erreichbar ist. [4]In oberirdischen Garagen, deren Einstellplätze im Mittel nicht mehr als 3 m über der Geländeoberfläche liegen, sind notwendige Treppen ohne Treppenraum zulässig.

(2) [1]Von jeder Stelle einer Mittelgarage und einer Großgarage muss in demselben Geschoss mindestens ein Ausgang ins Freie oder ein notwendiger Treppenraum oder, wenn ein Treppenraum nicht erforderlich ist, mindestens eine notwendige Treppe

1. bei offenen Mittel- und Großgaragen in einer Entfernung von nicht mehr als 50 m und
2. bei geschlossenen Mittel- und Großgaragen in einer Entfernung von nicht mehr als 30 m

erreichbar sein. [2]Die Entfernung ist in der Luftlinie, jedoch nicht durch Bauteile zu messen.

(3) [1]In Mittel- und Großgaragen müssen dauerhafte und leicht erkennbare Hinweise auf die Ausgänge vorhanden sein. [2]In Großgaragen müssen die zu den notwendigen Treppen oder zu den Ausgängen ins Freie führenden Wege auf dem Fußboden durch dauerhafte und leicht erkennbare Markierungen sowie an den Wänden durch beleuchtete Hinweise gekennzeichnet sein.

(4) [1]Die Absätze 1 bis 3 gelten für Dächer mit Einstellplätzen von Mittel- und Großgaragen entsprechend. [2]Sie gelten nicht für automatische Garagen.

§ 14 Beleuchtung

(1) [1]In Mittel- und Großgaragen muß eine elektrische Beleuchtung vorhanden sein. [2]Sie muss so beschaffen sein und in mindestens zwei Stufen so geschaltet werden können, dass an allen Stellen der Nutzflächen und Rettungswege in 0,85 m Höhe über dem Fußboden eine Beleuchtungsstärke von mindestens 1 Lux in der ersten und von mindestens 20 Lux in der nächsten Stufe erreicht wird.

(2) In geschlossenen Großgaragen, ausgenommen eingeschossige Großgaragen mit festem Benutzerkreis, muß zur Beleuchtung der Rettungswege eine Sicherheitsbeleuchtung vorhanden sein.

(3) Die Absätze 1 und 2 gelten nicht für automatische Garagen.

§ 15 Lüftung

(1) [1]Geschlossene Mittel- und Großgaragen müssen maschinelle Abluftanlagen und so große und so verteilte Zuluftöffnungen haben, daß alle Teile der Garage ausreichend gelüftet werden. [2]Bei nicht ausreichenden Zuluftöffnungen muß eine maschinelle Zuluftanlage vorhanden sein.

(2) [1]Für geschlossene Mittel- und Großgaragen mit geringem Zu- und Abgangsverkehr wie Wohnhausgaragen, genügt abweichend von Absatz 1 eine natürliche Lüftung durch Lüftungsöffnungen oder über Lüftungsschächte. [2]Die Lüftungsöffnungen müssen

1. einen freien Gesamtquerschnitt von mindestens 1 500 cm² je Garageneinstellplatz haben,
2. in den Außenwänden oberhalb der Geländeoberfläche in einer Entfernung von höchstens 35 m einander gegenüberliegen,
3. unverschließbar sein und
4. so über die Garage verteilt sein, daß eine ständige Querlüftung gesichert ist.

[3]Die Lüftungsschächte müssen untereinander in einem Abstand von nicht mehr als 20 m angeordnet sein. [4]Lüftungsschächte mit einer Höhe von nicht mehr als 2 m müssen einen freien Gesamtquerschnitt von mindestens 1 500 cm² je Einstellplatz und, wenn sie eine Höhe von mehr als 2 m haben, einen freien Gesamtquerschnitt von mindestens 3 000 cm² je Einstellplatz haben.

(3) Für geschlossene Mittel- und Großgaragen genügt abweichend von Absatz 1 eine natürliche Lüftung, wenn im Einzelfall nach dem Gutachten eines nach Bauordnungsrecht anerkannten Sachverständigen zu erwarten ist, daß der Mittelwert des Volumengehalts an Kohlenmonoxyd in der Luft, gemessen über jeweils eine halbe Stunde und in einer Höhe von 1,50 m über dem Fußboden (CO-Halbstundenmittelwert), auch während der regelmäßigen Verkehrsspitzen im Mittel nicht mehr als 100 ppm (= 100 cm³/m³) betragen wird, und wenn dies auf der Grundlage von Messungen, die nach Inbetriebnahme der Garage über einen Zeitraum von mindestens einem Monat durchzuführen sind, von einem nach Bauordnungsrecht anerkannten Sachverständigen bestätigt wird.

(4) [1]Die maschinellen Abluftanlagen sind so zu bemessen und zu betreiben, daß der CO-Halbstundenmittelwert unter Berücksichtigung der regelmäßig zu erwartenden Verkehrsspitzen nicht mehr als 100 ppm beträgt. [2]Diese Anforderungen gelten als erfüllt, wenn die Abluftanlage in Garagen mit geringem Zu- und Abgangsverkehr mindestens 6 m³, bei anderen Garagen mindestens 12 m³ Abluft in der Stunde je m² Garagennutzfläche abführen kann; für Garagen mit regelmäßig besonders hohen Verkehrsspitzen kann im Einzelfall ein Nachweis der nach Satz 1 erforderlichen Leistung der Abluftanlage verlangt werden.

(5) [1]Maschinelle Abluftanlagen müssen in jedem Lüftungssystem mindestens zwei gleich große Ventilatoren haben, die bei gleichzeitigem Betrieb zusammen den erforderlichen Gesamtvolumenstrom erbringen. [2]Jeder Ventilator einer maschinellen Zu- oder Abluftanlage muß aus einem eigenen Stromkreis gespeist werden, an den andere elektrische Anlagen nicht angeschlossen werden können. [3]Soll das Lüftungssystem zeitweise nur mit einem Ventilator betrieben werden, müssen die Ventilatoren so geschaltet sein, daß sich bei Ausfall eines Ventilators der andere selbsttätig einschaltet.

(6) [1]Geschlossene Großgaragen mit nicht nur geringem Zu- und Abgangsverkehr müssen CO-Anlagen zur Messung und Warnung (CO-Warnanlagen) haben. [2]Die CO-Warnanlagen müssen so beschaffen sein, daß die Benutzer der Garagen bei einem CO-Gehalt der Luft von mehr als 250 ppm über Lautsprecher und durch Blinkzeichen mit deutlicher Aufschrift dazu aufgefordert werden, die Garage mit dem Fahrzeug zügig zu verlassen oder bei Fahrzeugen im Stand die Motoren abzustellen. [3]Die CO-Warnanlagen müssen an eine Ersatzstromquelle angeschlossen sein. [4]Während der Warnungen müssen die Garagenausfahrten offen gehalten werden.

(7) In geschlossenen Mittel- und Großgaragen müssen an der Zufahrt und in jedem Geschoß leicht erkennbar und dauerhaft folgende Hinweise vorhanden sein:

"Abgase gefährden die Gesundheit. Vermeiden Sie längeren Aufenthalt!"

(8) Die Absätze 1 bis 7 gelten nicht für automatische Garagen.

(9) § 23 Abs. 5, auch in Verbindung mit Abs. 8, DVO-NBauO ist nicht anzuwenden.

§ 16 Feuerlöschanlagen, Rauch- und Wärmeabzug

(1) In Großgaragen müssen in Geschossen, deren Fußboden im Mittel mehr als 4 m unter oder mehr als 15 m über der Geländeoberfläche liegt, in unmittelbarer Nähe jedes Ausgangs zu einem Treppenraum Wandhydranten an einer Steigleitung vorhanden sein.

(2) [1]Nichtselbsttätige Feuerlöschanlagen müssen vorhanden sein
1. in geschlossenen Garagen mit mehr als 20 Einstellplätzen auf kraftbetriebenen Hebebühnen, wenn jeweils mehr als zwei Kraftfahrzeuge übereinander angeordnet werden können, und
2. in automatischen Garagen mit nicht mehr als 20 Einstellplätzen.

[2]Die Bauaufsichtsbehörde bestimmt im Benehmen mit der für den Brandschutz zuständigen Stelle die Art der erforderlichen Feuerlöschanlage.

(3) Sprinkleranlagen müssen vorhanden sein
1. in automatischen Garagen mit mehr als 20 Einstellplätzen und

2. in Großgaragen, wenn das Gebäude nicht allein der Garagennutzung dient, jeweils in den Geschossen, deren Fußboden mehr als 4 m unter der Geländeoberfläche liegt.

(4) [1]In geschlossenen Großgaragen müssen, wenn das Gebäude nicht allein der Garagennutzung dient, jeweils in den Geschossen, deren Fußboden im Mittel mehr als 4 m unter der Geländeoberfläche liegt, für den Rauch- und Wärmeabzug vorhanden sein

1. Öffnungen oder Schächte ins Freie mit einem freien Gesamtquerschnitt von insgesamt mindestens 1 000 cm² je Einstellplatz oder

2. maschinelle Rauch- und Wärmeabzugsanlagen,
 a) die sich bei Raucheinwirkung selbsttätig einschalten,
 b) die einer Temperatur von 300°C für mindestens eine Stunde standhalten,
 c) die in der Stunde einen mindestens zehnfachen Luftwechsel gewährleisten und
 d) deren elektrische Leitungen bei Brandeinwirkung für mindestens eine Stunde funktionsfähig bleiben.

[2]Die Öffnungen nach Satz 1 Nr. 1 müssen so angeordnet sein, dass jeder Einstellplatz nicht mehr als 20 m von einer Öffnung entfernt ist. [3]Für maschinelle Rauch- und Wärmeabzugsanlagen nach Satz 1 Nr. 2 muss eine ausreichende Versorgung mit Zuluft gewährleistet sein. [4]Die Sätze 1 bis 3 gelten nicht für Garagen, in denen sowohl Sprinkleranlagen nach Absatz 3 als auch maschinelle Abluftanlagen nach § 15 Abs. 1, die mindestens 12 m³ Abluft je m² Garagennutzfläche in der Stunde abführen können, oder eine natürliche Lüftung nach § 15 Abs. 2 vorhanden sind.

§ 17 Brandmeldeanlagen

Geschlossene Mittel- und Großgaragen müssen Brandmeldeanlagen haben, wenn sie in Verbindung stehen mit baulichen Anlagen oder Räumen, für die Brandmeldeanlagen erforderlich sind.

§ 18 Bauvorlagen, Feuerwehrpläne

(1) Die Bauvorlagen müssen Angaben enthalten über:
1. die Zahl, Abmessung und Kennzeichnung der Einstellplätze und Fahrgassen,
2. die Brandmelde- und Feuerlöschanlagen,
3. die CO-Warnanlagen,
4. die Lüftungsanlagen,
5. die Sicherheitsbeleuchtung.

(2) Für geschlossene Mittel- und Großgaragen kann die Bauaufsichtsbehörde verlangen, dass Feuerwehrpläne vorgelegt werden, die mit der für den Brandschutz zuständigen Stelle abgestimmt sind.

§ 19 Betriebsvorschriften für Garagen

(1) In Mittel- und Großgaragen muss die elektrische Beleuchtung nach § 14 Abs. 1 während der Benutzungszeit der Garage ständig mit einer Beleuchtungsstärke von mindestens 1 Lux eingeschaltet sein, soweit die Garage nicht durch Tageslicht entsprechend beleuchtet ist.

(2) Maschinelle Lüftungsanlagen und CO-Warnanlagen müssen so gewartet werden, daß sie ständig betriebsbereit sind. CO-Warnanlagen müssen ständig eingeschaltet sein.

(3) [1]In Mittel- und Großgaragen dürfen brennbare Stoffe außerhalb von Kraftfahrzeugen nicht aufbewahrt werden. [2]In Kleingaragen dürfen Kraftstoffe außerhalb von Kraftfahrzeugen nur in dicht verschlossenen, bruchsicheren Behältern, jedoch nicht mehr als 200 l Dieselkraftstoff und nicht mehr als 20 l Benzin aufbewahrt werden.

(4) In geschlossenen Großgaragen, deren Benutzung entgeltlich ist, muß, damit der Volumengehalt an Kohlenmonoxyd in der Luft durch einen unnötig langen Aufenthalt an den Abfahrtssperren nicht erhöht wird, sichergestellt sein, daß die Entgelte entrichtet werden, bevor die abgestellten Fahrzeuge die Einstellplätze verlassen.

§ 20 Abstellen von Kraftfahrzeugen in anderen Räumen als Garagen

(1) Kraftfahrzeuge dürfen in Treppenräumen, Fluren und Kellergängen nicht abgestellt werden.

(2) Kraftfahrzeuge dürfen in sonstigen Räumen, die keine Garagen sind, nur abgestellt werden, wenn
1. das Fassungsvermögen ihrer Kraftstoffbehälter nicht mehr als 12 l beträgt, Kraftstoff außer dem Inhalt der Kraftstoffbehälter abgestellter Kraftfahrzeuge in diesen Räumen nicht aufbewahrt wird, diese Räume keine Zündquellen oder leicht entzündlichen Stoffe enthalten und von Räumen, in denen Feuerstätten vorhanden sind oder leichtentzündliche Stoffe aufbewahrt werden, durch Türen abgetrennt sind,
2. die Kraftfahrzeuge Arbeitsmaschinen sind oder
3. die Räume Ausstellungsräume, Verkaufsräume, Werkräume oder Lagerräume für Kraftfahrzeuge sind.

§ 21 (gestrichen)

§ 22 Ausnahmen und weitergehende Anforderungen

Weitergehende Anforderungen als nach dieser Verordnung können zur Erfüllung des § 3 NBauO gestellt werden, soweit Garagen oder Stellplätze für Kraftfahrzeuge bestimmt sind, deren Länge mehr als 5 m und deren Breite mehr als 2 m beträgt.

§ 23 Ordnungswidrigkeiten

Ordnungswidrig im Sinne des § 80 Abs. 3 NBauO handelt, wer vorsätzlich oder fahrlässig als Betreiberin oder Betreiber einer geschlossenen Mittel- oder Großgarage

1.　entgegen § 15 Abs. 4 Satz 1 eine maschinelle Abluftanlage nicht oder nicht in der dort vorgeschriebenen Weise betreibt oder
2.　nicht für eine § 19 Abs. 1 entsprechende Beleuchtung sorgt.

§ 24 Bestehende Garagen

Die Anforderungen nach § 19 in der ab dem 1. November 2012 geltenden Fassung gelten auch für die am 31. Oktober 2012 bestehenden Garagen.

§ 25 Übergangsvorschriften

Für die vor dem 1. November 2012 eingeleiteten Verfahren ist weiterhin die Garagenverordnung vom 4. September 1989 (Nds. GVBl. S. 327), geändert durch Artikel 3 der Verordnung vom 22. Juli 2004 (Nds. GVBl. S. 263), anzuwenden.

§ 26 Inkrafttreten

Diese Verordnung tritt vierzehn Tage nach ihrer Verkündung in Kraft. Gleichzeitig tritt die Garagenverordnung vom 26. November 1975 (Nieders. GVBl. S. 373), geändert durch Artikel I Nr. 2 der Verordnung zur Bereinigung von Ordnungswidrigkeitenvorschriften im Bereich des Bauordnungsrechts vom 25. Januar 1983 (Nieders. GVBl. S. 8), außer Kraft.

Hannover, den 4. September 1989.

Niedersächsisches Sozialministerium

Schnipkoweit

Minister

Niedersächsische Versammlungsstättenverordnung (NVStättVO)

Vom 8. November 2004 (Auszug) [1)]

[1)] Die Verpflichtungen aus der Richtlinie 98/34/EGdes Europäischen Parlaments und des Rates vom 22. Juni 1998 über ein Informationsverfahren auf dem Gebiet der Normen und technischen Vorschriften (ABl. EG Nr. L 204 S. 37), zuletzt geändert durch die Richtlinie 98/48/EGdes Europäischen Parlaments und des Rates vom 20. Juli 1998 (ABl. EG Nr. L 217 S. 18), sind beachtet worden.

Stand: letzte berücksichtigte Änderung: Inhaltsverzeichnis geändert, § 47 aufgehoben durch Artikel 6 der Verordnung vom 23.11.2021 (Nds. GVBl. S. 758)

Eingangsformel

Aufgrund des § 71 Abs. 2 Satz 2 sowie der §§ 87 und 95 Abs. 2 und 3 der Niedersächsischen Bauordnung in der Fassung vom 10. Februar 2003 (Nds. GVBl. S. 89) wird verordnet:

Teil 1 Allgemeine Vorschriften

§ 1 Anwendungsbereich

(1) Die Vorschriften dieser Verordnung gelten für den Bau und Betrieb von
1. Versammlungsstätten
 a) mit Versammlungsräumen, die einzeln mehr als 200 Besucherinnen und Besucher fassen, oder
 b) mit mehreren Versammlungsräumen, die insgesamt mehr als 200 Besucherinnen und Besucher fassen und einen gemeinsamen Rettungsweg haben,
2. Versammlungsstätten im Freien, die Szenenflächen haben und deren Besucherbereich mehr als 1000 Besucherinnen und Besucher fasst und ganz oder teilweise aus baulichen Anlagen besteht, sowie
3. Versammlungsstätten in Form von Sportstadien, die mehr als 5000 Besucherinnen und Besucher fassen.

(2) [1] Die Besucherkapazität ist wie folgt zu bemessen:
1. für Sitzplätze an Tischen:
 eine Person je m² Grundfläche des Versammlungsraumes,
2. für Sitzplätze in Reihen und für Stehplätze:
 zwei Personen je m² Grundfläche des Versammlungsraumes,
3. für Stehplätze auf Stufenreihen:
 zwei Personen je laufenden Meter Stufenreihe,
4. bei Ausstellungsräumen:
 eine Person je m² Grundfläche des Versammlungsraumes.

[2] Für Besucherinnen und Besucher nicht zugängliche Flächen und die Flächen der Rettungswege werden in die Berechnung nicht einbezogen. [3] Für Versammlungsstätten im Freien und für Sportstadien gilt Satz 1 Nrn. 1 und 2 und Satz 2 entsprechend.

(3) Die Vorschriften dieser Verordnung gelten nicht für
1. Räume, die dem Gottesdienst gewidmet sind,
2. Unterrichtsräume in allgemein bildenden und in berufsbildenden Schulen,
3. Seminarräume in Hochschulen, wenn sie keinen Rettungsweg gemeinsam mit Versammlungsräumen nach Absatz 1 Nr. 1 haben und einzeln nicht mehr als 75 Besucherinnen und Besucher fassen,
4. Räume, die zum Verzehr von Speisen und Getränken bestimmt sind und weder einzeln noch insgesamt mehr als 400 Besucherinnen und Besucher fassen,
5. Ausstellungsräume in Museen und
6. Fliegende Bauten.

(4) Bauprodukte, Bauarten und Prüfverfahren, die den in Vorschriften anderer Vertragsstaaten des Abkommens über den Europäischen Wirtschaftsraum genannten technischen Anforderungen entsprechen, dürfen verwendet oder angewendet werden, wenn das geforderte Schutzniveau in Bezug auf Sicherheit, Gesundheit und Gebrauchstauglichkeit gleichermaßen dauerhaft erreicht und die Verwendbarkeit nachgewiesen wird.

§ 2 Begriffe

(1) Versammlungsstätten sind bauliche Anlagen oder Teile baulicher Anlagen, die für die gleichzeitige Anwesenheit vieler Menschen bei Veranstaltungen bestimmt sind, sowie Schank- und Speisewirtschaften.

(2) Erdgeschossige Versammlungsstätten sind Gebäude mit nur einem Geschoss ohne Ränge und Emporen, dessen Fußboden an keiner Stelle mehr als 1 m unter der Geländeoberfläche liegt; Geschosse, die ausschließlich der Unterbringung technischer Anlagen und Einrichtungen dienen, bleiben außer Betracht.

(3) [1] Versammlungsräume sind Räume für Veranstaltungen oder für den Verzehr von Speisen oder Getränken. [2] Hierzu gehören auch Aulen und Foyers, Vortrags- und Hörsäle sowie Studios.

(4) Szenenflächen sind Flächen für Darbietungen; für Darbietungen bestimmte Flächen unter 20 m² gelten nicht als Szenenflächen.

(5) Eine Bühne ist der hinter einer Bühnenöffnung liegende Raum mit Szenenflächen, wobei zur Bühne die Hauptbühne sowie die Hinter- und Seitenbühnen einschließlich der jeweils zugehörigen Ober- und Unterbühnen zählen.

(6) Eine Bühnenöffnung ist die Öffnung in der Trennwand zwischen der Hauptbühne und dem Versammlungsraum.

(7) Eine Großbühne ist eine Bühne
1. mit einer Szenenfläche hinter der Bühnenöffnung von mehr als 200 m²,
2. mit einer Oberbühne mit einer lichten Höhe von mehr als 2,5 m über der Bühnenöffnung oder
3. mit einer Unterbühne.

(8) Die Unterbühne ist der begehbare Teil des Bühnenraumes unter dem Bühnenboden, der zur Unterbringung einer Untermaschinerie geeignet ist.

(9) Die Oberbühne ist der Teil des Bühnenraumes über der Bühnenöffnung, der zur Unterbringung einer Obermaschinerie geeignet ist.

(10) In einer Versammlungsstätte mit einer Großbühne ist
1. das Zuschauerhaus der Gebäudeteil, der die Versammlungsräume und die mit ihnen in baulichem Zusammenhang stehenden Räume umfasst, und
2. das Bühnenhaus der Gebäudeteil, der die Bühnen und die mit ihnen in baulichem Zusammenhang stehenden Räume umfasst.

(11) Mehrzweckhallen sind überdachte Versammlungsstätten für verschiedene Veranstaltungsarten.

(12) Studios sind Produktionsstätten für Film-, Fernseh- und Hörfunkproduktionen mit Besucherplätzen.

(13) Foyers sind Empfangs- und Pausenräume für Besucherinnen und Besucher von Veranstaltungen.

(14) Ausstattungen sind Bestandteile von Bühnen- oder Szenenbildern, insbesondere Wand-, Fußboden- und Deckenelemente, Bildwände und Treppen.

(15) Requisiten sind bewegliche Einrichtungsgegenstände von Bühnen- oder Szenenbildern, insbesondere Möbel, Leuchten, Bilder und Geschirr.

(16) Ausschmückungen sind vorübergehend eingebrachte Dekorationsgegenstände, insbesondere Drapierungen, Girlanden, Fahnen und Pflanzenschmuck.

(17) Sportstadien sind Versammlungsstätten mit Tribünen für Besucherinnen und Besucher und mit nicht überdachten Sportflächen.

(18) Tribünen sind bauliche Anlagen mit ansteigenden Reihen mit Steh- oder Sitzplätzen (Stufenreihen) für Besucherinnen und Besucher.

(19) Innenbereich ist die von Tribünen begrenzte Sportfläche oder Fläche für Darbietungen.

Teil 2 Allgemeine Bauvorschriften

Abschnitt 1 - Bauteile und Baustoffe

§ 3 Bauteile

(1) Tragende Bauteile, aussteifende Bauteile und raumabschließende Bauteile müssen, soweit in dieser Verordnung nichts anderes geregelt ist, den Anforderungen der Allgemeinen Durchführungsverordnung zur Niedersächsischen Bauordnung (DVO-NBauO) an diese Bauteile für Gebäude der Gebäudeklasse 5 entsprechen.

(2) [1] Tragende Bauteile und aussteifende Bauteile müssen feuerbeständig, in erdgeschossigen Versammlungsstätten mindestens feuerhemmend sein. [2] Satz 1 gilt nicht für erdgeschossige Versammlungsstätten mit automatischen Feuerlöschanlagen.

(3) Außenwände mehrgeschossiger Versammlungsstätten müssen aus nichtbrennbaren Baustoffen bestehen.

(4) Trennwände zwischen Versammlungsräumen und anders genutzten Räumen müssen feuerbeständig, in erdgeschossigen Versammlungsstätten mindestens feuerhemmend sein; dies gilt auch für Trennwände zu Bühnen, jedoch nicht für Trennwände zu notwendigen Fluren.

(5) [1] Trennwände zwischen Räumen mit besonderen Brandgefahren, wie Werkstätten und Lagerräumen, sowie zwischen solchen Räumen und anders genutzten Räumen müssen feuerbeständig sein. [2] Feuerbeständig müssen auch die Trennwände und Decken von Räumen unter Tribünen und Podien in Versammlungsräumen sein.

(6) [1] Der Fußboden von Szenenflächen muss fugendicht sein; betriebsbedingte Öffnungen sind zulässig. [2] Die Unterkonstruktion des Fußbodens von Szenenflächen muss mit Ausnahme von Lagerhölzern aus nichtbrennbaren Baustoffen bestehen. [3] Räume unter dem Fußboden von Szenenflächen, die nicht zu einer Unterbühne gehören, müssen feuerbeständige Wände und Decken haben.

(7) Die Unterkonstruktion der Fußböden von Tribünen und Podien, die veränderbare Einbauten in Versammlungsräumen sind, muss aus nichtbrennbaren Baustoffen bestehen; dies gilt nicht für Podien mit insgesamt weniger als 20 m² Fläche.

(8) Veränderbare Einbauten müssen so hergestellt und eingebaut sein, dass sie in ihrer Standsicherheit nicht durch dynamische Schwingungen gefährdet werden können.

(9) § 8 Abs. 2 Satz 2 und § 10 Abs. 4 Satz 4 sowie § 23 Abs. 5, auch in Verbindung mit Abs. 6 bis 8, DVO-NBauO sind nicht anzuwenden.

§ 4 Dächer

(1) [1] Tragwerke von Dächern, die den oberen Abschluss von Räumen einer Versammlungsstätte bilden oder die von diesen Räumen nicht durch feuerbeständige Bauteile getrennt sind, müssen feuerhemmend sein. [2] Tragwerke von Dächern über Tribünen und Szenenflächen im Freien müssen mindestens feuerhemmend sein oder aus nichtbrennbaren Baustoffen bestehen. [3] Satz 1 gilt nicht für Versammlungsstätten mit automatischen Feuerlöschanlagen.

(2) [1] Bedachungen, ausgenommen Dachhaut und Dampfsperre, müssen bei Dächern, die den oberen Abschluss von Räumen der Versammlungsstätten bilden oder die von diesen Räumen nicht durch feuerbeständige Bauteile getrennt sind, aus nichtbrennbaren Baustoffen bestehen. [2] Satz 1 gilt nicht für Bedachungen über einem Raum mit weniger als 1000 m² Grundfläche.

(3) [1] Lichtdurchlässige Bedachungen über Versammlungsräumen müssen aus nichtbrennbaren Baustoffen bestehen. [2] Bei Versammlungsräumen mit automatischen Feuerlöschanlagen genügen schwerentflammbare Baustoffe, die nicht brennend abtropfen können.

§ 5 Dämmstoffe, Bekleidungen, Unterdecken und Bodenbeläge

(1) Dämmstoffe müssen aus nichtbrennbaren Baustoffen bestehen.

(2) [1] Bekleidungen an Wänden in Versammlungsräumen müssen aus mindestens schwerentflammbaren Baustoffen bestehen. [2] In Versammlungsräumen mit nicht mehr als 1000 m² Grundfläche sind geschlossene nicht hinterlüftete Holzbekleidungen zulässig.

(3) [1] Unterdecken und Bekleidungen an Decken in Versammlungsräumen müssen aus nichtbrennbaren Baustoffen bestehen. [2] In Versammlungsräumen mit nicht mehr als 1000 m² Grundfläche sind Bekleidungen aus mindestens schwerentflammbaren Baustoffen und geschlossene nicht hinterlüftete Holzbekleidungen zulässig.

(4) In Foyers, durch die Rettungswege aus anderen Versammlungsräumen führen, in notwendigen Treppenräumen, in Räumen zwischen einem notwendigen Treppenraum und dem Ausgang ins Freie sowie in notwendigen Fluren müssen Bekleidungen und Unterdecken aus nichtbrennbaren Baustoffen bestehen.

(5) Bekleidungen und Unterdecken, die mindestens schwerentflammbar sein müssen, dürfen nicht brennend abtropfen können.

(6) [1] Unterkonstruktionen, Halterungen und Befestigungen von Bekleidungen und Unterdecken nach den Absätzen 2 bis 4 müssen aus nichtbrennbaren Baustoffen bestehen; in den Hohlräumen hinter Bekleidungen und Unterdecken aus brennbaren Baustoffen dürfen Kabel und Leitungen nur in Installationsschächten oder Installationskanälen aus nichtbrennbaren Baustoffen verlegt sein. [2] Satz 1 Halbsatz 1 gilt nicht für Versammlungsräume mit nicht mehr als 100 m² Grundfläche.

(7) [1] In notwendigen Treppenräumen und in Räumen zwischen einem notwendigen Treppenraum und dem Ausgang ins Freie müssen Bodenbeläge nichtbrennbar sein. [2] In Foyers, durch die Rettungswege aus anderen Versammlungsräumen führen, und in notwendigen Fluren müssen Bodenbeläge mindestens schwerentflammbar sein.

Abschnitt 2 - Rettungswege

§ 6 Führung der Rettungswege

(1) [1] Rettungswege müssen ins Freie zu öffentlichen Verkehrsflächen führen. [2] Zu den Rettungswegen von Versammlungsstätten gehören insbesondere die vorgeschriebenen und frei zu haltenden Gänge und Stufengänge, die Ausgänge aus Versammlungsräumen, die notwendigen Flure, die notwendigen Treppen und die notwendigen Treppenräume, die Ausgänge ins Freie, die als Rettungsweg dienenden Balkone, Dachterrassen und Außentreppen sowie die Rettungswege im Freien auf dem Grundstück. [3] § 17 Abs. 1 Nr. 2 DVO-NBauO ist nicht anzuwenden.

(2) [1] In Versammlungsstätten muss jedes Geschoss mit einem Aufenthaltsraum und jede Tribüne mindestens zwei voneinander unabhängige bauliche Rettungswege haben. [2] Es ist zulässig, zwei Rettungswege innerhalb des Geschosses durch einen gemeinsamen notwendigen Flur zu führen. [3] Rettungswege dürfen über Balkone, Dachterrassen und Außentreppen auf das Grundstück führen, wenn sie im Gefahrenfall sicher begehbar sind.

(3) Rettungswege dürfen nur dann durch Foyers oder Hallen zu Ausgängen ins Freie führen, wenn für jedes Geschoss mindestens ein weiterer von dem Foyer oder der Halle unabhängiger baulicher Rettungsweg vorhanden ist.

(4) Versammlungsstätten müssen für jedes Geschoss mit mehr als 800 Besucherplätzen nur diesem Geschoss zugeordnete Rettungswege haben.

(5) Versammlungsräume und sonstige Aufenthaltsräume mit mehr als 100 m² Grundfläche müssen jeweils mindestens zwei möglichst weit auseinander und entgegengesetzt liegende Ausgänge ins Freie oder zu Rettungswegen haben.

(6) Ausgänge und Rettungswege müssen durch Sicherheitszeichen dauerhaft und gut sichtbar gekennzeichnet sein.

§ 7 Bemessung der Rettungswege

(1) [1] Die Entfernung von jedem Besucherplatz bis zum nächsten Ausgang des Versammlungsraumes oder der Tribüne darf nicht größer als 30 m sein. [2] Bei mehr als 5 m lichter Höhe vergrößert sich je 2,5 m zusätzlicher lichter Höhe über der Ebene, von der Rauch abzuleiten ist, die zulässige Entfernung für diesen Bereich um 5 m. [3] Eine

Entfernung von 60 m bis zum nächsten Ausgang darf nicht überschritten sein. [4] Die Entfernung wird in der Lauflinie gemessen.

(2) [1] Die Entfernung von jeder Stelle einer Bühne bis zu deren nächstem Ausgang darf nicht größer als 30 m sein. [2] Gänge zwischen den Wänden der Bühne und einem Rundhorizont oder den Dekorationen müssen eine lichte Breite von 1,20 m haben; in Großbühnen müssen solche Gänge vorhanden sein.

(3) Die Entfernung von jeder Stelle eines notwendigen Flures oder eines Foyers bis zum Ausgang ins Freie oder zu einem notwendigen Treppenraum darf nicht größer als 30 m sein.

(4) [1] Die Breite der Rettungswege ist nach der größtmöglichen Zahl der darauf angewiesenen Personen zu bemessen. [2] Die lichte Breite eines jeden Teils eines Rettungsweges muss bei Versammlungsstätten im Freien und Sportstadien 0,60 m je 300 und bei sonstigen Versammlungsstätten 0,60 m je 100 der auf den Rettungsweg angewiesenen Personen betragen, mindestens jedoch 1,20 m. [3] Bei Ausgängen aus Aufenthaltsräumen mit nicht mehr als 200 m² Grundfläche und bei Rettungswegen im Bühnenhaus genügt eine lichte Breite von 0,90 m. [4] Für Rettungswege von Arbeitsgalerien genügt eine Breite von 0,80 m.

(5) [1] Ausstellungshallen müssen durch Gänge so unterteilt sein, dass die Tiefe der zur Aufstellung von Ausstellungsständen bestimmten Grundflächen (Ausstellungsflächen) nicht mehr als 30 m beträgt. [2] Die Entfernung von jeder Stelle auf einer Ausstellungsfläche bis zu einem Gang darf nicht größer als 20 m sein; sie wird auf die nach Absatz 1 bemessene Entfernung nicht angerechnet. [3] Die Gänge müssen auf möglichst geradem Weg zu entgegengesetzt liegenden Ausgängen führen. [4] Die lichte Breite der Gänge und der zugehörigen Ausgänge muss mindestens 3,00 m betragen.

§ 8 Treppen

(1) [1] Einschiebbare Treppen und Leitern sind als Zugang nach § 34 Abs. 2 Satz 2 Nr. 2 NBauO nicht zulässig. [2] Notwendige Treppen ohne eigenen Treppenraum sind für Verbindungen nach § 35 Abs. 2 Nr. 2 NBauO nicht zulässig.

(2) Eine nach § 6 Abs. 4 einem einzelnen Geschoss besonders zugeordnete notwendige Treppe darf mit Treppen für andere Geschosse durch einen gemeinsamen notwendigen Treppenraum geführt werden.

(3) [1] Notwendige Treppen müssen feuerbeständig sein. [2] Für notwendige Treppen in notwendigen Treppenräumen oder als Außentreppen genügen nichtbrennbare Baustoffe. [3] Für notwendige Treppen von Tribünen und Podien als veränderbare Einbauten genügen Stufen aus Holz und im Übrigen nichtbrennbare Baustoffe. [4] Die Sätze 1 bis 3 gelten nicht für notwendige Treppen von Ausstellungsständen.

(4) Die lichte Breite notwendiger Treppen darf nicht mehr als 2,40 m betragen.

(5) [1] Notwendige Treppen und dem allgemeinen Besucherverkehr dienende Treppen müssen auf beiden Seiten feste und griffsichere Handläufe ohne freie Enden haben. [2] Die Handläufe müssen über Treppenabsätze fortgeführt sein.

(6) Notwendige Treppen und dem allgemeinen Besucherverkehr dienende Treppen müssen geschlossene Trittstufen haben; dies gilt nicht für Außentreppen.

(7) Wendeltreppen sind als dem allgemeinen Besucherverkehr dienende Treppen unzulässig.

§ 9 Türen und Tore

(1) Türen und Tore in Trennwänden, die feuerbeständig sein müssen, sowie in inneren Brandwänden müssen mindestens feuerhemmend, rauchdicht und selbstschließend sein.

(2) Türen und Tore in Trennwänden, die feuerhemmend sein müssen, müssen mindestens rauchdicht und selbstschließend sein.

(3) [1] Türen in Rettungswegen müssen in Fluchtrichtung aufschlagen und dürfen keine Schwellen haben. [2] Während des Aufenthaltes von Personen in der Versammlungsstätte müssen die Türen in den jeweiligen Rettungswegen jederzeit von innen leicht und in voller Breite geöffnet werden können.

(4) [1] Schiebetüren sind in Rettungswegen unzulässig, dies gilt nicht für automatische Schiebetüren, die die Rettungswege nicht beeinträchtigen. [2] Pendeltüren müssen in Rettungswegen Vorrichtungen haben, die ein Durchpendeln der Türen verhindern.

(5) Türen, die selbstschließend sein müssen, dürfen offen gehalten werden, wenn sie Einrichtungen haben, die bei Raucheinwirkung ein selbsttätiges Schließen der Türen bewirken; sie müssen auch von Hand geschlossen werden können.

(6) Mechanische Vorrichtungen zur Vereinzelung oder Zählung von Besucherinnen und Besuchern, wie Drehtüren oder -kreuze, sind in Rettungswegen unzulässig; dies gilt nicht für mechanische Vorrichtungen, die im Gefahrenfall von innen leicht und in voller Breite geöffnet werden können.

Abschnitt 3 - Besucherplätze und Einrichtungen für Besucherinnen und Besucher

§ 10 Bestuhlung, Gänge und Stufengänge

(1) [1] In Reihen angeordnete Sitzplätze müssen unverrückbar befestigt sein; sind Stühle nur vorübergehend aufgestellt, so genügt es, wenn sie in den einzelnen Reihen fest miteinander verbunden sind. [2] Satz 1 gilt nicht für Gast-

stätten und Kantinen sowie in sonstigen Versammlungsstätten nicht für abgegrenzte Bereiche, wie Logen, mit bis zu 20 Sitzplätzen und ohne Stufen.

(2) In Versammlungsstätten mit mehr als 5000 Besucherplätzen müssen Sitzplatzbereiche auf Tribünen unverrückbar befestigte Einzelsitze haben.

(3) [1] Sitzplätze müssen mindestens 0,50 m breit sein. [2] Zwischen Sitzplatzreihen muss eine lichte Durchgangsbreite von mindestens 0,40 m vorhanden sein.

(4) [1] Sitzplätze müssen in Blöcken von höchstens 30 Sitzplatzreihen angeordnet sein. [2] Hinter und zwischen den Blöcken müssen Gänge mit einer Mindestbreite von 1,20 m vorhanden sein. [3] Die Gänge müssen auf möglichst kurzem Weg zum Ausgang führen.

(5) [1] Seitlich eines Ganges dürfen in einer Reihe höchstens 10 Sitzplätze, bei Versammlungsstätten im Freien und Sportstadien höchstens 20 Sitzplätze angeordnet sein. [2] Zwischen zwei Seitengängen dürfen in einer Reihe höchstens 20 Sitzplätze, bei Versammlungsstätten im Freien und Sportstadien höchstens 40 Sitzplätze angeordnet sein. [3] In Versammlungsräumen dürfen zwischen zwei Seitengängen in einer Reihe bis zu 50 Sitzplätze angeordnet sein, wenn auf jeder Seite des Versammlungsraumes für jeweils vier Sitzreihen eine Tür mit einer lichten Breite von mindestens 1,20 m angeordnet ist.

(6) [1] Von jedem Tischplatz darf der Weg zu einem Gang nicht länger als 10 m sein. [2] Der Abstand von Tisch zu Tisch soll 1,50 m nicht unterschreiten.

(7) [1] In Versammlungsstätten müssen für Benutzerinnen und Benutzer von Rollstühlen mindestens eins vom Hundert der Besucherplätze, mindestens jedoch zwei Plätze auf ebenen Standflächen vorhanden sein. [2] Den Plätzen für Benutzerinnen und Benutzer von Rollstühlen müssen Besucherplätze für Begleitpersonen zugeordnet sein. [3] Die Plätze für Benutzerinnen und Benutzer von Rollstühlen und die Wege zu ihnen müssen durch Hinweisschilder gut sichtbar gekennzeichnet sein.

(8) [1] Stufen in Gängen (Stufengänge) müssen eine Steigung von mindestens 0,10 m und höchstens 0,19 m und einen Auftritt von mindestens 0,26 m haben. [2] Der Fußboden des Durchganges zwischen Sitzplatzreihen und der Fußboden von Stehplatzreihen muss mit dem anschließenden Auftritt des Stufenganges auf einer Höhe liegen. [3] Stufengänge in Mehrzweckhallen mit mehr als 5000 Besucherplätzen und in Sportstadien müssen sich durch farbliche Kennzeichnung von den umgebenden Flächen deutlich abheben.

§ 11 Abschrankungen und Schutzvorrichtungen

(1) [1] Zum Begehen bestimmte Flächen und Treppen in Versammlungsstätten sowie Verkehrsflächen auf dem Baugrundstück müssen umwehrt sein, wenn sie mehr als 0,20 m tiefer liegenden Flächen benachbart sind und soweit sie nicht durch Stufengänge oder Rampen mit der tiefer liegenden Fläche verbunden sind. [2] Satz 1 ist nicht anzuwenden auf

1. Bühnen- und Szenenflächen an den Besucherplätzen zugewandten Seiten,
2. Stufen von Sitzplatz- oder Stehplatzreihen, wenn die Stufenfläche nicht mehr als 0,50 m über der davor liegenden Stufenfläche oder über dem Fußboden des Versammlungsraumes liegt, und
3. Stufen von Sitzplatzreihen, wenn die Rückenlehnen der davor liegenden Sitze die Stufenfläche um mindestens 0,65 m überragen.

(2) Abschrankungen, wie Umwehrungen, Geländer, Wellenbrecher, Zäune, Absperrgitter und Glaswände, müssen mindestens 1,10 m hoch sein.

(3) [1] Für Umwehrungen nach Absatz 1 genügt bei einer Absturzhöhe bis zu 12 m eine Höhe von 1 m; vor Sitzplatzreihen genügt unabhängig von der Absturzhöhe eine Höhe von 0,90 m, bei mindestens 0,20 m Breite der Brüstung eine Höhe von 0,80 m und bei mindestens 0,50 m Breite eine Höhe von 0,70 m. [2] Liegt die Stufenfläche nicht mehr als 1 m über der davor liegenden Stufenfläche oder über dem Fußboden des Versammlungsraumes, so genügt vor Sitzplätzen auf Stufenreihen eine Höhe von 0,65 m.

(4) Abschrankungen in den für Besucherinnen und Besucher zugänglichen Bereichen müssen so bemessen sein, dass sie dem Druck einer Personengruppe standhalten.

(5) Die Fußböden und Stufen von Tribünen, Podien, Bühnen oder Szenenflächen dürfen keine Öffnungen haben, durch die Personen abstürzen können.

(6) [1] Spielfelder, Manegen, Fahrbahnen für den Rennsport und Reitbahnen müssen durch Abschrankungen, Netze oder andere Vorrichtungen so gesichert sein, dass Besucherinnen und Besucher durch die Darbietung oder den Betrieb auf dem Spielfeld, in der Manege oder auf der Bahn nicht gefährdet werden. [2] Besucherplätze müssen ohne Betreten von Fahrbahnen für den Rennsport erreicht werden können. [3] Für Darbietungen und den Betrieb technischer Einrichtungen im Luftraum über Besucherplätzen gilt Satz 1 entsprechend.

§ 12 Toiletten

(1) [1] Versammlungsstätten müssen getrennte Toilettenräume für Frauen und Männer haben. [2] Toiletten sollen in jedem Geschoss angeordnet werden. [3] Es sollen mindestens vorhanden sein für:

Besucherplätze	für Frauen	für Männer	
	Toilettenbecken	Toilettenbecken	Urinalbecken
bis 1000 je 100	1,2	0,8	1,2
über 1000 je weitere 100	0,8	0,4	0,6
über 20000 je weitere 100	0,4	0,3	0,6.

[4] Die ermittelten Zahlen sind auf ganze Zahlen aufzurunden. [5] Soweit die Aufteilung der Toilettenräume auf Frauen und Männer nach der Art der Veranstaltung nicht zweckmäßig ist, kann für die Dauer der Veranstaltung eine andere Aufteilung erfolgen, wenn die Toilettenräume entsprechend gekennzeichnet werden. [6] Auf dem Gelände der Versammlungsstätte oder in der Nähe vorhandene Toiletten können angerechnet werden, wenn sie für die Besucherinnen und Besucher der Versammlungsstätte zugänglich sind.

(2) Je angefangene zehn Plätze für Benutzerinnen und Benutzer von Rollstühlen muss eine stufenlos erreichbare Toilette vorhanden sein.

(3) Jeder Toilettenraum muss einen Vorraum mit Waschbecken haben.

§ 13 Einstellplätze für Menschen mit Behinderungen

[1] Für die Kraftfahrzeuge von Menschen mit Behinderungen müssen mindestens halb so viele Einstellplätze vorhanden sein, wie nach § 10 Abs. 7 Satz 1 Plätze für Benutzerinnen und Benutzer von Rollstühlen erforderlich sind. [2] Auf diese Einstellplätze muss dauerhaft und leicht erkennbar hingewiesen sein.

Abschnitt 4 - Technische Einrichtungen

§ 14 Sicherheitsstromversorgung, elektrische Anlagen und Blitzschutzanlagen

(1) Versammlungsstätten müssen eine Anlage für die Sicherheitsstromversorgung haben, die bei Ausfall der allgemeinen Stromversorgung den Betrieb der sicherheitstechnischen Anlagen und Einrichtungen mit elektrischer Energie übernimmt, insbesondere der
1. Anlagen der Sicherheitsbeleuchtung,
2. automatischen Feuerlöschanlagen und Druckerhöhungsanlagen für die Löschwasserversorgung,
3. Rauchabzugsanlagen,
4. Brandmeldeanlagen und
5. Alarmierungsanlagen.

(2) In Versammlungsstätten für verschiedene Veranstaltungsarten müssen bauliche Vorkehrungen, wie Installationsschächte und -kanäle oder Abschottungen, vorhanden sein, damit Kabel und Leitungen vorübergehend so verlegt werden können, dass sich Feuer und Rauch nicht ausbreiten können und die sichere Begehbarkeit der Rettungswege nicht beeinträchtigt wird.

(3) Elektrische Schaltanlagen dürfen für Besucherinnen und Besucher nicht zugänglich sein.

(4) Versammlungsstätten müssen Blitzschutzanlagen haben, die auch die sicherheitstechnischen Einrichtungen schützen.

§ 15 Sicherheitsbeleuchtung

(1) In Versammlungsstätten muss eine Sicherheitsbeleuchtung vorhanden sein, die so beschaffen ist, dass sich Besucherinnen und Besucher, Mitwirkende und Betriebsangehörige auch bei vollständigem Versagen der allgemeinen Beleuchtung bis zu öffentlichen Verkehrsflächen hin gut zurechtfinden und Arbeitsvorgänge auf Bühnen und Szenenflächen sicher durchgeführt werden können.

(2) Eine Sicherheitsbeleuchtung muss vorhanden sein
1. in notwendigen Treppenräumen, in Räumen zwischen einem notwendigen Treppenraum und dem Ausgang ins Freie sowie in notwendigen Fluren,
2. in Versammlungsräumen und in allen übrigen Räumen für Besucherinnen und Besucher,
3. für Bühnen und Szenenflächen,
4. in Räumen für Mitwirkende und Beschäftigte mit mehr als 20 m² Grundfläche, ausgenommen Büroräume,
5. in elektrischen Betriebsräumen, in Räumen für haustechnische Anlagen sowie in Scheinwerfer- und Bildwerferräumen,

6. in Versammlungsstätten im Freien und Sportstadien, die während der Dunkelheit benutzt werden,
7. für Sicherheitszeichen von Ausgängen und Rettungswegen und
8. für Stufen, die beleuchtet sein müssen.

(3) [1] In Versammlungsräumen, die während des Betriebs verdunkelt werden, auf Bühnen und auf Szenenflächen muss eine Sicherheitsbeleuchtung in Bereitschaftsschaltung vorhanden sein. [2] Die Ausgänge, Gänge und Stufen in Versammlungsräumen müssen auch bei Verdunklung unabhängig von der übrigen Sicherheitsbeleuchtung erkennbar sein. [3] In Versammlungsräumen mit auswechselbarer Bestuhlung sowie in Sportstadien mit Sicherheitsbeleuchtung ist eine gesonderte Beleuchtung der Stufen nicht erforderlich.

§ 16 Rauchableitung

(1) Aus Versammlungsräumen und sonstigen Aufenthaltsräumen mit mehr als 200 m² Grundfläche, Versammlungsräumen in Kellergeschossen, Bühnen und notwendigen Treppenräumen muss Rauch abgeleitet werden können.

(2) Für das Ableiten von Rauch aus Versammlungsräumen und sonstigen Aufenthaltsräumen mit nicht mehr als 1000 m² Grundfläche genügen Öffnungen zur Rauchableitung mit einer freien Öffnungsfläche von insgesamt eins vom Hundert der Grundfläche, Fenster oder Türen mit einer freien Öffnungsfläche von insgesamt zwei vom Hundert der Grundfläche oder maschinelle Rauchabzugsanlagen mit einem Luftvolumenstrom von 36 m³/h je m² Grundfläche.

(3) Für die Entrauchung von Versammlungsräumen und sonstigen Aufenthaltsräumen mit mehr als 1000 m² Grundfläche sowie von Bühnen müssen Rauchabzugsanlagen vorhanden sein, die so bemessen sind, dass sie eine raucharme Schicht von mindestens 2,50 m Höhe auf allen zu entrauchenden Ebenen, bei Bühnen jedoch mindestens eine raucharme Schicht von der Höhe der Bühnenöffnung ermöglichen.

(4) Notwendige Treppenräume müssen Öffnungen zur Rauchableitung mit einer freien Öffnungsfläche von mindestens 1 m² haben.

(5) [1] Öffnungen zur Rauchableitung sollen an der höchsten Stelle des Raumes liegen und müssen unmittelbar ins Freie führen. [2] Die Rauchableitung über Schächte mit einem strömungstechnisch äquivalenten Querschnitt ist zulässig, wenn die Wände der Schächte die Anforderungen nach § 3 Abs. 3 erfüllen. [3] Die Austrittsöffnungen müssen mindestens 0,25 m über der Dachfläche liegen. [4] Fenster und Türen, die auch der Rauchableitung dienen, müssen im oberen Drittel einer Außenwand der Ebene, von der Rauch abzuleiten ist, angeordnet sein.

(6) Abschlüsse von Öffnungen zur Rauchableitung von Bühnen mit Schutzvorhang müssen bei einem Überdruck von 350 Pa selbsttätig öffnen; eine automatische Auslösung durch Temperaturmelder ist zulässig.

(7) [1] Maschinelle Rauchabzugsanlagen müssen für eine Betriebszeit von 30 Minuten bei einer Rauchgastemperatur von 300 °C ausgelegt sein. [2] Maschinelle Lüftungsanlagen können als maschinelle Rauchabzugsanlagen betrieben werden, wenn sie die an diese gestellten Anforderungen erfüllen.

(8) [1] Vorrichtungen zum Öffnen von Fenstern, die der Rauchableitung dienen, oder zum Öffnen oder Einschalten von Rauchabzugsanlagen oder der Abschlüsse von Öffnungen zur Rauchableitung müssen von einer jederzeit zugänglichen Stelle im Raum aus leicht bedient werden können. [2] Bei notwendigen Treppenräumen muss die Vorrichtung zum Öffnen von jedem Geschoss aus leicht bedient werden können.

(9) [1] An jeder Bedienungsstelle muss ein Hinweisschild mit dem Wort "Rauchabzug" und der Bezeichnung des jeweiligen Raumes vorhanden sein. [2] An der Bedienungsvorrichtung muss die Betriebsstellung der Anlage oder Öffnung erkennbar sein.

§ 17 Heizungsanlagen und Lüftungsanlagen

(1) [1] Heizungsanlagen in Versammlungsstätten müssen fest eingebaut sein. [2] Sie müssen so angeordnet sein, dass von Personen, brennbaren Bauprodukten und brennbarem Material ausreichende Abstände eingehalten werden und keine Beeinträchtigungen durch Abgase entstehen.

(2) Versammlungsräume mit mehr als 200 m² Grundfläche müssen Lüftungsanlagen haben.

§ 18 Stände und Arbeitsgalerien für Licht-, Ton-, Bild- oder Regieanlagen

(1) [1] Stände und Arbeitsgalerien für den Betrieb von Licht-, Ton-, Bild- oder Regieanlagen, wie Schnürböden, Beleuchtungstürme oder Arbeitsbrücken, müssen aus nichtbrennbaren Baustoffen bestehen. [2] Der Abstand zwischen dem Boden von Arbeitsgalerien und Raumdecken muss mindestens 2 m betragen.

(2) [1] Von einer Arbeitsgalerie müssen mindestens zwei Rettungswege erreichbar sein. [2] Jede Arbeitsgalerie einer Hauptbühne muss auf beiden Seiten der Hauptbühne einen Ausgang zu Rettungswegen außerhalb des Bühnenraumes haben.

(3) Öffnungen in Arbeitsgalerien müssen so gesichert sein, dass weder Personen noch Gegenstände herabfallen können.

§ 19 Feuerlöscheinrichtungen und -anlagen

(1) [1] Versammlungsräume, Bühnen, Foyers, Werkstätten, Lagerräume und notwendige Flure müssen jeweils mit Feuerlöschern in ausreichender Zahl ausgestattet sein. [2] Die Feuerlöscher müssen gut sichtbar und leicht zugänglich angebracht sein.

(2) In Versammlungsstätten mit Versammlungsräumen von insgesamt mehr als 1000 m² Grundfläche müssen Wandhydranten in ausreichender Zahl gut sichtbar und leicht zugänglich angebracht sein.

(3) Versammlungsstätten mit Versammlungsräumen von insgesamt mehr als 3600 m² Grundfläche müssen eine automatische Feuerlöschanlage haben; dies gilt nicht für Versammlungsstätten, deren Versammlungsräume jeweils nicht mehr als 400 m² Grundfläche haben.

(4) Foyers oder Hallen, durch die Rettungswege aus anderen Versammlungsräumen mit jeweils mehr als 400 m² Grundfläche führen, müssen eine automatische Feuerlöschanlage haben.

(5) Versammlungsräume, bei denen eine Fußbodenebene höher als 22 m über der Geländeoberfläche liegt, sind nur in Gebäuden mit automatischer Feuerlöschanlage zulässig.

(6) [1] Versammlungsräume in Kellergeschossen müssen eine automatische Feuerlöschanlage haben. [2] Dies gilt nicht für Versammlungsräume im ersten Untergeschoss, die nicht mehr als 200 m² Grundfläche haben und deren Fußboden an keiner Stelle mehr als 5 m unter der Geländeoberfläche liegt.

(7) In Versammlungsräumen müssen offene Küchen oder ähnliche Einrichtungen mit einer Grundfläche von mehr als 30 m² eine automatische Feuerlöschanlage haben.

(8) Die Wirkung automatischer Feuerlöschanlagen darf durch überdeckte oder mehrgeschossige Ausstellungs- oder Dienstleistungsstände nicht beeinträchtigt werden.

(9) Automatische Feuerlöschanlagen müssen an eine Brandmelderzentrale angeschlossen sein.

§ 20 Brandmelde- und Alarmierungsanlagen, Brandmelder- und Alarmzentrale, Brandfallsteuerung der Aufzüge

(1) Versammlungsstätten mit Versammlungsräumen von insgesamt mehr als 1000 m² Grundfläche müssen Brandmeldeanlagen mit automatischen und nicht automatischen Brandmeldern haben.

(2) Versammlungsstätten mit Versammlungsräumen von insgesamt mehr als 1000 m² Grundfläche müssen Alarmierungs- und Lautsprecheranlagen haben, mit denen im Gefahrenfall Besucherinnen und Besucher, Mitwirkende und Betriebsangehörige alarmiert und Anweisungen erteilt werden können.

(3) In Versammlungsstätten mit Versammlungsräumen von insgesamt mehr als 1000 m² Grundfläche müssen zusätzlich zu den örtlichen Bedienungsvorrichtungen zentrale Bedienungsvorrichtungen für Rauchabzugs-, Feuerlösch-, Brandmelde-, Alarmierungs- und Lautsprecheranlagen in einem für die Feuerwehr leicht zugänglichen Raum (Brandmelder- und Alarmzentrale) zusammengefasst sein.

(4) [1] In Versammlungsstätten mit Versammlungsräumen von insgesamt mehr als 1000 m² Grundfläche müssen die Aufzüge mit einer Brandfallsteuerung ausgestattet sein, die durch die automatische Brandmeldeanlage ausgelöst wird. [2] Die Brandfallsteuerung muss sicherstellen, dass die Aufzüge das Geschoss mit dem Hauptausgang ins Freie oder das diesem nächstgelegene, nicht von der Brandmeldung betroffene Geschoss unmittelbar anfahren und dort mit geöffneten Türen außer Betrieb gehen.

(5) [1] Automatische Brandmeldeanlagen müssen durch technische Maßnahmen gegen Falschalarme gesichert sein. [2] Brandmeldungen müssen von der Brandmelderzentrale unmittelbar und automatisch zur Feuerwehreinsatzleitstelle weitergeleitet werden.

§ 21 Werkstätten und Lagerräume

(1) Für betriebsbedingte feuergefährliche Arbeiten, wie Schweiß-, Löt- oder Klebearbeiten, muss eine hierfür eingerichtete Werkstatt vorhanden sein.

(2) Für das Aufbewahren von Dekorationen, Requisiten und anderem brennbaren Material müssen Lagerräume vorhanden sein.

(3) Für das Sammeln von Abfällen und Wertstoffen müssen dafür geeignete Behälter im Freien oder gesonderte Lagerräume vorhanden sein.

(4) Werkstätten und Lagerräume dürfen mit notwendigen Treppenräumen nicht in unmittelbarer Verbindung stehen.

Teil 3 Besondere Bauvorschriften

Abschnitt 1 - Großbühnen

§ 22 Bühnenhaus

(1) In Versammlungsstätten mit Großbühnen müssen alle für den Bühnenbetrieb notwendigen Räume und Einrichtungen in einem eigenen, von dem Zuschauerhaus getrennten Bühnenhaus untergebracht sein.

(2) [1] Die Trennwand zwischen Bühnen- und Zuschauerhaus muss feuerbeständig und in der Bauart einer Brandwand hergestellt sein. [2] Türen in dieser Trennwand müssen feuerbeständig und selbstschließend sein.

§ 23 Schutzvorhang

(1) [1] Die Bühnenöffnung von Großbühnen muss gegen den Versammlungsraum durch einen Vorhang aus nichtbrennbarem Material dicht geschlossen werden können (Schutzvorhang). [2] Der Schutzvorhang muss durch sein Eigengewicht schließen können. [3] Die Schließzeit darf 30 Sekunden nicht überschreiten. [4] Der Schutzvorhang muss einem Druck von 450 Pa nach beiden Richtungen standhalten. [5] Eine höchstens 1 m breite, zur Hauptbühne aufschlagende, selbsttätig schließende Tür im Schutzvorhang ist zulässig.

(2) [1] Der Schutzvorhang muss so angeordnet sein, dass er in geschlossenem Zustand an allen Seiten an feuerbeständige Bauteile anschließt. [2] Der Bühnenboden darf unter dem Schutzvorhang durchgeführt werden. [3] Das untere

Profil des Schutzvorhangs muss ausreichend steif sein oder mit Stahldornen in entsprechende stahlbewehrte Aussparungen im Bühnenboden eingreifen.

(3) [1] Die Vorrichtung zum Schließen des Schutzvorhangs muss mindestens an zwei Stellen von Hand ausgelöst werden können. [2] Beim Schließen muss auf der Bühne ein Warnsignal zu hören sein.

§ 24 Feuerlösch- und Brandmeldeanlagen

(1) Großbühnen müssen eine automatische Sprühwasserlöschanlage haben, die auch den Schutzvorhang beaufschlagt.

(2) Die Sprühwasserlöschanlage muss zusätzlich mindestens von zwei Stellen aus von Hand in Betrieb gesetzt werden können.

(3) In Großbühnen muss neben den Ausgängen zu den Rettungswegen in Höhe der Arbeitsgalerien und des Schnürbodens jeweils ein Wandhydrant vorhanden sein.

(4) [1] Großbühnen und zugehörige Räume mit besonderen Brandgefahren müssen eine Brandmeldeanlage mit automatischen und nicht automatischen Brandmeldern haben. [2] Die Auslösung eines Alarms muss optisch und akustisch am Platz der Brandsicherheitswache erkennbar sein.

§ 25 Platz für eine Brandsicherheitswache

(1) [1] Auf jeder Seite der Bühnenöffnung muss für eine Brandsicherheitswache ein Platz mit einer Grundfläche von mindestens 1 m x 1 m und einer Höhe von mindestens 2,20 m vorhanden sein. [2] Die Brandsicherheitswache muss die Fläche, die bespielt wird, überblicken und betreten können.

(2) [1] Am Platz der Brandsicherheitswache müssen die Vorrichtung zum Schließen des Schutzvorhangs und die Auslösevorrichtungen der Rauchabzugs- und der Sprühwasserlöschanlagen der Bühne sowie ein nicht automatischer Brandmelder leicht erreichbar angebracht und durch Hinweisschilder gekennzeichnet sein. [2] Die Auslösevorrichtungen müssen beleuchtet sein. [3] Diese Beleuchtung muss an die Sicherheitsstromversorgung angeschlossen sein. [4] Die Vorrichtungen müssen gegen unbeabsichtigtes Auslösen gesichert sein.

Abschnitt 2 - Versammlungsstätten mit mehr als 5000 Besucherplätzen

§ 26 Lautsprecherzentrale, Räume für Polizei, Feuerwehr, Sanitäts- und Rettungsdienst

(1) [1] In Mehrzweckhallen und Sportstadien mit mehr als 5000 Besucherplätzen muss eine zentral steuerbare Lautsprecheranlage vorhanden sein, mit der alle Besucherbereiche erreicht werden können; sie muss eine Vorrangschaltung für die Einsatzleitung der Polizei haben. [2] Die Lautsprecherzentrale muss in einem Raum untergebracht sein, von dem aus die Besucherbereiche und der Innenbereich überblickt und Polizei, Feuerwehr und Rettungsdienst benachrichtigt werden können.

(2) [1] In Mehrzweckhallen und Sportstadien mit mehr als 5000 Besucherplätzen müssen Räume für die Polizei und die Feuerwehr vorhanden sein. [2] Der Raum für die Einsatzleitung der Polizei muss einen direkten Zugang zu dem Raum haben, in dem die Lautsprecherzentrale untergebracht ist, und mit Anschlüssen für eine Videoanlage zur Überwachung der Besucherbereiche ausgestattet sein.

(3) Wird die Funkkommunikation der Einsatzkräfte von Polizei und Feuerwehr innerhalb der Versammlungsstätte durch die bauliche Anlage gestört, so muss die Versammlungsstätte mit technischen Anlagen zur Unterstützung des Funkverkehrs ausgestattet sein.

(4) In Mehrzweckhallen und Sportstadien mit mehr als 5000 Besucherplätzen muss ein Raum für den Sanitäts- und Rettungsdienst vorhanden sein.

§ 27 Abschrankung und Blockbildung in Sportstadien mit mehr als 10000 Besucherplätzen

(1) [1] Die Besucherplätze müssen vom Innenbereich durch eine mindestens 2,20 m hohe Abschrankung abgetrennt sein. [2] In dieser Abschrankung müssen den Stufengängen zugeordnete, mindestens 1,80 m breite Tore angeordnet sein, die sich im Gefahrenfall leicht zum Innenbereich hin öffnen lassen. [3] Die Tore dürfen nur vom Innenbereich oder von zentralen Stellen aus zu öffnen sein und müssen in geöffnetem Zustand durch selbsteinrastende Feststeller gesichert sein. [4] Der Übergang in den Innenbereich muss niveaugleich sein.

(2) Stehplätze müssen in Blöcken für höchstens 2500 Besucherinnen und Besucher angeordnet sein, die durch mindestens 2,20 m hohe Abschrankungen mit eigenen Zugängen voneinander abgetrennt sind.

(3) Von den Absätzen 1 und 2 abweichende Abschrankungen und Blockbildungen sind zulässig, soweit in einem Sicherheitskonzept, das mit den für die öffentliche Sicherheit und Ordnung zuständigen Behörden und Stellen, insbesondere der Polizei, der Feuerwehr und dem Rettungsdienst, abgestimmt ist, die Unbedenklichkeit der Abweichungen nachgewiesen ist.

§ 28 Wellenbrecher

[1] Sind mehr als fünf Stufen von Stehplatzreihen hintereinander angeordnet, so muss vor der vordersten Stufe eine durchgehende Schranke von 1,10 m Höhe angeordnet sein. [2] Nach jeweils fünf weiteren Stufen müssen Schranken gleicher Höhe (Wellenbrecher) angebracht sein, die einzeln mindestens 3 m und höchstens 5,50 m lang sind. [3] Die seitlichen Abstände zwischen den Wellenbrechern dürfen nicht mehr als 5 m betragen. [4] Die seitlichen Abstände müssen nach höchstens fünf Stehplatzreihen durch versetzt angeordnete Wellenbrecher überdeckt sein, die auf beiden Seiten mindestens 0,25 m länger sein müssen als die seitlichen Abstände zwischen den Wellenbrechern. [5] Die Wellenbrecher müssen im Bereich der Stufenvorderkante angeordnet sein.

§ 29 Abschrankung von Stehplätzen vor Szenenflächen

(1) Befinden sich vor Szenenflächen Stehplätze für Besucherinnen und Besucher, so müssen die Besucherplätze von der Szenenfläche durch eine Abschrankung so abgetrennt sein, dass zwischen der Szenenfläche und der Abschrankung ein Gang von mindestens 2 m Breite für den Ordnungsdienst und Rettungskräfte vorhanden ist.

(2) [1] Befinden sich vor Szenenflächen mehr als 5000 Stehplätze, so muss die dafür genutzte Fläche durch mindestens zwei zusätzliche in unterschiedlichem Abstand zur Szenenfläche angeordnete Abschrankungen in nur von den Seiten zugängliche Stehplatzbereiche unterteilt sein. [2] Die Abschrankungen nach Absatz 1 und Satz 1 müssen über die Breite der Szenenfläche einen Abstand von mindestens 10 m voneinander haben und an den Seiten für die Zugänge Abstände von mindestens 5 m voneinander und von der seitlichen Begrenzung des Stehplatzbereichs haben. [3] § 27 Abs. 3 gilt entsprechend.

§ 30 Einfriedungen und Eingänge

(1) Stadionanlagen müssen eine mindestens 2,20 m hohe Einfriedung haben, die sich nicht leicht überklettern lässt.

(2) [1] Vor den Eingängen müssen Geländer so angeordnet sein, dass Besucherinnen und Besucher nur einzeln und hintereinander Einlass finden. [2] Es müssen Einrichtungen für Zugangskontrollen sowie für die Durchsuchung von Personen und Sachen vorhanden sein. [3] Für die Einsatzkräfte von Polizei, Feuerwehr und Rettungsdienst müssen von den Besuchereingängen getrennte Eingänge vorhanden sein.

(3) [1] Für Einsatz- und Rettungsfahrzeuge müssen gesonderte Zufahrten sowie Aufstell- und Bewegungsflächen vorhanden sein. [2] Von den Zufahrten und Aufstellflächen aus müssen die Eingänge der Versammlungsstätten unmittelbar erreichbar sein. [3] Für Einsatz- und Rettungsfahrzeuge muss eine Zufahrt zum Innenbereich vorhanden sein. [4] Die Zufahrten, Aufstell- und Bewegungsflächen müssen gekennzeichnet sein.

Teil 4 Betriebsvorschriften

Abschnitt 1 - Rettungswege, Flächen für Einsatzfahrzeuge, Besucherplätze

§ 31 Rettungswege, Flächen für Einsatzfahrzeuge

(1) [1] Rettungswege auf dem Baugrundstück der Versammlungsstätte sowie Zufahrten, Aufstell- und Bewegungsflächen für Einsatzfahrzeuge von Polizei, Feuerwehr und Rettungsdienst müssen ständig frei gehalten werden. [2] Hierauf muss dauerhaft und gut sichtbar hingewiesen werden.

(2) Rettungswege in der Versammlungsstätte müssen ständig frei gehalten werden.

(3) Während des Betriebes müssen alle Türen in Rettungswegen unverschlossen sein.

§ 32 Besucherplätze

(1) Die Zahl der im Bestuhlungs- und Rettungswegeplan (§ 44) dargestellten Besucherplätze darf nicht überschritten und die dargestellte Anordnung der Besucherplätze nicht geändert werden.

(2) Eine Ausfertigung des Bestuhlungs- und Rettungswegeplanes für die jeweilige Nutzung eines Versammlungsraumes muss in der Nähe des Haupteingangs des Versammlungsraumes gut sichtbar angebracht sein.

(3) Sind nach der Art der Veranstaltung Abschrankungen der Stehplatzbereiche vor Szenenflächen nach Maßgabe des § 29 Abs. 2 erforderlich, so müssen solche Abschrankungen auch in Versammlungsstätten mit nicht mehr als 5000 Besucherplätzen vorhanden sein.

Abschnitt 2 - Brandverhütung

§ 33 Vorhänge, Sitze, Ausstattungen, Requisiten und Ausschmückungen

(1) Vorhänge von Bühnen und Szenenflächen müssen aus mindestens schwerentflammbarem Material bestehen.

(2) [1] Sitze von Versammlungsstätten mit mehr als 5000 Besucherplätzen müssen aus mindestens schwerentflammbarem Material bestehen. [2] Die Unterkonstruktion muss aus nichtbrennbarem Material bestehen.

(3) [1] Ausstattungen müssen aus mindestens schwerentflammbarem Material bestehen. [2] In Bühnen und auf Szenenflächen, die mit einer automatischen Feuerlöschanlage ausgestattet sind, dürfen Ausstattungen aus normalentflammbarem Material angebracht sein.

(4) Requisiten müssen aus mindestens normalentflammbarem Material bestehen.

(5) [1] Ausschmückungen müssen aus mindestens schwerentflammbarem Material bestehen. [2] Ausschmückungen in notwendigen Fluren und notwendigen Treppenräumen müssen aus nichtbrennbarem Material bestehen.

(6) [1] Ausschmückungen müssen unmittelbar an Wänden, Decken oder Ausstattungen angebracht sein. [2] Frei im Raum hängende Ausschmückungen sind zulässig, wenn sie einen Abstand von mindestens 2,50 m zum Fußboden haben. [3] Ausschmückungen aus natürlichem Pflanzenschmuck dürfen sich nur so lange sie frisch sind in den Räumen befinden.

(7) Der Raum unter einem Schutzvorhang muss von Ausstattungen, Requisiten oder Ausschmückungen so freigehalten werden, dass die Funktion des Schutzvorhangs nicht beeinträchtigt wird.

(8) Brennbares Material muss von Zündquellen einschließlich Scheinwerfern und Heizstrahlern so weit entfernt sein, dass es durch diese nicht entzündet werden kann.

§ 34 Aufbewahrung von Materialien

(1) [1] Ausstattungen, Requisiten und Ausschmückungen dürfen nur außerhalb der Bühnen und der Szenenflächen aufbewahrt werden; dies gilt nicht für den Tagesbedarf. [2] Abweichend von Satz 1 dürfen auf Hinter- und Seitenbühnen Ausstattungen für die laufende Spielzeit aufbewahrt werden, wenn diese Bühnen durch dichtschließende Abschlüsse aus nichtbrennbaren Baustoffen gegen die Hauptbühne abgetrennt sind.

(2) An den Zügen von Bühnen oder Szenenflächen dürfen nur Ausstattungsteile für den Tagesbedarf hängen.

(3) Pyrotechnische Gegenstände und nicht von Absatz 1 erfasste brennbare Materialien dürfen nur in den dafür vorgesehenen Lagerräumen der Versammlungsstätte aufbewahrt werden.

§ 35 Rauchen, Verwendung von offenem Feuer und pyrotechnischen Gegenständen

(1) [1] Auf Bühnen- und Szenenflächen sowie in Werkstätten und Lagerräumen ist das Rauchen verboten. [2] Das Rauchverbot gilt nicht für Darstellerinnen und Darsteller sowie Mitwirkende auf Bühnen- und Szenenflächen während der Proben und Veranstaltungen, soweit das Rauchen in der Art der Veranstaltungen begründet ist.

(2) [1] In Versammlungsräumen, auf Bühnen- und Szenenflächen und in Sportstadien ist das Verwenden von offenem Feuer, brennbaren Flüssigkeiten und Gasen, pyrotechnischen Gegenständen und anderen explosionsgefährlichen Stoffen verboten. [2] § 17 Abs. 1 bleibt unberührt. [3] Offenes Feuer, brennbare Flüssigkeiten und Gase sowie pyrotechnische Gegenstände dürfen abweichend von Satz 1 verwendet werden, wenn die Verwendung in der Art der Veranstaltung begründet ist und der Veranstalter die erforderlichen Brandschutzmaßnahmen im Einzelfall mit der Feuerwehr oder der für den Brandschutz zuständigen Dienststelle abgestimmt hat.

(3) Die Verwendung von Kerzen und ähnlichen Lichtquellen als Tischdekoration sowie die Verwendung von offenem Feuer in dafür vorgesehenen Kücheneinrichtungen zur Zubereitung von Speisen ist zulässig.

(4) Auf die Verbote der Absätze 1 und 2 muss dauerhaft und gut sichtbar hingewiesen sein.

Abschnitt 3 - Betrieb technischer Einrichtungen

§ 36 Bedienung und Wartung der technischen Einrichtungen

(1) [1] Schutzvorhänge müssen täglich vor der ersten Vorstellung oder Probe durch Aufziehen und Herablassen auf ihre Betriebsbereitschaft geprüft werden. [2] Der Schutzvorhang muss nach jeder Vorstellung herabgelassen und zu allen arbeitsfreien Zeiten geschlossen gehalten werden.

(2) Die Automatik einer Sprühwasserlöschanlage kann während der Dauer der Anwesenheit einer oder eines Verantwortlichen für Veranstaltungstechnik abgeschaltet werden.

(3) Eine automatische Brandmeldeanlage kann abgeschaltet werden, soweit dies nach der Art der Veranstaltung vertretbar ist und der Veranstalter die erforderlichen Brandschutzmaßnahmen im Einzelfall mit der Feuerwehr oder der für den Brandschutz zuständigen Dienststelle abgestimmt hat.

(4) Halten sich Personen in Räumen auf, für die eine Sicherheitsbeleuchtung vorgeschrieben ist und die nicht ausreichend durch Tageslicht erhellt sind, so muss die Sicherheitsbeleuchtung in Betrieb sein.

§ 37 Laseranlagen

Durch den Betrieb von Laseranlagen in den für Besucherinnen und Besucher zugänglichen Bereichen dürfen diese nicht in ihrer Gesundheit beeinträchtigt werden.

Abschnitt 4 - Verantwortliche Personen, besondere Betriebsvorschriften

§ 38 Pflichten der Betreiberinnen und Betreiber

(1) Die Betreiberin oder der Betreiber der Versammlungsstätte ist für die Sicherheit der Veranstaltung und die Einhaltung der baurechtlichen Vorschriften verantwortlich.

(2) Während des Betriebes der Versammlungsstätte muss deren Betreiberin oder Betreiber oder eine von ihr oder ihm mit der Leitung der Veranstaltung beauftragte Person ständig anwesend sein.

(3) Die Betreiberin oder der Betreiber der Versammlungsstätte muss die Zusammenarbeit des Ordnungsdienstes und der Brandsicherheitswache mit der Polizei, der Feuerwehr und dem Rettungsdienst gewährleisten.

(4) Die Betreiberin oder der Betreiber der Versammlungsstätte ist zur Einstellung des Betriebes verpflichtet, wenn für die Sicherheit der Versammlungsstätte notwendige Anlagen, Einrichtungen oder Vorrichtungen nicht betriebsfähig sind oder wenn Betriebsvorschriften nicht eingehalten werden können.

(5) [1] Die Betreiberin oder der Betreiber der Versammlungsstätte kann die Verpflichtungen nach den Absätzen 1 bis 4 durch schriftliche Vereinbarung auf die Veranstalterin oder den Veranstalter übertragen. [2] Die mit der Leitung der Veranstaltung Beauftragten müssen mit der Versammlungsstätte und deren Einrichtungen vertraut sein. [3] Die Verantwortung der Betreiberin oder des Betreibers bleibt unberührt.

§ 39 Verantwortliche für Veranstaltungstechnik

(1) [1] Als Verantwortliche für Veranstaltungstechnik können beauftragt werden
1. Geprüfte Meisterinnen für Veranstaltungstechnik und Geprüfte Meister für Veranstaltungstechnik,

2. technische Fachkräfte, die im fachrichtungsspezifischen Teil der Prüfung nach § 3 Abs. 1 Nr. 2 in Verbindung mit § 5, 6 oder 7 der Verordnung über die Prüfung zum anerkannten Abschluss "Geprüfter Meister für Veranstaltungstechnik/Geprüfte Meisterin für Veranstaltungstechnik" in den Fachrichtungen Bühne/Studio, Beleuchtung, Halle vom 26. Januar 1997 (BGBl. I S. 118) in allen Prüfungsfächern, in der Projektarbeit und in dem Fachgespräch mindestens ausreichende Leistungen erbracht haben, in ihrer jeweiligen Fachrichtung,

3. Hochschulabsolventen mit berufsqualifizierendem Abschluss der Fachrichtung Theatertechnik oder Veranstaltungstechnik mit mindestens einem Jahr Berufserfahrung im technischen Betrieb von Bühnen, Studios oder Mehrzweckhallen sowie

4. technische Fachkräfte, die als Verantwortliche für Veranstaltungstechnik nach den bis zum In-Kraft-Treten dieser Verordnung geltenden Vorschriften tätig werden durften.

2 Die Industrie- und Handelskammer Hannover kann zum Nachweis der Befähigung nach Satz 1 einen Befähigungsausweis nach Anlage 1 ausstellen. 3 Die Befähigung nach Satz 1 kann auch durch einen Befähigungsausweis nachgewiesen werden, der in einem anderen Land ausgestellt worden ist.

(2) 1 Gleichwertige Ausbildungen, die in einem anderen Mitgliedstaat der Europäischen Union, einem Vertragsstaat des Abkommens über den europäischen Wirtschaftsraum oder der Schweiz erworben wurden und durch einen Ausbildungsnachweis belegt werden, sind entsprechend den europäischen Richtlinien zur Anerkennung von Berufsqualifikationen den in Absatz 1 genannten Ausbildungen gleichgestellt. 2 Absatz 1 Sätze 2 und 3 gilt entsprechend.

§ 40 Aufgaben und Pflichten der Verantwortlichen für Veranstaltungstechnik, technische Probe

(1) Jede oder jeder Verantwortliche für Veranstaltungstechnik muss mit den technischen Einrichtungen der Versammlungsstätte vertraut sein und deren Sicherheit und Funktionsfähigkeit, insbesondere hinsichtlich des Brandschutzes, während des Betriebes gewährleisten.

(2) In Großbühnen, auf Szenenflächen mit mehr als 200 m² Grundfläche und in Mehrzweckhallen mit mehr als 5000 Besucherplätzen müssen der Auf- oder Abbau bühnen-, studio- und beleuchtungstechnischer Einrichtungen, wesentliche Wartungs- und Instandsetzungsarbeiten an diesen Einrichtungen und technische Proben von einer oder einem Verantwortlichen für Veranstaltungstechnik geleitet und beaufsichtigt werden.

(3) Bei Generalproben, Veranstaltungen, Sendungen und Aufzeichnungen von Veranstaltungen in Versammlungsstätten mit einer Großbühne oder mit einer Szenenfläche mit mehr als 200 m² Grundfläche und in Mehrzweckhallen mit mehr als 5 000 Besucherplätzen muss mindestens eine Verantwortliche oder ein Verantwortlicher für Veranstaltungstechnik für die bühnen- oder studiotechnischen Einrichtungen und die beleuchtungstechnischen Einrichtungen anwesend sein.

(4) 1 Für Szenenflächen mit mehr als 50 m² und nicht mehr als 200 m² Grundfläche sowie Mehrzweckhallen mit nicht mehr als 5000 Besucherplätzen gelten die Absätze 2 und 3 mit der Maßgabe entsprechend, dass es genügt, wenn die Aufgaben von einer Fachkraft für Veranstaltungstechnik im Sinne der Verordnung über die Ausbildung zur Fachkraft für Veranstaltungstechnik vom 24. März 1998 (BGBl. I S. 621) mit mindestens drei Jahren Berufserfahrung wahrgenommen werden. 2 Für Szenenflächen nach Satz 1, die überwiegend für Laienspiele bestimmt sind, wie in Schulen und Vereinshäusern, gelten die Absätze 2 und 3 mit der Maßgabe entsprechend, dass es genügt, wenn die Aufgaben von einer Fachkraft mit der Befähigung als "Erfahrener Bühnenhandwerker/Beleuchter" oder "Veranstaltungsoperator" wahrgenommen werden.

(5) Die Anwesenheit verantwortlicher Personen nach den Absätzen 3 und 4 ist nicht erforderlich, wenn

1. die Sicherheit und Funktionsfähigkeit der bühnen-, studio- und beleuchtungstechnischen sowie der sonstigen technischen Einrichtungen der Versammlungsstätte von einer oder einem Verantwortlichen für Veranstaltungstechnik oder in den Fällen des Absatzes 4 von einer Fachkraft überprüft wurde,

2. diese Einrichtungen während der Veranstaltung nicht bewegt oder verändert werden,

3. von der Veranstaltung keine Gefahr ausgehen kann und

4. die Aufsicht führende Person mit den technischen Einrichtungen vertraut ist.

(6) 1 Bei Darbietungen in Großbühnen und auf Szenenflächen mit mehr als 200 m² Grundfläche sowie bei Gastspielveranstaltungen mit eigenem Szenenaufbau in Versammlungsräumen hat die Bauaufsichtsbehörde vor der ersten Veranstaltung eine nichtöffentliche technische Probe mit vollem Szenenaufbau und voller Beleuchtung durchzuführen. 2 Die Bereitschaft zur Durchführung dieser technischen Probe hat die Veranstalterin oder der Veranstalter der Bauaufsichtsbehörde rechtzeitig anzuzeigen. 3 Beabsichtigte wesentliche Änderungen des Szenenaufbaus nach der technischen Probe sind der Bauaufsichtsbehörde rechtzeitig anzuzeigen. 4 Die Bauaufsichtsbehörde kann auf die technische Probe verzichten, wenn dies nach der Art der Veranstaltung oder nach dem Umfang des Szenenaufbaus unbedenklich ist.

§ 41 Brandsicherheitswache und Rettungsdienst

(1) Bei Veranstaltungen mit erhöhten Brandgefahren hat die Betreiberin oder der Betreiber der Versammlungsstätte eine Brandsicherheitswache einzurichten.

(2) 1 Auf Großbühnen und auf Szenenflächen mit mehr als 200 m² Grundfläche darf eine Veranstaltung nur stattfinden, wenn eine Brandsicherheitswache der Feuerwehr anwesend ist. 2 Die Anordnungen der Brandsicherheitswache sind zu befolgen.

(3) Veranstaltungen mit voraussichtlich mehr als 5000 Besucherinnen und Besuchern sind der für den Rettungsdienst zuständigen Behörde rechtzeitig anzuzeigen.

§ 42 Brandschutzbeauftragte, Brandschutzordnung, Feuerwehrpläne

(1) [1]Die Betreiberin oder der Betreiber der Versammlungsstätte hat im Einvernehmen mit der für den Brandschutz zuständigen Dienststelle eine Brandschutzbeauftragte oder einen Brandschutzbeauftragten und Selbsthilfekräfte für den Brandschutz zu bestellen. [2]Auf Brandschutzbeauftragte und Selbsthilfekräfte für den Brandschutz kann im Einvernehmen mit der für den Brandschutz zuständigen Dienststelle verzichtet werden, wenn sie nicht erforderlich sind. [3]Die oder der Brandschutzbeauftragte hat für die Einhaltung der Verpflichtungen nach den Absätzen 2 und 3 sowie der §§ 31, 32, 33 Abs. 3 bis 8 und der §§ 34 bis 36 zu sorgen.

(2) [1]Die Betreiberin oder der Betreiber der Versammlungsstätte hat im Einvernehmen mit der für den Brandschutz zuständigen Dienststelle eine Brandschutzordnung aufzustellen und durch Aushang in der Versammlungsstätte bekannt zu machen. [2]Auf eine Brandschutzordnung kann im Einvernehmen mit der für den Brandschutz zuständigen Dienststelle verzichtet werden, wenn sie nicht erforderlich ist. [3]In der Brandschutzordnung sind die Einzelheiten der Aufgabenerfüllung der oder des Brandschutzbeauftragten und der Selbsthilfekräfte für den Brandschutz sowie die Maßnahmen festzulegen, die zur Rettung von Menschen mit Behinderungen, insbesondere Benutzerinnen und Benutzern von Rollstühlen, erforderlich sind.

(3) [1]Das Betriebspersonal ist bei Beginn des Arbeitsverhältnisses und danach mindestens einmal jährlich vertraut zu machen mit
1. der Lage und der Bedienung der Feuerlöscheinrichtungen und -anlagen, der Rauchabzugsanlagen, der Brandmelde- und Alarmierungsanlagen und der Brandmelder- und Alarmzentrale,
2. der Brandschutzordnung, insbesondere über das Verhalten bei einem Brand oder bei einer Panik, und
3. den Betriebsvorschriften (§§ 31 bis 43).

[2]Der für den Brandschutz zuständigen Dienststelle ist Gelegenheit zu geben, an der jährlichen Unterweisung teilzunehmen. [3]Über die Unterweisung ist eine Niederschrift zu fertigen, die der Bauaufsichtsbehörde auf Verlangen vorzulegen ist.

(4) [1]Im Einvernehmen mit der für den Brandschutz zuständigen Dienststelle sind Feuerwehrpläne anzufertigen und der örtlichen Feuerwehr zur Verfügung zu stellen. [2]Auf Feuerwehrpläne kann im Einvernehmen mit der für den Brandschutz zuständigen Dienststelle verzichtet werden, wenn sie nicht erforderlich sind.

§ 43 Sicherheitskonzept, Ordnungsdienst

(1) Erfordert es die Art der Veranstaltung, so hat die Betreiberin oder der Betreiber der Versammlungsstätte ein Sicherheitskonzept aufzustellen und einen Ordnungsdienst einzurichten.

(2) [1]Für Versammlungsstätten mit mehr als 5000 Besucherplätzen ist im Einvernehmen mit den für die öffentliche Sicherheit und Ordnung zuständigen Behörden und Stellen, insbesondere der Polizei, der Feuerwehr und dem Rettungsdienst, ein Sicherheitskonzept aufzustellen und ein Ordnungsdienst einzurichten. [2]Im Sicherheitskonzept sind die Mindestzahl und die Leitung der Kräfte des Ordnungsdienstes, gestaffelt nach Besucherzahlen und Gefährdungsgraden, sowie die betrieblichen Sicherheitsmaßnahmen und die allgemeinen und besonderen Sicherheitsdurchsagen festzulegen.

(3) [1]Die Ordnungsdienstleiterin oder der Ordnungsdienstleiter und die Ordnungsdienstkräfte sind für die betrieblichen Sicherheitsmaßnahmen verantwortlich. [2]Die Ordnungsdienstkräfte haben insbesondere durch eine Kontrolle an den Ein- und Ausgängen und den Zugängen zu den Besucherblöcken für die Beachtung der zulässigen Besucherzahl und der Zuordnung der Besucherplätze zu sorgen. [3]Sie haben außerdem für die Beachtung der Verbote des § 35, für die Sicherheitsdurchsagen und für die geordnete Evakuierung im Gefahrenfall zu sorgen.

Teil 5 Bauvorlagen

§ 44 Zusätzliche Bauvorlagen, Bestuhlungs- und Rettungswegeplan

(1) Mit den Bauvorlagen ist ein Brandschutzkonzept vorzulegen, in dem insbesondere die zulässige Zahl der Besucherinnen und Besucher, die Anordnung und Bemessung der Rettungswege und die zur Erfüllung der brandschutztechnischen Anforderungen erforderlichen baulichen, technischen und betrieblichen Maßnahmen dargestellt sind.

(2) Für die nach dieser Verordnung erforderlichen technischen Einrichtungen sind gesonderte Pläne, Beschreibungen und Nachweise vorzulegen.

(3) Mit den bautechnischen Nachweisen sind Standsicherheitsnachweise für dynamische Belastungen vorzulegen.

(4) Der Verlauf der Rettungswege im Freien, die Zufahrten und die Aufstell- und Bewegungsflächen für die Einsatz- und Rettungsfahrzeuge sind in einem gesonderten Außenanlagenplan darzustellen.

(5) [1]Die Anordnung der Sitz- und Stehplätze einschließlich der Plätze für Benutzerinnen und Benutzer von Rollstühlen und der Bühnen-, Szenen- und Sportflächen sowie der Verlauf der Rettungswege sind in einem Bestuhlungs- und Rettungswegeplan im Maßstab von mindestens 1 : 200 darzustellen. [2]Für verschiedene Anordnungen ist jeweils ein Plan vorzulegen.

§ 45 Gastspielprüfbuch

(1) Für den eigenen, gleich bleibenden Szenenaufbau einer wiederkehrenden Gastspielveranstaltung stellt die Bauaufsichtsbehörde der Veranstalterin oder dem Veranstalter auf Antrag ein Gastspielprüfbuch nach Anlage 2 aus.

(2) ¹Das Gastspielprüfbuch dient dem Nachweis der baurechtlichen Sicherheit der Gastspielveranstaltung in dem jeweils eingetragenen Umfang. ²Die Veranstalterin oder der Veranstalter ist durch das Gastspielprüfbuch von der Verpflichtung entbunden, an jedem folgenden Gastspielort eine technische Probe (§ 40 Abs. 6) durchführen zu lassen, soweit die baurechtliche Sicherheit durch das Gastspielprüfbuch nachgewiesen ist.

(3) ¹Vor dem Ausstellen eines Gastspielprüfbuchs ist eine technische Probe durchzuführen. ²Die Geltungsdauer ist auf die Dauer der Tournee zu befristen und kann auf Antrag verlängert werden.

(4) Es gelten auch die in einem anderen Land ausgestellten Gastspielprüfbücher.

(5) ¹Das Gastspielprüfbuch ist der für den Gastspielort zuständigen Bauaufsichtsbehörde rechtzeitig vor der ersten Veranstaltung am Gastspielort vorzulegen. ²Werden für den Szenenaufbau, für den ein Gastspielprüfbuch erteilt ist, Fliegende Bauten genutzt, so ist das Gastspielprüfbuch mit der Anzeige der Aufstellung der Fliegenden Bauten vorzulegen. ³Die Befugnisse nach § 89 der Niedersächsischen Bauordnung bleiben unberührt.

Teil 6 Bestehende Versammlungsstätten, vorübergehende Nutzung, Prüfungen

§ 46 Bestehende Versammlungsstätten

(1) Am 1. Februar 2005 bereits bestehende Versammlungsstätten mit mehr als 5000 Besucherplätzen sind innerhalb von zwei Jahren den Anforderungen des § 6 Abs. 6, des § 10 Abs. 2, des § 20 Abs. 2, des § 26 Abs. 1 und 2, des § 27 Abs. 1 und 3 sowie der §§ 28, 29 und 33 Abs. 2 anzupassen.

(2) Auf am 1. Februar 2005 bereits bestehende Versammlungsstätten sind § 10 Abs. 1, § 14 Abs. 3, § 19 Abs. 8 und die §§ 31 bis 43 anzuwenden.

§ 47 (aufgehoben)

§ 48 Prüfungen

(1) ¹Die Bauaufsichtsbehörde hat Versammlungsstätten in Abständen von höchstens drei Jahren auf die Einhaltung der baurechtlichen Vorschriften und bauaufsichtlichen Anordnungen zu prüfen. ²Den für die öffentliche Sicherheit und Ordnung zuständigen Behörden, dem Staatlichen Gewerbeaufsichtsamt und der für den Brandschutz zuständigen Dienststelle ist Gelegenheit zur Teilnahme an den Prüfungen zu geben.

(2) ¹Betreibt der Bund eine Versammlungsstätte, so hat er diese anstelle der Bauaufsichtsbehörde nach Absatz 1 Satz 1 zu prüfen. ²Betreibt ein Land eine Versammlungsstätte, so gilt Satz 1 entsprechend.

Teil 7 Schlussvorschriften

§ 49 Ordnungswidrigkeiten

Ordnungswidrig nach § 80 Abs. 3 der Niedersächsischen Bauordnung handelt, wer vorsätzlich oder fahrlässig

1. entgegen § 31 Abs. 1 Satz 1 einen Rettungsweg auf dem Baugrundstück der Versammlungsstätte, eine Zufahrt oder eine Aufstell- und Bewegungsfläche für Einsatzfahrzeuge nicht frei hält,
2. entgegen § 31 Abs. 2 einen Rettungsweg in der Versammlungsstätte nicht frei hält,
3. entgegen § 31 Abs. 3 eine Tür in einem Rettungsweg verschließt oder feststellt,
4. entgegen § 32 Abs. 1 als Betreiberin oder Betreiber der Versammlungsstätte oder als Veranstalterin oder Veranstalter
 a) die Zahl der Besucherplätze überschreitet oder
 b) die Anordnung der Besucherplätze ändert,
5. entgegen § 33 Abs. 1 bis 5 Material verwendet, das nicht die jeweiligen Anforderungen des § 33 Abs. 1 bis 5 erfüllt,
6. entgegen § 33 Abs. 6 Ausschmückungen anbringt,
7. entgegen § 33 Abs. 7 den Raum unter einem Schutzvorhang nicht frei hält,
8. entgegen § 33 Abs. 8 brennbares Material nicht von Zündquellen fern hält,
9. entgegen § 34 Abs. 1 eine Ausstattung, eine Requisite oder eine Ausschmückung in einer Bühne oder auf einer Szenenfläche aufbewahrt,
10. entgegen § 34 Abs. 2 ein Ausstattungsteil an den Zug einer Bühne oder Szenenfläche hängt oder dort hängen lässt,
11. entgegen § 34 Abs. 3 einen pyrotechnischen Gegenstand oder brennbares Material außerhalb der dafür vorgesehenen Lagerräume der Versammlungsstätte aufbewahrt,
12. entgegen § 35 Abs. 1 raucht,
13. entgegen § 35 Abs. 2 offenes Feuer, eine brennbare Flüssigkeit, brennbares Gas, einen pyrotechnischen Gegenstand oder einen anderen explosionsgefährlichen Stoff verwendet,
14. entgegen § 36 Abs. 4 die Sicherheitsbeleuchtung nicht in Betrieb nimmt,
15. entgegen § 38 Abs. 2, auch in Verbindung mit § 38 Abs. 5, während des Betriebes der Versammlungsstätte nicht ständig anwesend ist,
16. entgegen § 38 Abs. 4, auch in Verbindung mit § 38 Abs. 5, den Betrieb der Versammlungsstätte nicht einstellt,
17. als Betreiberin oder Betreiber, als Veranstalterin oder Veranstalter oder als beauftragte Veranstaltungsleiterin oder beauftragter Veranstaltungsleiter den Auf- oder Abbau einer bühnen-, studio- oder beleuchtungstechnischen Einrichtung, eine wesentliche Wartungs- oder Instandsetzungsarbeit an diesen Einrichtungen oder eine technische Probe durchführen lässt, ohne dass dies
 a) entgegen § 40 Abs. 2 von einer oder einem Verantwortlichen für Veranstaltungstechnik,

b) entgegen § 40 Abs. 4 Satz 1 von einer Fachkraft für Veranstaltungstechnik mit mindestens drei Jahren Berufserfahrung oder

c) entgegen § 40 Abs. 4 Satz 2 von einer Fachkraft mit der Befähigung als "Erfahrener Bühnenhandwerker/Beleuchter" oder "Veranstaltungsoperator"

beaufsichtigt wird,

18. als Betreiberin oder Betreiber, als Veranstalterin oder Veranstalter oder als beauftragte Veranstaltungsleiterin oder beauftragter Veranstaltungsleiter eine Generalprobe, eine Veranstaltung, eine Sendung oder eine Aufzeichnung einer Veranstaltung stattfinden lässt, ohne dass

 a) entgegen § 40 Abs. 3 eine Verantwortliche oder ein Verantwortlicher für Veranstaltungstechnik der Fachrichtung Bühne/Studio oder der Fachrichtung Halle sowie eine Verantwortliche oder ein Verantwortlicher für Veranstaltungstechnik der Fachrichtung Beleuchtung anwesend sind,

 b) entgegen § 40 Abs. 4 Satz 1 eine Fachkraft für Veranstaltungstechnik mit mindestens drei Jahren Berufserfahrung oder

 c) entgegen § 40 Abs. 4 Satz 2 eine Fachkraft mit der Befähigung als "Erfahrener Bühnenhandwerker/Beleuchter" oder "Veranstaltungsoperator" anwesend ist,

19. als beauftragte Verantwortliche oder beauftragter Verantwortlicher entgegen § 40 Abs. 2, auch in Verbindung mit § 40 Abs. 4 Sätze 1 und 2, den Auf- oder Abbau einer bühnen-, studio- oder beleuchtungstechnischen Einrichtung, eine wesentliche Wartungs- oder Instandsetzungsarbeit an diesen Einrichtungen oder eine technische Probe nicht beaufsichtigt,

20. als beauftragte Verantwortliche oder beauftragter Verantwortlicher entgegen § 40 Abs. 3, auch in Verbindung mit § 40 Abs. 4 Sätze 1 und 2, bei einer Generalprobe, einer Veranstaltung, einer Sendung oder einer Aufzeichnung einer Veranstaltung nicht anwesend ist,

21. als Betreiberin oder Betreiber einer Versammlungsstätte

 a) entgegen § 41 Abs. 1 eine Brandsicherheitswache nicht einrichtet,

 b) es entgegen § 41 Abs. 2 zulässt, dass eine Veranstaltung stattfindet, ohne dass eine Brandsicherheitswache der Feuerwehr anwesend ist, oder

 c) entgegen § 41 Abs. 3 eine Veranstaltung nicht rechtzeitig anzeigt,

22. als Betreiberin oder Betreiber einer Versammlungsstätte oder als Veranstalterin oder Veranstalter entgegen § 42 Abs. 3 Satz 1 eine Unterweisung nicht vornimmt,

23. als Betreiberin oder Betreiber einer Versammlungsstätte

 a) entgegen § 43 Abs. 1 einen Ordnungsdienst nicht einrichtet oder

 b) entgegen § 43 Abs. 2 die Leitung der Kräfte des Ordnungsdienstes nicht festlegt,

24. als Ordnungsdienstkraft

 a) entgegen § 43 Abs. 3 Satz 2 nicht für die Beachtung der Besucherzahl und der Zuordnung der Besucherplätze sorgt oder

 b) entgegen § 43 Abs. 3 Satz 3 nicht für die Beachtung der Verbote des § 35, für die Sicherheitsdurchsagen und die geordnete Evakuierung sorgt,

25. als Betreiberin oder Betreiber einer Versammlungsstätte einer Anpassungspflicht nach § 46 Abs. 1 nicht oder nicht fristgerecht nachkommt.

§ 50 Übergangsregelung

Für die vor dem 20. November 2012 eingeleiteten Verfahren ist diese Verordnung weiterhin in ihrer am 19. November 2012 geltenden Fassung anzuwenden.

§ 51 In-Kraft-Treten

(1) Diese Verordnung tritt am 1. Februar 2005 in Kraft.

(2) Gleichzeitig tritt die Versammlungsstättenverordnung vom 9. Oktober 1978 (Nds. GVBl. S. 711), zuletzt geändert durch Artikel 5 der Verordnung vom 22. Juli 2004 (Nds. GVBl. S. 263), außer Kraft.

<div align="center">

Hannover, den 8. November 2004

Niedersächsisches Ministerium für Soziales, Frauen, Familie und Gesundheit

von der Leyen

Ministerin

</div>

Niedersächsisches Denkmalschutzgesetz

Vom 30. Mai 1978

Stand: letzte berücksichtigte Änderung: zuletzt geändert durch Artikel 3 des Gesetzes vom 10.11.2021 (Nds. GVBl. S. 732)

Eingangsformel

Der Niedersächsische Landtag hat das folgende Gesetz beschlossen, das hiermit verkündet wird:

Erster Teil Allgemeine Vorschriften

§ 1 Grundsatz

Kulturdenkmale sind zu schützen, zu pflegen und wissenschaftlich zu erforschen. Im Rahmen des Zumutbaren sollen sie der Öffentlichkeit zugänglich gemacht werden.

§ 2 Denkmalschutz und Denkmalpflege als öffentliche Aufgaben

(1) Aufgabe des Landes ist es, für den Schutz, die Pflege und die wissenschaftliche Erforschung der Kulturdenkmale zu sorgen. Bei der Wahrnehmung von Denkmalschutz und Denkmalpflege wirken das Land, die Gemeinden, Landkreise und sonstige Kommunalverbände sowie die in der Denkmalpflege tätigen Einrichtungen und Vereinigungen und die Eigentümer und Besitzer von Kulturdenkmalen zusammen.

(2) Dem Land sowie den Gemeinden, Landkreisen und sonstigen Kommunalverbänden obliegt die besondere Pflicht, die ihnen gehörenden und die von ihnen genutzten Kulturdenkmale zu pflegen und sie im Rahmen des Möglichen der Öffentlichkeit zugänglich zu machen.

(3) In öffentlichen Planungen und bei öffentlichen Baumaßnahmen sind die Belange des Denkmalschutzes und der Denkmalpflege sowie die Anforderungen des UNESCO-Übereinkommens zum Schutz des Kultur- und Naturerbes der Welt vom 16. November 1972 (BGBl. 1977 II S. 213) rechtzeitig und so zu berücksichtigen, dass die Kulturdenkmale und das Kulturerbe im Sinne des Übereinkommens erhalten werden und ihre Umgebung angemessen gestaltet wird, soweit nicht andere öffentliche Belange überwiegen.

§ 3 Begriffsbestimmungen

(1) Kulturdenkmale im Sinne dieses Gesetzes sind Baudenkmale, Bodendenkmale, bewegliche Denkmale und Denkmale der Erdgeschichte.

(2) Baudenkmale sind bauliche Anlagen (§ 2 Abs. 1 der Niedersächsischen Bauordnung), Teile baulicher Anlagen, Grünanlagen und Friedhofsanlagen, an deren Erhaltung wegen ihrer geschichtlichen, künstlerischen, wissenschaftlichen oder städtebaulichen Bedeutung ein öffentliches Interesse besteht.

(3) Baudenkmal ist auch eine Gruppe baulicher Anlagen, die aus den in Absatz 2 genannten Gründen erhaltenswert ist, unabhängig davon, ob die einzelnen baulichen Anlagen für sich Baudenkmale sind. Pflanzen, Frei- und Wasserflächen in der Umgebung eines Baudenkmals und Zubehör eines Baudenkmals gelten als Teile des Baudenkmals, wenn sie mit diesem eine Einheit bilden, die aus den in Absatz 2 genannten Gründen erhaltenswert ist.

(4) Bodendenkmale sind mit dem Boden verbundene oder im Boden verborgene Sachen, Sachgesamtheiten und Spuren von Sachen, die von Menschen geschaffen oder bearbeitet wurden oder Aufschluß über menschliches Leben in vergangener Zeit geben und aus den in Absatz 2 genannten Gründen erhaltenswert sind, sofern sie nicht Baudenkmale sind.

(5) Bewegliche Denkmale sind bewegliche Sachen und Sachgesamtheiten, die von Menschen geschaffen oder bearbeitet wurden oder Aufschluß über menschliches Leben in vergangener Zeit geben und die aus den in Absatz 2 genannten Gründen erhaltenswert sind, sofern sie nicht Bodendenkmale sind.

(6) Denkmale der Erdgeschichte sind Überreste oder Spuren, die Aufschluss über die Entwicklung tierischen oder pflanzlichen Lebens in vergangenen Erdperioden oder die Entwicklung der Erde geben und an deren Erhaltung aufgrund ihrer herausragenden wissenschaftlichen Bedeutung ein öffentliches Interesse besteht.

§ 4 Verzeichnis der Kulturdenkmale

(1) ¹Die Kulturdenkmale sind in ein Verzeichnis einzutragen, das durch das Landesamt für Denkmalpflege aufzustellen und fortzuführen ist. ²Bewegliche Denkmale werden in das Verzeichnis nur eingetragen, wenn ihre besondere Bedeutung es erfordert, sie dem Schutz dieses Gesetzes zu unterstellen.

(2) ¹Die unteren Denkmalschutzbehörden und die Gemeinden führen für ihr Gebiet Auszüge aus dem Verzeichnis. ²Jedermann kann Einblick in das Verzeichnis und die Auszüge nehmen. ³Eintragungen über bewegliche Denkmale und über Zubehör von Baudenkmalen dürfen nur die Eigentümer und die sonstigen dinglich Berechtigten sowie die von ihnen ermächtigten Personen einsehen.

(3) ¹Eine Eintragung ist im Verzeichnis zu löschen, wenn ihre Voraussetzungen entfallen sind. ²Ist die Eigenschaft als Baudenkmal nach Absatz 5 durch Verwaltungsakt festgestellt worden, so ist die Eintragung zu löschen, wenn der Verwaltungsakt unanfechtbar aufgehoben worden ist.

(4) ¹Vor der Eintragung eines Baudenkmals, eines Bodendenkmals oder eines unbeweglichen Denkmals der Erdgeschichte in das Verzeichnis ist die Gemeinde zu hören, auf deren Gebiet sich das Denkmal befindet. ²Die Gemeinde teilt dem Landesamt für Denkmalpflege Namen und Anschrift des Eigentümers des Denkmals nach Satz

1 mit. [3] Das Landesamt für Denkmalpflege hört vor der Eintragung eines Baudenkmals dessen Eigentümer. [4] Das Landesamt für Denkmalpflege unterrichtet die untere Denkmalschutzbehörde, die Gemeinde und den Eigentümer unverzüglich über die Neueintragung oder Löschung des Baudenkmals im Verzeichnis. [5] Das Landesamt für Denkmalpflege unterrichtet die untere Denkmalschutzbehörde über die beabsichtigte Eintragung eines beweglichen Denkmals.

(5) Ist ein Baudenkmal nach dem 30. September 2011 in das Verzeichnis eingetragen worden, so hat das Landesamt für Denkmalpflege auf Antrag des Eigentümers durch Verwaltungsakt die Eigenschaft als Baudenkmal festzustellen.

§ 5 Wirkung der Eintragungen in das Verzeichnis

(1) [1] Die Anwendbarkeit der Schutzvorschriften dieses Gesetzes ist nicht davon abhängig, dass Kulturdenkmale in das Verzeichnis nach § 4 eingetragen sind. [2] Die §§ 6, 10 und 11 gelten jedoch für bewegliche Denkmale nur, wenn sie in das Verzeichnis eingetragen sind.

(2) [1] Ist die Denkmalschutzbehörde nach § 4 Abs. 4 Satz 5 über die beabsichtigte Eintragung eines beweglichen Denkmals in das Verzeichnis der Kulturdenkmale unterrichtet worden, so kann sie gegenüber dem Eigentümer anordnen, dass das Denkmal vorläufig als eingetragen gilt. [2] Absatz 1 Satz 2 gilt entsprechend. [3] Die Anordnung wird unwirksam, wenn die Eintragung nicht innerhalb von sechs Monaten vorgenommen worden ist. [4] Bei Vorliegen eines wichtigen Grundes kann diese Frist um bis zu drei Monate verlängert werden. [5] Klagen gegen die Anordnung nach Satz 1 haben keine aufschiebende Wirkung.

Zweiter Teil Erhaltung von Kulturdenkmalen

§ 6 Pflicht zur Erhaltung

(1) [1] Kulturdenkmale sind instandzuhalten, zu pflegen, vor Gefährdung zu schützen und, wenn nötig, instandzusetzen. [2] Verpflichtet sind der Eigentümer oder Erbbauberechtigte und der Nießbraucher; neben ihnen ist verpflichtet, wer die tatsächliche Gewalt über das Kulturdenkmal ausübt. [3] Die Verpflichteten oder die von ihnen Beauftragten haben die erforderlichen Arbeiten fachgerecht durchzuführen.

(2) Kulturdenkmale dürfen nicht zerstört, gefährdet oder so verändert oder von ihrem Platz entfernt werden, daß ihr Denkmalwert beeinträchtigt wird.

(3) [1] Soll ein Kulturdenkmal ganz oder teilweise zerstört werden, so ist der Veranlasser der Zerstörung im Rahmen des Zumutbaren zur fachgerechten Untersuchung, Bergung und Dokumentation des Kulturdenkmals verpflichtet. [2] Satz 1 gilt unabhängig davon, ob die Zerstörung einer Genehmigung nach diesem Gesetz bedarf. [3] § 10 Abs. 3 Sätze 2 und 3, § 12 Abs. 2 Sätze 2 bis 4 sowie § 13 Abs. 2 Sätze 2 und 3 bleiben unberührt.

§ 7 Grenzen der Erhaltungspflicht

(1) Erhaltungsmaßnahmen können nicht verlangt werden, soweit die Erhaltung den Verpflichteten wirtschaftlich unzumutbar belastet.

(2) Ein Eingriff in ein Kulturdenkmal ist zu genehmigen, soweit
1. der Eingriff aus wissenschaftlichen Gründen im öffentlichen Interesse liegt,
2. ein öffentliches Interesse anderer Art, zum Beispiel
 a) die nachhaltige energetische Verbesserung des Kulturdenkmals,
 b) der Einsatz erneuerbarer Energien oder
 c) die Berücksichtigung der Belange von alten Menschen und Menschen mit Behinderungen,
 das Interesse an der unveränderten Erhaltung des Kulturdenkmals überwiegt und den Eingriff zwingend verlangt oder
3. die unveränderte Erhaltung den Verpflichteten wirtschaftlich unzumutbar belastet.

(3) Unzumutbar ist eine wirtschaftliche Belastung insbesondere, soweit die Kosten der Erhaltung und Bewirtschaftung nicht durch die Erträge oder den Gebrauchswert des Kulturdenkmals aufgewogen werden können. Kann der Verpflichtete Zuwendungen aus öffentlichen oder privaten Mitteln oder steuerliche Vorteile in Anspruch nehmen, so sind diese anzurechnen. Der Verpflichtete kann sich nicht auf die Belastung durch erhöhte Erhaltungskosten berufen, die dadurch verursacht wurden, daß Erhaltungsmaßnahmen diesem Gesetz oder sonstigem öffentlichem Recht zuwider unterblieben sind.

(4) [1] Absatz 1 und Absatz 2 Nr. 3 gelten nicht für das Land, die Gemeinden, die Landkreise und die sonstigen Kommunalverbände. [2] Sie sind zu Erhaltungsmaßnahmen im Rahmen ihrer finanziellen Leistungsfähigkeit verpflichtet.

§ 8 Anlagen in der Umgebung von Baudenkmalen

In der Umgebung eines Baudenkmals dürfen Anlagen nicht errichtet, geändert oder beseitigt werden, wenn dadurch das Erscheinungsbild des Baudenkmals beeinträchtigt wird. Bauliche Anlagen in der Umgebung eines Baudenkmals sind auch so zu gestalten und instand zu halten, daß eine solche Beeinträchtigung nicht eintritt. § 7 gilt entsprechend.

§ 9 Nutzung von Baudenkmalen

(1) Für Baudenkmale ist eine Nutzung anzustreben, die ihre Erhaltung auf Dauer gewährleistet. Das Land, die Gemeinden, die Landkreise und die sonstigen Kommunalverbände sollen die Eigentümer und sonstigen Nutzungsberechtigten hierbei unterstützen.

(2) Ein Eingriff in ein Baudenkmal, der dessen Nutzbarkeit nachhaltig verbessert, kann auch dann genehmigt werden, wenn er den Denkmalwert wegen des Einsatzes zeitgemäßer Materialien oder neuer Modernisierungstechniken nur geringfügig beeinträchtigt.

§ 10 Genehmigungspflichtige Maßnahmen

(1) Einer Genehmigung der Denkmalschutzbehörde bedarf, wer
1. ein Kulturdenkmal zerstören, verändern, instandsetzen oder wiederherstellen,
2. ein Kulturdenkmal oder einen in § 3 Abs. 3 genannten Teil eines Baudenkmals von seinem Standort entfernen oder mit Aufschriften oder Werbeeinrichtungen versehen,
3. die Nutzung eines Baudenkmals ändern oder
4. in der Umgebung eines Baudenkmals Anlagen, die das Erscheinungsbild des Denkmals beeinflussen, errichten, ändern oder beseitigen

will.

(2) Instandsetzungsarbeiten bedürfen keiner Genehmigung nach Absatz 1, wenn sie sich nur auf Teile des Kulturdenkmals auswirken, die für seinen Denkmalwert ohne Bedeutung sind.

(3) Die Genehmigung ist zu versagen, soweit die Maßnahme gegen dieses Gesetz verstoßen würde. Die Genehmigung kann unter Bedingungen oder mit Auflagen erteilt werden, soweit dies erforderlich ist, um die Einhaltung dieses Gesetzes zu sichern. Insbesondere kann verlangt werden, daß ein bestimmter Sachverständiger die Arbeiten leitet, daß ein Baudenkmal an anderer Stelle wieder aufgebaut wird oder daß bestimmte Bauteile erhalten bleiben oder in einer anderen baulichen Anlage wieder verwendet werden.

(4) Ist für eine Maßnahme eine Baugenehmigung oder eine die Baugenehmigung einschließende oder ersetzende behördliche Entscheidung erforderlich, so umfaßt diese die Genehmigung nach Absatz 1. Absatz 3 gilt entsprechend.

(5) ¹Maßnahmen nach Absatz 1 bedürfen keiner Genehmigung der Denkmalschutzbehörde, wenn sie an Kulturdenkmalen im Eigentum oder im Besitz des Bundes oder des Landes ausgeführt werden sollen und die Leitung der Entwurfsarbeiten und die Bauüberwachung dem Staatlichen Baumanagement Niedersachsen übertragen sind. ²Maßnahmen nach Absatz 1, die durch die Klosterkammer Hannover an Kulturdenkmalen im Eigentum oder Besitz einer von ihr verwalteten Stiftung ausgeführt werden, bedürfen ebenfalls keiner Genehmigung der Denkmalschutzbehörde. ³Maßnahmen nach den Sätzen 1 und 2 sind dem Landesamt für Denkmalpflege mit Planungsbeginn anzuzeigen.

(6) Bei Maßnahmen nach Absatz 1 an Kulturdenkmalen im Eigentum oder Besitz des Bundes oder des Landes, die nicht durch das Staatliche Baumanagement Niedersachsen betreut werden, ist der an die Denkmalschutzbehörde gerichtete Antrag auf Genehmigung zeitgleich auch dem Landesamt für Denkmalpflege zu übermitteln.

§ 11 Anzeigepflicht

(1) Wird ein eingetragenes bewegliches Denkmal veräußert, so haben der frühere und der neue Eigentümer den Eigentumswechsel unverzüglich der Denkmalschutzbehörde anzuzeigen.

(2) Sind Instandsetzungsarbeiten zur Erhaltung eines Kulturdenkmals notwendig oder droht ihm sonst eine Gefahr, so haben die Erhaltungspflichtigen, wenn sie die Arbeiten nicht ausführen oder die Gefahr nicht abwenden, dies unverzüglich der Denkmalschutzbehörde anzuzeigen.

(3) Die Anzeige eines Pflichtigen befreit die anderen.

Dritter Teil Ausgrabungen und Bodenfunde

§ 12 Ausgrabungen

(1) Wer nach Kulturdenkmalen graben, Kulturdenkmale aus einem Gewässer bergen oder mit technischen Hilfsmitteln nach Kulturdenkmalen suchen will, bedarf einer Genehmigung der Denkmalschutzbehörde. Ausgenommen sind Nachforschungen, die unter der Verantwortung einer staatlichen Denkmalbehörde stattfinden.

(2) Die Genehmigung ist zu versagen, soweit die Maßnahme gegen dieses Gesetz verstoßen oder Forschungsvorhaben des Landes beeinträchtigen würde. Die Genehmigung kann unter Bedingungen und mit Auflagen erteilt werden. Insbesondere können Bestimmungen über die Suche, die Planung und Ausführung der Grabung, die Behandlung und Sicherung der Bodenfunde, die Dokumentation der Grabungsbefunde, die Berichterstattung und die abschließende Herrichtung der Grabungsstätte getroffen werden. Es kann auch verlangt werden, daß ein bestimmter Sachverständiger die Arbeiten leitet.

§ 13 Erdarbeiten

(1) Wer Nachforschungen oder Erdarbeiten an einer Stelle vornehmen will, von der er weiß oder vermutet oder den Umständen nach annehmen muß, daß sich dort Kulturdenkmale befinden, bedarf einer Genehmigung der Denkmalschutzbehörde.

(2) Die Genehmigung ist zu versagen, soweit die Maßnahme gegen dieses Gesetz verstoßen würde. Die Genehmigung kann unter Bedingungen und mit Auflagen erteilt werden, soweit dies erforderlich ist, um die Einhaltung dieses Gesetzes zu sichern. § 12 Abs. 2 Satz 3 und 4 und § 10 Abs. 4 gelten entsprechend.

§ 14 Bodenfunde

(1) Wer in der Erde oder im Wasser Sachen oder Spuren findet, bei denen Anlaß zu der Annahme gegeben ist, daß sie Kulturdenkmale sind (Bodenfunde), hat dies unverzüglich einer Denkmalbehörde, der Gemeinde oder einem Beauftragten für die archäologische Denkmalpflege (§ 22) anzuzeigen. Anzeigepflichtig sind auch der Leiter und der Unternehmer der Arbeiten, die zu dem Bodenfund geführt haben, sowie der Eigentümer und der Besitzer des Grundstücks. Die Anzeige eines Pflichtigen befreit die übrigen. Nimmt der Finder an den Arbeiten, die zu dem Bodenfund geführt haben, auf Grund eines Arbeitsverhältnisses teil, so wird er durch Anzeige an den Leiter oder den Unternehmer der Arbeiten befreit.

(2) Der Bodenfund und die Fundstelle sind bis zum Ablauf von vier Werktagen nach der Anzeige unverändert zu lassen und vor Gefahren für die Erhaltung des Bodenfundes zu schützen, wenn nicht die Denkmalschutzbehörde vorher die Fortsetzung der Arbeiten gestattet.

(3) Die zuständige staatliche Denkmalbehörde und ihre Beauftragten sind berechtigt, den Bodenfund zu bergen und die notwendigen Maßnahmen zur Klärung der Fundumstände sowie zur Sicherung weiterer auf dem Grundstück vorhandener Bodenfunde durchzuführen.

(4) Die Absätze 2 und 3 gelten nicht bei genehmigten Ausgrabungen (§ 12) und bei Arbeiten, die unter Verantwortung einer staatlichen Denkmalbehörde stattfinden. Die Denkmalschutzbehörde kann jedoch durch Auflagen in der Grabungsgenehmigung die Vorschriften für anwendbar erklären.

§ 15 Vorübergehende Überlassung von Bodenfunden

[1] Eigentümer und Besitzer eines Bodenfundes sind verpflichtet, den Bodenfund auf Verlangen der zuständigen Denkmalschutzbehörde dieser oder einer von ihr benannten Stelle für längstens zwölf Monate zur wissenschaftlichen Auswertung, Konservierung oder Dokumentation zu überlassen. [2] Reicht der Zeitraum zur Erfüllung der in Satz 1 genannten Zwecke im Einzelfall nicht aus, so kann er von der zuständigen Denkmalschutzbehörde angemessen verlängert werden.

§ 16 Grabungsschutzgebiete

(1) Das Landesamt für Denkmalpflege kann durch Verordnung abgegrenzte Flächen, in denen Kulturdenkmale von herausragender landes- oder kulturgeschichtlicher Bedeutung vorhanden sind oder vermutet werden, befristet oder unbefristet zu Grabungsschutzgebieten erklären.

(2) In Grabungsschutzgebieten bedürfen alle Arbeiten, die Kulturdenkmale zutagefördern oder gefährden können, einer Genehmigung der Denkmalschutzbehörde. § 13 Abs. 2 gilt entsprechend.

(3) [1] Wird durch die Versagung einer nach Absatz 2 Satz 1 erforderlichen Genehmigung die bisherige ordnungsgemäße land- oder forstwirtschaftliche Nutzung eines Grundstücks beschränkt, so hat das Land für die Dauer der Nutzungsbeschränkung für die dadurch verursachten wirtschaftlichen Nachteile einen angemessenen Ausgleich in Geld zu leisten, sofern nicht eine Ausgleichspflicht nach § 29 besteht. [2] Der Ausgleich bemisst sich nach den durchschnittlichen Ertragseinbußen, gemessen an den Erträgen und Aufwendungen der bisherigen ordnungsgemäßen land- oder forstwirtschaftlichen Nutzung. [3] Ersparte Aufwendungen sind anzurechnen. [4] Über den Ausgleich entscheidet die für die Genehmigung zuständige Denkmalschutzbehörde nach Zustimmung der obersten Denkmalschutzbehörde.

§ 17 Beschränkung der wirtschaftlichen Nutzung von Grundstücken

Die untere Denkmalschutzbehörde kann die wirtschaftliche Nutzung eines Grundstücks oder eines Grundstücksteils beschränken, in dem sich ein Kulturdenkmal befindet.

§ 18 Schatzregal

[1] Bewegliche Denkmale gemäß § 3 Abs. 5, die herrenlos oder so lange verborgen gewesen sind, dass ihr Eigentümer nicht mehr zu ermitteln ist, werden mit der Entdeckung Eigentum des Landes Niedersachsen, wenn sie bei staatlichen Nachforschungen oder in Grabungsschutzgebieten gemäß § 16 entdeckt werden oder wenn sie einen hervorragenden wissenschaftlichen Wert besitzen. [2] Der Finder soll im Rahmen der verfügbaren Mittel des Landeshaushalts eine Belohnung erhalten. [3] Über die Höhe entscheidet das Landesamt für Denkmalpflege unter Berücksichtigung der Umstände des Einzelfalls. [4] Das Land kann sein Eigentum an dem beweglichen Denkmal auf den Eigentümer des Grundstücks übertragen, auf dem der Fund erfolgt ist.

Vierter Teil Denkmalbehörden

§ 19 Denkmalschutzbehörden

(1) [1] Die Gemeinden, denen die Aufgaben der unteren Bauaufsichtsbehörde obliegen, im übrigen die Landkreise, nehmen die Aufgaben der unteren Denkmalschutzbehörde wahr. [2] Oberste Denkmalschutzbehörde ist das Fachministerium.

(2) Die Aufgaben der unteren Denkmalschutzbehörden gehören zum übertragenen Wirkungskreis.

(3) Die oberste Denkmalschutzbehörde übt die Fachaufsicht über die unteren Denkmalschutzbehörden aus.

(4) [1] Die oberste Denkmalschutzbehörde kann anstelle einer unteren Denkmalschutzbehörde tätig werden oder anordnen, dass das Landesamt für Denkmalpflege an Stelle einer unteren Denkmalschutzbehörde tätig wird, wenn

diese eine Weisung nicht innerhalb einer bestimmten Frist befolgt oder wenn Gefahr im Verzuge ist. ²Es hat die zuständige Denkmalschutzbehörde unverzüglich über die getroffene Maßnahme zu unterrichten.

§ 20 Zuständigkeit der Denkmalschutzbehörden

(1) ¹ Soweit nicht durch Gesetz oder auf Grund eines Gesetzes etwas anderes bestimmt ist, sind die unteren Denkmalschutzbehörden zuständig. ²Betrifft die Durchführung dieses Gesetzes den Bereich einer Bundeswasserstraße oder des Küstengewässers, so ist abweichend von Satz 1 die oberste Denkmalschutzbehörde zuständig. ³Für Maßnahmen im Bereich des Küstengewässers ist das Einvernehmen mit der obersten Naturschutzbehörde erforderlich.

(2) ¹ Die unteren Denkmalschutzbehörden stellen in Angelegenheiten auf dem Gebiet der Bodendenkmalpflege unverzüglich das Benehmen mit dem Landesamt für Denkmalpflege her. ² Die oberste Denkmalschutzbehörde befreit eine untere Denkmalschutzbehörde, die in ausreichendem Maß mit archäologischen Fachkräften besetzt ist, von dem Erfordernis der Herstellung des Benehmens. ³Archäologische Fachkräfte sind Personen, die nachgewiesen haben, dass sie durch ihre Ausbildung oder durch archäologische Tätigkeiten hinreichende Fachkenntnisse auf dem Gebiet der Bodendenkmalpflege erworben haben. ⁴ Eine untere Denkmalschutzbehörde, die von dem Erfordernis der Herstellung des Benehmens befreit worden ist, hat der obersten Denkmalschutzbehörde Veränderungen in der Besetzung mit archäologischen Fachkräften unverzüglich mitzuteilen.

(3) Die örtliche Zuständigkeit richtet sich bei beweglichen Bodenfunden nach dem Fundort. Bei Gefahr im Verzuge kann auch die Denkmalschutzbehörde Anordnungen erlassen, in deren Bezirk sich der Gegenstand befindet. Die zuständige Denkmalschutzbehörde ist unverzüglich zu unterrichten.

§ 21 Landesamt für Denkmalpflege

(1) Das Landesamt für Denkmalpflege wirkt als staatliche Denkmalfachbehörde bei der Ausführung dieses Gesetzes mit. Es hat insbesondere die Aufgaben,
1. die Denkmalschutz-, Bau- und Planungsbehörden, Kirchen und andere, insbesondere Eigentümer und Besitzer von Kulturdenkmalen, fachlich zu beraten,
2. Kulturdenkmale zu erfassen, zu erforschen, zu dokumentieren und die Ergebnisse zu veröffentlichen sowie das Verzeichnis nach § 4 Abs. 1 aufzustellen und fortzuführen,
3. Restaurierungen und Grabungen durchzuführen,
4. wissenschaftliche Grundlagen für die Denkmalpflege zu schaffen,
5. zentrale Fachbibliotheken und Archive zu unterhalten.

(2) Die unteren Denkmalschutzbehörden stellen bei allen Maßnahmen, die für das Kulturerbe im Sinne des UNESCO-Übereinkommens zum Schutz des Kultur- und Naturerbes der Welt von nicht nur unerheblicher Bedeutung sind, das Benehmen mit dem Landesamt für Denkmalpflege her.

§ 22 Beauftragte für die Denkmalpflege

(1) Die untere Denkmalschutzbehörde kann Beauftragte für die Bau- und Kunstdenkmalpflege und Beauftragte für die archäologische Denkmalpflege bestellen. Sie bestellt die Beauftragten im Einvernehmen mit dem Landesamt für Denkmalpflege. Die Beauftragten sind ehrenamtlich tätig.

(2) Die Beauftragten beraten und unterstützen die Denkmalschutzbehörden in allen Angelegenheiten des Denkmalschutzes und der Denkmalpflege.

(3) Das Land ersetzt den Beauftragten die Kosten, die ihnen durch ihre Tätigkeit entstehen. Die oberste Denkmalschutzbehörde wird ermächtigt, durch Verordnung nähere Vorschriften zu erlassen.

§ 22 a Beratende Kommissionen

Die oberste Denkmalschutzbehörde kann für den Bereich der Bau- und Kunstdenkmalpflege eine Landeskommission für Denkmalpflege und für den Bereich der Bodendenkmalpflege eine Archäologische Kommission jeweils mit beratender Funktion für die oberste Denkmalschutzbehörde und die Denkmalfachbehörde berufen.

Fünfter Teil Maßnahmen des Denkmalschutzes, Verfahrensvorschriften

§ 23 Anordnungen der Denkmalschutzbehörden

(1) Die Denkmalschutzbehörden treffen nach pflichtgemäßem Ermessen die Anordnungen, die erforderlich sind, um die Einhaltung der §§ 6 bis 17, 25, 27 und 28 sicherzustellen.

(2) Wird ein Baudenkmal dadurch, daß es nicht genutzt wird, oder durch die Art seiner Nutzung gefährdet, so kann die Denkmalschutzbehörde anordnen, daß ein nach § 6 Abs. 1 Verpflichteter das Baudenkmal in bestimmter ihm zumutbarer Weise nutzt. Dem Verpflichteten ist auf Antrag zu gestatten, das Baudenkmal in einer angebotenen anderen Weise zu nutzen, wenn seine Erhaltung dadurch hinreichend gewährleistet und die Nutzung mit dem öffentlichen Recht vereinbar ist.

§ 24 Genehmigungsverfahren

(1) ¹ Der Antrag auf eine Genehmigung nach diesem Gesetz ist mit den zur Beurteilung erforderlichen Unterlagen der Denkmalschutzbehörde schriftlich oder elektronisch zu übermitteln. ²Nimmt der Landkreis die Aufgaben der Denkmalschutzbehörde wahr, so hat er den Antrag unverzüglich an die Gemeinde zu übermitteln. ³Die Gemeinde hat im Fall des Satzes 2 ihre Stellungnahme unverzüglich der Denkmalschutzbehörde zu übermitteln.

(2) Eine Genehmigung nach diesem Gesetz erlischt, wenn nicht innerhalb von zwei Jahren nach ihrer Erteilung mit der Ausführung der Maßnahme begonnen oder wenn die Ausführung zwei Jahre unterbrochen worden ist. Die Denkmalschutzbehörde kann die Frist verlängern. In den Fällen des § 10 Abs. 4 richtet sich die Geltungsdauer nach den Vorschriften über die Baugenehmigung oder die sonstige Entscheidung, die die Genehmigung nach diesem Gesetz umfaßt.

(3) Für Genehmigungen nach diesem Gesetz werden keine Gebühren und Auslagen erhoben. Die Vorschriften über die Kosten der Baugenehmigungen und der sonstigen Entscheidung, die Genehmigungen nach diesem Gesetz umfassen, bleiben unberührt.

§ 25 Wiederherstellung des ursprünglichen Zustands

(1) Wer diesem Gesetz zuwider in ein Kulturdenkmal oder in dessen Umgebung eingreift, hat auf Verlangen der Denkmalschutzbehörde den bisherigen Zustand wiederherzustellen.

(2) Wer widerrechtlich ein Kulturdenkmal vorsätzlich oder fahrlässig beschädigt oder zerstört, ist auf Verlangen der Denkmalschutzbehörde verpflichtet, das Zerstörte nach ihren Anweisungen zu rekonstruieren.

§ 26 Zusammenwirken der Denkmalbehörden

Die Denkmalschutzbehörden werden vom Landesamt für Denkmalpflege bei der Erledigung ihrer Aufgaben unterstützt und beraten. Sie haben dem Landesamt die Genehmigungsanträge für Maßnahmen von besonderer Bedeutung rechtzeitig anzuzeigen und in dem erforderlichen Umfang Auskunft und Akteneinsicht zu gewähren.

§ 27 Duldungs- und Auskunftspflichten

(1) Bedienstete und Beauftragte der Denkmalbehörden dürfen nach vorheriger Benachrichtigung Grundstücke, zur Abwehr einer dringenden Gefahr für ein Kulturdenkmal auch Wohnungen, betreten, soweit es zur Durchführung dieses Gesetzes notwendig ist. Sie dürfen Kulturdenkmale besichtigen und die notwendigen wissenschaftlichen Erfassungsmaßnahmen, insbesondere zur Inventarisation, durchführen. Das Grundrecht der Unverletzlichkeit der Wohnung (Artikel 13 des Grundgesetzes) wird insoweit eingeschränkt.

(2) Eigentümer und Besitzer von Kulturdenkmalen haben den Denkmalbehörden sowie ihren Beauftragten die zum Vollzug dieses Gesetzes erforderlichen Auskünfte zu erteilen.

§ 28 Kennzeichnung von Kulturdenkmalen

(1) Die Denkmalschutzbehörde kann Eigentümer und Besitzer von Bodendenkmalen und nicht genutzten Baudenkmalen verpflichten, die Anbringung von Hinweisschildern zu dulden, die die Bedeutung des Denkmals erläutern und auf seinen gesetzlichen Schutz hinweisen. Die Schilder sind so anzubringen, daß sie die zulässige Bewirtschaftung des Grundstücks nicht erschweren.

(2) Eigentümer können Baudenkmale und Bodendenkmale mit einer von der obersten Denkmalschutzbehörde herausgegebenen Denkmalschutzplakette kennzeichnen, um auf den gesetzlichen Schutz des Denkmals hinzuweisen.

Sechster Teil Ausgleich und Enteignung

§ 29 Ausgleich

(1) [1]Soweit Anordnungen aufgrund dieses Gesetzes im Einzelfall zu einer unzumutbaren Belastung des Eigentums führen, hat das Land einen angemessenen Ausgleich in Geld zu gewähren, sofern und soweit die Belastung nicht in anderer Weise ausgeglichen werden kann. [2]Für die Bemessung des Ausgleichs sind die Regelungen des Niedersächsischen Enteignungsgesetzes über die Entschädigung entsprechend anzuwenden. [3] Die Gemeinden und Landkreise sollen zu dem Ausgleichsaufwand beitragen, wenn und soweit durch die die Belastung auslösende Anordnung auch ihre örtlichen Belange begünstigt werden.

(2) Über den Ausgleich entscheidet die für die Anordnung zuständige Denkmalschutzbehörde nach Zustimmung der obersten Denkmalschutzbehörde zumindest dem Grunde nach zugleich mit der Anordnung, die die Belastung auslöst.

§ 30 Zulässigkeit der Enteignung

(1) Eine Enteignung ist zulässig, soweit sie erforderlich ist, damit
1. ein Kulturdenkmal in seinem Bestand oder Erscheinungsbild erhalten bleibt,
2. Kulturdenkmale ausgegraben oder wissenschaftlich untersucht werden können,
3. in einem Grabungsschutzgebiet planmäßige Nachforschungen betrieben werden können.

Die Enteignung kann auf Zubehör, das mit der Hauptsache eine Einheit von Denkmalwert bildet, ausgedehnt werden. Enteignungsmaßnahmen können zeitlich begrenzt werden.

(2) Ein beweglicher Bodenfund (§ 14 Abs. 1) kann enteignet werden, wenn
1. Tatsachen vorliegen, nach denen zu befürchten ist, daß er wesentlich verschlechtert wird,
2. nicht auf andere Weise sichergestellt werden kann, daß er für die Allgemeinheit zugänglich ist, und hieran ein erhebliches Interesse besteht oder
3. nicht auf andere Weise sichergestellt werden kann, daß er für die wissenschaftliche Forschung zur Verfügung gehalten wird.

Der Enteignungsantrag kann innerhalb eines Jahres gestellt werden, nachdem der Bodenfund angezeigt oder bei Arbeiten nach § 14 Abs. 3 entdeckt worden ist.

(3) Die Enteignung nach den Absätzen 1 und 2 ist zugunsten des Landes oder einer anderen juristischen Person des öffentlichen Rechts zulässig. Zugunsten einer juristischen Person des Privatrechts ist die Enteignung zulässig, wenn der Enteignungszweck zu den satzungsmäßigen Aufgaben der juristischen Person gehört und seine Erfüllung im Einzelfall gesichert erscheint.

§ 31 Anwendung des Niedersächsischen Enteignungsgesetzes

(1) Für die Enteignung und Entschädigung, auch bei beweglichen Sachen, gelten die Vorschriften des Niedersächsischen Enteignungsgesetzes, soweit nicht in diesem Gesetz etwas anderes bestimmt ist.

(2) Ist Gegenstand der Enteignung eine bewegliche Sache und soll nach dem Enteignungsbeschluß die Sache herausgegeben werden, so ist im Enteignungsbeschluß auch anzuordnen, an wen die Sache mit dem Eintritt der Rechtsänderung herauszugeben ist. Die Ausführungsanordnung (§ 36 NEG) kann in diesem Falle schon vor der Zahlung der Entschädigung erlassen werden.

(3) Ist zur Erhaltung oder wissenschaftlichen Auswertung eines beweglichen Denkmals oder eines beweglichen Bodenfundes (§ 14 Abs. 1) die sofortige Herausgabe dringend geboten, so kann die Enteignungsbehörde im Beschluß über die vorzeitige Besitzeinweisung den Eigentümer oder Besitzer verpflichten, die Sache an einen bestimmten Empfänger herauszugeben. § 35 Abs. 1 Satz 6 NEG findet keine Anwendung.

(4) Sofern die Enteignung andere als die in § 3 NEG genannten Gegenstände betrifft, ist § 43 NEG nicht anzuwenden. In diesen Fällen kann die Entscheidung der Enteignungsbehörde über die Höhe der Entschädigung innerhalb eines Monats nach Zustellung durch Klage vor dem ordentlichen Gericht angefochten werden.

Siebenter Teil Zuschußmittel des Landes, Steuerbefreiung

§ 32 Zuschußmittel des Landes

Das Land trägt, unbeschadet bestehender Verpflichtungen, zu den Kosten der Erhaltung und Instandsetzung von Kulturdenkmalen nach Maßgabe der im Haushaltsplan bereitgestellten Mittel bei. Zuschüsse des Landes können insbesondere mit der Auflage verbunden werden, ein Kulturdenkmal im Rahmen des Zumutbaren der Öffentlichkeit zugänglich zu machen oder Hinweisschilder anzubringen.

§ 33 (aufgehoben)

Achter Teil Straftaten und Ordnungswidrigkeiten

§ 34 Zerstörung eines Kulturdenkmals

(1) Wer ohne die nach § 10 erforderliche Genehmigung und ohne Vorliegen der Voraussetzungen des § 7 ein Kulturdenkmal oder einen wesentlichen Teil eines Kulturdenkmals zerstört, wird mit Freiheitsstrafe bis zu zwei Jahren oder mit Geldstrafe bestraft.

(2) Reste eines Kulturdenkmals, das durch eine Tat nach Absatz 1 zerstört worden ist, können eingezogen werden.

§ 35 Ordnungswidrigkeiten

(1) Ordnungswidrig handelt, wer vorsätzlich oder fahrlässig
1. eine nach § 11 oder § 14 Abs. 1 erforderliche Anzeige nicht unverzüglich erstattet,
2. Maßnahmen, die nach § 10 Abs. 1, § 12 Abs. 1, § 13 Abs. 1 oder § 16 Abs. 2 der Genehmigung bedürfen, ohne Genehmigung oder abweichend von ihr durchführt oder durchführen läßt,
3. Auflagen nach § 10 Abs. 3, § 12 Abs. 2 oder § 13 Abs. 2 nicht erfüllt,
4. gefundene Gegenstände und die Fundstelle nicht gemäß § 14 Abs. 2 unverändert läßt.

(2) Ordnungswidrig handelt, wer wider besseres Wissen unrichtige Angaben macht oder unrichtige Pläne oder Unterlagen vorlegt, um einen Verwaltungsakt nach diesem Gesetz zu erwirken oder zu verhindern.

(3) Die Ordnungswidrigkeiten können mit Geldbußen bis zu 250.000 Euro geahndet werden.

(4) Es können eingezogen werden:
1. Reste eines Kulturdenkmals, das durch eine ordnungswidrige Handlung zerstört worden ist,
2. Gegenstände, die durch ordnungswidrige Handlungen unter Verletzung des § 12 Abs. 1, § 13 Abs. 1, § 14 Abs. 1 und 2 oder § 16 Abs. 2 erlangt worden sind.

§ 23 des Gesetzes über Ordnungswidrigkeiten ist anzuwenden.

(5) Die Verfolgung der Ordnungswidrigkeit verjährt in fünf Jahren.

Neunter Teil Schluß- und Übergangsvorschriften

§ 36 Kirchliche Kulturdenkmale

Die Verträge des Landes Niedersachsen mit den Evangelischen Landeskirchen in Niedersachsen vom 19. März 1955 (Nieders. GVBl. Sb. I S. 369) und vom 4. März 1965 (Nieders. GVBl. 1966 S. 4), das Konkordat zwischen dem Heiligen Stuhle und dem Lande Niedersachsen vom 26. Februar 1965 (Nieders. GVBl. S. 192), zuletzt geändert durch Vertrag vom 29. Oktober 1993 (Nds. GVBl. 1994 S. 304), sowie die zur Ausführung dieser Verträge geschlossenen Vereinbarungen bleiben unberührt.

§ 37 Finanzausgleich

Die Verwaltungskosten, die den Landkreisen und Gemeinden durch die Ausführung dieses Gesetzes entstehen, werden im Rahmen des kommunalen Finanzausgleichs gedeckt.

§ 38 Änderung der Niedersächsischen Bauordnung

(Änderungsanweisungen)

§ 39 Aufhebung von Vorschriften

Folgende Vorschriften treten außer Kraft, soweit sie nicht bereits aufgehoben worden sind:
1. Bekanntmachung des Staatsministeriums, betreffend die Vornahme von Ausgrabungen etc. bei den unter Aufsicht der Forstbehörden stehenden Steindenkmälern des Alterthums vom 14. März 1881 (Nieders. GVBl. Sb. III S. 136), geändert durch Artikel 34 des Ersten Anpassungsgesetzes vom 24. Juni 1970 (Nieders. GVBl. S. 237),
2. Gesetz gegen die Verunstaltung von Stadt und Land vom 1. Februar 1911 (Nieders. GVBl. Sb. III S. 86), geändert durch § 101 Abs. 1 Nr. 28 der Niedersächsischen Bauordnung vom 23. Juli 1973 (Nieders. GVBl. S. 259),
3. Denkmalschutzgesetz für das Großherzogtum Oldenburg vom 18. Mai 1911 (Nieders. GVBl. Sb. III S. 136), zuletzt geändert durch § 101 Abs. 1 Nr. 18 der Niedersächsischen Bauordnung vom 23. Juli 1973 (Nieders. GVBl. S. 259),
4. Ausgrabungsgesetz vom 26. März 1914 (Nieders. GVBl. Sb. III S. 134), zuletzt geändert durch Artikel 26 des Zweiten Anpassungsgesetzes vom 2. Dezember 1974 (Nieders. GVBl. S. 535),
5. Heimatschutzgesetz vom 17. September 1934 (Nieders. GVBl. Sb. II S. 415), zuletzt geändert durch § 101 Abs. 1 Nr. 19 der Niedersächsischen Bauordnung vom 23. Juli 1973 (Nieders. GVBl. S. 259),
6. Verordnung zum Schutze des heimischen Kulturgutes vom 23. März 1944 (Nieders. GVBl. Sb. II S. 413), zuletzt geändert durch Artikel 27 des Zweiten Anpassungsgesetzes vom 2. Dezember 1974 (Nieders. GVBl. S. 535).

§ 40 Übergangsvorschrift

Das Verzeichnis der Baudenkmale nach § 94 der Niedersächsischen Bauordnung und die Denkmalliste nach § 5 des Denkmalschutzgesetzes für das Großherzogtum Oldenburg sind mit allen Eintragungen Bestandteile des Verzeichnisses der Kulturdenkmale nach § 4 dieses Gesetzes.

§ 41 Inkrafttreten

Dieses Gesetz tritt am 1. April 1979 in Kraft.

Hannover, den 30. Mai 1978.

Der Niedersächsische Ministerpräsident

Albrecht

Der Niedersächsische Minister für Wissenschaft und Kunst

Pestel

Verordnung über den Bau und Betrieb von Verkaufsstätten (Verkaufsstättenverordnung - VKVO -)

Vom 17. Januar 1997

Stand: letzte berücksichtigte Änderung: zuletzt geändert durch Artikel 2 der Verordnung vom 13.11.2012
 (Nds. GVBl. S. 438)

Eingangsformel

Auf Grund des § 71 Abs. 2 Satz 2 sowie der §§ 87 und 95 Abs. 2 der Niedersächsischen Bauordnung (NBauO) in
der Fassung vom 13. Juli 1995 (Nds. GVBl. S. 199), geändert durch Artikel II des Gesetzes vom 28. Mai 1996 (Nds.
GVBl. S. 252), wird verordnet:

§ 1 Geltungsbereich

Die Vorschriften dieser Verordnung gelten für jede Verkaufsstätte, deren Verkaufsräume und Ladenstraßen ein-
schließlich ihrer Bauteile eine Fläche von insgesamt mehr als 2000 m² haben.

§ 2 Begriffe

(1) Verkaufsstätten sind Gebäude oder Gebäudeteile, die
1. ganz oder teilweise dem Verkauf von Waren dienen,
2. mindestens einen Verkaufsraum haben und
3. keine Messebauten sind.

Zu einer Verkaufsstätte gehören alle Räume, die unmittelbar oder mittelbar, insbesondere durch Aufzüge oder
Ladenstraßen, miteinander in Verbindung stehen; als Verbindung gilt nicht die Verbindung durch notwendige
Treppenräume sowie durch Leitungen, Schächte und Kanäle haustechnischer Anlagen.

(2) Erdgeschossige Verkaufsstätten sind Gebäude mit nicht mehr als einem Geschoß, dessen Fußboden an keiner
Stelle mehr als 1 m unter der Geländeoberfläche liegt; dabei bleiben Treppenraumerweiterungen sowie Geschosse
außer Betracht, die ausschließlich der Unterbringung von haustechnischen Anlagen und Feuerungsanlagen dienen.

(3) Verkaufsräume sind Räume, in denen Waren zum Verkauf oder sonstige Leistungen angeboten werden oder
die dem Kundenverkehr dienen, ausgenommen notwendige Treppenräume, Treppenraumerweiterungen sowie
Garagen. Ladenstraßen gelten nicht als Verkaufsräume.

(4) Ladenstraßen sind überdachte oder überdeckte Flächen, an denen Verkaufsräume liegen und die dem Kunden-
verkehr dienen.

(5) Treppenraumerweiterungen sind Räume, die Treppenräume mit Ausgängen ins Freie verbinden.

§ 3 Tragende oder aussteifende Wände und Stützen

Tragende oder aussteifende Wände und Stützen müssen feuerbeständig, bei erdgeschossigen Verkaufsstätten ohne
Sprinkleranlagen mindestens feuerhemmend sein. Satz 1 gilt nicht für erdgeschossige Verkaufsstätten mit Sprink-
leranlagen.

§ 4 Außenwände

Außenwände müssen bestehen aus
1. nichtbrennbaren Baustoffen bei Verkaufsstätten ohne Sprinkleranlagen,
2. mindestens schwerentflammbaren Baustoffen bei Verkaufsstätten mit Sprinkleranlagen,

 soweit die Außenwände nicht feuerbeständig sind;
3. mindestens schwerentflammbaren Baustoffen bei erdgeschossigen Verkaufsstätten, soweit die Außenwände
 nicht mindestens feuerhemmend sind.

§ 5 Trennwände

(1) Trennwände zwischen einer Verkaufsstätte und Räumen, die nicht zur Verkaufsstätte gehören, müssen feuer-
beständig sein und dürfen keine Öffnungen haben.

(2) In Verkaufsstätten ohne Sprinkleranlagen sind Lagerräume mit einer Fläche von jeweils mehr als 100 m² sowie
Werkräume mit erhöhter Brandgefahr, wie Schreinereien, Maler- oder Dekorationswerkstätten, von anderen Räumen
durch feuerbeständige Wände zu trennen. Diese Werk- und Lagerräume müssen durch feuerbeständige Trennwände
so unterteilt werden, daß Abschnitte von nicht mehr als 500 m² entstehen. Öffnungen in den Trennwänden müssen
mindestens feuerhemmende und selbstschließende Abschlüsse haben.

§ 6 Brandabschnitte

(1) Verkaufsstätten sind durch Brandwände in Brandabschnitte zu unterteilen. Die Fläche der Brandabschnitte darf
je Geschoß betragen in
1. erdgeschossigen Verkaufsstätten mit Sprinkleranlagen nicht mehr als 10000 m²,
2. sonstigen Verkaufsstätten mit Sprinkleranlagen nicht mehr als 5000 m²,
3. erdgeschossigen Verkaufsstätten ohne Sprinkleranlagen nicht mehr als 3000 m²,
4. sonstigen Verkaufsstätten ohne Sprinkleranlagen nicht mehr als 1500 m², wenn sich die Verkaufsstätten über
 nicht mehr als drei Geschosse erstrecken und die Gesamtfläche aller Geschosse innerhalb eines Brandabschnitts
 nicht mehr als 3000 m² beträgt.

(2) Abweichend von Absatz 1 können Verkaufsstätten mit Sprinkleranlagen auch durch Ladenstraßen in Brandabschnitte unterteilt werden, wenn

1. die Ladenstraßen mindestens 10 m breit sind,
2. die Ladenstraßen Rauchabzugsanlagen haben,
3. das Tragwerk der Dächer der Ladenstraßen aus nichtbrennbaren Baustoffen besteht und
4. die Bedachung der Ladenstraßen aus nichtbrennbaren Baustoffen oder, soweit sie lichtdurchlässig ist, aus mindestens schwerentflammbaren Baustoffen besteht; sie darf im Brandfall nicht brennend abtropfen.

(3) In Verkaufsstätten mit Sprinkleranlagen brauchen Brandwände abweichend von Absatz 1 im Kreuzungsbereich mit Ladenstraßen nicht hergestellt zu werden, wenn

1. die Ladenstraßen eine Breite von mindestens 10 m über eine Länge von mindestens 10 m beiderseits der Brandwände haben und
2. die Anforderungen nach Absatz 2 Nrn. 2 bis 4 in diesem Bereich erfüllt sind.

(4) Öffnungen in den Brandwänden nach Absatz 1 sind zulässig, wenn sie selbstschließende und feuerbeständige Abschlüsse haben. Die Abschlüsse müssen Feststellanlagen haben, die bei Raucheinwirkung ein selbsttätiges Schließen bewirken.

§ 7 Decken

(1) Decken müssen feuerbeständig sein und aus nichtbrennbaren Baustoffen bestehen. Decken über Geschossen, deren Fußboden an keiner Stelle mehr als 1 m unter der Geländeoberfläche liegt, brauchen nur

1. feuerhemmend zu sein und aus nichtbrennbaren Baustoffen zu bestehen in erdgeschossigen Verkaufsstätten ohne Sprinkleranlagen,
2. aus nichtbrennbaren Baustoffen zu bestehen in erdgeschossigen Verkaufsstätten mit Sprinkleranlagen.

Für die Beurteilung der Feuerwiderstandsdauer bleiben abgehängte Unterdecken außer Betracht.

(2) Unterdecken einschließlich ihrer Aufhängungen müssen in Verkaufsräumen, Treppenräumen, Treppenraumerweiterungen, notwendigen Fluren und in Ladenstraßen aus nichtbrennbaren Baustoffen bestehen. In Verkaufsräumen mit Sprinkleranlagen dürfen Unterdecken aus brennbaren Baustoffen bestehen, wenn auch der Deckenhohlraum durch die Sprinkleranlagen geschützt ist.

(3) In Decken sind Öffnungen unzulässig. Dies gilt nicht für Öffnungen zwischen Verkaufsräumen, zwischen Verkaufsräumen und Ladenstraßen sowie zwischen Ladenstraßen

1. in Verkaufsstätten mit Sprinkleranlagen,
2. in Verkaufsstätten ohne Sprinkleranlagen, soweit die Öffnungen für nicht notwendige Treppen erforderlich sind.

§ 8 Dächer

(1) Das Tragwerk von Dächern, die den oberen Abschluß von Räumen der Verkaufsstätten bilden oder die von diesen Räumen nicht durch feuerbeständige Bauteile getrennt sind, muß

1. aus nichtbrennbaren Baustoffen bestehen in Verkaufsstätten mit Sprinkleranlagen, ausgenommen in erdgeschossigen Verkaufsstätten,
2. mindestens feuerhemmend sein in erdgeschossigen Verkaufsstätten ohne Sprinkleranlagen,
3. feuerbeständig sein in sonstigen Verkaufsstätten ohne Sprinkleranlagen.

(2) Bedachungen müssen

1. gegen Flugfeuer und strahlende Wärme widerstandsfähig sein und
2. bei Dächern, die den oberen Abschluß von Räumen der Verkaufsstätten bilden oder die von diesen Räumen nicht durch feuerbeständige Bauteile getrennt sind, aus nichtbrennbaren Baustoffen bestehen mit Ausnahme der Dachhaut und der Dampfsperre.

(3) Lichtdurchlässige Bedachungen über Verkaufsräumen und Ladenstraßen dürfen abweichend von Absatz 2 Nr. 1

1. schwerentflammbar sein bei Verkaufsstätten mit Sprinkleranlagen,
2. nichtbrennbar sein bei Verkaufsstätten ohne Sprinkleranlagen.

Sie dürfen im Brandfall nicht brennend abtropfen.

§ 9 Bekleidungen, Dämmstoffe

(1) Außenwandbekleidungen einschließlich der Dämmstoffe und Unterkonstruktionen müssen bestehen aus

1. mindestens schwerentflammbaren Baustoffen bei Verkaufsstätten mit Sprinkleranlagen und bei erdgeschossigen Verkaufsstätten,
2. nichtbrennbaren Baustoffen bei sonstigen Verkaufsstätten ohne Sprinkleranlagen.

(2) Deckenbekleidungen einschließlich der Dämmstoffe und Unterkonstruktionen müssen aus nichtbrennbaren Baustoffen bestehen.

(3) Wandbekleidungen einschließlich der Dämmstoffe und Unterkonstruktionen müssen in Treppenräumen, Treppenraumerweiterungen, notwendigen Fluren und in Ladenstraßen aus nichtbrennbaren Baustoffen bestehen.

§ 10 Rettungswege in Verkaufsstätten

(1) Für jeden Verkaufsraum, Aufenthaltsraum und für jede Ladenstraße müssen in demselben Geschoß mindestens zwei voneinander unabhängige Rettungswege zu Ausgängen ins Freie oder zu notwendigen Treppenräumen vorhanden sein. An Stelle eines dieser Rettungswege darf ein Rettungsweg über Außentreppen ohne Treppenräume, Rettungsbalkone, Terrassen und begehbare Dächer auf das Grundstück führen, wenn hinsichtlich des Brandschutzes keine Bedenken bestehen; dieser Rettungsweg gilt als Ausgang ins Freie.

(2) Von jeder Stelle
1. eines Verkaufsraumes in höchstens 25 m Entfernung,
2. eines sonstigen Raumes oder einer Ladenstraße in höchstens 35 m Entfernung

muß mindestens ein Ausgang ins Freie oder ein notwendiger Treppenraum erreichbar sein (erster Rettungsweg).

(3) Der erste Rettungsweg darf, soweit er über eine Ladenstraße führt, auf der Ladenstraße eine zusätzliche Länge von höchstens 35 m haben, wenn die Ladenstraße Rauchabzugsanlagen hat und der nach Absatz 1 erforderliche zweite Rettungsweg für Verkaufsräume mit einer Fläche von mehr als 100 m² nicht über diese Ladenstraße führt.

(4) In Verkaufsstätten mit Sprinkleranlagen und in erdgeschossigen Verkaufsstätten darf der Rettungsweg nach den Absätzen 2 und 3 innerhalb von Brandabschnitten eine zusätzliche Länge von höchstens 35 m haben, soweit er über einen notwendigen Flur für Kundinnen und Kunden mit einem unmittelbaren Ausgang ins Freie oder in einen notwendigen Treppenraum führt.

(5) Von jeder Stelle eines Verkaufsraumes muß ein Hauptgang oder eine Ladenstraße in höchstens 10 m Entfernung erreichbar sein.

(6) In Rettungswegen ist nur eine Folge von mindestens drei Stufen zulässig. Die Stufen müssen eine Stufenbeleuchtung haben.

(7) An Kreuzungen der Ladenstraßen und der Hauptgänge sowie an Türen im Zuge von Rettungswegen ist deutlich und dauerhaft auf die Ausgänge durch Sicherheitszeichen hinzuweisen. Die Sicherheitszeichen müssen beleuchtet sein.

(8) Die Entfernungen nach den Absätzen 2 bis 5 sind in der Luftlinie, jedoch nicht durch Bauteile zu messen.

§ 11 Treppen

(1) Notwendige Treppen müssen feuerbeständig sein, aus nichtbrennbaren Baustoffen bestehen und an den Unterseiten geschlossen sein. Dies gilt nicht für notwendige Treppen nach § 10 Abs. 1 Satz 2 , wenn wegen des Brandschutzes Bedenken nicht bestehen.

(2) Notwendige Treppen für Kundinnen und Kunden müssen mindestens 2 m breit sein und dürfen eine Breite von 2,50 m nicht überschreiten. Für notwendige Treppen für Kundinnen und Kunden genügt eine Breite von mindestens 1,25 m, wenn die Treppen für Verkaufsräume bestimmt sind, deren Fläche insgesamt nicht mehr als 500 m² beträgt.

(3) Notwendige Treppen brauchen nicht in Treppenräumen zu liegen und die Anforderungen nach Absatz 1 Satz 1 nicht zu erfüllen in Verkaufsräumen, die
1. eine Fläche von nicht mehr als 100 m² haben oder
2. eine Fläche von mehr als 100 m², aber nicht mehr als 500 m² haben, wenn diese Treppen im Zuge nur eines der zwei erforderlichen Rettungswege liegen.

Notwendige Treppen mit gewendelten Läufen sind in Verkaufsräumen unzulässig. Dies gilt nicht für notwendige Treppen nach Satz 1.

(4) Treppen für Kundinnen und Kunden müssen auf beiden Seiten Handläufe ohne freie Enden haben. Die Handläufe müssen fest und griffsicher sein und sind über Treppenabsätze fortzuführen.

§ 12 Treppenräume, Treppenraumerweiterungen

(1) Die Wände von notwendigen Treppenräumen müssen in der Bauart von Brandwänden hergestellt sein. Bodenbeläge müssen in notwendigen Treppenräumen aus nichtbrennbaren Baustoffen bestehen.

(2) Treppenraumerweiterungen müssen
1. die Anforderungen an Treppenräume erfüllen,
2. feuerbeständige Decken aus nichtbrennbaren Baustoffen haben und
3. mindestens so breit sein wie die notwendigen Treppen, mit denen sie in Verbindung stehen.

Sie dürfen nicht länger als 35 m sein und keine Öffnungen zu anderen Räumen haben.

§ 13 Ladenstraßen, Flure, Hauptgänge

(1) Ladenstraßen müssen mindestens 5 m breit sein.

(2) Wände und Decken notwendiger Flure für Kundinnen und Kunden müssen
1. feuerbeständig sein und aus nichtbrennbaren Baustoffen bestehen in Verkaufsstätten ohne Sprinkleranlagen,
2. mindestens feuerhemmend sein und in den wesentlichen Teilen aus nichtbrennbaren Baustoffen bestehen in Verkaufsstätten mit Sprinkleranlagen.

Bodenbeläge in notwendigen Fluren für Kundinnen und Kunden müssen mindestens schwerentflammbar sein.

(3) Notwendige Flure für Kundinnen und Kunden müssen mindestens 2 m breit sein. Für notwendige Flure für Kundinnen und Kunden genügt eine Breite von 1,40 m, wenn die Flure für Verkaufsräume bestimmt sind, deren Fläche insgesamt nicht mehr als 500 m² beträgt.

(4) Hauptgänge müssen mindestens 2 m breit sein. Sie müssen auf möglichst kurzem Wege zu Ausgängen ins Freie, zu notwendigen Treppenräumen, zu notwendigen Fluren für Kundinnen und Kunden oder zu Ladenstraßen führen. Verkaufsstände an Hauptgängen müssen unverrückbar sein.

(5) Ladenstraßen, notwendige Flure für Kundinnen und Kunden sowie Hauptgänge dürfen innerhalb der nach den Absätzen 1, 3 und 4 erforderlichen Breiten nicht durch Einbauten oder Einrichtungen eingeengt sein.

(6) Die Anforderungen an sonstige notwendige Flure nach § 17 der Allgemeinen Durchführungsverordnung zur Niedersächsischen Bauordnung (DVO-NBauO) bleiben unberührt.

§ 14 Ausgänge

(1) Jeder Verkaufs- und Aufenthaltsraum mit einer Fläche von mehr als 100 m² sowie jede Ladenstraße muß mindestens zwei Ausgänge haben, die ins Freie oder zu notwendigen Treppenräumen führen.

(2) Ausgänge aus Verkaufsräumen müssen mindestens 2 m breit sein; für Ausgänge aus Verkaufsräumen, die eine Fläche von nicht mehr als 500 m² haben, genügt eine Breite von 1 m. Ein Ausgang, der in einen Flur führt, darf nicht breiter sein als der Flur.

(3) Die Ausgänge aus einem Geschoß einer Verkaufsstätte ins Freie oder in notwendige Treppenräume müssen eine Breite von mindestens 30 cm je 100 m² der Flächen der Verkaufsräume haben; dabei bleiben die Flächen von Ladenstraßen außer Betracht. Ausgänge aus Geschossen einer Verkaufsstätte müssen mindestens 2 m breit sein. Ein Ausgang, der in einen Treppenraum führt, darf nicht breiter sein als die notwendige Treppe.

(4) Ausgänge aus notwendigen Treppenräumen ins Freie oder in Treppenraumerweiterungen müssen mindestens so breit sein wie die notwendigen Treppen.

§ 15 Türen in Rettungswegen

(1) In Verkaufsstätten ohne Sprinkleranlagen müssen Türen von notwendigen Treppenräumen und von notwendigen Fluren für Kundinnen und Kunden mindestens feuerhemmend, rauchdicht und selbstschließend sein, ausgenommen Türen, die ins Freie führen.

(2) In Verkaufsstätten mit Sprinkleranlagen müssen Türen von notwendigen Treppenräumen und von notwendigen Fluren für Kundinnen und Kunden rauchdicht und selbstschließend sein, ausgenommen Türen, die ins Freie führen.

(3) Türen nach den Absätzen 1 und 2 sowie Türen, die ins Freie führen, dürfen nur in Fluchtrichtung aufschlagen und keine Schwellen haben. Sie müssen während der Betriebszeit von innen leicht in voller Breite zu öffnen sein. Elektrische Verriegelungen von Türen in Rettungswegen sind nur zulässig, wenn die Türen im Gefahrenfall jederzeit geöffnet werden können.

(4) Türen, die selbstschließend sein müssen, dürfen offengehalten werden, wenn sie Feststellanlagen haben, die bei Raucheinwirkung ein selbsttätiges Schließen der Türen bewirken; sie müssen auch von Hand geschlossen werden können.

(5) Drehtüren und Schiebetüren sind in Rettungswegen unzulässig; dies gilt nicht für automatische Dreh- und Schiebetüren, die die Rettungswege im Brandfall nicht beeinträchtigen. Pendeltüren müssen in Rettungswegen Schließvorrichtungen haben, die ein Durchpendeln der Türen verhindern.

(6) Rolläden, Scherengitter oder ähnliche Abschlüsse von Türöffnungen, Toröffnungen oder Durchfahrten im Zuge von Rettungswegen müssen so beschaffen sein, daß sie von Unbefugten nicht geschlossen werden können.

§ 16 Rauchabführung

(1) In Verkaufsstätten ohne Sprinkleranlagen müssen Verkaufsräume ohne notwendige Fenster nach § 20 Abs. 1 DVO-NBauO sowie Ladenstraßen Rauchabzugsanlagen haben.

(2) In Verkaufsstätten mit Sprinkleranlagen müssen Lüftungsanlagen in Verkaufsräumen und Ladenstraßen im Brandfall so betrieben werden können, daß sie nur entlüften, soweit es die Zweckbestimmung der Absperrvorrichtungen gegen Brandübertragung zuläßt.

(3) Rauchabzugsanlagen müssen von Hand und automatisch durch Rauchmelder ausgelöst werden können und sind an den Bedienungsstellen mit der Aufschrift "Rauchabzug" zu versehen. An den Bedienungseinrichtungen muß erkennbar sein, ob die Rauchabzugsanlage betätigt wurde.

(4) Innenliegende notwendige Treppenräume müssen Rauchabzugsanlagen haben. Sonstige notwendige Treppenräume, die durch mehr als zwei Geschosse führen, müssen an ihrer obersten Stelle eine Rauchabzugsvorrichtung mit einem freien Querschnitt von mindestens 5 vom Hundert der Grundfläche der Treppenräume, jedoch nicht weniger als 1 m² haben. Die Rauchabzugsvorrichtungen müssen von jedem Geschoß aus zu öffnen sein.

§ 17 Beheizung

Feuerstätten dürfen in Verkaufsräumen, Ladenstraßen, Lagerräumen und Werkräumen zur Beheizung nicht aufgestellt werden.

§ 18 Sicherheitsbeleuchtung

Verkaufsstätten müssen eine Sicherheitsbeleuchtung haben. Sie muß vorhanden sein
1.	in Verkaufsräumen,
2.	in Treppenräumen, Treppenraumerweiterungen und Ladenstraßen sowie in notwendigen Fluren für Kundinnen und Kunden,
3.	in Arbeits- und Pausenräumen,
4.	in Toilettenräumen mit einer Fläche von mehr als 50 m²,
5.	in elektrischen Betriebsräumen und Räumen für haustechnische Anlagen,
6.	für Hinweisschilder auf Ausgänge und für Stufenbeleuchtung.

§ 19 Blitzschutzanlagen

Gebäude mit Verkaufsstätten müssen Blitzschutzanlagen haben.

§ 20 Feuerlöscheinrichtungen, Brandmeldeanlagen und Alarmierungseinrichtungen

(1) Verkaufsstätten müssen Sprinkleranlagen haben. Dies gilt nicht für
1.	erdgeschossige Verkaufsstätten mit Brandabschnitten von nicht mehr als 3000 m²,
2.	sonstige Verkaufsstätten nach § 6 Abs. 1 Satz 2 Nr. 4.

Geschosse einer Verkaufsstätte nach Satz 2 Nr. 2 müssen Sprinkleranlagen haben, wenn die Geschosse mit ihrem Fußboden im Mittel mehr als 3 m unter der Geländeoberfläche liegen und Verkaufsräume mit einer Fläche von mehr als 500 m² haben.

(2) In Verkaufsstätten müssen vorhanden sein:
1.	geeignete Feuerlöscher und geeignete Wandhydranten in ausreichender Zahl, gut sichtbar und leicht zugänglich,
2.	Brandmeldeanlagen mit nichtautomatischen Brandmeldern zur unmittelbaren Alarmierung der dafür zuständigen Stelle und
3.	Alarmierungseinrichtungen, durch die alle Betriebsangehörigen alarmiert und Anweisungen an sie sowie an die Kundinnen und Kunden gegeben werden können.

§ 21 Sicherheitsstromversorgungsanlagen

Verkaufsstätten müssen eine Sicherheitsstromversorgungsanlage haben, die bei Ausfall der allgemeinen Stromversorgung den Betrieb der sicherheitstechnischen Anlagen und Einrichtungen übernimmt, insbesondere der
1.	Sicherheitsbeleuchtung,
2.	Beleuchtung der Stufen und Hinweise auf Ausgänge,
3.	Sprinkleranlagen,
4.	Rauchabzugsanlagen,
5.	Schließeinrichtungen für Feuerschutzabschlüsse (zum Beispiel Rolltore),
6.	Brandmeldeanlagen,
7.	Alarmierungseinrichtungen.

§ 22 Lage der Verkaufsräume

Verkaufsräume, ausgenommen Gaststätten, dürfen mit ihrem Fußboden nicht mehr als 22 m über der Geländeoberfläche liegen. Verkaufsräume dürfen mit ihrem Fußboden im Mittel nicht mehr als 5 m unter der Geländeoberfläche liegen.

§ 23 Räume für Abfälle

Verkaufsstätten müssen für Abfälle besondere Räume haben, die mindestens die Abfälle von zwei Tagen aufnehmen können. Die Räume müssen feuerbeständige Wände und Decken sowie mindestens feuerhemmende und selbstschließende Türen haben.

§ 24 Gefahrenverhütung

(1) Das Rauchen und das Verwenden von offenem Feuer sind in Verkaufsräumen und Ladenstraßen verboten. Dies gilt nicht für Bereiche, in denen Getränke oder Speisen verabreicht oder Besprechungen abgehalten werden. Auf das Verbot ist dauerhaft und leicht erkennbar hinzuweisen.

(2) In notwendigen Treppenräumen, in Treppenraumerweiterungen und in notwendigen Fluren dürfen keine Dekorationen vorhanden sein. In diesen Räumen sowie auf Ladenstraßen und Hauptgängen innerhalb der nach § 13 Abs. 1 und 4 erforderlichen Breiten dürfen keine Gegenstände abgestellt sein.

§ 25 Rettungswege auf dem Grundstück, Flächen für die Feuerwehr

(1) Die erforderlichen Zufahrten, Durchfahrten und Aufstell- und Bewegungsflächen für die Feuerwehr müssen vorhanden sein.

(2) Die als Rettungswege dienenden Flächen auf dem Grundstück sowie die Flächen für die Feuerwehr nach Absatz 1 müssen ständig freigehalten werden. Hierauf ist dauerhaft und leicht erkennbar hinzuweisen.

§ 26 Verantwortliche Personen

(1) Während der Betriebszeit einer Verkaufsstätte muß eine verantwortliche Person ständig anwesend sein.

(2) Der Betreiber einer Verkaufsstätte hat zu bestellen:
1.	eine Brandschutzbeauftragte oder einen Brandschutzbeauftragten, die oder der für die Einhaltung des Absatzes 3, des § 13 Abs. 5, der §§ 24, 25 Abs. 2 und des § 27 zu sorgen hat,
2.	für Verkaufsstätten, deren Verkaufsräume eine Fläche von insgesamt mehr als 15000 m² haben, die von der Bauaufsichtsbehörde im Einvernehmen mit der für den Brandschutz zuständigen Dienststelle festgelegte erforderliche Anzahl von Selbsthilfekräften für den Brandschutz.

Die Namen dieser Personen und jeder Wechsel sind der für den Brandschutz zuständigen Dienststelle auf Verlangen mitzuteilen. Der Betreiber hat für die Ausbildung dieser Personen im Einvernehmen mit der für den Brandschutz zuständigen Dienststelle zu sorgen.

(3) Selbsthilfekräfte für den Brandschutz müssen in erforderlicher Anzahl während der Betriebszeit der Verkaufsstätte anwesend sein.

§ 27 Brandschutzordnung

(1) Der Betreiber einer Verkaufsstätte hat im Einvernehmen mit der für den Brandschutz zuständigen Dienststelle eine Brandschutzordnung aufzustellen. In der Brandschutzordnung sind insbesondere die Aufgaben der Brandschutzbeauftragten oder des Brandschutzbeauftragten und der Selbsthilfekräfte für den Brandschutz sowie die Maßnahmen festzulegen, die zur Rettung Behinderter erforderlich sind.

(2) Die Betriebsangehörigen sind bei Beginn des Arbeitsverhältnisses und danach mindestens einmal jährlich zu belehren über
1.	die Lage und die Bedienung der Feuerlöschgeräte, Brandmelde- und Feuerlöscheinrichtungen und
2.	die Brandschutzordnung, insbesondere über das Verhalten bei einem Brand oder bei einer Panik.

(3) Im Einvernehmen mit der für den Brandschutz zuständigen Dienststelle sind Feuerwehrpläne anzufertigen und der örtlichen Feuerwehr zur Verfügung zu stellen.

§ 28 Einstellplätze für Behinderte

Mindestens 3 vom Hundert der notwendigen Einstellplätze, mindestens jedoch ein Einstellplatz, müssen für Behinderte bestimmt sein. Auf diese Einstellplätze ist dauerhaft und leicht erkennbar hinzuweisen.

§ 29 Zusätzliche Bauvorlagen

Die Bauvorlagen müssen zusätzliche Angaben enthalten über
1.	eine Berechnung der Flächen der Verkaufsräume und der Brandabschnitte,
2.	eine Berechnung der erforderlichen Breiten der Ausgänge aus den Geschossen ins Freie oder in notwendige Treppenräume,
3.	die Sprinkleranlagen, die sonstigen Feuerlöscheinrichtungen und die Feuerlöschgeräte,
4.	die Brandmeldeanlagen,
5.	die Alarmierungseinrichtungen,
6.	die Sicherheitsbeleuchtung und die Sicherheitsstromversorgung,
7.	die Rauchabzugsvorrichtungen und Rauchabzugsanlagen,
8.	die Rettungswege auf dem Grundstück und die Flächen für die Feuerwehr.

§ 30 (gestrichen)

§ 31 Weitergehende Anforderungen

An Lagerräume, deren lichte Höhe mehr als 9 m beträgt, können aus Gründen des Brandschutzes weitergehende Anforderungen gestellt werden.

§ 32 Ordnungswidrigkeiten

Ordnungswidrig im Sinne des § 80 Abs. 3 NBauO handelt, wer vorsätzlich oder fahrlässig
1.	Rettungswege entgegen § 13 Abs. 5 einengt oder einengen läßt,
2.	Türen im Zuge von Rettungswegen entgegen § 15 Abs. 3 während der Betriebszeit abschließt oder abschließen läßt,
3.	in notwendigen Treppenräumen, in Treppenraumerweiterungen oder in notwendigen Fluren entgegen § 24 Abs. 2 Dekorationen anbringt oder anbringen läßt oder Gegenstände abstellt oder abstellen läßt,
4.	auf Ladenstraßen oder Hauptgängen entgegen § 24 Abs. 2 Gegenstände abstellt oder abstellen läßt,
5.	Rettungswege auf dem Grundstück oder Flächen für die Feuerwehr entgegen § 25 Abs. 2 nicht freihält oder freihalten läßt,
6.	als verantwortliche Person entgegen § 26 Abs. 1 während der Betriebszeit nicht ständig anwesend ist,
7.	als Betreiber entgegen § 26 Abs. 2 die Brandschutzbeauftragte oder den Brandschutzbeauftragten und die Selbsthilfekräfte für den Brandschutz in der erforderlichen Anzahl nicht bestellt oder
8.	als Betreiber entgegen § 26 Abs. 3 nicht sicherstellt, daß Selbsthilfekräfte für den Brandschutz in der erforderlichen Anzahl während der Betriebszeit anwesend sind.

§ 33 Übergangsvorschriften

Auf die im Zeitpunkt des Inkrafttretens dieser Verordnung bestehenden Verkaufsstätten sind § 13 Abs. 4 und 5 sowie die §§ 24 bis 27 anzuwenden.

§ 34 Inkrafttreten

Diese Verordnung tritt 14 Tage nach ihrer Verkündung in Kraft.

Hannover, den 17. Januar 1997

Niedersächsisches Sozialministerium

Weber

Minister

Verordnung über Campingplätze, Wochenendplätze und Wochenendhäuser (CPl-Woch-VO)

Vom 12. April 1984

Stand: letzte berücksichtigte Änderung: zuletzt geändert durch Artikel 5 der Verordnung vom 13.11.2012
 (Nds. GVBl. S. 438)

Eingangsformel

Auf Grund des § 70 Abs. 2, des § 87 Satz 1 und des § 95 Abs. 2 der Niedersächsischen Bauordnung (NBauO) vom 23. Juli 1973 (Nieders. GVBl. S. 259), zuletzt geändert durch Artikel 8 des Gesetzes zur Bereinigung des niedersächsischen Straf- und Ordnungswidrigkeitenrechts vom 5. Dezember 1983 (Nieders. GVBl. S. 281), wird verordnet:

§ 1 Begriffe

(1) Campingplätze sind Plätze, die während des ganzen Jahres oder wiederkehrend während bestimmter Zeiten des Jahres betrieben werden und die zum Aufstellen und zum vorübergehenden Bewohnen von mehr als drei Wohnwagen oder Zelten bestimmt sind. Als Wohnwagen gelten nur Wohnanhänger, Klappanhänger und motorisierte Wohnfahrzeuge, die jederzeit ortsveränderlich und so beschaffen sind, daß sie jederzeit zum Verkehr auf öffentlichen Straßen zugelassen werden können.

(2) Wochenendplätze sind Baugrundstücke, die zum Aufstellen oder Errichten von Wochenendhäusern bestimmt sind und deren Erschließung ganz oder teilweise durch Anlagen und Einrichtungen sichergestellt ist, die der Betreiber unterhält und zur Verfügung stellt. Die Grundfläche der Wochenendhäuser darf nicht mehr als 40 m² und ihre größte Höhe nicht mehr als 3,20 m betragen. Bei der Ermittlung der Grundfläche bleibt ein überdachter Freisitz bis zu 10 m² Grundfläche oder ein Vorzelt unberücksichtigt. Bei der Bemessung der Höhe bleiben Giebeldreiecke außer Betracht, soweit sie, waagerecht gemessen, nicht breiter als 3 m sind.

(3) Standplatz ist die Fläche, die zum Aufstellen eines Wohnwagens oder Zeltes auf Campingplätzen sowie zum Aufstellen oder Errichten eines Wochenendhauses auf Wochenendplätzen bestimmt ist.

§ 2 Einschränkung baurechtlicher Anforderungen

(1) Auf Campingplätzen brauchen Wohnwagen und Zelte den bauordnungsrechtlichen Anforderungen an Gebäude, Aufenthaltsräume oder Wohnungen nicht zu genügen.

(2) Auf Wochenendhäuser sind die Vorschriften über Wohnungen nach § 44 NBauO nicht anzuwenden.

(3) In Wochenendhäusern bis zu 40 m² Grundfläche gelten nicht die Anforderungen an die lichte Höhe von Aufenthaltsräumen; befinden sich nur im Erdgeschoß Aufenthaltsräume, so gelten darüber hinaus nicht die Anforderungen der §§ 5, 6, 9 und 10 der Allgemeinen Durchführungsverordnung zur Niedersächsischen Bauordnung vom 26. September 2012 (Nds. GVBl. S. 382).

(4) In Wochenendhäusern von 40 bis 60 m² Grundfläche genügt für Aufenthaltsräume eine lichte Höhe von 2,20 m über mindestens einem Drittel ihrer Grundfläche; für Aufenthaltsräume, die im obersten Geschoß im Dachraum liegen, genügt eine lichte Höhe von mindestens 2,10 m über einem Drittel ihrer Grundfläche. Sonstige Anforderungen an Aufenthaltsräume sowie Anforderungen an den Wärme- und Schallschutz werden nicht gestellt.

(5) § 1 Abs. 2 Satz 3 gilt entsprechend.

§ 3 Lage und Beschaffenheit

(1) Camping- und Wochenendplätze müssen so angeordnet sein, daß durch ihren Betrieb und den Zu- und Abgangsverkehr unzumutbare Belästigungen für die Umgebung nicht entstehen; sie dürfen unzumutbaren Belästigungen nicht ausgesetzt sein. Es kann verlangt werden, daß Schutzanlagen, wie Schutzstreifen oder Lärmschutzwälle, angelegt und bepflanzt werden.

(2) Camping- und Wochenendplätze sind der Landschaft entsprechend zu bepflanzen.

§ 4 Zufahrt, innere Fahrwege

(1) Camping- und Wochenendplätze müssen an einer befahrbaren öffentlichen Verkehrsfläche liegen oder eine befahrbare, durch Baulast gesicherte Zufahrt zu einer befahrbaren öffentlichen Verkehrsfläche haben und durch innere Fahrwege ausreichend erschlossen sein. Zufahrten und innere Fahrwege müssen auch für Feuerwehrfahrzeuge befahrbar sein.

(2) Bei Campingplätzen müssen Zufahrten und innere Fahrwege mindestens 5,50 m breit sein. Für innere Fahrwege mit Richtungsverkehr und für Stichwege von höchstens 100 m Länge genügt eine Breite von 3 m.

(3) Bei Wochenendplätzen müssen Zufahrten und innere Fahrwege mindestens 3 m breit sein; Zufahrten müssen mit den erforderlichen Ausweich- und Wendemöglichkeiten versehen sein.

§ 5 Standplätze und Stellplätze

(1) Standplätze auf Campingplätzen müssen mindestens 70 m², auf Wochenendplätzen mindestens 100 m² groß sein. Die Grenzen der Standplätze müssen dauerhaft gekennzeichnet sein.

(2) Standplätze müssen von Abwassergruben, Klär- und Sickeranlagen mindestens 50 m entfernt sein.

(3) Soweit die Kraftfahrzeuge nicht auf den Standplätzen abgestellt werden sollen, muß für jeden Standplatz ein gesonderter Einstellplatz zur Verfügung stehen. Einstellplätze für Besucher können verlangt werden.

(4) Auf Campingplätzen dürfen auf einem Standplatz außer den baulichen Anlagen nach § 1 Abs. 1 nur ein Gebäude ohne Aufenthaltsraum, Toilette und Feuerstätte von nicht mehr als 6 m Brutto-Rauminhalt, Einfriedungen sowie Bodenabdeckungen für Zelte errichtet werden. Das Gebäude muß so angeordnet und die Einfriedungen müssen so beschaffen sein, daß die Wohnwagen bei Gefahr unverzüglich von den Standplätzen entfernt werden können.

(5) Wochenendhäuser müssen zu den Grenzen des Standplatzes einen Abstand von mindestens 2,50 m halten; dies gilt auch für überdachte Freisitze und Vorzelte. Andere Abstände sind zulässig, wenn zwischen den Wochenendhäusern im Bereich der Brandgassen ein Abstand von mindestens 10 m, im übrigen ein Abstand von mindestens 5 m eingehalten wird.

§ 6 Brandschutz

(1) Für Camping- und Wochenendplätze muß eine geeignete Löschwasserentnahmestelle zur Verfügung stehen, deren Entfernung zu jedem Standplatz nicht mehr als 200 m betragen darf. Für Campingplätze mit nicht mehr als 300 Standplätzen ist eine Löschwasserentnahmestelle nicht erforderlich, wenn innerhalb von 10 Minuten die Feuerwehr mit einem Tanklöschfahrzeug an Ort und Stelle sein kann.

(2) Camping- und Wochenendplätze müssen durch mindestens 5 m breite Brandgassen in einzelne Abschnitte unterteilt sein. Jeder Standplatz muß an einer Brandgasse liegen. Nach jeweils 10 aneinandergereihten Standplätzen muß eine Brandgasse angeordnet sein. Es kann verlangt werden, daß Brandschutzstreifen zu angrenzenden Grundstücken angelegt werden.

(3) Es sind bereitzuhalten
1. auf Campingplätzen mit nicht mehr als 250 Standplätzen und

auf Wochenendplätzen mit nicht mehr als 150 Standplätzen

mindestens zwei Feuerlöscher mit je 12 kg Löschmittelinhalt,
2. auf Campingplätzen mit mehr als 250 Standplätzen

und

auf Wochenendplätzen mit mehr als 150 Standplätzen

mindestens ein Feuerlöscher mit 50 kg Löschmittelinhalt.

Die Feuerlöscher müssen fahrbar montiert, jederzeit zugänglich und für die Brandklassen A, B und C geeignet sein.

§ 7 Trinkwasserversorgung

(1) Je Standplatz und Tag müssen mindestens 200 l Trinkwasser zur Verfügung stehen.

(2) Für je 100 Standplätze sollen mindestens 6 Trinkwasserzapfstellen vorhanden sein. Sie müssen gekennzeichnet und von den Abortanlagen räumlich getrennt sein. Der Boden an den Zapfstellen muß in einem Umkreis von mindestens 2 m befestigt sein.

§ 8 Wascheinrichtungen

(1) Für je 100 Standplätze müssen in für Frauen und Männern getrennten Räumen jeweils mindestens 8 Waschplätze und 4 Duschen vorhanden sein. Die Duschen und mindestens ein Viertel der Waschplätze müssen in Einzelzellen angeordnet sein.

(2) Die Fußböden und die Wände der Räume bis zu einer Höhe von mindestens 1,50 m müssen so beschaffen sein, daß sie leicht gereinigt werden können.

§ 9 Geschirrspül- und Wäschespüleinrichtungen

(1) Für je 100 Standplätze müssen mindestens 3 Geschirrspülbecken und mindestens 3 Wäschespülbecken oder Waschmaschinen, von Wascheinrichtungen und Aborten räumlich getrennt, vorhanden sein. Mindestens die Hälfte dieser Becken muß eine Warmwasserversorgung haben. Sind die Becken im Freien angeordnet, so muß der Boden in einem Umkreis von mindestens 2 m befestigt sein.

(2) § 8 Abs. 2 gilt entsprechend.

§ 10 Toilettenanlagen

(1) Für je 100 Standplätze müssen mindestens 8 Toiletten für Frauen sowie mindestens 4 Toiletten für Männer und mindestens 4 Urinale vorhanden sein. Die Toiletten müssen unentgeltlich zugänglich sein.

(2) Die Toilettenanlagen müssen, für Frauen und Männer getrennt, Toilettenräume mit Vorräumen haben. In den Vorräumen muß für bis zu je 6 Toiletten oder Urinale mindestens ein Waschbecken vorhanden sein. Die Vorräume dürfen nicht als Waschplätze nach § 8 Abs. 1 genutzt werden.

(3) § 8 Abs. 2 gilt entsprechend.

§ 11 Anlagen für Abwasser und feste Abfallstoffe

(1) In räumlicher Verbindung mit den Abortanlagen müssen Einrichtungen zum Einbringen derjenigen Abwässer und Fäkalien vorhanden sein, die in den Wohnwagen, Zelten oder Wochenendhäusern anfallen.

(2) Für die vorübergehende Aufnahme fester Abfallstoffe müssen dichte Abfallbehälter aufgestellt sein. Plätze für die Zwischenlagerung der Abfälle müssen gegen den übrigen Camping- oder Wochenendplatz abgeschirmt sein.

§ 12 Anschlußmöglichkeiten auf Standplätzen für Wochenendhäuser

Sind auf Standplätzen für Wochenendhäuser Anschlußmöglichkeiten für Trinkwasser, Wasch-, Geschirrspül- und Wäschespüleinrichtungen oder für Aborte vorhanden, so darf die Zahl der gemeinschaftlichen Einrichtungen entsprechend verringert werden. Auf den so ausgestatteten Standplätzen dürfen Wochenendhäuser nur aufgestellt oder errichtet werden, die entsprechende Einrichtungen enthalten und angeschlossen werden.

§ 13 Beleuchtung

(1) Die Wascheinrichtungen und die Abortanlagen der Camping- und Wochenendplätze müssen eine ausreichende elektrische Beleuchtung haben.

(2) Die Fahrwege von Campingplätzen mit mehr als 50 Standplätzen müssen eine zur Orientierung ausreichende elektrische Beleuchtung haben. Für Fahrwege kleinerer Campingplätze kann eine solche Beleuchtung verlangt werden.

§ 14 Sonstige Einrichtungen

(1) Camping- und Wochenendplätze müssen einen jederzeit zugänglichen Fernsprechanschluß haben. Bei dem Anschluß müssen Anschrift und Rufnummer der Polizei, der Feuerwehr, des Krankentransportdienstes, der nächsten Unfallhilfestation, des nächsten Arztes und der nächsten Apotheke verzeichnet sein.

(2) An den Eingängen zu den Camping- und Wochenendplätzen muß an gut sichtbarer, geschützter Stelle ein Lageplan des Camping- oder Wochenendplatzes angebracht sein. Aus dem Lageplan müssen die Fahrwege, Brandgassen, Brandschutzstreifen, die Art und Lage der Löschwasserentnahmestellen sowie die Standorte der Feuerlöscher und des Fernsprechanschlusses ersichtlich sein.

§ 15 Betriebsvorschriften

(1) Während des Betriebes eines Campingplatzes muß ein Platzwart ständig erreichbar sein.

(2) Der Betreiber eines Campingplatzes muß in einer Campingplatzordnung mindestens folgendes regeln:
1. das Aufstellen von Kraftfahrzeugen, Wohnwagen und Zelten,
2. das Benutzen und Sauberhalten der Einrichtungen,
3. das Beseitigen von Abfällen und Abwasser,
4. den Umgang mit Feuer.

Der Betreiber hat die Campingplatzordnung zusammen mit seinem Namen und seiner Anschrift auf dem Campingplatz auszuhängen.

(3) Die Betreiber von Camping- oder Wochenendplätzen haben dafür zu sorgen, daß
1. die Anlagen und Einrichtungen nach den §§ 7 bis 11 in brauchbarem und sauberem Zustand gehalten werden,
2. die Brandgassen und Brandschutzstreifen ständig freigehalten werden,
3. die Feuerlöscher in Abständen von höchstens einem Jahr, bei witterungsgeschützter Unterbringung in höchstens zwei Jahren, durch einen fachkundigen Wartungsdienst überprüft werden,
4. die Löschwasserentnahmestellen jederzeit zugänglich und in gebrauchsfähigem Zustand sind.

§ 16 Ausnahmen und Zwischenwerte

(1) Bei der Berechnung der in den §§ 7 bis 10 genannten Anlagen und Einrichtungen können Zwischenwerte gebildet werden.

(2) Eine geringere Anzahl der in den §§ 8, 9 und 10 Abs. 1 geforderten Einrichtungen kann zugelassen werden, wenn die geforderte Anzahl in einem offensichtlichen Mißverhältnis zu dem zu erwartenden Bedarf steht.

(3) Für Campingplätze bis zu 50 Standplätzen und für Jugendzeltplätze können Ausnahmen von den Vorschriften des § 4 Abs. 2, der §§ 9, 14 Abs. 2 sowie des § 15 Abs. 1 und 2 zugelassen werden, wenn wegen der öffentlichen Sicherheit oder Ordnung Bedenken nicht bestehen.

§ 17 Bestandsschutz

Für Camping- und Wochenendplätze, die bereits am 31. Oktober 1977 genehmigt waren, gelten nur die Betriebsvorschriften (§ 15).

§ 18 Ordnungswidrigkeiten

Ordnungswidrig handelt nach § 80 Abs. 3 NBauO, wer vorsätzlich oder fahrlässig
1. entgegen § 15 Abs. 3 Nr. 1 die Anlagen und Einrichtungen nach den §§ 7 bis 11 nicht in brauchbarem und sauberem Zustand hält,
2. entgegen § 15 Abs. 3 Nr. 2 die Brandgassen und Brandschutzstreifen nicht ständig freihält,
3. entgegen § 15 Abs. 3 Nr. 4 die Löschwasserentnahmestellen nicht jederzeit zugänglich und in gebrauchsfähigem Zustand hält.

§ 19 Inkrafttreten

Diese Verordnung tritt am 1. Mai 1984 in Kraft. Gleichzeitig treten außer Kraft:
1. die Campingplatzverordnung vom 21. Oktober 1977 (Niders. GVBl. S. 542), geändert durch Artikel I Nr. 4 der Verordnung zur Bereinigung von Ordnungswidrigkeitenvorschriften im Bereich des Bauordnungsrechts vom 25. Januar 1983 (Niders. GVBl. S. 8),

2. die Wochenendhausverordnung vom 21. Oktober 1977 (Nieders. GVBl. S. 546), geändert durch Artikel I Nr. 5 der Verordnung zur Bereinigung von Ordnungswidrigkeitenvorschriften im Bereich des Bauordnungsrechts vom 25. Januar 1983 (Nieders. GVBl. S. 8).

Hannover, den 12. April 1984.

Der Niedersächsische Sozialminister

Schnipkoweit

Verordnung über den Bau von Betriebsräumen für elektrische Anlagen (EltBauVO)

Vom 25. Januar 2011 [1)]

1) Die Verpflichtungen aus der Richtlinie 98/34/EG des Europäischen Parlaments und des Rates vom 22. Juni 1998 über ein Informationsverfahren auf dem Gebiet der Normen und technischen Vorschriften und der Vorschriften für die Dienste der Informationsgesellschaft (ABl. EG Nr. L 204 S. 37), zuletzt geändert durch die Richtlinie 2006/96/EG des Rates vom 20. November 2006 (ABl. EU Nr. L 363 S. 81), sind beachtet worden.

Eingangsformel

Aufgrund des § 71 Abs. 2 Satz 2 und des § 95 Abs. 2 der Niedersächsischen Bauordnung in der Fassung vom 10. Februar 2003 (Nds. GVBl. S. 89), zuletzt geändert durch Artikel 3 des Gesetzes vom 11. Oktober 2010 (Nds. GVBl. S. 475), wird verordnet:

§ 1 Geltungsbereich

Diese Verordnung gilt für die Aufstellung folgender elektrischer Anlagen in Gebäuden:
1. Transformatoren und Schaltanlagen für Nennspannungen über 1 kV,
2. ortsfeste Stromerzeugungsaggregate für bauordnungsrechtlich vorgeschriebene sicherheitstechnische Anlagen und Einrichtungen und
3. zentrale Batterieanlagen für bauordnungsrechtlich vorgeschriebene sicherheitstechnische Anlagen und Einrichtungen.

§ 2 Begriffsbestimmung

Ein Betriebsraum für elektrische Anlagen (elektrischer Betriebsraum) ist ein Raum, der ausschließlich zur Unterbringung von elektrischen Anlagen nach § 1 dient.

§ 3 Erfordernis elektrischer Betriebsräume

Innerhalb von Gebäuden müssen elektrische Anlagen nach § 1, getrennt nach Anlagen nach den Nummern 1, 2 und 3, in jeweils eigenen elektrischen Betriebsräumen untergebracht sein, es sei denn, dass die Art der Nutzung eine andere Anordnung zwingend erfordert und die Anlagen sicher betrieben werden können.

§ 4 Allgemeine Anforderungen an elektrische Betriebsräume

(1) [1] Elektrische Betriebsräume müssen so angeordnet sein, dass sie im Gefahrenfall von einem allgemein zugänglichen Raum oder vom Freien leicht und sicher erreichbar sind und jederzeit ungehindert verlassen werden können; sie dürfen jedoch von Treppenräumen notwendiger Treppen und von Räumen zwischen einem solchen Treppenraum und dem Ausgang ins Freie nicht unmittelbar zugänglich sein. [2] Türen müssen nach außen aufschlagen. [3] Der Rettungsweg innerhalb elektrischer Betriebsräume bis zu einem Ausgang darf nicht länger als 35 m sein.

(2) [1] Elektrische Betriebsräume müssen so groß sein, dass die elektrischen Anlagen ordnungsgemäß errichtet und betrieben werden können; sie müssen eine lichte Höhe von mindestens 2 m haben. [2] Über Bedienungs- und Wartungsgängen muss eine Durchgangshöhe von mindestens 1,80 m vorhanden sein.

(3) Elektrische Betriebsräume müssen den betrieblichen Anforderungen entsprechend wirksam be- und entlüftet werden.

(4) [1] In elektrischen Betriebsräumen dürfen keine Leitungen und Einrichtungen vorhanden sein, die nicht zum Betrieb der jeweiligen elektrischen Anlagen nach § 1 erforderlich sind. [2] Satz 1 gilt nicht für die zur Sicherheitsstromversorgung aus der Batterieanlage erforderlichen Leitungen und Einrichtungen in elektrischen Betriebsräumen nach § 7.

(5) Durchführungen von Leitungen durch raumabschließende Bauteile, für die eine Feuerwiderstandsfähigkeit vorgeschrieben ist, müssen eine Feuerwiderstandsfähigkeit haben, die derjenigen der raumabschließenden Bauteile entspricht.

§ 5 Besondere Anforderungen an elektrische Betriebsräume für Transformatoren und Schaltanlagen mit Nennspannungen über 1 kV

(1) [1] Elektrische Betriebsräume für Transformatoren und Schaltanlagen mit Nennspannungen über 1 kV müssen von anderen Räumen durch feuerbeständige Bauteile abgetrennt sein. [2] Der Raumabschluss zu anderen Räumen darf durch einen Druckstoß aufgrund eines Kurzschlusslichtbogens nicht gefährdet werden.

(2) [1] Öffnungen in Bauteilen nach Absatz 1 Satz 1 müssen mindestens feuerhemmende, rauchdichte, selbstschließende und im Wesentlichen aus nichtbrennbaren Baustoffen bestehende Abschlüsse haben. [2] Türen, die ins Freie führen, müssen selbstschließend sein und aus nichtbrennbaren Baustoffen bestehen. [3] An Türen muss außen ein Hochspannungswarnschild angebracht sein.

(3) [1] Bei elektrischen Betriebsräumen für Transformatoren mit Mineralöl oder einer synthetischen Flüssigkeit mit einem Brennpunkt ≤ 300° C als Kühlmittel muss mindestens ein Ausgang unmittelbar ins Freie oder über einen Vorraum ins Freie führen. [2] Der Vorraum darf mit dem Schaltraum, jedoch nicht mit anderen Räumen in Verbindung stehen.

(4) [1] Elektrische Betriebsräume nach Absatz 3 Satz 1 dürfen sich nicht in Geschossen befinden, deren Fußboden mehr als 4 m unter der Geländeoberfläche liegt. [2] Sie dürfen auch nicht in Geschossen über dem Erdgeschoss liegen.

(5) [1] Die elektrischen Betriebsräume müssen unmittelbar oder über eigene Lüftungsleitungen wirksam aus dem Freien be- und in das Freie entlüftet werden. [2] Lüftungsleitungen, die durch andere Räume führen, müssen feuerbeständig sein. [3] Öffnungen von Lüftungsleitungen zum Freien müssen Schutzgitter haben.

(6) Fußböden müssen aus nichtbrennbaren Baustoffen bestehen; dies gilt nicht für Fußbodenbeläge.

(7) [1] Auslaufende Isolier- und Kühlflüssigkeit von Transformatoren muss sicher aufgefangen werden können. [2] Für höchstens drei Transformatoren mit jeweils bis zu 1 000 l Isolier- und Kühlflüssigkeit in einem elektrischen Betriebsraum genügt es, wenn die Wände in der erforderlichen Höhe sowie der Fußboden undurchlässig ausgebildet sind; an den Türen müssen entsprechend hohe und undurchlässige Schwellen vorhanden sein.

§ 6 Besondere Anforderungen an elektrische Betriebsräume für ortsfeste Stromerzeugungsaggregate

(1) [1] Elektrische Betriebsräume für ortsfeste Stromerzeugungsaggregate zur Versorgung bauordnungsrechtlich vorgeschriebener sicherheitstechnischer Anlagen und Einrichtungen müssen von anderen Räumen durch Bauteile abgetrennt sein, deren Feuerwiderstandsfähigkeit dem erforderlichen Funktionserhalt der elektrischen Leitungsanlagen für die zu versorgenden Anlagen und Einrichtungen entspricht. [2] § 5 Abs. 5 Sätze 1 und 3 und Abs. 6 gilt entsprechend; für die erforderliche Feuerwiderstandsfähigkeit von Lüftungsleitungen, die durch andere Räume führen, gilt Satz 1 entsprechend. [3] Öffnungen in Bauteilen nach Satz 1 müssen Abschlüsse haben, die selbstschließend und der Feuerwiderstandsfähigkeit der Bauteile entsprechend feuerwiderstandsfähig sind.

(2) Die elektrischen Betriebsräume müssen frostfrei sein oder beheizt werden können, es sei denn, dass durch besondere Einrichtungen des Stromerzeugungsaggregats die ständige Betriebsbereitschaft gewährleistet ist.

§ 7 Besondere Anforderungen an elektrische Betriebsräume für zentrale Batterieanlagen

(1) [1] Elektrische Betriebsräume für zentrale Batterieanlagen zur Versorgung bauordnungsrechtlich vorgeschriebener sicherheitstechnischer Anlagen und Einrichtungen müssen von anderen Räumen durch Bauteile abgetrennt sein, deren Feuerwiderstandsfähigkeit dem erforderlichen Funktionserhalt der elektrischen Leitungsanlagen für die zu versorgenden Anlagen und Einrichtungen entspricht. [2] § 5 Abs. 5 Sätze 1 und 3 gilt entsprechend; für die erforderliche Feuerwiderstandsfähigkeit von Lüftungsleitungen, die durch andere Räume führen, gilt Satz 1 entsprechend. [3] Öffnungen in Bauteilen nach Satz 1 müssen Abschlüsse haben, die selbstschließend und der Feuerwiderstandsfähigkeit der Bauteile entsprechend feuerwiderstandsfähig sind. [4] An Türen muss außen ein Schild mit der Aufschrift „Batterieraum" angebracht sein.

(2) Die elektrischen Betriebsräume müssen frostfrei sein oder beheizt werden können.

(3) Fußböden von elektrischen Betriebsräumen, in denen geschlossene Zellen aufgestellt werden, müssen an allen Stellen für elektrostatische Ladungen einheitlich und ausreichend ableitfähig sein.

§ 8 Zusätzliche Bauvorlagen

Die Bauvorlagen müssen Angaben über die Lage der elektrischen Betriebsräume und die Art der elektrischen Anlagen enthalten.

§ 9 Inkrafttreten

[1] Diese Verordnung tritt am 1. März 2011 in Kraft. [2] Gleichzeitig tritt die Verordnung über den Bau von elektrischen Betriebsräumen vom 26. November 1975 (Nds. GVBl. S. 381) außer Kraft.

Hannover, den 25. Januar 2011

Niedersächsisches Ministerium für Soziales, Frauen, Familie, Gesundheit und Integration

Özkan

Ministerin

Niedersächsische Verordnung zur Durchführung des Gebäudeenergiegesetzes (NDVO-GEG)

Vom 26. August 2021 [1)]

1) Verkündet als Artikel 1 der Verordnung zur Durchführung des Gebäudeenergiegesetzes und zur Änderung der Verordnung über Zuständigkeiten auf den Gebieten des Arbeitsschutz-, Immissionsschutz-, Sprengstoff-, Gentechnik- und Strahlenschutzrechts sowie in anderen Rechtsgebieten vom 26. August 2021 (Nds. GVBl. S. 618)

§ 1 Zuständigkeiten

(1) Für die Aufgaben der zuständigen Behörde
1. nach § 7 Abs. 3, § 78 Abs. 4, § 80 Abs. 1 Satz 4, § 92 Abs. 1 Satz 1 und Abs. 2 Sätze 1 und 2, § 95 Satz 1, § 96 Abs. 2 Satz 2, Abs. 5 Satz 3 und Abs. 6 Sätze 2 und 3, § 97 Abs. 3 Satz 2 und Abs. 4 Satz 2, § 102 Abs. 1 Satz 1 und Abs. 3 Satz 2 und § 103 Abs. 1 Satz 1, Abs. 2 Satz 1 und Abs. 4 Satz 2 sowie
2. nach § 107 Abs. 5 und 7 Satz 2, jeweils auch in Verbindung mit § 103 Abs. 4 Satz 3,

des Gebäudeenergiegesetzes (GEG) sind die Kommunen zuständig, denen in Bezug auf das jeweilige Gebäude die Aufgaben der unteren Bauaufsichtsbehörden obliegen (§ 57 der Niedersächsischen Bauordnung - NBauO).

(2) Obliegen dem Staatlichen Baumanagement Niedersachsen die Aufgaben des Bauherrn in Bezug auf Gebäude des Bundes oder des Landes, so sind in Bezug auf diese Gebäude dessen örtliche Dienststellen für die in Absatz 1 genannten Aufgaben zuständig.

(3) Für die Aufgaben der Kontrollstelle nach § 99 GEG sind, soweit nicht das Deutsche Institut für Bautechnik nach § 114 GEG zuständig ist,
1. das Landesamt für Bau und Liegenschaften in Bezug auf die Gebäude des Bundes und die Gebäude des Landes, für die dem Staatlichen Baumanagement Niedersachsen bei der Baumaßnahme die Aufgaben des Bauherrn obliegen, und
2. im Übrigen die Landeshauptstadt Hannover im gesamten Landesgebiet

(4) Die oberste Bauaufsichtsbehörde übt hinsichtlich der Erfüllung der Aufgaben nach Absatz 3 Nr. 2 die Fachaufsicht über die Landeshauptstadt Hannover aus.

§ 2 Nachweise für zu errichtende Gebäude

(1) [1] Die Nachweise über
1. den sommerlichen Wärmeschutz (§ 14 GEG),
2. den Jahres-Primärenergiebedarf (§§ 15 und 18 GEG),
3. den spezifischen, auf die wärmeübertragende Umfassungsfläche bezogenen Transmissionswärmeverlust (§ 16 GEG) und
4. die mittleren Wärmedurchgangskoeffizienten der wärmeübertragenden Umfassungsfläche (§ 19 GEG)

müssen von einer Person erstellt sein, die nach § 53 Abs. 3 Nr. 1, 2 oder 3, Abs. 4 Nr. 2, 3 oder 4 oder Abs. 5 NBauO für die Errichtung des Gebäudes bauvorlageberechtigt ist oder nach § 65 Abs. 4 oder § 86 Abs. 5 NBauO Nachweise der Standsicherheit erstellen darf. [2] Jeder Nachweis muss von der für seinen Inhalt verantwortlichen Person im Fall der elektronischen Übermittlung mit einer qualifizierten elektronischen Signatur versehen und im Fall der Übersendung als Schriftstück unter Angabe des Tages unterschrieben sein.

(2) Die Bauherrin oder der Bauherr hat die Nachweise nach Absatz 1 Satz 1 für das Gebäude mindestens zehn Jahre lang aufzubewahren und der Bauaufsichtsbehörde auf Verlangen vorzulegen.

(3) Die Absätze 1 und 2 gelten nicht für Gebäude des Bundes oder eines Landes und nicht für Gebäude einer Kommune, der Aufgaben der unteren Bauaufsichtsbehörde obliegen.

§ 3 Erfüllungserklärung, Vorlage des Energiebedarfsausweises

(1) [1] Die Erfüllungserklärung nach § 92 GEG ist gemäß den Mustern der Anlagen 1 und 2 auszustellen. [2] Zur Ausstellung der Erfüllungserklärung sind die in § 2 Abs. 1 Satz 1 genannten Personen berechtigt. [3] Zur Ausstellung der Erfüllungserklärung nach § 92 Abs. 2 Sätze 1 und 2 GEG ist auch berechtigt, wer nach § 88 GEG zur Ausstellung eines Energieausweises berechtigt ist. [4] Die Erfüllungserklärung muss von der Ausstellerin oder dem Aussteller im Fall der elektronischen Übermittlung mit einer qualifizierten elektronischen Signatur versehen und im Fall der Übersendung als Schriftstück unter Angabe des Tages unterschrieben sein.

(2) [1] Die Bauherrin, der Bauherr, die Eigentümerin oder der Eigentümer des Gebäudes hat der Bauaufsichtsbehörde die Erfüllungserklärung und, soweit ein Energiebedarfsausweis nach § 80 Abs. 1 Satz 1 oder Abs. 2 Satz 1 GEG auszustellen ist, den Energiebedarfsausweis spätestens drei Monate nach Fertigstellung des Gebäudes vorzulegen. [2] Die für den Energiebedarfsausweis erforderlichen Berechnungen sind beizufügen.

(3) Die Absätze 1 und 2 gelten nicht für Gebäude des Bundes oder eines Landes und nicht für Gebäude einer Kommune, der Aufgaben der unteren Bauaufsichtsbehörde obliegen.

Anlage 1

(§ 3 Abs. 1 Satz 1)

Muster

ERFÜLLUNGSERKLÄRUNG für Neubauten
nach § 92 Abs. 1 des Gebäudeenergiegesetzes (GEG)

Angaben zum Gebäude

Gebäudetyp und Hauptnutzung	
Bauherrin, Bauherr, Eigentümerin oder Eigentümer	
Gebäudeadresse	
Datum der Fertigstellung und Aktenzeichen der Behörde nach § 1 Abs. 1 NDVO-GEG (soweit vorhanden)	

☐ Das fertiggestellte Gebäude hält die energetischen und technischen Anforderungen nach dem GEG ein.

☐ Der für das Gebäude ausgestellte Energiebedarfsausweis vom ___.___.___ und die zugrundeliegenden Berechnungen sind beigefügt.

☐ Das vereinfachte Verfahren für Wohngebäude kommt zur Anwendung. Die Anforderungen nach § 31 in Verbindung mit Anlage 5 GEG werden eingehalten.

☐ Das vereinfachte Verfahren für Nichtwohngebäude kommt zur Anwendung. Die Anforderungen nach § 32 in Verbindung mit Anlage 6 GEG werden eingehalten.

☐ Das Nichtwohngebäude enthält Gebäudezonen mit mehr als 4 Metern Raumhöhe, die durch dezentrale Gebläse oder Strahlungsheizungen beheizt werden (§ 10 Abs. 4 GEG). § 10 Abs. 2 Nr. 3 GEG ist für diese Gebäudezonen nicht anzuwenden.

☐ Der Wärme- oder Kältebedarf des Gebäudes wird durch gasförmige Biomasse nach § 22 Abs. 1 Satz 1 Nrn. 2 oder 3 GEG gedeckt. Die Bescheinigung nach § 96 Abs. 6 GEG

☐ ist beigefügt. ☐ liegt bereits vor.

Ausstellungsberechtigte Person nach § 3 Abs. 1 Satz 2 NDVO-GEG:

Name, Vorname
Adresse

_____ _____
Datum Unterschrift

Anlage 2

(§ 3 Abs. 1 Satz 1)

Muster

ERFÜLLUNGSERKLÄRUNG

nach § 92 Abs. 2 des Gebäudeenergiegesetzes (GEG)

für bestehende Gebäude
oder
für Erweiterung oder Ausbau
bestehender Gebäude

Angaben zum Gebäude

Gebäudetyp und Hauptnutzung	
Bauherrin, Bauherr, Eigentümerin oder Eigentümer	
Gebäudeadresse	
Datum der Fertigstellung und Aktenzeichen der Behörde nach § 1 Abs. 1 NDVO-GEG (soweit vorhanden)	

☐ Das Gebäude bzw. die Räume halten die energetischen und technischen Anforderungen nach dem GEG ein.

☐ Für das Gebäude ist ein Energiebedarfsausweis erforderlich (§ 80 Abs. 2 GEG). Der ausgestellte Energiebedarfsausweis vom _____ und die zugrundeliegenden Berechnungen sind beigefügt.

☐ Es handelt sich um ein Wohngebäude mit nicht mehr als zwei Wohnungen.

Ein informatorisches Beratungsgespräch nach § 48 Satz 3 mit einer nach § 88 GEG berechtigten Person

 ☐ wurde durchgeführt.

 ☐ wurde nicht durchgeführt, da das Beratungsgespräch nicht als einzelne Leistung unentgeltlich angeboten wurde.

☐ Fehlende Angaben zu geometrischen Abmessungen des Gebäudes wurden durch das vereinfachte Aufmaß ermittelt (§ 50 Abs. 4 Satz 1 GEG).

☐ Energetische Kennwerte für bestehende Bauteile und Anlagenkomponenten des Gebäudes liegen nicht vor. Es wurden gesicherte Erfahrungswerte verwendet (§ 50 Abs. 4 Satz 2 GEG).

☐ Für die Baumaßnahme ist kein Energieausweis erforderlich (§ 51 GEG).

☐ Die Erweiterung oder der Ausbau beträgt mehr als 50 Quadratmeter zusammenhängender Nutzfläche, der sommerliche Wärmeschutz nach § 14 GEG ist nachgewiesen (§ 51 Abs. 2 GEG).

Ausstellungsberechtigte Person nach § 3 Abs. 1 Satz 2 oder 3 NDVO-GEG:
Name, Vorname
Adresse

_____ _____
Datum Unterschrift

Stichwortverzeichnis

Printed in Great Britain
by Amazon

10600853R10254